Beiträge zur historischen Theologie

Herausgegeben von

Albrecht Beutel

201

Henning Reinhardt

# Martin Luther
# und die Wittenberger Konkordie
# (1536)

Mohr Siebeck

Henning Reinhardt, 1994–2001 Studium der Ev. Theologie in Oberursel, Marburg und Tübingen; 1995–2000 Stipendiat der Studienstiftung des deutschen Volkes; 2003–05 Stipendiat der Konrad-Adenauer-Stiftung; 2006–08 Vikariat in der Evangelischen Kirche von Kurhessen-Waldeck; 2008 Ordination; 2008–11 Repetent an der Hessischen Stipendiatenanstalt in Marburg; seit 2011 Gemeindepfarrer in Beiseförth-Malsfeld; 2017 Promotion; 2018 Auszeichnung der Disseration mit dem Martin-Luther-Preis für den akademischen Nachwuchs.
orcid.org/0000-0002-5049-5537

Gedruckt mit Unterstützung der Deutschen Forschungsgemeinschaft

Dissertation, Humboldt Universität Berlin, Theologische Fakultät

ISBN 978-3-16-159226-3 / eISBN 978-3-16-159227-0
DOI 10.1628/978-3-16-159227-0

ISSN 0340-6741 / eISSN 2568-6569 (Beiträge zur historischen Theologie)

Die Deutsche Nationalbibliothek verzeichnet diese Publikation in der Deutschen Nationalbibliographie; detaillierte bibliographische Daten sind über *http://dnb.dnb.de* abrufbar.



Das Buch wurde von epline in Böblingen aus der Minion gesetzt, von Druckerei Gulde in Tübingen auf alterungsbeständiges Werkdruckpapier gedruckt und von der Buchbinderei Spinner in Ottersweier gebunden.

Printed in Germany.

Meiner Frau Verena
(l. D.)

# Vorwort

Die vorliegende Arbeit wurde im Mai 2016 an der theologischen Fakultät der Humboldt-Universität zu Berlin als Dissertation eingereicht und im November 2016 angenommen. Für den Druck ist sie noch einmal überarbeitet worden.

Ich danke zunächst meiner Doktormutter, Frau Prof. em. Dr. Dorothea Wendebourg. Sie hat mir zugetraut, dass aus dem selbstgewählten Thema eine ergiebige Arbeit entstehen kann und dass alles zu einem guten Ende finden wird. Für ihre Unbeirrbarkeit, für ihre Ermutigungen (Augustinus, sermo 340,3: pusillanimes consolandi, ... desperantes erigendi) und Nachdrücklichkeit und für die vielen klugen Rückmeldungen danke ich ihr sehr. Für die Übernahme des Zweitgutachtens danke ich Herrn Prof. em. Dr. theol. habil. Rudolf Mau. Das erforderliche dritte Gutachten aus einer anderen Fakultät wurde dankenswerterweise von Prof. em. Dr. Berndt Hamm übernommen. Für die Aufnahme in die Reihe „Beiträge zur Historischen Theologie" möchte ich mich bei deren Herausgeber, Prof. Dr. Albrecht Beutel, bedanken.

Gefördert wurde ich während meiner Forschungen zunächst durch die Lina-Zimmermann-Stiftung der Universität Tübingen. Als Stipendiat der Konrad-Adenauer-Stiftung habe ich neben einem Vollstipendium von dem ideellen Förderprogramm der Begabtenförderung und der Einbindung in eine anregende Gemeinschaft mit anderen Stipendiaten profitieren können. Der Evangelischen Kirche von Kurhessen-Waldeck danke ich dafür, dass mir für die Dauer von drei Jahren die Stelle eines Repetenten an der Hessischen Stipendiatenanstalt in Marburg anvertraut worden ist.

Abschnitte der Arbeit konnte ich im Doktoranden-Kolloquium in Tübingen und später in Berlin vortragen und zur Diskussion stellen. Hier möchte ich besonders PD Dr. Matthias Deuschle, PD Dr. Andreas Stegmann und Dr. Björn Slenczka danken, die vorangegangen sind und deren Rat der Nachzügler gut gebrauchen konnte. Zum anderen hatte ich die Gelegenheit, im Doktoranden-Kolloquium der Lutherischen Theologischen Hochschule Oberursel Ergebnisse zu präsentieren und vielfältige Anregungen aufzunehmen. Diesem Ort verdanke ich auch den Beginn meiner wissenschaftlichen Lektüre der Werke Martin Luthers und einer Einführungsveranstaltung bei Dr. Hartmut Günther (†) meine erste Begegnung mit der Wittenberger Konkordie.

In philologischen Fragen war für mich der Austausch mit Dr. Hella Adam, Dr. Klaus Widdra und PD Dr. Benjamin Gleede sehr hilfreich. Prof. em. Dr.

Jörg Baur danke ich für seine Auskünfte und Anregungen zu abendmahlstheologischen und christologischen Passagen in Luthers Abendmahlsschriften. PD Dr. Thorsten Dietz hat mir zum ersten Kapitel der Arbeit hilfreiche und ermutigende Rückmeldungen gegeben. Als Ermunterer und freundliche Antreiber haben sich um die Fertigstellung der Arbeit Altbischof Dr. Diethardt Roth, Oberlandeskirchenrat i. R. Dr. Frithard Scholz, Prof. Dr. em. Dietrich Korsch und meine Patentante Hannelore Reinhardt (†) verdient gemacht. Bei der Beschaffung von Literatur habe ich immer wieder Unterstützung von Dipl.-Bibl. Franz Träger und Dipl.-Bibl. Sina Kostenbader (Seminarbibliothek der Evangelisch-Theologischen Fakultät Tübingen) sowie Dipl.-Bibl. Martina Hoefer und Andrea Schneider (Bibliothek des Evangelischen Studienseminars Hofgeismar) bekommen. Auch ihnen möchte ich sehr herzlich danken.

Bei der Korrektur und der Überarbeitung des Textes waren mir Werner Leschka und Gerlinde Ayasse, Peter und Anita Kochinki, Gert Hirchenhain und Birgit Eickhoff große Hilfen.

Der Luthergesellschaft e. V. danke ich für die Ehre, dass die vorliegende Arbeit im Jahr 2018 mit dem Martin-Luther-Preis für den akademischen Nachwuchs ausgezeichnet wurde.

Für die Gewährung einer großzügigen Publikationsbeihilfe danke ich der Deutschen Forschungsgemeinschaft.

Dem Verlag Mohr Siebeck danke ich für die Betreuung meiner Arbeit und die gute Zusammenarbeit.

Meinen Eltern, Ute und Dr. Martin Reinhardt, danke ich dafür, dass sie meinen Entschluss zum Studium der Theologie befürwortet und mich begleitet und unterstützt haben. Bei ihnen hat alles angefangen, was ein Christ und ein Theologe braucht: hören und reden, denken, singen und beten.

Schließlich danke ich meiner Frau. Länger als Luthers Weg zur Wittenberger Konkordie war unser stationenreicher und anstrengender Weg mit dieser Arbeit: zuerst zu zweit, später zusammen mit unseren Kindern. Mehr als jeder andere Mensch hat sie durch ihre Kraft, durch ihren Sinn fürs Wesentliche und pointierende wie reduzierende Hinweise, durch freimütige Worte und durch ihren Einsatz für das Leben unserer Familie dazu beigetragen, dass diese Arbeit abgeschlossen werden konnte. Ihr möchte ich dieses Buch widmen, in Liebe und Dankbarkeit.

Malsfeld, 29. Mai 2020 Henning Reinhardt

# Inhaltsverzeichnis


Vorwort ..... VII

Abkürzungsverzeichnis ..... XIII

I. Einleitung ..... 1

1 Gegenstand der Arbeit ..... 3

2 Zum Stand der Forschung ..... 5

2.1 Darstellungen des Abendmahlsstreites und der Konkordiengeschichte ..... 6
2.2 Beiträge der Bucerforschung ..... 11
2.3 Beiträge der Lutherforschung ..... 14
2.3.1 Biographische Ansätze ..... 15
2.3.2 Beiträge zu Luthers Abendmahlslehre ..... 17
2.3.3 Beiträge zu Luthers Lehre von der *fides infantium* ..... 17

3 Zu dieser Arbeit ..... 19

3.1 Quellenlage ..... 19
3.2 Eigenes Forschungsvorhaben ..... 20

II. Darstellung ..... 25

Teil I: Die Vorgeschichte des Konkordienkonventes ..... 27

1 Luthers Hoffnung auf eine Konkordie ..... 27

1.1 Bucers Bemühungen um eine Konkordie vor dem Augsburger Reichstag ..... 28
1.2 Bucers Bemühungen um eine Konkordie auf dem Augsburger Reichstag ..... 41
1.3 Bucers Besuch bei Luther auf der Veste Coburg ..... 60
1.3.1 Die Quellenlage ..... 60
*Exkurs I:* Luthers Tischreden als historische Quelle ..... 63
1.3.2 Luthers Unterredungen mit Bucer ..... 70
1.3.3 Die Bedeutung der Coburger Gespräche für Luther ..... 79
1.4 Die Auseinandersetzung um Bucers Einigungsschrift ..... 81

1.4.1 Die erste Fassung von Bucers Einigungsschrift ......... 84
1.4.2 Die erste Fassung der Einigungsschrift im Urteil Oekolampads und Zwinglis ........................... 88
1.4.3 Luthers Urteil über die zweite Fassung der Einigungsschrift ........................................ 89
1.4.3.1 Die zweite Fassung der Einigungsschrift ............... 89
1.4.3.2 Luthers Gutachten für Kurfürst Johann vom 16. Januar 1531 ........................................ 93
1.4.3.3 Luthers Brief an Bucer vom 22. Januar 1531 ............ 96
1.4.3.4 Weitere Stellungnahmen Luthers ...................... 105
1.4.4 Bucers Versuche einer Nachbesserung ................ 108
1.4.4.1 Bucers Brief an Landgraf Philipp vom 5. Februar 1531 . 108
1.4.4.2 Bucers Brief an Luther vom Februar 1531 .............. 111
1.4.5 Die Beurteilung von Bucers Nachbesserungsversuchen durch Luther ............ 116
1.4.5.1 Luthers Gutachten für Kurfürst Johann vom 16. Februar 1531 ........................................ 116
1.4.5.2 Das Wittenberger Gutachten für Kurfürst Johann vom 16./17. Februar 1531 ............................ 118
1.4.5.3 Weitere Stellungnahmen Luthers ...................... 120
1.5 Der Wiederbeginn des Abendmahlsstreites in Augsburg ....... 124
1.6 Das politische Gewicht der Verständigungsbemühungen ....... 127

2 Luthers Abwendung von den Konkordienbemühungen ............ 131

2.1 Luthers Bruch mit Bucer ..................................... 132
2.2 Der Fortgang des Streites um das Abendmahl ................ 144
2.2.1 Luthers Sendbrief an Albrecht von Preußen ............ 144
2.2.2 Luthers Warnbrief an die Frankfurter ................ 148
2.2.3 Luthers Zerwürfnis mit den Augsburger Prädikanten .. 155
2.2.3.1 Der Streit um das Abendmahl ......................... 156
2.2.3.2 Die Auseinandersetzung mit der päpstlich orientierten Kirche ................................. 168
2.2.4 Der Abendmahlsstreit in Kempten ...................... 172
2.3 Luther und die Verhandlungen um den Nürnberger Anstand .. 182

3 Luthers neue Hoffnung auf eine Konkordie ..................... 185

3.1 Melanchthons Einsatz für eine Konkordie .................... 186
3.2 Das Kolloquium von Kassel .................................. 194
3.2.1 Die Einladung durch Landgraf Philipp ............... 194
3.2.2 Luthers Vorbereitungen für das Kasseler Kolloquium .. 199
3.2.3 Die Kasseler Verhandlungen ........................... 214
3.2.4 Luthers Urteil über das Verhandlungsergebnis ......... 222

3.3 Luthers Urteil über die Apologie Ambrosius Blarers ............ 232
3.4 Luthers Aussöhnung mit den Augsburger Prädikanten ......... 236
*Exkurs II:* Die *lectio Pomerani* und ihr historischer Ort ............. 250
3.5 Luthers Korrespondenz mit den oberdeutschen Städten ........ 266
3.6 Der Basler Konvent und die *Confessio Helvetica Prior* .......... 279

Teil II: Der Konkordienkonvent ........................................ 293

4 Der Wittenberger Konkordienkonvent ............................ 293

4.1 Die Quellenlage ................................................ 294
4.2 Die Zusammenkunft in Wittenberg ........................... 304
4.2.1 Das Vorfeld der Verhandlungen ........................ 304
4.2.2 Die Verhandlungen zum Abendmahl ................. 314
4.2.2.1 Der Verlauf der Verhandlungen ........................ 314
4.2.2.2 Die Auswertung der Verhandlungen ................. 345
4.2.2.3 Der Abendmahlsartikel ................................ 360
4.2.3 Die Verhandlungen über Taufe und Schlüsselamt ...... 373
4.2.3.1 Die Verhandlungen über die Taufe .................... 379
4.2.3.2 Die Auswertung der Verhandlungen über die Taufe .... 402
4.2.3.3 Der Artikel über die Taufe ............................ 405
4.2.3.4 Die Verhandlungen über die Schlüsselgewalt ........... 417
4.2.3.5 Die Auswertung der Verhandlungen über die Schlüsselgewalt ........................................ 422
4.2.3.6 Der Artikel *De absolutione* ............................ 423
4.2.4 Die Verhandlungen über die Reichweite des *ius reformationis* .................................... 426
4.2.5 Die Verhandlungen über Schule, Umgang mit den *reliqua* und Zeremonien ........................... 442
4.2.6 Gottesdienste und gegenseitige Besuche ............. 448
4.2.7 Die abschließenden Vereinbarungen zum weiteren Verfahren ........................................... 453

Teil III: Auswertung ............................................... 471

5 Martin Luther und die Wittenberger Konkordie (1536) ............ 471

Anhänge .............................................................. 483

Anhang I: Die von Friedrich Myconius über den Verlauf des Wittenberger Konkordienkonventes angefertigten Aufzeichnungen 485

Anhang II: Friedrich Myconius an Veit Dietrich, 11. Juni 1536 ........ 491

Anhang III: Zwicks Ergänzungen zum Bericht der Oberdeutschen .... 499

Anhang IV: Synopse mit Auszügen aus verschiedenen Textfassungen des deutschen Konkordienartikels über Taufe und Absolution (1536) ........ 511

Literaturverzeichnis ........ 515

1 Quellen ........ 515

1.1 Ungedruckte Quellen ........ 515

1.2 Gedruckte Quellen (Alte Drucke und moderne Editionen) ........ 516

2 Hilfsmittel ........ 521

3 Sekundärliteratur ........ 522

Register ........ 535

Register der Bibelstellen ........ 537

Personenregister ........ 539

Ortsregister ........ 543

Sachregister ........ 545

# Abkürzungsverzeichnis

Die Abkürzungen[1] folgen, soweit es nicht anders vermerkt ist, Siegfried M. Schwertner: TRE Abkürzungsverzeichnis. Berlin ²1994. Die in den einzelnen Archiven gebräuchlichen Abkürzungen und die dazugehörigen Signaturen sind dem Verzeichnis der ungedruckten Quellen zu entnehmen.

| | |
|---|---|
| AMS | Archive municipale Strasbourg |
| AST | Archive Saint-Thomas, Straßburg |
| BDS | Bucers Deutsche Schriften |
| BOL | Opera Latina Martini Buceri |
| BSELK | Die Bekenntnisschriften der Evangelisch-Lutherischen Kirche. Vollständige Neuedition |
| BSLK | Bekenntnisschriften der evangelisch-lutherischen Kirche |
| BSRK | Bekenntnisschriften der reformierten Kirche |
| ca. | circa |
| CA | Confessio Augustana |
| cf. | vergleiche |
| CR | Corpus Reformatorum |
| D | deutsche Fassung (bei bilingualen Editionen) |
| DDStA | Martin Luther: Deutsch-deutsche Studienausgabe |
| DRTA.JR | Deutsche Reichstagsakten, Jüngere Reihe |
| DWB | Deutsches Wörterbuch |
| EdAlt | Luthers Werke, Altenburg (1661) |
| EdEisl | Luthers Werke, Eisleben (1564) |
| EdLpz | Luthers Werke, Leipzig (1729) |
| f. | Seitenzählung bei ungedruckten Quellen |
| FB | Forschungsbibliothek |
| HAB | Herzog August Bibliothek, Wolfenbüttel |
| HBBW | Heinrich Bullingers Briefwechsel |
| Huber: Relation | Kurztitel für den handschriftlichen Bericht Kaspar Hubers[2] |
| Itinerar | Itinerar des Wolfgang Musculus (1536) |
| L | lateinische Fassung (bei bilingualen Editionen) |
| MBBW | Martin Bucers Briefwechsel |
| MBW | Melanchthons Briefwechsel |
| MBWReg | Melanchthons Briefwechsel, Regesten |

[1] Zu den mit Abkürzungen bezeichneten gedruckten Quellen cf. Verzeichnis der gedruckten Quellen.

[2] Cf. Verzeichnis der ungedruckten Quellen unter Forschungsbibliothek Gotha, Chart. A 91.

| | |
|---|---|
| MycBr | Friedrich Myconius an Veit Dietrich, 11. Juni 1536[3] |
| ‚Narratio' | Aufzeichnungen des Friedrich Myconius vom Konkordienkonvent[4] |
| n. d. | nach dem |
| NDWB | Deutsches Wörterbuch. Neubearbeitung[5] |
| OsGA | Osiander Gesamtausgabe |
| PC | Politische Correspondenz der Stadt Strassburg |
| r | recto |
| RBS | Reformierte Bekenntnisschriften |
| S. | Seite |
| SBB | Staatsbibliothek zu Berlin |
| Schieß I | 1. Band des Briefwechsels der Brüder Ambrosius und Thomas Blaurer |
| StA | Staatsarchiv |
| StudA | Martin Luther Studienausgabe |
| ThHSTA | Thüringisches Hauptstaatsarchiv, Weimar |
| UB | Universitätsbibliothek |
| v | verso |
| VadBW | Briefwechsel des Joachim Vadian |
| v. d. | vor dem |
| vs. | gegen |
| WABr | Briefwechsel Martin Luthers |
| WADB | Die Deutsche Bibel. Martin Luther |
| WATR | Tischreden Martin Luthers |
| Walch[1] | Dr. Martin Luthers ... (1740–1753) |
| Walch[2] | Dr. Martin Luthers sämmtliche Schriften (1880–1910) |
| ‚Zwick' | Johannes Zwicks Ergänzungen zum Bericht der Oberdeutschen über den Konkordienkonvent[6] |
| Zwingli | Huldreich Zwinglis sämtliche Werke |
| ZwingliS | Huldrici Zuinglii Opera (Schuler-Schulthess) |

[3] Cf. Anhang II.
[4] Cf. Anhang I.
[5] Cf. Verzeichnis der Hilfsmittel.
[6] Cf. Anhang III.

# I. Einleitung

# 1. Gegenstand der Arbeit

Der Name ‚Wittenberger Konkordie' bezeichnet den Versuch einer innerevangelischen Verständigung in der Lehre vom Abendmahl und in einigen weiteren strittigen Fragen, der nach einer jahrelangen und wechselvollen Vorgeschichte im Mai 1536 auf dem Wittenberger Konkordienkonvent zwischen Theologen der oberdeutschen Reichsstädte und Kursachsens zu einem vorläufigen Abschluss kam. Am Anfang der Bemühungen um diese Verständigung steht der Straßburger Theologe Martin Bucer. Mit ihm und nicht mit Martin Luther beginnt die Geschichte der Wittenberger Konkordie. Luther musste für dieses Unternehmen zunächst gewonnen, seine Hoffnung auf die Möglichkeit einer solchen Verständigung erst geweckt werden.

Die Bedeutung der Konkordie besteht theologiegeschichtlich darin, dass sie neben dem aus Luthers Sicht immer ungelöst gebliebenen Konflikt mit den an Zürich orientierten Theologen der Eidgenossenschaft den anderen Ausgang darstellt, den der erste evangelische Streit um das Abendmahl nehmen sollte. Ihre Bedeutung für die Person und die Theologie Martin Luthers beruht darauf, dass – wie Brecht zutreffend bemerkt hat – der Streit um das Abendmahl neben der Auseinandersetzung mit der Papstkirche der langwierigste und bedeutendste Streit gewesen ist, den Luther zu führen hatte.[1] Entsprechende Bedeutung kommt daher aus Luthers Sicht dem Prozess zu, der sich über einen Zeitraum von knapp sechs Jahren in zwar wechselnder, immer wieder aber hochgradiger Intensität in der Auseinandersetzung mit verschiedenen Verständigungsangeboten vollzog und schließlich auf dem Theologenkonvent von Wittenberg nach persönlichen Unterredungen in eine schriftlich fixierte Stellungnahme Luthers und der seiner Seite zuzurechnenden Theologen mündete, mit deren Hilfe der Streit beigelegt werden sollte.

Die vorliegende Arbeit versteht sich somit zum einen als ein Beitrag zu der biographischen und theologischen Forschung zu Martin Luther. Zum anderen soll die Arbeit im Blick auf die Geschichte der Konkordie den spezifischen Anteil erfassen, den Luther in seiner Beschäftigung mit den Verständigungsangeboten, die an ihn herangetragen oder von ihm wahrgenommen wurden, und in der Formulierung eigener Angebote zum Verständigungsprozess und der schließlich

[1] Cf. BRECHT: Luthers Beziehungen, 497.

in Wittenberg formulierten Verständigungslösung beigetragen hat. Bevor aber die Fragestellung der Arbeit detaillierter entfaltet werden kann, ist zunächst der gegenwärtige Stand der Forschung darzustellen.

# 2. Zum Stand der Forschung

Fast unmittelbar nach der Unterzeichnung in Wittenberg setzte der Streit um die Deutung der Wittenberger Konkordie ein. Greifbar wird er zunächst in den immer wieder neuen Auslegungsversuchen, die Martin Bucer dem Abendmahlsartikel gegenüber den Theologen der eidgenössischen Kirchen und anderen Kritikern gab, und in den auf diese antwortenden Erwiderungen.[1] Im Rahmen der ersten Darstellung des ersten Abendmahlsstreites, die 1538 von Johann Stumpf verfasst wurde, wurde auch dieser Streit um die Deutung der Konkordie aufgenommen.[2]

Erneut wurde die Frage nach der Deutung der Wittenberger Konkordie in den literarischen Auseinandersetzungen um das lutherische Konkordienwerk ab den 1570er Jahren gestellt. Auf die Flut der Beiträge, die damals publiziert wurden, kann in diesem Zusammenhang nicht eingegangen werden.[3] Bemerkenswert ist allerdings ein zweifacher Eindruck, den die Lektüre der Schriften hinterlässt: Zum einen wird deutlich, dass in diesen Publikationen bereits einige der Quellen vorgelegt wurden, deren Kenntnis bis heute für eine sachgemäße Beschäftigung mit dem Konkordienkonvent als unverzichtbare Voraussetzung anzusehen ist. Dies betrifft den sog. Bericht der Oberdeutschen, der von Bucer im Anschluss an den Konvent verfasst wurde, genauso wie den Brief des Myconius an Dietrich vom 11. Juni 1536 und die lateinischen Aufzeichnungen des Myconius.[4] Zum anderen sind die Verfasser von einem sachgerechten Umgang mit den Quellen *sine studio et ira* allerdings weit entfernt. In der Beurteilung und im Verständnis der Konkordie differieren sie vor allen Dingen darin, dass sie diese und die entsprechenden Konkordienartikel entweder vom Kontext der vorangehenden oder nachfolgenden Veröffentlichungen Bucers her oder im Zusammenhang der Theologie Luthers deuten.

[1] Cf. dazu nach wie vor die Darstellung von Köhler: Zwingli und Luther II, 464–469; 480–509; 511–525. Ein Teil der von Bucer verfassten Erläuterungen ist abgedruckt in BDS 6/1,209–388.

[2] Cf. dazu die Edition von Büsser: Beschreibung.

[3] Cf. dazu die Darstellung bei Dingel: Concordia controversa, 39–279.

[4] Cf. dazu besonders [Herdesianus]: Historia der Augspurgischen Confession; Selnecker: Epistola A4r–B4v; ders.: Forma concordiae, A3r–Br; ders.: Grundtliche warhafftige Historia, tr-v4r. Zu den drei genannten Quellen und ihrer Bedeutung für die Rekonstruktion der Vorgänge auf dem Theologenkonvent cf. unten Kapitel 4.1.

Die bisher angeführten Werke wird man somit zwar als Teil der frühen Rezeptionsgeschichte der Wittenberger Konkordie, nicht aber als Beiträge zur Forschungsgeschichte verstehen können.[5] Die erste im Geist der Unparteilichkeit und Mäßigung verfasste Darstellung, die auf die Geschichte der Wittenberger Konkordie eingeht, ist Plancks ‚Geschichte der Entstehung, der Veränderungen und der Bildung unsers protestantischen Lehrbegriffs'. Mit ihr beginnt daher die Forschungsgeschichte zur Wittenberger Konkordie. Die sie ausmachenden Beiträge lassen sich grob in drei Gruppen unterteilen: theologiegeschichtliche Darstellungen des Abendmahlsstreites und der Konkordiengeschichte (2.1), Veröffentlichungen aus der Forschung zu Martin Bucer (2.2) und schließlich Arbeiten zur Person und Theologie Martin Luthers (2.3).

### *2.1 Darstellungen des Abendmahlsstreites und der Konkordiengeschichte*

Planck folgt bei seiner Darstellung aus dem Jahr 1788 dem Prinzip der pragmatischen Historiographie, dass Geschehnisse ausschließlich als Auswirkungen menschlichen Handelns und seiner Motive angesehen und dargestellt werden dürfen.[6] Die Ausführungen über die Konkordie sind hier eingebettet in eine Darstellung der Bemühungen um die Ausweitung des Schmalkaldischen Bundes. Luthers Position wird dabei so beschrieben, dass er den politischen Zusammenschluss im Bewusstsein bestehender Lehrdifferenzen geduldet habe, um so eine theologische Annäherung zu erleichtern.[7] Bucers wird anhand seiner Schriften ausführlich dargestellt und dabei als Zwinglianer eingeordnet.[8] Als Stationen auf dem Weg nach Wittenberg finden bereits der Schweinfurter Tag, Luthers Sendbriefe von 1532/33, der Kasseler Konvent mit der von Luther aufgesetzten Instruktion für Melanchthon, der Besuch der Augsburger bei Luther und dessen Einladung an die Oberdeutschen vom 5. Oktober 1535 Erwähnung.[9] Die Konkordie selbst wertet Planck als vollständigen Anschluss der Oberdeutschen an Luther, der unter dem Eindruck von Luthers Persönlichkeit, allerdings ohne innere Überzeugung erfolgt sei.[10] Bucer habe später die Einigung in seinem Sinn umgedeutet. Dieser Auffassung entsprechend deutet Planck auch die

---

[5] Diese Rezeptionsgeschichte würde freilich eine eigene Darstellung verdienen.

[6] Cf. zu Planck und zur Methode der pragmatischen Kirchengeschichtsschreibung Meinhold: Geschichte, 97–99; Mühlenberg: Göttinger Kirchenhistoriker, 232–255; und zuletzt Nooke: Planck, 329–340.

[7] Cf. Planck: Geschichte, 339f und A. 166 unter Berufung auf Luthers Brief an Bucer vom 22. Januar 1531. Zur Auslegung cf. unten Kapitel 1.4.3.3.

[8] A. a. O., 360–362.

[9] Cf. a. a. O., 347–353; 366–375.

[10] Cf. a. a. O., 384.

Differenzen zwischen dem Bericht, den der Straßburger über die Verhandlungen verfasste, und dem Brief des Myconius.[11]

In seiner 1839 als Streitschrift gegen die altpreußische Union konzipierten Veröffentlichung „Reformation, Luthertum und Union" stellt Rudelbach die Wittenberger Konkordie als Beispiel einer gelungenen Verständigung dar.[12] Die Arbeit führt in verschiedener Hinsicht über Planck hinaus: Zumindest kurz erwähnt werden Bucers Besuch auf der Coburg und die im Anschluss verfasste Einigungsschrift.[13] Bei der Behandlung des Konventes werden Taufe, Absolution und Obrigkeit als weitere Gesprächsthemen benannt. Die Verhandlungen werden nach den einzelnen Tagen dargestellt und die versammelten Teilnehmer genannt. Grundlage der paraphrasierenden Darstellung sind der Bericht der Oberdeutschen und der Brief des Myconius nach der Ausgabe Walch$^1$.[14] Gegen Planck behauptet Rudelbach, dass Bucer und die Oberdeutschen aus wirklicher Überzeugung umgekehrt seien.[15]

Ebrard grenzt in seiner theologiegeschichtlichen Studie von 1846 erstmals die abendmahlstheologische Position Bucers deutlich gegenüber Zwingli ab: Bucer lehre anders als dieser eine reale Gegenwart des Leibes, der durch die Seele angeeignet werde.[16] Auch stellt Ebrard erstmals die Uminterpretation dar, die Bucer mit den von Luther gebrauchten Begriffen der *unio sacramentalis* und der *manducatio oralis* vornimmt.[17] Im Blick auf die Deutung der oberdeutschen Zustimmung zur Konkordie teilt er die Position von Planck.[18]

Heppe geht in seiner Arbeit über die konfessionelle Entwicklung des deutschen Protestantismus von 1854 in seinem Kapitel über die Wittenberger Konkordie auf den Konkordienartikel ein. Die Verhandlungen auf dem Konvent übergeht er dabei. Seinem Urteil nach handelt es sich bei dem Artikel um ein „dogmatisches Zwitterding", das weder einfach der Position Luthers noch der Auffassung Melanchthons oder der Schweizer entspreche.[19]

Das ‚Amtliche Gutachten' der theologischen Fakultät Marburg von 1855 geht bei seiner Frage nach dem Bekenntnisstand der hessischen Kirche auch auf die Wittenberger Konkordie ein. Inhaltlich wird dem Artikel eine Doppeldeutigkeit bescheinigt. Auf der Grundlage des oberdeutschen Berichtes wird aber behauptet, dass Bucer im Verlauf der Verhandlungen die Gruppe der *impii* von den *indigni* unterschieden habe und dass Luther und seine Leute somit um die hier

11 Cf. a. a. O., 380 f und A. 210; 390.
12 Cf. Rudelbach: Reformation, 363–397. Zu seiner Person cf. Kloeden: Art. Rudelbach, Andreas Gottlob, Col. 919–923.
13 Cf. Rudelbach: Reformation, 366; 369.
14 Cf. a. a. O., 381–387.
15 Cf. a. a. O., 377 und A. 46.
16 Cf. Ebrard: Dogma, 364 f; 367.
17 Cf. a. a. O., 372 f.
18 Cf. a. a. O., 381 f.
19 Cf. Heppe: Entwicklung, 80 f.

bestehende Differenz gewusst hätten.[20] Von Bedeutung ist darüber hinaus eine Einschätzung, die den Status des Artikels und seine Form betrifft. Im Gutachten wird nämlich behauptet, dass der Artikel eine Vereinbarung sei, „über die von beiden Seiten nicht hinausgegangen werden dürfe“[21].

Die Arbeit von Hassencamp aus dem Jahr 1864 zeichnet sich in den Abschnitten über die Geschichte der Konkordie zunächst durch eine um den 2. Band des *Corpus Reformatorum* verbreiterte Quellenbasis aus. Dies schlägt sich besonders in einer ausführlichen Darstellung der von Bucer während des Augsburger Reichstages geführten Gespräche nieder.[22] Erstmals wird hier auch die Stuttgarter Konkordie erwähnt und in ein Verhältnis zu Luther gesetzt.[23] Bedeutsam ist dieser Beitrag aber vor allen Dingen wegen seiner ausführlichen Darstellung des Konkordienkonventes. Besonders gilt dies für die Verhandlungen über das Abendmahl. Hassencamp verfährt hier allerdings überwiegend so, dass er den Bericht der Oberdeutschen und den Brief des Myconius paraphrasiert. Punktuell werden einige der mehrdeutigen Formulierungen analysiert.[24] Weiterführend sind auch die Ausführungen zu den Gesprächen über andere Themen, die während des Konventes besprochen wurden. Auch die Verhandlungen über die *fides infantium* werden dabei aufgegriffen.[25] Das Ergebnis der Verhandlungen wertet Hassencamp als „eine Art Vermittlung“. Der fixierte Artikel hat nach seinem Urteil nur „den Schein eines entschieden lutherischen, allen Forderungen Luthers genügenden Bekenntnisses“.[26]

Der von Schmid im Jahr 1868 verfasste Beitrag nimmt einen von ihm im Jahr 1857 veröffentlichten Aufsatz zur Wittenberger Konkordie in leicht veränderter Form auf.[27] Er besteht im Wesentlichen aus aneinandergereihten Quellenzitaten und vernachlässigt die Frage nach der Mehrdeutigkeit der gebrauchten Formulierungen. Das von Hassencamp erreichte Reflexionsniveau wird damit unterschritten. Schmid kommt im Blick auf die Konkordie zu dem Urteil, dass Luther der Einigung seine Zustimmung gegeben habe, „weil die Oberländer sich jetzt vollständig zu seiner Abendmahlslehre bekannten“.[28]

Als eigenständiger Forschungsbeitrag ist in diesem Zusammenhang auch Koldes Artikel über die Wittenberger Konkordie in der 3. Auflage der Real-Encyklopädie zu würdigen.[29] Kolde wertet hier eine deutlich erweiterte Quellen-

20 ‚Amtliches Gutachten‘, 36–38.

21 A. a. O., 35.

22 Cf. Hassencamp: Hessische Kirchengeschichte II, 81–93.

23 Cf. a. a. O., 111; 116; 122. Zur Kritik an Hassencamps Darstellung cf. unten Kapitel 3.1.

24 Cf. a. a. O., 135–142.

25 Cf. a. a. O., 146–153.

26 A. a. O., 140; 145.

27 Cf. [Schmid:] Wittenberger Konkordie, 1–34; ders.: Kampf, 1–29.

28 A. a. O., 29.

29 Cf. Kolde: Wittenberger Konkordie, 383–399. Es handelt sich hierbei um eine geringfügig überarbeitete Fassung des Artikels aus der 2. Auflage der Real-Encyklopädie. Cf. Kolde: Wittenberger Konkordie (2. Auflage), 222–239.

basis aus. Das gilt neben den Ausgaben der Briefe Luthers von de Wette und Enders[30] besonders für den von ihm selbst edierten Teilauszug aus dem Itinerar des Wolfgang Musculus[31], aber auch für ein Manuskript von Bucers Einigungsschrift aus dem Jahr 1530 und die Aufzeichnungen des Johann Forster über den Augsburger Abendmahlsstreit.[32] Die Darstellung der Vorgänge auf dem Konkordienkonvent ist ungemein detailreich. Im Blick auf das Ergebnis urteilt Kolde, dass Luther unnachgiebig geblieben sei und dass die Formel eine „durchweg lutherische Fassung" aufweise.[33] Bucer habe ehrlich seine Zustimmung gegeben, nach dem Konvent dann aber wieder eine abweichende Deutung vertreten.[34] Formal bestimmt Kolde den Abendmahlsartikel zutreffend als eine vorläufige Eintrachtsformel und weist darauf hin, dass von einem wirklichen Abschluss der Konkordie nicht gesprochen werden kann.[35]

Die von Bizer im Jahr 1940 vorgelegten Studien[36] zeichnen sich zunächst dadurch aus, dass Bestände aus dem Konstanzer Stadtarchiv und aus dem Zürcher Staatsarchiv, die sog. ‚Acta Wittenbergica', einbezogen werden.[37] Außerdem erfasst Bizer präziser als die vorangehenden Arbeiten die spezifische abendmahlstheologische Position Bucers.[38] Über das Ergebnis des Konkordienkonventes urteilt er, dass Luther wissentlich einer Abendmahlslehre seine Zustimmung erteilt habe, die von seinen eigenen Überzeugungen in zweifacher Weise abwich. Vor allen Dingen mit den von Bizer zur Begründung seines Urteils vorgetragenen Argumenten wird sich jeder Versuch einer Deutung der Konkordie auseinandersetzen müssen.[39]

Im gleichen Jahr wie Bizer hat Grass seine Arbeit über die Abendmahlslehre Luthers und Calvins vorgelegt. Am Ende des Luther gewidmeten 1. Teils findet sich eine Erörterung der Konkordiengeschichte.[40] Die Vorgeschichte zum Konvent wird hier sehr knapp gehalten und steht ohne erkennbaren inhaltlichen Zusammenhang neben der Darstellung zum Konkordienkonvent.[41] In seiner Deutung des Konvents urteilt Grass, es sei Luther bewusst gewesen, dass es für Bucer zwischen den *impii* und den *indigni* einen Unterschied gegeben habe.

---

[30] Cf. Kolde: Wittenberger Konkordie, 384.
[31] Cf. Kolde: Analecta, 216–230.
[32] Cf. Kolde: Wittenberger Konkordie, 388 und 392.
[33] A. a. O., 396.
[34] Ebd.
[35] A. a. O., 397; 399.
[36] Die zweite Auflage von 1962 ist nur um einige kurze Anmerkungen vermehrt. Cf. dazu Bizer: Studien, 363. Zum konfessionspolitischen Kontext der 4. Bekenntnis-Synode von Halle (1937) cf. a. a. O., 1; ders.: Abendmahlsstreit, 358.
[37] Cf. dazu auch die vorgelegten Editionen in Bizer: Martin Butzer (1938), 203–237 und (1939) 68–87 sowie ders.: Aktenstücke, 214–252.
[38] Cf. Bizer: Studien, 3.
[39] Cf. dazu a. a. O., 122–129.
[40] Cf. Grass: Abendmahlslehre (1940), 124–169.
[41] Cf. a. a. O., 124–127.

Ob Luther aber verstanden habe, worin diese Differenz genau bestanden habe, sei zweifelhaft.[42] Er sieht den sichersten Anhalt für die Vermutung, dass Luther Bucer bewusst entgegen gekommen sei, im Konkordienartikel.[43] Die im Jahr 1954 erschienene zweite Auflage des Werkes von Grass weist gegenüber der ersten Auflage drei Unterschiede auf: 1. Die Jahre 1529–36 werden ausführlicher dargestellt. Ihr Zusammenhang mit dem Konvent bleibt aber unreflektiert.[44] 2. Grass verstärkt sein Urteil und behauptet nun, dass Bucer sich „mit ziemlicher Sicherheit" nicht zu Luthers Lehre von der *manducatio impiorum et oralis* bekannt habe. Man habe auf der Seite der Wittenberger gewusst, dass für Bucer *indigni* und *impii* nicht identisch seien. Ob man aber erkannt habe, dass der *modus perceptionis* bei Bucer immer *mente* sei, bleibe zweifelhaft.[45] 3. Grass bestimmt die Form des Artikels dahingehend, dass er nicht als beiderseitig verpflichtendes Unionsbekenntnis, sondern als Rechtgläubigkeitserklärung der Oberdeutschen anzusehen sei.[46]

Der 1953 posthum erschienene zweite Band von Köhlers Darstellung des ersten Abendmahlsstreites zeichnet sich dadurch aus, dass die Menge der Archivalien durch die Berücksichtigung der Simmlerschen Abschriftensammlung aus Zürich und der Stadtarchive von Konstanz, Ulm, Lindau und Straßburg noch einmal deutlich vermehrt wird.[47] Die Darstellung von Vorgängen und Konventen in den einzelnen Reichsstädten und unter den Eidgenossen[48] nimmt einen großen Raum ein. Besonders ausführlich werden immer wieder Schriften Bucers aufgegriffen.[49] Auch die politischen Zusammenhänge wie die zeitgleich geführten Verhandlungen um die Gründung und Entwicklung des Schmalkaldischen Bundes und anderer Zusammenschlüsse werden ausgiebig thematisiert.[50] Die Auseinandersetzung mit den wichtigen Quellen ist bemerkenswert gründlich. Das gilt auch dort, wo Luther betroffen ist. Problematisch ist aber, dass der innere Zusammenhang der Ereignisse über der Fülle des gebotenen Stoffes nicht deutlich wird. Am ehesten gelingt dies noch im Blick auf die theologische Position Martin Bucers. Für Luther aber bleibt die Frage nach dem Zusammenhang der einzelnen Ereignisse im Wesentlichen unbeantwortet. Das Ergebnis der Konkordienverhandlungen beurteilt Köhler in Abgrenzung von Bizer als „Schein"[51]. Die bestehenden Differenzen seien vertuscht worden. Welche inhalt-

42 Cf. a. a. O., 131.
43 Cf. a. a. O., 132.
44 Cf. Grass: Abendmahlslehre (1954), 130–138.
45 Cf. a. a. O., 145.
46 Cf. a. a. O., 150.
47 Cf. Köhler: Zwingli und Luther II, VII.
48 Cf. dazu etwa a. a. O., 249–251; 262–273; 302–313; 319 f; 395–431.
49 Cf. etwa a. a. O., 243–247; 320–325;3 26–330; 383 f.
50 Cf. a. a. O., 238–241; 251 f; 273–276; 289–292.
51 A. a. O., 449.

liche Deutung Luther den abschließenden Vereinbarungen zur Abendmahlslehre und dem entsprechenden Artikel gab, bleibt undeutlich.[52]

Die Arbeiten von Sasse und Kittelson/Schurb sowie Opper bieten gegenüber den vorangehenden Beiträgen keine weiterführenden Einsichten.[53] Die den von Marburg bis Leuenberg reichenden Konkordienversuchen gewidmete Studie von Martin Friedrich ist, soweit sie die Geschichte der Wittenberger Konkordie betrifft, ebenfalls nicht als eigenständige Forschungsleistung anzusehen. In der Deutung der Konkordie schließt sie sich Bizers Votum an.[54] Der als letzte Veröffentlichung zur Wittenberger Konkordie anzusehende TRE-Artikel von Kaufmann wirft mit der Behauptung, die Vorgeschichte der Konkordie sei „kaum vor 1534 greifbar"[55], die Frage nach dem Verhältnis zwischen der Konkordie und den vorangehenden Verständigungsbemühungen auf. Die Frage nach dem inhaltlichen Charakter der Konkordie beantwortet Kaufmann dahingehend, dass man das Problem der unterschiedlichen Deutungen des Wortes *indigni* „ausgespart" habe.[56] Unklar bleibt dabei aber, in welchem Ausmaß diese Differenz den Akteuren bewusst gewesen sein soll.

Ungenügend erscheinen die bislang vorliegenden Arbeiten vor allen Dingen in dreifacher Hinsicht: Zunächst einmal werden die verschiedenen schriftlichen und mündlichen Beiträge Luthers und der anderen Beteiligten nur selten als aufeinander bezogene Teile eines Kommunikationsprozesses wahrgenommen. Das ihnen eigene Profil bleibt auf diese Weise ebenso undeutlich wie der zwischen den einzelnen Interventionen bestehende Zusammenhang. Des Weiteren werden die Quellen besonders im Fall Luthers nur in Ausnahmefällen in ihrer argumentativen Struktur erfasst. Schließlich ist zu bemängeln, dass für Vorkommnisse vor dem Konvent nur vereinzelt danach gefragt wird, welche Deutung Luther ihnen gab und in welchen Zusammenhängen er sie sah. Auch in den noch aufzugreifenden Beiträgen der Lutherforschung wird diese Perspektive allenfalls gelegentlich eingenommen. Dadurch aber wirken in den Darstellungen verschiedene Veröffentlichungen, Äußerungen und Entscheidungen Luthers merkwürdig unmotiviert.

## 2.2 *Beiträge der Bucerforschung*

Als früher Beitrag der Bucer-Forschung ist hier zunächst die 1860 von Baum veröffentlichte Doppelbiografie zu Bucer und Capito zu nennen. Im dritten Ab-

---

[52] Cf. a. a. O., 455.

[53] Cf. KITTELSON/SCHURB: Wittenberg Concord; SASSE: Corpus Christi; OPPER: Johannes Bernhard.

[54] Cf. FRIEDRICH: Von Marburg bis Leuenberg, 54–57.

[55] KAUFMANN: Wittenberger Konkordie, 244.

[56] A. a. O., 246.

schnitt wird dort aus der Sicht der beiden Straßburger das Konkordienwerk mit samt den vorangehenden Verhandlungen dargestellt.[57] Auch wenn dies zumeist im Einzelnen nicht angegeben ist, ist die Darstellung im Wesentlichen aus den Straßburger Archivalien gearbeitet.[58] Allerdings erschöpft sie sich weitgehend in der Nacherzählung verschiedener Briefe. Den Ausführungen über den Konvent liegt nur der oberdeutsche Bericht in einer Fassung zugrunde. Der Abendmahlsartikel wird lediglich erwähnt.[59]

Eells legte im Jahr 1931 eine weitere Bucer-Biographie vor. Die theologischen Auseinandersetzungen um das Abendmahl und die Wittenberger Konkordie sind hier ausführlich berücksichtigt.[60] Das Werk ist besonders im Blick auf die äußeren Abläufe sehr sorgfältig aus den Quellen gearbeitet. Der Fokussierung auf Bucer bringt es mit sich, dass Luther eine Person am Rand bleibt. Andererseits benennt Eells verschiedentlich sehr treffend die Bedeutung Luthers für die von Bucer angestrebte Verständigungslösung.[61] Über das Ergebnis des Theologenkonventes urteilt er, man habe auf beiden Seiten die unterschriebenen Worte auf unterschiedliche Weise verstanden.[62]

Die von Hazlett im Jahr 1975 vorgelegte Dissertation stellt die Entwicklung von Bucers Abendmahlslehre während der Jahre von 1523 bis 1534 dar. In ihrem 4. und 5. Kapitel nimmt sie die Jahre 1530–34 in den Blick. Hazlett zeigt hier, dass Bucer auch in der Zeit, in der er mit Luther und Melanchthon über das Abendmahl verhandelte, bei aller Anpassungsfähigkeit im Gebrauch von Begriffen seiner grundlegenden Überzeugung treu blieb, dass der Leib Christi ausschließlich durch den Glauben gegessen werden könne.[63]

Eine kleine Studie von de Kroon aus dem Jahr 1986[64] thematisiert erstmals ausführlich die Wittenberger Verhandlungen über das *ius reformationis*. Dabei werden auch neue Quellen aus Zürcher und Konstanzer Beständen zugänglich gemacht und intensiv ausgewertet.[65] Allerdings ist die Darstellung nahezu ausschließlich an Bucer orientiert. Luthers Anteile an den Gesprächen und seine theologische Position werden erkennbar nachrangig berücksichtigt.

Die von Reinhold Friedrich[66] zu Bucers Abendmahls- und Kirchenverständnis veröffentlichte Dissertation aus dem Jahr 1990 ist vor allen Dingen als das Ergebnis einer fleißigen Quellensammlung anzusehen. Problematisch ist aber das star-

---

57 Cf. Baum: Capito und Butzer, 466–478; 498–521.

58 Cf. a. a. O., XIII.

59 Cf. a. a. O., 512 und 515.

60 Cf. Eells: Martin Bucer, 99–118; 139–145; 160–165; 173–204.

61 So heißt es über Bucers Besuch auf der Coburg: „[...] he stood face to face with the man who had more power than any other to confer success or failure on his efforts for peace." A. a. O., 109. Cf. ähnlich a. a. O., 106.

62 Cf. a. a. O., 204.

63 Cf. Hazlett: Development, 330 und 411.

64 de Kroon: Syllogismus, 158–185.

65 Cf. dazu im Einzelnen unten Kapitel 4.2.4 und A. 701 (S. 427).

66 Cf. Friedrich: Martin Bucer.

ke apologetische Interesse, das die Sicht auf den Verständigungsprozess immer wieder erkennbar beeinträchtigt. Darüber hinaus werden die Quellen ganz überwiegend paraphrasiert, ohne dass eine tiefergehende Analyse oder Deutung geboten würde.[67] So bleibt diese Studie ebenso wie der ebenfalls von Friedrich vorgelegte Artikel über Bucers abendmahlstheologische Position im Gehalt hinter den älteren Darstellungen bei Bizer, Köhler und Hazlett deutlich zurück.[68]

Auch die 1990 von Greschat vorgelegte Biographie bietet in dem die Konkordie betreffenden Teil keine neuen Erkenntnisse.[69]

Die 1992 erschienene Monographie von Kaufmann über die Abendmahlstheologie der Straßburger Reformatoren arbeitet klar heraus, dass Bucer nicht vom Beginn des Streites an ein auf Frieden und Ausgleich bedachter Vermittler gewesen ist, sondern dass er erst im Jahr 1528 eine entsprechende Wende vollzog. Für den vorliegenden Zusammenhang ist besonders die Analyse zu Bucers Auslegung von Luthers Abendmahlsschrift von 1528 und seinen dortigen Ausführungen zur *unio sacramentalis* von Bedeutung.[70]

Der in den Kongressbänden der *Actes du colloque de Strasbourg* abgedruckte Beitrag Brechts über Bucer und Luther zeichnet die Entwicklung dieser Beziehung in fünf Phasen nach. Für die vierte Phase, deren Beginn er auf das Jahr 1530 legt, wählt er den Titel „Der lange Weg zur Konkordie“[71]. Damit markiert er aber einen Umstand, der so vor ihm nicht benannt worden ist: nämlich, dass die zeitliche Erstreckung der Bemühungen um eine Verständigung bemerkenswert und damit auch erklärungsbedürftig ist.

Neuser hat in seiner im selben Aufsatzband erschienenen Erörterung von Bucers konfessioneller Position den Straßburger als „Zwinglianer eigener Art“ dargestellt, der niemals mit der spiritualistischen Grundeinstellung Zwinglis gebrochen habe.[72]

Die Arbeit von de Laharpe schließlich, die Bucers Darstellung in den Tischreden Luthers nachgeht, hat darin ihren Wert, dass sie diese besonderen Überlieferungsbestände, durch ihr Erkenntnisinteresse geleitet, systematisch erfasst und in Ansätzen auch auswertet. Problematisch ist aber, dass sie dabei weitgehend auf eine Kontextualisierung von Luthers Äußerungen verzichtet. So ergeben sich falsche Deutungen und werden vorschnell Widersprüche in Luthers Haltung postuliert.[73]

---

[67] Dass Schirrmacher: Anwalt, 144 die Arbeit dennoch eine „gründliche und wichtige Dissertation“ nennt, muss daher verwundern.

[68] Cf. Friedrich: Streit, 49–65. Gleiches gilt für ders.: Ökumene, 257–268.

[69] Cf. dazu Greschat: Martin Bucer. Das die Konkordie betreffende Kapitel wurde für die 2. Auflage aus dem Jahr 2009 nicht überarbeitet.

[70] Cf. dazu Kaufmann: Abendmahlstheologie, 420–437.

[71] Brecht: Bucer und Luther, 359.

[72] Cf. Neuser: Position, 703.

[73] Cf. dazu de Laharpe: Porträt.

Buckwalter hat in einer kleinen Studie in einem Aufsatzband aus dem Jahr 2011 die Entwicklung von Bucers Abendmahlsverständnis in Beziehung zu seiner Auseinandersetzung mit Täufergruppen gesetzt. Ausgehend von Bucers Verständnis von Joh 6,55 entfaltet er zutreffend dessen Vorstellung von einer zweifachen, parallel sich vollziehenden Nießung.[74]

Mundhenk hat im selben Sammelband einen Beitrag über das Verhältnis Bucers zu Luther und Melanchthon im Jahr 1531 auf der Grundlage ihrer Korrespondenz erarbeitet.[75] Für den vorliegenden Kontext ist der Beitrag ohne größeren Wert, da zum einen die theologische Auseinandersetzung um das Abendmahl bewusst nachrangig behandelt wird[76], zum anderen bei den Briefen die argumentative Struktur der einzelnen Äußerungen und ihre enge Bezogenheit aufeinander nicht beachtet wird.

Die von Klöckner im Jahr 2014 veröffentlichte Dissertation über Bucers Tätigkeit als theologischer Vermittler und seine Bedeutung für die evangelikale Debatte um die Ökumene greift in ihrem zweiten Kapitel zwar auch den Abendmahlsstreit und die Wittenberger Konkordie auf. In den entsprechenden Ausführungen schließt sie sich aber überwiegend den Arbeiten von Martin Friedrich an und bietet aus historischer Sicht keine weiterführenden Erkenntnisse.[77]

Über die genannten Beiträge hinaus sind natürlich die beeindruckenden Leistungen im Bereich der Bucer-Editionen BDS, BOL und MBBW zu nennen, die in dieser Arbeit verwendet werden können.

### *2.3 Beiträge der Lutherforschung*

Die Forschungsarbeiten zu Martin Luther sind Legion. Es kann in diesem Zusammenhang daher nur auf Arbeiten eingegangen werden, die sich im Verlauf der eigenen Auseinandersetzung in Anknüpfung und Abgrenzung als ergiebige oder anregende Gesprächspartner erwiesen haben. Diese Beiträge lassen sich in drei Gruppen aufteilen: Da sind zunächst die Arbeiten, die sich im Rahmen von biographischen Ansätzen mit der Wittenberger Konkordie beschäftigen (2.3.1). Daneben sind Arbeiten zu berücksichtigen, die sich mit Luthers Abendmahlslehre auseinandersetzen (2.3.2). Schließlich werden auch Beiträge aufgegriffen, die sich mit einem Sonderproblem von Luthers Tauflehre, nämlich mit der *fides infantium* (2.3.3), befassen.

---

[74] Cf. Buckwalter: Entwicklung, 105.
[75] Cf. Mundhenk: Beziehung, 205–216.
[76] Cf. a. a. O., 208.
[77] Cf. Klöckner: Martin Bucer, 56–68.

### 2.3.1 Biographische Ansätze

In der von Köstlin verfassten und in der 5. Auflage von Kawerau überarbeiteten, zweibändigen Lutherbiographie nehmen die Vorgänge um die Wittenberger Konkordie einen breiten Raum ein. Die Einbettung in den lebensgeschichtlichen Gesamtzusammenhang führt allerdings dazu, dass die Darstellung immer wieder durch andere Themen unterbrochen wird.[78] Im Blick auf den Konvent werden der Myconius-Brief, der von Theodor Kolde edierte Teilauszug des von Musculus verfassten Tagebuchs und die Aufzeichnungen des Augsburger Predigers Forster ausgewertet. Die verschiedenen Fassungen des oberdeutschen Berichtes werden erstmals in ihrer literarischen Abhängigkeit zutreffend beschrieben.[79] Kurz erwähnt und an einer Stelle mit dem Brief des Myconius verglichen wird außerdem eine von diesem geschriebene „kürzere Fassung". Auch wenn entsprechende Angaben fehlen, wird es sich hierbei zweifelsohne um die von Myconius verfassten Notizen handeln, die in der vorliegenden Arbeit als ‚Narratio' aufgenommen und ausgewertet werden.[80] Der Abendmahlsartikel wurde nach der Darstellung von Köstlin und Kawerau von den unterzeichnenden Parteien unterschiedlich verstanden. Verwiesen wird dabei auf eine öffentliche Erklärung Bucers, der Luther nicht widersprochen habe.[81] Auch wenn dies nicht ausdrücklich gesagt wird, lässt sich hieraus die Einschätzung doch erschließen, dass Luther um die bestehende Differenz in der Deutung gewusst haben muss.

Die von Edward im Jahr 1975 vorgelegte Studie über Luthers Auseinandersetzungen mit anderen reformatorischen Theologen folgt in ihren Ausführungen zur Wittenberger Konkordie erkennbar der Darstellung von Köhler.[82] Der eigenen Zielsetzung nach sollen weniger die theologischen Differenzen als vielmehr die Beweggründe und der Streit um die Autorität der beteiligten Personen aufgegriffen werden.[83] In der Durchführung werden diese beiden wichtigen Fragestellungen für die Geschichte der Bemühungen um eine Verständigung in der Abendmahlslehre allerdings nicht stringent verfolgt, und die Ergebnisse bleiben daher bescheiden.[84] Gleichwohl führt die Fragestellung selbst über die bis dahin vorliegenden Arbeiten hinaus, da sie den Blick auf das Selbstverständnis der Akteure und ihre in der Auseinandersetzung wirksamen Motive lenkt.

Brecht ist in seinem Beitrag für die 1983 zum 500. Geburtstag Luthers herausgegebene Festschrift der Frage nach Luthers Beziehungen zu den Oberdeut-

---

[78] Cf. dazu Köstlin/Kawerau: Martin Luther II, 241–243; 253–255; 290; 315–317; 325–356.

[79] Cf. a. a. O., 666 A. 3.

[80] Cf. unten 3.1 Quellenlage und Kapitel 4.1.

[81] Cf. a. a. O., 346.

[82] Cf. Edwards: False Brethren, 127–155.

[83] Cf. a. a. O., 4 f.

[84] Cf. a. a. O., 143 und 155.

schen und den Schweizern in den Jahren 1530/31 bis 1546 nachgegangen.[85] Er stützt sich auf die Arbeiten von Bizer und Köhler und möchte vor allen Dingen Luthers theologisches Profil und seine komplexe, zum Teil schwierige Persönlichkeit herausarbeiten.[86] Die Ausführungen zu Luthers Theologie stellen aber gegenüber den Arbeiten von Bizer und Köhler keinen Fortschritt dar. Luthers Persönlichkeit wird einseitig aus der Wiedergabe oberdeutscher und eidgenössischer Urteile dargestellt und für das wiederholte Stagnieren der Verständigungsbemühungen verantwortlich gemacht.[87] Als erster merkt Brecht in diesem Zusammenhang auch an, dass die Bemühungen um eine Verständigung im Jahr 1531 nicht mehr vorangehen wollten.[88] Eine Erklärung bietet er freilich nicht. Das Ergebnis der mündlichen Verhandlungen um die Abendmahlslehre wird als einseitiges Zugeständnis der Oberdeutschen gedeutet. Im Anschluss an Köhler wird unter Bezugnahme auf den Konkordienartikel behauptet, es bestehe kein Anhalt für die Einschätzung, dass Luther der Gegenseite einen Deutungsspielraum zugestanden oder diesen auch nur in Kauf genommen habe.[89] In seiner später vorgelegten Lutherbiographie hat Brecht diesen Aufsatz in leicht überarbeiteter Form übernommen.[90]

Die von Leppin in seiner Biographie geleistete Auseinandersetzung mit der Konkordie muss im Zusammenhang seiner These verstanden werden, dass das Jahr 1525 im Leben Luthers eine Wende markiere, nach der er zunehmend an den Rand des Geschehens gerückt sei.[91] Entsprechend werden auch die Vorgeschichte der Konkordie und der Konvent selbst so gedeutet, dass Luther nur eine marginale Rolle zugeschrieben wird. Erst im Mai 1536 sei er in die vorher von Bucer und Melanchthon geführte Auseinandersetzung einbezogen worden, und auch dann habe er sich mit einem *fait accompli* arrangieren müssen.[92] Es wird zu zeigen sein, dass diese Darstellung am tatsächlichen Verlauf der Ereignisse schlicht vorbeigeht.

Die von Schilling vorgelegte Biographie erwähnt die Wittenberger Konkordie gerade einmal am Rande. Aufschlussreich aber sind die Andeutungen über die heilsgeschichtliche Sicht, die Luther auf den Abendmahlsstreit hatte.[93] Die zuletzt von Lyndal Roper veröffentlichte Biographie stellt im Blick auf die Wittenberger Konkordie und ihre Vorgeschichte keinen weiterführenden Forschungsbeitrag dar.[94]

---

[85] Cf. dazu mit Brecht: Luthers Beziehungen, 497–517.

[86] Cf. a. a. O., 497.

[87] Cf. dazu etwa Zitate aus Briefen von Bucer und Ambrosius Blarer a. a. O., 498; 500; 501; 502.

[88] Cf. a. a. O., 499.

[89] Cf. a. a. O., 509.

[90] Cf. Brecht: Martin Luther II, 394 f und III, 48–60.

[91] Cf. Leppin: Martin Luther, 257.

[92] Cf. a. a. O., 310 f.

[93] Cf. Schilling: Martin Luther, 406 f. Cf. dazu auch bereits Lienhard: Martin Luthers christologisches Zeugnis, 147.

[94] Cf. Roper, Mensch, 421–423; 450–456.

### 2.3.2 Beiträge zu Luthers Abendmahlslehre

Grundlegend für die Darstellung von Luthers Abendmahlslehre ist nach wie vor die Studie von Peters zur Realpräsenz aus dem Jahr 1960. Sie fußt vor allen Dingen auf den großen Abendmahlsschriften der Jahre 1525, 1527 und 1528. Die Wittenberger Konkordie selbst wird in diesem Werk kaum thematisiert.[95] Für die vorliegende Arbeit ist es vor allen Dingen wegen der gründlichen Entfaltung von Luthers Abendmahlslehre von Bedeutung.[96]

Darüber hinaus sind mit den Beiträgen von Baur, Slenczka und Schwarz drei kleinere Studien aus jüngerer Zeit zu nennen, die sich besonders mit Luthers Verständnis der *unio sacramentalis* beschäftigen.[97] Sie sind von Bedeutung, weil Bucer der entsprechenden Passage in Luthers Abendmahlsschrift von 1528 eine ganz bestimmte Auslegung gab, die er Luther und den Theologen seiner Seite immer wieder unterbreiten sollte. Diese Deutung aber lässt sich in ihrer Profilierung nur richtig einordnen, wenn zugleich erfasst ist, wie Luther selbst über die mit dieser Formel benannte Bestimmung des Verhältnisses zwischen Christi Leib und Blut auf der einen und den Elementen auf der anderen Seite gedacht hat. Die genannten Forschungsbeiträge aber lassen erkennen, dass in dieser Frage bis heute noch kein umfassendes Einverständnis erreicht ist.

### 2.3.3 Beiträge zu Luthers Lehre von der *fides infantium*

Wie aus den Ausführungen über die Arbeit von Hassencamp hervorgeht[98], wurde auf dem Konvent auch über die Taufe und dabei namentlich über die Frage nach der *fides infantium* gesprochen. Wie Luther den Kinderglauben verstand und welche Bedeutung ihm im Rahmen seiner Tauftheologie zukam, hat umfassend systematisch als erster Brinkel in seiner Studie von 1957 zu beantworten versucht. Er kommt dabei zu dem Ergebnis, dass Luther die Überzeugung, dass den Kindern bei der Taufe ein eigener Glaube mitgeteilt werde, von 1517 an bis zu seinem Lebensende trotz unterschiedlicher Akzentuierungen unverändert beibehalten habe.[99] Die Konkordienverhandlungen nimmt Brinkel auf, weil er glaubt, dass Luther hier zwar in den Gesprächen seine eigene Vorstellung vertreten habe. Der Taufartikel aber wird von ihm dahingehend gedeutet, dass Luther sich gegenüber den Oberdeutschen in der Frage, wie man sich die *fides infantium* vorzustellen habe, nicht habe durchsetzen können.[100] Der hier

---

[95] Cf. aber PETERS: Realpräsenz, 130 A. 75.

[96] Auf die letzte große Studie zu Luthers Abendmahlslehre von WENDTE bin ich bedauerlicherweise erst nach Abschluss der Arbeit gestoßen. Cf. WENDTE: Die Gabe und das Gestell.

[97] Cf. BAUR: Luther, 13–28; SLENCZKA: Neubestimmte Wirklichkeit, 79–98; SCHWARZ: Selbstvergegenwärtigung, 19–49.

[98] Cf. oben 2.1.

[99] Cf. BRINKEL: Fides infantium, 68.

[100] Cf. a. a. O., 62 f.

vorliegenden Differenz aber habe er keine kirchentrennende Bedeutung beilegen wollen.[101]

Grönvik geht in seiner gründlichen Studie zu Luthers Taufauffassung bei der Erörterung von Luthers Verteidigung der Kindertaufe auf den Kinderglauben ein.[102] Die Konkordienverhandlungen greift er nicht auf. Bedeutsam für den vorliegenden Kontext sind seine über Brinkel hinausgehenden Ausführungen zu Luthers Verständnis von der unterschiedlichen Bedeutung, die die Vernunft für den Glauben von Säuglingen und Mündigen nach seiner Auffassung haben sollte.[103]

Huovinen hat in seiner im Jahr 1997 veröffentlichten Arbeit die *fides infantium* unter anderem im Rahmen von Luthers Auffassung der *duplex iustitia* entfaltet.[104] Auf dieser Grundlage widerspricht er Brinkels Bewertung des Wittenberger Taufartikels.[105]

---

[101] Cf. a. a. O., 69.
[102] Cf. Grönvik: Taufe, 154–172.
[103] Cf. a. a. O., 165–171.
[104] Cf. Huovinen: Fides infantium, 23–43 und 160.
[105] Cf. a. a. O., 156–160.

# 3. Zu dieser Arbeit

## 3.1 *Quellenlage*

Die vorliegende Studie greift die Anregung von de Laharpe[1] auf und bezieht in die Darstellung neben Briefen, Veröffentlichungen und Aufzeichnungen Luthers, Bucers und anderer wichtiger Akteure auch die reichhaltige Tischredenüberlieferung ein. Berücksichtigt werden dabei aber nicht nur Tischreden, die einen Bezug zu Bucer aufweisen, sondern in denen allgemeiner der Konkordienprozess oder der Konvent thematisiert werden. In einem eigenen Exkurs wird über die Frage nach der historischen Zuverlässigkeit dieser Quellen und nach einem verantwortbaren Umgang mit ihnen Rechenschaft abgegeben.[2]

Außerdem werden in dieser Arbeit einige Texte erstmals aufgenommen: Dies betrifft zunächst einen Zettel, auf dem Luther sich in seiner Auseinandersetzung mit einigen Thesen Bucers im September 1530 auf der Coburg Notizen gemacht hat.[3] Außerdem wird zum ersten Mal in vollem Umfang ein an Luther gerichteter Brief der beiden Kemptener Geistlichen Johann Seeger und Johann Rottach vom 10. Juli 1533 ausgewertet. Er ist bislang nur in einer Teiledition in der Weimarer Ausgabe der Briefe Luthers zugänglich.[4] Ohne Auswertung ist bislang auch die Niederschrift einer Gedankensammlung geblieben, die Luther kurz vor dem Kasseler Konvent im Dezember 1534 angefertigt haben muss.[5] Für die Darstellung des Konkordienkonventes wird erstmalig neben dem Brief des Myconius auch der von ihm verfasste kürzere Bericht aufgenommen, auf den in der Biographie von Köstlin/Kawerau bereits verwiesen wird.[6] Das Itinerar des Musculus wird nicht mehr in der von Kolde vorgelegten Teiledition, sondern erstmals in einer neuen, ungekürzten Ausgabe herangezogen.[7]

Schließlich wird ein Stück aus der Bugenhagen-Überlieferung, das von Bizer in seiner Studie dem Kontext der Konkordienverhandlungen zugewiesen wor-

---

[1] Cf. oben S. 13.
[2] Cf. unten Exkurs I (S. 63–70).
[3] Cf. unten S. 50–60.
[4] Cf. unten Kapitel 2.2.4.
[5] Cf. dazu S. 200.208–211.
[6] Cf. dazu Kapitel 4.1 und 4.2 und Anhang I.
[7] Cf. zu beiden Ausgaben S. 296 f und A. 19.

den und seitdem entsprechend gedeutet worden ist, im Rahmen eines Exkurses wieder in seinen eigentlichen historischen Kontext eingeordnet.[8]

### 3.2 *Eigenes Forschungsvorhaben*

Die vorliegende Arbeit trägt den Titel „Martin Luther und die Wittenberger Konkordie (1536)". Sie möchte das Verhältnis, das zwischen Martin Luther und der Wittenberger Konkordie besteht, in verschiedenen Hinsichten klären.

Die Darstellung setzt für diese Klärung mit dem Jahr 1528 ein. Die eigentliche Vorgeschichte des Konventes beginnt aus der Sicht Luthers, wie noch zu zeigen sein wird, im September 1530.[9] Bucers nahm seine Bemühungen um eine abendmahlstheologische Verständigung mit den Wittenbergern aber bereits zwei Jahre vorher auf. Diese Phase muss einbezogen werden, da sich nur so zeigen lässt, warum der September 1530 berechtigterweise im Blick auf Luther als deutlicher Einschnitt und Beginn der Konkordienverhandlungen anzusehen ist. Darüber hinaus entwickelte Bucer in dieser Zeit einen neuen theologischen Zugang zu Luthers Abendmahlstheologie, der sich auf die folgenden Jahre auswirken sollte. Und schließlich machte Luther in dieser Phase mit dem Streit um die Auslegung der beim Marburger Religionsgespräch erzielten Ergebnisse Erfahrungen, die sein Verhalten gegenüber seinen Opponenten nachhaltig prägen sollten.

Die Arbeit folgt der Geschichte der Konkordie bis zum Konvent im Mai 1536. Diese Begrenzung ist insofern rechenschaftsbedürftig, als Luthers letztes Wort zu den Bemühungen um eine Verständigung eigentlich erst im Jahr 1544 in Form seiner Schrift ‚Kurzes Bekenntnis vom heiligen Sakrament'[10] geäußert wurde. Im Blick auf die evangelischen Kirchenwesen der Schweiz, über deren Einbeziehung in die Konkordie zuvor verschiedentlich verhandelt worden war, bekräftigte er hier ausdrücklich den bereits 1528 in seiner Abendmahlsschrift vollzogenen Bruch.[11] Was Bucer anbelangt, ist der Befund komplexer[12]: Zur Zeit der Veröffentlichung seiner letzten Abendmahlsschrift gab Luther in vertrauter Runde deutlich zu verstehen, dass auch der Bruch mit dem Straßburger unumgänglich sei.[13] In der Schrift selbst erfolgte hingegen nur eine implizite Ab-

---

[8] Cf. dazu BIZER: Studien, 114f und A. 6 sowie unten Exkurs II (S. 250–253).

[9] Cf. dazu unten Kapitel 1.3.2 und 1.3.3.

[10] Cf. WA 54,119–167.

[11] Cf. etwa a. a. O. 141,17–26. Zur besonderen Beziehung Luthers zu den Basler Geistlichen und ihrer Obrigkeit cf. zuletzt BURNETT: Basel and the Wittenberg Concord, 33–56.

[12] Cf. dazu bereits in knappen Ausführungen BRECHT: Bucer und Luther, 365.

[13] „Buccer hat nach nichts geschrieben contra sacramentarios, hat auch nicht widerrufen, non canit palinodiam, bringt vns also mit in das spil. Ipsi persistunt in sua sapientia nobis dormientibus. Totus mundus cogitat nos cum illis consentire. Necesse est nos perrumpere amici-

sage.[14] In jedem Fall wird man den eigentlichen Schlusspunkt in der Auseinandersetzung auf das Jahr 1544 datieren müssen.

Die Entscheidung, die von 1536 bis 1544 dauernde Phase der Ratifizierung und der Zurückweisung der Konkordie aus der Darstellung auszunehmen, ist vor allen Dingen der Komplexität der Materie geschuldet. Die Verworrenheit der Entwicklung bis zum Konvent und die aus den Quellen erhebbare Dichte der Vorgänge während des Konvents, der zweifelsohne als das wichtigste Ereignis innerhalb der Konkordiengeschichte anzusehen ist, machten eine Konzentration zugunsten einer ausführlichen und eingehenden Darstellung und Analyse dieses ersten Teils der Konkordiengeschichte erforderlich. Nur wo es in der Auseinandersetzung um die Frage nach der Deutung, die Luther selbst der Konkordie gab, notwendig war, wurde vereinzelt auf schriftliche Zeugnisse zurückgegriffen, die außerhalb des angegebenen zeitlichen Rahmens zu verorten sind. Eine eingehende Aufarbeitung des auf den Konvent folgenden zweiten Teils der Konkordiengeschichte wäre allerdings ohne Frage wünschenswert.

Die vorliegende Arbeit möchte die Vorgeschichte und den Konvent konsequent als einen Prozess wechselseitiger Rezeption und Bezugnahme begreifen und bearbeiten. Deutlicher und systematischer als dies in den bereits vorliegenden Beiträgen zur Forschung geschehen ist, sollen so die verschiedenen Äußerungen Luthers und anderer in ihrem Verhältnis zueinander wahrgenommen und verstanden werden. Von besonderer Bedeutung ist dabei aufgrund der historischen Konstellation die Kommunikation zwischen Luther und Bucer: Bucer ist als Leser und Zuhörer Luthers und Luther als dessen Leser und Zuhörer zu verstehen. Nachdem die abendmahlstheologische Position Bucers durch die Arbeiten von Bizer und Buckwalter gut beschrieben ist, ist hier vor allen Dingen die Vorgeschichte durchgehend daraufhin zu analysieren, welche Auffassung Luther von der Position seines Gegenübers entwickelt hat. Dies betrifft besonders sein Verständnis von Bucers Deutung der *unio sacramentalis*. Um dieses angemessen erfassen zu können, muss aber auch Luthers eigenes Verständnis der *unio sacramentalis* geklärt werden. Ein besonderes Augenmerk muss bei der Analyse der wechselseitigen Auseinandersetzung zwischen Luther und seinen Opponenten den jeweiligen Argumentationsgängen gelten. Dabei ist zu klären, welche Gemeinsamkeiten Luther jeweils meinte wahrnehmen und voraussetzen zu können und welche Differenzen er diagnostizieren zu können glaubte. He-

tiam. Wir mussen vns ein mal scheiden. Ich muß noch ein confession lassen ausgehn." WATR 5, 5730 (333,21–25).

[14] „Er heisse Stenckefeld, Zwingel oder wie er wolle, Denn ich rechen sie alle in einen kuchen, wie sie auch sind, die nicht gleuben wollen, das des HErrn brot im Abendmal sey sein rechter natůrlicher Leib, welchen der Gottlose oder Judas eben so wol můndlich empfehet, als S. Petrus und alle Heiligen. Wer das (sage ich) nicht wil gleuben, der las mich nur zufrieden mit Brieven, schrifften oder worten. Und hoffe bey mir keiner gemeinschafft, Da wird nicht anders aus." WA 54,155,28–156,5.

rauszuarbeiten ist dabei auch, welche eigenen Denkvoraussetzungen für Luther in der Wahrnehmung und Beurteilung anderer Positionen leitend waren.

Im Blick auf die Person Luthers ist die von Eells, Edwards und zuletzt von Leppin aufgeworfene Frage nach seiner faktischen Bedeutung für den Konkordienprozess zu stellen. Dabei muss er in seinem Gegenüber zu Bucer und anderen oberdeutschen Theologen gesehen werden. Über die vorliegenden Arbeiten hinaus ist aber auch sein Verhältnis zu den Theologen seiner eigenen Seite in den Blick zu nehmen. Außerdem soll Köhlers Berücksichtigung der politischen Faktoren aufgenommen und im Blick auf Luther profiliert danach gefragt werden, welche Stellung er gegenüber den beteiligten politischen Entscheidungsträgern hatte, wie er mit Versuchen politischer Einflussnahme umgegangen ist und welchen Einfluss er wiederum auf die mit der Abendmahlsfrage eng verbundene Gründung und Entwicklung des Schmalkaldischen Bundes hatte. Auf diese Weise soll bestimmt werden, welchen Platz er im Gefüge der handelnden Personen einnahm und welchen spezifischen Beitrag er zum Konkordienprozess beisteuerte. Dabei soll auch die von Brecht gemachte Beobachtung, dass die Bemühungen um eine Verständigung einen so langen Zeitraum in Anspruch nahmen, aufgenommen und nach den Ursachen und nach möglichen Anteilen Luthers gefragt werden. Für verschiedene Stationen auf dem „langen Weg" nach Wittenberg wiederum soll herausgearbeitet oder zumindest begründet vermutet werden, welche Bedeutung ihnen aus Luthers Sicht zukam und in welchen Zusammenhängen er sie verortete.

Von diesem Blick auf die tatsächliche Bedeutung, die Luther für den Gang der Ereignisse zuzuschreiben ist, ist allerdings seine eigene Wahrnehmung, wie er selbst seine Rolle in den Auseinandersetzungen gesehen hat, noch einmal zu unterscheiden. Hier kann der Nachweis von Schilling, dass Luther den vorangehenden Streit um das Abendmahl vor einem eschatologischen Horizont wahrgenommen hat, aufgenommen und vertieft werden. Ebenso ist dann aber zu fragen, in welcher Weise Luther die Vorgänge theologisch interpretierte und wie nach seiner Auffassung Gott in die Ereignisse involviert war.

Im Blick auf die Vorgeschichte und den Konvent wird die vorliegende Arbeit außerdem danach fragen, welche Anforderungen Luther an eine Konkordie gestellt hat und ob sich hier Veränderungen beobachten lassen. Über die bisherigen Forschungsbeiträge hinaus soll neben den inhaltlichen Vorstellungen, die Luther hatte, auch die Frage nach der funktionalen Bedeutung der Konkordie, welche Auswirkungen die Konkordie nach seinem Urteil also haben sollte, gestellt werden. Außerdem wird zu zeigen sein, welche Relevanz für ihn die Frage der persönlichen Glaubwürdigkeit seiner Opponenten hatte und durch welche Vorkommnisse diese Frage aus seiner Sicht immer wieder aufgeworfen wurde. Schließlich soll herausgearbeitet werden, welche Forderungen Luther im Blick auf den Umgang der Gegenseite mit den von ihnen im Abendmahlsstreit vertretenen Positionen erhob und welches Gewicht er diesen Forderungen beilegte.

Für den Konkordienkonvent ist vor allen Dingen die bislang noch nicht im Konsens geklärte Frage aufzunehmen, wie das Ergebnis der Wittenberger Verhandlungen um die Abendmahlslehre einzuordnen ist: ob es sich um eine echte Verständigung gehandelt hat, bei der die Oberdeutschen Luthers Position übernommen haben (Planck, Rudelbach, Schmid, Kolde, Brecht); ob die Konkordie eine Einigung bei bestehenden Differenzen, die Luther bewusst waren (Köstlin/Kawerau, Bizer und etwas abgeschwächt Grass), gewesen ist; oder ob Luther hier ohne Einsicht in den bestehenden Dissens blieb (Köhler). Deshalb wird den Fragen nachzugehen sein, wie Luther die von den Oberdeutschen akzeptierte Lösung gedeutet hat und ob sie nach seinem Urteil in den von ihm als relevant erachteten Punkten seiner eigenen Position entsprach. In dieser Weise ist sowohl mit den über die Konventsverhandlungen berichtenden Quellen als auch mit dem Konkordienartikel zu verfahren.

Für die Beschäftigung mit dem Artikel ist außerdem die verschiedentlich gestellte Frage nach seiner Form (cf. ‚Amtliches Gutachten', Grass) aufzunehmen und zu klären, in welches Verhältnis Luther sich durch seine Unterschrift zu der im Text formulierten Lehre setzte.

An die Arbeiten von Rudelbach, Hassencamp und de Kroon anknüpfend ist auch nach den anderen auf dem Konvent behandelten Themen zu fragen. Näherhin soll gefragt werden, wie es überhaupt dazu kam, dass über sie gesprochen wurde, welche Rolle Luther bei diesen Entscheidungen spielte und welche Bedeutung er ihnen im Rahmen der Konkordienbemühungen zuerkannte. Wie beim Abendmahl ist inhaltlich zu klären, wie Luther das Ergebnis der Verhandlungen deutete und ob er meinte, sich mit seinen Forderungen durchgesetzt zu haben. Auch hier müssen neben den abschließend formulierten und unterzeichneten Texten die Quellen zu den vorangehenden Verhandlungen ausgewertet werden. Im Fall der Beratungen um die *fides infantium* wird auch der Dissens zwischen Brinkel und Huovinen aufzunehmen sein.

Im Blick auf die Terminologie sind der Darstellung noch zwei Hinweise vorauszuschicken: Im heutigen Sprachgebrauch, der vor allen Dingen durch die sog. Leuenberger Konkordie geprägt sein dürfte, bezeichnet das Wort ‚Konkordie' einen ausformulierten Lehrtext. In der vorliegenden Arbeit wird mit dem Begriff im Anschluss an den Sprachgebrauch des 16. Jahrhunderts ein Verhältnis theologischer Übereinstimmung bezeichnet. Mit dieser sprachlichen Entscheidung ist allerdings kein Präjudiz im Blick auf die Frage verbunden, ob es sich bei der Wittenberger Konkordie faktisch auch wirklich um eine gelungene Verständigung gehandelt hat. Von dem auf dem Wittenberger Konvent formulierten und unterzeichneten Abendmahlstext wird durchgehend als Konkordienartikel gesprochen.[15] Da Luther, wie zu zeigen sein wird, auch die Verständigungen zu

[15] In der Forschungsliteratur gehen beide Begriffe häufig durcheinander. Von den Artikeln als „Konkordie" sprechen etwa Heppe: Entwicklung, 80; Schmid: Kampf, 20; Brecht: Luthers Beziehungen, 509; Friedrich: Martin Bucer, 54.

Taufe und Schlüsselgewalt als integrale Bestandteile der Konkordie verstand, wird auch deren entsprechende textliche Fixierung als Konkordienartikel bezeichnet.[16]

In der Forschung hat es sich eingebürgert, dass von einer Gruppe der „Oberdeutschen“ gesprochen wird. Dieser Begriff wird auch in dieser Arbeit verwendet. Entscheidend ist dabei aber, dass er hier ausschließlich in seinem geographischen Sinn verstanden wird. Er bezeichnet somit Theologen, die in den süd- und südwestdeutschen Reichsstädten tätig waren. Keineswegs impliziert er hingegen, dass es sich bei diesen Personen um eine Gruppe mit einer übereinstimmenden theologischen Ausrichtung gehandelt hat. Zwischen einem Bonifatius Wolfart und einem Matthäus Alber lagen jenseits ihrer Gegnerschaft gegenüber dem päpstlich orientierten Kirchentum ihrer Zeit erhebliche theologische Differenzen, die in besonderer Weise den hier zu behandelnden Bereich der Sakramente betrafen.

Zur äußeren Gestaltung des Textes ist anzumerken, dass die Wiedergabe von Zitaten aus ungedruckten Quellen und alten Drucken buchstabengetreu erfolgt: Konsonantisches u und i werden ebenso beibehalten wie vokalisches v und j. Auch die Zeichensetzung wird übernommen. Ligaturen und gebräuchliche Abkürzungen werden stillschweigend aufgelöst. In dieser Weise wurde auch bei der Transkription der Quellen in Anhang IV vorgegangen. Für die Anhänge I–III wurde nach den editorischen Empfehlungen der „Arbeitsgemeinschaft außeruniversitärer historischer Forschungseinrichtungen“ verfahren.[17]

[16] Zur Bedeutung, die Luther der Verständigung über Taufe und Schlüsselgewalt zuerkannte, cf. unten S. 374.

[17] Cf. ARG 72 (1981), 299–315.

# II. Darstellung

## Teil I: Die Vorgeschichte des Konkordienkonventes

# 1. Luthers Hoffnung auf eine Konkordie

Ab Ende September 1530 hoffte Luther darauf, dass es gelingen könnte, innerhalb des evangelischen Lagers zu einer Übereinkunft in der Abendmahlslehre zu finden. Das vorliegende Kapitel zeichnet nach, wie sich diese Hoffnung bei Luther einstellen konnte. Seinen Ausgang nimmt es bei den Verständigungsbemühungen, mit denen Martin Bucer im Jahr 1528 begann. Eine Analyse der damals von ihm veröffentlichten Schrift ‚Vergleichung D. Luthers und seins gegentheyls vom Abentmal Christi' wird zeigen, in welcher Weise er Luthers Abendmahlsschrift ‚Vom Abendmal Christi. Bekenntnis' rezipierte und für seine Konkordienbestrebungen fruchtbar zu machen versuchte. Ein Blick auf das Marburger Religionsgespräch wird zeigen, wie groß Luthers Misstrauen gegen den Straßburger zunächst war. Die sich an das Kolloquium anschließende Auseinandersetzung um dessen Deutung muss in den Blick genommen werden, weil Luther hier eine Erfahrung machte, die dazu führte, dass die Frage nach dem Vertrauen zu den Akteuren der anderen Seite und ihren Verhandlungsabsichten für ihn eine herausragende Rolle spielen sollte (1.1).

Nach dem Marburger Religionsgespräch sollten Bucer und Luther im September 1530 ein weiteres Mal persönlich zusammentreffen. Diese erste Zusammenkunft auf der Coburg wird aus den vorliegenden Quellen rekonstruiert und als Einschnitt profiliert. Dabei werden neben der sachlichen Auseinandersetzung auch die persönliche und die verfahrenstechnische Ebene in den Blick genommen (1.3). Darüber hinaus nahm Luther die Auffassungen Bucers im Wesentlichen aus dessen Schriften wahr. Luther wird daher als Leser Bucers darzustellen sein. Hier wird vor allem die Frage im Mittelpunkt stehen, welches Bild er sich von der Abendmahlstheologie des Straßburgers machen konnte und welche Anforderungen an eine Konkordie er stellte (1.2 und 1.4). Außerdem sollen in diesem Zusammenhang auch die amtstheologischen Voraussetzungen herausgearbeitet werden, unter denen Luther sich und sein eigenes Handeln sah und verstand.

Auf den erneuten Ausbruch der Auseinandersetzungen um das Abendmahl in Augsburg ist schließlich einzugehen, weil sich die beteiligten Akteure auf den begonnenen Verständigungsprozess bezogen und Luther mit diesen Bezugnahmen konfrontiert wurde (1.5). Die theologischen Entwicklungen in dieser Stadt sollten ihn in den Jahren bis zum Konkordienkonvent in erheblicher Weise beschäftigen.

Abschließend soll in kurzen Darlegungen der Frage nachgegangen werden, welche politischen Auswirkungen die von Bucer und Luther unternommenen Bemühungen um eine Konkordie im Umfeld der Gründung des Schmalkaldischen Bundes hatten (1.6).

## *1.1 Bucers Bemühungen um eine Konkordie vor dem Augsburger Reichstag*

Bucer begann sein Werk als Vermittler mit der Veröffentlichung seiner Schrift ‚Vergleichung D. Luthers und seins gegentheyls vom Abentmal Christi' im Juni 1528.[1] Kaufmann hat in seiner Studie über die Straßburger Abendmahlstheologie herausgearbeitet, dass der Straßburger sich hier nicht nur mit einer „neuen Dringlichkeit" zu Wort meldete, sondern dass er nun auch eine neue Strategie verfolgte: Hatte er zuvor behauptet, dass man sich zwischen den Lagern in den wesentlichen Punkten der Lehre einig sei, von diesem Konsens aber die Differenzen in der Abendmahlslehre als Unterschiede von nachrangiger Bedeutung bewusst ausgenommen, so vertrat er nun die Auffassung, dass man auch im Blick auf die Gegenwart Christi im Abendmahl in den wesentlichen Aspekten übereinstimme.[2]

Gleich zu Beginn des in Dialogform verfassten Werkes stellt Arbogast, in dem Bucer selbst zu erkennen ist[3], gegenüber dem gemäßigten Lutheranhänger Sebolt die These auf, „das D. Luther in der hauptsumm von der gegenwertigkeyt Christi im Abentmal nit anders halte dann eben unsere prediger".[4] Den Inhalt der Hauptsumme fasste Bucer in die folgende Worte:

> „[...] wo die glaubigen durch die zeychen und wort des tods Christi im Abentmal erinnert, glauben und dancken dem Herrn, das er sein leib und blůt fůr sie geben hat, das sie alsdenn durch den glauben und im geyst den leib Christi und sein blůt warlich haben und niessen; das wie das brot und der wein leiblich also der leib und das blůt Christi geystlich genossen werden."[5]

Auch in methodischer Hinsicht lässt das Werk eine deutliche Veränderung erkennen: Hatte Bucer sich zunächst auf die Schriften des jüngeren Luther in polemischer Absicht bezogen, um im Vergleich mit dessen späteren Aussagen den Nachweis einer theologischen Selbstwidersprüchlichkeit zu erbringen und ihn somit im Diskurs zu diskreditieren, so legte er nun in dieser Schrift primär Luther durch Luther aus. Das Ziel war nun nicht mehr vordringlich die kämpfende Widerlegung, sondern die Etablierung einer von Bucer vertretenen

---

[1] Datiert ist Bucers Schrift im Vorwort auf den 21. Juni 1528. Cf. BDS 2,306,14.
[2] Cf. dazu KAUFMANN: Abendmahlstheologie, 428.
[3] Cf. BDS 2,302f; ähnlich cf. KAUFMANN: Abendmahlstheologie, 424.
[4] BDS 2,308,7–9.
[5] A.a.O., 16–22.

Lutherdeutung.[6] Letztlich zielten diese Bemühungen aber wohl nicht nur auf die „an Luther orientierte reformatorische Öffentlichkeit“[7], sondern auch auf diesen selbst und die maßgeblichen Theologen seiner Seite. Ausdrücklich vermerkte Bucer in seiner Schrift nämlich, dass diese „on ir wissen mit uns eyns seien und alleyn mit worten und nit hertzlicher meynung wider uns fechten.“[8] Offensichtlich sah Bucer sich in der Position dessen, der Luther – um eine hermeneutische Formel Schleiermachers zu bemühen[9] – besser verstand als dieser sich selbst und der diesem erst über seine Selbstmissverständnisse hinweghelfen und den Weg zu einer zutreffenden Auffassung von seiner eigenen Lehre bahnen musste. Im Zentrum von Bucers Deutung stand der von Luther in seiner Schrift ‚Vom Abendmahl Christi. Bekenntnis‘ verwendete Begriff der *unio sacramentalis.* Es ist daher erforderlich, dass zunächst Luthers eigene Position entfaltet wird.

In dem Abschnitt über die *praedicatio identica* war Luther der Frage nachgegangen, mit welchem Recht in den Einsetzungsworten eigentlich gesagt werden könne, dass das Brot der Leib Christi sei. Ausgegangen war er dabei von der allgemein gegebenen Situation der ontischen Diversität[10], in der zwei unterschiedliche Entitäten unveränderlich als voneinander unterschieden erfahren werden und angesehen werden müssen: „Was ein mensch ist, kan nicht ein stein odder holtz sein, Und leidet sich nicht, das ich wolt von S. Paulo sagen: Das ist ein leiblicher stein odder holtz [...].“[11] In seinen weiteren Ausführungen ging er aber auf verschiedene Gegebenheiten ein, die nach seiner Auffassung nicht durch diesen Zustand der Diversität bestimmt waren. Als Beispiele nannte er die zwischen den Personen der Trinität bestehende *unio naturalis*, die zwischen den Naturen Christi bestehende *unio personalis* sowie eine *unio formalis*, wie sie etwa zwischen dem heiligen Geist und der Taube als seiner Offenbarungsgestalt vorliegen sollte. Außerdem verwies er auf eine „wirckliche einickeit“, wie sie etwa nach Psalm 104,4 zwischen einem Engel und einer Feuerflamme bestehen sollte.[12] Von diesen Formen der Einheit unterschied er nun die „sacrament-

[6] Cf. Kaufmann: Abendmahlstheologie, 434f. Die Korrektur des in der Forschung bis dahin einhellig vertretenen Bildes, dass Bucer sich während des gesamten Abendmahlsstreites als Vermittler zwischen Wittenberg und Zürich verstanden habe, gehört zu den wichtigen Verdiensten der Arbeit von Kaufmann. Dass auch Bucer selbst die Veröffentlichung seines Dialogs als einen tiefen Einschnitt wahrnahm, belegen zahlreiche Selbstzeugnisse. Cf. a. a. O., 421 A. 844.

[7] A. a. O., 434f.

[8] BDS 2,382,28–30.

[9] So heißt es in der Einleitung der Hermeneutik: „Die Aufgabe ist auch so auszudrücken, ‚die Rede zuerst ebenso gut und dann besser zu verstehen als ihr Urheber.‘“ Schleiermacher: Hermeneutik, 94. Anders als bei Schleiermacher ging es Bucer freilich nicht um einen Erkenntnisgewinn durch die Ausarbeitung einer historischen Einordnung.

[10] Cf. dazu Baur: Luther, 21f.

[11] WA 26,439,8–10.

[12] Cf. a. a. O., 440,21–442,20.

liche einickeit"[13] als das dem Sakrament eigene Verhältnis zwischen Brot und Wein einerseits und Leib und Blut andererseits. Diese seien hier zu einer Einheit zusammengefügt, so dass sie „warhafftig ein new einig wesen kriegen aus solcher zu samen fugung."[14] Wie Luther diese Einheit näherhin verstand, führte er mit folgenden Worten aus:

„Darumb ists aller ding recht gered, das so man auffs brod zeiget und spricht ‚Das ist Christus leib', Und wer das brod sihet, der sihet den leib Christi, gleich wie Johannes spricht, das er den heiligen geist sahe, da er die tauben sahe, wie gehöret ist, Also fort an ists recht gered: Wer dis brod angreiffet, der greiffet Christus leib an, Und wer dis brod isset, der isset Christus leib, wer dis brod mit zenen odder zungen zu drůckt, der zu drůckt mit zenen odder zungen den leib Christi, Und bleibt doch allwege war, das niemand Christus leib sihet, greifft, isset odder zubeisset, wie man sichtbarlich ander fleisch sihet und zubeisset, Denn was man dem brod thut, wird recht und wol dem leibe Christi zu geeignet umb der sacramentlichen einickeit willen."[15]

Damit meinte Luther zunächst dies: Innerhalb der bestehenden *unio sacramentalis* werden bestimmte Eigenschaften der einen Entität auch der anderen real mitgeteilt.[16] So kommen etwa dem Leib Christi, der außerhalb dieser Einheit jedem menschlichen Zugriff entzogen ist, in der Verbindung mit dem Brot die Eigenschaften der Sichtbarkeit und der Tangibilität zu.[17] Was dem Brot widerfährt, das widerfährt auch dem mit ihm geeinten Leib.[18] Die Wendung, dass es „recht gered" sei, macht für die Ebene der Diktion deutlich, dass entsprechende Aussagen über ein Betasten oder Verzehren des Leibes schlicht als sachlich adäquate Beschreibungen der ihnen zugrunde liegenden Wirklichkeit angesehen werden müssen. Luthers Bemerkung, dass man den Leib Christi nicht wie „sichtbarlich ander fleisch" sehe und zerbeiße, ist nicht, wie von Schwarz gedeutet[19], als eine abschwächende Relativierung der vorangehenden Aussagen aufzufassen. Mit ihr gab Luther lediglich zu verstehen, dass dem Leib Christi nicht *an sich* die Eigenschaft der Sichtbarkeit oder der Tangibilität zugehöre, wie dies bei gewöhnlichem Fleisch der Fall sei, sondern dass ihm diese ausschließlich

[13] A. a. O., 442,24.28.38.

[14] A. a. O., 443,30 f.

[15] A. a. O., 442,29–38.

[16] Cf. dazu auch SLENCZKA: Neubestimmte Wirklichkeit, 91 f; KAUFMANN: Abendmahlstheologie, 431.

[17] Dass es Luther schwergefallen sein soll, „die Einheit von Geistlichem und Leiblichem zu beschreiben", vermag angesichts seiner deutlichen Ausführungen nicht einzuleuchten. Vs. NEUSER: Position, 696.

[18] Cf. ebenso SLENCZKA: Neubestimmte Wirklichkeit, 91; PETERS: Realpräsenz, 91; Hinter dem beschriebenen Sachverhalt bleibt die Rede von einer Koexistenz, Konsubstantiation oder Kopräsenz eindeutig zurück. Cf. dazu auch SLENCZKA: Neubestimmte Wirklichkeit, 91.

[19] SCHWARZ: Selbstvergegenwärtigung, 48 berücksichtigt in diesem Zusammenhang nicht die Differenz der von Luther gewählten Betrachtungsweisen *intra* und *extra unionem*: „Doch wird diese leicht mißverständliche Rede dann gleich zurechtgerückt mit dem Zusatz, es bleibe ‚doch allewege war, das niemand Christus leib sihet, greifft, isset ..., wie man sichtbarlich ander [:anderes] fleisch sihet.'"

aufgrund seiner Verbundenheit mit dem Brot innerhalb der *unio sacramentalis* real zukomme.[20] Ebenso wird man aber festhalten müssen, dass Luther die leibliche Nießung des Leibes Christi nicht bis in die letzte Konsequenz als einen dem Verzehr des Brotes analogen Vorgang auffasste: Die Vorstellung von einer in die Auflösung führenden leiblichen Verdauung des Leibes Christi lehnte er ab, weil damit jede Rede von einer soteriologischen Wirksamkeit dieses Leibes obsolet geworden wäre.[21] Im Blick auf die den Einsetzungsworten zugrunde liegende Aussagestrukur der Prädikation sah Luther den beschriebenen Zustand, „wo zwey unterschiedliche wesen ynn ein wesen komen“[22] adäquat durch die rhetorische Figur der Synekdoche erfasst: „Solche weise zu reden von unterschiedlichen wesen als von einerley, heissen die grammatici Synecdochen“[23]. Diesen Sachverhalt verdeutlichte Luther an einem Beispiel aus der Alltagssprache:

„[...] wenn ich einen sack odder beutel zeige odder dar reiche, spreche ich: Das sind hundert gůlden, da gehet das zeigen und das wőrtlin ‚das‘ auff den beutel, Aber weil der beutel und gůlden etlicher masse ein wesen sind, als ein klumpe, so triffts zu gleich auch die gůlden [...].“[24]

Analog wird man Luther mit Blick auf die Einsetzungsworte und die von ihm als ungleich intensiver aufgefasste Beziehung zwischen Brot und Leib wie folgt verstehen müssen: Das Demonstrativpronomen τοῦτο bezieht sich zunächst auf das Brot. Da das Brot in der *unio sacramentalis* aber nicht für sich existiert, sondern Brot und Leib „ynn ein wesen sind komen“[25], kann das Wort ‚Leib‘ ihm vollkommen angemessen als Prädikat zugeordnet werden.

In der Sache handelt es sich bei Luthers Lehre von der *unio sacramentalis* um eine Entsprechung zu seiner Auffassung von der Idiomenkommunikation

---

[20] In seiner Auseinandersetzung mit Grass: Abendmahlslehre (1954), 125–128, der Luthers Nachtrag ebenfalls als eine Relativierung auffasst, hält Hardt: Eucharistia, 154 A. 110 zutreffend fest: „Was Graß als Moderation versteht, ist nicht ein Zurückziehen des physischen ‚zerstören‘ zugunsten eines weniger krassen Verbs, sondern ein Erinnern daran, daß das Objekt des Verbs in sich nur Brot ist, aber durch die sakramentale communicatio idiomatum der Leib Christi ist.“

[21] In seiner Schrift ‚Dass diese Worte Christi ...‘ hatte Luther noch erklärt: „Darumb: sein fleisch ist nicht aus fleisch noch fleischlich, sondern geistlich, darumb kan es nicht verzeret, verdewet, verwandelt werden, denn es ist unvergenglich wie alles was aus dem geist ist, Und ist eine speise gar und gantz ander art denn die vergengliche speise.“ WA 23,203,23–26. Der Unterschied zu den Ausführungen von 1528 ist auffällig. Die Pointe dieser Darlegungen besteht aber darin, dass Luther hier die Vorstellung vom leiblichen Essen gegenüber dem Missverständnis, dass es sich um eine in ihrer Kondeszendenz soteriogisch wirkungslose Entität handele, abgrenzen wollte. Cf. dazu ebenso a. a. O., 251,25–253,4.

[22] WA 26,443,14 f. Zu diesem Verständnis der Synekdoche durch Luther cf. Metzke: Sakrament, 189 f. Dass Luther dabei vom gängigen Gebrauch des Begriffes Synekdoche abweicht, bemerkte auch schon Bucer. Cf. BDS 2,310,25–29. Zum klassischen Verständnis der Synekdoche cf. Lausberg: Handbuch §572–575.

[23] A. a. O., 444,1 f. Cf. außerdem a. a. O., 445,4–15.

[24] A. a. O., 444, 3–7.

[25] A. a. O., 444,28.

zwischen den beiden Naturen Christi.[26] Die Präsenz Christi im Abendmahl verstand er als Teil der barmherzigen Hinabneigung Gottes zum Menschen, die mit der Inkarnation beginnt und die dann in der Austeilung von Leib und Blut in der sakramentalen Niedrigkeitsgestalt von Brot und Wein bei der zur Mahlfeier versammelten Gemeinde zu ihrem Ziel kommt.[27]

Von dem hier skizzierten Verständnis Luthers wich Bucer bei seiner Auslegung der Formel von der *unio sacramentalis* in grundlegender Weise ab.[28] Seine spezifische Rezeption war geprägt durch zwei hermeneutische Kunstgriffe: Zum einen griff Bucer Luthers Unterscheidung zwischen den verschiedenen Formen der *unio* auf. Entscheidend ist nun, dass er diese Differenzierung in einem qualitativen Sinne deutete und für die *unio sacramentalis* einen geringeren Grad an Einheit als bei den anderen *uniones* unterstellte[29] und behauptete, dass Luther „zwischen dem brot und leib des Herrn nit mer dann eyn Sacramentlich und gar nit weder natürlich, persönlich noch formlich eynigheit setzet."[30] In Luthers Schrift findet sich für diese Deutung kein Anhalt. Maßgeblich für seine Unterscheidungen war nicht ein bestimmter Grad an Verbundenheit innerhalb der Einheiten[31], sondern die Art ihres Zustandekommens.[32]

---

[26] Cf. Hilgenfeld: Elemente, 425f; Slenczka: Neubestimmte Wirklichkeit, 91.

[27] Gegen den Einwand, dass eine in dieser Weise verstandene Gegenwart Christi im Abendmahl eine Entehrung darstelle, hatte Luther bereits 1527 deutlich gemacht, dass nach seiner Auffassung gerade in dieser sakramentalen Selbsterniedrigung Gottes Heilsabsicht beim Menschen zum Ziel komme: „Unsers Gotts ehre aber ist die, so er sich umb unser willen auffs aller tieffest erunter gibt, yns fleisch, yns brod, ynn unsern mund, hertz und schos, Und dazu umb unsern willen leidet, das er unehrlich gehandelt wird beyde auff dem creutz und altar [...]." WA 23,157,30–33. Lienhard: Martin Luthers christologisches Zeugnis, 166f beschreibt diesen Zusammenhang wie folgt: „Man kann gewissermaßen sagen, für Luther setze sich die Inkarnation fort, weil Gott fortfährt, sich uns in den äußerlichen Elementen, im Brot und Wein des Abendmahls, im mündlichen und konkreten Charakter der Verkündigung des Evangeliums hinzugeben. Diese äußeren Elemente haben gewiß das Menschsein Christi als solches nicht ersetzt, aber sie setzen es gewissermaßen fort und stellen die heutige Art seiner Gegenwart dar." Cf. auch a. a. O., 170f.

[28] Das Urteil von Friedrich: Streit, 53f, dass sich Bucer und Luther im Verständnis der *unio sacramentalis* darin unterschieden hätten, dass der eine von einem Miteinander, der andere „lediglich von einem Beieinander sprach", bleibt hingegen zu oberflächlich, wie die folgenden Ausführungen zeigen werden.

[29] Cf. dazu bereits Kaufmann: Abendmahlstheologie, 432f.

[30] BDS 2,314,23–25. Bucers Auslegung im Sinne einer geringeren Intensität der Verbindung wird darüber hinaus auch noch an anderen Stellen des Dialogs deutlich. Cf. dazu a. a. O., 312,31; 315,20.22; 316,20.30; 352,26.

[31] Cf. ebenso Kaufmann: Abendmahlstheologie, 431 und 432.

[32] „Denn hie mus man nicht reden, nach dem die wesen unterschieden und zweierley sind an yhn selbs, wie Vigleph und die Sophisten die Logica unrecht brauchen, sondern nach dem wesen der einickeit, nach dem solche unterschiedliche wesen einerley wesen sind worden, ein iglichs auff seine weise." WA 26,443,25–28. Auch wenn Luther das in diesem Zusammenhang nicht ausführte, wird man das Spezifikum der *unio naturalis* nach seinem Verständnis wohl darin sehen müssen, dass es sich bei ihr um eine ungewordene, ewige Einheit handelt, während die *unio personalis* als eine gewordene, aber unauflösliche Einheit anzusehen ist. Die drei verbleibenden *uniones* hingegen bestehen immer nur für eine bestimmte Zeit. Cf. Hilgenfeld:

Zum anderen spezifizierte Bucer die Eigenart der *unio sacramentalis*, indem er den Sakramentsbegriff Augustins eintrug, dass ein Sakrament das Zeichen eines heiligen Dinges sei. Demnach sei „zwischen dem brot und leib des Herren eyn eynigheyt wie zwischen dem zeychen und dem bezeychneten, zwischen dem bild und dem vorbildeten."[33]

In keiner Weise entsprach dies Luthers Verständnis der *unio sacramentalis.* Er hatte den Gebrauch des Adjektivs ‚sacramentlich' schlicht damit erklärt, „das Christus leib und brot uns alda zum sacrament werden gegeben."[34] Auch seine Auffassung von der realen Mitteilung bestimmter Eigenschaften zwischen den Entitäten hatte in Bucers Deutung keinen Platz, da diese für ihn vollkommen dem Zustand der ontischen Diversität verhaftet blieben. So urteilte Bucer mit Blick auf die *unio formalis*, dass der Täufer Johannes strenggenommen nicht den Heiligen Geist, sondern nur die Taube gesehen habe. Nur im uneigentlichen Sinne einer Katachresis könne man daher sagen, dass Johannes den Heiligen Geist gesehen habe.[35] Für die von ihm als schwächer angesehene *unio sacramentalis* folgerte er daraus, dass es „noch vil mehr mißbreuchlich geredt sein [wird], wenn man spricht, der leib Christi wird mündtlich gessen und zerbissen."[36] Auch innerhalb der bestehenden *unio sacramentalis* blieb der Leib Christi nach seinem Urteil jedem leiblichen Zugriff entzogen und dem Apathieaxiom unterworfen.[37] Von dieser grundlegenden Überzeugung sollte Bucer in den kommenden Jahren der Verhandlungen mit Luther nicht abweichen, abgesehen von einer einzigen Ausnahme auf dem Konkordienkonvent im Mai 1536.[38] In seinem Dialog aber ließ er Arbogast aussprechen: „Der leib Christi ist nun unleidlich, wie mag er zerbissen werden?"[39] Von einem Essen des Leibes konnte daher nur in einem uneigentlichen Sinne die Rede sein, so dass man Bucer zufolge eine Auslegung beifügen musste: „Der leib Christi würdt mündtlich gessen, das ist, das brot, des leibs Sacrament, würdt leiplich gessen."[40] Auch die von Luther gelobte *Confessio Berengarii* fiel daher unter das Verdikt der entstellenden Rede.[41] Seiner grundsätzlichen Überzeugung von der Intangibilität des Leibes Christi entsprechend postulierte Bucer ein Nebeneinander zweier Nießungen beim Empfang

Elemente, 425. Grass: Abendmahlslehre (1954), 124 hebt als Besonderheit der *unio sacramentalis* gegenüber der ‚wirklichen' und der ‚formlichen' Einigkeit hervor, dass jene nur „gelegentlichen Charakter" trügen, während diese „durch die Einsetzung Christi geordnet" sei.

[33] BDS 2,313,6–8.

[34] WA 26,442,24 f.

[35] Cf. BDS 2,316,25–33.

[36] A. a. O., 316,33–35.

[37] Cf. dazu als philosophiegeschichtlichem *locus classicus* Platon: Staat 380d/e.

[38] Cf. dazu unten S. 334 f. und 354 f.

[39] BDS 2, 317,13. Ebenso cf. a. a. O., 318,1.

[40] A. a. O., 317, 7 f.

[41] „Darumb ist der Bapst Nicolaus nit also zů verteydigen, dann man zertruckt und reibt mit zenen das brot und nit den warhafftigen leib Christi (er ist unleidlich) man wőlle dann mißbreuchlich reden [...]." A. a. O., 317,35–318,2.

des Abendmahls und erklärte, „das der [sic] leib und das blůt des Herrn niesse der mundt des glaubens [...], und der mundt des leibs brot und wein."[42]

Auch wenn hinter der neuen Methode der Umdeutung die offene Polemik zurücktrat, sind von ihr doch Reste in Bucers Schrift enthalten. Auf Luthers Aussagen über die Synekdoche, die dieser als angemessenen sprachlichen Ausdruck der im Abendmahl gegebenen Wirklichkeit dargestellt hatte, ging Bucer etwa dahin gehend ein, dass er sie als ein Eingeständnis dessen interpretierte, dass die Einsetzungsworte eben doch nicht „schlecht also, wie sie ligen, on ein tropum, das ist verånderung der rede, zů verstehn sein."[43] Damit zeigte Luther aber Bucer zufolge selbst, dass sein unnachgiebiges Insisitieren auf einer wörtlichen Auslegung der *verba testamenti* Unrecht gewesen sei.[44] Ganz analog verfuhr Bucer mit der von Luther beständig vorgetragenen Behauptung, dass das sechste Kapitel des Johannesevangeliums nicht vom Sakrament spreche.[45] Er verwies auf eine Auslegung in Luthers Fastenpostille und eine Fronleichnamspredigt aus dem Jahr 1523, in denen dieser die σάρξ aus Joh 6,63 nicht wie in der Auseinandersetzung mit Zwingli im Sinne eines gottwidrigen Verstehens ausgelegt, sondern auf das Fleisch Christi bezogen hatte.[46] Darüber hinaus führte Bucer aus, Luther habe sich in seiner Abendmahlsschrift mit dem Vorwurf auseinandergesetzt, „er håtte vorgeschriben, Christus fleisch leiblich essen sei keyn nütz, nun aber es sey nütz"[47]. Bucer behauptete nun aber, dass man diesen Vorwurf gar nicht gegen Luther erhoben habe, sondern dass dieser ihn selber konstruiert und die Gegenseite dann der Lüge bezichtigt habe.[48] Ein Vergleich mit Luthers Abendmahlsschrift zeigt zunächst, dass Bucer besagten Vorwurf inhaltlich korrekt wiedergegeben hat. Falsch ist hingegen seine Anschuldigung, dass Luther sich damit gegen ein von ihm selbst fingiertes und der Gegenseite nur zugeschobenes Monitum gewehrt habe. Zwingli hatte in seiner Schrift ‚Das dise Wort Christi' von 1527 tatsächlich genau diese Kritik geäußert.[49]

Über die Aufnahme, die seine Abendmahlsschrift bei Bucer gefunden hatte, wurde Luther im Juni 1528 durch einen Brief von Nikolaus Gerbel unterrichtet.[50] Luthers Entgegnung vom 28. Juli lässt erkennen, wie empört er über Bucers Dialog war. Zu Bucers Deutung der *unio sacramentalis* äußerte er sich an dieser

---

[42] A. a. O., 381,33–35.

[43] A. a. O., 310,6 f.

[44] „Und darumb sichstu, lieber Sebolt, das man uber die unsern ungůtlich geschruwen hat, es seient helle dürre wort und mögen keynen tropum erleiden." A. a. O., 311,3–5.

[45] Cf. dazu bereits WA 6,502,7–17.

[46] Cf. BDS 2,336,18–20. Für die beiden Auslegungen Luthers cf. WA 12,580–584 und WA 17/2,126–135.

[47] BDS 2, 337,11 f.

[48] Cf. a. a. O., 337,9–12.

[49] „Sich, lieber Luther, das sind din eigne wort, in welchen du offenlich den rechten sinn erkennest, daß das fleisch nüzid nütz sye ze essen. Unnd trybst aber wysse wunder in dem bůch, wie vil es, lyplich geessen nutz bringe [...]." Zwingli V,960,22–961,1.

[50] Cf. WABr 4, 1290 (490–492).

Stelle nicht. Seinen eigenen Ausführungen zufolge nahm er besonders an den erwähnten polemischen Passagen Anstoß. Zum einen verübelte er dem Straßburger dessen Umgang mit seiner Auslegung zu Joh 6,63. Es erboste ihn, dass seine eigenen Aussagen gegen ihn und seine ursprüngliche Aussageabsicht in Stellung gebracht worden waren. Er nahm für sich in Anspruch, dass er sich auch hier *pro sacramento* geäußert hatte[51], während Bucer sich seiner Worte nun ganz offenkundig bediente, um den gegen Zwingli erhobenen Vorwurf einer nach Luthers Urteil im abendmahlstheologischen Kontext unzulässigen Berufung auf Joh 6,63 zu entkräften. Bei den Verleumdungen, über die Luther sich beschwerte, wird man neben dieser Entstellung wohl auch an Bucers falsche Anklage, dass Luther seinen Gegnern einen fingierten Vorwurf unterstellt habe, zu denken haben.[52] Zum anderen erbitterten Luther Bucers Ausführungen über die Synekdoche. Seinen Hinweis, dass er zu diesem Tropus sehr ausführliche Erklärungen abgegeben habe, wird man so verstehen müssen, dass er sich auch hier gegen eine falsche Deutung zur Wehr setzen wollte.[53] Am ehesten ist anzunehmen, dass er sich gegen die von Bucer vorgenommene Entgegensetzung von Synekdoche und wörtlichem Textverständnis verwahren wollte. Hatte er doch in seiner Abendmahlsschrift ausgiebig deutlich gemacht, dass er diese rhetorische Figur als eine präzise Beschreibung der im Abendmahl vorliegenden Realität ansah und nicht etwa als eine dem Sprachgebrauch seiner Gegner vergleichbare, übertragene Redeweise.

Zusammenfassend lässt sich daher feststellen, dass Bucer mit seiner ‚Vergleichung D. Luthers …' bei seinem Bemühen um eine Konkordie im Blick auf Luther keinen Schritt vorangekommen war. Das Werk hatte nicht die Wirkung entfaltet, die sich Bucer von ihm erhofft hatte. Vielmehr sah Luther sich gerade aufgrund dieser neuen Publikation in seinem noch auf die Übersetzungsaffären des Jahres 1526[54] zurückgehenden alten Urteil bestätigt, dass man es hier mit einem unaufrichtigen und hinterhältigen Wortverdreher zu tun hatte.[55] Öffentlich positionierte er sich allerdings nicht mehr. Er hielt sich an die Festlegung

[51] „[…] ut non mirum sit, si meum, quem allegat, sermonem contra me instituat, in quo, Augustini sententiam secutus, loquutus fui de carne Christi, non contra, sed pro sacramento." Luther an Nikolaus Gerbel, 28. Juli 1528: WABr 4, 1300 (508,2–4).

[52] „Lutherus quia dixit, calumniis virulentissimis mox subiectum est." A. a. O. (508,8).

[53] „Tropum inter caetera mihi synecdochen obiicit, quem non modo ipso libro meo non negavi, sed ostendi copiosissime." A. a. O. (508,11–13). Gegen die Auslegung bei Kaufmann: Abendmahlstheologie, 431 A. 898, dass Luther an dieser Stelle die Einführung des Begriffs gegen Enteignungsbemühungen des Straßburgers für sich reklamiert habe, spricht der Umstand, dass eine entsprechende Behauptung von Bucer an keiner Stelle erhoben wurde. Dass Luther ihn in dieser Weise missverstanden haben könnte, ist eher unwahrscheinlich.

[54] Cf. zu Bucers Übersetzung von Bugenhagens Psalmenkommentar und vom vierten Band der Kirchenpostille Luthers ausführlich Kaufmann: Abendmahlstheologie, 310–318; 366–371. Zu Luthers Urteil über Bucers Vorgehen cf. besonders WA 23,279,1–280,4.

[55] Cf. dazu auch die Bezeichnung Bucers als Verleumder und als Schlange und die Rede vom Gift in Luther an Nikolaus Gerbel, 28. Juli 1528: WABr 4, 1300 (508,8.9.10.11.13).

aus seiner Abendmahlsschrift von 1528, dass sie sein letztes Wort in dieser Angelegenheit bleiben solle.[56]

Im Rahmen des Marburger Religionsgesprächs im Oktober 1529 kam es schließlich auch zu einem persönlichen Zusammentreffen zwischen Luther und Bucer. Den zu dieser Versammlung vorliegenden Darstellungen soll hier nicht noch eine weitere zugefügt werden.[57] Im Blick auf den Gesamtzusammenhang reichen daher einige kurze Anmerkungen: Die Unterredungen endeten am 3. Oktober, ohne dass in der eigentlich strittigen Frage nach dem Verständnis der Gegenwart des Leibes Christi eine Übereinstimmung erreicht worden wäre. Luther und seine Gefolgsleute verweigerten der Gegenseite die Anerkennung als christliche Brüder. Die Praxis einer wechselseitigen Zulassung zu den Sakramenten lehnten sie ab.[58] Immerhin wurde ein Text von Luther aufgesetzt, der nach einigen Modifikationen schließlich durch die Unterschriften von Theologen beider Seiten als ein gemeinsames Lehrbekenntnis angenommen wurde.[59] In vierzehn dieser Marburger Artikel wurde eine Übereinstimmung in der Lehre protokolliert.[60] Im fünfzehnten Artikel wurde neben fünf Gemeinsamkeiten[61] schließlich auch festgehalten, dass beide Seiten sich darüber, ob „der war Leib vnd Blut Christi / leiblich ym brot vnd wein sey / dieser zeyt nicht vergleicht haben“[62]. Gleichwohl verpflichteten sich beide Seiten dazu, einander „Christliche lieb so ferr yedes gewissen ymmer leiden kan“ zu erweisen.[63] Mündlich wurde außerdem zwischen beiden Seiten die Einstellung der literarischen Polemik vereinbart.[64]

Bucer war im Rahmen des Kolloquiums eigentlich nur eine Nebenrolle zugedacht worden. Die Einladung des Landgrafen sah vor, dass zwei Straßburger

---

[56] Cf. WA 26,262,12–14.

[57] Cf. dazu besonders Köhler: Marburger Religionsgespräch; ders.: Zwingli und Luther II, 73–139; von Schubert: Anfänge; Hausamman: Marburger Artikel, 288–321; Hoffmann: Marburg; Sasse: Corpus Christi, 47–61; Locher: Zwinglische Reformation, 319–330.

[58] Im Bericht Osianders heißt es dazu: „Sy aber hetten vmb gottes willen gebetten, wir solten sy für brüeder halten vnnd die Jren bey vnns die Sacrament lassen empfahen, desßgleichen wolten sy auch thun. Aber es war Jne auß grossen vnnd Christenlichen vrsachen abgeschlagen.“ BDS 4, 356, 7–10. Cf. ebenso die Darstellung von Brenz a. a. O., 353,15–17.

[59] Dass es sich bei den Marburger Artikeln um ein gemeinsames Bekenntnis handelt, geht zum einen aus ihrer Überschrift hervor: „Dieser hernach geschrieben Artickell haben sich die hier unden geschrieben / Zu Marpurg vergliechenn.“ StudA 3, 468, 1–4. Zum anderen wird dies auch an den Einleitungen einiger Artikel deutlich. So heißt es etwa beim ersten Artikel: „ERstlich / Das wir beiderseits Eintrechticklich Gleuben vnd halten [...].“ A. a. O., 468, 6. Ein gemeinsames „Wir“ erscheint außerdem in den Artikeln 2 und 4. Cf. a. a. O., 468, 12 und 469, 9. Auch der abschließende Abendmahlsartikel wird in seinem Konsensteil mit den Worten eingeleitet: „Zum Funfftzehenden / Gleuben vnd halten wir alle [...].“ A. a. O., 474, 8.

[60] Cf. dazu StudA 3, 468, 1–474,5.

[61] Cf. dazu a. a. O., 474, 8–475, 3 und Köhler: Zwingli und Luther II. 125 f.

[62] StudA 3, 475, 4 f.

[63] A. a. O., 475, 6.

[64] Cf. dazu den Bericht Osianders in BDS 4, 356, 38–357, 4.

Theologen entsandt werden sollten, um „den sachen mit zuzuhoren"[65]. Als eigentliche Opponenten Luthers agierten in den theologischen Verhandlungen zweifelsohne Zwingli und Oekolampad.[66] Für Bucer ergab sich immerhin mehrmals die Möglichkeit zu einem kurzen Wortwechsel mit Luther. Insgesamt sind in den vorliegenden Quellen drei Szenen überliefert[67]: Nach ihrer Ankunft am 30. September begaben sich Hedio und Bucer zur Begrüßung zu Luther und Melanchthon. Hier übergab Hedio einen Brief Gerbels.[68] Dieses Schreiben scheint nicht überliefert zu sein. Aber offenbar hatte sich der Absender ausgesprochen positiv über die Straßburger Delegierten geäußert, denn Hedios Bericht zufolge erklärte Luther: „[...] der schreibt von gutten Leutten, wan Ihr also sindt, so stath die sach dest baß."[69] Direkt zu Bucer heißt es bei Hedio weiter: „Ad Bucerum autem inquit subridens ac digito minitans: Tu es nequam."[70] Den offensichtlich humorvollen Unterton[71] dieses Urteils wird man für sich genommen nicht überbewerten dürfen. Bedeutsamer ist, dass Luther es aufgrund von Gerbels Nachrichten zumindest für erwägenswert hielt, dass die Straßburger bei den anstehenden Gesprächen eine positive Rolle spielen könnten. Bei dieser verhalten positiven Einstellung sollte es zumindest im Blick auf Bucer allerdings nicht bleiben.

Am 1. Oktober trafen Luther und Bucer zu einer ausführlicheren Unterredung zusammen.[72] Über den Inhalt des Gesprächs lässt sich den vorliegenden Quellen nichts entnehmen. Bei Hedio heißt es lediglich, gegen Ende habe Bucer zu hören bekommen: „[...] du bist des Teuffels, und so du ein rechten glauben hast et scripturam, trades etiam me Sathanae, qui opinioni tuae repugno."[73] Was Luther Bucer hier zum Vorwurf machte, geht aus den überlieferten Worten selbst nicht hervor. Möglicherweise spielten aber Bucers Bemühungen um eine Beilegung des Abendmahlsstreites eine Rolle.[74] Merkwürdig bleibt die auf rechten Glauben und Schrift bezogene Einschränkung. Da sich die ausgesprochene Zuordnung zum Teufel im Horizont von Luthers Theologie aber weder mit einem

[65] Cf. dazu Landgraf Philipp an Jakob Sturm, [1. Juli 1529]: PC I, 632 (382).

[66] Zu den verschiedenen Verhandlungsgängen cf. im Einzelnen KÖHLER: Zwingli und Luther II, 86–112.

[67] Erwähnt werden darüber hinaus ein Gespräch Bucers mit Jonas am 2. Oktober und eine Unterredung mit Osiander und Brenz am 4. Oktober. Cf. dazu CR I, 634 (1097f) und BDS 4, 355, 35–356,5 und KÖHLER: Zwingli und Luther II, 116f.

[68] Cf. BDS 4, 332, 4f.

[69] A. a. O., 332, 6f.

[70] A. a. O., 332, 7f.

[71] Cf. ebenso BRECHT: Luther II, 318. Verkannt wird dieser Ton bei FRIEDRICH: Martin Bucer, 60 und LIEBENBERG: Ehre, 32.

[72] „Bucerus hodie, cum multa cum Luthero contulisset [...]." BDS 4, 334, 3. Zur Datierung cf. a. a. O., 332, 10.

[73] A. a. O., 334, 3–5.

[74] Zur Deutung der Äußerung im Sinne einer Auseinandersetzung mit Bucers Unionspolitik cf. auch KÖHLER: Zwingli und Luther II, 83.

seinem Inhalt nach rechten Glauben noch mit einem in der Sache adäquaten Schriftbezug vereinbaren lässt, muss man Luther hier wohl so verstehen, dass er von der Möglichkeit einer rein subjektiven, starken Überzeugung Bucers und einem zumindest aus dessen Sicht überzeugenden Anhalt an der Bibel sprach.

Zu einem weiteren Zusammentreffen kam es schließlich am 3. Oktober. Auf eine Bitte Jakob Sturms hin verteidigte Bucer mit Erlaubnis des Landgrafen die Straßburger Prediger gegen verschiedene Vorwürfe, die Luther zu Beginn des Kolloquiums unter Bezugnahme auf schriftliche Mitteilungen im Blick auf Trinitätslehre, Christologie und die Lehre zu Rechtfertigung, Taufe, Erbsünde und Predigtamt erhoben hatte.[75] Der abschließenden Bitte der Straßburger um eine Attestierung ihrer Rechtgläubigkeit[76] entzog sich Luther aber und wies die ihm angetragene Richterrolle zurück.[77] Er beschuldigte die Straßburger, dass sie nur „vnnder vnnserm namen" ihren eigenen Auffassungen Zulauf verschaffen wollten.[78] Auch bemängelte Luther, dass er nicht wisse, ob die Gegenseite auf den heimischen Kanzeln so rede wie vor ihm.[79] Er fürchtete also, dass Bucer eine geschönte Version der faktisch in den Gemeinden vertretenen Lehren wiedergegeben haben könnte. Eine inhaltliche Auseinandersetzung mit den Ausführungen lehnte er ausdrücklich ab.[80] Beide Lager, so erklärte er mit Verweis auf den vorangehenden Streit, hätten einen unterschiedlichen Geist.[81] Bucers Bitte um eine Anerkennung als Brüder wies er ab und befahl die Gegenseite dem Urteil Gottes.[82]

Der verschiedentlich vorgetragenen Einschätzung, dass es in Marburg gelungen sei, das gegenseitige Misstrauen zu überwinden[83], wird man unter Berücksichtigung der vorangehenden Darlegungen zumindest im Blick auf das

[75] Cf. dazu die Berichte von Hedio und Brenz BDS 4, 350, 11–20; 352, 1–20. Zu Luthers Vorwürfen cf. die Darstellung im anonymen Bericht und bei Hedio WA 30/3, 111, 10–21 und BDS 4, 334, 22–27.

[76] Osiander hielt dazu mit Blick auf Bucer fest: „[...] begeret, Luther solt Jne zeugknus geben, das sy recht lereten." A. a. O., 354, 21 f. Cf. ebenso die Darstellungen von Hedio und Brenz a. a. O., 350, 20 f; 352, 20 f.

[77] Cf. a. a. O., 355, 1–3; 352, 21 f.

[78] A. a. O., 355, 4.

[79] „[...] ich höre euch wol yetzo, wayß aber nicht, ob Jr dahaym auch also leret oder nicht etc." A. a. O., 355, 4–6. Cf. dazu auch a. a. O., 353, 1 f.

[80] „Also begeret Putzer, er solt doch anntzaigen, was Jm mißfiel an Jrer lere, sagt Luther: Jch bin euer herr nicht, euer Richter nicht, euer lerer auch nicht [...]." A. a. O., 355, 10–12.

[81] „[...] so reymet sich vnnser gayßt vnnd euer gayst nichts zusamen, sonnder ist offennbar, das wir nicht ainerlay gayst haben, dann das kann nicht ainerlay gayst sein, da man an ainem ort die wort Christj ainfeltigklich glaubt vnd am anndern denselben glauben tadelt, widerfichtet, lügstrafft vnd mit allerlay frefeln lesterworten antasstet." A. a. O., 355, 12–16.

[82] „Sub haec Bucerus rogavit, an vellet frater esse, vel an putaret errare, ut emendaret. Hoc abnuit, committens nos judicio Dei." A. a. O., 350, 23–25.

[83] So behauptet etwa KÖHLER: Zwingli und Luther II, 132, dass auf beiden Seiten eine „Atmosphäre des Mißtrauens [...] beseitigt" worden sei. Etwas zurückhaltender urteilt Delius: „Immerhin war das Mißtrauen zwischen den Streitenden weithin abgebaut." StudA 3, 466.

Verhältnis von Bucer und Luther nicht zustimmen können: Luther hatte seine persönlichen Vorbehalte nicht ablegen können. Er war vielmehr überzeugt, dass Bucer sein Urteil nicht deswegen erbeten hatte, weil er sich nun theologisch neu an den Wittenbergern ausrichten wollte, sondern weil er hoffte, für seine abweichenden Überzeugungen eine Approbation zu erlangen. Darüber hinaus erschien es Luther auch keineswegs gesichert, dass man Bucers Ausführungen als eine adäquate Wiedergabe der in den Gemeinden wirksamen Verkündigung ansehen konnte.

Luthers Verhältnis zum Marburger Religionsgespräch sollte in der Folgezeit wesentlich dadurch beeinflusst werden, dass es zu einer Auseinandersetzung um die Deutung des Kolloquiums und der in seinem Rahmen erzielten Ergebnisse kam. Für Luther stand vollkommen außer Frage, dass seine Seite nicht nur die besseren Argumente vorgebracht hatte, sondern dass man die Gegenseite auch faktisch besiegt hatte. Im verbleibenden Widerstand bei der Frage nach der Gegenwart des Leibes Jesu im Abendmahl sah er ein furchtsames und verschämtes Zurückschrecken vor dem Unmut der eigenen Gemeinden.[84] Doch auch Zwingli sah sich selbst als Sieger der Auseinandersetzung.[85] Aus Straßburg hingegen waren keine entsprechenden Äußerungen zu vernehmen. Wohl im Februar 1530 schrieb Gerbel an Luther, dass die Prediger sich friedlich zeigten und zu den Ereignissen von Marburg schwiegen.[86] Dass seine Opponenten den Sieg ebenfalls für sich reklamierten, erfuhr Luther schließlich auf Umwegen aus einem Brief des Bremer Pfarrers Jakob Propst. Das Schreiben selbst ist nicht erhalten. Aus Luthers Antwort vom 1. Juni 1530 geht aber hervor, dass die Gegenseite erklärt hatte, er sei in Marburg besiegt worden.[87] Luther machte für dieses Gerücht in besonderer Weise Karlstadt und Zwingli verantwortlich.[88] Aus deren Behaup-

---

[84] „In summa, homines sunt inepti & imperiti ad disputandum. Etsi sentiebant sua nihil concludere, nolebant tamen cedere in hac vna parte de pręsentia corporis Christi, idque (vt arbitramur) metu & pudore magis, quam malitia; in cęteris omnibus cesserunt, vti videbis in schedula ędita.“ Luther an Johann Agricola, 12. Oktober 1529: WABr 5, 1479 (160,12–16). Zu Luthers Deutung des in Marburg erreichten Ergebnisses als Sieg cf. ebenso Luther an Gerbel, 4. Oktober 1529: a. a. O., 1477 (155,4–6); Luther an Nikolaus Hausmann, 20. Oktober 1529: a. a. O., 1482 (165,13); Luther an Adam Adamus, 5. März 1530: a. a. O., 1535 (248,14–16); Luther an Landgraf Philipp, 20. Mai 1530 (?): a. a. O., 1573 (331,63 f); Luther an Jakob Propst, 1. Juni 1530: a. a. O., 1577 (340,38–41).

[85] Cf. dazu Köhler: Zwingli und Luther II, 149–151. Zu Zwinglis Auslegung der Marburger Artikel vor der Gemeinde in Zürich cf. die Ausführungen über seine handschriftlichen Anmerkungen a. a. O., 151–154; Hausamman: Marburger Artikel, 304–312; Locher: Zwinglische Reformation, 332 f.

[86] „In causa, quam Marpurgi egistis, nostri hactenus miro silentio pacem, ut ego interpretor, testati sunt, tametsi a vobis non eadem fieri nonnulli conquerantur.“ WABr 5, 1533 (246,31–33). Zu Bucers Ablehnung einer Deutung in den Kategorien von Sieg und Niederlage cf. Locher: Zwinglische Reformation, 329.

[87] „Porro quod Sacramentarii iactant, me esse Marpurgi victum, faciunt more suo.“ WABr 5, 1577 (340,33 f).

[88] „Sunt enim non solum mendaces, sed ipsum mendacium, fucus et simulatio, quod test-

tungen glaubte er darüber hinaus entnehmen zu können, wie er das in Marburg an den Tag gelegte Verhalten der Gegenseite eigentlich zu verstehen hatte: Deutlich war für ihn zunächst, dass seine Gegner gar nicht daran gedacht hatten, ihre alte theologische Position zu räumen.[89] Bei dem von ihnen als Entgegenkommen deklarierten Bekenntnis, dass der Leib Christi wahrhaftig aber geistlich (veraciter at spiritualiter) im Abendmahl gegenwärtig sei, hatte es sich nach seiner Auffassung nicht um eine aufrichtige Korrektur alter Überzeugungen, sondern eine rein taktisch motivierte Täuschung gehandelt. Ihm und seinen Leuten hatte man lediglich vormachen wollen, dass eine Übereinstimmung vorliege. Man hatte nach Luthers Urteil versucht, die Kursachsen für eine *concordia simulata* zu gewinnen. Auf diesem Weg hatte man sich die Wiederannahme als Brüder erschleichen wollen.[90] Luther und seine Freunde hatte man unwissend zu Fürsprechern der gegnerischen Lehre machen wollen. Auch das ehrerbietige Verhalten erschien Luther nun in einem neuen Licht.[91] Dass er in diesem Zusammenhang auch an Bucer und dessen Bemühungen dachte, ist anzunehmen, auch wenn der Name des Straßburgers nicht ausdrücklich genannt wird. In dem Brief an Propst heißt es nämlich: „Mit größtem Eifer und mit Anstrengung haben sie darauf hingearbeitet, dass sie mit uns einträchtig erschienen, so dass sie nie und nimmer die von mir stammende Aussage ertragen konnten: Ihr habt einen anderen Geist als wir."[92] Dieses harte Wort aber hatte Luther an Bucer gerichtet und damit dessen Bemühungen um ein billigendes Urteil über die Straßburger Theologie zurückgewiesen.

Wie im Folgenden deutlich werden wird[93], sollten die Erfahrungen, von denen Luther in diesem Zusammenhang berichtete, weit über das Marburger Religionsgespräch hinaus ihre Wirkung entfalten. Die Furcht davor, dass die Gegenseite ihn mit Bemühungen um eine vorgebliche Verständigung täuschen und ihre eigene Lehre unverändert beibehalten wolle, sollte bei Luther in den folgenden Jahren immer wieder aufleben.

---

antur Carolstadius et Zwinglius ipssis factis et verbis suis." A. a. O. (340,34 f). Tatsächlich hatte Zwingli den hessischen Landgrafen am 9. März 1530 gebeten, dass er gegenüber dem Grafen Enno von Ostfriesland klarstellen solle, „ob doch Luter gsiget hab oder nit". Zwingli an Landgraf Philipp, 9. März 1530: Zwingli X, 992 (499,5). Zu den Vorgängen in Ostfriesland cf. im Einzelnen Kochs: Anfänge, 57–63.

[89] Cf. dazu besonders unten A. 91.

[90] „Multis vero verbis promiserunt, se velle nobiscum eatenus dicere, Christi corpus veraciter esse in coena praesens (at spiritualiter), tantum ut eos fratres dignaremur appellare, et simulare ita concordiam [...]." Luther an Jakob Probst, 1. Juni 1530: WABr 5, 1577 (340,46–49). Zum Stichwort *concordia simulata* cf. ebenso A. 91.

[91] „Incredibili enim humilitate et humanitate sese gesserunt erga nos. Sed, ut nunc apparet, omnia ficte, ut nos traherent in simulatam concordiam, et nos participes ac patronos facerent sui erroris." A. a. O. (340,62–65).

[92] „Summo studio et contentione egerunt, ut viderentur nobiscum concordes, ita ut hanc vocem nunquam ex me possent ferre: Vos habetis alium spiritum quam nos." A. a. O. (340,52–54).

[93] Cf. dazu unten Luthers Auseinandersetzung mit Bucers Thesenreihen S. 55.

Zu erwähnen ist schließlich noch, dass Luther durch Gerbels Brief vom Februar auch von der freundlichen Aufnahme erfuhr, die Karlstadt in Straßburg zuteil geworden war.[94] An diesem Vorgang nahm Luther, wie aus seinem Brief an Landgraf Philipp vom 20. Mai hervorgeht, erheblichen Anstoß und beschuldigte die Straßburger, dass sie den falschen Berichten ihres Gastes Glauben schenkten und ihn verteidigten.[95] Am 29. April übersandte er von der Coburg an Melanchthon weitere Nachrichten, die er über Karlstadts Treiben in Straßburg erhalten hatte. Lakonisch zog Luther in seinem Begleitbrief einen Trennstrich gegenüber den Straßburgern: „Aber sollen sie ihren Weg gehen und machen."[96]

Zusammenfassend lässt sich über Bucers anfängliche Bemühungen um eine Verständigung sagen, dass sie bei Luther nicht auf den erhofften Anklang stießen. Im Gegenteil hatte sich bei Luther die Auffassung verfestigt, dass dem Straßburger nicht zu trauen war. Ihm lag nach Luthers Überzeugung nur an einer *concordia ficta*, bei der man die alten Überzeugungen unverändert beibehalten wollte und eine Übereinkunft lediglich vorgab. Die von Luther wahrgenommene Solidarisierung mit Karlstadt konnte ihn in der Annahme nur bestätigen, dass man in Straßburg zu einer abendmahlstheologischen Umkehr nicht bereit war.

## *1.2 Bucers Bemühungen um eine Konkordie auf dem Augsburger Reichstag*

Nachdem Bucer auf mehrmaliges und eindringliches Bitten der Straßburger Gesandten Jakob Sturm und Mathis Pfarrer[97] nach Augsburg geschickt worden und dort am 23. Juni eingetroffen war[98], war er zum einen damit beschäftigt, den theologischen Standpunkt Straßburgs in einem eigenen Bekenntnis darzulegen und zu verteidigen. Die Abfassung der später so genannten *Confessio Tetrapolitana*[99] war notwendig geworden, da Straßburg eine den Abendmahlsartikel aussparende Unterzeichnung der *Confessio Augustana* von den sie verantwortenden Ständen nicht erlaubt worden war. Zum anderen verfolgte Bucer auch auf dem

---

[94] „Die enim Lunae ad nos venit Carolstadius, humaniter et sedulo a nostris exceptus [...]." WABr 5, 1533 (246,34f).

[95] „Ich will schweigen, wie unfreundlich sie mit uns itzt fahren: nehmen den Karlstadt zu sich, gläuben allen den greiflichen Lügen, so der elend Mensch wider uns erdichtet, und muß wohlgetan sein, verteidingen ihn, Gott weiß wie lange." WABr 5, 1573 (331,66–69).

[96] „[...] sed vadant et faciant." WABr 5, 1558 (298,9).

[97] Cf. Jakob Sturm und Mathis Pfarrer an den Rat, 2. Juni 1530: PC I, 728 (446f); Jakob Sturm und Mathis Pfarrer an die XIII, Augsburg 8. Juni 1530: A. a. O., 737 (453); Jakob Sturm und Mathis Pfarrer an die XIII, Augsburg, 16. Juni 1530: A. a. O., 741 (455f).

[98] Cf. dazu Bucer an Zwingli, [5. oder 6. Juli 1530]: MBBW 4, 306 (119,2f).

[99] Cf. zu den Umständen der Entstehung dieses Bekenntnisses und zu seiner Unterzeichnung durch die Städte Straßburg, Ulm, Memmingen und Konstanz Köhler: Zwingli und Luther II, 193f; BDS 3,15–33; zuletzt RBS 1/1,447–455. Eine gründliche Untersuchung zur *Confessio Tetrapolitana* liegt noch nicht vor.

Reichstag weiterhin seine Konkordienpläne. Ein Zusammentreffen mit Luther war zunächst nicht möglich, da dieser den Vorgängen auf dem Reichstag von der Coburg aus folgen musste.[100] Bucer bemühte sich in Augsburg daher hartnäckig um eine Unterredung mit Melanchthon und den Theologen seiner Seite.[101] Am 11. Juli ließ sich zunächst Brenz zu einer Unterredung mit Bucer und Capito bewegen.[102] Melanchthon hingegen sträubte sich beharrlich. Erst am 22. oder 23. August[103] war auch er zu einem Gespräch bereit.[104] Hier legte Bucer sein Verständnis des Abendmahls dar und führte aus, auf welchem Wege nach seinem Urteil eine Verständigung herbeigeführt werden konnte.[105] Daraufhin schlug Melanchthon vor, dass der Straßburger seine Ansichten Luther in einem Brief mitteilen solle. Er selbst wollte einen Begleitbrief verfassen. Beide Schreiben wollte man sich gegenseitig vorlegen.[106] Ausdrücklich schränkte Melanchthon ein, dass „alle solliche hanndlung unvergriffennlich sein" solle.[107] Der hier erkennbare Vorbehalt war zweifelsohne mit Rücksicht auf Luther formuliert, auf dessen Urteil es Melanchthon an dieser Stelle ankam. In diesem Sinne schrieb auch Brenz an Eisermann am 8. September: „Man hat sich nämlich so verständigt, dass wir Luther Bucers Auffassung zugesendet haben, ob auf diese Weise die Eintracht wieder geflickt werden könnte."[108]

Als Bucer Melanchthon am folgenden Tag einen Brief übergab, machte dieser nach der Lektüre den Vorschlag, dass man „die sach jn proposiciones stellen" solle.[109] Melanchthon übernahm die Niederschrift und ließ sich den Text von Bucer diktieren.[110] Dieser gab der so entstandenen Thesenreihe[111] zunächst seine Zustimmung.[112] Am nächsten Tag aber legte er Melanchthon eine zweite

---

[100] Cf. dazu Brecht: Martin Luther II, 359–395.

[101] Cf. dazu Bucer an Zwingli, [5. oder 6. Juli 1530]: MBBW 4, 306 (122,7f).

[102] Cf. Jonas an Luther, 12. Juli 1530: WABr 5, 1645 (474,20f). Zum Inhalt der Unterredung cf. auch Brenz an Eisermann, 12. Juli 1530: CR II, 77 (187).

[103] Zur Datierung cf. MBBW 4, S. 230 A. 13.

[104] Zu dem vorangehenden brieflichen Austausch zwischen Melanchthon und den Straßburgern cf. Köhler: Zwingli und Luther II, 220–222; Friedrich: Martin Bucer, 69–71. Argula von Staufen, Urbanus Rhegius und der Augsburger Gereon Sailer hatten sich bei Melanchthon für eine Unterredung mit Bucer und Capito eingesetzt. Cf. MBBW 4, S. 237 A. 11.

[105] Cf. dazu Jakob Sturm und Mathias Pfarrer, 24. August 1530 [an die XIII]: Politische Correspondenz I, 783 (488).

[106] Cf. Martin Bucer an Landgraf Philipp, 27. August: MBBW 4, 332 (237,6–8).

[107] A. a. O. (237,9).

[108] „Ita enim conveniebatur, ut Luthero sententiam Buceri mitteremus, si quo pacto concordia resarciri posset." CR II, 893 (356).

[109] Cf. Bucer an Landgraf Philipp, 27. August: MBBW 4, 332 (237,11f). Zu Bucers Briefentwurf cf. MBBW 4, 327 (207,1–11).

[110] Cf. Melanchthon an Dietrich, 26. August 1530: MBW 4/2, 1045 (600,6f). Es ist daher zumindest ungenau, wenn Jammerthal: Philipp Melanchthons Abendmahlstheologie, 103 schreibt, Melanchthon habe als Ergebnis der Unterredung Bucers Auffassung skizziert.

[111] Cf. MBW 4/2, 1039.

[112] Cf. Brenz an Eisermann, 8. September 1530: CR II, 893 (356); Melanchthon an Dietrich, 26. August 1530: MBW 4/2, 1045 (600,6).

Thesenreihe vor. Diese wurde nun, nachdem Melanchthon einen Zusatz eingefügt hatte, mit einem Brief Bucers und Melanchthons Begleitschreiben über Nürnberg auf die Coburg geschickt.[113] Am 26. August legte Melanchthon die von ihm aufgezeichnete erste Fassung der Thesenreihe einem Schreiben an Veit Dietrich bei. Dabei wies er diesen an, er möge Luther den Text vorlesen. Auch erklärte er, dass Bucer um Oekolampads willen eine zweite Fassung erstellt habe. Nach seinem Urteil stimmten die beiden Thesenreihen überhaupt nicht miteinander überein. Wie er deutlich machte, kam ihm die ganze Angelegenheit sehr undurchsichtig vor.[114]

In seinem Brief an Luther formulierte Bucer zunächst das Anliegen, um das es ihm ging: Er wollte ein weiteres Mal versuchen, Luther davon zu überzeugen, dass es zwischen ihm und seinen Opponenten aus dem Abendmahlsstreit in der Sache keine Differenz gab. Er gab an, dass er diese Einsicht der Lektüre von Oeklampads Dialogschrift ‚Quid de eucharistia veteres' verdanke.[115] Die Unterschiede betrafen nach Bucers Urteil lediglich die Ausdrucksweise.[116] Zumindest für seine Seite behauptete er, dass man Luther nicht richtig verstanden habe.[117] Dass Luther seine Gegner ebenfalls missverstanden habe, wurde von Bucer nicht ausdrücklich behauptet. Dass er aber dieser Ansicht war, musste schon allein dadurch deutlich werden, dass er glaubte, Luther über eine bereits vorhandene Einigkeit in der Sache erst belehren zu müssen. Worum es Bucer letztlich ging, formulierte er in einer Bitte: „Weil Du daher hauptsächlich für die wahre Gegenwart Christi im Mahl gekämpft hast, die wir bekennen, bitte ich Dich um

[113] Cf. Bucer an Landgraf Philipp, 27. August: MBBW 4, 332 (237,12–238,13); Bucer an Luther, 25. August 1530: MBBW 4, 328 (212–219); Melanchthon an Luther, 25. August 1530: MBW 4/2, 1040. Für die Behauptung, dass Luther vermutlich eine gekürzte Fassung der zweiten Thesenreihe erhalten habe, wie dies in MBBW 4, 328 (217 A. 25) behauptet wird, gibt es keinen Anhalt. Die beiden dort als Belege herangezogenen deutschen Fassungen vermögen diese Annahme nicht zu stützen, da sie selber keinen kürzeren Text aufweisen. Cf. dazu die Manuskripte in StA Konstanz RA 11, f. 239r–240r und HAB Wolfenbüttel, ms. 61,13 Aug. 8°, f. 247r–248r.

[114] „Ego ei proposiciones composui de ipsius sentencia, non mea. Has mitto tibi, ut Doctori ostendas. Ego arbitrabar eum has ipsas proposiciones missurum esse, praesertim cum affirmaret hanc esse suam sentenciam. De ipsius ore scripsi. Postea venit et exposuit se propter Oecolampadium mutasse consilium. Mihi nihil videtur candide fieri. Leges tamen Doctori. Omnino non videntur mihi quadrare proposiciones illae, quas misit, ad has, quas ego scrisi de ipsius sentencia." MBW 4/2, 1045 (600,4–10). Dass Melanchthon außerdem einen Besuch Bucers angekündigt habe, wie dies Eells: Martin Bucer, 106 behauptet, geht aus dem Brief nicht hervor.

[115] „At nuper lecto dialogo Oecolampadij, in quo veterum de hac re sententias excutit, certus mihi factus uideor prorsus nihil inter nos uariare." Bucer an Luther, 25. August 1530: MBBW 4, 328 (213,4–214,2).

[116] Entsprechend bat Bucer: „Hunc precabor, vt eam tibi et nostris mentem adspiret, ne ob verba, cum re idem sentiamus, nostra dissensione ecclesias diuitius turbemus." A. a. O. (216, 20f).

[117] „Scio enim nostros, quibus oportuit hosce articulos transmittere, nihil aliud a tuo loquendi modo absterruisse, quam quod putent, eam operi ministri et symbolis id tribuere, quod solius Christj est, tum etiam pani Christi corpus vel naturaliter vnire vel localiter includere, id quod abunde Oecolampadius testatus est in dialogo suo." A. a. O. (214,16–215,3).

seiner Ehre willen [...], Du mögest es zulassen, dass die heilige Eintracht unter uns wiederhergestellt werde."[118]

Die theologische Position, in der Bucer eine bereits vorhandene Einigkeit meinte erkennen zu können, wurde von ihm in seinem Brief und in der beiliegenden Fassung der Thesenreihe beschrieben: Unübersehbar bemühte er sich herauszustellen, dass im Abendmahl wirklich der Leib und das Blut Christi gegenwärtig seien. So heißt es in der dritte These:

> „Aber dabei behaupten wir, dass der Leib Christi wahrhaft im Mahl gegenwärtig sei und dass Christus wirklich mit seinem wahren Leib und Blut gegenwärtig sei und dass er uns füttert, indem er dazu seine Worte, die die Diener sprechen, und die heiligen Symbole Brot und Wein verwendet."[119]

Ausdrücklich distanzierte sich Bucer von der Auffassung, dass mit den Elementen lediglich die Erinnerung (recordatio) an Christus und nicht dieser selbst gegenwärtig gesetzt werde.[120] An dieser Stelle ging Bucer eindeutig über das hinaus, was Zwingli sagen konnte.[121] Hiermit war markiert, dass es ihm um eine Gegenwart des Leibes ging, die insofern äußerlich war, als sie nicht erst und ausschließlich durch das gläubige Gedenken realisiert wurde. Auch betonte er, seine Seite sei überzeugt, dass Brot und Wein Zeichen des anwesenden und nicht des abwesenden Christus seien.[122] Dass an manchen Stellen vom Leib Christi, an anderen hingegen nur von Christus[123] die Rede ist, wird man wegen der beschriebenen Tendenz nicht als Ausdruck eines theologischen Vorbehaltes deuten können.

Als Bezugspunkt der Gegenwart Christi wird verschiedentlich das Mahl selbst genannt (in caena).[124] Im Blick auf das Verhältnis zu den Elementen wird eine Bestimmung im Sinne der Transsubstantiation ebenso abgelehnt wie die Vorstellung einer *inclusio localis*.[125] Bucers Formulierungen lassen erkennen, dass er den Elementen und den Worten eine exhibitive Funktion zuerkannte. So umschreibt er etwa das als legitim angesehene Interesse Luthers mit den Worten,

---

[118] „Cum itaque tu pro vera Christi in caena praesentia potiss[imum] pugnaris, quam fatemur, obsecro te per huius gloriam, quae infausto hoc nostro dissidio plus nimio obscuratur, patiaris inter nos sanctam concordiam restituj." A. a. O. (215,5–8).

[119] „Interim autem adfirmamus Christi corpus in caena vere adesse et Christum re ipsa praesentem vero suo corpore ueroque sanguine et nos pascere verbis ad hoc suis, quae ministri recitant, et sacris symbolis pane et vino vtentem." MBBW 4, 328 (218,4–7).

[120] „Agnoscunt siquidem panem praesentis Christi signum ac figuram esse, non absentis, et sacris symbolis non tantum eius recordationem, sed ipsum etiam Christum vere praesentem sistj." A. a. O. (214,7–9).

[121] Zu Zwinglis Verständnis der *praesentia spritualis* cf. unten S. 51 f. und A. 171 und 172.

[122] Cf. oben A. 120.

[123] „Omnino enim christianorum sacramenta praesentis Christi, non absentis signa sunt et testimonia." A. a. O. (219,11 f). Cf. ebenso A. 120.

[124] „Cum itaque tu pro vera Christi in caena praesentia potiss[imum] pugnaris, quam fatemur [...]." A. a. O. (215,5 f). Cf. auch A. 119.

[125] „Transsubstantiationem negamus. Item negamus corpus Christi localiter esse in pane, vt si quis imaginetur ita contineri in pane corpus sicut vinum in vase aut flamma in ferro candenti." A. a. O. (217,12–218,3).

dass Christus „durch Worte und Symbole im Mahl als wahrhaft gegenwärtig dargeboten werde."[126] Dabei unterschied Bucer aber zwei Formen der Gegenwart: Unter Berufung auf Augustin führte er aus, dass der Leib Christi in räumlicher Weise (localiter) an einem Ort des Himmels sei. Hier wollte er die menschliche Natur des Leibes berücksichtigt wissen. Daneben aber postulierte er eine ausschließlich dem Sakrament eigene Weise der Gegenwart des Leibes.[127] Somit war aber deutlich, dass er anders etwa als Zwingli[128] das Bekenntnis zur räumlichen Gegenwart des Leibes Christi im Himmel nicht als Argument zur Bestreitung der Anwesenheit des Leibes Christi im Abendmahl überhaupt verstanden wissen wollte.

Im Blick auf die Nießung von Leib und Blut hob Bucer hervor, dass ein Empfang nur durch den Glauben möglich sei: „Wir sagen aber, dass diese [sc. Leib und Blut] durch den bloßen und werten und unbegreiflichen Glaube ergriffen werden."[129] Damit war aber deutlich, dass eine *manducatio oralis* im eigentlichen Sinne ausgeschlossen war. Zwar konzedierte Bucer auch die Formulierung des Chrysostomus, dass der, „der oben beim Vater sitzt, zu jener Stunde durch die Hände aller festgehalten wird und sich denen gibt, die ihn umfangen und umfassen wollen."[130] Daran schloss sich aber unmittelbar die hermeneutische Einschränkung an, dass man diese Worte unter Ablegung aller fleischlichen Gedanken verstehe.[131]

Eine ausdrückliche Aussage zur *manducatio impiorum* findet sich in Bucers beiden Schriften nicht. Implizit war sie durch die Ablehnung der *manducatio oralis* aber ausgeschlossen. Die Gottlosen können demnach Leib und Blut nicht empfangen, weil ihnen der für den Empfang unverzichtbare Glaube fehlt. Da-

---

[126] „Nam cum tu nolis contendere Christum in pane esse localiter et agnoscas, etiamsi Christus in vno coeli loco, corporis modo, existat, posse tamen per verba et symbola vere praesens in cęna [sic] exhiberj, plane non video, quid tuae sententiae pugnet, quod nostri vel panem corporis Christi signum et figuram esse vel ipsum in aliquo caeli loco agere affirmant." A. a. O. (214,2–7). Cf. dazu den Gebrauch des *ablativus instrumentalis* in der dritten These oben A. 119. Cf. schließlich a. a. O. (214,8; 215,13).

[127] „Fatemur quidem cum d[ivo] Augustino: ‚Christum esse in loco aliquo caeli propter ueri corporis modum'; nihilominus tamen et in caena vere ac re ipsa praesentem agnoscimus, non localiter tamen, sed modo huic sacramento proprio [...]." A. a. O. (218,18–21). Die im Konzept sich anschließenden Worte waren der erwähnten Streichung Melanchthons zum Opfer gefallen. Cf. a. a. O. (219 A. 32).

[128] Cf. dazu Locher: Zwinglische Reformation, 299; Stephens: Theology, 237 f.

[129] „Percipi vero haec dicimus μόνῃ καὶ φιλῇ καὶ ἀζητήτῳ πίστει, ut d[ivus] Cyrillus inquit [...]." A. a. O. (218,10 f).

[130] „[...] etsi non abhorreamus etiam ab his d[omini] Chrysostomi verbis: ‚O, ingens miraculum, o magnam Dei benevolentiam erga nos! Is, qui sedet supra cum Patre, illa hora omnium manibus detinetur et dat se volentibus circumdare et complecti'; etsi quae apud hunc vel alios similia reperiuntur." A. a. O. (218,11–15).

[131] „Verum ea, quemadmodum hic idem docet, intelligimus, ut abiecta omni carnali cogitatione in caelestibus haec geri et ‚nuda anima puraque mente' cerni dicamus." A. a. O. (218,15–17).

rüber hinaus war ein Empfang durch Gottlose für Bucer aber noch aus einem weiteren Grund ausgeschlossen: Er verstand nämlich die Einsetzungsworte im Sinn einer Bundeszusage Gottes, die aber nur denen gegenüber Gültigkeit haben sollte, für die das Opfer Christi bestimmt sei.[132] Bucer nahm also an, dass Leib und Blut Christi ausschließlich denen dargereicht würden, für die sie von Gott her gedacht seien.[133] Somit waren die Gottlosen stillschweigend[134] durch einen prädestinatianischen Vorbehalt *ex parte Dei* vom Empfang ausgeschlossen.[135] Eine Nießung zum Gericht hingegen postulierte Bucer für diejenigen, die zwar mit dem Glauben begabt waren, die aber dieser Begabung in ihrem Verhalten nicht entsprachen. In dieser Weise wollte Bucer die Aussage des Paulus über den Empfang der Korinther verstanden wissen.[136] Damit war aber, ohne dass die Begriffe in diesem Zusammenhang alle gebraucht worden wären, die Konstruktion der dreifachen Unterteilung in *pii*, *indigni* und *impii*, die im weiteren Verlauf der Auseinandersetzungen und schließlich auf dem Konkordienkonvent selbst eine bedeutende Rolle spielen sollte, vorgestellt worden.

Ein Vergleich mit der ersten Thesenreihe, die Melanchthon gesondert auf die Coburg sandte, lässt zunächst zwei Auffälligkeiten erkennen: In formaler Hinsicht fällt ins Auge, dass die erste Fassung ein Protokoll ist, in dem Lehraussagen Bucers festgehalten werden. Sein Name wird verschiedentlich genannt, und die gebrauchten *verba dicendi* weisen fast ausnahmslos die Personalform der 3. Person Singular auf.[137] Die zweite Thesenreihe hingegen ist als Lehrdokument eines

[132] So heißt es in These 7: „Pactum siquidem, quo credimus pane et vino proposito sisti nobis, adesse et porrigi Christi corpus et sanguinem, isthuc cum his solum esse initum, pro quibus illa imolata sunt, verba euangelistarum testantur." A. a. O. (219,3–5).

[133] In diesem Sinn äußerte sich Bucer auch in seinem Gutachten für Kanzler Brück. Dort heißt es zur Frage nach der *manducatio impiorum*: „Hie haben die vnseren angesehen, das Christus zu denen gesagt hatt: ‚Esset, das ist meyn leyb' etc., zu welchen er auch hernaher sagt: ‚der für euch gegeben', ‚das fur euch vnd fil vergossen wirdt', das ist zu den rechten woren iungern Christj. Dann die weyl er gesagt hat: ‚fur fil' vnd nicht: ‚fur alle', so wirdt er alleyn die gemeinet haben, die seins leydens worlich teylhafft werden." Bucer an Brück, [23. od. 24. Juli 1530]: MBBW 4, 320 (173,28–174,5).

[134] Köhler: Zwingli und Luther II, 225 schreibt zu Recht, dass „die Frage nach dem Empfang der Ungläubigen eingenebelt" gewesen sei.

[135] Cf. zu diesem Bestandteil der Bucerschen Abendmahlslehre auch Kaufmann: Abendmahlstheologie, 429.

[136] „Fatemur tamen etiam eos, qui fide praediti sunt, ita se posse circa haec sacra non ex fide habere, ut nihilominus rei euadant corporis et sanguinis, non absentium, sed praesentium, id quod vsu venit Corinthijs [...]." Bucer an Luther, 25. August 1530: MBBW 4, 328 (219,7–9). Auf diese Möglichkeit eines gleichsam latent bleibenden Glaubens hatte Bucer unter Bezugnahme auf (Ps.-) Bernhard von Clairvaux auch bereits in seinen für Gregor Brück bestimmten schriftlichen Ausführungen vom 23. oder 24. August verwiesen. Cf. MBBW 4, 320 (174,20–175,2).

[137] So beginnt das Dokument etwa mit den Worten: „Bucerus. Transsubstantiacionem negat." WABr 12, 4243a: (132,1 f). Die Thesenreihe endet mit den Worten: „Buceri sentencia περὶ δείπνου κυριακοῦ." MBBW 4, 328 (218, A. 25). Dieser Satz fehlt in der Edition in WABr 12, der ebenfalls das Originalmanuskript der Thesenreihe zugrundegelegt wurde. An den Stellen, wo auf andere Lehrauffassungen rekuriert wird, wird dies im Text durch einen Wechsel in der Personalform oder eine Namensnennung deutlich: „Sicut eciam de verbo aut Baptismo di-

Kollektivs mit Verbformen in der 1. Person Plural formuliert.[138] Möglicherweise wollte Bucer mit der Abwandlung damit den Anspruch erheben, dass er hier die Anschauung auch der anderen Gegenspieler Luthers vorlegte. Denkbar ist aber auch, dass die Änderung der Formulierung als eine Einladung an die Gegenseite gedacht war, dass Luther und seine Leute sich diesen Text ebenfalls zu eigen machen sollten. In diesem Fall hätte Bucer den in Marburg beschrittenen Weg einer gemeinsamen Lehrformulierung erneut ins Spiel gebracht. Zum anderen ist auffällig, dass mit Ausnahme der ersten und der zweiten These der Text tatsächlich in den Formulierungen deutlich überarbeitet wurde.

Auch in theologischer Hinsicht lassen sich deutliche Veränderungen erkennen, wenngleich sie weniger gravierend ausfallen, als Melanchthons kritisches Votum, beide Fassungen würden überhaupt nicht übereinstimmen (omnino non quadrare)[139], erwarten lassen würde: Durch den Gebrauch der Wendungen *realiter adesse* und *corporaliter adesse*[140] war in der ersten Fassung noch deutlicher formuliert, dass es Bucer nicht um eine in der Form der Erinnerung realisierte Gegenwart ging, sondern um die Präsenz einer gegenüber dem Empfänger eigenständigen Entität. Bemerkenswert ist hingegen, dass die *manducatio impii* ausdrücklich abgelehnt wurde. Zur Begründung wurde ausschließlich angeführt, dass das Sakrament für den Gebrauch der Gläubigen eingesetzt sei.[141] Dass der Glaube die nach Bucers Auffassung einzig mögliche Form des Empfangs darstellte, hatte sich im Unterschied zur zweiten Fassung hingegen nicht niedergeschlagen. Bedeutsam erscheint ferner, dass in der ersten Thesenreihe eine deutlichere Distanzierung gegenüber Zwingli und seinen Auffassungen greifbar ist: Zum einen war unter Nennung von Zwinglis Namen festgehalten, dass Bucer das von dem Zürcher verschiedentlich und auch noch in dieser Zeit angeführte Ringgleichnis ablehnte, das das Verhältnis zwischen den anwesenden Elementen und dem abwesenden Christus veranschaulichen sollte.[142] Darüber

cimus, quod certum sit adesse Spiritum S. et operari, cum fit ablucio, ita hec sentit corpus vere et realiter adesse." A. a. O. (132,14–16). „Cinglius videtur sic sentire, quod corpus Christi sit in vno loco localiter Nec possit vsquam aliter esse nisi localiter." A. a. O. (132,22f).

[138] Cf. dazu etwa oben A. 125 zur sonst identischen These über die Ablehung der Transsubstantiationslehre.

[139] Cf. oben A. 114.

[140] „Interim tamen affirmat corpus Christi vere adesse et exhiberi in coena Domini, non tantum adesse virtualiter, sed realiter." WABr 12, 4243a (132,5f). „[...] ita hec sentit corpus vere et realiter adesse." A. a. O. (132,15f). „Christus corporaliter est in coena [...]." A. a. O. (132,31). Bizer: Studien, 33 spricht daher davon, dass die Ausdruckweise der zweiten Fassung abgemildert gewesen sei. Zu weit geht hingegen das Urteil von Friedrich: Martin Bucer, 72, dass mit dem Wechsel dieser Begriffe „eine Verschiebung einer realen Gabe des Leibes Christi auf ein geistliches Verständnis der Anwesenheit Christi mitintendiert" gewesen sei. Ohne weitere Deutung wird der Wechsel markiert bei Hazlett: Development, 349.

[141] „Sed tamen hi tantum accipiunt id corpus, qui credunt. Isti, qui non credunt, nihil accipiunt nisi panem, quia sacramentum videtur institutum ad vsum credencium." WABr 12, 4243a (132,33–35).

[142] „Sentit [sc. Bucer] igitur panem et vinum signa praesentis corporis Christi esse, non ab-

hinaus hatte Melanchthon notiert, dass Bucer sich gegen die Ansicht Zwinglis wende, dass der Leib Christi sich in räumlicher Weise (localiter) an einem Ort – nämlich zur Rechten Gottes im Himmel – befinde und dass er auf diese eine Weise des Gegenwärtigseins festgelegt sei.[143] Auch hier war Zwingli wieder genannt und anders als in der zweiten Fassung der in dieser Frage bestehende Gegensatz zu ihm explizit zum Ausdruck gebracht.

Auf der Coburg hatte Luther zu diesem Zeitpunkt bereits erfahren, dass Capito in Augsburg war und dass man von Bucer gleiches vermutete.[144] Am 13. Juli unterrichtete ihn Jonas über Bucers und Capitos Zusammentreffen mit Brenz. Dabei erwähnte er auch, dass beide im Verlauf der Unterredung bekannt hätten, dass der Leib Christi *vere, realiter* und *corporaliter* anwesend sei.[145] Auf Brenz' Frage, warum sie dieses Bekenntnis nicht bereits in Marburg abgegeben hätten, hätten beide auf unbestimmte Hindernisse und die Kürze der Zeit verwiesen.[146]

Am Tag darauf schrieb auch Melanchthon an Luther. Er ging in seinem Schreiben auf Zwinglis ‚Fidei expositio' ein, die ihren Verfasser nach Melanchthons Urteil im Blick auf die Lehre von der Erbsünde, den Gebrauch der Sakramente und das Abendmahl als unbelehrbaren Irrlehrer erscheinen ließ, und stellte die Übersendung eines Exemplars in Aussicht.[147] In seinem Brief an Veit Dietrich vom folgenden Tag erwähnte er auch Bucer und Capito und erklärte, dass er sich ihrer Einladung bislang verweigert hatte.[148]

---

sentis. Nec esse μεταφοράν, qualis est, cum dico de annulo donato amicae: Ecce hic habes animum meum, vbi annulus significat absentem animum. Sermo sacramentalis figuras habet non ad significandum res absentes, sed res praesentes." A. a. O. (132,26–30). Cf. dazu etwa Zwinglis ungefähr zeitgleiche Schrift ‚De convitiis Eckii', Zwingli VI/3, 278. Dass Bucer sich mit der ersten Fassung „von seinem alten Freunde Zwingli" distanzierte, bemerkt auch bereits Hassencamp: Hessische Kirchengeschichte II, 90.

143 „Cinglius videtur sic sentire, quod corpus Christi sit in vno loco localiter Nec possit vsquam aliter esse nisi localiter. Sed hanc posteriorem sentenciam non approbat Bucerus, qui affirmat Christi corpus posse alicubi esse alio modo quam localiter." WABr 12, 4342a (132,22–25).

144 „Capito hic est et peciit colloquium Moguntini, sed non est admissum. Putatur quoque Bucerus hic latere, vt est illorum hominum fortitudo." WABr 5, 1639 (466,7–9). Cf. dort auch die Ausführungen zur Frage der Datierung.

145 „Heri cum Capitone et Bucero Brencius quasi vi pertractus et compulsus coactus est coenare. Contulerunt inter se de caussa sacramenti. Tandem eo euaserunt, vt coram Brencio confessi sint se nunc sentire vere, realiter, corporaliter adesse Christi corpus, vt verba sonant." WABr 5, 1645 (474,20–23).

146 „Et cum Brencius rogaret, cur hoc Marpurgi non dixerint ad conciliandam vere et perfecte concordiam, responderunt, tum fuisse quedam impedimenta et obstitisse angustiam temporis." A. a. O. (474,24–26).

147 „Cinglius misit huc confessionem impressam typis. Dicas simpliciter mente captum esse. De peccato originali, de usu sacramentorum veteres errores palam renovat. [...] Suam causam περὶ δείπνου vehementer urget. [...] Mittam exemplum, cum nactus ero." Melanchthon an Luther, 14. Juli 1530: MBW 4/1, 970 (372,16–21).

148 „Capito et Bucerus adsunt. [...] Me tamen rogaverunt, ut ad se venirem. Nondum accessi nec puto id utile esse." Melanchthon an Dietrich, 15. Juli 1530: MBW 4/1, 971 (377,4–6).

Am 28. Juli schließlich wusste Agricola aus Augsburg zu berichten, die beiden Straßburger versuchten mit erstaunlichen Künsten und Listen, andere von ihrer Anschauung zu überzeugen. Von Brenz hätten sie behauptet, dass er mit ihnen einig sei.[149]

In Kenntnis der Briefe vom 13. und 14. Juli[150] schrieb Luther am 21. Juli an Jonas nach Augsburg. Melanchthons Ausführungen über Zwingli kommentierte er ironisch und stellte ihm Bucer an die Seite: „Zwingli gefällt mir überaus und Bucer!“[151] Eine Wiedereröffnung der Gemeinschaft erschien ihm undenkbar.[152] Schließlich prophezeite er: „Aber nach der Abreise des Kaisers werden sie wiederum andere sein.“[153] Diese Äußerung ist vermutlich als eine Reaktion Luthers auf die ihm von Jonas berichteten abendmahlstheologischen Zugeständnisse der Straßburger anzusehen. Demnach glaubte Luther, dass die Aussagen Bucers und Capitos allein unter dem Druck der bedrohlichen Gegenwart des Kaisers im Reich zustande gekommen waren. Er sah in dem vorgelegten Bekenntnis daher keinen Ausdruck einer aufrichtigen Sinnesänderung, sondern eine politisch motivierte Heuchelei. Entsprechend verzichtete er auf eine inhaltliche Auseinandersetzung.

Am 3. August äußerte sich Luther schließlich voller Abscheu über die Praktiken der Straßburger, von denen Agricola berichtet hatte.[154] Er verfluchte sie als solche, die Christus schändeten und verlästerten.[155]

Spätestens am 28. August trafen die Schreiben Melanchthons und Bucers vom 25. August und die zweite Thesenreihe bei Luther ein.[156] Obwohl Melanchthon um eine baldige Stellungnahme zu dieser Angelegenheit gebeten hatte[157], ließ Luther sich mit einer Antwort bis zum 11. September Zeit. Einem Schreiben der Straßburger Gesandten lässt sich entnehmen, dass die kursächsischen Theologen es ablehnten, mit den Straßburgern weiter zu verhandeln, bevor Luther sich geäußert hatte.[158]

---

[149] „Capito et Bucerus miris artibus et dolis quos possunt in suam opinionem pertrahere conantur [...]. Brentius passus est, se ad colloquium novum adduci, et ecce statim spargunt famam, Brentium cum eis sentire.“ Agricola an Luther, 28. Juli 1530: WABr 5, 1666 (514,11–15).

[150] Cf. dazu WABr 5, 1656 (A. 3) und 1657 (1).

[151] „Zwinglius mihi sane placet et Bucerus!“ WABr 5, 1657 (496,24).

[152] „Scilicet cum his hominibus ineamus societatem?“ A. a. O. (496,25).

[153] „Sed post Caesars abitum iterum erunt alii.“ A. a. O. (496,26).

[154] Agricolas Brief dürfte mit dem am gleichen Tag verfassten Brief Melanchthons an Luther (WABr 5, 1664) abgeschickt und überbracht worden sein. Auf diesen Brief Melanchthons antwortete Luther ebenfalls am 3. August 1530. Cf. WABr 5, 1673.

[155] „Buceri et suorum technas mihi placere et antea scripsi, ut confundantur, qui filium Dei confundunt et blasphemant.“ WABr 5, 1672 (522,20–22).

[156] Auf Melanchthons Brief spielte Luther in seiner Antwort vom 28. August an. Cf. WABr 5, 1705 (584,1 f und A. 1).

[157] Melanchthon hatte geschrieben: „Mox responde.“ WABr 5, 1695 (562,15).

[158] „Der zweiong halb das sacrament belangen kören wir allen moglichen vleisz ane; dweil aber noch kein antwort von dem Luther kummen, mogen wir zu keiner weitern handlong kom-

Neben dem erwähnten Brief an Melanchthon existiert noch eine weitere Quelle, die darüber Aufschluss zu geben vermag, wie Luther über Bucers abendmahlstheologische Ausführungen dachte. Es ist eine in der Forschung bisher noch nicht ausgewertete Abschrift Veit Dietrichs von Notizen, die Luther beim Studium von Bucers Brief und den beiden Thesenreihen angefertigt haben muss.[159] Für den Brief geht dies aus der Überschrift über den Notizen hervor: „Ad Buceri literas."[160] Darüber hinaus entspricht Luthers Hinweis auf Oekolampads Dialog[161] der Aufnahme, die diese Schrift in Bucers Brief gefunden hatte.[162] Die Notizen und Luthers Brief an Melanchthon weisen einerseits Berührungspunkte auf. Dies gilt etwa für das Zitat aus Eph 4,14.[163] Daneben ist aber auch zu erkennen, dass sich beide Texte deutlich voneinander unterscheiden: Sie sind unterschiedlich aufgebaut und weichen, wie die anschließende Auslegung zeigen wird, auch in inhaltlicher Hinsicht voneinander ab. Die Notizen können daher nicht als ein für die Abfassung des Briefes gedachtes Konzept angesehen werden. Sie sind vielmehr Ausdruck einer persönlichen Selbstbesinnung und Rechenschaft, die Luther sich über das eigene weitere Vorgehen angesichts der von Bucer vorgelegten Ausführungen zur Abendmahlslehre und der von ihm vorgetragenen Bitte in dieser Form geben wollte. Bedeutsam sind diese Aufzeichnungen besonders dadurch, dass sich durch sie nachvollziehen lässt, wie Luther Bucers Abendmahlslehre zu diesem Zeitpunkt verstand.

Luthers Notizen bieten eine durch die Zahlenfolge von 1 bis 3 gegliederte Auflistung von abendmahlstheologischen Aussagen, die terminologisch stark verdichtet sind. Ein Vergleich mit einer Passage aus einem Brief, in dem Friedrich Myconius Veit Dietrich über den Verlauf des Wittenberger Konkordienkonventes vom Mai 1536 unterrichtete[164], lässt erkennen, dass Luther in diesem Schema eine theologische Lehrentwicklung skizzieren wollte. Die zunächst von seinen Widersachern vertretene Position beschrieb Luther mit den Worten: „verbum et simbolum nuda et vacua"[165]. Diese Formulierung entspricht sachlich

men; dan die Sachsischen derselben warten." Sturm und Pfarrer an die XIII, 10. September 1530: PC I, 789 (496).

[159] Cf. WABr 13, S. 176. Im Folgenden wird auf den Text unter Angabe von Seitenzahl und eigener Zeilenzählung Bezug genommen. Ohne weitere Ausführungen wird auf Dietrichs Abschrift verwiesen bei Brecht: Bucer und Luther, 360 und A. 41 und Schubert: Fremde Sünde, 266 A. 88. Zu Dietrichs großem Eifer beim Abscheiben von Luthers Notizen zur Zeit des Aufenthaltes auf der Coburg cf. Freitag: Anteil, 174–176.

[160] WABr 13 (176,1).

[161] „Dialogum allegat [sc. Bucer]. Sed ego vestra vlterius neque lego neque curo." A. a. O. (176,9f).

[162] Cf. dazu oben A. 115.

[163] Cf. dazu WABr 13 (176,2) und WABr 5, 1716 (617,15f).

[164] Cf. dazu MycBr 109–124 und ebenso ‚Narratio' 40–48. Zu beiden Quellen cf. eingehender die Ausführungen in Kapitel 4.1. Zum Schema einer dreistufigen Entwicklung, die Luther auf der Gegenseite meinte wahrnehmen zu können, cf. unten S. 325–327.

[165] Cf. WABr 13 (176,3).

Luthers Kritik, dass seine Gegner mit ihrer Deutung den Einsetzungsworten das Entscheidende nähmen und dass sie davon überzeugt seien, dass im Abendmahl lediglich Brot und Wein gegenwärtig seien. So hatte er sich etwa 1528 in seiner großen Abendmahlsschrift geäußert.[166] In diesem Sinn, so wird man Luther hier deuten müssen, waren nach seinem Urteil Wort und Symbole leer. Hier gab es keine Heilsgabe zu empfangen, hier sollte man beim Empfang von Brot und Wein lediglich an den Tod Christi denken.[167]

Dieses erste Stadium hatten Luthers Gegner seiner Meinung nach dann zugunsten einer Deutung der Einsetzungsworte im Sinn einer *praesentia spiritualis* überwunden. Er selbst beschreibt diese Position in seinen Notizen mit den Worten „verbum cum spirituali praesencia"[168]. Luther ist hier wohl so zu verstehen, dass er meinte, nun hätten seine Gegner den Versuch unternommen, dem ganzen Wortlaut der Einsetzung durch eine Deutung im Sinne einer geistlichen Präsenz des Leibes Christi gerecht zu werden. Aus Luthers Rückblick auf das Marburger Religionsgespräch in seinem Brief an Jakob Propst vom 1. Juni 1530 wird deutlich, dass er meinte, diese Position sei von seinen Gegnern in Marburg erreicht worden.[169] Inhaltlich bezog Luther sich damit auf eine gewisse Verschiebung in der Lehre Zwinglis: Über die Rede vom Gedächtnismahl hinausgehend hatte dieser schon in der Zeit vor dem Marburger Religionsgespräch begonnen, von einer Gegenwart Christi im Abendmahl zu sprechen.[170] Gegenwärtig

---

166 „Erstlich ynn dem [erg.: verspotten die anderen Theologen Christus]: Weil sie Christum ynn seinen worten und wercken also deuten, das ym abendmal nichts mehr sey, denn allein brod und wein zu empfahen, des Herrn tod zu gedencken, so dürffen sie dieses texts ‚Das ist mein leib etc. Das ist mein blut etc.' nirgent zu, und ist gantz ein vergeblicher, unnötiger, unnützer text, on welchen das abendmal wol vnd völliglich kan gehalten werden, Denn sie haben ubrig texts gnug, wenn sie also lesen: Nemet, Esset, Nemet, Trincket, Solchs thut zu meinem gedechtnis. Jnn diesen worten haben sie yhr abendmal gantz und völlig". WA 26,389,31–390,16. Ähnlich äußerte sich Luther bereits 1527. Cf. WA 23,245,35–247,11. Cf. dazu auch den häufigen Vorwurf gegenüber der Auffassung der Widersacher, „das eytel brod und wein da sey", etwa in WA 26,263,8; 279,21 f; 283,13.24; ebenso cf. WA 23,71,29–35; 83,18 f.

167 „Denn las sie sagen, wo zu solcher text nütz sey, wenn sie wol brod und wein des Herrn tod gedencken konnen (welchs das heubt stück und einige ursach des abendmals sein sol) on solchen text." WA 26, 390,19–22. Tatsächlich formulierte Zwingli etwa in seiner Schrift ‚De vera et falsa religione Commentarius' von 1525: „Est ergo sive ‚eucharistia' sive ‚synaxis' sive ‚caena dominica' nihil aliud quam: commemoratio, qua ii, qui se Christi morte et sanguine firmiter credunt patri reconciliatos esse, hanc vitalem mortem annunciant, hoc est: laudant, gratulantur et praedicant." Zwingli III, 807,11–14.

168 WABr 13 (176,4).

169 Cf. dazu oben S. 40 und A. 90. Entsprechend war im 15. Artikel in Marburg der bestehende Dissens darin gesehen worden, ob „der war Leib vnd Blut Christi / leiblich ym brot vnd wein sey". Cf. oben A. 62. Etwas anders fiel Luthers Urteil im Brief an seine Frau vom 4. Oktober aus, in dem er festhielt, „die Widerteil wollten eitel Brot im Abendmahl behalten und Christum geistlich darinnen gegenwärtig bekennen." WABr 5, 1476 (154,5 f).

170 Folgendes Angebot zur Verständigung hatte Zwingli etwa bereits 1527 in seiner Schrift ‚Amica exegesis' Luther vorgelegt: „Si spiritualis est ista corporis praesentia, puta, quod in mente fidimus Christo pro nobis mortuo, iam nihil dissidii inter nos manebit. Nos enim sic praesentiam istam adserimus, ut unam sciamus ad hanc rem sufficere, super qua digladiamur."

war der Leib Christi den Menschen im Abendmahl demnach in der Weise, dass die Kommunikanten an den menschgewordenen, leibhaften und gekreuzigten Christus glaubten.[171] Die Gläubigen brachten den Leib Christi in ihren Herzen mit ins Mahl hinein.[172] Ausdrücklich grenzte Zwingli dieses Verständnis von Gegenwart immer wieder gegen die Annahme einer Anwesenheit des Leibes Christi im Abendmahl außerhalb dieser Sphäre der gläubigen Erinnerung ab: „Wer Christus vertraut, hat den Leib Christi gegenwärtig, das heißt: Er hat den Erlöser Christus nicht außerhalb der Erinnerung an den Leib", heißt es in Zwinglis ‚Amica exegesis' von 1527.[173] Nicht außerhalb der Erinnerung – *non citra mentionem*. Das war die für Zwingli unübersteigbare Grenze, die er terminologisch mit den Begriffen *praesentia spiritualis* einerseits und *praesentia naturalis* oder *corporea*[174] andererseits markierte und akribisch beachtete.[175]

Die dritte Entwicklungsstufe umriss Luther schließlich mit den Worten „verbum cum corporali praesencia."[176] In dieser Formulierung sah er offenbar die Ausführungen Bucers zusammengefasst, die ihm auf die Coburg zugestellt wor-

Zwingli V, 587,16–20. In seinem kurzen Bekenntnis von 1544 stellte Luther es im Rückblick auf den gesamten Abendmahlsstreit ebenfalls so dar, als hätten seine Gegner diese Position erst in Marburg bezogen. Cf. WA 54,153,2–6.

[171] So formulierte Zwingli 1528 in seiner Schrift ‚Über D. Martin Luthers Buch, Bekenntnis genannt': „Dann welcher im nachtmal Christum nit erkennt, uff inn nitt truwt, inn nit mit aller sicherheyt im hertzenn treyt, das er waare menschliche presthaffte habe angenommen unnd mitt dero unsere presten hingenommen, unns gwüsse kinder und miterben gottes gemacht, unnd im darumb nit dancksagt, der ißt im selbs ein urteyl. Also habend wir in wol im nachtmal, aber natürlich, wesenlich und lyplich, das ist als wenig möglich, als dass wir den mon im napff habind, so er dryn schynet." Zwingli VI/2, 142,6–13. Cf. dazu auch Zwingli V, 588, 26–28 und Zwingli an Luther, 1. April 1527: WABr 4, 1092 (185,53–186,1).

[172] Entsprechend heißt es in Zwinglis Abendmahlsschrift von 1528: „Also bringt das nachtmal Christi oder das brot und wyn darinn nit den lychnam oder tod Christi zůgegen; sunder die, so den tod Christi, der einist erlidten ist, erkennend ir läben sin, bringend den in iren danckbaren hertzen ins nachtmal und nemend da mit iren mitglideren das zeichen, das Christus ingesetzt hat, das es von denen sölle genommen werden unnd bezügen, die sinen tod verjehend." Zwingli VI/2, 203,3–9.

[173] „Qui fidit Christo, habet Christi corpus pręsens, hoc est: Christum salvatorem citra mentionem corporis non habet [...]." Zwingli V, 588,26 f. Auch bei dieser Formulierung handelte es sich um ein von Zwingli unterbreitetes Verständigungsangebot.

[174] In der ‚Amica exegesis' heißt es etwa: „Si spiritualis est ista corporis praesentia, puta, quod in mente fidemus Christi pro nobis mortuo, iam nihil dissidii inter nos manebit. Nos enim sic praesentiam istam adserimus, ut unam sciamus ad hanc rem sufficere, super qua digladiamur. Si vero naturalem adseritis praesentiam, iam periit omnis huius argumenti spes." Zwingli V, 587,16–21. Zur Gegenüberstellung von *praesentia spiritualis* und *corporea* cf. auch a. a. O., 588,23–25.

[175] Zwingli überschritt die hier gezeichnete Grenze auch nicht durch das ganz dem Begrifflichen zugehörende Zugeständnis, dass der Christus „wåsenlich nach der gottheit, ouch lypblich nach der trachtung und gedåchtnuß" gegenwärtig sei. Zwingli V, 791,8 f. Zutreffend bemerkt Köhler: Zwingli und Luther I, 489: „Das soll heißen: in der betrachtenden Erinnerung und im Gedächtnis der feiernden Abendmahlsgemeinde ist auch der leibliche Christus, wie er am Kreuz hing und mit dem Opfer seines Leibes die Erlösungstat vollbrachte, gegenwärtig."

[176] WABr 13 (176,5).

den waren. Demnach nahm Luther an, dass Bucer in seinen Darlegungen die Einsetzungsworte im Sinn einer *praesentia corporalis* gedeutet habe. Doch das hatte er nicht. Jedenfalls hatte er keine Deutung im Sinne von Luthers Verständnis einer *praesentia corporalis* vorgelegt. Zwar hatte er sich in seinem Brief ausdrücklich von einer Reduktion der Gegenwart Christi auf eine Präsenz in der gläubigen Erinnerung der Teilnehmer abgegrenzt.[177] Auch hatte er mehrfach hervorgehoben, dass der Leib Christi wahrhaft und tatsächlich im Abendmahl gegenwärtig sei und als Gabe gereicht werde. Doch zu Luthers Verständnis von leiblicher Gegenwart gehörte ebenfalls unverzichtbar hinzu, dass der Leib auch mit dem Mund gegessen werde, von Gläubigen wie von Gottlosen. Deutlich ist dies etwa in einem Schreiben an Kurfürst Johann vom 16. Januar 1531, auf das im weiteren Verlauf noch einzugehen sein wird.[178] Gerade die Vorstellung von einem solchen mündlichen Essen aber hatte Bucer zurückgewiesen. Zwei Deutungen erscheinen mir an dieser Stelle möglich: Entweder hatte Luther Bucers zweifachen Vorbehalt gegen eine *manducatio oralis* und eine *manducatio impiorum* zum Zeitpunkt dieser Erwägungen einfach nicht verstanden. Oder er war sich ihrer zwar bewusst, meinte ihnen aber ein geringes Gewicht geben zu können, durch das er sich in seinem Urteil nicht in Frage gestellt sah. In diesem Fall müsste er in ihnen gleichsam Relikte aus Bucers theologischer Vergangenheit gesehen haben, die sich aus seiner Sicht in einem inkonsistenten Verhältnis zu dem Votum für eine *praesentia corporalis* befunden haben müssen, dieses aber nicht aufzuheben drohten. Für diese zweite Deutung spricht, dass Luther nur wenige Tage später in der mündlichen Auseinandersetzung mit Bucer auf beide Vorbehalte eingehen sollte.[179] Er muss sie mithin wahrgenommen haben. Außerdem lässt sich an späteren Äußerungen Luthers zeigen, dass er nicht verstehen konnte, wie Bucer bei der von ihm vertretenen Äußerlichkeit der Gegenwart des Leibes weiterhin bei einer Ablehnung der *manducatio impiorum* und der *manducatio oralis* beharren konnte.[180]

Wie Luther diese Position einordnete, geht aus den folgenden Sätzen hervor:

> „Wer weiß, wie lange sie bei dieser Meinung bleiben werden, da sie ebenso wie die früheren ungewiss ist ohne das Wort. Deshalb kann ich sie nicht umarmen, obwohl es doch dasselbe ist. ‚Dies ist mein Leib', das heißt: Hier ist mein Leib. Aber das Gewissen erlaubt es nicht."[181]

---

[177] Cf. A. 120.

[178] Cf. unten S. 94 f.

[179] Cf. unten S. 70 f.

[180] Cf. dazu unten Luthers Auseinandersetzung mit Bucers Einigungsschrift, S. 94 f. und S. 97–99.

[181] „Quis scit, quamdiu in hac sentencia sint mansuri, cum sit eque vt priores incerta sine verbo. Ideo non possum amplecti, cum idem sit. ‚Hoc est corpus meum', idest hic est corpus meum. Sed Consciencia non permittet." WABr 13 (176,6–8).

Zum einen ist im Blick auf den Inhalt von Bucers Ausführungen festzustellen, dass Luther eine Übereinstimmung zwischen der ihm vorgelegten Position und seiner eigenen Auffassung wahrnehmen zu können glaubte. Nach seinem Urteil lag „dasselbe“ (idem) vor. In der Sache war nach seinem Urteil durch die von Bucer vorgenommene Verortung des Leibes und Blutes im Mahl (in coena) nichts anderes als das gesagt, was die Einsetzungsworte mit ihrer prädikativen Struktur zum Ausdruck brachten. Luther konnte, obwohl er selbst dem biblischen Wortlaut gegenüber allen anderen Formulierungen den Vorzug gab[182], im Blick auf die Formulierung großzügig urteilen, sofern für ihn feststand, dass die Gegenwart von Leib und Blut nicht zur Disposition stand. So hatte er bereits in seiner Schrift ‚Dass diese Worte Christi‘ von 1527 zur Kritik an der Redeweise, der Leib Christi sei im Brot, erklärt:

„Das aber die veter und wir zu weilen so reden: ‚Christus leib ist ym brod‘, geschicht einfeltiger meinung darumb, das unser glaube wil bekennen, das Christus leib da sey. Sonst mugen wir wol leiden, man sage, Er sey ym brod, Er sey das brod, Er sey, da das brod ist, odder wie man will. Uber worten wollen wir nicht zancken, alleine das der synn da bleibe, das nicht schlecht brod da sey, das wir ym abendmal essen, sondern der leib Christi.“[183]

Zum anderen wird aus Luthers Äußerungen deutlich, dass er trotz der von ihm wahrgenommenen Übereinstimmung eine Wiederannahme seiner Opponenten und damit die Überwindung der Spaltung für unmöglich hielt.[184] Er begründete diese Ablehnung für sich durch zwei Überlegungen, die beide nicht auf den Inhalt von Bucers Darlegungen zielten, sondern auf die innere Haltung, die er der Gegenseite mit Blick auf diese Positionierung unterstellen zu können glaubte. 1. Luther hatte offensichtlich Zweifel daran, dass die Gegenseite dauerhaft bei dieser abendmahlstheologischen Auffassung bleiben werde. 2. Ausschlaggebend für seinen Zweifel war seine Überzeugung, dass es sich bei ihr um eine *sententia incerta sine verbo* handele. Man wird ihn hier so verstehen müssen, dass er glaubte, die andere Seite könne der entfalteten Lehre nicht gewiss sein, weil diese sich nicht durch die gewiss machende Wirkung des Wortes und damit durch Gott selbst Geltung verschafft habe. Das entscheidende Movens ihrer Aussagen dürfte Luther vielmehr, wie er es bereits gegenüber Jonas vermutet hatte[185], in der bedrohlichen politischen Lage der auf dem Reichstag isolierten Oberdeutschen gesehen haben. Damit waren Bucers Ausführungen durch die von Luther unterstellte Weise ihrer Genese diskreditiert. Dass unter diesen Umständen nicht mit Beständigkeit zu rechnen war, lag für ihn nahe.

---

[182] Cf. dazu PETERS: Realpräsenz, 97 sowie die theologische Plausibilisierung bei SLENCZKA: Neubestimmte Wirklichkeit, 91 f.

[183] WA 23,145,26–32.

[184] „Ideo non possum amplecti [...].“ WABr 13 (176,7). Zum Begriff der *amplexio* cf. etwa Gen 33,4 in der Fassung der Vulgata-Revision von 1529, WADB 5,51,31. Es handelt sich um die Geste, mit der das Bruderverhältnis (hier: zwischen Jakob und Esau) restituiert wird.

[185] Cf. oben A. 153.

Ebenso war für Luthers Ablehnung entscheidend, dass er den Absichten Bucers und seiner Freunde offenkundig misstraute. Am Ende seiner Aufzeichnungen heißt es: „Quando prius poeniterunt, Volunt concordia ista nos alienis peccatis participes fieri."[186] Mit dieser vorangehenden Erfahrung, auf die hier rekurriert wird, bezog sich Luther offensichtlich auf das Marburger Religionsgespräch in Verbindung mit der sich anschließenden Auseinandersetzung um die Auslegung seiner Ergebnisse. Für diese Deutung spricht zunächst, dass die Gegenseite aus Luthers Sicht in Marburg tatsächlich Konzessionen gemacht hatte[187], so dass er von einer Umkehr (poenitere) sprechen konnte. Darüber hinaus enthält Luthers Brief an Jakob Propst vom 1. Juni 1530 einen Satz, der zu der Formulierung in Luthers Notizen enge Entsprechungen aufweist und sich auf die Motive der Opponenten von Marburg bezieht: „Sed, ut nunc apparet, omnia [sc. humilitas und humanitas] ficte, ut nos traherent in simulatam concordiam et nos participes ac patronos facerent sui erroris."[188]

In der Sache ging es hierbei darum, dass Luther seinen Opponenten die Absicht zuschrieb, dass diese in Marburg eine Approbation ihrer eigenen Lehre in unveränderter Form hätten erreichen wollen. Dieser Absicht gab Luther nun wiederum dahingehend eine bestimmte Deutung, dass man ihn und seine Freunde an fremden Sünden habe teilhaftig machen wollen. Auf diese Deutung soll an dieser Stelle eingegangen werden. Sie ist für ein angemessenes Verständnis von Luthers Verhältnis zu den Einigungsbemühungen insofern von großer Bedeutung, als er hier erkennen lässt, wie er theologisch seine eigene Rolle in der Auseinandersetzung verstand und in welcher Verantwortung er sich sah.

Das Motiv der „fremden Sünde" ist erst vor kurzem von Anselm Schubert in einem Aufsatz am Beispiel von Luthers Schrift ‚Von den Juden und ihren Lügen' eingehender thematisiert worden.[189] Er stellt dabei die Behauptung auf, dass es sich bei diesem Motiv nicht um ein genuin theologisches handele, sondern dass es „aus dem zeitgenössischen juristischen Diskurs entlehnt" sei[190] und dass hier eine juristische Denkfigur adaptiert worden sei.[191] Die Grundform der Denkfigur macht Schubert in dem römischen Rechtssatz *faciens et consentiens pari poena plectuntur* aus.[192] Für seine Annahme kann er nicht nur eine Stelle aus Luthers Genesis-Vorlesung anführen, sondern auch darauf verweisen, dass diese Bestimmung zu Luthers Lebzeiten geltende Rechtslage war und dass sie auch in Schriften anderer zeitgenössischer Autoren in antijudaistischer Zuspitzung

186 WA 13 (176,12).

187 Cf. oben S. 40.

188 Cf. oben S. 40 und A. 91.

189 Cf. Schubert: Fremde Sünde, 251–270. Nach meiner Kenntnis wird das Thema einer Teilhabe an der „fremden Sünde" hier erstmals ausführlicher behandelt. Cf. dazu a. a. O., 253 A. 7 und Wolgast: Wittenberger Theologie, 129 A. 32.

190 Cf. Schubert: Fremde Sünde, 252.

191 Cf. a. a. O., 268.

192 Cf. dazu a. a. O. 264 und A. 79.

vorkommt.[193] Über die von Schubert angeführten Belegstellen hinaus lassen sich aber einige weitere anführen, die eher den Schluss nahe legen, dass Luthers Rede von der „fremden Sünde“ sehr wohl genuin theologischer Natur war.[194] In ihr schlug sich seine feste amtstheologische Überzeugung nieder, dass er als Pfarrer *coram deo* für die ihm von diesem anvertraute Gemeinde und im weiteren Sinne auch für die ihm in der Lehre zuneigenden Kirchenwesen an anderen Orten verantwortlich war.[195] „Fremder Sünde“ machte sich nach seiner Auffassung der Pfarrer schuldig, der dieser geistlichen Verantwortung nicht gerecht wurde, weil er andere Menschen in einem falschen Verhalten gewähren oder falsche Glaubensüberzeugungen unwidersprochen ließ und sie somit wissentlich einem geistlichen Schaden auslieferte. In diesem Sinne verteidigte Luther etwa in einem Brief an Albrecht von Mansfeld vom 16. Februar 1542 sein ermahnendes Eingreifen mit den Worten:

„Darzu zwinget mich nicht allein das gebot christlicher liebe, Sondern auch das schwere Drawen Ezechielis am 4., Damitt gott vns prediger beladen hat, das wier sollen vmb fremder leut Sünde willen verdampt sein, da er spricht: ‚wirstu dem Sünder Seine Sünde nicht sagen, vndt er stirbt drüber, So will ich seine Seel von deiner handt fordern, dan darumb hab ich dich zum Seelsorger gesetzt.‘“[196]

Ebenso konnte Luther mit Blick auf die weltliche Obrigkeit von einer Teilhaberschaft an „fremder Sünde“ sprechen, wenn diese dem ihr von Gott anvertrauten

---

[193] Cf. a. a. O., 264f und 266f.

[194] Kaufmann hat in seiner Studie über Luthers „Judenschriften“ auf Schuberts Deutung reagiert und zu dieser Frage zu bedenken gegeben, ob sich vielleicht hier auch ein Zusammenhang mit bestimmten biblischen Traditionen nahelege, denen die Todesstrafe als Folge für Gotteslästerung bekannt sei. Cf. Kaufmann: Luthers „Judenschriften“, 130f A. 175.

[195] Ähnlich aber ohne ausdrückliche Berücksichtigung des geordneten Amtes spricht Müller: Der alte Luther, 93 von der Überzeugung Luthers, „für die ihm vertrauenden und folgenden Menschen im letzten Gericht verantwortlich zu sein.“

[196] WABr 9, 3716 (629,110–115). Cf. in diesem Sinne auch Luther an die Bischöfe zu Brandenburg, Havelberg und Lebus, [1. Februar 1530]: WABr 5, 1524 (228,31–229,40); Luther an Leonhard Beyer, 4. Mai 1534: WABr 7, 2111 (62,3–63,8); WA 51,367,25–368,24; WA 50,350,9–351,6. Verschiedentlich begegnet die Redeweise von der „fremden Sünde“ auch im Kontext der Frage nach der Zulassung zur Kommunion. Das Versagen des Geistlichen dürfte für Luther in diesem Fall darin bestehen, dass in der Zulassung eines notorischen und starrsinnigen Sünders einer Nießung zum Gericht der Weg bereitet wird. Cf. dazu WATR 4, 4073c (115,22–24); 4381a (274,4–18; 275,10–15). Ohne dass dort die Ausdrucksweise von der „fremden Sünde“ begegnet, ist das Phänomen in der beschriebenen Weise auch gemeint in WA 49,323,16–20. Neben dem von Schubert: Fremde Sünde, 262 erwähnten biblischen Anhalt an 1. Tim 5,22 wäre bei einer ausführlicheren Untersuchung zu prüfen, ob neben dem erwähnten Wort über das Wächteramt (Ez 3,11) auch noch andere Stellen für Luther eine Rolle spielen. Zu denken wäre etwa an 2. Joh 22 oder Röm 1,32. Besonders die zuletzt genannte Stelle verdient eine besondere Beachtung, da ihr Wortlaut in der Vulgatafassung auffällige Übereinstimmungen mit dem von Schubert angeführten Rechtssatz aufweist: „Qui cum iustitiam Dei cognivissent (quod qui talia agunt digni sint morte) non solum ea faciunt, sed etiam consentiunt facientibus.“ WADB 5,634,18f.

Amt und der damit verbundenen Verantwortung in ihrem eigenen Bereich nicht gerecht wurde.[197]

Auch in seiner Judenschrift von 1543 hielt Luther an dieser genuin theologischen Vorstellung vom weltlichen Amt[198] und einer mit diesem Amt verbundenen nicht delegierbaren Zuständigkeit fest. Eine Veränderung wird in dieser Schrift allerdings insofern greifbar, als Luther hier den Bereich, für den die weltliche Obrigkeit verantwortlich sein sollte, in entscheidender Weise ausweitete: 1523 hatte er in seiner Obrigkeitsschrift noch festgehalten, dass die Auseinandersetzung mit öffentlich geäußerter Irrlehre ausschließlich als Aufgabe der geistlichen Amtsträger anzusehen sei und dass die weltliche Obrigkeit die Verkündigung heterodoxer Überzeugungen dulden müsse.[199] Zwanzig Jahre später ging er hingegen davon aus, dass es die Pflicht der weltlichen Obrigkeit sei, öffentlicher falscher Lehre und Glaubenspraxis mit den ihr zur Verfügung stehenden Möglichkeiten Einhalt zu gebieten[200], und dass diese sich nur so vor der Teilhaberschaft an „fremder Sünde" schützen könne.[201]

---

197 Als Verfehlung in diesem Sinn konnte Luther sowohl die Duldung von öffentlich wahrnehmbaren Vergehen als auch den illegitimen Versuch der Ausübung eines Glaubenszwanges verstehen. Cf. dazu etwa WA 11,264,29–34; WA 18,36,18–21.26–32; WA 30/I,168,15–20. Um die Teilhabe an „fremder Sünde" ging es Luther in der Sache wohl auch in seinem Sendbrief an Herzog Albrecht von Preußen, den er mahnte, er solle die Schwärmer des Landes verweisen. Er begründete seine Aufforderung mit den Worten: „Denn E. F. G. mŭssen bedencken, wo sie solche Rottengeister wŭrden zulassen und leiden, so sie es doch weeren und verkommen kŏnnen, wŭrden sie jre gewissen grewlich beschweren und vielleicht nimmer mehr widder stillen kŏnnen, nicht allein der selen halben, die da durch verfŭrt und verdampt wŭrden, welch E. F. G. wol hette kŏnnen erhalten, sondern auch der gantzen heiligen Kirchen halben [...]." WA 30/III, 552,34–553,1.

198 Auch in seiner Vermahnung an die Obrigkeit aus seiner Schrift ‚Wider die räuberischen und mörderischen Rotten der Bauern' spricht Luther die weltlichen Herren auf ihre unvertretbare Zuständigkeit und die Gefahr der „fremden Sünde" an: „Denn eyn Fŭrst und herr mus hie dencken, wie er Gottes amptman und seyns zorns diener ist Ro. 13, dem schwerd uber solche buben befolhen ist. Und sich eben so hoch fur Gott versŭndigt, wo er nicht strafft und weret und seyn ampt nicht volfŭret, als wenn eyner mŏrdet, dem das schwerd nicht befolhen ist, Denn wo er kan und strafft nicht, es sey durch mord odder blutvergiessen, so ist er schuldig an allem mord und ubel, das solche buben begehen, als der da mutwilliglich durch nachlassen seyns Gŏttlichen befelhs zu lesst solchen buben, yhre bosheit zu uben, so ers wol weren kan und schuldig ist, Darumb ist hie nicht zu schlaffen." WA 18, 360,1–9.

199 „Das [sc. die Bekämpfung der Ketzer] sollen die Bischoff thun, den ist solch ampt befolhen unnd nicht den fursten. Denn ketzerey kann man nymer mehr mitt gewallt weren. Es gehörtt eyn ander griff datzu, unnd ist hie eyn ander streytt unnd handel denn mit dem schwerd. Gottis wort soll hie streytten, wenns das nicht auß richt, ßo wirtts wol unaußgericht bleyben von welltlicher gewallt, ob sie gleych die wellt mit blŭt fŭllet. Ketzerey ist eyn geystlich ding, das kan man mitt keynem eyßen hawen, mitt keynem fewr verbrennen, mitt keynem wasser ertrencken. Es ist aber alleyn das Gottis wortt da, das thutts [...]." WA 11,268,21–29. Cf. dazu auch Heckel: Reformation und Recht, 572 f; Wendebourg: Lehrer, 1055.

200 Cf. a. a. O., 1056.

201 Entsprechend fasst Luther seine sieben Ratschläge am Ende der Schrift mit der Warnung an die weltlichen Obrigkeiten zusammen, dass sie durch ihr Eingreifen dafür sorgen sollten, „das jr und wir alle der unleidlichen, teuffelschen Last der Jŭden entladen werden und nicht

Im Kontext von Luthers Auseinandersetzung mit Bucer muss daher sein Hinweis auf die „fremde Sünde" so gedeutet werden, dass er fürchtete, die Gegenseite könne nach Marburg ein weiteres Mal versuchen, ihn und seine Kollegen zu einer Ratifizierung falscher Lehre zu überlisten. Die Sünde, derer er sich damit teilhaftig gemacht hätte, dürfte aus Luthers Sicht darin bestanden haben, dass die ihm und seinen Freunden anvertrauten Gemeinden durch eine solche Approbation selbst zur Annahme falscher Lehre verführt werden könnten. Dass es sich dabei aber nach Luthers Urteil nicht um eine akademische Verirrung, sondern um eine Frage von Heil und Unheil handelte, hatte er bereits 1527 in seiner Abendmahlsschrift deutlich gemacht und erklärt,

„das ichs mit diesen sacraments lestern und schwermern nicht halte noch yhe gehalten habe noch ymer mehr halten wil (ob Gott wil) und wil meine hende gewasschen haben von aller blut, der seelen sie mit solcher gifft Christo abstelen, verfuren und ermorden."[202]

Seinen Widerwillen gegen die betrügerischen Absichten der Gegenseite brachte er mit einer Anspielung auf Epheser 4,14 zum Ausdruck. Der Anklang dürfte mit Bedacht gewählt worden sein, da der Betrug und die Verschlagenheit im Kontext von Eph 4,1–16 gerade als Gefährdungen der Gemeinde und ihrer Glaubenseinheit dargestellt werden. Mit Blick auf das von Bucer angeführte Werk Oekolampads stellte Luther abschließend fest, dass er die Bücher seiner Gegner nicht mehr lese und sich für ihre Veröffentlichungen nicht mehr interessiere.[203]

In seinem Brief an Melanchthon vom 11. September nahm Luther sein Fazit gleich vorweg: „Martin Bucer antworte ich nichts." Wieder griff er auf Worte aus Eph 4,14 zurück, um seine Abscheu gegen die Verschlagenheit der Gegenseite zum Ausdruck zu bringen.[204] Zur Begründung führte er aus:

„So haben sie bislang nicht gelehrt, und dennoch wollen sie das nicht zugeben und umkehren. Ja vielmehr fahren sie fort zu behaupten, es habe zwischen uns keine Uneinig-

---

fur Gott schůldig und teilhafftig werden alle der lůgen, des lesterns speiens, fluchens [...] Wir haben zuvor eigener sunde gnug auff uns, noch von dem Bapstum her, Thun teglich viel dazu mit allerley undanckbarkeit und verachtung seines Worts und aller seiner gnaden, Das nicht not ist, auch diese frembden, schendlichen laster der Jůden auff uns zu laden und jnen dennoch geld und gut zu geben." WA 53,527,16–27. Cf. dazu auch a. a. O., 524,15–17; WA 51,196,4–6.12–14. Den von Schubert: Fremde Sünde, 258 diagnostizierten diametralen Gegensatz dieser Konzeption zu Luthers Hamartiologie gibt es nach meiner Auffassung nicht. Der Teilhabe an „fremder Sünde" kommt allein aus dem Grund eschatologische Relevanz zu, weil es sich um ein persönliches Versagen im Bereich der mit einem Amt gegebenen eigenen Zuständigkeit handelt. Daher wird auch in diesem Fall niemand „um fremder, sondern jeder nur um eigener Sünde willen verdammt." Ebd.

[202] WA 23,75,26–29.

[203] Cf. A. 161.

[204] „Martino Bucero nihil respondeo; nosti, ὅτι ἐγὼ μισῶ τὰς κυβείας καὶ πανουργίας αὐτῶν, οὐκ ἀρεσκουσί μοι αὐτοὶ." Luther an Melanchthon, 11. September 1530: WABr 5, 1716 (617,15 f).

keit gegeben, nämlich mit der Absicht, dass wir bekennen, dass sie recht gelehrt hätten, dass wir aber grundlos gekämpft hätten oder vielmehr unzurechnungsfähig gewesen seien."[205]

Luther gab auch hier zu erkennen, dass es sich nach seiner Wahrnehmung bei der von Bucer geäußerten Auffassung vom Abendmahl um eine Weiterentwicklung handelte. Bislang hatten die Gegner anders gelehrt. Seine ablehnende Haltung begründete er mit dem Hinweis auf zwei Umstände: Zum einen merkte er an, dass Bucers Seite sich nicht zum Faktum der vorliegenden Lehrentwicklung ausdrücklich bekannte und dass man nicht eingestehen wollte, geirrt zu haben. Das adversative Gefälle des Satzes (nec tamen) lässt aber erkennen, dass Luther hier eine deutliche Spannung wahrnahm. Das von ihm vermisste Verhalten sah er offenbar als die naheliegende Folge einer wirklichen Veränderung in der Lehre an. Dass eine solche Markierung fehlte, musste daher seinen Zweifel an der Aufrichtigkeit verstärken.

Zum anderen kritisierte Luther die Behauptung, dass zwischen den Auffassungen der beiden Seiten in der Sache eigentlich keine Uneinigkeit vorgelegen habe. Auch in seinem letzten Brief an Luther hatte Bucer diese Überzeugung geäußert.[206] Luther wies nun Melanchthon darauf hin, dass mit einer Zustimmung zu dieser Sicht implizit (scilicet) zwei weitere Eingeständnisse verbunden wären: zum einen, dass die Gegenseite in den zurückliegenden Jahren ebenfalls recht gelehrt habe; zum anderen, dass man selbst irrtümlich eine theologische Auseinandersetzung geführt und wie von Sinnen gehandelt habe. Auch dies konnte für Luther nicht zu der theologischen Veränderung passen, die er wahrgenommen hatte, und musste sein Misstrauen verstärken.

Hier wird ein Motiv greifbar, das den ganzen weiteren Konkordienprozess begleiten sollte: Luther lag nicht nur daran, dass die Gegenseite zu einer akzeptablen Auffassung vom Abendmahl fand. Er verlangte auch immer wieder, dass man sich gegenüber den alten Irrtümern in erkennbarer Weise abgrenzte.

Über die differierenden Fassungen der Thesenreihe äußerte Luther sich mit keinem Wort. Man wird aber annehmen dürfen, dass bereits das Vorliegen zweier Versionen an sich und die kritischen Worte Melanchthons darüber hinaus nicht geeignet waren, Luther positiv für den Straßburger und seine Absichten einzunehmen. Seiner abschließenden Bemerkung von den Nachstellungen des Teufels[207] ist zu entnehmen, dass er diese Auseinandersetzung nicht als das Werk autonom agierender und urteilender Menschen ansah. Er war vielmehr davon

---

205 „Sic non docuerunt hactenus, nec tamen agnoscere aut poenitere volunt, quin pergunt asserere, non fuisse inter nos dissensionem, scilicet ut nos confiteamur, eos recte docuisse, nos vero falso pugnasse vel potius insaniisse." A. a. O. (617,16–19).

206 Cf. oben A. 115 und 116.

207 „Sic Diabolus undique nostrae Confessioni insidiatur, quando vi nihil potest, veritate superatus." A. a. O. (617,19–21).

überzeugt, dass dieser Streit als Teil des Kampfes zwischen Gott und Teufel angesehen werden musste.[208]

Auch mit seinen beiden Thesenreihen war Bucer offensichtlich dem Ziel einer Verständigung mit Luther nicht nähergekommen. Zudem hatte er in der Zwischenzeit erfahren müssen, dass auch Zwingli und Oekolampad nicht für eine Einigung auf der Grundlage seiner zweiten Thesenreihe zu gewinnen waren.[209] In dieser Situation entschied er sich für einen neuen Weg: Er suchte das persönliche Gespräch mit Luther.

## *1.3 Bucers Besuch bei Luther auf der Veste Coburg*

Den entscheidenden Vorschlag für sein weiteres Vorgehen verdankte Bucer Herzog Ernst von Lüneburg: Dieser schlug vor, Bucer solle im Gefolge des Kurfürsten zu Luther auf die Coburg reisen und mit ihm persönlich über das Abendmahl verhandeln.[210] Da der Kaiser diesen aber von der Abreise abhielt, brach Bucer, versehen mit einem nicht erhaltenen Brief des Kurfürsten an Luther, in Gesellschaft des Nürnberger Gesandten Bernhard Baumgartner am 19. September 1530 auf.[211] Am 25. September 1530 traf er schließlich in Coburg ein. Am Tag darauf ging er zu Luther hinauf auf die Burg.[212]

### 1.3.1 Die Quellenlage

Einer Rekonstruktion des Besuches muss zunächst eine kurze Erörterung der Quellenlage vorangeschickt werden. Sowohl von Bucer als auch von Luther sind Äußerungen über dieses Zusammentreffen überliefert.[213] Bucer hat über seinen

---

[208] In diesem Sinne hatte Luther bereits in seiner Abendmahlsschrift von 1527 erklärt: „Eben der selbige teufel ists, der uns itzt durch die schwermer anficht mit lesterunge des heiligen hochwirdigen sacraments unsers Herrn Jhesu Christi, daraus sie wollen eitel brod und wein zum malzeichen odder denckzeichen der Christen machen, wie es yhn trewmet und gefellet [...].“ WA 23,71,29–32.

[209] Zu den näheren Umständen cf. Köhler: Zwingli und Luther II, 226–233 und Friedrich: Martin Bucer, 72–74.

[210] Cf. Sturm und Pfarrer [an den Straßburger Rat], 18. September 1530: PC I, 791 (497); Bucer an Zwingli: 18. August 1530: MBBW 4, 341 (287,7–288,1). Bereits am 31. August 1530 schrieben die Straßburger Gesandten an ihre städtische Obrigkeit, dass man einen solchen Schritt erwäge. Cf. PC I, 786 (492).

[211] Cf. dazu Sturm und Pfarrer an die Straßburger Dreizehn, 23. September 1530: PC I, 794 (499).

[212] „Dominico die veni Coburgum, die lunae adij arcem, vocauit me ad prandium Luth[erus], a prandio contulimus.“ Bucer an Sturm und Pfarrer: 30. September 1530: MBBW 5, 342 (3,2).

[213] Erwähnt wird Bucers Besuch bei Luther darüber hinaus in der neunten Lutherpredigt des Johannes Mathesius, die jedoch in der Sache keine neuen Aspekte bietet. Es heißt dort: „Als aber D. Luther sich Christlich vnnd freundtlich vernemen ließ, es solt bey jm an lieb vnnd einigkeyt kein mangel gespůret werden, so fern sich die Zwinglianer recht nach Gottes wort

Besuch in fünf verschiedenen Briefen berichtet: Am ausführlichsten ist seine Darstellung in einem Schreiben an Jakob Sturm und Matthis Pfarrer, das er direkt im Anschluss an das Gespräch mit Luther am 30. September 1530 verfasste.[214] Nur dieser Brief bietet einen klaren, den Ablauf des Besuches chronologisch ordnenden Rahmen.[215] Darüber hinaus schrieb Bucer von seinem Besuch auf der Coburg am 9. November 1530 an den Zweibrücker Pfarrer Johannes Schwebel und am 3. Januar 1531 an Urbanus Rhegius.[216] Kurze Erwähnung fand das Gespräch mit Luther auch in seinem Brief an einen nicht zu ermittelnden Adressaten vom 29. Dezember 1530 und in einem Schreiben an Jakob Meyer vom 23. Januar 1531.[217]

Von Luther sind zwei briefliche Äußerungen erhalten: zum einen in einem Brief an Johann Brießmann vom 7. November 1530 und zum anderen in einem Schreiben an Kurfürst Johann vom 16. Januar 1531.[218] Außerdem finden sich einige Aussagen Luthers über die Unterhaltung in der Tischredenüberlieferung. Zu nennen sind hier die Tischreden 128 und 140 vom Dezember 1531[219], die Nummer 1549 vom 20. Mai 1532[220] sowie die in den Nummern 2837a und b vom Dezember 1532[221] überlieferten Äußerungen, die als Aussagen aus dem Ja-

---

vernemen vnd jre subtile vnnd vngewisse glosen faren liessen, nimpt Butzer inn guter freundschafft sein abschied [...].“ LOESCHE: Johannes Mathesius III, 211, 19–24. Die Darstellung wirkt phrasenhaft und überformt, was angesichts des zeitlichen Abstandes von über 30 Jahren und der nur indirekten Kenntnis des Verfassers nicht verwundern kann. Für einen Bericht über eine auf den Tag vor dem Zusammentreffen mit Bucer datierte Anekdote beruft sich Mathesius darauf, dass er „dise Historien von meinem alten freunde M. Veit Dieterich zu Aldenburg bey meinem lieben Herrn Andrea Miseno auff der Schule gehöret.“ LOESCHE: Johannes Mathesius III, 211,16–18. Dietrich kam auf der zusammen mit der kurfürstlichen Reichstagsdelegation angetretenen Rückreise nach Wittenberg am 8. Oktober 1530 nach Altenburg. Cf. BURKHARDT: Luthers Reisen, 102. Zu dieser Zeit war Mathesius an der von Misenus geleiteten örtlichen Schule als Unterschulmeister verpflichtet. Cf. BEYERLE: Art. Mathesius, 1001 f. Es ist also sehr wahrscheinlich, dass die Unterhaltung zwischen ihm und Dietrich an diesem oder am folgenden Tag stattgefunden hat und dass Dietrich ihn auch über Luthers Gespräch mit Bucer nach eigenen Kenntnissen unterrichtete. Cf. dazu auch KLAUS: Veit Dietrich, 68 A. 38.

[214] Cf. [Bucer an Sturm und Pfarrer], 30. September 1530: MBBW 5, 342 (3,2–4,20). Zur Frage der Verfasserschaft und der Adressierung cf. a. a. O. A. 4.

[215] Cf. dazu Bucers Zeitangaben „dominico die“, „die lunae“ und „postridie“. A. a. O. (3,2; 4,5).

[216] Cf. Bucer an Johannes Schwebel, 9. November 1530: MBBW 5, 357 (91,4–16); Bucer an Urbanus Rhegius, 3. Januar 1531: MBBW 5, 373 (173,4–174,6).

[217] Cf. Bucer an N. N., 29. Dezember 1530: MBBW 5, 366 (125,14 f); Bucer an Meyer, 23. Januar 1531: MBBW 5, 381 (214,16–18).

[218] Cf. Luther an Brießmann, 7. November 1530: WABr 5, 1747 (678,33–35); Luther an Kurfürst Johann, 16. Januar 1531: WABr 6, 1773 (21,14–23).

[219] Cf. WATR 1, 128 (53,22); 140 (61,8–12). Aus der Tischrede Nr. 128 lässt sich für diesen Kontext allerdings nur das Faktum von Bucers Besuch selbst entnehmen: „Ipse [sc. Bucer] mecum fuit Coburgi [...].“ A. a. O., (53,22). Zur weiteren Auseinandersetzung mit dieser Tischrede und der Nummer 140 cf. unten den eingefügten Exkurs und die Darstellung in Kapitel 2.1.

[220] Cf. WAT 2, 1549 (128,20 f).

[221] Cf. WATR 3, 2837a (14,26–28) und 2837b (16,15–18).

nuar 1533 überlieferten Nummern 2942a und c[222] und die auf den 9. Mai datierten Nummern 3327a und b[223]. Die Tischrede Nr. 184 ist in ihrer Zuordnung unsicher. Der Text selbst enthält keinen Hinweis auf einen möglichen Ort. Das in ihr wiedergegebene *argumentum Buceri* ist nicht als mündliche Äußerung gekennzeichnet. Da es eine sachliche Entsprechung in Bucers erster Thesenreihe hat[224], könnte Luther hier auch auf diese schriftliche Vorlage angespielt haben. Nr. 528 enthält von Aurifaber verschriftlichte Ausführungen, die erkennbar auf die älteren Traditionen von Nr. 2837a und b zurückzuführen sind.[225]

In den Arbeiten, die näher auf das Zusammentreffen auf der Coburg eingehen, wird zumeist ausschließlich auf Bucers Brief an Sturm und Pfarrer Bezug genommen.[226] Köhler und Bizer verweisen darüber hinaus zwar noch auf die Schreiben an Schwebel und Rhegius, aber eine Auswertung der beiden Quellen unterbleibt.[227] Die von Luther herrührenden Zeugnisse werden für die Rekonstruktionen nur wenig berücksichtigt. Bei Bizer werden zwar die meisten der in Betracht kommenden Tischreden in einer ausführlichen Anmerkung zitiert, aber eine Auseinandersetzung mit ihnen findet nicht statt.[228] Köhler zitiert aus dem Brief an Johann Brießmann und bezieht sich in einer Anmerkung auf das Schreiben an Kurfürst Johann. Aus der Tischredenüberlieferung greift er die Nummer 2837a heraus und paraphrasiert sie im Anschluss an die eigentliche Darstellung der Ereignisse.[229] Eells legt den Brief an Sturm und Pfarrer zugrunde und ergänzt ihn um die Tischreden 3327b, 128 und bezieht auch die Nummer 528 mit ein.[230]

Der skizzierte Umgang mit den Quellen ist aber deswegen problematisch, weil die Zeugnisse beider Seiten durchaus Unterschiede aufweisen. Daher ist ein vergleichender und kritisch abwägender Umgang mit den Darstellungen

[222] Cf. WATR 3, 2942a (109,9–12) und 2942 c (110,1–5). In beiden Fällen sind die Äußerungen Bucers und Luthers Erwiderung ohne einen Hinweis auf den Ort der Unterhaltung überliefert. Der später noch darzustellende enge sachliche Zusammenhang mit der eindeutig dem Gespräch auf der Coburg zugeordneten Äußerung aus Tischrede 2837a und b spricht für die hier vorgenommene Einordnung. Cf. WATR 3, 2837a (14,26); 2837b (16,15). Bizer urteilt ebenso, wenn auch ohne Angabe von Gründen. Cf. Bizer: Studien, 39f A. 2.

[223] Cf. WATR 3, 3327a (269,5f) und 3327b (269,15–17).

[224] „Argumentum Buceri: Impii non accipiunt corpus Christi, quia non credunt." WATR 1, 184 (82,27–83,2) Entsprechend heißt es in der ersten Fassung von Bucers Thesenreihe: „Sed tamen hi tantum accipiunt id corpus, qui credunt. Isti, qui non credunt, nihil accipiunt nisi panem […]." WABr 12, 4243a Beilage (132,33f).

[225] Cf. WATR 1, 528 (246,18–23). Zu Aurifaber als Tradent der Tischreden cf. unten A. 258.

[226] So bietet Baum: Capito und Butzer, 473–475 eine stellenweise sehr eigenwillige Übersetzung dieses Briefes. Andere Darstellungen beschränken sich jeweils auf eine Paraphrase dieses Schreibens. Cf. Edwards: Luther, 133f; Hazlett: Development, 350; Friedrich: Martin Bucer, 75 und A. 153–163.

[227] Cf. Köhler: Zwingli und Luther II, 233 A. 7 und 234 A. 2; Bizer: Studien, 39 A. 2.

[228] Cf. Bizer: Studien, 39f A.2.

[229] Cf. Köhler: Zwingli und Luther, 235.

[230] Cf. Eells: Martin Bucer, 109f und A. 1–3 und 6.

der beiden Verhandelnden unumgänglich.[231] Dies schließt eine Berücksichtigung der Tischreden ein. Allgemein ist zu konstatieren, dass Texte dieser Gattung immer wieder aufgenommen wurden und auch weiterhin verwertet werden, wenn es um Darstellungen zur Person oder zur Theologie Luthers geht.[232] Gleichzeitig müssen die Tischreden im Blick auf ihre historische Zuverlässigkeit als umstritten gelten.[233] Da Zeugnisse dieser Gattung in der vorliegenden Arbeit auch für andere Kontexte herangezogen werden, soll an dieser Stelle in einem Exkurs nach dem Wert der Tischreden Luthers als historischer Quelle und nach einem historisch verantwortbaren Umgang mit diesem Material gefragt werden.

### *Exkurs I: Luthers Tischreden als historische Quelle*

Um den Wert der sogenannten Tischreden Luthers als historische Quelle richtig einschätzen zu können, muss zunächst der Weg ihrer mündlichen und schriftlichen Überlieferung kurz skizziert werden: Am Beginn dieses Weges stehen Gespräche Luthers, die er mit Freunden und Besuchern geführt hat. Zum Teil handelte es sich dabei wirklich um Unterhaltungen, die im Rahmen einer Mahlzeit an der Tafel in Luthers Haus geführt wurden. Zeitlich wird man in diesen Fällen eher an die zweite Hauptmahlzeit am frühen Abend (coena) als an die erste am späten Vormittag (prandium) zu denken haben.[234] Eine nicht geringe Anzahl der Gespräche aber fand an anderen Orten und unter anderen Umständen statt.[235] Die Unterredungen wurden in einer deutsch-lateinischen Mischsprache geführt.[236] Unzweifelhaft dominierte Luther den Verlauf der Unterhaltungen. Belegen lässt sich aber auch, dass seine Gäste nicht nur die Rolle von Stichwortgebern und Zuhörern hatten, sondern dass sie widersprachen und eigenständige Diskussionsbeiträge einbrachten.[237] Vom Frühjahr 1531 an bis zu

[231] Auch Bizer lässt Bedenken gegen eine einseitige Berücksichtigung von Bucers Äußerungen erkennen, wenn er über den auch bei ihm zugrunde gelegten Brief Bucers vom 30. September 1530 schreibt, er sei „vielleicht nicht ganz ungeschminkt." Bizer: Studien, 39.

[232] Cf. dazu in letzter Zeit etwa Bartmuss: Tischreden, 121–142; de Laharpe: Image; dies.: Porträt, 147–156; dies.: Juden, 1–14. Als ältere prominente Beispiele wären etwa zu nennen Brecht: Martin Luther I–III; Althaus: Theologie.

[233] Zur älteren Auseinandersetzung cf. den Überblick bei Junghans: Tischreden, 47–49. Neue Anfragen werden formuliert bei Leppin: Martin Luther, 115 und 360 A. 109 u. ö.; ders.: Biographie, 316–318; Bärenfänger et alii: Martin Luthers Tischreden.

[234] Cf. Bräuer: Tisch, 124.

[235] Cf. dazu Stolt: Sprachmischung, 24; Junghans: Tischreden, 36; Beyer: Tischreden, 348. Zur Ansiedlung der Mahlzeiten im alten Refektorium des Schwarzen Klosters cf. Kroker: Örtlichkeit, 101–105.

[236] Cf. Stolt: Sprachmischung, 14f; Beyer: Tischreden, 349.

[237] Berühmt ist die Schilderung der Szenerie, die Mathesius in seiner zwölften Lutherpredigt gibt: „Ob aber wol vnser Doctor offtmals schwere vnnd tieffe gedancken mit sich an tisch nam, auch bißweylen die gantze malzeyt sein alt Kloster silentium hielt, das kein wort am tische

seinem Lebensende haben verschiedene Personen aus Luthers Umfeld während dieser Gespräche Aufzeichnungen unterschiedlichen Umfangs angefertigt. Bei der Auswahl der Äußerungen ließen sie sich häufig von persönlichen Vorlieben für bestimmte Themen leiten.[238] Die auf diese Weise entstandenen Mitschriften wurden dann – gestützt auf das eigene Gedächtnis – von den Mitschreibern zu ausführlichen Nachschriften umgearbeitet.[239] Dass dies zeitnah geschah, ist zumindest naheliegend.[240] Wo verschiedene Tischgenossen unabhängig voneinander solche Nachschriften von derselben Äußerung Luthers angefertigt haben, wird in der Forschung von „ursprünglichen Parallelen" gesprochen.[241] Daneben übernahmen die Tischgenossen in die Sammlungen ihrer eigenen Mitschriften aber immer wieder auch die Nachschriften anderer Tischgenossen Luthers als Abschriften. Texte dieser Art werden als „abgeleitete Parallelen" bezeichnet.[242] Stolt hat darüber hinaus darauf hingewiesen, dass zuweilen auch Mischfälle vorliegen, bei denen Nachschreiber eigene und fremde Aufzeichnungen kombinierten.[243] „Scheinbare Parallelen" werden jene Texte genannt, die inhaltlich vergleichbare Äußerungen Luthers aus verschiedenen Zeiten wiedergeben.[244] Die ältesten Fassungen der auf diese Weise entstandenen Sammlungen sind nicht erhalten. Es existieren lediglich Abschriften und spätere Überarbeitungen.[245] Die Bedeutung des hier skizzierten Überlieferungsweges für das Urteil über den Quellenwert dieser Zeugnisse hat Kroker wie folgt beschrieben: „Verantwortlich für den inneren Wert der Tischreden sind also erstens Luther selbst, zweitens die Tischgenossen als die Nachschreiber seiner Worte und drittens die späteren Ab-

gefiel, doch ließ er sich zu gelegner zeyt sehr lustig hören, wie wir denn sein reden Condimenta mensæ pflegten zu nennen, die vns lieber waren denn alle würtze vnd köstliche speyse. Wenn er vns wolte rede abgewinnen, pfleget er ein anwurff zu thun: Was höret man newes? die erste vermanung liessen wir fürüber gehen. Wenn er wider anhielt: Ir Prelaten, was newes im lande? Da fiengen die alten am tische an, zu reden. Doctor Wolff Seuerus, so der Römischen Königlichen Maiestet Preceptor gewesen, saß oben an; der bracht was auff die ban, wenn niemand frembdes verhanden, als ein gewanderter Hofman. Wens gedöber, doch mit gebürlicher zucht vnd ehrerbietigkeyt, angieng, schossen andere bißweylen jhren theyl auch darzu, biß man den Doctor anbracht; oftmals legte man gute fragen ein auß der schrifft, die löset er fein rund vnnd kurtz auff, vnnd da einer ein mal part hielt, kondt ers auch leyden vnd mit geschickter antwort widerlegen. Offtmals kamen ehrliche leut von der Vniuersitet, auch von frembden orten an Tisch, da gefielen sehr schöne reden vnnd historien." LOESCHE: Johannes Mathesius III, 279,32–280,22. Cf. dazu auch BEYER: Tischreden, 350.

[238] Cf. dazu etwa die Ausführungen über das auffallende Interesse des Juristen Ludwig Rabe an Äußerungen über Fürsten, Adel, Bürger und Bauern in WATR 2, XIXf.

[239] Cf. JUNGHANS: Tischreden, 40; BEYER: Tischreden, 347.

[240] Ohne Angabe von Anhaltspunkten behauptet hingegen LEPPIN: Martin Luther, 360 A. 109, dass die Berichte „oft mit großem zeitlichen Abstand niedergeschrieben worden sind."

[241] Cf. dazu WATR 1, XV.

[242] Cf. WATR 1, XV.

[243] Cf. STOLT: Sprachmischung, 25.

[244] Cf. WATR 1, XV; JUNGHANS: Tischreden, 42.

[245] Cf. JUNGHANS: Tischreden, 40.

schreiber und Sammler der Tischreden."[246] Auf allen drei Stufen kann die Zuverlässigkeit von Aussagen in je spezifischer Weise beeinträchtigt worden sein.

Im Blick auf Luther selbst ist zunächst einmal denkbar, dass er über Angelegenheiten, bei denen er nicht selbst zugegen war, falsch unterrichtet wurde und infolgedessen auch falsche Nachrichten weitergab.[247] Ebenso ist es möglich, dass sein Gedächtnis ihn getrogen hat. Kroker führt herzu verschiedene Beispiele an, die sich aber allesamt auf Zahlen, Namen oder Orte beschränken.[248] Er kommt daher zu dem Schluss, dass „durch solche Einzelheiten die Glaubwürdigkeit des Ganzen nicht weiter beeinflusst"[249] werden könne.

Leppin hat darüber hinaus erst kürzlich für die Beurteilung der Tischreden geltend gemacht, dass es sich bei ihnen zu einem nicht geringen Teil um Selbstzeugnisse oder Ego-Dokumente handele.[250] Im Sprachgebrauch übernimmt er damit Begriffe, die in der Geschichtswissenschaft inzwischen etabliert sind.[251] Von anderen Selbstzeugnissen unterscheiden sich Luthers Tischreden allerdings darin, dass er diese Zeugnisse nicht selbst verschriftlicht und somit auf ihre endgültige Gestaltung keinen direkten Einfluss gehabt hat. Die Übernahme des Begriffs ist aber insofern gerechtfertigt, als viele dieser Texte als Ausdrucksformen mündlicher Selbstthematisierungen anzusehen sind: Tatsächlich sprach Luther bei Tisch häufig über sich selbst, sein Handeln und seine Erlebnisse. Ausgehend von dieser eigenen Einordnung empfiehlt Leppin, dass man „im Grundsatz all jene Zeugnisse, die sich der Selbstrekonstruktion eines Autors verdanken, mit äußerster Skepsis zu betrachten" habe.[252] Dafür verweist er zum einen auf die Einsicht der modernen Psychologie, dass ein Selbstbild nur ein Entwurf vom Selbst sei und mit diesem nicht gleichgesetzt werden könne. Zum anderen macht er geltend, dass jeder, der sich über sich selbst äußere, auch Interessen habe.[253] In der Tat ist auch bei Luther damit zu rechnen, dass seine Erinnerungen unter dem Einfluss bestimmter Interessen immer wieder bewusst oder auch unbewusst verformt wurden.[254] Auch in seinem Fall ist anzunehmen, dass der Wille zur Stilisierung oder die Sorge um Akzeptanz und Selbstakzeptanz Darstellungen in verschiedener Hinsicht verfälscht haben können.[255] Prinzipiell ist

---

[246] Kroker: Luthers Tischreden, 83.

[247] A. a. O., 85.

[248] Cf. a. a. O., 86–89.

[249] Cf. a. a. O., 89.

[250] Cf. Leppin: Biographie, 316f; ebenso ders.: Erinnerungssplitter, 47f.

[251] Cf. dazu etwa Krusenstjern: Selbstzeugnisse, 462f; Schulze: Ego-Dokumente, 11–30; Schmolinski: Selbstzeugnisse, 19–28.

[252] Leppin: Biographie, 316f.

[253] A. a. O., 317.

[254] Cf. dazu auch die Untersuchung von Leppin: Erinnerungssplitter, 49–61 zu Äußerungen Luthers über seinen Widerstand gegen die Übernahme des Predigtamtes und die Promotion, über den Rat zum Umgang mit Anfechtungen durch Prädestinationsgedanken und über das sog. „Turmerlebnis".

[255] Zur Bedeutung der Selbstakzeptanz als einer die Erinnerung maßgeblich gestaltenden

auch denkbar, dass Interessen und Rücksichtnahmen ihn bei Äußerungen über andere Personen leiteten. Die Quellen selbst lassen aber verschiedentlich erkennen, dass Luther sich, obwohl er selbstverständlich von den Mitschriften seiner Gäste wusste[256], mit großem Freimut in sensiblen Angelegenheiten kritisch äußern konnte.[257] Doch was hier für Luther einzuräumen ist, gilt in gleicher Weise für seine Zeitgenossen: Auch für ihre Äußerungen schriftlicher und mündlicher Art ist auf dieser Stufe der Überlieferung dem möglichen Einfluss der genannten Faktoren, durch die Luthers Äußerungen in unterschiedlicher Weise beeinflusst worden sein können, Rechnung zu tragen. Ein Bucer oder Capito ist daher in seinen Darlegungen, die vergleichbare Selbstbezüge und damit auch vergleichbare Interessen an einer Inszenierung aufweisen, nicht prinzipiell als verlässlicher einzuschätzen.

Auf der Stufe der Tischgenossen sind ebenfalls verschiedene Umstände zu bedenken, die die Zuverlässigkeit des festgehaltenen Zeugnisses beeinträchtigt haben können. Die Frage, ob man mit absichtlichen Entstellungen von Luthers Äußerungen durch die Schreiber rechnen muss oder nicht, hat Kroker eng mit der Frage verbunden, mit welchem Leserkreis die Verfasser ursprünglich gerechnet haben. Er selbst hat überzeugend dargelegt, dass die Tischgenossen mit der Ausnahme von Aurifaber[258] nicht an eine Veröffentlichung ihrer Aufzeich-

Kraft heißt es etwa bei Bieri: Leben, 21: „Solche Erzählungen sind nie die getreue, neutrale Abbildung eines Erinnerungsfilms. Sie sind selektiv, bewertend und darauf aus, die Vergangenheit so aussehen zu lassen, dass sie zum eigenen Selbstbild passt. Daher enthält jeder Erinnerungsbericht auch Elemente des Fabulierens, die eingefügt werden, um die erwünschte Stimmigkeit zu erreichen."

256 Cf. dazu etwa Luthers ironische Aufforderung zum Mitschreiben: „Hoc scribite et notate!", vom April 1532. WATR 1, 246 (102,223f). Cf. dazu ebenfalls de Laharpe: Image, 11.

257 Über den einflussreichen kursächsischen Rat Johannes von Dolzig heißt es beispielsweise in einer Tischrede vom Herbst 1533: „Unus אטה verderbt das land, sicut Hans Doltzk." WATR 1, 628 (297,23f). Cf. dazu auch die Erwähnung von Dolzigs als Beispiel für Vermessenheit (praesumptio), WATR 1, 185 (84,4f). Zur Stellung v. Dolzigs während der Regentschaft von Kurfürst Johann Friedrich cf. Mentz: Johann Friedrich III, 126. Auch als Luther hinsichtlich einer zukünftigen Regentschaft von Herzog Johann Friedrich im Mai 1532 Bedenken hatte, hielt er mit diesen Sorgen nicht zurück: „Kompt mein gnediger herr ins regiment, werden schreiber, cantzler, gelerte nichts gelten. Junckher Scharrhans [= prahlerische Adlige] wirds alles sein et tyrannidem exercebit eo aliud diversum cogitante." WATR 2, 1564 (135,17–19). Cf. dazu auch WATR 2, 1931 (265,17–21). Ähnlich urteilt de Laharpe über Luthers Freimut: „Quoi qu' il en soit, il ne semble pas que cette prise de notes ait contribué à modifier ou modérer ses propos." de Laharpe: Image, 11.

258 Cf. Kroker: Luthers Tischreden, 101f. Zum problematischen Fall Aurifabers cf. Stolt: Rhetorik, 19–27; Junghans: Tischreden, 31–35. Über die Absichten, die Aurifaber bei der Überarbeitung seiner Ausgabe der Tischreden leiteten, äußert sich Stolt in der Auseinandersetzung mit WATR 1, 122: „Hier kann man den Beginn der Lutherlegende und die Retuschierung des Lutherbildes mit Händen greifen. Von Anfang an ist die Tendenz die gleiche: ein Streben fort von handfester Lebensfreude hin zu Erbaulichkeit und Asketismus." Stolt: Rhetorik, 24. Breuninger: Untersuchungen, 11f hat darüber hinaus behauptet, auch Cordatus habe an eine Veröffentlichung seiner Aufzeichnungen gedacht. Dafür stützt er sich auf eine Passage aus der Tischrede Nr. 2068, in der er freilich unter Berufung auf die alte Edition von Wrampelmey-

nungen gedacht, sondern diese nur zu ihrer eigenen Erinnerung und Erbauung angefertigt haben. Entsprechend kam er zu der Folgerung, dass sie in ihrem eigenen Interesse um inhaltliche Zuverlässigkeit bemüht gewesen seien.[259] Demgegenüber hat Bärenfänger zuletzt die These vertreten, dass es auch bei Verschriftlichungen für den privaten Gebrauch individuelle Formungsinteressen bewusster wie unbewusster Art bei den Tradenten gebe und dass gerade im Fall persönlicher Nähe das je eigene Bild prägend auf die Aufzeichnungen wirke.[260] Man wird zugestehen müssen, dass es bei den Mitschreibern eine Art des von ihr beschriebenen Rasters gegeben haben wird, mit dessen Hilfe typische und nach subjektivem Urteil das eigene Bild entstellende Äußerungen Luthers unterschieden werden konnten. Eine andere Frage ist es dann aber, wie die Mitschreiber mit solchen irritierenden Äußerungen Luthers umgegangen sind. Bärenfänger wird hier selbst im Urteil zurückhaltend und folgert, dass eine entsprechende subjektive Formung „nicht ausgeschlossen werden" könne.[261] Adalbert Wahl hat in seiner Untersuchung zur Zuverlässigkeit der Tischredenüberlieferung zumindest für die Arbeit Schlaginhaufens durch einen Vergleich ursprünglicher Parallelen wahrscheinlich gemacht, dass dieser beim Nachschreiben bewusst Änderungen vorgenommen habe, „um Luther oder sich selbst nicht zu kompromittieren oder um nicht Ärgernis zu erregen."[262]

---

er eine Konjektur vornimmt: „Immo viam aliis feci, quod idem auderent, maxime Magister Vitus Theodoricus et Ioannes Turbidica, quorum micas (ut spero) illis meis coniunxero. Omnis multitudo piorum grata mihi erit." Anstelle des *grata* steht in der Handschrift *gratis*. Breuninger gibt der Passage die Deutung, dass Cordatus angenommen habe, die Menge der frommen Leute (pii) werde ihm wegen seiner Publikation dankbar sein. Tatsächlich ist aber der ursprüngliche Textbestand keineswegs gänzlich sinnlos, wie Breuniger behauptet. Cordatus wollte lediglich seine Freude darüber zum Ausdruck bringen, dass ihm die Menge der frommen Aufzeichungen (pia) von Luthers Äußerungen durch seine Kollegen unentgeltlich zur Verfügung stehen werde. Cf. dazu auch die Kritik von Kroker an der Konjektur in WATR 2, 2068 (A. 14). Dass es sich in der Art der Bearbeitung bei Aurifaber um einen Sonderfall unter den Tradenten der Tischreden handelt, wird von Bärenfänger verschiedentlich unzulässig nivelliert. Sie behauptet ohne überzeugende Belege, dass es sich bei dessen Eingriffen „weniger um Spezifika der Aurifaberschen Arbeitsweise als vielmehr eine generell voraus zu setzende Vorgehensweise im Rahmen eines solchen Tradierungsprozesses" handele. BÄRENFÄNGER: Umgang, 34. Cf. ebenso a. a. O., 33 und A. 17. Auch Bärenfänger selber räumt an anderer Stelle ein, dass die für den Fall Aurifabers geleisteten Untersuchungen „für einen Großteil der Tischredenschreiber und ihrer Tradierungsweise allerdings noch aus[stehen]." A. a. O., 28.

[259] Von diesen Annahmen her stellt KROKER die Frage, warum die Tischgenossen Luthers Worte hätten fälschen sollen: „Ja für wen denn eigentlich? Um sich selbst zu belügen? Für andere haben sie doch nicht geschrieben!" KROKER: Luthers Tischreden, 102. Ebenso urteilt SMITH: Luther's Table Talks 39: „We need not consider, at this stage, the possibility of conscious falsification, either in the interests of pious edification, or for any other cause. There would be no such alteration, because, the notes being kept for private use, there would be no motive for disturbing them."

[260] Cf. BÄRENFÄNGER: Umgang, 37 f.

[261] A. a. O., 38.

[262] WAHL: Beiträge, 14. Das von BÄRENFÄNGER: Umgang, 38 A. 36 bemühte Beispiel des Ludwig Rabus ist zwar forschungsgeschichtlich klassisch für einen Mitschreiber mit selektiven

Darüber hinaus ist auch zu überlegen, in welcher Weise sich die individuellen Fähigkeiten und Begrenzungen der Tradenten auf den Gang der Überlieferung ausgewirkt haben. Zunächst ist völlig klar, dass die Tischgenossen Luthers Äußerungen nicht durchgehend wortgetreu mitschreiben konnten[263] und sich nicht einem historisch-kritischen Verständnis von exakter Wiedergabe verpflichtet fühlten.[264] Das von Wolf zur Charakterisierung der uns nicht erhaltenen Mitschriften gebrauchte Wort „Notizen"[265] ist hingegen zumindest missverständlich. Zu Recht hat Kroker geltend gemacht, dass besonders „die langen und im Gedankengang festgeschlossenen" überlieferten Tischreden nicht auf der Grundlage vereinzelter Stichwörter entstanden sein können, und die Mitschriften mit den erhaltenen Aufzeichnungen zu Luthers Predigten verglichen.[266] Zu beachten ist aber, dass der Mitschreiber einer Tischrede gegenüber dem Mitschreiber einer Predigt bei seiner Tätigkeit nicht selten im Vorteil gewesen ist: Anders als die auf vollständige Wiedergabe der Predigt zielende Aufzeichnung, war die Mitschrift während einer Unterhaltung dadurch entlastet, dass diese „nur gelegentlich eine interessante Wendung [nahm]; nicht alles, was gesagt wurde, war des Aufschreibens wert. Der Nachschreiber konnte das Gesagte zu Papier bringen, während er es noch im Ohr hatte und schon ein anderer sprach, dem er nicht zuzuhören brauchte."[267] Da nur für die lateinische Sprache eine Art Abkürzungssystem bestand, werden die Mitschreiber nicht selten deutsche Worte, die Luther während der Unterhaltung in einer lateinisch-deutschen Mischsprache verwendet hat,[268] lateinisch mitstenographiert und sie dann auch lateinisch in ihre Nachschriften übernommen haben.[269] Daraus ergibt sich zwangsläufig, „dass wir nur verhältnismäßig selten uns darauf verlassen können, ipsissima verba vor uns zu haben."[270] Keineswegs bedeutet dies aber, dass es aus diesem Grund zwangsläufig auch zu über die Veränderung des Wortlautes hinausgehenden inhaltlich entscheidenden Verschiebungen gekommen ist.[271] Mit der Möglichkeit sachlicher Entstellungen ist eher aus anderen Gründen zu rechnen: Die

Interessen. Im vorliegenden Kontext ist es aber ohne Aussagekraft, da Rabus sich bei seinen Mitschriften nachweislich von seinem professionellen Interesse als Jurist leiten ließ und nicht etwa von einem bestimmten Bild, das er von Luther hatte. Cf. dazu bereits oben A. 238.

[263] In diesem Sinne merkt auch Stolt: Rhetorik, 9 an: „Selbstredend sind die Aufzeichnungen nicht von der gleichen Authentizität wie ein Tonband."

[264] Cf. dazu Beyer: Tischreden, 347.

[265] Wolf: Quellenkunde, 191.

[266] Cf. Kroker: Luthers Tischreden, 91 f; ebenso Beyer: Tischreden, 347.

[267] Stolt: Sprachmischung, 261. Cf. dazu auch Stolt: Rhetorik, 16.

[268] Zu dieser Sprachmischung cf. a. a. O., 8–11.

[269] Cf. Kroker: Luthers Tischreden, 92 und 103.

[270] Wahl: Beiträge, 13.

[271] So urteilt auch Kroker: Luthers Tischreden, 94: „Aber auch wenn wir annehmen, die Tischgenossen seien in der Übertragung von Luthers Tischgesprächen aus dem Deutschen ins Lateinische sehr weit gegangen, so wird doch dadurch nur der Wortlaut, nicht der Inhalt und die Glaubwürdigkeit von Luthers Reden beeinflußt."

Tischgäste haben Luther mitunter falsch verstanden, falsch mitgeschrieben oder falsch im Gedächtnis behalten und diesen Irrtum dann in die später angefertigte Nachschrift übernommen.[272] Doch auch von hier aus lässt sich kein prinzipielles negatives Urteil über die Zuverlässigkeit der Tischreden rechtfertigen: Zweifellos waren die Tischgenossen Luthers im Verstehen, Mitschreiben und Nachschreiben unterschiedlich begabt. Sie alle verbindet aber, dass sie keine „Schüler" Luthers im engeren Sinn gewesen sind, sondern „verständige und gelehrte Männer", „die auch später in selbständigen Stellungen Tüchtiges geleistet haben."[273]

Auf der Ebene der Abschreiber, Bearbeiter und Sammler wird die Überlieferung vor allem durch zahlreiche Unachtsamkeiten und teilweise durch willkürliche Bearbeitungen vorliegender Nachschriften beeinträchtigt.

Zu den gegenwärtigen Editionsverhältnissen ist schließlich noch anzumerken, dass längst nicht alle uns bekannten Handschriftenbände, die Tischredentexte enthalten, von Kroker (WATR) und Haußleiter (Nachträge in WA 48 und 59) für die bis heute maßgebliche Ausgabe herangezogen und in ihren unterschiedlichen Lesarten berücksichtigt werden konnten.[274] In welchem Maß die Auswertung neuerer Funde den Umfang des Tischredenbestandes erweitern oder verlässlichere Textformen zur Verfügung stellen wird, bleibt freilich abzuwarten.

Für den Umgang mit den Tischreden ergeben sich aus den vorangehenden Darlegungen folgende Konsequenzen: Generell ist hinsichtlich des tradierten Wortlautes eine gewisse Vorsicht angeraten. Einzelne Formulierungen dürfen in der Auslegung nicht gepresst werden. Dies gebietet schon der Umstand, dass bei den Mitschriften immer wieder deutsche Äußerungen lateinisch aufgezeichnet wurden.

Im Blick auf das Überlieferungsverhältnis muss zwischen verschiedenen Situationen differenziert werden: In dem Fall, dass ursprüngliche Parallelen sachliche Entsprechungen aufweisen, ist davon auszugehen, dass diese korrekte Wiedergaben einer zugrunde liegenden Äußerung Luthers darstellen. Dort, wo eine ursprüngliche Parallele gegenüber einer anderen einen sachlichen Mehrwert bietet, kann nicht *per se* darauf geschlossen werden, dass es sich um einen fingierten Zusatz handelt. Vielmehr ist hier zu berücksichtigen, dass die verschiedenen Mitschreiber aus den Äußerungen Luthers nach unterschiedlichen Neigungen selektierten.[275] Wo ursprüngliche Parallelen sachliche Widersprüche aufweisen,

---

[272] Kroker: Luthers Tischreden, 95–100 nennt hier einige Beispiele. Cf. zu diesen Fehlerquellen außerdem Wahl: Beiträge, 13 f.

[273] Darauf verweist Kroker: Luthers Tischreden, 95.

[274] Eine umfassende Übersicht zur handschriftlichen Überlieferung der Tischreden liegt vor in Schäufele: Überlieferung, 113–125. Zur Veröffentlichung eines Fundes, durch den eine bereits bekannte Überlieferung im Umfang erweitert werden konnte, cf. Reinhardt: Aufzeichnung, 315–321. Zu anderen Funden cf. außerdem die Veröffentlichung Gehrt: Tischreden, 191–220 u. bes. 217–220.

[275] Cf. dazu auch Kroker: Luthers Tischreden, 104 f und Junghans: Tischreden, 49.

ist zu prüfen, welche Tendenzen und welche Qualitäten den jeweiligen Tradenten oder Sammlungen zugeschrieben werden können. Allerdings ist im Blick auf diese Möglichkeit der Überprüfung einzuräumen, dass bislang nur wenige eingehende Untersuchungen zu den einzelnen Sammlungen vorliegen.[276] Im Blick auf die Möglichkeit einer unabsichtlichen Entstellung ist weiterhin zu überlegen, welche Fassung eher aus der anderen als Abweichung entstanden sein kann. Außerdem muss auch die textinterne Kohärenz der Überlieferungen geprüft werden. Sollte eine Fassung in sich sachliche Widersprüche aufweisen, wird man hier eher von einem Fehler im Überlieferungsprozess ausgehen, als dass man ihn auf Luthers ursprüngliche Äußerung zurückführen möchte.[277] Schließlich ist in einem zweifachen Sinn nach dem Kontext der Überlieferungen zu fragen[278]: Zum einen ist zu überlegen, ob eine der beiden Fassungen Entsprechungen zu anderen Äußerungen Luthers aufweist und ihm somit eher zugeordnet werden kann. Hierbei ist allerdings zu beachten, dass auch für Luther verschiedentlich Entwicklungen in seinen Auffassungen nachgewiesen werden können. Zum anderen ist zu fragen, welche Fassung sich in den Kontext der Ereignisse besser einfügt. Im Blick auf die abgeleiteten Parallelen und die Einzelüberlieferungen ist für das Urteil über die historische Zuverlässigkeit neben der Tendenz der Tradenten und der textinternen Kohärenz vor allen Dingen die Frage nach der Einfügung in den literarischen und den ereignisgeschichtlichen Kontext entscheidend. Im Blick auf Luther selbst ist schließlich besonders dort, wo er seine eigene Person und Rolle thematisiert – wie bei allen historischen Zeugen – zu überlegen, ob sich leitende Interessen ausmachen lassen, die bei ihm zu einer bewussten oder unbewussten Verfälschung geführt haben können.

### 1.3.2 Luthers Unterredungen mit Bucer

Am 26. September 1530 begann nach einer Mahlzeit das Gespräch.[279] Luther gab dabei offenbar die Themen vor: Zum einen wollte er dem Schreiben an Schwebel zufolge die Auffassung nicht dulden, dass den Gottlosen der Leib Christi nicht gegeben werde.[280] Auch in den Tischreden Nr. 2837a und b wird greifbar, dass diese Frage erörtert wurde. Dass Bucer aber an Luther die Frage gerichtet haben soll, ob auch den Gottlosen das Sakrament angeboten werde,

[276] Zu nennen sind hier neben der bereits genannten Studie Wahl: Beiträge, 11–40 die Darstellungen von Freitag: Anteil, 170–202 und Breuninger: Untersuchungen.

[277] Cf. dazu bereits Wahl: Beiträge, 15 mit dem Verweis darauf, dass Luther „in der strengen Schule mittelalterlicher Logik aufgewachsen“ sei.

[278] Die Forderung der Kontextualisierung wird auch erhoben bei Bärenfänger: Umgang, 29 und 39. Sie unterscheidet hier allerdings nicht zwischen einem literarischen und einem ereignisgeschichtlichen Kontext, sondern plädiert für eine historische und eine theologische Kontextualisierung.

[279] Cf. oben A. 212.

[280] „Hic non vult remittere, quod remiserat Philippus, ut negaremus impijs dari Christi corpus, sicut nec Osiander.“ Bucer an Schwebel, 9. November 1530: MBBW 5, 357 (91,4–6).

wie Luther dies später behaupten sollte, ist eher unwahrscheinlich.[281] Zum anderen nahm Luther dem Schreiben an Sturm und Pfarrer zufolge an der Behauptung Anstoß, „dass die Seele den Leib des Herrn aufnimmt“[282]. Doch Bucer referierte an dieser Stelle zweifelsohne ungenau: Nicht die Annahme einer geistlichen Nießung an sich, sondern die Beschränkung auf diese Form des Essens und die damit einhergehende Ablehnung der *manducatio oralis* erregte an dieser Stelle Luthers Unmut.[283] Im Brief an Schwebel wird deutlich, dass die Ausschließlichkeit der geistlichen Nießung das von Luther angesprochene Problem darstellte: „Lutherus quoque offenditur eo, quod animae praesentem duntaxat fatemur.“[284] Die Dativform ‚animae‘ muss hier im Sinn eines *dativus commodi* aufgefasst werden[285]: Luther kritisierte die Auffassung, dass der Leib ausschließlich für die Seele und somit für deren geistliche Nießung gegenwärtig sei. Beziehen konnte er sich für diese Kritik etwa auf die fünfte These in der von Bucer niedergeschriebenen Thesenreihe.[286]

Bucer reagierte auf diesen Vorwurf, indem er auf Luthers eigene Ausführungen zur *unio sacramentalis* verwies: „Admonebatur illum, quod ipse scripsit manducationem oris in panem duntaxat peruenire et corpori Christi nihil tale patienti eam tribui propter sacramentalem vnionem.“[287] Bucer meinte dies zweifelsohne ganz im Sinne seines Dialogs von 1528[288]: dass das mündliche Essen im eigentlichen Sinne nur dem Brot widerfahre (pervenire), während dem solchen Zugriffen prinzipiell unzugänglichen Leib Christi dieser Vorgang aufgrund der *unio sacramentalis* nur als eine uneigentliche Redeweise zugeschrieben (tribui) werden könne. Daraus zog er die Konsequenz, dass der Leib ausschließlich eine Speise für die Seele sei.[289]

Zur Frage nach der Gabe des Leibes Christi an die Gottlosen legte Luther im Verlauf des Gesprächs offen, welches Anliegen ihn in diesem Zusammenhang vordringlich bewegte. Im Schreiben an Sturm und Pfarrer heißt es, Luther

---

[281] „Buccero conferenti mecum Coburgi de sacramento tandem interroganti, an impiis offeretur quoque sacramentum?“ WATR 3,2837a (14,26f). Cf. dazu sachlich identisch ebenso 2837b (16,15–17).

[282] „Non nihil adhuc offendebat eum, quod animam percipere corpus Domini dicimus.“ Bucer an Sturm und Pfarrer, 30. September 1530: MBBW 5, 342 (3,3f).

[283] Entsprechend ergänzt Edwards: False Brethren, 134: „[...] Luther began by expressing his dissatisfaction with Bucer's statement, that (only) the soul received the body of Christ.“ Cf. ebenso Köhler: Zwingli und Luther II, 233f und Friedrich: Martin Bucer, 75.

[284] Bucer an Schwebel, 9. November 1530: MBBW 5, 357 (91,7f).

[285] Cf. dazu Rubenbauer/Hofmann: Grammatik, §127 (142).

[286] Cf. MBBW 4, 328 (218,10–17).

[287] MBBW 5, 342 (3,4–7). Köhler: Zwingli und Luther II, 234 deutet die Stelle irrtümlicherweise so, als habe Luther gegenüber Bucer diese Deutung der *unio sacramentalis* gegeben.

[288] Cf. dazu und zu Luthers Verständnis der *unio sacramentalis* oben S. 29–34.

[289] „Cum autem obiecissem ipsi, quod scripsit in sua confessione, manducationem oris fieri pani et corporj Christi tribui tantum propter saramentalem vnionem, unde sane sequitur, ut sit animae tantum cibus, mitior factus est.“ Bucer an Schwebel, 9. November 1530: MBBW 5, 357 (91,8–11).

habe nicht gewollt, dass „diese Sache vom Glauben der Aufnehmenden abhänge, sondern von der Verheißung Christi."[290] Luther ging es an dieser Stelle um die Glaubensgewissheit der Kommunikanten. Nur in dem Fall, dass die Gegenwart der Heilsgabe von deren Glauben, der ihnen selbst immer zweifelhaft bleiben musste, und auch von ihrer sittlichen Eignung unabhängig war und allein an der unverbrüchlichen Zusage der Einsetzungsworte hing, konnten sie nach seiner Überzeugung der Präsenz des Leibes und seines Empfangs gewiss sein. Entsprechend hatte er es in seiner Abendmahlsschrift von 1528 zu Taufe, Predigt und Abendmahl formuliert: „[...] denn solchs hat Christus alles ynn sein wort und nicht ynn menschen heilickeit gestellet, auff das wir des worts und der sacrament sicher moͤchten sein etc."[291]

Bucer begründete nun seine Überzeugung, dass den Ungläubigen der Leib Christi nicht gegeben werde, mit der Bemerkung, dass die Verheißung Christi lediglich an dessen Jünger ergangen sei.[292] Wie in seiner Thesenreihe argumentierte er hier prädestinatianisch. Demnach sollten die Gottlosen aufgrund einer als partikular zu verstehenden Stiftungsabsicht Christi prinzipiell als von der Gabe ausgeschlossen gelten.[293]

Gegenüber Schwebel beschrieb der Straßburger Luthers Reaktion im Blick auf seine Darlegungen zum leiblichen Essen mit den Worten, dass dieser milder geworden sei.[294] Im Brief an Sturm und Pfarrer heißt es zu Luthers Reaktion: „Im Blick auf beides machte es den Anschein, dass er zufrieden sein werde, wenn es noch nicht auf beiden Seiten bis zu diesem Punkt des Streites gekommen wäre."[295] Wie auch immer man den Hinweis auf den Verlauf des Streites und wie auch immer man seine historische Glaubwürdigkeit einschätzen mag: Es steht auch nach dem Zeugnis Bucers fest, dass Luther der Auffassung war, man könne es nicht bei dessen Ausführungen belassen. Für eine Verständigung, so muss man schließen, verlangte er ein Bekenntnis zur *manducatio oralis* und zur *exhibitio impiis*. Ausdrücklich heißt es in dem Brief an Schwebel, Luther wolle

[290] „Deinde de impijs plus contendebat eo, quod rem hanc nollet a fide sumentium, sed promissione Christi pendere." MBBW 5, 342 (3,7f).

[291] WA 26, 288, 17–19. In diesem Sinne hatte Luther auch bereits drei Jahre zuvor an Billican geschrieben: „Alioqui, si fides ministrantium et recipientium spectanda est, incerta erunt omnia, an verbum et sacramentum uspiam sit, cum incerta sit omnium fides. At nunc non ex lege aut nostris meritis, sed ex promissione stat verbi et sacramenti integritas, ut firma et certa sit scientia ministerii sancti in populo Dei." Luther an Billican, 5. März 1525: WABr 3, 839 (452,29–33). Cf. dazu auch Peters: Realpräsenz, 100f.

[292] „Hanc ego ostendebam discipulis duntaxat factam." Bucer an Sturm und Pfarrer, 30. MBBW 5, 342 (3,8f).

[293] Cf. oben S. 45f. und A. 132.

[294] Cf. oben A. 289. Dass Luther sich milder gezeigt habe, behauptete Bucer auch an anderer Stelle: „Veni hac caussa ad Lutherum, quem multo quam antea mitiorem reperi." Bucer an N. N., 29. Dezember 1530: MBBW 5, 366 (125,14f).

[295] „De vtroque videbatur contentus futurus, si nondum huc contentionis vtrinque ventum esset." Bucer an Sturm und Pfarrer, 30. September 1530: MBBW 5, 342 (3,9f).

nicht zulassen, „dass wir verneinen, dass den Gottlosen der Leib Christi gegeben werde [...].“[296] Mit der *exhibitio* aber war für Luther, wie sich bei der Auslegung seines Briefes an den Kurfürsten vom 16. Januar 1531 zeigen lassen wird, auch die *manducatio* gegeben.[297]

Der Tischredenüberlieferung lässt sich darüber hinaus entnehmen, dass Luther Bucer durch eine theologische Argumentation für die Auffassung gewinnen wollte, dass auch den Gottlosen der Leib Christi gegeben werde. Dabei stellte er ihm die Frage, „ob ein Gottloser das Wort Gottes hören und es missbrauchen könnte“[298]. In dieser Frage klingt eine Unterscheidung an, die Luther auch sonst in der sakramentstheologischen Auseinandersetzung bemühte, nämlich die Differenzierung zwischen Wesen und Gebrauch, bzw. Missbrauch.[299] Die Pointe der mit dieser Unterscheidung verbundenen Argumentation besteht in dem verschiedentlich von Luther zitierten Satz: „Abusus non tollit substantiam, imo confirmat substantiam.“[300] Über die von Luther zwischen Wort und Sakrament hergestellte Analogie[301] wollte er Bucer zu der Einsicht bewegen, dass der glaubenslose Umgang das Wesen der Gabe Gottes an den Menschen nicht verändern und ihr keinen Abbruch tun könne. Die von Luther gestellte Frage war zweifelsohne rhetorisch gemeint. Die aus seiner Sicht unvermeidbare Zustimmung musste den Antwortenden schließlich zu der Einsicht führen, dass ein Gebrauch ohne Glauben auch das Sakrament in seinem Wesen unverändert lasse.

Es muss allerdings angemerkt werden, dass Luthers Argumentation an Bucers Auffassung vorbeiging. Seine Überzeugung, dass den Gottlosen der Leib vorenthalten bleibe, kam vollkommen ohne die von Luther angegriffene Annahme aus, dass der Unglaube am Wesen des Sakraments etwas verändern können müsse, da sie ausschließlich auf der bereits erwähnten Annahme einer partikulären Stiftungsabsicht Jesu beruhte. Daher muss man entweder annehmen, dass

---

[296] Cf. oben A. 280.

[297] Cf. unten S. 94 f.

[298] „Buccero conferenti mecum Coburgi de sacramento tandem interroganti, an impiis offeretur quoque sacramentum? illi dixi, an impius posset audire verbum Dei et illo abuti?“ WATR 3, 2837a (14,26–28). Zur Auseinandersetzung mit der Fassung in 2837b cf. unten A. 301.

[299] Cf. dazu etwa die Ausführungen Luthers über die Taufe im Großen Katechismus, BSLK D703,10–31 (BSELK 1126,12–23).

[300] WA 26, 159, 36–38. Cf. ähnlich a. a. O., 161,24 f und BSLK D703, 26–28 (BSELK 1126,20–22).

[301] In der Fassung der Tischrede Nr. 2837b wird Luthers Argumentation als Schluß *a minore ad maius* überliefert: „Cum impius possit audire verbum Dei et illo abuti, multo magis abutitur sacramento, qui verbo abutitur.“ WATR 3, 2837b (16,17 f). Doch ist hier der Form des bei Cordatus überlieferten Analogieschlusses wohl der Vorzug zu geben. Cf. oben A. 298. Zum einen ist nämlich zu fragen, warum Luther selbst im Blick auf den *abusus* zwischen Wort und Sakrament einen Unterschied gemacht haben sollte. Man ist eher geneigt, diese merkwürdige Logik einem Nachschreiber oder späteren Bearbeiter als Luther zuzuweisen. Zum anderen sollte Luther exakt diesen Analogieschluss auch in seinem späteren Brief an Kurfürst Johann verwenden. Cf. Luther an Kurfürst Johann, 16. Februar 1531: WABr 6, 1782 (38,20–39,24).

Luther Bucer an dieser Stelle nicht richtig verstanden hatte oder dass er bei der Formulierung seines Einwandes nicht mit der notwendigen Sorgfalt verfuhr. Bucer seinerseits beugte sich der rhetorischen Frage Luthers allerdings nicht. In der Tischrede Nr. 2942c ist festgehalten, „dass er nicht glaube, dass dies das Wort Gottes sei, was von den Menschen nicht aufgenommen werde."[302] Darauf entgegnete Luther, dass das zweite Gebot auch durch eine Namenslästerung nicht seine Geltung verliere.[303]

In dem erwähnten Brief an Kurfürst Johann vom 16. Januar 1531 sollte Luther schließlich rückblickend über die Unterredung mit Bucer äußern, man habe „von der leiblichen Gegenwärtigkeit, so beide, Gottlose und Gläubige, auch mündlich den wahren Leib und Blut Christi empfahen, unter dem Brot und Wein" gesprochen, wobei Bucer „sich ziemlich ließ merken, das mich herzlich erfreuete."[304] Demnach muss Bucer sich zumindest nach Luthers Verständnis doch noch in einer Weise über die *manducatio oralis* und die *manducatio impiorum* geäußert haben, die dieser begrüßen konnte.[305] Im Wortlaut sind diese Äußerungen für uns jedoch nicht greifbar.

Luther beließ es in der Unterredung nicht bei einer Auseinandersetzung um das Verständnis des Abendmahls. Eine wirkliche Konkordie verlangte nach seiner Überzeugung, dass Bucer und seine Seite noch einigen anderen Anforderungen gerecht werden mussten. Zunächst einmal ging es ihm um die Frage, ob er Bucers Ausführungen nach menschlichem Ermessen trauen und sie als ehrlichen Ausdruck seiner inneren Überzeugung ansehen konnte. In der Tischrede Nr. 3327b vom 9. Mai 1533 ist eine Schilderung überliefert, aus der deutlich wird, wie Luther während der Unterredung dabei vorging: „Martin Bucer gab sich brieflich und persönlich in Coburg demütig, aber ich wies ihn dreimal ab und sagte: Martine, ist dieß nicht ernst? Es ist besser, du hast uns zu Feinden, als eine vorgebliche Gemeinschaft einzugehen."[306] Diese Überlieferung wird gestützt durch eine Äußerung Luthers in seinem Brief an Kurfürst Johann vom

[302] „Ita Bucerus ingenue fatebatur se non credere hoc esse verbum Dei, quod ab hominibus non susciperetur [...]." WATR 3, 2942c (110,1f). Die Differenzen zu den Fassungen von Nr. 2942a sind für den vorliegenden Zusammenhang ohne sachliche Bedeutung.

[303] „[...] cui ego respondi: Ergo secundum praeceptum non est Dei praeceptum in impiis, qui nomine Dei abutuntur, quia non credunt esse nomen Dei, cum tamen etiam ad impios pertineat." WATR 3, 2942 c (110,2–4). Vergleichbar argumentiert Luther in WATR 1, 184 (82,28–83,7).

[304] Luther an Kurfürst Johann, 16. Januar 1531: WABr 6, 1773 (21,19–23).

[305] Bestritten wird dies von Hassencamp: Hessische Kirchegeschichte II, 93 ohne Angabe von Gründen. Gleichwohl nimmt auch er an, „dass Bucer in Coburg doch mehr zugab, als er in seinen Artikeln [...] eingeräumt hatte."

[306] „Martinus Bucerus et literis et sua praesentia Coburgae humiliter se exhibuit, ego autem eum ter repudiabam dicens: Martine, ist dieß nicht ernst? Melius est te nos habere inimicos quam ficta societatem contrahere!" WATR 3, 3327b (269,15–17). Die Abweichungen in der von Cordatus gebotenen Überlieferung sind sachlich für den vorliegenden Zusammenhang ohne Gewicht: „Martine, ists dir nicht ernst? Melius est nos inimicos permanere quam fictam societatem contrahere. An non hoc est ludere in sacris?" WATR 3, 3327a (269,5f).

16. Januar 1531, in dem Luther darauf verweisen sollte, dass er „dem Bucero zu Koburg gar fleißig fürhielt, daß man solche Vereinigung aus gutem reinen Grunde anfinge oder ließ es anstehen."[307] Auch gegenüber Johannes Brießmann sollte Luther erwähnen, dass er Bucer zur Aufrichtigkeit ermahnt hatte.[308]

Um die Abwehr einer *concordia ficta* ging es Luther auch bei den Überlegungen zum weiteren Vorgehen. Im Raum stand ein wohl von Bucers stammender Vorschlag, dass man gemeinsame Lehrartikel verfassen und dann durch Vertreter beider Seiten unterschreiben lassen könnte. Ein solches Verfahren lehnte Luther jedoch strikt ab. Ausschlaggebend war für ihn dabei seine Furcht, dass beide Lager einem solchen Text unterschiedliche Auslegungen geben würden. Ausdrücklich erinnerte er Bucer in diesem Zusammenhang an das Beispiel der Marburger Artikel.[309] Luthers eigene Vorstellungen gingen hingegen dahin, dass die Theologen der Gegenseite durch Predigten und Schriften in ihren Gemeinden vordringlich auf eine allmähliche Korrektur der dort vorherrschenden Auffassung vom Abendmahl hinwirken sollten. Damit war auch deutlich markiert, dass es ihm hier wie auch schon in Marburg[310] nicht um die Formulierung eines ausschließlich unter Theologen akzeptierten Konsenses ging, sondern dass sich eine wirkliche Verständigung nach seiner Auffassung in der öffentlichen Lehre niederschlagen und so ihren Weg in die Gemeinden finden musste. Dabei ging er davon aus, dass man dort allgemein der Überzeugung anhing, im Abendmahl sei „nichts als Brot und Wein" vorhanden.[311]

Wie schon in seinem Brief an Melanchthon vom 11. September 1530 lehnte Luther es auch gegenüber Bucer ab, sein bisheriges Verständnis der von seinen Widersachern vertretenen Anschauungen infrage stellen zu lassen. Er beharrte darauf: „Ich werde nicht bekennen, dass ich eure Leute nicht verstanden habe."[312] Zumindest für sich selber nahm Luther damit in Anspruch, dass er

[307] Luther an Kurfürst Johann, 16. Januar 1531: WABr 6, 1773 (21,16–18).

[308] „Nam Bucerus mecum familiari colloquio Coburgi de hac re ut ageret, missus fuit, et si non fallit, quod dicit (admonui enim, ne simularet), spes est non parva." Luther an Brießmann, 7. November 1530: WABr 5, 1747 (678,33–35).

[309] „Adhaec valde abhorreat ab articulis concipiendis, quibus vtrinque subscriberetur, veritus varia interpretantium iudicia, quae caussabatur expertum se in articulis Marpurgen[sibus]." Bucer an Sturm und Pfarrer, 30. September 1530: MBBW 5, 342 (3,11–13). „In certos articulos, qui utrinque subscriberentur, consentire detrectabat, ueritus, ne id occasionem daret curiosulis iniquiores de utrisque rumores spargendi ita, ut fecissent de articulis Marpurgi compositis." Bucer an Rhegius, 3. Januar 1531: MBBW 5, 373 (173,8–10). Zu Luthers Ablehnung dieses Vorgehens cf. ebenso Bucer an Schwebel, 9. November 1530: MBBW 5, 357 (91,11f).

[310] Cf. oben Kapitel 1.1 und A. 79.

[311] „Sibi non videri caussam esse, vt rursus vtrinque ecclesiae turbarentur, sed putare rei huic melius posse cosuli, si nos sensim in concionibus et scriptis ab eo reuocemus, quod putant illic nihil nisi panem et vinum esse." Bucer an Sturm und Pfarrer, 30. September 1530: MBBW 5, 342 (3,13–16).

[312] „Addebat: ego non fatebor me vestros non intellexisse." A. a. O. (3,17–4,1). Für die Behauptung von Eells: Martin Bucer, 109, Luther habe gegenüber Bucer zugegeben, dass er die Irrtümer seiner Gegner überbewertet habe, gibt es in den Quellen keinen Anhalt.

nicht um Worte gestritten hatte, sondern um die Sache selbst. Gleichzeitig wies er damit die gegenteilige Deutung, die Bucer wiederholt vorgetragen hatte, zurück.[313]

Schließlich gab Luther Bucer Bedenkzeit und bekräftigte seinen Willen zur Einigung mit der Versicherung, „dass er von Herzen den Frieden wünsche, auf welche Weise auch immer er eben als ein wahrer gestiftet werden könne."[314] Anschließend wandte man sich Themen anderer Art zu, über die man sich in vertrauter und freundschaftlicher Weise unterhielt.[315]

Am folgenden Tag wurde das Gespräch fortgesetzt.[316] Dabei versuchte Bucer zunächst noch einmal, Luther von seiner Deutung des Abendmahlsstreites zu überzeugen, indem er behauptete, auch seine Seite habe in frommer Weise über dieses Mysterium gelehrt.[317] Brecht behauptet außerdem, Bucer habe Zwingli gegenüber Luther in Schutz genommen, was diesen misstrauisch gemacht habe.[318] Zugrunde liegen dieser Behauptung sehr wahrscheinlich die Tischreden Nr. 128 und 140, in denen ein entsprechender Vorwurf Luthers festgehalten ist.[319] Wie aber noch zu zeigen sein wird, bezog sich Luther mit dieser Kritik nicht auf eine Äußerung Bucers vom September 1530, sondern auf einen Brief des Straßburgers an Melanchthon vom 24. Oktober 1531.[320]

Mit seiner Behauptung, dass auch die Gegenseite über das Abendmahl korrekt gelehrt habe, konnte Bucer sich nicht durchsetzen. Luther blieb bei seiner Überzeugung, dass die Gegenseite in den zurückliegenden Jahren falsch gelehrt habe. Deswegen war es für ihn unumgänglich, dass deren Gemeinden wieder für die rechte Lehre zurückgewonnen werden mussten. Erneut riet er dabei zu einem geduldigen Vorgehen. Eile, so befürchtete er, werde zum Anstoß führen. Schließlich lenkte Bucer ein. Er sagte zu, er werde seine Kollegen dazu anhalten,

---

313 Cf. dazu etwa Bucers Deutung des Streites in seinem Brief an Luther vom 25. August 1530 in MBBW 4, 328 (213,4–214,2).

314 „Iussit itaque me eo die et sequenti nocte de his cogitare, affirmans se ex animo pacem optare, quocumque pacto vera modo componi posset." Bucer an Sturm und Pfarrer, 30. September 1530: MBBW 5, 342 (4,1 f).

315 „Sic habuit primus congressus, a quo alia loquebamur admodum familiariter et amice." Bucer an Sturm und Pfarrer, 30. September 1530: MBBW 5, 342 (4,2–4). Möglicherweise ist diesem Kontext die Nachricht Schlaginhaufens zuzuordnen, dass Luther Bucer während des Besuches „eine zum Thema passende Fabel vorgetragen" habe. Cf. WATR 2, 1549. Luther hat sich während seines Aufenthaltes auf der Coburg ausgiebig mit Äsops Fabeln beschäftigt. Cf. dazu die von ihm in dieser Zeit angefertigte Übersetzung in WA 50, (432) 440–460.

316 „Postridie iterum ad prandium veni, vt iusserat, a quo rursus de hoc negotio conuenti sumus [...]." Bucer an Sturm und Pfarrer, 30. September 1530: MBBW 5, 342 (4,5 f).

317 Cf. unten A. 321.

318 Cf. Brecht: Martin Luther II, 395. Zu dieser zeitlichen Einordnung cf. ebenso Grass: Abendmahlslehre (1954), 131.

319 Cf. WATR 1, 128 (53,22 f) und 140 (61,12 f). Ausdrücklich ist der Bezug deutlich in den Ausführungen bei Brecht: Bucer und Luther, 360 und A. 42. Bei dem dort anzutreffenden Verweis auf Tischrede Nr. 130 muss es sich um ein Versehen handeln.

320 Cf. dazu unten S. 133–137.

dass sie in ihren Gemeinden auf eine theologische Umorientierung hinwirken sollten.[321]

Zur Durchführung der vereinbarten theologischen Rückgewinnung bot Bucer an, vor seiner Heimkehr nach Straßburg verschiedene oberdeutsche und eidgenössische Städte – Ulm Memmingen, Lindau, Konstanz, Zürich und Basel – zu besuchen.[322] Von sich aus erklärte er darüber hinaus, dass er nach dieser Reise eine Schrift verfassen wollte.[323] Gegenüber Rhegius äußerte Bucer später, dass er mit dieser Schrift Zeugnis von der Einigkeit mit Luther ablegen wolle.[324] Entsprechend nannte er sie in seinem Schreiben an Schwebel eine „Rechenschaft über die Einigkeit" (ratio concordiae).[325] Auch über den zurückliegenden Streit wollte sich Bucer hier äußern und stellte eine *commoda excusatio* in Aussicht. Zunächst sollte die Schrift nur in Bucers eigenem Namen verfasst werden und somit auch nur als Darlegung seiner persönlichen Auffassung gelten. Luther sollte sie dann zur Beurteilung zugeschickt bekommen. Erst mit seiner Zustimmung sollte sie schließlich in den Druck gehen.[326]

Luther nahm diesen Vorschlag Bucers an.[327] Seine Zustimmung muss jedoch von den Voraussetzungen her verstanden werden, die er Bucer gegenüber kenntlich gemacht hatte: Dies betrifft zum einen Luthers Verständnis von der vorangehenden Auseinandersetzung. Da er der Theorie, dass es sich beim Abendmahlsstreit um ein Missverständnis und einen Streit um Worte gehandelt habe, entgegengetreten war, konnte sich der von Bucer zu leistende Nachweis in seinen Augen keinesfalls auf eine bereits während des Streites bestehende Einigkeit beziehen, die den Opponenten nur verborgen geblieben wäre. Akzeptabel war eine *ratio concordiae* in seinen Augen nur, wenn in ihr dargelegt wurde, dass

[321] „[...] et tandem, dum persuaderi non posset, religiosius a nostris de hoc mysterio doctum esse, et perstaret in ea sententia necesse fore, vt sensim in viam nostros reuocemus, nam propter offendiculum nollet etiam nos subito sententiam mutare, consensi, ut ad id meos adhortarer [...]." Bucer an Sturm und Pfarrer, 30. September 1530: MBBW 5, 342 (4,6–10). Dazu passt Luthers spätere Erinnerung, derzufolge Bucer postuliert haben muss, dass eine Übereinstimmung bereits gegeben sei: „Iam si facta esset concordia, wie es denn das Bucerlin glatt furgab, essemus rei sanguinis fusi in Helvetiis." WATR 1, 140 (61,10–12). Zu den in der Äußerung erwähnten gewaltsamen Vorgängen in der Schweiz cf. unten S. 134 f.

[322] Cf. Bucer an Sturm und Pfarrer, 30 September 1530: MBBW 5, 342 (4,10–12).

[323] „Ego obtuli me, rationem concordiae meo nomine perscripturum et ei, antequam ederem, missurum, editurum vero, si ipse admiserit." Bucer an Schwebel, 9. November 1530: MBBW 5, 357 (91,14–16). Es stimmt mithin nicht, wenn NEUSER: Position, 699 von einer Abfassung der Schrift durch „die Zwinglianer" spricht.

[324] „[...] sed quo ecclesie melius reconciliari possent, operae pretium uideri, publico scripto nostram concordiam testari." Bucer an Rhegius, 3. Januar 1531: MBBW 5, 373 (174,2 f).

[325] Cf. oben A. 323.

[326] „[...] et tum meo nomine confessionem compositurum eamque ei missurum dijudicandam, in qua peractae contentionis commodam excusationem adijcere velim." Bucer an Sturm und Pfarrer, 30. September 1530: MBBW 5, 342 (4,12–14).

[327] „Hanc conditionem recępit." Bucer an Sturm und Pfarrer, 30. September 1530: MBBW 5, 342 (4,14 f). Dass Luther und Bucer hier zu einem Kompromiss gefunden hätten, wie EELLS: Martin Bucer, 110 es behauptet, geht nicht aus den Quellen hervor.

sich seine Gegner mit ihm und seinen Gefolgsleuten nun und aufgrund einer Veränderung ihrer bisherigen Anschauungen und Lehraussagen geeinigt hätten. In diesem Sinn äußerte sich Luther auch noch einmal explizit gegenüber Bucer, indem er erklärte, „es könne nichts verfasst werden, zu dem beide Seiten ihre Unterschrift gäben, was nicht als ein Widerruf der einen Seite oder beider Seiten aufgefasst werde."[328] Auch wenn Luther also nicht auf einem expliziten Widerruf bestanden zu haben scheint, so musste nach seinem Dafürhalten der Bruch mit den alten Irrtümern doch inhaltlich unverkennbar in Bucers Schrift markiert sein. Sollte er wirklich auch von einem beiderseitigen Eingeständnis von Irrtümern gesprochen haben, so ist dies als Äußerung über eine rein theoretische Möglichkeit zu verstehen: Wenn es sich, wie Luther überzeugt war, beim Streit um das Abendmahl um eine Auseinandersetzung zwischen sachlich unvereinbaren Anschauungen gehandelt hatte, dann konnte eine inhaltliche Übereinstimmung streng logisch nur erreicht werden, indem entweder eine Seite ihre alte Position aufgab und sich der anderen Seite anschloss oder indem sich beide Seiten gemeinsam unter Aufgabe ihrer alten Auffassungen auf eine dritte Position verständigten.

Zum anderen lässt sich Luthers Einwilligung zur Abfassung einer Konkordienschrift nur dann richtig einordnen, wenn man beachtet, was eine mögliche Ratifikation nach seiner Auffassung auf keinen Fall bedeuten konnte: Vollkommen ausgeschlossen war für ihn nämlich der Gedanke, dass man sich durch Unterzeichnung gemeinsam auf einen beide Seiten gleicherweise bindenden Lehrtext verpflichten könnte. Diesem in Marburg praktizierten Modell[329] hatte er im Gespräch mit Bucer eine eindeutige Absage erteilt. Aus Luthers Sicht konnte es daher nun ausschließlich darum gehen, dass die Gegenseite ihre eigene Lehre als mit seinen Anschauungen übereinstimmend erwies.[330] Ihm hingegen hatte Bucer selbst die Rolle des Beurteilers zugestanden. Entsprechend konnte seine Unterschrift auch nur als Zustimmung in einem zweifachen Sinn verstanden werden: zum einen, dass seine eigene Lehre durch Bucer zutreffend erfasst worden war; zum anderen, dass er die von Bucer vorgelegte Lehre als in einem hinreichenden Maß mit seinen eigenen Auffassungen übereinstimmend ansehen konnte. Um mehr konnte es aus der Sicht Luthers nicht gehen. Noch am 27. September 1530 verließ Bucer die Coburg und machte sich auf seine Reise.[331]

---

[328] „Nam id eum solicitabat, quod putaret nihil posse componi, cui vtrinque subscriberetur, quod non alterius partis vel vtriusque haberetur palinodia." A. a. O. (4,15–17).

[329] Cf. oben S. 36.

[330] Ähnlich urteilt bereits Brecht: Martin Luther II, 395: „Die Gegenseite hatte sich also zu erklären, ohne daß Luther Zugeständnisse gemacht hatte. Er war lediglich bereit, sich auf ihre Annäherungen einzulassen."

[331] Cf. Bucer an Sturm und Pfarrer, 30. September 1530: MBBW 5, 342 (5,4f) und A. 22 und 24.

### 1.3.3 Die Bedeutung der Coburger Gespräche für Luther

Das Zusammentreffen mit Bucer auf der Coburg stellte für Luther zweifelsohne einen wichtigen Einschnitt in der Auseinandersetzung um das Abendmahl dar. Es lässt sich nämlich zeigen, dass es während des Besuches in Luthers Wahrnehmungen und in seinem Urteil zu deutlichen Veränderungen kam.

Zunächst einmal ist festzustellen, dass Bucer als Persönlichkeit in der Wahrnehmung Luthers für die weitere theologische Auseinandersetzung erheblich an Bedeutung gewann. War seine Rolle in den Hauptverhandlungen des Marburger Religionsgesprächs noch die eines Zuhörers gewesen[332], so war er nun zum entscheidenden theologischen Gesprächspartner Luthers aufgestiegen. Mit Luthers Zustimmung sollte er sich nun für die Wiederherstellung der Glaubens- und Lehreinheit einsetzen und dazu auch auf Basel und Zürich und damit auf Luthers alte Hauptwidersacher, Zwingli und Oekolampad, Einfluss nehmen.

Eine weitere Veränderung betraf das Verhältnis zwischen den beiden Männern: Ganz offensichtlich hatte Luther begonnen, zu Bucer Vertrauen zu fassen. Während des Gesprächs war man sich auch persönlich offenbar deutlich nähergekommen. In den Darstellungen beider Seiten wird die Atmosphäre als freundschaftlich beschrieben.[333] Entscheidend ist aber, dass Luthers Vertrauen sich auch auf den Theologen Bucer und dessen Absichten bei den Bemühungen um eine Konkordie bezog. Dass er seinen Gast während der Unterredung eindringlich und wiederholt zur Aufrichtigkeit ermahnt hatte[334], lässt noch erkennen, wie sehr er ihm und seinen Vorhaben zunächst misstraut hatte. Niedergeschlagen hatte sich dieses Misstrauen auch in seinen schriftlichen Reaktionen auf Bucers Brief vom 25. August und die von diesem verfasste Thesenreihe.[335] Greifbar ist die beschriebene Veränderung in einer Äußerung Luthers in seinem Brief an Johannes Brießmann vom 7. November 1530, wo es heißt: „Si non fallit, quod dicit (admonui enim, ne simularet), spes est non parva."[336] Der hier in der Konstruktion des Indefinitus vorliegende Konditionalsatz lässt das Verhältnis zwischen der getroffenen Aussage und der Wirklichkeit unbestimmt[337], so dass man aus ihr allein nicht entscheiden kann, für wie wahrscheinlich Luther es hielt, dass er Bucer vertrauen konnte. Allein der Umstand aber, dass er diese Überlegung für mitteilenswert hielt, legt doch nahe, dass er vorsichtig zuversichtlich

---

[332] Cf. dazu oben S. 36f.

[333] Cf. dazu Luthers Brief an Brießmann, oben A. 308 und Bucers Brief an Sturm und Pfarrer, oben A. 315.

[334] Cf. oben S. 74f.

[335] Cf. dazu oben S. 54f.

[336] „Wenn das nicht trügt, was er sagt (ich habe ihn nämlich ermahnt, dass er nichts vorgeben solle), dann ist die Hoffnung nicht gering." Luther an Brießmann, 7. November 1530: WABr 5, 1747 (678,34f). Dass Luther zu dieser Zeit Verdacht gegen „splippery formulations" des Straßburgers gehabt habe, wie Edwards: False Brethren, 136 mit Bezug auf Luthers Brief an Brießmann behauptet, geht aus den Quellen nicht hervor.

[337] Cf. Rubenbauer/Hofmann: Grammatik §259 (311).

gestimmt war. Ganz entsprechend in Struktur und Aussagegehalt verhält es sich mit einer Äußerung Luthers aus einem nicht erhaltenen Brief an Osiander, den Ambrosius Blarer in seinem Schreiben an Bucer gegen Ende Dezember zu zitieren wusste: „Wenn Bucer so von Herzen glaubt, wie er mit dem Mund bekennt, dann denkt er vollkommen mit uns übereinstimmend.“[338] Wie eine von Dietrich überlieferte Tischrede vom November 1530 zeigt, sollte Luther auch in Wittenberg dieser neuen Hoffnung Ausdruck geben: „Im Blick auf Bucer habe ich die Hoffnung, dass er umkehren wird.“[339]

Einen ähnlichen Eindruck vermitteln darüber hinaus zwei Predigten Luthers vom November 1530. Sie sind uns durch Rörer überliefert, dessen Aufzeichnungen im Wortlaut sicher nicht gepresst werden dürfen, die aber doch der Sache nach als zuverlässige Wiedergabe von Luthers Gedanken angesehen werden können.[340] In seiner Nachmittagspredigt vom 6. November 1530 äußerte sich Luther über die den Verfasser des biblischen (Eph 6,10 ff) Textes leitende Absicht dahingehend, dass er seine Gemeinde für die geistliche Auseinandersetzung mit der Anfechtung zurüsten wolle, damit sie im Glauben bestehen könne. Vers 10a legte Luther so aus, dass ein Christ „fur sich selber fest“[341] im Glauben und Leben stehen solle. In der Auslegung von Vers 10b sprach Luther darüber hinaus auch von einem Sieg über die „Schwärmer“.[342] Als Beispiel eines solchen Sieges kam Luther auf einen Prediger zu sprechen, der sich wieder zur rechten Lehre bekehre und so das Reich des Satans schwäche.[343] Auch diese Aussage wird man vor dem Hintergrund der Unterredung auf der Coburg als Ausdruck von Luthers beginnender Hoffnung deuten müssen. Entsprechend ist auch in der Predigt vom 13. November 1530 von der Offensive gegenüber den theologischen Widersachern die Rede. Hier legte Luther dar, dass man den „Schwärmern“ nicht nach dem Leben trachte, sondern dass man sie dem Teufel abjagen und für sich gewinnen werde.[344]

Luthers Hoffnung erschöpfte sich allerdings nicht darin, dass er eine aufrichtige Umkehr Bucers für möglich hielt. Zumindest im Blick auf die Straßburger glaubte er, dass das Wirken für eine Verständigung von Erfolg gekrönt sein könnte. In dem erwähnten Brief an Johannes Brießmann heißt es: „Es besteht

---

[338] „Si Bucerus ita corde credit, quemadmodum ore fatetur, plane nobiscum sentit.“ Blarer an Bucer, [n. d. 22. Dezember 1530]: MBBW 5, 364 (113,3 f).

[339] „De Bucero spero fore, ut redeat.“ WATR 1,101 (38,24 f).

[340] Cf. dazu Stolt: Sprachmischung, 18.

[341] WA 32,147,2.

[342] Cf. WA 32,147, 2–11.

[343] „Ut praedicator qui volebat seducere, iam convertatur, praesertim cum Schwermeris. Quando ista fortitudo non solum obsistit Satanae, sed etiam nimpt yhm seine krafft.“ WA 32, 149, 1–3.

[344] „Et ibi non pugnamus contra Schwermeros sic, ut eis auferamus vitam, sed das wir sie dem Teufel abschlagen utque nostra, verbum, Sacramenta erhalten und sie gewinnen [...].“ WA 32, 171, 1–3.

Hoffnung, dass die Sakramentierer, wenigstens die Straßburger, sich mit uns versöhnen."[345]

Entscheidend muss sich für Luther die Situation nach dem Gespräch auf der Coburg auch deswegen verändert haben, weil Bucer sich in zweifacher Hinsicht seinen eigenen Vorstellungen gebeugt hatte: Inhaltlich hatte er sich aus Luthers Sicht angemessen über die *manducatio oralis* und die *manducatio impiorum* geäußert. Darüber hinaus hatte er Luthers Vorgabe akzeptiert, dass eine Verständigung nicht an die alte Abendmahlsauffassung der Gegenseite anknüpfen konnte, sondern dass eine Korrektur in der Sache unumgänglich war.[346]

Im Ergebnis hatte der Besuch Bucers nicht die Einigung selbst erbracht. Aus Luthers Sicht war aber ein guter Anfang zwischen ihm und Bucer gemacht. Nun mussten die anderen Kontrahenten und ihre Gemeinden gewonnen werden. In einer Tischrede vom November/Dezember 1531 sollte Luther dann zu Recht darauf insistieren, dass man sich in jenem weitgehenden Sinne nicht verständigt hatte.[347] Aber man hatte sich doch darüber einigen können, auf welchem Wege man die Konkordie erreichen wollte.

## 1.4 *Die Auseinandersetzung um Bucers Einigungsschrift*

Die weitere Entwicklung sollte zeigen, wie Bucer die auf der Coburg getroffenen Absprachen umzusetzen gedachte. Aus seinem Brief an Sturm und Pfarrer lässt sich bereits eine bestimmte Tendenz erkennen:

„Und je mehr wir erreichen wollen, dass er reiner schreibt, desto weniger dürfen wir ihn ermahnen und desto weniger seine Übertreibungen billigen. Stillschweigend, wenn er selbst zum Freund geworden ist, werden seine Auswüchse verbessert werden können, wenn wir dieselben Dinge besonnen vortragen."[348]

Bucer konkretisierte in diesem Schreiben seine Vorstellungen nicht, an welchen Punkten er bei Luther einen Korrekturbedarf sah. Deutlich ist aber, dass sich diese Absichten nicht mit Luthers Vorstellungen vertrugen, da Bucer ihn und seine Seite zu Korrekturen bewegen wollte.

---

[345] „Sacramentarios, saltem Strassburgenses, nobiscum in gratiam redire spes est." Luther an Brießmann, 7. November 1530: WABr 5, 1747 (678,32f).

[346] Insofern werden die Umstände stark verkürzt und missverständlich dargestellt, wenn es bei GRESCHAT: Martin Bucer, 115 heißt, dass Bucer von Luther ermutigt worden sei, „mit seinen Einigungsbemühungen fortzufahren".

[347] „Ergo hat Gott wol so fest bey vns gestanden contra Satanam et sacramentarios, ne cum eis convenirem Coburgi, alls wider den keyser vnd die fursten zu Augspurg auff dem reichstag." WATR 1, 140 (61,8–10).

[348] „Et quo volumus eum purius scribere, eo oportet minus illum moneamus minusque hyperboles eius probemus. Tacite ipso amico poterunt eius excessus corrigi, dum nos sobrius eadem proponemus." Bucer an Sturm und Pfarrer, 30. September 1530: MBBW 5, 342 (4,22–5,3).

Von der Coburg reiste Bucer über Nürnberg durch die oberdeutschen Städte Ulm, Memmingen, Isny, Lindau und Konstanz, um seinen soeben übernommenen Verpflichtungen nachzukommen.[349] Am 12. Oktober 1530 traf er in Zürich ein. Aus einem Brief an Ambrosius Blarer und Johannes Zwick geht hervor, dass er Zwingli geneigt gefunden habe, den Streit um das Abendmahl beizulegen.[350] Welche Art von Frieden Zwingli aber durch Bucers Bericht von seinem Gespräch mit Luther in Aussicht gestellt sah, ist einem Brief des Zürchers an Vadian vom 13. Oktober 1530 zu entnehmen:

„Er [sc. Bucer] traf Luther bedeutend friedlicher an. Ihm selbst ist von ihm [sc. Luther] erlaubt worden, in dieser Angelegenheit nach seinem Vermögen zu vermitteln, doch unter der Bedingung, dass nichts veröffentlicht wird, wenn nicht beide Seiten vorher Einblick genommen und zugestimmt haben."[351]

Von der Notwendigkeit einer Lehrkorrektur war in diesem Zusammenhang ebenso wenig die Rede wie von einem Bekenntnis zur *manducatio oralis* und zur *manducatio impiorum*. Da kaum anzunehmen ist, dass Zwingli entsprechende Ausführungen gegenüber Vadian bewusst verschwiegen hat, muss angenommen werden, dass Bucer über sie hinweggegangen ist.[352] Auch macht die Darstellung des zwischen beiden Parteien bestehenden Verhältnisses eher den Eindruck, als ob es sich hier um eine Auseinandersetzung zwischen zwei prinzipiell gleichberechtigten Parteien handeln könnte. In der Unterredung mit Zwingli rang Bucer diesem für den äußersten Fall, dass eine Übereinkunft mit Luther anders nicht zu erreichen wäre, das Zugeständnis der Formel *verum corpus vere dari* ab.[353] Auch mit diesem aus Zwinglis Sicht zweifelsohne schwierigen Zugeständnis, dass es sich bei dem Leib Christi um eine Gabe handele[354], blieb Bucer aber deutlich hinter dem zurück, was Luther von ihm und seiner Seite verlangt hatte.

---

[349] Cf. Bucer an Furster, 3. Januar 1531: MBBW 5, 372 (168,2–4); Bucer an Rhegius, 3. Januar 1531: A. a. O., 373 (174,7–9); Sturm und Pfarrer an den Straßburger Rat, 15. Oktober 1530: PC I, 809 (515).

[350] „Zvinglius admodum propensum se ad pacem exhibuit." Bucer an Blarer und Zwick, 12. Oktober 1530: MBBW 5, 344 (13,8).

[351] „Invenit [sc. Bucer] Luterum aliquanto placatiorem. Ipsi [sc. Bucer] ab eo [sc. Luther] permissum est in negocio transigere pro virili, hac tamen lege, ne quicquam vulgetur, ni partes prę viderint et consenserint." Zwingli an Vadian, 13. Oktober 1530: Zwingli XI, 1115 (192,14–16).

[352] Ebenso urteilt Bizer: „Butzer scheint von beidem [sc. *manducatio oralis* und *manducatio impiorum*] gar nicht geredet zu haben." Bizer: Studien, 41.

[353] Daran sollte Bucer Zwingli später erinnern: „Cum itaque tu abeundi a te potestatem feceris, si aliter concordia constabiliri nequeat, dicerem verum corpus vere dari, etsi maluisses simpliciter corpus dici, apposui hoc, sine quo frustra apud Lutherum omnia tentari sciebam [...]." Bucer an Zwingli, 14. Januar 1531: MBBW 5, 377 (197,3–6).

[354] Zwingli ging mit der Formel *verum corpus vere dari* deutlich über den 15. Artikel von Marburg hinaus, weil dort zwar von einer Wirkung des Sakraments durch den Geist auf den Glauben die Rede ist, nicht aber von der *Gabe* des Leibes Christi. Vs. Köhler: Zwingli und Luther II, 243 cf. StudA 3,475, 1–3 und Bizer: Studien, 41. Am 19. November 1530 zog sich

Zudem stellte er die eigenen Bemühungen um die Gegenseite so dar, dass man es hier mit denen zu tun habe, die im Glauben schwächer seien.[355] Damit aber war klar, dass selbst entgegenkommende Formulierungen nicht als inhaltliche Korrekturen gedacht waren, sondern als unter dem Vorbehalt der geistlichen Rücksichtnahme gewährte Konzessionen.[356]

Über Basel kam Bucer schließlich wieder zurück nach Straßburg. Über die Art und Weise, in der innerhalb der Stadt über Bucers Gespräch mit Luther informiert wurde, gibt ein Brief des Straßburger Juristen Nikolaus Gerbel an Luther vom 21. Oktober 1530 einigen Aufschluss: Gerbel wusste zwar, dass eine Konkordie in Aussicht stand und begrüßte diese Aussicht[357], aber er vermutete, dass ihm als bekanntem Parteigänger Luthers genauere Informationen vorenthalten wurden. Daher schöpfte er den Verdacht, in Straßburg werde eine nicht den Tatsachen entsprechende Version der Vorgänge auf der Coburg verbreitet.[358] Gegenüber Luther äußerte er seine Vermutung, er solle auf diese Weise unwissend gehalten werden, um einem solchen Betrug nicht auf die Schliche kommen zu können.[359] Darum bat er, ihm über die Verhandlungen mit Bucer Bericht zu erstatten,[360] um möglichen Entstellungen in Straßburg entgegentreten und sie als Bruch getroffener Vereinbarungen entlarven zu können.[361] Luther hat Gerbel auf sein Schreiben geantwortet, aber bedauerlicherweise ist sein Antwortbrief nicht erhalten.[362] Die bereits im Zusammenhang mit Bucers Besuch auf der Coburg ausgewerteten Urteile Luthers über den Straßburger lassen aber erkennen, dass Luther durch Gerbels Argwohn nicht zu einer kritischen Revision bewegt wurde.

---

Zwingli dann gegenüber Oekolampad auch auf das weniger weitreichende Bekenntnis zurück, „das der lyb Christi imm nachtmāl zegegen sye, nit lyplich oder natúrlich, sunder sacramentlich, dem reinen lutren gotzvörchtigen gmůt [...].“ Zwingli XI, 1136 (251,9–11).

355 „Et vere magno cum foenore pietatis hic infirmioribus deferemus.“ Bucer an Zwingli, 14. Oktober 1530: MBBW 5, 345 (15,8–16,1).

356 Zur Bedeutung der paulinischen Ausführungen über die Starken und die Schwachen im Glauben für Bucers Konkordienbemühungen cf. auch Bucer an Zwingli, 25. August 1530: MBBW 4, 329 (227,15–18).

357 Cf. Gerbel an Luther, 21. Oktober 1530: WABr 5, 1738 (657,21 f).

358 Cf. a. a. O. (657,15–17.28–30).

359 „Solent enim coram me veluti nimium tibi addicto huiusmodi tanquam Cereris sacra occultare, ne sit forsan quispiam, qui, si diversum a tua sententia retulerint, adhuc cordatos et Dei amantes tum senatores tum cives vere edocere valeat.“ A. a. O. (657,32–36).

360 „Rem omnium mihi gratissimam feceris, si tu, ubi per otium licuerit, de, quae tecum Bucerus egit, certiorem me feceris.“ A. a. O. (657,31 f).

361 Cf. a. a. O. (657,40–42).

362 Erwähnt wird dieser Brief als zur Weiterbeförderung beigelegte Sendung in folgendem Schreiben: Luther an Linck, 1. Dezember 1530: WABr 5, 1757 (692,22 und A. 10). Dieser Brief lag am 1. Januar 1531 noch nicht in Straßburg vor. Cf. Gerbel an Luther, 1. Januar 1531: WABr 6, 1765 (2,2 f).

### 1.4.1 Die erste Fassung von Bucers Einigungsschrift

In Straßburg widmete sich Bucer der Abfassung der Luther in Aussicht gestellten *ratio concordiae.*[363] Am 9. November 1530 konnte er vom Abschluss seiner Arbeit berichten.[364]

Der eingehenderen Auseinandersetzung mit Bucers Werk ist zunächst die Anmerkung vorauszuschicken, dass es in zwei Versionen überliefert ist, die bemerkenswerte Unterschiede aufweisen. Während die eine Fassung den Eidgenossen zugestellt wurde, war die andere für Luther und seine Seite gedacht. Deswegen soll nun in einem ersten Schritt die Fassung aufgenommen werden, die den Schweizern vorgelegt wurde.[365] Später sollen die Unterschiede erfasst und bewertet werden, die die andere Version aufweist.[366]

Bucers Einigungsschrift hat die Form eines Briefes an Herzog Ernst von Lüneburg. Verfasst ist sie in deutscher Sprache. Bucer wollte mit ihr zunächst dem Herzog als erklärtem Förderer seiner Bemühungen um eine Verständigung und bei vorliegender Zustimmung Luthers dann auch einer breiteren Öffentlichkeit darlegen, „wie sichs by uns in disem handel haltet."[367] Es ging ihm darum, beide Lager davon zu überzeugen, „das aller dyser strytt mer in worten dan im grundt der sach gestanden, ob wol von beden theilen das nit erkant und uß warem hertzen fur die eer gottes geyfert worden ist."[368] Mit dieser Darstellung der Auseinandersetzung als eines Wortstreites und als eines Ergebnisses von Missverständnissen wandte sich Bucer ausdrücklich gegen Luthers Einschätzung, dass es sich um eine Auseinandersetzung um eine strittigen Sachverhalt gehandelt habe. Seiner eigenen Absicht gemäß hat die Schrift zwei Hauptteile. Im ersten Teil versuchte Bucer darzulegen, dass die Parteien „in sachen, deren halb gestritten ist, im grund eins sind".[369] Im zweiten Teil versuchte er zu erklären, wie es dennoch zu diesem Streit um das Abendmahl habe kommen können.

Bucer versuchte, die seiner Ansicht nach bereits während des Streites vorhandene und zu dieser Zeit nur verkannte Einigkeit in der Lehre vom Abendmahl darzulegen, indem er zum einen die Formulierung eines Konsenses unternahm und zum anderen den zwischen den Parteien strittigen Formulierungen und Begriffen (significare, figura corporis, contemplatio fidei, in pane, leibliches Essen)[370] bestimmte Auslegungen gab, durch die er sie für die sie jeweils ableh-

---

[363] Die ersten Anfänge der Schrift lassen sich bis in die Zeit seines Aufenthaltes in Zürich verfolgen. Cf. Bucer an Blarer und Zwick: 12. Oktober 1530: MBBW 5, 344 (13,8–10).

[364] Cf. Bucer an Schwebel, 9. November 1530: MBBW 5, 357 (91,16f).

[365] Cf. Zwingli XI, 1134. Dabei handelt es sich um das Exemplar, das zunächst an Oekolampad gelangte und von diesem dann nach Zürich weitergesandt wurde. Cf. WABr 6, S. 19.

[366] Cf. dazu unten Kapitel 1.4.3.1.

[367] Zwingli XI, 1134 (236,12). Die Ausrichtung auf die Rezeption durch eine breitere Öffentlichkeit zeigt sich auch darin, dass Bucer die Schrift in deutscher Sprache abfasste.

[368] Cf. A. a. O. (237,3–6).

[369] Cf. A. a. O. (244,20f).

[370] Cf. A. a. O. (237,13–238,9; 238,9–18; 239,18–239,3; 239,3–15).

nende Seite akzeptabel machen wollte.[371] So wird in diesen Auslegungen wie in dem Versuch der Konsensformel greifbar, was Bucer als eine beiden Seiten zuzumutende Abendmahlslehre ansah und somit auch Luther als Grundlage für eine Konkordie anzubieten gedachte.

Der von Bucer für beide Seiten unterstellte Konsens lautet, „das der ware lyb und das war blůt Christi im abentmal warlich zůgegen seye und mit den worten des herren und sacramenten dargereichet werde".[372] Wie in seinen Thesenreihen betonte Bucer, dass der Leib selbst im Abendmahl gegenwärtig sei, nicht etwa „itel brot unnd wyn"[373]. Auch der Gabecharakter des Mahles wurde mit dem Konsens deutlich gemacht.[374] Zugeordnet wurde die Gegenwart des Leibes dem Abendmahl selbst. Bucer formulierte, dass Christus „im abentmal synen lyb und syn blůt unns warlich zur spyß"[375] darreiche. In immer neuen Wendungen versuchte er, das Verhältnis zwischen den Elementen und dem Leib und Blut Christi zu bestimmen. Dabei lehnte er wieder die Transsubstantiationslehre und Vorstellungen im Sinn einer *unio naturalis* oder *inclusio localis* ab.[376] Zwar erkannte er den Einsetzungsworten und den Elementen bei der Darreichung des Leibes und Blutes Christi eine instrumentelle Funktion zu, indem er sagte, Leib und Blut Christi würden „mit den worten des herren und sacramenten dargereichet".[377] Aber er schränkte dies auch gleich wieder ein, indem er von dem – offensichtlich als legitim angesehenen – Interesse Zwinglis und Oekolampads sprach, „die leüt von dem sichtbarlichen und ausserlichen uff das unsichtbar und innerlich zů wyssen".[378] Obwohl Bucer für beide Seiten feststellte, dass sie eine „wahre" Nießung und ein „wahrliches" Empfangen lehrten und er sich gegen die Lehre von einer ausschließlich in der Erinnerung gegebenen Gegenwart des Leibes wandte,[379] traten die Differenzen zu Luther bei der Erörterung des Empfangs doch wieder unübersehbar hervor: Wie in seiner zweiten Augsburger The-

---

[371] Cf. die ausführlicheren Darlegungen zu dieser Methode Bucers bei NEUSER: Mittler 144f und 151f.

[372] Zwingli XI, 1134 (237,6–8). EELLS: Martin Bucer, 112 übersetzt falsch: „[…] and are *received* with the words of the Lord and the sacrament." [Hervorhebung H. R.]

[373] A. a. O. (238,3). Cf. dazu ebenso (237,27; 238,13f).

[374] „Diewil dan D. Martin Luther und die synen, wan sie sagen, das der lyb Christi im brot dargeben werde, darumb nit wellen auß dem lyb Christi und dem brot ein ding der natur noch machen, oder denselbigen rümlichen ins brot schliessen, sonder allein das furgeben, das der herr im abentmal noch synen worten nit eitel brot und weyn, sonder ouch sinen waren lyb und wares blůt gebe, welche mit brot und win nür sacramentlicher einigheit nit naturlicher, nit personlicher, nit würcklicher, ein ding seyen, so findt sich ie zwischen inen und den unseren von wegen der gegenwertigheit Christi im abentmal im grund kein myßverstandt noch zweiung." A. a. O. (238,9–18); zum Gabecharakter cf. ebenso (239,19f).

[375] A. a. O., (239,19f).

[376] Cf. dazu a. a. O. (237,15f; 238,4f.11f; 239,6f).

[377] A. a. O. (237,8).

[378] A. a. O. (237,18f).

[379] Bucer unterstellte Luther, mit seiner Lehre vom leiblichen Empfang das offensichtlich als legitim angesehene Interesse, „das wir den lyb und das blůt Christi selb, und nit nür des lybs

senreihe verlegte Bucer den Empfang des Leibes Christi weg von den Elementen in den Himmel und behauptete, dass „solchs doch [...] im himlischenn wesenn zůgath unnd vonn der blossen seelen und rheinem gemüt gschen würt."[380] In seinen christologischen Ausführungen hielt er fest, „das Christus der menscheit nach ann einem ort des hymels sye vonn wegen der eigenschafft des warenn lybs"[381]. Ausdrücklich betonte er, „das Christy lyb unnd blůt der seelenn, nit dem lyb gegenwurtig befunden werde".[382] Darüber hinaus blieb er bei seinem Verständnis vom Leib Christi als einer leiblich prinzipiell intangiblen Größe: „Dann unns Christus nichts entpfindtlichs gebenn hat, sonder so wol die ding, so gehandlet werdenn, entpfindtlich sind, ist doch die sach allein des gemüts unnd geistlich."[383] Der Leib Christi galt ihm unverändert ausschließlich als *cibus animae*. Entsprechend deutete und rezipierte er nicht nur Luthers Lehre von der *unio sacramentalis* in der bereits bekannten Weise.[384] Darüber hinaus gab er auch Luthers Rede vom leiblichen Essen eine zu dieser Interpretation passende Auslegung, indem er behauptete, dass Luther und seine Seite „mit dysen worten ‚wesenlich und lyblich' das furgeben [wollten], das wir den lyb und das blůt Christi selb [...] entpfahen und haben sollen."[385] Allerdings ließ Bucer nun auch genauer erkennen, *warum* er sich darauf beschränkte, den Leib Christi als Seelenspeise anzusehen und *warum* er damit die Vorstellung von einem leiblichen Essen des Leibes und Blutes Christi verwarf: Die Alternative zum Verständnis des Leibes Christi als Seelenspeise war für ihn das Verständnis des Leibes Christi als Bauchspeise[386], demgemäß Christi Leib als natürliche und der organischen Verdauung durch den menschlichen Körper unterworfene Substanz anzusehen wäre. Diese Annahme war für Bucer so unerträglich[387], dass er die Rede von einem seinem Urteil nach solche Konsequenzen implizierenden leiblichen Essen im strengen Sinn ablehnte. Über die *manducatio impiorum* machte Bucer keine explizite Aussage. Im eigentlichen Sinn war sie durch diese Fassung des

---

und blůts figüren haben, und solichs warlich, nit nur in leren gedancken, entpfahen und haben sollen." A. a. O. (238,25–27).

380 A. a. O. (239,22–24).

381 A. a. O. (239,15–17). Zu Bucers Interesse an der Integrität der Naturen cf. auch a. a. O. (239,26–32).

382 A. a. O. (240,26–28).

383 A. a. O. (239,12–15).

384 Wie in seinem Dialog über das Abendmahl von 1528 (cf. S. 32–34) unterstellte er Luther wieder, er lehre, „wiewol man dem lyb Christi das mündtlich essen, so dem brot geschicht, zůgebe, so geschehe doch das selbig umb der sacramentlicher [sic!] einigheit willen und nit, das der lyb Christi etwas solichs leide". A. a. O. (238,21–24).

385 A. a. O. (238,24–27). Angemessen urteilt hierüber Köhler: Zwingli und Luther II, 245: „Das war unmittelbar eine Verfälschung der Ansicht Luthers."

386 Cf. dazu etwa das streng alternativ formulierte Bekenntnis, dass Christus im Abendmahl „synen lyb und syn blůt unns warlich zur spyß, doch der selenn, nit des bůchs darreiche", Zwingli XI, 1134 (239,19 f).

387 Bucer graute vor der Vorstellung, man könne den Leib Christi als „ein zerstörliche spyß des buchs [sic]" ansehen. A. a. O. (239,8). Cf. dazu auch a. a. O. (237,14 f; 238,20 f).

leiblichen Essens aber ausgeschlossen.[388] Einem Brief an Ambrosius Blarer vom 12. Januar 1531 lässt sich entnehmen, dass Bucer mit seiner Einigungsschrift an dieser Stelle ganz bewusst auf eine Korrektur der von Luthers Seite vertretenen Auffassung hinarbeitete:

„Ich weiß, welche Dunkelheit die Lutheraner bislang umgeben hat; aber diese Schrift wäre ihre Beseitigung. Wenn nämlich auch nur dieses eine sich hielte: ‚Speise der Seele', so ist jene ganze, recht derbe Vorstellung von der leiblichen und den Gottlosen ebenfalls eigenen Gegenwart schon gefallen."[389]

Im zweiten Teil seiner Schrift gestand Bucer beiden Seiten zu, dass sie „mit ernst und von hertzenn die warheit unnd eehr Christi in dieser sachenn gesu̍cht habenn".[390] Trotz dieser Absicht sei es zum Streit gekommen, weil „sich iedes theil vor des andernn furgebenn und leer mehr dan von nötenn gwesenn besorgt".[391] Luther habe den Kampf gegen seine Widersacher in Verkennung ihrer wahren Absichten geführt[392] und weil er gemeint habe, in einigen ihrer Lehraussagen bereits radikalere Positionen angelegt sehen zu können. Diesen aber wollte auch Bucer eine Absage erteilt wissen.[393] Entsprechend lobte er Luthers Anliegen, kritisierte aber die Form der Reaktion. Entsprechend verfuhr Bucer auch mit Zwingli und Oekolampad.[394] Mit diesen Sätzen wollte Bucer offensichtlich die von ihm in seinem Schreiben an Sturm und Pfarrer angekündigte *commoda excusatio* bieten.[395] Luthers Erwartung, dass die Schrift in der Sache einen Widerruf der alten Irrtümer darstellen müsse, blieb auf dieser Ebene vollkommen unberücksichtigt. Nach Bucers Darlegungen bestand hier auch keine Notwendigkeit, da man ja bereits während des Streites[396] „im grund"[397] einig gewesen sein sollte. Das Gespräch mit Luther hatte Bucer also von seinem bisherigen Verständnis des Streites nicht abgebracht. Die Einsicht, dass man auf beiden Seiten die Ehre Christi gesucht habe und in der Sache grundsätzlich einig gewesen sei, sollte es den Theologen auf beiden Seiten ermöglichen, sich gegenseitig „als ware diener Christi und außtheyler der geheymnuß gottes"[398] anzuerkennen.

388 Cf. ebenso Hazlett: Development, 353f.

389 „Scio, quae adhuc tenebrae offusae sint Lutheranis; sed esset hoc scriptum discussio illarum. Si enim vel vnum hoc obtineat ‚cibus animae', iam omnis illa crassior de corporali et impijs communj praesentia cogitatio cecidit." Bucer an Blarer, 12. Januar 1531: MBBW 5, 375 (181,9–12).

390 Zwingli XI, 1134 (242,36f).

391 A. a. O. (243,4f).

392 Cf. a. a. O. (243,6–11).

393 Cf. a. a. O. (243, 11–19).

394 Cf. a. a. O. (243,24–244,17).

395 Cf. oben S. 77 und A. 326.

396 Entsprechend bot Bucer an, man sei gegenwärtig bereit, die wahre Gegenwart Christi im Mahl zu lehren, „wie wir dasselbig auch bißhar gethonn". Zwingli XI, 1134 (240,24f).

397 A. a. O. (244,21).

398 A. a. O. (244,26).

### 1.4.2 Die erste Fassung der Einigungsschrift im Urteil Oekolampads und Zwinglis

Bevor die Einigungsschrift Luther vorgelegt werden konnte, musste Bucer sich zunächst vergewissern, welchen Rückhalt sie in seinem eigenen Lager hatte. Oekolampad äußerte sich in einem Brief an Zwingli vom 19. November 1530 zunächst positiv über Bucers Werk. Er merkte wohl an, dass er die eher lutherisch anmutenden Passagen für interpretationsbedürftig hielt. „Dass der Leib und das Blut Christi wahrhaft im Mahl anwesend sei, klingt manchem vielleicht recht hart, aber es wird gemildert, wenn zugesetzt wird: der Seele, nicht dem Leib."[399] In den „hart klingenden" Teilen sah er nur eine liebevolle Rücksicht Bucers auf Luthers starrsinnigen Charakter am Werk.[400] Damit aber verweigerte er ihnen – im Unterschied zu den Passagen, die die eigene Überzeugung herausstellten – jedes sachliche Recht. Wahrheit und Liebe hatten von Bucer Beachtung gefordert, und beiden war er nach Oekolampads Urteil mit seiner Schrift gerecht geworden.[401]

Zwingli hatte, wie ein von ihm niedergeschriebenes Gutachten zur Einigungsschrift vom 20. November 1530 zeigt, besonders mit dem von Bucer formulierten Konsens Schwierigkeiten, „der wār lyb Christi und das war blůt sind warlich imm nachtmal".[402] Er fürchtete, man könne Bucer hier so verstehen, als wolle er lehren, dass „Christus natúrlich wesenlich geessen werde mit dem mund".[403] Um ein solches Verständnis auszuschließen, beharrte er auf dem Bekenntnis: „Christus lyb ist imm nachtmal gegenwürtig, nit lyplich noch natúrlich, sunder sacramentlich, dem reinen, lutren, gotzvorchtigen gmut".[404] Zu einer Rücksichtnahme auf Luthers Charakter war er im Unterschied zu Oekolampad nicht bereit, weil er fürchtete, dass jedes Entgegenkommen auf dessen Seite als Widerruf in der Sache ausgegeben werden könnte.[405] Ein solcher Widerruf war für

---

399 „Christi corpus et sanguinem adesse vere in cęna fortasse cuipiam durius sonat, sed mitigatur, dum adiungitur: animo, non corpori." Oekolampad an Zwingli, 19. November 1530: Zwingli XI,1133 (233,9–11).

400 „Nosti pertinax Lutheri ingenium, ad quod cum tot millium lucro domandum sermo attemperandus erat, idque citra veritatis praediudicium." A. a. O. (234,1 f).

401 „Equidem nec persuasione ulla opus apud te esse arbitror, ubiubi et veritatis et charitatis iustus fuerit respectus habitus. Utriusque Bucerus, mea sententia, observantissimus est." A. a. O. (233,4–6).

402 Engelhard, Jud und Zwingli an Bygel, 20. November 1530: Zwingli XI, 1136 (250,7 f). Cf. dazu Zwingli XI, 1134 (237,6 f). Der Form nach handelt es sich um ein Kollektivgutachten der drei durch den Rat autorisierten Theologen Engelhardt, Jud und Zwingli. Gleichwohl ist Zwingli als Verfasser und die Schrift als sein Urteil anzusehen, da der Text von seiner Hand stammt und auch die drei Unterschriften von ihm zugesetzt worden sind. Cf. Zwingli XI, S. 253.

403 Engelhardt, Jud und Zwingli an Bygel, 20. November 1530: Zwingli XI, 1136 (250,12 f).

404 A. a. O. (251,15–17).

405 Zwingli begründete seine Sorge, dass es einen Streit um die Deutung der Schrift geben werde mit den Worten: „dann man sölte nuntalame [= nunmehr] die luterischen practicken wol erlernet haben." A. a. O. (251,4 f). Cf. dazu auch a. a. O. (251,29–252,1).

Zwingli aber undenkbar. Luther musste nachgeben.[406] Einer Veröffentlichung der Einigungsschrift stimmte er ausdrücklich nur unter der Bedingung zu, dass sie als private Meinungsäußerung Bucers gelte.[407] Für seine Person lehnte er es strikt ab, sich bei den Formulierungen Bucers behaften zu lassen.[408] Für den Fall, dass man ihm unter Bezug auf die Einigungsschrift eine Lehrkorrektur unterstellen würde, wollte er die Möglichkeit zum Einspruch haben, um so „by der warheyt ze blyben".[409] Er stimmte ihr außerdem nur zu dem Zweck zu, „damit ander sachen zů bessren růwen gefuert mögind werden"[410]. Unter diesen „anderen Sachen" dürfte er sehr wahrscheinlich die Gründung eines evangelischen Militärbündnisses verstanden haben.[411] Nur als ein Mittel zu diesem Zweck erschien ihm die Einigungsschrift sinnvoll. Oekolampad erhielt mit Zwinglis Zustimmung Einsicht in das Gutachten.[412] Am 3. Dezember 1530 teilte er Zwingli mit, dass er die Schrift nach Straßburg weitergeleitet hatte.[413]

### 1.4.3 Luthers Urteil über die zweite Fassung der Einigungsschrift

#### 1.4.3.1 Die zweite Fassung der Einigungsschrift

Luther erhielt Bucers Schrift im Januar 1531 auf zwei verschiedenen Wegen übermittelt: Zum einen bekam er sie direkt zugestellt mit einem Brief des Rates der Stadt Straßburg vom 31. Dezember 1530 oder vom 1. Januar 1531 und einem Begleitbrief Bucers vom selben Datum.[414] Beide Briefe sind nicht erhalten. Über

---

406 „[...] so er [sc. Luther] aber darüber nit wyter zů der warheyt fürdrung nachgibt, sunder ye me und me ungeschickter ist, will nit zimmen, das wir die warheyt umb der kybigen lúten willen yenen lassind vernachteilen." A. a. O. (251,22–25). Irrtümlich deutet Köhler: Zwingli und Luther II, 248 das Personalpronomen ‚er' auf Bucer.

407 Zwingli bezeichnete die Schrift als „ein besundre [= persönliche] epistel [...], nit ein ertrachtete vereinigung". Engelhard, Jud und Zwingli an Bygel, 20. November 1530: Zwingli XI, 1136 (252,23 f). Ebenso heißt es in einem Brief an einen ungenannten Adressaten vom 30. November 1530: „Bucero per nos integrum esse vulgandi epistolam, sed suo, non nostro nomine". Zwingli an N. N., 30. November 1530: Zwingli XI, 1141 (261,16 f).

408 Die Schrift sollte „üns gar unvergriffenlich" veröffentlicht werden. Engelhard, Jud und Zwingli an Bygel, 20. November 1530: Zwingli XI, 1136 (252,25 f).

409 A. a. O. (252,2). In Zwinglis Brief vom 30. November 1530 wird deutlich, dass er solche Unterstellungen sowohl von Luther als auch von anderer Seite her erwartete. Cf. Zwingli an N. N., 30. November 1530: Zwingli XI, 1141 (261,17–262,2).

410 Engelhard, Jud und Zwingli an Bygel, 20. November 1530: Zwingli XI, 1136 (251,28 f).

411 Greifbar wird dieses Interesse Zwinglis an einem evangelischen Bündnis etwa in einer Kritik an Bucer: „Haec, inquam, agitis, cum istud unum esset uobis agendum, ut Saxo reliquique principes et populi in foedere perstarent, etiamsi docti hac in re dissideant." Zwingli an Bucer, 12. Februar 1531: MBBW 5, 389 (263,7–9). Cf. dazu auch Neuser: Konkordie, 38.

412 Cf. Engelhard, Jud und Zwingli an Bygel, 20. November 1530: Zwingli XI, 1136 (253,3.12 f).

413 Cf. Oekolampad an Zwingli, 3. Dezember 1530: Zwingli XI, 1142 (266,2 f).

414 Cf. Bucer an Landgraf Philipp, 5. Februar 1531: MBBW 5, 385 (238,16–21). Die Datierung ergibt sich aus einer Bemerkung Bucers aus dem Brief an Zwingli vom 14. Januar 1531: „Hic scriptum misimus Luthero quartodecime hinc die". MBBW 5, 377 (172). Cf. dazu auch

Bucers Brief lässt sich seinem Schreiben an Landgraf Philipp vom 5. Februar 1531 so viel entnehmen, dass er Luther in ihm von seiner Reise durch die verschiedenen Gemeinden berichtet haben muss.[415]

Zum anderen gelangte die Schrift über Umwege an Luther: Veranlaßt durch einen Brief Bucers[416] übersandte der Straßburger Rat am 31. Dezember 1530 die Einigungsschrift an Landgraf Philipp[417] und Herzog Ernst von Lüneburg[418] mit der Bitte, auf Luther und seine Leute dahingehend einzuwirken, dass sie die zu erhoffende Einheit nicht wieder durch neue streitbare Äußerungen gefährden würden.[419] Der hessische Landgraf übersandte die Schrift wiederum am 10. Januar 1531 an Kurfürst Johann mit der Bitte, dass dieser von Luther eine Stellungnahme einholen und anordnen solle, dass „der Luther und seine verwanten Sich weither schreibens und predigens, das den Leuten beschwerlich sein mucht enthalten wolten".[420] Der Kurfürst ließ Bucers Schrift spätestens am 17. Januar 1531[421] nach Wittenberg befördern und erbat Luthers Urteil, „wie er des Buzers schreiben verstunde, und der artickel, das hochwirdig Sacrament des Leibs und Bluts Christi nun zwischen uns einhelligen Christlichenn verstandt hette".[422]

Über das für Luther bestimmte Exemplar der Einigungsschrift teilte Bucer Zwingli in einem Brief vom 14. Januar 1531 mit, dass er hier eine Änderung vorgenommen habe: In dieser Fassung werde das von Zwingli kritisierte Bekenntnis zur wahren Gegenwart des wahren Leibes und Blutes Jesu im Abendmahl[423] allein als Bekenntnis der Straßburger ausgegeben.[424] Insgesamt sind bislang sechs

---

MBBW 5, 377 A. 54. Ohne Anhalt ist die Datierung auf den 5. oder 6. Januar 1531 in WABr 6, S.19. und 24.

[415] „Jch habs auch jüngst d[octor] Luther mit dem botten, durch den jm meyn gn[edige] h[erren] offt gedachte schrifft der vergleichung uberschickt habenn, zugeschribenn, wie ich nach meyner zusag, als ich von jm wider heimwerts kert hab, bey eben filen kirchenn gewesenn vnd mich mit yren predicantenn besprochenn vnd gleich wol erlernet ab, was deren leer vnd glaub seye." Bucer an Landgraf Philipp: 5. Februar 1531: MBBW 5, 385 (238,16–21).

[416] Cf. Bucer an den Straßburger Rat, [Ende Dezember 1530]: MBBW 5, 367.

[417] Cf. als Belege folgende Schreiben: Landgraf Philipp an Bucer, 25. Januar 1531: MBBW 5, 382 (224,3–6); Bucer an Zwingli, 14. Januar 1531: A. a. O. 377 (196,24–27).

[418] Cf. Rat von Straßburg an Herzog Ernst, 31. Dezember 1530: Guden: Dissertatio, 129 f.

[419] Cf. a. a. O. Dem Schreiben an Herzog Ernst stellte Bucer außerdem am 3. Januar 1531 jeweils einen Brief an dessen Kanzler Johann Furster und seinen neuen leitenden Theologen Urbanus Rhegius an die Seite. Bucer bat die beiden, sich mit dem Herzog nach Vermögen dafür einzusetzen, dass Luther der Einigungsschrift seine Zustimmung gebe und so seine alten Gegner als Brüder und wahre Diener Christi anerkenne. Cf. MBBW 5, 372 und 373.

[420] Landgraf Philipp an Kurfürst Johann, 10. Januar 1531: Neudecker: Urkunden, 164.

[421] Bereits am 17. Januar 1531 konnte der Kurfürst Luthers Antwortschreiben an Landgraf Philipp senden. Cf. zur Datierung Neudecker: Urkunden, 167.

[422] A. a. O., 165.

[423] Cf. Zwingli XI, 1134 (237,6–13). Cf. ebenso Engelhard, Jud und Zwingli an Bygel, 20. November 1530: Zwingli XI, 1136 (250,6–8).

[424] „Mutaui scriptum, quod vidisti, in hunc modum: Confessionem, quam in eo legisti, quae plus satis Lutherana tibi videtur, totam nobis tantum, qui hic praedicamus tribuo et subijcio [...]." Bucer an Zwingli, [14. Januar 1531]: MBBW 5, 377 (196,20–23).

Handschriften dieser Fassung bekannt und im Band 5 der Ausgabe von Bucers Briefen erfasst. Noch nicht berücksichtigt ist hingegen ein weiteres Exemplar, das in der Universitätsbibliothek Erlangen-Nürnberg aufbewahrt wird.[425] Eine bisher diesem Kontext nicht zugewiesene lateinische Teilfassung der Schrift ist wiederum in einem der Notizbücher Bugenhagens enthalten, die in der Staatsbibliothek Berlin liegen.[426] Es ist wohl anzunehmen, dass Bugenhagen selbst die Übersetzung für den eigenen Gebrauch angefertigt hat. Ein Motiv für die Niederschrift im Lateinischen könnte der Umstand gewesen sein, dass für diese Sprache im Unterschied zum Deutschen ein ausgearbeitetes und verbreitetes System von Abkürzungen zur Verfügung stand, die in Bugenhagens Fassung reichlich anzutreffen sind.[427] Luthers eigenes Exemplar der Bucerschrift ist höchstwahrscheinlich nicht erhalten. Die von Bossert vorgenommene Zuordnung des in der Stuttgarter Landesbibliothek aufbewahrten Manuskriptes beruht auf der falschen Annahme, dass es sich bei den dort auszumachenden Marginalien um Luthers Handschrift handele.[428] Auch die Angabe auf der letzten Seite des Manuskriptes, der zufolge Luther diese Schrift am 29. Januar durch den Kurfürsten zugestellt bekommen haben soll[429], spricht eher gegen Bosserts Zuweisung, da Johann von Sachsen die Schrift wie erwähnt spätestens am 17. Januar zustellen ließ. Im Folgenden wird der Darstellung das für Herzog Ernst von Lüneburg bestimmte Exemplar zugrunde gelegt, das auch in die Edition der Bucerbriefe aufgenommen wurde.[430]

Allgemein wurde bislang unter Verweis auf die erwähnte Äußerung Bucers gegenüber Zwingli angenommen, dass die Überarbeitung von Bucers Konkordienschrift als Folge von Zwinglis Kritik verstanden werden müsse.[431] Ein Ver-

---

[425] Cf. dazu UB Erlangen-Nürnberg Ms 695, f. 257–267. Die Abschrift trägt den Titel: „Schreiben Martini Buceri Predicanten zu Strasburg an den Churfürsten zu Sachsen." Auch die darauf folgende Abschrift von Luthers Brief an Bucer vom 22. Januar 1531 ist in die kritischen Ausgaben nicht aufgenommen. Cf. MBBW 5, 379 (208) und WABr 6, 1776 (24). Auf das Erlanger Exemplar wird bereits verwiesen bei Kolde: Wittenberger Konkordie, 388.

[426] Cf. dazu SBB Preußischer Kulturbesitz, Ms. theol. oct. 43, f. 19b–22b. Irrtümlich ist dieser Text verschiedentlich dem Wittenberger Konkordienkonvent vom Mai 1536 zugeordnet worden. Cf. dazu etwa Hering: Doktor Pomeranus, 271 und daran anschließend BDS 6/1, 160 f A. 181.

[427] Cf. dazu Stolt: Rhetorik, 8; Junghans: Tischreden, 38.

[428] Cf. dazu Bossert: Vergleichsvorschlag, 222. Für ihr graphologisches Urteil danke ich Frau Prof. Dr. Herrad Spilling (Landesbibliothek Stuttgart).

[429] „Dise schrift ist D. Martino Luther am 29. Tag des Januar anno 31 vberantwurdt. Erstlich C. F.G. zu Sachsen von M. Bucero pradicanten zu Strasburg zugeschickt worden." Bossert: Vergleichsvorschlag, 234.

[430] In diesem Sinne entscheidet auch Köhler: Zwingli und Luther II, 253 A. 6.

[431] So heißt es etwa bei Köhler: Luther und Zwingli II, 253: „Aber Luther hat den Text nicht in der ursprünglichen Form gelesen. Das war eine Wirkung der scharfen Kritik Zwinglis." Cf. dazu in der Sache ebenso Bizer: Studien, 43; Naglatzki: Geschichte, 40; Hazlett: Development, 351; Eells: Martin Bucer, 113; zuletzt auch Jammerthal: Philipp Melanchthons Abendmahlstheologie, 105 u. A. 304.

gleich der beiden unterschiedlichen Fassungen lässt aber eine ganz andere Tendenz in Bucers Überarbeitung erkennen: Die wesentlichen Änderungen sind nur aus der Rücksichtnahme auf Luther und seine Seite zu erklären. Bucer wollte auf diesem Weg die Aussicht auf eine Zustimmung Luthers zu seiner *ratio concordiae* erhöhen. Tatsächlich gab Bucer – wie gegenüber Zwingli gesagt – die in der ersten Fassung als alle evangelischen Theologen und Gemeinden verbindender Konsens dargebotene Formel nunmehr allein als Bekenntnis der Straßburger Theologen aus.[432] Während er es gegenüber Zwingli aber so darstellte, als sei dem nur seine persönliche Einschätzung beigefügt, dass diese Konsensformel mit den Anschauungen beider Seiten übereinstimme,[433] behauptete Bucer in der zweiten Fassung, beide Seiten hätten ihr tatsächlich zugestimmt: „[...] also loßents ynen eben vil, die ich des mündtlich vnd schrifftlich ersucht hab, gefallen."[434] Auf diese Weise sollte Luther offenbar davon überzeugt werden, dass Zwingli und Oekolampad sich tatsächlich auf diese Formel hätten festlegen lassen, was aber zumindest für Zwingli durchaus nicht stimmte.[435] Auffällig ist darüber hinaus, dass Bucer in der zweiten Fassung Formulierungen wählte, die zum Ausdruck brachten, dass er nicht mit Zwingli und Oekolampad zu einer Partei gerechnet werden wollte.[436] Offenbar wollte er auf diese Weise den Eindruck erwecken, dass ihm die Rolle eines Mannes zwischen den beiden Lagern zukam. Formal rückte er damit deutlich von Zwingli und Oekolampad ab.

Daneben fallen einige inhaltliche Änderungen auf, mit deren Hilfe Bucer seine Schrift gegenüber dem lutherischen Lager wieder näher an Luther heranrücken wollte: So schränkte er die in der ersten Fassung als angemessen angesehene Absicht Zwinglis und Oekolampads, „die leüt von dem sichtbarlichen und ausserlichen uff das unsichtbar und innerlich zů wyssen"[437], durch den relativierenden Zusatz „doch auch nit weyters, dan dyßes der glaub Christi erfordert"[438] ein. Damit milderte er die zunächst scharf formulierte Trennung zwischen dem Leib und Blut Christi und den Elementen ab. Auch bei der Erörterung der Frage nach dem Empfang griff Bucer ein: Über das Zugeständnis vom „wahrlichen

---

[432] Cf. Bucer an Herzog Ernst, 31. Dezember 1530: MBBW 5, 368 (134,4–14) mit Zwingli XI, 1134 (237,6).

[433] Cf. Bucer an Zwingli, 14. Januar 1531: MBBW 5, 377 (196,21–24).

[434] Bucer an Herzog Ernst, 31. Dezember 1530: MBBW 5, 368 (134,5f).

[435] Keim: Schwäbische Reformationsgeschichte, 214f verharmlost den vorliegenden Sachverhalt, wenn er schreibt, „der schlaue Buzer" habe, nachdem Zwingli die Einigungsschrift „nicht gerade mißbilligen wollte", in seiner *ratio concordiae* mit Recht „im Allgemeinen vom Einverständnis der Schweizer reden können."

[436] So wurde die Formulierung „die vnseren" etwa ersetzt durch die Wendung „die getrauwen diener Christi", Zwingli XI, 1134 (237,16) und MBBW 5, 368 (134,18). Diese Tendenz zieht sich durch die ganze Schrift hindurch. Cf. dazu auch Köhler: Zwingli und Luther II, 253: „Die Änderung an der Einigungsschrift distanzierte in der Tat die Zwinglianer von den Straßburgern, indem über jene referiert wird."

[437] Zwingli XI, 1134 (237,18f).

[438] Bucer an Herzog Ernst, 31. Dezember 1530: MBBW 5, 368 (134,20f).

Empfang“[439] hinaus konzedierte er nun sogar die Zwingli so verhasste Ausdrucksweise[440], dass man den Leib „wesenlich“ empfange.[441] Außerdem ließ er sowohl die von den Elementen wegweisenden Ausführungen über das geistliche Essen des Leibes Christi „im himlischenn wesen“[442] als auch den Einwand gegen das leibliche Essen aus, „das Christj lyb unnd blůt der seelen, nit dem lyb gegenwurtig befunden werde“.[443] Eine entsprechende Formulierung hatte Luther bereits auf der Coburg kritisiert.[444] Auch in der zweiten Fassung bestimmte Bucer aber den Leib Christi als eine auch innerhalb der bestehenden *unio sacramentalis* allen leiblichen Vollzügen grundsätzlich entnommene Substanz.[445] Für den Mund gab es seiner Überzeugung nach im Abendmahl nichts zu empfangen. Möglich blieb nur die Verwendung der uneigentlichen Redeweise (tribui) aufgrund der *unio sacramentalis.*[446]

Die Differenzen in den beiden Fassungen der Konkordienschrift lassen erkennen, in welch problematischer Weise Bucer seine Rolle als Schnittstelle zwischen den beiden Lagern ausfüllte.[447]

#### 1.4.3.2 Luthers Gutachten für Kurfürst Johann vom 16. Januar 1531

Am 16. Januar 1531 erstellte Luther das erbetene Gutachten für den Kurfürsten. Er äußerte sich hierin zunächst erfreut über Bucers Aussage, dass seine Seite ebenfalls glaube, „daß der wahre Leib und Blut unsers Herrn sei gegenwärtig im Sacrament und werde mit den Worten dargereicht der Seelen zur Speise oder zur Stärkung des christlichen Glaubens“[448]. In der Sache war dies eine richtige Wiedergabe wesentlicher Elemente aus Bucers Schrift.

Luther aber kritisierte die von Bucer vorgelegte Schrift in zweifacher Hinsicht: Zum einen blieb für ihn ungewiss, für wen das von Bucer verfasste Bekenntnis wirklich Gültigkeit beanspruchen konnte. Der Bericht, den Bucer in der zweiten Fassung über die angeblich erfolgte Zustimmung anderer Theo-

---

439 „[…] das wir den lyb und das blůt Christi selb […] und solichs warlich […] entpfahen und haben sollen.“ Zwingli XI, 1134 (238,25–27).

440 Cf. oben A. 403.

441 Bucer an Herzog Ernst, 31. Dezember 1530: MBBW 5, 368 (136,14–19).

442 Cf. Zwingli XI, 1134 (239,20–24).

443 Cf. Zwingli XI, 1134 (240,21–31).

444 Cf. oben S. 71 und A. 284.

445 „Dann vnß Christus nichts entpfindtlichs geben hat, sonder so wol die handlung entpfindtlich, sind doch alle ding des gemüts oder geystlich.“ Bucer an Herzog Ernst, 31. Dezember 1530: MBBW 5, 368 (136,31–33).

446 „Wie wol man dem lyb Christi das mundtlich essen, so dem brot beschicht, zugebe, so geschehe das selbig vmb der sacramentlicen eynigkeit willen vnd nicht, das der lyb Christi ettwas solichs lyde.“ A. a. O. (136,11–13).

447 Zu geringe Bedeutung misst Hazlett: Development, 351 den Änderungen zu, wenn er von „two slightly differing forms of Bucer’s proposal“ spricht. Bucer wusste sehr genau, wem er welchen Text zukommen ließ!

448 Luther an Kurfürst Johann, 16. Januar 1531: WABr 6, 1773 (20,3–5).

logen gegeben hatte[449], überzeugte Luther also nicht. Er sah in ihm nur ein subjektives Urteil Bucers. Seine Zweifel richteten sich besonders auf Zwingli und Oekolampad.[450] Daher forderte er, man müsse erst Gewissheit erlangen, „ob die andern auch also halten, wie Bucerus guter Hoffnung meinet“[451]. Darüber hinaus forderte er ein, es müsse auch gewährleistet sein, dass „man solches im Volk öffentlich lehre und treibe“[452]. Wie bereits in Marburg und später auf der Coburg machte Luther damit deutlich, dass eine echte Konkordie nach seinem Verständnis über eine entsprechende Verkündigung notwendigerweise in die Gemeinden hineinwirken musste.[453] Wie berechtigt dieser Vorbehalt Luthers mit Blick auf die Wirklichkeit war, wurde bereits dargelegt.[454]

Zum anderen kritisierte Luther den Inhalt der Einigungsschrift. Er merkte an, dass sie hinter den auf der Coburg gemachten Zusagen Bucers zurückblieb und nichts sagte „von der leiblichen Gegenwärtigkeit, so [= wenn] beide, Gottlose und Gläubige, auch mündlich den wahren Leib und Blut Christi empfahen, unter dem Brod und Wein“[455]. Eine Übereinstimmung in dieser Frage gehörte für ihn aber zu einer wirklichen Verständigung unverzichtbar dazu. Er ließ den Kurfürsten wissen: „Wo nun Gott vollends Gnade gäbe (das wir von Herzen wünschen), daß sie solchs Stücks auch mit uns eins und mit uns hielten und lehreten, so wäre die Einigkeit schlecht, und ein hohes Werk und Wunder Gottes vollbracht.“[456]

Für sein Verständnis von Bucers Ausführungen ist erhellend, in welcher Weise Luther sich mit ihnen argumentativ auseinandersetzte. In Luthers Schreiben heißt es:

„[…] und wir doch denken, wo sie so viel zugeben, daß der Leib Christi möge der Seelen leiblich dargereicht werden und gegenwärtig sein, sollte es nicht schwer sein zu gläuben, daß er auch dem Munde, oder dem Leib, oder dem Brot gegenwärtig sei und dem Munde dargereicht werde.“[457]

Abweichend von Bucers eigener Terminologie griff Luther hiermit auf, dass der Leib Christi in der Einigungsschrift als eine der Seele zur Speise dargebotene

[449] Cf. Bucer an Herzog Ernst, 31. Dezember 1530: MBBW 5, 368 (134,5 f).

[450] „[…] weil aber allein Bucerus solchs bekennet und allein sein Bedenken anzeigt, als halten's die andern auch also, so uns doch wohl bewußt und die Bücher und Händel am Tage liegen, daß Zwingel und Öcolampad heftig dawider gestritten […], will hie vonnöten sein, daß man zuvor gewiß sei, ob die andern auch also halten, wie Bucerus guter Hoffnung meinet und ob man solches im Volk öffentlich lehre und treibe […]“ Luther an Kurfürst Johann, 16. Januar 1531: WABr 6, 1773 (20,7–21,14).

[451] Cf. A. 450.

[452] Cf. A. 450.

[453] Cf. dazu oben S. 38 und S. 75.

[454] Cf. oben S. 91–93.

[455] Luther an Kurfürst Johann, 16. Januar 1531: WABr 6, 1773 (21,20–22).

[456] A. a. O. (21,29–32).

[457] A. a. O. (21,24–28).

Gabe außerhalb des gläubigen Subjekts beschrieben wird. In dieser Hinsicht nahm Luther mit dem Begriff „leiblich“ sachlich angemessen die Aussage Bucers auf, dass der Leib Christi „warlich“ im Abendmahl gegenwärtig sei.[458] Luthers Gedankengang lässt jedoch auch erkennen, dass zwischen seinem Gebrauch des Wortes „leiblich“ und Bucers Verwendung des Wortes „wahrlich“ ein wichtiger Unterschied bestand, den der Wittenberger aber offensichtlich nicht erfasste. Es fällt nämlich auf, dass Luthers Argumentation auf das Eingeständnis zielte, dass der Leib Christi dem Leib des Empfängers oder dem Brot gegenwärtig sei oder dem Mund dargereicht werde. Genau darin aber sah er offenbar als Implikat auch das von ihm als ausstehend markierte Bekenntnis zum leiblichen Empfang des Leibes Christi durch Fromme und Gottlose enthalten. Leiblichkeit des Leibes Christi war für ihn gleichbedeutend mit der Tangibilität dieses Leibes. Doch genau hier bestand für Bucer ein wesentlicher Unterschied: Der Leib war nach seinem Verständnis wohl äußerlich gegenwärtig, aber er konnte trotzdem im strengen Sinne nicht mündlich gegessen werden, weil er auch in der Verbindung mit dem Element intangibel blieb. Dass Bucer nicht in der gleichen Konsequenz dachte wie er selbst, erschien Luther letztlich als eine seltsame Inkonsequenz.

Auffälligerweise fehlt in Luthers Gutachten jede Kritik daran, dass Bucer in seiner Schrift nicht der Verpflichtung nachgekommen war, die Abkehr von den alten Irrtümern deutlich zu markieren. Auch Bucers Beharren auf der von Luther auf der Coburg zurückgewiesenen Ansicht, der Streit beruhe nur auf einem Missverständnis der Worte[459], findet im Urteil Luthers keine Berücksichtigung.

Trotz der von ihm festgestellten Mängel konstatierte Luther also nicht einfach das Scheitern von Bucers Konkordienbemühungen. Die von ihm vorgetragene Argumentation macht vielmehr deutlich, dass er in der vorliegenden Annäherung eine gute Ausgangsbasis für eine weitere positive Entwicklung sah. Pointiert wird man sogar sagen müssen: Mit dem Zugeständnis einer „leiblichen“ Gegenwart war für Luther implizit eigentlich alles zugestanden, was er verlangte. Gleichwohl war unübersehbar, dass Bucer vor manchen Aussagen zurückschreckte, die Luther selbst als unausweichliche Konsequenzen ansah.

Obwohl Luther sich argumentativ mit Bucers Position auseinanderzusetzen versuchte, war er doch davon überzeugt, dass es mit dieser Form des menschlichen Ringens in dieser Angelegenheit nicht getan sein konnte. Hier musste Gott Gnade geben und die weitere Entwicklung befördern.[460] Eine echte Ein-

[458] Cf. a.a.O. (21,25) und Bucer an Herzog Ernst, 31. Dezember 1530: MBBW 5, 368 (134,8–10).

[459] Cf. dazu oben S. 87.

[460] „Wo nun Gott vollends Gnade gäbe (das wir von Herzen wünschen), daß sie solchs Stücks auch mit uns eins und mit uns hielten und lehreten, so wäre die Einigkeit schlecht, und ein hohes Werk und Wunder Gottes vollbracht.“ Luther an Kurfürst Johann, 16. Januar 1531: WABr 6, 1773 (21,29–32).

sicht in diesen Fragen des Glaubens war nach seiner Auffassung mit der Macht der Vernunft nicht zu erreichen.

Luthers Urteil gelangte über den Kurfürsten[461] und – in Form einer genauen Zusammenfassung – über Landgraf Philipp an Bucer[462]. Philipp war mit Luthers Antwort nicht zufrieden und bat den Kurfürsten daher in einem Brief vom 22. Januar 1531, auf Luther mäßigend einzuwirken.[463]

### 1.4.3.3 Luthers Brief an Bucer vom 22. Januar 1531

Am 22. Januar 1531 wandte sich Luther direkt an Bucer. Inzwischen hatte er dessen Schrift offenkundig auch anderen Wittenberger Theologen vorgelegt. Dies belegt zunächst ein zeitgleich abgefasstes Schreiben Melanchthons an Bucer.[464] Luthers Verwendung der ersten Person Plural in seinem Brief an Bucer weist ebenfalls auf die Einbeziehung anderer Personen hin.[465] Die von Bugenhagen angefertigte lateinische Übersetzung eines Teils der Schrift[466] dürfte im Umfeld dieser gemeinsamen Beratungen entstanden sein.

Luthers Brief ähnelt zunächst seinem Gutachten an den Kurfürsten: Er begrüßte anfänglich die mit der Einigungsschrift erreichte Annäherung, „dass der Leib und das Blut Christi wahrhaft im Mahl gegenwärtig ist und mit den Worten zur Speise der Seele dargereicht wird."[467] Erneut verlieh er aber seinem Zweifel Ausdruck, dass auch Zwingli und Oekolampad in dieses Bekenntnis einstimmen könnten.[468] Er ging auf dieses Problem jedoch nicht näher ein und betrachtete Bucers Schrift fortan als gültiges Bekenntnis der Straßburger Gemeinde[469], die er somit von den beiden Schweizer Theologen absetzte.

---

[461] Cf. den Brief des Kurfürsten an Landgraf Philipp, 17. Januar 1531: NEUDECKER: Urkunden, 165.

[462] Cf. Landgraf Philipp an Bucer und Sturm, 25. Januar 1531: MBBW 5, 382.

[463] „E. L. wollen dem ferer nach vnd of leidelich mittelwege gedengken, Darmit deßhalb ein solche eynigunge daran so treffenlich gelegen, ye nit zurgee." Landgraf Philipp an Kurfürst Johann, 22. Januar 1531: KOLDE: Analecta, 160 A.1.

[464] „Vidi tuas rationes concordiae et magnopere gavisus sum vos concedere corporis Christi praesentiam cum anima." Melanchthon an Bucer, 22. Januar 1531: MBW 5, 1118 (38,4–6).

[465] Cf. unten A. 467.

[466] Cf. oben S. 91 und A. 426.

[467] „Legimus libellum confessionis, quem misisti, mi Bucere, et probamus, atque gratiam agimus Deo, quo saltem eatenus concordes simus, uti scribis, quod vtrique confitemur corpus et sanguinem Christj vere in caena adesse et cum uerbis porrigi in cibum animę." Luther an Bucer, 22. Januar 1531: MBBW 5, 379 (207,1–5). Der Einschub „uti scribis" muss an sich nicht notwendig als Ausdruck einer verbliebenen Skepsis gegenüber Bucer und seinen Bemühungen verstanden werden, wie dies MUNDHENK: Beziehung, 210 meint. Der positive Gesamttenor des Schreibens spricht sogar deutlich gegen diese Auslegung.

[468] „Miror autem, quod Zuinglium et Oecolampadium quoque huic opinioni aut sententię participes facis; sed tecum loquor." Luther an Bucer, 31. Januar 1531: MBBW 5, 379 (207,5–7).

[469] Cf. dazu bereits Luther an Kurfürst Johann, 16. Januar 1531: WABr 6, 1782 (38,8 f). Cf. außerdem den Gebrauch der zweiten Person Plural in Luther an Bucer, 22. Januar 1531: MBBW 5, 379 (207,10.13.15.17.20.24.26).

Im Blick auf den Inhalt der Einigungsschrift ließ Luther deutlich erkennen, dass sie hinter seinen durch das Gespräch auf der Coburg geweckten Erwartungen zurückgeblieben war.[470] Ähnlich wie in dem vorangehenden Schreiben an den Kurfürsten unternahm er nun auch gegenüber Bucer selbst den Versuch, von dem nach seiner Auffassung bereits erreichten Konsens ausgehend die von ihm erhoffte umfassende Übereinstimmung als dessen offensichtliche Implikation herauszustellen:

„Si igitur corpus Christi confitemur vere exhiberj animae in cibum et nulla est ratio, cur non impiae quoque animae hoc modo exhiberj dicimus, etiamsi illa non recipiat, quemadmodum lux solis videntj pariter et caeco offertur, miror, cur uos grauet ultra confiterj etiam cum pane offeri foris ori tam piorum quam impiorum, cum tamen eo concesso, quod singulis animabus exhibetur, concedatur necessario corpus in pluribus locis simul adesse et porrigi."[471]

Luthers Gedankengang ist an dieser Stelle ausgesprochen komplex und bedarf daher einer eingehenderen Analyse[472]: Zunächst wird in ihm greifbar, worin Luther inhaltlich den schon erreichten Konsens sah: Er war sich zumindest darin sicher, dass die Straßburger der Ansicht waren, dass der Leib Christi als eine Gabe von außerhalb der gläubigen Seele wirklich angeboten werde. Unsicher war er sich offenbar hingegen, ob er für die Gegenseite ebenso voraussetzen konnte, dass man dort auch eine Darreichung an die ungläubige Seele konzedieren würde. Aus diesem Grund führte er in seiner Argumentation die als unabweisbar ausgegebene (nulla ratio, cur non) und formal als zweite Bedingung des Kon-

---

[470] „Sperabam post colloquium nostrum Coburgense magnifice, sed spes ea nondum stabilis est." A. a. O. (208,11 f).

[471] „Wenn wir also bekennen, dass der Leib Christi wahrlich zur Speise der Seele dargereicht wird, und wenn es keinen Grund gibt, warum wir nicht sagen, dass er auf diese Weise auch der gottlosen Seele dargereicht wird, auch wenn jene ihn nicht aufnimmt, wie das Licht der Sonne dem Sehenden ebenso wie auch dem Blinden angeboten wird, dann frage ich mich, warum es euch beschwert, darüber hinaus zu bekennen, dass er auch mit dem Brot äußerlich dem Mund der Frommen wie der Gottlosen angeboten wird, weil doch mit diesem Zugeständnis, dass er den einzelnen Seelen dargereicht wird, notwendig zugestanden wird, dass der Leib an vielen Orten zugleich anwesend ist und dargereicht wird." A. a. O. (207,7–14).

[472] An dieser Komplexität scheitert Bizer: Studien, 46 und übersetzt an dieser Stelle falsch: „Wenn wir also bekennen, dass der Leib Christi wahrhaftig der Seele zur Speise gereicht wird, so besteht kein Grund, nicht auch zu sagen, dass er auch der gottlosen Seele so gereicht wird, auch wenn sie ihn nicht aufnimmt." Bizer: Studien, 46. Der Hauptsatz – *miror* – und die sich anschließenden Ausführungen in Luthers Gedankengang bleiben unberücksichtigt. Dadurch reduziert Bizer Luthers Forderung an Bucer darauf, dass das Angebot des Leibes und Blutes Christi auch der ungläubigen Seele gelten müsse. Dieser falschen Übersetzung folgen offensichtlich auch Edwards: Luther, 137 und Hazlett: Development, 354 f. Letzterer geht sogar so weit zu behaupten, Luther habe hier eingeräumt, „that what is of importance is the assertion that Christ's body is at least offered to the godless, even if they do not receive it." Ebd. Entsprechend ist es auch falsch, wenn Hazlett darauf aufbauend behauptet: „The Wittenbergers were clearly uncertain about this point." A. a. O., 393. Cf. auch a. a. O., 409. Teilweise wird die Struktur von Luthers Argumentation bei Köhler: Zwingli und Luther II, 254 erkannt. Zutreffend wird dort auch deutlich gemacht, worin Luther Bucer offenkundig falsch verstand.

ditionalsatzes erkennbare Zusatzannahme ein, dass sich die Darreichung des Leibes Christi auch auf die Seelen der Gottlosen erstrecke. Luthers Vorgehensweise wird verständlich, wenn man beachtet, dass Bucer in der Einigungsschrift nur allgemein von einer Darreichung des Leibes an die Seele gesprochen und die Frage nach dem Glauben der Empfänger somit an dieser Stelle übergangen hatte.[473] Sodann wird in Luthers Gedankengang wie in seinem Gutachten an den Kurfürsten erkennbar, was er in Bucers Einigungsschrift vermisste und von ihm als für eine Konkordie unerlässlich einforderte: das Bekenntnis, dass der Leib Christi mit dem Brot dem Mund der Frommen wie der Gottlosen äußerlich angeboten (foris offeri) werde. Wie in seinem Schreiben an den Kurfürsten ging es Luther auch hier um die Verortung des Leibes Christi bei den Elementen und die damit verbundene Darreichung an den Mund aller Kommunikanten. Auffallenderweise ging er in seinen Darlegungen nicht so weit, dass er ausdrücklich von einem leiblichen Essen der Kommunikanten gesprochen hätte. Man muss Luthers eigentliche Intention an dieser Stelle aber zweifelsohne von seinen Darlegungen gegenüber dem Kurfürsten her verstehen: Dass er an dieser Stelle nicht explizit von der *manducatio oralis* und der *manducatio impiorum* sprach, kann nicht als ein bewusster Verzicht interpretiert werden[474], da nach seinem Verständnis mit einer Zustimmung zur äußerlichen Darreichung des Leibes Christi auch über die Frage der Nießung implizit entschieden war.[475]

Schließlich zeigt Luthers weitergehender Versuch, Bucer für das entscheidende Zugeständnis argumentativ zu gewinnen, dass er dem Straßburger einen bestimmten Vorbehalt gegen die Überzeugung unterstellte, dass der Leib Christi mit dem Brot dem Mund von außen angeboten werde. Er nahm an, dass Bucer dies ablehne, weil er es nicht für möglich halte, dass der Leib Christi zur gleichen Zeit an verschiedenen Orten gegenwärtig sein könne. Nur wenn man voraussetzt, dass Luther hier die Bucer in seinem Denken in entscheidender Weise beeinträchtigende Schwierigkeit sah, wird erklärbar, warum Luther sich die Mühe machte, diesen Punkt als eine notwendige Implikation (concedatur necessario) der vorangehenden Annahmen herauszustellen.[476] Das heißt: Luther sah Bucer an dieser Stelle unter dem Einfluss des alten von ihm bekämpften christologi-

[473] So bezog Bucer sich etwa auf Augustin, der gelehrt habe, „das er [sc. Christus] seynen eyb mit dem brot dargepotten hab, aber zur speyß der selen." Bucer an Herzog Ernst, 31. Dezember 1530: MBBW 5, 368 (135,7 f). Cf. dazu auch a. a. O. (137,8). Entsprechend formulierte er auch über den Empfang, es „soll ye do die sel durch Christum selb zum ewigen leben gespyßet werden". MBBW 5, 368 (137,18 f).

[474] Neuser: Konkordie, 37 und 41 f registriert ebenfalls, dass Luther nicht von einem leiblichen Essen des Leibes durch Gläubige und Ungläubige schrieb, legt dies aber als ein bewusstes Entgegenkommen gegenüber Bucer und als Reduktion der an ihn gerichteten Forderungen aus. Cf. dazu auch Neuser: Position, 700.

[475] Cf. dazu oben S. 94 f.

[476] Auf den Aspekt der Ubiquität ist bislang in diesem Zusammenhang nur von Diestelmann: Unterredung, 157 hingewiesen worden. Verkürzt ist aber die dort geäußerte Behauptung, Luther habe die Anerkennung der Ubiquität gefordert. Luther wollte mit seinen Aus-

schen Einwandes Zwinglis, dass der Leib Christi nicht im Abendmahl gegenwärtig sein könne, weil er sich an einem Ort im Himmel befinde und auf diesen Ort beschränkt sei.[477] Dieser Verdacht Luthers hatte zweifelsohne darin seinen Anhalt, dass Bucer sich in der Einigungsschrift dazu bekannt hatte, dass die Menschheit Christi nur an einem Ort des Himmels gegenwärtig sei.[478]

Zusammenfassend lässt sich Luthers Argumentation daher wie folgt rekonstruieren: Mit der Annahme, dass der Leib Christi den einzelnen Seelen – und zwar den gläubigen wie den ungläubigen – dargeboten werde, sah er es als bewiesen an, dass der Leib an mehreren Orten zugleich gegenwärtig sei und ausgeteilt werde. Von der somit nicht mehr zu bezweifelnden Pluripräsenz des Leibes Christi her wurde aber die von Luther postulierte Zurückhaltung Bucers gegenüber der Aussage, „dass der Leib mit dem Brot dem Mund der Frommen wie der Gottlosen äußerlich dargeboten wird", unhaltbar. Bucers Verständnis der *unio sacramentalis* hingegen, das ihm die Vorstellung von einer leiblichen Nießung des Leibes vollkommen unmöglich machte und für seine Ablehnung entscheidend war, ließ Luther unerörtert. Köhler hat Recht, wenn er urteilt, dass die von Luther als gemeinsam ausgegebene Basis der äußerlichen Gegenwart des Leibes auf beiden Seiten unterschiedlich verstanden wurde.[479] Den eigentlichen Grund dafür, dass sich der Straßburger nicht zur *manducatio oralis* und zur *manducatio impiorum* bekennen konnte, hatte Luther an dieser Stelle ganz offensichtlich nicht verstanden.

Über den abendmahlstheologischen *status quo* äußerte Luther sich wie folgt:

> „[...] lasst uns die Sache Gott anvertrauen, einstweilen jeder ohne Unterschied als Hüter jenes Friedens und der soweit gesicherten Einigkeit, dass wir bekennen, dass der Leib des Herrn wahrhaft gegenwärtig ist und der gläubigen Seele innerlich angeboten wird."[480]

Inhaltlich setzte Luther dabei voraus, dass der Leib auf beiden Seiten als eine von außen dargereichte Gabe aufgefasst werde, wie die seiner aufwendigen Argumentation als gemeinsame Basis vorangestellte Bezugnahme auf das *vere ex-*

---

führungen lediglich zeigen, dass deren Anerkennung eine notwendige Folge des von Bucer vorgelegten Standpunktes sei.

[477] So heißt es etwa in Zwinglis Schrift ‚Eine klare Unterrichtung vom Nachtmahl Christi' von 1526: „Es volgt aber denn nüt anders, denn das ouch Christus ist, da sin himelischer vatter will, und sust nienen. Der hatt aber, als David 109. Psal. spricht, gredt, er söll zů siner grechten sitzen, biß das sine fygend zů eim schemel siner fůssen gemacht werdind, das ist: biß an 'n jungsten tag, als Paulus 1. Cor. 15. leert und doben als häll als das liecht ist anzeiht. So ist er ouch sust nienen; dann das wort ‚bis' oder ‚untz', das die theologi all weg nit habend können z'recht legen, schynt uns ietz selb in d'ougen, das wir sehend, das es uff uns reicht, daß er droben sitzen wirt und wir inn nit sehen werdend biß an'n jüngsten tag." Zwingli IV, 835,1–10.

[478] Cf. oben S. 86 und A. 381.

[479] Cf. Köhler: Zwingli und Luther II, 254.

[480] „[...] sed commendemus causam Deo, interim seruantes pacis istius qualiscunque et concordię eatenus firmatę, quod confitemur corpus Domini vere adesse et exhiberj intus animę fidelj." Luther an Bucer, 22. Januar 1531: MBBW 5, 379 (207,22–24).

*hiberi* erkennen lässt.[481] Verschiedentlich ist Luthers Rede vom Frieden so verstanden worden, als habe er damit auf die Aufnahme einiger oberdeutscher Reichsstädte in den Schmalkaldischen Bund anspielen wollen.[482] Tatsächlich aber sprach er an dieser Stelle vom Frieden, weil er glaubte, dass aufgrund der nun erreichten partiellen Übereinkunft zumindest eine Auseinandersetzung an diesem Punkt nicht mehr nötig sein werde. Als Ausweis für eine umfassende Lehr- und Glaubensübereinstimmung aber reichten ihm Bucers Ausführungen nicht aus. Der auf der Coburg getroffenen Vereinbarung gemäß[483] lehnte er daher die Publikation der Schrift ab.[484] Dafür verwies er auf sein Gewissen, das sich durch die Einsetzungsworte gebunden fühlte zu glauben und zu bekennen, dass der Leib Christi mit dem Brot auch dem Mund der Frommen und Gottlosen angeboten werde, und das daher dem vorliegenden Konsens die Anerkennung als vollständige und umfassende Konkordie (solida et plena concordia) verweigern musste.[485]

In seinen weiteren Ausführungen machte Luther deutlich, dass für sein Verhalten in der Auseinandersetzung um die Konkordie seine seelsorgerliche Verantwortung für die Christen der eigenen Gemeinden von entscheidender Bedeutung war. Es handelte sich für ihn keineswegs um eine rein akademische Auseinandersetzung zwischen Theologen. Vielmehr ging es darum, die Gläubigen vor falschen Lehren und deren Auswirkungen zu bewahren. Eine mit der Anerkennung der vorliegenden Einigungsschrift einhergehende öffentliche Ratifizierung der vorgelegten Abendmahlslehre musste sich aber nach Luthers Ausführungen in zweifacher Weise negativ auf die Gemeinden auswirken: Zum einen fürchtete Luther, dass eine nur vorgebliche Übereinstimmung zu einer wachsenden Entfremdung zwischen Wittenberg und Straßburg und einer Verwirrung der Gewissen führen würde.[486] Auffälligerweise hatte Luther dabei die

---

[481] Cf. dazu oben S. 97 und A. 471.

[482] So heißt es etwa bei Friedrich: Marburg, 46 offenbar mit Bezug auf Luthers Schreiben an Bucer: „Luther verweigerte zwar immer noch die Unterschrift unter Bucers Konkordienwerk, aber immerhin gestattete er nun, dass Straßburg dem Schmalkaldischen Bund, dem von Kursachsen dominierten Defensivbündnis der Protestanten im Reich, beitreten konnte. Dieser Beitritt war wegen des Sonderbekenntnisses der Oberdeutschen zunächst blockiert gewesen. Nach seinen Gesprächen mit Bucer sah Luther zwar die Kirchengemeinschaft noch immer nicht als gegeben an, aber eine politische Verbindung wollte er nicht mehr ausschließen; ein Beleg, dass auch Luther zu differenzieren wußte." Ähnlich heißt es bei Brecht: Beziehungen, 500: „Immerhin ließ Luther trotz der Differenzen anders als 1529 das gemeinsame politische Bündnis zu." Mit Bezug auf die angeführte Passage aus Luthers Brief behauptet bereits Planck: Geschichte, 340 A. 166 es sei somit gewiss, „dass Luther die noch bestehende Verschiedenheit bemerkte, selbst aufdeckte, und dennoch ihre Aufnahme in das Bündnis billigte."

[483] Cf. oben S. 77.

[484] Cf. Luther an Bucer, 22. Januar 1531: MBBW 5, 379 (208,9f).

[485] „Ego ab hac sententia discedere non possum; et si vos eam non sentitis exigi per uerba Christi, ut scribis, tamen mea conscientia sentit eam exigi. Quare solidam et plenam concordiam non possum uobiscum confiterj […]. A. a. O. (207,14–17). Cf. ebenso a. a. O. (208,8–10).

[486] „Quare solidam et plenam concordiam non possum uobiscum confiterj, nisi uelim

Gemeinden auf beiden Seiten im Blick und rief Bucer auf, seine Verantwortung für die ihm anvertraute Gemeinde wahrzunehmen.[487] Zum anderen verwies Luther auf die Folgen, die sich aus einer Abendmahlsgemeinschaft unter diesen Bedingungen ergeben würden. Wie sich seinem fast zeitgleich abgefassten Schreiben an Herzog Ernst von Lüneburg entnehmen lässt, hing beides notwendig miteinander in der Weise zusammen, dass man sich gegenseitig zum Altar zulassen musste, sobald man öffentlich bekannte, dass man in der Lehre vom Abendmahl zusammengefunden hatte.[488] Diese Altargemeinschaft hätte aber Luther zufolge den Sakramentsempfang gefährdet, da es sich nur um einen vorgeblichen Konsens handelte. Sollte man dennoch auf dieser Basis die Abendmahlsgemeinschaft vollziehen, so würde es dazu kommen, „dass beide Seiten unvermeidlich etwas anderes empfangen, als sie glauben."[489] Was Luther damit meinte, geht aus dem erwähnten Brief an Herzog Ernst von Lüneburg hervor. Diesem teilte er seine Befürchtung mit, dass unter diesen Umständen „unser leute eitel brod vnd wein empfiengen vnd doch gleubten, das der leib vnd blut Christi were, Vnd yhre leute bey vns den leib vnd blut Christi empfiengen vnd doch gleubeten, das eitel brod vnd wein were".[490] Dass Luther hier die Straßburger Gemeindeglieder auf die alte abendmahlstheologische Position festlegte, dass man dort im Abendmahl nur die Gabe von Brot und Wein erwartete, ist wohl so zu verstehen, dass er annahm, das weitergehende Zugeständnis der Prediger, dass „Christus leib sey ym Sacrament leiblich gegenwertig der seelen"[491], habe sich noch nicht unter den Gemeindegliedern etablieren können. Wichtiger ist an dieser Stelle aber die Frage, wie man die von Luther behauptete Diskrepanz zwischen der auf beiden Seiten bestehenden Erwartung und der real

conscientiam lędere, imo nisi uelim semina iactare multo maioris perturbationis ecclesiarum nostrarum et atrocioris discordię inter nos futurę, si hoc modo concordiam iactauerimus." A. a. O. (207,16–20).

487 „Quare et ego te per conscientiam et pacem vestrarum et nostrarum ecclesiarum oro, ne committamus, ut hoc remedio discordię plus excitemus turbarum et scandalorum [...]." A. a. O. (207,20–22).

488 „Denn solten wir vns rhumen lassen solcher vereynung, So musten wir zu beyden teylen gestatten, das, wo vnser leute ettwa zu yhnen kemen vnd das Sacrament empfahen wolten (odder widderumb yhr leute zu vns kemen), wurde der vnleydliche yrthum angehen, das vnser leute eitel brod vnd wein empfiengen vnd doch gleubten, das der leib vnd blut Christi were, Vnd yhre leute bey vns den leib vnd blut Christi empfiengen vnd doch gleubeten, das eitel brod vnd wein were [...]." Luther an Herzog Ernst, 1. Februar 1531: WABr 12, 4244 (133,9ff). Der von Naglatzki veröffentlichte Neudruck dieses Briefes bietet gegenüber dem Abdruck in WABr 12 nur zwei sachlich unerhebliche Abweichungen, die von diesem selbst zudem nur als mögliche Lesarten angesehen werden. Cf. Naglatzki: Geschichte, 46–49 A. a) und i).

489 „Nam uos ipsi facile potestis intelligere, si concordia inter nos firmaretur, fore vt aliqui vestrum apud nos et rursus aliqui [nostrum] apud uos communicarent, qui diuersa fide et conscientia communicarent, necessario vtrimque aliud aciperent, quam crederent [...]." Luther an Bucer, 22. Januar 1531: MBBW 5, 379 (207,24–28).

490 Luther an Herzog Ernst, 1. Februar 1531: WABr 12, 4244 (133,13–16).

491 A. a. O. (133,23f).

im Vollzug der Interkommunion stattfindenden Anteilgabe aus seinen theologischen Voraussetzungen verstehen kann.

Was die Straßburger Gemeindeglieder betraf, so hätten sie bei der Interkommunion in Wittenberg den Leib und das Blut Christi empfangen, obwohl sie nur Brot und Wein erwarteten, weil – so Luthers Überzeugung – nicht der Glaube der Empfänger für die Gegenwart und den Empfang Christi konstitutiv ist, sondern „Gotts wort und ordnung"[492], deren integre Einhaltung Luther für die Gemeinden seiner Seite selbstverständlich voraussetzte.

Gleichfalls nahm Luther aber offensichtlich an, dass Christen aus den Gemeinden, für die er sprach, umgekehrt in Straßburg nur Brot und Wein empfangen könnten, obwohl sie mit dem Empfang von Leib und Blut rechnen würden. Aufschlussreich für das Verständnis ist hier eine Passage aus dem Schlussbekenntnis in Luthers Schrift ‚Vom Abendmahl Christi. Bekenntnis'. Dort heißt es:

„Eben so rede ich auch und bekenne das sacrament des altars, das daselbst warhafftig der leib und blut ym brod vnd wein werde můndlich geessen und getruncken, ob gleich die priester, so es reichen, odder die, so es empfangen, nicht gleubeten odder sonst misbrauchten, Denn es stehet nicht auff menschen glauben odder unglauben, sondern auff Gotts wort und ordnung, Es were denn, das sie zuvor Gottes wort und ordnung *endern vnd anders deuten*, wie die itzigen Sacraments feynde thun, welche freylich eytel brod und wein haben, denn sie haben auch die wort und eingesetzte ordnung Gottes nicht, sondern die selbigen nach yhrem eigen dunckel *verkeret vnd verendert*."[493]

Der hier von Luther beklagte falsche Umgang mit der Anordnung besteht nicht in einer Veränderung des äußeren Wortlautes der Einsetzung. In dieser Hinsicht setzte Luther nämlich auch für die Seite seiner Gegner einen korrekten Vollzug voraus.[494] Implizit wird dies greifbar in der polemischen Empfehlung an die Gegner, sie sollten doch die Einsetzungsworte für den liturgischen Gebrauch in Übereinstimmung mit ihrer Lehre im Wortlaut reduzieren.[495] Die Änderung der für die Gegenwart und den tatsächlichen Empfang des Leibes und Blutes Christi konstitutiven Ordnung Gottes geschah in ihrer stiftungswidrigen Auslegung, das heißt in der von Luthers Opponenten vorgenommenen Uminterpre-

492 WA 26,506,25.

493 A. a. O., 506, 21–29 [Hervorhebungen H. R.].

494 „Denn ich hoffe warlich auch, Ja, ich weis fur war, das alle Christen schůldig sind aus der einsetzunge und gebot Christi, solche wort ym abendmal zu sprechen, und halte die schwermer selbs so kůne nicht, das sie die selbigen mit gutem gewissen aussen lassen […]." A. a. O., 506,35–38.

495 „Weil sie Christum ynn seinen worten und wercken also deuten, das ym abendmal nichts mehr sey, denn allein brod und wein zu empfahen, des Herrn tod zu gedencken, so důrffen sie dieses texts ‚Das ist mein leib etc. Das ist mein blut etc.' nirgent zu, und ist gantz ein vergeblicher, unno̊tiger, unnůtzer text, on welchen das abendmal wol und vo̊lliglich kan gehalten werden, Denn sie haben ubrig texts genug, wenn sie also lesen: Nemet, Esset, Nemet, Trincket, Solchs thut zu meinem gedechtnis." WA 26,389,32–390,15 Cf. ebenso WA 23,245,35–247,8. Cf. zu dieser Polemik außerdem Hardt: Eucharistia, 188 f.

tation.[496] Entscheidend war für Luther dabei im Unterschied zur scholastischen Lehre von der *intentio*[497] nicht das falsche Bewusstsein des Zelebranten.[498] Entscheidend war die Einbettung der Abendmahlsfeier in eine stiftungswidrige Lehre und Verkündigung.[499]

Luther lehnte eine Interkommunion mit diesen Folgen ab und gab dafür folgende Begründung:

„Und so müsste durch unser Amt oder unser Gewissen entweder, wenn sie [sc. die Interkommunikanten beider Seiten] es nicht wissen, ihr Glaube durch einen geheimen Betrug und Täuschung verspottet werden oder, wenn sie es wissen, durch einen offenkundigen Frevel aufgehoben werden. Wie fromm und christlich das sein dürfte, siehst du selbst."[500]

---

[496] So urteilte Luther auch einer Mitschrift Rörers zufolge in einer Predigt vom 9. April 1528: „Apud Schwermeros Satan non solum usum aufert Sacramenti, sed totum Sacramentum, pomum cum pomis." WA 27,99,17–19. Vorangegangen war eine Kritik der Schwärmer, „die das Wort aufheben und sagen, es sei Brot und auf das ‚Das tut zu meinem Gedächtnis' dringen". WA 27,98,34. Ebenso ist Luther zu verstehen, wenn er Zwingli und Oekolampad vorwarf, dass „unser schwermer nicht Consecriern odder darmen", WA 26,389,14 f. Die Einsetzungsworte wurden zwar weiterhin gesprochen, aber ihr Status als Konsekrationsworte wurde geleugnet. Cf. Zwingli V,888,18–21.

[497] Cf. dazu HILGENFELD: Elemente, 133–136.

[498] In diesem Sinn urteilt hingegen KÖHLER: Zwingli und Luther II, 258 A.8: „Da kann der Unterschied doch nur durch die geistige Qualität des Konsekrierenden bedingt sein."

[499] Ebenso heißt es bei NAGLATZKI: Geschichte, 45: „Diese unterschiedliche, ja gegensätzliche Abendmahlslehre besteht nach Luthers Meinung auch weiterhin, daran ändert auch Bucers positive Interpretation der Aussagen Zwinglis und Oekolampads nicht; denn die Lutheraner würden beim oberdeutschen Abendmahl auf Grund der oberdeutschen Abendmahlslehre ‚eitel brod und wein' empfangen". Gleichermaßen befindet PETERS: Realpräsenz, 102: „Leib und Blut Christi sind also nur dort gegenwärtig, wo der Pfarrer gemäß der Einsetzung verkündigt und handelt." Die Bedeutung der Einbettung der Sakramentsverwaltung in den Kontext der Verkündigung wird hingegen bei GRASS: Abendmahlslehre (1954), 114 offenbar nicht erkannt, wenn er urteilt: „Für Luther gehört zur Gültigkeit des Sakraments nur die Übereinstimmung des öffentlichen Sakramentsvollzugs mit der Meinung, d. h. mit der Einsetzung Christi."

[500] „[...] et sic per ministerium aut conscientiam nostram aut ludi eorum fidem occulto dolo et mendacio, ut si non sciant, aut manifesto sacrilegio tolli, si sciant, oporteret. Quam autem hoc pium et christianum sit, vides." Luther an Bucer, 22. Januar 1531: MBBW 5, 379 (207,28–31). Eigentlich muss „ut si" mit „als wenn" oder „als ob" übersetzt werden. Cf. Georges II, Art. ut B) 4) b), Col. 3328 und Oxford Latin Dictionary II, Art. ut B) 8) d), 2113. Luther wollte hier aber den Kommunikanten keine *vorgebliche* Unwissenheit attestieren, denn er sprach ja von einem ihnen wirklich verborgenen Betrug. Daher empfiehlt es sich, „ut si non sciant" als negative Entsprechung zu „si sciant" aufzufassen. Falsch übersetzt an dieser Stelle BIZER: Studien, 46: „[...] und so müßte das Pfarramt, wenn sie es nicht wissen, entweder mit unserem Gewissen oder mit ihrem Glauben in verborgener und verwerflicher List sein Spiel treiben, oder, wenn sie es wissen, durch eine offenkundige Gotteslästerung aufgehoben werden." Zum einen stehen *conscientiam nostram* und *eorum fidem* wegen des eingeschobenen *ludi* nicht auf derselben Ebene und lassen sich somit nicht gemeinsam als Akkusative des AcI ansehen. Zum anderen verkennt BIZER in seiner Übersetzung, dass *eorum fidem* der zu *tolli* gehörende Akkusativ innerhalb des AcI ist. Die von FRIEDRICH: Martin Bucer, 80 gebotene Paraphrase zu dieser Stelle geht an der Sache vollkommen vorbei: „Eine Einigung in der Abendmahlskontroverse unter dem Differenzpunkt der ‚manducatio impiorum' würde beide Seiten bei gegenseitiger ‚communio' einem falschen Glauben aussetzen, da man unterschiedliche Vorstellungen beim Abendmahlsempfang hätte."

Wie bei seinen Ausführungen über die befürchteten Streitereien in und zwischen den Gemeinden appellierte Luther daher auch hier wieder an Bucers Verantwortung für seine Gemeinde.[501] Allerdings geht man wohl zu weit, wenn man Luther hier ein wirkliches Interesse an einem Schutz des in seinen Augen falschen Glaubens der Straßburger Gemeindeglieder unterstellt. Ihm lag vor allen Dingen daran zu verhindern, dass Christen auf seiner Seite in stiftungswidrigen Abendmahlsfeiern ohne ihr Wissen leer ausgehen oder vorsätzlich ihren Glauben gefährden könnten. Er griff in der Argumentation beide Seiten auf, um Bucer im Hinblick auf dessen Gemeinde von der Gefährlichkeit einer Anerkennung der Einigungsschrift zu überzeugen. Sein Hinweis auf den Glauben der Straßburger Gemeindeglieder dürfte also wohl in erster Linie taktisch motiviert sein. Möglicherweise wird man aber sagen können, dass er den Christen der anderen Seite gegenüber insofern eine Verantwortung empfand, als er sie vor einem ungläubigen Essen des Sakraments zum Gericht bewahren wollte.

Wie in seinem Brief an den Kurfürsten äußerte sich Luther auch gegenüber Bucer nicht dazu, dass dieser in seiner Einigungsschrift offensichtlich nicht der Vorgabe gerecht geworden war, die Verständigung zwischen beiden Seiten als Ergebnis einer Korrektur der eigenen Irrtümer erkennbar werden zu lassen. Auch auf Bucers Festhalten an der Theorie vom Wortstreit und gegenseitigen Missverstehen ging er nicht ein.

Obwohl Luther in der Sache nur eine partielle Einigung konstatieren konnte[502] und festhalten musste, dass Bucer hinter den durch das Gespräch auf der Coburg geweckten Hoffnungen zurückgeblieben war, urteilte er doch freundlich über den erreichten Stand der Dinge: Er machte deutlich, dass er die Situation als auf eine weitere Entwicklung hin offen ansah: „Nach unserem Coburger Gespräch hoffte ich in großartiger Weise, aber diese Hoffnung ist noch nicht verlässlich."[503] Ebenso gab er zu verstehen, dass auch er die Verständigung von ganzem Herzen wünsche, und erklärte, dass er für ihr Zustandekommen dreimal sein Leben opfern würde.[504] Er bekannte sich zu der Einsicht, dass man die Gemeinschaft der Gegenseite brauche. Auch war er offenkundig nicht blind für die negativen Auswirkungen, die mit der Spaltung unter den Evangelischen einhergingen, und gestand ein, dass die Uneinigkeit der Sache des Evangeliums ge-

[501] „Quam autem hoc pium et christianum sit, vides." Luther an Bucer, 22. Januar 1531: MBBW 5, 379 (207,30 f).

[502] Neuser: Konkordie, 38 gibt Luthers Ausführungen einen falschen Klang, wenn er behauptet, dieser habe „von einer ‚soweit gefestigten' Konkordie" gesprochen. Präzise hatte Luther vielmehr festgestellt, dass die Konkordie „soweit gefestigt sei, dass wir bekennen, dass der Leib des Herrn wahrhaft da sei und innerlich der gläubigen Seele dargeboten werde." Cf. dazu oben S. 99 und A. 480.

[503] Cf. oben A. 470. Zu dieser mit dem Zeitwort *nondum* ausgedrückten Art von zeitlichem Vorbehalt cf. auch Luther an Bucer, 22. Januar 1531: MBBW 5, 379 (207,13 f).

[504] „Et te volo mihi credere, sicut et Coburgi tibi dixi, hoc nostrum dissidium optare me compesci, etiamsi uita mea ter esset impendenda [...]." A. a. O. (208,2–4).

schadet habe.[505] Auch in seinen Augen war das Festhalten an dem gegebenen Zustand ein Übel, wenn er dies auch als das geringere Übel ansah.[506] Letztlich aber fühlte er sich an dieser Stelle in seinem Gewissen gebunden.[507] Nach seiner Einschätzung musste man die Dinge jetzt ruhen lassen und dem weiteren Wirken Gottes und Christus überlassen.[508] Bezeichnend ist, dass er unmittelbar auf die argumentative Auseinandersetzung mit Bucer die Aussage folgen ließ: „Aber wenn jene Auffassung bei Euch noch nicht gereift ist, meine ich, dass die Angelegenheit verschoben werden und auf weitere Gnade Gottes gewartet werden muss."[509] Im Bereich menschlicher Möglichkeiten lag es nur, den erreichten Stand des Friedens und der Einigkeit zu bewahren.[510] Ein darüber hinausgehendes eigenmächtiges Eingreifen hingegen musste in den Augen Luthers alles verderben.[511]

#### 1.4.3.4 Weitere Stellungnahmen Luthers

Luther entsprach mit seinem Brief einer Bitte von Herzog Ernst, der ihn schriftlich um eine freundliche Antwort an Bucer ersucht hatte.[512] Luthers Schreiben an Bucer ist aber weit mehr als ein Ausdruck unverbindlicher Höflichkeit. Bei allem konstatierten Ungenügen hatte Luther doch eindeutig einen positiven Eindruck von der Einigungsschrift. Dies geht aus einem Brief an den seinem eigenen Lager zugehörenden Zwickauer Pfarrer Nikolaus Hausmann vom 21. Januar 1531 hervor: „Die Sakramentierer bitten uns eifrig um unsere Gemeinschaft,

[505] „[...] quia uidi, quam sit necessaria nobis uestra societas, quanta tulerit et adhuc adfert incommoda euangelio, ita ut certus sim omnes portas inferi, totum papatum, totum Turcam, totum mundum, totam carnem, et quicquid malorum est, non potuisse tantum nocere euangelio, si concordes essemus." A. a. O. (208, 4–8).

[506] „Quare inter duo mala potius id eligamus, quod minus est, si omnino alterum ferendum est." A. a. O. (207,31 f).

[507] „Non igitur pertinacię meę, sed vere conscentię et necessitatj fidei meę imputabis, si recte uoles facere, quod hand concordiam detrecto." A. a. O. (208,9 f).

[508] Cf. a. a. O. (207,14.22; 208,12 f).

[509] „Sed si ista sententia nondum apud uos maturuit, censeo differendam causam et diuinam gratiam ulterius expectandam." A. a. O. (207,13 f). Ähnlich hatte sich Luther auch schon in seiner Abendmahlsschrift von 1527 geäußert: „Die furgelegte warheit thuts nicht, Gott mus das gemalete glas weg nehmen, das kônnen wir aber nicht thun." WA 23,75,19 f.

[510] Cf. oben A. 480. Dass Luther sich in diesem Sinne verhalten wolle, ließ Melanchthon Bucer in seinem Brief vom 22. Januar 1531 wissen: „Moderate tamen geret se in hoc negocio, ne initia concordiae, per quae spes est, ut gradus ad ueram et durabilem pacem fiat, dissipentur." Melanchthon an Bucer, 22. Januar 1531: MBBW 5, 380 (210,6–8).

[511] Mit Bezugnahme auf einen nach dem Konkordienkonvent abgefassten Brief Luthers urteilt Ebeling: Seelsorge, 255 zutreffend: „Daß Gott ernst genommen werde, will gewissermaßen als ein hermeneutischer Vorbehalt in das Ringen um eine theologische Konkordie und kirchliche Einigung eingebracht werden [...]." Zu dem entsprechenden Schreiben Luthers cf. Luther an Huberinus, 23. Oktober 1536: WABr 7, 3092 (567,10–12).

[512] Luther nahm die Bitte des Herzogs in seinem Antwortbrief auf: „Auff E. f. g. beger hab ich schon lengest dem M. Butzer geantwortet auff das aller freundlichst." Luther an Herzog Ernst, 1. Februar 1531: WABr 12, 4244 (133,4 f).

und sie weichen teilweise von ihrer Auffassung ab und reden milder."[513] Damit würdigte er die von Bucer eingeleitete Entwicklung. In der Sache beharrte er aber darauf, dass es auf der Gegenseite noch zu einer weiteren Annäherung kommen musste: „Wir wollen beten, dass eine vollkommene und reine Konkordie entsteht."[514]

Vergleichbar äußerte sich Luther am 24. Januar 1531 in seiner Antwort auf einen nicht erhaltenen Brief der Katharina Zell: Hatte er zuerst noch gezögert, ihr zu antworten, weil „die sachen noch so new war"[515], so erschien ihm die Lage nun soweit stabilisiert und entspannt, dass er es wagte, ihr zurückzuschreiben.[516] In seiner Reaktion auf die wohl von der Straßburgerin vorgetragene Bitte, die andere Seite um der christlichen Liebe willen doch endlich anzuerkennen, machte er deutlich, dass er nicht bereit war, Abstriche an der Wahrheit zuzulassen: „Denn ihr wisset zu guter massen, das woll die lieb soll vber alles gehen vnd den forgang haben, ausgenomen Gott, der vber alles, auch vber die liebe, ist."[517] Im Tonfall war das sehr viel freundlicher als in der Abendmahlsschrift von 1527. Damals hatte Luther eine Liebe, die sich über die Wahrheit hinwegsetzen wollte, noch in die Hölle verflucht.[518] In der Sache war seine Haltung hingegen unverändert.[519] Aber nun unterstellte Luther denen, die ihn unter Berufung auf die geschwisterliche Liebe zu einem Einlenken bewegen wollten, nicht mehr jene falschen Hintergedanken und zerstörerischen Absichten, gegen die er sich zuvor gewandt hatte. Auch dies wird man darauf zurückführen müssen, dass er nun anders über die Straßburger dachte und dass er von ihrem Interesse an einer wirklichen Verständigung überzeugt war. Auch Zell gegenüber verlieh Luther seiner Überzeugung Ausdruck, dass eine wirkliche Verständigung nicht das Resultat menschlicher Bemühungen und Pläne sein könne, sondern von Gott zu-

---

[513] „Sacramentarii ambiunt strenue nostram sotietatem, & cedunt de sua sententia partim, mitiusque loquuntur." Luther an Hausmann, 21. Januar 1531: WABr 6, 1775 (23,7 f). Erstaunlicherweise benutzte Luther hier wieder den Begriff, der seine alten theologischen Widersacher als einheitliche Gruppe zusammenfasste. Meinte er an dieser Stelle nur Bucer und seine Straßburger Kollegen? Was Oekolampad und Zwingli anging, hatte Luther ja erhebliche Zweifel an ihrer Zustimmung zu Bucers Einigungsschrift. Cf. Luther an Kurfüst Johann, 16. Januar 1531: WABr 6, 1773 (20,7–21,14).

[514] „Oremus, vt perfecta & pura fiat concordia." Luther an Hausmann, 21. Januar 1531: WABr 6, 1775 (23,8 f).

[515] Luther an Zell, 24. Januar 1531: WABr 6, 1777 (27,5).

[516] „Aber weil (Got lob) itzt die scherpfe ein wenig sich geendert, Wil ich nu widervmb euch ewer schrifft furgehalten haben." A. a. O. (27,5–7).

[517] A. a. O. (27,9–11).

[518] „Verflucht sey solche liebe und einickeit ynn abgrund der helle, darumb das solche einickeit nicht alleine die Christenheit jemerlich zutrennet, sondern sie nach teufelisscher art noch zu solchem yhrem jamer spottet und nerret." WA 23, 81,19–22.

[519] Insofern trifft auch auf Luthers Antwort an Katharina Zell zu, was HAMM: Toleranz, 102 zu Luthers Abendmahlsschrift von 1527 schreibt: „Wo es um die unteilbare biblische Wahrheit geht, hat Liebe, Versöhnlichkeit und Duldsamkeit nichts zu suchen."

wege gebracht werden müsse. Der Straßburgerin empfahl er daher nachdrücklich, für die Konkordie zu beten.[520]

In seinem von Herzog Ernst von Lüneburg erbetenen Gutachten vom 1. Februar 1531 kam Luther auf die Behauptung Bucers zu sprechen, der Streit um das Abendmahl sei ein auf Missverständnissen beruhender Wortstreit gewesen. Er lehnte diese Ansicht weiterhin ab: „Das aber M. Butzerus furgibt, Es stehe der hadder ynn worten allein, da wolt ich gern vmb sterben, das so were. Es solte solcher Span sich nicht lange erhalten, auch noch nie angefangen haben."[521] Luther sah also an dieser Stelle sehr wohl einen Dissens in der Sache. Aber er äußerte keine Vorwürfe oder Verdächtigungen gegen Bucer. Das war keineswegs selbstverständlich. Bucer hatte nämlich nicht nur auf seiner Theorie vom Wortstreit beharrt; er hatte auch den Bruch mit alten Überzeugungen nicht markiert und in seiner Konkordienschrift behauptet, Luther habe sich ebenso wie die andere Seite, „vor des anderen furgeben vnnd leer, meer (myns glaubens) dann von nöten gewesen, besorget".[522] Damit aber hatte er – wenn auch für beide Seiten – genau das unterstellt, was Luther in seinem Brief an Melanchthon vom 11. September 1530 befürchtet hatte: dass das bisherige Verhalten von Luthers Seite im Streit um das Abendmahl schließlich als sachlich unangemessene Überreaktion angesehen werde.[523] Anders als im Vorjahr reagierte Luther nun nicht mehr mit schroffer Ablehnung und Verdächtigungen. Auch dies wird man darauf zurückführen können, dass er zumindest einen Teil der Gegenseite auf dem Weg zu einer wirklichen Verständigung sah und dass er Bucer als dem leitenden Kopf dieser Gruppe vertraute. Eine Veröffentlichung der Schrift lehnte Luther allerdings auch gegenüber dem Herzog ab, indem er der Schrift seine Anerkennung verweigerte.[524] Das Ziel der Einigkeit war noch nicht erreicht, doch auch hier zeigte Luther sich optimistisch:

„Darumb acht ich, das itzt so viel gnug sey gehandelt, bis Gott weiter gnade gibt, Nemlich, das wir zu beiden seiten des gegen ander schreibens stille stehen, als die zu beiden teyllen gnugsam vns vnternander vermanet vnd verstanden haben. Hatt Gott die gnad gegeben, das sie zulassen, Christus leib sey ym Sacrament leiblich gegenwertig der seelen, bin ich guter hoffnung, Sie werden auch vollend (mit der zeit) auch das nach lassen, das er also gleicherweise dem munde oder eusserlich ym brod gegenwertig sey."[525]

[520] „Es will solche hohe sachen nicht mit vnsern anschlegen nach andacht, sondern mit hertzlichm gebet vnd geistlichem seufftzer angriffen sein. Denn es ist Gottes sache, nit vnser. Gott muß dabey vnd da zu thun. Vnsers thun ist nicht. Bettet, Bettet, Bettet, vnd last Jhn sorgen!" Luther an Katharina Zell, 24. Januar 1531: WABr 6, 1777 (27,12–16).

[521] Luther an Herzog Ernst, 1. Februar 1531: WABr 12, 4244 (133,16–18).

[522] Bucer an Herzog Ernst, 31. Dezember 1530: MBBW 5, 368 (140,18f).

[523] Cf. dazu oben S. 59.

[524] „Aber das ich solt ynn solche seine deutung odder meynung willigen, hab ich yhm auch auffs glympfflichst abgeschlagen." A. a. O. (133,5f).

[525] A. a. O. (133,20–124,26).

Wie in dem Schreiben an den Kurfürsten zielte Luthers Argumentation auf das Bekenntnis zur äußerlichen Gegenwart des Leibes bei den Elementen und beim Mund.[526] Auch dieses Bekenntnis ist im Sinne Luthers aber nur dann recht verstanden, wenn in ihm ein Bekenntnis zur *manducatio oralis* als Implikat mitgedacht wird.[527] Aus Luthers Worten geht ein weiteres Mal hervor, dass er sich die entscheidenden Fortschritte nicht von seiner Art der Argumentation erwartete, sondern von Gottes allmählichem Wirken. Er selbst hatte Bucer auf der Coburg darauf hingewiesen, dass die notwendigen Veränderungen im gegnerischen Lager Zeit brauchen würden.[528] Diese Zeit, so ließ Luther Herzog Ernst wissen, wollte er nun Gott einräumen.

### 1.4.4 Bucers Versuche einer Nachbesserung

#### 1.4.4.1 Bucers Brief an Landgraf Philipp vom 5. Februar 1531

Am 5. Februar 1531 antwortete Bucer Landgraf Philipp auf das Schreiben, in dem die für den Kurfürsten bestimmte Stellungnahme Luthers zur Konkordienschrift zusammengefasst war.[529] Der an ihn gerichtete Brief Luthers vom 22. Januar lag ihm zu dieser Zeit noch nicht in Straßburg vor.[530] In einer Nachschrift des Briefes legte Bucer dem Landgrafen dar, dass er sich in einer schwierigen Situation befand. Er wusste nämlich, dass er eine Zustimmung Zwinglis, wie Luther sie gegenüber Johann von Sachsen verlangt hatte[531], nicht erlangen konnte.[532] Gleichzeitig befürchtete er, dass es Luther misstrauisch machen würde, wenn er in dieser Angelegenheit nicht bald eine Auskunft bekäme.[533] Zumindest die Zeit bis zum Bundestag in Schmalkalden wollte Bucer überbrücken.[534] Deswegen schlug er Philipp vor, dass dieser eine Abschrift seines Briefes ohne den an den Landgrafen gerichteten Zusatz Luther zukommen lassen könne.[535]

Im Brief selbst verwies Bucer zunächst auf die Übersendung der Schrift an die beiden Schweizer und die positive Stellungnahme Oekolampads sowie die indi-

---

[526] Cf. oben S. 94 f.

[527] Cf. dazu oben S. 98.

[528] Cf. oben S. 76.

[529] Cf. oben A. 461 und 462.

[530] Cf. dazu MBBW 5, 385 (241,26–28). Ebenso heißt es in Bucers Brief an Zwingli vom 6. Februar 1531: „Nondum redijt a Luthero nuncius noster". MBBW 5, 386 (246,2).

[531] Cf. dazu oben S. 93 f.

[532] „Hiebey will ich aber E[uern] f[ürstlichen] Gn[aden] jnn aller vnderthenikeyt nit bergenn, das ich schwerlich von m[agister] Huldrich sollich schrift bekommen werde, die d[octor] M[artin] Luther nit verletze oder gar abscheig mache." Bucer an Landgraf Philipp, 5. Februar 1531: MBBW 5, 385 (242,20–23).

[533] Cf. a. a. O. (243,9–11).

[534] „Köndte nůr gůt hoffnůng vnser vergleichung byß vff bedachte versamlůng bey d[oktor] Luther erhaltenn werdenn, woltenn wir dyß theils kein möglichen fleyß sparen, da mit der handel ein mal vff ein gůt ort kommen möchte." A. a. O. (243,13–16).

[535] „Dozu mechte filicht dienstlich sein, das meyn gegenwurtig schrifft an E[uer] f[ürstlichen] Gn[aden] von d[octor] Luther gelesenn würde." A. a. O. (243,11–13).

rekte Benachrichtigung, „das sollich bekantnůß auch m[agister] Huldrich, wie er jme [sc. Oekolampad] zugeschribenn, war vnnd recht bekenne“[536] und dass er daher auch mit der Publikation einverstanden sei.[537] Damit wollte er bei Luther offensichtlich den Eindruck erwecken, dass man mit einer endgültigen Zustimmung der beiden Schweizer rechnen könne. Es ist unbestreitbar, dass Bucer Zwinglis Haltung hier bewusst verfälscht wiedergab. Er log.[538]

Darüber hinaus griff Bucer auch Luthers inhaltliche Kritik an der Einigungsschrift auf. So behauptete er für sich und seine Straßburger Kollegen, man bekenne, „seytenmal [= weil] Christus im abentmal warlich zugegen, das er auch dem brott, vnserm mund vnnd leyb zugegen seye“.[539] Die von Luther erhobene Forderung, die Gegenseite müsse auch bekennen, dass der Leib „dem Munde dargereicht werde“[540], nahm Bucer in der Weise auf, dass er erklärte, die Straßburger seien bereit zu bekennen, „das wir den leyb Christi yn mund vnnd leyb entpfahenn“.[541] Ein im strengen Sinn verstandenes mündliches Essen lehnte er aber mit Hinweis auf die entstehenden Konsequenzen einer organischen Verdauung des Leibes Christi ab.[542] Unter erneuter Berufung auf Luthers Darlegungen zur *unio sacramentalis* erklärte er, „das wir den leyb Christi yn mund vnnd leyb entpfahenn, so ferr doch, das man bedenke [...] das solche ding, die eigentlich dem brot geschehenn, dem leyb Christi vmb der sacramentlichen eynikeyt willen, zugebenn werdenn.“[543] Gemeint war damit wieder einmal, dass man von einer *manducatio oralis* nur im Sinn einer ungenauen Redeweise sprechen könne.

Was die *manducatio impiorum* anbetraf, versuchte Bucer zunächst, die Relevanz dieser Frage auf verschiedene Arten herunterzuspielen.[544] Die Beschäftigung mit den außerhalb der Gemeinde stehenden Gottlosen stellte er als überflüssig hin. Auch Luther habe nur dafür gestritten, dass die Verlässlichkeit der

---

[536] A. a. O. (238,5–7).

[537] Cf. a. a. O. (237,7–238,9).

[538] Cf. dazu oben Kapitel 1.4.2. Zurückhaltender urteilt KÖHLER: Zwingli und Luther II, 262, Bucers Auskunft sei „zweifellos schönfärberisch formuliert“.

[539] Bucer an Landgraf Philipp, 5. Februar 1531: MBBW 5, 385 (240,20 f).

[540] Luther an Kurfürst Johann, 16. Januar 1531: WABr 6, 1773 (21,28).

[541] Bucer an Landgraf Philipp, 5. Februar 1531: MBBW 5, 385 (240,22).

[542] „Dan das mundtlich esse nye nichts anders ist dan etwas, so zur narung vnnd vffenthalt des leybs dienen mag, yn mundt nemmen, hinab yn magen lassenn, doryn es gekochet, gescheiden vnnd dann zur steur der gelider fürter gereyniget vnnd vßgetheylet werde. Solichs gibt nun niemants dem leyb Christi zu.“ A. a. O. (240,25–241,2).

[543] A. a. O. (240,22–25).

[544] So verwies er auf Leute von Luthers Seite, die in Marburg 1529 erklärt hätten, man wolle es an diesem Punkt nicht scheitern lassen, „wo wir nür die war gegenwürtigkeyt Christi jm sacrament bekenneten“. A. a. O. (239,4). Dazu cf. OsGA 3, 439, 1–9. Zu den entscheidenden Beratungen in Marburg cf. die entsprechende Passage in Osianders Bericht in BDS 4,355,37–356,4. Außerdem behauptete Bucer, dieser Artikel werde von niemandem gesondert behandelt und gab zu verstehen, dass er ihn nicht unter die Hauptpunkte der Auseinandersetzung rechnen wollte. Cf. Bucer an Landgraf Philipp, 5. Februar 1531: MBBW 5, 385 (239,10–14).

Verheißung Christi innerhalb der Gemeinde nicht in Frage stehe. Bucer unterschied dafür die Gruppe derer, die außerhalb der Gemeinde stehen, von der Gruppe der Christen und stellte die Frage: „dann was ghan vns die an, die drüssen sind, wo vns nur der verheissung vnnd den worten Christi, dorumb d[oktor] Luther gestrittenn, nichts abgeprochenn [...] werde"?[545] Ausdrücklich betonte er, man halte auf seiner Seite diese Lehre nicht deswegen für beschwerlich, weil man „die verheissung Christi nach glauben der menschen messen"[546] wolle. „Es glaube jeman oder nieman, wissen sy wol, das alle zusag Christi müssen ja vnd amen seyn."[547] Damit war eindeutig erklärt, dass Bucer die ergangene Verheißung Christi nicht in dem Sinn konditioniert sehen wollte, dass sie erst aufgrund eines vorhandenen Glaubens ihre Geltung erlange und erfüllt werde. Entsprechend konnte Bucer festhalten, dass er Christi Verheißung „vff seyne selb warheit vnnd gar nicht vff der entpfahenden glaubenn"[548] setze. Doch blieb er auch hier seiner Vorstellung treu, dass diese unverbrüchliche Verheißung *ex parte Dei* nicht jedem galt. Er formulierte seine Auffassung, dass Christus die Darreichung seines Leibes nur seinen Jüngern zugesagt habe, jedoch zurückhaltend als einen Einwand anderer[549] und stellte dessen argumentatives Gewicht ausdrücklich anheim.[550] In der Sache lag die Beschränkung der Darreichung des Leibes und Blutes Christi auf die Gläubigen damit wieder im prädestinatianischen Charakter der Verheißung selbst begründet.[551]

Vergleichsweise unklar äußerte sich Bucer über diese Frage noch an einer anderen Stelle des Briefes. Dort gab er es als eine allgemein gültige Auffassung aus, „das er [sc. der Leib Christi] vns do gemeynlich zur speiß der seelen dargereichet werde, obgleich wol die vngläubigenn solcher speiß nit geniessen oder sy zum leben nit befindenn."[552] Man konnte ihn hier so verstehen, dass die Ungläubigen zur Gruppe derer, denen der Leib Christi angeboten wird, gerechnet werden sollten, und dass ihnen nur der heilsame Empfang vorenthalten blieb.

---

[545] A. a. O. (241,10–12).

[546] A. a. O. (239,16f).

[547] A. a. O. (239,17f).

[548] A. a. O.(241,20f).

[549] „Yr etliche bedencken aber, das der Her, wie die euangelisten schreibenn, zu seinen jungern gesagt hat: ‚Nemet, esset, das ist meyn leyb' und das jn worten des Herren folget: ‚der für euch gegebenn, das für euch vergossen würdt', item: ‚diß ist der kelch des neuwenn testaments', vß wölchem sy anders nt erkennen kunden, dann das die übergebung des leybs Christi nur seynen jungern vnnd den warenn jugern, wölche des neuwen testaments, durch hingeben vnd vergiessen des leybs vnnd bluts Christi erworben, theylhafftig seyndt, zugesagt seye [...]." A. a. O. (239,19–240,7).

[550] „Nun, dem sye aber wie jm wölle [...]." A. a. O. (240,18).

[551] Dafür musste Bucer sich selbst keineswegs aufgeben, wie KÖHLER: Zwingli und Luther II, 263 behauptet. Die prädestinatianische Einschränkung ließ sich ohne Weiteres mit der Aussage verbinden, dass man die Verheißung Christi „vff seyne selb warheit vnnd gar nicht vff der entpfahenden glaubenn" setze. Cf. oben A. 548.

[552] Bucer an Landgraf Philipp, 5. Februar 1531: MBBW 5, 385 (241,3–5).

### 1.4.4.2 Bucers Brief an Luther vom Februar 1531

Kurz nach dem 6. Februar 1531[553] verfasste Bucer einen Brief an Luther. In ihm ging er detailliert auf dessen Schreiben vom 22. Januar 1531 ein.[554] Auf Luthers Zweifel, ob denn der vorgelegte Versuch einer Konsensformulierung auch Zwingli und Oekolampad umfasse, antwortete Bucer wieder mit einem Verweis auf die geführten Gespräche und die vorliegenden Briefe.[555] Oekolampad werde mit vielen anderen Geistlichen „eine feste Gegenwart Christi im Mahl, auch mit den Symbolen" lehren.[556] Bucer gestand zwar einen gewissen Vorbehalt Zwinglis ein, erklärte diesen aber mit dessen Furcht vor Missverständnissen und verwies darauf, dass Zwingli die Publikation der Einigungsschrift erlaubt habe, „weshalb es eine große Hoffnung gab und weiterhin gibt, dass aus diesen Anfängen ein Schritt zu einer beständigen Konkordie gemacht werde."[557] Er verschwieg allerdings, dass Zwingli sich ausdrücklich nicht auf ein Bekenntnis zu der seiner Ansicht nach missverständlichen Konkordienschrift hatte festlegen wollen und dass er ihr auch keine andere legitime Funktion hatte zubilligen wollen, als die Beförderung der Verhandlungen um ein evangelisches Verteidigungsbündnis.[558] Tatsächlich sollte sich Zwingli um diese Zeit endgültig von den Konkordienbemühungen Bucers abwenden.[559]

Im Rahmen seiner inhaltlichen Ausführungen nahm Bucer zunächst Luthers Anfrage vom 22. Januar 1531[560] direkt auf und versicherte, dass es seine Seite keineswegs beschwere[561] zu bekennen, „dass der Leib Christi auch mit dem Brot von außen dem Mund der Frommen wie der Gottlosen dargeboten wird."[562]

---

[553] Zum Problem der Datierung cf. MBBW 5, 387 (251 A.2). Die einfachste Lösung besteht in der Annahme, dass Bucer sich bei der Datumsangabe verschrieben haben muss, so dass es statt „quinto non[as] feb[ruarij]" heißen muss: „quinto idus februarij". Damit wäre die Abfassung des Briefes auf den 9. Februar 1531 zu datieren.

[554] „Literas tuas, praeceptor obseruande, XXII Ianuarij ad me datas, legi gratiasque Domino cum fratribus et symmystis meis ago, qui dedit, ut nostra tibi confession vel hactenus satisfecerit." Cf. a. a. O. (253,2–4).

[555] Cf. a. a. O. (253,4–7).

[556] „[...] solida Christi in coena etiam cum symbolis praesentia docebitur." A. a. O. (256,11 f).

[557] „Zvinglius adhuc, meo iudicio, plus satis timet vulgo obtrudi naturalem Christi manducationem tanquam periturae escae ventris cum iactura fidei de veritate humani corporis in Christo. Confessionem tamen meam illam quam misi, passurus erat, ut ederetur. Quare bona spes erat et adhuc est, ex hisce initijs gradum fieri ad solidam concordiam." A. a. O. (256,12–17).

[558] Cf. oben S. 89. Zutreffend urteilt hierzu Bizer: Studien, 51: „Hier, in dieser Verschleierung des wahren Standpunktes des andern Teils, liegt zweifellos eine diplomatische Unredlichkeit."

[559] Cf. dazu Zwingli an Bucer und Capito, 12. Februar 1531: MBBW 5, 389 (dort besonders: 266,9–13).

[560] Cf. oben S. 97–99 und A. 471.

[561] „Id vero, colende Luthere, nos nihil grauat [...]." Bucer an Luther, [n. d. 6. Februar 1531]: MBBW 5, 387 (253,12 f).

[562] „[...] corpus Christi etiam cum pane offerri foris ori tam piorum, quam impiorum." A. a. O. (253,11 f).

Bucer legte dies aber dahingehend aus, dass man bekenne, „dass er [sc. der Leib Christi] gewiss mit dem Brot da sei und deshalb aufgrund der sakramentlichen Einheit des Leibes auch dem Mund angeboten werde, und dies sowohl [dem Mund] der Gottlosen wie der Frommen."[563] Dies ließ sich so verstehen, dass Bucer hiermit wirklich die äußerliche Gegenwart des Leibes Christi für Gottlose und Fromme konzediert hatte. Ein in etwa zeitgleich verfasster Brief an Ambrosius Blarer, Konrad Sam und einige andere Theologen seiner Seite macht hingegen deutlich, dass er auch mit dem Rückgriff auf seine Deutung der *unio sacramentalis* ein ganz anderes Verständnis im Sinn hatte: Er wollte Luthers Forderung, dass Christus auch äußerlich dem Mund aller Kommunikanten angeboten werde, unter der Bedingung zugestehen, dass Luther anerkenne, dass die Legitimität einer solchen Redeweise darauf beruhe, dass „allen in gleicher Weise das *Brot* angeboten wird, das in gewisser Weise deshalb der Leib des Herrn ist, weil es sein *Zeichen* ist."[564]

Unverändert beharrte Bucer darauf, dass der Leib Christi allein als Seelenspeise dargereicht werde. Diese Aussage richtete sich nach seiner Auskunft aber allein gegen das Missverständnis, dass man Luther unterstelle, er wolle den Leib Christi zu einer natürlichen Speise machen.[565] Ein weiteres Mal berief er sich hier auf Luthers Ausführungen zur *unio sacramentalis* und führte aus, Luther selbst zeige hier, dass alles, was sonst zur natürlichen Speise gehöre wie Verzehrtwerden und Verdautwerden dem Leib Christi eigentlich nicht zukomme (proprie non fieri), ihm aber wegen der *unio sacramentalis* zugeschrieben werde (tribui).[566] Immerhin war er aber bereit einzuräumen, dass die Kraft der Unsterblichkeit von der Seele auf den menschlichen Leib überfließen könne.[567]

Ausdrücklich stellte Bucer als Antwort auf Luthers entsprechenden Verdacht heraus, dass sich mit dem Begriff *cibus animae* keineswegs verknüpfe, dass „ich

---

[563] „Cumque confitemur verbis et sacramentis Christi corpus porrigi, certe cum pane illud adesse eoque propter sacramentalem vnionem corporis quoque ori offeri agnoscimus, idque tam impiorum, quam piorum." A. a. O. (254,12–14).

[564] „Porro de reliquis, quae Lutherus poscit, ut fateamur Christum et foris ori cum impiorum tum piorum exhiberi, si translatitium sermonem hunc agnosceret ita, vt videtur in confessione sua eum exponere, vt nimirum intelligeret ideo sic loquendum, quia panis pariter omnibus offertur, qui ratione quadam est corpus Domini, eo quod sacramentum eius sit, nos haud grauaremur dicere etiam externe et tantum impijs quantum [Konjektur] pijs offerrj." Bucer an Blarer et alii, 20. Februar 1531: MBBW 5, 392 (286,24–29) [Hervorhebung H. R.].

[565] „[...] sed quod voluerim ijs satisfacere, qui te falso putant corpus Christi naturalem corporis cibum facere [...]." Bucer an Luther, [n. d. 6. Februar 1531]: MBBW 5, 387 (253,14–16).

[566] „Jn eo vtique, quod scribis: ‚Nam id, quod pani fit etc.', agnoscis, manu capi, dentibus teri, ita deinde in ventrem traijci, concoqui et, quae reliqua naturalis cibi sunt, omnia proprie pani fieri, corpori Christi autem tribui propter sacramentalem vnionem atque ideo proprie non fieri. Non igitur praebetur Christi corpus in coena in cibum ventris, sed animae; huius nanque, non illi[us] alimonia hic queritur." A. a. O. (254,6–12).

[567] „[...] id tantum adijeciens, hoc omne alendae animae caussa, non corporis, nisi quatenus in hoc ab anima redundat vis immortalitatis, institutum esse." A. a. O. (257,14f).

nicht glaube, dass der Leib Christi in mehreren Dingen zugleich anwesend sein und dargereicht werden könne".[568] Ebenso verwahrte er sich dagegen, seine Formulierung, Christus sei der Seele gegenwärtig, so aufzufassen, „dass ich ihn darüber den Symbolen abwesend mache, da ich doch sage, dass er durch die Symbole aufgenommen und als Gegenwärtiger dargeboten wird"[569].

Ausführlich ging Bucer auf die mit dem Abendmahl verbundenen christologischen Fragen ein. Dabei bezog er sich in einer Paraphrase auf die von Luther in seiner Abendmahlsschrift von 1528 vorgelegte Erörterung zu den verschiedenen dem Leib Christi zukommenden Modi der Gegenwart:

„Denn weil Du unter die Weisen, mit denen der Leib Christi zugleich sowohl im Himmel wie auch im Mahl gegenwärtig sein könne, auch diese rechnest, ‚dass man, weil er im Zentrum aller Kreaturen an einem bestimmten Ort sitzen kann, sagen kann, wenn ein bestimmter Ort oder Teil der Kreaturen vorgelegt wird, wie wenn Brot und Wein durch das Wort hingestellt werden: Siehe, hier ist wahrhaft der Leib Christi im Brot, genauso wie es möglich ist, wenn ein bestimmter Teil eines Kristalls vorgelegt worden ist, in dessen Mitte eine Art von Funke oder Flämmchen ist, zu sagen: Siehe, hier im nächsten und äußersten Teil des Kristalls in ein Funke', verneinst Du sicherlich nicht, dass der Leib Christi räumlich im Himmel ist, und behauptest nicht, dass er räumlich im Brot sei, weshalb mir nicht klar ist, was es zwischen uns wirklich an Differenzen gibt, weil wir mit den Vätern bekennen, dass Christus wegen der Art des wahren Leibes an irgendeinem Ort im Himmel und dennoch zugleich im Sakrament wahrhaft gegenwärtig ist."[570]

Bucer fasste Luther demnach so auf, als habe dieser zur Begründung seiner eigenen Position Gedanken entwickelt, wie man die beiden Aussagen, dass der Leib Christi zugleich an einem Ort im Himmel und im Abendmahl gegenwärtig sei, miteinander in Einklang bringen könne. Aus diesem Grund meinte er, Luther bei der Auffassung behaften zu können, „dass der Leib Christi räumlich im Himmel ist". Luther hatte in der entsprechenden Passage seiner Schrift aber gar nicht seine eigenen christologischen Voraussetzungen entfaltet. Vielmehr hatte er darlegen wollen, dass die von seinen Gegnern angestellte Schlussfolgerung, der zufolge Christi Leib nicht im Abendmahl sein könne, weil er an einem Ort des

568 „Id vero, colende Luthere, nos nihil grauat, neque illud (in cibum animae) in hoc adieci, quod non credam Christi corpus posse in pluribus rebus simul adesse et porrigi [...]." A. a. O. (253,12–14).

569 „[...] non quod praesentiam Christi ita animae addicam, vt symbolis interim absentem faciam, quum tamen symbolis dicam illum suscipi praesentemque exhiberi [...]." A. a. O. (257,11–13).

570 „Etenim cum inter rationes, quibus possit Christi corpus simul et in caelis et in coena adesse, et hanc numeres, ‚quod sedere queat in medio omnium creaturarum, certo in loco, cumque certus proponitur creaturarum locus aut portio, ut cum sistitur panis et vinum per verbum, dici posse: en hic est vere Christi corpus in pane, quemadmodum dicere licet proposita certa christalli parte, in cuius medio scintilla quaedam aut flammula est: en hic in proxima et extima christalli parte scintilla est', certe Christi corpus nec negas esse localiter in caelo nec affirmas esse localiter in pane. Quare, cum nos cum patribus propter veri corporis modum esse in aliquo caeli loco Christum et vere tamen in sacramento simul adesse confitemur, haud liquet, quid inter nos re ipsa variet." MBBW 5, 387 (255,19–256,2).

Himmels sei, auch unter der von ihm ausdrücklich nicht geteilten Bedingung, dass der Leib Christi einem himmlischen Aufenthaltsort verhaftet sei, nicht zulässig sei[571], weil bei einem solchen Schluss die Allmacht Gottes außer Acht gelassen werde. Das Gleichnis vom Kristall hatte ihm dabei nur für eine Schlussfolgerung *a minore ad maius* gedient:

„Meinstu nicht, das Gott viel wůnderbarlicher und warhafftiger konne Christus leib ym brod dar stellen (ob er gleich an einem ort ym hymel were), denn mir das fůncklin ym Christall furgestellt wird? Nicht dencke ich, das solchs gewis so sey, Sondern das Got solchs nicht vmmůglich sey".[572]

Zweifelsohne entstellte Bucer Luthers Auffassung, indem er das, was dieser im Rahmen eines Gedankenexperimentes zur Widerlegung seiner Opponenten geäußert hatte, als dessen persönliches Bekenntnis ausgab, um seine eigene christologische Position zu legitimieren. Andererseits wird auch deutlich, worin Bucer Luthers Darlegungen entsprach: Luthers Kampf hatte der Überzeugung gegolten, dass der Glaubensartikel von der *sessio ad dextram* ein die Lehre von der Gegenwart Christi im Abendmahl widerlegendes Argument sei. Bucer blieb zwar dabei, die Gegenwart Christi im Himmel als räumliche Gegenwart aufzufassen, aber er gebrauchte diese Auffassung nicht mehr, um die Präsenz des Leibes Christi im Abendmahl gänzlich zu bestreiten. Er postulierte neben der *in uno loco coeli* gegebenen räumlichen Form der Gegenwart des Leibes eine weitere, die dem Sakrament eigen sein sollte.

Ausführlich legte Bucer in diesem Brief auch dar, was er eigentlich unter dem Begriff *impii* verstanden wissen wollte. Bei seinen Ausführungen war er erkennbar von der Absicht geleitet, das Thema als für die angestrebte Einigung irrelevant darzustellen. Er wies Luther darauf hin, dass durch die Einsetzungsworte, weil sie zu den Jüngern gesagt seien, „nicht erfordert wird, dass wir über die in dieser Sache streiten, die ja offenkundig nicht Christi Jünger sein wollen".[573] Entsprechend bemühte er sich, in seinen Darlegungen zum Empfang des Leibes Christi die *impii* als eine außerhalb der christlichen Gemeinde stehende Gruppe darzustellen, mit der man sich nicht beschäftigen müsse:[574] Gottlos nannte er die, die völlig ohne Glauben sind, Christus nicht kennen, im Abendmahl nur eine gewöhnliche Mahlzeit sehen und die offensichtlich nicht Christi Jünger sein

[571] Sein Anliegen fasst Luther in die Worte, er habe seinen Opponenten zeigen wollen, „das sie yhr ding nicht konnen erhalten noch unsern verstand verdamnen, wens gleich war were, da sie sagen, Christus sey ym hymel an einem sondern ort, wie wol sie dasselbige auch nicht wissen noch beweisen [...]." WA 26,337,26–29.

[572] A. a. O. 337,21–24.

[573] „[...] cum verba illa dicta sint ad discipulos, non exigi per ea, vt de ijs quoque disputemus hac in re, qui ex professo nolu[nt] etiam Christi discipuli esse [...]." Bucer an Luther, [n. d. 6. Februar 1531]: MBBW 5, 387 (257,9–11).

[574] „Malim tamen dicere nihil ad nos qui foris sunt, quam cum quoquam christiano, nedum tecum aut quouis alio Christi praecone de istis contendere." A. a. O. (254,24–26).

wollen.[575] Menschen dieser Art konnte man nach Bucers Auffassung den Empfang des Leibes Christi nicht zugestehen, da sie nicht von Mäusen zu unterscheiden waren, die auch nur das Brot zernagen könnten.[576] Uneindeutig blieb hingegen seine Aussage darüber, ob den Gottlosen Leib und Blut Christi angeboten wird: „Aber die Gottlosen, wie Du schreibst, empfangen ihn [sc. den Leib Christi] nicht, wie die Blinden das Sonnenlicht nicht empfangen, auch wenn es in gleicher Weise ihre Augen trifft wie die der Sehenden."[577] Man konnte Bucer hier so verstehen, dass der herangezogene Vergleich mit der Sonne auch in der zweiten, die Einstrahlung des Lichtes fassenden Bildhälfte als Analogie zu der Situation der Gottlosen verstanden werden sollte und dass mithin den Gottlosen der Leib ebenso angeboten werde wie die Sonne den Blinden.

Von diesen Gottlosen grenzte Bucer die Jünger Jesu ab, für die das Mahl eingesetzt sei.[578] Unter ihnen gab es nun wiederum eine Gruppe von Jüngern, die den Leib Christi nach Bucers Auffassung wohl empfingen, aber nicht zum Heil. Über sie heißt es, sie wüssten, dass hier der Leib Christi angeboten werde.[579] Über die näheren Umstände, die einen heilvollen Empfang ausschließen sollten, äußerte sich Bucer hingegen nicht. Es kam ihm primär darauf an, die Gruppe der *völlig Glaubenslosen*[580], die den Leib Christi nicht empfingen, von ihnen möglichst deutlich abzusetzen[581] und sie vor Luther als eine im Zusammenhang der Konkordienbemühungen eigentlich zu vernachlässigende Größe darzustellen, mit der man innerhalb der Gemeinden nicht zu rechnen habe. Zum Ende des Briefes plädierte Bucer schließlich dafür, dass man den Einsetzungsworten vollkommen gerecht werde, wenn man sich auf das Bekenntnis beschränkte, „dass der Leib des Herrn mit dem Brot wahrhaft dargeboten wird."[582]

In seiner Auseinandersetzung mit Luthers Überlegungen zum Problem der Interkommunion richtete sich Bucer zum einen gegen Luthers Behauptung, dass man in Straßburg nur Brot und Wein empfangen könne, „da die Gaben Gottes nicht vom Glauben und Verdienst des Pfarrers oder auch der Mitfeiernden ab-

---

[575] Cf. a. a. O. (254,20–24; 257,11).

[576] „Quibus, qui nihil penitus fidei habent deque hoc pane prorsus aliud non sentiunt quam de quouis alio pane, hi non video, quid a muribus hunc panem rodentibus distent." A. a. O. (254,20–22).

[577] „Verum impij, vt scribis, illud non recipiunt, uti caeci non recipiunt lumen solis, tametsi aeque ipsorum atque videntium oculos feriat." A. a. O. (254,14–16).

[578] „Vtque hoc sacrum Christus suis discipulis instituit, ita nescio plane, quid eius huiusmodi adeo nihil Christi cognoscentibus tribuam." A. a. O. (254,22–24).

[579] „Imo eos, qui sciunt hic Domini corpus offeri, recipere quoque illud, etsi anima eorum perniciem hinc accipiat, non pascatur, fatemur. Neque enim hi ad illud ita ut caeci ad lumen solis se habent, postquam verba Domini recipiunt." A. a. O. (254,16–20).

[580] Zu diesem Begriff cf. Friedrich: Martin Bucer, 82 und ähnlich Bizer: Studien, 52.

[581] Bucer betonte, dass es sich bei den *impii* nach seinem Verständnis um gänzlich Ungläubige handeln würde, die *gar nichts an Glauben* (nihil penitus fidei) haben. Cf. oben A. 576.

[582] „Sed vt tandem de tabla manum tollam, unum volo e monere, meam conscientiam sentire, exigere haec vera Domini: ‚Accipite etc.', ut credamus corpus Domini cum pane vere offerri." A. a. O. (257,5–7).

hängen."[583] Er versicherte Luther zum anderen, dass die von ihm vorgetragene Meinung in der Straßburger Gemeinde und in vielen anderen Gemeinden auch verkündigt werde.[584] Damit bekannte er sich aber zu der Predigt und Lehre normierenden Bedeutung der Konkordie, auf der Luther in seinem Brief an den Kurfürsten vom 16. Januar 1531 insistiert hatte.[585]

Hinsichtlich des weiteren Verfahrens schloss er sich Luthers Urteil an: Seine eigene Seite sah er dazu verpflichtet, in den Gemeinden die vorgelegte Abendmahlslehre zu stärken. Luther sollte mit seinen Leuten die Anfänge der Einigkeit durch Freundlichkeit und Gebet befördern.[586] Dass seine Einigungsschrift nicht zur Veröffentlichung gelangte, akzeptierte Bucer.[587] Er nahm damit die von Luther gewährte Reifezeit in Anspruch. In einer von Jonas angefertigten Übersetzung eines von Bucer zeitgleich an Melanchthon gesandten Briefes, der selbst nicht erhalten ist, heißt es: „Ich merck, das doctor Martinus meynung jst, wie es warlich jst, man muste solichs entzlen vnd nyt plotzlich weg thun. Vnd drynne wollen wyr hie guten fleys thun [...]."[588]

### 1.4.5 Die Beurteilung von Bucers Nachbesserungsversuchen durch Luther

#### 1.4.5.1 Luthers Gutachten für Kurfürst Johann vom 16. Februar 1531

Landgraf Philipp kam Bucers Wunsch nach Weitergabe des Briefes vom 5. Februar an Luther nach, indem er ihn an Kurfürst Johann von Sachsen sandte. Dieser wiederum stellte Luther durch Kanzler Brück um den 16. Februar 1531 zunächst nicht Bucers Brief, sondern nur einen von Landgraf Philipp verfassten Begleitbrief[589] zur Beurteilung zu, der nicht erhalten zu sein scheint. Luther hielt sich deswegen in seiner Antwort an den Kurfürsten vom 16. Februar 1531 mit seinem Urteil über den Stand der Entwicklung zurück. Vor einer eingehenderen Auskunft wollte er zunächst auf das warten, „was mir die zu Strasburg, Mart. Bucerus vnd die seinen, auff meine schrifft [sc. den Brief vom 22. Januar 1531] antworten."[590] Von Interesse ist Luthers Schreiben dennoch, weil er in ihm noch einmal die Position formulierte, hinter die er in den Verhandlungen nicht

[583] „[...] cum a fide meritoqve [Konjektur] ministri aut etiam simul communicantium dona Dei non pendeant [...]." A. a. O. (255,4f).

[584] „Ex his habes abunde meam hac in re sententiam, quae diligenter in nostra ecclesia docetur et plerisque alijs [...]." A. a. O. (257,15–17).

[585] Cf. oben Kapitel S. 94 und A. 452.

[586] Cf. Bucer an Luther, [n. d. 6. Februar 1531]: MBBW 5, 387 (255,7–12).

[587] Cf. a. a.O (255,12f).

[588] Bucer an Melanchthon, [n. d. 6. Februar 1531]: MBBW 5, 388 (260,6–8).

[589] „Auff das foddern, So Doctor Bruck von wegen E. k. f. g. an mich gethan, der schrifft von m. g. herrn dem Landgraven halben, Jst das mein vnterthenigs antwort [...]." Luther an Kurfürst Johann, 16. Februar 1531: WABr 6, 1782 (38,5–7).

[590] A. a. O. (38,8f).

zurückzugehen gedachte. Er bekannte: „Ich kann fur war nicht weiter weichen odder nach geben. Mich dunckt, ich hab viel gethan, wo es sonst helffen solt."[591] Es ging ihm um das unabdingbare Zugeständnis der Gegenseite, dass „der leyb vnd das blut Christi sey eusserlich auch ym brot gegenwertig vnd werde von bosen vnd frumen gleich viel empfangen vnd gehandelt"[592]. Auch von daher ist festzuhalten, dass Luther seine im Brief an Bucer auf die äußerliche Darreichung des Leibes Christi zugespitzte Formulierung nicht als ein Zugeständnis verstand, sondern in ihr die leibliche Nießung von seinen eigenen theologischen Voraussetzungen her impliziert sah.[593] Bemerkenswert ist darüber hinaus Luthers mit dem Gebrauch des Verbes ‚handeln' verbundenes Insistieren, dass die Gültigkeit der Konsekration nicht von der subjektiven Disposition des Pfarrers abhängen dürfe.[594] In der Auseinandersetzung der letzten Monate hatte diese Frage zwischen Bucer und Luther keine Rolle gespielt. Dass Luther auch hier Eindeutigkeit verlangte, wird man daher nicht unmittelbar als aus dem kontroverstheologischen Kontext motivierte Äußerung verstehen können. Vielmehr dürfte Luther sich an dieser Stelle so geäußert haben, weil es auch hier um die Gewissheit der Empfänger ging. Erst wenn auch in dieser Hinsicht die Unumstößlichkeit der göttlichen Einsetzung klar herausgestellt war, konnte Luther zufrieden sein, weil nur so wirklich garantiert war, dass die verheißene Gegenwart von Leib und Blut allein von dem Wort der Verheißung abhing und sich das Vertrauen der Empfänger daher auch allein auf dieses Wort richten konnte.

Aufschlussreich für ein Verständnis dessen, welche Vorstellung Luther von der Abendmahlstheologie Bucers hatte, ist die von ihm dargebotene Argumentation zugunsten einer Anerkennung der *manducatio impiorum*:

„Lieber Gott, sol das so schwer ding sein, das man gleube, Ein gottloser muge den leib Christi ym brod empfahen, So sie doch müssen gleuben, das der teufel Christum leiblich furet auff den tempel vnd hohen berg, Vnd hernach die Juden yhn griffen vnd Creutzigten?"[595]

Dieser Gedankengang vermochte nur unter der Voraussetzung zu überzeugen, dass der im Abendmahl gegenwärtige Leib Christi mit dem irdischen Leib Jesu im Blick auf die Tangibilität vergleichbar war. Genau diese Voraussetzung aber teilte Bucer nicht. Der Leib des Erhöhten war für ihn allen sinnenhaften Zugrif-

591 A. a. O. (38,15–17).

592 A. a. O. (38,11–13) Luther formulierte dies nicht direkt als Forderung, sondern machte in einer negativen Wendung deutlich, dass die Verhandlungen keine Aussicht auf Erfolg haben könnten, wenn Bucers Seite von vornherein die Absicht verfolgt habe, sich gegen dieses Bekenntnis zu sperren. Diesen Verdacht entnahm Luther dem nicht erhaltenen Begleitbrief von Landgraf Philipp. Cf. a. a. O. (38,9–15).

593 Cf. dazu oben S. 94 f.

594 Das Verb „handeln" verwendete Luther immer wieder, um die Verwaltung des Abendmahls durch den Geistlichen zu bezeichnen. Cf. dazu BSLK D710,37; 715,32 (BSELK 1136,26; 1142,34); WA 30 II, 608,28. Cf. außerdem Goertz: Deutsche Begriffe, 301 und A.7.

595 Luther an Kurfürst Johann, 16. Februar 1531: WABr 6, 1782 (38,17–20).

fen prinzipiell entzogen. Dass Luther seine Argumentation auf einer Bedingung aufbaute, die Bucer gar nicht teilte, zeigt ein weiteres Mal, dass er die spezifische Deutung, die der Straßburger der *unio sacramentalis* gab, in ihren Konsequenzen nicht verstanden hatte. Entsprechend musste ihm die Position des Straßburgers kurios und inkonsequent erscheinen.

#### 1.4.5.2 Das Wittenberger Gutachten für Kurfürst Johann vom 16./17. Februar 1531

Wohl als Reaktion auf Luthers zurückhaltendes Urteil ließ der Kurfürst im Anschluss Bucers Brief an Landgraf Philipp nach Wittenberg schicken. So entstand kurz nach Luthers erstem Schreiben am 16. oder 17. Februar 1531[596] auf dieser Grundlage[597] ein Gutachten. Dieses wurde wahrscheinlich von Melanchthon verfasst und von Luther und Jonas mitunterzeichnet. Für die Abfassung durch eine einzelne Person spricht der Gebrauch des singularischen Possessivpronomens in der Wendung „an m.[einen] g. h. Landgraven".[598] Die Annahme der Autorschaft Melanchthons wird dadurch gestützt, dass hier wie in seinem etwa zeitgleichen Schreiben an Bucer ein Vergleich zwischen der Präsenz Christi im Abendmahl und der Präsenz Gottes auf dem Gnadenstuhl angestellt wird.[599] Ob der Kurfürst selbst ausdrücklich um ein kollektiv verantwortetes Urteil gebeten hatte oder ob Luther selbst in dieser Frage das Urteil seiner Freunde gesucht hatte, lässt sich nicht entscheiden.[600] Auch dieses Gutachten wurde aber unter einem Vorbehalt abgegeben, da Bucer sich in seinem Brief an den Landgrafen noch nicht auf Luthers Schreiben hatte beziehen können und man auch noch keine direkte Antwort der Straßburger in Händen hatte. Weitere Schritte gegenüber der anderen Seite setzten also zunächst eine direkte und verbindliche Stellungnahme zu Luthers Brief vom 22. Januar 1531 voraus.[601]

---

[596] Cf. zur Datierung WABr 6, S. 39 und MBWReg 2, 126 (21 f).

[597] „Auff Butzers schrifft an m. g. h. den Landgraven haltendt, gegeben am v. Februarii ist dis unser bedencken [...]." Gutachten von Luther, Jonas und Melanchthon für Kurfürst Johann, 16. Februar 1531: MBW 5, 1126 (54,2 f).

[598] Cf. A. 597.

[599] Cf. Melanchthon an Bucer, 22. Januar 1531: MBBW 5, 380 (209,7–210,2) und Gutachten von Luther, Jonas und Melanchthon für Kurfürst Johann, 16. Februar 1531: MBW 5, 1126 (55,14–17).

[600] Zur Wertschätzung, die Luther dem Urteil seiner Freunde entgegenbrachte, cf. WOLGAST: Kollektivautorität, 87–100. Zur sog. „Wittenberger Kollektivautorität" gehörten eigentlich auch Cruciger und Bugenhagen. Letzterer konnte an den Beratungen nicht teilnehmen, da er zu dieser Zeit in Lübeck war. Cf. dazu JUNGHANS: Luther in Wittenberg, 26. Für Crucigers Fehlen hingegen weiß ich keinen Grund zu nennen.

[601] „Nachdem doctor Luther dem Butzer geschrieben hat, darauff Butzer noch nicht geantwort, das man nicht woll etwas weiter handeln kann, sie haben den zuvor auff gedachte schrifft geantwort. So zeigt auch Butzer hie ann, das er datzumal denn v. Februarii doctor Luthers schrifft noch nicht gehabt hadt." Gutachten von Luther, Jonas und Melanchthon für Kurfürst Johann, 16. Februar 1531: MBW 5, 1126 (54,3–7).

Bucers Behauptungen zur Rezeption der Einigungsschrift durch Oekolampad und Zwingli wurde keine Aufmerksamkeit geschenkt. Es ging in der Stellungnahme um die im engeren Sinne theologischen Aspekte: Bucers Aussage, dass Christus nicht nur der Seele, sondern auch den Elementen und dem Mund der Kommunikanten gegenwärtig sei, wurde als ein über die Einigungsschrift hinausführendes Zugeständnis aufgefasst und begrüßt.[602] Eine Formulierung Melanchthons, dass der Leib Christi wahrlich bei dem Zeichen sei, wurde offenbar als inhaltlich gleichbedeutend angesehen.[603] In dieser Zusage aber war nach dem Urteil der Gutachter die als wesentlich angesehene Grundentscheidung in der richtigen Weise gefallen:

„Dan so sie also lereten, were dem sacrament sein recht geburent eigenschaffft gegeben. Dan so sich gott an ein zeichen bindet, und wie er sich daran bindet, ist er warlich bey und mit dem zeichen [...] und nicht allein in der heyligen hertzen."[604]

Man sah sich daher inhaltlich einer Konkordie schon näher, wobei allerdings zwei Anfragen bestehen blieben: Es drängte sich zum einen weiterhin die Frage auf, ob Bucers Formulierungen auch Bestandteil der öffentlichen Verkündigung waren.[605] Zum anderen blieb auch dieser Brief Bucers nach dem Urteil der Gutachter hinter den erklärten Auflagen für eine Konkordie zurück: Die Ausführungen zum Empfang der Gottlosen wurden als undurchsichtig empfunden.[606] Maßgeblich für diesen Eindruck war in erster Linie aber offenbar der Umstand, dass man in Wittenberg den diese Passage einleitenden Satz als unverständlich ansah.[607] Ein Vergleich zwischen Bucers Brief und einem im Gutachten gebotenen Teilzitat macht deutlich, dass hier offensichtlich eine Textentstellung vorlag[608]:

| *Bucers Fassung* | *Wittenberger Fassung* |
|---|---|
| „Dann sich die von disem theyl gar nicht *dorumb* beschweren zu sagenn,<br>das die gotlosen gleich wie die gläubigenn den leyb vnnd das blut Christi niessen,<br>das sy die verheissung Christi nach glauben der menschen *messen* wollten [...]." | „Dan sich die von diesem theil gar nicht *darauff* beschweren zu sagen,<br>das die gottlosen gleich wie die glaubigen den leib und das blut Christi niessen,<br>das sie die verheissung Christi nach glauben der menschen *niessen* wolten [...]." |

602 „Doch weil Budtzer in dieser schrifft sich etwas weiter declarirt, so sie dermassen lereten, mocht es unsers achtens wol zu concordi dienen, nemlich, das Christus warlich nicht allein bey der seele sey, sondern auch bey dem zeichen brod und wein." A. a. O. (54,7–11).

603 Bucers Bekenntnis wird mit den Worten aufgegriffen: „Auff diese meynung haben wir ime nehest geschrieben, ob sie dasselbig zulassen wolten, das der leib Christi warlich auch bey dem zeichen sey." A. a. O. (54,11–55,12).

604 A. a. O. (55,13–17).

605 „Doch ist mehr zu arbeiten auff den vor angezeigten artickel, ob sie auch leren, das leib und blut Christi warlich bey dem zeichen, das ist, bey dem brod und wein sey." (56,38–40).

606 „Weiter hat Butzer ein disputation in dieser schrifft, was die gottlosen empfahen, die ist sehr dunckel, wissen derhalb darauff nichts zu antworten [...]." (55,22–24).

607 „In diesen worten ist der eingang sehr tunkel und unverstendlich." A. a. O. (56,37 f).

608 MBBW 5, 385 (239,14–17) und MBW 5, 1126 (55,25–29) [Hervorhebungen H. R.].

Wie es zu diesen beiden Abwandlungen gekommen ist, muss offenbleiben. In jedem Fall wurde die Auseinandersetzung um diesen Punkt verschoben: „Die andere questio, was die gottlosen empfahen, suspendirt man dismal."[609] In der Sache war man unnachgiebig geblieben. Ausdrücklich wurde am Schluss die Warnung zugefügt, dass Konkordien „fherlich" seien und dass man vor einer entsprechenden Publikation ihrer Beständigkeit gewiss sein müsse.[610]

### 1.4.5.3 Weitere Stellungnahmen Luthers

Wohl im März 1531 gab Luther in einem Schreiben an Justus Menius noch einmal ein persönliches Urteil über den Stand der Konkordienbemühungen ab.[611] Im Blick auf die Gegenseite hielt er fest, Bucer habe es zuwege gebracht, „dass alle zugestehen, dass der Leib des Herren wahrhaft im Mahl gegenwärtig sei und dargereicht werde, sogar in leiblicher Gegenwart."[612] Hier aber glaubte Luther unterscheiden zu müssen:

> „Aber die übrigen meinen, dass der Leib nur der gläubigen und frommen Seele so dargereicht werde und im Mahl anwesend sei. Bucer hingegen stimmt zu, dass er auch durch die Hand der Gottlosen dargereicht und durch ihren Mund gegessen wird. Dies bezeugen seine Briefe deutlich."[613]

Offenkundig war Luther der Ansicht, dass die von Bucer vorgetragene Lehre mit seiner Auffassung vom Abendmahl in den von ihm für konkordienrelevant erachteten Punkten übereinstimmte. Gegen diese Einschätzung spricht auch nicht Luthers einleitendes Urteil, Bucer habe begonnen (coepisse) mit ihm, Luther, und seinen Leuten im Blick auf das Sakrament einer Meinung zu sein.[614] Luther wollte damit nicht zum Ausdruck bringen, dass man es hier lediglich mit dem Beginn eines Annäherungsprozesses zu tun habe, sondern dass die erreichte Übereinstimmung neueren Datums sei.

Es gehört zu den für das theologische Verständnis der Konkordie und ihrer Geschichte wesentlichen Fragen, wie dieses Urteil Luthers, dass Bucer die *manducatio impiorum* lehre, zu verstehen ist: Wie war es möglich, dass er diese Lehre

---

609 A. a. O. (56,40 f).

610 „[...] und sind solche concordien fherlich. Darumb ist noth, das man zuvor bedenck, ehe man ein concordia in der welt ausschreiben und ausgehen lasse, ob solche concordia bestehen mag oder nicht." A. a. O. (56,43–46).

611 Zur Frage der Datierung cf. die Ausführungen in WABr 6, S. 61.

612 „Bucerus laborat et agit quidem, uti idem velint, et effecit tantum, ut omnes concedant, vere adesse et porrigi corpus Domini in coena, etiam corporali praesentia." Luther an Menius, [März 1531]: WABr 6, 1800 (61,4–6).

613 „Sed caeteri tantum fideli animae ac piae sic porrigi et adesse in cibum; Bucerus vero consentit et impiorum manu porrigi et ore sumi. Hoc enim literae eius clare testantur." A. a. O. (61,7–9).

614 „Est verum, mi Iuste, quod audisti, Bucerum quidem nobiscum coepisse sentire de sacramento, nisi literae ad me et Philippum datae fallant (quod non facile credo)." A. a. O. (61,1–3).

in den vorangehenden schriftlichen Äußerungen Bucers wiederfinden konnte? Bizer behauptet in seiner Darstellung ohne Angabe von Gründen, dass Luther Bucers Auffassung unmöglich falsch verstanden haben könne. Kurz zusammengefasst: Luther hatte Bucer verstanden, und was er verstanden hatte, das genügte ihm.[615]

Tatsächlich ist nicht zu übersehen, dass Bucer sich in seinem Schreiben an Landgraf Philipp und in seinem Brief an Luther[616] große Mühe gegeben hatte, seine eigene Auffassung für Luther akzeptabel erscheinen zu lassen: Seiner Rede vom Leib als *cibus animae* hatte er mit der Erklärung, dass er sich damit gegen eine Auslieferung des Leibes Christi an eine leibliche Verdauung wende, eine Begründung gegeben, die der eigenen Überzeugung des Wittenbergers entsprach.[617] Dass er sich darüber hinaus auch zu einem leiblichen Nutzen des geistlichen Essens bekannt hatte, trug dem Anliegen Luthers Rechnung, dass der Leib Christi als Heilsgabe dem Menschen auch in seiner leiblichen Dimension zugedacht war.[618] Weiterhin hatte Bucer präzisiert, dass er unter den *impii* jene verstanden wissen wollte, die gar keinen Glauben hätten und außerhalb der Gemeinde stünden. Wie Luthers Vorarbeiten zu seiner Schrift ‚Von der Winkelmesse und Pfaffenweihe' aus dem Jahr 1533 zeigen[619], war er der Auffassung, dass für diejenigen keine Gegenwart Christi im Abendmahl gegeben sei, die es einem stiftungswidrigen Verwendungszweck zuführten. Im Blick auf die Verwaltung galt das aus seiner Sicht für die Feier der Winkelmesse. Im Blick auf die Empfänger aber war er aus diesem Grund überzeugt, dass Heiden oder Tiere, die eine konsekrierte Hostie zu sich nähmen, von der Gegenwart Christi ausgeschlossen seien. Luther konnte auf der Grundlage dieser eigenen Überzeugung in Bucers Ablehnung gegen die Rede von der *manducatio impiorum* irrtümlicherweise einen Vorbehalt erkennen, den er selbst hatte.

Bedeutsam für Luthers Urteil dürfte auch Bucers Betonung gewesen sein, dass die Verheißung der Einsetzungsworte innerhalb der Gemeinde uneingeschränkt als verlässlich angesehen werden könne. Damit war aber ein wichtiges Anliegen Luthers aufgenommen, dass nämlich für den Empfänger die Möglichkeit der

---

[615] Cf. Bizer: Studien, 53. Eine ausführliche Begründung seiner Sicht gibt Bizer: Studien, 126–130 bei seiner Auslegung der Wittenberger Konkordie. Zur Auseinandersetzung mit diesen Argumenten cf. unten Kapitel 4.2.2.2.

[616] Zum Folgenden cf. oben Kapitel 1.4.4.1 und 1.4.4.2.

[617] Cf. dazu oben A. 21.

[618] In seiner Abendmahlsschrift von 1527 hatte Luther ja auf die gegnerische Frage nach dem Nutzen einer Gegenwart des Leibes Christi im Brot ausgeführt: „Zum andern haben wir droben gehort, Wie Ireneus und die alten veter haben den nutz angezeigt, das unser leib mit dem leibe Christi gespeiset wird, auff das unser glaube und hoffnunge bestehe, das unser leib solle auch ewiglich leben von der selbigen ewigen speise des leibs Christi, den er leiblich isset, Welchs ist ein leiblicher nutz, aber dennoch aus der massen gros und folget aus dem geistlichen. [...] Denn er [sc. der Leib Christi] wird nicht verdawet noch verwandelt, sondern verwandelt on unterlas uns, die seele ynn gerechtigkeit, den leib ynn unsterblickeit." WA 23, 255, 14–28.

[619] Cf. dazu ausführlicher unten S. 354–356 und dort A. 331 und 332.

Vergewisserung für den *angefochtenen* und *schwankenden Glauben* bestand. In diesem Sinne hatte Luther am 12. Juni 1527 an Lambert Hemertus geschrieben: „Christus hat sein Sakrament nämlich nicht auf unseren Glauben oder unsere Tugend gegründet, sondern auf sein Wort und seine Macht. Er selbst spricht, er selbst tut, was er spricht, ob wir nun glauben oder weniger."[620] Auch Bucers Zustimmung zu der von Luther erhobenen Forderung nach einem Bekenntnis zu einer äußerlichen Gegenwart des Leibes bei den Elementen und dem Mund der Kommunikanten hatte ihre Wirkung nicht verfehlt, wie das Kollektivgutachten aus dem Februar zeigt.

Trotz dieser nicht zu leugnenden Berührungspunkte, die den Gedanken nahelegen könnten, dass Luther in wirklicher Kenntnis von Bucers Überzeugungen aufgrund einer Wahrung bestimmter Anliegen sein vorbehaltlos positives Urteil abgegeben haben könnte, ist festzuhalten, dass er Bucer an einer wichtigen Stelle nicht richtig verstanden hatte. Dies geht aus seinen beiden Briefen an den Kurfürsten vom 16. Januar und 16. Februar 1531 hervor. Ihnen ist zu entnehmen, dass er nicht verstand, wie Bucers Deutung der *unio sacramentalis* gemeint war.[621] Diese Deutung aber ließ eine *manducatio impiorum* im eigentlichen Sinne nicht zu, weil eine wirkliche *manducatio oralis* unter dieser Voraussetzung nicht zu konzedieren war. Luther unterstellte an diesem Punkt eine Übereinstimmung, die in Wirklichkeit nicht gegeben war.

Neben der inhaltlichen Übereinstimmung mit Bucer gab Luther gegenüber Menius auch zu erkennen, dass er zu Bucer Vertrauen hatte. Dass dieser ihm nur etwas vorgemacht haben könnte, hielt er für unwahrscheinlich.[622] Im Blick auf den Rest seines Lagers war er hingegen skeptischer und bekannte, dass er sich ihrer Absichten nicht sicher sei.[623]

Zurückhaltender fiel Luthers Urteil über Bucer hingegen in seinem Brief an Johann Frosch vom 28. März 1531 aus:

„Martin Bucer ist hinreichend gründlich und, wie die Worte lauten, aufrichtig darauf bedacht, mit uns übereinzustimmen und zu lehren. Und daher bin ich, was seine Person

---

[620] „Christus enim non in nostram fidem aut virtutem, sed in suum verbum ac potestatem fundavit sacramentum suum. Ipse dicit, ipse facit, quod dicit, sive credamus sive minus." Luther an Hemertus, 12. Juni 1527: WABr 4, 1114 (213,12–14). Cf. dazu auch oben S. 71 f. und A. 291. Auch in der von Luther bei seiner Auseinandersetzung um die Kindertaufe im Großen Katechismus vorgenommenen Parallelisierung von Taufe und Abendmahl wird dieses Interesse deutlich: „‚Ich komme her in meinem Glauben und auch der andern, noch kann ich nicht drauf bauen, daß ich gläube und viel Leute fur mich bitten, sondern darauf baue ich, daß es Dein Wort und Befehl ist', gleichwie ich zum Sakrament gehe nicht auf meinen Glauben, sondern auf Christus' Wort. Ich sei stark oder schwach, das lasse ich Gott walten [...]." BSLK D702,32–40 (BSELK 1124,35–1126,3).

[621] Cf. dazu oben S. 94 f. und S. 117 f.

[622] Cf. oben A. 614.

[623] „Caeterum an alii quoque idem velint, adhuc incertum est [...]." Luther an Menius, [März 1531]: WABr 6, 1800 (61,3 f).

anbelangt, guter Hoffnung, dass wenigstens er selbst auf den rechten Weg zurückkehren wird."[624]

Der Unterschied zu Luthers Äußerungen aus dem Brief an Menius besteht darin, dass er hier lediglich ein *zukünftiges* Einverständnis mit Bucer in Aussicht stellte.[625] Veranlasst waren seine Ausführungen gegenüber Frosch durch das in Augsburg verbreitete Gerücht, dass Luthers Seite vollkommen zu den Zwinglianern übergelaufen sei.[626] Vor diesem Hintergrund wäre keine Entgegnung wirkungsvoller gewesen, als die vollmundige Auskunft, dass Bucer sich inzwischen dazu bekannt habe, dass der Leib Christi von der Hand der Gottlosen dargereicht und von ihrem Mund genossen werde. Dass Luther es trotzdem bei seinem Urteil beließ, ist wohl nur so zu erklären, dass er meinte, im Hinblick auf Bucer nicht optimistischer urteilen zu können. Der Vergleich beider Briefe zeigt, dass Luther offensichtlich in seiner Einschätzung, wie positiv und als wie weitgehend er Bucers Zusagen zu verstehen hatte, schwankte. An der Redlichkeit Bucers hegte er hingegen keinen ernsthaften Zweifel.

Im Blick auf seine anderen Opponenten ließ Luther jedoch eine gewisse Unsicherheit erkennen. Unter der Voraussetzung, dass man es wirklich ernst meinte mit der Verständigung, stellte er in Aussicht, dass er bereit sei, bestimmte Deutungen eine Zeit lang zu dulden. In dieser Form der zeitlich begrenzten Duldsamkeit gegenüber den Aufrichtigen sah er eine legitime Forderung der Liebe, der er nachkommen wollte. Inhaltliche Konzessionen schloss er hingegen ausdrücklich aus.[627] Um welche Deutungen es sich genauer handelte, ist dem Text nicht zu entnehmen. Möglicherweise konnte Luther hier geduldig und großzügig sein, weil er, wie er selbst bekannte, die Deutungshoheit über dem strittigen Sachverhalt in keiner Weise gefährdet sah.[628]

---

[624] „Martinus Bucerus satis diligenter et, ut verba sonant, syncere nobiscum cogitat sentire et docere. Ideoque, quantum ad personam eius attinet, bona spe ducor, vel ipsum saltem redditurum esse in viam." Luther an Frosch, 28. März 1531: WABr 6, 1799 (60,5–8).

[625] Bizer: Studien, 53 A. 2 und 61 zitiert zwar die entscheidende Passage des Briefes, äußert sich aber nicht über die augenfällige Differenz zu dem Brief an Menius. Köhler: Zwingli und Luther II, 279 bezieht sich in seiner Darlegung auf beide Briefe, versteht aber Luthers Brief an Menius einseitig von seinen Äußerungen gegenüber Frosch her: „Ähnlich schrieb Luther um dieselbe Zeit an Justus Menius nach Eisenach. Auch hier vorsichtig: Bucer ‚hat angefangen', mit uns einer Meinung zu sein […]." Köhler: Zwingli und Luther II, 279. Darüber vernachlässigt Köhler zu sehr, dass dem Urteil aus dem Brief an Menius zufolge nach Luthers Ansicht zumindest bei Bucer etwas sehr Entscheidendes erreicht war: Bucer hatte nach dem Urteil Luthers ein konkordientaugliches Bekenntnis abgelegt.

[626] „Audivi de iactantia Michaëlistarum vestrorum, qua iactant concordiam inter nos et Cinglianos factam ita, ut etiam fama sit, nos plane concessisse in eorum sententiam." Luther an Frosch, 28. März 1531: WABr 6, 1799 (60,1–3).

[627] „De caeteris nihil certi habeo, vellem tamen, si syncere optarent concordiam, eis indulgere, ut paulatim allicerentur, toleratis aliquantulo tempore interpretationibus eorum, salva semper nostra sententia hactenus defensa. Sic charitas videtur exigere." A. a. O. (60,8–11).

[628] „[…] res ipsa pro nobis contra ipsos et clamabit et stabit." A. a. O. (60,12).

### 1.5 Der Wiederbeginn des Abendmahlsstreites in Augsburg

In Augsburg brach zu der Zeit, als Luther noch auf eine wirkliche Verständigung mit Bucer und denen, die seinen Auffassungen folgten, hoffte, der Streit um das Abendmahl erneut aus. Bereits zu Beginn des Abendmahlsstreites Mitte der 1520er Jahre hatten sich in der Stadt klare Fronten gebildet: Urbanus Rhegius, Johann Frosch und Stephan Agricola fochten in Veröffentlichungen und Predigten gegen Zwingli und Oekolampad an der Seite Luthers. Zwinglis Lehre hatte ihre Verteidiger in den Prädikanten Michael Keller, Hans Seifried und Hans Schneid gefunden.[629]

Nachdem die evangelischen Prediger die Stadt unter dem Eindruck massiver Bedrohungen während des Augsburger Reichstages verlassen hatten, wurde der Rat der Stadt nach der Abreise des Kaisers durch die Bevölkerung zu einer erneuten Verpflichtung evangelischer Pfarrer gedrängt.[630] Der zu diesem Zweck gebildete Religionsausschuss musste bei seinem Vorgehen auf die einflussreichen Anhänger der vertriebenen Prädikanten Rücksicht nehmen. So kam es, dass sowohl die lutherischen Prediger Johann Frosch und Stephan Agricola zurückgerufen wurden als auch ihr alter zwinglianischer Widersacher Michael Keller.[631] Da der Rat in seiner Mehrheit aber entschlossen war, in der Stadt ein Wiederaufleben des Streites um das Abendmahl zu verhindern, warb er darüber hinaus auf Bucers Empfehlung zunächst um den Straßburger Theologen Wolfgang Musculus und später als weiteren Straßburger auch noch um Bonifatius Wolfart.[632] Von beiden erhoffte man sich, dass es ihnen gelingen könne, zwischen den evangelischen Theologen ein innerstädtisches Einvernehmen zu erreichen.[633] Luther selbst spielte bei diesen Einigungsversuchen zunächst insofern eine indirekte Rolle, als man sich auf seine Abendmahlstheologie und die Bemühungen einer Verständigung mit Bucer in unterschiedlicher Weise bezog.

Am 14. Februar 1531 begannen die theologischen Verhandlungen.[634] Sie wurden zunächst auf der Grundlage von Bucers Einigungsschrift geführt, die dann aber beiseitegelegt wurde.[635] Während dieser Zeit wurden die Anhänger Luthers offenbar durch verschiedene Gerüchte unter Druck gesetzt: So hieß es etwa, Luther und der Kurfürst hätten sich mit Bucer und Zwingli bereits geeinigt.[636] Ebenso wurde behauptet, Luther selbst habe sich den Zwinglianern an-

---

[629] Cf. Roth: Reformationsgeschichte I, 201–203.
[630] Cf. a. a. O., 340 und 351.
[631] Cf. Roth: Reformationsgeschichte II, 10.
[632] Cf. a. a. O., 11; Dellsperger: Wolfgang Musculus, 95.
[633] Cf. Roth: Reformationsgeschichte I (2. Auflage), 352.
[634] Cf. Roth: Reformationsgeschichte II, 13.
[635] Cf. dazu die Beilage zu einem verlorenen Brief Agricolas und Agricolas Brief an Spengler vom 2. März 1531 bei Haussdorff: Lebensbeschreibung, 324 und 329.
[636] In diesem Sinn schrieb Stephan Agricola an Spengler am 2. März 1531: „[...] denn ee vnd nur mir vnsere pekenntnus jnen yberanntwurtt haben, seien mir schon allenthalben im

geschlossen.[637] Überdies mussten sich Frosch und Agricola von ihren Kollegen Keller, Musculus und Wolfart anhören, dass Luther anders über das Abendmahl lehre als sie. Aus einem Brief des Musculus an Bucer geht hervor, dass sie sich bei ihrer Argumentation der von Bucer entwickelten Deutung der *unio sacramentalis* als Waffe bedienten. Frosch und Agricola beharrten hingegen auf ihrem realistischen Verständnis der *manducatio oralis*. Als man ihnen die entsprechende Passage aus Luthers Abendmahlsschrift von 1528 vortrug, reagierte Frosch mit den Worten: „Luther ist nicht unser Christus."[638]

Nachdem der Rat verschiedene schriftliche Eingaben beider Seiten geprüft hatte, verlangte er von Frosch und Agricola, dass sie sich über die beiden weiterhin strittigen Punkte, den mündlichen Verzehr und den Genuss der Gottlosen, bis zu einer endgültigen Klärung in ihren Predigten nicht mehr äußern sollten.[639] Beide wiesen diese Restriktion zurück und erbaten Anfang März vom Rat ihre Entlassung.[640]

Zumindest über einen Teil dieser Vorgänge war man in Wittenberg durchaus unterrichtet. So schrieb Spengler am 20. Februar an Veit Dietrich:

„Es machen unns die schwürmer zu Strassburg, furnemlich aber, der lisstig verschlagen Butzerus, den ich bißher nye sincerum gefunden hab, hie zu Nurmberg, zu Augspurg und

Volck ausgeschrien, als seien wir wider Luthern vnd wider den churfyrsten uon Saxen, welcher schon mit dem Buzer vnd dem Zwinglein ains weren worden [...]." HAUSSDORFF: Lebensbeschreibung, 331.

[637] Cf. dazu oben S. 123 und A. 626 die Ausführungen über den Brief des Johannes Frosch an Luther vom 28. März 1531.

[638] „Scimus, quo pacto Lutherus in sua confessione ore tenus carnem Christi manducari asserat, nempe quod corpori Christi recte adscribi possint, ea quae pani fiunt, hoc est, videre, tangere, in os sumere, dentibus commolere et lingua conterere, non quod hac corpori Dominico, sed quod pani fiant, verum propter sacramentalem unionem recte ista corpori tribui, manere semper verum et indubitatum corpus Christi nec videri, nec tangi, nec ore manducari. Hoc pacto possemus et ferre, quod dicunt corus Domini ab impiis manducari, cum panem Domini, qui cum corpore eius sacramentaliter unitus est, manducant. Hi vero, cum quibus nobis disputatio fuit, non hoc pacto de hac re loquuti sunt, sed pertinacißime urserunt, corpus Domini revera non solum sacramentaliter comedi ore, dentibus premi, non tantum a fidelibus, sed etiam ab incredulis. Cum verba Lutheri ex confessonis suae libro illis opposuissemus, respondeba Frosch: ‚Lutherus non est noster Christus.'" Musculus an Bucer, Mitte Februar 1531: MBBW 5, 391 (273,2–15). Der Augsburger Theologe Kaspar Huber erwähnt die beschriebene Szene ebenfalls in seinem Bericht über den Abendmahlsstreit: „Da aber die Schwermer merckten, das sy troffen waren, vnd so übell waren bestanden, furen die drey giganten zu vnd beschuldigten die zween frommen Doctores, sie hielten ain besonders, vnd weren selbs mit dem Luther nit ains, sondern ertichten newe wörtlain, von mündlichen essen, das nie erhört were worden. Der Luther were in diesem fall selbs nit mit yhnen." HUBER: Relation, f. 17v.

[639] „[...] diese zway stuck achtet ain ersammer ratt vnnott zu wissen zue der seel hayl derhalben ain ersammer ratt an vns predicantten pegertte, das man von diesen zwayen stucken sollten still sveigen, pis so lang vnd vill dye stuck etwo anderstwo wirden ausgetragen oder gerorttert." Stephan Agricola an Lazarus Spengler, 2. März 1531: HAUSSDORFF: Lebensbeschreibung, 333. Cf. dazu auch ROTH: Reformationsgeschichte II, 15.

[640] Über die entsprechende Eingabe an den Rat vom Anfang März cf. ROTH: Reformationsgeschichte II, 16 f und A. 61.

an anndern orten, souil unschicklikaiten, das ich euch vil dauon zuschreiben hett. Rumen sich allenthalben vil Christenlichs verstannds, und das sie mit Luthero und unns allen ganntz ainig seyen, das sie auch nye ungleich gelert oder geirrt haben".[641]

Auch wenn es sich nicht belegen lässt, so ist doch anzunehmen, dass eine Nachricht dieser Art an Luther weitergegeben wurde. Daneben muss auch das Gerücht seinen Weg nach Wittenberg gefunden haben, dass Luther die Einigungsschrift Bucers gebilligt habe. Es erweckt jedenfalls den Eindruck, dass Melanchthon einem solchen Gerede entgegentreten wollte, als er am 7. März an Baumgartner schrieb: „Wisse, dass Luther der Schrift Bucers seine Zustimmung nicht gibt."[642] Luther selbst war wiederum, wie sich dem bereits erwähnten Brief an Johannes Frosch[643] entnehmen lässt, auf uns unbekannten Wegen zu Ohren gekommen, dass eine Gruppe um Michael Keller behaupte, die Konkordie sei bereits zustande gekommen und Luther habe sich mit seinen Leuten der Meinung der Zwinglianer angeschlossen.[644] Möglicherweise ist diese Nachricht als Widerhall der in Augsburg vorgefallenen Auseinandersetzung um die *manducatio oralis* und Bucers Deutung der *unio sacramentalis* einzuordnen. Ob Luther von dem Vorfall aber eingehendere Kenntnis hatte, entzieht sich unserer Kenntnis.

Aus dem Brief an Frosch wird, wie bereits dargelegt[645], deutlich, dass Luther trotz dieser Nachrichten nicht an den redlichen Absichten Bucers zweifelte und dass er den einsetzenden Streit um die Deutungshoheit für beherrschbar hielt. Für die Auseinandersetzungen in Augsburg rief er Frosch und seine Freunde auf, dass sie sich nicht durch die Gerüchte von Schwätzern irre machen lassen sollten.[646] Doch sollte sein Brief den Adressaten nicht mehr in Augsburg antreffen. Bereits am 18. März war Frosch in Nürnberg eingetroffen. Sein Kollege Agricola sollte Augsburg in der zweiten Maihälfte verlassen.[647]

---

[641] Spengler an Dietrich, 20. Februar 1531: Mayer: Spengleriana, 81.

[642] „Scito Lutherum non assentiri Buceri scripto." Melanchthon an Baumgartner, 7. März 1531: MBW 5, 1133 (81,15f). Ebenso heißt es in Melanchthons Schreiben an Linck vom 5. Februar 1531: „Buceri scriptum non approbavit Lutherus." MBBW 5, 391 (274,7f). Die lateinische Fassung dieses Schreibens ist hier als Zitat in einem Brief, den Musculus Mitte Februar an Bucer sandte, überliefert. MBW 5, 1121 bietet den Abdruck einer älteren Übersetzung des Melanchthonbriefes. Dort heißt es: „Des Buccers schreiben hat Martinus Luter nitt approbiert oder fur genugsam geachtet." (45,7f).

[643] Cf. oben Kapitel 1.4.5.3.

[644] Cf. oben S. 123 und A. 626.

[645] Cf. oben Kapitel 1.4.5.3.

[646] „Tu interim cum fratribus nostris fortis esto et perservera, sicut facis, nullis ullorum spermologorum iactantiis et gloriantionibus fractus aut mutatus, et ipse Deo volente non mutabor in mea sententia et fide." Luther an Frosch, 28. März 1531: WABr 6, 1799 (60, 13–15).

[647] Cf. Roth: Reformationsgeschichte II, 17.

## 1.6 Das politische Gewicht der Verständigungsbemühungen

Noch vor dem Ende des Augsburger Reichstages und damit zeitlich parallel zu den Bemühungen um eine theologische Verständigung in der Abendmahlsfrage begannen die ersten Gespräche darüber, wie man auf der evangelischen Seite der sich abzeichnenden militärischen Bedrohung durch den Kaiser und die reformationsfeindlichen Stände begegnen könne. Kursachsen hatte bislang darauf insistiert, dass ein politisch-militärisches Bündnis nur möglich sei, wenn man sich auch theologisch und somit vor allen Dingen in der Abendmahlslehre geeinigt habe. Entsprechend hatte man auf den Tagen von Schwabach und Schmalkalden im Herbst 1529 darauf bestanden, dass die Schwabacher Artikel als Grundlage von allen Mitgliedern unterzeichnet werden müssten.[648]

Während des Reichstages wurden die Verhandlungen zwischen Luther und Bucer auch von den politischen Akteuren zunächst mit Interesse wahrgenommen. In einer Unterredung, die Kurfürst Johann und Herzog Ernst von Lüneburg am 23. September 1530 mit den Delegierten aus Memmingen, Konstanz und Straßburg führten, bat der Memminger Gesandte Ehinger den Kurfürsten, dieser möge „verhellfen, das wier ainig jm sacrament werdint, lauther [sic] vnd butzer, so jetz bey ainandren sind."[649] Der kursächsische Rat Albrecht von Mansfeld äußerte sich gegenüber Ehinger am 1. Oktober:

> „Er hoff: martinus butzer soell vnd werde zu kobuorg mit Dr. m. luther des sacramentz halben Ettwas guotz vnd fruchtparlichs ausrichten. Allsdann mag's gott mit gnaden wol schigkenn, das wier widerum zusamen vnd lecht ander leywtt noch mer zu vns komen werden."[650]

Im weiteren Verlauf der Verhandlungen aber scheinen die zwischen Luther und Bucer geführten Gespräche und die sich an diese anschließende schriftliche Auseinandersetzung kaum mehr eine Rolle gespielt zu haben. Erwähnt wurden die Verhandlungen der beiden Theologen im Kontext der Bündnisvorbereitungen noch einmal in einem Gespräch, das die Straßburger Gesandten mit dem Mansfelder Grafen kurz nach der Verlesung des Reichstagsabschiedes vom 13. Oktober führten. Einer kursächsischen Aufzeichnung zufolge behaupteten die Straßburger, dass sie mit den Sachsen im Blick auf die Abendmahlslehre einig seien. Zum einen verwiesen sie dabei auf die *Confessio Tetrapolitana*. Zum anderen erklärten sie, dass sich Bucer und Luther in dieser Frage verständigt hätten, und baten, man möge auf den Kurfürsten einwirken, dass er sich von Straßburg nicht trenne.[651] Mansfeld ging im Verlauf des Gesprächs auf die Verständigungsbemü-

---

648 Cf. dazu Schmidt: Der Schmalkaldische Bund, 48 f.

649 Ehinger an den Rat von Memmingen, 24. September 1530: Dobel: Memmingen IV, 26 (64).

650 Ehinger an den Rat von Memmingen, 1. Oktober 1530: A. a. O., 31 (77).

651 „Weil sie dann der haubt artigkel des glaubens mit dem churfursten zu sachssenn vnnd den andernn aynig vnnd sonderlich des heiligenn Hochwirdigen Sacraments, wie das Jr be-

hungen hingegen nicht mehr ein. Er bezog sich bei seinen Überlegungen zu einer möglichen theologischen Basis für das angestrebte Bündnis ausschließlich auf die beiden in Augsburg vorgelegten Bekenntnisse. Wie die Straßburger zu berichten wussten, glaubte er eine inhaltliche Übereinstimmung zwischen beiden feststellen zu können und erklärte, da „der verstande, so vor jaren zu Schmalkalden ufgericht solt sin worden, sich allein dises artickels halber zerschlagen, achtet er, dweil man diser sachen jetz einig, es solte wege zu finden sin, domit derselbig ver[stand] jetzt zwisen uns ufgericht mocht werden."[652] Den kursächsischen Aufzeichnungen nach äußerte er aber, dass die Gegenseite ausdrücklich bekunden solle, dass „sie der Confession, so der Churfurst zu sachssenn vnnd die andern vbergebenn, mit seinen churf. g. vnd denn andern vnnd sonderlich was das heilig Sacrament belanget, eyns weren".[653]

Auf dem Tag von Schmalkalden im Dezember 1530 schließlich war von den Bemühungen Bucers und Luthers um eine Verständigung keine Rede mehr.[654] Die Gespräche drehten sich ausschließlich um die *Confessio Tetrapolitana*. Dabei erhielten die Oberdeutschen die Gelegenheit, den Inhalt des Bekenntnisses gegenüber den Vertretern Nürnbergs und Brandenburg-Ansbachs zu erläutern. Die kursächsischen Räte wiederum gaben zu verstehen, dass der Kurfürst die Schweizer zum Bündnis zulassen wolle, wenn sie zu diesem Bekenntnis ihre Zustimmung gäben.[655]

Der sächsische Kurfürst bezog sich schließlich gegenüber Straßburg auf die Versicherung, dass eine theologische Einigung bereits erreicht sei. In einem Schreiben an Jakob Sturm erklärte er, dass er „derselbigen anzeig ein ganz gnedigs gefallen entpfangen, auch keinen zweifel doran weiter" habe.[656] Gleichwohl bat er den Straßburger, er solle „mugelichen vleis dapei haben, domit es auch der prediger halb bei euch und der cristenheit zwuschen uns allen vorberurts artikel halben gleichmessig gehalten muge werden."[657] Zumindest im Blick auf die Straßburger Theologen ging der Kurfürst offenbar nicht davon aus, dass eine stabile Verständigung bereits vorlag. Sein Schreiben ist nur als ein undatiertes Konzept überliefert, dürfte aber im Februar 1531 verfasst worden sein. In diesem Fall hätte ihm bei der Abfassung Luthers Urteil vom 16. Januar vorgelegen,

---

kentnus außweiset, Sich auch Jrer prediger ayner desselbenn nach notturfft mit Martino luther vnterredet, desselbenn si sich auch untereinander vorglichen, So werde ir vleissigs bithenn, Das sie die Rethe denn Churfurstenn zu sachssenn Bithenn wolten, Das sein Churf. g. die Stat Straßburg vonn Jme nicht ausschliessen oder absundern, Besonder auf vnd annemen woltenn [...]." Werbung der Straßburger Gesandten an die kursächsischen Gesandten, 13. Oktober 1530: FÖRSTEMANN: Urkundenbuch II, 250 (727).

[652] Sturm und Pfarrer an die Straßburger Dreizehn, 15. Oktober 1530: PC I, 810 (517).

[653] Werbung der Straßburger Gesandten an die kursächsischen Gesandten, 13. Oktober 1530: FÖRSTEMANN: Urkundenbuch II, 250 (728).

[654] Cf. zum Folgenden die Ausführungen bei FABIAN: Entstehung, 151–168.

[655] Cf. Relation von Jakob Sturm, 17.–31. Dezember 1530: PC I, 861 (569).

[656] „[...] Kurfürst Johann an Jakob Sturm, [Februar (?) 1531]: PC II, 19 (16).

[657] Ebd.

in dem dieser die bestehenden Differenzen aus seiner Sicht klar benannt hatte.[658] Der Kurfürst hätte demnach Luthers Vorbehalte in theologischer Hinsicht durchaus geteilt. Einen retardierenden Einfluss auf die politischen Entwicklungen wollte er ihnen aber offensichtlich nicht zukommen lassen.

Zusammenfassend lässt sich somit feststellen, dass den zwischen Bucer und Luther angestellten Bemühungen um eine Konkordie im Blick auf die Gründung eines Defensivbündnisses von den politischen Akteuren letztlich kein Gewicht beigelegt wurde. Die verschiedentlich vorgebrachte Behauptung, dass Luther selbst trotz bestehender abendmahlstheologischer Differenzen die bündnispolitischen Pläne des Kurfürsten ausdrücklich gebilligt habe, beruht auf einer falschen Auslegung seines Schreibens an Bucer vom 22. Januar 1531.[659] Zumindest für die frühe Phase lässt sich somit das Urteil von Kaufmann, dass „die politische Wirkung der Wittenberger Konkordie in Bezug auf den Schmalkaldischen Bund im ganzen relativ gering zu veranschlagen" sei, bestätigen.[660] Möglicherweise war zu Beginn das Wissen um den begonnenen Verständigungsprozess dazu geeignet, die Plausibilität einer Einbeziehung der oberdeutschen Städte aus der Sicht Kursachsens zu stützen. Schließlich begnügte man sich aber damit, dass man eine theologische Einigkeit einfach unterstellte. Der Bundesvertrag selbst sollte dann ohne jede Bezugnahme auf einen Bekenntnistext formuliert werden.[661] Die Zeit des Reifens, die Luther im Blick auf die theologische Verständigung für notwendig erachtete, wollten oder konnten die politischen Akteure sich offensichtlich nicht nehmen. Der Wille zum Bündnis hatte den Sieg davongetragen.[662]

---

[658] Cf. dazu oben Kapitel 1.4.3.2.

[659] Cf. dazu oben S. 99 f. und A. 480 und 482.

[660] Kaufmann: Wittenberger Konkordie, 243. Falsch eingeschätzt wird hingegen das Gewicht von Luthers Verhandlungen mit Bucer hingegen bei Schmidt: Der Schmalkaldische Bund, 52, der behauptet, Bucer habe mit Luther Ende 1530 eine erste „Konkordie in der Abendmahlsfrage" erreicht, wodurch „die Voraussetzung für den Schmalkaldischen Bund" geschaffen worden sei.

[661] Cf. dazu ebd.

[662] Cf. dazu auch Haug-Moritz: Der Schmalkaldische Bund, 101.

## 2. Luthers Abwendung von den Konkordienbemühungen

Verschiedentlich ist in der Forschung registriert worden, dass die Bemühungen um die Konkordie in den Jahren 1532 bis 1534 nicht so vorangingen, wie dies nach dem hoffnungsvollen Beginn eigentlich zu erwarten gewesen wäre. Zuerst hat Brecht darauf hingewiesen und von einer Stagnation der Verhandlungen sowie von einer Verschärfung der Spannungen gesprochen.[1] Nicht erfasst worden ist bislang aber, dass Luther sich in dieser Zeit vollkommen von den Konkordienbemühungen abwandte und dass er sie als einen einzigen Betrugsversuch ansah. Entscheidend war für diese Veränderung, dass sich in seinem Urteil über Bucer ein tiefgehender Wandel vollzog, der im Folgenden dargestellt werden soll (2.1). Darüber hinaus erhielt Luther nun aus verschiedenen Gegenden Nachrichten, in denen von einem siegreichen Vordringen des Zwinglianismus die Rede war und die ihn zu einem Eingreifen in diese lokalen Auseinandersetzungen um das Abendmahl veranlassten (2.2).

Im Rahmen der vorliegenden Arbeit sind diese Stellungnahmen Luthers aus verschiedenen Gründen von Interesse: *Ex negativo* lässt sich immer wieder erschließen, welche Anforderungen er an eine Verständigung stellte und welche Motive für ihn dabei leitend waren. Aus seiner Auseinandersetzung mit fremden Lehraussagen lässt sich außerdem erkennen, wie er diese verstand und welche Verstehensvoraussetzungen für seine Wahrnehmung bestimmend waren. Überdies wird auch zu zeigen oder an manchen Stellen doch plausibel zu machen sein, dass sich für Luther zwischen den lokalen Auseinandersetzungen und der Person und Theologie Bucers ein Zusammenhang ergab. Außerdem wird zumindest in Ausschnitten auch darzulegen sein, welche Aufnahme Luthers Reaktionen unter den Oberdeutschen und den Eidgenossen fanden.

Schließlich soll auch noch auf die Verhandlungen um den Nürnberger Anstand eingegangen werden, weil Luther sich hier angesichts der Frage einer Einbeziehung verschiedener oberdeutscher Reichsstädte in eine vertraglich fixierte

[1] „In der Folgezeit stagnierten die Bemühungen um die Konkordie. Es kam sogar wieder zu einer Verschärfung der Spannungen." Brecht: Luthers Beziehungen, 499. Von einer Stagnation spricht auch Friedrich: Martin Bucer, 87. Roper: Mensch, 450 merkt lediglich knapp an, dass Luthers Sinneswandel gegenüber Bucer nicht von Dauer gewesen sei. Neuser: Union, 115 registriert, dass die Verhandlungen erst nach längerer Zeit wieder aufgenommen worden seien. In den beiden großen Darstellungen von Bizer und Köhler wird diese Auffälligkeit hingegen nicht thematisiert.

Aussetzung des Reichstagsabschiedes von 1530 zu einem Umgang mit der Frage der Lehrhomogenität verhalten musste, der eindeutig religionspolitisch motiviert war (2.3).

## *2.1 Luthers Bruch mit Bucer*

Zunächst behielt Luther sein optimistisches Urteil über Bucer und dessen positiven Einfluss auf die übrigen oberdeutschen Theologen bei.[2] Als er vom Rat der Stadt Braunschweig davon unterrichtet wurde, dass in dieser Stadt der Streit um das Abendmahl erneut ausgebrochen war[3], schilderte er in seinem Antwortschreiben vom 13. August 1531, wie sich ihm die Lage bei der Auseinandersetzung um das Altarsakrament darstellte. Dabei verwies er darauf, dass „viel widder herzu komen, die zuuor hart da wider gefochten, als Mart. Bucerus vnd die Stad Strasburg etc."[4]. Ausdrücklich hob er hervor, dass sich das gesamte gegnerische Lager auf einem guten Wege befinde.[5]

Eine im Blick auf Zwingli und Oekolampad abweichende Einschätzung findet sich dann in Rörers Mitschrift der Galatervorlesung vom 21. August 1531. Ihr zufolge stellte Luther die beiden Schweizer nämlich als Beispiele für unbelehrbare Ketzer dar. In seiner Auslegung zu Gal 3,1 heißt es: „Anabaptistae, Zwinglius, Oecolampadius komen nicht wider. Qui autores fascini, blieben hinden, non audiunt veritatem sed cogitant, quomodo resistant, quia persuasi se habere veram opinionem, syncerissimum Evangelii intellectum."[6] Demnach hatte sich bei Luther also wieder seine alte Überzeugung durchgesetzt, dass der Begründer einer Irrlehre nicht bekehrt werden könne.[7] Ein unmittelbarer Anlass für diese Veränderung in seinem Urteil lässt sich allerdings nicht erkennen. Möglicherweise ist sie darauf zurückzuführen, dass Luther zu dieser Zeit immer noch keinen ihn befriedigenden Nachweis dafür erhalten hatte, dass die beiden Schweizer sich von Bucer für seinen Versuch der Verständigung hatten gewinnen lassen.[8]

---

[2] Cf. dazu oben S. 120–122 die Ausführungen über Luthers Brief an Menius.

[3] Cf. dazu Rat zu Braunschweig an Luther, 9. August 1531: WABr 6, 1849 (155,2–15).

[4] WABr 6, 1850 (157,33–35).

[5] „Darumb were es iemerlich, das, so ander Stedte widder herzu komen, Nu aller erst ynn Ewr stad solt auffs new angehen. Denn es geben alle vnser widderpart diese sachen gar seer bas feyl denn zum ersten mal." A. a. O. (157,35–38).

[6] WA 40/I,323,2–6.

[7] Cf. dazu bereits Luthers Urteil in seiner Abendmahlsschrift von 1527: „Denn da hab ich keine hoffnung zu, das die lerer einer ketzerey odder schwermerey solten bekeret werden [...]." Eine bekräftigende Wiederaufnahme findet sich in der Abendmahlsschrift von 1528, WA 26,262,1–3: „Jch habe sorge leider, das ich ein warer prophet sein mus, da ich geschrieben habe: Es werde kein ketzer meister bekeret."

[8] Cf. dazu oben S. 93 f und A. 450 sowie S. 96 und A. 468.

Wie sich einem Brief an Amsdorf vom 26. August 1531 entnehmen lässt, sah Luther die von ihm bekämpfte Abendmahlslehre wieder auf dem Vormarsch. Er stellte fest, dass seine Gegner in Augsburg und Ulm die Oberhand gewonnen hätten.[9] Auch über Straßburg äußerte er sich in diesem Brief: „Argentinenses dicuntur redire in viam velle."[10] Damit machte Luther zwar deutlich, dass er die Stadt Bucers noch nicht verlorengab. Doch sein Ton war im Vergleich mit seinem Brief an den Braunschweiger Rat oder seinem Schreiben an Menius vom März 1531[11] deutlich zurückhaltender geworden. An die Stelle des Ausdrucks einer festen Überzeugung war nun die Wiedergabe einer Vermutung (dicuntur) getreten. Es gibt keine Belege dafür, dass Luther in dieser Zeit über beunruhigende Vorgänge in Straßburg Nachrichten erhalten hätte. Begann hier möglicherweise der Bericht Spenglers über den Einfluss Bucers auf die Ereignisse in Augsburg seine Wirkung zu entfalten?[12] Gegen diese Vermutung spricht, dass Luther sich im Kreis seiner Tischrunde über Bucer selbst weiterhin hoffnungsvoll äußerte. In einer Tischrede aus der Zeit kurz nach dem 9. November 1531 heißt es: „De Bucero spero fore, ut redeat."[13] Wie in seinem Brief an Johann Frosch vom 28. März 1531 machte er damit deutlich, dass eine volle Übereinstimmung zwischen ihm und Bucer seiner Einschätzung nach noch ausstand.[14] Er zeigte sich jedoch weiterhin zuversichtlich, dass es zu der dafür erforderlichen Entwicklung auf Seiten des Straßburgers kommen werde.

Kurz darauf aber äußerte sich Luther in vollkommen anderer Weise über Bucer. Für die erste Dezemberhälfte 1531 sind durch den allgemein als verlässlich geltenden Dietrich[15] zwei Tischredenäußerungen überliefert, die diese Wandlung dokumentieren und über die ihr zugrundeliegenden Ursachen Auskunft geben. In der ersten Tischrede heißt es:

„Ego iam primum video, quae fuerit ratio canonum poenitentialium. Es ist von notten gewest mit den ketzern, sicut si iam ad nos rediret Bucerus. Ipse me cum fuit Coburgi, et tamen iam videtur aliud sentire, neque enim poenitet de errore et iustificat Zinglium."[16]

In einer späteren Aufzeichnung ist festgehalten:

„Ergo hat Gott wol so fest bey vns gestanden contra Satanam et sacramentarios, ne cum eis convenirem Coburgi, alls wider den keyser vnd die fursten zu Augspurg auff dem reichstag. Iam si facta esset concordia, wie es denn das Bucerlin glatt furgab, essemus rei sanguinis fusi in Helvetiis. Quare Bucerus porro apud me erit sine ulla spe veniae et

---

[9] „Augustae dominatur Satan per hostes sacramenti et baptismatis et totius fidei. Idem fit Ulmae." WABr 6, 1860 (173,17 f). Zu diesem Urteil cf. unten Kapitel 2.2.3.1.

[10] WABr 6, 1860 (173,18 f).

[11] Cf. oben S. 120.

[12] Cf. dazu oben S. 125 f.

[13] WATR 1, 101 (38,24 f). Zur Datierung cf. WATR 1, 95 (36,27).

[14] Cf. dazu oben S. 122 f.

[15] Cf. dazu Stolt: Sprachmischung, 17; Bartmuss: Tischreden, 123.

[16] WATR 1, 128 (53,20–23).

gratiae, quia iustificat adhuc Zinglium et nondum poenitet de falso dogmate. Sunt organa Satane, das sie so schone wort konnen geben, die gleyssen so hubsch vnd sein doch lauter gifft."[17]

Vereinzelt sind diese beiden Tischreden in der Forschung aufgegriffen worden. Bizer sieht in ihnen einen Beleg dafür, „wie wenig Luther aber Bucer selbst traute und wie sehr sein Vertrauen in der Folgezeit wieder erschüttert wurde"[18]. De Laharpe hebt aus ihnen vor allem hervor, dass Luther Bucer als Verteidiger Zwinglis angesehen habe.[19] Die Frage, was Luther zu Äußerungen dieser Art veranlasst haben könnte, ist bislang nicht gestellt worden. Ihr soll an dieser Stelle daher nachgegangen werden.

Zunächst ist auffällig, dass Luther Bucer unterstellte, er „rechtfertige" Zwingli. Für eine Klärung, wie Luther diesen Vorwurf verstand und wodurch er sich zu ihm veranlasst sah, ist ein Brief aufschlussreich, den Bucer am 24. Oktober 1531 an Melanchthon verfasste. Ediert wurde dieses Schreiben erstmal von Rott, der in seiner Veröffentlichung aber der Frage nach den Auswirkungen, die der Brief haben sollte, nicht genauer nachging.[20] Der Zusammenhang, der zwischen den beiden angeführten Tischreden und Bucers Schreiben besteht, ist bislang noch nicht erkannt worden. Bucer wollte mit seinem Brief seinen Adressaten und die anderen Wittenberger über die militärische Niederlage des Zürcher Heeres bei Kappel und über Zwinglis Tod in der Schlacht unterrichten „und zu gleicher Zeit bei ihnen ein gutes Wort zugunsten des Gefallenen einlegen"[21]. Nicht zu Unrecht befürchtete Bucer nämlich, dass man in Wittenberg Zwingli und sein Verhalten verurteilen werde. Daher versuchte er, sich bei Melanchthon für den Schweizer zu verwenden: „Ich bitte inständig: Fällt ein recht gutes Urteil über das Ende Zwinglis."[22] Dieser Bitte entsprechend bemühte Bucer sich, den Anteil herunterzuspielen, den Zwingli an der Auseinandersetzung gehabt hatte. Er behauptete, Zwingli sei allen anders lautenden Gerüchten zum Trotz nicht der Verursacher des Krieges gewesen.[23] Nur aufgrund eines alten Brauchs sei er mit dem Heer Zürichs als herausragender Prediger seiner Stadt ausgezogen.[24] Zur Person Zwinglis versicherte Bucer in diesem Brief: „Er war – so wahr mich Christus liebt – ein wahrhaft frommer und christgläubiger Mensch, der vorzüglichste

[17] WATR 1, 140 (61,8–15).

[18] Bizer: Studien, 53 A. 2.

[19] Cf. de Laharpe: Porträt, 150 A. 11 und 11; cf. außerdem die Zitate a. a. O., 149 und 151.

[20] Cf. Rott: Martin Bucer, 478–486. Rott stellt hier lediglich fest, dass es Bucer nicht gelungen sei, Luther zu einem gemäßigten Urteil über Zwingli zu bewegen. A. a. O., 469.

[21] A. a. O., 467.

[22] „Zwinglii casum, obsecro, in meliorem partem interpretemini." MBW 5, 1196 (216,100 f).

[23] „Hostes Zwinglii iactant eum authorem belli huius, eo quod adhortatus sit furorem quinque pagorum compescere. Verum etiam alii boni et mansuetissimi homines ante biennum affirmarunt contumeliam dei esse tantum impune furorem cedere istis." A. a. O. (217,121–124).

[24] „Hunc exercitum ex publico gentis more, et eo pervetusto, Zwinglius tanquam primus parochus comitatus est." A. a. O. (215,9 f).

Liebhaber der Wissenschaften und bei seinen Leuten deren Erneuerer."[25] Wie sich einem Brief Bucers an Ambrosius Blarer vom 23. Oktober 1531 entnehmen lässt, bewegte Bucer darüber hinaus aber auch die Sorge, dass auch er selbst und seine Verkündigung durch Zwinglis Vorgehen erneut in Verruf geraten sein könnten: „Mit welchem Gerede wird unser Evangelium nun angeschwärzt werden, frage ich, wie wird nun öffentlich verbreitet werden, dass der Prophet, der uns den Geist Müntzers zugeteilt hat, nicht falsch gewesen sei."[26] Vermutlich spielte er damit auf frühere Äußerungen Luthers an. In seiner Abendmahlsschrift von 1527 hatte er namentlich die Räte von Straßburg und Basel vor den „sacraments rotten" in ihren Städten gewarnt: „Der Muntzer ist tod, Aber sein geist ist noch nicht ausgerottet [...]."[27] In jedem Fall war Bucer bestrebt, eine entsprechende Aburteilung durch die Wittenberger zu verhindern. Er distanzierte sich daher gegenüber Melanchthon von Zwinglis unbändigem Charakter sowie von jedem Versuch, das Evangelium mit militärischer Gewalt auszubreiten. Dennoch bat er, dass man nun den Toten ruhen lassen solle.[28]

Es lässt sich recht genau datieren, wann dieses Schreiben in Wittenberg eingetroffen ist. *Terminus post quem* ist der 6. November, an dem Melanchthon gegenüber Camerarius nur von einem Gerücht zu berichten wusste, dass Zwingli in einem Gefecht ums Leben gekommen sei.[29] *Terminus ante quem* ist der 8. November, an dem Melanchthon sein Antwortschreiben an Bucer verfasste.[30] Bald darauf muss Luther Bucers Brief entweder zu Gesicht bekommen haben oder über seinen Inhalt unterrichtet worden sein. Denn in diesem Schreiben ist ein zweifacher Anhalt für den von Luther erhobenen Vorwurf der Rechtfertigung Zwinglis durch Bucer zu finden: zum einen dessen Bezeichnung als rechtgläubiger Christ, zum anderen die Bagatellisierung seiner Rolle innerhalb des verlorenen Krieges. Mit Bezug auf die ursprüngliche Absicht Bucers, eine Verurteilung Zwinglis zu verhindern, war das Schreiben allerdings vollkommen wirkungslos. Luther fasste nämlich den Tod des Zürchers als ein Gericht Gottes auf und

---

[25] „Fuit – ita me Christus amet – homo vere religiosus et Christo credens, litterarum summus amator et apud suos instaurator." A. a. O. (216,101–103).

[26] „Quo nunc, queso, nostrum rumore denigrabitur evangelium, quam praedicabitur haud vanus fuisse vates, qui Muntzeri nobis spiritum tribuit." Schieß I, 228 (280).

[27] WA 23, 282,4–6.

[28] „Ingenio, fateor, fuit acri et satis calido, gentilisque sive libertatis sive ferociae minime vacante. At indubie aliud non spectavit quam gloriam Christi et patriae salutem. Qua in re si consilia coepit fortia magis quam e functione evangelica, sanguine luit hoc peccatum. Scis, quid Nurimbergae tibi fassus sim: causam evangelii ego semper volo a Marte seiunctam. Nostra victoria constat in cruce et patientia, quanquam unumquemque pollentem non negem debere sibi subiectos etiam armis tueri, sed ex domini sententia et rationibus, quas nemo melius quam ‚spiritus' sanctus ‚iudicat'. Date igitur, quam dedisse Christum certus sum, manibus huius quietem." MBW 5, 1196 (216,103–217,112).

[29] „Fama huc affertur de pugna ad Turegum facta, in qua dicitur et Cinglius periisse." MBW 5, 1201 (223,6f).

[30] Cf. MBW 5, 1202 (224f).

äußerte sich entsprechend auch öffentlich.[31] Darüber hinaus aber brachte der Brief Luther auch noch gegen den Verteidiger selbst auf, weil er die von ihm eingelegte Fürsprache für vollkommen unangebracht hielt. Bucer hatte sich schließlich selbst durch die Vorgänge bei Kappel nicht davon abbringen lassen, sich für Zwingli zu verwenden (iustificat adhuc Zinglium), obwohl dieser dort nach Luthers Ansicht offenkundig dem göttlichen Urteil anheimgefallen war. Darüber hinaus sah Luther in Zwingli seit einiger Zeit ja schon wieder den unbekehrbaren Ketzer[32] und musste nun erleben, dass der Straßburger versuchte, diesen als einen frommen Mann darzustellen.

Der zweite gegen Bucer gerichtete Vorwurf lautet, dass er seine Irrlehre nicht bereue (neque enim poenitet de errore). Zu dieser Einschätzung dürfte Luther aus zwei Gründen bewogen worden sein: Zum einen hatte Bucer gegenüber Melanchthon die Frömmigkeit des Mannes gelobt, in dem Luther einen unbekehrbaren Ketzer sah. Auch wenn der Straßburger sich damit nicht ausdrücklich zu Zwinglis Lehre bekannt hatte, könnte Luther dies als Beleg dafür angesehen haben, dass dieser eben nicht mit seiner theologischen Vergangenheit gebrochen und sich auch nicht von seinen alten Irrtümern abgewendet hatte. Zum anderen musste Luther im Rückblick auf die vergangenen Monate bilanzieren, dass Bucer weder in der von ihm vorgelegten Einigungsschrift noch in den sich anschließenden brieflichen Äußerungen der von Luther erhobenen Forderung nach einem deutlich erkennbaren Bruch mit seinen alten Überzeugungen entsprochen hatte.[33] Vielmehr hatte er in der Einigungsschrift sogar ausdrücklich an seiner kontradiktorischen Deutung des Abendmahlsstreites, dass es sich vorrangig um einen Wortstreit und um Missverständnisse gehandelt habe und dass man sich in der Sache eigentlich doch einig gewesen sei, festgehalten.[34] Zunächst hatte Luther diese Auffälligkeiten weder gegenüber Bucer noch gegenüber den anderen Adressaten seiner Briefe moniert.[35] Auch hatten sie sein Zutrauen zu Bucer und dessen Absichten zunächst offensichtlich nicht tangiert. Nun aber, angesichts der offenen Solidarisierung mit Zwingli, erschien ihm dieses Verhalten des Straßburgers in einem anderen Licht.

Schließlich enthalten die beiden Tischredenäußerungen noch den Vorwurf Luthers, Bucer habe die Übereinstimmung im Gespräch mit ihm auf der Coburg

[31] „Iudicium Dei nunc secundo videmus, semel in Munzero, nunc in Zwinglio. Propheta fui, qui dixi, Deum non laturum diu istas rabidas et furiosas blasphemias, quibus illi pleni erant [...].“ Luther an Link, 3. Januar 1532: WABr 6, 1895 (246,16–18). „De Zinglianis scivi mox perituros esse. Prophetia mea est in Petro: Blasphemia accelerat interitum, praesertim quae fit contra veritatem cognitam et conscientiam, sicut sacramentarii blasphemarunt.“ WATR 1, 140 (61,5–8). Zu vergleichbaren Äußerungen in seinen Schriften cf. etwa unten Kapitel 2.2.1. und 3.6.

[32] Cf. oben S. 132.

[33] Zu dieser Forderung cf. oben S. 77 f und A. 328.

[34] Cf. dazu oben S. 84 und A. 368.

[35] Cf. dazu besonders oben S. 95 und S. 104.

nur vorgetäuscht. Diese Einschätzung ergab sich für Luther zweifelsohne direkt aus der Überzeugung, dass Bucer mit seinen alten Anschauungen nicht gebrochen hatte. Wenn ein solcher Bruch nicht vorlag, dann konnte es sich bei den Äußerungen Bucers, die Luther zunächst als sachliche Annäherungen eingestuft hatte, nur um vorgebliche Konzessionen handeln. In den von Bucer verwendeten Formulierungen sah Luther daher nur Finten, mit denen er getäuscht werden sollte.

Seinem Urteil entsprechend zeigte Luther sich erleichtert, auf der Coburg nicht abschließend in eine Übereinkunft eingewilligt zu haben. Er gab zu verstehen, dass Bucer bei ihm seine Glaubwürdigkeit vollkommen eingebüßt und die ihm vormals erwiesene Gunst restlos und unwiderruflich verspielt hatte (sine ulla spe veniae et gratiae). Zwar stellte er noch Erwägungen darüber an, dass man mit dem Straßburger wie mit einem überführten Ketzer zu verfahren habe und dass er daher für den Fall seiner Umkehr den Anordnungen bestimmter Bußkanones zu unterwerfen sei. Aber man wird diese Ausführungen nur noch als theoretische Überlegungen auffassen dürfen. Ernsthaft rechnete Luther nicht mehr mit einer solchen Umkehr.[36]

Zusammenfassend ist also festzuhalten: Bucer brachte sich und seine Auffassung vom Abendmahl bei Luther in Misskredit, ohne dass er auch nur eine weitere Silbe über das Altarsakrament geäußert hätte. Auslöser für Luthers Revision seines Urteils über Bucers Persönlichkeit und seine Lehre war dessen gegenüber Melanchthon zum Ausdruck gebrachte Überzeugung, dass er den von ihm bei allen Differenzen doch geehrten Zwingli einer Verständigung mit den Wittenbergern nicht opfern und ihn keiner Verurteilung preisgeben konnte.

Luthers Enttäuschung dürfte umso größer gewesen sein, als er mit dem Tod Zwinglis zunächst gewisse Hoffnungen verbunden hatte. Durch Schlaginhaufen ist eine Äußerung überliefert, die sich aus dem Kontext seiner Sammlung auf die Zeit vor dem 14. Dezember datieren lässt, aus inhaltlichen Gründen aber vor dem Empfang von Bucers Brief gefallen sein muss. Hier heißt es: „[...] ideo bonum est, quod Zwinglius, Carlstadius, Pellicanus iacent prostati, den wir wurden den landgrauen, Strasburgk vnd andere vnsere nachbarn nicht erhalten haben."[37] Luther hatte demnach die Befürchtung gehegt, dass es Zwingli gelingen werde, das im Blick auf die Verständigung Erreichte wieder zunichtezumachen. Nun aber setzte sich bei ihm die Überzeugung durch, dass mit dem Tod des Zürchers für den Konkordienprozess wenig gewonnen war.

Aus verschiedenen anderen Tischredenäußerungen ist zu erkennen, dass mit der beschriebenen Abwendung von Bucer und seinen Unternehmungen für Lu-

[36] Entsprechend heißt es in einer Tischrede vom Dezember 1532 über Bucer: „Aber er ist ins lecken komen wie hertzog Georg; sie konnen nit zurück." WATR 3, 2837b (16,19f). Die Lesart der Sammlung B. hat hier zweifelsohne den Vorzug gegenüber der auf Cordatus zurückgehenden Fassung: „Aber es ist ins leucken komen wie hertzog Georg, sie konnen nicht zuruck." WATR 3, 2837a (14,30f).

[37] WATR 2, 1232 (3,2–4).

ther die theologische Beschäftigung mit dem Straßburger nicht einfach beendet war. Dieser Überlieferung lässt sich allerdings auch entnehmen, dass seine Urteile überwiegend negativ ausfielen. Eine Ausnahme bildet möglicherweise eine Äußerung über Bucers Fähigkeiten als Übersetzer, die vielleicht der Zeit nach der Abwendung zugeordnet werden kann. Hier lobte Luther die Sorgfalt von Bucers Wiedergaben, nahm aber Ausführungen über die Abendmahlslehre ausdrücklich aus.[38] Sollte die erwogene zeitliche Einordnung zutreffen, so hätte Luther trotz der massiven Änderung in seinem Urteil über Bucer immerhin dessen herausragendes Vermögen als Übersetzer weiterhin anerkannt. Die in der vorgenommenen Einschränkung greifbare Kritik an abendmahlstheologischen Aussagen des Straßburgers dürfte sich nicht auf Bucers Tätigkeiten in der zurückliegenden Phase der Annäherung beziehen, sondern auf die Affäre um die von Bucer angefertigte und wegen ihrer von seinen Darlegungen zum Abendmahl abweichenden Glossen von ihm scharf kritisierte lateinische Übersetzung seiner Postille anspielen.[39] Auch wenn es Luther in dieser Äußerung somit nicht um eine Kritik an Bucers gegenwärtigem Verhalten gegangen sein dürfte, darf das positive Urteil über die sprachlichen Fähigkeiten nicht überbewertet werden. Es änderte nichts daran, dass Luther dem Straßburger zutiefst misstraute und massiv gegen ihn eingenommen war.

Negativ äußerte sich Luther über Bucer auch im Blick auf die Christologie: In einer von Dietrich verfassten Mitschrift einer Tischrede aus der Zeit zwischen dem 9. und dem 30. November heißt es: „Jenen [sc. den Artikel von Christus] hat Zwingli nicht begriffen und Bucer und Oekolampad begreifen ihn immer noch nicht."[40] Die vorgenommene Gliederung und der Gebrauch unterschiedlicher Tempora macht es wahrscheinlich, dass Luther hier in Kenntnis von Zwinglis Ableben sprach[41] und somit wahrscheinlich auch bereits von Bucers Brief an Melanchthon wusste. Worin er die drei genannten Personen meinte kritisieren

---

[38] „In transferendis libris meis nemo est vel melior vel diligentior Martino Butzero. Adeo enim proprie reddit meam sententiam et animum, ubi non admiscet suas de sacramento opiniones, ut, si ipse vellem animum verbis exprimere et sententiam declarere, proprius non possem." WATR 2, 2260b (383,4–8). Die wohl abgeleitete Parallele des Cordatus 2260a unterscheidet sich in der Sache von der angeführten Fassung nicht wesentlich. Aus der Abfolge von Cord. ist nur ein ungefährer Anhalt zu gewinnen, wann dieses Stück übernommen worden ist. Für die Tischreden WATR 2, 2277–2283 zeigt ein Vergleich mit Schlaginhaufens Überlieferung, dass sie alle von diesem nach Abschluss seiner Aufzeichnungen und somit frühestens am letzten Tag des Jahres 1531 übernommen worden sind. Kurz davor muss Cordatus die Aufzeichnung über Bucers Übersetzerfähigkeiten übernommen haben. Zum Nachweis der Abhängigkeit der genannten Reihe von Schlag. cf. besonders WATR 2, 1286 (25,4) mit 2281 (403,4). Zum Abschluss von Schlaginhaufens Aufzeichnungen cf. WATR 2, 1289 (28,8).

[39] Zu den Hintergründen cf. KAUFMANN: Abendmahlstheologie, 366–371. Zu Luthers Empörung über Bucers Vorgehen cf. WA 23,279,13–281,4.

[40] „Illum neque Zinglius tenuit neque Bucerus nec Oecolampadius adhuc tenent." WATR 1, 110 (41,11 f). Zur Verlässlichkeit von Dietrichs Überlieferung cf. oben A. 15.

[41] Cf. dazu auch die Erwähnung von Zwinglis Tod in WATR 1, 100 (38,18) aus der Zeit zwischen dem 9. und dem 30. November 1531.

zu müssen, geht wohl aus der von Dietrich anschließend überlieferten Passage hervor: „Ein Tag ist wie tausend Jahre bei Gott und umgekehrt. So ist vor Gott auch ein Ort jeder Ort und jeder Ort einer. Folglich ist es nicht verwunderlich, dass der Leib Christi zugleich und als der eine an verschiedenen Orten ist."[42] Demnach warf Luther Bucer und den beiden Schweizern vor, dass sie die Pluripräsenz des Leibes Christi ablehnten. Tatsächlich aber hatte sich Bucer doch in seinem Schreiben an Luther vom Februar 1531 zu dieser Auffassung bekannt.[43] Zwar hatte er in Übereinstimmung mit Zwingli daran festgehalten, dass der Leib in räumlicher Weise auf einen Ort des Himmels beschränkt sei, doch hatte er im Unterschied zu diesem und übereinstimmend mit Luther erkennen lassen, dass er den Artikel von der *sessio ad dexteram* nicht als einen gültigen Einwand gegen die Auffassung von der wahren Gegenwart von Leib und Blut im Abendmahl ansah. Luther verkannte mit seinem Urteil also offensichtlich eine deutliche Differenz zwischen den Anschauungen der beiden Theologen. Möglicherweise muss man dies aber vor dem Hintergrund seines Misstrauens gegen Bucer sehen: Da er dessen Äußerungen nicht mehr als vertrauenswürdige Zeugnisse einer wahren theologischen Überzeugung ansah, sondern als taktisch motiviertes Manöver, könnte er auch Bucers inhaltliche Distanzierung von Zwinglis Christologie als einen Täuschungsversuch aufgefasst haben.[44]

In einer Tischrede vom Januar 1532 schließlich kritisierte Luther die nach seiner Auffassung mangelhafte Bibelkenntnis vieler Theologen[45] und kam dabei auch auf Bucer zu sprechen:

„Sicut Buzerus vir est, qui ad hanc bibliae cognitionem nunquam pervenit. Dicit enim in quodam libro suo universas gentes, quae suam religionem servaverunt, salvas per illam factas esse. Das heist ja genart! Schuermeri sunt. Neque unquam nobiscum senserunt, nisi quando nostris abuti voluerunt."[46]

---

[42] „Unus dies sicut mille anni apud Deum econtra. Sic etiam coram Deo unus locus est omnis locus et omnis locus unus. Non igitur mirum est in sacramento Christi corpus in variis locis simul et semel esse." WATR 1, 111 (41,18–21). Das Adverb *semel* bezeichnet eigentlich eine temporale Singularität. In dem vorliegenden Kontext sollte aber unzweifelhaft zu Ausdruck gebracht werden, dass es sich trotz der verschiedenen Orte um den einen Leib Christi handele.

[43] Cf. dazu im Ganzen oben S. 112–114.

[44] Cf. dazu auch den Vorwurf von de Laharpe: Porträt, 149 f, dass Luther die theologische Eigenständigkeit, die Bucer gegenüber Zwingli hatte, nicht gewürdigt habe. Dort bleibt freilich offen, worin diese Originalität bestand.

[45] Cf. dazu WATR 2, 2473a (477,36–478,8) und 2473b (478,13–20). Cf. dazu auch die ursprüngliche Parallele WATR 1, 744 (356,20–22).

[46] „So wie Bucer ein Mann ist, der nie so dieser Kenntnis der Bibel durchgdrungen ist. Er sagt nämlich in einem seiner Bücher, dass sämtliche Heiden, die ihre eigene Religion bewahrt haben, durch diese selig gemacht worden seien. Das heist ja genart! Sie sind Schwärmer. Und sie haben niemals mit uns übereingestimmt, außer als sie unsere Leute missbrauchen wollten." WATR 2, 2473 a (478,8–12). In sachlicher Hinsicht besteht kein Unterschied zu der Parallele Nr. 2473b. Cf. dazu auch de Laharpe: Porträt, 151 und 154, wo die Frage nach dem Kontext, in dem diese Äußerung verstanden werden muss, wieder einmal nicht gestellt wird.

Damit aber formulierte Luther nicht weniger als ein Urteil über einen fundamentalen Dissens in der Lehre von der Rechtfertigung aus Glauben.[47] Dass er Bucer nun als „Schwärmer" bezeichnete, dürfte darauf zurückzuführen sein, dass dieser sich in seinen Augen mit seinen Aussagen über das Heil der Heiden schlicht über das äußere Wort der Schrift hinweggesetzt hatte. Wahrscheinlich bezog sich Luther mit seiner Kritik auf eine Passage aus dem im Jahr 1529 erstmals unter dem Pseudonym Aretius Felinus herausgegebenen Psalmenkommentar Bucers.[48] Diese Vermutung wird nahegelegt durch eine spätere Aufzeichnung aus dem Winter 1542/43, die eine Unterredung mit den Worten wiedergibt: „Als jemand fragte, was Bucer meine, [antwortete] darauf der Doktor: Er hat einmal zu einem Psalm geschrieben, dass jeder durch seinen Glauben gerettet werde, ob er ein Heide sei oder ein Christ."[49] In seiner Auslegung zu Psalm 1 hatte Bucer behauptet, dass Gott vielen Heiden seinen Geist verliehen habe, die dadurch befähigt gewesen seien, gerechte Kulte und Gesetze für das Leben (iusta religiones et leges vitae) einzurichten, durch die sich wiederum das allgemeine ethische Niveau zumindest äußerlich gehoben habe.[50] Über die Frage des Heilshandelns Gottes hatte sich Bucer in diesem Kontext nicht ausdrücklich geäußert. Aus der Stelle selber geht nicht hervor, welches Verhältnis er zwischen der Geistbegabung bestimmter Heiden und Gottes rettendem Handeln in Christus durch den Glauben annahm. Über die Seligkeit von Heiden hatte er sich aber bereits in seinem 1527 erschienenen Kommentar über den Epheserbrief geäußert: Hier hatte er etwa Jethro und Abimelech als Beispiele dafür genannt, dass Gott auch Heiden durch seinen Geist erleuchte. Ausdrücklich hatte er dabei aber deutlich gemacht, dass diese mit einer gläubigen Hoffnung auf Christus beschenkt worden seien.[51] Auch diese Auslegung passt daher nicht zu Luthers Kritik an einer

---

[47] Der von DE LAHARPE: Porträt, 154 konstruierte Widerspruch zwischen den Äußerungen in den Tischreden 2260a und 2473a besteht nicht: Im einen Fall lobte Luther die sprachlichen Fähigkeiten des Übersetzers, im anderen tadelte er scharf das theologische Urteilsvermögen Bucers.

[48] Cf. [BUCER]: ‚Sacrorum Psalmorum libri quinque …'.

[49] „Cum quidam interrogaret, quid Buccerus sentiret, tum Doctor: Ille scripsit aliquando in psalmum, quod quisque salvaretur sua fide, sive esset gentilis sive christianus." WATR 5, 5522 (212,28–213,1). Cf. dort auch A. 25.

[50] „Hunc Deus, cum non sit Iudæorum tantum, sed & gentium, Deus pluribus ab initio orbis adflauit, ij sæpe rerum potiti, iustas religiones & leges uitae constituerunt, publicamque uirtutis curam, ita plantarunt, ut qui ab ea animo etiam abhorrebant simulare tamen aliquod studium eius, uel æstimationem coacti sint. Hinc factum est, ut ingenitam omnibus recte uiuendi rationem putarent, cui tamen multorum ad quaevis scelera proiecta uita, reclamauit fortiter." [BUCER]: ‚Sacrorum psalmorum libri quinque …', 15r.

[51] „Hac autem expecatione Gentes carebant, quare & uita Dei destituti, peccatis tantum uiuere potuerunt, exceptis pauculis ijs, quos etiam ex gentibus Deus, Christi sui fide & expectatione, per spiritum suum donauit. Vt nanque non Iudaeorum solum, sed & Gentium Deus agnosceretur, omnibus sæculis, & in gentibus, aliquot suo spiritu illustrauit. Quanquam in Iehuda præcipue notus, & magnum nomen eius fuerit, Psalm 76. Gentium fidem, Abimelec qui tam sancte cum Abraham egit, Iithro qui Moscheh consilium dabat, quod & Deus appro-

soteriologischen Aufwertung heidnischer Religionen. Eine andere Textgrundlage, die Luther für seine Kritik im Blick gehabt haben könnte, ist mir nicht bekannt. Es ist daher anzunehmen, dass er Bucer *in malam partem* so auslegte, als habe dieser lehren wollen, dass auch treue Anhänger der heidnischen Kulte gerettet würden.

Als Bestätigung seines Urteils über Bucers abendmahlstheologische Position musste Luther schließlich einen Brief auffassen, den Spengler am 22. April 1533 an Veit Dietrich nach Wittenberg schrieb. In diesem Schreiben teilte Spengler nicht nur mit, dass in Straßburg Bilder zu sehen seien, die Luther mit Eselsohren zeigten[52], sondern er berichtete auch über eine auffällige Abendmahlspraxis:

> „Mit [sic] bericht ainer meiner herrn Sindicus, der neulicher tag zu Strassburg gewest ist, das er mit fleiß darnach gefragt hab, wie sie doch deß herrn nachtmal pflegen zu hallten, dem hat der vördersten ainer gesagt, das sie in der kirchen zusammen kommen lesen oder predigen ettwas, dann raichen sie dem volck prot und wein und sagen, der herr in der nach do er verraten ward, nam er das prot, danckt, prachs und raicht das seinen iungern vnd Nempt hin und esset, So offt ir das thut so thuts zu meinem gedechtnus. Deßgleichen mit dem kelch etc. und lassen die wort Christi aussen, Das ist mein leib, das ist mein plut."[53]

Diese Beschreibung wurde aber in der vorliegenden Form den liturgischen Verhältnissen der Stadt Straßburg zumindest in ihrer geregelten Gestalt wahrscheinlich nicht gerecht: In der im Jahr 1530 veröffentlichten Gottesdienstordnung Straßburgs sind die vor der Feier gesprochenen Einsetzungsworte unverkürzt enthalten.[54] Allenfalls könnte sich die Nachricht auf das in Straßburg gebräuchliche Distributionswort bezogen haben, zu dem es in der genannten Ordnung heißt: „Hiemit teylet er [sc. der Pfarrer] des Herrn brot vnn Kelch

---

babat, & plerique alij quorum scriptura meminit, satis declararunt. Hi uero ut de Deo optime sperarunt, atque ut ex eius bonitate, sanctius & felicius olim haberent, expectarunt, ita haud quaquam absque Christo sanctorum reperatore fuerunt, tametsi forsan, qua ille ratione esset uenturus, & omnia instauraturus parum distincte nossent." Bucer: ‚Epistola Divi Pauli ad Ephesios …', f. 56v – 57r. Für den Hinweis auf diese Stelle cf. Lang: Evangelienkommentar, 168 A. 2. Dort wird freilich der gewichtige Umstand verkannt, dass es sich bei Jethro und Abimelech nach Bucers Verständnis eben nicht mehr um Heiden, sondern um aus den Heiden berufene Christen gehandelt haben soll.

[52] Spengler schrieb, „das er deß Luthers pildnuß zu Strassbburg an zwayen orten gemalet oder gedruckt gesehen hab, dem seyen an das haupt zway esels oren gemalet gewest." Spengler an Dietrich, 22. April 1533: Mayer: Spengleriana, 115.

[53] A. a. O., 115.

[54] „Gleich auff solche wort liset er der Euangelisten vnd fürnemlich Pauli wort vom Nachtmal / also: Hőret das Euangelion vom Nachtmal: DEr Herr Jesus in der nacht da er verraten ward / nam er das Brot / vnn alß er gedanckt hatte / brach ers vnnd gabs seinen Jüngern vnd sprach: Nemet hin vnd essend / das ist mein leib / der für euch hingeben wirt / Solichs thůt zů meiner gedechtnuß. Deßgleichen auch den kelch / nah dem sy zů abend gessen hatten / vnd sprach: Dis ist der kelch / das new Testament inn meinem blůt / dz für euch vnn für vil zůr ablősung der sünd vergosseen wirt. Nemend hin vnd trinckend daruß alle. Solhs thůt so oft jr trinckend zů meiner gedechtnuß." ‚Psalmengebett', f. 15v–16r.

auß / vnn sagt zůuor diese wort: Gedencket / glaubt vnd verkůndet das Christus der Herr für euch gestorben ist."[55] Ein Vergleich mit der 1533 im Druck erschienenen Gottesdienstordnung ist nicht möglich, da sich von ihr kein Exemplar erhalten hat.[56] Es ist aber ausgesprochen unwahrscheinlich, dass hier die kritisierte Auslassung der Einsetzungsworte festgeschrieben worden wäre. Bucer als der führende Theologe der Stadt hatte keine Schwierigkeiten mit ihrem Wortlaut und damit auch keinen Anlass zu einem solchen Eingriff. Dass er bei seinem Bestreben nach einer Verständigung einer solchen tiefgreifenden liturgischen Änderung seine Zustimmung gegeben hätte, ist undenkbar.

Dietrich muss Luther Spenglers Brief übergeben haben, denn in einer Tischrede vom 9. Mai 1533 heißt es nach einem Rückblick auf das Gespräch mit Bucer auf der Coburg:

> „Sehet, was das bufflein [= Büblein] itzunder thut: Hesterna die binas accepi literas a quodam, qui significat se interfuisse missae Argentinensis ecclesiae, ubi verba Christi canuntur: Dominus Hiesus in qua nocte tradebatur etc.; sed haec verba: Hoc est corpus meum, hic est sanguis meus, omittuntur. So sollen sie handlen."[57]

Auffälligerweise weicht die Überlieferung von Luthers Worten in mehrfacher Hinsicht von Spenglers Darstellung ab: In der Tischrede wird die Nachricht auf einen Augenzeugen zurückgeführt, während Spengler berichtete, sein Gewährsmann habe über die Form des Abendmahlsgottesdienstes Erkundigungen eingeholt. Der Tischredenüberlieferung zufolge hat sich der Augenzeuge brieflich direkt an Luther gewandt. In Spenglers Brief hingegen heißt es, dass der Syndikus zuerst nach Nürnberg Bericht erstattet habe. Auffällig ist auch, dass in der Tischrede von zwei Briefen die Rede ist, die Luther empfangen haben will. In Spenglers Schreiben werden Dietrich aber Grüße an Luther aufgetragen.[58] Daher ist nicht anzunehmen, dass er einen weiteren Brief an Luther geschickt

---

[55] A. a. O., f. 16r–v.

[56] Cf. dazu Hubert: Ordnungen, XX; Ritter: Repertoire IV, 3004. Auf ein heute verschollenes Exemplar des AMS wird verwiesen bei Claus/Pegg: Ergänzungen, 157 (Nr. *3611a).

[57] WATR 3, 3327b (269,18–22). Dieser Fassung aus B. ist der Vorzug gegenüber Nr. 3327a aus Cord. einzuräumen. Zum einen handelt es sich bei 3327a sehr wahrscheinlich um eine abgeleitete Parallele. Cordatus war seit dem Herbst 1532 Pfarrer in Niemegk und konnte die rund 30 Kilometer nach Wittenberg wohl nur sehr selten zurücklegen. Cf. dazu Breuninger: Untersuchungen, 10. Zum anderen zeigt der Vergleich beider Fassungen, dass B. deutlich den besseren Text bietet. Geradezu sinnentstellend ist die von Cord. in der Darstellung gebotene Abfolge. So wird etwa nicht deutlich, dass Luther Bucer auf der Coburg zur Ernsthaftigkeit ermahnt hat (269,5f). Cf. dazu oben Kapitel 1.3.2. Man erhält vielmehr den Eindruck, als habe Luther diese Worte zur Warnung als Reaktion auf die Nachrichten über die gegenwärtigen Verhältnisse in Straßburg formuliert. Bei der Fassung in WATR 3, 3464p (333,11–16) handelt es sich offensichtlich nicht um eine eigenständige Überlieferung.

[58] „[...] das [sc. die Nachrichten über einen Aufenthalt des sächsischen Kurfürsten in Nürnberg] wollet allso Magistro Philippo eröffnen vnd Doctor Martino vnd Philippo, auch Bropst Jone vnd Bommerano, wo die zu Wittenberg sein, mein gantz willig dienst vnd alles gut sagen, vnd Gott fur mich bitten." Spengler an Dietrich, 22. April 1533: Mayer: Spengleriana, 114.

haben könnte. Da man nicht alle Abweichungen der schriftlichen Überlieferung wird zuschreiben können und da die zeitliche Nähe zwischen dem Empfang der Nachricht und der mündlichen Äußerung Fehler in Luthers Erinnerung praktisch ausschließt, muss man annehmen, dass er es hier mit der Wahrheit nicht so genau nahm. Auffällig ist schließlich, dass Luther der Tischredenüberlieferung zufolge Bucer persönlich für die liturgischen Änderungen verantwortlich machte. In Spenglers Brief fehlt eine entsprechende Zuweisung. Für Luther aber passten die neuen Nachrichten offensichtlich in das Bild, was er sich von Bucer gemacht hatte. Entsprechend lag es für Luther wohl auch nahe, in ihm den Verantwortlichen für die skandalöse liturgische Praxis zu sehen.

Den Eingriff selber muss Luther für eine Ungeheuerlichkeit gehalten haben. Aus zwei spöttischen Äußerungen in den beiden Abendmahlsschriften von 1527 und 1528 geht hervor, dass er selbstverständlich davon ausgegangen war, dass Zwingli und Oekolampad es nicht wagen würden, den Wortlaut der Einsetzung an ihre theologischen Überzeugungen anzupassen.[59] Bucer hingegen traute er eine solche Verfälschung nun offenkundig zu.

Die Bedeutung des hier dargestellten Umschwungs für den Verlauf der weiteren Bemühungen um eine Übereinkunft in der Abendmahlslehre wird nur dann richtig erfasst, wenn man berücksichtigt, welche Bedeutung Bucer nach der gemeinsamen Unterhaltung auf der Coburg in den Augen Luthers für diesen Prozess gewonnen hatte: Luther hatte den Straßburger als Makler akzeptiert, der die andere Seite für eine Konkordie auf der Linie der Wittenberger Theologie gewinnen sollte. Alles, was Luther im Blick auf dieses Vorhaben zunächst als Fortschritt begrüßt hatte, war untrennbar mit der Person Bucers und mit von ihm stammenden schriftlichen Darlegungen verbunden. Daher waren, so wird man schließen müssen, zusammen mit dem Straßburger auch die vorangehenden Bemühungen um eine Verständigung in Luthers Augen vollständig diskreditiert. An eine Wiederaufnahme war unter diesen Bedingungen nicht zu denken. In dieser Haltung musste Luther sich aber zusätzlich durch die besorgniserregenden Nachrichten bestärkt fühlen, die ihn in dieser Zeit aus anderen Regionen und Städten erreichten und die ihm zeigten, dass der Streit um das Abendmahl weiterging.

---

[59] Cf. dazu WA 23,245,35–247,7 und WA 26,389,32–390,15. Von einer allgemeinen Achtung vor dem Wortlaut ging Luther offenbar auch aus, wenn er in der Schrift ‚Vom Abendmahl Christi. Bekenntnis' formulierte: „Denn ich hoffe warlich auch, Ja, ich weis fur war, das alle Christen schůldig sind aus der einsetzunge und gebot Christi, solche wort ym abendmal zu sprechen, und halte die schwermer selbs so kůne nicht, das sie die selbigen mit gutem gewissen aussen lassen […]." WA 26,283,35–38.

## 2.2 *Der Fortgang des Streites um das Abendmahl*

### 2.2.1 Luthers Sendbrief an Albrecht von Preußen

Kurz nach seiner Abwendung von Bucer, etwa im Februar 1532[60], verfasste Luther ein Sendschreiben an Herzog Albrecht von Preußen. Mit dieser Schrift reagierte Luther auf verschiedene Nachrichten, die ihn aus dem Herzogtum erreicht und ihn alarmiert hatten: Zum einen war er auf uns unbekanntem Weg über den wachsenden Einfluss der Schwenckfelder in Preußen und ihren Streit mit dem Bischof Speratus unterrichtet worden.[61] Zum anderen hatte sich der Herzog selbst, wie Luthers Schrift zu entnehmen ist, mit der Frage an ihn gewandt, ob Christus in Joh 6 vom Abendmahl spreche und dieser Text somit in der Auseinandersetzung um das Abendmahl zu berücksichtigen sei.[62] Luther nahm sich in dem Sendbrief dieser Frage an und führte aus, dass das 6. Kapitel des Johannesevangeliums für eine Erörterung des Abendmahls nicht herangezogen werden könne, da in diesem Text nicht vom Abendmahl und seinem Empfang die Rede sei, sondern ausschließlich vom Glauben an Christus.[63] Darüber hinaus ermahnte er den Herzog, dass dieser die „Schwärmer" meiden und aus seinem Territorium ausweisen lassen solle.[64]

Auffällig ist aber nun, dass Luther sich nicht einfach persönlich an den Herzog wandte, sondern dass er mit seinen Ausführungen die Öffentlichkeit suchte. Ausdrücklich äußerte er sich dabei auch über die Absichten, die ihn zu die-

---

60 Zur Frage der Datierung cf. WA 30/III,541.

61 Zu den näheren Umständen der Auseinandersetzung im Herzogtum Preußen cf. Tschackert: Paul Speratus, 50–58; ders.: Urkundenbuch, 184–197; Hubatsch: Geschichte, 67–72; Stupperich: Dr. Paul Speratus, 170–178. Es ist anzunehmen, dass Luther von einem seiner Königsberger Freunde über die Vorgänge unterrichtet wurde. Cf. WA 30/III,542. Hubatsch: Geschichte, 72 nennt in diesem Zusammenhang Speratus und Briesmann.

62 Auf die Anfrage des Herzogs verweist Luthers Einleitung: „Durchleuchtiger, Hochgeborner Fůrst, Ewer F. G. schrifft vom Sacrament und dem sechsten Capittel Johannis hab ich entpfangen und vernommen, und solt E. F. G. wol lengst darauff geantwort haben [...]." WA 30/III,547,4–8. In welche Richtung diese Anfrage ging, lässt sich aus Luthers Antwort rekonstruieren: „Und das ich E. F. G. auffs kůrzest antworten, so ists war, das Johannis am sechsten Christus nichts redt vom Abendmahl [...]." WA 30/III,547,17 f. Besonders einige Anhänger Schwenckfelds beriefen sich für ihre Lehre auf Joh 6. Gegen diese Vorliebe richtete Speratus sich mit seinen Eingangsbemerkungen beim Rastenburger Religionsgespräch: „So wollet nun vnns mitt dem 6. Capitel Johannis vnverworren lassen. welches doch mit nichten hierher dienet. Vieler guter Rechtschaffener gewisser Vrsachen wegen. die Zwingli erzehlen nicht von nŏthen." Speratus: ‚Gantzer Handel', 451.

63 Christus „thut eine freye predigt, beide, den Jůngern und ungleubigen, zu Capernaum von dem glauben an jn, Welcher glaub es da fůr helt, das er warhafftiger mensch sey, fleisch und blut hab und die selben beide fůr uns gegeben, welches heist eigentlich sein leib geistlich essen und sein blut geistlich trincken [...]." WA 30/III,547,20–24.

64 „Der halben vermane ich und bitt, E. F. G. wolt solche leut meiden und sie jm lande ja nicht leiden, nach dem rat Sanct Pauli [sc. Tit 3,10 f] und des heiligen Geists, droben gezeigt." A. a. O., 552,32–34.

sem Schritt bewogen hatten. So verwies er zum einen auf seine Sorge, dass der Brief sonst in einer entstellten Fassung publiziert werden könnte.[65] Zum anderen erklärte er, dass er für eine Veröffentlichung gesorgt habe, um „den Schwermern abermal da mit anzuzeigen, das ich nicht mehr gedencke mit jn von der sache zu handeln".[66] Entsprechend heißt es an späterer Stelle: „Nu habe ich droben gesagt und vormals mehr, das ich der Schwermer hinfurt mu̇ssig gehen wil und sie dem urteil Gottes befolhen lassen sein"[67]. Damit bekräftigte Luther zunächst seine Absage aus der Abendmahlsschrift von 1528, mit der er zu verstehen gegeben hatte, dass für ihn die öffentliche Auseinandersetzung mit seinen Gegnern abgeschlossen war.[68] Dass seine erneuerte Absage auch und sogar in besonderer Weise den Straßburger und dessen Bemühungen um eine Verständigung einschloss, kann nach den Ausführungen über Luthers Bruch mit Bucer nicht zweifelhaft sein.[69] Dass sein Name ebenso wenig genannt wurde wie die Namen anderer Opponenten, wird man so verstehen müssen, dass Luther an diesem Punkt auf Differenzierungen keinen besonderen Wert mehr legte. Gerade der Umstand, dass Bucer nicht erwähnt wurde, dass von den hoffnungsvollen Entwicklungen des Vorjahres und von einer möglichen Verständigung keine Rede war, musste diesen und alle, die weiterhin an einer Konkordie interessiert waren, besonders hart treffen. Für Luther erschöpfte sich, wie er in einem Rückblick festhielt, die ganze bisherige Auseinandersetzung darin, dass es ihm und seinen Leuten zwar gelungen sei, viele Argumente der Gegner zu widerlegen, dass diese aber nun versuchten, durch fortgesetztes Disputieren ihre Niederlage zu kaschieren.[70]

---

[65] „[...] das ich besorget, es mo̊cht doch sonst jnn druck komen, und weil es nicht mein feder ist, sondern mein tichten und derhalben vielleicht meinen vorigen schrifften nicht gleich, Es mo̊cht noch erger geraten und unvleisiger ausgelassen werden." A. a. O., 547,13–16. Luther hatte die Schrift wegen seines schlechten gesundheitlichen Zustandes diktieren müssen. Cf. dazu a. a. O., 547,10 f.

[66] A. a. O., 547,11–13.

[67] A. a. O., 548,37 f.

[68] „Derhalben hab ich yhr gnug und wil nicht mehr an sie schreiben [...]. So will ich nu sie faren lassen nach der lere S. Pauli Tit. 3: ‚Einen ketzer soltu meiden, wenn er ein mal odder zwier vermanet ist.' Denn sie werdens hinfurt nicht besser machen, Es ist eraus, was sie vermu̇gen [...]." WA 26,261,23–262,6.

[69] Die Frage, ob Bucer von Luther als Mitadressat des Sendbriefes intendiert war, wird in der Forschung von einer Ausnahme abgesehen nicht gestellt. Bei Köstlin/Kawerau: Martin Luther II, 255 wird Bucer ausdrücklich von Luthers Urteil ausgenommen: „Überhaupt zeigte dies Schreiben, dass, während er einem Butzer jetzt freundlich entgegenkam, sein Urteil über die Leugner der wahren Gegenwart des Leibes Christi unverändert das gleiche blieb." Diese Unterscheidung basiert auf der irrtümlichen Annahme, dass Luther zu dieser Zeit noch zu einem freundlichen Entgegenkommen bereit gewesen wäre.

[70] „Denn ich und viel ander diese sach vom Sacrament so grůndtlich und gewaltiglich getrieben haben und jr faul geschwetz so klerlich verlegt, das sie selber gar viel sprůche und stůcke haben můssen nachgeben und einrewmen, Darauff sie doch am ersten gantz halstarrig bestunden, Damit beweist wird als aus der erfarung, das sie jre sach aus ungewissem grund und eigen ertichten gedancken haben fur gebracht und noch heutiges tags nicht auff ho̊ren ko̊nnen

Neben Luthers klarer Abgrenzung sollte für die Rezeption des Sendbriefs vor allen Dingen der Umstand bedeutsam werden, dass er mit ihr öffentlich in die laufende Auseinandersetzung um die Deutung von Zwinglis Tod eingriff. Die unter den Anhängern des Zürchers verbreitete Ansicht, dass dieser als Märtyrer gestorben sei, wies er zurück, indem er dieses Urteil als Ausweis einer erstaunlichen Verstockung wertete.[71] Zwingli, so führte er aus, sei wie Müntzer und Karlstadt wegen seiner Irrlehre von Gott bestraft worden.[72] Bestenfalls konnte man für ihn nach Luthers Auffassung noch hoffen, dass Gott ihn kurz vor seinem Tod von seinen Irrlehren bekehrt habe und er so selig geworden sei.[73]

Nach dem Erscheinen der Schrift bemühte man sich in Straßburg um Schadensbegrenzung. Besonders fürchtete man dort, dass die Zürcher eine Antwort abfassen könnten, die Luther angreifen und so den Streit weiter eskalieren lassen werde. Daher wandte sich Capito am 21. April 1532 mit einem Brief an Bullinger, der nach dem Tod Zwinglis mit der Leitung der Zürcher Kirche beauftragt worden war.[74] Ausdrücklich bekannte sich Capito dazu, dass man das Andenken Zwinglis öffentlich gegen Luthers Angriffe schützen müsse. Allerdings versuchte er, Bullinger dazu zu überreden, den Namen Luthers in der Schutzschrift der Zürcher zu übergehen.[75] Offenbar hoffte Capito, dass man auf diese Weise dem

---

zu plaudern, sondern, wenn sie ein argument odder spruch verlieren, grőbeln und sůchen sie jmmer ein anders und richten jre sache auff nicht stille schweigen [...]. Also meinen sie auch, sie wollen ein ewig Disputiren treiben und die leute mit plaudern und dőnen ein treiben, das man die weil nicht sehen sol noch hőren, wie ungegrundt ding sie fűrgeben, und niemand sol mercken, wie viel sprűche und stűcke sie verloren haben." WA 30/III,549,1–15.

[71] „Und mich verwundert, das die uberigen Můntzerische und Zwingelische sich so gar nicht keren an solche Gottes rutten, das sie nicht allein verhertet bleiben jnn jrem jrtumb, sondern das sie solche rutten deuten fűr eine rutten der Merterer und sich noch rechtfertigen und den heiligen Merterern vergleichen." A. a. O., 551,4–7. Cf. dazu auch Luther an Martin Görlitz, 3. Januar 1532: WABr 6, 1893 (243,9–11); WATR 2, 2380 (439,7–9).

[72] „Denn wir haben ja gesehen, wie er den Můntzer und seine gesellen hat troffen und sie zum schrecklichen exempel gesetzt allen Schwermern und Rottengeistern, Denn es war bey jn auch eitel rhůmen des geists und verachtung der Sacrament, aber es hat sich gefunden jm auskerich, was fur ein geist gewesen sey. Des gleichen hat er den Karlstadt, sind der zeit er das spiel angefangen hat, hin und her jnn der welt geiecht und kein stat fűr seinen leib noch ruhe jnn seinem hertzen gelassen, wie ein rechten Cain, mit zittern und furcht gezeichnet und geplagt. Und nu neulich die arm leut inn Schweitzen, Zwingeln und die seinen auch mercklich genug gestrafft, dar an sich die Rotten geister billich stossen solten [...]." WA 30/III,550,13–22. „Weil denn Gott so gewaltig drein zeichent und mit der straff tettlich solchen jrthumb verdammet und unsern glauben bestettiget [...]." A. a. O., 551,33 f.

[73] „Sind sie selig worden, wie das selb Gott nicht unmőglich ist, einen menschen an seinem letzten ende jnn einem augenblick zubekeren, das gőnnen und wűnschen wir jn von grundt unsers hertzens, Aber Merterer zu machen, da gehőrt mehr zu denn schlecht selig werden [...]." A. a. O., 550,31–34.

[74] Cf. dazu Pestalozzi: Heinrich Bullinger, 71–74; Blanke/Leuschner: Heinrich Bullinger, 119–128.

[75] „Equidem sane sic censeo, defendendum a contumelia Zuinglium, deinde cladis causam in deum reiiciendam, qui non punire voluit sententiam de eucharistia, sed occulto suo iudicio sic ei visum est ad ardentius studium erga se nostros inflammare, idque in illo libello adver-

verunglimpften Zwingli gerecht werden könne, ohne Luther weiter gegen sich aufzubringen.

Doch in Zürich ließ man sich durch diese Bitte nicht beeinflussen. Die Geistlichen der Stadt veröffentlichten ein auf den 17. Juni 1532 datiertes Sendschreiben an Herzog Albrecht, in dem sie ausführlich auf die vorangegangene Schrift Luthers zu sprechen kamen. Zu Recht fühlte man sich durch Luthers Vorwurf der Schwärmerei und Häresie provoziert[76] und versuchte, ihn durch die Übersendung einer deutschen Übersetzung der Schrift *De corpore et sanguine Domini* von Ratramnus zu entkräften.[77] Ebenso wurden Luthers Aussagen über Zwingli zurückgewiesen: Diesen halte man „für einen frommen thüren leerer der warheyt", der als „wärchzüg gottes" seinen Dienst getan und um dieser Aufgabe willen gestorben sei.[78] Ausdrücklich beharrte man darauf, Zwingli einen Märtyrer zu nennen, da er die Wahrheit bis in seinen Tod hinein bekannt habe.[79] Im Ton gab man sich mäßig. Gleichwohl war die Entschlossenheit unverkennbar, dass man an Zwingli und seinem theologischen Vermächtnis festhalten wollte. Man erbat zwar von Luther ausdrücklich die Anerkennung als Brüder. Zu einer Aufopferung Zwinglis aber war man keineswegs bereit.[80]

Bucer war über diese Veröffentlichung der Zürcher wenig erfreut. Besonders schmerzte ihn, wie er am 28. Juni 1532 an Ambrosius Blarer schrieb, dass die Schrift „unsere Gemeinden unter die zählt, die mit Luther in dieser Sache streiten, obwohl wir nichts auslassen zu zeigen, dass wir nicht streiten"[81]. Tatsächlich hatten die Geistlichen von Zürich behauptet, dass die oberdeutschen Gemeinden in Ulm, Memmingen, Esslingen, Augsburg, Konstanz, Lindau und

sus Fabrum, quam fieri potest paucissimis, et omisso, ut dixi, nomine Lutheri." HBBW 2, 90 (110,25–29).

[76] „Aber über das alles schmächt, schmützt, schiltet und verlümbdet er [sc. Luther] uns, tastet uns an mit schantlichen uneerlichen nammen, nennt uns schwermer, rottengeyster, kätzer, tüfelskinder, unnd andere schmachwort tricht er uns uf [...]." HBBW 2, 106 (140,36–39).

[77] „Ouch wirt u.f.g. in disem bůchlin, das garnach vor sibenhundert jaren ein frommer man mit namen Bertram uff ansůchen keiser Karls, zů dess zyten sich dieser span vom nachtmal ouch zůtragen, gemacht hatt, wol sähen, wie warlich der Luter uff uns rede, das wir söliche meinung nüwlich erdacht oder uß einem finger gsogen habind, und wie war es sye, das syn meynung fünfftzehenhundert jar von der kilchen sye gehalten worden." A. a. O. (141,55–60).

[78] Cf. a. a. O. (145,187 f.190). „Und domit er sölichs volfůrte, ist er gstorben, und hat sin blůt umb keiner mißthat willen vergossen, sunder das er gottes eer und gmeyne gerächtigkeit möchte wider uffrichten". A. a. O. (145,194–196).

[79] „Warumb woltend dann wir in nit mögen einen marterer, das ist einen zügen der warheyt nennen, so er die warheyt biß inn tod bekennt und verjähen hatt, ja umb der warheyt und gerächtigkeit willen erschlagen ist?" A. a. O. (145,197–199).

[80] „Darumb bitten wir den Luter, er wölle uns für brůder erkennen, sich nit von uns abtrennen, uns nit verschupffen, wir erbietend uns alles fridens und liebe gegen im, allein er tringe uns nit von erkannter warheit." A. a. O. (146,226–229).

[81] „Quodque mihi admodum doleat, adnumerat homo suavis nostras ecclesias inter eas, quae cum Luthero hac in re pugnent, cum nos nihil omittamus, ut videamur non pugnare [...]." Schieß I, 289 (351).

Straßburg in der Lehre vom Abendmahl mit ihnen einer Meinung seien.[82] Bucer missfiel dieses Vorgehen, weil er mit den oberdeutschen Gemeinden nicht auf der Seite der Eidgenossen als eine streitende Partei innerhalb der Auseinandersetzung wahrgenommen werden wollte. Die von ihm geäußerte Befürchtung zeigt, wie weit seine eigene Einschätzung von Luthers Sicht auf die Auseinandersetzung entfernt war. Ihm war offensichtlich nicht bewusst, dass der Wittenberger zu dieser Zeit schon längst wieder unbeirrbar davon überzeugt war, in ihm einen treuen und unbekehrbaren Verteidiger und Parteigänger Zwinglis sehen zu müssen.[83]

### 2.2.2 Luthers Warnbrief an die Frankfurter

Im Herbst des Jahres 1532 trafen bei Luther in Wittenberg weitere Nachrichten ein, die ihn mit großer Sorge erfüllten. Anlass war in diesem Fall die Entwicklung der kirchlichen Verhältnisse in Frankfurt am Main. Unterrichtet war er über die Lage zum einen durch Kaufleute, die die Herbstmesse der Reichsstadt besucht hatten.[84] Zum anderen verdankte er seine Informationen dem Prediger Johannes Cellarius.[85] Dieser war im Jahr 1529 von Wittenberg nach Frankfurt entsandt worden, im September 1532 aber auf dem Höhepunkt der innerstädtischen Auseinandersetzungen um das Abendmahl dem Druck der Verleumdungen und Gewaltandrohungen gewichen, mit denen ihm sein Kollege Melander und dessen Gefolgsleute zugesetzt hatten, und wieder nach Wittenberg zurückgekehrt.[86] Luther reagierte auf die ihm zukommenden Nachrichten gegen Ende des Jahres 1532, indem er einen Sendbrief an die Gemeinde von Frankfurt verfasste.[87] Aus ihm lässt sich entnehmen, welche Vorstellungen er von der dortigen Situation hatte und zu welchem Vorgehen er sich daraufhin veranlasst sah.

Zunächst einmal war er davon überzeugt, dass es sich bei den in der Stadt verbliebenen Predigern um Anhänger von Zwinglis Abendmahlsauffassung han-

---

[82] Cf. HBBW 2, 106 (144,144–149).

[83] Cf. oben Kapitel 2.1.

[84] In seinem Sendschreiben an die Frankfurter bezog sich Luther ausdrücklich auf die Nachrichten von Leuten, „so aus ewr franckforter Messe komen". WA 30/III,558,6.

[85] In der Sammlung B. wird für den 9. Mai 1533 Folgendes überliefert: „Nona Maii Ioannes Cellarius, Budissensis praedicator, Lutherum accessit multaque de suis Francfordiensibus ei narravit, qui etsi respondissent, tamen nihil sincere faterentur; ihr andtwordt wer: Mum mum." WATR 3, 3327b (269,8–11). Zur Bewertung dieser Überlieferung und der durch Cordatus tradierten Fassung cf. oben A. 57.

[86] Cf. zu diesen Vorgängen Jahns: Frankfurt, 150 f.207.222; Steitz: Warnungsschrift, 258; Dechent: Kirchengeschichte, 136. An die Stelle des Cellarius trat dann der aus Kronberg berufene Matthias Limperger. Cf. zu diesem Prädikanten Jahns: Frankfurt, 204 A. 9; Seitz: Sammelband, 128 f.

[87] Der bei Hans Lufft angefertigte Druck ist auf das Jahr 1533 datiert. In Frankfurt war das Sendschreiben „bereits in den ersten Tagen des Januar 1533" bekannt. Cf. Steitz: Warnungsschrift, 258.

dele.[88] Diese trauten sich aber nun nicht mehr, ihre Ansichten frei und deutlich zu bekennen, sondern seien dazu übergegangen, „unter dem schein mit solchen worten“ vom Abendmahl zu lehren, „als solt es gar gleich und ein ding sein mit unser und unser gleichen lere“[89]. Eine weitere Auseinandersetzung mit den Prädikanten lehnte Luther daher ab.[90] Ihm ging es nur noch darum, die frommen Christen der Stadt zu beraten, ob sie weiterhin bei diesen Pfarrern zum Abendmahl gehen sollten.[91] In seinen Ausführungen unterschied er dabei zwei Fälle: Wenn ein Pfarrer wegen seiner öffentlichen Lehre eindeutig als Zwinglianer erkennbar sei, solle ein Christ „ehe sein lebelang des Sacraments emperen, ehe ers von jm empfahen solt, ja auch ehe drůber sterben und alles leiden.“[92] Auch wenn Luther auf die Folgen eines solchen Abendmahlsbesuchs nicht einging, machte doch die Dringlichkeit seiner Warnung deutlich, dass er eine derartige Teilnahme für ausgesprochen gefährlich hielt. Sein Schreiben an Kaspar Huber vom 3. Januar 1532, auf das an anderer Stelle noch einzugehen sein wird, lässt erkennen, dass er dabei sowohl an einen geistlichen Schaden als auch an ein zu befürchtendes göttliches Zorngericht dachte.[93]

Neben dieser Gruppe stand nach Luthers Auffassung jene andere, die sich darum bemühte, ihre zwinglianische Überzeugung durch den Gebrauch bestimmter Formulierungen zu kaschieren. Luther zufolge bekannten sie zwar, dass „Christus leib und blut warhafftig gegenwertig im Sacrament“ sei[94], doch gaben sie diesen Worten insgeheim eine bestimmte Deutung:

> „Die heimlich glose aber und verstand ist der, Das der warhafftige leib und blut Christi sey wol gegenwertig im Sacrament, Aber doch nur geistlich und nicht leiblich, wird auch allein im hertzen mit dem glauben empfangen und nicht leiblich mit dem munde, welcher empfehet eitel brot und wein […].“[95]

An anderer Stelle schrieb Luther: „So thut diese zweizungige Rotte auch, Sagen, Christus leib und blut sey im Sacrament warhafftig, Aber doch geistlich und

---

[88] Im Sendbrief schrieb Luther, er habe erfahren, „wie bey euch jnn ewr Stad solle geleret werden vom heiligen Sacrament auff Zwinglische weise […].“ WA 30/III,558,6–8.

[89] WA 30/III,558,9f.

[90] „Denn mit ewrn predigern und jren anhengern ich nichts zu thun habe, Sie haben gnugsam gehőret und gesehen, was ich und die unsern vom Sacrament leren und gleuben, Und wie sie sich unser eussern und entschlahen, so lassen wir sie auch gehen, Machen sie es gut, so werden sie es wol finden.“ WA 30/III,558,22–26.

[91] „Aber weil ich bin gar hertzlich gebeten, das ich meinen rat anzeigen wolt ettlichen, so bey euch hierinn jrrig und zweivelig stehen, odder auch villeicht gewis dafur halten, das ewre prediger nicht leren noch gleuben, wie der leib und blut warhafftig im brod und wein seien, ob sie sollen mit dem hauffen zum Sacrament gehen odder dasselb umb solcher ursache willen meiden und emperen, Den selben zu dienst hab ich diesen offen brieff wőllen lassen an euch alle ausgehen […].“ A. a. O., 558,15–21.

[92] WA 30/III,561,13–15.

[93] Cf. unten S. 159f.

[94] WA 30/III,559,6f.

[95] A. a. O., 559,10–14.

nicht leiblich, Und bleiben damit auff jrem vorigen jrthum, das eitel wein und brod im Sacrament sey [...]."[96] Demnach stellte sich die abendmahlstheologische Position dieser Leute für Luther wie folgt dar: Wirklich gegenwärtig waren ausschließlich Brot und Wein. Darüber hinaus war ihm zufolge zwar von der Gegenwart des wahrhaftigen Leibes die Rede, aber eigentlich war damit nicht mehr gemeint als eine geistliche Gegenwart im Bereich der gläubigen Vergegenwärtigung. Für den Fall, dass man den eigenen Pfarrer in einem entsprechenden Verdacht habe, riet Luther dazu, man solle diesen fragen, was das sei, was im Abendmahl mit der Hand gereicht und mit dem Mund empfangen werde.[97]

Aufschlussreich ist, dass Luther diese Frage nach dem mündlichen Empfang als abendmahlstheologisches Schibboleth ansehen und ausgeben konnte, mit dessen Hilfe eine einwandfreie Identifizierung von Geistlichen gelingen sollte, die letztlich nur eine Gegenwart im Sinne Zwinglis (non citra mentionem) lehrten.[98] Möglich war dies unter der für Luther gültigen Voraussetzung, dass die Objektivität der Heilsgabe und deren leibliche Tangibilität untrennbar zusammenfielen.[99] Nun war Bucer zwar im Unterschied zu dem Zürcher davon überzeugt, dass der Leib Christi als eine gegenüber dem Empfänger externe Heilsgabe anzusehen war. Gleichzeitig aber lehnte er eine mündliche Nießung des Leibes im eigentlichen Sinne aufgrund von dessen besonderer Beschaffenheit strikt ab.[100] Von seinen eigenen Denkvorausetzungen her musste es Luther demnach ausgesprochen schwerfallen, die theologisch eigenständige Position des Straßburgers angemessen einzuordnen. Ein *tertium* neben sich und Zwingli war in seinem Denken nicht vorgesehen. Das von ihm formulierte Kriterium musste auch Bucers Auffassung ausschließen. Es war blind für die Differenz, die zwischen diesem und Zwingli bestand.

Erwähnenswert ist in diesem Zusammenhang auch noch, dass Luther im Sendbrief ausdrücklich auf die CA und ihre Apologie zu sprechen kam. Auf sie berief er sich als Beispiele, in denen er die Lehre vom Abendmahl in einer jeder Vereinnahmung durch Irrlehrer sich widersetzenden Eindeutigkeit ausgedrückt sah.[101]

---

[96] A. a. O., 560,12–15.

[97] „Jst aber sein seelsorger der zweizungigen einer, der mit dem maul furgibt, Es sey im Sacrament der leib und blut Christi gegenwertig und warhafftig, Und doch verdechtig ist, das er im sacke verkeuffe und anders meine, wedder die wort lauten, So gehe odder sende frey zu jm und las dir deudlich heraus sagen, Was das sey, das er dir mit seinen henden reicht und du mit deinem munde empfehest [...]." WA 30/III,561,15–20.

[98] Cf. dazu oben S. 51 f.

[99] Cf. dazu unten S. 94 f und 117 f.

[100] Cf. dazu oben die Ausführungen über Bucers Thesenreihen in Kapitel 1.2 (S. 45 f). Cf. ebenso die Analyse der Einigungsschrift in Kapitel 1.4.1 (S. 85–87).

[101] „[...] wie wol ich doch billicher hoffen solt, das niemand so frevel und unverschampt sein ků̈ndte, solchen seinen jrthum mit mir zu stercken und zur halten, weil mein Bekentnis fur aller welt ỏ̈ffentlich am tage da stehet und meine bů̈cher gewaltiglich zeugen, mit welchem grossen ernst ich wider den jrthum gestritten habe, Das ein Schwermer sich ia solt jnn sein

Den Briefen an Herzog Ernst und Bucer vom Januar 1531 vergleichbar[102] lässt auch der Sendbrief an die Frankfurter erkennen, dass die Auseinandersetzung um das Abendmahl für Luther untrennbar mit seiner geistlichen Verantwortung für die Gemeinden verbunden war. Auch hier warnte er vor der Gefahr, dass Christen, die in der Erwartung, Leib und Blut zu empfangen, zum Altar gingen, nur Brot und Wein erhalten würden.[103] Vielfach ist hierzu angemerkt worden, Luther habe hier vorausgesetzt, dass nicht nur eine öffentlich verkündigte Irrlehre, sondern bereits die falsche innere Deutung und Überzeugung des Administranten die Gegenwart von Leib und Blut unterbinden und den Empfang der Heilsgabe ausschließen werde.[104] Damit aber hätte Luther zumindest an dieser Stelle eine lediglich inhaltlich modifizierte Form der scholastischen Lehre von der *intentio* vertreten.[105] Diese ist aber nicht vereinbar mit seiner Überzeugung, dass Christus selber um der Gewissheit der Kommunikanten willen die Gegenwart von Leib und Blut ausschließlich an das äußerliche Wort gebunden habe.[106] In diesem Fall müsste man diese Darlegungen aus dem Sendbrief daher vom Zentrum der Abendmahlslehre Luthers her kritisieren. Man kann Luther hier aber auch in einer Weise deuten, die seinem Interesse an der Gewissheit der Kommunikanten nicht zuwiderläuft. Hardt hat zu dieser Stelle die Deutung vorgelegt, dass der „Beschluss, nicht Stellung zu nehmen", selber bereits eine „Stellungnahme für die falsche Lehre" sei.[107] Demgemäß hätte Luther das mehrdeutige Antworten der Geistlichen dafür verantwortlich gemacht, dass im Abendmahl

hertz schemen, einen buchstaben des Luthers zu seinem jrthum zu furen odder zu brauchen. Zu dem so ist nu fur alle welt komen die herliche Confession und Apologia, So fur Keiserlicher Maiestet zu Augspurg von vielen der hôhesten stende des Rômischen Reichs frey bekand und erhalten, Darinn auch die Papisten, ob sie uns wol uber alle mas gefahr sind, dennoch keiner Schwermer artickel uns kônnen schuld geben, Wir haben nicht Mum, Mum gesagt noch unter dem hûtlin gespielet, Sondern da stehen unser helle, dûrre, freye wort, on alles tunckeln und mausen." WA 30/III,564,22–34.

[102] Cf. oben Kapitel 1.4.3.3 und 1.4.3.4.

[103] „Wenn nu solchs der einfeltige man hôret, so denckt er, sie leren gleich wie wir, und gehen drauff hin zum Sacrament und empfahen doch eitel brod und wein, Denn jre lerer geben auch nichts mehr und meinen auch nichts mehr [...]." WA 30/III,559,7–10. „Aber diese gesellen musten die rechte hohe ertzteuffel sein, die mir eitel brod und wein geben und liessen michs halten fur den leib und blut Christi und so jemerlich betrôgen." A. a. O., 565,9–11.

[104] In diesem Sinne urteilt Hilgenfeld: Elemente, 140: „Offensichtlich sieht hier Luther doch eine Verbindung zwischen der persönlichen Meinung des die Einsetzungsworte sprechenden Pfarrers über das Sakrament und dem, was das von ihm gereichte Sakrament ist und zu geben hat." Cf. dazu etwa auch Köhler: Zwingli und Luther II, 298; Edwards: False Brethren, 143 A.*.

[105] Cf. dazu Hilgenfeld: Elemente, 133–136.

[106] „Darumb mûssen nit von nôten den glauben haben, die dis Abendmal handeln, gleich wie auch die so teuffen nicht mit eingebunden haben, das sie gleuben mûssen. Jtem die da predigen desselbigen gleichen, und alle die so offentlich ampt haben, denn solchs hat Christus alles ynn sein wort und nicht ynn menschen heilickeit gestellet, auff das wir des worts und der sacrament sicher môchten sein etc." WA 26,288,14–19.

[107] Hardt: Eucharistia, 187.

nur Brot und Wein zu empfangen seien. Positiv gewendet hieße dies, dass nach Luthers Überzeugung die Eindeutigkeit in der Verkündigung eines Zelebranten als notwendige Voraussetzung dafür anzusehen wäre, dass in der von ihm geleiteten Feier Leib und Blut gegenwärtig sind und ausgeteilt werden.

Zumindest an einer Stelle seines Sendbriefes ließ Luther erkennen, dass er sich nicht ausschließlich den Zuständen in Frankfurt zuwenden wollte und dass er die von ihm angesprochenen Probleme auch von anderen Orten her kannte. Er erklärte, dass er sich vor Gott dazu verpflichtet fühle, seinen Rat „euch zu Franckfort und wo mans mehr bedarff" zu erteilen.[108] Tatsächlich kann es keinem Zweifel unterliegen, dass er mit seiner Darstellung der „zweizungigen Rotte" auf Bucer und die ihm anhängenden Theologen zielte.[109] Dies ergibt sich zum einen daraus, dass die dort beschriebene Abendmahlslehre begrifflich den Formulierungen entsprach, die Bucer gegenüber Luther verwendet hatte: Wiederholt hatte er sich dazu bekannt, dass Christi Leib und Blut wahrhaftig im Abendmahl seien, und zugleich aber nur von einem geistlichen Essen gesprochen und die Vorstellung von einem leiblichen Essen des Leibes Christi im strengen Sinn immer wieder abgewiesen.[110] Offenbar nahm Luther diesen Vorbehalt nun sehr wohl ernst. Aber er gab ihm eine falsche Deutung, indem er Bucer nun als Parteigänger Zwinglis einordnete. Zum anderen ist darauf hinzuweisen, dass die gegenüber den Frankfurtern geäußerte Überzeugung, seine Gegner seien darauf aus, mit trügerischen Worten andere zu verführen, für Luther ihren zweifelsohne eindrücklichsten Anhalt an seiner Deutung der mit Bucer unternommenen Verständigungsbemühungen hatte.[111] Frankfurt aber betrachtete er nicht als einen Einzelfall. Die Vorgänge dort reihten sich in seinen Augen vielmehr in eine umfassendere Entwicklung ein, die ihre programmatische Stoßrichtung, ihre Methoden und ihre Theologie Bucer verdankte.

Neben der Lehre vom Abendmahl wurde das Verhältnis zwischen Luther und der Reichsstadt außerdem dadurch schwer belastet, dass die Beichte von den Frankfurter Geistlichen offenbar verächtlich gemacht und abgelehnt wurde.[112] Dass man in Frankfurt seine im Kleinen Katechismus gewählte Anrede des Beichtvaters als „würdiger, lieber Herr"[113] mit Spott bedachte, legte Luther den Predigern so aus, dass sie auch eine tiefe Abneigung gegen jede weltliche

---

108 WA 30/III,561,12.

109 In diesem Sinne bereits Planck: Geschichte, 351; Hassencamp: Hessische Kirchengeschichte II, 108 A. 5; Bizer: Studien, 59; Köhler: Zwingli und Luther II, 299; Jahns: Frankfurt, 223; Friedrich: Martin Bucer, 93. Etwas zurückhaltender urteilt Edwards: False Brethren, 143: „This criticism came very close to hitting Bucer."

110 Cf. dazu oben die Darlegungen zu Bucers Thesenreihen S. 45 f. Cf. außerdem S. 85–87. Cf. dazu auch Planck: Geschichte, 351.

111 Cf. dazu oben Kapitel 2.1.

112 Im Sendbrief heißt es: „Weiter werde ich auch umb rat gefragt der Beicht halben, Wie sich die guten fromen hertzen darin halten sollen, weil jre Prediger die selbigen gantz verdamnen und verspotten [...]." WA 30/III,565,15–17.

113 Cf. BSLK D518,7 (BSELK 886,11) und WA 30/III,565,18; 570,21.

Ordnung hegten.[114] Daher warnte er den Rat und die Gemeinde der Stadt ausdrücklich vor den aufrührerischen Absichten der Pfarrer und ihrer Anhänger und rückte sie in die Nähe Müntzers.[115]

Wie nicht anders zu erwarten, erregte der Sendbrief in Frankfurt große Aufregung. Die Geistlichen der Stadt bemühten sich vor allen Dingen um Schadensbegrenzung. Durch massiven Druck auf den Rat erlangten sie von diesem zunächst eine den tatsächlichen Verhältnissen hohnsprechende schriftliche Versicherung, dass sie „das Wort Gottes lauter, wohl und recht und nit aufrührisch gepredigt und gelebt haben" und dass es ihrer Verkündigung wegen in der Stadt auch nicht zu Aufständen gekommen sei.[116] Überdies wurde wahrscheinlich von ihnen selbst und nicht von Bucer, wie lange Zeit angenommen wurde, eine Schrift zur Verteidigung ihrer Lehre aufgesetzt, die im März 1533 unter dem Titel ‚Entschuldigung der diener am Euangelio Jesu Christi zů Franckfurt am Meyn' erschien.[117] Den Anstoß zu dieser Veröffentlichung hatten sie von Bucer erhalten, an dessen Theologie sie sich erkennbar orientierten.[118] In den Darlegungen zum Abendmahl wurde der 20. Artikel der Confessio Tetrapolitana wörtlich zitiert und bekannt, dass Christus „in disem Sacrament seinen warenn leib vnnd wares blůt warlich zu essen und trincken gibt, zur speiß ihrer selen und ewigem leben, das sie in ihm und er in ihnen bleibe"[119]. Auch bekannte man, dass Christus „seinen waren natürlichen leib und sein wares natürlichs blůt und das zů einer waren, rechten wesenlichen speiß unser selen" gebe.[120] Zur Beichte erklärten die Prädikanten, dass diese von ihnen keinesfalls verdammt werde, dass sie aber freigestellt sei und auch vor der Feier des Abendmahls den Kommunikan-

---

[114] „Aber weil die Schwermer solch nŏtige zucht verspotten, kan man wol mercken, das jr hoher geist nichts anders ist denn ein boshafftiger, fursetziger hass und neid, nicht allein widder unser lere und Gottes wort, sondern auch widder alle Weltliche zucht und ehre." WA 30/III,570,29–33.

[115] „Die Auffrur stinckt jn zum halse heraus, und wolten gern alles gleich und kein unterscheid leiden, doch so fern, das sie allein zu letzt Wirdige herrn hiessen und sonst niemand, Wie Můntzer wolt alle herrn tŏdten und allein herr sein." WA 30/III,570,33–36. Weil Luther diese Parallelen sah, hängte er seinem Sendbrief einen Neudruck seines Briefes an die Stadt Mühlhausen an, mit dem er diese Stadt im Jahr 1524 vor Müntzer und seinen Absichten gewarnt hatte. Cf. WA 30/III,571,21–24 und WA 15 (230) 238–240.

[116] Cf. dazu den Abdruck des Zeugnisses bei Steitz: Warnungsschrift, 262 f. Zur Sache auch Jahns: Frankfurt, 225 f.

[117] Cf. BDS 4, 306–319. Cf. dazu a. a. O., 306 die von Stupperich vertretene ältere Sicht. Zum Verhältnis des Druckes und den von Bucer erhaltenen Manuskripten cf. dagegen die überzeugenden Ausführungen von Fabisch a. a. O., 465–468.

[118] Den Anstoß gab Bucer mit einem Schreiben vom 22. Februar 1532. Cf. BDS 4,507–514. Zum theologischen Charakter der Frankfurter Schrift merkt Fabisch an: „Der Geist der ‚Entschuldigung' ist ohne Zweifel der Geist Bucers, denn seine Ansichten sind hier in gedrängter Form wiedergegeben." A. a. O., 467.

[119] BDS 4,314,12–14. Cf. zum Vergleich mit der Formulierung der Confessio Tetrapolitana BDS 3,123,33–124,8.

[120] BDS 4,314,36–315,1.

ten nicht notwendig abverlangt werde.[121] Im Ton hatte man sich ausgesprochen mäßig gegeben.[122] Ob Luther die Schrift zur Kenntnis nahm, lässt sich nicht mehr klären. Eine Antwort erfolgte nicht. Aus Nürnberg wurde Dietrich durch Spengler über ihr Erscheinen informiert. Dieser bezeichnete sie als ein „uberschmechlich buchlein wider doctor Luthern"[123] und wies damit einer möglichen Rezeption eine deutliche Richtung. Wie aus einer Tischrede vom Mai 1533 hervorgeht, hatte Luther schließlich noch davon Kenntnis erhalten, dass die Frankfurter Stiftsherren mit Gewalt von der Feier der Messe im Dom abgehalten worden waren.[124] Eine solche Nachricht musste ihn in seinem Urteil über den die städtische Pfarrerschaft leitenden Geist bestätigen.

Bucer sah, wie er in einem Brief an die Ulmer Geistlichen Martin Frecht und Konrad Sam vom 12. Februar 1533 erkennen ließ, durch Luthers Sendbrief auch sich selbst und sein Wirken für die angestrebte Verständigung getroffen.[125] Auch war er der Ansicht, dass Luther mit dieser Schrift eine von seinen bisherigen Äußerungen abweichende Auffassung vorgelegt habe. Er merkte an: „Und nun spricht er [sc. Luther] viel derber und verlangt derber zu sprechen, als früher jemals."[126] Worin nach seiner Auffassung die inhaltliche Veränderung bestand, führte er in einem Brief an Bullinger vom 14. Februar aus:

> „Und er [sc. Luther] hat fest behauptet, dass dies, wovon er selbst meint und geschrieben hat, dass es dem Leib des Herrn ausschließlich wegen der sakramentlichen Einheit zukomme, nämlich in Hand, Mund und Magen empfangen zu werden, ihm [sc. dem Leib Christi] uneingeschränkt zuzuschreiben sei."[127]

Bucer glaubte demnach, dass Luther sich hier im Unterschied zu vorangehenden Äußerungen zu einer realen physischen Rezeptivität des Leibes Christi bekannt habe, die über den von ihm selbst aufgrund der *unio sacramentalis* sonst konzedierten Gebrauch uneigentlicher Rede hinausging. Dabei entsprachen Lu-

---

[121] „Ware und Gỏttliche beicht der sünden ist von uns nit verdampt, wir haben aber gelert, sie mỏg von niemandt geleystet werden, dann welichen sein rew über die sünd und forcht Gỏtlichs zorns darzu treibt. Derhalb es nit müglich ist, solche mit gebotten zu fordern, Darumb sie dann weder der Herr selb noch die Apostel gebotten haben." BDS 4,316,13–17. „Dann wer da bei uns zum tisch des Herren zugehn begert, der zeygt sich zuuor an; begert er trost, underweisung und dergleichen, würdt es niemans versagt, forderen aber von keinem, sünde zu erzelen, dann was ein ieglicher selbs frei willig umb trosts willen thůt." A. a. O., 316,38–42.

[122] Cf. zu dieser Einschätzung ebenfalls Steitz: Warnungsschrift, 265.

[123] Spengler an Dietrich, 22. April 1533: Mayer: Spengleriana, 114f.

[124] „Francfordienses suis canonicis chorum concluserunt et iactis lapidibus ad eos praeceperunt, ne amplius missae legerentur. Sed missa non est prohibenda lapidibus." WATR 3, 3328 (269,37–39). Zu den Vorgängen in Frankfurt cf. Steitz: Warnungsschrift, 263f.

[125] „Lutherus mire mordacem ut omnia librum scripsit contra concionatores Franckfordienses adeoque omnes nos, qui dissidium illud perniciossimum circa eucharistiam sopitum vellemus". Bucer an Frecht und Sam, 12. Februar 1533: AST 151 (Ep. Buceri I), 76 (291).

[126] „Iamque multo crassius loquitur et loqui exigit, quam antea unquam." Ebd.

[127] „Et id, quod ipse corpori domini non nisi propter sacramentalem unionem competere sentit et scripsit, nempe in manus, os ac stomachum recipi, absolute ei tribuendum contendit." HBBW 3, 191 (69,9–11).

thers Ausführungen in der Sache ganz der Passage aus der Abendmahlsschrift von 1528, auf die Bucer sich immer wieder bezogen hatte[128] und auch weiterhin beziehen sollte. Gleichwohl hielt Bucer weiter unbeirrt an seiner Überzeugung fest, dass er die eigentlichen Anliegen des Wittenbergers unter den von ihm gebrauchten Redeformen gefunden hatte. Bereits am 10. Februar 1533 hatte er Margarete Blarer mitgeteilt: „Nun weyß ich doch, das der mann gott suchet und diß seyn leyplich und mundtlich essen Christi so verstaht, das es der warheyt nichts abbrichet und unserer weyse zu reden dovon nit zuwider ist und unser rede auch nit seyner meynung."[129] Auch gegenüber Bullinger beharrte er darauf, dass die Frommen beider Seiten einer Meinung seien, was man aber nicht in Worten zum Ausdruck bringen könne.[130] Die Formulierungen des Sendbriefes erklärte er sich damit, dass Luther durch Verleumdungen aufgehetzt worden sei.[131]

Ganz anders hingegen ordneten die Zürcher Geistlichen Luthers Sendbrief ein. In ihrem Brief vom 8. Mai 1533 gaben sie Bucer zu verstehen, dass sie dieses Werk als einen untrüglichen Beweis ansahen, dass man sich in der Sache nicht einig war. Gleichwohl stellte man es Bucer anheim, an der eigenen Meinung festzuhalten.[132]

### 2.2.3 Luthers Zerwürfnis mit den Augsburger Prädikanten

In seinem Brief an Johann Frosch vom 28. März 1531 hatte Luther – wie bereits dargestellt – trotz der beunruhigenden Nachrichten aus Augsburg noch die

---

[128] Cf. dazu besonders oben S. 29–34.

[129] Schieß II, 14 (797). Die gleiche Überzeugung schlägt sich in Bucers Brief an die Ulmer Geistlichen nieder: „Mihi dubium non est utcunque Lutherus exigat dici manu et ore ac stomacho accipi corpus Domini: non tamen sentire aliud qam antea scripsi, quod ista quae pani proprie fiunt, corpori Domini tribuantur propter sacramentalem unionem." Bucer an Frecht und Sam, 12. Februar 1533: AST 151 (Ep. Buceri I), 76 (291).

[130] „Video et tango idem esse, quod pii de hac re sentiunt, et o tentatio, non posse excogitari verba, quibus hoc efferamus concorditer." Bucer an Bullinger, 14. Februar 1533: HBBW 3, 191 (69,11–70,13).

[131] „Dannoch bewirken etliche Ohrenbläser, dass er stets die Wunden, die wir verbinden, wieder aufreißet." Bucer an Margarete Blarer, 10. Februar 1533: Schieß II, 14 (797). Ähnlich hatte Bucer in seinem den Frankfurter Predigern zugestellten Entwurf einer Apologie beklagt, Luther habe sich bewegen lassen, „aus keyner erfarnen warheyt, sonder auß bericht, der ym freylich von denen leuten zum furnemisten vnd beweglichsten beschehen seyn wurdt, vmb die es die kirch Christi zu franckfort noch auch wyr nit verdienet haben, die auch weder an lere noch leben soliche sind, denen D. Luther gross vrsach hat, wider vnß yn so schweren angeben der massen zu glauben, das er vnß vff solichs alßo vnersuchet, vnverwarnet vor aller welt außschreiben solte [...]." BDS 4,477,21–478,1.

[132] „Caeterum quod Lutherus, ut ais nobiscum sentiat, permittimus quidem. Nos tamen id hactenus videre non potuimus, maxime cum libello novissime ad Francford[ienses] aedito negotium eucharistiae sic tractarit, ut silere praestitisset." Zürcher Pfarrer an Bucer, 8. Mai 1533: HBBW 3, 219 (120,10–12). Cf. dazu auch Johannes Zwick an Bullinger, 10. März 1533: HBBW 3, 198 (82,35–38).

Hoffnung geäußert, dass es gelingen könne, auch die anderen oberdeutschen Prädikanten neben Bucer langsam für eine Verständigung zu gewinnen.[133] Diese Hoffnung sollte aber durch die Mitteilungen, die Luther über die Augsburger Geistlichen und die von ihnen propagierte Verständigung erhielt, bald zerstört werden. Darüber hinaus sollte sich zeigen, dass auch die nach Wittenberg vordringenden Nachrichten über die von den Geistlichen geführte Auseinandersetzung mit der päpstlich orientierten Kirche geeignet waren, den Graben zu vertiefen.

#### 2.2.3.1 Der Streit um das Abendmahl

„In Augsburg herrscht der Satan durch die Feinde des Sakraments und der Taufe und des gesamten Glaubens." So schrieb Luther am 26. August 1531 an seinen Freund Nikolaus von Amsdorf.[134] Auf welche Nachrichten sich Luther bei diesem Urteil stützen zu können meinte, kann nur vermutet werden. Wahrscheinlich war er aber inzwischen darüber unterrichtet worden, dass seine Gefolgsleute Frosch und Agricola in der Auseinandersetzung vor dem Rat mit ihrer Lehre unterlegen waren und daraufhin die Stadt verlassen hatten.

Doch die Entwicklung in der Reichsstadt war nach dem Weggang dieser beiden Geistlichen nicht stehen geblieben. An ihrer Stelle hatte man mit Sebastian Meyer und Theobald Nigri zwei weitere Straßburger Geistliche berufen.[135] Gleichwohl war man auch jetzt von einer theologischen Homogenität weit entfernt.[136] Während etwa Musculus in seinen abendmahlstheologischen Überzeugungen ein treuer Schüler Bucers war und bleiben sollte[137], hing Keller unverändert der Lehre Zwinglis an.[138] Wolfart wiederum neigte ebenfalls Zwingli zu, stand aber zunehmend auch unter dem Einfluss Schwenckfelds.[139] Einig zeigte man sich aber immer wieder in der Abneigung gegenüber Luthers Lehre von

---

[133] Cf. dazu oben Kapitel 1.4.5.3.

[134] „Augustae dominatur Satan per hostes sacramenti et baptismatis et totius fidei." WABr 6, 1860 (173,17f).

[135] Cf. dazu Roth: Reformationsgeschichte II, 17; Seebass: Martin Bucer, 481.

[136] Cf. dazu bereits Seebass: Augsburg und Nürnberg, 100; de Kroon: Augsburger Reformation, 68f. Zu den durch den tadelnswerten Lebenswandel der Prediger hervorgerufenen Verstimmungen cf. a. a. O., 70f.

[137] Cf. dazu die vollkommen mit Bucer übereinstimmende Auslegung von Luthers Äußerungen über die *unio sacramentalis*: Musculus an Bucer, [Mitte Februar 1531]: MBBW 5, 391 (273,1–11). Die gelegentlich begegnende Bezeichnung des Musculus als Zwinglianer trifft zu dieser Zeit auf diesen mithin ebenso wenig wie auf Bucer selber zu. Vs. Köstlin/Kawerau: Martin Luther, 317.

[138] Cf. dazu Roth: Reformationsgeschichte II, 46.

[139] A. a. O., 48 und 60f. Im August 1531 hatte Wolfart sich zunächst für den Druck eines von Schwenckfeld verfassten Katechismus eingesetzt. Cf. Nigri an Bucer, 10. August 1531: MBBW 6, 444 (47,7–13). Als Schwenckfeld im Oktober 1533 in Augsburg eintraf, fand er Aufnahme in Wolfarts Haus und wurde von diesem auch in die städtische Gesellschaft eingeführt. Cf. Roth: Reformationsgeschichte II, 59–62.

den Sakramenten. Auch hatte man sich auf Veränderungen bei der Ausgestaltung der Sakramentsfeiern verständigen können. Für das Abendmahl wurde durchgesetzt, dass die Gemeinde sich nicht am Altar, sondern an einem Holztisch versammelte. Das Brot wurde in der Gestalt viereckiger Partikel gereicht und in einer „hülzenen schinladen" zu den Kommunikanten gebracht. Der Wein wurde aus Zinnbechern ausgeteilt. Außerdem wurde die Mahlfeier „über etlichen wochen nu einmal" gehalten.[140] Die mit der Feier an einem Tisch und der Verwendung von Holzgeschirr feststellbare Ähnlichkeit zu der in Zürich gepflegten Form der Mahlfeier war sicher kein Zufall und dürfte den Zeitgenossen auch nicht verborgen geblieben sein.[141]

Zuerst wurden diese Veränderungen in der Kirche St. Anna umgesetzt, in der zuvor Frosch und Agricola ihren Dienst versehen hatten und die als Hort des Luthertums in der Stadt galt. Nun nahm Wolfart die Predigerstelle ein.[142] Doch die Anhänger Luthers weigerten sich, von ihm das neugeordnete Abendmahl zu empfangen, und ließen sich zunächst von dem früheren Prior des Karmeliterklosters St. Anna, Johann Fischer, und seinem Kustos, Johann Plater, die unter Frosch, Agricola und Rhegius als Diakone gedient hatten, im Kloster das Sakrament reichen.[143] Durch diese Separation der Gefolgsleute Luthers aber ge-

140 Über diese Änderungen schrieb Kaspar Huber in seinem Bericht über den Augsburger Abendmahlsstreit: „Item sy bestimpten auch aine benante zeit, über etlichen wochen nu einmal, darinnen sy jhr nachtmal hielten, Vnnd wann die zeytt jres liebreichen Nachtmals kam, da gewonnen sy ain grossen scheuhen an den altaren, darauf die zween Doctores das Nachtmahl Christi hatten gehalten, Liessen für den altar ain newen stul (wie die weiber pflegen darauff zu wasschen) aufrichten, auch sondere partickel wurden daryn formiert, viereckig, die truck mann dem volck für, in ainer hülzenen schinladen, vnd den wein in zinnernen bechern, damit jrer Lieb nit grawet auß dem kelch zutrincken". HUBER: Relation, f. 19v.

141 In der Darstellung des Abendmahlsstreites von Johannes Stumpf ist folgende Beschreibung der Zürcher Verhältnisse enthalten: „Erstlich: nachdem by den Zürchern alle altar, bilder, schellen, liechter und messgewand, ouch kelch und ander altarzierde hingethonn sind, so man dan des Hern abentmal halten will, stellt man eyn tisch zuvordrist in die kilchen, mit eynem reynen wyssen tuch bedeckt, daruff das brot oder oflatten one eyniche biltnis in hültzinen getreyten schüsslen, und den wyn in grossen heltzin bechern gesetzt, und werdend hier alle guldin und silberin gschirr, ouch syden bekleydung hingelegt etc." STUMPF: Beschreibung, 27.

142 „Solchs aber geschach erstlich zu Sant Anna, dann die raine leer war bißher daselbs durch die drey Doctores erhalten worden, das kein Schwermer nie hinnein schmecken dorfft, Die andern kirchen aber, als zun parfusern, zum heilligen Creuz, vnd zu Sant georgen, waren schon beschmaisset, vnd mit Schwermerey besudlett, Allein diese ainige kirche hielt noch fest, Dann vast die feinsten verstendigsten leut sich dahin allweg versambleten." HUBER: Relation, f. 19v–20r. Zu Wolfarts Berufung nach St. Anna cf. ROTH: Reformationsgeschichte II, 49.

143 „Da aber die Schwermer merckten, das viel Erbare verstendige personen, die ain groß ansehen unter dem volck hatten, ain scheuhen ab jrem Nachtmal trugen, vnd allain nur ain begierd vnnd verlangen hetten, nach dem Nachtmal (wie es dann Christus geordnet vnd die drey Doctores zu S. Anna gehalten), da begerten solche betrübte angefochtene herzen, solch Nachtmal vom prior vnd Custor zu S. Anna, welche dann der dreyen Doctores Diaconi waren gewesen, Da gedacht ihr gaist, der selben sach auch zu rathen, vnnd vermainnet, dieweil ehr die Leer deß Nachtmals untertruckt het, so wollte ehr leichtlich mit schlechten listen die Sacrament auch stürzen". HUBER: Relation, f. 20v. Cf. dazu auch SCHILLER: St. Annakirche, 59.

riet das von Musculus und seinen Kollegen verfolgte Vorhaben einer innerstädtischen Einigung unter den evangelischen Christen in akute Gefahr. Wohl aus diesem Grund umwarben sie Fischer und Plater, die sie für den Dienst als ihnen zugeordnete Diakone gewinnen wollten. Die von Kaspar Huber in seiner Darstellung des Augsburger Abendmahlsstreites geäußerte Vermutung, dass man auf diese Weise versucht habe, den Widerstand der Lutheraner gegen das von den Prädikanten verwaltete Abendmahl zu überwinden, ist wahrscheinlich zutreffend.[144] Als sich Fischer und Plater aber nicht überzeugen ließen, wirkten die Geistlichen beim Rat der Stadt auf ein Verbot dieser Abendmahlsfeiern hin.[145] Eine entsprechende Anordnung wurde im Juni 1531 auch erlassen und, nachdem es zu Verstößen gekommen war, am 14. Oktober 1531 noch einmal bekräftigt.[146]

Ebenso wie beim Abendmahl wurden auch bei der Taufe einige Änderungen vorgenommen: Statt die von Frosch und Agricola geübte Immersionstaufe weiterzuführen, waren Keller und seine Amtsbrüder dazu übergegangen, die Täuflinge mit Wasser an der Stirn zu bespritzen. Außerdem hatten sie festgelegt, dass man die Taufe nur noch in der Kirche und zu festgelegten Zeiten vollziehen solle.[147] Der geübte Brauch, Kinder schnellstmöglich nach der Geburt zu taufen, in

---

[144] „Verhofften also, durch diese Diaconos die Reichen vnd gewaltigen zubereden, als weren sy mit den Lutherisschen ains, vnd hielten das Nachtmal auf Wittenbergisch, wann sy nun solchs die Reichen hetten beredt, so were die gemain dest heuffiger hinnach gefallen". Huber: Relation, f. 20r.

[145] „Als sy nun die zween nit bereden kundten, solchs mit jhne anzunemmen, da furen sy zu, vnd brauchten abermahl ain andern ranck, brachten zu wegen, das den zweyen zu S. Anna. das Nachtmal zuhalten verpoten war." Huber: Relation, f. 21r. Gegenüber dem Rat waren die Geistlichen sogar so weit gegangen zu drohen, „woh diese zween mit dem Nachtmal Christi für sich furen, ßo wölte jrer kainer kain predig mer in Augspurg thun, sonder hinweg ziehen". Ebd.

[146] Die Anordnung des Rates vom Juni 1531 lässt sich nur aus einer Entgegnung Fischers und Platers vom 29. Juni 1531 erschließen. In dieser Eingabe heißt es: „E. f. w. herrn! Eur f. e. w. hat verruckter zeit [...] durch die e. und w. N. Wiland und Steffen Eisselin, unsern pfleger, uns befolchen, still zu sein mit unserer gewonlichen ceremoni, deß herren nachtmal betreffend, das wir dan gern und gutwillig gethan habent. dieweill sich aber zutragt, das vill frumer christen koment und von uns begerent die sacrament zu empfachen, denen wir es guter gewissne nit kunden wol abschlahen, und aber wir nit wissen, weß wir uns sollen halten: ist hierumb unser underthenig diemiettig pitt, eur e. f. w. wölle uns ain günstig antwort geben, damit wir wissen, weß wir uns halten sollen, dann wir ja gern recht und nit unrecht thun wollten." Roth: Reformationsgeschichte II, 31 A. 80. Die Bestätigung des Verbotes vom 14. Oktober 1531 erfolgte mündlich. In den Augsburger Ratsdekreten heißt es hierzu: „Uff den 14. tag octobris anno 31 ist dem prior und Platnerlin zu unser frauen brueder, so der rath erfordert und erschinen, durch herrn burgermaister Rechlinger in versameltem rath gesagt und bevolhen worden, das sie gedenken mit dem sacrament zu raichen und der ceremonien gantz muessig, still und absteen sollen, wie dann vormals von rats wegen mit inen geredt und gehandelt worden ist. wo nit, würde ain rath verursacht, gegen inen zu handlen, wie sich gepurt, des ain rath lieber umbgeen wölt." Roth: Reformationsgeschichte II, 76 A. 28. Zu den Verstößen gegen das Verbot cf. a. a. O., 51.

[147] „Also furen die Liebleerer weiter zu, bunden die Sacrament an zeit vnd statt, wollten die kindlein nit mehr, dann in der kirchen, und zu bestimpter zeyt tauffen, Vnd damit sy ia nit tauffen, wie die genannten Doctores [Frosch und Agricola], sonder jre lieb ain newe ainnigkait

dem sich eine große Wertschätzung des Taufsakraments manifestierte[148], war damit unterbunden. Unter den theologisch Luther zuneigenden Christen der Stadt dürften schon diese Veränderungen massive Vorbehalte gegen die verantwortlichen Geistlichen hervorgerufen haben. Das galt erst recht, als Bonifacius Wolfart in einer Predigt am 18. Mai 1531 unmissverständlich deutlich wurde. In ihr unterschied er die innerliche Geisttaufe von der äußerlichen Wassertaufe. Dabei behauptete er, dass die Bedeutung der äußerlichen Taufe darin aufgehe, dass sie die innere bezeichne.[149] Ausdrücklich kritisierte er jene, die die Gnade Gottes an das Element des Wassers bänden, sprach dem Vollzug der Taufe jede Heilsbedeutung ab und rief dazu auf, die Gnade Gottes durch das Gebet zu suchen.[150]

Luther griff in die Auseinandersetzung am 3. Januar 1532 mit einem Brief an Kaspar Huber ein.[151] Es lässt sich im Einzelnen nicht belegen, welche Auskünfte über die Augsburger Verhältnisse dabei vorlagen. Aus dem Schreiben geht allerdings hervor, dass Huber sich zuvor an ihn gewandt und angefragt hatte, wie die sich zu Luthers Lehre bekennenden Christen sich zu den Geistlichen der Stadt und ihren Amtshandlungen verhalten sollten.[152] Es ist daher anzunehmen, dass

auffrichtet, Liessen sy die kindlein nit aufbinden, tauchten auch nicht ins wasser, sonder besprengten sy nur ain wenig damit an der stirn, wie etwan die wiederteuffer pflegten zuthun, wann sy jhre Bundgenossen teuffen." Huber: Relation, f. 19v. Cf. dazu auch den rückschauenden Bericht des später nach Augsburg berufenen Geistlichen Johannes Forster bei Germann: D. Johannes Forster, 127.

148 Diese Auffassung kommt etwa in dem Entsetzen zum Ausdruck, das den später nach Augsburg als Prediger berufenen Johann Forster befiel, als er hörte, dass Michael Keller sein Kind nach der Geburt fünf Tage lang ungetauft gelassen habe. „Und zwar ist es [sc. Kellers Verachtung der Taufe] wol glaublich, dieweil Michael sein leiblich kind zu meiner zeit hat bis an den fünften tag one tauf liegen lassen und als ich in darumb rechtfertiget [= zur Rechenschaft aufforderte], warumb er an seinem fleisch und blut also seumlich, das er nicht besorgte, der teufel (wie er der tauf feinde) riebe im den hals umb, das es nicht geteufet werde oder werde sonst aus unachtsamkeit verwarloset, darauf gabe er mir die stumpfe antwort, es wurde nicht verwarloset, er liesse es liegen bis auf den sontag, damit die teufe desto herlicher zuging." Germann: D. Johannes Forster, 127.

149 „6. Der christen tauff ist allain ain ermanung und beteuttung der inwendigen tauff des gaists." Roth: Reformationsgeschichte II, 95. Bei der vorliegenden thesenartigen Zusammenfassung der besagten Predigt handelt es sich möglicherweise um ein von Gegnern Wolfarts bei Notaren in Auftrag gegebenes Protokoll. Cf. dazu a. a. O., 57.

150 „7. Der tauff der christen ist nit von nötten zu der sell seligkait, gibt auch der sell weder sterck, sicherung oder trost. [...] 10. Etliche setzen ain elementische rechtfertigung in den tauff, wollen gottes gnade an das lautter element binden und da suchen, die sie doch allain in gott sollen suchen durch andechtigs gepeett." Roth: Reformationsgeschichte II, 95.

151 Bei der Behauptung von Eells: Martin Bucer, 140 und A. 6, Luther habe außerdem an Agricola geschrieben und sich in seinem Brief über Bonifacius Wolfart beschwert, handelt es sich um einen Irrtum. In dem von Eells herangezogenen Schreiben Sailers an Bucer vom 19. Februar 1532 heißt es: „Ad hec Stephanus preterito sabatho nouam apud senatum nostrum contra Bonifacium et subinde alios per literas jnstituit expostulationem." MBBW 7, 556 (271,9–12). Demnach war Agricola der Verfasser des Schreibens.

152 „Hütet Euch, hütet Euch, mein lieber Kaspar, vor den Schwärmern, dass Jhr gar müßig

Luther spätestens mit diesem Brief aus Augsburg auch eingehend über die Gründe informiert wurde, warum Huber und andere Vorbehalte gegen eine Teilnahme an den Tauf- und den Mahlfeiern der Prädikanten hatten.[153] In seiner Antwort riet Luther energisch davon ab, die Dienste der Augsburger Geistlichen in Anspruch zu nehmen.[154] Im Hinblick auf das Abendmahl empfahl er, man solle sich allein mit dem Wort Gottes trösten. Eine Fortsetzung der zunächst heimlich abgehaltenen Kommunionsfeiern lehnte er zumindest für diesen Zeitpunkt ab.[155] Für Taufe und Einsegnung der Ehe gestand er hingegen den häuslichen Vollzug zu. Für den Fall, dass der Rat die Haustaufe untersage, solle man sie lieber von der päpstlichen Kirche erbitten als von den Augsburger Irrlehrern.[156] Einer Teilnahme an den Feiern der Augsburger Geistlichen widerriet Luther, weil er glaubte, dass diese in ihren Feiern gar nicht über Abendmahl und Taufe verfügten: „Die Schwärmer haben kein Tauf noch Sakrament."[157] Luther begründete diese Ansicht nicht weiter. Man wird ihn hier aber – ebenso wie in seinem Brief an Bucer vom 22. Januar 1531[158] – von seinen Darlegungen in der Schrift ‚Vom Abendmahl Christi. Bekenntnis' her verstehen müssen: Die Einbettung der Sakramentsverwaltung in eine stiftungswidrige Lehre und Verkündigung machte nach seiner Überzeugung die Austeilung der wahren Sakramente unmöglich. Zum anderen rechnete Luther damit, dass Gott die irrgläubigen Prädikanten wie im Fall Müntzers und Zwinglis durch eine innerweltliche Strafe zur Rechenschaft ziehen werde. Er befürchtete, dass dieses Gericht auch jene ereilen werde, die von diesen die Sakramente entgegennähmen.[159]

---

gehet ihres Ampts, wie Jhr selbst anzeigt […]." Luther an Huber, 2. Januar 1532: WABr 6, 1894 (244,1 f).

[153] Dass die bestehende Situation als besonders drückend empfunden wurde, geht aus dem Bericht von Huber hervor: „Der andern Christen aber starben etlich jämerlich vnd erbermlich, on das Sacrament, welches sy mit grossen seuffzen in jhrem lezten ende begerten, aber das gnadenreich heilig Testament, welchs Christus in seinem lezten abschied, vns zu lab vnd trost gelassen hat, kundte jhnen am todtbeth vnd in jhren grossen nöten nit zu tail werden, da sy am maisten im kampff stehen musten, mit dem todt, teuffel, sund vnd hell, waren trostloß, klainmütig, vnd begerten labung vnd sterck, in jrem grossen kampff vnd anfechtungen […]." Huber: Relation, f. 21v.

[154] Cf. oben A. 152.

[155] „Dann es ist noch nicht zu raten, dass Jhr solltet ein eigenes in Winkeln anfangen. Erduldet solche Anfechtung und tröstet Euch dieweil mit Lesen und Lehren des h. Worts und Wünschen und Beten!" Luther an Huber, 3. Januar 1532: WABr 6, 1894 (244,8–245,2).

[156] „[…] und wenn es sonst nicht anders sein kunnt und ein Rat solches Taufen verböt, so wollt ich's ehe von den Papisten nehmen mit Bedingen, daß wir ihre Tauf wohl recht hielten, aber nicht ihren Glauben und Lehre in anderen Stücken." WABr 6, 1894 (245,16–19).

[157] WABr 6, 1894 (245,19 f).

[158] Cf. dazu oben S. 102 f und A. 493.

[159] Luther forderte Huber auf, sich von den „schwärmerischen" Amtsträgern fernzuhalten, „auf daß Jhr nicht teilhaftig werdet ihrer Plagen. Gott hat schon zweimal gestraft: erstlich unter dem Münzer, jetzt unter dem Zwinglin. Jch besorg, Augsburg werde schier ihren Teil auch haben." Luther an Huber, 3. Januar 1532: WABr 6, 1894 (244,3).

Luthers Brief wurde unter seinen Anhängern in Augsburg rege verbreitet.[160] Er bestärkte diese Gruppe in ihrer Abgrenzung gegenüber den Geistlichen der Stadt und den von ihnen versorgten Gemeinden.[161] Gleichwohl blieb aber das Problem bestehen, wie man in Zukunft das Altarsakrament empfangen könne, da Luther die heimliche Kommunion verworfen hatte. Daher bemühte sich der Ratsherr Konrad Rehlinger im März 1532 mit einer Eingabe an den Rat der Stadt noch einmal darum, dass das Verbot der lutherischen Messe in St. Anna aufgehoben werden sollte.[162] Diese Bitte wurde abgelehnt.[163]

Doch auch die Augsburger Geistlichen waren durch Luthers harsches Urteil über ihre Abendmahlsfeiern in große Verlegenheit gebracht. Ihr Versuch, die Anhänger Luthers durch ein Verbot ihrer eigenen Abendmahlsfeiern in die Gemeinschaft des von ihnen verwalteten Mahles zurückzuholen, war eindeutig gescheitert. Offensichtlich musste der Widerstand des städtischen Luthertums auf andere Weise überwunden werden. In diesem Zusammenhang sind wahrscheinlich auch die Verhandlungen der Augsburger über die Übernahme eines Diakonates durch Arsacius Seehofer zu sehen.[164] Huber berichtet, man habe den durch seine Verbindung nach Wittenberg als Parteigänger Luthers ausgewiesenen Mann einbinden und somit die lutherischen Christen für die eigenen Gottesdienste gewinnen wollen.[165] Um Seehofer für diese Stelle zu gewinnen, gab man vor, man sei mit Luther in der Abendmahlslehre einig. Seehofer nahm das

---

[160] Sailer schrieb am 19. Februar 1532 an Bucer, dass Luthers Brief unter seinen Augsburger Gefolgsleuten kursiere: „Lutherj apud nos circumferuntur literę plane tragicę." Sailer an Bucer, 19. Februar 1532: MBBW 7, 556 (271,9).

[161] In seiner Eingabe an den städtischen Rat verwahrte sich Konrad Rehlinger entschieden dagegen, „dass etliche predicanten in dieser stat e. w. und andere zubereden vermainen, als ob sie und andere zwinglische mit Luthers leer dieser sachen halben, des herrn nachtmal belangend, uberain stimmen und gar nit widerwertig oder zwiespeltig sein". Roth: Reformationsgeschichte II, 93 Beilage I. Zur Datierung auf den März 1532 cf. a. a. O., 73 A. 30.

[162] In seinem Schreiben bat Rehlinger die Ratsherren, „dass sie doch mir sampt anderen [...] ir vor beschehen abschaffen gunstlich widerumb aufheben und die diener der kirchen zu sant Anna allhie an irem vorgehalten christenlichen geprauch des herren nachtmals und andern ceremonien ferrer nit verhindern, sondern inen gestatten wöllen". Roth: Reformationsgeschichte II, 93. Zur Datierung auf den März 1532 cf. Roth: Reformationsgeschichte II, 73 A. 30.

[163] Darüber berichtete Wolfart in seinem Schreiben an Bucer vom 25. März 1532: „Habet tamen hic praeposteros aliquot discipulos inepte pro eo zelantes, qui ecclesiam nostram conturbant nobisque nunquam non negocium facessunt coenam suam reuehere cupientes, quam cum discordiae seminarium fore putemus, accerime impugnamus. Fuit heri ob id coactus senatus, sed vicerunt nostri suffragijs; illi cum uident se spe sua frustratos, ad alia arma conuertuntur." MBBW 7, 575 (399,5–10).

[164] Cf. dazu Brecht: Architectus, 380 f.

[165] „Alß sy aber wenig außrichten, vnd die fürnembsten herrn nichts destminder ein scheuhen trugen ab jrem Nachtmaal, vnd yhnen seer verdechtig war, da brauchten sie noch ain gute finesse, beretten ainen feinen gelerten gesellen, mit namen Arsatium Seehofer, als ehr erst von Wittenberg kommen war, wie das sy mit D. Luthern ains weren, wollten jhn derhalben zu ainem Diacono aufnemmen. [...] Verhofften also die Schwermer, wann auch ein Wittenbergisscher bey yhnen were, der nur den Namen het, so würd yre sach dester er ain fürgang gewinnen vnd müste alßo der verloren hauf hinnach oder aber die halstarriegen Lutherisschen hetten sich hie

Angebot zunächst an, kehrte aber noch einmal nach Wittenberg zurück, um letzte Angelegenheiten zu ordnen.[166] Von dort schrieb er eine Absage, in der er sich darüber empörte, dass die Augsburger Geistlichen ihn über ihr Verhältnis zu Luther belogen hatten.[167] Offensichtlich hatte er bei Luther oder in dessen Umfeld Erkundigungen eingezogen und war dort eines Besseren belehrt worden.

Dass Luther über solche Vereinnahmungsversuche unterrichtet wurde, steht außer Zweifel. In einer von Schlaginhaufen aufgezeichneten Tischrede vom Juni oder Juli 1532 heißt es: „Denn von Augsburg ist hierher geschrieben worden, dass dort die sakramentiererischen Prediger gegen die Evangelischen blitzen und schreien: Wir stimmen mit Luther und Philipp überein, jene stimmen unserer Lehre zu."[168] Doch Luther wehrte sich entschieden gegen eine solche Inanspruchnahme seiner Autorität: „Also weil sie in Gottes namen nicht vnsere freund sein wollen, so sein sie es mit aller Teufl nhamen, wie Judas Christi freund [Konjektur] war."[169] Möglicherweise bezog sich Luther hierbei auf die Nachrichten, die Johannes Forster in Wittenberg erhalten hatte. Forster stammte aus Augsburg. Seit dem 1. Juni 1530 studierte er Theologie an der Universität, predigte an der Schlosskirche und gehörte zu dieser Zeit zur Runde von Luthers Tischgenossen.[170] Über die Zeit, die er ab dem August 1535 in Augsburg als Pfarrer tätig war, hat er einen Bericht abgefasst, in dem auch Teile seines Schriftverkehrs aufgenommen sind, den er in den vorangehenden Jahren mit seiner Heimatstadt unterhalten hatte. In einem dem Bericht undatiert eingefügten Schreiben an Konrad Rehlinger führte er aus, er sei

leiden müssen, das sy alßo für vnd für alle gute ordnung der ellenden lieb, ich soll sagen, der edlen lieb, verhindern, vnnd nit mit yhnen hewlen wöllen". HUBER: Relation, f. 22r.

[166] „[...] ward also der gut man von jhnen betört, das ehr sich verwilliget, vnd sich von jhnen annemmen wolt lassen, allain wolt nur vor wider hinnain ghen Wittenberg ziehen, vnd seine gescheft außrichten, vnd ordnen". HUBER: Relation, f. 22r.

[167] „Dann der Seehofer blieb auß kam nit wider zu yhnen, sonder schrieb, wie das ehr betrogen von yhnen, vnd jhm der handel nichts [sic!] recht fürgehalten were worden". HUBER: Relation, f. 22r–v. Anlässlich des zweiten Versuchs einer Berufung sollte Wolfart im Jahr 1534 an diese Episode erinnern. Bei Huber heißt es dazu: „Erstlich were ehr vor zwayen jharen auch hie gewesen, vnd hette jr Diaconus wöllen werden, were darnach hinn gehen Wittenberg zogen, vnd sy für Schwermer ausgeschrien, vnd solchs hieher geschrieben [...]." A. a. O., 78r. Seehofers Schreiben selbst ist nicht erhalten.

[168] „Nam Augustae huc scriptum est sacramentarios ibi praedicatores fulminari [sic] contra euangelicos et clamare; Nos sentimus cum Luthero et Philippo, illi nostrae astipulantur doctrinae". WATR 2, 1680 (176,19–21). Bei der auf Cordatus zurückgehenden Überlieferung Nr. 3231 handelt es sich um eine abgeleitete Parallele. Zum Verhältnis von Schlaginhaufen und Cordatus cf. WATR 2, XVII. Der an Luther gerichtete Brief ist selbst nicht erhalten.

[169] WATR 2, 1680 (176,22–24). Zur vorgenommenen Konjektur cf. WATR 2, S. 176 A. 6 und WATR 3, 3231 (228,4). Die Pointe der Äußerung dürfte zweifelsohne darin bestanden haben, dass Luther die Haltung der Augsburger Pfarrer als angemaßte und falsche Freundschaft bezeichnete.

[170] Zur Person Forsters liegt keine neuere Biografie vor. Cf. daher weiterhin SCHWALM: D. Johann Forster, 123–150, bes. 129–132. Zu seiner Bedeutung als Hebraist cf. MILETTO/VELTRI: Hebraistik, 88 f.

„von glaubwirdigen leuten aus Augspurg bericht und verstendigt worden, wie Bonifacius, M. Michael Keller und andre eure prediger auf dem predigstuel offentlich furgeben sollen, wie sie mit d. M. Luther in der lar allenthalben eins seien, einhellig predigen und halten von der taufe, vom sacrament des leibs und bluts Christi, vom glauben, in den kirchengebrauchen u. s.w. [...].“[171]

Die Nöte der Augsburger Lutheraner blieben indes bestehen. Als sich Huber am 20. Juni 1533 wieder an Luther wandte und bei ihm im Namen des Augsburger Kaufmanns Hans Honold anfragte, ob dieser sich nicht heimlich in seinem Haus die Kommunion reichen lassen dürfe[172], empfahl er Honold in seiner Antwort vom 21. Juli 1533, man solle sich das Abendmahl in einer Gemeinde des Umlandes reichen lassen.[173] Sollte dies nicht möglich sein, wäre es besser, dem Rat und den Predigern der Stadt bekanntzugeben, dass man das Abendmahl privat in den Häusern feiern wolle.[174]

Die Augsburger Prediger ließen sich unterdessen auch durch Seehofers Einspruch nicht davon abbringen, sich weiterhin auf ihre vorgebliche Übereinstimmung mit Luther zu berufen. Wolfart verwies in einer seiner Predigten darauf, dass Luther eine Übersetzung der von den böhmischen Brüdern zur Unterrichtung von Markgraf Georg von Brandenburg verfassten ‚Rechenschaft des Glaubens‘ mit einem lobenden Vorwort versehen und in den Druck gegeben hatte.[175] Wolfart erklärte nun, die Einigkeit mit Luther zeige sich darin, dass sich dieser in seinem Vorwort zu einer Übereinstimmung mit den Böhmen bekannt habe, mit denen man selber wiederum übereinstimme.[176]

Als Luther auf nicht genauer bekanntem Wege von Wolfarts Behauptung erfuhr[177], wandte er sich in einem Brief am 8. August 1533 an den Rat von Augs-

---

[171] Forster an Rehlinger, [ohne Datum]: GERMANN: D. Johannes Forster, 72.

[172] „Dieweil dan dem allen also ist, wie wir ye laider bekennen müssen, so bedürfften wir ia zur sterck vnd trost des heiligen Sacraments des Altars. Sintemal wirs aber nit offentlich haben künden noch der rechten ordnung vnd einsatzung Christi vns Mügen gebrauchen, So bitt ich doch E. E. nit allain für mein Person, sonder auch begert solchs mein lieber herr Hannß Honolt, das ihm doch E. E. hierinnen ain kurtzen bericht anzaigen wolle, was wir vns doch hierinnen halten sollen, ob er nit für sein Person dahaim in ainer stille das heilig Sacrament entpfangen müge, etwa von ainem diener, so vorhin im Ampt gewesen ist, oder sonst etwa von ainem rechtschaffnen Christen [...].“ WABr 6, 2030 (493,27–494,36).

[173] „Jch mocht aber, wo es sein kunnt, ob etwa ein Städtlin oder Dorflin in der Nache wäre, da man unser Sacrament reichet, dass Jhr's daselbst holet [...].“ WABr 6, 2039 (508,25–27).

[174] „[...] wo das nicht, und Jhr's wogen wollet, so wäre das mein Rat, Jhr zeigt's vor dem Rat und ihren Predigern an, dass Jhr's furhättet, in Häusern zu geben und zu nehmen. Da wurde sich's dann finden, was sie leiden und Jhr tun kunntet.“ A. a. O. (508,27–31).

[175] Cf. WA 38, (75) 78–80. Zu den näheren Umständen der Entstehung dieses Bekenntnisses und den beiden Übersetzungen cf. MOLNAR: Beziehungen, 635 f; ROHDE: Luther, 115–117.

[176] „Der Bonifatius gab für, die Beham hetten ain büchlin gemacht, welches D. Luther hett lassen trucken, sampt ainer vorrede, darinnen ehr bekennet, die Beham weren mit ym deß Sacraments halben verainniget. Dieselbe meinung aber der Beham were auch eben jre leer vom Nachtmal. Dieweil jhm dann Luther solche leer gefallen ließ, so gefiel ihm ja auch diese jre leer, wollte alßo die Luterisschen bereden, als leeret ehr wie Luther“. HUBER: Relation, f. 25v.

[177] Ein entsprechender Brief an Luther ist nicht erhalten. Über die Benachrichtigung Lu-

burg. In diesem Schreiben bestritt er energisch, dass er und die Augsburger Prädikanten in der Lehre vom Abendmahl einig seien, und begründete diese Ablehnung:

„Denn wir sagen stracks Nein dazü vnd wissen allzu wol, das sie zwinglisch leren, Haben vns auch noch nie kein mal ein wortlin zugeschrieben noch empoten, wie sie vnser lere vnd meinüng worden sind, So [= obgleich] man doch wol weis vnd auch aüs yhrem gedruckten Catechismo wol vernimpt, das sie wider vns gewest vnd noch sind.“[178]

Indem Luther darlegte, was er beim Vorgehen der Augsburger Prädikanten vermisste, ließ er erkennen, worauf er ihnen gegenüber wie auch sonst zu bestehen entschlossen war, wenn es darum gehen sollte, eine wirkliche Verständigung mit ihm zu erreichen: Sie hätten ihm gegenüber darlegen müssen, dass sie durch eine Korrektur ihrer bisherigen Anschauungen zu einer Übereinstimmung mit ihm gelangt seien. Eine wirkliche Einigkeit machte aus seiner Sicht eine Revision der alten Irrtümer unabdingbar. Die von den Augsburgern proklamierte Einigkeit konnte daher in seinen Augen nur eine *concordia ficta* sein.

Anhalt für sein Urteil über die Lehre der Augsburger fand Luther in dem Katechismus, der 1533 wohl von Wolfart und Keller verfasst, dann aber im Namen der gesamten Geistlichkeit veröffentlicht worden war.[179] Tatsächlich waren die Unterschiede zu seiner eigenen Anschauung mit Händen zu greifen: Zur Lehre der *manducatio impiorum* hieß es dort, dass „auch die vnglaubigen den leib vnd das blut deß Herren essen vnd trincken als ain Sacrament, Aber nit den waren leib vnd blut Christi“.[180] Das wird man so verstehen müssen, dass den Ungläubigen wohl der Empfang der Zeichen von Leib und Blut, nicht aber der Genuss dieser selbst zugestanden wurde. Leib und Blut hingegen werden „von der glaubigen seel entpfangen, genommen vnd genossen.“[181] Entsprechend wird auch dazu geraten, Christus und die Elemente wohl voneinander zu unterscheiden, „da mitt das gemütt der glaubigen vom sichtbarlichen übersich [sic] gefürt werde zum vnsichtbarlichen, vom irrdischen auffs hymlisch, vom leyblichen zum gaystlichen.“[182]

---

thers heißt es im Bericht des Huber nur: „Da nun solchs D. Luther erfur, schrieb ehr ain E. Rath gehen augspurg [...].“ Ebd. In seinem Brief an den Rat schrieb Luther: „Es kompt so statlich vnd gleublich fur mich [...].“ Luther an den Augsburger Rat, 8. August 1533: WABr 6, 2041 (510,5).

[178] WABr 6, 2041 (511,22–26). Zur konzessiven Bedeutung des Wortes „so“ in Verbindung mit dem Beiwort „doch“ cf. DWB 10,1 Art. so, II C 5e, Col. 1380.

[179] Der Titel des Katechismus lautet: „Catechismus | Das ist | ain anfengklicher Bericht der Christlichen Religion | von den Dienern des Euangelions zu Augspurg | für die Jugent aufs kürtzest verfasset vnd beschriben.“ Reu: Geschichte I/1,756,1–4. Zur eigentlichen Verfasserschaft cf. Roth: Reformationsgeschichte II, 70 und A. 115. Zu Luthers Vorbehalten im Blick auf die Einteilung des Dekalogs und der Bitten des Vaterunsers cf. darüber hinaus WATR 3,2942c (109,21–110,1).

[180] Reu: Geschichte I/1,773,19–21.

[181] A. a. O., 771,16–21.

[182] A. a. O., 772,11–13.

In seinem Schreiben an den Rat beklagte Luther sich ferner darüber, dass die Prädikanten „auff der Cantzel vnd auch sonst yhre wort also drehen vnd leise setzen, das man beiderley meinüng draus nehmen müge, vnd nicht dürre heraus sagen einerley meinüng […].“[183] Dieses Vorgehen hatte nach Luther zur Folge,

> „das sie den gemeinen man also lassen gehen yhm falschen wohn, das einer dis, der ander das gleubt vnd doch beider teil ynn vngleichem, widerwertigem glauben einerley wort horet vnd gleich zum Sacrament gehet, So sie doch ym grund nicht anders halten noch den leüten darreichen denn eitel brot vnd wein.“[184]

In dieser Formulierung sind zwei Konsequenzen der von Luther beklagten Mehrdeutigkeit in der Predigt miteinander verquickt, die er beide gleichermaßen für unerträglich hielt: Zum einen beklagte er ein weiteres Mal, dass Menschen in der Hoffnung auf den Empfang von Leib und Blut zum Altar gehen könnten, dort aber nur Brot und Wein erhalten würden.[185] Dass Leib und Blut nicht ausgeteilt wurden, dürfte nach seiner Auffassung aber darin seinen Grund gehabt haben, dass die Zelebranten sich in ihrer Lehre nicht eindeutig äußerten. Zum anderen bestand die Möglichkeit, dass sich infolge der Uneindeutigkeit in der Verkündigung am Altar Menschen mit einander widersprechenden abendmahlstheologischen Auffassungen versammelten. Dass Luther eine solche Konstellation für „ein beschwerlich sache“[186] hielt, liegt daran, dass nach seiner Überzeugung eine Funktion der Abendmahlsfeier auch darin bestehen sollte, die vorhandene geistliche Einheit der Christen abzubilden.[187] So hatte er 1528 in seiner großen Abendmahlsschrift erklärt: „Also auch das sacrament des abendmals so wol etwas furbilden und zeichen, nemlich die einickeit der Christen ynn einem geistlichen leibe Christi durch einerley geist, glauben, liebe und creutz etc.“[188]

Überdies beklagte Luther auch, dass sich die Augsburger Prädikanten bei alledem seines Namens bedienten.[189] Ausdrücklich verwahrte er sich dagegen mit der Begründung, er wolle „vnschuldig sein an yhrer lere vnd allen seelen, die von

[183] Luther an den Augsburger Rat, 8. August 1533: WABr 6, 2041 (510,8–511,11).

[184] A. a. O. (511,13–17).

[185] Cf. dazu die Analyse zu Luthers Briefen an Bucer und Herzog Ernst von Lüneburg (S. 100–104) aus dem Januar 1531 und zu seinem Sendbrief an die Frankfurter (S. 151 f).

[186] Luther an den Augsburger Rat, 8. August 1533: WABr 6, 2041 (511,12). Ebenso heißt es im Sendbrief an die Frankfurter. „Und jnn Summa, das ich von diesem stůcke kome, ist mirs erschrecklich zu hőren, das jnn einerley Kirchen oder bey einerley altar solten beider teil einerley Sacrament holen und empfahen, und ein teil solt gleuben, Es empfahe eitel brod und wein, das ander teil aber gleuben, Es empfahe den waren leib und blut Christi […].“ WA 30/III,564,35–565,2.

[187] Cf. in diesem Sinne bereits Buchrucker: Wort, 246.

[188] WA 26,411,19–21.

[189] „Vnd ist vns auch eine harte last, da sie solchs treiben vnter vnserm namen vnd schein, als kündten sie die leute on vns nicht verfuren.“ Luther an den Augsburger Rat, 8. August 1533: WABr 6, 2041 (511,17–19).

yhnen betrogen werden, des bezeuge ich mich hiemit gegen Gott vnd E. f."[190] Ein solcher Einspruch war aus Luthers Sicht unerlässlich, weil er sich mitschuldig gemacht hätte, wenn er zu diesem der Beeinflussung anderer Christen dienenden Missbrauch seines Namens geschwiegen hätte.[191] In der Sache mit dem an anderer Stelle bereits untersuchten Motiv der Teilhabe an „fremder Sünde"[192] identisch, wird hier ein weiteres Mal deutlich, dass für Luthers Vorgehen in dieser Auseinandersetzung der Horizont der eschatologischen Verantwortung entscheidend war. Er musste dieser vermeintlichen Verständigung widersprechen, weil sie nach seinem Urteil geeignet war, Menschen, für die er sich verantwortlich fühlte, da sie seinem Urteil vertrauten, die Teilhabe an der sakramentalen Heilsgabe vorzuenthalten.

Entsprechend bat Luther den Augsburger Rat, er solle auf seine Geistlichen einwirken, „das sie sich solcher beschwerung enthalten vnd nicht sich rhumen bey dem volck, das sie mit vns gleich leren vnd halten."[193] Für den Fall, dass man seiner Bitte nicht nachkäme, stellte er die Abfassung einer öffentlichen Verwahrung in Aussicht.[194]

Luthers Schreiben traf am 2. September 1533 in Augsburg ein.[195] Unter seinen Anhängern löste es große Freude aus. Diese hatten sich zwar auch ohnedies nicht davon überzeugen lassen, dass es eine Übereinstimmung zwischen Luther und den Augsburger Pfarrern gebe.[196] Jetzt aber war dieser Anspruch von Luther selbst eindeutig als Lüge entlarvt und zurückgewiesen.[197] Den Prädikanten wurde vom Rat der Stadt eine Abschrift des Briefes ausgehändigt. Außerdem sollten sie gegenüber dem Rat schriftlich zu Luthers Schreiben Stellung neh-

---

[190] A. a. O. (511,29f).

[191] „Denn es ist (wie E. f. selbs wol erkennen) vns ein vnleidlicher handel, das wir solten wissen, wie die leute vnter vnserm namen betrogen werden, vnd stille da zu schweigen vnd also yhren betrug bestettigen." A. a. O. (511,32–34).

[192] Cf. oben S. 55–58.

[193] A. a. O. (511,20–22).

[194] „Vnd wo es nicht gnug sein wird, mus ich solchs durch offentliche schrifft fur Gott vnd aller wellt bezeügen." A. a. O. (511,30–32).

[195] In ihrer Antwort an Luther vom 16. Oktober 1533 ließen die Ratsherren wissen, dass sie seinen Brief „auf den andern Tag Septembris nächstvergangen" erhalten hätten. WABr 6, 2058 (540,6f).

[196] So hatte Konrad Rehlinger Wolfart im Anschluss an die Predigt, in der dieser sich auf das Bekenntnis der Böhmischen Brüder bezogen hatte, das Angebot unterbreitet, ihm 100 Gulden zur Verfügung zu stellen, „zur zerung, das ehr hin solt ziehen zum Luther, vnd ßolchs ware kundschaft bringen [...]." Huber: Relation, f. 25v. Der Umstand, dass Wolfart dieses Angebot ausschlug, musste Rehlinger und seine Freunde in der Überzeugung bestätigen, dass man die Übereinstimmung mit Luther nur vorgegeben hatte. In Hubers Bericht heißt es dazu: „[...] aber ehr [sc. Wolfart] zauffet baldt hinder sich, vnd sein geist wardt gemerckt, Ehr besorget, wo ehr zum Luther keme, es würde jhm die feufel recht geschnitten werden, Scheuchet sich vor der wahrheit". A. a. O., 25v.

[197] „Diese schlappen musten sy jhnen haben, vnd wurden offentlich an dieser lugen zuschanden gemacht." Huber: Relation, f. 25v.

men.[198] Hubers Bericht zufolge gelang die Abfassung einer gemeinsamen Entgegnung zunächst nicht.[199] Erst am 14. Oktober 1533 konnte dem Rat schließlich eine Replik überreicht werden.[200] Zwei Tage später wurde sie mit einem Begleitbrief des Rates an Luther gesandt. Dort berichtete man lediglich, dass man Luthers Schreiben erhalten und zur Beantwortung den Geistlichen übergeben habe. Die darauf verfasste Antwort der Prediger habe man Luther nicht vorenthalten wollen.[201] Man gab sich gegenüber Luther den Anschein, als diene man in der Auseinandersetzung zwischen ihm und den Prädikanten lediglich als neutraler Übermittler.[202] Zu Luthers Bitte, der Rat solle verhindern, dass die Geistlichen weiterhin eine Übereinstimmung mit ihm vorgaben, äußerten sich die Ratsherren mit keinem Wort.

Auf die theologischen Ausführungen des von den Pfarrern vorgelegten Schreibens muss an dieser Stelle nicht näher eingegangen werden.[203] Luther zeigte an ihnen keinerlei Interesse. In seinem Brief an den Rat vom 29. Oktober 1533 ließ er vielmehr wissen, er habe sie nicht darum gebeten, die ihm bereits bekannte Lehre ihrer Prädikanten darzulegen, sondern sie ersucht, diese Geistlichen davon abzuhalten, sich weiterhin auf eine Lehrübereinstimmung mit ihm zu berufen.[204] Der Ankündigung seines vorangehenden Briefes entsprechend ließ er nun wissen, dass er eine kurze Schrift veröffentlichen werde, in der er die

---

198 Im Schreiben der Augsburger Geistlichen an ihren Rat heißt es: „[...] es ist uns in vergangen tagen ein copei eines briefes, so D. Martin Luther an eine erbaren rat geschrieben, durch herr Ullrich Rellinger burgermeister, von wegen eines ersamen rates der gestalt zugestellet, das wir uns darinnen ersehen und nachmals unsere gemueter ein ersamen rat zu erkennen geben [...]." GERMANN: D. Johannes Forster, 63. Im Bericht von Huber heißt es: „[...] also fur ain E. Rath zu, befalch yhnen, das sy jre entschuldigung ainem E. Rath schrifftlich vberantworten". HUBER: Relation, f. 26v.

199 „Da sy nun solche schriften stellen sollten, waren sy so vnains mitainander darob, das ainer hewt ßo stellet, denn über ain andern tag, ein ander, aber anders, kundten mit guten fug jhr lugen vnd Schwermerey nit woll schmucken vnd verglimpffen, giengen alßo ettlich wochen damit vmb." HUBER: Relation, f. 26v. Zu den näheren Umständen cf. WOLFART: Augsburger Reformation, 64f; ROTH: Reformationsgeschichte II, 104f.

200 Zur Datierung der Übergabe cf. die Ausführungen von Huber in seinem Brief an Lukas Edenberger vom 21. Oktober 1533 über ein Gespräch mit Michael Keller an diesem Tag: „Sagt [sc. Keller] mir auch, wie die prediger ein antwort vor acht tagen e. e. r. iberantwortet haben d. Luthers brief halben." GERMANN: D. Johannes Forster, 79.

201 „Eur Schreiben, unser Prädicanten belangend, des Datum den achten Tag Augusti weiset und uns auf den andern Tag Septembris nächstvergangen zukommen, haben wir alles Jnhalts vernommen, und solch Eur Schreiben bemeldten unsern Prädicanten zustellen lassen, die uns daruff mit Antwurt begegnet, wie Jhr ab hierin verwahrter Schrift zu vernehmen haben, das wir Euch nit bergen wollen." Augsburger Rat an Luther, 16. Oktober 1533: WABr 6, 2058 (540,5–11).

202 Cf. dazu auch WOLFART: Augsburger Reformation, 66.

203 Gedruckt liegt die Stellungnahme der Augsburger Pfarrer vor bei Germann: Forster, 63–68.

204 „Nun hätt ich nicht gebeten, dass E. F. mir anzeigen sollten Eur Prädikanten Lehre, welche ich zuvor wohl gewußt hab, sondern daß sie das Ruhmen meines Namens und meiner Lehr müßig gingen." WABr 6, 2064 (548,4–7).

„schlipfrigen Wort" der Augsburger Prädikanten entlarven wolle.[205] Johannes Forster wusste später über Luthers Brief an den Rat zu berichten, er sei „klein von papir, und voller wort [gewesen], das gar noch kein spacium am papir gewesen, so nicht beschriben."[206] Der Ton und die unehrerbietig wirkende Form des Schreibens lassen erkennen, dass Luther über den Rat verärgert war, der offenbar nicht gegen das Treiben der Prediger vorgehen wollte.[207]

Auffälligerweise kam es gleichwohl nicht zu der angekündigten Veröffentlichung. Möglicherweise beugte Luther sich hier einer politischen Einflussnahme.[208] Der Augsburger Stadtarzt Gereon Sailer wusste Bucer am 15. Januar 1534 jedenfalls von einem Zusammentreffen mit einigen kursächsischen Räten zu berichten, mit denen er sich über Luthers Streit mit den Augsburger Prädikanten unterredet hatte. Daraufhin hätten Taubenheim und Spiegel an den kursächsischen Kanzler Brück geschrieben und diesen gebeten, er solle Luther bis zu ihrer Rückkehr von der Veröffentlichung einer möglichen Schrift abhalten.[209]

#### 2.2.3.2 Die Auseinandersetzung mit der päpstlich orientierten Kirche

Auch wenn die Mehrheit der Augsburger Bevölkerung sich etwa seit der Mitte der 1520er Jahre von der päpstlichen Kirche und ihren Gottesdiensten abgewandt hatte, gab es in der Stadt doch weiterhin eine kleine, aber einflussreiche katholische Minderheit.[210] Ebenso bestanden zahlreiche Klöster fort[211], und in nahezu allen Kirchen der Stadt wurde zu Beginn der 1530er Jahre weiterhin täglich die römische Messe gefeiert.[212] Immer wieder kam es zu gewaltsamen Zusammenstößen, Desakralisierungen und Zerstörungen: Bereits im August 1531 hatte der Sohn des Bürgermeisters Ulrich Rehlinger ein Kruzifix und mehrere Bilder der Ottmarskapelle zerstört.[213] Im Januar 1532 hatte eine aufgebrachte Menge versucht, die Altäre der Dominikanerkirche zu zerstören, war aber von

---

[205] „[...] weiter soll die offentlich Bekanntnus, ob Gott will, kurz antworten, was ihr schlipfrigen Wort in sich halten." WABr 6, 2064 (548,7–9).

[206] Germann: D. Johannes Forster, 70.

[207] Cf. in diesem Sinne bereits Roth: Reformationsgeschichte II, 106; Wolfart: Augsburger Reformation, 66.

[208] Cf. dazu bereits Köhler: Zwingli und Luther II, 315 A. 3.

[209] „Legati sunt Her Hans von der Planitz, Her Hans Tolcungo [sc. Hans von Dolzig] Her Christoff von Taubenhaym her Dietrich Spiegel. D. Ultimi duo propensi sunt ad conficiendam concordiam; obtuli eis quae Lutherus ad nostros et quae nostri scripserunt ad Lutherum. Ibi statim doctori Brucken scripserunt ut ille cohibeat Lutheri conatus si quid forte esset ipse contra nos machinaturus, donec ipsi domum redeant, pollicentur omnem operam in concilianda concordia." Sailer an Bucer, 15. Januar 1534: Kolde: Analecta, 204.

[210] Cf. Immenkötter: Katholische Kirche, 14f.

[211] Cf. a. a. O., 9–13.

[212] Cf. dazu Wolfart: Augsburger Reformation, 18 und 20; Roth: Reformationsgeschichte II, 63f.

[213] Cf. zu den folgenden Ausführungen Roth: Reformationsgeschichte II, 66; Wolfart: Augsburger Reformation, 29f.

Bürgermeister Imhoff davon abgehalten worden. Am 27. Januar 1533 wurde das Barfüßerkloster durch seine eigenen Pfleger beraubt. Teile seines Inventars wurden an die städtische Armenpflege übergeben. Zu einem Eklat sollte es schließlich an der Moritzkirche kommen.[214] Dort hatte der Zechpfleger Marx Ehem im Januar 1531 bereits einmal eigenmächtig die Frühmesse unterbunden und im April 1533 den von den Fuggern als Patronatsherren eingestellten Prediger Jörg Stor vertrieben. Am Himmelfahrtstag eskalierte die Situation, als Ehem eine Christusfigur, die in dieser Kirche an diesem Tag vor den Augen der Gemeinde nach oben gezogen wurde, auf dem Boden zerschellen ließ. Besonders Keller tat sich mit Predigten gegen die Messe und die Bilder hervor.[215] Der Rat ließ die Eiferer häufig gewähren, hielt aber grundsätzlich an der während des Reichstages gegebenen Zusage fest, dass die Besitzverhältnisse unangetastet bleiben sollten und die religiöse Praxis beibehalten bleiben könne.[216]

Mit diesem Zustand wollten sich die Augsburger Geistlichen auf Dauer nicht zufriedengeben. Nach dem Wechsel an der Spitze des Rates übergaben sie am 21. Januar 1533 den Ratsherren eine Petition, in der ein Verbot der falschen Lehre und des falschen Gottesdienstes gefordert wurde. Als weltliche Obrigkeit sei der Rat zu einem solchen Einschreiten von Gott ermächtigt und vor ihm dazu verpflichtet.[217] Nachdruck verliehen die Prädikanten ihren Forderungen unter anderem durch die Drohung, dass sie die Stadt andernfalls verlassen wollten.[218] Schließlich wurde am 22. Juli 1534 in einer Versammlung des Großen

---

[214] Cf. dazu im Einzelnen Roth: Reformationsgeschichte II, 120–122.

[215] Cf. a. a. O., 66.

[216] A. a. O., 100.

[217] In der Eingabe der Geistlichen heißt es: „[…] wie dann auch euer e. w. ainer loblichen oberkait ampt ist, ob der gesunden leer muetig halten, dieselbigen retten, schutzen und schirmen, die bey iren unterthanen offenlich zu verlestern nit gestatten, die unrechte leer und unvertedigklichen falschen gottesdienst irer gemain (weliche gottes ist) […], kains wegs lassen furtragen, damit die ainfeltigen nit gift fur honig, das ist schedliche leer fur dasz wort gottes, die verderblichen lugen fur die hailsame warhait anneme, sonder alles so der hailsame leer zewider, straffen und abstellen […] Ob aber ain ersamer rat mainen wolt, das solichs zethun seinem ampt nit zustiende oder der nit macht hette, soll er warnemen, das got den vorsteern seines volks bevolhen und hart gebotten, mit hohem vleis zu verhieten, das sy kein [Konjektur] valsche leer seinem wort zewider einwurzelen oder ingefiert lassen werden […].“ Wolfart: Augsburger Reformation, 127–129 (Beilage I). Cf. dazu auch die bei der Übergabe der Supplikation gehaltene Rede des Prädikanten Sebastian Meyer bei Roth: Reformationsgeschichte II, 135 f (Beilage I).

[218] Cf. Roth: Reformationsgeschichte II, 163. Aus dem Bericht Hubers geht darüber hinaus hervor, dass die evangelischen Pfarrer versuchten, ihre Vorstellungen über die Zünfte durchzusetzen. Sie „brachten heimlich in ettlichen zünften zuwegen, das die zünfft bey jhren zwelffen und zunftmaistern ernstlich und hefftig an sollten halten vnd manen, das ain E. Rath doch ainmahl darzu thet, und nit also ymmerzu in die langen truhen leget, schifften also bey sechs zünfften an, woh aber solches anbringen und treiben nit erschiessen würd, hetten sy noch ain andern fürschlag, und fündlin in vorrath, Nemlich das ain yetliche zunft jhre zunfftgenossen in sonderheit fodern solt, ain yeden verhören vnd fragen lassen und also durch die ganz Stadt hinwegk das meeren [= abstimmen] und losen geen, was man mit dem Bapstumb handlen solt […]“ Huber: Relation, f. 28v. Von den Auswirkungen, die diese Einflußnahme auf die Bevölkerung und den Rat hatte, berichtet ein Brief des Augsburger Rates an seinen in Nürnberg wei-

und des Kleinen Rates[219] ein Beschluss gefasst, durch den die kirchlichen Verhältnisse grundlegend umgestaltet wurden.[220] Das daraufhin ausgestellte Ratsmandat vom 29. Juli 1534 ordnete an, dass fortan ausschließlich die vom Rat eingesetzten Geistlichen in der Stadt predigen durften.[221] Die Feier der Messe wurde durch die Verriegelung einiger Kirchen unterbunden. Ausgenommen waren von den Maßnahmen jedoch der Dom und jene anderen Kirchen der Stadt, die dem Bischof oder dem Domkapitel unterstanden.[222] Das für die verworfenen Zeremonien benötigte Gerät sollte in allen Kirchen eingesammelt werden und der Armenpflege zukommen.[223] Die Klöster schließlich sollten geöffnet werden, damit den darin lebenden Ordensleuten das Evangelium nicht weiter vorenthalten blieb.[224] Ohne größeren Widerstand wurden die gefassten

lenden Bürgermeister Hieronymus Imhof: „[...] und als wir darvon geredt, sich in der umbfrag under anderm begeben hat, das von vilen ratgeben gemelt worden ist, das der gemain mann der religion halben etwo murmul, und besonder etlich zunftgenossen bey den zunftmeistern emsig anhalten. [...] was alsdann uss solhem stillstand under unser frommen gemaind für ain unrat und zerrüttung etwo leichtlich und unversehnelich entspringen möchte, sein wir nit allain zufürtrachten, sondern auch als vil muglich zuverhüten schuldig. Das wir aber unsers erachtens nit füglicher noch gewisser und bestendiger, dann durch schleinige handlung und fürgang des beschluss der religion halben, durch ain erbarn grossen rat mit dem merern gemacht, fürkommen mögen." Wolfart: Augsburger Reformation, 153 f (Beilage XIII).

[219] Zur politischen Verfassung Augsburgs während der Reformationszeit cf. Sieh-Burens: Augsburger Stadtverfassung, 134–136; Immenkötter: Katholische Kirche, 13 f.

[220] Zur Ratssitzung cf. Wolfart: Augsburger Reformation, 106 f.

[221] Im Mandat heißt es, der Rat habe „die spaltung der widerwertigen predigen alhie abgestelt, alle und jede prediger, so nit von inen auffgestelt gewessen, auch wider das klarr wort gottes (als beweislich und offenbarr ist) gelert haben, deshalben mit ains rats predicanten in verkündung und auslegung des evangeliums mißhellig sein und sih doch mit inen nie in ainich cristenlich und brüderlich gesprech, zů ainer vergleichung dienstlich, wie offt es an sie gesunen worden ist, begeben wellen, abgewendt, denen mit irer leer still zůstehen angesagt und an derselben stadt ire predicanten mit merer frucht des evangeliums, allein das rain, lautter wort gottes zů leren und zů predigen auffgestelt und verordnet [...]." Sender: Chronik, 389,22–31.

[222] „[...] so hat ain erbarer groser rat got den almechtigen zů eeren alle und jede kirchen und capelen alhie (auserhalb unser Frauen, sant Moritzen, sant Urlichs [sic], sant Peters, sant Jergen, zum hailigen Creütz, sant Stephan und sant Ursula, die ain rat ditzmals aus sundern beweglichen ursachen unangefochten bleiben) durch die verordneten beschliessen [= verschließen] laussen, damit die ceremonien und vermeinten gotsdienst, so bisherr darin mißpraucht worden sein, fürohin vermitten und nit merr gehalten [...]." A. a. O., 390,7–14. Zur Frage der Rechtsverhältnisse cf. auch Immenkötter: Katholische Kirche, 23 und A. 90–97.

[223] „[...] aus gleichen ursachen ain groser rat alles und jedes, was den zechen in allen pfarren alhie zůgehört, durch die verordneten zů iren handen nehmen, solhs von den verwenten ceremonien an die gerecht und gefellig eer gottes und zur notturft der armenund dürftigen menschen wenden hat laussen." Sender: Chronik, 390,17–21.

[224] „[...] so dan nemands an die predigen zegeen und die zů hören getrungen wirt, hingegen aber vil menschen das wort des herren zů hören und gelert zů werden von hertzen begirig, die bisher in clöstern und sunst verhalten, solicher leer gewaltigklich beraupt worden und leider ain lange zeit in mangel gestanden sein: hat ain erbarer rat mit den prelaten und obern derselbigen betriebten un gefangenen menschen ernstlich handlen laussen, dass denen fürohin der zůgang zů der verkündung und auslegung der leer Cristi nit gespert, noch sie in iren ge-

Beschlüsse in der Stadt umgesetzt.[225] Auch wenn nun die Reformation in Augsburg noch keineswegs vollständig durchgesetzt war, war die katholische Religionsausübung durch dieses Vorgehen der Obrigkeit doch ganz erheblich beeinträchtigt.[226]

Welches Bild Luther von diesen Ereignissen hatte, lässt sich aus den überlieferten Quellen nicht direkt erheben. Deutlich ist aber, dass sein Tischgenosse Johannes Forster immer wieder Nachrichten aus Augsburg empfing. Da er über die Vorgänge in seiner Heimatstadt sehr beunruhigt war und eine tiefe Abneigung gegen die dort tätigen Pfarrer hatte[227], ist zu vermuten, dass er über seine Sorgen auch mit Luther sprach. Auf diesem Weg dürfte Luther aber, wie zu zeigen sein wird, ein in mancher Hinsicht unzutreffendes Bild der Lage erhalten haben. In jedem Fall waren die Forster vorliegenden Auskünfte aber geeignet, die Augsburger Geistlichen bei Luther noch tiefer in Misskredit zu bringen.

Aus einem Schreiben Forsters an Konrad Rehlinger, dessen Abfassung von ihm selbst auf die Zeit nach dem Eintreffen von Luthers Brief an den Rat vom Oktober 1533 datiert wird[228], geht hervor, dass man in Wittenberg von einem gewaltsamen Vorgehen gegen die Bilder wusste. Forster war darüber hinaus davon überzeugt, dass die Prädikanten das Volk durch ihre Predigten zu einem solchen Vorgehen angestiftet hätten.[229] Wie dargestellt entsprach beides der Wahrheit. Für die aus demselben Brief stammende Behauptung Forsters, dass die Geistlichen nach dem Beispiel Zwinglis versuchten, die sich der Reformation widersetzenden Bürger „mit gewalt und mit der faust" zu Konversionen zu zwingen[230], gibt es den vorliegenden Darstellungen zur Augsburger Reformationsgeschichte von Wolfart und Roth zufolge jedoch keinen Anhalt. In einem späteren Brief an Rehlinger zeigte sich Forster des Weiteren darüber entrüstet, dass Musculus, Wolfart, der auf die Stelle Nigris berufene Johannes Held und besonders Sebastian Meyer die Absicht einer am Vorbild Straßburg orientierten Umgestal-

---

wissen lenger beschwert, sunder inne wie andern cristen die freihait des gaists und innerlichen menschen bevorsteen sol." A. a. O., 390,21–30.

[225] Cf. dazu ROTH: Reformationsgeschichte II, 176–180.

[226] Gegen eine Bezeichnung der Ereignisse als „Durchführung der Reformation" hat sich SEEBASS: Augsburger Kirchenordnung, 34 zu Recht mit dem Argument gewendet, dass in acht Kirchen der Stadt weiterhin die Messfeier abgehalten werden konnte, die in den Augen der meisten Augsburger aber „nicht etwa eine andere oder traditionelle Form des Gottesdienstes, sondern der reine ‚Götzendienst'" war.

[227] Cf. dazu die folgenden Ausführungen zu seinen beiden Briefen an Konrad Rehlinger.

[228] „Cf. dazu GERMANN: D. Johannes Forster, 70f.

[229] „So nun die euren die bilder wolt weckthun und achtens nicht fur recht, das man sie gedulde, daruber auch mit ungestim und gewalt abreissen und ihres mutwillens nach damit gebaren, wir aber das widerpart leren und thuen, konnet ihr ermessen, das sie mit obgedachten d. Martinus nicht ubereinkommen. [...] Und ob eur prediger sich schon itzunder wolten entschuldigen, als hetten sie nicht zu aufrur geprediget, so kan man sie doch mit ir predigt uberweisen, das sie den poffel zu solchem bildsturm erregt, denn woher wolt sonst der poffel so frech sein und solch wild ding furnemen." GERMANN: D. Johannes Forster, 72f.

[230] A. a. O., 73.

tung des politischen Gemeinwesens verfolgten.[231] Er kritisierte solche Pläne als ein illegitimes Eingreifen in den Bereich der weltlichen Obrigkeit.[232] Tatsächlich aber scheint sich das Wirken der Prädikanten darin erschöpft zu haben, dass sie den Rat erfolgreich zur Einrichtung eines städtischen Gymnasiums, zur Reform der Armenpflege und zur Schließung der beiden städtischen Bordelle anhielten.[233] Definitiv falsch war das durch einen Brief nach Wittenberg gedrungene Gerücht, dass der Rat die Domkirche geschlossen habe, um dort die Feier der Messe zu unterbinden. Die Vermutung, dass dies auf das Wirken der Pfarrer zurückzuführen sei, hielt Forster, wie er gegenüber Rehlinger zu verstehen gab, für glaubhaft.[234] Er wies in diesem Zusammenhang auch darauf hin, dass der Dom eine kaiserliche Stiftung sei und dass die ihm zugehörende Geistlichkeit nicht dem städtischen Regiment unterstehe.[235] Tatsächlich aber sollte der Ruf nach einer Vollendung der Reformation, die den Dom und die dem Bischof und dem Kapitel unterstehenden Kirchen umfassen sollte, nicht mehr verstummen. Über die damit aufgeworfene Frage nach dem *ius reformationis* der städtischen Obrigkeit und seinen Grenzen sollte schließlich auf dem Wittenberger Konkordienkonvent ausführlich verhandelt werden.[236]

### 2.2.4 Der Abendmahlsstreit in Kempten

Wie in Augsburg, so wurde zu Beginn der 1530er Jahre auch in der Reichsstadt Kempten um die Deutung des Abendmahls gestritten.[237] Auch hier unternahm der Rat verschiedene Versuche zur Beilegung dieser Auseinandersetzung. Als

231 „Wiewol ich e. w. nit bergen wille, das mir under dis auch von inen, vier euren predigern ist angezeigt, nemlich vom Bonifacio, Musculo, von dem zu s. Ulrich und furnemlich von dem d. Bastian, wie sie sich gern understehen wolten, die stat Augspurg nit allein in denen sachen, so die kirchenordnung belangen, sondern auch im euserlich regiment gleichförmig machen der stat Straßburg." A. a. O., 76.

232 „Zum andern, so gebürets, noch gezimets disen leuten nicht, ob sie schon könden euserlich regiment besser anrichten. Dan sie haben ein andern beruf, dem sie sollen nachkomen, und fleissig ausrichten, wie dan s. Paulus ernstlich allen predigern befihlet und einbindet, das sie ihres berufs warten, uber das warnet, das sie ja sich in keinerlei weis in weltliche sachen einlassen. Was sind aber mer weltliche geschäft, zu nennen, daneben dise wan man sich in weltliche und euserliche regiment einflicht." Ebd.

233 Cf. Roth: Reformationsgeschichte II, 68–70.

234 „Es ist die sagmer kommen, auch aus Augspurg hierer geschriben, wie e. e. r. bei euch solt die tumkirch unser lieben frauen zugeschlossen haben, damit den papisten zu weren, nit mer wie zuvor iren greuel zu treiben. Aus waser meinung, rat oder getrieb aber solches geschehen, ist gleichwol nit gemeldet, nur allein die vermutung ist, wie eure predicanten das rädlin also treiben sollen, wie dan auch wol glaublich, dieweil sie auch zu Frankfurt am Mein und in andern vil stätten gleicher weise haben firgenommen." Germann: D. Johannes Forster, 78.

235 „Zum andern so ists inen nicht befolhen, könnens auch mit recht nicht thun, dieweil der tum eine kaiserliche stiftung ist, und die pfaffen nicht ire underthon seind [...]." A. a. O., 78.

236 Cf. dazu unten Kapitel 4.2.4.

237 Cf. zur Geschichte der Reformation in Kempten die nach wie vor grundlegenden Darstellungen von Erhard: Sakramentsstreitigkeiten, 153–173; ders.: Reformation, 6–38.

Kontrahenten standen sich der theologisch zunächst durch Zwingli beeinflusste Prädikant Jakob Haistung und die beiden an Luther orientierten Geistlichen Johannes Seeger und Johannes Rottach gegenüber.[238] Zwar hatte sich die Stadt auf dem Augsburger Reichstag noch nachträglich durch Unterschrift am 14. Juli 1530 zur CA bekannt.[239] Die Auseinandersetzung sollte aber weitergehen und am 31. Januar 1533 zunächst mit einer Niederlage der lutherischen Geistlichen enden. Seeger und Rottach wurden an diesem Tag durch den Rat entlassen.[240] Am 10. Juli 1533 schrieben die beiden einen Brief an Luther, in dem sie ihm über die Vorgänge ausführlich berichteten und dem sie drei von den streitenden Geistlichen verfasste Abendmahlsschriften zur Begutachtung beilegten.[241] Der Brief liegt im von der Hand Seegers stammenden Original von 52 eng beschriebenen Folioseiten im Thomas-Archiv in Straßburg vor. Eine Teiledition ist in der kritischen Ausgabe des Lutherbriefwechsels enthalten.[242] Gedruckt liegen inzwischen ebenfalls ein aus Straßburg stammendes Gutachten und drei mit Marginalien Bucers versehene Abendmahlsbekenntnisse vor, die in dem Brief als Abschriften überliefert sind.[243]

Ein Antwortschreiben Luthers ist nicht bekannt. Dass das Schreiben tatsächlich abgesandt wurde und Wittenberg auch erreichte, ist aber aus einer Randnotiz zu schließen, die Konrad Hubert auf der ersten Seite anbrachte: „Sum Cun. Flinspachij, a Φilp. M. donatum."[244] Demnach war das Manuskript ein Geschenk Melanchthons an seinen Schüler und späteren Superintendenten von Zweibrücken, Kunemann Flinsbach. Dieser wiederum dürfte es an seinen Freund Konrad Hubert weitergegeben haben.[245] Im Kontext der vorliegenden Arbeit wird der Brief erstmals in voller Länge für die Darstellung der Konkordiengeschichte ausgewertet.[246] Dabei ist die erst vor Kurzem gestellte Frage nach der historischen Zuverlässigkeit des Berichtes in diesem Zusammenhang von nachgeordneter Bedeutung.[247] Bedeutsam ist vielmehr, welches Bild von dem Konflikt Lu-

---

[238] Zu den drei Personen cf. eingehender Erhard: Sakramentsstreitigkeiten, 154 f.

[239] Cf. Erhard: Sakramentsstreitigkeiten, 159 f.

[240] Cf. dazu a. a. O., 168. Zu den näheren Umständen der Entlassung cf. unten S. 181.

[241] Ediert sind die drei Gutachten in BDS 8,155–250.

[242] Cf. AMS AST 174, f. 282r–307v und WABr 12, 4249 (140–149). Eine vollständige Edition wird derzeit durch den Verfasser vorbereitet.

[243] Cf. BDS 8,55–250.

[244] AMS AST 174, f. 282r.

[245] Zur Deutung dieser Anmerkung cf. bereits ebenso WABr 12, S. 141.

[246] Erhard hat für seine Darstellung der Reformationsgeschichte Kemptens die Quelle ebenfalls in vollem Umfang vorgelegen. Er beschränkt sich aber in einem zugefügten Anhang auf eine Darstellung von Capitos Besuch im März 1532. Dabei geht er oftmals oberflächlich vor und weist seine Ergebnisse nicht mit Belegen am Text aus. Cf. Erhard: Reformation, 77–87. Übergangen werden die unedierten Passagen bei Immenkötter: Stadt und Stift, 167–183; ders.: Zwingli, 123–130; Litz: Bilderfrage, 211–223. Auch die letzte Veröffentlichung von Buckwalter: Mediator, 188–206 bezieht zwar die in BDS 8 edierten Gutachten ein, stützt sich sonst aber auf Erhard.

[247] Das negative Votum von Buckwalter, der Brief scheide „aufgrund seiner Voreingenom-

ther durch dieses Schreiben dargeboten bekam und welcher Eindruck von der Rolle der Straßburger Theologen ihm auf diese Weise vermittelt wurde.

In ihrem Brief behaupten Rottach und Seeger, dass die Gegenseite sich verschiedener Mittel in der Auseinandersetzung bedient habe. Ihrer Darstellung zufolge artikulierten beide Seiten ihre Auffassungen offenbar zunächst so deutlich, dass der bestehende Gegensatz erkennbar war. Dieser Phase der Auseinandersetzung dürften auch zwei Disputationen zuzuordnen sein, die in Kempten und Isny geführt wurden.[248] Danach aber, beklagen die Verfasser, habe die Gegenseite ihre Strategie geändert:

„Haben sye auch gegen vns vnd vnsers gleichen angehaben, anderst dann zůuor zů handlen. Dann sye haben sich nitt mehr Jnn selcher gstalt wie vor wieder vns gesetzt mit disputieren vnd offnem widersprechen den worten Christi, das ist mein leib etc. Sonder seind nu mehr heymlich hereyn geschlichen vns tückisch vnd hinderlüstig angegriffen, Vnd nemlich also, das sye sich mit worten vnd geberden gegen vns gestellt, als weren sye vnsere lieb freund vnd bruder, vns mit Judas Kuß zůverradten vnd zuuerkauffen. Dann sye kamen zů vns, vnd sagten Ey wir seyen nitt selliche leut, wie Jhr vermaint, vnd von vns außgebt, das ir die wort Christi Jm Abendmal, das ist mein leib etc. verleugnen verkeren oder nit glauben wellen, Denn wer wolt der seyn der selchs thet? Sonder wir halten sye für wort gottes, als wol als Jhr, wir wellen auch, das man Jhn glauben soll als dem wort gottes, wir leeren vnd predigen sye auch also. Auff das sye aber vns des ain offentlich anzeigung geben, so kamen sye auch vnd hyelten vns für ettlich artickel vnd reden, so sye vom abendmal hyelten vnd glaubten, damit sye vns bereden wollten, sye weren mit vns ainig, Vnd waren nemlich sellich reden, das der leib vnd blůt Christi warhafftig gegenwirtig sey Jm glauben, von den gleubigen warhafftig genossen vnd empfangen werden, Jtem das mit sampt dem brot vnd wein der ware leib vnd blůt Christi dargeraicht vnd geschenckt werd, Jtem Sye gaben auch auß, Luther vnd Zwingli weren Jnn disem artickel ainig [...].“[249]

Die folgenden Ausführungen machen deutlich, dass Haistung bei seiner Argumentation gegen Rottach in verschiedener Weise von auswärtigen Theologen unterstützt wurde. Namentlich erwähnt werden unter anderen Ambrosius Blarer, Zwingli, Oekolampad, Konrad Sam aus Ulm, die Prädikanten von Isny und Augsburg und Bucer.[250] Über diesen heißt es zudem ausdrücklich, dass er mit der Veröffentlichung seines Dialogs über das Abendmahl „dises spil angefangen vnd

menheit als zuverlässige Quelle aus“, lässt selber eine gewisse Einseitigkeit erkennen. Cf. BDS 8,63. Die von Buckwalter genannten Vorwürfe der Täuschung und Verschwörung werden von Rottach und Seeger tatsächlich erhoben. Erst eine umfassende kritische Auswertung aller verfügbaren Quellen wird jedoch zufriedenstellend klären können, inwieweit die Anklagen der beiden Prädikanten als berechtigt gelten können. Im Blick auf die involvierten Straßburger wird die vorliegende Arbeit an einigen Stellen zeigen, dass diese es mit der Wahrheit nicht immer ganz genau nahmen. Der Vorwurf des Betruges liegt dann zumindest nahe, wenn wahrheitswidrige Ausführungen den Interessen der sie vorbringenden Personen dienlich gewesen sind.

[248] Cf. dazu im Einzelnen Seeger und Rottach an Luther, 10. Juli 1533: AMS AST 174, f. 283v–285r und die knappe Darstellung bei Erhard: Reformation, 27.

[249] Seeger und Rottach an Luther, 10. Juli 1533: AMS AST 174, f. 286r.

[250] Cf. a. a. O., f. 286r–288v.

auch andern nach Jhm vrsach dazu gegeben hab“[251]. Direkt eingegriffen habe der Straßburger dann, indem er Haistung heimlich „ettliche artickel darynn er vnderrichtung zu geben vermaint weß sich ain ainfalter Christ Jm handel das sacrament betreffend halten sell“[252] übersandt habe. Bei diesen Artikeln handelt es sich um ein für den Schweinfurter Tag bestimmte Abendmahlsbekenntnis Bucers.[253] Die Kemptener gaben an, dass sie nur einen Teil der Artikel hätten abschreiben können[254], dass aber Haistung sein eigenes Bekenntnis „fast nach disen des Butzers artickel gericht vnd gestellt hab, als nach einer schnur“.[255] Anhand des dem Brief beigelegten Bekenntnisses konnte sich Luther hier selber ein Urteil bilden. In den als Zusammenfassung dienenden vier abschließenden Artikeln heißt es, dass in der Handlung des Abendmahls zwei Dinge dargereicht würden: die Elemente, die als irdisch und tangibel bezeichnet werden, sowie Leib und Blut, die als himmlisch und geistlich gelten.[256] Dass Leib und Blut als wirkliche Gaben aufgefasst werden, geht daraus hervor, dass deren Reichung in strenger Analogie zur Gabe von Brot und Wein verstanden wird. Zu Leib und Blut heißt es allerdings einschränkend, dass sie den Jüngern oder den Gläubigen gegeben werden.[257] Die Ungläubigen hingegen empfangen nur Brot und Wein.[258] Das zwischen Leib und Brot bestehende Verhältnis wird mit dem Be-

---

[251] Ebd. Zu Bucers Schrift ‚Vergleichung D. Luthers und seins gegentheyls vom Abentmal Christi‘ cf. oben S. 28–34.

[252] A. a. O., f. 288r.

[253] Eine Edition liegt vor in BDS 8,36–54.

[254] „Dann wie wol wir sye Jnn vnserm gwalt gehabt vnd gelesen haben, auch des willens waren sye abzuschreiben, als wir dann ainen anfang theten, kundten wir aber so vil zeit nitt haben, das wir sye vollend abschriben, dann die Schwermer dise art vnd brauch an Jhn haben das, wie wol sye sich hach erbrechen mit Jhrer kunst, auch sich offenlich zu handlen treffenlich embieten, seind sye doch mit Jhrer kunst vnd leer so heblich, das man vil eer dem Herculi sein keul auß seinen henden ryß, dann man Jhre kunst von Jhn brechte, Dann sye gebens nit herauß sye myessens dann thun, vnd wann sye es schon thun, so thun sye es doch also vnd mit dem vorteyl das es nitt lang außbleib, noch zu weyt außkomm, das geschach vns mit disen artickeln Buceri auch, Dann sye warden vns zu sellicher zeit gegeben, da wir am maisten zuthun hetten, vnd so ain kurtze zeit vergonnen, das wir sye nit kunden abschreiben.“ Seeger und Rottach an Luther, 10. Juli 1533: AMS AST 174, f. 288r.

[255] Ebd.

[256] „Erstlich Bekenn vnnd sag ich, das im hanndl des heiligen Abendtmals Christi, wie der von Matheo, Marco, Luca vnd Paulo beschriben ist, vnns zway ding fürgetragen werden: ain jrdisch vnnd ain himmelischs, Ain empfindtlichs vnnd ain gaistlich, Das Sacrament oder zaichen vnnd das bezaichnet, das ist: das Brot vnnd der Tranck des herren vnnd der leib vnnd das Bluet des herrn.“ BDS 8,249,12–16.

[257] „[...] so hallt jch Es, das gleicherweiß, wie Christus seinen Jungern vnnd noch heutigs tags Vnns allen, die wir jn rechtem glauben das Nachtmal halltenndt, das Brot vnnd den wein sichtparlich den Augen vnnd dem Mundt geben vnnd dargepotten hat, Also auch nit mynder hat er jnen seinen waren Leib vnnd wars Bluet vnsichtbarlich dem gmuet vnnd hertzen, das ist: der Seel vnnd dem Geist, geben, geschenckt vnnd geraicht zu ainer waaren, rechten speiß, das ist: zu warer, lebendiger krafft, würckung vnnd Erhaltung in das Ewig Leben, vnnd thut sollichs auch noch heut allen glaubigen.“ A. a. O., 250,6–12.

[258] „Zum Vierdten so Bekenn jch die zwei Niessungen im Nachtmal so vnndterschidlich,

griff der *unio sacramentalis* benannt.[259] Während sich die geistliche Nießung auf Leib und Blut bezieht und ausschließlich durch den wahren Glauben möglich ist, werden Brot und Wein durch eine sakramentliche Nießung leiblich gegessen und getrunken.[260] Abgesehen davon, dass die von Bucer um der *unio sacramentalis* willen konzedierten Redeformen hier nicht zugestanden werden, ist deutlich zu erkennen, dass Haistung sich die Ausdrucksweise und die Position des Straßburgers zu eigen gemacht hatte.

Die Wirkung der von Rottach und Seeger beklagten neuen Strategie zeigte sich ihnen zufolge darin, dass das Vorgeben der Gegenseite, „ainiges vnd gleiches glaubens mit vns zů sein“[261], die Mehrheit der Bevölkerung überzeugte. Wegen ihrer vergeblichen Einsprüche waren sie somit als Querulanten diskreditiert.[262]

Darüber hinaus wussten Seeger und Rottach zu berichten, dass Haistung die vom Rat angenommene CA zunächst abgelehnt und auf ihre Annullierung hingearbeitet habe, sich dann aber zu ihr bekannt habe.[263] Dabei habe er jedoch erklärt, dass man ihr die richtige Auslegung geben müsse. Im Blick auf den Abendmahlsartikel habe er sich besonders auf die lateinische Fassung berufen und die deutsche Wendung „vnder gestalt brots vnd weins“ als einen Zusatz des Übersetzers bezeichnet. Dabei habe er auch darauf verwiesen, dass die oberdeutschen Städte trotz der Unterzeichnung der CA mit der Billigung des sächsischen Kur-

---

das sy on anndren wol beschehen mugend jm Nachtmal, Als das die Sacramentlich beschehen mag on die gaistliche, doch zum Gericht vnnd Vrthail, als dann beim Juda beschehen vnnd noch bey allen Vnglaubigen beschicht […].“ A. a. O., 250,13–16.

[259] „[…] sonder jch Bekenn allain ain Sacramentliche Ainigkait sein zwischen dem Brott vnd dem leib Christi […].“ A. a. O., 249,28–250,1.

[260] „Zum Andern Bekhenn jch zwayerlei vnnderschidlicher Niessung in disem Nachtmal nach laut der wort Christi, Nemlich Ain Sacramentliche an dem Brott vnnd wein des herrenn vnd ain gaistliche, durch den waren glauben, an dem Leyb vnnd Bluet des herren Jesu; die Sacramentlich beschicht mit dem leiblichen Mundt, die Gaistlich alain mit der seel vnnd Gaist […].“ A. a. O., 249,17–20.

[261] Seeger und Rottach an Luther, 10. Juli 1533: AMS AST, f. 289v.

[262] „Darumm so offt vns vnd den vnsern selche mainung vnd artickel fürkommen vnd fürgehalten sein worden, da haben sye all oder doch der mehrteyl geschlossen vnd gesagt, diß ist recht vnd nach den worten Christi geredt vnd gehalten, sye seind nit wider das sacrament noch wort Cristi, sonder sye haltens mit dem Luther. Da haben wir dann zůthun gehabt, Dann wenn wir dawider redten so wolten die schwermer recht haben so fyelen Jhn dann die andere, auch ettliche an vnser seyten zů gaben Jhn auch recht, wann wir dann der schwermer falscheit trug vnd verfyerung anzeigten vnd an tag theten das mans greyffen mocht, noch halffs nitt wir műßten allwegen die saw heymtragen. Da warden wir gescholten, als die aigenwillige, ainfyere, hartneckige, neydische, vnd ist vns manch guter leut darob gelesen worden, vnd rauch angefaren vnd seuberlich gekempt. Jtem sagten sye dann, Es seind sonst andere hochgelerter vnd verstendiger menner, dann Jhr seyt welchen alle es also halten wie wir, vnd Jhr allain welt euch einlegen wider alle gelerten sye vermainend zu überwinden. Da kundten dann vns vnsere Junckherren die schwermer bey der oberkeyt feyn vnd meysterlich die brend schüren vns zuuerunglympfen vnd die oberkeit wider vns zu hetzen vnd zu stercken, Da halff dann nichts vnd galt nichts mehr, was wir dawider redten, anzeigten oder fürwarffen.“ Ebd.

[263] A. a. O., f. 290r.

fürsten an ihrer Lehre festhalten würden.[264] Rottach und Seeger glaubten, dass Haistung diese Form der Auslegung von Blarer übernommen habe.[265]

Zu einer weiteren Intervention in den Streit kam es, als Capito auf eine nach Straßburg gerichtete Anfrage Haistungs hin in Kempten erschien.[266] Rottach und Seeger schildern, dass sie sich kurz zuvor mit Haistung auf drei Artikel geeinigt hatten. Die im Brief enthaltene Abschrift lässt erkennen, dass man sich in ihnen auf eine rein formal-biblische Bestimmung der Abendmahlslehre zurückgezogen hatte mit der Vereinbarung, dass man den Einsetzungsworten „als gottes wort für warhafft glauben [wolle], nach laut dieser wort Christi" und dass man „bey seelicher bekantnuß bleiben welle, on alles von vnd zůthun der worten Christi, das auch kainer über Christi wort seinen oder ander verstand weyter anzeigen oder außbreiten sell."[267] Auf dieser Grundlage hatte man auch miteinander das Abendmahl begangen. Haistung hatte die Einigung daraufhin zunächst widerrufen, hatte dann aber wieder für sie gewonnen werden können. Für den Sonntag Lätare (10. März 1532) hatte man sich daher erneut auf eine gemeinsame Kommunion verständigt.[268] Am Donnerstag zuvor aber sei Capito eingetroffen und habe noch an diesem Tag zuerst mit Haistung und danach mit Seeger gesprochen.[269] Ausführlich wird in dem Brief über eine Zusammenkunft am folgenden Morgen berichtet, zu der sich die Prädikanten bei Capito in dessen

---

[264] „Dann auff ain zeit als sich die handlung ob diser Confession zů trůg, das wir darauff drangen sye zů halten, vnd er besorget, es wurde Jhr gelegt werden, Sagt er vor dem gantzen E. R. Er geb dise Confession gůt, Vnd sye wer gůt vnd recht, wenn man sye nur recht verstünd sagt auch, Vnsere gelerten auff vnserm teyl haben sich über dise Confession gelegt, erwegen vnd ermessen, vnd erfunden, das wa man sye recht außleg vnd verstand, so sey sye recht vnd gůt, Jnn sonderhait aber, Die Lateinische. Dann Er gab auch für Der Dolmetsch hett Jhm Jnn der teutschen Dolmetschung zů vil gethan vnd etwa mehr hynzů gesetzt, Dann Jnn der lateinische stand, Vnd Bracht herfür den zehenden Artickel Jnn der Confession Da stund Jnn der Lateinische De coena domini docent, quod corpus et sanguis Christi vere adsint et distribuantur vescentibus in coena domini Jnn der teutschen aber stand er also, Vom Abendmal des herren wirdt also gelert, das warer leib vnd blůt Christi, warhafftigklich vnder gestalt brots vnd weins gegenwirtig sey, vnd da auß geteylt vnd genommen wird. Hie (sagt er) seind die wőrtle, vnder gestalt brots vnd weins, Jnn der teutsche Confession hynzu gesetzt, welche Jnn der Lateinische nit seyen[.] Jtem sagt er noch weyter, Vnd ich gib dise Confession auch gilt, Wenn man sye recht außlegt vnd versteht, Jnn sonder aber die Lateinische, Jch will auch nichts da wider leeren noch predigen. Jtem, Die Zwinglische stedt haben sich auch vnder dise artickel vnderschriben, Nichts dest weniger halten sye Jhre leer vnd Ceremonien Vnd heucht Jhn darbey Hertzog Hanns von Sachsen nichts drinn zů, Es bringt Jhn auch kainen nachteyl an Jhrer trew vnd ehren." Ebd.

[265] „M. Jacob aber war kurtzlich zůuor bey M. Ambrosi plaurer zů Memingen gewesen, welcher dozů mal von Eßlingen, dahyn kommen war, Darauß nun zůuernemen das M. Jacob vom plaurer dise wort gelernet, dann zůuor haben wir der gleich reden nye von Jhm gehőrt noch selche mainung bey Jhm gespüret." Seeger und Rottach an Luther, 10. Juli 1533: AMS AST 174, f. 290v.

[266] Cf. dazu Erhard: Reformation, 32.

[267] Seeger und Rottach an Luther, 10. Juli 1533: AMS AST 174, f. 290v.

[268] Cf. a. a. O., f. 291r.

[269] Ebd.

Unterkunft einfanden. Dort habe der Straßburger die drei Artikel der Kemptener mit der Begründung kritisiert, dass dem Volk die rechte Deutung des Mahles vorenthalten bleibe.[270] Bei der Darlegung seiner eigenen Lehre habe Capito Luthers Seite dafür gescholten, dass sie „fleischlicher weys etwa auff ainn wort gotte fallen, vnd das selbig nach der vernunfft versteen wellen", während man doch danach fragen müsse, was dem Glauben, Gott und Christus gemäß sei.[271] Für die Auslegung der Einsetzungsworte habe Capito die markinische Fassung gewählt und erklärt: „Erst da sye es geessen haben, da hat er gsagt, das ist mein leib, Also das man es nitt soll verstehn, das ers vom brot gsagt hab, sonder, von der gantzen action, das das selb sein leib sey, das ist gedechtnuß seines leibs etc."[272] Rottach und Seeger zufolge bezog sich Capito in diesem Rahmen auch zweimal auf die Marburger Artikel: So habe er auf den 15. Artikel verwiesen und diesen wiedergegeben mit den Worten, dass „Jm Nachtmal allain die geeystlich nyessung von nͤoten sey, Die eusserlich aber sey nitt von Nͤoten"[273]. Das widersprach aber ganz offensichtlich dem eigentlichen Wortlaut des Artikels, in dem es heißt, dass „die geistliche niessung desselbigen leibs vnd bluts / eynem yeden Christenn fͤurnemlich von nͤothen" sei.[274] Zur Pneumatologie wiederum soll Capito erklärt haben: „Der heylig geyst wirckt vnd thůt alle ding allain, vnd das selbig on die eusserliche ding".[275] Nach einem Verweis auf den achten Marburger Artikel habe er behauptet: „Jtem es steet hie auch (ordenlich dauon zů reden) das es nur ain ordnung ist, darum thůt es nichts."[276] Diese Auslegung aber ging weit über das hinaus, was der Artikel besagt: dass der Geist den Glauben und seine Gaben nämlich nur in Ausnahmefällen ohne die äußerlichen Stücke mitteile.[277] In einer Ansprache vor dem Rat habe Capito am folgenden Tag seine Kritik an den Kemptener Einigungsartikeln wiederholt und ein aus Isyn stammendes Bekenntnis empfohlen. Einer weiteren Unterredung, zu der sie nach dem Willen des Rates verpflichtet waren, blieben Rottach und Seeger ihrem Brief zufolge fern. Capito habe darauf die Stadt verlassen.[278]

---

[270] Capito wird mit den Worten wiedergegeben: „Dise ewere artickel, haben disen feel, das wir also schlecht bleiben welten bey diesen worten, vnd dem volck nit weyter verstand anzeigen, Dann also wißte das volck nun nitt ain rechten verstand, was er [sic] glauben solt [...]." A. a. O., 291v.

[271] A. a. O., 292r.

[272] Ebd.

[273] A. a. O., 292v.

[274] StudA 3,474,12–475,1. Auch Köhler: Zwingli und Luther II, 316 spricht in diesem Zusammenhang von einer „Fälschung".

[275] AMS AST 174, f. 292v.

[276] A. a. O., f.293r.

[277] „Zum Achten / Das der heilig Geiste *ordentlich zureden* / nymants sollichen glauben / oder seine gabe gibt / on vorgeenddt Predigt / odder muntlich wort / odder Eua(n)gelion Christi / sondern durch vnnd mit sollichem muntlichen wort wirckt er vnd schafft den glauben / wo vnd ynn wilchen er will. Rom. x." StudA 3,471,7–10 [Hervorhebung vom Verfasser]. Zur Auslegung cf. Köhler: Zwingli und Luther II, 121.

[278] Seeger und Rottach an Luther, 10. Juli 1533: AMS AST 174, f. 296r.

Ein letztes Mal nahmen die Straßburger auf den Gang der Ereignisse in Kempten mit einem Gutachten Einfluss, das der dortige Rat von ihnen erbeten hatte. Im Brief Seegers und Rottachs wird berichtet, dass der Rat die drei Prediger zunächst dazu angehalten habe, dass sie ihre Auffassungen dem Volk in Predigten vorlegen sollten. Darauf habe man verlangt, dass die Prädikanten schriftliche Vorlagen einreichen sollten. Diese seien dann wiederum den Geistlichen von Augsburg, Nürnberg und Straßburg zur Begutachtung zugestellt worden.[279] Von den eingegangenen Gutachten aber sei ihnen vom Rat nur das der Straßburger ausgehändigt worden.[280] Zu diesem Gutachten merkten Seeger und Rottach an, dass es vornehmlich von Bucer verfasst worden, dass es aber auch von dessen Kollegen Hedio, Capito, Zell und Pellio unterzeichnet worden sei.[281] Auch wenn sie dieses Gutachten selbst nicht hätten abschreiben können, so hätten sie doch den an sie gerichteten Begleitbrief kopieren können.[282] Dieser aber biete nach Auskunft der Straßburger „die gantze summa vnd gemeinen Jnnhalt der genannten Ihrerer [sic] declaration".[283] In diesem Brief heißt es über die Bekenntnisse der drei Kemptener zunächst, dass man alle drei Verfasser als Christen anerkennen müsse.[284] Alle drei stimmten darin überein, „dass der Herr im Mahl seinen Leib und sein Blut gibt, unzweifelhaft als wahre."[285] Uneinigkeit bestehe lediglich im Verständnis des Verhältnisses zwischen Leib und Brot und im Blick auf die Weise der Nießung.[286] Die hierauf folgenden Darlegungen entsprechen den hinlänglich dargestellten Anschauungen Bucers: Luther zufolge bestehe zwi-

---

[279] Cf. a. a. O., f. 297v.

[280] „Nach langem, ist nun aller dryer Stedt Straßburg Nürmberg vnd Jhrer gelerten schrifft vnd vrteyl vber vnser Bekantnussen widerumb vber sendet worden. Als sye nun der E. Radt verlesen vnd vernommen, hat Er der von Nürnberg vnd Augspurg schreiben von vns gentzlich verhalten, vnd vnderdruckt vnd allain der predicanten von Straßburg schreiben fürgehalten, zů lesen vnd zů ersehen vber geben, Mitt sellichen fürgeben, das diß der Radt Jnn der aller besten mainung keinem teyl weder zu vorteyl noch zu nachteyl thue, vnd das sye vermeinten das selbig schreiben der massen gestellt seyn, das yedwederm teyl leydelich vnd annemlich seyn. Als wir aber begerten Mann selt vns deren von Nürnberg vnd Augspurg schreiben auch hören lassen, so welten wir als denn dem E. Rat gite bscheyd vnd antwurt geben, Wir vermochten aber es nitt zů erlangen, Vnd haben deren von Nurnberg vnd Augspurg schreiben noch nye gesehen, vnd haben also myessen der predicanten von Straßburg schreiben annemen es zů lesen zů besehen vnd darauff zů antwurten [...]." Ebd.

[281] „Welche schrifft hat fürnemlich Martinus Butzer gestellt, Nachfolgend aber haben sich auch vnder schreiben die andere predicanten von Straßburg als Nemlich D. Caspar Hedio, M. Mattheus Zeell, D. Wolffgangus Capito, Symphorianus Pellio." A. a. O., f. 296v. Das Gutachten selbst ist ediert in BDS 8,55–154.

[282] Cf. ebd.

[283] A. a. O., f. 298v.

[284] „Ex vestris Confessionibus non possumus singulos vos aliter, quam Christianos agnoscere." A. a. O., f. 299r.

[285] „Ita nituentes quid de sacra Eucharistia vtrimque confessi estis, videmus vtroque agnoscere dominum in caena dare suum corpus et sanguinem, indubie verum." Ebd.

[286] „De duobus ergo queri inter vos constat, quomodo panis hoc verum corpus domini, et vinum, hic verus sanguis sit, id est quae sit, inter panem et vinum vnio." Ebd. „Altera quaestio est, de ratione, qua corpus et sanguis domini a nobis sumatur." Ebd.

schen Leib und Blut eine *unio sacramentalis*. Auch Haistung wolle mit seiner Ausdrucksweise, dass das Brot sakramentlich der Leib sei, nur dies sagen, dass Leib und Blut mit (cum) Brot und Wein gegeben würden. Während Leib und Blut geistlich durch den Glauben genossen würden, esse man die Elemente leiblich. Das Brot und Wein betreffende leibliche Essen könne Leib und Blut wegen der *unio sacramentalis* zugesprochen werden (tribuere). Auch Rottach und Seeger selber behaupteten, dass diejenigen, die vollkommen ohne Glauben seien, den Leib nicht essen könnten. Folglich bekännten auch sie nicht, dass Leib und Blut in derselben Weise wie Brot und Wein verzehrt würden.[287]

Über das eigentliche Gutachten wussten Rottach und Seeger zu berichten, dass nach einer Reihe von Väterzitaten auch auf Luther und Melanchthon verwiesen werde. Besonders Luthers Aussagen über die *unio sacramentalis* aber müssten „fast durchs gantz bůch herhalten vnd Jhr falscheit schmucken".[288] Als Urteil hielten die beiden Kemptener fest, dass man „vnder selchem scheyn teuffels farben, vnd hynder disen schaffskleidern, auch wolffs tück, vnd der selbigen gantz vil" finde.[289] Nach ihrer Auffassung handelte es sich bei den Straßburgern um Zwinglianer, die sich als solche aber nicht offen zu erkennen gaben. Seeger und Rottach warnten in diesem Zusammenhang auch vor bestimmten heimlichen Interpretationen: Im Blick auf das Wort *sacramentaliter* etwa führten sie aus, dass die Gegenseite zwar die Deutung zulasse, „das der leib vnd blůt Christi hye vnder der gstalt brots vnd weins verborgen sey vnd gegeben wird, als den menschlichen synnen vnuermerckt genossen", dass sie selber aber an der Deutung festhalte, „das der leib vnd das blůt Christi durch brot vnd wein bezeichnet vnd bedeut werden."[290] Ebenso werde mit den Wendungen „im Glauben" und „die Gläubigen" verfahren.[291]

---

[287] „Hanc D. Lutherus sacramentalem facit nec aliam vos Charissimi fratres Seger et Rottacher statuere videmini. Quod si est, coram domino nos aliud non intelligimus, quam concordes vos esse. Cum enim M. Iacobus dicit, panem esse corpus domini sacramentaliter nobis id dicit: Panis est sacramentum corporis domini, adeoque inter panem et corpus dominj est sacramentalis vnio. Ne iam contra veritatem praesentiae Christi sonare videatur, ostendimus quomodo haec locutio accipienda sit, Nempe quod intelligamus cum pane et vino nobis dari corpus et sanguinem Christi. Altera quaestio est, de ratione, qua corpus et sanguis domini a nobis sumatur. Hic scribit M. Iacobus per fidem et spiritualiter: alij duo corporaliter. Iam quum vos charissimi fratres Seger et Rottacher fatemini, eos, qui plane nullam fidem habent, non posse corpus domini sumere, et indubie hoc quoque fatemini orpus et sanguinem domini, non vt panem sumi hisce dentibus ore et stomacho. Ad haec sacramenta sic esse vt in eis aliud sit visibile, aliud intelligibile non possumus dubitare quin ipsi per corporalem manducationem agnoscatis eam, quae recte spiritualis dici possit, quaeque per fidem fiat. Nisi quod corpori et sanguini domini, etiam illa vere corporalis manducatio, qua panis editur et vinum bibitur, tribuitur propter sacramentalem vnionem." Ebd.

[288] A. a. O., f. 300v.

[289] A. a. O., f. 301r.

[290] A. a. O., f. 301v.

[291] Cf. ebd.

Im Blick auf ihre eigene Situation berichteten die beiden Prädikanten schließlich, dass der Rat von ihnen die Annahme des Straßburger Gutachtens verlangt habe, nachdem Haistung sein Einverständnis gegeben habe.[292] Sie selber hätten aber in acht Artikeln einen Auszug aus dem Gutachten der Straßburger erstellt, dem sie um des Friedens willen ihre Unterschrift hätten geben können.[293] Ihr Widerstand gegen die Unterzeichnung des eigentlichen Gutachtens aber habe dann ihre Entlassung zur Folge gehabt.[294] Über den Abfassungszweck ihres Schreibens äußerten sie gegen Ende, sie hätten Luther von dem Schaden, der dem Evangelium auf diese Weise entstehe, berichten wollen, da er wohl wissen werde, wie jetzt zu handeln sei.[295] Auch erbaten sie Luthers Urteil über die von ihnen vorgelegten Bekenntnisse.[296] Mit Bezug auf seinen Sendbrief an die Frankfurter schließlich gaben sie zu, dass sie „doch ettlichmal mit M. Jacoben das abendmal" gehalten hätten, und baten daher, Luther mögen ihnen mitteilen „was recht oder vnrecht, Christlich oder vnchristlich, von vns geredt vnd gehandlet sey"[297].

Über die Aufnahme, die dieses Schreiben bei Luther fand, lassen sich, da ein Antwortbrief nicht erhalten ist, nur Vermutungen anstellen. Zunächst einmal wird man annehmen können, dass er sich in seinem eigenen Urteil über Bucer bestätigt sehen musste: Wie er selbst so waren offensichtlich auch die beiden

---

[292] „Doch aber mochte es bey M. Jacoben vnd dem E. R. nit erschiessen, Sonder als die Schwermer Jm Radt wißten dise genannte declaration mit M. Jacoben vnd wider vns seyn, vnd das sich M. Jacob Jhr gentzlich annam vnd kein bůchstaben dauon wolt fallen lassen, da waren sye drob vnd dran, vnd sye erobertens auch, das der Radt dise genante declaration gentzlichen zů halten annam [...]." A. a. O., f. 298v.

[293] „Wir aber als wir sahen dise genanten der von Straßburg declaration, des mehrteyls oder auch gentzlich wider vns streiten, gedachten wir vns nitt nach der scherpffen da wider zu setzen Sonder gůtigklich vnd nach fryden gegen M. Jacoben vnd dem E. R. zů handlen Darumb als wir Jnn der selbigen genannter declaration befanden ain mittel zwischen vns vnd M. Jacoben vns mit ain ander zů halten, gestellet seyn, zogen wir das selbig herauß mit M. Jacoben zů halten, welches wir mit selchen wort verfaßt, vnd hie her gesatzt haben." A. a. O., f. 298r. Darauf folgen im Manuskript die acht Artikel. Köhler: Zwingli und Luther II, 318 stellt die Vorgänge falsch dar, wenn er behauptet, zunächst hätten sich alle drei Prädikanten auf die Annahme der von Rottach und Seeger abgefassten Artikel verständigt.

[294] „Als aber wir sye nitt kundten wolten mit M. Jacoben annemen wie er begert, warden wir von vnsern Ämptern abgesetzt vnd geurlobet." Seeger und Rottach an Luther, 10. Juli 1533: AMS AST 174, f. 298r. An dieser Stelle ist die Darstellung von Rottach und Seeger wahrscheinlich geschönt. Haistung wusste zu berichten, dass beide dem Gutachten zunächst ihre Zustimmung erteilt und dann widerrufen hätten. Cf. Haistung an Ambrosius Blarer, 1. Februar 1533: Schieß I, 321 (382). Cf. dazu auch die Darstellungen bei Erhard: Reformation, 36f; Immenkötter: Stadt und Stift, 174.

[295] Cf. Seeger und Rottach an Luther, 10. Juli 1533: AMS AST 174, f. 306v.

[296] „Derhalben wir hie mit vnserm schreiben vnser aller dreyer Bekantnuß Jnn aller maß vnd gstalt wie sye den dreyen obgenanten Stedten Straßburg Nürnberg vnd Augspurg vberantwürtt seind worden schicken Wir auch E. E. zů Bittend vnd begerend vmb Christus willen euch nit wellen beschweren oder verdriessen lassen vnß zu antwurten, Ewer sententz vnd vrteyl über vnser bekantnuß zuentdecken vnd zu zuschreiben." A. a. O., f. 307v.

[297] A. a. O., f. 306v. Cf. zu Luthers Sendbrief an die Frankfurter oben Kapitel 2.2.2.

entlassenen Pfarrer der Überzeugung, dass Bucers Abendmahlslehre bei allen wohlklingenden Wendungen letztlich doch zwinglianisch war, dass er aber, ganz wie Luther dies im Sendbrief an die Frankfurter ohne namentliche Nennung des Straßburgers behauptet hatte[298], bewusst zweideutige Formulierungen gebrauchte, um bei der Gegenseite den Eindruck einer Übereinstimmung in der Lehre zu erwecken. Ausdrücklich hatten Rottach und Seeger Luther vor der Deutung gewarnt, die Bucer der *unio sacramentalis* gab und zur Legitimation seiner eigenen Auffassung verwendete. Auch Bucers Behauptung, dass man mit Luther einig sei, war ihm ein weiteres Mal zugetragen worden. Neu dürften für Luther hingegen die Ausführungen über Capitos pneumatologische Vorstellungen, seine offenkundige Geringschätzung der Elemente und seine Unwahrhaftigkeit im Umgang mit den Marburger Artikeln gewesen sein. Gleichwohl lässt sich auch hier vermuten, dass diese Mitteilungen in den Augen Luthers zu einem Freund und Kollegen Bucers, der diesen bei seinem Wirken für die Konkordie unterstützte und seinen Dienst ebenfalls in Straßburg versah, gepasst haben dürften. Überhaupt musste er angesichts der unter dem Straßburger Gutachten vorzufindenden Unterschriften davon ausgehen, dass Bucers Position von dessen Kollegen geteilt wurde. Auch der Konstanzer Reformator Ambrosius Blarer war Luther als ein Theologe dargestellt worden, der ganz auf Bucers Linie zu liegen schien. Von den Versuchen, die CA unter Berufung auf die lateinische Textform in einem vermeintlich zwinglianischen Sinne zu interpretieren, dürfte er durch die Kemptener möglicherweise zum ersten Mal erfahren haben. Alarmieren und erzürnen musste ihn schließlich, dass es nun in einer weiteren Stadt gelungen war, die den Wittenbergern zuneigende Geistlichkeit zu vertreiben und dass Bucer offensichtlich dazu seinen Beitrag geleistet hatte.[299]

### 2.3 Luther und die Verhandlungen um den Nürnberger Anstand

In den Verhandlungen von Schweinfurt (März – Mai 1532) und Nürnberg (Juni – Juli 1532), die schließlich zum Nürnberger Anstand und damit faktisch zu einer zeitlich befristeten Suspendierung des Augsburger Reichstagsabschiedes führen sollten[300], drehten sich die Gespräche auch um die Frage, welche der protestantischen Reichsstände als Vertragspartner in den Anstand einbezogen werden sollten. Als sich für die oberdeutschen Städte die Gefahr abzeichnete,

---

[298] Cf. dazu oben Kapitel 2.2.2.

[299] Das abschließende Urteil von KÖHLER: Zwingli und Luther II, 318, dass in Kempten der Zwinglianismus gesiegt habe, wird den Tatsachen hingegen nicht gerecht: Haistung hatte sich dem Votum der Straßburger unterworfen, das eben nicht zwinglianisch war, sondern ein getreuer Ausdruck von Bucers eigenständiger Position.

[300] Cf. als Übersicht zu den Verhandlungen AULINGER: Nürnberger Anstand, 707 f und DRTA.JR 10.1, 133–141.

dass der Vertrag auf die Unterzeichner der CA begrenzt werden und sie somit ausgeschlossen werden könnten[301], erklärten sich ihre Delegationen auf Drängen der evangelischen Fürsten[302] dazu bereit, die Confessio Augustana „neben der unsern [sc. Confessio Tetrapolitana]" zu bekennen. Ausdrücklich lehnten sie es aber ab, diese Zustimmung als eine Absage an das Städtebekenntnis zu verstehen.[303] In den Verhandlungen mit den kaiserlichen Unterhändlern schlug sich diese Entwicklung dahingehend nieder, dass die Städte Straßburg, Konstanz, Memmingen und Lindau in späteren Vertragsentwürfen unter die gerechnet wurden, „die sich der bekentnus, assertion und apologien [...] zu Augspurg in schriften ubergeben, ingelassen haben". Gleiches galt aber auch für Ulm, Biberach und Isny, die bis zu diesem Zeitpunkt weder die CA noch die CT ratifiziert hatten.[304]

Luther erhielt durch Zusendung verschiedener Verhandlungsakten in die Verhandlungen Einblick.[305] Am 28. Juni 1532 bekamen er, Jonas, Bugenhagen und Melanchthon durch Kurfürst Johann auch einen Vertragsentwurf zugeschickt, der den evangelischen Ständen am 10. Juni von den kaiserlichen Unterhändlern vorlegt worden war.[306] Aus dessen erstem Artikel ging hervor, dass Straßburg und die anderen Städte nun in den Verhandlungen als Stände angesehen wurden, die die CA und die Apologie angenommen hatten.[307] Für Luthers theo-

---

[301] Sturm und Meyer an den Rat von Straßburg, 26. April 1532: PC II, 138 (110). Entsprechend lautet der erste Artikel des Vertrages im Entwurf vom 1. April 1532: „Anfenglich das der gemelt Hg. von Sachsen Kf., sein sone, der Lgf. von Hessen und ander ire verwanten, so sich in der bekantnus und assertion, unsern christlichen glauben belangende, zu Augspurg in schriften ubergeben, eingelaszen haben, uber dieselbigen confession und assertion kaine weiter noch mehre neuerung bis zum kunftigen concilio furnemen sollen." DRTA.JR 10.3, 329 (1263,9), cf. 314 (1174,23–28). Zu den bereits vorher geäußerten entsprechenden Befürchtungen der oberdeutschen Reichsstädte cf. NN. an den Rat von Straßburg, 26. Januar 1532: PC II, 124 (101); Entwurf einer Instruktion für den Regensburger Reichstag, [März 1532]: PC II, 134 (105); Ratschlag der Straßburger Prediger [v. Mitte März 1532]: PC II, 136 (107–109).

[302] Dazu heißt es in einem Bericht der Straßburger Gesandten an den Rat ihrer Stadt: „[...] und wiewol wir vermoge unser instruction doruf gearbeit, das man den friden also begert, das man bi beiden der Sachsischen und unser confession zu Augspurg ubergeben bleiben möchte, dweil die im grund einhellig, so hat es doch die fursten und botschaften dises teils fur besser angesehen, auch doruf getrungen, das wir bi ir confession bliben." Jakob Sturm und Jakob Meyer, 26. April 1532: PC II, 138 (110).

[303] Sturm und Meyer berichteten, man habe zugesagt, „das wir ir confession neben der unsern auch bekennen, aber dodurch von der unsern nit abtreten wolten." Ebd. Dieser Schritt der Delegierten war durch ein entsprechendes Gutachten der Straßburger Theologen und einen Beschluss des Ulmer Städtetages gedeckt. Cf. dazu BDS 4,419,12–15 und die Instruktion für die Ulmer Gesandten vom Ende März 1532, Fabian: Beschlüsse II, IX.C.1 (129). Cf. ebenso DRTA.JR 10.1, 133.

[304] DRTA.JR 10.3 395 (1342,12–15). Cf. auch a. a. O. 398 (1343,12–14).

[305] Cf. dazu Luther an Kurfürst Johann, [v. d. 16. Mai 1532]: WABr 6, 1933; Luther und Bugenhagen an Kurfürst Johann, [n. d. 21. Mai 1532]: WABr 6, 1935.

[306] Cf. dazu Kurfürst Johann an Luther, 28. Juni 1532: WABr 6, 1942 (323 f).

[307] Im ersten Artikel des Vertragsentwurfes vom 10. Juni 1532 heißt es: „Anfenglichen das der Kf. zu Sachssen, sein sone [...] und die stedt Straßburg [...], Ulm, Costencz, Bibrach, Eyßny

logisches Urteil über die oberdeutschen Städte dürfte dieser Umstand allerdings keine Bedeutung gehabt haben.[308] Auch wenn er sich in seinen Antwortschreiben an den Kurfürsten und den Kurprinzen[309] nicht über die vorherrschenden Motive ausließ, ist doch davon auszugehen, dass er hier nicht einen aufrichtigen Gesinnungswandel, sondern das politische Kalkül der bedrohten Städte am Werk sah. Bedenken gegen eine aus seiner Sicht durch die tatsächlichen Verhältnisse nicht gedeckte formale Anerkennung der Reichsstädte als Unterzeichner der CA und der Apologie meldete er in seinen Stellungnahmen nicht an. Offenbar war ihm klar, dass er der Dynamik politisch motivierter Verhandlungen mit theologischen Einwänden und Maßstäben nicht beizukommen vermochte.

In seinem mit Jonas verfassten Gutachten vom 29. Juni ging er kurz auf die Bestimmungen des zweiten Artikels ein. In diesem waren „Zwinglianer" und „Wiedertäufer" von den im ersten Artikel genannten Anhängern der CA und Apologie unterschieden worden. Unter der Voraussetzung, dass sie sich entweder mit dem Kaiser und den reformationsfeindlichen Ständen hinsichtlich des Glaubens verständigten oder ebenfalls die CA und ihre Apologie übernähmen, sollten auch sie „in diesem verdrage [...] mit ingezogen und begriffen" sein.[310] Beide Theologen gaben dieser Regelung ihre Zustimmung. Sie erklärten, es habe „damit sein Maß; sie sind gesichert, so sie unser Confession hierin halten und annehmen."[311] Die vorgenommene Differenzierung kann Luther in theologischer Hinsicht nicht eingeleuchtet haben. Für ihn waren die genannten Städte, sofern er Nachrichten über sie hatte, in der Abendmahlslehre zwinglianisch ausgerichtet. Die durch die Regelung ins Auge gefasste Möglichkeit, dass es zu weiteren Unterzeichnungen der CA kommen könnte, dürfte für ihn nur im Rahmen taktisch-politisch motivierter Erwägungen weiterer Unterzeichner plausibel gewesen sein.

[...], Memmingen, Lindaw [...], die sich der bekentnus, assertion und apologien, unsern hl. christlichen glauben belangendt, zu Augspurg in schriften ubergeben, ingelassen haben [...]." DRTA.JR 10.3, 454 (1445,6f) und 395 (1342,5–14).

[308] Vs. Jammerthal: Philipp Melanchthons Abendmahlstheologie, 108, der behauptet, der Schweinfurter Tag habe die Wittenberger „in ihrer Wahrnehmung bestätigen" können, „dass die Oberdeutschen sich der Wittenberger Abendmahlslehre anschließen wollten [...]."

[309] Cf. oben A. 305.

[310] DRTA.JR 10.3, 454 (1445,8–11) und 395 (1343,27–1344,36).

[311] Luther und Jonas an Kurfürst Johann, 29. Juni 1532: WABr 6, 1944 (329,34f).

# 3. Luthers neue Hoffnung auf eine Konkordie

„Mir ist nämlich in diesem ganzen Lauf unseres Evangeliums nichts Erfreulicheres zuteil geworden, als nach diesem betrüblichen Zwiespalt endlich auf eine ehrliche Eintracht zwischen uns zu hoffen, ja sie sogar zu sehen."[1] Diese Worte sollte Luther am 20. Juli 1535 an die Prädikanten der Stadt Augsburg richten. Das folgende Kapitel wird den Weg nachzeichnen, der zu diesem bemerkenswerten Votum und schließlich auch zu sehr konkreten Vorbereitungen auf den Wittenberger Konkordienkonvent führte.

Zunächst ist dafür die besondere Bedeutung herauszuarbeiten, die Melanchthon bei dieser Entwicklung zukam (3.1). Dies ist umso wichtiger, als seine Rolle in der Forschung bislang kaum beachtet worden ist.[2] Überwiegend wird das Zustandekommen der sog. Württembergischen oder Stuttgarter Konkordie und ihre vermeintliche Rezeption durch Luther als der entscheidende Neuanstoß für den Konkordienprozess ausgegeben.[3] Es wird hingegen zu zeigen sein, dass sich dieses Verständnis einer falschen Auslegung verschiedener Briefe Melanchthons verdankt.

Im Blick auf ein von Melanchthon und Bucer favorisiertes persönliches Zusammentreffen wird zu klären sein, wie der Kasseler Konvent schließlich zustande kam und in welcher Weise Luther an seiner Vorbereitung beteiligt war. Ebenso werden die Ergebnisse der Verhandlungen und deren Aufnahme durch Luther und andere Theologen seiner Seite darzustellen sein. Schließlich soll auch gezeigt werden, wie stark Luther in seinem Urteil über Bucer und die Oberdeutschen in dieser Zeit schwankte (3.2).

Die beiden anschließenden Unterkapitel wenden sich der Frage zu, welchen Eindruck Luther von anderen Vertretern des oberdeutschen Lagers gewinnen konnte. Neben Luthers Lektüre einer Schrift des zu dieser Zeit in württember-

---

[1] Cf. unten A. 408.

[2] Eine Ausnahme machen in diesem Fall lediglich KOLDE: Wittenberger Konkordie, 389 und KÖSTLIN/KAWERAU: Martin Luther II, 327. Der kleine Beitrag von SCHEIBLE: Melanchthon und Bucer, 369–393 bleibt in diesem Zusammenhang unprofiliert. Dies liegt daran, dass ausschließlich der Briefwechsel Melanchthons herangezogen wird, dass die Schreiben nicht näher kontextualisiert werden und dass größere Entwicklungslinien nicht kenntlich gemacht sind. Die Studie von JAMMERTHAL: Philipp Melanchthons Abendmahlstheologie, 99 und A. 271 belässt es im Wesentlichen bei einer Aufzählung der gewechselten Briefe.

[3] In diesem Sinne cf. BIZER: Studien, 67; KÖHLER: Zwingli und Luther II, 330.354; BDS 6/1,19; FRIEDRICH: Martin Bucer, 102.

gischen Diensten stehenden Ambrosius Blarer (3.3) wird dabei auf die Aussöhnung zu schauen sein, die im Juli 1535 zwischen Luther und den Augsburger Prädikanten zustande kommen sollte (3.4). Im Blick auf beide Vorgänge ist dann auch noch zu fragen, welche Bedeutung ihnen aus Luthers Sicht für die Fortsetzung der Bemühungen um eine Konkordie zukam.

Abschließend werden in zwei Unterkapiteln die Vorbereitungen auf den Konkordienkonvent in den Blick genommen. Zum einen soll hier die Korrespondenz ausgewertet werden, in der sich Luther und die Vertreter verschiedener oberdeutscher Gemeinden über die Modalitäten der Durchführung verständigten (3.5). Zum anderen ist für die Seite der Eidgenossen zu klären, warum sie schließlich nicht an den Konventsverhandlungen teilnahmen und in welcher Weise sie ihre abendmahlstheologische Position dennoch einzubringen versuchten (3.6).

### *3.1 Melanchthons Einsatz für eine Konkordie*

Dass die Verhandlungen um eine innerevangelische Konkordie ab dem Jahr 1534 unter Einbeziehung Luthers schließlich wieder aufgenommen werden konnten, ist – wie im Folgenden dargelegt werden soll – vor allen Dingen darauf zurückzuführen, dass sich Melanchthon zunehmend zu einem energischen Befürworter der Einigungsbemühungen Bucers entwickelte und seine Kräfte in den Dienst dieses Vorhabens stellte. Er war es, der im Unterschied zu Luther den Kontakt zu Bucer aufrechterhielt; und er war es auch, der Luther schließlich erfolgreich für eine Wideraufnahme der Verhandlungen gewinnen konnte. Die Gründe für Melanchthons Engagement müssen in diesem Zusammenhang nicht im Einzelnen dargelegt werden. Dass seine eigene abendmahlstheologische Position dabei eine entscheidende Rolle spielte, kann mit Sicherheit angenommen werden.[4]

Noch im März 1531 hatte sich Melanchthon in einem Brief gegenüber Camerarius denkbar negativ über Bucer geäußert und diesen beschuldigt, er verbreite Lügen über die Einigungsverhandlungen mit Luther.[5] Dass er zu dieser Zeit an weiteren Verhandlungen mit dem Straßburger interessiert gewesen sein könnte, ist daher auszuschließen. Gerade einmal zwei Monate später verfasste er aber ein direkt an Bucer gerichtetes Schreiben, aus dem eine vollkommen andere Haltung spricht: Erstaunlicherweise empfahl er sich selbst nun nämlich dem

[4] Cf. dazu Scheible: Melanchthon, 118 f. Zum lebenslangen Festhalten Melanchthons an Luthers früher Abendmahlskonzeption der 1520er Jahre cf. Wendebourg: Essen zum Gedächtnis, 203–243. Zu Melanchthons soteriologischer Fokussierung des Abendmahlsverständnisses und der dadurch gegebenen Nähe zu Bucers Auffassung cf. zuletzt Jammerthal: Philipp Melanchthons Abendmahlslehre, 127–132 und 226–228.

[5] „De concordia cum Bucero eciam arbitror istic sermones parum commodos seri. Integra nobis res est, et illum fucatum et ementitum συγκρητισμὸν Buceri scias nos non accepisse." MBW 5, 1134 (82,8–11).

kurz zuvor noch der Unaufrichtigkeit Geziehenen als einen eifrigen Förderer des Konkordienvorhabens. Er erklärte gegenüber Bucer seine Bereitschaft zur Mitwirkung und äußerte, dass er an der Auseinandersetzung zwischen Luther und Zwingli nie Gefallen gehabt habe.[6] Über die gerade erst im Druck erschienene Apologie äußerte er, er habe über das Abendmahl nur weniges gesagt, weil er diese Angelegenheit nicht verschlimmern wolle.[7]

Aus dem Briefwechsel der folgenden Jahre lässt sich zeigen, wie sehr sich Melanchthon darum bemühte, die Straßburger immer wieder seiner persönlichen Sympathie und seiner fortbestehenden Neigung zu einer Verständigung zu vergewissern. So schrieb er im März 1533 an Bucer:

> „Dass ich Dich in dem an Bedrotus gerichteten Brief gegrüßt habe, habe ich aufrichtig und von Herzen getan. [...] Ich scheue nämlich vor Deiner Freundschaft nicht zurück. Du weißt sehr wohl, welcher Mäßigung ich mich in jener Angelegenheit bedient habe, von der gemeint wird, dass es zwischen unseren Freunden irgendeine Uneinigkeit gebe."[8]

Die distanzierte Form des Referates (putatur) erweckt zumindest den Eindruck, dass auch Melanchthon inzwischen glaubte, dass in der Sache zwischen beiden Seiten kein Unterschied bestehe. Ebenso forderte er Bucer auf, dieser möge weiterhin nach Kräften begütigend in die Auseinandersetzung eingreifen.[9] Zu Briefen dieser Art[10] dürfte sich Melanchthon besonders durch die eindeutigen Absagen und die harten Urteile veranlasst gesehen haben, die Luther während dieser Zeit in seinen Briefen und Sendbriefen an die Adresse der Schweizer und der Oberdeutschen richtete und die unter diesen so große Verbitterung auslösten.[11] Ausdrücklich versicherte er Bucer in einem späteren Schreiben ein weiteres Mal seiner Freundschaft und erklärte: „Du siehst, dass ich euch nicht schmähe noch üble Nachreden über euch oder gegen euch vorbringe."[12] Ebenso gab Me-

---

[6] „De nostris negociis nihil habeo quod scribam, nisi quod sperem aliquando inter nos veram et solidam concordiam coituram esse; idque ut fiat, deum oro. Certe, quantum ipse possum, ad hoc annitar. Nunquam enim placuit mihi haec violenta et hostilis digladiatio inter Lutherum et Cinglium." Melanchthon an Bucer, [Mai 1531]: MBW 5, 1154 (119,5–9).

[7] „Περὶ εὐχαριστία pauca dixi, profecto non ut exulcerem hoc negocium, quod utrinque malo consilescere [...]." A. a. O. (119,13–15).

[8] „Quod salutavi in literis ad Bedrotum scriptis, feci candide et ex animo. [...] Non enim abhorreo a tua amicitia. Quo moderatione usus sim in illo negocio, de quo quaedam esse dissensio inter amicos nostros putatur, non ignoras." Melanchthon an Bucer, März [1533]: MBW 5, 1315 (399,3–400,6).

[9] „Illud tamen te oro quantum possum, ut des operam, magis ut contentiones istae sedentur atque consilescant, quam ut excitentur et inflammentur." A. a. O. (400,10–12).

[10] Am 10. Oktober 1533 schrieb Melanchthon an den Straßburger: „Nunc tantum de meo animo persuasissimum tibi esse volo te a me vere ac plurimum amari, quod facis. [...] Ea in re studium ac diligentiam tibi meam polliceor, quantum praestare omnino possum." MBW 5, 1368 (499,4–8).

[11] Cf. dazu oben Kapitel 2.2.

[12] „Volo tibi persuasissimum esse me et tui et tuorum amicorum esse amantissimum, καὶ ὁρᾷς ὅτι οὔτε λοιδορῶ ὑμᾶς οὔτε δυσφῆμα περὶ ὑμῶν ἢ καθ᾽ ὑμῶν λέγω." Melanchthon an Bucer, 15. März 1534: MBW 6, 1420 (68,98–100).

lanchthon gegenüber dem Konstanzer Thomas Blarer ein Zeichen der Freundschaft.[13] Auch innerhalb des eigenen Lagers wagte Melanchthon erste Schritte auf dem Weg zu einer Wiederaufnahme der Bemühungen um eine Konkordie. So bekannte er sich etwa am 6. April 1534 in einem Brief an den Breslauer Reformator Johannes Heß mit deutlichen Worten zu seiner engen Freundschaft mit Bucer.[14] Aus einem Brief an Bucer vom 1. August 1534 geht überdies hervor, dass Melanchthon auch versuchte, den sächsischen Kurfürsten und den hessischen Landgrafen wieder für das Anliegen einer theologischen Verständigung in der Abendmahlslehre zu gewinnen.[15]

Ob Luther von dieser Verbindung wusste, ist ungewiss. Bucer hatte sich wohl im September 1533 auch einmal wieder direkt an ihn gewandt[16], wie aus einem Schreiben Melanchthons an Jonas vom 2. Oktober 1533 hervorgeht. Über den Inhalt dieses Briefes ist aber nur so viel bekannt, dass er Melanchthon zufolge schwer verständliche Ausführungen enthielt.[17]

Einen Versuch, Luther wieder für das Konkordienvorhaben zu gewinnen, unternahm Melanchthon schließlich am 16. September 1534. Noch am selben Tag berichtete er über diese Unterredung in Briefen an Erhard Schnepf, Landgraf Philipp von Hessen und Bucer.[18] Sofern dieses Gespräch vom 16. September in der Literatur aufgenommen und erörtert wird, wird dort mit dem Verweis auf das Schreiben an den Straßburger nahezu einhellig behauptet, dass Luther sich hier gegenüber Melanchthon zustimmend über die sog. Württembergische oder Stuttgarter Konkordie geäußert habe.[19] Brecht weicht in zwei früheren Veröffentlichungen von dieser *opinio communis* ab und behauptet, Melanchthon

---

[13] Blarer schrieb am 10. August 1534 an Grynaeus über einen verlorengegangenen Brief Melanchthons: „Scripsit ad me nuper Philippus amicissimas litteras, quem metuebam ne offensum haberem propter ea dissidia, quę extant in cena dominica." Schieß I, 436 (521).

[14] „Nam Bucerus mihi peramicus est, nec ego odiose rixor cum eo." MBW 6, 1428 (78,25 f).

[15] „Quod scribis, annitendum nobis esse, ut inter nos fiat concordia, hoc profecto ago. Et nuper ea de re cum nostro Principe collocuti sumus. Sed expecto Landgravium brevi, ut spero, ad nos venturum. Et ut non venerit, scribam ei meas quasdam cogitationes, quas tecum aliquando communicabo." MBW 6, 1468 (171,12–16).

[16] Danach ist die Behauptung von Brecht: Bucer und Luther, 361, dass „zwischen Februar 1531 und August 1535, also lange Zeit in der weiteren Vorbereitung der Konkordie, keine Briefe zwischen Luther und Bucer überliefert oder bekannt" seien, zu korrigieren. Erwähnt wird dieses Schreiben bereits bei Scheible: Melanchthon und Bucer, 376.

[17] „Mitto vobis Buceri literas ad Lutherum et me scriptas. Quarum illae, quas mihi misit, liberalius scriptae sunt. Nam in literis Lutheri philosophatur nescio quid, quod nec nos intelleximus, nec vos, opinor, intellecturos esse." MBW 5, 1364 (490,1–4).

[18] Cf. MBW 6, 1491; 1492; 1493.

[19] So heißt es etwa bei Bizer: Studien, 69 A. 7: „Dies bezieht sich auf die württembergische Formel." Cf. dazu ebenso Friedrich: Martin Bucer, 101 f und A.115; Köhler: Zwingli und Luther II, 339 und A. 7 sowie 361 und A. 2; Scheible: Melanchthon und Bucer, 378; Leppin: Philipps Beziehungen, 53 und A. 29. Ebenso verweist die Edition der Melanchthonbriefe für das Schreiben an Bucer auf die Stuttgarter Konkordie. Cf. MBW 6, 1493 (204 zu Zeile 3 f).

habe Luther „im August [sic!] auf ein allgemeines Konkordienprojekt" angesprochen, woraufhin sich dieser „nicht abgeneigt" gezeigt habe. In einem späteren Aufsatz schließt er sich aber dem etablierten Konsens an.[20]

Bei der Württembergischen Konkordie handelt es sich um eine abendmahlstheologische Übereinkunft, die am 2. August 1534 in Stuttgart im Beisein von Herzog Ulrich zwischen dem Konstanzer Theologen Ambrosius Blarer und dem aus Hessen für die Einführung der Reformation nach Württemberg berufenen Erhard Schnepf getroffen worden war. Die dabei verwendete Formel hatte damals bereits eine Geschichte hinter sich: Während des Marburger Religionsgespräches war sie von kursächsischer Seite als ein Angebot unterbreitet, dann aber von der Gegenseite abgelehnt worden. Im Rahmen der Vorbereitung auf das anstehende Gespräch mit Schnepf hatte Bucer seinem Freund Blarer die Formel zukommen lassen.[21] In ihr wurde bekannt, „das uß vermögen diser wort: ‚diß ist min lib, diß ist min blůt' der lib und das blůt Christi warhafftiklich, hoc est essentialiter et substantive, non autem qualitative vel quantitative vel localiter, im nachtmal gegenwirtig siend und geben werdind"[22]. Bucer hatte am 27. August über diese Vorgänge an Melanchthon berichtet. Hier hatte er sich zunächst darüber beklagt, dass Blarer an der Seite Schnepfs kaum einen Einfluss auf die Gestaltung der Verhältnisse habe. Gleichwohl habe dieser gegenüber jenem „die Gegenwart Christi im Mahl mit denselben Worten bekannt, die ihr selbst uns in Marburg vorgeschrieben habt: ‚dass nämlich der Leib und das Blut des Herren auch dargeboten werde im Mahl auf substanzhafte und wesentliche Weise, nicht aber in quantitativer, qualitativer oder räumlicher Weise.'"[23] In seinen weiteren Ausführungen gab Bucer zu verstehen, dass er die Begriffe *substantialiter* und *essentialiter* nicht ablehnen wollte, dass er aber dem Wortlaut der CA den Vorzug gab. Seine Präferenz begründete er damit, dass man Begriffe verwenden

---

[20] Brecht: Luthers Beziehungen, 503. Cf. ebenso ders.: Martin Luther III, 51. Im Sinne der Mehrheit lautet das Urteil dann bei Brecht: Landgraf Philipp, 64 und A. 87.

[21] Zu den näheren Einzelheiten cf. nach wie vor die Darstellung bei Köhler: Zwingli und Luther II, 330–339. Für das historische Umfeld und die Bedeutung des Vertrags von Kadan cf. Leppin: Theologischer Streit, 159–187.

[22] Der Wortlaut der Württembergischen Konkordie findet sich in einem Zitat eines Briefes von Blarer an Martin Frecht, das Benedikt Euander in sein Schreiben an Heinich Bullinger vom 29. August 1534 aufnahm. HBBW 4, 430 (294,22–25). Cf. dazu ebenso Schnepf an Adam Weiß, 9. August 1534: Hartmann: Erhard Schnepff, 154f.

[23] „Schnepffium nosti. Adest illi Blaurerus (quem virum scio te probarturum, ubi cognoris), verum, ut videtur, sicut Bibulus aderat collega Caesari. Et tamen praesentiam Christi in coena illi his ipsis verbis confessus est, quae ipsi nobis praescripsistis Marpurgi: ‚Adesse videlicet corpus et saguinem domini et exhiberi in coena substantialiter et essentialiter, non autem quantitative, qualitative et localiter.'" Bucer an Melanchthon, 27. August 1534: MBW 6, 1482 (189,26–32). Der erwähnte Calpurnius Bibulus war im Jahr 59 v. Chr. an der Seite Caesars Konsul. Aufgrund der herrschenden Machtverhältnisse waren seine rechtlich eigentlich bindenden Einsprüche gegen verschiedene Initiativen Caesars ohne jeden Einfluss. Cf. zu seiner Person Paulys Realencyclopädie Bd. 3, Col. 1368–1370.

solle, die biblisch seien, im Volk verstanden würden und auch eher andere überzeugen könnten.[24]

Diese Auskünfte über die Württembergische Konkordie lagen Melanchthon vor, als er sein Antwortschreiben am 16. September verfasste und Bucer mitteilte:

„Hodie cum Luthero collocutus sum de formula concordiae de qua inter vos convenit. Respondit se eam probare, addens – nihil enim dissimulabo apud amicum –: ‚modo ut hoc sentiat'. Itaque dedimus consilium Sneppio, ut sit contentus ea formula concordiae ac sententia de qua cum Luthero tu convenisti."[25]

Im Brief an Schnepf heißt es:

„Hodie egi cum Luthero de formula concordiae, quam scis propositam esse a Bucero. Ait se eam probare; modo ut sic sentiat! Scis autem, qualis illa formula fuerit: Confitetur datis rebus illis, pane et vino, vere et substantialiter adesse Christum. Ego quidem nihil requirerem amplius, sed tibi non fero leges. [...] Iam aditus ad concordiam patefactus est per eam interpretationem, de qua cum Luthero Bucerus convenit, deinde per Ambrosii interpretationem, de qua tecum convenit."[26]

Dem Landgrafen schließlich teilte Melanchthon mit:

„Ich habe noch heut mit doctor Luther geredt von der concordia herr Buceri, daruff mir Luther geantwort, das ehr yhm die selbige gefallen lasß, so es Herr Bucerus also meinet, wie seine wort lauten, wie ich denn nit zweifel. Dweil nu dem also, bedenk ich, das herr Erhard Schnepp daran gnug haben solt, so Blarer sich laut der concordia Buceri declarirt, und das nit not sey, yhn weiter zu dringen. Nu wissen e. f.g., waruff Buceri concordia stehet. Diese meinung doctor Luthers habe ich herr Erhard Schneppen zu geschriben, denn ich warlich nit fur gut ansehe, das man die nachbarn zu hoch betrube, dadurch sie mochten unwillig werden und die gantz lehr des evangelii, so sie angenomen haben, wider fallen lassen."[27]

Die gegebene zeitliche Nähe und der Umstand, dass Melanchthon in einem gewissen Umfang über die Vorgänge in Stuttgart informiert worden war, legen die Deutung zunächst erst einmal nahe, dass Luther sich über die Württembergische

---

[24] Cf. Bucer an Melanchthon, 27. August 1534: MBW 6, 1482 (189,32–36).

[25] „Heute habe ich mich mit Luther über die Konkordienformel besprochen, über die man unter euch einig geworden ist. Er antwortete, dass er sie billige, und fügte hinzu – vor dem Freund werde ich nämlich nichts verschweigen: ‚Nur vorausgesetzt, dass er dies meint.' Deshalb haben wir Schnepf die Empfehlung gegeben, dass er mit dieser Konkordienformel und der Auffassung, über die du mit Luther einig geworden bist, zufrieden sei." MBW 6, 1493 (204,3–205,7).

[26] „Heute habe ich mit Luther über die Konkordienformel verhandelt, von der du weißt, dass sie von Bucer vorgelegt worden ist. Er sagt, dass er sie billige, vorausgesetzt dass er es so meint. Du weißt aber, welcher Art jene Formel gewesen ist: Er bekennt, dass, nachdem jene Dinge, Brot und Wein, gegeben sind, wahrlich und substanzhaft Christus gegenwärtig sei. Ich würde zwar nichts darüber hinaus verlangen, aber ich mache dir keine Vorschriften. [...] Es ist schon ein Zugang zur Verständigung gangbar gemacht durch diese Erklärung, über die Bucer mit Luther einig geworden ist, ferner durch die Erklärung des Ambrosius, über die er mit dir einig geworden ist." Melanchthon an Schnepf, 16. September 1534: MBW 6, 1491 (201,13–17.22–24).

[27] Melanchthon an Landgraf Philipp, 16. September 1534: MBW 6, 1492 (202,8–18).

Konkordie anerkennend geäußert haben könnte. Eine genauere Analyse der drei angeführten Schreiben Melanchthons bringt aber verschiedene Einzelheiten zutage, die sich einer solchen Deutung erheblich widersetzen:

1. Melanchthon wies Schnepf auf den diesem angeblich bekannten (quam scis) Umstand hin, dass die von ihm mit Luther erörterte Konkordienformel von Bucer vorgelegt worden sei (propositam esse a Bucero). Die Formel der Württembergischen Konkordie war aber von Blarer präsentiert worden. Gegen diesen Einwand wird man auch nicht geltend machen können, dass Melanchthon sich auf die Vorgeschichte der Formel bezogen habe. Denn in Marburg war sie ebenfalls nicht von Bucer, sondern von kursächsischer Seite vorgelegt worden, wie bereits Bucers Brief vom 27. August klar bezeugt.[28] Auch wird man nicht sagen können, die Formel sei in dem Sinne von Bucer vorgelegt worden, dass er sie vor Beginn der Verhandlungen an Blarer geschickt habe. Davon hatte Bucer dem Wittenberger nämlich nichts mitgeteilt, und es ist wenig wahrscheinlich, dass dieser auf anderem Weg davon erfahren haben sollte.

2. In dem Brief an den hessischen Landgrafen schrieb Melanchthon, er habe mit Luther „von der Concordia Herr Buceri" gesprochen, die dieser dann gebilligt habe, „so es Herr Bucerus also meinet wie seine Wort lauten."[29] Diese Wendungen setzen voraus, dass Melanchthon annahm, Bucer sei der Verfasser der in Rede stehenden Formel. Melanchthon war aber, wie etwa Bucers Schreiben vom 27. August erkennen lässt, durchaus bekannt, dass die Württemberger Formel ursprünglich einmal von der eigenen Seite formuliert worden war.

3. Gegenüber Schnepf hielt Melanchthon es offenbar für angebracht, diesen an den Wortlaut der Formel, über die sich Luther zustimmend geäußert hatte (illa formula), zu erinnern (scis autem) und die Worte wiederzugeben. Die Württembergische Konkordie aber hatte Schnepf erst wenige Wochen zuvor selbst unterschrieben. Es ist daher kaum anzunehmen, dass er von Melanchthon an die in ihr enthaltenen Worte hätte erinnert werden müssen.

4. In seinem Brief an Bucer berichtete Melanchthon, Luther habe die Konkordienformel gebilligt, „über die man sich unter euch geeinigt hat." Er meinte mithin eine Verständigung, zu der Bucer und Luther gefunden hatten. Die Württembergische Konkordie aber stellte eine Einigung zwischen Blarer und Schnepf dar. Luther war an ihrem Zustandekommen in keiner Weise beteiligt gewesen. Von der Rolle, die Bucer im Vorfeld gespielt hatte, dürfte Melanchthon, wie bereits erwähnt, nichts gewusst haben.

5. Melanchthon äußerte gegenüber Schnepf, er selbst würde der Gegenseite nichts abverlangen, was über das von Luther gebilligte Bekenntnis hinausginge (nihil requirerem amplius). Auf diese Aussage rekurrierte er in seinem Brief an Bucer ausdrücklich und erklärte, man habe Schnepf den Rat erteilt, dass dieser

---

[28] Cf. dazu oben A. 23.

[29] Cf. oben A. 27.

sich doch mit der Konkordienformel und der Meinung (ea formula concordiae ac sententia) zufriedengeben solle, auf die sich der Straßburger mit Luther verständigt habe (de qua cum Luthero tu convenisti). Demnach muss Luther in der Unterredung vom 16. September 1534 beifällig über ein Bekenntnis geurteilt haben, auf das er sich mit Bucer hatte einigen können. Da eine solche Einigung auf die Württembergische Konkordie nicht erfolgt war, kann sich Melanchthons Äußerung auch nicht auf sie beziehen.

6. In seinem Schreiben an Schnepf unterschied Melanchthon die Übereinkunft, die Luther und Bucer miteinander erzielt hatten, ganz deutlich (deinde) von der Verständigung zwischen Schnepf und Blarer. Es ist daher ausgesprochen unwahrscheinlich, dass er in den beiden anderen Briefen beides miteinander identifiziert haben sollte.

Zusammenfassend ist festzuhalten, dass Melanchthon in seinen Briefen nicht über ein wohlwollendes Urteil Luthers zum Erreichen der Württembergischen Konkordie berichten wollte. Vielmehr ist anzunehmen, dass er sich auf die Herzog Ernst gewidmete Einigungsschrift Bucers von 1531 bezog. Für diese Deutung sprechen folgende Umstände:

1. Die Konkordienschrift war tatsächlich von Bucer verfasst und vorgelegt worden. 2. Die Zeit ihrer Abfassung lag aber im September 1534 schon wieder so lange zurück, dass Melanchthon aus verständlichen Gründen der Meinung sein konnte, man müsse sie Schnepf erst wieder ins Gedächtnis rufen. Auch wenn wir im Detail nicht wissen, auf welchem Weg Schnepf von Bucers Schrift Kenntnis erhalten haben könnte, ist zumindest gut vorstellbar, dass er durch seinen damaligen Landesherrn Landgraf Philipp unterrichtet worden war oder dass Melanchthon doch zumindest von einer solchen Benachrichtigung ausgegangen sein und daher eine entsprechende Kenntnis von Bucers Schrift vorausgesetzt haben könnte.

Gegen die hier favorisierte Deutung lassen sich ebenfalls zwei Einwände erheben: Zum einen ist festzustellen, dass Bucers *ratio concordiae* an sich keine Übereinkunft zwischen Luther und Bucer erbracht hatte. Streng genommen lässt sich daher von ihr allein ebenfalls nicht sagen, dass beide sich über sie verständigt hätten, wie Melanchthon dies gegenüber Bucer und dem Landgrafen behauptete. Immerhin aber hatte Luther in seinem Brief an Bucer vom 22. Januar 1531 eine partielle Übereinkunft diagnostizieren können.[30] Nach den beiden daraufhin eingehenden Schreiben Bucers hatte Luther im März dann unter Verweis auf diese Schreiben gegenüber Menius behauptet, Bucer sei der Auffassung, dass der Leib Christi „auch durch die Hand der Gottlosen dargereicht und durch ihren Mund gegessen wird."[31] Damit hatte er zu verstehen gegeben, dass aus seiner Sicht der Konsens mit Bucer erreicht war. Im Blick auf die Einigungsschrift

[30] Cf. dazu oben S. 99 und 104.

[31] „Bucerus vero consentit et impiorum manu porrigi et ore sumi. Hoc enim literae eius

kann daher mit einem gewissen Recht von einer Verständigung die Rede sein. Daher lässt sich auch eine entsprechende Deutung von Melanchthons Aussagen über die erfolgte Verständigung rechtfertigen. Erstaunlich bleibt trotzdem, dass sich gerade Melanchthon, der im März 1531 noch betont hatte, dass es noch nicht zu einer Billigung von Bucers Schrift gekommen sei[32], nun in dieser Weise äußerte. Man wird dies wohl nur so erklären können, dass ihm hier seine Sympathie für Bucers Bemühungen die Feder führte.

Zum anderen ist anzumerken, dass die im Brief an Schnepf vorliegende Angabe zum Inhalt der fraglichen Einigungsformel im Wortlaut weder in der Einigungsschrift noch in Bucers späteren Briefen begegnet. Dieser Einwand kann freilich auch gegenüber der Deutung, dass Melanchthon in diesem Zusammenhang von der Württemberger Konkordie geschrieben habe, erhoben werden, da auch die für die Übereinkunft charakteristischen Näherbestimmungen, der Leib Christi sei weder *quantitative* noch *qualitative* noch *localiter* gegenwärtig, fehlen. Dieser Einwand verliert freilich an Gewicht, wenn man sich von der Annahme löst, dass Melanchthon ein Zitat im eigentlichen Sinne habe bieten wollen, und stattdessen annimmt, er habe in einer gewissen begrifflichen Ungebundenheit das in Erinnerung rufen wollen, was er als den sachlichen Gehalt von Bucers Schrift ansah.

Dass Melanchthon mit Luther am 16. September auch über das sprach, was er von Bucer über die Württembergische Konkordie erfahren hatte, ist zumindest denkbar.[33] Das von ihm angeführte Urteil Luthers hingegen bezog sich nicht auf diese, sondern auf Bucers Einigungsschrift und die von diesem nachträglich vorgelegte Deutung. Das Urteil selber ist in den drei Schreiben sehr ähnlich überliefert. Im Brief an den Landgrafen heißt es, Luther habe erklärt, „das ehr yhm die selbige gefallen lasß, so es Herr Bucerus also meinet, wie seine wort lauten“[34]. Bucer ließ Melanchthon wissen, Luther billige (probare) die *formula concordiae.*[35] Das bedeutet aber, dass er sie ihrem Wortlaut nach für konkordientauglich hielt. Für ihn stellte sich lediglich die Frage, ob das, was da bekannt wurde, auch als ehrlicher Ausdruck von Bucers eigener Überzeugung angesehen werden konnte. Er war sich mithin nicht sicher, ob man Bucer vertrauen konnte. Aber immerhin hielt er diese Frage nun anders als während der drei zurücklie-

---

clare testantur.“ Luther an Menius, [März 1531?]: WABr 6, 1800 (61,8f). Zur Auslegung des Briefes cf. oben Kapitel 1.4.5.3.

[32] Cf. dazu Melanchthon an Camerarius, 7. März 1531: MBW 5, 1134 (82,8–11) und S. 126.

[33] Für die bei FRIEDRICH: Martin Bucer, 101 aufgestellte Behauptung, die Stuttgarter Konkordie sei auf „jeden Fall [...] ein weiterer bedeutender Schritt auf dem Weg zur Wittenberger Konkordie“ gewesen, gibt es im Blick auf Luther allerdings keinen Anhalt. Gleiches gilt für die Einschätzung von JAMMERTHAL: Philipp Melanchthons Abendmahlstheologie, 133f, dass sich die Einführung der Reformation in Württemberg „als Anstoß für die innerevangelischen Bemühungen um eine Abendmahlskonkordie erweisen“ sollte.

[34] Cf. oben S. 190 und A. 27.

[35] Cf. oben S. 190 und A. 25.

genden Jahre überhaupt für erwägenswert. Zu der Frage, wie sich diese doppelte Neubewertung bei Luther vollzog und welche Gründe dabei für ihn den Ausschlag gaben, lässt sich den vorliegenden Quellen nichts entnehmen. Immerhin wahrscheinlich ist, dass Melanchthon, der in dieser Hinsicht bei Luther wirken wollte, mit seinen Bemühungen einen Beitrag leisten konnte.

Deutlich wird an Luthers Insistieren auf der Frage der Aufrichtigkeit darüber hinaus ein weiteres Mal, dass eine Konkordie im eigentlichen Sinn nach seinem Verständnis eine Übereinstimmung in den Überzeugungen implizierte. Anders als in seinem Sendbrief an die Frankfurter kritisierte er hier aber nicht die Ambiguität im Ausdruck. Im Gegenteil muss er die Einigungsschrift für ein im hohen Maße eindeutiges Werk gehalten haben, da er die persönliche Überzeugung Bucers am Wortlaut des Textes gemessen sehen wollte. Auch die Formulierungen in den Briefen an Bucer und Schnepf lassen erkennen, dass Luther die innere Haltung des Straßburgers als ungewiss galt, während er die von diesem gebrauchte Ausdrucksweise offenbar für so klar hielt, dass er ihr die Funktion eines Kriteriums zubilligen konnte.[36]

Darüber, wie Luther die Darlegungen Bucers zu diesem Zeitpunkt genauerhin verstand, liegen uns von ihm selber keine Ausführungen vor. Es lassen sich daher nur Vermutungen anstellen. Der Umstand der Billigung lässt nur den Schluss zu, dass er die Position einer Begrenzung der Gegenwart von Leib und Blut auf eine Vergegenwärtigung durch gläubiges Erinnern durchbrochen sah zugunsten der Auffassung von einer leiblichen Gegenwart des Leibes und Blutes Christi, *citra mentionem*. Wie sich bei der Analyse von Luthers Brief an Kurfürst Johann vom 16. Januar 1531 ergeben hat, fielen nach seinem Verständnis aber objektive, äußerliche oder leibliche Gegenwart des Leibes Chrisi und dessen Tangibilität notwendig zusammen.[37] Mit dem einen war aus seiner Sicht auch das andere implizit, aber unausweichlich zugestanden. Entsprechend dürfte Luther Bucers Ausführungen wieder so verstanden haben, wie er es bereits 1531 gegenüber Justus Menius zum Ausdruck gebracht hatte.[38]

## *3.2 Das Kolloquium von Kassel*

### 3.2.1 Die Einladung durch Landgraf Philipp

Bereits im September 1533 hatte Melanchthon gegenüber Bucer den Gedanken geäußert, dass die gemeinsamen Bemühungen um eine Abendmahlskonkordie durch ein persönliches Zusammentreffen zwischen ihnen intensiviert werden

[36] „Respondit se eam probare, addens [...] ‚modo ut *hoc* sentiat'." Melanchthon an Bucer, 16. September 1534: MBW 6, 1493 (204,4f). „Ait se eam probare; modo ut *sic* sentiat!" Melanchthon an Schnepf, 16. September 1534: MBW 6, 1491 (201,14f). [Hervorhebungen H. R.].

[37] Cf. oben S. 94f.

[38] Zu dem Brief an Menius cf. oben Kapitel 1.4.5.3.

sollten.[39] Bucer teilte diesen Wunsch.[40] Konkretere Züge gewann der zunächst nur vage formulierte und angedachte Plan jedoch erst, als sich der hessische Landgraf seiner annahm. Melanchthon hatte den Landgrafen in seinem Schreiben vom 16. September 1534 darum gebeten, er möge „uff weg gedenken, wie die sach furzunemen, das ein bestendige concordia uff disem teil durchaus in disem artikel gemacht werde" und für den Plan einer Zusammenkunft geworben.[41] Mit Blick auf Luther hatte er erklärt, dass Briefe des Landgrafen bei diesem „mehr angesehen werden, denn deren, so bißanher noch davon mit yhm gehandelt haben."[42]

Der Landgraf reagierte auf dieses Schreiben zunächst, indem er Melanchthon und Bucer Ende September 1534 für die Woche nach Weihnachten zu einem Gespräch über die Verständigung nach Kassel einlud.[43] Etwa zur gleichen Zeit nahm er Melanchthons Hinweis auf seinen besonderen Einfluss auf Luther auf und ließ diesem ein eigenes Schreiben zukommen. Hierin bat er Luther, er möge doch „diese Sach, was allenthalben doran gelegen ist, in christlich und treues Bedenken nehmen, und doran sein, daß ein beständige Vereinigung und Vergleichung desselbigen Artikuls halben furgenommen und einträchtiglich bewilliget werden moge".[44] Die Formulierung wirkt unspezifisch. Von der Teilnahme an einer Unterredung war keine Rede. Luther wurde lediglich in allgemeiner Weise darum gebeten, dass er nach Kräften die Bemühungen um eine Verständigung fördern solle.[45] Seiner Bitte verlieh Philipp mit zwei verschiedenartigen Argumenten Nachdruck: Theologisch behauptete er, Bucer und die Mehrheit der oberdeutschen Prediger hätten ihre Lehre derart verändert, dass nun eine Übereinstimmung in der Abendmahlslehre bereits vorliege.[46] Nach dieser Dar-

---

[39] „Libenter enim tecum et de illis negociis et de aliis colloquor, atque utinam possim familiarius." Melanchthon an Bucer, [ca. 1. September 1533]: MBW 5, 1355 (475,5f). Zur Datierung des Briefes cf. MBWReg 2, 1355 und WABr 11, S. 35. Ähnlich heißt es in einem Schreiben Melanchthons an Bucer vom 10. Oktober 1533: „Atque utinam saltem nos aliquando possemus una commentari atque communicare de doctrina." MBW 5, 1368 (499,13f).

[40] Am 27. August 1534 schrieb der Straßburger an Melanchthon: „Sed da, domine Iesu, ut colloqui copiose, cuius spem facis, de iis omnibus liceat, et brevi." MBW 6, 1482 (189,36f).

[41] MBW 6,1492 (203,31–34).

[42] A. a. O. (203,36f).

[43] „Und damit den sachen der concordia ein anfang gemacht werde, so seint wir willens, uff ein namhafftige zeit euch und Bucerum zusamen komen zu lassen. Und so wir in der wochen nach dem christage zu Cassel sein konnen, wollen wir euch beiden weyther schreyben und als dan zu uns alhir gen Cassel bescheiden." Landgraf Philipp an Melanchthon, [20./25. September 1534]: MBW 6, 1495 (207,5–208,10). Nach Straßburg schrieb der Landgraf, er sehe „für gut an, das ir alsdan Bucerum auch hettet hieher geschickt, ob got wolt gnade verleihen, das di bede mochten solcher irrung bestendige vergleichung finden [...]." Landgraf Philipp an Sturm, 25. September 1534: PC II, 242 (225).

[44] Landgraf Philipp an Luther, [ca. 25. September 1534]: WABr 7, 2138 (103,10–13). Zum Problem der Datierung des Schreibens cf. a. a. O. (102f).

[45] Zur Bedeutung der Wendung ‚daran sein' im Sinne eines eifrigen Bemühens cf. DWB 2, Col. 753 Art. daran 6c).

[46] „Nachdem die Zweihelligkeit, so sich des Sacraments halben zuträgt, unserm christli-

stellung musste also lediglich festgehalten und ratifiziert werden, was faktisch durch eine auf der Gegenseite erfolgte Lehrkorrektur bereits gegeben war. Daneben aber konfrontierte der Landgraf Luther mit einem politischen Argument: Er gab nämlich zu verstehen, dass die Zwietracht dem Glauben „große Zerruttung und Nachteil" bringe und dass die Oberdeutschen mit der Gefahr einer militärischen Auseinandersetzung rechnen müssten.[47] Philipp spielte dabei auf die Ängste der oberdeutschen Reichsstädte an, dass sie durch die Vereinbarungen des Vertrags von Kadan zu den vom Schutz des Nürnberger Anstandes ausdrücklich ausgenommenen „Sakramentierer und Wiedertäufer" gezählt werden könnten.[48] Vorstöße hin zur Etablierung einer entsprechenden Deutung und damit zu einer Abtrennung der Oberdeutschen vom Schmalkaldischen Bund waren zuvor tatsächlich von der Seite Ferdinands von Habsburg unternommen worden.[49] Luther wurde also an dieser Stelle dadurch unter Druck gesetzt, dass ihm der Landgraf die drohenden militärischen Konsequenzen vor Augen führte, die aus einer fortgesetzten Verweigerung gegenüber den Verständigungsbemühungen erfolgen dürften. Im Blick auf sich selbst sicherte Philipp zu, dass er zu aller erdenklichen Unterstützung bereit war.[50]

In seiner Antwort vom 17. Oktober 1534 ließ Luther erkennen, dass er die Lage der Dinge zum Teil anders beurteilte als der Landgraf und dass er der von diesem geäußerten Bitte nicht vorbehaltlos entsprechen konnte. Er versicherte dem Fürsten zunächst, dass er „freilich auch allzceit vffs hochst begeret einickeit zcu habenn".[51] Auch ließ er erkennen, dass ihm durchaus bewusst war, wie schädlich sich die bestehende Uneinigkeit im Blick auf die Auseinandersetzung mit den reformationsfeindlichen Kräften auswirkte.[52] Dann aber fuhr er fort:

„Wen nun e. f.g. bey Er M. Bucer vnnd den seynen erlangen, wes sie doch hirJnne gesinnet weren, zcu tun vnd zcu geben ader nicht, wolt ich doch Ja auch, was ich Jmer fur mein gewissen rewmen mocht, gerne mich finden laßen. Lieber gott, ich kome schwerlich zcu den sachenn, die nicht ich, sondern andere angefangen, vnnd mich dunckt, das vnter

chen Glauben große Zerruttung und Nachteil bringt, und augenscheinlich furhanden, Gott verhut und wehre es dann, dass auf fleißig Anhalten der Papisten den armen Leuten in Oberlanden ein großes Blutvergießen erwachsen und erstehen mocht, weil nu der mehrer Teil der Oberländischen Prediger und sonderlich Bucerus dennochts ihr Bekenntnus also gericht und gestalt haben, daß man nunmehr fur unnotig acht und hält, daß deshalben weiter Zwiespalt oder Zangk sein soll, dann je von allen Teilen Christus und Ein Glauben bekennt wirdet [...]." Landgraf Philipp an Luther, [ca. 25. September 1534]: WABr 7, 2138 (103,1–9).

[47] Cf. oben A. 46.

[48] Cf. dazu weiterhin Winckelmann: Bedeutung, 212–252.

[49] Zur Auseinandersetzung um die Deutung des Vertrages cf. Landgraf Philipp an Jakob Sturm, 10. September 1534: PC I, 241 (224) und dort A. 1.

[50] Landgraf Philipp an Luther, [ca. 25. September 1534]: WABr 7, 2138 (103,13–15).

[51] Luther an Landgraf Philipp, 17. Oktober 1534: WABr 7, 2142 (110,8 f).

[52] „[...] weil mir vordrießlich (:vnd dem reich Christi schedlich:) gnug ist der vbermachte trotz der papisten, so durch solich vneinickeit also gesterckt, das er ane das lengst woll were demutiger worden." A. a. O. (110,9–12).

Jnen selbs, den vberlendischen predigern, wenig sind, die auch dem Bucero volgen vnnd er nach vileicht wider beide solten schreien."[53]

Damit nahm Luther zunächst die Gegenseite in die Pflicht. Aus seiner Sicht mussten zunächst die Oberdeutschen sich dazu erklären, zu welchen Konzessionen sie bereit waren und wo ihrem Entgegenkommen Grenzen gesetzt waren. Dass es von der Gegenseite ein Entgegenkommen geben müsse, stand für ihn dabei offenkundig außer Frage. Dem Landgrafen dachte Luther hierbei die Rolle des Übermittlers zu. Erst auf der Grundlage einer vorliegenden Erklärung wollte er seinerseits zu erkennen geben, wie er sich zu verhalten gedachte. Auch in diesen Ausführungen wird deutlich erkennbar, dass Luther den beiden Konfliktparteien in den Bemühungen um eine Verständigung sehr unterschiedliche Rollen zuerkannte[54]: Die Oberdeutschen, die zuvor der Irrlehre verfallen waren, hatten sich zu verantworten und ihre Auffassungen darzulegen. Eine vergleichbare Verpflichtung bestand aus Luthers Sicht für seine Seite hingegen nicht.[55] Gleichwohl ließ er eine gewisse Bereitschaft zu Konzessionen erkennen. An welche Art von Zugeständnissen Luther dabei dachte, geht aus der offen gewählten Formulierung nicht hervor. Die Annahme, dass er dabei auch an sachliche Konzessionen dachte, ist vom Wortlaut her zwar möglich, aber keineswegs zwingend. Seine Bereitschaft zu einem Entgegenkommen kann sich an dieser Stelle ebenso auf die Frage der Terminologie oder die Ausgestaltung des weiteren Vorgehens bezogen haben. Unverhandelbar war für ihn in jedem Fall, was er im Blick auf sein Gewissen und damit letztlich *coram deo* nicht rechtfertigen konnte.

Außerdem ließ Luther gegenüber dem Landgrafen zwei Vorbehalte deutlich werden: Im Blick auf sich selbst räumte er ein, dass er mit seiner nachträglichen Einbeziehung in die Bemühungen um eine Verständigung Schwierigkeiten hatte. Worin diese Schwierigkeiten bestanden, wird aus dem Schreiben selbst nicht deutlich. Möglicherweise fürchtete er, dass er zum Teil eines Prozesses werden könne, in dem es außerhalb seiner Kontrolle in Fragen des Verfahrens oder des Inhalts bereits zu Vorfestlegungen gekommen war.[56] Im Blick auf die Gegenseite äußerte er schließlich seine Zweifel daran, dass es Bucer gelungen sein könnte, auch nur eine Mehrheit der Oberdeutschen hinter sich zu versammeln. Damit widersprach er ausdrücklich der Darstellung Philipps. Implizit aber äußerte er sich damit wohlwollend über den Straßburger: Er stellte ihn als positives Bei-

---

[53] A. a. O. (110,12–18).

[54] Cf. dazu auch oben S. 77 f.

[55] Die von Luther vorgenommene Differenzierung ebnet Brecht: Landgraf Philipp, 64 mit der Paraphrase ein, Luther habe „seine Bereitschaft [bekundet], sich zu beteiligen, sofern der Landgraf Bucer und die Seinen für eine Verständigung gewinnen könne."

[56] Leppin: Martin Luther, 309 spricht in diesem Zusammenhang ohne weitere Erläuterung von einem für Luthers „Persönlichkeit kennzeichnendem Hinweis". Im Gefälle seiner Darstellung liest sich das wie ein Egomanie-Vorwurf.

spiel dar und verknüpfte die Aussicht auf eine Konkordie mit der Frage, ob die übrigen Oberdeutschen dessen Exempel folgen würden.

Im Blick auf die von Landgraf Philipp hervorgehobene militärische Bedrohung der Oberdeutschen durch die reformationsfeindlichen Stände versicherte Luther, er wolle mit seinem „armen gebett, thun, leiden, reden vnnd schreiben"[57] auf sich nehmen, was er könne, um einen Übergriff zu verhindern. Es ist aber keineswegs sicher, dass Luther die von Philipp vorgebrachte Einschätzung zur Situation der oberdeutschen Reichsstädte teilte. In einem an Nikolaus Hausmann gerichteten Schreiben vom 17. November 1534 jedenfalls referierte er distanziert, was über Bewegungen in diesen Städten und über die Absichten des Reichskammergerichtes zu hören sei (dicitur), und gab abschließend zu verstehen, dass seinem Urteil nach eher der eigenen Seite Gefahr drohte.[58] In jedem Fall aber widersetzte er sich der auf der Beurteilung Philipps aufbauenden Argumentation und entzog sich somit dem Druck, mit dem der Landgraf ihn für eine Förderung der Verständigung hatte bewegen wollen. Erwägungen zum politischen oder militärischen Nutzen wollte Luther in dieser aus seiner Sicht so gewichtigen Angelegenheit offensichtlich keinerlei Gewicht zugestehen. Die Frage nach der Macht und die Frage nach der Wahrheit wollte er, um eine Formulierung von Müller aufzugreifen, streng auseinandergehalten wissen.[59]

Die Entscheidung über den weiteren Verfahrensweg wurde schließlich in Straßburg getroffen. Landgraf Philipp hatte Bucer und Sturm am 4. November die Entscheidung anheimgestellt, ob die gewünschte Verständigung auf einer Zusammenkunft gesucht werden solle, ob man schriftlich vorgehen wolle oder ob Bucer oder eine andere Person sich zu Melanchthon und Luther begeben solle.[60] Sturm bezeugte am 12. November seine Präferenz für ein Zusammentreffen von Bucer und Melanchthon. Am 23. November konnte er mitteilen, dass Bucer entsprechend dachte.[61] Außerdem gab er Bucers Wunsch weiter, dass Melanchthon den Willen Luthers und seiner Seite in Erfahrung bringen solle.[62] Die ei-

---

[57] Luther an Landgraf Philipp, 17. Oktober 1534: WABr 7, 2142 (110,25f).

[58] „In superiore Germania videntur motus futuri propter bannum imperiale, quod Camera imperii dicitur aperire contra Ciuitates Züinglianas; sed metuo, ne nos potius petant." Luther an Hausmann, 17. November 1534: WABr 7, 2152 (126,12–14). Zur Datierung cf. WABr 13, S. 227.

[59] Cf. dazu Müller: Der alte Luther, 96f.

[60] „[...] darumb so sol es in ewer und Buceri bedenken gestelt sein, was der sachen am zutreglichsten und dienstlichsten sein mag: die zusamenkunft oder in schriften zu handeln, oder aber auch durch Bucern selbst oder ein andere person, di sich an Philippum und Luthern verfügt hett; und wilcher weg unter den dreien euch gelieben und der sachen am dienstlichsten sin will, moget ir uns bei jegenwertigen unserem reitenden bote furderlich anzeigen." Landgraf Philipp an Jakob Sturm, 4. November 1534: PC II, 247 (228).

[61] Cf. Jakob Sturm an Landgraf Philipp, 12. November 1534: PC II, 249 (228f); Jakob Sturm an Landgraf Philipp, 23. November 1534: PC II, 252 (232).

[62] „[...] so dan Philippus Luthers und der seinen gemüt und, woran si brüngig sin wolten, vorwissens trüge, wollte er sin meinong und, wi weit er die oberlendischen prediger bracht hette, wes auch dieselben zugeben wolten, in verstendigen [...]." A. a. O. (232). Zur Bedeutung

gentliche Einladung erfolgte dann am 30. November. Erhalten ist ausschließlich das nach Straßburg gerichtete Schreiben. In ihm forderte der Landgraf beide Theologen auf, sie sollten sich am 26. Dezember in Kassel einfinden. Außerdem sollten sie sich vorher über die Verhandlungsposition der jeweils eigenen Seite informieren.[63]

### 3.2.2 Luthers Vorbereitungen für das Kasseler Kolloquium

Die Abreise Melanchthons nach Kassel war für den 17. Dezember angesetzt.[64] Luther hatte ursprünglich geplant, dass man sich vorher in einem größeren Kreis über die anstehende Begegnung mit Bucer noch einmal beraten sollte. Dies geht aus seinem Brief an Jonas vom 16. Dezember hervor. Gescheitert war diese Zusammenkunft schließlich daran, dass Jonas mit einem Steinleiden zu tun hatte und dass Luther durch die Niederkunft seiner Frau in Anspruch genommen war.[65] Auch Melanchthon hatte Luther zu verstehen gegeben, dass er in dieser Sache nicht alleine vorgehen wolle.[66]

Luther lag zum einen sicher daran, dass er die theologische Urteilskraft der von ihm geschätzten Freunde und Kollegen in die Vorbereitung einbeziehen wollte.[67] Zum anderen aber lassen seine an Jonas gerichteten Ausführungen erkennen, dass er einen breiten, den Beratungen mit der anderen Seite vorangehenden Konsens innerhalb des eigenen Lagers für unabdingbar hielt, wenn die Bemühungen um eine Verständigung Erfolg haben sollten. Die Sache sei zu groß, als dass man selbst mit der herausgehobenen Autorität von zwei oder drei Personen hier erfolgreich sein könne. Schon aus diesem verfahrenstechnischen Grund war er im Blick auf die anstehende Mission Melanchthons pessimistisch.[68] Darüber hinaus sah er aber auch gewichtige inhaltliche Probleme, wie noch zu zeigen sein wird.

---

des Wortes ‚Vorwissen' im Sinne von Gutdünken oder Wille cf. DWB 26, Col. 1949 Art. vorwissen 2bγ).

[63] Cf. Landgraf Philipp an Jakob Sturm, 30. November 1534: PC II, 255 (234). Dort wird auch ein entsprechendes Schreiben an Melanchthon erwähnt, das sich nicht erhalten hat. Dass Landgraf Philipp die beiden Theologen zu einem Treffen in Kassel bewegt habe, wie LEPPIN: Martin Luther, 309 behauptet, ist somit zumindest missverständlich. Bucer und Melanchthon mussten zu einer solchen Zusammenkunft nicht erst bewegt werden.

[64] Cf. dazu unten A. 119.

[65] „Optaram quidem conferre tecum et cum aliis, priusquam M. Philippus discederet, sed nec tu potuisti ad me, neque ego ad te venire." WABR 7, 2153 (127,3–5). Zu den näheren Umständen der Geburt cf. a. a. O. (127 A. 2); WATR 5, 5815 (367,1–7); Spalatin an Kurfürst Johann Friedrich, 26. Dezember 1534: KOLDE: Analecta, 202. Es ging Luther an dieser Stelle also nicht darum, dass er lediglich Jonas in die Beratungen einbeziehen wollte. Vs. BRECHT: Martin Luther III, 52.

[66] „Et Philippus sese non velle solum hanc causam agere dicit." Luther an Jonas, 16. Dezember 1534: WABr 7, 2153 (127,8 f).

[67] Cf. dazu auch WOLGAST: Kollektivautorität, 92.

[68] „Et maior est, quam ut duo vel tres homines etiam summae autoritatis eam efficiant, ut

Nachdem sich das ursprüngliche Vorhaben einer internen Beratung nicht hatte verwirklichen lassen, verfasste Luther am 17. Dezember einen Text, den er Melanchthon zu den Verhandlungen mitgab.[69] Jonas und den übrigen Kollegen stellte er in Aussicht, dass sie nachträglich Einsicht in eine Abschrift bekommen sollten.[70] Auf diese Weise wollte er offensichtlich den Prozess der Verständigung, der in Kassel wieder aufgenommen werden sollte, für seine Freunde zumindest von seiner Seite aus so transparent wie möglich halten.

In formaler Hinsicht handelt es sich bei Luthers Aufzeichnungen nicht um eine Niederschrift der vom Landgrafen als Grundlage für die Verhandlungen erbetenen Position der kursächsischen Theologen. Luther machte dies dadurch kenntlich, dass er dem Text die Worte voransetzte: „Cogitationes meae sunt“[71]. Damit war zum einen deutlich, dass er hier ausschließlich seine persönliche Auffassung formuliert hatte. Zum anderen richtete sich die Schrift an Melanchthon. Für ihn wollte Luther darlegen und begründen, wie aus seiner Sicht mit den Oberdeutschen zu verfahren war.

Neben dieser Instruktion sind zwei undatierte Manuskripte Luthers erhalten, die ebenfalls in den Kontext seiner Vorbereitungen auf das Kasseler Kolloquium gehören. Zum einen geht es dabei um eine Reihe von Erläuterungen zu patristischen Zeugnissen über das Abendmahl, zum anderen um Aufzeichnungen, die in den überlieferten Abschriften als ‚Additio D. Martini Lutheri ad sententiam‘ bezeichnet werden.[72] Im Anschluss an die von Clemen in seiner Edition der Glossen angestellten Überlegungen ist über die beiden undatierten Quellen folgendes zu sagen: Luther fertigte die Glossen an, als Melanchthon ihm vor seiner Abreise nach Kassel eine Sammlung von Kirchenväterzitaten überstellte, die nach dessen Urteil der Wittenberger Abendmahlstheologie widersprachen. Bei der ‚Additio‘ handelt es sich um Notizen, die ebenfalls vor der Abfassung der Instruktion angefertigt wurden.[73] Sie dienten Luther im Vorfeld vermutlich als gedankliche Stütze bei der Entwicklung seiner eigenen Überlegungen.[74]

Auf die von Luther vorgenommene Kommentierung der Sammlung von Väterzitaten muss in diesem Zusammenhang nur kurz eingegangen werden.[75] Bei den von Melanchthon zusammengestellten Äußerungen handelte es sich durch-

---

mihi profectio optimi viri Philippi plane frustranea videatur.“ Luther an Jonas, 16. Dezember 1534: WABr 7, 2153 (127,9–11).

[69] Cf. Luther [für Melanchthon], [17. Dezember 1534]: MBW 6, 1511.

[70] „Tamen, quae signabo cras, signabo pro mea fide, et exemplum retinebo, tibi et omnibus monstraturus.“ Luther an Jonas, 16. Dezember 1534: WABr 7, 2153 (127,5 f).

[71] Luther [für Melanchthon], [17. Dezember 1534]: MBW 6, 1511 (247,1). Vergleichbar heißt es in dem zeitgleich verfassten Brief an Landgraf Philipp: „Hie kompt Magister Philippus vnd hat meine gedancken auffgezeigt.“ Luther an Landgraf Philipp, 17. Dezember: WABr 7, 2154 (128,4).

[72] Cf. WA 38,302–308 und WABr 12, 4251 Beilage.

[73] Cf. dazu WA 38,308 f.

[74] Cf. a. a. O., 309.

[75] Cf. dazu die eingehendere Untersuchung von Hoffmann: Kirchenväterzitate, 168–178.

gehend um Zeugnisse, die den Elementen eine zeichenhafte Bedeutung zuerkennen und damit eine von Luthers Auffassung des Abendmahls abweichende Deutung nahelegen.[76] Luther gab sich von diesen Zitaten unbeeindruckt, wie die seine Einzelkommentierung abschließende Reflexion erkennen lässt: Der klare Text der Einsetzungsworte, die Menge der mit ihnen übereinstimmenden Sprüche der Väter und die Übereinstimmung der Kirche standen seiner Ansicht nach auf seiner Seite. Sie konnten in seinen Augen nicht durch die wenigen ihm präsentierten Stellen aufgehoben werden, zumal er meinte, dass diese Äußerungen einerseits schwer zu verstehen seien und andererseits durch eine entsprechende Deutung so aufgefasst werden könnten, dass sie sich als mit seiner Überzeugung übereinstimmend auffassen ließen.[77] Entsprechend verfuhr Luther auch in seiner Kommentierung der Zitate und legte sie im Sinn seiner eigenen Lehre aus oder bestritt – wie in seiner Auseinandersetzung mit Origenes – die theologische Zuverlässigkeit der Dicta.[78]

Die beiden weiteren Texte sollen hier erstmals einer eingehenden Analyse und einem Vergleich unterzogen werden.[79] In der für Melanchthon bestimmten Instruktion erteilte Luther zunächst der Behauptung eine klare Absage, dass man sich auf beiden Seiten bislang nicht richtig verstanden habe.[80] Dagegen wandte er ein, dass man auf diese Weise den Streit nicht werde heilen können, da eine solche Behauptung auf beiden Seiten keinen Glauben finden und auch von Außenstehenden nicht geglaubt werden könne. Darunter aber müsse dann

[76] Exemplarisch seien dafür zwei Stellen aus Melanchthons Sammlung angeführt: „Augustinus contra Adimantum cap. 12. Non enim Dominus dubitauit dicere: Hoc est corpus meum, cum signum daret corporis suj." WA 38,302,13–15. „August. Psalmo 98. Non hoc corpus quod videtis etc. manducaturi estis et bibituri illum sanguinem, quem effusuri sunt, qui me crucifigent. Sacramentum aliquod vobis commendaui. Et hic verbo commendationis aliquo vtitur. Commendauit nobis isto sacramento sanguinem suum et corpus suum." A. a. O., 303,1–6.

[77] „Textus Euangelii clarus. Dicta Patrum consona. Ecclesiae consensus verus et vniversalis. Contra haec nihil sunt tantummodo dicta quaedam contraria Patrum, quae obscura et incerta recipiunt commodam glossam." Der Text wird hier nicht nach der einzigen erhaltenen vollständigen Abschrift der ‚Glossae' geboten, da der von ihr an dieser Stelle gebotene Text offensichtlich in einem schlechten Zustand ist. Cf. WA 38,307,9ff und A.***. Stattdessen empfiehlt es sich hier, Rörers Abschrift der ‚Additio' zu folgen, die an ihrem Schluss ebenfalls die besagte Schlussreflexion Luthers bietet, wobei der Text in ihr deutlich besser überliefert ist. Cf. WABr 12, 4251 (163,22–26).

[78] Zu Luthers Umgang mit Origenes cf. WA 38,306,19–24.36–38.

[79] Bizer: Studien, 73–75 beschränkt sich auf längere Passagen der Instruktion in deutscher Übersetzung und erwähnt die ‚Additio' in A. 7. Köhler: Zwingli und Luther II, 376 wertet relativ knapp die Instruktion aus. Noch kürzer verfahren Hassencamp: Hessische Kirchengeschichte II, 123; Köstlin/Kawerau: Martin Luther II, 329f; Grass: Abendmahlslehre (1954), 134; Hazlett, 400f; Brecht: Martin Luther III, 52; Friedrich: Martin Bucer, 104.

[80] „Primo. Ut nullo modo concedamus de nobis dici, quod neutri neutros antea intellexerint." Luther [für Melanchthon], [17. Dezember 1534]: MBW 6, 1511 (247,2f). Brecht: Beziehungen, 503 behauptet hingegen, Luther habe die Vorstellung zurückgewiesen, dass „jede Seite der anderen ihre Meinung zugesteht". Die vorliegenden Quellen bieten für diese Deutung keinen Anhalt.

die Glaubwürdigkeit der ganzen Konkordie leiden.[81] Des Weiteren hielt er fest, dass bislang (hactenus) ein Dissens in der Sache vorgelegen habe und dass die eine Seite lediglich am Zeichen, die andere aber am Leib Christi festgehalten habe.[82]

Eine Verständigung auf eine nun zu findende Mittelposition (media et nova sententia), der zufolge die eine Seite einräumen sollte, dass der Leib wahrhaft anwesend sei, während die andere Seite konzedieren sollte, dass ausschließlich das Brot gegessen werde, lehnte er ab.[83] Der Umstand, dass Luther auf eine solche Auffassung einging und über sie sein Urteil abgab, lässt darauf schließen, dass er annahm, Bucer werde Melanchthon in Kassel ein entsprechendes Verständigungsangebot unterbreiten. Auf welchen Anhalt sich Luther für diese Vermutung glaubte stützen zu können, muss offenbleiben. In jedem Fall wird man sagen müssen, dass die verworfene Mittelmeinung tatsächlich der von dem Straßburger vertretenen Lehre entsprach: dass der Leib wirklich im Abendmahl gegenwärtig sei, dass er aber im eigentlichen Sinne allen leiblichen Vollzügen entzogen bleibe.[84] Dafür, dass Luther aber auch das christologische Motiv verstanden hätte, das Bucer auf einer Impatibilität des Leibes bestehen ließ, gibt es im Text hingegen keinen Anhalt.[85] Auffällig ist, dass er bei seinen Ausführungen zum erwarteten Verständigungsangebot die Wendung *sententiam statuere* gebrauchte. Damit machte er deutlich, dass er diese Position als einen von Menschen unternommenen Versuch des Interessenausgleichs ansah. Seiner eigenen Auffassung nach aber musste eine wirkliche Verständigung Ausdruck einer von

---

[81] „Nam isto pharmaco non medebimur tanto vulneri. Cum nec ipsi credamus utrinque verum hoc esse, et alii putabunt a nobis hoc fingi. Et ita magis suspectam reddemus caussam vel potius per totum dubiam faciemus, cum sit communis omnium." A. a. O. (247,3–6). Zu kurz greift daher aber HAZLETT: Development, 400 wenn er festhält, Luther habe die Behauptung von einem gegenseitigen Missverständnis zurückgewiesen, „since that would lead to unrest among his own followers." Irreführend ist auch die anschließende Vermutung: „Did Luther then feel that an admission of missunderstanding on his part would somehow weaken his own prestige?" Ebd. Die Instruktion und die zeitgleich verfasste ‚Additio' lassen vielmehr erkennen, dass es Luther primär um die Frage nach der persönlichen Glaubwürdigkeit der Akteure ging.

[82] „Cum hactenus dissenserimus, quod illi signum, nos corpus Christi asseruerimus plane contrarii in sacramento, nihil minus mihi videtur utile, quam ut mediam et novam sententiam statuamus, qua et illi concedant corpus Christi adesse vere et nos concedamus panem solum manducari." Luther [für Melanchthon], [17. Dezember 1534]: MBW 6, 1511 (247,8–11). KÖHLER: Zwingli und Luther II, 376 entstellt Luthers Gedankengang, indem er das *hactenus* und die beiden Perfektformen *dissenserimus* und *asseruerimus* übergeht. Luther war nämlich, wie in der Analyse der Bucer unterstellten *sententia media* deutlich werden wird, durchaus der Ansicht, dass sich auf der Gegenseite etwas bewegt hatte.

[83] Cf. oben A. 82.

[84] Cf. in diesem Sinne bereits HASSENCAMP: Hessische Kirchengeschichte II, 123. Dass Luther hier Bucers Auffassung traf, wird hingegen zu Unrecht bei HAZLETT: Development, 401 bestritten: „One can hardly find stronger evidence supporting Bucer's contention (and which Luther would not accept) that Luther was not properly informed on the Strasbourg theology of the eucharist […]."

[85] Cf. besonders dazu oben S. 33 und dort A. 36.

Christus vermittelten Einsicht sein, wie er an späterer Stelle der Instruktion ein weiteres Mal erkennen ließ.[86]

Für seine Ablehnung einer auf dieser Basis gesuchten Verständigung benannte Luther drei Gründe: Zunächst verwies er kurz auf das Gewissen. Wie er diesen kurzen Hinweis gemeint haben dürfte, wird an anderer Stelle bei der Auslegung von Forsters Brief an Johannes Schlaginhaufen vom 19. Dezember 1534 noch darzustellen sein.[87] Überdies gab er seiner Befürchtung Ausdruck, dass die Übernahme einer solchen Lehre zu vielfältigen Fragen und ungewissen Überlegungen führen werde[88]. Da er selber davon überzeugt war, dass die Externität der Gegenwart von Leib und Blut notwendig auch die Möglichkeit ihres leiblichen Empfangs implizierte, wie in den Ausführungen über seinen Brief an Kurfürst Johann vom 16. Januar 1531 dargelegt wurde[89], musste er die ihm vor Augen stehende Offerte einer *sententia media* schlicht für sachlich inkonsistent und damit für einen Gegenstand endloser neuer Debatten halten. Darüber hinaus führte Luther aus, dass es nicht gelingen werde, dieser Position die notwendige Akzeptanz auf beiden Seiten oder gar unter Dritten zu verschaffen.[90]

Die Abendmahlslehre seiner eigenen Seite gab Luther mit den Worten wieder,

> „dass der Leib so mit dem Brot oder in dem Brot ist, dass er tatsächlich mit dem Brot gegessen wird, und welche Bewegung oder Handlung das Brot auch immer an sich hat, dieselbe hat auch der Leib Christi, so dass wahrhaft gesagt wird, der Leib Christi wird getragen, gegeben, empfangen, gegessen, wenn das Brot getragen, gegeben, empfangen, gegessen wird."[91]

Auch wenn hier nicht vom Kauen mit den Zähnen die Rede war: In der Sache war mit diesen Worten genau die Position markiert, die Luther auch in seiner Abendmahlsschrift von 1528 bezogen hatte: dass dem Leib durch die in der *unio sacramentalis* mit dem Brot bestehende Verbindung alles das real widerfährt, was auch dem Brot widerfährt.[92] An diese Ausführungen hängte Luther

---

[86] Cf. unten A. 101.

[87] Cf. dazu die Ausführungen unten S. 213 f.

[88] „Ut enim conscientiam taceam, considerandum est certe, quantam hic ‚fenestram aperiremus' in re omnibus communi cogitandi. Et orientur hic fontes quaestionum et opinionum, ut tutius multo sit illos simpliciter manere in suo signo, quia nec ipsi suam nec nos nostram partem, multo minus utrique totum orbem pertrahemus in eam sententiam, sed potius irritabimus ad varias cogitationes. Ideo velem potius, ut sopitum maneret dissidium in duabus istis sententiis, quam ut occasio daretur infinitis quaestionibus ad Epicurissimum profuturis." Luther [für Melanchthon], [17. Dezember 1534]: MBW 6, 1511 (247,11–248,19).

[89] Cf. dazu oben S. 94 f.

[90] Cf. oben A. 88.

[91] „Nostra autem sententia est: corpus ita cum pane seu in pane esse, ut revera cum pane manducetur, et quemcunque motum vel actionem panis habet, eandem et corpus Christi, ut corpus Christi vere dicatur ferri, dari, accipi, manducari, quando panis fertur, datur, accipitur, manducatur." A. a. O. (250, 63–67).

[92] Cf. dazu oben S. 30 f. Die bei Köstlin/Kawerau: Martin Luther II, 329 anzutreffende

die Worte an: „Id est ‚Hoc est corpus meum'."[93] Diesen Zusatz wird man so verstehen müssen, dass Luther die von ihm dargelegte Überzeugung als die Auslegung angesehen wissen wollte, die allein dem Wortlaut der *verba testamenti* entsprach.

Für die Begründung seiner Position verwies Luther zunächst auf den „überaus klaren Text des Evangeliums selbst, der nicht ohne Ursache alle Menschen bewegt, nicht nur die Frommen."[94] Dieser Hinweis auf die Klarheit des Textes wird im Sinn seiner Aussage aus der Schrift ‚Vom Abendmahl Christi. Bekenntnis' zu verstehen sein, dass auch ein Heide oder Jude nicht umhin könne, den *verba testamenti* die rechte Deutung zu geben, wie man aus deren Polemik gegen das Sakrament erkennen könne.[95] Daneben reklamierte Luther für sich eine große Anzahl von Väterzitaten, die nicht leicht entkräftet werden oder guten Gewissens in einem vom Wortlaut abweichenden Sinn gedeutet werden könnten.[96] Auch für Augustin nahm er in Anspruch, dass dessen Schriften bei rechter Deutung der eigenen Anschauung nicht widersprächen.[97] Schließlich bemühte er ein ekklesiologisches Argument und erklärte, es sei gefährlich zu behaupten, „dass die Kirche auf der ganzen Erde während so vieler Jahre nicht die wahre Auffassung vom Sakrament gehabt habe." Gegen diese Annahme stellte er die eigene Überzeugung, „dass die Sakramente und das Wort erhalten geblieben sind, auch wenn sie durch viele Missbräuche verdunkelt worden sind."[98] Dem Text selbst lässt sich nicht entnehmen, inwiefern Luther die der Gegenseite zugewiesene Auffassung für gefährlich hielt. Möglicherweise war hier für ihn entscheidend, dass die Stiftungsgemäßheit der Deutung für die Integrität des Sakraments in seinen Augen unabdingbar war.[99] Hätte diese aber in Frage gestanden, wäre

---

Behauptung, Luther habe sich hier schroffer als 1528 geäußert, trifft nicht zu. Der Hinweis auf die in der großen Abendmahlsschrift angefügten Erläuterungen Luthers ist als Argument gerade nicht geeignet, da diese Ausführungen keinen abmildernden Charakter haben. Cf. dazu ausführlich oben S. 30 f. Zur Übereinstimmung mit den Ausführungen von 1528 cf. ebenso Kolde: Wittenberger Konkordie, 390.

[93] Luther [für Melanchthon], [17. Dezember 1534]: MBW 6,1511 (250,67).

[94] „Tertio. Cum stent hic pro nostra sententia primum textus ipse apertissimus evangelii, qui non sine caussa movet omnes homines, non solum pios [...]." A. a. O. (248,19–21).

[95] „Denn es hőre sie gleich ein Christ odder Heide, Jůde odder Tůrcke, so mus er bekennen, das da werde gered von dem leibe Christi, der ym brod sey, Wie kondten sonst die Heiden und Jůden unser spotten und sagen, das die Christen fressen yhren Gott, wo sie nicht diesen text hell und klerlich verstůnden?" WA 26,406,28–32.

[96] „[...] secundo patrum dicta quam plurima, quae non tam facile possunt solvi nec tuta conscientia aliter quam sonant intellegi, cum bona grammatica textui fortiter consentiant [...]." Luther [für Melanchthon], [17. Dezember 1534]: MBW 6, 1511 (248,21–23).

[97] Cf. dazu a. a. O. (248,26–249,49). Zu Luthers Deutung Augustins cf. außerdem Hoffmann: Väterzitate, 177 f.

[98] „[...] tertio, quia periculosum est statuere ecclesiam tot annis per totum orbem caruisse vero sensu sacramenti, cum nos fateamur omnes mansisse sacramenta et verbum, etiamsi obruta multis abominationibus." Luther [für Melanchthon], [17. Dezember 1534]: MBW 6, 1511 (248,23–26).

[99] Cf. dazu oben S. 102 f.

für ihn damit zugleich die Frage nach dem fortdauernden Bestand der Kirche gestellt.

Seine Ausführungen über das weitere Vorgehen eröffnete Luther, indem er zunächst – unter Anrufung Christi als Zeuge – seinen Verständigungswillen hervorhob.[100] Im Blick auf die Gegenseite äußerte er:

„Sie selbst sind vielleicht mit gutem Gewissen in jener anderen Auffassung gefangen, folglich wollen wir sie aushalten. Wenn sie aufrichtig sind, wird Christus, der Herr, sie befreien. Ich hingegen bin sicherlich mit gutem Gewissen (wenn ich mir nicht selbst unbekannt sein sollte) in dieser Auffassung gefangen. Auch sie sollen mich aushalten, wenn sie nicht zu mir übergehen können. Aber wenn jene wirklich ihre Auffassung, nämlich von der Gegenwart Christi mit dem Brot, beibehalten wollen und bitten, dass wir uns gegenseitig dulden, dann werde ich sie gewiss gerne dulden in der Hoffnung auf eine zukünftige Gemeinschaft. Denn einstweilen kann ich mit ihnen in Glaube und Ansicht nicht Gemeinschaft haben."[101]

Bei der von Luther mit den Worten *corpus cum pane* umrissenen Lehrauffassung handelt es sich zweifellos um jene von ihm als Mittelposition bezeichnete Anschauung. Damit aber ließ er hier der Möglichkeit Raum, dass es sich auch bei der *media sententia* um eine Überzeugung handelte, die ihre Vertreter subjektiv ebenso band wie ihn seine eigene Auffassung. Auch wenn er sie als Werk menschlicher Überlegungen (sententiam statuere) und nicht als Ergebnis göttlichen Wirkens ansah, war er also bereit in Erwägung zu ziehen, dass es sich hier nicht um ein bewusst eigenmächtiges oder gar taktisch motiviertes Vorgehen handelte. Deutlich machte er in diesem Zusammenhang ein weiteres Mal, dass die Änderung abendmahlstheologischer Anschauungen nach seiner Auffassung nicht in der Hand von Menschen lag, sondern dass allein Christus hier einen wirklichen Wandel und damit auch eine echte Verständigung zustande bringen konnte. Im Blick auf das Verständnis der Duldung, die er den Oberdeutschen auf der Grundlage ihrer Mittelposition in Aussicht stellen wollte, wird man annehmen müssen, dass sie nicht mehr umfassen konnte als eine Einstellung der Polemik und die Gewährung von Zeit für eine weitere Entwicklung.

Ausdrücklich kam Luther auch noch auf die Frage nach der Möglichkeit politischer Bündnisse zu sprechen. Dabei bezog er den Standpunkt, dass eine *concordia politica*, wenn diese begehrt werde, durch die Verschiedenheit der religiösen Überzeugung nicht verhindert werde und verwies in diesem Zusammenhang auch auf die in 1. Korinther 7 eingeräumte Zulässigkeit religiöser

---

[100] „Nam et ego hoc dissidium vellem – testis est mihi Christus meus – redemptum non uno corpore et sanguine meo." A. a. O. (249,50–52).

[101] „Ipsi forte conscientia bona capti sunt in alteram sententiam, feramus igitur eos. Si synceri sunt, liberabit eos Christus dominus. Ego contra captus sum bona certe conscientia – nisi ipse mihi sim ignotus – in hanc sententiam. Ferant et me, si non possunt mihi accedere. Si vero illi sententiam suam, scilicet de praesentia corporis Christi cum pane, tenere velint et petierint nos invicem tamen tolerari, ego plane libenter tolerabo in spe futurae communionis. Nam interim communicare illis in fide et sensu non possum." A. a. O. (249,52–250,59).

Mischehen.[102] Dass Luther sich in diesem Zusammenhang überhaupt zur Frage eines politischen Bündnisses äußerte, ist vermutlich darauf zurückzuführen, dass der hessische Landgraf in seinem Schreiben vom September die Schutzbedürftigkeit der oberdeutschen Reichsstädte als ein Argument angeführt hatte, das Luther zu einer Beteiligung an den Bemühungen um eine Konkordie hatte bewegen sollen.

Luthers positives Urteil überrascht vor dem Hintergrund, dass er in den Auseinandersetzungen um die Frage nach der Zulässigkeit eines evangelischen Verteidigungsbündnisses in der Zeit nach dem zweiten Reichstag von Speyer eindeutig negativ votiert hatte. So hatte er Kurfürst Johann in einem Schreiben vom 22. Mai 1529 unter anderem mit folgender Begründung von einer Beteiligung an einem solchen Schritt abgeraten:

„Aufs ander, so ist das allerärgste, daß wir in solchem Bündnis die müssen haben, so wider Gott und das Sacrament streben, als die mutwilligen Feinde Gottes und seines Worts, dadurch wir müssen alle ihre Untugend und Lästerung auf uns laden, teilhaftig machen und verfechten, daß fürwahr kein fährlicher Bund möcht furgenommen werden, das Evangelium zu schänden und zu dämpfen, dazu uns mit Leib und Seel verdammen; das sucht der Teufel leider."[103]

In einer späteren Stellungnahme aus dem Sommer 1529 heißt es:

„Zum vierden Jsts vnChristlich der ketzerey halben widder das Sacrament. Denn wir sie nicht konnen ym bund haben, wir mussten solche ketzerey mit helffen stercken und verteydigen. Vnd wenn sie verteydingt wurden, solten sie wol erger werden denn vorhin."[104]

Ohne dass der Begriff an diesen Stellen fällt, wird hier ein weiteres Mal Luthers Vorstellung vom *peccatum alienum* greifbar:[105] Er war überzeugt, dass die kursächsische Seite mit dem Abschluss eines solchen Bündnisses vor Gott Schuld auf sich laden würde, weil man auf diese Weise die falsche Lehre der anderen militärisch schützen, somit zu ihrem Fortbestand beitragen und die Häretiker möglicherweise sogar noch zusätzlich ermuntern würde.

Bemerkt wurde die deutliche Veränderung bereits von Kolde und danach von anderen.[106] Sie verlangt aber auch nach einer Erklärung. Zu erwägen ist zunächst, ob er sich im Dezember 1534 aufgrund der Überzeugung, dass sich die Lehrdifferenz verringert hätte, zu einem anderen Votum in der Lage sah. Immerhin lässt die Instruktion auch erkennen, dass Luther zumindest die Möglich-

---

[102] „Deinde si politica concordia quaeritur, ea non impeditur diversitate religionis, sicut novimus posse coniugia, comercia aliaque politica constare inter diversae religionis homines, 1. ad. Corinthios 7." A. a. O. (250,59–62).

[103] Luther an Kurfürst Johann, 22. Mai 1529: WABr 5, 1424 (77,35–41).

[104] A. a. O. (79,41–80,44).

[105] Cf. dazu oben die Auseinandersetzung mit der entsprechenden Studie von Schubert in Kapitel 1.2.

[106] Cf. KOLDE: Wittenberger Konkordie, 391. Cf. außerdem KÖHLER: Zwingli und Luther II, 377; HAZLETT: Development, 401; FRIEDRICH: Martin Bucer, 104.

keit in Erwägung zog, es könnte sich bei der *sententia media* um eine subjektiv aufrichtige Positionierung der Oberdeutschen handeln. Gleichwohl wird man hierin nicht den ausschlaggebenden Grund für sein Votum ausmachen können. In der von ihm entworfenen Argumentation verweist Luther nämlich auf die in der Gemeinde von Korinth existierenden Mischehen zwischen Christen und Heiden. Der Umstand, dass er sich hier auf ein Beispiel eines fundamentalen religiösen Gegensatzes bezog, macht deutlich, dass seine Darlegungen nicht die Bedeutung einer graduellen sachlichen Annäherung herausheben, sondern ihre Pointe in der hier behaupteten Bedeutungslosigkeit der theologischen Divergenz bei der Frage nach einer Zulässigkeit einer politisch-militärischen Allianz haben.[107] Entscheidend war für das von seiner alten Position abweichende Urteil in dieser Frage demnach nicht seine Wahrnehmung der theologischen Ansichten, sondern eine veränderte Bestimmung im Verhältnis zwischen theologischer Übereinstimmung und politischem Zusammenschluss. Im Blick auf die Oberdeutschen ließ Luther die Bedingung einer theologischen Konvergenz als Voraussetzung für ein Bündnis fallen.[108] Da er dieses veränderte Urteil als Bestandteil einer Instruktion formulierte, ist deutlich, dass er hiermit keine intern zu erwägenden Überlegungen angestellt wissen wollte, sondern dass er auf diesem Weg der Gegenseite ein neues Verhandlungsangebot unterbreiten wollte.

Entscheidend für die von Luther vorgenommene Trennung zwischen seinem theologischen Urteil und der Beschreibung des konzedierten politischen Handlungsspielraums könnte der Wunsch gewesen sein, dass er den Einfluss politischer Argumente aus den Beratungen um eine Konkordie heraushalten wollte. Der hessische Landgraf hatte ihm in seinem Schreiben vom September ein Beispiel der Vermischung vor Augen geführt. In seinem Antwortschreiben hatte Luther den Übergriff des Politischen in die Entscheidungen der Theologie zurückgewiesen und Macht- und Wahrheitsfrage voneinander getrennt. Es ist daher naheliegend anzunehmen, dass er auch durch sein verändertes Urteil in der Bündnisfrage den politischen Druck aus dem Verständigungsprozess herausnehmen und für sich und die anderen Beteiligten den Freiraum für eine echte

---

[107] Daher urteilt FRIEDRICH: Marburg, 50 falsch, wenn er behauptet, Luther habe die von der anderen Seite vertretene „Abendmahlslehre als Grundlage für eine politische Gemeinschaft“ angesehen.

[108] Anders deutet FRIEDRICH: Martin Bucer, 104 Luthers Ausführungen zur *concordia politica* als ein Entgegenkommen gegenüber den Eidgenossen. Zu dieser Deutung dürfte er durch den Umstand bewogen worden sein, dass zumindest ein großer Teil der oberdeutschen Städte zu dieser Zeit bereits in den Schmalkaldischen Bund aufgenommen war. Dabei wird aber verkannt, dass Luther sich in einer Situation vorfand, in der die Legitimität und die Stabilität dieses Bündnisses mit Hilfe der erwähnten Auslegung des Kadaaner Vertrages erschüttert werden sollte. HAZLETT: Development, 403 vermutet aus diesem Grund ebenfalls, Luther habe sich eine politische Allianz mit den Eidgenossen vorstellen können. Für Überlegungen, ob man die Schweizer in den Schmalkaldischen Bund aufnehmen sollte, bestand für Luther hingegen zu diesem Zeitpunkt keinerlei Anlass. Ebenfalls falsch sind die entsprechenden Ausführungen bei EBRARD: Dogma, 375.

und aus wirklicher Einsicht gewonnene Verständigung zurückgewinnen wollte. Daneben mag es auch eine Rolle gespielt haben, dass sich hier nicht wie im Jahr 1529 oder auch wie später in den Verhandlungen mit den Abgesandten Heinrichs von England die Frage stellte, ob der Abschluss eines Bündnisses zulässig sei.[109] Luther versuchte vielmehr deutlich zu machen, dass man seines Erachtens an dem bestehenden Bündnis mit den Oberdeutschen Städten festhalten und seine Legitimität verteidigen konnte.

Die in Abschriften als ‚Additio' bezeichneten Notizen Luthers beginnen mit den Worten: „Primum specta populos praesentes, praeteritos, futuros. Conscientiae in futurum consulendum, si tot populos traxerimus."[110] Luther richtete hier den Blick auf die geistlichen Folgen, die das zukünftige Vorgehen in dieser Auseinandersetzung für andere Menschen dieser Generation und zukünftiger Zeiten haben dürfte. Unabhängig davon, ob der Imperativ (specta) als eine Selbstaufforderung oder als ein Hinweis an Melanchthon zu verstehen ist: Wieder wird hier erkennbar, dass Luther sich die Frage nach der Möglichkeit einer Konkordie vor dem Horizont seiner seelsorgerlichen Verantwortung für die ihm und seiner Auffassung anhängenden Menschen stellte. Des Weiteren gibt der Text der ‚Additio' darüber Aufschluss, dass Luther die durch Melanchthon präsentierten Kirchenväterzitate einem bestimmten Herkunftskontext zuordnete. Er hielt über die Oberdeutschen fest: „Duo mendacia: 1. Quod negant se nos intellexisse, 2. quod fingunt Christi corpus abesse propter dicta Patrum, quae figuram et significationem sonant, idest absentiam corporis et sanguinis."[111] Mit der zweiten Anschuldigung brachte er seine Einschätzung zum Ausdruck, dass die Oberdeutschen lediglich vorgäben, dass für ihre abendmahlstheologische Überzeugung die Zeugnisse der Kirchenväter ausschlaggebend seien. Zweifelsohne meinte er mit diesen *dicta* eben jene Zitate, die Melanchthon ihm vorgelegt hatte. Daher ist aber davon auszugehen, dass Luther annahm, es handele sich bei den ihm zugestellten Väterzitaten um Material, das von den Oberdeutschen zur Begründung ihrer Auffassung herangezogen werde. Möglicherweise hatte Melanchthon sich mündlich über seine Zusammenstellung in dieser Weise geäußert.

---

[109] Auch im Zusammenhang der Verhandlungen mit der englischen Delegation im Jahr 1536 wird allerdings erkennbar, dass Luther seine alte Überzeugung von der Übereinstimmung in der Lehre als notwendiger Voraussetzung für einen politischen Zusammenschluss deutlich relativierte. Cf. dazu WENDEBOURG: Die deutschen Reformatoren und England, 80–89. In einem Schreiben an Vizekanzler Burkhard vom 20. April 1536 erklärte er ausdrücklich, dass es sich bei der Frage nach der Zulässigkeit einer Aufnahme Englands in den Schmalkaldischen Bund um ein „weltlich ding" handele, über das ausschließlich der Kurfürst mit seinen Räten eine Entscheidung zu fällen habe. Das Gewicht seines persönlichen Einspruchs, dass er ein solches Bündnis für gefährlich halte, schränkte er selbst mit den Worten ein, Gott wisse „wohl Frommer und Feinde und aller Menschen Gedanken zu brauchen zum besten, wenn er gnädig sein will." WABr 7, 3016 (404,21 f).

[110] WABr 12, 4251 Beilage (162,1–4).

[111] A. a. O. (162,18–20).

Auffällig ist an den Aufzeichnungen der ‚Additio', dass in ihr Urteile Luthers über die Gegenseite greifbar sind, die deutlich negativer als in den Formulierungen der Instruktion ausfallen. So heißt es über die Motive der Oberdeutschen:

„Jam si stent dicta contraria, quo modo probabunt adesse Christi corpus substantialiter, quia talia dicta hoc non dant, quod adsit corpus Christi, cum dicta illa dicant signum solum esse, ergo abesse ipsum necesse est. Quare fictum est, nec ex animo concedunt adesse Christum, tantum vt obtineant signum esse. Post relabentur cum tempore. Ergo ad tempus ista concedunt vt necessitate pressi, 1. Quia iam mentiuntur manifeste, quod dicunt sese nos non intellexisse; hoc enim credi non potest. 2. Quia alii non consentiunt Augustae, Vlmae etc. Et postea clamabunt nos cessisse, ipsos perseuerasse, Et fient postrema prioribus peiora, si non syncere fiat concordia."[112]

Wie es häufig bei den verdichtet formulierten Notizen Luthers der Fall ist, lässt sich auch hier der Gedankengang nicht leicht durchdringen. Luther stellte in seinen Ausführungen ein Gedankenexperiment an, dass auf zwei aus seiner Sicht lediglich theoretischen Annahmen basierte: Zum einen ging er von der Annahme aus, dass die Väterzitate, die seiner Auffassung widersprachen (dicta contraria), als Aussagen anzusehen seien, die in der Auseinandersetzung ihre argumentative Relevanz erweisen könnten (stent). Dabei nahm er offenbar an, dass sich die Gegenseite auf Väterzitate dieser Art berufe oder berufen werde. Zum anderen unterstellte er der Gegenseite, dass diese ein Interesse daran habe, dem Bekenntnis *adesse Christi corpus substantialiter* eine argumentative Grundlage zu verschaffen (probabunt). Zwischen beiden Annahmen aber diagnostizierte er eine unaufhebbare inhaltliche Spannung: Entweder konnte man sich auf die genannten Väterzitate berufen, oder man konnte die fragliche Formel für sich in Anspruch nehmen. Dass er hier eine Unvereinbarkeit aufgedeckt sah, markierte er mit der Frage, wie denn die Oberdeutschen die von ihnen proklamierte Ansicht, dass der Leib Christi substanzhaft anwesend sei, belegen könnten (probabunt), wo die Vätersprüche diese Auffassung doch gar nicht hergäben (dant) und ihnen vielmehr zu entnehmen sei, dass nur das Zeichen im Mahl gegenwärtig sei, nicht aber der Leib Christi. Aus diesem Widerspruch aber zog Luther den Schluss (quare), dass es sich bei dem oberdeutschen Bekenntnis *ades-*

[112] „Wenn die widersprechenden Zitate wirklich Bestand haben sollten, wie werden sie dann belegen, dass der Leib Christi substanzhaft anwesend ist, denn die derartigen Aussagen geben das nicht her, dass der Leib Christi anwesend ist, wohingegen jene Zitate sagen, es [sc. das Brot] sei nur ein Zeichen, folglich ist es zwingend, dass er [sc. der Leib] selbst abwesend ist. Deshalb ist es geheuchelt, und sie räumen nicht von Herzen ein, dass Christus anwesend ist [ergänze: sondern tun dies] nur damit sie durchsetzen können, dass [ergänze: das Brot] ein Zeichen sei. Später werden sie mit der Zeit zurückgleiten. Folglich gestehen sie diese Dinge vorübergehend und wie durch Zwang bedrückt zu: Denn 1. lügen sie schon damit offensichtlich, dass sie sagen, sie hätten uns nicht verstanden; das kann nämlich nicht geglaubt werden. Denn 2. die anderen, in Augsburg, Ulm usw. stimmen damit nicht überein. Und später werden sie schreien, dass wir nachgegeben hätten, sie selbst seien standhaft geblieben, und so werden die letzten Dinge schlimmer als die ersten geraten, wenn die Verständigung nicht aufrichtig geschehen sollte." WABr 12, 4251 Beilage (162,5–14).

*se Christum* nicht um ein Zugeständnis handele, das sich einer entsprechenden inneren Überzeugung (ex animo) verdankte, sondern dass man es lediglich als eine aus einem verhandlungsstrategischen Grund eingeräumte Konzession ansehen müsse. Die dabei verfolgte Strategie aber zielte seiner Ansicht nach zunächst darauf, dass die Oberdeutschen von seiner Seite wiederum als ein Gegenzugeständnis die Aussage erlangen wollten (vt obtineant), dass Brot und Wein Zeichen seien (signum esse). Auch glaubte Luther, dass es sich bei dem Zugeständnis der Oberdeutschen lediglich um ein vorläufiges (ad tempus) Entgegenkommen handele. Motiviert erschien ihm die zeitweilige Nachgiebigkeit aber dadurch, dass die Gegenseite gleichsam einem Zwang ausgesetzt sei (vt necessitate pressi). Dabei dachte er vermutlich an die militärische Bedrohung durch die gegenreformatorischen Stände. Darüber hinaus glaubte Luther, dass die Oberdeutschen eine Umdeutung des Abendmahlsstreites in ihrem Sinn anstrebten: dass nämlich Luthers Seite nachgegeben habe (nos cessisse), während man selber bei der eigenen Meinung geblieben sei (ipsos perseverasse). Entsprechend dürfte Luther den der oberdeutschen Seite zugewiesenen Wunsch, man möge einräumen, dass Brot und Wein Zeichen seien, als wichtiges Etappenziel auf dem Weg zu dieser Umdeutung angesehen haben. Die beiden von Luther eingeschobenen Begründungen (quia) sind schließlich so zu deuten, dass er mit ihnen zwei weitere Anhaltspunkte benennen wollte, die ihm geeignet schienen, seine Auffassung von der unredlichen Gesinnung der Oberdeutschen zu fundieren. So verwies er zum einen auf den Umstand, dass der Abendmahlsstreit von der Gegenseite als ein Missverständnis ausgegeben worden war. Luther deklarierte diese Behauptung als offensichtliche Lüge, der man nicht glaube könne. Dieser Einschätzung aber konnte er im vorliegenden Kontext wohl deswegen eine argumentative Relevanz zuerkennen, weil er in ihr ein weiteres Exempel der Unaufrichtigkeit sah. Zum anderen nahm Luther innerhalb des oberdeutschen Lagers theologische Differenzen wahr und verwies auf Augsburg und Ulm. Möglicherweise deutete er diese Divergenz so, dass in diesen Städten die eigentliche Überzeugung der Oberdeutschen unverhüllt zum Vorschein komme.

Damit aber ist der Unterschied zwischen den Ausführungen in der Instruktion und den Notizen deutlich: Hatte Luther dort die Möglichkeit in Erwägung gezogen, dass es sich bei der *sententia media* um eine ehrliche Glaubensüberzeugung der Oberdeutschen handeln könnte, ließ er hier erkennen, dass er deren Position lediglich als ein aus verschiedenen taktischen Motiven für eine gewisse Zeit angenommenes Bekenntnis ansah. Die vorliegenden Zitate wiesen seiner Auffassung nach aus, dass man innerlich unverändert zwinglianisch dachte. Das erwartete Verhandlungsangebot der Gegenseite aber hielt Luther für nichts anderes als einen erneuten Versuch der Täuschung. Auffällig ist, dass Luther diese Sichtweise lediglich in seinen Notizen und nicht in der für die Verhandlungen bestimmten Instruktion darlegte. Auch im Umgang mit der Behauptung, dass der Abendmahlsstreit auf einem Missverständnis beruhe, lässt sich ein deutlicher Unterschied erkennen: In der ‚Additio' wertet Luther sie als einen Beleg für die Unaufrichtigkeit seines Gegenübers. In der Instruktion hingegen markierte er zwar, dass er diese Deutung des Streites für unhaltbar und im Blick auf die gesuchte Verständigung auch für gefährlich hielt. Er enthielt sich aber aller Rückschlüsse auf die Beweggründe der Gegenseite und stellte deren Aufrichtigkeit eben gerade nicht in Frage, sondern hielt sie für erwägenswert. Ob Luther Melanchthon im Vorfeld der Verhandlungen mündlich über seine Befürchtungen in Kenntnis setzte, muss offenbleiben. Die zwischen den beiden Texten bestehende Differenz wird man wohl so deuten müssen, dass er sich zu dieser Zeit in seiner Bewertung der Oberdeutschen, der ihnen zugeschriebenen Lehre und besonders ihrer Motive unsicher war.

Zu seinen negativen Urteilen könnte Luther durch zwei Vorgänge veranlasst worden sein: Zum einen ergab die Analyse des von ihm in der ‚Additio' vorgenommenen Gedankenexperiments, dass er glaubte, die Oberdeutschen würden sich zu diesem Zeitpunkt bestimmter Väterzitate für ihre theologische Argumentation bedienen. Möglicherweise hatte Melanchthon die fraglichen *Dicta* mit einer entsprechenden Vorrede bei ihm eingeführt. Schon diese Annahme aber konnte die Frage aufwerfen, wie ernst es den Oberdeutschen dann mit dem Bekenntnis *adesse Christi corpus substantialiter* wirklich sein konnte.

Zum anderen könnte sich Luther zu der Befürchtung, dass die Oberdeutschen die Entwicklung der Verständigung als ein Nachgeben seiner Seite darstellen würden, durch ein Schreiben veranlasst gesehen haben, dass einige Wochen vorher bei Spalatin in Wittenberg eingetroffen war. Dieser hatte sich am 12. November brieflich mit Ausführungen über die Reformation in Württemberg an den Kurfürsten gewandt. Dem Schreiben hatte er einen Brief Ambrosius Blarers beigelegt, in dem dieser Wolfgang Musculus von seinen mit Schnepf in Stuttgart geführten Verhandlungen berichtet hatte.[113] Spalatin zufolge war diesem Brief die Behauptung zu entnehmen, dass es Blarer gelungen sei, Schnepf von den eigenen Ansichten zu überzeugen und nicht umgekehrt.[114] Abschließend hatte Spalatin den Kurfürsten um sein Urteil und das Urteil der Wittenberger Theologen gebeten.[115] Bei dem Schreiben Blarers handelt es sich um dessen

113 Zu den Verhandlungen um die Württemberger Konkordie cf. oben S. 189.

114 „Aber wisset: es wird einem guten Freund hie von Augsburg anders von seinem Schwager geschrieben und Copie mitgesandt von einem Brief, so der Plarer dem Meuslein (Musculus), Prediger zu Augsburg, aus dem Wirtemberger Land geschrieben hat, was zwischen jenen beiden für dem Fürsten geschehen ist. Die Copey sende ich mit, damit ihr sehen möget, was sich verlaufen hat und daß sie sagen, der Plarer hab den Schnepfen bekehrt und nicht der Schnepf den Plarer." Spalatin an Kurfürst Johann Friedrich, 12. November 1534: zitiert nach Hartmann: Erhard Schnepff, 155.

115 „Es ist mir zu scharf und subtil zu verstehen und urtheilen, wer Recht hab nach gemeldter Schrift. Darum send ichs euch und begehr, daß ihr mich darauf wollt bescheiden, was ihr und die Gelehrten zu Wittenberg von dieser Handlung haltet. Jch wollt, daß Dr. Martinus Luther selbst mit M. Philippus Melanchthon und Justus Jonas allda gewest wäre. Denn ich fürcht, der Zwinglische Plarer sei dem Schnepfen zu geschwind, subtil und behende gewest." Ebd.

Brief an Musculus vom 29. August 1534.[116] In ihm hatte Blarer zwar nicht direkt behauptet, dass er Schnepf umgestimmt hätte; er hatte aber die Behauptung, dass er in Stuttgart seine ursprüngliche abendmahlstheologische Überzeugung widerrufen habe, als Gerücht bezeichnet und ihr damit widersprochen.[117] Ob der Kurfürst diese Nachricht wirklich an Luther weiterreichen ließ, muss offen bleiben. Einen direkten Beleg gibt es nicht. Luther erwähnte Blarer lediglich in seinem Brief an Jonas vom 17. Dezember. Dass er ablehnend über ihn urteilte, wird aus der dort formulierten Frage deutlich, was man im Blick auf das oberdeutsche Gebiet für eine Hoffnung haben könne, wenn der Herzog von Württemberg wirklich Gefallen an Blarer gefunden habe.[118]

In Begleitung von Franz Burkhard und dem Studenten Nikolaus Anianus verließ Melanchthon Wittenberg am 17. Dezember.[119] Über die vorangehende Unterredung mit Luther gibt es keine Nachrichten. Neben der Instruktion nahm er einen Brief Luthers an Landgraf Philipp mit auf die Reise. In diesem bekannte sich Luther ein weiteres Mal dazu, dass er den Streit gerne beigelegt sehe. Ebenso machte er aber seine Gewissensbindung deutlich.[120]

Am gleichen Tag wandte Luther sich noch einmal brieflich an Jonas. Im Blick auf die anstehenden Verhandlungen gab er zu, dass seine Vorbehalte gegen eine Verständigung mit fortschreitendem Nachdenken noch weiter angewachsen seien. Das Vorhaben der Verständigung bezeichnete er in diesem Zusammenhang als *concordia desperata*. Zur Begründung verwies er auf die Uneinigkeit der Gegner.[121]

Nach der Abfassung dieses Briefes kam es schließlich doch noch zu der ursprünglich geplanten Zusammenkunft aller Wittenberger Geistlichen, wie einem

---

[116] Cf. dazu besonders Schiess I, 444 (535f) und die von Hartmann: Erhard Schnepff, 155 gebotene Teilübersetzung der von ihm im Weimarer Archiv bei dem Schreiben Spalatins vorgefundenen Beilage. Bei Schieß wird fälschlich Abraham Musculus als Empfänger genannt. Dieser Sohn des Wolfgang Musculus wurde aber erst im Jahr 1534 geboren. Cf. Bodenmann: Wolfgang Musculus, 23.

[117] „[…] Non pollicitus ea solum est, sed præstitit etiam iam semel atque iterum hoc Schnepfius, ne plus exigeret a verbi ministris, quam exigat Saxonica confessio, ut videam me nulla iactura, sed magno ecclesiarum lucro hic quibuscumque conditionibus hæsisse, nec pœnitere potest consilii, utut dissparit rumor de me nescio quam superioris sententiæ palinodiam." Ambrosius Blarer an Wolfgang Musculus, 29. August 1534: Schieß I, 444 (535f).

[118] „Et scribitur mihi, Ducem Wirtembergensem habere in deliciis Blaurerum. Quodsi verum est, quid speres de tota illa superiore Germania?" WABr 7, 2156 (130,10–12).

[119] Cf. Melanchthon an Johannes Laski, 2. Februar 1535: MBW 6, 1536 (293,11–16); Luther an Fürst Joachim von Anhalt, 17. Dezember 1534: WABr 7, 2155 (129,14 und A. 4).

[120] „Furwar, mir ist ia auch leid solcher spalt, hab auch den schaden wolgefulet, das ich mit leib vnd leben gar gern wolt die einigkeit wider eranten, wo es sein kund. Denn ausgeschlossen mein gewissen sol nichts sein, das ich nicht gern leiden vnd thun wil. Aber das gewissen kan ich nicht also verstecken, da ichs nicht kund widergewinnen, Vnd der Rewel ist ein schwerer würm ym hertzen." Luther an Landgraf Philipp, 17. Dezember 1534: WABr 7, 2154 (128,5–10).

[121] „Ego quo plus cogito, hoc fio alienore animo erga istam concordiam desperatam, cum ipsi inter se sic varient." WABr 7, 2156 (130,8–10).

Brief des Johannes Forster an Johannes Schlaginhaufen vom 19. Dezember 1534 zu entnehmen ist.[122] Dieser Brief gibt einen Einblick in das weitere Nachdenken, von dem Luther Jonas berichtet hatte. Forster gibt Luthers Ausführungen wie folgt wieder:

„Die Sakramentierer sind nun in der Meinung, dass der Leib Christi wahrhaft mit dem Brot und das Blut wahrhaft mit dem Wein sei, dass aber der Leib und das Blut Christi weder von den Frommen noch von den Gottlosen gegessen oder getrunken werde, es sei denn auf geistliche Weise."[123]

Inhaltlich war damit erfasst, was Bucer lehrte: Nach seiner Überzeugung aßen selbst die frommen Christen den Leib im strengen Sinne nicht. Auch bei ihnen konnte man von einer *manducatio oralis* allenfalls im Sinne der uneigentlichen Rede sprechen. Allein der Glaube, der in irgendeiner Form gegeben sein musste, konnte den Leib Christi empfangen.

Auffällig ist, dass Luther in diesem Zusammenhang offenbar keinen Zweifel an der Aufrichtigkeit der Oberdeutschen äußerte. Es ist anzunehmen, dass ein abendmahlstheologisch so eindeutig positionierter Mann wie Forster sonst davon berichtet hätte. Luthers Formulierung, die Gegenseite sei nun „in der Meinung" (in ea opinione), legt sogar nahe, dass er ähnlich wie bei seinen Erwägungen in der Instruktion hier von einer aufrichtigen Überzeugung der Oberdeutschen sprechen wollte. Trotzdem erteilte er der von ihm vorgestellten Lehre vor seinen Kollegen eine deutliche Absage. Er erklärte, dass er sie nicht zulassen oder billigen könne und wolle. Als Grundlage einer Konkordie kam sie für ihn nicht in Frage. Für seine Ablehnung führte er zwei Gründe an. Zum einen äußerte er, dass diese Lehre „gegen die klaren Worte Christi sei, mit denen er uns seinen Leib zu essen befiehlt, und dass Judas ebenso in gleicher Weise wie die anderen, die frommen Jünger den Leib Christi gegessen hat."[124] Zum anderen erklärte er, „dass jene Lehre nicht sicher sei, daher könne sie die Gewissen nicht sicher machen."[125] Der hier geäußerte Einwand lässt verschiedene Deutungen zu: Luther könnte damit gemeint haben, dass die Lehre nicht sicher sei, weil sie inhaltlich nicht den Einsetzungsworten entspreche. Ebenso ist es möglich, dass

[122] „Hanc de sacramento opinionem esse illorum spirituum fanaticorum nobis omnibus praesentibus verbi ministris Wittenbergensis ecclesiae indicavit Dominus Doctor et pater amantissimus." WATR 2, 1883 (246,5–7) Cf. zur Datierung des Briefes die auf Schlaginhaufen zurückzuführende Angabe a. a. O. (246,17 f).

[123] „Sacramentarii sunt nunc in ea opinione corpus Christi vere esse cum pane et sanguinem Christi esse vere cum vino, sed corpus et sanguinem Christi neque a piis neque ab impiis manducari et bibi nisi spiritualiter." A. a. O., (246,2–5).

[124] „Et addidit hanc sententiam in hac re in testimonium suae doctrinae, quod neque posset neque vellet istam illorum doctrinam aut admittere aut approbare, propterea quod sit contra aperta verba Christi, quibus nos iubet manducare suum corpus, et quod Iudas etiam aeque atque alii pii discipuli corpus Christi manducavit […]." A. a. O. (246,7–12).

[125] „[…] deinde quod doctrina ista non sit certa, proinde certas conscientias reddere non possit." A. a. O., (246,12 f).

er wie in seiner Auseinandersetzung mit Bucers Thesenreihe vom August 1530 die Art kritisieren wollte, auf die diese Lehre entstanden war. Demnach hätte er sie als unsicher bezeichnet, weil sie sich nicht der vergewissernden Kraft der Einsetzungsworte, sondern der Kraft des menschlichen Denkens und Planens verdankte.[126] In diesem Sinne hatte er sich, wenn auch unterschiedlich wertend, auch schon in der ‚Additio' und der für Melanchthon bestimmten Instruktion geäußert. Man kann Luther an dieser Stelle aber auch so verstehen, dass er die fragliche Lehre als unsicher ansehen musste, weil nach seiner Überzeugung Gewissheit nur möglich war, wenn es sich bei Leib und Blut um etwas handelte, was außerhalb der Sphäre der gläubigen Subjektivität lag und von dieser unabhängig war.[127] Eine solche vergewissernde Externität aber implizierte nach seinem Verständnis immer auch eine leibliche Nießbarkeit des Leibes Christi.[128]

Zusammenfassend wird man sagen müssen: Aus Luthers Sicht standen die Verhandlungen in Kassel unter schlechten Vorzeichen. In der Sache hielt er das Verständigungsangebot, das er von der Gegenseite erwartete, für unannehmbar. Darüber hinaus schwankte er offensichtlich in seiner Einschätzung, ob die Oberdeutschen nicht vielleicht doch ein falsches Spiel mit ihm und seinen Leuten treiben wollten.

### 3.2.3 Die Kasseler Verhandlungen

Für eine Rekonstruktion der Verhandlungen in Kassel sind wir im Wesentlichen auf eine Quelle angewiesen: Es handelt sich um einen Bericht Bucers, den dieser wohl unmittelbar nach dem Abschluss des Kolloquiums erstellte.[129] Auch wenn in dem Text keine Adressaten erwähnt werden und solche auch nicht durch Anhaltspunkte erschlossen werden können, ist anzunehmen, dass er zunächst für die Unterrichtung der Straßburger Kollegen bestimmt war. Dass der Bericht in diesem Kreis rezipiert wurde, wird durch eine Abschrift belegt, die von Matthäus Zell angefertigt wurde.[130]

Melanchthon traf bereits am 25. Dezember in Kassel ein, Bucer folgte zwei Tage später.[131] Die Gespräche, die Melanchthon seinem Brief an Camerarius vom 10. Januar 1535 zufolge in Kassel mit dem Landgrafen über ernste Angelegenheiten führte, werden wohl diesen beiden ersten Tagen zuzuordnen sein.[132]

---

[126] Zu Luthers Beschäftigung mit Bucers Thesenreihe cf. oben S. 54.

[127] Cf. dazu oben S. 71 f.

[128] Cf. dazu oben die Auslegung von Luther an Kurfürst Johann Friedrich in Kapitel 1.4.3.2.

[129] Cf. BDS 6/1,62–76. Über die dort in der Einleitung genannten handschriftlichen Fassungen hinaus ist noch auf folgendes Manuskript hinzuweisen: Landeskirchliches Archiv Nürnberg, Reformationsakten Nr. 3 (ohne Blattzählung).

[130] Cf. a. a. O., 63.

[131] „So hatt mir der herr geholffen, das ich vff den xxvij. Decembris, das war der tag Iohannis Euangelistae, vff den ymbs zu Cassel ankommen bin. M. Philippus ware ankomen am weynacht abend." A. a. O., 70,7–9.

[132] „Familiarissime mecum de multis gravissimis rebus locutus est." MBW 6, 1525 (275,9 f).

Unter anderem ging es dabei, wie Philipp von Hessen später an Luther schreiben sollte, erneut um die Gefahr drohender militärischer Auseinandersetzungen.[133] Bevor Bucer in Kassel eintraf, hatte er zunächst einige Wochen in Augsburg verbracht und dort vergeblich für das Konkordienvorhaben geworben.[134] Mitte Dezember war er dann nach Konstanz weitergereist, wo er mit den Predigern verschiedener oberdeutscher Städte zusammentraf.[135] Nach seiner eigenen Darstellung wollte er in Kassel verlässlich über die abendmahlstheologische Position seiner Seite Auskunft geben können.[136]

Die Verhandlungen in Kassel begannen am Nachmittag des 27. Dezember. An diesem Tag und am folgenden Vormittag konnten die beiden Theologen Bucer zufolge in der Lehre vom Abendmahl und allen anderen Artikeln der christlichen Lehre eine vollkommene Übereinstimmung feststellen.[137] In diesem Zusammenhang dürften sich Melanchthon und Bucer auch über dessen ‚Bericht auß der heyligen geschrifft' unterredet haben. Bucer konnte jedenfalls am 2. Januar Frecht vom wohlwollenden Urteil des Wittenbergers berichten.[138] Offenbar hatte er Melanchthon die Schrift aber bereits vorher zugeschickt. In einem wohl auf Juli 1534 zu datierenden Schreiben an Ambrosius Blarer hatte er mitgeteilt, dass er täglich das Urteil Melanchthons erwarte.[139]

Wie Bucer sich später auf dem Wittenberger Konvent erinnern sollte, verständigte er sich mit Melanchthon in Kassel unter anderem auch über den Taufartikel der CA und das rechte Verständnis der in ihm behaupteten Heilsnotwendigkeit des Sakraments. Melanchthon gab dem Artikel dabei die Deutung, dass dieser keine Aussagen über das Schicksal ungetauft verstorbener Kinder machen wolle, sondern dass er sich gegen eine Verachtung der Kindertaufe richte.[140]

---

[133] „Sollt aber solchs nachbleiben, so wurde nit allein Gottes Ehere verdruckt und sein Lob verhalten, sondern es mocht auch im Zeitlichen der Oberkeit halben derjenigen, die itzt ihrer Achtung bei Gottes Wort in gutem ruhigen Frieden sitzen, die größte Fahre und Unfriede zu besorgen sein, wie wir dann deshalben Philippo weitern montlichen Bericht getan haben." Landgraf Philipp an Luther, 29. Dezember 1534: WABr 7, 2165 (145,19–24).

[134] Cf. zu diesem Aufenthalt Roth: Reformationsgeschichte II, 184 f.

[135] Zum Konvent von Konstanz cf. Köhler: Zwingli und Luther II, 372–375.

[136] Cf. BDS 6/1,68,5–8.

[137] „Dises tags, den xxvij. Decembris nach essen vnd nachgonden morgens fru haben M. philippus vnd ich mit einander gehandlet vnd vns nit allein im articel vom h. sacrament, sonder aller stucken christlicher leere gantz einhellig vnd gleychs verstandts gefunden." A. a. O., 70,10–13.

[138] „D. Philip siquidem approbat nostrorum moderationem in libro Monasteriensibus, ubi omnia satis explicata sunt […]." Bucer an Frecht, 2. Januar 1535: StA Lindau, Reichsstädtische Akten 63.8 (ohne Zählung der Seiten).

[139] „Cottidie expecto sententiam Philippi de libro Monasteriensi […]." Bucer an Blarer, [Juli 1534]: Schieß I, 430 (511).

[140] „Rogatum quoque Philipinum Casellae de eo, quod scripsisset furorem esse dicere, quod infantes sine baptismate decedentes salvantur, respondisse se non ad hunc modum intelligendum, quod velit talem infantem, qualis facta est mentio, temere damnare, sed solum contra contemptum paedobaptismi et institutionis Christi hoc esse positum." Itinerar 60,7–11. Zur Einordnung dieser Quelle cf. unten Kapitel 4.1. Zum Kontext des Rückblicks cf. unten S. 387 f.

In diesen beiden Tagen nahmen sich Melanchthon und Bucer auch gemeinsam die von Luther verfasste Instruktion vor.[141] Die Kommentierung, die Luther nach dem Konvent als Antwort auf seine Instruktion erhielt, wird man daher nicht als eine Einzelarbeit Bucers ansehen können.[142] Sie beruhte offensichtlich auf den vorangehenden Gesprächen der beiden Theologen. Es ist aber anzunehmen, dass sie von Bucer ausformuliert wurde, da sie durchgehend aus seiner bzw. aus oberdeutscher Perspektive verfasst ist.[143] Melanchthon war in diesen Verhandlungen nicht Luthers Mann. Er legte zwar dessen Auffassung vor, doch seine eigene Aufgabe sah er offenbar darin, wie man eine Auslegung formulieren konnte, die weder auf der einen noch auf der anderen Seite Anstoß erregte. Gegenüber Camerarius sollte er sich selbst im Rückblick schließlich als „Bote einer fremden Meinung" bezeichnen.[144]

Am 28. und 29. Dezember berieten Melanchthon und Bucer in Gegenwart des Landgrafen über die Abfassung eines weiteren Textes. Sein Wortlaut stand am zweiten Tag fest.[145] In Bucers Darstellung wird er als „bericht vnser vergleychung"[146] bezeichnet. Diese Wortwahl gibt zu erkennen, dass in ihm eine Ver-

---

Demnach ist aber die Vermutung bei Müller: Vereinbarung, 131, es könne sich bei diesen nicht auf das Abendmahl bezogenen Gesprächen „um keine Detaildiskussion gehandelt haben" durchaus zu relativieren. Darüber hinaus berieten sich Bucer und Melanchthon in Kassel auch noch über Johann Sturm, um dessen Sicherheit in Frankreich man fürchtete und dessen Berufung nach Augsburg oder Tübingen Bucer zu betreiben versprach. Cf. dazu Melanchthon an Sturm, 23. April 1535: MBW 6, 1564 (352,7–12).

[141] „Als aber M. philipp auch hatt von D. Luther bringen sollen, weß er sich zur Concordi schicken vnd von dem h. sacrament reden wölle, hatt er bracht, das D. Luther im wol gefallen losset, das wyr die ware darreychung vnd empfahung des leybs christi im h. abentmal bekennen, aber er hange noch als daran, das die wort des herren erforderen, das man auch sage, der leyb des herren werde in handt vnd mundt gegeben vnd was bewegnuß vnd leiplicher handlung dem brot geschähe, als tragen, essen vnd dergleychen, das diß auch dem leib christi beschehen, solle bekennet werden. Von solichen reden, das sy der massen geprauchet vnd auch erklaret wurden, das sye keinen anstoß ierget, sonder in alle weg furdernuß der warheit brechten, haben M. philipp vnd ich vff allerley wege vnd stelle der worten gedacht [...]." BDS 6/1,70,14–23.

[142] Falsch ist die in der Edition des Melanchthonbriefwechsels angenommene Adressierung an Melanchthon. Cf. MBW 6, 1513 (251).

[143] So heißt es etwa gleich in den ersten Zeilen: „Si doctor Lutherus rogaverit, quid responderim ad suas ‚cogitationes', habet se ad hunc modum mea fides: Ad primum: Me fateri visum mihi fuisse dominum Lutherum panem et corpus physica ratione unire, nosse quoque idem iudicare praecipuos huius partis. Iam ‚sacramentalem' modo ‚unionem' inter panem et corpus domini statuit, non ‚naturalem'. Contra iudicavit ipse de nobis agnoscere nos in coena signorum tantum [...]." Bucer [für Luther], 28./29. Dezember 1534: A. a. O. (254,1–6).

[144] „Meam sententiam noli nunc requirere, fui enim nuncius alienae, etsi profecto non dissimulabo quid sentiam, ubi audiero, quid respondeant nostri." Melanchthon an Camerarius, 10. Januar 1535: MBW 6, 1525 (275,6 f). Cf. dazu auch Brecht: Martin Luther III, 53.

[145] „Dise vnsere handlung vnd bericht der vergleichung haben wir vff den xxviij. vnd xxix. Decembris vor vnd mit dem durchleuchtigen, hochgepornen F. vnd G. herren Landtgrauen gehandlet vnd abgeredt vnd vnd vff den xxix. beschlossen [...]." BDS 6/1,75,3–5.

[146] Cf. a. a. O., 72,12;74,12;75,3.

ständigung dokumentiert war, auf die sich die beiden Verhandelnden hatten einigen können.[147] Vereinbart wurde, dass Melanchthon auf seiner Seite für eine Zustimmung zu diesem Verständigungsartikel werben sollte. Über die Aufnahme sollte er dann dem Landgrafen berichten, der einen entsprechenden Bericht an Bucer weitergeben würde. Bucer sollte entsprechend unter den Oberdeutschen vorgehen.[148] Am 30. Dezember traten die beiden Theologen schließlich wieder die Heimreise an.[149]

Von dem Verständigungsartikel hat sich im Politischen Archiv des Landgrafen ein von Melanchthon angefertigtes Exemplar mit den autographen Signaturen beider Theologen erhalten.[150] In formaler Hinsicht handelt es sich bei dem Artikel um die Wiedergabe eines Berichtes, in dem abendmahlstheologische Aussagen referiert werden, die die Augsburger Prädikanten gegenüber ihrer Obrigkeit geäußert haben sollen. Wie Bucers Bericht über die Verhandlungen erkennen lässt, griff man bewusst zu dieser literarischen Fiktion, die die eigentlichen Entstehungsverhältnisse verschleierte.[151] Auch in der Sache dürften Bucers Ausführungen den wirklichen Verhältnissen in Augsburg kaum gerecht geworden sein. Das Vorgeben zielte auf den sächsischen Kurfürsten, von dem man annahm, dass er gegenüber den Augsburgern besonders starke Vorbehalte habe.[152] Im Hintergrund standen dabei vermutlich die Bemühungen der Stadt um eine Aufnahme in den Schmalkaldischen Bund.[153] In der Einleitung des Artikels wird Bucer die Rolle des Berichterstatters zugewiesen: „Herr Bucerus ist zu Augsburg funff wochen gelegen, hatt do geprediget und bericht, dass die predicanten der oberkeit zugesaget haben […].“[154] Die von ihm geleistete Unterschrift ist so zu deuten, dass er mit ihr für die Richtigkeit seiner Ausführungen bürgte. Melanchthon bezeugte mit seiner Unterschrift lediglich, dass Bucer sich in der vorliegenden Weise vor ihm geäußert hatte. Eine persönliche Stellungnahme zu dem Be-

---

[147] Cf. dazu auch die entsprechende Vermutung bei Hazlett: Development, 399.

[148] „Vnd ist vnser letster abscheydt also gewesen, das M. Philipp bey D. Luther vnd denen, die es mit im halten, solle daran sein, das sy sich an solcher gemeiner bekentnuß, die wyr bede gestellet zu Christlichem frid vnd eynigkeit hynfur mit disem teyl zuhalten, vernugen lossen, vnd was M. Philippen in dem von jenem teyl begegnet, soll er vnserm g. h. lantgrauen vffs forderlichest zu schreiben, so wirt s. F. g. solchs vns hie oben als bald auch verstendigen lossen. Desgleychen solle ich dises teyls auch thun.“ A. a. O., 75,12–18.

[149] Cf. a. a. O., 76,12–14.

[150] Cf. Staatsarchiv Marburg, Bestand 3 (PA Landgraf Philipp), Nr. 2688, f. 20a–b. Ein Faksimile wird geboten bei Müller: Vereinbarung, 135 f. Im Folgenden wird zurückgegriffen auf die Edition in MBW 6, 1514.

[151] Verkannt wird der fiktionale Charakter des Artikels bei Köstlin/Kawerau: Martin Luther II, 331.

[152] „Die wort des bericht sind mit namen vff die von Augspurg darumb gestellet, das die selbigen bey dem Chur Fürsten besonders angeben sind, als ob sy die ware gegenwertigkeit Christi im abentmal nit bekenneten.“ BDS 6/1,76,4–6.

[153] Zu den in dieser Angelegenheit ohne Erfolg unternommenen Werbeversuchen des Ulmer Stadtschreibers Sebastian Aitinger cf. Roth: Reformationsgeschichte II, 282–284.

[154] MBW 6, 1514 (262,1 f).

kenntnis der Augsburger war dem Wortlaut des Artikels zufolge mit den beiden Signaturen zunächst noch nicht verbunden.[155]

Inhaltlich hatten sich die Augsburger Bucer zufolge zunächst einmal zur Annahme der CA und ihrer Apologie bereit erklärt.[156] Dem im Anschluss wiedergegebenen Bekenntnis ist folgende abendmahlstheologische Position[157] zu entnehmen: Der Leib Christi wird im Abendmahl „wesentlich und warhafftiglich empfangen"[158]. Brot und Wein sind „signa exhibitiva", bei deren Austeilung Leib und Blut „zugleich gereicht und empfangen" werden.[159] Die Zusammengehörigkeit von Christi Leib und Blut einerseits und den Elementen andererseits wird demnach temporal als Gleichzeitigkeit aufgefasst. Bezeichnet wird das Verhältnis mit dem Begriff der *coniunctio sacramentalis*. Inhaltlich wird es von einer Vermischung des Leibes mit dem Brot und der Vorstellung einer Transsubstantiation abgegrenzt.[160] Aussagen über die *manducatio oralis* und die *manducatio impiorum* fehlen. Wie aus Bucers Bericht hervorgeht, hatte man beide Fragen bei der Formulierung bewusst ausgeklammert.[161] Zum Vorgehen in Kassel heißt

[155] Zumindest missverständlich ist es daher, wenn es bei MÜLLER: Vereinbarung, 131 heißt: „Von beiden Theologen wird herausgestellt, dass man vom Abendmahl wie auch von allen ‚andern artikeln der confessio und Apologie gemes' lehren will [...]." Der Beitrag berücksichtigt die Form des Artikels nicht und differenziert daher auch zwischen der Verhandlungssituation in Kassel und der im Artikel vorzufindenden literarischen Fiktion nicht. Lediglich in einer Anmerkung wird auf die entsprechende Stelle aus Bucers Bericht verwiesen. Cf. a. a. O., 132 A. 41. Vernachlässigt wird die formale Gestaltung des Artikels auch bei HAZLETT: Development, 399 und FRIEDRICH: Martin Bucer, 105.

[156] „Herr Bucerus ist zu Augsburg funff wochen gelegen, hatt do geprediget und bericht, das die predicanten der oberkeit zugesaget haben, vom sacrament und andern artikeln ‚der Confessio und Apologia gemes zu leren', des sie sich auch zuvor uff ansinnen der oberkeit erbotten haben, wie sie yhn bericht haben." MBW 6, 1514 (262,1–5).

[157] Rätselhaft sind die Ausführungen bei HAZLETT: Development, 399: „The statement was designed, it would seem, to constitute a concrete basis for future comprehensive negotiations on the full range of problems associated with the two sacraments." Vom Sakrament der Taufe ist freilich im Artikel nicht einmal ansatzweise die Rede.

[158] MBW 6, 1514 (262,7).

[159] A. a. O. (262,8–10).

[160] „[...] und halden also, das das brot und der leib also bey ein sind, nit mit vermischung yhres wesens, sondern als sacrament und das ienig, so sampt dem sacrament gegeben wirt, quo posito aliud ponitur. Denn dweil man uff beiden teilen heltt, das brot und wein bleiben, halden sie solche sacramentalem coniunctionem." A. a. O. (262,10–14). Dafür, dass durch die sakramentale Verbindung Brot und Wein zugleich Leib und Blut Christi „sind", wie dies von MÜLLER: Vereinbarung, 132 behauptet wird, bietet der Text keinen Anhalt.

[161] Bei MÜLLER: Vereinbarung, 130 und 132 wird dieser Umstand irrtümlich als ein Einschwenken Bucers gedeutet. Dieser habe die Oberdeutschen auf der Versammlung in Konstanz für eine Zustimmung zu der Aussage gewonnen, dass auch die Gottlosen Leib und Blut zu sich nähmen. Dass die *manducatio impii* im Kasseler Artikel nicht ausdrücklich abgelehnt wird, soll dann „im Sinne der Konstanzer Beschlüsse" zu deuten sein. Schon die Ausgangsbehauptung, dass man in Konstanz eine solche Verständigung auf die *manducatio impii* erreicht habe, ist allerdings falsch. Im sechsten Artikel des Dokuments heißt es lediglich, dass „dem Gotlosen jm abentmal sacramentlich als vil als dem gotseligen angebotten vnd dargereicht werde." BDS 6/1,52,5f. Gegen Müllers Deutung sprechen darüber hinaus die Auslegungen, die Bucer sel-

es dort: „Haben also dise wort ‚in handt vnd mundt' vnd dergleichen vmbgangen vnd allein die ware gegenwertigkeit des leibs christi vnd den naturlichen vnderscheidt zwischen brot vnd dem leib christi außgetrucket."[162] An späterer Stelle berichtet Bucer:

„Jn disem bericht vnd vergleichung haben wir auch mit fleyß wo̊llen die wort setzen, wie die schrifft von sacramenten zu reden pfleget, nemlich wie die der herr eingesetzet vnd sy die glåubigen recht geprauchen, vnd nit, wie sy die vngleubigen mißbrauchen."[163]

Ebenfalls ist dem Bericht aber zu entnehmen, dass Bucer an dieser Stelle seine eigene Deutung keineswegs aufgeben wollte. Er hielt vielmehr an der Impatibilität des Leibes fest und beharrte darauf, dass allein der Glaube diesen empfangen könne.[164] Es unterliegt keinem Zweifel, dass er den im Kasseler Artikel enthaltenen Begriff der *coniunctio sacramentalis* in diesem Sinne deutete.

Neben dem Verständigungsartikel brachte Melanchthon von Kassel auch noch die nach gemeinsamen Erörterungen von Bucer für Luther verfasste Erwiderung auf dessen Instruktion mit nach Wittenberg.[165] Gegen den Einspruch Luthers bekräftigte Bucer in ihr erneut seine Auffassung von einem beiderseitigen theologischen Missverstehen: Auf seiner Seite habe man Luther fälschlicherweise die Ansicht unterstellt, dass zwischen Christus und den Elementen eine *unio physica* bestehe. Luther wiederum habe die Oberdeutschen beschuldigt, dass diese der Überzeugung anhingen, im Mahl komme es nur zu einer Darreichung und Nießung von Zeichen.[166] Gleichzeitig schränkte er seine Behauptung dahingehend ein, dass man sich nicht ausreichend (non satis) verstanden habe.[167] Im Blick auf die von Luther befürchtete Gefahr neuer Auseinandersetzungen verlieh der Straßburger seiner Hoffnung Ausdruck, dass man in einem zukünftigen Austausch eine unanstößige Lösung finden werde.[168] Luthers Erwartung, dass Bucer eine *nova et media sententia* als Ausgleichslösung anstreben werde, wies dieser zunächst durch die Erklärung zurück, dass man Luther keineswegs das Zugeständnis abringen wolle, es werde im Abendmahl nur

ber der Formel nach seiner Rückkehr nach Straßburg gab. Cf. dazu unten A. 164 und Grass: Abendmahlslehre (1954), 135.

[162] BDS 6/1,72,20–22.

[163] A. a. O., 73,19–22. Vs. Stupperich (a. a. O., 24) wird man daher eben gerade nicht sagen können, dass über die *manducatio impiorum* nicht diskutiert worden ist. Sie wurde nur in dem fixierten Artikel nicht angesprochen.

[164] „[...] das der leib des herren an im selbs weder von synnen noch vernunfft mo̊ge erreichet vnd begriffen werden, sonder das der glaube da handlen můsse." A. a. O., 71,26–28. „Seytemal dan auch iedermann bekennet, das der leib des herren nun vnleydlich vnd von vnserem leib an ym selb vnbegrifflich ist, so wir do bekennen, das der leib vnd das brott allda on vermischung des wesens bey ein sind [...]." A. a. O., 73,14–16.

[165] Cf. dazu oben A. 143.

[166] Cf. dazu Bucer [für Luther], 28./29. Dezember 1534: MBW 6, 1513 (254,2–8).

[167] „Mihi itaque persuasum est nos non satis quid utrinque senserimus intellexisse [...]." A. a. O. (254,9–255,10).

[168] Cf. a. a. O. (255,11–14).

Brot gegessen.[169] Ausführlich entfaltete er darauf ein weiteres Mal seine eigene abendmahlstheologische Position: dass im Mahl nicht nur Brot, sondern vor allem der Leib des Herrn selbst gegeben, empfangen und gegessen werde.[170] Erläuternd fügte er hinzu:

„[...] addamus modo huius dicti explicationem, et eam quam dominus Doctor in Confessione sua illa magna posuit: Nempe corpori domini ‚manducationem oris, id est contritionem per dentes et deglutitionem' tribui propter ‚sacramentalem unionem' [...].“[171]

Wieder wollte Bucer die Rede vom leiblichen Essen, die für Luther eine in der Sache zutreffende Beschreibung der im Abendmahl praktizierten Nießung war, lediglich als eine uneigentliche Redensart zugestehen.[172] Den unkommentierten Gebrauch (sine interpretatione) entsprechender Wendungen lehnte er für seine Seite ab.[173] Gleichwohl rechnete er damit, dass Luther an dieser Haltung Anstoß nehmen könne. Für diesen Fall erbat er nämlich, dass Luther an diesem Punkt auf das Gewissen der Oberdeutschen Rücksicht nehmen solle. Als Begründung verwies er auf den Kampf gegen eine scholastische Vorstellung von einer den Elementen anhängenden Heilsgegenwart Christi, in deren Rahmen für die Notwendigkeit eines gläubigen Empfangens kein Platz mehr war.[174]

---

[169] „Cum nos non agnoscamus a nobis signum tantum assertum esse nec requiramus, ut dominus Lutherus ‚concedat solum panem manducari', non est, ‚ut novam et mediam sentenciam statuamus'.“ A. a. O. (255,15–17).

[170] „[...] cum utrinque [...] fatemur non solum panem hic, sed eciam, ac praecipue quidam, dari, accipi et manducari ipsum corpus domini [...].“ A. a. O. (255,19–22).

[171] „Wir wollen nur eine Erklärung jenes Ausdrucks hinzufügen, und zwar diese, die der Herr Doktor in jenem, seinem großen Bekenntnis angeführt hat: dass offenbar dem Leib des Herrn das Essen des Mundes, das heißt: das Zerkauen durch die Zähne und das Verschlingen, wegen der sakramentalen Vereinigung zugeteilt wird.“ A. a. O. (255,22–25).

[172] An anderer Stelle heißt es: „Explicare igitur cum vetustis patribus, qua ratione proprie corpus domini percipitur et ista ‚corpus domini accipi in manus', ‚immitti in os', ‚teri dentibus' dici ad exprimendam sacramentalem unionem, hoc est, quod cum pane corpus domini vere exhibetur et percipitur, proprie competere ac fieri pani et corpori Christi tribui per ‚sinechdochen'.“ A. a. O. (256,35–39) Zu den folgenden Ausführungen über Bucers Deutung der entsprechenden Passage von Luthers Abendmahlsschrift cf. bereits ausführlicher oben S. 32–34. Grass: Abendmahlslehre (1954), 137 registriert im Blick auf *unio sacramentalis* und Synekdoche eine Differenz zwischen Bucer und Luther, bleibt aber eine sachliche Bestimmung des Unterschiedes schuldig. Zutreffend urteilt Köhler: Zwingli und Luther II, 378: „Bucer schwächt also zur naiven Ausdrucksweise ab, was für Luther Realität bedeutete!“

[173] „Nostra enim in parte nihil prorsus obstat, quo non simpliciter domini Doctoris sectatores se eciam hac in re plaerique fateri possint, quam quod dum corpori Christi sine interpretatione et simpliciter tribuuntur et competere affirmantur quaecunque pani fiunt et competunt.“ Bucer [für Luther], 28./29. Dezember 1534: MBW 6, 1513 (255,29–256,32).

[174] „Si vero domini Lutheri consciencia putat praestare illa, quae pani proprie fiunt, corpori domini sine explicatione synecdoches huius simpliciter tribuere, oramus, agnoscat conscientiam nostram non sine causa explicationem huius synechdoches praesertim in nostris ecclesiis requirere. Quanquam, cum adhuc adeo vigeat per orbem error ille papistarum, quo Christum speciebus panis et vini sic alligant, ut salutarem domini praesenciam polliceantur ubicunque illa sunt, ‚ne γρὺ quidem' de fide, qua salutariter dominus suscipiatur, addentes, videtur causa esse, ut diserte explicetur, quomodo et ad quid Christus se hisce signis nobis exhibet, ut quod

Als Konsens beider Seiten formulierte er ausdrücklich: „Utrinque certe panem et corpus domini ‚res natura diversas' et corpus domini impatibile confitemur."[175] Dass es sich bei Leib und Brot „von Natur aus" um zwei verschiedene Entitäten mit unterschiedlichen Eigenschaften handele, hatte Luther 1528 in seiner Abendmahlsschrift tatsächlich festgehalten. Doch während nach seinem Verständnis innerhalb der *unio sacramentalis* an die Stelle dieser ontologischen Differenz die Möglichkeit eines realen Austauschs von Eigenschaften treten sollte, blieb Bucer zufolge dieser Unterschied und damit auch die prinzipielle Impatibilität des Leibes und Blutes auch im Abendmahl unverändert erhalten.[176]

Auf den von Luther markierten Vorbehalt seines Gewissens reagierte Bucer schließlich, indem er die Grenzen seines eigenen Verhandlungsspielraums abschritt: Dabei lehnte er ein Bekenntnis zu einer zwischen Brot und Leib bestehenden *unio physica* ebenso ab wie die Vorstellung, dass der Leib Christi zur Bauchspeise oder für sich (per se) leiblichen Vollzügen unterworfen sei.[177] Auch dürfe man die *unio sacramentalis* nicht so verstehen, dass man von jedem sage, der das Brot empfange oder habe, „er empfange oder habe Christus, die Speise des ewigen Lebens als Speise des ewigen Lebens oder für sich selbst zum Heil."[178]

Im Blick auf Bibel und Väter gab Bucer außerdem zu verstehen, dass man an der Auffassung der Bibel in schlichtester Form festhalte und gerne die Ausdrücke der Väter gebrauche.[179] Abschließend bat er, Luther möge die Oberdeutschen eine kleine Weile im Herrn ertragen, falls er diesen Worten noch nicht vollkommen entnehmen könne, dass man in der Auffassung vom Abendmahl einig sei, und stellte weitere Ausführungen in Aussicht.[180]

---

sic per haec signa detur, accipiatur et manducetur, ut tamen – proprie si loqui libeat – nihil prorsus a corpore nostro patiatur." A. a. O. (257,55–66).

[175] „Auf beiden Seiten bekennen wir gewiss, dass das Brot und der Leib des Herrn von Natur aus verschiedene Dinge sind und dass der Leib des Herrn unempfindlich ist." A. a. O. (255,27–29).

[176] Falsch wird die Abendmahlsauffassung Bucers von Leppin: Martin Luther, 309 im Rahmen seiner Ausführungen zum Kasseler Kolloquium beschrieben. Er behauptet dort, dass Bucer und die Oberdeutschen „eine Präsenz Christi nur dort zugrunde legten, wo der Heilige Geist auch auf Seiten des Empfangenden wirksam war, wo also bei diesem Glauben gegeben war." Die Gegenwart von Leib und Blut Christi sah Bucer auch unabhängig vom Glauben der Empfänger gegeben. Der Glaube hatte aus seiner Sicht für die Präsenz keine konstitutive Bedeutung. Wohl aber war er für den Empfang unverzichtbar. Cf. dazu die Ausführungen S. 110.

[177] „Ad 7. Nostra consciencia tria solum in ista disputatione respuit ac cavere querit: Primum, ne statuatur aliqua corporis domini cum pane et vino coniunctio physica. Alterum, ne fiat corpus domini cibus ventris vel per se obnoxium actionibus corporis nostri." Bucer [für Luther], 28./29. Dezember 1534: MBW 6, 1513 (256,44–47).

[178] „3., ne sacramentalis unio eo extendatur, ut quicunque sacramentum pericipit aut habet, is ‚cibum vitae aeternae' Christum dicatur ut cibum ‚vitae' vel in ‚salutem' sibi percipere aut habere." A. a. O. (256,47–257,50).

[179] Cf. a. a. O. (256,41–43).

[180] „Caeterum sentenciam nobis eandem esse, quae est domini Doctoris, non dubito, quare fidei atque sensus coniunctionem inter nos esse affirmamus. Quod si dominus Doctor ex nostris

### 3.2.4 Luthers Urteil über das Verhandlungsergebnis

Von Kassel reiste Melanchthon zunächst nach Weimar, wo er am 2. oder 3. Januar dem sächsischen Kurfürsten über die Verhandlungen Bericht erstattete und den Kasseler Artikel übergab.[181] In einem Bedenken vom 3. oder 4. Januar bat Melanchthon Johann Friedrich schließlich, dieser möge sich von Luther mitteilen lassen „ob ehr sie [= die Oberdeutschen] also zu leiden gedenke, das ehr sie nit damnir laut dises ietzigen artikels".[182] Die Formulierung ist insofern bedeutsam, als Melanchthon mit ihr nicht danach fragte, ob Luther den Kasseler Artikel für konkordientauglich hielt. Für den Moment richtete sich sein Interesse darauf, ob Luther ihn als Grundlage für eine Duldung der Gegenseite ansehen konnte.

In seinem Brief vom 5. oder 6. Januar bestimmte Johann Friedrich, dass Luther sich ebenfalls von Melanchthon berichten lassen und sein Urteil über den Artikel abgeben sollte.[183] Für diese Prüfung legte er Luther die Frage vor, ob er die Leute, „so solchen Artikel und wie der verzeichnet ist, irgend inhalten oder annehmen wurden, gern zu verdampnen wußtet oder nit."[184] Seine Einschätzung sollte er dem Kurfürsten mitteilen, der sie wiederum an den Landgrafen weiterleiten wollte.[185] Auch Brück sollte sich nach dem Willen Johann Friedrichs mit Luther in dieser Angelegenheit unterreden.[186] Landgraf Philipp hatte Luther am 29. Dezember noch einmal mitgeteilt, welche Bedeutung er den Einigungsversuchen in geistlicher und politischer Hinsicht beimaß, und um Luthers Unterstützung gebeten.[187]

Sein Urteil über den Kasseler Artikel übermittelte Luther dem Kurfürsten in einem Schreiben aus der Zeit vor dem 27. Januar.[188] Seine Ausführungen beginnen mit der Beobachtung, dass die in der Formel genannten Prädikanten „wollen vnd sollen der Apologia der Confession gemes leren".[189] Für seine

verbis nondum potest plene percipere, oramus, in domino paulisper nos sustineat. Nobis certe spes est fore, ut fidem huius rei ea abunde astruamus." A. a. O. (257,66–70).

[181] Zum Problem der Datierung der Unterredung cf. MBWReg 2, S. 168. Zum Ablauf cf. die kurzen Angaben in Kurfürst Johann Friedrich an Luther, 5. oder 6. Januar 1535: WABr 7, 2169 (149,1–10).

[182] Melanchthon an Kurfürst Johann Friedrich, 3./4. Januar 1535: MBW 6, 1524 (273,18–274,19).

[183] „[...] so ist an Euch unser gnädigs Begehrn, Jhr wollet Magister Philipsen Bericht von ihm anhoren und die eingelegte Verzeichnis sehen und erwägen [...]." Kurfürst Johann Friedrich an Luther, 5. oder 6. Januar 1535: WABr 7, 2169 (150,14f).

[184] A. a. O. (150,16–18).

[185] Cf. a. a. O. (150,18–20).

[186] Cf. a. a. O. (150,21–24).

[187] Cf. Landgraf Philipp an Luther, 29. Dezember 1534: WABr 7, 2165 (145,14–19; 19–24).

[188] Die bei Köstlin/Kawerau: Martin Luther II, 331 angeführte „erste Äußerung" Luthers ist mir nicht bekannt. Möglicherweise wird hier die vor den Kasseler Verhandlungen abgefasste ‚Additio' falsch eingeordnet.

[189] WABr 12, 4253 (169,3f).

Person könne er daher eine Konkordie nicht ablehnen.[190] Zunächst ist an Luthers Ausführungen interessant, dass er nicht wie der Kasseler Artikel auf CA und Apologie Bezug nahm. Man wird dies nicht als eine Flüchtigkeit Luthers abtun können. Die Urschrift seines Briefes lässt nämlich erkennen, dass hinter dem Wort *Apologia* ein durchgestrichenes *v* steht, auf das dann der Artikel *der* folgt.[191] Luther hatte demnach zunächst beide Bekenntnisse anführen wollen, wie es auch dem Text der zu prüfenden Vorlage entsprach. Beim Niederschreiben aber entschied er sich bewusst dafür, ausschließlich die Apologie zu nennen.[192] Worin er ihren besonderen Vorzug erkannte, wird aus seinen Ausführungen nicht deutlich. In seinem Sendschreiben an die Frankfurter hatte er die sich jeder Vereinnahmung durch Irrlehrer entziehende Eindeutigkeit beider Schriften hervorgehoben.[193] Über seine besondere Wertschätzung der Apologie sollte er sich später auf dem Wittenberger Konvent im Jahr 1536 noch einmal ausführlicher äußern.[194] An dieser Stelle ist nur festzuhalten, dass ihm an einem Bekenntnis zur Apologie lag und dass er in ihm nicht nur die Grundlage für eine Duldung, sondern den hinlänglichen Ausdruck der Einigkeit selbst sah.

Den theologischen Inhalt des Artikels gab er mit den Worten wieder, dass die Prädikanten „deudlich bekennen, das Christus leib warhafftig vnd wesenlich ym abendmal ym brod gereicht, empfangen vnd geessen werde etc.“.[195] Sein Urteil fasste er in die Worte: „Wo yhr hertz stehet, wie die wort lauten, weis ich auff dis mal die wort nicht zu straffen.“[196] Auf der einen Seite war Luther also überzeugt, dass die Abendmahlslehre des Kasseler Artikels, obwohl dieser das Verhältnis zwischen Christus und den Elementen ausschließlich im Sinne einer temporalen Zusammengehörigkeit (zugleich) bestimmt hatte[197], in der Sache das Verhältnis zwischen Christus und den Elementen nicht anders auffasste als er selber.[198] Auf der anderen Seite lässt sein Urteil aber erkennen, dass er die Worte des Kasseler Artikels lediglich als eine unter dem Vorbehalt der Vorläufigkeit akzeptierte Formulierung gelten lassen wollte. Trotz der Überzeugung von einer sachlichen Übereinstimmung war er der Meinung, dass angemessenere Ausdrucksformen

---

190 „[...] kan vnd weis ich solche Concordia nicht ausschlahen fur meine person.“ A. a. O. (169,4 f).

191 Cf. dazu ThHStaW, Ernestinisches Gesamtarchiv, Reg. H 103, Bl. 5r und WABr 12, S. 170 A. a).

192 Vs. GRASS: Abendmahlslehre (1954), 137, der Luthers Brief mit den Worten „[...] sollen der Apologie *oder* Confession gemäß lehren [...]“ [Hervorhebung H. R.] falsch zitiert.

193 Cf. oben Kapitel 2.2.2.

194 Cf. dazu Kapitel 4.2.7.

195 Luther an Kurfürst Johann Friedrich, [v. d. 27. Januar 1535]: WABr 12, 4253 (169,6 f).

196 A. a. O. (169,8 f).

197 Cf. dazu oben S. 218.

198 Cf. ebenso GRASS: Abendmahlslehre (1954), 137. HAZLETT: Development, 410 geht mit seiner Deutung freilich zu weit: „Just as Bucer felt that Luther's in pane actually meant cum pane, so Luther felt that Bucer's cum pane meant in pane.“

möglich und aus seiner Sicht für den Abschluss einer Konkordie letztlich auch erforderlich waren.[199] Angesichts der Umstandes, dass Luther vor Kassel sein Bekenntnis zur *manducatio oralis* nachdrücklich und mit deutlichen Worten wiederholt hatte, wird man seinen Vorbehalt zumindest auch darauf zurückführen müssen, dass der Artikel sich darüber und über die *manducatio impii* ausschwieg.[200] Neben den Inhalten aber beschäftigte Luther weiterhin die Frage, ob das vorgelegte Bekenntnis als ehrlicher Ausdruck einer inneren Überzeugung angesehen werden konnte.

Im Blick auf das weitere Vorgehen riet Luther, dass man sich Zeit nehmen solle. So könne man verhindern, dass sich die Gegenseite überrumpelt fühle. Offensichtlich ging er davon aus, dass zumindest nicht alle oberdeutschen Theologen zu diesem Zeitpunkt eine aufrichtige Zustimmung hätten geben können. Im Blick auf das eigene Lager befürchtete er, dass es zu einem internen Streit kommen könne, wenn man die Sache übereilen würde.[201] Er verwies darauf, dass einige Zweifel an der Aufrichtigkeit der Oberdeutschen hätten und befürchteten, dass von diesen „ettliche vnserm namen vnd glauben fast [= sehr] feind seyn".[202] Bei den Zweiflern im eigenen Lager dachte Luther wahrscheinlich zunächst an seinen Freund Nikolaus von Amsdorf. Von diesem war nämlich wohl gegen Ende des Jahres 1534 unter dem Titel ‚Contra Zwinglianos et Anabaptistas themata' eine lateinische Thesenreihe im Druck erschienen.[203] In ihr hatte er den Straßburgern vorgeworfen, dass sie ihre Einigkeit mit Luther nur vorgäben.[204] Als Beleg hatte er auf ein zuletzt veröffentlichtes Buch der Straßburger verwiesen.[205] Damit bezog er sich, wie die deutsche Fassung der Thesenreihe zeigt[206], auf Bucers ‚Bericht auß der heyligen geschrift', der im März unter dem Namen der Straßburger Prediger herausgegeben worden war.[207] Für eine Wiederaufnahme in die kirchliche Gemeinschaft hatte Amsdorf verlangt, dass die Gegenseite öffentlich wider-

---

[199] Es ist mithin einseitig, wenn KOLDE: Martin Luther II, 425 behauptet, Luther habe sich „gleichwohl mit der Erklärung zufrieden" gegeben.

[200] Für die Behauptung von FRIEDRICH: Marburg, 51, dass Luther die *manducatio impiorum* in den Artikel hineingedeutet habe, gibt es in den Quellen keinerlei Anhalt.

[201] „[...] Sehe ich fur nutz vnd gut an, das man diese Concordia nicht so plotzlich schliesse, damit ihene nicht vbereilet vnd bei den vnsern nicht eine zwitracht sich errege [...]." Luther an Kurfürst Johann Friedrich, v. d. 27. Januar 1535: WABr 12, 4253 (169,13–15). BRECHT: Beziehungen, 505 übergeht, dass Luther in diesem Zusammenhang auch die Befindlichkeiten der Gegenseite berücksichtigte.

[202] A. a. O. (169,13). Zur Bedeutung von *fast* cf. DWB Bd. 3, Art. *fast,* A 4) (Col. 1348).

[203] Cf. STUPPERICH: Schriften, 68 f. Im Jahr 1535 sollte dann auch noch eine deutsche Fassung mit dem Titel ‚Widder die Widderteuffer und Sakramentirer' erscheinen.

[204] „40. Sed Strasburgenses inter alios callidiores, fingunt se cum Luthero sentire et docere." AMSDORF: Contra Zwinglianos, 3b.

[205] „41. Sed turpissime mentiuntur, id quod ostendit liber proximus ab illis emissus." Ebd.

[206] „44. So sie doch offentlich liegen / wie yhr buch / das sie den zu Můnster haben zu geschriben / offentlich zeugt." AMSDORF: Widder die Widderteuffer, B3r.

[207] In der Überschrift der Vorrede heißt es: „Durch die Prediger des heyligen Evangeli zů Strasburg der Stat und kirchen zů Münster in Westfal erstlich geschriben." BDS 5,119,8 f.

rufen und um Verzeihung bitten müsse.[208] Dass Luther von dieser Schrift und somit auch von den Vorbehalten ihres Autors Kenntnis hatte, ist zumindest gut vorstellbar, wenn es sich auch nicht belegen lässt. Erkennbare Bedenken gegen eine Einigung mit den Oberdeutschen hatte in dieser Zeit aber auch Johannes Brenz, wie sich einem an ihn gerichteten Schreiben Melanchthons vom 12. oder 21. Januar 1535 entnehmen lässt.[209] Auslöser war bei ihm offenbar ebenfalls seine Lektüre von Bucers ‚Bericht auß der heyligen geschrift'.[210] An Widerstände dieser Art wird man denken müssen, die Luther nicht übergehen wollte und nicht übergehen konnte. Er begründete dies damit, dass „sie gehoren auch zur sachen, die nicht mein oder yemands alleine ist".[211] Auch wollte er interne Auseinandersetzungen unbedingt vermeiden.[212] Für die Zukunft empfahl Luther, beide Seiten sollten freundlicher miteinander umgehen. Bei den Oberdeutschen werde sich so zeigen, ob sie aufrichtig die Verständigung suchten oder andere Absichten verfolgten. Unter den eigenen Leuten könne in dieser Zeit langsam das Misstrauen überwunden werden.[213] Erst dann könne man „eine rechte, bestendige einigkeit beschliessen, die mit aller bewilligung on argwohn aus rechtem grunde von allen wurde williglich vnd vngenotigt angenomen"[214]. Nach Luthers Einschätzung war dies aber „on weiter vnterredung vnd erkentnis nicht wol oder leichtlich" möglich.[215] Es ist somit zutreffend, wenn Bizer aus Luthers Sicht über den Stand der Verständigungsbemühungen urteilt, dass ein „Waffenstillstand", noch nicht aber der endgültige „Friedensschluss" erreicht worden war.[216]

In seinem Brief vom 27. Januar unterbreitete Kurfürst Johann Friedrich dem hessischen Landgrafen ein Verfahren, nach dem nun weiter vorgegangen werden sollte. Dabei berief er sich ausdrücklich darauf, dass er „doctor Marthini luthers, vnnd der andern vnnser Theologen, bedenken, darjnnen auch gehort" habe.[217] Über die äußeren Abläufe dieser Einbeziehung weiterer Wittenberger

---

[208] „42. Non est igitur illis ullo modo credendum, nisi errorem agnoscant et reuocent publice. [...] 44. Quando id reuocant et ueniam petunt, ut decet Christianos, illos agnoscemus, alias nequaquam." Amsdorf: Contra Zwinglianos, 3b. Cf. dazu auch Kolb: Nikolaus von Amsdorf, 44 f.

[209] „Scripsisti mihi aliquoties de sacramentariis et concordiam dehortaris, etiamsi inflexerint se ad Lutheri sententiam." Melanchthon an Brenz, 12. oder 21. Januar 1535: MBW 6, 1527 (279,10 f).

[210] Cf. Bucer an Melanchthon, 31. Januar 1535: MBW 6, 1532 (287,14–17).

[211] Luther an Kurfürst Johann Friedrich, v. d. 27. Januar 1535: WABr 12, 4253 (169,15 f).

[212] Cf. oben A. 201.

[213] „Sondern wo man aus den vorgesetzten worten begonst freundlicher gegen ander zu handlen, wurde sichs mit der zeit wol ereugen, ob yhre meynung rein vnd recht were oder ettwas dahinden hetten, damit solche concordia hernach erger Discordia mocht werden." A. a. O. (169,16–19).

[214] A. a. O. (169,22–24).

[215] A. a. O. (169,24 f).

[216] Bizer: Studien, 79. Cf. ebenso Grass: Abendmahlslehre (1954), 137.

[217] Kurfürst Johann Friedrich an Landgraf Philipp, 27. Januar 1535: Staatsarchiv Marburg PA 2560, f. 15r.

Theologen sind wir nicht unterrichtet. Möglicherweise waren sie zu den Beratungen hinzugeholt worden, die nach dem Willen des Kurfürsten mit Kanzler Brück hatten geführt werden sollen. Dieser wird dem Kurfürsten über das Ergebnis Bericht erstattet haben.[218] Als Ergebnis war vereinbart worden, dass Melanchthon zunächst das Urteil weiterer Theologen des eigenen Lagers einholen sollte. Dazu sollte er an Urbanus Rhegius, Nikolaus von Amsdorf, Johannes Brenz, Wenzeslaus Linck, Andreas Osiander und Johann Agricola schreiben. Ein Alleingang wurde von den Wittenbergern ausdrücklich abgelehnt.[219] Man befürchtete, dass sich andernfalls Kritiker aus den eigenen Reihen öffentlich gegen ein für Duldung plädierendes Urteil erklären könnten.[220] Wie Melanchthons Briefen an Agricola, Brenz und Rhegius zu entnehmen ist, ging diese Forderung auf Luther zurück.[221] Auch auf einer vorübergehenden Geheimhaltung der Formel, auf die Melanchthon später seine Briefpartner verpflichten sollte, bestand Luther.[222] Über die eingeholten Voten sollte Melanchthon dann Bucer

[218] Von einer persönlichen Teilnahme des Kurfürsten gehen hingegen Köstlin/Kawerau: Martin Luther II, 330 und Edwards: Luther, 146 aus. Auf den Umstand, dass der Brief des Kurfürsten an Philipp von Hessen detailliertere Vorgaben für das weitere Verfahren enthält als Luthers Gutachten zum Kasseler Artikel, wird bereits bei Neudecker: Merkwürdige Aktenstücke I, 98–100 A. 1) hingewiesen. Neudecker schließt daraus, dass Luther mit anderen Theologen ein zweites Gutachten für Johann Friedrich verfasst haben müsse. Wahrscheinlicher aber ist, dass Brück den Kurfürsten über die Ergebnisse seines Gesprächs mit Luther und seinen Kollegen unterrichtete.

[219] „[...] Zu dem, das gemelte unnsere Theology bedenken, das bey jnen allein auch nicht wol stehen wölle, das gemelte mittel zuzelassen, Sundern es solt jres achtenns guet sein, das es durch gemelte vnser Theologen vnd Maister Philipsen Melanchton den andern furnhemlichen von vorwannten theologen, Auch zuerkennen gegeben, vnnd jre meynung darjnn gehort, wurde, Als Vrbano Regio, Amsdorff, Brencio, Wenceßlao Lincko, Osiandro, vnnd Eyßleben." Kurfürst Johann Friedrich an Landgraf Philipp, 27. Januar 1535: StA Marburg PA 2560, f. 15v.

[220] „Dann sie bedenkenn, solt man sich vff jre bedenken, allein einlassen, den andern teil, vff solchen furschlagk, nicht zuuordammen, vnnd die genanten weren es nit auch mit einigk, So mochten sie darwider schreiben, vnnd sich entschuldigen, oder protestation ausgehen lassen, das sie des nit kondten noch woltenn, mit aynigk sein, daraus sich allerley ergernus zutragen wurde." A. a. O., f. 15v.

[221] „Lutherus satis clementer respondet, sed reiicit rem ad aliorum etiam deliberationem." Melanchthon an Agricola, [nach dem 3. Feburar 1535]: MBW 6, 1538 (300,10 f). „Facit [sc. Luther], ut tibi quoque visum est expedire, ut tempus in consilium adhibeamus." Melanchthon an Brenz, 2. Hälfte Februar 1535: MBW 6, 1544 (309,5 f). „Lutherus satis clementer respondet, sed reiicit rem ad caeteros evangelii doctores. Vult te et plerosque alios etiam audiri, ut communis concordia fiat." Melanchthon an Rhegius, 3. März 1535: MBW 6, 1547 (313,14–16).

[222] „Lutherus etsi non plane damnat, tamen nondum voluit pronunciare." Melanchthon an Brenz, 2. Hälfte Februar 1535: MBW 6, 1544 (309,4 f). „Nolo hanc epistolam evulgari, ne traducantur illi nostri amici. Et ante rem perfectam non prodest talia spargi in vulgus." Melanchthon an Agricola, nach dem 3. Februar 1535: MBW 6, 1538 (300,21 f). „Quaeso, ne vulges exemplum, donec aliquando tota res perficiatur." Melanchthon an Rhegius, 3. März 1535: MBW 6, 1547 (314,21 f). Im Sinne der Geheimhaltung ist es auch zu verstehen, dass Melanchthon die Formel an Spalatin erst schicken wollte, wenn er über einen zuverlässigen Boten verfügte. Cf. Melanchthon an Spalatin, 24. Februar 1535: MBW 6, 1543 (307,4 f).

Meldung erstatten und ihn bitten, dass er sich entsprechend um Rückmeldungen aus den oberdeutschen Städten bemühen sollte. Neben den Theologen sollten dabei auch die städtischen Obrigkeiten ihr Urteil abgeben. Bucer schließlich sollte dann Melanchthon über die Auffassung der Oberdeutschen „vormittelst jrem bekentnus" – also mit Übersendung ihrer schriftlichen Stellungnahmen – unterrichten. Dieser sollte dann die Theologen seiner Seite und schließlich den Kurfürsten und Landgraf Philipp unterrichten.[223]

Wie Luther selbst über die Aufrichtigkeit der Oberdeutschen zu dieser Zeit dachte, geht aus seinem Brief an Philipp von Hessen vom 30. Januar hervor:

> „[...] dann Gottlob ich so weit bei mir kommen bin, daß ich trostlich [= zuversichtlich] verhoffe, es seind viel unter ihnen, die es herzlich und ernstlich meinen; derhalben ich auch dester geneigter bin zur Vereinigung, die gründlich und beständig sein möcht."[224]

Entsprechend konnte Melanchthon Bucer am 3. Februar mitteilen, Luther denke und rede freundlich über ihn und seine Kollegen.[225] Über den Stand der Verhandlungen äußerte sich Luther im Januar gegenüber dem Landgrafen mit den Worten: „Aber weil uf beiden Teilen noch nicht alle sind erforscht oder umb ihr Herzen gefraget, ist's uf diesmal gnug (meines Achtens) so nahe zusammengeruckt, bis Gott mehr helfe und eine gewisse Einigkeit gebe zu beschließen."[226] Nach seinem Urteil war es also zu einer wirklichen Annäherung in der Sache gekommen. Gleichzeitig machte er ein weiteres Mal deutlich, dass Gott selbst die Verständigung wirken und schenken musste. Die Aufgabe der Theologen konnte lediglich darin bestehen, eine ihnen dann vorliegende Einigkeit festzustellen und zu ratifizieren. Mit einem Hinweis auf die Bedeutung des Streitgegenstandes

---

[223] „Vnnd schirst der genannten Theologen bedenken einkeeme, so solt alsdan maister Philippus dem Bucer schreibenn, wie er jr baider handelůng zu Cassel Doctor Luther, vnnd den andern zuerkennen gegeben vnnd sie des furschlags so daselbst bescheen bericht, Vnnd Nachdeme er bey jnen auch etzlichen andern befunden, wo sein des Bucers vnd der andern meynung vnd hertze also were, wie der vorschlag lautet, das man sie (jnn hoffnung, es solt mit der zeit, durch die gnad gottes ain ferrer entliche vergleichung vnd verainigung erfolgen) darauff dieses tails nit damniren wolt, vnnd aber nach mit vorsichert oder gewiß were, ob die andern predicanten darzu auch die Regenten der Stedte do die Zwinglische meynung eingebrochen solcher seiner bekentnus lauts des gethanen furschlags, auch mit ainigk sein, vnnd dergestalt bis zu ainer verhofflichen weitern entlichen vergleichung von dem hochwirdigenn Sacrament des Leibs vnnd Pluts Christi, wolten leren vnnd halten lassen, So wolt jres achtens von nŏten sein, das er sich darumb bey den Regenten der gemelten Stedte vnnd jren predicanten erkundet, vnnd mit jnen davon redet, auch was jre gemuet vnd meynung darjn were, jme solchs vormittelst jrem bekentnus herwider zuerkennen gebe, domit er vnnd die andern des wissenns haben, vnnd e. L. vnnd vns ferrer berichtenn mochten." Kurfürst Johann Friedrich an Landgraf Philipp, 27. Januar 1535: StA Marburg PA 2560, f. 15v–16v.

[224] Luther an Landgraf Philipp, 30. Januar 1535: WABr 7, 2175 (157,8–11). Zur Bedeutung des Wortes tröstlich cf. DWB 22, Artikel tröstlich I. 1) (Col. 1006).

[225] „Primum autem hoc tibi plane confirmo, Lutherum nunc amanter de te et de tuis collegis sentire ac loqui." Melanchthon an Bucer, 3. Februar 1535: MBW 6, 1537 (297,4–6).

[226] Luther an Landgraf Philipp, 30. Januar 1535: WABr 7, 2175 (157,11–14).

und die Vorgeschichte mahnte er zu Geduld[227] und versicherte dem Landgrafen seine Bereitschaft zu einem weiteren Mitwirken.[228]

Den getroffenen Vereinbarungen gemäß schrieb Melanchthon im Februar und März einige Theologen der eigenen Seite an und stellte ihnen die Kasseler Formel zu. Erhalten sind uns nur die Briefe an Rhegius, Agricola und Brenz.[229] Bezeugt ist außerdem ein Antwortschreiben Osianders.[230] Es ist somit anzunehmen, dass Melanchthon sich auch an ihn gerichtet hat. Der ebenfalls als Adressat vorgesehene Wenzeslaus Linck dürfte in dem Brief an Osiander mitbedacht worden sein. Anders verhält es sich hingegen mit Nikolaus von Amsdorf. Gegenüber Bucer äußerte Melanchthon am 23. April nach einem Verweis auf eine kämpferische Schrift Amsdorfs gegen Erasmus: „Itaque de ista causa nondum quicquam egi cum eo. [...] Video nobis τοὺς ἀμούσους καὶ ἀπαιδεύτους interdum patientia et dissimulatione nostra placandos esse, quando irritati magis fiunt inepti."[231] Zumindest für eine gewisse Zeit wollte Melanchthon Amsdorf demnach bewusst aus dem Beurteilungsprozess ausschließen.

Seinen Korrespondenten stellte Melanchthon die Frage, ob ihrer Ansicht nach diejenigen zu dulden (tolerandi) seien, die in Übereinstimmung mit dem Kasseler Artikel lehrten und dächten. Dabei räumte er gegenüber Agricola und Rhegius ein, dass die Formel Fragen aufwerfen könne, und stellte eine zukünftige Aussprache in Aussicht.[232] Auch gab er diesen beiden seine eigene Einschätzung zu erkennen und erklärte, dass er keinen Unterschied mehr erkennen kön-

---

[227] „Es kann ein sölich große Sach so lang und tief gewachsen auf einmal plötzlich nit mögen vollbracht werden." A. a. O. (157,14–16).

[228] „Dann was ich immer tun und leiden kann zu Vollbringung söliches Anfangs, soll E. F. G. gewiß sein (so viel mir Gott gibt), daß an mir nit fehlen soll." A. a. O. (157,16–258,18).

[229] „Scis me fuisse in Cattis, quo et Bucerus accersitus attulit sententiam περὶ τοῦ δείπνου κυριακοῦ, cuius exemplum tibi mitto." Melanchthon an Agricola, [nach dem 3. Feburar 1535]: MBW 6, 1538 (300,1 f). „Mitto tibi formulam sententiae Buceri, quam nunc in publicis scriptis non obscure profitetur." Melanchthon an Brenz, [2. Hälfte Februar 1535]: MBW 6, 1544 (309,3 f). „Cassellae cum Bucero collocutus sum de controversia coenae domini, et attuli exemplum sententiae ipsius, quod ad te mitto." Melanchthon an Rhegius, [3. März 1535]: MBW 6, 1547 (313,7 f).

[230] „Ultro ad me scripsit amantissime de te et tota causa Osiander." Melanchthon an Bucer, 23. April 1535: MBW 6, 1562 (348,6 f).

[231] A. a. O. (348,4 f.7 f).

[232] „Etsi autem aliquid adhuc in hac sententia fortasse nonnulli desiderare poterunt, tamen, cum spes sit integrae concordiae, illud tantum queritur, an ita tolerandi sint, ne damnentur. [...] Et tamen, siquae reliquae sunt questiones de illis agi poterit, siquando colloqui pluribus liceret." Melanchthon an Agricola, [nach dem 3. Feburar 1535]: MBW 6, 1538 (300,13–17). „Iussus sum autem ad te et alios multos scribere et vestras sententias explorare, an tolerandos esse iudicetis sic scientes ac docentes." Melanchthon an Brenz, [2. Hälfte Feburar 1535]: MBW 6, 1544 (309,6–8). „Petitur igitur, ut fiat inter nos concordia, ita ut, si quid forte adhuc nostri desiderent, tamen interim non damnent eos sic moderantes suam sententiam, donec aliquando tota res magis etiam in aliquo congressu componatur. Misi igitur tibi exemplum sententiae teque oro, ut mihi significes, an hoc modo docentes tolerandi sint ac non damnandi, cum quidem integrae concordiae aliquando spes sit." Melanchthon an Rhegius, [3. März 1535]: MBW 6, 1547 (313,11–14.16–19).

ne.[233] Deutlich war aber in jedem Fall, dass es hier nicht um die Zustimmung zum Abschluss einer Konkordie ging, sondern um die Frage eines temporären Tolerierens.

An Bucer wandte sich Melanchthon bereits am 3. Februar und informierte ihn über die in Wittenberg getroffenen Vereinbarungen zum weiteren Vorgehen.[234] Bucer war ihm da aber bereits zuvorgekommen. Wie er Melanchthon am 31. Januar berichtete, hatte er die Kasseler Formel schon auf dem Rückweg nach Straßburg an „alle oberdeutschen Gemeinden" geschickt.[235] Erhalten ist von diesen Schreiben ein Brief an Martin Frecht vom 2. Januar. Erwähnt werden dort weitere Mitteilungen an die Geistlichen von Esslingen, Biberach, Memmingen, Kempten, Isny und Lindau.[236] Für Konstanz lässt sich aus einem Brief Johann Zwick aus dem Januar 1535 erschließen, dass ein entsprechendes Schreiben auch hier eingegangen war.[237]

Entsprechende Rückmeldungen aus den Oberdeutschen Städten nach Wittenberg sind nicht erhalten. Veit Dietrich konnte am 30. April gegenüber Christoph Coler lediglich feststellen, dass er über die Konkordienangelegenheit keine verlässlichen Aussagen machen könne, da die Gegenseite nicht nur von einer Führungsperson abhänge.[238] Am 2. Juli 1535 wusste Luther den beiden als Gesandtschaft nach Wittenberg gekommenen Augsburgern Sailer und Huber zu berichten, „wie das auch die andern oberlendisschen Stedte auch würden herzu tretten, wie dann ainne nach der anderen hernach hinnein schicket, schrieb, vnnd sich huldeten".[239] Es ist zumindest naheliegend anzunehmen, dass er sich hierbei auf die vereinbarten Rückmeldungen auf die Kasseler Formel bezog.

---

[233] „Mihi quidem re ipsa videntur non discrepare a nostrorum sententia." Melanchthon an Agricola, [nach dem 3. Februar 1535]: MBW 6, 1538 (300,15f). „Ego plane iudico eos procul abesse a nostrorum sentetnia, imo reipsa convenire, nec damno eos." Melanchthon an Rhegius, [3. März 1535]: MBW 6, 1547 (313,19–314,20).

[234] Cf. Melanchthon an Bucer, 3. Februar 1535: MBW 6, 1537 (297,6–10).

[235] „Misi mox ex itinere formulam nostram ad omnes superioris Germaniae ecclesias." Bucer an Melanchthon, 31. Januar 1535: MBW 6, 1532 (287,8f).

[236] „Mitto hic tibi et fratribus symistis Esslingensibus, Bibracensibus, Memmingensibus, Campidonensibus et Isnensibus rationem, qua in praesens averti possit conatus hostium causam quaerentium ex nostro dissidio." Bucer an Frecht, 2. Januar 1535: StA Lindau, Reichsstädtische Akten 63.8 (ohne Nummerierung oder Seitenzählung). Eine Abschrift der Formel im Brief von Gervasius Schuler an Bullinger vom 4. März 1535 belegt ein Vorliegen für Memmingen. Cf. Gervasius Schuler an Bullinger, 4. März 1535: HBBW 5, 542 (134,118–133).

[237] „Lutherus quoque placatior factus nihil aliud exigit a nobis, quam ut confiteamur Christi corpus cum externis signis vere animae fideli exhiberi, declarans se plane nihil sentire de personali, reali aut naturali, sed tantum sacramentali corporis cum pane unione, idque dudum recepimus." Zwick an Bullinger, [kurz vor dem 11. Januar 1535]: HBBW 5, 508 (53,31–35).

[238] „Quod igitur, vir clarissime, de causa Sacramentaria quaeris, haud scio, an certi aliquid respondere queam. Cum enim illa Sacramentariorum factio non ex uno capite pendeat, nihil certi statui potest." Dietrich an Coler, 30. April 1535: Literarisches Museum 2 (1780), 477.

[239] Huber: Relation, f. 90v. Zum Aufenthalt von Huber und Sailer in Wittenberg cf. unten Kapitel 3.4.

Am 15. Februar wandte sich schließlich Landgraf Philipp an Luther. Mit der Entwicklung der Dinge war er keineswegs einverstanden. Er schrieb:

„Weil nu die Sach uf Euerm Bedenken ersitzen und ruhen will, so konnen wir die nit furder bringen, mussen solchs erwarten und wollen's dem Allmächtigen heimstellen und den umb ferner gnädige Verleihung [...] treulich bitten, da wir die Sach gerne gut sehen und herzlich meinen."[240].

Dass er Luther für diesen Gang der Ereignisse verantwortlich machte, traf in der Sache zu. Er hatte nach dem Willen des Kurfürsten über die Eignung des Verhandlungsergebnisses zu befinden gehabt. Das von ihm gefällte Urteil hatte die von Landgraf Philipp ersehnte schnelle Beilegung des Streites unmöglich gemacht und stattdessen den Weg zu weiteren Befragungen und zu einer Phase der Bewährung gewiesen. Leppins Behauptung, dass Luther erst auf dem Konkordienkonvent im Mai 1536 in die Verhandlungen um eine Verständigung einbezogen worden sei, geht an diesen Tatsachen vollkommen vorbei.[241]

Von den Stellungnahmen, die aus Wittenberg von den Theologen der eigenen Seite erbeten wurden, ist uns keine überliefert. Belegt sind die Antworten von Rhegius, Osiander und Brenz. Melanchthon schrieb am 23. April an Bucer, Rhegius habe sich überaus versöhnt gezeigt und Osiander habe sich über Bucer und die Angelegenheit sehr freundlich geäußert.[242] Für beide wird man daher annehmen müssen, dass sie sich zu der in Frage stehenden Duldung bereit erklärt hatten. Brenz berichtete am 31. August seinem Freund Eisermann über eine Unterredung mit Bucer. Wie Melanchthon habe er diesem geantwortet, dass die Kasseler Formel zwar erträglich (tolerabilis) sei, dass er aber noch nicht alle, die in dieser Weise lehrten, anerkennen könne. Verschiedene Anhaltspunkte wiesen darauf hin, dass die Konkordiensache nicht mit Ernst verfolgt werde.[243] Vergleichbares wusste Dietrich am 30. April aus einem Brief, den Brenz an ihn gerichtet hatte, in einem Schreiben an Coler zu zitieren: „Selbst wenn ich die Verständigung am meisten wünschen würde, so sehe ich doch nicht, auf welche Weise eine Verständigung mit diesen Menschen eingegangen werden könnte, die der Kirche nicht Schaden zufügen würde."[244] Wie mit diesen unterschiedlich ausgefallenen Voten weiter verfahren wurde, geht aus den vorliegenden Quellen

[240] Landgraf Philipp an Luther, 15. Februar 1535: WABr 7, 2177 (160,9–14).

[241] Cf. LEPPIN: Martin Luther, 310.

[242] „[...] is [sc. Rhegius] est placatissimus. Ultro ad me scripsit amantissime de te et tota causa Osiander." Melanchthon an Bucer, 23. April 1535: MBW 6,1562 (348,5–7).

[243] „Ego idem respondi quod scripsi ad Philippinum, nimirum quod sentiam quidem eam sententiam, de qua inter Bucerum et Philippum in Cassel convenerit, tolerabilem esse, nondum autem possim omnes sic docentes approbare, propterea quod suspicer ex multis coniecturis, ipsos non agere rem seriam." Brenz an Eisermann, 31. August 1535: Anecdota Brentiana LIII (153).

[244] „Ego ut maxime optarim concordiam, ita non uideo, qua ratione cum his hominibus concordia iniri possit, quae non sit fraudi Ecclesiae etc." Dietrich an Coler, 30. April 1535: Literarisches Museum 2, 478.

nicht hervor. Dass sie Luther vorgelegt wurden oder dass er durch Melanchthon zumindest über sie unterrichtet wurde, ist allerdings anzunehmen. Er wusste mithin sowohl um die zustimmenden Urteile als auch um die bei Brenz bestehenden Vorbehalte gegen einen Teil der beteiligten Oberdeutschen.

In dem bereits erwähnten Brief an Coler vom 30. April berichtete Dietrich auch darüber, dass es bei Luther selbst in der Zwischenzeit zu Irritationen gekommen war. Mit Blick auf die Gegenseite heißt es dort:

„Post proximum colloquium Philippi cum Bucero nihil esse actum, et Lutherum diffidere aliquantulum ipsorum voluntati, propterea quod nondum diserte confessi sint secundum uerba coenae, sed semper ambiguum aliquid admisceant, quod in suam ueterem sententiam detorquere possint, ut utrinque se muniant, et contra nostros, ne ab iis dissentire uideantur, et contra suos, ne nunc aliud uideantur docere quam antea."[245]

Dietrich schreibt hier zwar nur von einem kleinen Misstrauen, doch muss dieses andererseits zumindest so erheblich gewesen sein, dass Luther sich dazu veranlasst sah, sich mit anderen darüber auszutauschen. Als Auslöser dieser Unsicherheit wird eine Ausdrucksweise benannt, bei der mit zweideutigen Zusätzen operiert wird. Nach Luthers Einschätzung ließ sie sowohl eine Auslegung im Sinne seines eigenen Abendmahlsverständnisses zu als auch eine Interpretation im Sinn der Lehre, die die Oberdeutschen nach seiner Auffassung im Abendmahlsstreit zunächst vertreten hatten. Damit meinte er die Überzeugung, „das eytel brot vnd wein da sey".[246]

Auf welche Äußerungen sich Luther mit seinem Urteil bezog, lässt sich aus dem Schreiben Dietrichs nicht eindeutig klären. Dessen Formulierung, dass die Gegenseite sich noch nicht (nondum) deutlich in Übereinstimmung mit den Einsetzungsworten geäußert habe und dass dort immer (semper) zweideutige Zusätze beigefügt würden, lässt aber erkennen, dass Luther dabei auch aktuell vorliegende Stellungnahmen im Blick gehabt haben muss.

Nachweislich lagen ihm zu dieser Zeit zunächst einmal die Anmerkungen vor, die Bucer zu der für die Kasseler Verhandlungen angefertigten Instruktion gemacht hatte. Dass ihm dieser Text ausgehändigt worden war, kann aufgrund einer von Veit Dietrich am 15. Januar 1535 angefertigten Abschrift als gesichert gelten.[247] Aus inhaltlichen Gründen passen Dietrichs Beschreibungen auch gut zu diesen Anmerkungen. Sie enthalten nämlich ein weiteres Mal Bucers Erläu-

[245] „[...] dass seit dem letzten Gespräch von Philipp mit Bucer nichts verhandelt worden ist und dass Luther an ihrem Willen ein bisschen zweifelt, deswegen weil sie noch nicht deutlich gemäß den Abendmahlsworten ein Bekenntnis abgegeben haben, sondern immer etwas Zweideutiges hinzumischen, was sie im Sinn ihrer alten Überzeugung verdrehen können, so dass sie sich auf beiden Seiten absichern: gegen unsere Leute, dass sie mit ihnen nicht uneinig zu sein scheinen, und gegen ihre eigene Leute, dass sie nun nicht anders als zuvor zu lehren scheinen." A. a. O., 479. Auf diesen Brief wird bereits verwiesen bei Kolde: Wittenberger Konkordie, 391.

[246] Cf. dazu etwa Luthers Vorwürfe in seiner Abendmahlsschrift von 1528 WA 26,263,8; 279,21 f; 283,13.24.

[247] Cf. dazu BDS 6/1, S. 54 und 61,25 A. t.

terungen zur *unio sacramentalis*, deren Deutung und Einordnung Luther auch zuvor schon Schwierigkeiten bereitet hatte.

Neben den Anmerkungen muss Luther mindestens noch ein weiterer Text Bucers vorgelegen haben. Melanchthon hatte dem Straßburger nämlich am 3. Februar mitgeteilt: „Dedi etiam Luthero tuas literas et reliqua tua scripta."[248] Gleichgültig wie man den Kasseler Artikel und Bucers Anmerkungen den beiden Begriffen *litera* und *scriptum* zuordnen möchte: Luther hatte offenkundig noch einen weiteren Text in Empfang genommen. Möglicherweise ist hierbei an Bucers ‚Bericht auß der heyligen geschrift' zu denken, über den dieser wohl mit Melanchthon in Kassel gesprochen hatte.[249]

Da in Dietrichs Brief an Coler aber nicht nur von den Äußerungen eines Einzelnen die Rede ist, sondern von mehreren Personen (admisceant), muss Luther noch andere oberdeutsche Theologen im Blick gehabt haben. Wahrscheinlich ist hier auch an die von Ambrosius Blarer verfasste sog. Apologie zu denken. In Luthers engstem Umfeld lag sie bereits am 30. April vor, wie Dietrich gegenüber Coler zu erkennen gibt.[250] Für den 15. Mai lässt sich belegen, dass Luther selbst sie gelesen hatte.[251] Auch auf diese Schrift ist daher in diesem Zusammenhang einzugehen.

### 3.3 *Luthers Urteil über die Apologie Ambrosius Blarers*

Zu Beginn des Jahres 1535 wurde in Tübingen eine Schrift veröffentlicht, deren Titel Ambrosius Blarer als Verfasser auswies.[252] Diese oft als Apologie bezeichnete Schrift verdankte ihr Zustandekommen dem Umstand, dass Blarer sich nach dem Abschluss der Württembergischen Konkordie von verschiedenen Seiten dem Vorwurf ausgesetzt sah, er habe seinem Opponenten Erhard Schnepf gegenüber nachgegeben und sei von seiner alten Auffassung vom Abendmahl abgewichen.[253] Bucer wusste seinem Freund in einem Schreiben vom Oktober

---

248 Melanchthon an Bucer, 3. Februar 1535: MBW 6, 1537 (297,4).

249 Cf. oben S. 215.

250 „Nam quis fraudem non uideat in Blaurero, qui cum Schnepfio apud Wirtenbergensem nostris uerbis fere confessus esset sententiam de Sacramento, iam edito libello hoc unum pugnat, ne uideatur priorem sententiam reuocasse?" Dietrich an Coler, 30. April 1535: Literarisches Museum 2, 478.

251 Cf. unten S. 234.

252 Der vollständige Titel der Schrift lautet: ‚BEricht Ambrosii Blaurer von dem widerruff/so er bey dem articul des hochwirdigen Sacraments des leibs vnd blůts vnsers Herren Jesu Christi gethon soll haben/auß welchem auch vergleichung streittender mainungen bey dem heiligen nachtmal des herren/leichtlich von den vnangefochtnen frommhertzigen Christen vermerckt mag werden.'

253 So schrieb etwa Jakob Otter in einem Brief an Blarer vom 6. August 1534 über die Stuttgarter Konkordie: „In concordia nihil video te peccasse, nisi quid in Schnepfio lateat de manducatione impii, quod non satis declaravit, quo habeat libertatem pro opportunitate calumniandi

1534 sogar von einem Druck der Konkordienformel zu berichten, die die Lehrformulierung explizit als dessen Widerruf ausgab.[254] In seinem Brief stellte der Straßburger auch gleich noch die Vorlage für eine Erwiderung zur Verfügung. Bei der Abfassung der schließlich in deutscher Sprache erschienenen Schrift sollte sich Blarer eng an diese Vorlage anlehnen.

Die Apologie sollte den Nachweis erbringen, dass Blarer mit der Annahme der Stuttgarter Formel von seiner zuvor vertretenen Auffassung vom Abendmahl nicht abgewichen war und nicht widerrufen hatte.[255] In seiner Beweisführung bezog sich Blarer zunächst auf den achtzehnten Artikel der *Confessio Tetrapolitana* und auf die zugehörige Apologie, die er als Belege für seine Abendmahlslehre in Anspruch nahm.[256] Diesen Ausführungen stellte er eine Auslegung der Stuttgarter Formel gegenüber. In ihr führte er aus, wie er die beiden adverbialen Bestimmungen *substantialiter* und *essentialiter* und die drei zurückgewiesenen Bestimmungen *quantitative*, *qualitative* und *localiter* verstanden wissen wollte:

> „Die weil dann nun dise wort / namlich / der leib des Herren ist warhafftig / das ist substanzlich vnd wesenlich im nachtmal etc. weitters nit vermøgen / dann das der ware leib vnd das war blůt Christi / ia der gantz Christus / wie der ist in seinem wesen vnd substantz im heiligen nachtmal gegenwirtig geben vnnd empfangen wirdt / doch der gestallt / so man aigentlich hie dauon reden soll / das jnn diß orts weder synn noch vernunfft erraichen / recht vernemmen oder empfinden konnen / sonder allein das glåubig gemůt / welchs den worten des Herren / das ist mein leib / das ist mein plůt / glauben geben kan. Dann wie die war substantzlich vnnd weselich [sic] gegenwirtigkeit des Herren / mit disen worten / essentialiter et substantiue bekennt vnd außgedruckt wirdt. Also hinwider / wirdt mit denen / non quantitaiue / qualitatiue / aut localiter / auch bekennet vnd außgedrucket / das sollich gegenwirtigkeit geben vnd empfahen des Herren nit beschehe befindtlicher vnd sollicher weiß / das der Herr hie mit leiplichen synnen oder vernunfft gefasset werden møchte.“[257]

Sachlich kohärent wurde von ihm eine *manducatio impiorum* ausgeschlossen.[258] Im Blick auf den Nutzen des Sakraments gab Blarer zu verstehen, „dz

vel simplicibus imponendi. Gloriantur, qui Luthero favent, nos cantasse palinodiam et plane admisisse corporalem manducationem et essentialem impii, neque desunt, qui ex ore Schnepfii se loqui iactent.“ Schieß I, 434 (519). Zur Stuttgarter Konkordie cf. oben Kapitel 3.1.

[254] Bucer an Blarer, [ca. 6. Oktober 1534]: Schieß I, 471 (567 ff). Der von Bucer erwähnte Druck beginnt mit den Worten: „Ain widerruff Ambrosi Blarers, den artikel vom hochwyrdigen sacrament belangend: Ich Ambros Blarer bekenn mit diser meiner handtgschrift [...].“ A. a. O. (567 f A. 4).

[255] „Hie bey aber / hab ich mich sonderlich bezeügt / das ich mit sollichen worten vnser concordi vnd vergleichung / gar keins weys / von meiner vorigen lehr / bey dem nachtmal Christi / abgewichen / auch nicht von mir widerrufft seie / dieweil ich alweg dermassen hievon gehalten vnn geleert hab.“ ‚Bericht Ambrosii', a4v.

[256] Cf. a. a. O., b3v–cv.

[257] A. a. O., d2r–v.

[258] „[...] dz Christus vnser lieber Herr / vns / wie seine wort lauten / mit den sacramenten brots vnd weins / durch den diener / in seinem heilgen abendtmal / so wir das nach ordnung / die er vns gegeben halten / seinen waren leib / vnd wares blůt / warlich vnd wares ge-

vnser seelen / vnd als dann auch folgends vnsere leib allda zů dem ewigen leben gespeißt werden"[259].

Wie aufgrund der Entstehungsgeschichte des Textes nicht anders zu erwarten, stimmten diese Darlegungen der Apologie vollkommen mit der Auffassung Bucers überein: Auch Blarer beschrieb Leib und Blut als externe Gaben, deren Gegenwart nicht durch den Glauben konstituiert sein sollte, deren Empfang aber aufgrund der angenommenen Eigenschaften des Herrenleibes ausschließlich dem Glauben vorbehalten bleiben sollte.

Unter welchen Umständen Luther Kenntnis von der Apologie erhielt, lässt sich nicht mehr feststellen. Belegt ist ihre Lektüre im Wittenberger Umfeld Luthers durch einen Brief Veit Dietrichs an Christoph Coler vom 30. April 1535.[260] Es ist möglich, dass er ein Exemplar durch Erhard Schnepf zugestellt bekam. An diesen schrieb er nämlich am 15. Mai 1535 und ging mit folgenden Worten auf seine Lektüre ein:

„Ambrosii Blaurerii apologiam legi, et mihi satis placeret, et cuperem eam intelligi sincere. Offendit enim multos, quod ita anxie disputat, sese nunquam aliter sensisse antea, quibus difficile esse creditu putatur, quod tamen gratia solidae concordiae ego boni et aequi consulo. Nam ex animo recte sentientibus, sive erraverint, sive hostes fuerint, libenter omnino ignosco."[261]

Sein Urteil über die in der Schrift entfaltete Abendmahlslehre lässt zunächst erkennen, dass Blarers Ausführungen bei ihm in einem von ihm als hinreichend bezeichneten Maß (satis) auf Zustimmung gestoßen waren. Allerdings sind seine knappen Ausführungen mehrdeutig: Man kann Luther hier so verstehen, dass er Blarers Schrift eine Konkordientauglichkeit bescheinigen wollte. Die im *satis* greifbare Relativierung seiner Zustimmung brächte dann zum Ausdruck, dass er gleichwohl eine Differenz zu seiner eigenen Auffassung wahrgenommen hätte, die ihm aber im Blick auf die Frage nach der Möglichkeit einer Verständi-

---

genwesens vnd übergebens / gegenwirtig mache / vnnd übergebe / vnnd jnn auch also zůgegen haben / annemen vnd empfahen / alle die so nach sollicher ordnung des Herren seine wort vnn sacrament in der warheit annemmen / daran keinen / weder des dieners noch der mitgenossen vnglauben oder boßheit verhinderen mag / oder in eincherley weg beschedigen / so uerr er sich nit in sollichen vnglauben selbs einmengt." A. a. O., d2v.

[259] A. a. O., d3r.

[260] „Nam quis fraudem non uideat in Blaurero, qui cum Schnepfio apud Wirtenbergensem nostris uerbis fere confessus esset sententiam de Sacramento, iam edito libello hoc unum pugnat, ne uideatur priorem sententiam reuocasse?" Dietrich an Coler, 30. April 1535: Literarisches Museum 2, 478.

[261] „Ich habe die Apologie von Ambrosius Blarer gelesen, und sie gefiele mir hinreichend, und ich wünschte, dass sie aufrichtig gemeint sei. Es bereitet nämlich vielen Leuten Anstoß, was er so ängstlich erörtert, dass er niemals zuvor in anderer Weise gedacht habe, was einem zu glauben schwerfällt, was ich dennoch um einer dauerhaften Verständigung willen für gut und recht ansehe. Denn von Herzen verzeihe ich denen gerne, die es recht meinen, ob sie nun geirrt haben oder Feinde gewesen sind." Luther an Schnepf, 6. Mai 1535: WABr 7, 2194 (184,14–19).

gung als unerheblich erschienen wäre. Ebenso lässt sich Luthers Einschränkung aber auch so deuten, dass er für diesen Moment mit den Darlegungen seines Gegenübers einverstanden gewesen wäre und somit hätte signalisieren wollen, dass aus seiner Sicht die Richtung der Entwicklung stimmte. Darüber, wie Luther die abendmahlstheologischen Ausführungen der Apologie genauer deutete, lässt sich seinem Schreiben nichts entnehmen.

Deutlich ist hingegen, dass er Blarers Behauptung, er habe niemals eine andere Auffassung vom Abendmahl gehabt als die nunmehr vorgelegte, in der Sache zurückwies. Bemerkenswert ist aber, wie er diese Aussage Blarers wertete: Obwohl auch hier eine Sicht auf den zurückliegenden Streit präsentiert wurde, die Luther sachlich für unhaltbar ansah und die den von ihm verschiedentlich angemahnten Schnitt mit der Vergangenheit verweigerte[262], unterstellte er seinem Gegenüber nun keine unredlichen Absichten. Er zeigte sich vielmehr von der Aufrichtigkeit seines Gegenübers überzeugt und bekannte sich im Interesse an einer stabilen Einigung zu einer Deutung *in bonam partem*. Auf das nach seinem Urteil ausschlaggebende Motiv spielte er mit dem Adverb *anxie* an. Er glaubte wohl, dass Blarer aus Furcht vor einem drohenden Verlust seines Ansehens unter den eigenen Leuten zu dieser Behauptung Zuflucht genommen habe.

Für das Verständnis des Konkordienprozesses ist diese Stellungnahme vor allen Dingen deswegen von Bedeutung, weil hier erkennbar wird, dass sich aus Luthers Sicht der Rückhalt von Bucers Bemühungen im Lager der Oberdeutschen verbreiterte. Verschiedentlich hatte er unter den Oberdeutschen theologische Divergenzen wahrgenommen und beklagt. Auch hatte er deutlich gemacht, dass Bucer solange nur für sich selbst sprechen konnte, solange sich andere Theologen nicht auch selber in seinem Sinne positionierten.[263] Mit Blarer aber war, so wird man weiter schließen dürfen, in den Augen Luther nicht irgendein anderer Theologe an die Seite des Straßburgers getreten. Wie Luthers Schreiben an Jonas vom 17. Dezember 1534 zeigt, war er der Ansicht, dass Blarer über einen besonderen Einfluss auf die reformatorische Neuordnung in Württemberg verfügte.[264] Die Apologie dürfte Luther also in dem Sinne aufgefasst haben, dass Bucer ein gewichtiger Unterstützer öffentlich an die Seite getreten war.

---

[262] Zu Luthers Erwartungshaltung cf. z. B. Luther an Melanchthon, 11. September 1530: WABr 5, 1716 und S. 59.

[263] Als theologisch heterogen stellte sich Luther die Gegenseite etwa vor dem Beginn der Kassleler Verhandlungen dar. Cf. oben S. 210. Außerdem cf. Luther an Kurfürst Johann vom 16. Januar 1531 und Luther an Bucer vom 22. Januar 1531 samt den Ausführungen in Kapitel 1.4.3.2 und dort A. 450 und A. 468; sowie Luther an Menius, [März 1531]: WABr 6, 1800 und Kapitel 1.4.5.3.

[264] Cf. oben S. 212 und A. 118.

### 3.4 Luthers Aussöhnung mit den Augsburger Prädikanten

Auf Betreiben des Augsburger Arztes Gereon Sailer und der beiden Bürgermeister Wolfgang Rehlinger und Mang Seitz hielt sich Bucer vom 26. Februar bis zum 22. Mai 1535 in Augsburg auf. Sailer hatte sich besonders wegen der theologischen Uneinigkeit innerhalb der Pfarrerschaft an ihn gewandt.[265] Im Blick auf den politischen Rückhalt der Stadt war der von Luther offenkundig gemachte Dissens zwischen Augsburg und Wittenberg ausgesprochen schädlich. Eine Aufnahme in den Schmalkaldischen Bund war von kursächsischer Seite ohne eine vorangehende theologische Verständigung offenbar nicht zu erlangen.[266]

Bucers erstes Werk bestand darin, dass er die Prädikanten zur Annahme einer Bestallung bewegen musste, die der Rat ihnen vorgelegt hatte.[267] Über sein weiteres Wirken in Augsburg gelangten auf verschiedenen Wegen auch Nachrichten nach Wittenberg. Der Austausch lief im Wesentlichen über drei Personen: Aus Augsburg berichtete Kaspar Huber. Er hatte sich in den Auseinandersetzungen um das Abendmahl als Parteigänger Luthers positioniert und mit diesem Briefe gewechselt.[268] Luther selber hatte dann im Jahr 1534 einen Nachdruck von Hubers Schrift ‚Vom Zorn und der Gutte Gottes' aus dem Jahr 1529 veranlasst. In einem Vorwort hatte er die Schrift gelobt und den Verfasser als Angehörigen des eigenen Lagers anerkannt.[269] Adressat der Meldungen aus Augsburg war zunächst der von dort gebürtige und bereits erwähnte Johannes Forster.[270] Im April 1535 kam schließlich Jobst Neuheller (Neobolus)[271] nach Wittenberg. Zwischen Juni 1532 und April 1535 war er in Augsburg als Präzeptor von Peter Honolds Sohn Johannes tätig gewesen. Nach Erlangen des Magistergrades Ende April 1535 hatte er mit seinem Zögling die Aufnahme ins Schwarze Kloster erreichen können. Hier gehörte er nun wie Forster zu den Tischgenossen Luthers.

---

[265] „Symmystae Sebastianus [sc. Meyer] et Musculus constanter sunt et candide; sed nihil, immo minus quam antea apud fratres possunt. Sunt ab alia parte, qui ceremonias erigendas petunt; sunt, qui magistratum nihil posse nec debere in religione aestimant; sunt qui papismum meliorem novis tragoediis putant – partes hae omnes sua urgent. Consules hi duo immote permanent, te consultorem et adiutorem petunt." Gereon Sailer an Bucer, 16. Januar 1535: AMS AST 157, 443r. Cf. dazu auch Roth: Reformationsgeschichte II, 241; de Kroon: Augsburger Reformation, 59 f; BDS 6/1, 80; Seebass: Martin Bucer, 487.

[266] Cf. dazu Instruktion des Esslinger Städtetages für Han und Aitinger, [26. Juni 1535]: PC II, 309 B und C (278–280); Wolfart: Augsburger Reformation, 71–87; de Kroon: Augsburger Reformation, 81.

[267] Der Wortlaut der Bestallung ist wiedergegeben bei Huber: Relation, f. 82v–85r.

[268] Cf. dazu die Ausführungen in Kapitel 2.2.3.1.

[269] Luthers Vorrede beginnt mit den Worten: „DJs bůchlin hab ich gern gefordert jnn den druck, und habs zuvor andern mehr gethan." WA 38,325,2 f. Weiter heißt es: „Aber solche der unsern feine bůchlein, so Christum so redlich bekennen und predigen, werden auff den fels, darauff sie gebawet sind, wol sicher bleiben". A. a. O., 325,7–9. Cf. dazu auch a. a. O., 317.

[270] Cf. zu ihm oben S. 162 dort A. 170.

[271] Zu den folgenden Ausführungen über Neuheller cf. weiterhin Bossert: Jodocus Neuheller, 277–300; ders: Neues über Neuheller, 37–41.

Erste Anstöße zu einer Aussöhnung in dem tief zerrütteten Verhältnis zwischen Luther und den Augsburger Prädikanten gingen den vorliegenden Quellen zufolge von Neuheller und Huber aus. Neuheller konnte in Wittenberg zunächst noch aus erster Hand über die Entwicklungen in Augsburg und Bucers Einflussnahme berichten. Einem Schreiben Johannes Forsters an Huber, das im Mai 1535 verfasst worden sein dürfte, lässt sich entnehmen, dass er von Neuheller unterrichtet worden war. Was dieser im Einzelnen mitteilte, bleibt unklar. Es war jedoch offensichtlich dazu geeignet, dass sich bei Forster ein günstigeres Urteil über die Vorgänge in seiner Heimatstadt bildete. Forster erwähnt darüber hinaus, dass Melanchthon und Lukas Edenberger durch Huber ebenfalls erfreuliche Nachrichten erhalten hatten.[272]

Aus demselben Brief Forsters geht auch hervor, dass die Augsburger Prädikanten Huber und den ebenfalls als Anhänger Luthers angesehenen Stephan Vigilius zu Pfarrhelfern machen wollten.[273] Aus Forsters Schreiben wird auch deutlich, dass diese Nachricht bis zu Luther gelangte. Er sah im Wunsch der Augsburger ein Zeichen dafür, dass man nun an einer aufrichtigen Versöhnung und Beilegung des Streites interessiert war. Offenkundig sei man nun dort bereit, „Wittenberger bei sich zu ertragen."[274] Hubers Darstellung des Abendmahlsstreites lässt hingegen erkennen, dass man in Augsburg zu dieser Zeit keineswegs bereit war, an Wittenberg orientierte Theologen zu dulden. Er berichtet von Streitigkeiten über die Bedeutung der äußerlichen Stücke und von seinem auf Betreiben der Augsburger Prädikanten durchgeführten Verhör vor dem Rat der Stadt.[275] Wahrscheinlich handelte es sich auch bei diesem Vorhaben einer Be-

---

[272] „Negotium evangelii nunc melius apud vos habere, Caspar carissime, summa cum voluptate ex M. Jodoco audivi. [...] Jodocus mihi omnem rerum statum indicavit, quae partim a Bucero, partim a vestratibus actae sunt et fecit mihi magnam spem, ecclesiam vestram porro melius habituram: idem testantur et litterae tuae ad d. Philipum et Edenbergium scriptae [...]." Forster an Huber, [Mai 1535]: Germann: D. Johannes Forster, 81 f. Die Datierung von Germann (a. a. O., 81) auf Anfang 1535 ist nicht haltbar, da Neuheller als Magister bezeichnet wird. Gleichzeitig ist im Schreiben wohl vorausgesetzt, dass Bucer Augsburg bereits verlassen haben muss. Cf. Bossert: Jodocus Neuheller, 282 A. 2. Zu dem im Brief genannten Lukas Edenberger, der zu dieser Zeit als Präzeptor von Prinz Johann Ernst tätig war, cf. WABr 4, S. 614 A. 1 und MBWReg 11, Personen A-E, 388.

[273] „Ad haec ut nulla prorsus in ipsos cadere possit aut debeat suspicio simulationis, petunt etiam sibi adiungi Stephanum Vigilium et te coadiutores, quae profecto altera est causa, ob quam tibi nunc scribere libuit." Forster an Huber, [Mai 1535]: Germann: D. Johannes Forster, 82. Über Vigilius heißt es in Hubers Bericht: „Nun waren aber zween in Augspurg, die mann für Lutherissche hielt, nemlich M. Steffan, und Caspar huber, auff dieselben hetten die predicanten noch ein wenig sorg, sy möchten jhnen etwa das spiel verderben, und abentheur etlichen offenbaren, oder, schrifftlich an tag geben." Huber: Relation, f. 67r. Zur Vorladung der beiden vor den Rat, der Vigilius schließlich kündigte, cf. a. a. O., f. 68r–v.

[274] „[...] sed praeter haec omnia [placet], quod te in ecclesiae ministrum accersere cupiunt, quod et doctori nostro Martino signum esse videbatur, serio velle vestros simultatem et factionem istam deponere, quandoquidem Wittembergenses apud se ferre velint." Forster an Huber, [Mai 1535]: Germann: D. Johannes Forster, 83.

[275] Huber: Relation, f. 67v–68v.

rufung nur um einen weiteren Versuch, durch den die lutherische Minderheit der Stadt ohne jede weitere theologische Klärung in das Kirchenwesen integriert werden sollte.

Forster wusste Huber außerdem zu berichten, dass er von einem aus Augsburg nach Wittenberg kommenden Reiter erzählt bekommen habe, Michael Keller habe sich in einer Predigt öffentlich des Irrtums bekannt, widerrufen und die Gemeinde um Vergebung gebeten.[276] Zweifelsohne entsprach dies nicht den Tatsachen.[277] Ob Luther Kenntnis von dieser Behauptung erhielt, lässt sich aus den Quellen nicht belegen. Es ist aber wahrscheinlich. Schwerlich lässt sich vorstellen, dass Forster ihm eine solche Neuigkeit vorenthalten haben könnte.

Ähnliches wusste man sich auch von Bucer zu erzählen. Huber berichtet in seiner Relation, dieser habe in Predigten „frey öffentlich sein irthumb" gestanden und zugegeben,

> „das ehr den handel vom Sacrament biß her nit gnugsam verstanden und ausgetruckt hette, dann ehr von der darreichung des leibs vnnd bluts nichts geleert hett, auch nicht genugsam verstanden, derhalben ehr solchs gern, gott zu eheren, bekennen wolt, unnd solches nit allein für sich, sonder auch für seinne mitbrüder die andern predicanten, auß welcher mundt ehr auch redet etc."[278]

Ob nun Bucer sich wirklich in dieser Form erklärte, kann hier auf sich beruhen. Entscheidend ist, dass Luther Hubers Bericht zufolge die Vorgänge in dieser Weise dargestellt bekam. Zumindest *konnte* man diese Worte als einen Widerruf verstehen, mit dem Bucer sich öffentlich von dem Verständnis einer rein geistlichen Gegenwart lossagte.[279] Ein entsprechender Brief an Luther, der von Huber erwähnt wird, ist nicht erhalten.[280] Huber zufolge gefielen diese Nachrichten Luther „nit übell"[281]. Im Blick auf die Augsburger soll er erklärt haben, sie sollten die Angelegenheit weiter bedenken und sich gegenüber den Wittenbergern freundlich verhalten.[282]

Dass Bucers Bemühen um eine Verständigung in Augsburg tatsächlich aber auch auf Widerstand stieß, wusste schließlich Kaspar Huber in einem Schrei-

---

[276] „Accessit et aliud nuncium, quod mihi eques ille, qui ut puerum Honoldi huc perduceret, retulit, et hoc me multo hilariorem effecit, nempe Michaëlem Cellarium pro concione publice confessum esse et revocasse errorem suum orasseque populum pro venia." Forster an Huber, [Mai 1535]: GERMANN: D. Johannes Forster, 81 f.

[277] Anders votiert hier KÖHLER: Zwingli und Luther II, 385.

[278] HUBER: Relation, f. 88v.

[279] Cf. ebenso GRASS: Abendmahlslehre (1954), 138.

[280] „Jn dem begab sichs, das solche handlung des Butzers, gehen Wittenberg Doctor Luthern geschriben ward [...]." HUBER: Relation, f. 89r.

[281] Ebd. Dass Luther die Nachricht „mit großer Befriedigung aufgenommen habe, wie es bei BIZER: Studien, 84 heißt, gibt der Wortlaut der Quelle hingegen nicht her.

[282] „Derhalben ehr sich merken ließ, woh es den herrn von augspurg ernst were, so würden sye der sachen ernstlicher nachdenken, und sich mit den Wittenbergisschen freüntlich halten und erzaigen." HUBER: Relation, f. 89r.

ben an Neuheller zu berichten, das auf Mai/Juni 1535 zu datieren ist.[283] Bucer war von den Bürgermeistern mit der Abfassung theologischer Lehrartikel beauftragt worden. Die dabei entstandenen ‚Zehn Artikel' waren nach anfänglichem Widerstand von den Pfarrern schließlich angenommen worden.[284] Sie sollten mit einem Vorwort der Pfarrerschaft und einem Nachdruck der abendmahlstheologischen Kapitel aus Bucers ‚Bericht aus der heyligen geschrift' unter dem Titel ‚Ain kurtzer einfeltiger bericht' im Druck erscheinen.[285] Kaspar Huber, dem Bucer die Zehn Artikel zuvor zur Prüfung vorgelegt hatte, setzte durch, dass im Abendmahlsartikel die Worte „mit Brot und Wein" eingefügt werden sollten. Durch sie sollte die wirkliche Gegenwart von Leib und Blut Christi betont werden. In Abwesenheit Bucers jedoch verhinderten Michael Keller und Bonifatius Wolfart die gewünschte Korrektur. Als dies bemerkt wurde, wurden die Pfarrer vor die Dreizehn der Stadt geladen. Hier mussten sie eidlich versichern, dass es sich um ein Versehen gehandelt habe und dass sie die Artikel in der von Huber überarbeiteten Form erneut drucken lassen und ihnen gemäß öffentlich lehren würden.[286] Neuheller wurde durch Huber in dem erwähnten Schreiben über diese Affäre in Kenntnis gesetzt.[287] Auch von diesen Vorgängen dürfte Luther erfahren haben.

---

[283] Cf. Germann: D. Johannes Forster, 84 f. Für eine Datierung auf Ende Mai 1535 plädiert Bossert: Jodocus Neuheller, 282 A. 5.

[284] „In dem furen die herrn Burgermaister zu, und liessen zehen artickel durch den Buzer stellen, darinnen, wie hernach volgen wird, begriffen war alles was von den Sacramenten, unnder rechten Christlichen leer zuhalten ist, Damit mann sye auch also möchte mit der leer fassen vnd bestricken, Dieselbigen wurden ihnen durch den Buzer fürgehalten, unnd in Beysein der Burgermaister verlesen. Da wurden sy seer unlustig zum thaill darüber, als sonderlich, M. Michel, vnd Bonifaci, sprissen sich nit wennig, aber es halff nit, sye musten fort, mann hett sye umbgeben, bestrickt vnnd gefangen, das sye nit woll hinnumb kundten, von schanden wegen allerweil sye zuvor, ymmer fürgaben, sy weren nit wider andere kirchen spaltig in der leer, da musten sie auch die nachvolgenden artickel annemmen, und dür recht vnnd Christlich erkennen […]." Huber: Relation, f. 85v.

[285] Der Teilabdruck von Bucers Schrift entspricht BDS 242,4–256,15. Cf. dazu die Schrift ‚Ain kurtzer einfeltiger bericht', A4r–D2r.

[286] Cf. Huber: Relation, f. 87v und Roth: Reformationsgeschichte II, 244 f.

[287] „Der Butzer hat grossen fleiß firgewendt und vil guts geschaft, hat mir die zehen artikel zugestellt, es [sic] sie gedruckt seind worden, mich gefragt, ob ich mengel daran hette, soll ims anzeigen. Also fand ich im achten artikel nicht gnugsam ausgetruckt sein die gegenwertigkeit des leibs und bluts Christi im nachtmal, bate in beiwesen Andreä Althaimers, das er die wort hinein solte setzen, mit brot und wein, welches er mir verhiesse. In dem zug er hinweg gen Jsnach [legendum: Jsny] und Memmingen, verordnet, dieweil dise vier wort hinein zu trucken. Aber etliche predicanten hetten ein bschwerd darab, dieweil diese artikel vorhin königl. mstet. weren zugeschickt worden, liessen die wort aus, wiewol Meuslin und d. Bastian ibel zufrid daran waren […]. Also zeigt ichs dem Butzer an, der war ser onmutig […], zeigte es den burgermeistern an, war mit inen ibel zufriden, drangte also die predicanten dahin, daß sie fir die innersten des rats gefordert wurden, musten einen teuren eid schweren, das sie solches on allen arg ausgelassen hetten, auch ein harten eid schweren, das sie bei solcher bleiben und offentlich vor dem folk bekennen wolten und sich verwilligen, das sie die artikel widerum trucken wolten

Der entscheidende Anstoß zu einer Aussöhnung mit Luther ging schließlich von Kaspar Huber aus. Forster zufolge fragte er in einem nicht erhaltenen Brief bei Neuheller an, „wie der sach zu thun, damit die von Augspurg und predicanten mit d. Luther wider mochten eins werden und zu gnaden kommen."[288] Neuhellers Antwort aus Wittenberg fasste Huber schließlich in seiner Darstellung in zwei Punkten zusammen: Man solle zum einen die Entsendung eines Wittenberger Geistlichen nach Augsburg erbitten. Zum anderen sollten die Augsburger Prädikanten einen freundlichen Brief an Luther richten und darin ihre guten Absichten beteuern.[289] Ob Neuheller sich für diese Vorschläge auf eine konkrete Rücksprache mit Luther stützen konnte oder ob er lediglich seine eigene Einschätzung formulierte, lässt sich aus den Quellen nicht ersehen.[290]

In Augsburg wurden die Ratschläge Neuhellers von Gereon Sailer und dem Bürgermeister Wolfgang Rehlinger erfreut aufgenommen. Letzterer konnte Huber in einer Unterredung zu einer Reise in geheimer Mission zu Unterredungen nach Wittenberg und Celle überreden. Als Prädikanten wollte man Urbanus Rhegius gewinnen.[291] Huber befürwortete in diesem Zusammenhang auch eine Berufung Forsters.[292] Am 21. Juni verließ er Augsburg in Begleitung von Gereon Sailer, der sich als weiterer Delegierter mit dem Hinweis auf seine gute Bezie-

lassen und dise wort hinein setzen." Huber an Neuheller, [Ende Mai oder Anfang Juni 1535]: GERMANN: D. Johannes Forster, 84.

288 GERMANN: D. Johannes Forster, 84.

289 „Nemlich, woh es denen von augspurg ernst were der Concordi halben, so weren zween weg verhanden, dardurch sy zur Concordi möchten khommen, erstlich wann die von augspurg gehen Wittenberg schrieben, unnd begerten unnd forderten ainen predicanten, so sehe mann, das es yhnnen ernst were, nemlich, so sy ainnen wittembergisschen predicanten möchten hören, unnd neben jhren predicanten leiden. Zum anderen, wann die augspurgisschen predicanten dem Doctor Luthern freüntlich schrieben, unnd sich gegen jhm erzaigten, als meinten sye es gut, und were yhnnen ernst." HUBER: Relation, f. 89r. Den Vorschlag, man solle von Wittenberg einen Prediger erbitten, erwähnt auch Forster in seinem Bericht. Cf. GERMANN: D. Johannes Forster, 84.

290 BOSSERT: Jodocus Neuheller, 284 setzt eine entsprechende Unterredung zwischen Luther und Neuheller voraus. Die von ihm gebotenen Verweise auf die Darstellungen von Huber und Forster (A. 1) bieten dafür keinen Anhalt. BRECHT: Martin Luther III, 55 stellt es so dar, dass Neuheller eine Erwartungshaltung Luthers übermittelt habe.

291 „Solchen fürschlag ließ Huber den Doctor Gereon lesen, der sagte dem Burgermaister Wolff Rechlinger dauon, also ward Huber vom Wolff Rechlinger zu gast geladen (den ehr zuvor offentlich im ganzen Rath hett angeklagt, als ain zwietrechtigen, der allen unlust in der Stadt erreget) war nun ganz freüntlich mit yhm, erpot sich hoch gegen jhm, unnd gedacht der vorigen handlung nit mehr, sondern begerte vom Huber, ob ehr sich in der Legation wölte lassen brauchen, so wollte ehr jhn heimlich in ainer stille hinnein schicken zu Doctor Vrban, unnd denselbigen wieder hieher beruffen lassen." HUBER: Relation, f. 89r–89v. Seine abschließende Reaktion fasste Huber mit den Worten zusammen: „Also hab ich mich bewilligt, das ich selbs hinein gen Wittenberg und zu d. Urban ziehen wölle, damit man etwas bekommen möge." Huber an Neuheller, [Ende Mai 1535]: GERMANN: D. Johannes Forster, 84.

292 „[...] halt ich mein lieber herr Johann Forster soll in einer kürze gefordert werden, wa der teufel solch göttlich firnemen nicht verhindert, Auch begert man d. Urban wider." A. a. O., 84.

hung zum lüneburgischen Kanzler Johann Förster selbst empfohlen hatte.[293] Mit sich nahmen sie Beglaubigungsschreiben des Rates an Luther, Urbanus Rhegius und dessen Dienstherrn Ernst von Lüneburg, die Sailer als Gesandten des Rates auswiesen.[294] Die Geistlichen gaben ihnen je einen Brief an Luther und Melanchthon mit.[295] Bei sich hatten die Delegierten außerdem ein Exemplar der Schrift ‚Ain kurtzer einfeltiger bericht', das Luther Auskunft über die Abendmahlslehre der Augsburger Pfarrerschaft geben sollte.

Der Brief der Geistlichen war im Ton ungewöhnlich ehrerbietig gehalten.[296] Sie bekundeten in ihm ihren Wunsch nach Frieden und Verständigung und wehrten sich gegen den Vorwurf, dass sie schlecht über Luther dächten oder redeten oder sein Wirken hintertreiben wollten.[297] Auch wenn man in den Streit verwickelt gewesen sei, habe man an ihm keinen Gefallen gehabt. Dies gelte nun umso mehr, als man sehe, dass diese Uneinigkeit den Gegnern des Evangeliums gefalle.[298] Zum Erweis ihrer Neigung zur Versöhnung verwiesen die Geistlichen auf die in Absprache mit ihnen verfolgte Absicht des Rates, Urbanus Rhegius wieder als Prediger zu gewinnen.[299] Von Luther erbaten sie sich Unter-

---

[293] „Als nun solches alles Huber annam, unnd bewilliget, sich rüstet, unnd ain roß kauffen ließ, wurde die sach etwas lautbarer, also ward den herrn geraten, mann sollte einen mit schicken, dann der herzog von Lüneburg würde den Doctor Urban nit leichtlich mehr lassen. In dem gab Doctor Gereon für, wie das ehr deß herzogen Canzler woll kennet, hette hie im Reichstag sein gut kuntschafft gehabt, also wurde Doctor Gereon und Caspar Huber sampt zween Stadtsöldnern den 21. Iunij anno 1535 abgefertiget mit drey kredenz prieffen, ainnen an herzog Ernst von Lünenburg, den andern an Doctor Urban, den dritten an Doctor Luthern, der hoffnung, etwas auszurichten und zuerlangen." Huber: Relation, f. 89v.

[294] Cf. Rat von Augsburg an Herzog Ernst, 21. Juni: WABr 7, 2204. Dort ist das Originalkonzept abgedruckt, an dessen Ende sich der Hinweis befindet, dass entsprechende Briefe an Urbanus Rhegius und Luther ausgefertigt worden seien. Cf. a. a. O. (200,13 f).

[295] Cf. Augsburger Geistliche an Luther, 20. Juni 1535: WABr 7, 2203; Augsburger Geistliche an Melanchthon, 20. Juni 1535: MBW 6, 1577.

[296] Auch für den damals üblichen Stil ist die Häufung von Superlativen, mit denen Luther bezeichnet wird, auffallend: „Praestantissimo sacrae theologiae Doctori Martino Luthero, praeceptori ac fratri charissimo." Augsburger Geistliche an Luther, 20. Juni 1535: WABr 7, 2203 (196,1 f). Cf. außerdem a. a. O. (197,40; 198,63). Die Anrede als „vir humanissime pariter ac celeberrime" (196,4) dürfte den Verfassern nach den zurückliegenden Erfahrungen kaum leichtgefallen sein.

[297] „Quod ad te scribimus [...], licet temerarium insolentiae gratia videri possit, nihil tamen aliud in causa est, quam ecclesiasticae pacis et concordiae studium, quod his literis Humanitati Tuae hoc potissimum nomine significare voluimus [...]." A. a. O. (196,4–7). „Quodsi de nobis mali quicquam menti tuae sanctioribus ac certioribus consecratae aliorum delationibus hactenus insedit, utpote quod de te male vel sentiamus vel loquamur cursuique tuo, quem Dominus prosperum et gloriae suae servet accommodum, remoras iniectas cupiamus, volumus has literas candoris nostri erga te testes esse [...]." A. a. O. (197,13–17).

[298] A. a. O. (197,20–27).

[299] „Atque huius specimen, quantum ad nos attinet, in eo iam evidenter exhibetur, quod D. Urbanum Regium, virum doctissimum, Senatus noster, communicato nobiscum consilio, ad ministerium ecclesiae Christi, ut cooperatorem nostrum in hac vinea Domini, revocat." A. a. O. (197,35–38).

stützung für die Berufung.[300] Über das Luther auszuhändigende Büchlein ließen sie wissen, dass man sich mit ihm zu der Auffassung, wie sie die Straßburger in ihrem Buch an die Leute von Münster dargelegt hätten, bekenne. Die angehängten Zehn Artikel zeigten, dass man auch mit anderen Irrlehren dieser Zeit nichts gemein habe.[301] Abschließend wurde Luther gebeten, er möge sich bei nachteiligen Nachrichten über die Augsburger bei diesen selbst nach der Wahrheit erkundigen.[302] Offenbar wollte man auf diesem Weg der Deutungshoheit, die Huber und andere Parteigänger Luthers durch ihre gute Verbindung nach Wittenberg faktisch innehatten, etwas entgegensetzen.

In der Vorrede des von den Predigern angenommenen Büchleins äußerten sie sich über die mit der Veröffentlichung verfolgte Absicht. Es gehe ihnen darum, die eigene Auffassung vom Abendmahl „ettwas heller an tag zůgeben"[303]. Zu diesem Zweck lege man nun die Schrift der Straßburger erneut vor.[304] Die eigene Lehre fasste man kurz mit den Worten zusammen, „das im hailigen Abentmal den Christglaubigen der ware leib vnd das ware blůt vnsers Herren Jesu geraicht vnd außgetaylet werde"[305]. Auch der vor Jahren gedruckte Katechismus habe diese Lehre enthalten.[306] Zugestanden wurde lediglich, dass der Gegenstand „nit als weytleüfig außgestreckt worden" sei, wie Bucer das geleistet habe.[307] In der Sache, so wird man die Position wiedergeben können, war eine Korrektur damit weder erfolgt noch aus Sicht der Augsburger erforderlich. Lediglich im Blick auf die Deutlichkeit der Aussagen und die Ausführlichkeit der bislang vorgelegten Darlegungen konzedierte man einen Nachholbedarf. Zu den Zehn Artikeln heißt es schließlich, man habe sie angefügt, um auch zu anderen Lehrfragen die eigene Position darstellen zu können.[308]

Eine umfassende Analyse der Zehn Artikel ist im vorliegenden Zusammenhang nicht erforderlich. Stupperich hat die Behauptung von Roth, dass sie „im

[300] Cf. a. a. O. (197,38–43).

[301] Cf. a. a. O. (197,45–198,53).

[302] „Praeterea rogamus, ut et ista boni consulat Humanitas Tua, et si quid de nobis sinistri isthuc ad vos aliquando delatum fuerit, candide significes, auditurus a nobis ipsis rei veritatem [...]." A. a. O. (198,54–56).

[303] ‚Ain kurtzer einfeltiger Bericht', A2r.

[304] „Vnnd das selbige damitt / das wir den nachfolgenden bericht / den vnnsere liebe bruder am hailigen Euangelio zů Straßburg hieuor im bůch von Christlicher haußhaltung / erstlich an die von Münster / demnach vnseren lieben Herren vnd Vatteren den Burgermaisteren allhier zů geschryben / mitt diser vnnser mitstimmender vorred / durch den truck widerumb liessen außgehn." Ebd.

[305] A. a. O., A2v.

[306] Cf. ebd.

[307] Ebd.

[308] „Deß aber zů mehrerem vrkund / haben wir auch zů end dises berichts / die zehen Articul / welche wir ainem Erbarn Rhat allhie / übergeben / trucken lassen / damit menigklich vnseren glauben vnd leere / auch in anderen stucken / Nåmlich / bey denen sich layder zů vnseren zeyten allerlay irrthumb erhaben / auß unserer aigner bekantnuß zůerkennen [...]." A. a. O., A3v.

Wesentlichen mit den entsprechenden Artikeln der CA" übereinstimmen[309], dahingehend korrigieren können, dass sich in ihnen „auch anders motivierte und aus einer anderen Situation heraus entstandene Aussagen" finden.[310] Auch der achte Artikel über das Abendmahl bietet inhaltlich keineswegs eine einfache Entsprechung zu CA 10. Er beschreibt das Abendmahl von seinem Vollzug her als ein Geschehen, bei dem eine Gabe überreicht, gegeben und empfangen wird. Die Gabe wird als „der ware leib vnd das ware blůt vnsers Herren Jesu Christi" identifiziert.[311] Das Verhältnis zwischen Leib und Blut und den Elementen wird nicht bestimmt. Auch über die Art des Empfangs macht der Artikel keine Aussage. Ebenso übergeht der Artikel die Frage nach der *manducatio impiorum*.[312] Hervorgehoben wird die kerygmatische Dimension des Sakraments: Die Feier diene der Stärkung des Glaubens. Zu diesem Zweck solle der Tod Christi mit höchster Andacht verkündet und sein Gedächtnis gehalten werden.[313] Ausdrücklich weist man den Vorwurf zurück, man sei der Auffassung, dass man „im Nachtmal nur låre zaichen / vnnd nit auch vnseren Herren Christum selbs" ausgeteilt bekomme.[314] Ebenso grenzt man sich von der Vorstellung ab, dass der Empfang des Sakraments auch ohne Glauben heilvoll sei.[315]

In den von den Augsburgern aufgenommenen Abendmahlskapiteln von Bucers ‚Bericht auß der heyligen geschrift' sind ein weiteres Mal die bekannten Ansichten des Straßburgers greifbar[316]: Christus gibt im Abendmahl mit den Elementen seinen wahren Leib und sein wahres Blut.[317] Leib und Blut gelten aber als intangibel und können daher nicht in Analogie zu anderer leiblicher Speise durch Sinne oder Vernunft erfasst werden, sondern allein durch das gläubige

---

[309] Roth: Reformationsgeschichte II, 242.

[310] BDS 6/1,26 A. 70.

[311] „Zum achten / Das im hailigen Abentmal vns überraichet / geben / vnd empfangen wirt / der ware leib vnd das ware blůt vnsers Herren Jesu Christi [...]." ‚Ain kurtzer einfeltiger Bericht', D3v (BDS 6/1,80,13 f.).

[312] Cf. dazu bereits Köhler: Zwingli und Luther II, 386. Vs. Friedrich: Martin Bucer, 111 liegt auch keine Andeutung des Themas vor.

[313] „Darzů wir dann alda seinen tod für vns erlitten / mit hồchster andacht verkünden / vnnd sein hailige lobliche gedachtnuß halten sollen." Ebd. (BDS 6/1,80,17–19).

[314] Ebd. (BDS 6/1,80,20 f).

[315] „Auch wider die / so die Sacramentlich gegenwertigkait / oder niessung on den glauben vnd ware gemainschaft Christi im Nachtmal lassen genůg sein / vnd das hayl jnen daher verhoffen." Ebd. (BDS 6/1,81,1–3). Falsch ist hingegen die Deutung bei Friedrich: Martin Bucer, 111, dass die „sakramentliche Gegenwart [...] allein im Glauben erfolgen" könne.

[316] Es ist also zumindest missverständlich, wenn Brecht: Luthers Beziehungen, 502 behauptet, Bucers Schrift habe „eine neue Annäherung an die lutherische Position bedeutet". Diese falsche Einschätzung findet sich auch bei Strohm: Martin Bucer, 49 f: „Das [nämlich Bucers Schrift von 1534] war ein weiterer Schritt hin zu Luthers Abendmahlslehre und weg von der Zwinglis." Inhaltlich gingen Bucers Zugeständnisse hier nicht über das hinaus, was er Luther bereits im Jahr 1531 angeboten hatte.

[317] „Derhalb glauben vnd bekennen wir / das vns der Herr in seinem hailigen Abentmal / mit dem brot seinen waren leib / also mit dem kelch sein wares blůt gibt." A. a. O., A4v (BDS 5,243,8–10).

Herz.[318] Leib und Blut werden „an jnen selb“ in der *unio sacramentalis* nicht gesehen, geschmeckt oder betastet.[319] Die Auseinandersetzung um die *manducatio impiorum* wird zunächst mit dem Hinweis, dass man Gottlose wissentlich nicht beim Mahl dulden dürfe, als Nebensächlichkeit ausgegeben.[320] Gleichwohl gilt, dass die Gottlosen nur *sacramentotenus* nießen, während die Nießung *re vera* den Gläubigen vorbehalten bleibt.[321] Die Begründung erfolgt *ex parte Christi*: Der Herr gebe ausschließlich denen seinen Leib, „auff die auch dise worte gehn. Der für euch gegeben / das für euch vergossen wirt.“[322] Mit einer Reihe von Beispielen wird außerdem dargelegt, wie die Formulierung der Einsetzungsworte verstanden werden soll: Vom Zeichen der Beschneidung könne gesagt werden, das sei der Bund, weil der Bund durch die Beschneidung übergeben werde. Vergleichbares wird von Taufe und Wiedergeburt und von der Anhauchung der Jünger und der Mitteilung des Heiligen Geistes behauptet.[323] Die Sinne sollen durch das Demonstrativpronomen auf die sinnliche Wirklichkeit verwiesen werden, der Glaube aber auf die eigentlich entscheidende unsichtbare Gabe.[324] Als weitere Analogien werden die Verleihung der Macht an einen König oder Fürsten durch die Übergabe bestimmter Insignien angeführt.[325]

Die zurückliegende Auseinandersetzung um das Abendmahl schließlich wird ein weiteres Mal als ein Wortstreit und ein gegenseitiges Missverständnis ausgegeben. Zurückhaltender heißt es aber, der Streit sei „von vilen (von vilen sagen wir / nit von allen) mehr in worten / dann in der hauptsach gestritten worden.“[326] Die eine Seite habe nicht verstanden, dass die Ausdrucksweise, das Brot bedeute den Leib oder sei ein Zeichen des Leibes, lediglich der Abwehr der Lehre von der Transsubstantiation habe dienen sollen, und angenommen, die andere Seite

---

[318] „So man aber fraget / wie empfahen oder essen wir den leyb Christi / bekennen alle Theologen / die alten vnd die yetzigen / das sollichs nit geschåhe der weiß / wie man sust leipliche speiß faset vnn ysset. Da wirdt nichts empfintlichs geben / spricht Chrysostomus. So sagen die yetzigen / weder die empfindtlichen sinn / noch vernunfft erraichen dise himmlische speiß. Darauß folget ye / das dise speiß / aigentlich zů reden / durch das gleubige hertz gefasset werde.“ A. a. O., Br-v (BDS 5,244,5–10).

[319] A. a. O., C3v (BDS 5,253,5).

[320] „Es seind auch wol die von den gottlosen noch disputieren / was die da nyessen. Die weyl aber diser handel den gleubigen / nit den vngleubigen gegeben / vnd wir wissentlich mit kainem gotlosen dise speyße gemain haben sollen / achten wir man künde diser disputation wol geradten.“ A. a. O., B4r (BDS 5,248,1–4).

[321] „Doch ist vnser glaub / wie Augustini / vnnd der alten Sacramentlich / Sacramentotenus, niesen alle / die zum tisch deß Hrren gehn / gleich / Reuera aber / warlich / niessen die allain den leib Christi / die in jm bleiben / vnd er in jnen.“ Ebd. (BDS 5,248,4–7).

[322] Ebd. (BDS 5,248,9 f).

[323] Cf. a. a. O., Br (BDS 5,243,18–29).

[324] „Deütet vnd zaiget also das wo̊rtlin / Das / in den worten deß Herren: Das ist mein leib / auff zway ding / den augen aufs brot / dem glauben auf den leib des Herren / wie dann die art ist aller deren reden / da etwas vnsichtbares / mit ainem sichtbaren zaichen übergeben wirt.“ A. a. O., A4v–Br (BDS 5,243,14–17).

[325] Cf. a. a. O., Br (BDS 5,243,29–31).

[326] A. a. O., B2v (BDS 5,246,11).

wolle lehren, dass im Abendmahl „nichts dann eytel brot vnd wein" anwesend sei.[327] Ebenso aber habe man aus dem Insistieren, die Einsetzungsworte seien ohne Tropus zu verstehen, irrtümlich gefolgert, diese Seite sei der Ansicht, dass Brot und Leib natürlich verbunden seien oder der Leib ins Brot eingeschlossen sei.[328]

Der Weg nach Wittenberg führte Sailer und Huber über Nürnberg, wo sie mit Osiander und Linck zusammentrafen. Hubers Darstellung zufolge hatten beide im Blick auf die Mission der Augsburger wenig Hoffnung. Sie verwiesen darauf, dass Luther sich von Bucer getäuscht gesehen habe. Gleichwohl begrüßten sie die neue Initiative. Linck wandte sich in einem Schreiben an Luther, in dem er ihn um Unterstützung bat.[329]

Wittenberg erreichte die Delegation am 1. Juli.[330] Die dort geführten Unterhaltungen sind bislang allenfalls oberflächlich dargestellt und ausgewertet worden.[331] Sailer und Huber ließen Melanchthon unverzüglich ihre Ankunft mitteilen und baten ihn, er solle Luther um eine Unterredung mit ihnen bitten. Melanchthon begab sich darauf mit Jonas und Cruciger zu ihnen. Aber sie dämpften die Hoffnung der Augsburger und erklärten, dass Luther theologische Vorbehalte gegen Sailer habe.[332] Gleichwohl ließ Luther sie für den Nachmittag des kommenden Tages zu sich rufen.[333]

Am kommenden Tag empfing er die Augsburger im Beisein Melanchthons. Zunächst aber bestimmte er, dass er mit Huber allein unter vier Augen sprechen wolle. Von diesem, den er offenkundig für glaubwürdig hielt, wollte er sich in einer Gesprächssituation, die Vertraulichkeit und Aufrichtigkeit ermöglichte, über die tatsächlichen Zustände in Augsburg unterrichten lassen.[334] Über

---

[327] A. a. O., B3r (BDS 5,246,28).

[328] Cf. ebd. (BDS 5,246,30–247,1).

[329] „Wie sye nun auszogen, kammen sy gehen Nürnberg, da hielten sye solchs dem Osiandro für, und dem Doctor Wenzel Lincken, die verwunderten sich seer solcher handlung, waren fro, unnd sagten doch, Es würde ims Doctor Luther nit gefallen lassen, ursach, weill ehr vorhin vom Buzer betrogen were. Jedoch damit die handlung desto stattlicher angieng unnd gefürdert würde, schrieb Doctor Linck dem Luther selber auch, unnd badt jhn, ehr wölte das best darzu thun, ob gott gnad gebe, damit etwas ausgerichtet würde." Huber: Relation, f. 89v–90r.

[330] Germann: D. Johannes Forster, 85 f.

[331] Die umfangreichste Darstellung liegt vor bei Roth: Reformationsgeschichte II, 248 f. Cf. ebenso Köhler: Zwingli und Luther II, 388 f; Grass: Abendmahlslehre (1954), 138; Bizer: Studien, 84; Friedrich: Martin Bucer, 111; Brecht: Martin Luther III, 54 f.

[332] „Entlich khammen sy Doctor Gereon und Huber ghen Wittenberg, schickten unverzogenlich nach dem Melanthon, hielten jhm den handel für, begerten unnd baten jhn, damit ehr wölte verhulflich sein, damit Doctor Luther yhnnen audients gebe. Also kham Philippus baldt sampt Doctor Jonas unnd D. Creüziger an jhr herberg, gaben aber Doctor Gereon bösen trost, meinten ehr würde nichts ausrichten, beim Doctor Luther, Dann ehr der Doctor Gereon, were seiner person halben seer verdechtig bey D. Luthern der Schwermerey halben [...]." Huber: Relation, f. 90r.

[333] „[...] also ward auff den andern tag, nach mittag bestimpt, das sye D. Luther wölt für sich lassen [...]." A. a. O., f. 90r.

[334] „[...] als baldt nun Doctor Luther vom morgenmahll auffstund, gieng ehr herrauß, emp-

den Verlauf dieser Unterredung erfahren wir aus den Quellen nichts. Es ist aber davon auszugehen, dass Huber sich positiv über die Augsburger Geistlichen und ihre Absichten geäußert haben muss. Andernfalls wären die weiteren Gespräche unter Einbeziehung Sailers zweifelsohne anders verlaufen.

Als Sailer im Anschluss hinzugezogen wurde, übergab er zunächst das Empfehlungsschreiben des Rates. Er beteuerte, dass die Obrigkeit, die Geistlichen und viele Persönlichkeiten der Stadt die Verständigung mit Luther wünschten.[335] Auch räume man ein, „das etwa der sachen zuviel were geschehen“[336]. Die hier von Huber gebrauchte Wendung ist uneindeutig. Es ist gut vorstellbar, dass Sailer sich tatsächlich ihrer bediente und sich bewusst zweideutig ausdrückte. Denn die Worte konnten als eine nachträgliche Kritik an der eigenen Position aufgefasst werden, die in diesem Fall als überzogen charakterisiert worden wäre. Ebenso konnte sich die Kritik aber auch auf den Ton der Auseinandersetzung beziehen. Deutlicher äußerte sich Sailer Huber zufolge darauf in einer Zusage: Seine Leute „liessen yhnnen derhalben D. Luthers leer gefallen, begertens auch anzunemmen, unnd sich in ain rechte statliche Concordi zubegeben, auch mitt den Wittenbergisschen in der leer aintrechtig zu leeren, haltenn und bekennen“[337]. Dem überlieferten Wortlaut zufolge gestand Sailer mit seiner Erklärung der Bereitschaft zur Annahme von Luthers Lehre indirekt ein, dass die Augsburger zuvor mit ihm nicht übereingestimmt hatten. Damit aber gab er die alte Strategie der Verteidigung auf, an der man in Augsburg bislang immer festgehalten hatte. Seine Ausführungen schloss Sailer mit der Bitte, Luther möge ihnen einen Prädikanten nach Augsburg senden. Darauf händigte er das Schreiben der Augsburger Geistlichen und die Schrift ‚Ain kurtzer einfeltiger bericht‘ aus.[338]

Luther zeigte sich nach Hubers Darstellung mit den Ausführungen Sailers zufrieden und erfreut.[339] Bucer wusste später zu berichten, dass er sogar vor Freude

---

fieng die Legation, in bey sein Philippi, war vonn stundt an die erste frag, welches Caspar Huber were, dann ehr yhn von person nymmer kennet, aber den Nammen woll, seintemmal Doctor Luther yhm offtmals gehen augspurg, vnd widerumb Huber yhm geschrieben hett, Da wollte D. Luther selber am Huber die wahrheit erkundigen, dann ehr allain demselbigen glauben gab, wie ehr yn dann hernach aller sachen vleissig erforsschet im abwesen D. Gereons [...].“ A. a. O., f. 90r. Cf. dazu bereits Roth: Reformationsgeschichte II, 248.

[335] „Also warde D. Luthern der Credenzsprieff geantwort, darauff von D. Gereon angezaigt, wie das die von augspurgk, erstlich die herrn Burgermaister sampt dem ganzen Rath, zum andern die predicanten sampt den kirchen pröbsten, dergleichen viel namhaffter lewt, das meerer teil in der gemain herzig, genaigt zur Concordi weren.“ Huber: Relation, f. 90r.

[336] A. a. O., f. 90v.

[337] Ebd.

[338] „Begerten derhalben von seiner E. E. einen gelerten predicanten, den wollten sye reichlich besolden, Legten also neben zu auff, die zehen artickel, damit sein Erwürde sehe der predicanten zu augspurg leer vnd glauben, gaben yhm auch ainen prieff vonn den predicanten an den D. Luthern, Darinnen sye sich allzu gleich vnterschrieben, freüntlich vnnd gutwillig erpoten [...].“ Ebd.

[339] „[...] also warde Doctor Luther frölich, vnd woll zu frieden [...].“ Ebd.

geweint habe.[340] In jedem Fall erklärte er, er „wölte nun dest lieber und williger sterben, wann diese Concordi erst angieng".[341] Aus diesen Worten sprach wahrscheinlich keine akute Todeserwartung. Nach unserer Kenntnis war Luthers Gesundheitszustand zu dieser Zeit jedenfalls keineswegs besorgniserregend.[342] Vielmehr wird man diese Äußerung prinzipieller als eine Aussage über den Stellenwert ansehen müssen, den Luther dem Gelingen der Verständigung von seiner Seite beilegte. Er wies in diesem Zusammenhang darüber hinaus auf Nachrichten hin, dass „auch die andern oberlendisschen Stedte auch würden herzu treten"[343]. Auf welchen konkreten Anhalt sich Luther dabei meinte stützen zu können, ist unklar. Möglicherweise hatten ihn entsprechende Zusagen erreicht, nachdem den oberdeutschen Städten die Kasseler Abendmahlsformel zugestellt worden war.[344]

Aus den weiteren Ausführungen Luthers wird deutlich, wie er über die Augsburger urteilte und wie er weiter mit ihnen umzugehen gedachte:

„Wohlan hin soll hin sein, was geschehen ist, da wöllen wir ainnen grossen stain drauff legen, nymmer gedenckhen, sonder verscharren, und yezt yhre schwachheit dulden, weill sy sich bekennen, und wöllen thun, wie dort im Euangelio, mit dem verwundten von mördern fein gemach jhrer pflegen. Dann wenn ainner ein bain hat gebrochen, so kann ehr nit so baldt auffspringen, tanzen unnd hupffen, mann muß jhm der weil lassen etc."[345]

Luther hatte Sailer demnach zumindest so verstanden, dass er im Namen der Augsburger ein Irren in der Lehre eingestanden hatte. Nur unter dieser Voraussetzung erscheint es nämlich als plausibel, dass er der Gegenseite sein Vergeben und Vergessen anbot. Den gegenwärtigen Zustand ihrer Überzeugungen verglich er mit einer Verletzung, die einen Heilungsprozess erfordere. Sollte er dabei an bestimmte inhaltliche Monita gedacht haben, so sind diese in der Überlieferung nicht greifbar. Möglicherweise wollte er aber auch nur seiner Überzeugung, dass die aufrichtige Umkehr einer Partei immer auch Zeit erfordere, ein weiteres Mal Ausdruck verleihen. Auf der Grundlage, dass die Augsburger ihre Verfehlungen einsahen und dass sie als theologischer Genesungsfall anzusehen seien, war er jedenfalls bereit, den gegenwärtigen Zustand für eine gewisse Zeit zu dulden. Bei der von ihm in Aussicht gestellten Pflege könnte er schon an die Entsendung eines Wittenberger Geistlichen gedacht haben. Im weiteren Verlauf schlug er Huber und Sailer nämlich die Entsendung von

[340] „Egit [sc. Sailer] cum Luthero multa, ita ut Luthero lachrymae oborirentur prae gaudio, quod concordia vera videretur ei procedere." Bucer an Ambrosius Blarer, [ca. 25. Juli 1535]: Schieß I, 616 (724).

[341] Huber: Relation, f. 90v. Zur Bedeutung von angehen im Sinne von „gelingen" cf. NDWB Bd. 1, art. *angehen* 2d (Col. 341).

[342] Cf. Neumann: Luthers Leiden, 118f.

[343] Huber: Relation, f. 90v.

[344] Cf. zu dem für den Umgang mit den Kasseler Artikeln festgelegten Verfahren oben S. 226f und S. 229.

[345] Huber: Relation, f. 90v.

Johannes Forster vor. Auch erklärte er sich dazu bereit, Briefe an Herzog Ernst von Lüneburg und an Urbanus Rhegius zu schreiben, die das Augsburger Anliegen einer Berufung von Rhegius unterstützen sollten.[346] Über die mitgebrachten Schriften der Augsburger scheint man zu diesem Zeitpunkt noch gar nicht gesprochen zu haben.

Neben dieser Unterredung gab es in den folgenden Tagen offenbar eine Reihe weiterer Gespräche, die sich aber zeitlich auf der Grundlage der vorhandenen Quellen nicht präzise einordnen lassen. In seinem Schreiben an die Augsburger Geistlichen vom 19. Juli erwähnt Jonas, dass Luther sich in Gegenwart von Sailer, Huber, Melanchthon und ihm über die von den Delegierten mitgebrachte Schrift und eine Kirchenordnung (ordinatio ecclesiae) geäußert habe.[347] Arend hat mit einleuchtenden Gründen dargelegt, dass es sich bei der Kirchenordnung, die Sailer Forster in diesen Tagen zur Lektüre überließ, um die Ordnung von 1534 gehandelt haben muss, die sich in einer Abschrift im Stadtarchiv von Giengen erhalten hat.[348] Eine Replik Luthers ist nicht überliefert. Über seine Aufnahme der Augsburger Schrift ‚Ain kurtzer einfeltiger bericht' hingegen finden sich einige Ausführungen in dem Bericht des Johannes Forster. Er erzählt dort, dass es nach seiner Übersiedlung nach Augsburg zwischen ihm und den anderen Geistlichen um die Deutung des bei Luther Erreichten Auseinandersetzungen gab. In seiner Darstellung lässt er allerdings auch selber erkennen, dass er an dem in Wittenberg mit Luther geführten Gespräch nicht beteiligt war. Er musste auf Auskünfte zurückgreifen.[349] Auch wenn er seinen Gewährsmann nicht benennt, wird man wahrscheinlich an Kaspar Huber denken müssen. Forster räumt ein, dass Luther sich das Buch habe „gefallen lassen" und dass er damit „zufrieden gewest" sei.[350] Aber er unterstreicht dabei, dass diese Zustimmung unter einer bestimmten Voraussetzung erfolgt sei. Luther habe es angenommen „als zu einem anfang, verhoffent, es werde mit euch [sc. den Augsburgern] je lenger je besser werden und von tag zu tag euch genehmer und

---

[346] „Nach diesem schlug ehr fur, wehn mann doch gehen augspurg von Witenberg möchte schicken zu ainnem predicanten, also warde von jhm der Forster (welcher ain augspurger kindt ist) fürgeschlagen, auch bewilliget D. Luther dem Herzog von Lüneburg selber zu schreiben, deß gleichen auch D. Vrban, damit sy baid verhilfflich weren, damit D. Vrban wiederumb gehen Augspurg khemme […]." A. a. O., f. 90v–91r.

[347] „Verum quid ad propositas vias pacis et concordiae conciliandae, quid ad librum vestrum excusum et ordinationem ecclesiae isthic responderit d. Martinus Lutherus, et quam syncero corde pollicitus sit se non defuturum vobis et ecclesiae Augustanae (modo serio pax et unitas christiana quaeratur), narrabunt vobis d. Geryon et Huberus, qui in ipso Lutheri interiori hypocausto, Philippo Melanchthone et me praesente, humanissime sunt excepti et auditi." Jonas an die Augsburger Prediger, 19. Juli 1535: Jonas: Briefwechsel II, 272 (227).

[348] Cf. Arend: Auffindung, 6–27. Die Erwähnung der Kirchenordnung im Brief des Jonas an die Augsburger Prediger (cf. A. 347) fehlt dort.

[349] „Solcher gleichnis sind auch etliche in irem buchlein nach einander erzelet, welche auch d. M. Luthero nicht, wie ich auch seidher vernommen, gefallen haben." Germann: D. Johann Forster, 103.

[350] A. a. O., 97;98;103.

besser herzuthuen."[351] Als Kritik Luthers benennt er, dass diesem die im Buch angeführten Gleichnisse nicht gefallen hätten.[352] Damit können nur die in Bucers ‚Bericht auß der heyligen geschrift' gebrauchten Vergleiche gemeint sein, mit denen der Straßburger seine Deutung der Einsetzungsworte darlegt. Worauf Luthers Kritik dabei konkret zielte, überliefert Forster nicht. Offenbar missfiel ihm die Art, wie Bucer mit Hilfe der Gleichnisse das Verhältnis zwischen dem Leib und Blut Christi und den Elementen bestimmt hatte.

Über Capito sollte später die verzerrte Einschätzung nach Zürich gelangen, Luther werde Bucers Schrift nicht nur billigen, sondern sie auch bis zum Tod verteidigen.[353] Auch seine Auskunft gegenüber Vadian, Luther habe sich ausschließlich durch den Verdacht, die Gegenseite meine es nicht ernst, an einer Verständigung gehindert gesehen[354], entspricht nicht den Tatsachen. Auch wenn Luthers Kritik für uns im Einzelnen nicht greifbar ist, so steht doch fest, dass er den Augsburgern mündlich auch einen inhaltlichen Vorbehalt an der von ihnen vorgelegten Abendmahlslehre mit auf den Weg gab.[355]

Zusammenfassend lässt sich festhalten: Im persönlichen Gespräch mit Huber hatte Luther die Überzeugung gewonnen, dass die Augsburger tatsächlich an einer wirklichen Verständigung interessiert waren. Die Unterredung mit Sailer hatte diese Einschätzung bestätigt und aus Luthers Sicht das Eingeständnis erbracht, dass man sich geirrt habe. Die Auseinandersetzung mit den vorgelegten Texten hingegen hatte Luther deutlich gemacht, dass der Gegenseite noch eine weitere Entwicklung abzuverlangen war.[356] Gleichwohl wurde durch diese Einschätzung sein positiver Gesamteindruck nicht in Frage gestellt. Dem Kranken wurde Zeit zur Genesung zugestanden.

Neben Luther selber lässt sich auch für Theologen aus seinem Wittenberger Umfeld belegen, dass sie sich mit Bucers ‚Bericht auß der heyligen geschrift' auseinandersetzten. Melanchthon lernte sie wohl im Juli 1534 oder kurz darauf

[351] A. a. O., 97. In der Sache entsprechend gibt Forster eine Erklärung, „wie und wasserlei gestalt der gute man [sc. Luther] nemlich zu einem anfang und irer schwachheit zu gut, er solchs buchlein zur jenigen zeit angenommen und damit zufrieden gewest." A. a. O., 103.

[352] Cf. oben A. 349.

[353] „Intervenit Capito, ut audio, vos et Constantienses petiturus, adferens Luterum in concordiam consensisse, Buceri de eucharistia in libello Ad Monasterienses confessionem non solum probaturum, sed et ad mortem usque defensurum [...]." Haller an Bullinger, 28. August 1535: HBBW 5, 633 (330,1–4).

[354] Cf. Capito an Vadian, 24. August 1535: VadBW 5, 835 (244).

[355] Ohne Anhalt in den Quellen bleibt die Behauptung von Stupperich, Luther habe auf die Artikel mit großer Freude reagiert. Cf. BDS 6/1,26 und ebenso Kaufmann: Wittenberger Konkordie, 245. Verwiesen wird bei Stupperich in Anmerkung 72 auf Luthers Schreiben an den Rat Augsburgs vom 20. Juli 1535, in dem die Artikel aber nicht erwähnt werden. Auch das Urteil von Friedrich: Martin Bucer, 111 und A. 10, die 10 Artikel hätten für Luther „ausnahmsweise [sic] ein freudiges Ereignis" dargestellt, ist ohne Anhalt an den Quellen.

[356] Es trifft mithin nicht zu, dass die Aussöhnung „auf der Grundlage jener 10 Artikel" stattgefunden habe, wie dies de Kroon: Augsburger Reformation, 86 behauptet.

kennen und besprach sich später mit Bucer in Kassel über sie.[357] Auch Johannes Bugenhagen beschäftigte sich mit ihr, wie sich zeigen lässt. Im Rahmen der Forschung zur Geschichte der Wittenberger Konkordie ist der für diese Auseinandersetzung maßgebliche Beleg von Interesse, weil er bislang in den Ablauf der Ereignisse falsch eingeordnet und für die Interpretation der Vorgänge auf dem Wittenberger Konkordienkonvent herangezogen worden ist.

## *Exkurs II: Die* lectio Pomerani *und ihr historischer Ort*

Im Staatsarchiv von Zürich befindet sich ein Band E II 448, in dem unter dem Titel ‚Acta Wittenbergica' eine Sammlung von Dokumenten zusammengestellt ist.[358] In ihrer vorliegenden Gestalt wurde sie von der Hand eines unbekannten Schreibers niedergeschrieben.[359] In ihr sind Quellen enthalten, die in ihrer Mehrzahl entweder während des Konkordienkonventes im Mai 1536 verfasst wurden oder rückblickend über den Konvent berichten. Folgende Stücke sind in Abschrift enthalten:

1. die Instruktion, die der Rat der Stadt Konstanz für Johannes Zwick vor dessen Abreise auf den Konvent aufsetzte.[360]
2. ein Bericht, den Johannes Zwick unter Zugrundelegung einer von Bucer verfassten Vorlage[361] und unter Benutzung eines von Wolfgang Musculus verfassten Reisetagebuchs über den Ablauf des Konventes verfasste.[362]
3. zwei Gutachten zu der auf dem Konvent debattierten Frage nach dem *ius reformationis*.[363]
4. ein Textstück von einer Seite mit der Überschrift „De sacramento corporis Christi legit ac dictauit ista, Pomeranus Witenbergae"[364].
5. eine Fassung der lateinischen Auslegung zu den Konkordienartikeln über Abendmahl, Taufe und Einzelbeichte, die Bucer seinen Kollegen am 22. Juni 1536 in Straßburg vortrug.[365]

---

[357] Cf. oben S. 215.

[358] Zu den einleitenden Ausführungen über den Band E II 448 cf. bereits Itinerar, 32–38.

[359] Cf. dazu unten Kapitel 4.1 und Itinerar, 32 und A. 12.

[360] Cf. Staatsarchiv Zürich E II 448, f. 7r–8r.

[361] Zu der von Bucer auf der in Frankfurt vom 9.–12. Juni abgehaltenen Versammlung der oberdeutschen Delegierten ersten Fassung des Berichtes und ihrer Verwendung durch andere Delegierte cf. GRESCHAT: Bucers Anteil, 296–298 und BDS 6/1,135f sowie Itinerar, 38 und 43.

[362] Cf. Staatsarchiv Zürich E II 448, f. 8v–36r. Zu diesem Bericht cf. unten Kapitel 4.1.

[363] Cf. a. a. O., f. 36v–38r und f. 38r–39v. Zu den beiden Gutachten cf. unten die Ausführungen in Kapitel 4.2.4.

[364] A. a. O., f. 40r.

[365] A. a. O., f. 40v–42v. Cf. dazu auch die Textfassung in BDS 6/1,180–200. Der Zürcher Text ist in der Edition nicht vermerkt. Er geht an einigen Stellen erheblich über den Bestand der dort abgedruckten Straßburger Fassung von der Hand Bucers und Huberts hinaus.

6. eine gekürzte lateinische Fassung der von Bucer und Capito wohl auf dem Basler Tag vom 24. September 1536 gegebenen Erläuterungen.[366]
7. eine am 5. Juli 1536 von Bucer und Capito an die Bürgermeister und den Rat der Stadt Basel übersandte Erläuterung des Konkordienartikels zum Abendmahl.[367]
8. die deutsche Fassung der am 24. September vorgetragenen Erläuterungen.[368]
9. ein undatierter Brief von Simon Grynäus an Bucer.[369]
10. ein undatiertes Schreiben Bucers an Grynäus.[370]

Die unter Nummer 4 genannten Ausführungen über das Abendmahlssakrament werden hier von der Überschrift ausgehend als *lectio Pomerani* bezeichnet. Auch in dem Inhaltsverzeichnis, das den ‚Acta Wittenbergica' vorangestellt ist, wird das Stück mit den Worten „Pomerani sententia" auf Bugenhagen zurückgeführt.[371] Bizer, der in seiner Arbeit erstmals diesen Band der Zürcher Bestände ausgewertet hat, wurde auch zuerst auf dieses Stück der Überlieferung aufmerksam und legte eine Transkription vor.[372] Ausgehend von der Abfolge der Archivalien ordnete er die Ausführungen den Verhandlungen vom 29. Mai zu, konzedierte aber die Unsicherheit der vorgenommenen Einordnung.[373] Er glaubte, dass es sich bei dem Text um die schriftliche Form einer Mahnung Bugenhagens an die Oberdeutschen gehandelt habe, mit der er den von ihnen formulierten Vorbehalt gegenüber der Lehre von der *manducatio impiorum* aufgegriffen hätte. Aus dem Text geht seinem Urteil nach hervor, dass Bugenhagen die Gegenseite hier korrekt verstanden hätte.[374] Köhler, Grass und Friedrich folgten in ihren Arbeiten der von Bizer vorgeschlagenen zeitlichen Einordnung.[375]

---

366 Cf. a. a. O., f. 42v–44v und BDS 6/1,240.

367 Cf. a. a. O., f. 44v–49r und BDS 6/1,36f sowie 209–216.

368 Cf. a. a. O., f. 49r–59r und BDS 6/1,240–257.

369 Cf. a. a. O., f. 59v–60r. Für die Originalhandschrift cf. AST 157, Nr. 219. Auch dort ist das Schreiben undatiert.

370 Cf. a. a. O., f. 60r–67r. Die Zuordnung zu einem Autograph oder anderen Abschriften war mir nicht möglich.

371 A. a. O., f. 6v.

372 Cf. dazu Bizer: Studien, 114f A. 6. Ein Vergleich mit der Zürcher Abschrift ergab folgende Korrekturen: 1.) nach *dictavit* (114,1) ergänze: *ista* 2.) statt *negaverant* (114,3) lies: *negaverunt* 3.) statt *communicant* (115,11) lies: *communicent* 4.) statt *communicatus* (115,15) lies: *communicator* 5.) statt *scilicet* (115,16) lies: *sed* 6.) statt *videndum* (115,17) lies: *secundum* 7.) statt *Etenim* (115,18) lies: *Et tamen* 8.) statt *enim* (115,24) lies: *tamen*. Die von Bizer vorgenommenen Ergänzungen *sumunt* (115,18) und *Qui* (115,20) sind nicht geeignet, den Sinn des Textes weiter zu erhellen. Zu Änderung 5.) cf. bereits Köhler: Zwingli und Luther II, 452f A. 3. Dass der Text aber „vollkommen in Ordnung" sei, wie dort behauptet wird, stimmt hingegen weder für den von Köhler noch für den in korrigierter Fassung vorliegenden Text.

373 Cf. Bizer: Studien, 114f und A. 6.

374 A. a. O., 114f und 126.

375 Cf. Köhler: Zwingli und Luther II, 452; Grass: Abendmahlsverständnis (1954), 145

Tatsächlich aber handelt es sich bei dem vorliegenden Überlieferungsstück um eine Teilabschrift des von Bugenhagen für seine ab dem Jahr 1532 gehaltene Vorlesung über den 1. Korintherbrief verfassten Vortragsmanuskriptes. Die erhaltenen Teile des Autographs von Bugenhagens Hand befinden sich in der Staatsbibliothek zu Berlin – Preußischer Kulturbesitz.[376] Die dem Stück aus den ‚Acta Wittenbergica' entsprechende Passage des Autographs beginnt mit den Worten:

„Praeter ea quae necessario de verbis Pauli diximus, hic admoneo ex euiusdem Pauli verbis, illos, qui negauerunt in eucharistia verum Christi corpus et sanguinem sumi a communicantibus discipulis Christi, iam vero incipiunt gloriam dare verbis et institutioni Christi, maxime illi, qui Argentinae publice docuerunt, idque Anno domini Mdxxxiiij, publico scripto testati sunt, sanctissime scribentes contra maliciam, blasphemias et impietatem phanaticorum Anabaptistarum, faciat deus ut pergant, ut uno ore omnes glorificemus Christum."[377]

Es kann keinen Zweifel daran geben, dass der Ausschnitt aus den ‚Acta Wittenbergica' von dieser Fassung literarisch abhängt. Wann Bugenhagen diese Zeilen niederschrieb, lässt sich aus der Quelle nicht erschließen. Auch die von Georg Helt zur Vorlesung angefertigte Mitschrift bietet hier keine Orientierung.[378] *Terminus post quem* ist der als Erscheinungstag von Bucers Schrift genannte 5. März 1534.[379] Die vorgenommene Wiedereinordnung der Zürcher Abschrift in den Kontext der Vorlesung macht auch die einleitende Bemerkung verständlich, Bugenhagen habe „gelesen und diktiert"[380]. Dies bezieht sich schlicht auf den vom Abschreiber vorausgesetzten Vorlesungsbetrieb, in dem den Studenten häufig wörtlich diktiert wurde.[381]

Zu klären ist abschließend noch die Frage, wie ein Auszug aus Bugenhagens Vorlesung in die Überlieferung der ‚Acta Wittenbergica' gelangen konnte. Aufschluss bietet hier das Reisetagebuch, in dem Wolfgang Musculus seine Erlebnisse vom Konkordienkonvent festhielt.[382] Unter dem Datum des 22. Mai 1536 notierte er, er habe mit Bugenhagen, Frecht und Wolfart eine Unterredung gehabt. Hier habe Bugenhagen Bucers ‚Bericht auß der heyligen geschrift' erwähnt und erzählt, dass er die Schrift in einer öffentlichen Vorlesung den Zuhörern empfohlen und diese Empfehlung den jungen Leuten zur Niederschrift sogar diktiert habe.[383] Diese Ausführungen aber decken sich inhaltlich exakt mit dem

A. 1; Friedrich: Martin Bucer, 121 A. 86. Auch Diestelmann: Usus, 105 und A. 344 geht mit Bizer an dieser Stelle konform.

376 Cf. SBB Preußischer Kulturbesitz Ms. theol. lat. oct. 40 und 42. Zur Vorlesung Bugenhagens cf. Gummelt: Bugenhagens Tätigkeit, 198 f.

377 Ms. theol. lat. oct. 40, f. 38r.

378 Cf. dazu LB Dessau, Georg Hs. 93, 1–214 und 239–384 sowie Koch: Handschriftliche Überlieferungen, 333 und Gummelt: Bugenhagens Tätigkeit, 198 A. 38.

379 Cf. BDS 5,126,1 f.

380 Cf. oben S. 250 und A. 364.

381 Cf. dazu Luthers Beispiel bei Leppin: Martin Luther, 68.

382 Zu dieser Quelle cf. unten Kapitel 4.1 und Itinerar, 28–43.

383 „Hora nona benedicebantur in ecclesia nuptiae, quibus interfuit et Pomeranus, qui cum

in den ‚Acta Wittenbergica' enthaltenen Auszug aus dem Vorlesungsmanuskript, wie der oben angeführte einleitende Satz deutlich macht. Zu vermuten ist daher, dass einer der drei bei Bugenhagens Bericht anwesenden Oberdeutschen einen Blick in die von diesem erwähnten Aufzeichnungen erbat. Dabei dürfte eine erste Abschrift gemacht worden sein. Diese wiederum wurde später von Zwick, der erst am 25. Mai in Wittenberg eingetroffen war[384], für die Abfassung seiner Akten ausgeliehen und kopiert. Die Folgen, die sich aus der hier geleisteten historischen Einordnung der *lectio Pomerani* für die Deutung des Konkordienkonventes und seiner Ergebnisse ergeben, werden im Rahmen der Analyse des Konventes zu erörtern sein.[385]

Während des Aufenthaltes der Augsburger Delegation wurde, wie verstreuten Belegen zu entnehmen ist, auch noch über einige andere Dinge gesprochen. So muss Luther gegenüber Sailer den Wunsch geäußert haben, dass man sich zu einem Konvent versammeln solle. An diesen Wunsch knüpften die Straßburger Geistlichen später gegenüber Luther an.[386] Wie sich Luther eine solche Versammlung konkret vorstellte und wer nach seiner Vorstellung an ihr teilnehmen sollte, geht aus den Quellen nicht hervor. Im Interesse einer umfassenden Verständigungslösung glaubte er offensichtlich, auf ein breiter angelegtes Zusammentreffen mit einer größeren Teilnehmerzahl nicht verzichten zu können.

Auch nach den Verhältnissen in Ulm muss Luther sich bei Sailer und Huber erkundigt haben. Daran sollten ihn später die Ulmer Geistlichen erinnern.[387] Luthers Interesse an den dortigen Zuständen hatte seinen Grund wahrscheinlich darin, dass er über das Ulmer Kirchenwesen und seine Vertreter ebenso negativ dachte wie bislang über Augsburg. Entsprechend hatte er sich gegenüber Amsdorf am 26. August 1531[388] und in den privaten Aufzeichnungen der ‚Additio' aus dem Dezember 1534[389] geäußert.

mihi, Frechto et Bonifacio familiariter satis loqueretur, inter caetera meminit et libelli Argentinensium ad Monasterienses, quem se dixit in publica lectione disertis verbis toti auditorio commendasse, insuper et hanc commendationem adolescentibus diligenter scribendam et notandam dictitasse." Itinerar 54,7–12.

[384] Cf. dazu Itinerar, 34.

[385] Cf. dazu unten S. 349.

[386] „Unde etiam, si unquam, hac tempestate ecclesiasticum conventum expetendum iudicant, quem cum a Gereone audierunt et R. P. Tuam optare, gemino gaudio exultant." Straßburger Geistliche an Luther, 19. August 1535: WABr 7, 2224 (235,44–46).

[387] „Das wirst du nach deiner väterlichen Sorgfältigkeit gegen uns Ulmer tun, welche unter Andrem der berühmte Dr. Gereon uns nicht hat mögen genugsam preisen, wie deine Liebe in gemeinem Gespräche in dieser Frage ausgebrochen und sich erzeiget hat, da du gefragt hast, wie es denn um die von Ulm stünde [...]." Ulmer Geistliche an Luther, 13. September 1535: WABr 7, 2243 (272,22–273,26). Von diesem Brief ist nur eine deutsche Übersetzung aus dem 19. Jahrhundert erhalten. Cf. Keim: Reformation, 322 und WABr 7, 2243 (272).

[388] Cf. oben S. 133.

[389] Cf. oben S. 209 f.

Ebenso kam die Rede offenbar auch auf die Eidgenossen. Luther sollte sich daran in einem Rückblick auf dem Konkordienkonvent im Mai 1536 selber erinnern.[390] In Basel und Zürich wusste Capito, der durch Sailer unterrichtet worden war[391], von diesem Teil der Gespräche zu berichten, dass Luther die Eidgenossen freundlich erwähnt habe.[392] Darüber hinaus sollte Capito später berichten, Luther habe sich nach dem Alter Bullingers erkundigt und sich gewünscht, der Zürcher möge an ihn schreiben. Darauf habe Sailer geantwortet, dass Bullinger noch nicht vollständig gewonnen sei. Luther soll darauf gesagt haben, dies sei nicht entscheidend, solange man sich nur im Wesentlichen einig sei.[393] Man wird dieser Nachricht mit Vorsicht begegnen müssen, da Capito in dieser Zeit die Eidgenossen von der Publikation einer Schrift abhalten wollte, mit denen diese sich gegen ablehnende Äußerungen Luthers verteidigen wollten.[394] Der Verdacht liegt nahe, dass er aus diesem Grund bestrebt war, die Vorgänge in ein möglichst vorteilhaftes Licht zu stellen. Auszuschließen ist, dass Luther bereit gewesen sein könnte, bestehende Lehrunterschiede in ihrer Bedeutung in der geschilderten Weise zu relativieren, ohne dass er auch nur eine genauere und aus erster Hand vermittelte Einsicht in die theologischen Verhältnisse unter den Eidgenossen hätte gewinnen können.

Forster berichtet schließlich noch von einem Gespräch, das er am 3. Juli mit Sailer in Wittenberg hatte. Sailer zeigte sich erfreut über Luthers Vorschlag, Rhegius nach Augsburg zu berufen, und gab Forster eine Beschreibung des dortigen Kirchenwesens. Dabei las er ihm auch aus der Augsburger Kirchenordnung von 1534 und aus der Schrift ‚Ain kurtzer einfeltiger bericht‘ vor.[395] Nach sei-

[390] Im Anschluss an die Wiedergabe eines Berichtes, den Bucer über die Zustände unter den Eidgenossen gibt, heißt es im Reisetagebuch des Musculus: „D. Lutherus dixit: Dilecti fratres. Da D. Geryon vonn Augspurg her geschickt war, zeigt er mir wol ettwas hiervon an […].“ Itinerar 69,16f.

[391] Zu Sailers Reise nach Straßburg cf. Straßburger Geistliche an Luther, 19. August 1535: WABr 7, 2224 (234,2–235,16).

[392] „Salvum volo D. Martinum Lutherum, de quo nobis per internuncios retulit D. Gerion, Augustanorum legatus, quam amice nostri fecit mentionem.“ Bullinger an Melanchthon, 31. August 1535: HBBW 5, 636 (336,23f). „Multa ille [sc. Capito] de legatione Gerionis Augustani referebat sancte subinde obtestans pacem totius Europae per nos turbari, si pergamus Apologeticum conferre cum fratribus eumque in lucem aedere.“ Bullinger an Myconius, 31. August 1535: HBBW 5, 637 (337,7–9). Zur Reise Capitos durch die Schweiz cf. Köhler: Zwingli und Luther II, 403.

[393] „Posterius, dum ille rogaret de Bullingeri aetate et hac cognitate subiungeret: Vellem, ut ad me scriberet, respondit Gerion: Bullingerus nondum est totus noster. Tum Lutherus: Nihil refert, dum in capite convenit inter nos.“ Myconius an Bullinger, 28. September 1535: HBBW 5, 652 (370,15–371,18).

[394] Cf. dazu unten S. 281.

[395] „Uber den andern tag nach disem der Augspurgischen legaten anbringen an d. M. Luther hat d. Gereon mich insonderheit allein angesprochen und furgehalten, wie das ich von d. Martin denen zu Augspurg fur einen prediger furgeschlagen, welches er sich hochlich freuet, das er mich noch zu Wittenberg ergriffen, finge an und erzelet mir alle gelegenheit der kirchen zu Augspurg […]. Zoge entlich deren von Augspurg kirchenordnung aus dem bußen herfur,

ner Meinung gefragt, gab Forster zu verstehen, dass er die Kirchenordnung für unzureichend hielt und dass es Augsburg offenbar an gelehrten Personen fehle.[396] Sailer bat ihn darauf, er möge sich bei Luther für die Augsburger Prediger verwenden, wenn negativ über sie erzählt oder geschrieben werde. Gegen Ende des Gesprächs gab Forster seine Zustimmung zu einer Übersiedlung nach Augsburg.[397]

Am 6. Juli brachen Sailer und Huber nach Celle auf.[398] Trotz der Fürsprache Luthers scheiterten sie mit ihrem Versuch, auch Rhegius als Geistlichen für ihre Stadt zu gewinnen. Herzog Ernst wollte ihn nicht gehen lassen.[399] Am 19. Juli trafen Huber und Sailer wieder in Wittenberg ein.[400] Luther verfasste am 20. Juli ein Schreiben an die Bürgermeister und den Rat und einen Brief an die Geistlichen der Stadt.[401] Jonas und Melanchthon schrieben ebenfalls an die Prediger.[402]

Den städtischen Obrigkeiten teilte Luther seine große Freude über die empfangenen Nachrichten mit.[403] Als Ergebnis der Gespräche stellte er heraus, dass man sich von dem aufrichtigen Verständigungswillen der Augsburger habe überzeugen können.[404] Für weitere Auskünfte verwies er auf Sailer, „dem wir vnser gantzes hertz offenbart haben."[405] Schließlich bedauerte er noch die fehlgeschlagenen Bemühungen um Rhegius und sicherte zu, dass man weiter nach einem

---

welche auf wenig papir geschriben, auch ein gedrucktes buchlin, so Butzer erst hett dasselbige jar zu Augspurg lassen drucken, welchen die predikanten sich underschriben, lase etliche punkten mir vor und fragt mich drauf, wie sie mir gefiel." Germann: D. Johannes Forster, 88. Zum Text der Kirchenordnung cf. oben A. 348.

[396] „Jch als einfeltiger, der sein meinung nicht viel bergen kan, antworte auf die meinung, ob zu Augspurg in der kirchen nicht mer ceremonien und kirchenubungen weren, das were eben dinn, frate ob kein privata absolution, keine disciplina, kein litania, nicht mehr kirchengeseng weren und henket dran, ich kan itzt aus dieser kirchenordnung schliessen, das Augspurg an gelarten leuten feilet." Ebd.

[397] „[...] bat mich entlich nach vielen reden von deren von Augspurg und predicanten wegen, das ich sie gegen d. M. Luther commendiren, loben und preisen wolte, auch so etwas wider sie geredt und geschrieben wurde [...]. Also wurden wir nach diesen und viel anderen reden miteinander eins, das ich solte heraus zihen." A. a. O., 88 f.

[398] Cf. Germann: D. Johannes Forster, 89.

[399] „[...] also ward kürzlich vom Herzog geantwort, Ehr wölte sich lieber in ain aug stechen lassen, dann diesen mann von sich geben [...]." Huber: Relation, f. 91r. Zur Tätigkeit des Rhegius im Herzogtum Lüneburg cf. Hendrix: Bedeutung, 63–71.

[400] Cf. dazu MBWReg 2, 1588 (192).

[401] WABr 7, 2211 und 2212.

[402] Cf. Melanchthon an die Augsburger Geistlichen, 21. Juli 1535: MBW 6, 1589 (401 f); Jonas an die Augsburger Prediger, 19. Juli: Jonas: Briefwechsel II, 272 (227 f).

[403] „Jch hab ewr f. Credentz brieff vnd daraüff Doctor Gereons vnd Caspar Hubers werbung empfangen, Bin auch solcher guter bottschaft hertzlich erfrewet." Luther an Bürgermeister und Rat zu Augsburg, 20. Juli 1535: WABr 7, 2211 (211,3–5).

[404] „[...] weil wir (Gott lob) mercken, das es bey den ewren rechter ernst vnd vns damit ein schwerer stein vom hertzen, nemlich der argwohn vnd mistraw, genomen, der auch nicht sol (ob Gott wil) wider drauff komen." A. a. O. (212,10–13).

[405] A. a. O. (212,14 f).

geeigneten Mann Ausschau halten wolle.[406] Den Namen Forsters, den er Sailer zu dieser Zeit ja bereits vorgeschlagen hatte, erwähnte er in diesem Zusammenhang auffälligerweise nicht.

Auch gegenüber den Geistlichen zeigte sich Luther hocherfreut.[407] Er gab zu verstehen, dass er nun endlich auf eine aufrichtige Einigung hoffe, ja dass er sie sogar sehe.[408] Damit wollte er zum Ausdruck bringen, dass zumindest das in seinen Augen für eine Verständigung Entscheidende im Blick auf die Augsburger erreicht war. Allerdings sprach er auch davon, dass die Konkordie noch gestärkt (firmare) werden müsse.[409] Von den Bedenken, die Luther Forster zufolge gegen das Büchlein der Augsburger geäußert hatte, war hier hingegen keine Rede. Ebenso wenig wurde deutlich, dass es sich für Luther beim *status quo* um einen zeitweilig zu duldenden Zustand handelte, der weiterentwickelt werden sollte. Über sich selbst äußerte er, dass er bereit sei, für die Verständigung alles zu tun und zu dulden. Er bat Christus, dieser möge die Augsburger leiten und in jener Auffassung vollenden (perficere).[410] Die Augsburger behaftete er bei ihrer Verantwortung für die weitere Entwicklung mit der dringenden Bitte, dass sie in dem von Christus begonnen Werk fortfahren sollten. Im Blick auf sein Misstrauen gegenüber den Absichten der Gegenseite teilte er mit, jeder Verdacht sei durch die Ausführungen Sailers und die erhaltenen Briefe vollkommen ausgeräumt.[411] Entsprechend werden die Adressaten von ihm auch als aufrichtige und zuverlässige (sinceris et fidelibus) Diener bezeichnet. Ebenso redete Luther die Augsburger nun auch als „liebste Brüder im Herrn" an.[412] Mit seiner Beschreibung einer gegenseitigen, herzlichen Umarmung bot er ihnen darüber hinaus zumindest verbal einen der bislang verweigerten Bruderhand äquivalenten Gestus der Rekonziliation an.[413]

Unter Aufnahme von Simeons Lobgesang (Lk 2,29 ff) ließ er schließlich wissen:

---

[406] Cf. a. a. O. (212,15–18).

[407] „Quanto gaudio vestras, charissimi fratres, acceperim literas, malo ex viva epistola, qui est vester D. Gereon et Gaspar Hueber, vos cognoscere, quam ex elementis istis Grammaticis et mortuis." Luther an die Augsburger Geistlichen, 20. Juli 1535: WABr 7, 2212 (213,3–6).

[408] „Nam nichil letius michi contigit isto toto cursu nostri euangelii, quam post triste hoc dissidium tandem sinceram sperare, imo videre inter nos concordiam." A. a. O. (213,6–8).

[409] „[…] ac vobis persuadete in Christo firmiter, nihil posse a vobis imponi nobis, quod pro ista concordia firmanda non simus etiam hilariter facturi et passuri, si opus sit." A. a. O. (213,14–16).

[410] „Christus Gubernet vos et perficiat in ista sententia […]." A. a. O. (213,19 f).

[411] „Ita enim ipse D. Gereon narrat, ita vestre sonant et vrgent litere, vt mihi vulnus meum, scilicet suspitio, penitus sanatum sit, etiam ne Cicatrice quidem superstite." A. a. O. (213,8–10).

[412] „Venerabilibus in Domino viris et charissimis fratribus, ministris Ecclesiae Augustanae sinceris et fidelibus." A. a. O. (213,1 f).

[413] „[…] et nos amplectimini vlnis et visceribus pure charitatis, sicut vos amplectimur et suscipimus gremio sincere fidei et concordie […]." A. a. O. (213,12 f). Zur Bedeutung von *amplecti* cf. oben S. 54 und dort A. 184.

„Nam firmata ista concordia gaudens et lachrymans suauiter cantabo: ‚Nunc dimittis seruum tuum, Domine, in pace', Nam post me relinquam ecclesiis pacem, hoc est gloriam Dei, poenam Diaboli et vltionem omnium hostium et inimicorum."[414]

Hier wird greifbar, dass Luther natürlich um die einzigartige Rolle wusste, die ihm im Verständigungsprozess zukam. Er sah die angestrebte Konkordie als sein Erbe an (reliquam). Auch erhoffte er sich von ihrem Zustandekommen offensichtlich eine besonders positive Wirkung für die Gemeinden in der Auseinandersetzung mit den widergöttlichen Mächten dieser und jener Welt. Und schließlich zeigt das Zitat auch, welches Gewicht Luther diesem Vorhaben in biographischer Einordnung zuerkannte: Er sah sie zu diesem Zeitpunkt als sein persönliches Vermächtnis an, das er den evangelischen Kirchen vor seinem Tod noch hinterlassen wollte. War sie erreicht, dann konnte er wie Simeon getrost und zufrieden sterben.

Wegen der in Wittenberg wütenden Pest reiste Sailer noch am Abend des 19. Juli weiter nach Kemberg.[415] Von dort richtete er ein Schreiben an Melanchthon, das im Wortlaut nicht erhalten ist.[416] Es führte in Wittenberg aber offenbar zu erheblichen Irritationen. Forsters Bericht lässt sich entnehmen, dass Sailer sich über Forsters Kritik an der Augsburger Kirchenordnung beschwert haben muss.[417] Auch scheint er ihm Eigensinn vorgeworfen zu haben.[418] Forster zufolge war Melanchthon über den Brief empört und erklärte, „es solt kein erbar man mit solchen boßen leuten handlen"[419]. Als Luther den Brief zu Gesicht bekam, wollte er Forster nicht mehr gehen lassen. Er erwirkte beim Rat der Stadt Wittenberg, dass dieser die Stelle eines Diakons bekam.[420] Damit rückte er aber zumindest von einer der im Rahmen der Verhandlungen um eine Aussöhnung

[414] „Denn nach dem Abschluss dieser Konkordie werde ich voller Freude und unter Tränen lieblich singen: Nun lässt du, Herr, deinen Diener in Frieden fahren. Denn hinter mir werde ich den Kirchen den Frieden hinterlassen. Das heißt: die Ehre Gottes, die Bestrafung des Teufels und die Rache an allen Gegnern und Feinden." A. a. O. (213,16–19).

[415] Cf. Germann: D. Johannes Forster, 89.

[416] Cf. ebd.

[417] „Aus diesem Brief hab ich erstlich, woher er entlich uber mich so unlustig, nemlich der antwort und rede halben, so im ich auf seine frag gegebe, das ich solche deren von Augspurg kirchenordnung als unvolkommen, dinn und ring gescholten, man muste mitler zeit mehr kirchengeseng, ceremonien, absolution und andere mer ritus zu einer geistlichen zucht notwendig, anrichten [...]." A. a. O., 89 f.

[418] „[...] hat auch auf dem weg gen Zell solchs dem Hubern, wie er mir hernach zu Augspurg gesagt, horen lassen, als wurde ich, wie er besorgte, eigensinnig wollen sein und mir der andern predicanten meinung nicht werden gefallen lassen [...]." A. a. O., 90.

[419] A. a. O., 91.

[420] „Nach dem disch alsbald, ehe ich den brief gelesen, name er mich mit sich zu d. M. Luther, zeiget im d. Gereons schreiben an. Alsbald schicket d. Luthern nach zweien burgermeistern, zeiget inen an, wie das er mich wolt zu Wittenberg bei der kirchen und schulen behalten. Derhalben soltens die burgermeister morgens im rat furtragen und aufs ehest im wider wissen lassen. Morgen kamen die burgermeister wider, wie das ich von e. e.r. zu ihrem diacon einhellig mit grossen freuden angenommen, wunschten mir gluck, waren frolich und guter dinge." Ebd.

getroffenen Vereinbarungen ab. Am 22. Juli wandte sich Sailer dann direkt an Forster, allerdings in einem ganz anderen Tenor: Er warb noch einmal für die Verhältnisse in der Augsburger Kirche[421], lobte Forsters Eignung und bat ihn inständig um seine Hilfe und sein baldiges Kommen.[422] Forster berichtet, Luther habe darauf eingelenkt und zu ihm gesagt: „ach ir konnet nun auf solches schreiben nicht mer bleiben, ir müsset itzt ziehen."[423] Es zeigt sich an dieser kleinen Begebenheit, wie brüchig das Eis aus Luthers Sicht noch war. Gleichzeitig aber wird an ihr auch deutlich, wie ernst es ihm mit seinem Konkordienwunsch war, zu dem er sich erst kurz zuvor mündlich und schriftlich gegenüber den Augsburgern bekannt hatte.

Forster verließ schließlich am 4. August Wittenberg. Dass die Episode um den Brief Sailers an Luther trotz des zuletzt von ihm befürworteten Einlenkens nicht spurlos vorübergegangen ist, lässt sich aus dem Begleitbrief erkennen, den er am 3. August an die Bürgermeister und die Stadt Augsburg richtete. Der Konflikt selbst wird dort nicht benannt. Luther führte lediglich aus, dass man Forster bereits selber „zu vnser kirchen dienst angenomen"[424] habe und ihn nun aber im Interesse der Einigkeit doch ziehen lasse.[425] Auffälligerweise ging Luther nun jedoch auf die Möglichkeit ein, dass „ettliche predicanten villeicht nicht gefallen" an Forster „wurden haben".[426] Für diesen Fall verpflichtete er den Rat auf die Rolle von Forsters Fürsprecher.[427] Auch erwähnte er die an diesen gerichtete Bitte, dass er nach Wittenberg zurückkehren solle, wenn die Verhältnisse in Augsburg für ihn unerträglich würden.[428] Das waren deutliche Warnzeichen, mit denen Luther zu erkennen gab, wie er selber sich bei möglichen Konflikten zu positionieren gedachte. Es ist sicher auch kein Zufall, dass seine Ausdrucksweise im Blick auf die Einigkeit nun zurückhaltender ausfiel als noch wenige Tage zuvor. Er schrieb nunmehr von „hofflicher einickeit"[429]. Abschließend erinnerte

---

[421] Cf. Sailer an Forster, 22. Juli 1535: Germann: D. Johann Forster, 91 f.

[422] „Ego tuam operam ambio propter eruditionem et vitae innocentiam qua pollere diceris. Inprimis tamen propter eximium et nunquam satis laudatum virum d. Martinum, patrem mihi perpetuo venerabilem qui putavit tuam operam nobis fore utilissimam. Huius viri iudicium tantum apud me est, ut te multis aliis praeferam, non deessent duo probatae vitae et eruditionis viri, quos adipisci non esset difficile, quare pro gratitudine tua, quam patriae de se bene meritae debes, te rogo et obtestor, ne tuum adventum in multas hebdomadas proroges, sed acceleres." A. a. O., 92.

[423] A. a. O., 91. Zeitlich falsch wird die Berufung Forsters nach Augsburg bei Roper: Mensch, 452 f in die Zeit nach dem Wittenberger Konkordienkonvent eingeordnet.

[424] Luther an Bürgermeister und Stadt zu Augsburg, 3. August 1535: WABr 7, 2216 (220,5 f).

[425] „Aber damit wir ynn solcher hofflicher einickeit nicht vrsachen geben einiger verdacht, haben wir yhm erleubett, Aüff das ewr f. sehen sollen, das wir mit allem willen dazu gern thetten, das solche einigkeit bestettigt." A. a. O. (220,6–9).

[426] A. a. O. (220,11 f).

[427] „[...] So wollen yhn E. f. gonstlich befolhen haben." A. a. O. (220,12 f).

[428] „Dann wo es yhm auch selbs zu Augspurg nicht leidlich zu bleiben sein wurde, haben wir yhn gebeten gar freundlich, sich widderumb zu vns zu begeben." A. a. O. (220,13–221,15).

[429] A. a. O. (220,7).

Luther die Augsburger noch an ihre Bildungsverantwortung. Sie sollten die biblische Unterweisung fördern, „damit wir pfarher vnd prediger bekomen."[430]

Auch gegenüber Jakob Propst äußerte er sich über die Bemühungen um eine Konkordie zurückhaltender als gegenüber den Augsburger Geistlichen. In Luthers Brief vom 23. August heißt es: „Zwischen uns und den Sakramentierern wird eine Konkordie angestrebt, wenigstens doch mit großer Hoffnung und Begierde. Christus vollende sie als eine aufrichtige und beseitige gnädig dieses große Ärgernis."[431]

Am 18. August traf Forster in Augsburg ein.[432] Durch den Fuhrmann ließ er Luther Nachricht über sein Eintreffen zukommen.[433] Am 24. August wurde er von den Bürgermeistern zunächst mit der Versehung der Pfarrstelle von St. Moritz beauftragt.[434] Auf einem Konvent der Kirchenpröpste und Pfarrer am 2. September legte man auch ihm das Buch vor, das Luther in Wittenberg überreicht worden war. Als er am folgenden Tag nach eingehender Lektüre sein Urteil abgab, er könne es „also zu einem anfang der concordien lassen genug sein", und seine Hoffnung bekundete, seine Kollegen „wurden je lenger je mer derselbigen sich befleissen und nachfolgen", ließ die Gegenseite es dabei bewenden.[435] Auf diesem Konvent wurde ihm auch mitgeteilt, dass er nach dem Willen der Bürgermeister Pfarrer an St. Moritz bleiben solle. Man wollte mit dieser Wahl auf Forsters leise Stimme Rücksicht nehmen. Als Wolfart, der hier bislang seinen Dienst versehen hatte, aber erfuhr, dass er nun die Kirche St. Johannes übernehmen sollte, drohte er mit seiner Kündigung. Er hatte mit seinem Vorgehen Erfolg, und Forster bekam am 7. September die Pfarrstelle an St. Johannes zugewiesen.[436]

Am Tag darauf wurden in Augsburg fünf Briefe an Luther verfasst. Erhalten sind die Schreiben des Rates, der Geistlichen, Forsters und Sailers. Auch die Kirchenpröpste müssen sich aber in einem verlorenen Brief an Luther gewandt haben, wie aus seiner Antwort vom 5. Oktober hervorgeht.[437]

Der Augsburger Rat dankte Luther in seinem Brief für Luthers zwei Schreiben, für die erwiesene Gastfreundschaft und seine Bemühungen um eine Ent-

---

[430] A. a. O. (221,16f).

[431] „Tentatur concordia inter nos es sacramentarios magna certe spe et cupiditate. Christus perficiat eam sinceram, et hoc grande scandalum tollat clementer [...]." Luther an Propst, 23. August: WABr 7, 2226 (239,5–7).

[432] Zu den näheren Umständen cf. Germann: D. Johannes Forster, 92.

[433] „Spero tuam praestantiam meas ab Auriga meo accepisse literas, vir clarissime, quibus ego me saluum huc cum domo mea peruenisse significaui [...]." Forster an Luther, 8. September 1535: WABr 7, 2237 (254,3–5).

[434] Cf. Germann: D. Johannes Forster, 93.

[435] A. a. O., 95f.

[436] A. a. O., 96.

[437] „Jch hab ewr schrifft empfangen vnd gantz gern verstanden, das ewr hertz zu einigkeit vnter allen geneigt." Luther an die Augsburger Kirchenpfleger, 5. Oktober 1535: WABr 7, 2255 (292,4f).

sendung von Rhegius und Forster.[438] Im Blick auf die gegenseitige Verständigung bekundete man zum einen Freude über deren Zustandekommen, zum anderen gab man Luther die Zusage, man wolle nichts unterbleiben lassen, was ihr diene und nichts tun oder dulden, was ihr schade oder ihr widerspreche.[439] Verwiesen wurde auch auf eine Reise Sailers nach Straßburg, Ulm und in andere Städte. Auch dort habe man sich über „solche angenommne Concordi" gefreut.[440] Zustimmende Briefe aus diesen Gemeinden wurden in Aussicht gestellt.[441] Abschließend wiederholte man noch einmal die bereits von Sailer in Wittenberg geäußerte Bitte, Luther möge Nachrichten, die die Konkordie in Frage stellen könnten, nicht einfach Glauben schenken, sondern darüber den Austausch mit dem Rat suchen.[442]

Auch die Augsburger Geistlichen zeigten sich gegenüber Luther erfreut angesichts „dieses neuen seligen Anfangs einer christenlichen Concordie"[443]. Auch sagte man zu, dass man in der eigenen Stadt auf die Konkordie achten und darüber hinaus „ander unser Brüder fleißig darzu vermahnen" werde.[444] Ein weiteres Mal wurde Luther gebeten, bösartigen Gerüchten keinen Glauben zu schenken. In einer angeschlossenen theologischen Deutung stellte man sie als Werk des Teufels dar und verwies Luther auf seine eigenen Erfahrungen mit dessen Absichten.[445] Forster wurde als „geliebter Bruder und Mitdiener"[446] bezeichnet, dessen Wesen und Fähigkeiten bereits deutlich geworden seien.

Forster selbst berichtete Luther zunächst von seiner Abordnung nach St. Johannes. Den dabei vorgefallenen Konflikt verschwieg er nicht nur, sondern fügte auch noch hinzu, seine Ernennung sei „mit der Zustimmung aller Prediger dieser Stadt" erfolgt.[447] Luther erhielt auf diese Weise ein geschöntes Bild von Forsters Anfang in Augsburg. Über die wahrgenommenen kirchlichen Riten äußerte Forster sich moderat kritisch. Man könne sie trotz der zu den Wittenberger Praktiken bestehenden Differenzen dulden, da sie der Schrift nicht sehr widersprächen.[448] Zur Taufe wusste er nichts zu beanstanden.[449] Beim Abendmahl bekenne man

[438] Cf. Augsburger Rat an Luther, 8. September 1535: WABr 7, 2236 (252,4–253,11).
[439] Cf. a. a. O. (253,11–15).
[440] Cf. a. a. O. (253,15–19).
[441] Cf. a. a. O. (253,19–21).
[442] Cf. a. a. O. (253,21–26).
[443] Augsburger Geistliche an Luther, [8. September 1535]: WABr 7, 2238 (257,7 f).
[444] Cf. a. a. O. (257,36 f).
[445] Cf. a. a. O. (257,37–42).
[446] A. a. O. (258,49–54).
[447] „Postquam me Senatus per tredecim dies audiuit concionantem, ab eo tandem mihi parochia apud S. Iohannem designata est, idque consentientibus omnibus predicatoribus huius vrbis." Forster an Luther, 8. September 1535: WABr 7, 2237 (254,6–9).
[448] „Prima huius Ecclesiae facies mihi non admodum displicuit, et quanquam ab Ecclesia Wittembergensi ceremoniis illis atque ritibus nonnihil variet, tamen, quia scripturae non admodum repugnare videntur, tolerandos esse putatui, aequioreque eos animo perfero." A. a. O. (254,9–13).
[449] „Baptismum vere habent." A. a. O. (255,21).

sich öffentlich zur Gegenwart von Leib und Blut Christi, lehre darüber aber nicht so angemessen wie in Wittenberg. Dies glaubte Forster aber mehr auf die Unwissenheit der Prediger als auf ihre Schlechtigkeit zurückführen zu müssen.[450] Für ihn war ein deutliches Bemühen erkennbar, dass die anderen Geistlichen die Konkordie nicht gefährden, sondern sie vielmehr fördern wollten.[451] Unter den Kollegen lobte er Meyer, Musculus und Wolfart für ihre Gelehrtheit.[452] Gleichzeitig merkte er an, dass man in Predigt und Auslegung noch sehr den alten Lehrern Zwingli, Oekolampad, Pellikan, Bucer und vergleichbaren Leuten ähnele.[453] Über Sailer berichtete er, dass dieser sich hilfreicher als erwartet gezeigt habe. Auch bat er Luther, dieser möge, wenn es sein Gesundheitszustand erlaube, den Reichsstädten zügig antworten.[454] Er rechnete offenbar ebenfalls damit, dass die von Sailer aufgesuchten Städte sich nun an Luther wenden würden.

Sailer wandte sich am 8. September ebenfalls an Luther. Er verfolgte mit seinem Schreiben vier Absichten: 1. Luther sollte davon überzeugt werden, dass die von ihm selbst diagnostizierte Einigung nicht nur in Augsburg, sondern weit darüber hinaus unter den Oberdeutschen befürwortet wurde.[455] Über Augsburg berichtete er, dass der Rat seinen Bericht gerne gehört und sich über die durch Luthers Schriften vermittelte Hoffnung auf eine Konkordie gefreut habe.[456] Darauf habe der Rat mehrere Tage darüber beraten, auf welchem Weg man nun zu einem Abschluss der Konkordie kommen und wie man mit Widerständen umgehen könne.[457] Von den Geistlichen habe man verlangt „daß sich ein jeglicher dieser Concordia, wie es bereits angefangen, befleißigen sollte, je mehr und mehr gemäß zu halten."[458] Die Trägen werde man antreiben und gegen Gegner vorgehen.[459] Die Geistlichen hätten darauf gerne ihre Zusage gegeben. Aus-

[450] „De altaris Sacramento, licet confiteantur publice presentiam corporis et sanguinis Christi, tamen non ita proprie vt Wittembergenses docent, neque etiam sic sunt edocti atque instituti; attamen hoc certo affirmare ausim, quod magis hoc sit ipsorum inscitiae imputandum quam malitiae [...]." A. a. O. (254,15–255,19).

[451] „[...] nam summo studio hoc conantur, ne hanc susceptam concordiam lacerent, imo potius resarciant atque alant." A. a. O. (255,19–21).

[452] Cf. a. a. O. (255,21–23).

[453] „[...] sed pro concione et in tractatione verbi dei persimiles suis Magistris aut etiam illis inferiores. Magistri, quorum opera sunt vsi, fuerunt Cinglius, Oecolampadius, Pellicanus, Bucerus et item alij eius farinae." A. a. O. (255,24–26).

[454] Cf. a. a. O. (255,38f).

[455] Davon, dass die oberdeutschen Städte die zehn Augsburger Artikel unterschrieben hätten, wie dies bei FRIEDRICH: Martin Bucer, 112 behauptet wird, ist in Sailers Schreiben allerdings keine Rede.

[456] „Nachdem ich von Euch wieder gen Augspurg kommen, haben mich meine Herren freundlich empfangen und meine Relation gerne gehört, und seind des höchlich erfreuet, daß sie auf Ew. Ehrw. Schriften Hoffnung empfangen einer rechtschaffenen christlichen Concordien zwischen uns [...]." Sailer an Luther, [8. September 1535]: WABr 7, 2239 (259,22–25).

[457] Cf. a. a. O. (259,27–30).

[458] A. a. O. (259,32f).

[459] Cf. a. a. O. (259,34–36).

führlich schilderte er darüber hinaus seine Reise durch verschiedene oberdeutsche Städte. In Straßburg habe man die Unterstützung der Konkordie zugesagt und darauf gedrungen, dass eine Einigung nicht nur in der Überzeugung wünschenswert sei, sondern nach Möglichkeit auch in der Ausdrucksweise.[460] Von Straßburg aus sei Capito dann in dieser Angelegenheit zu den Eidgenossen gesandt worden. Zusammen mit Bucer hatte Sailer dann Ambrosius Blarer aufgesucht. Dieser habe die Konkordie und das Bekenntnis der Augsburger gerne angenommen und seine Unterstützung zugesagt.[461] In Esslingen habe man eine Vereinigung mit den Reutlingern erreichen können. Der zuvor bestehende Widerwille sei nur auf das Gerede leichtfertiger Leute zurückzuführen und habe stichhaltiger Vorwürfe entbehrt. Von dort werde man sich noch direkt an Luther wenden.[462] In Ulm habe der Rat die Förderung der Konkordie zugesagt und dabei auch im Namen der Stadt Biberach gesprochen. Ein eigenes Schreiben von Martin Frecht wurde Luther hier in Aussicht gestellt.[463] Dieser wurde ausdrücklich als „gelehrter und frommer Mann"[464] geschildert. Sailer bat Luther darüber hinaus, dass er sich an die Reichsstädte wenden solle.[465]

2. Ebenso sollte Luther vermittelt werden, dass mit Brenz und den Reutlinger Geistlichen Alber und Schradin wichtige seiner südwestdeutschen Gefolgsleute dem eingeschlagenen Kurs nun ihre Zustimmungen geben konnten. Sailer und Bucer waren mit diesen in Stuttgart zusammengetroffen.[466] Nach der Lektüre von Luthers Brief an die Augsburger Geistlichen habe Brenz die Notwendigkeit der Konkordie betont und seine Zustimmung gegeben, „dieselbige also zu vollziehen"[467]. Er hatte Sailer zufolge allerdings kritisiert, dass in manchen Städten die Krankenkommunion selbst bei Todesgefahr nicht gereicht werde[468], und dargelegt, „wie in etlichen Städten des Herrn Abendmahl sollte gehalten"[469] werden. Welche konkreten Vorwürfe Brenz hier erhoben hatte, geht aus dem Text nicht hervor und musste damit auch für Luther unklar bleiben.[470] Brenz hatte aber

---

460 „Und sonderlich haben die von Straßburg samt ihren Predigern begehret, daß wir uns beiderseits befleißigen sollten, nicht allein der Meinung und Glaubens zu vergleichen, sondern auch einerlei Weise und mit gleichen Worten, so viel es möglich sei, davon zu reden." A. a. O. (260,56–59).

461 Cf. a. a. O. (260,62–67).

462 Cf. a. a. O. (261,93–102).

463 Cf. a. a. O. (261,104–108).

464 A. a. O. (261,107).

465 „[...] und indes, ehe der Bote wieder zu Euch kommt, Eure Antwort fertigen an die Reichsstädte." A. a. O. (264,237–239).

466 Cf. a. a. O. (260,68–73).

467 A. a. O. (260,76).

468 „Doch zeiget er an, wie in etlichen Städten des Herrn Abendmahl sollte gehalten, auch von etlichen den Kranken in Todesnöten vorgesagt würde [...]." (260,76–78). Köhler: Zwingli und Luther II, 392 trifft den Sinn der Aussage nicht, wenn er behauptet, Brenz habe beklagt, man lasse bei der Krankenkommunion „den Glauben zurücktreten".

469 A. a. O. (260,76f).

470 Woran Brenz tatsächlich dachte, geht aus einem Brief an Eisermann hervor, dem er von

nach Sailers Brief erklärt, dass man Städte mit diesen Gewohnheiten nicht aufnehmen könne. Darauf habe Bucer zugesagt, er werde die entsprechenden Obrigkeiten anschreiben.[471] Auch im Blick auf Alber berichtet Sailer von einem Einwand. Dieser habe behauptet, dass die anderen Oberdeutschen die Gegenwart von Leib und Blut „auf unseren Glauben setzeten"[472]. Darauf habe man geantwortet, „daß Christi Leib und Blut wahrhaftig gegenwärtig sei, nicht um unserer Würdigkeit oder Unwürdigkeit willen, sondern von wegen und aus Kraft der Einsetzung Christi."[473] Mit dieser Erklärung habe Alber sich zufriedengegeben.[474]

3. Im Blick auf Augsburg sollte Luther durch die Nachrichten über Forster ein Nachweis dafür geliefert werden, dass man dort ein großes Interesse an einer aufrichtigen Verständigung mit Wittenberg hatte. Sailer berichtete, dass es Forster in Augsburg gefalle und dass der Rat „an ihm guten Gefallen"[475] habe. Er betonte, dass man bislang keinen Prediger zuvorkommender behandelt habe. Dieses Verhalten gab er gegenüber Luther als ein Zeichen aus, an dem sich der besondere Wille des Rates zur Förderung der Konkordie erkennen lassen sollte.[476] Auch Forsters Berufung an die Kirche St. Johannes wird erwähnt. Als Diakon habe man ihm mit Johann Ehinger einen gelehrten und frommen Mann an die Seite gestellt. In dieser Darstellung wird der Konflikt mit Wolfart gleichfalls übergangen. Sailer stellt es vielmehr so dar, als habe der Rat mit seiner Entscheidung Forster eine besondere Gunst erweisen wollen.[477]

4. Sailer wollte mit seinem Brief Einfluss auf das weitere Verfahren nehmen. Dabei lag ihm zum einen daran, dass Luther einen Konvent der evangelischen

---

der Zusammenkunft mit Bucer und Sailer berichtete: „Ego idem respondi quod scripsi ad Philipum, nimirum quod sentiam quidem eam sententiam, de qua inter Bucerum et Philippum in Cassel convenerit, tolerabilem esse, nondum autem possim omnes sic docentes approbare, propterea quod suspicer ex multis coniecturis, ipsos non agere rem seriam. Primum quia multi inter eos separant verba coenae dominicae ab ipsa Coena; deinde quod rarissime communicant ecclesias suas [...]." Brenz an Eisermann, 31. August 1535: PRESSEL: Anecdota LIII (153). Daran schließt sich der aus Sailers Brief bekannte Vorwurf an, dass man die Krankenkommunion nicht praktiziere.

[471] Cf. Sailer an Luther, [8. September 1535]: WABr 7, 2239 (260,78–81).

[472] A. a. O. (261,88).

[473] A. a. O. (261,90 f).

[474] Cf. a. a. O. (261,92 f).

[475] A. a. O. (262,131).

[476] „[...] und mag sagen, daß noch der Prediger keiner von den Unsern freundlicher und ehrlicher gehalten sei worden. Denn meine Herren wollten ja gerne nicht allein mit Worten, sondern auch mit der Tat sich erzeigen, als die an ihnen nichts wollen mangeln lassen, was sie zu Förderung christlicher Concordia zwischen E. Ehrw. und andern christlichen Gemeinen wüßten zu tun." A. a. O. (262,133–138).

[477] „Als ich nun solches beratschlaget und meinen Herren mein Bedenken angezeiget, ist beschlossen, man sollt Magister Forster von Rats wegen anzeigen, daß ein Ehrbarer Rat besondern günstigen Willen zu ihm hätte, und wollte ihm die oberste Pfarr zu St. Johannes anbefehlen (welche zuvor der Domherren gewesen), und haben ihm einen Gehülfen oder Diaconum zugegeben, einen gelehrten und ehrlichen Mann, Herrn Johann Ehinger [...]." A. a. O. (261,123–262,127).

Prediger abhalten sollte. Er verwies dabei auf einen entsprechenden Vorschlag, den Brenz und die Straßburger ihm offenbar unterbreitet hatten.[478] Zum anderen wollte Sailer verhindern, dass es beim förmlichen Abschluss der Konkordie zu einer lehrmäßigen Fixierung ihres abendmahlstheologischen Gehaltes kommen würde. Brenz hatte ihm den Vorschlag gemacht, dass Luther „eine Form stellete einer gemeinen Concordien, die man öffentlich ausgehen ließe“[479]. Das Wort *Form* ist in diesem Zusammenhang im Sinne der dem Wort *forma* auch eigenen Bedeutung von Schriftstück oder Schreiben zu verstehen.[480] Brenz dürfte dabei nicht an eine reine Deklaration gedacht haben, die sich in der Nachricht, dass eine Verständigung erfolgt sei, erschöpfen sollte, sondern daran, dass Luther den abendmahlstheologischen Inhalt der Verständigung in Worte fassen sollte. Dieses Verständnis von Brenz' Vorschlag setzt jedenfalls die darauf von Sailer vorgebrachte Anfrage voraus, ob ein solches Vorgehen im Blick auf die, „denen man nichts so wohl und bedächtiglich kann stellen, daß sie nicht etwas finden, anders zu deuten“[481], wirklich zu empfehlen sei. Sailer selber schlug vor, Luther möge einigen der Reichsstädte Schriften widmen. Der Umstand der Widmung allein sollte öffentlich bezeugen, „daß wir der Religion halben einig wären“[482]. Abschließend bat Sailer Luther, dieser solle seine Vorstellungen mitteilen und versicherte, dass man sich nach ihm richten werde.[483]

Etwa auch zu dieser Zeit unternahm man in Augsburg ein weiteres Mal den Versuch, Huber für das Predigtamt zu gewinnen. Da er keine Berufserfahrung hatte, wollte man ihn zunächst als Diakon anstellen. Huber lehnte ab. Nach eigener Darstellung regte sich bei ihm Misstrauen gegen die andere Seite, und er „besorgt jhre list.“[484] Erst als auch Forster ihn bat, willigte Huber ein, dessen Diakon zu werden.[485] Huber zufolge wurde dieser Plan aber von den anderen Geistlichen hintertrieben: Er behauptet, diese hätten verhindern wollen, dass durch eine Zusammenarbeit von Forster und Huber ein Anlaufpunkt für die

---

478 „Die von Straßburg, auch Brentius selbst, achten das fürs beste und nützlichste in dieser Sachen, daß durch E. Ehrw. etwa ein Conventus würde gehalten der evangelischen Prediger, darinnen man sich nach Notdurft von allerlei könnte bereden […].“ A. a. O. (264,247–250).

479 A. a. O. (264,240 f).

480 Cf. dazu Georges (neu) II, art. *forma* III1e (Col. 2169). Diese Bedeutung ist für das Wort Form nicht erfasst in NDWB Bd. 3, art. *Form* (Col. 1897–1899). Köhler: Zwingli und Luther, 392 spricht unbestimmt von einer „Konkordienform“.

481 Sailer an Luther, [8. September 1535]: WABr 7, 2239 (264,242 f).

482 A. a. O. (264,246).

483 „E. Ehrw. wollte uns hierauf ihr Bedenken zu verstehen geben, so wollen wir uns aller Gebühr halten.“ A. a. O. (264,251–265,252).

484 „Jn deß wurde zum dritten mahl begert vom Caspar Huber, das ehr sich auch ins predigampt sollte begeben, und dieweil ehr zuuor nie gepredigt, vnd noch nit mit der rede erkeck were, so wollte man jhn ain zeitlang zu ainnem helfer gebrauchen, Aber baldt fürderen, unnd zu ainnem aygnen pfarrer machen. Nun Huber schlugs dreymahl ab, wolte den predicanten nit gerne vertrawen, besorgt jhre list.“ Huber: Relation, f. 94v–95r.

485 „Doch mann hielt so lang an, auch zu lezt, durch den Forster, das ehr sich bewilliget, ehr wölte des Forsters helfer werden […].“ A. a. O., f. 95r.

Luther ergebenen Christen der Stadt entstehen und somit wieder der Eindruck einer Spaltung aufkommen werde.[486] Vor dem Hintergrund entsprechender Erfahrungen in den Jahren zuvor klingt diese Einschätzung plausibel. Jedenfalls schlug man Huber vor, dass er bei Musculus Diakon werden solle und dass Forster dessen Helfer zugeteilt bekommen werde. Huber lehnte das Angebot ab und wandte sich in dieser Angelegenheit an Luther.[487] Seine Anfrage ist nicht erhalten. Luthers Antwort vom 5. Oktober wird im kommenden Kapitel aufgenommen werden.

Für Luther stellten seine Verhandlungen mit den beiden Augsburgern zweifellos den entscheidenden Durchbruch auf dem Weg zum Wittenberger Konvent dar.[488] Nach seinem Urteil war nun sogar die Stadt, die ihm aufgrund der erbitterten Auseinandersetzung der letzten Jahre geradezu als das oberdeutsche Zentrum des Zwinglianismus erscheinen musste, auf den Weg zu einer wirklichen Einigung in der Abendmahlsfrage eingeschwenkt. Angesichts der persönlichen Auskünfte hatte Luther sogar schreiben können, dass die Einigkeit mit den Augsburger Predigern bereits bestehe. Doch war damit aus seiner Sicht nicht nur der wichtigste Hort des Widerstandes überwunden. Mit Interesse erkundigte sich Luther in den Gesprächen auch nach den Zuständen in anderen Regionen. Dabei fragte er nach den Verhältnissen in Ulm und erkundigte sich sogar nach Bullinger. Hier zeigt sich, dass seine Überlegungen über die Aussöhnung mit einer einzelnen süddeutschen Stadt hinaus weiter auszugreifen begannen. Besonders deutlich wird dies daran, dass er schließlich sogar laut über seinen Wunsch nachdachte, Vertreter beider Seiten zu einem Konvent zu versammeln.[489] Nicht der Plan an sich war neu. Gegenüber seinem Kurfürsten hatte er bereits Anfang Januar eine Andeutung dieser Art gemacht.[490] Neu war, dass Luther diesen Wunsch nun gegenüber der anderen Seite äußerte und damit den Weg zu den kommenden Verhandlungen wies. In Sailer stand ihm ein Mann gegenüber, der sowohl sein Interesse an einer Verbreiterung der Konkordienbewegung als auch seinen Wunsch nach einem Konvent gerne aufnahm und dafür im süddeutschen Raum unter oberdeutschen sowie unter Luther zuneigenden Theologen unverzüglich zu werben begann.

---

[486] „[...] da funden sy aber ain list, vnnd beretten die herrn, mann sollte diese zween nit zusammen in ainne kirchen thun, dann die Luterisschen wurden allain nun zu yhnen lauffen, allain auch die Sacrament non yhnen empfahen, Derhalben es ain ansehen gewinnen wurde, als were mann noch spaltig, vnnd nicht recht ains [...]." A. a. O., f. 95r.

[487] „Derhalben solte man den Huber dem Meüßlin zuthun, Vnd des Meüßlins Helfer dem Forster, damit mann also künte auf sy sehen. Der Huber aber wollte solchs nit annemmen, noch bewilligen, sonder wolt weiter rath haben, was jhm zuthun gebüren würde. Derhalben ehr dem Doctor Luthern schrieb, vnd begerte seinnes raths, der schrieb jhm also, wie iezt hernach volget." A. a. O., f. 95r.

[488] Auch Brecht: Martin Luther III, 54 spricht von einem „echten Durchbruch in den Bemühungen um die Konkordie". Cf. ebenso Edwards: False Brethren, 147.

[489] Cf. oben A. 386.

[490] Cf. oben S. 225 und A. 215.

## 3.5 *Luthers Korrespondenz mit den oberdeutschen Städten*

Ab dem Spätsommer trafen bei Luther in Wittenberg Briefe aus den Städten ein, die Sailer auf seiner Reise besucht hatte.[491] Am 19. August schrieben die Straßburger Geistlichen an ihn. Erstaunlicherweise behaupteten sie in ihrem Brief, dass nun durch die Entscheidung, die Luther im Fall von Augsburg gefällt hatte, der Streit im Ganzen beigelegt sei.[492] Für diese Behauptung beriefen sie sich auf die Zehn Artikel, die sie als von Luther gebilligte Grundlage seiner Verständigung mit den Augsburgern ausgaben. Diese aber seien von Bucer verfasst worden und von den Geistlichen aus Konstanz, Frankfurt, Ulm, Esslingen, Memmingen, Lindau, Kempten, Landau, Weissenburg, Biberach und Isny bereits unterschrieben worden.[493] Sogar unter den Schweizern werde dieses Bekenntnis gebilligt, auch wenn dort noch nicht alle formal unterzeichnet hätten.[494] Man habe Capito dorthin geschickt.[495]

Vom Zusammentreffen zwischen Sailer, Bucer und Brenz in Stuttgart teilte man Luther mit, man sei sich dort einig gewesen, dass man sich angesichts der Bedrohung durch die reformationsfeindlichen Stände, des angekündigten Konzils und der auflebenden Sekten nun zu einem Konvent versammeln müsse. Erfreut habe man durch Sailer von Luthers gleichlautendem Wunsch erfahren.[496]

Im Zentrum des Schreibens steht allerdings die Auseinandersetzung mit zwei Gruppen, die in verschiedener Weise Kritik an den Straßburgern vorgebracht hatten: Zum einen gab es Vorbehalte gegen die von ihnen vertretene Abendmahlslehre. Bucer und seine Kollegen mussten einräumen, dass sie Brenz und einer Reihe anderer Theologen nach wie vor verdächtig waren.[497] Ihre eigene

---

[491] Zu den Schreiben der Oberdeutschen und Luthers Antworten cf. auch KÖSTLIN/KAWERAU: Martin Luther II, 333; KÖHLER: Zwingli und Luther II, 393f; BIZER: Studien, 85–87; FRIEDRICH: Martin Bucer, 112; BRECHT: Martin Luther III, 56. Die Ausführungen dort sind allerdings knapp und fast ausnahmslos paraphrasierend.

[492] „[...] sublatum est [sc. dissidium] optatissimo isto solidae pacis et charitatis oraculo a Reverenda Paternitate Tua impetrato." Straßburger Geistliche an Luther, 19. August 1535: WABr 7, 2224 (235,16f).

[493] „Nam confessionem, quam R. P.T. ab Augustanis recepit, praescriptam eis a Bucero nostro, subscripserunt partim pridem, partim dudum omnes symmystae nostri horum oppidorum Imperialium, Constantiae, Francofordiae, Ulmae, Esslingae, Memmingae, Lindavii, Campoduni, Landavii, Weissenburgi, Biberaci, Isnenses." A. a. O. (235,18–22).

[494] Cf. a. a. O. (235,22–27).

[495] Cf. a. a. O. (235,30–37).

[496] „Considerant enim religiosi viri, quam necessarium sit, hoc maxime tempore, Ecclesias totis animis conspirare, dum nimirum ita instant papistae, non vi tantum, sed etiam minitando Concilium, sectae tam multae et importunae et, qui passim incredibili vi irrumpit, Epicurismus. Unde etiam, si unquam, hac tempestate ecclesiasticum conventum expetendum iudicant, quem cum a Gereone audierunt et R. P. Tuam optare, gemino gaudio exultant." A. a. O. (235,40–46).

[497] „Brentius adhuc non paucis quibusdam se ipse inani profecto de nobis suspicione turbat." A. a. O. (236,54f).

Auffassung legten sie in zwei Teilen dar: Einerseits plädierten sie dafür, dass man darüber schweigen solle, was die Gottlosen essen.[498] Andererseits beteuerten sie, dass die wahre Darreichung des Leibes und Blutes auf der Einsetzung des Herrn und nicht auf menschlichem Verdienst beruhe und dass am Leib und Blut schuldig werde, wer unwürdig esse.[499] Rechtfertigend erklärten die Straßburger, dass sie einen umfassenden Konsens der Gemeinden erreichen wollten und dass sie sich daher nach dem richten müssten, was allen wichtig sei: nämlich was in den Worten des Herrn enthalten sei.[500] Man bemühe sich, das Neue immer an das Akzeptierte anzupassen, um so eine Übereinstimmung zu erreichen.[501]

Zum anderen sah man sich mit Forderungen einer Gruppe konfrontiert, die auf einen bestimmten Umgang mit der eigenen theologischen Vergangenheit zielten. Den Straßburgern zufolge sollten die Oberdeutschen nach dem Willen dieser Leute nur dann als in eine Verständigung einbezogen angesehen werden können, wenn sie öffentlich und ausnahmslos alles verdammten, was sie bis dahin gelehrt hatten, und wenn sie sich ausschließlich der Ausdrucksweise bedienten, die dieser Gruppe zusagte.[502] Es ist sehr wahrscheinlich, dass die Geistlichen damit primär auf Nikolaus von Amsdorf zielten. Dieser hatte tatsächlich in seiner Thesenreihe ‚Contra Zwinglianos et Anabaptistas themata' den Widerruf der Straßburger als *conditio sine qua non* verlangt.[503] Strenggenommen hatte er nicht gefordert, dass man einer bestimmten Redeweise folgen müsse. Aber er hatte die Diktion verworfen, dass das Brot den Leib bezeichne oder dass das Brot Figur des Leibes sei.[504] Bucer hingegen hatte für die Straßburger diese Ausdrucksweise in seiner Erwiderung ‚Axiomata Apologetica' als legitim verteidigt und geschrieben: „Aber wenn das Brot das Zeichen des Leibes ist, was besteht dann für eine Gefahr, wenn du sagst: Das Brot bezeichnet den Leib des Herrn, wenn du nur der Gegenwart des Herrn hinreichend Ausdruck verleihst?"[505] Es

---

[498] „Quid impii manducent, taceamus." A. a. O. (236,61).

[499] „Testemur porro, veram corporis et sanguinis Domini exhibitionem nullo hominum merito, sed sola institutione Domini niti, reum autem fieri corporis et sanguinis Domini mortemque sibi accersere, qui manducant indigne [...]." A. a. O. (236,61–64).

[500] „Cupimus Ecclesias, non nos tantum, non unum et alterum, in plenum veritatis consensum adducere. Proinde urgenda nobis ea potissimum sunt, quae facile videant omnes urgenda esse, hoc est in ipsis Domini verbis contineri." A. a. O. (236,55–58).

[501] „[...] sic simpliciter agentes et, quae nonnullis hac in re etiamnum desunt, iis, quae hi iam receperunt, accomodantes, ut omne verum vero consonet." A. a. O. (236, 64–66).

[502] „Haec autem dum quidam parum considerant nobisque maligne alioqui fidunt, nolunt nos consentientes agnoscere, nisi damnemus palam et promiscue, quae antehac docuimus omnia, et formulas loquendi usurpemus ubique, quae ipsis probantur." A. a. O. (236,68–72).

[503] Cf. dazu oben A. 208.

[504] „[...] 43. Se male docuisse et scripsisse contra Lutherum, in hoc, quod docuerunt hoc est corpus meum, id est hoc significat corpus meum, aut hoc est figura corporis mei." Amsdorf: Contra Zwinglianos, 3v.

[505] „At si panis signum corporis christi est, quid piaculi si dicas: ‚panis significat corpus domini', modo iuxta praesentiam Domini satis exprimas?" BDS 6/1,90,5 f.

ist also anzunehmen, dass die Straßburger sich auf Amsdorfs Versuch terminologischer Restriktion bezogen haben dürften.

Im Blick auf die verlangte Ausdruckweise versicherten die Straßburger gegenüber Luther, dass man diese Worte an sich durchaus nicht verwerfe, sie aus Rücksicht auf die Schwäche des Volkes aber nicht überall verwenden dürfe.[506] Man verlieh der Hoffnung Ausdruck, dass jene Leute milder werden könnten, wenn sie davon hörten, wie wohlwollend Luther sie angenommen habe.[507] Rhetorisch war diese Wendung insofern geschickt, als Luther damit implizit von denen abgesetzt wurde, die unerbittlich an der Forderung eines umfassenden, öffentlichen Widerrufs festhielten.[508] Eine versteckte Bitte an Luther war es wohl, wenn man sich zuversichtlich gab, dass er sich bei seinem Urteil über die Bemühungen der oberdeutschen Gemeinden an deren Bekenntnis, am Zustand des Rates sowie an der Lehre und Gewissenhaftigkeit der Prediger orientieren werde, nicht aber an den Tollheiten einzelner Privatpersonen, die gerne die Wahrheit übertönten und das Gemeinwesen verleumdeten.[509] Abschließend gaben die Straßburger Luther noch folgende Zusage:

> „[...] tum autoritatem R. P. Tuae praedicatione huius tuae in nos benevolentiae et omnino paternae facilitatis oblaedere summopere cavebimus pro virili, sic ad profectum concordiae in Christo, ita ad solidam ministerii tui sanctissimi commendationem attemperaturi omnia.“[510]

Der hier angenommene Zusammenhang, dass Luthers Ansehen beschädigt werden könne, wenn seine wohlwollende Haltung gegenüber den Oberdeutschen gelobt werde, wird in seiner Tiefe erst vor dem Hintergrund von Amsdorfs Thesenreihe verständlich: Dieser hatte für den Fall eines Verzichts auf einen Widerruf vor einer Umdeutung des Verständigungsergebnisses gewarnt: „Alioqui hominibus uideretur quasi ad illorum errorem accederent Lutherani, non ipsi ad nostram ueritatem.“[511] Mit ihrer Zusage nahmen die Straßburger diese Befürchtung insofern auf, als sie anerkannten, dass es zu einer solchen Umdeutung kommen könnte und dass sie sie persönlich auf die Frage nach dem Ansehen Luthers zuspitzten. Der von Amsdorf suggerierten Zwangsläufigkeit (alioqui)

---

[506] „Nec nobis quidem in se improbantur, tametsi propter vulgi imbecillitatem non licet eas usurpare ubique.“ Straßburger Geistliche an Luther, 19. August 1535: WABr 7, 2224 (236,72 f).

[507] „Speramus autem hos quoque mitiores fore, cum audient, quam benevole quamque paterne Tua Reverenda Paternitas nos suscepit.“ A. a. O. (236,73–75).

[508] Keinesfalls wurde Luther hingegen gebeten, „die Verwerfung der früheren Oberdeutschen Abendmahlslehre zurückzunehmen.“ Vs. FRIEDRICH: Martin Bucer, 112.

[509] „Tua quoque R. P. pro sua prudentia censebit studium Ecclesiarum nostrarum a confessione et constitutione magistratus, a doctrina observationeque publica ministrorum verbi, non vero ab insaniis privatorum paucorum, qui nusquam non veritati obstrepunt et respublicas infamant.“ A. a. O. (236,75–79).

[510] A. a. O. (236,80–83). In WABr 7, S. 237 A. 9 wird einschränkend angemerkt, der Text ergebe in dieser Gestalt einen „leidlichen Sinn“.

[511] AMSDORF: Contra Zwinglianos, 3v.

aber widersetzten sie sich dadurch, dass sie nicht den von ihm verlangten Widerruf zusagten, sondern stattdessen ihre Selbstverpflichtung zur Aufmerksamkeit (cavere) als Weg zur Wahrung von Luthers Autorität und dem Gewicht seines Amtes anboten.

Wohl am 26. August wandten sich die Bürgermeister und der Rat von Esslingen an Luther.[512] Unter Bezugnahme auf Ausführungen Sailers baten sie ihn, dass er sie wie die Augsburger „fur arme und christenliche Bruder im Herrn auf- und annehmen und also in gonstigem und väterlichen Befehlich haben und halten" möge.[513] Die von ihrer Seite aus gegebene Zusage blieb ohne jede inhaltliche Näherbestimmung. Man versicherte lediglich, dass man sich mit den Geistlichen der Stadt „nach dem reinen klaren Gottes Wort und Befehlich" und „Vermeidung allerlei ärgerlicher Secten also halten, erzeigen" und zu Gottes Ehre fortschreiten werde.[514] Wahrscheinlich am gleichen Tag schrieb auch der Esslinger Pfarrer Jakob Otter an Luther. Der Brief selbst ist allerdings nicht überliefert. Otter erwähnt ihn lediglich in seinem Schreiben an Brenz vom 26. August, wo er dieses Schriftstück als „Zeugen meines Bekenntnisses und meines Glaubens"[515] bezeichnet.

Der Ulmer Rat richtete am 3. September einen Brief an Luther. Man zeigte sich erfreut, dass die Einigkeit „nunmehr zu gutem Fried, End und Anstand gebracht sei"[516]. Gleichzeitig aber nahm man für sich in Anspruch, dass man sich auch zuvor immer bereit erklärt habe, die CA zu unterschreiben[517] und dass man „also mit ihren Kurf. Gn. jedesmal einig gewest und noch" sei.[518] Offenbar wollte der Rat die jüngsten Vorgänge in ihrer Bedeutung im Blick auf die eigene Stadt deutlich relativieren. Die mit Augsburg erreichte Verständigung nahm man ohne weitere Erklärung auch für die eigenen Prediger in Anspruch.[519] Schließlich ermahnte man Luther sogar noch, er möge sich „hinfüro nicht weniger söl-

---

[512] Zum Problem der Datierung cf. WABr 7, S. 242.

[513] Bürgermeister und Rat von Esslingen an Luther, [26. (?) August 1535]: WABr 7, 2229 (243,18f).

[514] A. a. O. (243,21–24).

[515] „Scripsi epistolam Luthero, meae confessionis et fidei testem, quam ut spero gravatim leget." Otter an Brenz, 26. August 1535: Pressel: Anecdota LII (152). Vorausgesetzt wird das Eintreffen von Otters Brief wohl auch in einer späteren Bemerkung Luthers. Am 28. September ließ er den Kurfürsten wissen: „Es haben mir geschrieben Augspurg, Vlm, Eslingen, Beide Rat vnd prediger, auch die Prediger zu Strasburg [...]." Luther an Kurfürst Johann Friedrich, 28. September 1535: WABr 7, 2247 (278,24f).

[516] Ulmer Rat an Luther, 3. September 1535: WABr 7, 2233 (248,6f).

[517] „[...] und wiewohl wir neben allen Ständen der löblichen christenlichen Verständnus allwegen in dem Erbieten gehört sein, uns der Confession, nit allein in diesem, sonder auch allen andern Articul, wie die von unserm gnädigsten Herrn, dem Kurfürsten zu Sachßen, und seinen Mitverwandten auf dem Reichstag zu Augspurg ubergeben, der Lehr halb zu unterschreiben [...]." A. a. O. (248,9–13).

[518] A. a. O. (248,14).

[519] A. a. O. (248,14–16).

licher christenlicher Weg, wie uns dann zu geschehen nit zweifelt, befleißen"[520]. Gleiches sagte man für die eigenen Theologen zu.[521]

Die Ulmer Geistlichen schließlich verfassten am 13. September ihr Schreiben. Dieses ist nur in einer deutschen Übersetzung aus dem 19. Jahrhundert erhalten, die von Theodor Keim vorgelegt worden ist.[522] Ihr zufolge beteuerten die Ulmer, dass sie mit den Augsburger Predigern in der Lehre übereinstimmten[523], und baten Luther, er möge sie, ihre Kirche und ihre Obrigkeit wie diese brüderlich annehmen.[524]

Am 28. September berichtete Luther seinem Kurfürsten, dass er Briefe von den Predigern und Räten aus Augsburg, Ulm und Esslingen und von den Straßburger Geistlichen erhalten hatte.[525] Zur eigenen Begutachtung stellte er eine spätere Übersendung in Aussicht. Er selber gab über die Briefe das Urteil ab, die Oberdeutschen „gebens wunder gut fur zur rechten einickeit."[526] Durch die adverbiale Zufügung von *wunder* wollte Luther eine Steigerung im Sinne von „außerordentlich" zum Ausdruck bringen.[527] Schwieriger ist für die Deutung der Gebrauch des Verbs *fürgeben*. Dieses kann die Aufrichtigkeit eines Äußernden in Frage stellen, kann aber ebenfalls neutral lediglich den Vorgang der Äußerung beschreiben.[528] Vom Tenor der Briefe her, die Luther am 5. Oktober als Antworten in die oberdeutschen Städte sandte und die im Folgenden noch aufgegriffen werden, ist aber die Deutung, dass Luther gegenüber dem Kurfürsten die Ehrlichkeit der Oberdeutschen habe anzweifeln wollen, auszuschließen. Er wollte seinem Landesherrn mitteilen, dass er von den Absichten der Gegenseite einen außerordentlich positiven Eindruck gewonnen hatte.[529]

Auch mit anderen tauschte sich Luther offenbar über diese Schreiben aus. Melanchthon ließ am 4. Oktober aus Jena Myconius in Gotha wissen: „Herr Pommer hat mir vor einigen Tagen geschrieben und wunderbarerweise billigt er die Briefe der Augsbuger und der Ulmer."[530] Das Fehlen der Esslinger Schreiben ist auffällig, muss aber auf sich beruhen. Festzuhalten ist, dass Luther zumindest

---

[520] A,aO. (248,19f).

[521] A. a. O. (248,22–25).

[522] Cf. dazu WABr 7, S. 272.

[523] „Dieweil wir mit gedachten unsern lieben Brüdern zu Augsburg eine reine katholische gemeine Lehre Christi und seiner Sacramente haben […]." Ulmer Geistliche an Luther, 13. September 1535: WABr 7, 2243 (272,18–20).

[524] „Deshalb wir, freundlichster Luthere, geliebter Präceptor, dich bitten, wie du gedachte Brüder samt ihren Kirchen mit herzlicher Liebe unsres lieben Herrn Christi Jesu umfangen hast, also wollest du unsre gottselige Obrigkeit, unsre Kirche, auch uns und was unser ist, umfahen, auch fürnehmlich Christo und allen fleißigen Liebhabern desselben befehlen." A. a. O. (273,31–36).

[525] Cf. oben A. 515.

[526] Luther an Kurfürst Johann Friedrich, 28. September 1535: WABr 7, 2247 (278,25f).

[527] Cf. dazu DWB Bd. 30, art. *wunder* A) 6) b) α) (Col. 1834f).

[528] Cf. dazu DWB Bd. 4, art. *fürgeben* 7) und 8) (Col. 732).

[529] Positiv wird die Stelle auch bei Edwards: False Brethren, 148 gedeutet.

[530] „Dominus Pomeranus mihi scripsit ante paucos dies ac mirifice probat literas Augusta-

einen Teil der Schreiben Bugenhagen vorgelegt haben muss. Aus dem Umstand, dass Melanchthon die Korrespondenz für den Gothaer in keiner Weise einordnete oder erklärte, muss man schließen, dass dieser entweder darüber im Bilde war, dass man in Wittenberg solche Schreiben erwartete, oder dass dieser sogar selber Kenntnis von den Briefen hatte. Immerhin in Umrissen wird deutlich, dass Luther auch an dieser Stelle seine engen Vertrauten in die Auseinandersetzung um die Konkordie miteinbezog.

Am 5. Oktober verfasste Luther seine Antworten auf die Schreiben, die ihn aus Augsburg und den anderen Städten erreicht hatten.[531] Er entsprach damit der Bitte, die Forster und Sailer an ihn gerichtet hatten.[532] Mit seinem Brief an die Geistlichen von Straßburg wandte er sich zum ersten Mal seit dem Februar 1531 schriftlich auch wieder an Bucer.[533] Er versicherte den Straßburgern seine Freude über ihren Brief und bekannte, dass dieser ihn von der Lauterkeit ihrer Neigung zu einer Verständigung überzeugt habe.[534] Auch gab er zu verstehen, er sei bereit, alles, so viel an ihm liege, in dieser Angelegenheit zu tun oder zu erdulden.[535] Damit markierte Luther an dieser Stelle aber auch eine Grenze seines Handlungsspielraumes. Ob er damit der Eigenständigkeit der anderen Theologen seiner Seite Rechnung tragen wollte oder auf einen ausschließlich Gott unterstehenden Bereich verweisen wollte, muss an dieser Stelle offenbleiben. Weiter erklärte er, man wolle Gott gemeinsam bitten, dass er das von ihm angefangene Werk einer *concordia solida et perpetua* vollende.[536]

Für das weitere Vorgehen griff Luther den von den Straßburgern favorisierten Vorschlag eines Konventes auf. Er empfahl eine solche Zusammenkunft mit dem Hinweis darauf, dass die Konkordie viele und große Fürsten und Völker betreffe.[537] Deren Mitspracherecht konnte nach seiner Auffassung auf diesem

norum et Ulmensium." Melanchthon an Myconius, 4. Oktober 1535: MBW 6, 1641 (473,11–13).

[531] Zu der Episode vom Überfall auf den Briefboten, der die Zustellung der Briefe verzögerte, cf. Luther an Jonas, 17. Oktober 1535: WABr 7, 2262 (300,5–15).

[532] Cf. oben S. 261 und S. 262.

[533] Cf. dazu oben S. 188.

[534] „Magnae voluptati fuerunt mihi vestrae literae, optimi viri, fratres, quod mihi facile persuaserunt, animum vestrum candide et sincere ad sarciendam istam concordiam nostram esse propensum et paratum." Luther an die Straßburger Geistlichen, 5. Oktober 1535: WABr 7, 2251 (286,3–6).

[535] „Et non dubitate, quantum in me fuerit, nihil poterit a me exigi aut imperari etiam, quod pro hac causa non sim libenter et hilariter facturus et passurus." A. a. O. (286,8–10).

[536] „Tantum pergamus, et, quod Deus coepit, nostris precibus et ardentibus votis exoratus perficiet, ut sit ista concordia solida, sine ullo scrupulo et offensione, et perpetua, Amen." A. a. O. (286,10–13). Dass Anfang und Gelingen der Konkordie Gottes Werk sei, ließ Luther auch in einem anderen Brief deutlich werden. Cf. Luther an die Augsburger Geistlichen, 5. Oktober 1535: WABr 7, 2253 (290,6–8). Von Christus spricht Luther in diesem Zusammenhang in seinem Schreiben an Sailer, 5. Oktober 1535: WABr 7, 2256 (293,17–19).

[537] „Reliquum est, optimi fratres, quoniam res ista ad multos et magnos tum principes, tum populos pertinet, ut de conventu aliquo nostro deliberemus [...]." A. a. O. (287,14–16).

Weg offenbar am besten Rechnung getragen werden. Möglichst bald solle man zusammenkommen.[538] Inhaltlich sollte es nach seinem Willen um die Verständigung in der Abendmahlslehre, aber auch um andere Angelegenheiten gehen. Entsprechende Vereinbarungen sollten dann im Rahmen eines persönlichen Gespräches auf dem Konvent schriftlich festgehalten (componere) werden.[539] Dem von Sailer unterbreiteten Vorschlag, dass man die bestehende Einigkeit durch einige von Luther verfasste Widmungsschriften deklarieren solle, war damit eine deutliche Absage erteilt.[540] Welche abendmahlstheologischen Fragen aus seiner Sicht noch der Klärung bedurften, führte er nicht aus. Auch ging er mit keinem Wort auf die Ausführungen der Straßburger ein, mit denen diese sich gegen die Kritik von Brenz und Amsdorf verteidigt hatten. Welche anderen Themen Luther auf dem Konvent außerdem erörtert sehen wollte, ließ er an dieser Stelle ungeklärt. Möglicherweise wollte er auch nur den Raum für weitere Anliegen offenhalten.

Luther bat die Straßburger, dass sie sich mit den anderen Oberdeutschen über Zeit und Ort einer Zusammenkunft verständigen.[541] Von seiner eigenen Teilnahme ausgehend hatte er allerdings einschränkend bemerkt, dass man sich in Hessen oder auf dem Coburger Gebiet werde treffen müssen.[542] Das Ergebnis der Abstimmung sollte den Wittenbergern mitgeteilt werden. Man wollte dann mit dem Kurfürsten sprechen und schließlich die Leute der eigenen Seite aus Sachsen, Pommern, Preußen und anderen Gegenden unterrichten. Diese sollten dann einen eigenen Gesandten schicken oder einem anderen ein Mandat erteilen.[543] Ausdrücklich erklärte Luther, dass nach seinem Willen nur eine kleine Gruppe zusammenkommen sollte.[544] Im Brief redete Luther die Straßburger ebenso wie zuvor die Augsburger bereits als „liebste Brüder im Herrn" an.[545] Gleichzeitig aber schrieb er davon, dass die Konkordie wiederhergestellt (sarcire) werden müsse.[546] Man wird dies so verstehen dürfen, dass Luther den Brudernamen hier gebrauchte, weil er zuversichtlich war, dass man auf dem Konvent zu einer Einigung finden werde, und weil er diese Zuversicht der Gegenseite auch mitteilen wollte.

---

538 „[...] idque primo quoque tempore." A. a. O. (287,17).

539 „[...] in quo coram de hac et aliis causis mutuo colloquio omnia componamus [...]." A. a. O. (287,16 f).

540 Cf. dazu oben S. 264.

541 „Consulite igitur cum fratribus et parte vestra de tempore et loco, nobisque rescribite [...]." A. a. O. (287,21 f).

542 Cf. a. a. O. (287,19–21).

543 „[...] ut Principem nostrum de hac re conveniamus et aliis quoque fratribus nostris in Saxonia, Pomerania, Prussia etc. significemus, ut unum aliquem suo nomine vel mittant vel alicui ex nobis committant." A. a. O. (287,22–25).

544 „Nam personarum multitudinem nollem convenire." A. a. O. (287,25 f).

545 In der Anrede heißt es: „[...] fratribus in Domino charissimis." A. a. O. (286,2). Zum Schreiben an die Augsburger Prädikanten cf. oben S. 256 und A. 412.

546 Cf. oben A. 534.

Auch die Augsburger Geistlichen bezeichnete Luther in seinem Brief als Brüder, fügte aber eine Gerundivform von *suscipere* an. Er sprach sie somit als Personen an, die als Brüder erst noch anzunehmen seien.[547] Wie gegenüber den Straßburgern brachte er so zum Ausdruck, dass er einerseits im Blick auf die Konkordie ausgesprochen zuversichtlich war, dass sie aber andererseits eben noch nicht vollendet (perficere) war.[548] Seine Ausführungen über einen zukünftigen Konvent unterscheiden sich in zweifacher Weise von denen, die er den Straßburgern unterbreitet hatte: Zum einen plädierte er zwar für die Abhaltung eines Konventes, stellte dann aber dessen Zusammentreten dem Urteil der Gegenseite anheim.[549] Ähnlich verfuhr er in seinen Schreiben an die Ulmer Geistlichen und den Rat von Esslingen.[550] Zum anderen machte er hier Aussagen über das Ziel der Verhandlungen. Auf dem Konvent gehe es darum, dass

> „wir uns in- und auswendig gegenseitig kennenlernen und wir, wenn es etwas gibt, was noch zu erdulden, einzuräumen oder auch auszuklammern ist, dies kenntlich machen und dazu gemeinsam einen Beschluss fassen, damit die Widersacher nicht aus einer Mücke einen Elefanten machen und nicht Gelegenheiten ergreifen, um über unsere noch bestehende Uneinigkeit oder unsere schlecht geflickte Einigkeit ein großes Gerede zu machen."[551]

Diese Äußerung Luthers ist bemerkenswert: Er konnte sich demnach als Ergebnis der Zusammenkunft durchaus auch vorstellen, dass man anstelle einer vollständigen Konkordie zunächst nur einen Zwischenschritt erreichen würde und dass es erforderlich sein könnte, sich miteinander auf ein inhaltlich präzisiertes Moratorium zu verständigen und dieses festzuhalten. Lieber sollten bestehende Differenzen klar benannt sein und vorübergehend geduldet werden, als dass man sich mit einer scheiternden Verständigung dem Spott der reformationsfeindlichen Kräfte aussetzte.

Gegenüber dem Rat von Augsburg und den Kirchenpflegern gab Luther die erbetene Zusage, dass er Gerüchten über die Augsburger Geistlichen keinen

---

[547] „[...] fratribus in Domino suscipiendis." Luther an die Augsburger Geistlichen, 5. Oktober 1535: WABr 7, 2253 (290,2).

[548] Seine Hoffnung bekundete Luther mit den Worten: „Gratias ago Domino meo Iesu Christo, optimi viri, qui me per literas vestras magnifice laetificavit et animum meum de vobis confirmavit, ut nunc audeam fortiter sperare, concordiam istam nostram fore sinceram et perpetuam." A. a. O. (290,3–6). Zum Gebrauch von *perficere* cf. a. a.O (290,6.19 f).

[549] „Deinceps mihi videtur consultum, ut primo quoque tempore conventulum aliquem habeamus [...], nisi quid aliud vobis videtur." A. a. O. (290,8 f.14).

[550] Cf. Luther an die Geistlichen von Ulm, 5. Oktober 1535: WABr 7, 2258 (296,16–18); Luther an die Geistlichen von Esslingen, 5. Oktober 1535: WABr 7, 2259 (297,15–19). Cf. dazu auch Luther an Sailer, 5. Oktober 1535: WABr 7, 2256 (293,10 f).

[551] „[...] ut intus et in cute nos invicem agnoscamus et, sio aliquid sit, quod adhuc tolerandum, concedendum dissimulandumve sit, signemus et communiter decernamus, ne adversarii ex musca elephantem faciant et occasiones rapiant iactandae nostrae adhuc discordiae seu concordiae male sartae." A. a. O. (290,10–14).

Glauben schenken wolle, bevor er dem Rat und diesen nicht darüber berichtet habe.[552]

Sailer dankte Luther für seinen willkommenen Brief und für die anderen Schreiben, die infolge der Rundreise durch die Städte in Wittenberg eingetroffen waren.[553] Mit dem Verweis auf die übrigen Briefe ließ er erkennen, dass er sie bewusst besonders freundlich und respektvoll formuliert hatte, um so seinen aufrichtigen Wunsch nach einer gefestigten Konkordie deutlich werden zu lassen.[554]

Auch die Ulmer Geistlichen wurden von Luther als „liebste Brüder im Herrn" bezeichnet.[555] Er dankte auch ihnen für ihr Schreiben und bekundete, dass sie durch dieses sein Vertrauen darauf erweckt hätten, dass die Konkordie aufrichtig und ehrlich geraten werde.[556] Ausdrücklich forderte Luther sie aber auf: „Nur fahrt in Christus fort, wie ihr begonnen habt, mit treuer Mühe und wachsamer Sorge diese Angelegenheit bei euren Leuten zu betreiben und zu voranzutreiben."[557] Ein weiteres Mal wir hier greifbar, dass es Luther um eine Übereinkunft ging, die ihre Wirkung in der Gemeinde entfalten musste. In Ulm, das Luther in den zurückliegenden Jahren verschiedentlich an die Seite Augsburgs gestellt hatte, gab es nach seiner Einschätzung in dieser Hinsicht einen besonderen Handlungsbedarf. Dem Ulmer Rat scheint Luther hingegen auf die Behauptung, dass man mit ihm bisher immer einig gewesen sei, und auf die an ihn gerichtete Mahnung nicht geantwortet zu haben.

Den Esslinger Ratsherren dankte Luther ebenfalls für ihren Brief, der ihm ihre Neigung zur Konkordie offengelegt habe.[558] Bemerkenswert ist die theologische Deutung, die Luther hier dem Streit um das Abendmahl gab: „Denn ich ynn solche hoffnung komen bin, das Gott solchen spalt vnd risß hat lassen vnter vns komen, das wir versucht vnd gedemutigt wurden. Er kan aber aus dem bosen alles gut machen, wie er aus nicht alle ding schaffet."[559]

---

[552] „Und wie E. f. bittet, wil ich nicht gleuben, was auch anders wurde von den ewrn gesagt, ich habs denn zuuor alles E. f. vnd yhnen angezeigt." Luther an den Augsburger Rat, 5. Oktober 1535: WABr 7, 2254 (291,19–21). Ebenso cf. Luther an die Kirchenpfleger von Augsburg, 5. Oktober 1535: WABr 7, 2255 (292,7–9).

[553] „Exoptatissimę et iucundissimę fuerunt literę tuę, Charissime Domine Doctor, non tantum suo merito, Sed quod tam multas et lętas sotias ex aliis quoque vrbibus secum attulerunt." Luther an Sailer, 5. Oktober 1535: WABr 7, 2256 (293,3–5).

[554] „Respondi omnibus, vt postulasti, quantum potui, et reuerenter et amice, vt intelligant omnes, quam ex animo cupiam istam Concordiam stabilitam." A. a. O. (293,8–10).

[555] „[...] suis in Domino fratribus charissimis." Luther an die Geistlichen von Ulm, 5. Oktober 1535: WABr 7, 2258 (296,2).

[556] Cf. a. a. O. (296,3–7).

[557] „Tantum vos pergite in Christo, sicut coepistis, fideli opera et vigili cura apud vestros hanc causam agere et urgere [...]." A. a. O. (296,8 f).

[558] „Jch bin von hertzen ewr schrifft erfrewet, das ich merck, wie ewr hertz vnd müt von Gottes gnaden geneigt ist zu der vergleichung vnter vns, damit das ergernis des zwispallts ein ende kriege [...]." Luther an den Esslinger Rat, 5. Oktober 1535: WABr 7, 2259 (297,4–6).

[559] A. a. O. (297,9–11).

In seinem Brief an Huber griff Luther dessen Frage auf, ob er sich vom Rat als Diakon des Musculus einstellen lassen solle.[560] Nach Luthers Urteil verfolgte der Rat mit diesem Vorgehen die Absicht, die erreichte Übereinstimmung mit den Wittenbergern nach außen deutlich werden zu lassen.[561] Des Weiteren gab er zu verstehen: „Dann das Widerspil kann ich nit, will's auch nit argewöhnen, sonderlich so bald im Anfang der wiederbrachten Concordie."[562] Mit dem „Widerspil" dürfte Luther die gegenteilige Unterstellung gemeint haben, dass eine wirkliche Einigkeit nicht gegeben sei[563] und dass der Rat durch die Beiordnung Hubers nach außen hin lediglich den Anschein der Einigkeit aufrecht erhalten wolle. Eine entsprechende Deutung könnte ihm von Huber, der zu dieser Zeit nach eigenem Bekunden den Absichten seiner Kollegen nicht traute[564], in dessen Anfrage unterbreitet worden sein. Luther sah für einen solchen Verdacht aber zum einen offenbar keinen Anhaltspunkt. Zum anderen bekundete er hier seine Bereitschaft, zumindest in der Anfangszeit bei mehrdeutigen Vorkommnissen auf eine Deutung *in malam partem* zu verzichten. In der Sache empfahl er Huber, dass er sich dem Wunsch des Rates fügen solle. Auch bat er ihn, im Interesse der begonnenen Freundschaft nachsichtig zu sein.[565] Trotz seiner Bedenken sollte Huber dem erteilten Rat folgen und schließlich das angebotene Amt des Diakons bei Musculus annehmen.[566]

Am 27. November verfasste Luther ein weiteres Mal Briefe, die nach Straßburg gingen. Von seinem getreuen Gefolgsmann Nikolaus Gerbel war ihm in einem undatiert überlieferten Brief eine Bitte vorgelegt worden: Luther möge, wenn er seine Postille überarbeiten werde, aus dem Text „jene Benennungen der Sakramentierer" (vocabula illa Sacramentorium) entfernen. Gerbel hoffte, dass das Werk, wenn es in der vorgeschlagenen Weise bereinigt würde, noch weiter verbreitet und mehr genutzt werden könne.[567] Auch wenn Gerbel sich nicht

---

560 Cf. oben S. 265 und A. 487.

561 „Es dunkt mich, daß der Rat zu Augsburg sein sonder Bedenken darauf habe, daß sie wollen, Jhr sollet beim Mäuslin Helfer sein, nämlich daß sie damit wollen offentlich bezeugt haben, daß sie mit uns einhellig in der Lehre seien." Luther an Huber, 5. Oktober 1535: WABr 7, 2257 (294,8–11).

562 A. a. O. (294,11–13).

563 Cf. in diesem Sinne auch Brecht: Martin Luther III, 56.

564 Cf. zu Hubers Urteil über die Augsburger Geistlichen oben S. 264 und A. 484.

565 „Derhalben ist mein endliche Meinung, dass Jhr ihnen in diesem Fall willfahret. [...] Dieweil leidet und duldet, was Jhr immer künnt und mügt, damit wir nit ein Ursach seien, daß die angefangne Freundschaft verhindert werde." A. a. O. (294,13 f; 294,17–295,19).

566 „Nach diesem rath D. Luthers begab sich Huber ins predigampt, wiewol ehr wenig herz zu yhnnen hette, unnd yhm seer schwer zu mut war, doch umb der Concordi willen muste ehr ain bißlein über mer essen [...]." Huber: Relation, f. 95v.

567 „Deinde cum vix sit alius utilior a te liber editus, quam cui tu Postillae nomen indidisti, quemque imprimis praestaret per omnes linguas et gentes divulgari, multique sint, qui in nulla alia re ab eius lectione avocantur, quam si aliquando in vocabula illa Sacramentariorum incidant, perinde ac si post factam concordiam adhuc semina quaedam veteris inimicitiae permaneant, non vana spe ducor, si huiusmodi irritamenta dissidiorum tollerentur, fore ut optimus

näher über das Werk äußerte, dürfte er an die von Roth bearbeitete Sommerpostille gedacht haben.[568] In diesem Buch ist für den 8. Sonntag nach Trinitatis eine Auslegung über Mt 7,15–21 abgedruckt. Auch wenn dort die Bezeichnung „Sakramentierer“ nicht begegnet, gibt es eine Passage, in der Luther sich mit Karlstadt auseinandersetzt, „das rhůmen unser schwerm geyster“ angreift und die verspottet, die „den heyligen geyst mit feddern und mit allem haben fressen“ und die „gar durch geystet“ seien.[569] Hier erhob Luther auch den Vorwurf, dass „solche Schwermgeister“ das Vertrauen auf eigene Werke lehrten.[570] In seiner Antwort sicherte Luther Gerbel zu, dass er das Buch Cruciger zur Überarbeitung übergeben werde. Dieser, dessen friedliches Wesen Luther lobte, werde es in eine bessere und der ganzen Kirche zuträgliche Form bringen.[571] Die hier signalisierte Bereitschaft wollte er als Ausdruck seines Verständigungswunsches und seiner Duldungsbereitschaft verstanden wissen.[572] Gerade diese Einordnung macht aber deutlich, dass Luther mit diesem Entgegenkommen kein Schuldeingeständnis verbunden sehen wollte: Er war zu Änderungen bereit, weil die Verständigung aus seiner Sicht greifbar nah war, nicht etwa weil er hätte eingestehen wollen, dass er der Gegenseite in der Auseinandersetzung Unrecht getan hätte.

Martin Schalling, dem Luther ebenfalls am 27. November schrieb, hatte sich ebenfalls zuvor an Luther gewandt.[573] Das Schreiben ist nicht erhalten. Aus Luthers Antwort geht aber hervor, dass Schalling ihm die Bitte vorgelegt haben muss, er möge ihm mit kurzen Worten schreiben, was er über die Konsekration im Abendmahl denke. Die Bitte war so knapp formuliert, dass Luther unsicher war, ob er die Anfrage richtig verstanden hatte.[574] Zur Antwort gab er, dass Brot und Wein Leib und Blut nicht aufgrund eines menschlichen Vollzuges seien,

ille in multos et varios populos spargeretur. Itaque, mi amantissime Luthere, si quando eum librum revocaturus es sub incudem, id quod propediem te facturum esse fama refert, per Christum te oro, si qua ratione fieri potest, quicquid illud est impedimenti, amoveas […].“ Gerbel an Luther, [v. d. 27. November 1535]: WABr 7, 2252 (288,21–31). Zum Problem der Datierung cf. a. a. O. (287 f). Die dort vorliegende Zuordnung zum 5. Oktober bleibt ungewiss.

[568] Cf. WA 10/1,2,211–441 und dazu WA 22,XI A. 2.

[569] WA 10/1.2,340 f und WA 17/1,362,23 f.

[570] Cf. WA 10/1.2,341 und WA 17/1,366,31–367,25.

[571] „De Postilla tu honorificentius sentis quam ego. Extinctum enim vellem totum eum librum. Et hoc ago, ut Doctori Caspari Creutzigero mandem onus totius recudendi in novam et meliorem formam, quae toti ecclesiae ubique prosit. Est is vir, nisi me fallit amor, talis, qui Elisaeum referet, si ego Elias fuerim […], homo pacis et quietus, cui ego post me ecclesiam commendabo; ita Philippus quoque facit.“ Luther an Gerbel, 27. November 1535: WABr 7, 2275 (329,14–20).

[572] „Hoc dico, ne dubites, apud nos esse volentes animos concordiae, et quicquid eam impedire visum fuerit, etiam te arbitro et iubente, paratus sum tollere, mutare, facere, pati omnia.“ A. a. O. (329,20–22).

[573] „Gaudens accepi tuas literas, mi Martine […].“ Luther an Schalling, 27. November 1535: WABr 7, 2273 (326,2 f).

[574] „Id quod in fine scribis de consecratione in coena (quando nec pluribus verbis hoc significas, quam istis: ‚quid de consecratione sentias in coena, scribe mihi uno aut altero verbo‘), satis non intelligo.“ A. a. O. (326,10–12).

sondern durch den in den Einsetzungsworten wirksamen Willen Christi. Ob auch in den stiftungswidrigen Vollzügen der Priester das Sakrament der Leib Christi sei, müsse man nicht entscheiden.[575]

Auch die Straßburger Geistlichen hatten in der Zwischenzeit einen Brief an Luther verfasst. Er ist uns nicht überliefert, kann aber in Teilen aus anderen Zeugnissen rekonstruiert werden: Man hatte die Wahl von Zeit und Ort wieder in Luthers Hände zurückgelegt. Gleichzeitig hatte man für einen Ort in Hessen plädiert. Das Coburger Gebiet hatte man abgelehnt, da man hier durch bischöfliches Territorium anreisen musste.[576] Hinsichtlich der Zeit hatte man angemerkt, dass der eigenen Seite eine Anreise vor Ostern kaum möglich sein werde.[577] Außerdem hatte man Luthers Bemerkung aus dem Brief vom 5. Oktober, dass die Sache viele und große Fürsten und Völker angehe[578], offenbar so verstanden, dass er die Abhaltung des Konventes vollkommen dem Willen der Fürsten und städtischen Obrigkeiten anheimstellen wolle.[579]

In seiner Antwort verdeutlichte Luther seine Haltung und erklärte, dass er die Zustimmung der Obrigkeiten für vorteilhaft und wünschenswert halte, dass er aber auch bereit sei, ohne deren Unterstützung zu handeln. Zumindest für eine Duldung wollte er sich einsetzen. Besonders von Kurfürst Johann Friedrich erhoffte er sich allerdings mehr.[580] Angesichts seines schlechten gesundheitlichen Zustandes plädierte er ebenfalls für die Zeit nach Ostern. Dem Kurfürsten wollte er Eisenach, Weimar oder Gotha vorschlagen.[581] Im Blick auf seine eigene Vor-

---

[575] „Nos certe docemus, panem et vinum esse corpus et sanguinem Christi non consecrante ministerio, sed sic volente per institutionem suam Christo, esseque manducandum et bibendum, non autem reservandum in ciborio aut gestandum in processionibus. Licet an in gestato et incluso sacramento sit corpus Christi, nihil curemus. Papistae id viderint." A. a. O. (326,13–18). Zur Konsekration cf. auch Peters: Realpräsenz, 65 f.

[576] „[...] denn sie schlahen keinen [sc. Ort] aus on Coburg vnd dieselben gegent, das sie nicht durch frembde herrschaft der Bisschoue zihen musten." Luther an Kurfürst Johann Friedrich, 25. Januar 1536: WABr 12, 4259b (197,29–128,30).

[577] „D. Luthero detulimus tamen, nisi quod judicavimus nobis paschae tempus et Hassiae locum opportum videri." Bucer an Schwebel, 18. November 1535: Schwebel: Centuria 79 (282). „Rescripsimus proprio nuntio, ut diem conventus condiceret et locum, et tamen non videri facile commodum nostris ante vernum tempus." Capito an Bullinger, 9. November 1535: HBBW 5, 672 (415,2–4).

[578] Cf. oben S. 271 und A. 537.

[579] „Sentio ex literis vestris, optimi viri Fratres, quod in literis meis proximis acceptus sum a vobis, quasi conventum nostrum reiecerim in arbitrium principum et civitatum penitus [...]." Luther an die Straßburger Geistlichen, 27. November 1535: WABr 7, 2274 (327,3–6).

[580] „[...] cum tamen hoc non voluerim, sed, ut commodius fieret, arbitrar, illorum quoque scientia id melius fieri. Verum ego sic sum animatus, ut cupiam convenire nos, etiamsi principes aut civitates non velint cooperari. [...] Si volent principes cooperari, bene; si minus, tamen conabor impetrare, ut saltem sinant nos, et ferant conventum nostrum; quamquam multo meliora spero, praesertim de Principe nostro." A. a. O. (327,6–9; 327,11–328,14).

[581] „De tempore vos ipsi recte sentitis, quod ante Paschae vix possit fieri, vel ob mei corporis variam valetudinem [...]. Ego condicam nostro Principi in Thuringia vel Isenacum, Gotham, vel Vinariam, et ex his unam impetrabo." A. a. O. (328,14 f.20 f).

bereitung erklärte er: „Interim curabo, ut ecclesiarum undique hic suffragia et ministrorum consensum habeam, ne opus sit multa turba."[582] Noch deutlicher als in seinem Schreiben vom 5. Oktober wurde hier, dass er nur mit einer kleinen Anzahl von Delegierten verhandeln wollte. So weit dies aber aus den überlieferten Quellen ersichtlich ist, hat Luther vor dem Konkordienkonvent keine entsprechenden Voten anderer Theologen eingeholt.

Zur Klärung der offenstehenden Fragen wandte sich Luther am 25. Januar 1536 an den Kurfürsten. Er bat ihn um eine Entscheidung über Ort und Zeit.[583] Dabei machte er deutlich, dass er das Zusammentreten eines Konventes und das gründliche, persönliche Gespräch für einen endgültigen Abschluss der Konkordie für unverzichtbar hielt.[584] Eine große Versammlung sei weder notwendig noch hilfreich, da dann die Gefahr bestehe, dass auch „vnrugige, storrige kopffe" teilnehmen „vnd die sachen verderben" könnten.[585]

Der Kurfürst stimmte am 27. Januar dem Wunsch Luthers zu und bestimmte Eisenach als den Ort, an dem der Konvent zusammentreten sollte.[586] Die Wahl des Datums überließ er Luther. Auch sagte er zu, für Transport und Unterhalt zu sorgen.[587] Als weitere Teilnehmer schlug Johann Friedrich Bugenhagen und Melanchthon vor, wollte aber auch darin Luther freie Hand lassen.[588]

In der Zeit nach dem 4. Februar verfassten Bucer und Capito einen Brief, in dem sie Luther einen Bericht über die Vorgänge auf dem Baseler Konvent und die dort verfasste *Confessio Helvetica Prior* geben wollten. Diese Quelle wird im folgenden Unterkapitel aufgenommen, in dem die Entwicklungen unter den Eidgenossen in den Blick genommen werden. Für den vorliegenden Zusammenhang ist nur die Nachricht der Straßburger von Belang, dass man auf die Einberufung des Konventes durch Luther warte.[589] Luther reagierte am 25. März. Er teilte mit, dass man sich nach dem Willen des Kurfürsten in Eisenach treffen werde.[590] Als Termin schlug er den 14. Mai vor, ließ den Oberdeutschen aber auch die Wahl eines anderen Tages offen.[591] Er selber wollte aus dem süddeut-

---

[582] A. a. O. (328,21–23).

[583] „Bitte des hiemit E. k. f. g. gnediges bedencken vntertheniglich, Welcher ort oder stad E. k. f. g. am leidlichsten sein wolt [...]." Luther an Kurfürst Johannes Friedrich, 25. Januar 1536: WABr 12, 4259b (197,27 f).

[584] „Denn diese Concordia ist nicht endlich zu schliessen, wir haben denn vns vnternander mundlich vnd grundlich vnterredet." A. a. O. (197,23–25).

[585] A. a. O. (197,27).

[586] Cf. Kurfürst Johannes Friedrich an Luther, 27. Januar 1535: WABr 7, 2291 (355,13–18).

[587] Cf. a. a. O. (355,16–22).

[588] Cf. a. a. O. (355,22–26).

[589] „Expectamus, ut impetrato consensu Illustrissimi Principis Electoris convoces nos." Bucer und Capito an Luther, [n. d. 4. Februar 1536]: WABr 7, 2293 (357,2 f).

[590] Cf. Luther an Bucer, 25. März 1536: WABr 7, 3001 (379,5–7). Für die Zitate aus dem Brief sind die Korrekturen nach WABr 13, S. 240 berücksichtigt worden.

[591] „Tempus mihi videretur idoneum Dominica 4. post Pasche. Quocirca cum tuis super hac re delibera, et responde. Quodsi tertia vel alia Dominica placeret magis, nos non grauabimur eam acceptare." WABr 7, 3001 (379,8–10).

schen Raum nur Osiander und die anderen Nürnberger einladen. Bucer sollte Brenz und Schnepf informieren und darüber hinaus diejenigen, deren Anwesenheit er selber für erforderlich hielt.[592]

## 3.6 *Der Basler Konvent und die* Confessio Helvetica Prior

Während aller Verhandlungen mit der Wittenberger Seite hatten die Straßburger ihr ursprüngliches Ziel, dass die von ihnen angestrebte Konkordie auch die evangelischen Gemeinden der Eidgenossenschaft einschließen müsse, nicht aus den Augen verloren.[593] Diese Aufgabe war allerdings mit den Jahren nicht leichter geworden. Tief hatte Luther die Schweizer mit dem verletzt, was er im Jahr 1532 in seinem Sendbrief an Albrecht von Preußen über Zwingli geschrieben hatte.[594] Auch mit seiner Deutung zum Tod Oekolampads im Buch über die Winkelmesse hatte er heftige Empörung hervorgerufen.[595] Im Oktober 1534 wusste Pellikan zu berichten, dass er an Luther „überaus höflich und mit freundlichem Freimut" geschrieben habe.[596] Dieses Schreiben selbst ist uns nicht überliefert. Luther muss aber geantwortet haben. Pellikan beklagt sich nämlich, dass die Reaktion des Wittenbergers unerträglich hochmütig ausgefallen sei.[597] Als dann im Jahr 1535 Luthers Kommentar über den Galaterbrief im Druck erschienen war, waren vor allen Dingen die Zürcher Geistlichen erbost über ihn. Bullinger hatte in besonderer Weise erzürnt, dass die Sakramentierer im Blick auf ihr Verständnis der Rechtfertigungslehre scharf kritisiert und mit den galatischen Pseudo-

---

592 „Tantum tu cura, vt Brentius, Schneppius et alii id per vos sciant, quos putabitis adesse oportere. Ego Osiandro et aliis Nurmbergensibus significo, praeterea nullis in superiori Germania, Ea scilicet tibi relicta cura." A. a. O. (379,10–13). EELLS: Martin Bucer, 196 geht mit seiner Deutung zu weit: „He [sc. Luther] promised to spread the news among his own party, if Bucer would inform the Swiss."

593 Nach wie vor maßgeblich ist für die Vorgänge in der Eidgenossenschaft die Darstellung von KÖHLER: Zwingli und Luther II, 395–431 und 435–440. Cf. ebenso BIZER: Studien, 89 f. Die für den vorliegenden Kontext durchgesehene Darstellung des ersten Abendmahlsstreites bei BÜSSER: Heinrich Bullinger II, 64–71 hat einen ganz überwiegend summarischen Charakter und bietet keine neuen Erkenntnisse.

594 Cf. oben S. 146 f.

595 „Und ich halt, das Emser und Ecolampadius und der gleichen, sind durch solche feurige pfeile und spiesse des Teuffels, so plôtzlich gestorben." WA 38,204,26–28. Bullinger etwa machte seinem Ärger mit den Worten Luft: „De Lutheri impudentia nuper libellis quibusdam de privata missa et in Erasmum scriptis vehementer doleo. [...] Oecolampadium, virum sanctissimum illum, praedecessorem tuum, in istis furiosis rixis palam praedicat a sathana strangulatam periisse. Vide, quid monachus iste audeat." Bullinger an Oswald Myconius, 18. April 1534: HBBW 4, 356 (127,25–31).

596 „Humanissime ei scripsi et libertate amica [...]." Pellikan an Blarer, 27. Oktober 1534: Schieß I, 486 (592). Auf dieses Schreiben verweist bereits BIZER: Studien, 71 A. 3.

597 „[...] timeo, ne tumor mentis occupaverit virum tantum, imo sic respondit verbotenus, ut arrogancie spiritus in eius verbis intolerabilis apparuerit." Pellikan an Blarer, 27. Oktober 1534: Schieß I, 486 (592).

aposteln verglichen wurden. Empört hatte er Oswald Myconius gegenüber allen weiteren Bemühungen um eine Konkordie eine Absage erteilt.[598]

Gleichwohl hatten sich die Straßburger von ihrem Bemühen um eine Einbindung der Schweizer nicht abbringen lassen. So hatte sich Capito bald nach dem Abschluss der Kasseler Verhandlungen nach Basel begeben, dort mit dem Rat und den Geistlichen verhandelt und dabei auch die von Bucer und Melanchthon erarbeitete Formel vorgestellt.[599] Dabei hatte er der Hoffnung Nahrung gegeben, dass Luther sich für die Konkordie mit einer Zustimmung zu dieser Formel zufrieden geben könnte.[600] Ebenso war er nach der Aussöhnung zwischen Luther und den Augsburgern Ende August 1535 nach Basel und nach Zürich gereist, um dort Bericht zu erstatten und die Hoffnung auf das Zustandekommen einer umfassenden Konkordie wieder zu nähren.

Von dieser Unternehmung hatte man auch Luther in Kenntnis gesetzt. In ihrem Schreiben vom 19. August hatten die Straßburger Pfarrer behauptet, dass die Schweizer Geistlichen Bucers ‚Bericht auß der heyligen Geschrift' anerkennten, auch wenn noch nicht alle förmlich unterzeichnet hätten.[601] Die Hoffnung sei groß, dass nicht zuletzt durch Luthers Umgang mit den Augsburgern auch diejenigen überzeugt werden könnten, die bislang noch nicht einverstanden seien. Der Straßburger Rat habe daher Capito nach Basel und Zürich und in andere Gemeinden geschickt, die überwiegend aber bereits mit den Straßburgern übereinstimmten, damit er dort Luthers besondere Neigung zur Einigkeit bekannt machen und für die Konkordie wirken könne.[602]

[598] In dem Brief an Myconius vom 24. Juni 1535 heißt es: „Nolui nescires, Myconi doctissime, quid sperandum sit de concordia illa Lutheranorum et phanaticorum. Vides schedam exscriptam ex commentariis ad nundinas pascales proxime hoc anno 1535 aeditas. Plura et impetuosiora scripsit folio 127 et 128. Insanit in eo opere in phanaticos, sed et impudentissimis mendatiis nos conspurcat. Et sunt interim, qui illi non supplices modo ad genua accidunt. Dii illam perdant muliebrem molliciem et perversum concordiae studium." HBBW 5, 598 (245,2–8). An den genannten Stellen des Kommentars heißt es unter anderem: „Videri quidem volunt se quoque Evangelium et fidem Christi pure docere ut nos, Sed quando venitur ad usum, sunt doctores legis, per omnia similes ipsis Pseudoapostolis." WA 40 I,252,19–21. Zu weiteren prekären Stellen des Kommentars cf. Köhler: Zwingli und Luther II, 400 f.

[599] Von diesem Aufenthalt berichtete Myconius in einem Brief an Bullinger vom 4. Februar 1535: „Fuit praeter haec apud nos Capito diebus non paucis. Egi cum dominis, egit nobiscum multis et multa, in primis de negocio eucharistae." HBBW 5, 521 (82,5–7). Darauf folgt ein Zitat aus der Kasseler Formel. Cf. a. a. O. (82,8–83,15).

[600] „Haec quomodo Lutherus acceperit, nondum patet. Melanchthon recepisse dicitur, quod Lutherum huc velit persuadere, ut dicta illa pro sufficientibus ad veram concordiam admittat." A. a. O. (84,41–43).

[601] Cf. Straßburger Geistliche an Luther, 19. August 1535: WABr 7, 2224 (235,22–27).

[602] „Qua de causa magistratus nostri, ut laetissimum hunc nuncium de R. P. T. humanitate atque benevolentia adeo prolixa perceperunt, statim amandarunt Capitonem Basileam et Tigurum et ad alias Helveticas Ecclesias, quarum tamen maior pars nobis pridem admodum consentit, ut illis R. P. T. humanitatem tam eximiam et ad sanctam concordiam propensionem praedicet, eaque efficiat omnia, quae hanc concordiam apud has quoque Ecclesias plenam ac stabilem reddant." A. a. O. (235,30–37).

Capito gelang es auch, die Veröffentlichung einer Verteidigungsschrift zu verhindern, mit der Bibliander im Auftrag der Zürcher Geistlichen auf verschiedene Vorwürfe Luthers und einiger seiner Gefolgsleute hatte antworten sollen.[603] Am 9. November schließlich legte er einem Schreiben an Bullinger Luthers Brief an die Straßburger Geistlichen vom 5. Oktober 1535 bei. Nachdrücklich warb er bei dem Zürcher für eine Teilnahme an dem Konvent und beschwor ihn, dass man eine solche Gelegenheit nicht ungenützt lassen dürfe.[604] Darüber hinaus setzte er sich in Basel und Zürich mit großer Beharrlichkeit dafür ein, dass es im Vorfeld eine Zusammenkunft der Straßburger mit den eidgenössischen Theologen geben solle. Als Ort schlug er Basel vor.[605]

Bullinger zeigte sich gegenüber den Plänen der Straßburger zurückhaltend. Ein Zusammentreffen mit Luther lehnte er ab. Bucer warf er vor, dieser wolle die Schweizer nur zu einer Korrektur ihrer Lehre bewegen. Gerade dies lehnte er aber kategorisch ab. Wenn man sich einig sei, wie Bucer dies vorgab, dann müsse man nicht zusammenkommen. In diesem Fall nehme man Luther augenblicklich wieder als Bruder an. Wenn man hingegen nicht einig sei, dann werde man auch nicht nachgeben. Man sei aber bereit, Luther zu ertragen, wenn denn dieser nur die Eidgenossen aushielte.[606] Immerhin aber hatte Capito mit seinem Werben um eine Zusammenkunft mit den Schweizern schließlich Erfolg. Für den 30. Januar hatte der Basler Rat zu einer Versammlung der Theologen

[603] Bullinger schrieb am 31. August 1535 an Myconius über Capito: „Quid apud vos egerit Capito, Myconi charissime, nescimus, nisi quo quaedam de Gryneo ad senatum vestrum se retulisse dicebat. [...] Retulit ille nescio quam spem amplam solidae esse concordiae. Multa ille de legatione Gerionis Augustani referebat sancte subinde obtestans pacem totius Europae per nos turbari, si pergamus Apologeticum conferre cum fratribus eumque in lucem aedere." HBBW 5, 637 (337,1–9). Zu der gegen Anschuldigungen von Schnepf, Brenz und Luther gerichteten Verteidigungsschrift der Schweizer cf. Stumpf: Beschreibung, 61–63.

[604] „Cum pridie a Basilea domum rediissem, non ita multum post literae a Luthero adferuntur, quarum exemplum mitto. [...] Respondimus ad vestros ad concordiam similiter spectare neque detractare admodum conventum. Iccirco, mi Bullingere, da operam, ne occasioni huic defuerimus. Scimus, quam imbecillia omnia non minus his quam vobiscum, etsi fortassis aliqua ex parte nos praestare videmur." Capito an Bullinger, 9. November [1535]: HBBW 5, 672 (415,1–8).

[605] So schrieb Capito an Bullinger am 18. Oktober 1535: „Velim, Bucero respondisses, et tamen, si vereris dissidii argumentum subgliscere, praestat, silentio in scintilla adobruatur. Atqui res imbecilliores multo sunt, quam plerique videri volumus, iccirco modis omnibus operae precium contenderim, ut inter nos conventum haberemus. Locus commodus esset Basilea; facilis aditus illuc Bernensibus et eius viciniae ecclesiis." HBBW 5, 663 (395,21–25). Zu den Bemühungen Capitos in Basel cf. Oswald Myconius an Bullinger, 9. November 1535: HBBW 5, 673 (417,33–35); Oswald Myconius an Bullinger, 12. Dezember 1535: HBBW 5, 698 (465,13f).

[606] „Scio, quid tu isto ambias conventu, ut scilicet secus quam hactenus de praesentia corporis Christi in coena loquamur, ut cum Luthero redeamus in concordiam. At nos sana conscientia secus loqui non possumus de hoc mysterio, quam semper loquuti sumus. Si vero Lutherus hoc ipsum sentit, quod tu eum sentire dicis, non opus est, ut conveniamus. Iam iam enim recipimus eum et tolleramus. Si vero hoc non sentit, nequaquam ipsi consentiemus, attamen feremus, dummode ille nos tolleret." Bullinger an Bucer, 10. Januar 1536: HBBW 6, 718 (58,16–22).

und Rechtsgelehrten eingeladen.[607] Bewusst nannte Bullinger in einem Brief an Bucer aber den 1. Februar.[608] Er wollte in den ersten beiden Tagen intern ohne die Straßburger verhandeln können.[609]

Bei der Eröffnung der Zusammenkunft legten die Basler Delegierten dar, worum es bei diesem Treffen gehen sollte: Zunächst wollte man dem Vorwurf begegnen können, dass man „anderer christlichen fürsten, herren, stetten, landen und communen religionen, so glicher gestalt wie by den oberländischen kilchen Christum und sin heilig götlich wort predigen lassen und sich der helgen sacramenten gebruchen, nit glichförmig noch erlich" sei.[610] Man hatte also durchaus die Frage der innerevangelischen Verständigung vor Augen. Vor allen Dingen aber wollte man auf dem erwarteten Konzil das eigene Bekenntnis einmütig vortragen und verteidigen können.[611] Die eigenen Reihen sollten geschlossen werden.[612] Mit der Ausarbeitung eines geeigneten Bekenntnisses wurden Bullinger, Grynäus und der Basler Myconius betraut.[613] Die Entstehungsgeschichte der später so genannten ‚Confessio Helvetica Prior' ist noch nicht befriedigend erforscht.[614] Für den vorliegenden Zusammenhang ist der Hinweis auf zwei Um-

[607] Cf. Haller an Bulinger, 14. Januar 1536: HBBW 6, 724 (69,9f).

[608] „Exhibui epistolam Leoni, communique assensu vocamus te Basileam ad 1. februarii." HBBW 6, 733 (94,7f). Cf. zur Ausschreibung der Zusammenkunft durch den Basler Rat Köhler: Zwingli und Luther II, 412. Falsch ist hingegen die verschiedentlich anzutreffende Behauptung, Bucer und Capito seien als ungebetene Gäste in Basel erschienen. Cf. Eells: Martin Bucer, 194; BSRK XXVI; Bizer: Studien, 91 und Neuser: Dogma, 207. Ihr liegt Bucers Selbstdarstellung in seinem Brief an Ambrosius Blarer vom 26. Januar 1536 zugrunde. Cf. Schiess: Briefwechsel I, 677 (779).

[609] Bereits am 19. Dezember 1535 hatte sich Bullinger gegenüber Myconius für eine separate Unterredung unter den Eidgenossen ausgesprochen: „Conveniemus ergo, ubi nostratibus fuerit visum. Verum nolim ego primo conventui interesse Argentoratenses. Non odi homines, deum testor, neque illorum execror aut detrecto colloquium, in praesenti modo nolim istos nostro interesse colloquio. Nosti, quanta illi utantur verborum turba, quantis ambagibus." HBBW 5, 703 (477,5–8). Myconius teilte diese Einschätzung. Cf. Myconius an Bullinger, 4. Januar 1536: HBBW 6, 713 (40,4–12).

[610] Eidgenössische Abschiede 4/1, 378 (616). Cf. dazu auch Stumpf: Beschreibung, 64f. Das dort zitierte Dokument, das im Wortlaut an manchen Stellen vom offiziellen Abschied abweicht, ist bislang noch nicht zugeordnet worden.

[611] „[...] und fürnemlich dieweyl [...] römische keiserliche Maiestat, unser aller gnedigster her, ein zukünftig concilium zu erhalten bewilligt haben sol, anzogen [...] wo sich dann in künftigem zutragen, daß wir von den oberlendischen christlichen stetten uf die concilia oder sonderliche versamlungen beschriben und umb rechnung unsers heiligen gloubens erfordert wurden, dass wir demnach einmündentlich und eintrechtenklich gefasst erschinen und mit glichförmigen fürtregen unsern h. glouben bekennen, anzöigen und erhalten möchten." Eidgenössische Abschiede 4/1, 378 (616f).

[612] Sudhoff: Art. Helvetische Konfessionen, 749 weist zu Recht daraufhin, dass es bis zu diesem Zeitpunkt nicht gelungen war, ein die gesamte evangelische Eidgenossenschaft einendes Bekenntnis zu formulieren. Cf. dazu auch Müller: Art. Helvetische Konfessionen, 641 und Pestalozzi: Heinrich Bullinger, 186.

[613] Zu den folgenden Ausführungen cf. Köhler: Zwingli und Luther II, 413f und RBS 1/2,34–37.

[614] Hinweise auf wichtige Quellen finden sich in HBBW 6, 737 A.1 und RBS 1/2,35ff, wo

stände entscheidend: Zum einen wurde die lateinische Fassung nach dem Eintreffen der Straßburger in Teilen noch einmal überarbeitet. Der eingesetzte Ausschuss wurde dazu durch Bucer, Capito, Leo Jud und Megander verstärkt.[615] Veränderungen wurden an den Artikeln *Originale peccatum* (VIII), *Liberum arbitrium* (IX), *Scopus evangelicae doctrinae* (XII), *De ministerio verbi* (XV), *De vi et efficacia sacramentorum* (XX) und vor allem an den Artikeln *Baptisma* (XXI) und *Eucharistia* (XXII) vorgenommen. Zum anderen wurde Jud nach der Überarbeitung des lateinischen Textes mit einer Übersetzung ins Deutsche beauftragt. Juds Fassung wurde schließlich am 4. Februar vor den Delegierten verlesen und nach einer erneuten Überarbeitung[616] den Städten zugestellt. In dieser Gestalt wurde das Bekenntnis schließlich am 27. März auf einer weiteren Tagsatzung in Basel von den beteiligten Städten Zürich, Basel, Bern, Schaffhausen, St. Gallen, Mühlhausen und Biel einstimmig angenommen, wobei man ausdrücklich von einer Veröffentlichung absah.[617] Der deutsche Text, nicht der lateinische muss damit als die autorisierte Fassung gelten.[618] Dieser Umstand ist von Bedeutung, da Luther auf dem Konkordienkonvent die lateinische Fassung des Bekenntnisses von Bucer und Capito als authentischen Ausdruck der eidgenössischen Glaubensüberzeugungen präsentiert und ausgehändigt bekommen sollte.[619] In einem ersten Schritt soll daher die Abendmahlslehre nach den Artikeln 20 und 22 in der an Luther übergebenen Fassung dargestellt werden. Daran anschließend ist danach zu fragen, wie sich der deutsche Text zu ihr verhält.[620]

Die Darlegungen zum Abendmahl in Artikel 20 und im ersten Abschnitt von Artikel 22 sowie in dessen letztem Satz entsprechen in der Sache ganz der Auffassung Bucers, der hier ohne Zweifel mit der Absicht einer Annäherung an Luthers Position redigierend eingriff.[621] Auch die terminologische Nähe ist unver-

auch erste redaktionskritische Ausführungen zu finden sind. Eine Untersuchung, die für die einzelnen Artikel systematisch die Veränderungen dokumentieren und auswerten und darüber hinaus auch die deutsche Übersetzung Leo Juds in ihren unterschiedlichen Fassungen berücksichtigen müsste, steht noch aus.

[615] Für die Behauptung von SUDHOFF: Art. Helvetische Konfessionen, 750, dass Bullinger und Jud gefordert hätten, die Straßburger nicht zu den Sitzungen zuzulassen, ist in den bekannten Quellen kein Anhalt zu finden. Auch für die Aussage, dass den Straßburgern wohl der Zutritt, aber keine Stimme zugestanden worden sei, fehlen Belege.

[616] Auf diesen Eingriff wurde zuerst von Ernst Saxer hingewiesen. Cf. RBS 1/2,37 und 39 und die Anmerkungen zu dem mit dem Buchstaben A bezeichneten Autograph Juds im kritischen Apparat der Edition.

[617] Cf. Eidgenössische Abschiede 4/1, 409 (669f); STUMPF: Beschreibung, 76; RBS 1/2,37f. Falsch ist die Behauptung, dass Bern seine Zustimmung verweigert habe. Cf. EELLS: Martin Bucer, 195.

[618] Cf. dazu auch KÖHLER: Zwingli und Luther II. 422 und MÜLLER: Art. Helvetische Konfessionen, 644.

[619] Cf. dazu unten S. 461f.

[620] Die maßgebliche Edition bietet RBS 1/2, 44–68. Überholt sind dadurch die älteren Ausgaben BSRK 101–109 (deutscher Text) und NIEMEYER: Collectio, 115–122 (lateinischer Text).

[621] Entsprechend urteilt auch Grynaeus in seinem Brief an Ambrosius Blarer vom 7. Fe-

kennbar: Taufe und Abendmahl werden als *signa* bezeichnet, aber es handelt sich nicht um bloße Zeichen (nuda signa). Vielmehr bestehen beide jeweils aus einem Zeichen und einer Sache.[622] Im Fall des Abendmahls sind Brot und Wein die Zeichen, während die Sache als *communicatio corporis domini* bestimmt wird. Es handelt sich beim Abendmahl um ein wirkliches Gabegeschehen. Leib und Blut werden wahrhaft (vere) angeboten (offere). Die Gabe von Leib und Blut wiederum wird personal mit dem Herrn selbst gleichgesetzt.[623] Im Abendmahl handelt Gott.[624] Die Sakramente sind nicht nur Zeichen, mit denen sich die christliche Gemeinschaft zu erkennen gibt, sondern Symbole seiner Gnade. Ihm allein ist die heilvolle Wirkung des Mahls zuzuschreiben, während den Geistlichen nur ein Mitwirken zugestanden wird.[625] Das zwischen *signum* und *res* bestehende Verhältnis wird gegenüber der Vorstellung einer *unio naturalis* und einer *inclusio localis* abgegrenzt.[626] Positiv ist zum einen davon die Rede, dass Taufe und Abendmahl zugleich (simul) aus Zeichen und Sache bestehen.[627] Zum anderen wird den Elementen aber auch eine instrumentelle Bedeutung im Sinne von *signa exhibitiva* zugeschrieben:

„Sed quod panis et vinum ex institutione domini symbola sint, quibus ab ipso domino per ecclesiae ministerium vera corporis et sanguinis eius communicatio, non in periturum ventris cibum, sed in aeternae vitae alimoniam exhibeatur."[628]

Auch wenn hier die Präposition *cum* nicht verwendet wurde, war damit doch genau das zum Ausdruck gebracht, was Bucer auch sonst über das Verhältnis von

bruar 1536: „In synodo nostra sic est actum: quas formas Lutherus requirit, eas ut in nostram confessionem, quam communem et generalem ecclesiis Helvetiae comprehendimus, expresse inseramus, Bucerus et Capito obtinuerunt; sperant posse hiis Lutherum placari." SCHIESS: Briefwechsel I, 678 (779). SUDHOFF: Art. Helvetische Konfessionen, 751 kann angesichts seiner eigenen Einschätzung, dass Zwingli der hier vorliegenden Abendmahlslehre „seine volle Zustimmung gegeben hätte", zum ersten Abschnitt von Artikel 22 nur einräumen, dass dieser „besonders merkwürdig" sei.

622 „Haec rerum arcanarum symbola non nudis signis, sed signis simul et rebus constant." RBS 1/2,64,7 f.

623 „Coenam vero mysticam, in qua dominus corpus et sanguinem suum, id est, seipsum suis vere ad hoc offerat, ut magis magisque in illis vivat et illi in ipso." RBS 1/2,65,7–9 Cf. dazu auch die Rede von der *vera communicatio* a. a. O., 65,13.

624 Ebenso stellt STEPHENS: Sacraments, 60 heraus: „God is the subject of the sacraments."

625 „Unde asserimus sacramenta non solum tesseras quasdam societatis christianae, sed et gratiae divinae symbola esse, quibus ministri, domino, ad eum finem, quem ipse promittit, offert et efficit, cooperantur, sic tamen, qualiter de verbi ministerio dictum est, ut omnis virtus salvifica uni domino transcribatur." RBS 1/2,64,13–17. Cf. ebenso RBS 1/2,66,5–7.

626 „Non quod pani et vino corpus et sanguis domini vel naturaliter uniantur: vel hic localiter includantur: vel ulla huc carnali praesentia statuantur." RBS 1/2,65,9–11.

627 Cf. oben A. 622.

628 „[...] sondern dass Brot und Wein kraft der Einsetzung Christi Symbole sind, mit denen vom Herrn selbst durch den Dienst der Kirche die wahre Teilgabe an seinem Leib und Blut, nicht zu einer vergänglichen Speise des Bauchs, sondern zur Nahrung des ewigen Lebens, dargereicht wird." RBS 1/2,65,11–14.

Element und Sache sagen konnte.[629] Angeboten wird die Gabe ausschließlich denen, die zum Herrn gehören (seipsum suis offerat).[630] *Res* und *signum* werden jeweils auf spezifische Weise empfangen: Mündlich werden Brot und Wein aufgenommen, durch den Glauben wird die Teilhabe an Leib und Blut empfangen.[631] *Manducatio oralis* und *manducatio impiorum* sind damit ausgeschlossen.[632] Die Annahme einer *praesentia carnalis*, die den leiblichen Empfang von Leib und Blut zuließe, wird daher genauso abgewiesen[633] wie die Vorstellung, dass die Gabe des Mahles als Bauchspeise (cibus ventris) dienen könnte.[634]

Auffällig ist nun, dass sich die Darstellung im zweiten und dritten Abschnitt von Artikel 22 von den vorangehenden Ausführungen deutlich unterscheidet. Zwar ist auch hier an einer Stelle davon die Rede, dass die Symbole die bezeichneten Dinge darbieten[635], doch es überwiegt ein anderes Verständnis: Das Symbol dient dem Verweis auf das vergangene Geschehen der Kreuzigung. Durch diesen Verweis wird der Gläubige erquickt und zu Freude und Dank bewegt.[636] Es gewährt ein Zeugnis der vollbrachten Tat (testimonium rei gestae praebentes). Darüber hinaus ermöglichen die Symbole aufgrund des bestehenden Analogieverhältnisses die richtige Deutung der *res*.[637] Das Sakrament ruft, so muss man diese Ausführungen verstehen, in dem Gläubigen eine eigene innerliche Vergegenwärtigung des Heilsgeschehens hervor. In der Sache wird hier Zwinglis Vorstellung vom Gedächtnismahl aufgenommen.[638] Auch die Rede vom Sakrament als Eideszeichen, das den Kommunikanten mit Christus und der Kirche

---

[629] Kaufmann: Wittenberger Konkordie, 245 meint hingegen, dass „die in der von Bucer propagierten ‚cum-Formel' enthaltene substantielle Verbindung von Irdischem und Göttlichem gerade" ausgespart worden sei. Aber was soll das Wort „substantiell" in diesem Zusammenhang bedeuten? Gewiss konnte Bucer mit dem *cum* mehr aussagen als eine reine Simultaneität. Mehr als einen instrumentellen Zusammenhang vermochte er hingegen nicht anzuerkennen.

[630] Cf. oben A. 623.

[631] „Quae [sc. communicatio corporis domini] quidem ut ore corporis signa, sic fide intus percipiuntur." RBS 1/2,64,10 f.

[632] Köhler: Zwingli und Luther II, 416 sagt also noch zu wenig, wenn er urteilt: „Von einer manducatio oralis und dem Genuss der Ungläubigen war keine Rede." Cf. ebenso Friedrich: Martin Bucer, 114.

[633] Cf. oben A. 626.

[634] Cf. oben A. 628.

[635] Cf. unten A. 637. Köhler: Zwingli und Luther, 415 A. 4 vermutet, es könnte sich bei diesem Satz um einen auf Bucer zurückgehenden Einschub handeln.

[636] „Hoc sacro cibo idcirco utimur saepe, quoniam huius monitu in crucifixi mortem sanguinemque, fidei oculis intuentes, ac salutem nostram, non sine coelestis vitae gustu, et vero vitae aeternae sensu, meditantes, hoc spirituali, vivifico intimoque pabulo, ineffabili cum suavitate reficimur, ac inenarrabili verbis laetitia, propter inventam vitam, exultamus, totique ac viribus omnino omnibus nostris in gratiarum actionem pro tam admirando Christi erga nos beneficio, effundimur." RBS 1/2,65,15–21.

[637] „Sunt enim haec res sanctae venerandaeque, utpote, a summo sacerdote Christo institutae et susceptae, suo quo diximus modo res significatas exhibentes, testimonium rei gestae praebentes, res tam arduas repraesentantes, et mirabili quadam rerum significatarum analogia clarissimam mysteriis istis lucem afferentes." RBS 1/2,65,23–66,3.

[638] Ähnlich heißt es dazu bei Grass: Abendmahlslehre (1954), 168: „Das unterscheidet

verbindet[639], schließt an Zwingli und seine Auslegung des Abendmahls als Bekenntnismahl an.

Zieht man nun zum Vergleich Leo Juds deutsche Fassung der beiden Artikel heran, so fallen einige Abweichungen auf.[640] Manche dieser Differenzen lassen sich nicht als Ausdruck einer theologischen Tendenz einordnen.[641] Für andere hingegen lässt sich zeigen, dass mit ihnen bestimmte Aspekte, die in der lateinischen Fassung alle enthalten sind, hervorgehoben oder zurückgenommen werden: So ist mehrfach zugesetzt, dass es sich bei der *res* um etwas Geistliches handelt.[642] Damit wird aber nur unterstrichen, was im lateinischen Text auch gesagt wird: dass die eigentlich Gabe des Sakraments nur durch den Glauben empfangen werden kann. Wird in der lateinischen Vorlage eine *carnalis praesentia* zurückgewiesen, so wird in der deutschen Übersetzung hier noch das Adjektiv „leiblich" zugefügt.[643] Auch damit wurde der geistliche Charakter der *res sacramenti* betont. Zum anderen wird hier deutlicher und schärfer die Abgrenzung gegenüber Luther vollzogen. Zugesetzt wird in Juds Fassung auch, dass die Gabe des Abendmahls „den glöubigen furtragen" wird.[644] Auf diese Weise wird die auch in der lateinischen Fassung enthaltene Aussage, dass der Herr sich selbst den Seinen (suis) anbietet, auf den entscheidenden Punkt zugespitzt. Auffällig ist auch, dass Jud das Wort *communicatio* durch „gemeinschafft"[645] wiedergibt, wodurch der Gabecharakter des Abendmahls weniger deutlich zum Ausdruck kommt. Gegen das Urteil Köhlers lässt sich daher zumindest für die Artikel 20 und 22 nicht sagen, dass Jud mit seiner Übersetzung deutungsoffene Stellen auf-

---

sich kaum wesentlich von einem durch die heiligen Zeichen geweckten gläubigen Gedächtnis des Todes Christi."

[639] „Ad haec auxilium opemque ipsi suppeditant fidei ac iurisiurandi denique vice initiatum capiti Christi et ecclesiae adstringunt." RBS 1/2, 66,3 f.

[640] Methodisch unzureichend sind die Ausführungen bei FRIEDRICH: Martin Bucer, 114, weil dort der Nachweis, dass die deutsche Fassung „eine deutliche Tendenz zwinglischer Interpretation" erkennen lasse, nicht durch den erforderlichen Vergleich beider Texte geführt wird, sondern lediglich einige Aussagen ohne jede weitere Zuordnung paraphrasiert werden.

[641] So fehlt in der deutschen Übersetzung etwa das *simul*, und Jud gibt zweimal *exhibere* mit „vortragen und anbieten" wieder. Cf. RBS 1/2,52,4 f und 53,6 f.21 f.

[642] „Dann im touff ist das wassser das zeychen, das wesenlich aber und geystlich ist die wydergeburt und die uffnemung inn das volck gottes. Im nachtmal oder dancksagung sind brot und wyn zeychen, das wesenlich aber und geystlich ist die gemeinschaft des lips Christi, das heyl, das am crütz erobert ist, und ablas der sündenn, welche wesenliche, unsichtbare und geystliche ding im glouben, glich wie die zeychen liplich, empfangen werden, und inn disen wesenlichen geystlichen dingen stat die gantze krafft, würkung und frücht der sacramenten." RBS 1/2, 52,5–12. Cf. ebenso a. a. O., 53,21 f.

[643] „[...] oder das ein lipliche fleyschliche gegenwürtigkeit hie gesetzt werde [...]." RBS 1/2,53,3 f. Cf. ebenso KÖHLER: Zwingli und Luther II, 415. Zu weit geht hingegen die Behauptung bei NEUSER: Dogma, 208, dass Jud dem Text die Worte „ein liplich flyschliche gegenwürtigkeit gesetzt werde" hinzugesetzt habe. Zur entsprechenden Wendung in der lateinischen Fassung cf. oben A. 626.

[644] RBS 1/2,53,6 f. Cf. dazu bereits STEPHENS: Sacraments, 61 A. 21.

[645] RBS 1/2,52,8;53,6. Cf. dazu auch NEUSER: Dogma, 208.

gegriffen und ihnen eine eindeutige Interpretation gegeben hätte.[646] Vielmehr ist festzustellen, dass er Aussagen des lateinischen Textes aufnahm, die für sich durchaus eindeutig waren, und dass er sie in seiner Übersetzung seiner eigenen Position folgend verstärkte oder abschwächte.

Nachdem der deutsche Text auf dem Basler Konvent verlesen worden war, meldeten sich Bucer und Capito noch einmal zu Wort. Mit vielen Worten versuchten sie, die Eidgenossen für die Entsendung einer eigenen Delegation zu dem bevorstehenden Konkordienkonvent mit Luther zu gewinnen. Eine Gruppe von vier bis sechs Personen sollte nach ihrer Ansicht ausreichend sein. Da die Delegierten in dieser Angelegenheit keine Entscheidungsbefugnis hatten, konnte über die Anfrage nicht entschieden werden. Sie wurde aber in den offiziellen Abschied aufgenommen und gelangte so in die entsendenden Städte.[647]

Bald nach ihrer Rückkehr wandten sich Bucer und Capito mit einem Brief an Luther, um ihm über die Zusammenkunft in Basel zu berichten.[648] Dabei bezogen sie sich erkennbar auf das dort formulierte Bekenntnis. Sicherlich nicht zutreffend ist die verschiedentlich geäußerte Behauptung, dass dem Brief ein Exemplar der ‚Confessio Helvetica Prior' beigelegen hätte.[649] Der Brief selber lässt jeden in diesem Fall zu erwartenden Verweis auf eine entsprechende Beilage vermissen. Auch hätten die Straßburger in diesem Fall das Bekenntnis nicht ausführlich im Brief paraphrasiert. Und schließlich hätten sie Luther das Bekenntnis der Eidgenossen dann auch wohl kaum später übergeben, wie es auf dem Wittenberger Konvent geschehen sollte.[650]

Inhaltlich legten Bucer und Capito dar, dass die Schweizer die Sakramente nicht mehr ausschließlich als Bekenntniszeichen ansähen und dass sie eingeräumt hätten, dass in einigen Kirchen diese Anschauung früher vertreten worden sei.[651] Man habe sich darauf verständigt, dass die Sakramente vornehmlich Symbole seien, „mit denen in Wirklichkeit dargereicht wird, was in den Worten des Herrn verheißen wird." In der Taufe sei dies die Wiedergeburt, im Abendmahl seien es Leib und Blut Christi.[652] Im Blick auf das Verhältnis zwischen Element und Gabe wird eine Bestimmung im Sinne einer *unio naturalis* verwor-

---

[646] Vs. Köhler: Zwingli und Luther II, 414 und RBS 1/2,36.

[647] Cf. dazu Eidgenössische Abschiede 4/1, 378 (617).

[648] Zum Bericht über die äußeren Rahmenbedingungen des Konventes cf. vor allem WABr 7, 2293 (357,3–6).

[649] Vs. Neuser: Dogma, 208 und Friedrich: Martin Bucer, 114.

[650] Cf. dazu unten S. 461 f.

[651] „[...] sacramenta non esse symbola nostrae tantum in Domino societatis [...]." A. a. O. (357,14). „Et quemadmodum agnoscunt, antehac in quibusdam ecclesiis sacramenta ut tesseras modo societatis christianae commendata esse [...]." Bucer und Capito an Luther, [n. d. 4. Februar 1536]: WABr 7, 2293 (358,46–48).

[652] „[...] sed praecipue symbola, quibus re ipsa exhibentur, quae in verbis Domini promittuntur: in baptismate regeneratio, in sacra coena copus et sanguis Domini." A. a. O. (357,15–17).

fen. Brot und Wein werden als *signa exhibitiva donorum Dei* bezeichnet.[653] Mit ihnen (cum pane et vino), heißt es, werden Leib und Blut dargereicht.[654] Was die Straßburger hier darlegten, entspricht tatsächlich den Bestimmungen des Baseler Bekenntnisses. Dies trifft auch für die Einschränkung zu, dass die Darreichung *virtute Domini et ministerio ministrorum* erfolge.[655] Anders müssen hingegen die Ausführungen über den Empfang des Sakraments gewertet werden. Die von Bucer und Capito den Schweizern zugewiesene Formel lautet hier, „dass die Frucht dieser Speise und dieses Trankes ohne Glauben nicht erfasst werden könne."[656] Ebenso heißt es, dass die *virtus salvifica* „nur durch den Glauben aufgenommen wird."[657] Dies entsprach aber insofern nicht der Wahrheit, als hier behauptet wurde, dass der heilsame Empfang des Sakraments nur durch den Glauben möglich sei, während in der ‚Confessio Helvetica Prior' festgehalten worden war, dass der Leib grundsätzlich nur durch den Glauben empfangen werden könne. Ersterem konnte Luther zustimmen, letzterem hingegen nicht.[658] Entsprechend übergingen Bucer und Capito auch, dass dem Basler Bekenntnis zufolge der Mund nur die Elemente empfing, während die Aufnahme von Leib und Blut dem Glauben vorbehalten bleiben sollte.[659] Ebenso fehlte der Hinweis auf die Restriktion, dass der Herr die Heilsgabe ausschließlich den Seinen gebe. Gänzlich übergangen waren der zweite und der dritte Abschnitt von Artikel 22 mit ihrer Aufnahme von Zwinglis Lehre vom Gedächtnis- und Bekenntnismahl. Zusammenfassend ist demnach festzustellen, dass der Brief ein sehr unvollkommenes Bild von den Verhandlungen und ihrem Ergebnis vermittelte. Kaum zufällig fehlte manches, anderes wurde deutlich abgewandelt. Offenkundig waren die Straßburger bestrebt, Luther ein möglichst positives Bild von den Schweizern zu vermitteln und sie als aussichtsreiche Kandidaten für die angestrebte Verständigung zu präsentieren.[660] Auch wenn Luther an keiner Stelle dazu auf-

---

[653] „[...] sacramenta esse symbola gratiae et signa exhibitiva donorum Die, quae in verbis Domini promittuntur." A. a. O. (358,49–51).

[654] „[...] nullam item fieri naturalem panis et corporis Domini unionem, sed cum pane et vino corpus et sanguinem Domini virtute Domini et ministerio ministrorum exhiberi, fructumque huius cibi potusque absque fide percipi non posse." A. a. O. (358,22–25).

[655] Cf. oben A. 654 und außerdem sachlich damit übereinstimmend a. a. O. (358,21 f).

[656] Cf. oben A. 654.

[657] „Ne autem ipsi suis videantur papisticis commentis iterum accedere, volunt horum simul admonere, dum exhibitionem donorum Die in verbis et sacramentis commendant, virtutem salivificam solius Domini esse, nullius operis humani, eamque fide modo recipi [...]." A. a. O. (358,19–22).

[658] Köhler: Zwingli und Luther II, 417 verfehlt die Pointe der Straßburger Unaufrichtigkeit, wenn er zur Erklärung über den Empfang der Abendmahlsfrucht festhält, diese lasse „offen, dass die Speise als solche auch dem Ungläubigen gereicht werde, was wohl Luther, aber nicht die Schweizer lehrten." Nicht im Blick auf die Darreichung, sondern im Blick auf dem Empfang trieben Bucer und Capito hier ein unredliches Spiel.

[659] Cf. oben A. 631.

[660] Cf. dazu auch Köhler: Zwingli und Luther II, 417; Bizer: Studien, 91; Friedrich: Martin Bucer, 114.

gefordert wird, die Eidgenossen ebenfalls auf den Konvent zu bitten, sollte das Schreiben doch genau dies bewirken.[661] Ausdrücklich heißt es von den in Basel versammelten Brüdern, diese seien bester Hoffnung, dass es zu einer umfassenden Konkordie aller Kirchen kommen werde.[662] Zum Zweck ihres Briefes, der ausschließlich die Entwicklungen unter den Schweizern thematisierte, erklärten Bucer und Capito außerdem, Luther habe sehen sollen, dass Gott den Konvent in hoffnungsvoller Weise reifen lasse.[663]

In dem bereits erwähnten Brief vom 25. März teilte Luther Bucer mit, wo und wann der Konvent stattfinden sollte. Auch legte er dar, dass er selber die Nürnberger einladen wolle, Bucer aber Brenz und Schnepf und diejenigen, deren Anwesenheit diesem erforderlich erschien, benachrichtigen solle.[664] Auf die Schweizer und die Frage nach ihrer Teilnahme aber ging er in keiner Weise ein.[665] Dass er bei seiner offen gehaltenen Formulierung auch an sie gedacht haben könnte, ist angesichts der vorangehenden Werbung der Straßburger immerhin möglich. Gleichwohl wird man, da Luther sie unerwähnt ließ, auch nicht sagen können, dass ihm an ihrer Berücksichtigung in besonderer Weise gelegen hätte.

Bucer erhielt Luthers Brief in Augsburg und schrieb Anfang April an die XIII nach Straßburg. Er erinnerte daran, dass Luther sich in seinem Schreiben vom 5. Oktober gegen die Entsendung einer großen Anzahl von Delegierten ausgesprochen hatte und sprach sich daher für eine Beteiligung von Augsburg, Konstanz, Ulm, Straßburg, Frankfurt, Weissenburg, Landau, Worms, Zweibrücken und dem Kraichgau aus.[666] Schnepf und Brenz wollte er Luthers Bitte entsprechend ebenfalls einladen. Ersterer sollte freilich durch eine Anweisung des Württemberger Herzogs zur Mäßigung gebracht werden.[667] Von Brenz erwartete

---

[661] Die Behauptung bei KÖHLER: Zwingli und Luther II, 418 und FRIEDRICH: Martin Bucer, 115, eine Beteiligung der Schweizer sei im Brief stillschweigend vorausgesetzt, verfehlt den perlokutionären Charakter des Schreibens.

[662] „[...] et sunt spe optima, plenam fore omnium ecclesiarum concordiam, ad quam promovendam et confirmandam operam suam enixe impendent." Bucer und Capito an Luther, [n. d. 4. Februar 1536]: WABr 7, 2293 (358,44–46).

[663] „Haec voluimus Reverendae Paternitati Tuae exponere, ut videat, quam faveat nobis Dominus ad ecclesiarum conciliationem, eoque maiore spe conventum, quem instituit, maturet [...]." A. a. O. (359,55–57).

[664] Cf. oben A. 592.

[665] Zu dieser Feststellung cf. bereits FRIEDRICH: Martin Bucer, 115. Unzutreffend behauptet EELLS: Martin Butzer, 196, Bucer sei von Luther dazu aufgefordert worden, die Schweizer zu informieren.

[666] Cf. AMS AA 462, f. 45 f. Cf. dazu auch den Abdruck in PC II, S. 681 f.

[667] „Aus dem furstentumb Würtenberg wolt ich gar gern, das Schnepfius möchte auch komen, aber mit des fursten ernstlichen befelch, das er sich der concordi und der frag halb, was den gemainen oberkeiten gepüre in reformirung der kirchen, wol hielte, davon ich an den fürsten und m. Ambrosi Blaurer geschriben; doch das m. Ambrosi dem f[ürsten] mein brief nit gebe, es sehe in dann fur gut an." PC II, S. 681 f. Cf dazu auch Bucer an Ambrosius Blarer, 13. April 1536: SCHIESS: Briefwechsel I, 694 (796 f). Ein Schreiben an Herzog Ulrich ist nicht bekannt.

Bucer sich wenig Gutes.[668] Im Blick auf die Schweizer dachte er an Vadian, Bulliger und Pellikan. Den Basler Grynäus hingegen hielt er wegen seiner grüblerischen Neigung für ungeeignet.[669]

Die Straßburger wandten sich am 18. April an den Basler Rat und erbaten, man möge Vadian und Bullinger oder doch einen von beiden entsenden.[670] Basel gab die Bitte am 21. April nach Zürich weiter und berief für den 1. Mai eine Zusammenkunft nach Aarau ein, bei der über die Entsendung einer eigenen Delegation beraten werden sollte.[671] Capito rechnete wegen der Kürze der Zeit zunächst nicht mit einer Teilnahme Bullingers. Am 18. April bat er ihn daher um die Zusendung eines Briefes, in dem der Zürcher neben einer Empfehlung der Schweizer Kirchen an Luther sein Bedauern über das eigene Fernbleiben und seine Neigung zur Konkordie zum Ausdruck bringen sollte. Inhaltlich sollte er sich hingegen nicht äußern.[672] Tags darauf bemühte er sich dennoch, den Zürcher zu einer Reise nach Eisenach zu überreden.[673] Einen diesen Wünschen entsprechenden Brief setzte Bullinger am 29. April auf.[674] Auf dem Konvent scheinen die Straßburger von diesem Schreiben aber keinen Gebrauch gemacht zu haben.

Von der am 1. Mai in Aarau zusammengetretenen Versammlung wurde die Entsendung einer schweizerischen Delegation zum Konkordienkonvent schließlich abgelehnt. Auch zu einem Brief an Luther konnte man sich nicht entschließen. Überliefert sind zwei voneinander abweichende Entwürfe, eine Straßburger und eine Zürcher Fassung.[675] Mit großer Sicherheit kann aber ausgeschlossen werden, dass eines dieser beiden Schreiben auch tatsächlich ver-

[668] „Es ist zu besorgen, das Brenz letz gnug sein werde." Bucer an die XIII, [Anfang April 1536]: PC II, S. 682.

[669] „[...] von Eidgenossen, so die schicken wolten, were ubrig gnug, d. Vadian, Bullinger und Pellicanus oder nur der ein von diesen zweien. Gryneus würt nur schaden <werden>; er ist zu vil verirret und griblich und das warlich on grund." Ebd. Cf. zu diesen Einschätzungen auch Bucer an die oberdeutschen Prediger, 14. April 1536: BDS 6/1,113,18–21. Hier widerriet er ausdrücklich auch einer Beteiligung des treuen Zwinglianers Leo Jud.

[670] Cf. Eidgenössische Abschied 4/1, 420 (683 f).

[671] Cf. Eidgenössische Abschied 4/1, 420 (684).

[672] „Ex Basilea habes, qua occasione conventus Saxonicus praecipitatus sit, ut verear, qui vos poteritis adesse. Itaque rogo per Christum, ad me et Bucerum amicas literas scribas, quibus nobis ecclesias tuas Luthero et suis commendandas iniungas cum significatione animi, quam doleat non satis superfuisse spacii constituendi et comparandi vos ad iter, adeoque aspergas toti epistolae studium concordiae, sine tamen deliberatione [corr.] causae, quo nobis integra facultas quaeque suo loco proponendi [...]." Capito an Bullinger, 18. April 1536: HBBW 6, 796 (236,2–237,7). „Amicas ac generales literas proxime ad nos scribe, quibus in utilitatem ecclesiarum per occasionem utamur. Neque tamen causae, obsecro te, memineris." Capito an Bullinger, Pellikan und Bibliander, 18. April 1536: HBBW 6, 797 (238,11–13).

[673] „Quare obsecro te, da operam, ut adfueris nobiscum." Capito an Bullinger, 19. April 1536: HBBW 6, 802 (247,7 f).

[674] Cf. HBBW 6, 812.

[675] Cf. dazu die Straßburger Fassung in WABr 7, 3019 und die Zürcher Fassung in Eidgenössische Abschied 4/1,420 (684).

sandt worden wäre. Zum einen wäre ein solches Vorgehen zweifelsohne im Abschied der Tagung vermerkt worden. Hier findet sich aber nur der Hinweis, dass die Ausfertigung eines Briefes an Capito und Bucer beschlossen wurde.[676] Zum anderen ist auf dem Zürcher Exemplar von der Hand des Stadtschreibers vermerkt: „Gieng nit us, ward allein uf gfallen der boten zu Arow gestellt."[677]

In dem Brief an Bucer und Capito rechtfertigte man das eigene Ausbleiben mit der Kürze der Zeit und der großen Entfernung und bat darum, diese Entschuldigung Luther vorzutragen.[678] Auch sollten die Straßburger der Gegenseite das Bekenntnis von Basel vorlegen, „gůtter hoffnung, so sy die ernstlich und christenlich ermåssen werdind, aller dingen zů gůttem friden syn."[679] Der hier greifbaren Erwartung, dass Luther sich mit der ‚Confessio Helvetica Prior' zufrieden geben werde, hatte Bucer auch selber Vorschub geleistet, wie aus einem Brief Bullingers vom 18. Februar zu entnehmen ist. Darin hatte dieser Bucer von der positiven Aufnahme berichtet, die das Bekenntnis in Zürich gefunden hatte, und berichtet, wie sehr man Gott gedankt habe für die Hoffnung, mit der Bucer sie erfreut habe, dass Luthers Seite keine weitergehenden Forderungen stellen werde.[680] Die weitere Entwicklung sollte freilich zeigen, dass Bucer nicht zu erlangen vermochte, was er hier vorschnell in Aussicht gestellt hatte.

---

676 Cf. Eidgenössische Abschiede 4/1,420 (683).

677 A. a. O. (684). Cf. dazu auch KÖHLER: Zwingli und Luther II, 440 A.1 und PC II, S. 684 A. 4. Von einer durch Bucer erfolgten Übergabe eidgenössischer Briefe an Luther auf dem Wittenberger Konvent geht ohne Bezugnahme auf Quellen ABENDSCHEIN: Simon Sulzer, 277 aus.

678 „[...] und aber dies umb der kurtze willen der zyt und ferre des wegs in so schneller yl jemands zu schicken nit müglich gewesen." STUMPF: Beschreibung, 77.

679 A. a. O., 78.

680 „Hic vero tibi referre non possum, quanta cum gratulatione audierint illam [sc. confessionem], quantas item gratias egerint deo non tam pro sarta concordia, quam pro societate vestra oblata et pro illa amplissima spe nobis aperta, qua tu nos exhilerabas, fore videlicet, ut Lutherus, Melanchton, Osiander et reliqui viri sancti et codiatores nihil a nobis petituri sint amplius." HBBW 6, 748 (131,7–12).

# Teil II: Der Konkordienkonvent

## 4. Der Wittenberger Konkordienkonvent

Bevor die Vorgänge auf dem Konkordienkonvent in den Blick genommen werden, ist zunächst eine Übersicht zu den einschlägigen Quellen vorauszuschicken (4.1). Für die besonders gewichtigen Zeugnisse soll außerdem deren literarische Genese beschrieben und eine erste Einschätzung ihres Wertes für eine Rekonstruktion der Ereignisse vorgenommen werden.

Vor der Darstellung der eigentlichen theologischen Verhandlungen soll zuerst ausgeführt werden, unter welchen für den Verlauf prägenden spezifischen Bedingungen die Verhandlungen in Wittenberg stattfanden (4.2.1). Die Gespräche über das Abendmahl (4.2.2) werden zunächst in ihrem Verlauf und ihren abschließend getroffenen, mündlichen Vereinbarungen rekonstruiert (4.2.2.1). Auf dieser Grundlage beantwortet die darauf folgende Auswertung der Gespräche die Frage, ob bei diesem abendmahlstheologischen Teil der Konkordie eine wirkliche Übereinstimmung erreicht worden ist und welche Deutung Luther ihr gab und für die Gegenseite voraussetzte (4.2.2.2). Anschließend wird der Abendmahlsartikel der Konkordie analysiert und im Horizont von Luthers Wahrnehmung der vorangehenden Gespräche nach seiner Deutung des Artikels gefragt (4.2.2.3).

Die beschriebene dreiteilige Vorgehensweise wird auch für die Themen Taufe (4.2.3.1–3) und Schlüsselamt (4.2.3.4–6) übernommen. Für sie ist außerdem zu klären, warum beide Themen in Wittenberg auf der Tagesordnung standen und welche Bedeutung Luther ihnen im Blick auf die Konkordie beilegte. Dies muss auch für die anderen in Wittenberg aufgenommenen Fragestellungen wie das *ius reformationis* (4.2.4), die Schulen, den Umgang mit den *reliqua* und die Gestaltung der Zeremonien (4.2.5) geleistet werden. Außerdem ist natürlich darzustellen, wie die entsprechenden Verhandlungen verliefen, welche Beiträge Luther jeweils erbracht hat, zu welchen Ergebnissen diese Verhandlungen jeweils führten und wie Luther über diese Ergebnisse urteilte.

Neben den theologischen Verhandlungen ist auch darzustellen, welche gottesdienstlichen Konsequenzen aus der Konkordie folgten und zu welchen informellen persönlichen Begegnungen es während des Konventes kam (4.2.6).

Abschließend wendet sich die Darstellung verschiedenen Fragen nach dem weiteren Verfahren zu (4.2.7). Dabei wird neben den Verhandlungen auch die auf diesen Komplex zielende Passage des Abendmahlsartikels aufzugreifen sein.

### 4.1 Die Quellenlage

Über die Vorgänge auf dem Konkordienkonvent sind wir durch eine ganze Reihe von Zeugnissen unterrichtet.[1] Aus dem Gesamtbestand der Überlieferung ragen vier Quellen heraus, die sich in zweifacher Hinsicht deutlich von den restlichen Dokumenten abheben: Zum einen werden die Ereignisse in ihnen in einer besonderen Ausführlichkeit dargestellt. Zum anderen lassen sie einen chronologischen Aufbau erkennen und ordnen die Geschehnisse durch Datierungen einzelnen Tagen zu.[2] Ihnen kommt daher für die Rekonstruktion der Ereignisse eine besondere Bedeutung zu.

1. Zu diesen Hauptquellen ist zunächst der sogenannte Bericht der Oberdeutschen zu rechnen. In ihm wird aus oberdeutscher Sicht in deutscher Sprache über die Ereignisse berichtet, die sich zwischen dem 17. Mai und dem 12. Juni zutrugen.[3] Von dieser Darstellung sind verschiedene Fassungen überliefert. Greschat hat mit Verweis auf ein von ihm aufgefundenes Bruchstück von der Hand Bucers wahrscheinlich machen können, dass das ursprüngliche Konzept des Berichtes in Gänze von dem Straßburger verfasst worden sein dürfte.[4] Bucer dürfte ihn noch während der Beratungen, zu denen sich ein großer Teil der oberdeutschen Delegierten vom 9.–12. Juni in Frankfurt versammelt hatte[5], fertig gestellt haben. Darüber hinaus existieren einige andere Fassungen, die neben wörtlichen textlichen Übereinstimmungen in großen Teilen auch einige Eigentümlichkeiten wie etwa Zufügungen erkennen lassen, in denen lokale Sonderinteressen einzelner Reichsstädte erkennbar werden. Dieser Befund ist am plausibelsten so zu deuten, dass Bucers Ausfertigung von einigen anderen oberdeutschen Theologen als Vorlage für eigene Berichte verwendet wurde.[6] Bestimmt waren sie, wie einige Fassungen erkennen lassen, zumindest in den meisten Fällen für die städtischen Obrigkeiten, die auf diese Weise entweder schriftlich oder durch mündliches Vortragen unterrichtet werden sollten.[7] Eine von Konrad Huber überprüfte spätere Abschrift des Berichtes trägt hingegen die Überschrift: „An die fratres zubringen,

[1] Ältere Übersichten sind etwa zu finden bei Köstlin/Kawerau: Martin Luther II, 666 zu S. 337 A. 3; Bizer: Studien, 96; BDS 6/1,135–137.

[2] Cf. dazu bereits Itinerar, 40.

[3] Cf. BDS 6/1,137,4 und 173,3.

[4] Cf. dazu Greschat: Bucers Anteil, 296–298.

[5] Zur Auseinandersetzung um die Datierung der Frankfurter Zusammenkunft cf. Itinerar, 43 und A. 61.

[6] Cf. dazu Greschat: Bucers Anteil, 296 und 298. Zu den Zusätzen von eher lokalem Interesse cf. etwa die Frankfurter Relation in BDS 6/1,153 A. u)-u) und 160 A. a)-a).

[7] Die Einleitung des Frankfurter Berichtes entspricht formal dem Beginn eines Briefes: „Ehrsame, fürsichtige, günstige, gebietende, liebe Herren! E. F. W. ist wohl bewußt […].“ BDS 6/1,137 A. b)-b). Daher wird man hier annehmen können, dass der Bericht dem Rat übersandt wurde. Die Ulmer und die Konstanzer Fassung hingegen beginnen mit den Worten: „An vnßre herrn ist zu bringen […].“ A. a. O., 137 A. a)-a). Hier könnte der Bericht auch als Grundlage für einen mündlichen Vortrag gedacht gewesen sein.

was bey D. Luthern gehandlet Anno 1536"[8]. Diese Angabe legt nahe, dass zumindest die Straßburger Fassung des Berichtes für die Unterrichtung des Prädikantenkollegiums bestimmt gewesen ist.[9] Angesichts des Umstandes, dass ein anderer, literarisch vollkommen eigenständiger Bericht Bucers überliefert ist, mit dem er sich am 22. Juni an seine Straßburger Amtsbrüder richtete[10], und angesichts einiger in der Abschrift enthaltener sinnentstellender Zusätze, die auf eine spätere Entstehung schließen lassen[11], erscheint diese Adressierung jedoch zweifelhaft.

Man wird der Darstellung in den verschiedenen Fassungen des Berichtes aus inhaltlichen Gründen sogar generell mit einer gewissen Vorsicht begegnen müssen. Schon die gelegentlich in die Darstellung der Ereignisse eingefügten theologischen Erklärungen lassen erkennen, dass der Bericht darauf zielte, den in Wittenberg ausgehandelten Ergebnissen im eigenen Lager eine günstige Aufnahme zu verschaffen.[12] Dieser Ausrichtung wird man auch das Fehlen einiger Aussagen zuschreiben müssen, die zu den oberdeutschen Auffassungen in deutlicher Spannung standen. So werden etwa die Verhandlungen über das *ius reformationis*, die schließlich nicht zu dem von Bucer erhofften Ergebnis führen sollten, vollkommen übergangen.[13] Auch versucht zum Beispiel die Darstellung der Taufverhandlungen den Eindruck zu vermitteln, als habe Luther die Oberdeutschen als gleichrangige Gesprächspartner akzeptiert.[14] In textkritischer Hinsicht ist eine sorgfältige Berücksichtigung des in der maßgeblichen Edition des Berichtes[15] enthaltenen textkritischen Apparates geboten, weil die in BDS als Leit-

---

[8] BDS 6/1,137,1–3.

[9] Greschat: Anteil, 296 nivelliert diese Differenz, indem er behauptet, die Berichte hätten dazu gedient, „den daheimgebliebenen Theologen sowie den Räten in den einzelnen Städten Rechenschaft [...] zu geben."

[10] Cf. dazu die deutsche Fassung von Bucers Hand in BDS 6/1,179ff.

[11] Cf. dazu unten A. 18.

[12] Cf. dazu etwa die taufttheologischen Erläuterungen in BDS 6/1,157,9–16 und den großen abendmahlstheologischen Exkurs in BDS 6/1,163,1–170,4. Entsprechend rät bereits Grass: Abendmahlslehre (1954), 140, dass man sich beim Bericht der Oberdeutschen kritisch fragen müsse, „ob hier nicht bereits berichtet wird im Blick darauf, dass den oberdeutschen Gemeinden und vor allem den Schweizern die Konkordie annehmbar gemacht werden soll."

[13] Cf. dazu bereits BDS 6/1,163 A. 193 und de Kroon: Syllogismus, 161f. Zu den Gesprächen über das *ius reformationis* cf. unten Kapitel 4.2.4.

[14] Cf. dazu unten S. 386.

[15] Vermerkt sei an dieser Stelle, dass die Edition eine ganze Reihe von Unzulänglichkeiten aufweist: Zunächst ist festzustellen, dass von dem Bericht der Oberdeutschen einige Fassungen existieren, die Stupperich offenbar noch nicht kannte. Vollständige Versionen des Berichtes werden auch in folgenden Manuskripten geboten: 1. StA Lindau, Reichsstädtische Akten 63,8 Nr.2 2. StA Zürich E II 448, f.8v–34v. Ein Auszug aus dem Bericht wird darüber hinaus im Itinerar des Wolfgang Musculus geboten, Burgerbibliothek Bern Codex A 74, f. 54r–63r. Der Auszug entspricht BDS 6/1,163,10–170,4. Auch einige Sachanmerkungen der vorliegenden Edition weisen Irrtümer auf. So ist für BDS 6/1,144 A. 64 etwa anzumerken, dass die Wendung „wir kondten darzu nicht" nicht mit „Wir könnten uns nicht dagegen wehren" zu umschreiben ist. Sie bedeutet vielmehr: „Wir können nichts dafür". Die Formulierung „noch ann niemands den widerrůff gesunnen" ist vs. BDS 6/1,146 A. 86 wiederzugeben mit „noch von niemandem den Widerruf verlangt. Cf. DWB 5, Art. gesinnen 3dα (Col. 4118,11). Falsch sind die in BDS 6/1,153

handschrift zugrunde gelegte Straßburger Fassung verschiedentlich gegenüber der kollationierten Frankfurter, Ulmer und Konstanzer Version[16] den eindeutig schlechteren Text[17] und zuweilen auch sinnentstellende Zusätze[18] bietet.

2. Ebenso ist in diesem Zusammenhang das Reisetagebuch des Augsburger Theologen Musculus zu nennen. Der vollständige Wortlaut ist erst seit einigen Jahren durch eine Neuedition zugänglich und wird im Rahmen der vorliegenden Arbeit erstmals umfassend ausgewertet.[19] Das Itinerar berichtet über die Geschehnisse jedes einzelnen Tages zwischen der Abreise aus Augsburg am 28. April und der Heimkehr am 18. Juni. Musculus dürfte zur Abfassung des Itinerars durch die Anweisung der Augsburger Bürgermeister veranlasst worden sein, dass er und der ihn zum Konvent begleitende Wolfart nach ihrer Rückkehr zunächst vor dem Rat und dann vor ihren Kollegen und den Kirchenpröbsten auf der Grundlage von Aufzeichnungen Bericht erstatten sollten.[20] Von besonderem Wert ist diese Quelle zum einen, weil es sehr wahrscheinlich ist, dass dieser Bericht zumindest zu einem erheblichen Teil während der Verhandlungen angefertigt wurde. Eine kurze Notiz über ein geselliges abendliches Zusammensein außerhalb der theologischen Verhandlungen lässt erkennen, dass Musculus ursprünglich beabsichtigt hatte, im Verlauf dieses Gesprächs eine Mitschrift anzufertigen.[21] Umso mehr wird man annehmen müssen, dass er auch in den eigentlichen Konventssitzungen, bei denen es um ungleich Wichtigeres ging, in dieser Weise verfuhr. Auch die große Anzahl der kleineren Streichungen und

A. 128 und 155 A. 145 gebotenen Stellenangaben. Im ersten Fall ist die Stellenangabe falsch und muss auf WA 26,506,26–29 und WA 38,216,15–17 verweisen. Für den zweiten Fall ist anzumerken, dass es in dem angegebenen Abschnitt nicht um die *fides infantium* geht. Irreführend ist die Behauptung in BDS 6/1,154 A. 137, Myconius habe das zweite Gespräch über das Abendmahl falsch auf Mittwoch den 24. Mai datiert. Myconius datiert korrekt auf den 23. Mai. Nur die Tageszählung stimmt bei ihm nicht. Statt *feria quarta* (Mittwoch) müsste es bei ihm *feria tertia* (Dienstag) heißen. Cf. dazu in Anhang II, MycBr 141 und A. 3 sowie unten S. 375–378.

[16] Cf. BDS 6/1,135 f.

[17] Cf. dazu etwa BDS 6/1, 147 A. d); 148 A. j)-j); 155 A. f); 155 A. x); 159 A. y)-y); 163 A. s–x); 165 A. j); 172 A. u).

[18] Dies gilt etwa für BDS 6/1, 164 A. f)-f) und n). Der erste Zusatz vermittelt den falschen Eindruck, als handele es sich bei den anschließenden Aussagen um den in Wittenberg unterzeichneten Abendmahlsartikel, während es sich doch um eine in apologetischer Absicht formulierte Erläuterung des Artikels handelt. Der zweite Zusatz hingegen suggeriert, dass erst hier die Erklärung des Artikels beginne.

[19] Cf. Itinerar, 28–82. Abgelöst wird mit der neuen Edition die für lange Zeit maßgebliche Ausgabe von Kolde: Analecta, 216–230. Zu den textlichen Lücken und anderen Mängel dieser Edition cf. Itinerar, 38–40. Im Blick auf die neue Ausgabe sind folgende Korrekturen nachzutragen: 1. 57,10 statt *Domini* lies: *domini*. 2.) 60,16 statt *angustius* lies: *augustius*; 3.) 61,1 statt *Apostolo* lies: *apostolo*. 4.) 74,12 statt *relicits* lies *relictis*.

[20] „Commendarunt, ut omnia diligenter et scriptotenus reversi primum senatui deinde praepositis et fratribus narremus." Itinerar 44,11 f.

[21] Über das abendliche Zusammensein bei Luther vom 25. Mai heißt es im Tagebuch: „[…] gerebanturque pleraque mediocriter episcopaliter. In hac caena nihil notare potui, quod esset notatu dignum, nisi quod non minus nugabatur quam apud minoris opinionis viros." Itinerar 64 A. e.

Korrekturen und die besonders gegen Ende hin bis zur Unlesbarkeit flüchtig werdende Handschrift weisen in diese Richtung. Auffällig ist darüber hinaus, dass besonders Luthers Aussagen von Musculus ganz überwiegend als wörtliche Rede wiedergegeben werden.[22] Offenbar hatte er hier ein besonderes Interesse am Wortlaut. Gleichwohl kann man auch diese Passagen nicht pauschal als eine Art Stenogramm behandeln, sondern muss sie im kritischen Vergleich mit anderen Zeugen prüfen.[23] Allerdings lässt sich begründet vermuten, dass Musculus die Geschehnisse deutlich weniger gefiltert wiedergibt als der Bericht der Oberdeutschen. So berichtet er etwa auch davon, wie heftig Luther seine und Wolfarts Aussagen über das Abendmahl kritisierte.[24] Ebenso stellt er die Verhandlungen über das *ius reformationis*, deren Ergebnis den Augsburger Predigern nicht gefallen konnte, ausführlich dar. Möglicherweise konnte er sich diese Offenheit leisten, weil er nicht damit rechnen musste, sein Manuskript vorlegen zu müssen. Nachträglich aber scheint Musculus sich selber doch zensiert zu haben. Das Itinerar weist nämlich verschiedene Streichungen auf, die wohl auf ihn zurückzuführen sind. Diesen Eingriffen fielen neben einer despektierlichen Äußerung über Luther[25] auch zwei Aussagen des Wittenbergers zum Opfer: Mit der einen verurteilte Luther den Frankfurter Magistrat, der nach seiner Auffassung mit der Unterdrückung der Messfeier im Dom kaiserliche Rechte verletzt hatte.[26] Mit der anderen forderte er die Oberdeutschen am Ende des Konventes auf, dass sie nicht behaupten sollten, sie würden nun genauso lehren wie zuvor.[27] Dass beide Streichungen bewusst vorgenommen wurden, weil die enthaltenen Aussagen Musculus' eigenen Interessen widerstritten, ist zumindest sehr wahrscheinlich. Über die Qualität seiner Aufzeichnungen wird letztlich im Vergleich mit den anderen Darstellungen zu urteilen sein. Bereits hier ist aber darauf hinzuweisen, dass Musculus vier Jahre später bei den innerprotestantischen Vorverhandlungen zum Wormser Religionsgespräch gemeinsam mit Cruciger zum Notar bestellt werden sollte.[28] Offenbar meinte man im Kreis der hier versammelten Theologen, dass er in der Lage sei, eine zuverlässige Darstellung der Gespräche zu liefern.

---

[22] Cf. dazu Itinerar 57,17–20; 57,23–58,4; 58,6–13; 62,13–19; 64,18–65,7; 66,9f; 66,12–18; 68,8–20.22f; 69,16–70,6; 70,14; 73,1–8.

[23] Auf den problematischen Charakter der wörtlichen Rede in historischen Berichten hat unlängst Slenczka: Schisma, 25f aufmerksam gemacht. Der von ihm herangezogene Bericht des Victorinus Strigel zeichnet sich freilich im Unterschied zum Itinerar des Musculus dadurch aus, dass sein Autor ausdrücklich hervorhebt, dass es sich bei seiner Arbeit nicht um eine Mitschrift handelte und dass er auf sein Gedächtnis angewiesen war.

[24] Cf. unten S. 340.

[25] Cf. dazu oben A. 21.

[26] Cf. Itinerar 66 A. h und unten S. 429 und A. 716.

[27] Cf. Itinerar 73 A. n. und unten S. 467 und A. 939.

[28] Zum Bericht des Musculus cf. Akten der deutschen Reichsreligionsgespräche 2/1,470ff. Zu seiner Funktion als Notar cf. das Teilnehmerverzeichnis a. a. O., Nr. 196 (501,4) und Neuser: Vorbereitung, 50.

3. Zu den Hauptquellen gehört ferner ein Brief, den der Gothaer Superintendent Friedrich Myconius am 11. Juni 1536 an Veit Dietrich nach Nürnberg schrieb. Er wird in der vorliegenden Arbeit mit dem Kürzel MycBr zitiert. Da die einzige verlässliche Druckausgabe von Nikolaus Selnecker sehr selten ist, ist der Arbeit eine Transkription als Anhang II beigefügt.[29] Wie sich dem Schreiben entnehmen lässt, kam Myconius mit der Abfassung einer vorangehenden Bitte Dietrichs nach.[30] Die Darstellung umfasst den Zeitraum vom 17. bis zum 28. Mai. Der Brief ist nur in einer Abschrift erhalten. Sie befindet sich unter den Materialien, die von Nikolaus Selnecker für die im Jahr 1584 veröffentlichte ‚Gründtliche warhafftige Historia von der Augspurgischen Confession' zusammengetragen wurden und die heute in der Staats- und Universitätsbibliothek in Göttingen aufbewahrt werden.[31] Selnecker bekam das Dokument offenbar aus Nürnberg zugestellt. In der ‚Historia' heißt es, dass man das Autograph dort unter den Briefen Dietrichs gefunden habe.[32] Dem Widmungsbrief der im Jahr 1581 veröffentlichten Druckausgabe zufolge bekam Selnecker das Schreiben – vermutlich als Abschrift – durch eine von ihm namentlich nicht genannte Person zur Verfügung gestellt.[33] Das erhaltene Exemplar ist von einer sauberen Schreiberhand ausgeführt. Selnecker selber hat einige Korrekturen vorgenommen.[34] Demnach konnte er die Göttinger Fassung mit einer Vorlage vergleichen.

---

[29] Zu den älteren Druckausgaben cf. BDS 6/1,136, wodurch die ältere Auflistung von Mykonius: Briefwechsel, 41 überholt ist. Zuverlässig ist ausschließlich die von Selnecker selbst besorgte Ausgabe von 1581. Die wenigen Abweichungen sind in den Endnoten von Anhang II erfasst. Wigand: De sacramentariismo, 350v–356r bietet einen fehlerhaften und unvollständigen Nachdruck der Ausgabe von Selnecker. Bei Tentzel: Supplementum III, 112–125 wird ebenfalls diese Edition zugrundegelegt, wobei sich Auslassungen und weitere Fehler eingeschlichen haben. Vermehrt sind diese noch in der auf Tentzels Arbeit fußenden Ausgabe von Lommatzsch: Narratio, 56–68. Deutsche Teilübersetzungen liegen vor bei Ledderhose: Friedrich Mykonius,162–175 und in Walch² 17,2090–2099.

[30] „De conventu nostro Witebergae, de quo iubes me tibi omnia scribere, [...] haec breviter accipe." MycBr 11–14.

[31] Cf. NStUB Göttingen Cod. Ms. theol. 250 III, 451r–458r. Der Band trägt die alte Überschrift: „Acta Autographa Selnecceriana Form. Concord. Concernentia Tom. II. P. II. (3)." Cf. ebenso das Verzeichnis der Handschriften im preussischen Staate I, 457.

[32] „Nach / vnd aus dieser kurtzen verzeichnis / hat Myconius an M. Vitum Dietrich / Prediger zu S: Sebald zu Nurnberg / weitleufftigern bericht gethan / auch mit seiner eigen hand geschrieben, wie solches schreiben in bibliotheca, vnd vnter M. Viti Dietrichs brieffen zu Nurnberg gefunden / wiewol es von etlichen / jetziger boser art nach / vertuscht gehalten / vnd doch nicht mehr kann lenger verborgen gehalten werden." Selnecker: Grundtliche warhafftige Historia, f. t2v.

[33] „CVM certo constituissem, me strenae & Xenij, vt vocant, loco, Reuerendißimae dignitati Tuae, Pater venerande, aliquid operae nostrae ad grati animi significationem qualemcunque, ex nundinis nostris missurum esse, ecce haec mihi epistola a Viro quodam vere Magno offertur, olim ad Vitum Theodorum Noribergensem ecclesiasten, Theologum insignem, & patriae meae coronam, per Fridedericum [sic] Miconium Theologum aeque sincerum, & magni nominis, scripta." Selnecker: Epistola, f. A2r.

[34] Cf. dazu in Anhang II die Fußnoten b; c; f; h-l; p.

4. Schließlich ist hier noch eine Quelle zu erwähnen, die in der Forschung bislang noch nicht beachtet worden ist: Unter den in Göttingen aufbewahrten Dokumenten Selneckers befindet sich die Abschrift eines weiteren lateinischen Berichtes von Friedrich Myconius.[35] Da von dieser Quelle lediglich zwei frühneuhochdeutsche Teilübersetzungen existieren[36], wurde sie als Anhang I in die vorliegende Arbeit aufgenommen. Das Schriftstück trägt den Titel: „Narratio historica de forma concordiae anno 36 Witebergae scripta"[37] und wird daher im Folgenden unter dem Titel ‚Narratio' zitiert. Es handelt sich um eine Abschrift von Selneckers Hand, die er nach eigenen Angaben während des Erfurter Konventes (Oktober – Dezember 1581)[38] „ex autographo"[39] anfertigte. Das Original selbst ist hingegen nicht bekannt. Der Bericht der ‚Narratio' bezieht sich auf die Spanne vom 21. bis zum 26. Mai. Beide Darstellungen des Myconius weisen enge Berührungen auf, die zum Teil bis in den Wortlaut hineinreichen. Dies gilt für die Wiedergabe von Äußerungen ebenso wie für Schilderungen von Situationen. Verdeutlichen kann dies eine Gegenüberstellung, in der wörtliche Entsprechungen kursiv gedruckt sind:

| *‚Narratio' 23–26* | *MycBr 85–89* |
|---|---|
| *Bucerus prolixe sed confuse satis ut vehementer hac*[40] *oratione turbatus primum* edocuit | *Bucerus prolixe sed confuse satis (ut vehementer hac oratione turbatus) primum* persuadere voluit |
| *nihil hic minus quam fucum adesse, cum et coram magistratibus totisque ecclesiis etiam in* conventibus scripto et verbo | *nihil hic minus quam fucum adesse. Cum et coram magistratibus totisque ecclesiis* ac *etiam in* conciliis superioris germaniae, doctorum conventibus |
| *hanc suam sententiam testati sint et testentur.* | *hanc suam sententiam testati sint et testentur* voce, verbo, scripto, libris et publicis concionibus. |

Selnecker behauptet in seiner Geschichte der Augsburgischen Confession, Myconius habe bei der Abfassung des Briefes die ‚Narratio' zugrunde gelegt.[41] Für diese Zuordnung spricht der Umstand, dass der Brief deutlich ausführlicher ist, sowohl was den berücksichtigten Zeitraum als auch was die Schilderung der in dieser Zeit vorfallenden Ereignisse und der vorgebrachten Äußerungen angeht. So fehlen in der ‚Narratio' die Schilderungen der Anreise und der Ankunft und die Bemerkungen über die Verlesung und Unterzeichnung des für die Augsbur-

[35] Cf. NStUB Göttingen Cod. Ms. Theol. 250 II, f. 133r–138r.

[36] Cf. SELNECKER: Forma, f. A3r–Br; DERS: Grundtliche warhafftige Historia, f. tr–t2v.

[37] ‚Narratio' 1.

[38] Zu den Schriftstücken aus NStUB Göttingen Cod. Ms. Theol. 250 II, f. 82–154 merkte Selnecker an: „Quae in illo (conventu Erfordiensi) notata sint, et in Apologia manu mea scripta." Cf. Verzeichnis der Handschriften im preussischen Staate I.1.2, 455. Zum Erfurter Konvent cf. HEPPE: Geschichte IV, 288–295.

[39] ‚Narratio' 2.

[40] Das im Manuskript stehende *huc* muss durch eine Konjektur korrigiert werden.

[41] Cf. dazu oben A. 32.

ger bestimmten Wittenberger Gutachtens.[42] Knapper werden etwa Bucers erste Worte vom 22. Mai und Luthers Erwiderung oder auch Luthers Rückblick auf die von ihm wahrgenommene theologische Entwicklung unter den Oberdeutschen überliefert.[43] Nur vereinzelt bietet die ‚Narratio' gegenüber dem Brief die reichere Überlieferung.[44] Von daher legen sich folgende Annahmen nahe: Myconius schrieb zunächst die ‚Narratio' nieder. Ob dies bereits während der Verhandlungen geschah, wie Selnecker später behaupten sollte, lässt sich nicht mehr entscheiden.[45] Kurz nach seiner Rückkehr vom Konvent jedenfalls ergänzte und veränderte er den Text unter Zuhilfenahme der eigenen Erinnerung und verfasste so mit einem Abstand von knapp drei Wochen den an Dietrich übersandten Bericht. Das Nebeneinander zweier ähnlicher, in den Formulierungen aber doch auch immer wieder voneinander abweichender Berichte macht ein weiteres Mal deutlich, dass man gegenüber dem Wortlaut im Einzelnen mit Vorsicht verfahren muss. Im Rahmen der folgenden Darstellung und Analyse wird da, wo eine sachliche Übereinstimmung zwischen beiden Zeugen gegeben ist, der ausführlichere Brief zitiert, während auf die entsprechende Stelle in der ‚Narratio' lediglich verwiesen wird. Die Frage nach dem historischen Wert der beiden auf Myconius zurückgehenden Quellen soll im Zusammenhang der Ausführungen über die Verhandlungen zu Taufe und Schlüsselamt im Blick auf diesen besonderen Teil der Verhandlungen eigens gestellt werden.[46]

Als eine weitere wichtige Quelle sind die 16 Zusätze anzusehen, die in einer im Zürcher Staatsarchiv aufbewahrten Fassung der oberdeutschen Relation zu finden sind. Diese Fassung des Berichtes ist dort als Teil der sogenannten ‚Acta Wittenbergica', einer Sammlung von Dokumenten zum Wittenberger Konkordienkonvent, erhalten.[47] Die erwähnten Zusätze zum Bericht sind in der Forschung bereits verschiedentlich aufgenommen worden.[48] Da es an einer Edition allerdings fehlte, bietet Anhang III die Addimenta nebst Angaben zu den Stellen, an denen sie in den Bericht der Oberdeutschen eingefügt sind. Zitiert wer-

---

[42] Cf. MycBr 15–55; 266–270.

[43] Cf. ‚Narratio' 10–13; 14–22; 40–48 mit MycBr 62–69; 70–84; 109–123.

[44] Das gilt etwa für die Nennung Melanchthons (cf. ‚Narratio' 9 mit MycBr 60) und Rörers (cf. ‚Narratio' 95 mit MycBr 181 f) oder für eine Bemerkung Luthers zur Möglichkeit eines ihm verborgenen Heilshandelns Gottes (cf. ‚Narratio' 37 mit MycBr 107 f).

[45] So heißt es in Selneckers Geschichte der CA, Myconius habe die ‚Narratio' „in werender handlung mit seiner eignen hand auffgezeichnet / zu dem ende / das ers andern auch communicirn möchte vnd als denn zum anderen / wie er hernach selbst solche verzeichnis in eine ordnung gebracht vnd schrifftlich an M. Veit Dietrichen lassen abgehen / auff das also ferner auch andern zu wissen vnd kundbar würde [...]." Selnecker: Grundtliche warhafftige Historia, f. Aa3v.

[46] Cf. unten S. 375–378.

[47] Cf. StA Zürich E II 448, f. 6r–67r. Der Bericht findet sich a. a. O., f. 8v–35r.

[48] Cf. dazu zuerst Bizer: Studien, 96 A. 1 und 97–117; Köhler: Zwingli und Luther II, 450 A. 5 und besonders 452 f; de Kroon: Syllogismus; Friedrich: Martin Bucer (Anmerkungsband), 158 A. 55.

den die Zusätze mit dem Sigel ‚Zwick'. Die anschließende Zahl bezieht sich auf die aus dem Anhang ersichtliche Einteilung der Zusätze. Durch ein Komma abgetrennt folgt die Angabe der im Anhang vorgenommenen Zählung der Zeilen.

Elf der Zufügungen lassen wörtliche Übereinstimmungen mit dem Itinerar des Musculus von unterschiedlichem Umfang erkennen.[49] Da sich für einige der Zusätze zeigen lässt, dass sie von Johannes Zwick verfasst worden sein müssen[50], ist es naheliegend, sie gänzlich auf ihn zurückzuführen. Das vorliegende Manuskript ist allerdings nicht von seiner Hand.[51] In der Zeit bis zu seinem Eintreffen am 25. Mai[52] übernahm Zwick offenkundig ganz überwiegend die Formulierungen aus dem Tagebuch des Musculus. Auch für die Anmerkungen über die Geschehnisse nach seiner Ankunft lässt sich durch den textlichen Vergleich mit dem Itinerar und eine Analyse der jeweiligen Sondertraditionen wahrscheinlich machen, dass Zwick die Aufzeichnungen des Augsburgers weiterhin als Vorlage verwendete.[53] Gleichzeitig weisen diese späteren Zusätze, sofern sie nicht vollständig unabhängig formuliert sind[54], häufiger Ergänzungen zu den Formulierungen des Musculus und mehr ihnen gegenüber eigenständige Wiedergaben mündlicher Äußerungen auf.[55] Die Einordnung der Zusätze ist sicher nicht erst das Werk eines späteren Redaktors, sondern geht auf Zwick selbst zurück. Erkennbar wird dies besonders daran, dass Zusatz 10 für sich genommen unverständlich bleiben müsste: „Pomeranus fassus est, man thů imm zu vil. Item das sye die fry haltind anderst am werchtag anders am firtag."[56] Dass es dabei um eine Kritik an liturgischen Bräuchen geht, wird erst aus dem entsprechenden Abschnitt des oberdeutschen Berichtes deutlich.[57] Mithin wird man annehmen müssen, dass der Zusatz von Anfang an für diesen Kontext konzipiert war. Entsprechend ist davon auszugehen, dass Zwick seine Zusätze erst aufzeichnete, als ihm der von Bucer formulierte Bericht vorlag. Dieser war für ihn leitend bei der zeitlichen Einordnung der Zusätze. Die Überlieferung des Musculus hat er dieser Matrix an einigen Stellen bewusst angepasst. Der auffällige Umstand, dass Aussagen Luthers über die *fides infantium*, die im Itinerar dem 26. Mai zugeordnet sind, im vierten Zusatz Zwicks mit Äußerungen verbunden sind, die eindeutig der Verhandlung vom 24. Mai zuzuordnen sind[58],

[49] Cf. dazu Itinerar, 32.

[50] Cf. dazu Itinerar, 33 f.

[51] Für den Handschriftenvergleich cf. etwa Zwick an [Bullinger, Jud und Pellikan (?)], 19. August 1536: StA Zürich, E II 337, f. 170r–171v (= HBBW 6, 879). Für das Überlassen einer Digitalaufnahme danke ich Herrn lic. Thomas Neukom (Zürich).

[52] Cf. dazu Itinerar 63,3 f und ‚Zwick' 9,1. Von einem gemeinsamen Anreisen Zwicks mit den anderen Oberdeutschen geht fälschlicherweise ABENDSCHEIN: Simon Sulzer, 277 aus.

[53] Cf. Itinerar, 35–38.

[54] Dies betrifft die Zusätze 9, 10, 13 und 16.

[55] Dies gilt für die Zusätze 8, 11, 12, 14 und 15.

[56] ‚Zwick' 10,1 f.

[57] Cf. BDS 6/1,161,1–5.

[58] Cf. dazu Itinerar 60,22–61,7 und 65,19–29 mit ‚Zwick' 4,1–21.

lässt sich am besten dadurch erklären, dass im Bericht der Oberdeutschen ausschließlich unter dem Datum des 24. Mai von einer Verhandlung über Tauffragen berichtet wird.[59]

Bei den bislang genannten Quellen handelt es sich um Berichte von Augenzeugen. Das gilt ebenso für eine Reihe von Briefen, die Melanchthon während des Konventes und danach verfasste.[60] Zu berücksichtigen sind auch ein Brief Capitos an Brenz vom 14. Juni 1536 und ein ebenfalls an Brenz gerichteter Brief des Menius vom Juni 1536.[61] Daneben sind außerdem einige Schreiben, in denen sich der Kurfürst an Luther wandte, einzubeziehen.[62] Von Bugenhagen liegen außerdem zwei kurze Notizen zu Äußerungen Luthers vor, die den Verhandlungen über das Abendmahl und die Taufe zugeordnet werden können.[63] Sie werden hier erstmals in der Darstellung der Vorgänge auf dem Konvent berücksichtigt. Die verschiedentlich dem Konvent zugewiesene *lectio Pomerani* wird hingegen in diesem Zusammenhang nicht aufgenommen, da es sich bei ihr um ein Manuskript zu Bugenhagens Vorlesung über den 1. Korintherbrief handelt, wie in Exkurs II gezeigt werden konnte.[64]

Neben diesen von Augen- und Ohrenzeugen verfassten Berichten liegt uns auch noch ein Zeugnis aus zweiter Hand vor: Johannes Forster hat einen vergleichsweise ausführlichen Teil seines Berichtes über den Augsburger Abendmahlsstreit dem Konkordienkonvent gewidmet.[65] Unterrichtet wurde er nach eigener Auskunft durch „etliche gute freunde“[66]. Dabei wird man an die Reutlinger Gesandten denken müssen, auf deren Nachrichten sich Forster auch ausdrücklich beruft.[67] Ein weiteres Zeugnis aus zweiter oder sogar dritter Hand soll vor allen Dingen wegen seines eigentümlichen Charakters an dieser Stelle noch

---

[59] Cf. BDS 6/1,154,12–158,2.

[60] Cf. dazu Melanchthon an Baumgartner, 25. Mai 1536: MBW 7, 1741; Melanchthon an Landgraf Philipp, 26. Mai 1536: A. a. O., 1743; Melanchthon an Jonas, [29. Mai 1536]: A. a. O., 1745; Melanchthon an Landgraf Philipp, 29. Mai 1536: A. a. O., 1746; Melanchthon an Agricola, [7. Juni 1536]: A. a. O., 1751; Melanchthon an Camerarius, 9. Juni 1536: A. a. O., 1752; Melanchthon an Jonas, 21. Juni 1536: A. a. O., 1755; Melanchthon an v. Bock, [Juni/Juli 1536]: A. a. O., 1757.

[61] Cf. Pressel: Anecdota, LX (184 f) und LXV (188 f).

[62] Cf. dazu Kurfürst Johann Friedrich an Brück, 14. Mai 1536: ThHStA Weimar Reg. H 103, f. 123r; Kurfürst Johann Friedrich an Luther, 14. Mai 1536: WABr 7, 3022; Kurfürst Johann an Brück, 14. Mai 1536: ThHStA Weimar Reg. H 103, f. 123v–124r; Brück an Kurfürst Johann, 15. Mai 1536: ThHStA Weimar Reg. N 79, f. 6r–v. Kurfürst Johann Friedrich an Luther, Melanchthon und die anderen Theologen, 25. Mai 1536: MBW 7, 1742.

[63] Cf. SBB – Preußischer Kulturbesitz, Ms. theol. lat. oct. 43, f. 80r; Abdruck in WA 59,717 f (Beilage II).

[64] Cf. dazu oben Exkurs II (S. 250–253).

[65] Cf. Germann: D. Johannes Forster, 140–144.

[66] A. a. O., 153.

[67] Über die Augsburger Gesandten heißt es bei Forster: „Und solches ich nicht allein an inen gemerkt, sondern sie auch ires betrugs und unglaubens auch schon bei andern in einen grossen verdacht kommen sein, wie mir die Reutlinger predicanten angezeigt [...].“ A. a. O., 154.

genannt werden. Es handelt sich um einen Brief des polnischen Humanisten Andreas Fricius Modrevius an Johannes a Lasco vom 20. Juni 1536. Das Schreiben bietet eine merkwürdige Mischung aus zutreffenden Auskünften und offensichtlichen Irrtümern. Der Schreiber ist gut informiert über die oberdeutschen Teilnehmer und die Dauer des Konventes, benennt Luthers Haus als Versammlungsort, liefert eine in der Sache korrekte Paraphrase des Abendmahlsartikels und weiß von Bucers Predigt in Wittenberg zu erzählen, von der er sogar eine Zusammenfassung beilegen kann.[68] Gleichzeitig berichtet er fälschlicherweise über eine Teilnahme der Eidgenossen.[69] Woher Modrevius seine Kenntnisse beziehen konnte, muss offen bleiben. Bei dem genannten Absendeort *Crotouii* handelt es sich um eine fiktive Angabe, die sich nicht zuordnen lässt.[70] Für die anstehende Aufgabe der Rekonstruktion der Vorgänge auf dem Konvent kommt dieser Quelle in jedem Fall nur eine nachrangige Bedeutung zu.[71]

Von Luther selber existiert hingegen keine ausführliche Darstellung der Ereignisse. Er war, wie er Forster gegenüber am 12. Juli 1536 bekannte, mit der Abfassung einer Vielzahl von Antwortbriefen und anderen Verrichtungen offenbar zu sehr beschäftigt[72], als dass er eingehender hätte berichten können. Seine

---

[68] „Conuenerant, uti prioribus literis tibi significaui, Vitebergam, sacramentarii, qui erant nominis aicuius, ab Argentina Volfgangus Capito, Martinus Bucerus; ab Augusta Bonifacius Vndfhard, Musculus; ab Ulma Martinus Frechtus; a Constantia Io. Iuuick; a Francofordia Io. Bernhard; ab Esling Iacobus Otterus; a Reutling Matthaeus Alberus. Io. Schradinus; a Memminga Geruasius Scholasticus; a Veifeld Martinus German." Modrevius: Opera V, 306,13–19. „Hi per octiduum cum Lutheranis serio disputabant de sacramento, non publice qudem, sed in aedibus Lutheri. Postlongam tractationem sic Bucerus suam et omnium quos dixi sententiam explicauit: Constare iuxta Irenaei sententiam eucharistiam rebus duabus terrena et coelesti, hoc est, cum pane et uino uere et (ut loquntur) substantialiter adesse exhiberi et sumi corpus Christi et sanguinem. Extra usum uero negant adesse corpus Christi, ut cum asseruatur in pyxide au in publicis supplicationibus ostenditur. Confessi etiam sunt hanc institutionem sacramenti ualere in ecclesia nec pendere ex dignitate ministri aut sumentis; et iuxta Paulum indignos etiam manducare et eis porrigere uere corus et sanguinem Christi, ubi seruantur uerba et instituta Christi; sed tamen tales ad iudicium sumere, ut qui abutantur, sine poenitentia et fide manducantes. Haec fere suma est concordiae. Tametsi autem nihildum de ea est editum aut scriptis promulgatum, necesse enim habuernt ii, quos scripsi, de omnibus ad fratres et ecclesias suas referre, tamen confessi sunt omnes perpetuo se et sentire uelle et docere, quemadmodum iam in hac ipsa synodo dixissent. Bucerus uero, qui doctissimus omnum habetur, inter eos ipsos sacramentarios concionem habuit ad omnem Vitebergensem ecclesiam XXVIII mensis May. [...] Sed concionis summam descriptam habes in charta." A. a. O., 306,23–307,15.

[69] „Ex reliqua Heluetia multi aderant, nempe ex his ciuitatibus, Basel, Zurich, hoc est Tiguro, Schaffhausen, Beren, Sanctgallen, Biel, Mulhausen, Eysenach." A. a. O., 306,19–22.

[70] Dass es sich bei dem Ort um Nürnberg handeln könnte, wird ohne Angabe von Gründen vermutet in Seguenny: Bibliotheca XVIII, 191.

[71] Keineswegs zutreffend ist die Einschätzung von Caro: Modrevius, 106, der das Schreiben „als eines der unmittelbarsten Zeugnisse für die beim Abschluß der Wittenberger Concordie obwaltenden Umstände" ausgibt. Cf. zu diesem Einspruch auch Köhler: Zwingli und Luther II, 444 A. 2.

[72] „Sed tot obrutus tum aliorum literis, tum actionibus, cogebar differe intimos amicos, donec novos illos reconciliandos absolverim, ratus te et alios iam veteres amicos moram liben-

erhaltenen Briefe werden ebenfalls in die Ausführungen einbezogen.[73] Dies gilt auch für seinen späten Rückblick auf den Konvent in seinem Brief an die Evangelischen in Venedig vom 13. Juni 1543.[74] Mit einer gewissen Vorsicht im Umgang mit dem Wortlaut ist eine Notiz zu betrachten, die sich in den Papieren Selneckers in Göttingen befindet. In ihr wird ein Brief zusammengefasst, mit dem Luther und Melanchthon auf die Anfrage des Kurfürsten vom 25. Mai reagiert haben sollen.[75] Selnecker weist in seiner Geschichte der CA darauf hin, dass „solche schrifft in Fürstlicher Sechsischer Cantzley noch fürhanden ist."[76] Dort ist sie allerdings nicht mehr zu finden. Möglicherweise war sie im Weimarer Bestand Reg. N 40 enthalten. Das Findbuch N von 1583 erwähnt diesen Bestand noch und weist für den Inhalt auf den Konkordienkonvent hin.[77]

Auffällig ist schließlich, dass sich von Rörer, der an den Beratungen teilnehmen durfte[78], Mitschriften zumindest nicht erhalten zu haben scheinen. Lediglich seine Aufzeichnungen zu Luthers Predigt vom 25. Mai sind uns überliefert.[79]

## 4.2 *Die Zusammenkunft in Wittenberg*

### 4.2.1 Das Vorfeld der Verhandlungen

Anders als man es Bucer und seinen Leuten im März vorgeschlagen hatte[80], fand der angesetzte Theologenkonvent schließlich nicht in Eisenach statt, sondern in Wittenberg. Aufgrund seiner schlechten physischen Verfassung hatte Luther sich

---

tius passuros et felicius exspectaturos, quam istos, qui recens concordiam tentatam urgebant, qualis fuit et vester Magistratus imprimis." WABr 7, 3044 (460,5–461,10).

[73] Cf. Luther an die Bürgermeister und den Rat von Augsburg, 29. Mai 1536: WABr 7, 3029; Luther an Markgraf Georg, 29. Mai 1536: A. a. O., 3030; Luther an Markgraf Georg, [30. Mai 1536 (?)]: A. a. O., 3031; Luther an Amsdorf, 5. Junui 1536: A. a. O., 3032; Luther an Jonas, 7. Juni 1536: A. a. O., 3035; Luther an Forster, 12. Juli 1536: A. a. O., 3044.

[74] Cf. WABr 10, 3885.

[75] „Scrispit elector ad Lutherum et φ. M. [sc. Philippum Melanchthonem] petens se fieri certiorem, quo ratione Bucerus et reliqui subscripsissent confessioni nostrae in formula concordiae. Responderunt, ea ratione, qua ipsi eaque fide et cessisse a suis opinionibus prioribus easque revocasse." NStUB Göttingen Cod. Ms. theol. II 250, 158r.

[76] Selnecker: Grundtliche warhafftige Historia, f. y3 r.

[77] Auf dem Deckblatt des Findbuches steht: „Registranda der Religion Hendel vnd Schrifftenn, Inclusis Baüern Aüffruhr. Wiedertaüffer in Düringenn. Belagerüng der Stadt Münster. Vorfertiget Anno 1583." ThHStA Weimar Findbuch N, Religionswesen. Im Buch ist für den Bestand N 40 vermerkt: „Wie im selben Jahr zu Wittenbergk beyeinander gewesenn der herr doctor Martin Luther, doctor Justus Jonas, doctor Crůtziger, der herr Philippus, von Strasburgk Martinus Bůtzer, von Augspurgk Wolfhardus, von Ulm Martinus Frechtus, von Costnitz ein doctor, von Eisenach herr Justus Menius, von Gotha Fridericus Miconius oder Mecum, undt sich etzliche tage uber mit vleiß unterredet von der Lehr undt bekentnus vom hochwirdigenn Sacrament, undt sich derselben halbenn christlich mit einander vorglichenn habenn." S. 20 f.

[78] Cf. dazu unten S. 314 und 330.

[79] Cf. WA 41,591–594.

[80] Cf. oben S. 278.

selbst zunächst veranlasst gesehen, die Zusammenkunft in das näher an Wittenberg gelegene Grimma zu verlegen.[81] Auf seine Benachrichtigung vom 12. Mai 1536 hin antwortete Bucer ihm aber fünf Tage später, dass er mit den anderen Oberdeutschen am 21. Mai in Wittenberg erscheinen werde, falls Luther keine Einwände erhebe.[82]

Noch bevor die Oberdeutschen jedoch in Wittenberg eintrafen, verschlechterten sich dort die Voraussetzungen für die anstehenden Verhandlungen in gravierender Weise. Zurückzuführen war das auf zwei neue Veröffentlichungen. Zum einen war zu Beginn des Frühjahrs durch Heinrich Bullinger unter dem Titel ‚Fidei expositio' eine Schrift Zwinglis veröffentlicht worden, die zu seinen Lebzeiten ungedruckt geblieben war.[83] In einem der Edition beigefügten Begleitschreiben hatte der Herausgeber energisch für Zwingli und dessen Lehre Partei ergriffen, diesen als den „treusten Herold des Evangeliums und beständigsten Verteidiger der christlichen Freiheit" gelobt und seine Schrift als eine deutliche Zusammenfassung des wahren Glaubens bezeichnet.[84] Zum anderen war im Januar durch Bibliander bei Thomas Platter und Balthasar Lasius in Basel eine Sammlung von Briefen Oekolampads und Zwinglis verlegt worden.[85] Zu dieser Ausgabe hatte Bucer ein Vorwort beigesteuert, in dem er sich selbst unter die Herausgeber des Briefwechsels gezählt und Zwingli gegen den Vorwurf in Schutz genommen hatte, er habe die Sakramente in den nun vorgelegten Briefen in schriftwidriger Weise abgewertet.[86] Angesichts dieser öffentlichen Stellungnahme zugunsten des Zürcher Reformators und seiner Lehre hatte Luther aber

---

[81] In Luthers Schreiben an Capito vom 12. Mai 1536 heißt es: „Reliquum est, quando adhuc lassus sum ab aegritudine recenti, nec longius iter tentandum, oro (si fieri potest, et velitis), quotquot isthic conveneritis, dignemini proprius accedere, nempe in Grimmam, quae tribus miliaribus post Lipsiam sita est; ibi enim vel ipse ero Dominica quinta, vel saltem cum nostris (si valetudo impediat) literas possum intra diem dare et recipere." WABr 7, 3021 (410,6–12). Zu Luthers Gesundheitszustand cf. NEUMANN: Luthers Leiden, 128 und 170. Die in dieser Pathographie vorgetragene These, dass die von Luther später zu Beginn der Verhandlungen gegenüber den Oberdeutschen an den Tag gelegte Schroffheit durch sein physisches Leiden hervorgerufen worden sei, vermag freilich nicht zu überzeugen. Wie im Folgenden zu zeigen sein wird, waren vielmehr spezifisch theologische Gründe für Luthers Haltung ausschlaggebend, die Neumann in seiner Darstellung nicht berücksichtigt.

[82] „[...] dabimusque operam, ut Dominico die Wittembergae Reverendam Paternitatem tuam conveniamus, nisi ipsa id nolit." WABr 7, 3023 (413,7–9).

[83] Cf. dazu KÖHLER: Zwingli und Luther II, 429–431. In Bullingers Vorrede findet sich die Datierung „Mense Februario. Anno 1536." Zwingli VI/5,162,21.

[84] „[...] fidelissimus evangelii praeco et Christianae libertatis assertor constantissimus [...]. Exponit perspicue et breviter quae sit vera fides, quaeve pia religionis." A. a. O., 162,12–15.

[85] Cf. dazu KÖHLER: Zwingli und Luther II, 428 f. Eine Beschreibung des Druckes findet sich in BDS 6/1,97.

[86] Das Geleitwort beginnt mit den an den Leser gerichteten Worten: „Invenias alicubi in Epistolis Zuinglii de sacramentis, unde videri possit vir ille sacramentis minus tribuisse, quam scriptura eis tribuit. Cumque nos eas Epistolas edidimus in vulgus, verendum, ne qui idemque de nobis nostrisque per Elvetios ecclesiis suspicentur." BDS 6/1,97,2–98,1. Zu dieser Publikation cf. zuletzt MÜHLING: Briefwechselband, 233–242.

beträchtliche Zweifel, dass den Oberdeutschen an einer wirklichen Verständigung mit ihm und seinen Freunden gelegen war. Kurz vor dem 14. Mai äußerte er sich in dieser Angelegenheit gegenüber dem sächsischen Kanzler Gregor Brück in einer Unterredung. Nach der Darstellung eines an Brück gerichteten Briefes des Kurfürsten vom 14. Mai 1536, in dem dieser einen entsprechenden Bericht seines Kanzlers referierte, hatte Luther Brück darüber unterrichtet, dass die Oberdeutschen „allerley Zwinglijsche Bucher" veröffentlicht hätten, und ihm gegenüber bekannt, „das er sich wenigk guts zu Jnen vorsicht."[87] Darüber hinaus ließ er auch den Kurfürsten wissen, wie aus einem Schreiben Johann Friedrichs an Luther vom 14. Mai hervorgeht, dass er im Hinblick auf die angestrebte Konkordie wenig Hoffnung hatte.[88] In einer weiteren Unterredung mit Brück, die am 15. Mai 1536 stattfand, legte Luther dem Kanzler schließlich dar, wie er nun mit den oberdeutschen Prädikanten während des bevorstehenden Konventes zu verfahren gedachte. Luther erklärte einem Bericht zufolge, den Brück dem Kurfürsten am gleichen Tag erstattete, dass er in den Verhandlungen unbeirrbar an der Lehre der Confessio Augustana und der Apologie festhalten und den Oberdeutschen keinerlei Zugeständnisse machen wolle. Entsprechend hatte es der Kurfürst von ihm zuvor schriftlich und mündlich durch die Vermittlung Brücks verlangt.[89] Außerdem erklärte Luther,

„das das sein endtlich gemueth ist, wollen sy mit eynig sein vnd werden, szo sollen sy sich verpflichten, ecolampadium vnd zwinglium als ires teils gefurten leren halben irrige lerer vnd von der kirchen verdampt vor verdampte zu halten, szouil ire lere belanget. Szeynt sy aber daruber selig worden, das solchs durch gothes barmherczigheyt, aus dem das sy zu

[87] Kurfürst Johann Friedrich an Brück, 14. Mai 1536: ThHStA Weimar Reg. H 103, f. 123r.

[88] In dem Brief des Kurfürsten heißt es: „Nachdem Jhr es aber dafur achtet, daß der Concordia halben wenig Trost oder Hoffnung sein soll, das horen wir wahrlich nicht gerne." Kurfürst Johann Friedrich an Luther, 14. Mai 1536: WABr 7, 3022 (411,12–14). Unbegründet ist hingegen die von Brecht geäußerte Vermutung, Luther habe sich „wohl wegen der nunmehr eindeutig ablehnenden Haltung der Schweizer" gegenüber dem Kurfürsten so skeptisch geäußert. Cf. dazu Brecht: Martin Luther III, 57. Mit Brecht übereinstimmend cf. Friedrich: Von Marburg bis Leuenberg, 52; Friedrich: Martin Bucer, 119.

[89] Am 14. Mai 1536 hatte der Kurfürst Luther eindringlich aufgefordert, er solle „gegen bemeldten Prädicanten auf unser Augspurgischen getanen Konfession und Apologia, und zuvorderst von wegen des hochwirdigen Sacraments des Leibes und Bluts unsers Herrn und Heilands Jhesu Christi, beständig" bleiben und an ihnen festhalten „und ihnen in keinem Wege und mit Nichten, auch in dem wenigsten Stück und Artikel nicht" nachgeben. Kurfürst Johann Friedrich an Luther, 14. Mai 1536: WABr 7, 3022 (411,19–23). In seiner für Brück aufgesetzten Instruktion vom gleichen Tag heißt es: „Begern auch hiemit Jr wollet krafft dises vnsers befels doctor Marthino vnd den andern teologis anzeigen, das er vff vnsers Augsburgischen gethanen Confession vnd Apologij auch dem hailigen hochwurdigen Sacrament des leibs vnnd Bluts vnsers Herrn Jhesu Christi bestendigk pleiben vnd darob vheste halten vnnd Jn kainem wege vnd mit nichten, auch in dem wenigsten Punct vnd artickel nit weichen wolle." ThHStA Weimar Reg. H 103, f.123v und 124r. Luthers Einverständnis übermittelte Brück dem Kurfürsten am folgenden Tag mit den Worten: „Vff den tagk zu Grim wil er sich halten wie Jm e. c. f. g. geschrieben [...]." ThHStA Weimar Reg. N 79, f. 6r.

leczt in iren herczen ire irthumb goth bekanth musten haben, beschehen sein muste, das er inen herzlich gern in dem falle gonne."[90]

Damit aber gab Luther gegenüber dem Kanzler zu verstehen, dass er nun, wo die Oberdeutschen wieder einmal den Schulterschluss mit seinen beiden alten Kontrahenten aus der Schweiz gesucht hatten, in deren Verdammung einen unabdingbaren Bestandteil einer Konkordie sah. Dabei ging es ihm primär nicht um eine Aussage über das endzeitliche Ergehen der beiden Schweizer, wie seine Anmerkung über die Möglichkeit einer späten Bekehrung deutlich macht, sondern um eine Abgrenzung, mit der die Oberdeutschen ihrem definitiven Bruch mit der falschen Lehre Ausdruck zu verleihen hatten.

Bucers Ankündigung vom 17. Mai entsprechend trafen die oberdeutschen Theologen schließlich am Nachmittag des 21. Mai in Wittenberg ein.[91] Wie aus den Unterschriftenlisten hervorgeht, die den später verfassten Konkordienartikeln angehängt sind, gehörten der Delegation der oberdeutschen Prediger neben Bucer und Capito neun weitere Theologen an: nämlich der Ulmer Pfarrer Martin Frecht, Jakob Otter aus Esslingen, die beiden Augsburger Wolfgang Musculus und Bonifatius Wolfart, der Memminger Pfarrer Gervasius Schuler, Johannes Bernardi aus Frankfurt, Martin Germanus aus Fürfeld und die beiden Reutlinger Geistlichen Matthäus Alber und Johannes Schradin.[92] Johannes Zwick traf in Wittenberg wie bereits erwähnt erst am 25. Mai ein.[93] Begleitet wurden die Oberdeutschen von den beiden Lutheranern Justus Menius und Friedrich Myconius, die sich ihnen auf dem Weg in Eisenach und Gotha angeschlossen hatten.[94] Der von Luther selbst hinzugebetene Osiander hatte die Einladung zu spät erhalten und konnte deswegen nicht mehr an dem Konvent teilnehmen.[95] Ebenso fehlten Schnepf und Brenz, die Luther durch Bucer hatte einladen lassen.[96] Brenz hatte Menius allerdings einen für Luther bestimmten

---

[90] Brück an Kurfürst Johann Friedrich, 15. Mai 1536, ThHStA Weimar Reg. N 79, f. 6r.

[91] Für den 21. Mai notierte Musculus: „[...] venimus Witenbergam circa tertiam." Itinerar 53,11.

[92] Cf. etwa BDS 6/1,127,10–14;129,1–6. Zur Person Schradins, der im Blick auf die Erforschung deutlich hinter Alber zurücksteht, cf. die alte Studie von Votteler: Johannes Schradin, 21–71.

[93] Cf. oben S. 301.

[94] Für den 17. Mai 1536 notierte Musculus in sein Tagebuch: „Hora tertia pomeridiana Isnacum curru ego et M. Martinus Furfeldensis cum Justo Menio egressi circa octavam venimus Gottham, ubi Fridericus Myconius episcopatur." Itinerar 52,1–3. Unter dem Datum des folgenden Tages heißt es dort: „Quinta egressi cum Menio et Friderico Miconio curru venimus Erfordiam circa 9. [...]." Itinerar 52,6f.

[95] Cf. dazu im einzelnen Osiander an Luther, 12. Juli 1536: WABr 7, 3045 (463,3–20). Die Behauptung von Stupperich, Osiander sei ebenfalls unter den Teilnehmern gewesen, wird durch dieses Schreiben widerlegt. Vs. BDS 6/1,36. Die Vermutung von Friedrich: Martin Bucer, 119, die Teilnahme von Osiander, Schnepf und Brenz sei wohl durch Bucer verhindert worden, trifft also zumindest im Falle des Nürnbergers nicht zu.

[96] Zur Einladung der beiden Württemberger cf. oben S. 279 und A. 593. Bizer: Studien, 93 behauptet ohne Angabe eines Beleges, Schnepf sei dadurch verhindert gewesen, dass er den

Brief zukommen lassen, den dieser im Verlauf des Konventes seinem Adressaten übergab.[97] Der Eislebener Johannes Agricola sollte wohl kurzfristig noch hinzugezogen werden[98], was sich aber nicht mehr realisieren ließ.

Auch der Magdeburger Superintendent Nikolaus von Amsdorf nahm nicht an der Versammlung teil.[99] Es ist auffällig, dass Luther ihn offenbar nicht von sich aus als Teilnehmer vorgesehen hatte. Dies legt jedenfalls eine Intervention von Seiten des Kurfürsten nahe. Dieser hatte Brück am 14. Mai seine Einschätzung mitgeteilt, „das nit unguet sein solt, das doctor Martinus den Amßdorff zu Magdeburgk hete beschrieben, vnnd Jn Neben andernn mit gen Grimm gnomen. Darumb wollet Jme auch anzeigen, das er solchs thun wolle [...].“ Nach seiner Rücksprache mit Luther wusste Brück dem Kurfürsten am folgenden Tag zu berichten: „Szo hadt er [sc. Luther] den Osiandrum auch beschrieben, der helt inen [sc. den Oberdeutschen] nichts zu guet, auch amsdorffe und gefiel im gancz wol, das e. kf. g. den Ambsdorff zu beschreiben befolen hette.“[100] Es ist kaum ein Zufall, dass Luther diesen schärfsten Kritiker der Oberdeutschen[101] bei seiner ursprünglichen Planung offenbar nicht als Teilnehmer vorgesehen hatte. Vielmehr ist anzunehmen, dass er ihn unter die unruhigen und störrischen Köpfe gerechnet hatte, deren Teilnahme er noch am 25. Januar gegenüber dem Kurfürsten verworfen hatte.[102] Auch wenn Luther wusste und respektierte, dass eine Verständigungslösung auch auf seiner Seite durch einen breiten Konsens getragen werden musste, war er offenbar zumindest für eine gewisse Zeit dazu bereit, Amsdorf im Interesse der Bemühungen um eine Konkordie aus den Verhandlungen herauszuhalten. Der Aufforderung des Kurfürsten konnte er aber wohl wirklich mit innerer Zustimmung folgen, da er zu dieser Zeit bereits wieder fürchtete, dass die Gegenseite ihn täuschen wolle. Warum Amsdorf schließ-

---

württembergischen Herzog auf einer Reise habe begleiten müssen. Landgraf Philipp hatte Melanchthon irrtümlich die Anreise von Brenz gemeldet. Cf. Landgraf Philipp an Melanchthon, 6. Mai 1536: MBW 7, 1731 (110,17f).

[97] Das Schreiben selbst ist nicht erhalten. Menius erwähnt es aber in seinem Brief an Brenz vom Juni (?) 1536: „Literas tuas reverendo in Christo nostro D. Martino Luthero reddidi, ad quas tamen, quia occupatissimus et valetudine admodum infirma fuit, respondere tibi nunc non potuit.“ Pressel: Anecdota Brentiana, LXV (189).

[98] Melanchthon schrieb an Agricola am 7. Juni 1536 über die Ankunft der Oberdeutschen: „De eorum adventu fuerunt incerta omnia, etiam cum iam huc ad portas venissent, nam ego Torgam abieram, ut e Grimma huc adducerem ipsos. Significassem tibi statim eorum adventum, si habuissem tabellarium.“ MBW 7, 1751 (162,9–12).

[99] Erstmals vermerkt wird dies ohne weitere Deutungen bei Kolde: Wittenberger Konkordie, 393.

[100] Brück an Kurfürst Johann Friedrich: 15. Mai 1536: zitiert nach Mentz: Gregor Brück, 312. Bei Köstlin/Kawerau: Martin Luther II, 336 findet sich bereits die Vermutung, dass Luther eine Hinzuziehung Amsdorfs nicht beabsichtigt zu haben scheint.

[101] Cf dazu die Ausführungen zu Amsdorfs Thesenreihe ‚Contra Zwinglianos et Anabaptistas themata‘ S. 224f.

[102] Cf. oben S. 278.

lich dennoch nicht an dem Konvent teilnahm, ist aus den vorliegenden Quellen nicht ersichtlich.[103]

Nach ihrer Ankunft in Wittenberg bezogen die Reisenden zunächst das ihnen vom sächsischen Kurfürsten angewiesene Quartier in der Herberge der Witwe Goldschmid.[104] Im Anschluss an den Besuch eines Gottesdienstes wurden sie in ihrer Herberge von Melanchthon und Cruciger willkommen geheißen.[105] Unter der Führung der beiden Wittenberger begab sich ein Teil der Oberdeutschen in Begleitung von Menius und Myconius noch am Abend dieses Tages ins Schwarze Kloster, um ein erstes Mal bei Luther vorzusprechen.[106] Über dieses erste Zusammentreffen mit Luther lässt sich den Quellen wenig entnehmen. Soviel erkennbar ist, beschränkten sich beide Seiten darauf, einander zu begrüßen. Aus der Darstellung Forsters geht hervor, dass Bucer, der auf Seiten der Oberdeutschen das Wort führte, sich dabei gegenüber Luther besonders ehrerbietig zeigte.[107] In seinem Itinerar schreibt Musculus wiederum, Luther habe die Angereisten „recht freundlich" aufgenommen.[108] Tatsächlich scheint der Augsburger an diesem Empfang aber erheblichen Anstoß genommen zu haben. Forster zufolge kritisierte er Luther beim Hinausgehen scharf dafür, dass er sich in dieser Art wie ein Papst hofieren lasse.[109] Darauf fuhr Schradin den Augsburger harsch an mit den Worten: „Welcher teufel bittet euch, das ir hieher kompt und im also gnadet, hat er doch nach euch nicht geschickt".[110] Auch gab er Musculus, der Bu-

---

[103] Auch der Brief, den Luther kurz nach dem Konvent an Amsdorf schrieb, gibt hier keinen Hinweis. Cf. Luther an Amsdorf, 5. Juni 1536: WABr 7, 3032.

[104] Die Herberge der Oberdeutschen wird in dem Brief des Myconius erwähnt: „In diversorio viduae Christiani Goldschmids propositum est Bucero et sociis eius exemplum confessionis, quam utrinque agnosceremus." MycBr 216f. Am 20. Mai hatte Johann Friedrich seinen Landvogt Hans Metzsch angewiesen, er solle dort oder in einer anderen Unterkunft Quartiere bestellen, Verpflegung beschaffen und „zum besten ausrichtung thůn lassen". ThHStA Weimar Reg. H 103, f. 126r. Zur Lokalisierung des Hauses (heute Schloßstraße 4) cf. Scheible: Wolfgang Musculus, 349.

[105] „Mox intravimus contionem vespertinam, quam habebat quidam diaconus. Post contionem ad diversorium regressi invenimus expectantes nos Philippum et D. Casparum Creutzingerum." Itinerar 53,12–14.

[106] Im Bericht der Oberdeutschen heißt es: „Haben eins theils desselbigen abendt noch, die anderen morgens D. Luthern vnd die anderen fůrnemen gegrůsset." BDS 6/1,138,10–12. Musculus notierte dazu: „Qui [sc. Melanchthon und Cruciger] cum essent salutati duxerunt nos ad D. Lutherum, qui nos satis humaniter excepit." Itinerar, 53,14f.

[107] Forster berichtet, Bucer habe sich „fur sich und andere seine verwante in der vorrede gegen d. M. Luther auf das nidrigste gedemutiget, im unterworfen und mit diesem titel alweg begnadet Venerabilis pater Martine etc." Germann: D. Johann Forster, 140.

[108] Cf. oben A. 106.

[109] „[...] das auch Meuslin darab ein eckel und verdrieß (und wie man im heraus gangen) gesagt sol haben: Ach was sol dis leben, mus man im doch schier gnaden und zu fuß fallen, wie dem pabst, es wird entlich widerumb zum neuen pabstumb geraten." Germann: D. Johann Forster, 140.

[110] Germann: D. Johann Forster, 140.

cers Gelehrsamkeit gerühmt hatte, deutlich zu verstehen, dass er Luther für den überlegenen Mann hielt.[111]

Diese Begebenheit lässt deutlich erkennen, dass sich die Reutlinger selbst als treue Parteigänger Luthers sahen und ihrem eigenen Verständnis nach theologisch dem Lager der Kursachsen angehörten. Luthers eigener Umgang mit Alber und Schradin lässt hingegen eine gewisse Widersprüchlichkeit erkennen: Einerseits berichtet Forster, dass Luther mit den beiden Reutlingern gesondert Rücksprache hielt und von ihnen erfragte, ob sie einen expliziten Widerruf der Oberdeutschen für notwendig erachteten.[112] Auch konnte es für ihn keinen Zweifel an der abendmahlstheologischen Position der Reutlinger geben. In seinem Sendbrief an die Reutlinger von 1526, mit dem er auf Zwinglis Werbebrief an Alber reagiert hatte, hatte er Alber als treuen Seelenhirten grüßen lassen.[113] Ihm war auch bewusst, dass die Stadt die CA bereits auf dem Augsburger Reichstag unterschrieben hatte.[114] Von Sailer hatte er darüber hinaus erfahren, dass Bucer sich im August 1535 in Stuttgart kritischen Anfragen Albers hatte aussetzen müssen.[115] Andererseits sollte Luther Alber und Schrader in die interne Aussprache, zu der er sich mit seinen Leuten am 23. Mai zur Beratung über die Möglichkeit einer abendmahlstheologischen Verständigung mit den Oberdeutschen zurückzog, nicht mit einbeziehen.[116] Ebenso geht aus den Quellen nicht hervor, dass er Alber und Schradin, als er die Oberdeutschen einzeln nach ihrer Abendmahlslehre befragte, ausgenommen hätte.[117] Auch die später noch aufzugreifende Anordnung der Unterschriften unter den Abendmahlsartikel legt die Vermutung nahe, dass Luther zwischen den beiden Reutlingern und den Kursachsen noch einmal unterschieden wissen wollte.[118] Gleichwohl wird man daraus nicht schließen dürfen, dass er sich im Blick auf die theologische

[111] Forster gibt Schradin mit den Worten wieder: „Hort ir, herr Meuslin, es wird noch besser werden, wir wollen bald hőren und erfaren, ob Butzer oder d. M. Luther geschickter werde sein. Redet darauf herr Schradin, dieweil auf dem weg Meuslin Butzern dem d. M. Luther und m. Ph. Melanthoni und allen Wittembergern furgezogen und gelobet hatte, er wurde in dieser handlung wol sehen und erfaren werden, welcher unter inen beiden der geschickter und gelarter wurde sein." GERMANN: D. Johann Forster, 140f.

[112] „[...] und wiewol d. M. Luther gestreng mit inen zu handlen im furgenommen, auch die von Reutlingen m. Mattheum Aulbern (Alberum) und Johann Schradinum darumb auch angesprochen, als die so ire irtumb und schwermerei wol wusten, erlitten und erfaren, solten nichts verhalten, auch nichts nachgeben." GERMANN: D. Johann Forster, 141.

[113] Cf. WA 19,125,9–11.

[114] Cf. dazu auch WATR 3, 3802 (627,26–28).

[115] Cf. Sailer an Luther, 8. September 1535: WABr 7, 2239 (260,86–261,93) und oben Kapitel 3.5.

[116] Cf. dazu unten S. 340.

[117] Cf. dazu unten S. 337. Ohne weitere Bedeutung ist in diesem Zusammenhang hingegen der Umstand, dass Luther sich im Vorfeld des Konventes nicht persönlich an die Reutlinger gewandt hatte. Auch im Fall von Brenz und Schnepf, die er zweifelsohne für rechtgläubig hielt, hatte er Bucer um eine Übermittlung der Einladung gebeten. Cf. dazu oben S. 279.

[118] Cf. dazu eingehender unten S. 365 und A. 380.

Orientierung dieser beiden Oberdeutschen unsicher gewesen wäre.[119] Auffällig bleibt aber, dass er sie im Blick auf die abendmahlstheologischen Verhandlungen im engeren Sinne und die Rezeption des Abendmahlsartikels den anderen Oberdeutschen gleichstellte.

Im Anschluss an das erste Zusammentreffen mit Luther wurden die Oberdeutschen von Melanchthon und Cruciger schließlich wieder zurück in ihre Herberge begleitet.[120] Menius und Myconius hingegen behielt Luther zum Abendessen bei sich.[121]

Für die Darstellung der nun im Anschluss zwischen Luther und seinen beiden Gästen geführten Unterredung sind wir ganz auf die im Brief des Myconius enthaltene Schilderung angewiesen. Ihr zufolge erzählten die beiden Thüringer Superintendenten ihrem Gastgeber von den theologischen Gesprächen, die sie mit den Oberdeutschen während der gemeinsamen Reise nach Wittenberg geführt hatten. Dabei berichteten sie Luther auch von gewissen Zugeständnissen, die die Oberdeutschen ihnen in der Lehre vom Abendmahl nach ihrer Auffassung gemacht hatten.[122] Von welcher Art diese Konzessionen waren, geht aus der Quelle freilich nicht hervor. Aus einer Passage des Briefes, die Ausführungen über die Anreise enthält, lässt sich nur entnehmen, dass Bucer und sein Gefolge einer uns im Wortlaut unbekannten Lehrformel, die von Myconius verfasst worden war, ihre Zustimmung gegeben hatten.[123] Doch war Luther bis zum Ende der Unterredung kaum davon zu überzeugen, dass die Oberdeutschen bei ihren Erklärungen gegenüber seinen beiden Freunden aufrichtig geblieben waren.[124]

Bevor schließlich die für den Konvent vorgesehenen bilateralen Verhandlungen zu einzelnen theologischen Fragen aufgenommen wurden, kam es am Vormittag des 22. Mai 1536 noch zu einer Art Vorgespräch, das der Erörterung von Verfahrensfragen diente.[125] Neben Luther nahmen an dieser Unterredung nur Melanchthon, Cruciger und als Vertreter der Oberdeutschen Bucer und Capito

---

[119] Über die theologische Einordnung der Reutlinger urteilt BRECHT: Luthers Beziehungen, 507 gleichsam objektivierend: „Eher zu den Lutheranern als zu den Oberdeutschen sind die beiden Vertreter Reutlingens, Matthäus Alber und Johannes Schradin, zu rechnen."

[120] „Quo salutato domum sumus a Philippo et Creutzingero reducti." Itinerar 53,15 f.

[121] „Retinet nos ad coenam Lutherus, et usque ad mediam noctem de rerum summa colloquimur, et edocemus quae in itinere concessissent nobis disputantibus." MycBr 52–54.

[122] Cf. oben A. 121.

[123] „Itaque iuvandi eos gratia summo mane in chartam ea congessi, quae diligenter expendenda obtuli illis, quae cum excussissent, non potuerunt non fateri, hanc sententiam nostram et scripturae sacrae et purioris ecclesiae sanctis patribus conformem esse. [...] Mitto tibi exemplum meae sententiae, quam, priusquam Witebergam pervenimus, amplexi sunt mecum singuli." MycBr 29–32; 39–41.

[124] „Sed vix obtinuimus, ut crederet ex animo haec ab illis dicta factaque fuisse." MycBr 54 f.

[125] Den Quellen lassen sich unterschiedliche Angaben über den Beginn dieses Gesprächs entnehmen: Laut der Darstellung des Myconius begann die Unterredung „mane hora septima". MycBr 56. In den Aufzeichnungen des Musculus heißt es hingegen: „Hora octava rursus audivimus eundem [sc. Melanchthon] legentem in Oratore Ciceronis liber 3, de perspicuitate et orna-

teil.[126] Vor dem Beginn der eigentlichen Unterredung bekam Luther aber von den beiden Straßburgern zunächst einige „schryfften" ausgehändigt, die sie „von allerley orten mit bracht" hatten.[127] Aus dem Itinerar des Musculus geht hervor, dass es sich bei diesen Zuschriften um Schreiben der Augsburger Theologen Forster und Huber handelte sowie um einige weitere Briefe, die sich nicht genauer zuordnen lassen.[128] Möglicherweise handelte es sich hierbei um Beglaubigungsschreiben der verschiedenen städtischen Obrigkeiten.[129] Die Briefe der beiden lutherischen Geistlichen selbst sind nicht erhalten. Forsters Schreiben lässt sich aber aus seinem Bericht über seine in Augsburg verbrachten Jahre zumindest in Umrissen rekonstruieren. Dort heißt es nämlich, er habe Luther in einem Brief

> „drei bogenlang geschrieben und alle gelegenheit [= Umstände] deren augspurgischen lar, kirchen, pfaffenhandlung, schriften und bucher, so von Butzer und andern zu Augspurg in druck ausgangen, was sie fur feil, irtumb ihetten [sic] angezeigt und wie mit inen zu handlen were, auf das solches vorkommen und gewerert auch desto nutzlicher mit inen mochte gehandlet werden."[130]

Was Forster hier im Einzelnen mitteilte, muss freilich offen bleiben. Seinem Bericht über die Entwicklung in Augsburg lässt sich aber entnehmen, dass er sich durch die Augsburger Verhältnisse in verschiedener Weise zu Klagen veranlasst sah: So nahm er etwa an den Predigten Michael Kellers Anstoß und monierte, dass dieser seiner Gemeinde über die Gegenwart Christi „kalt, verwirret und dunkel ding" vortrage.[131] Ebenso beargwöhnte er seinen Kollegen Wolfart, der in einer Predigt den Zeichencharakter von Brot und Wein stark hervorgehoben und die Kommunikanten im Anschluss dazu ermahnt hatte, die Herzen weg von den Elementen „uber sich zu den himlischen ewigen dingen" zu erheben.[132]

---

tu dictionis. Post istam lectionem denuo accesserunt D. Lutherum Philippus, Bucerus, Capito et alii fratres, qui antea illum non salutaverant." Itinerar 54,1–4.

[126] „Retenti sunt vero apud D. Lutherum ad prandium Bucerus, Capito, Creutzingerus et Philippus." Itinerar 54,5 f.

[127] BDS 6/1,138,13–139,1.

[128] „In eo vero colloquio, quod hoc mane inter D. Lutherum, Bucerum et Capitonem habitum est, lectis literis Forstemii, Huberini et aliorum quorundam, visus est Lutherus non nihil factus nostris offensior [...]." Itinerar 54,20–55,1. Kaufmann: Wittenberger Konkordie, 246 behauptet ohne jeden Anhalt an den Quellen, es sei an diesem Tag auch die Absicht der Straßburger gewesen, die ‚Confessio helvetica prior' zu übergeben.

[129] Ein Beispiel eines solchen Empfehlungsschreibens ist erhalten. Cf. Augsburger Rat an Luther, 28. April 1536: WABr 7, 3017.

[130] Germann: D. Johann Forster, 133. Forster erwähnt diesen Brief in seinem Bericht noch ein weiteres Mal: „[...] den freitag nach quasimodogeniti, das ist am 28. tag des aprilis, hab ich im [sc. Bucer] mitgeben schrift an d. Martin Luther dreier bogen lang, darinnen ich alle handlung, auch gelegenheit Augspurgischer kirchen hab angezeigt, damit er derselbigen desto besser konnte raten und helfen." Germann: D. Johann Forster, 136. Zur Bedeutung des Wortes „gelegenheit" cf. für diese Stelle DWB 4.1.2, Artikel gelegenheit 2cβ (Col. 2943 f).

[131] Germann: D. Johann Forster, 101.

[132] Germann: D. Johann Forster, 102 und 104.

Über Vorkommnisse dieser Art dürfte Forster also nach Wittenberg geschrieben haben. Hubers Schreiben, so wird man aus seiner theologischen Orientierung an Luther schließen können, dürfte in ähnlicher Weise ausgefallen sein. Aus Forsters Bericht geht darüber hinaus hervor, dass er der oberdeutschen Delegation auch noch eine Abendmahlsschrift Kellers mitgegeben hatte, zu der die Wittenberger Theologen ihr Urteil abgeben sollten.[133] Um was für ein Werk des Augsburger Zwinglianers es sich dabei handelte, geht aus der Darstellung nicht hervor. Möglicherweise ist hier an den 1528 veröffentlichten Traktat ‚Ain christenlicher gründtlicher auß Gŏttlicher heyliger schrifft bericht' zu denken.[134]

Im Anschluss an die Übergabe der verschiedenen Schriften trugen die beiden Straßburger dem Bericht der Oberdeutschen zufolge Luther und seinen beiden Freunden vor, wie nach ihrer Ansicht bei den anstehenden Verhandlungen vorgegangen werden sollte. Dabei schlugen sie vor, dass beide Seiten Verzeichnisse der für wesentlich erachteten Themen erstellen und einander aushändigen sollten. Nach internen Verhandlungen sollten sich dann beide Gruppen durch Sprecher zu den von der jeweils anderen Seite vorgegebenen Punkten äußern.[135] Aus diesen Vorschlägen wird aber erkennbar, mit welchem Anspruch die Oberdeutschen anfangs in Wittenberg auftraten: Sie sahen in dem Konvent ein Zusammentreffen zweier prinzipiell gleichrangiger Delegationen, die beide gleichberechtigt die Agenda der Verhandlungen mitbestimmen konnten, beide voneinander Rechenschaft erwarten durften und auch voreinander zur Rechenschaft über die eigene Lehre verpflichtet waren.

Neben diesen verfahrenstechnischen Fragen äußerten sich Bucer und Capito im Verlauf ihrer Darlegungen auch noch dazu, welche Themen ihrer Auffassung nach während der Zusammenkunft behandelt werden sollten. Nachdrücklich sprachen sie sich dafür aus, alle für den Dienst in den Gemeinden relevanten Gegenstände zu erörtern, um auf diese Weise eine umfassende Verständigung zu erreichen.[136] Erkennbar bemühten sie sich aber darum, die Gegenseite davon zu überzeugen, dass eine Auseinandersetzung um die Lehre vom Abendmahl in

---

[133] Cf. dazu unten A. 149.

[134] Zu dieser Schrift cf. Roth: Augsburgs Reformationsgeschichte I (2. Auflage), 214.

[135] Der Vorschlag der Oberdeutschen lautete, dass „D. Luth. mit den seinen sich bedechte, Von was puncten er meinet mit vns zu handlen Vnd geb vns die in schrifften, so wolten wir vns vber die selbigen vnder vns zuuor bereden, vnd, wes wir auß grund der schrifft erkennen möchten zu antworten sein, wolten wir dann vor jm, D. Luther, vnd den seinen lassen durch einen oder zween furtragen vnd darüber bericht geben vnd nemen, bis gleich alle solche artickel vnd fragen wol erlautert wurden. Dem nach solte nach jedes gewissen vnd glauben beschlossen werden. Der gleichen wolten wir auch vffzeichen vnd jnen vbergeben artickel, dar von wir achteten zu handlen sein." BDS 6/1,139,3–10. Eells: Martin Bucer, 198 interpretiert diese Stelle falsch, wenn er behauptet, man habe in dieser Sitzung ein solches Verfahren beschlossen (decided).

[136] „Denn wir es aus D. Luth. schriben vnd notdurfft der kirchen dar fůr hielten, es solte vnsere handlung in diesem Conuent dahin gerichtet werden, das wir von allem (das vnsern dienst vnd predig ampt belanget) gründtlich eynanader [!] vnsers glaubens lehr vnd haltung berichteten [...]." BDS 6/1,139,10–14.

diesem Rahmen nun eigentlich nicht mehr erforderlich sei. Dazu erinnerten sie die Lutheraner daran, dass die Wittenberger selbst sie in Briefen als liebe Freunde bezeichnet und Forster als Prediger nach Augsburg geschickt hätten, und erklärten, dass sie aufgrund dieser Gesten davon ausgingen, dass Luther und seine Seite mit den von ihnen vorgelegten Schriften über das Abendmahl vollkommen einverstanden seien. Im Bedarfsfall, so ließen die beiden Straßburger abschließend wissen, sei man allerdings bereit, auch in dieser Angelegenheit die eigene Auffassung darzulegen.[137]

Dem Bericht der Oberdeutschen zufolge unterließ Luther es, sich an dieser Stelle zu den Ausführungen der beiden Straßburger zu äußern. Die bis zum Mittagessen verbleibende Zeit brachte er damit zu, die Briefe zu lesen, die diese ihm zuvor ausgehändigt hatten.[138]

### 4.2.2 Die Verhandlungen zum Abendmahl

#### 4.2.2.1 Der Verlauf der Verhandlungen

Am Nachmittag des 22. Mai trafen sich Vertreter beider Lager gegen 15 Uhr erneut zu einer Zusammenkunft in Luthers Wohnhaus.[139] Mit diesem Gespräch begannen nun die eigentlichen Konkordienverhandlungen. Von Luthers Seite nahmen nach der Darstellung der ‚Narratio' neben diesem selbst Bugenhagen, Jonas, Melanchthon, Cruciger, Weller, Rörer, Menius und Myconius teil.[140] In der entsprechenden Passage des von Myconius verfassten Briefes fehlt der Name Melanchthons.[141] Es ist jedoch anzunehmen, dass es sich hier um ein Versehen

[137] „Des heiligen Abentmals halben hette nun got geben, das sie vns aus vnseren voraußgegangen articklen vnd Confessionen von disem Sacrament also vernomen hetten, das sie vns als jren lieben brůdern zugeschriben, auch der Kirchen zu Augspurg einen diener des worts verordnet hetten, darauss wirs dar fur hielten, sie solten in den selbigen artickeln vnd Confessionen nichts klagen vnd mit vns der sachen halben zu friden sein. Wo sie aber auch weiter erklerung begereten, weren wir bereit, jhnen die selbige getruwlich zu thun." BDS 6/1,140,1–7. Die Behauptung bei Friedrich: Martin Bucer, 120, dass Bucer und Capito in dieser Situation gehofft hätten, „mit Luther bald eine Einigung im Abendmahl zu erzielen", verfehlt hingegen die Pointe der von den beiden Straßburgern vorgetragenen Argumentation.

[138] „Vff solchs hat D. Luther erstlich die brieffe gelesen, das verzoge sich bis vff den ymbiss." BDS 6/1,140,8 f.

[139] Zu Ort und Zeit der Zusammenkunft heißt es bei Musculus: „Sed res dilata est usque ad horam tertiam, qua convenerunt eum [sc. Luther] seorsim denuo Capito und Bucer." Itinerar 55,6 f. Cf. damit übereinstimmend BDS 6/1,140,9.

[140] „Post prandium sub horam tertiam iterum conuenerunt ad Lutherum Pomeranus, Jonas, Philippus, Crucigerus, Wellerus, Menius, Georgius Rorarius et ego." ‚Narratio' 8 f.

[141] „Sub horam tertiam post meridiem in aedibus D. Lutheri convenerunt ex nostra parte Lutherus, Pomeranus, Jonas, Crucigerus, Menius et ego. Adfuit etiam Wellerus et Magister Georgius diaconus, ex alia tantum Capito et Bucerus." MycBr 59–62. Mit dem Verweis auf diese Stelle wurde die Teilnahme Melanchthons in der Sekundärliteratur hingegen häufig bestritten. Cf. Kolde: Wittenberger Konkordie, 233; Köstlin/Kawerau: Martin Luther II, 338; Bizer: Studien, 98 A. 2; BDS 6/1,140 A. 26. Ohne jede weitere Angabe wird Melanchthon hingegen bei Köhler: Zwingli und Luther II, 444 als Teilnehmer genannt.

des Gothaers handelt. Die Oberdeutschen wurden ein weiteres Mal durch Bucer und Capito vertreten.[142]

Myconius zufolge begann die Sitzung mit einer ausführlichen Ansprache Bucers, in der dieser seiner Freude über das Zustandekommen des Konventes Ausdruck verlieh und auf die Anstrengungen verwies, die er während der zurückliegenden Jahre um der Konkordie willen auf sich genommen hatte.[143]

Dem Bericht der Oberdeutschen nach ging Luther in seiner anschließenden Entgegnung zunächst auf die Überlegungen ein, die Bucer und Capito ihm am Vormittag vorgetragen hatten. Dabei machte er deutlich, dass er die Auseinandersetzung um die Lehre vom Abendmahl entgegen der von den beiden Straßburgern vorgetragenen Annahme keineswegs als beigelegt ansehen konnte und dass er hier vielmehr sogar den vordringlichen Klärungsbedarf sah. Er erklärte ihnen nämlich, dass „er nichts wüste zu handlen von anderen puncten Christlicher lehr, die Concordi bestände dan zuuor im artickel des h. Sacraments."[144] In seinen weiteren Ausführungen räumte er wohl ein, dass er nach der Lektüre einiger oberdeutscher Schriften und nach der Aussöhnung, zu der es zwischen ihm und den Augsburger Predigern im Vorjahr gekommen war, zunächst „eine gůte hoffnung diser Concordi" gehabt habe. Dabei hob er besonders Bucers ‚Bericht auß der heyligen geschrift' hervor.[145] Ebenso ließ er Bucer und Capito aber wissen, dass sich ihm die Lage nun vollkommen anders darstellte und erhob eine Reihe von Vorwürfen gegen die Oberdeutschen.[146] So beschuldigte er sie unter Bezugnahme auf die ihm am Vormittag ausgehändigten Briefe, dass man auf ihrer Seite zwar eifrig vorgebe, mit ihm einig zu sein, dass man aber gleichzeitig unverändert an der Lehre festhalte, dass im Abendmahl nur Brot und

---

[142] Cf. oben A. 141.

[143] „[...] ille longa et verbosissima oratione primum exposuit se suo et aliorum nomine gaudere de hoc conventu, et quod sibi Witebergae magis quam alio loco daretur suae sententiae explicandae commoditas. Deinde recensuit, quemadmodum toto triennio aut quadrienno laborasset, ut omnes in unum rursus corpus rediremus atque eandem de eucharistia sententiam conferremus doceremusque. Item oeconomiae ecclesiasticae rationem et formam eandem unanimiter constitueremus etc." MycBr 63–69. Cf. ebenso ‚Narratio' 10–13.

[144] BDS 6/1,140,10–12.

[145] „Er hette wol ein gůte hoffnung diser Concordi gehabt aus etlichen vnseren schrifften, beuorab dem bůchlein an die Monasterienses vnd dann aus der handlung Des hern Gereons." BDS 6/1,140,12–141,1. Friedrich: Martin Bucer, 120 bezieht fälschlich den zweiten von Luther genannten Anhaltspunkt auf das Zusammentreffen Bucers mit Melanchthon in Kassel.

[146] Verwiesen sei an dieser Stelle auf einen Brief Bullingers an Johannes Haller vom 29. August 1564, in dem dieser sich ebenfalls über die Wittenberger Verhandlungen äußerte. Dort heißt es unter anderem, Luther habe den Oberdeutschen den Vorwurf gemacht: „Warumb habt ihr mir mein evangelium mit üwer schwermerey stinckend gemacht?". ZB Zürich, Ms F 46, 603 f. Bullingers Darstellung weicht an einigen Stellen aber so deutlich von den wirklichen Begebenheiten ab, dass ihr mit Vorsicht zu begegnen ist. So behauptet er, Bucer habe einfach nur vorgegeben, dass Luther den Konvent ausgeschrieben habe. Ebenso heißt es in dem Schreiben, es sei den beiden Straßburgern erst zwei Tage nach ihrer Ankunft und nur mit Mühe gelungen, zu dem Wittenberger „Papst" vorgelassen zu werden. Für den Hinweis auf dieses Schreiben danke ich Herrn lic. theol. Rainer Henrich (Bullinger-Briefwechseledition, Zürich).

Wein gegenwärtig seien, oder dass man doch zumindest nichts unternehme, um diese in den Gemeinden verbreitete Überzeugung zu überwinden.[147] Auf diese Weise halte sich aber im Volk die Überzeugung, „das nichts dan brot vnd wein im Abentmal sey allein, das man an Herrn gedencke vnd hab jn nur in lerer imagination zugegen."[148] Es ist zu vermuten, dass Luther in der genannten Abendmahlsschrift Kellers gleichsam eine Veranschaulichung und Bestätigung dieses den Schreiben entnommenen Vorwurfs sah. Nach dem Bericht Forsters war er über ihren Inhalt jedenfalls so aufgebracht, dass er erklärte, er werde mit den Verhandlungen erst dann beginnen, wenn dieses Werk von den Oberdeutschen verworfen sei.[149]

Wie sich dem Bericht der Oberdeutschen und dem Brief des Myconius entnehmen lässt, beklagte sich Luther bei Bucer außerdem darüber, dass dieser für die Ausgabe der Briefsammlung ein Vorwort verfasst hatte und machte ihn für das Erscheinen der Edition mitverantwortlich.[150] Außerdem nahm er an der in

[147] „Er entpfieng aber brieff, die jm weit anders zeigten vnd künd noch nicht anders vernemen, dan das wir im land allenthalben außgebend, wir weren mit jm eins Vnd lehreten doch wie vor, das nur wein vnd brot im Abentmal were Oder liessen zum wenigsten die leüdt in solchem jrthumb stecken." BDS 6/1,141,1–5. In der Sache ähnlich heißt es im Itinerar des Musculus: „[...] lectis literis Forstemii, Huberini et aliorum quorundam, visus est Lutherus non nihil factus nostris offensior, unde inter caetera questus est timere se ne res non agatur sincere, esse occultos invicem morsus, multos doctrinam suam odio habere, populum a nobis in suscepto semel errore destitui [...]." Itinerar 54,21–55,4. Erwähnt werden die besagten Schreiben auch im Brief Capitos an Brenz vom 14. Juni 1536: „[...] inimicis enim literis et libro infausto Epistolarum Zwinglii per turbatores quosdam edito rationes Concordiae adeo confusae erant, ut Luthero et symmistis nihil aeque deploratum videretur." PRESSEL: Anecdota Brentiana, LX (184). Friedrichs Behauptung, Luther habe „durch die empfangenen Briefe aus Oberdeutschland" einen positiven Eindruck gewonnen, ist offensichtlich falsch. Cf. FRIEDRICH: Martin Bucer, 120. Falsch ist auch die Behauptung bei ABENDSCHEIN: Simon Sulzer, 277, dass die Stimmung in Wittenberg „wegen der Briefe der Eidgenossen", die Bucer übergeben habe, eisig gewesen sei. Zu dem aller Wahrscheinlichkeit nach nicht abgesandten Brief der Eidgenossen an Luther vom 1. Mai 1536 cf. oben S. 290 f.

[148] BDS 6/1,141,7–9. Vollkommen falsch wird Luthers Einstellung hingegen von Martin Friedrich eingeschätzt, der vermutet, Luther habe es aufgrund der positiven Erfahrungen, die er mit den Oberdeutschen in der vorangehenden Zeit gemacht hatte, wohl „für naheliegend" gehalten, „nun auch noch die völlige Hinwendung zu seiner Position zu erwarten." Cf. FRIEDRICH: Von Marburg bis Leuenberg, 53.

[149] „Und ich auch hernach durch etliche gute freunde bericht worden, das do d. Mart. Luther das m. Michaels buchlein, das ich im hinein schickte, das er daruber judiciren und urteilen solte, angesehen [...] nicht hat wollen in der concordia handlen, es were dan cassirt und verworfen". GERMANN: D. Johann Forster, 153.

[150] „Jtem warff auch fůr, vnd mit anzeigen eins gantz beschwerten gemůts, das Butzer het geduldet, das man des Zwinglins Epistolen getruckt hett vnd darzu ein prefation dar fůr gemacht, Dan in den selbigen epistolen were zum grőbsten vom Sacrament geschriben." BDS 6/1,142,8–11. „Verum dum prodiissent illius consensu vel opera epistolae Zvinglii et Oecolampadii, quae multa impiissima dogmata vulgarent, et illis esset praefixa Buceri epistola, et deinde alii libelli, quibus ea doctrina, quam cum apostolis et ecclesia defendimus, impugnatur, non posse videre se, quomodo firma et solida posset fieri concordia inter tam contraria docentes et conantes. Dum scilicet aliud hic coram dicturi essemus et audituri, rursus huius diversum et plane contrarium libris illis ageretur." MycBr 71–77. Cf. ebenso ‚Narratio' 15–22. KÖHLER:

Zwinglis ‚Fidei Expositio' vorgetragenen Abendmahlslehre und an den dort gebotenen spekulativen Ausführungen über die Seligkeit verschiedener Heroen der heidnischen Antike heftigen Anstoß.[151] Darüber hinaus heißt es im Bericht der Oberdeutschen „Warff darbey vns fůr, Heinreich Bullinger het erst lassen ein bůchlein des Zwinglius außgen, das er rhumet des Zwinglius letsten vnd besten schrifft seien (cignaeam vocem)."[152] Aus dieser Bemerkung geht allerdings nicht hervor, worauf der von Luther gegenüber den beiden Straßburgern erhobene Vorwurf eigentlich gemünzt war. Es ist kaum anzunehmen, dass er sie für das Erscheinen der Schrift an sich verantwortlich machen wollte, da er ja offenkundig wusste, dass die Edition Bullingers Werk gewesen war. Seine Vorhaltung muss mithin in eine andere Richtung gezielt haben. Aufschlussreich ist in diesem Zusammenhang, was Bucer und Capito später mit Bezug auf die ‚Fidei Expositio' zu ihrer eigenen Verteidigung vortrugen: Dem Bericht der Oberdeutschen zufolge erklärten sie, sie hätten „der Eidgenossen halben auch nie nichts zugesagt, sonder allein hoffnung geben vff" die Verhandlungen, die sie „noch wolten mit jhnen fůrnemen."[153] Mithin hielten es die beiden Straßburger angesichts der von Bullinger besorgten Edition für erforderlich, sich gegen den Vorwurf zur Wehr zu setzen, dass sie über die theologische Entwicklung unter den schweizerischen Prädikanten zu optimistische Auskünfte erteilt hätten. Von diesem Befund her legt es sich aber nahe, dass Luther ihnen mit seinem Vorwurf nicht das Erscheinen der Zwingli-Schrift selbst zur Last legen wollte, sondern dass er ihnen diese Edition vorhielt, weil er durch das mit ihr gegebene Bekenntnis Bullingers zur theologischen Hinterlassenschaft Zwinglis die zuversichtlichen Mitteilungen, die Bucer und Capito ihm im Anschluss an den Basler Tag im Februar 1536 gemacht hatten[154], als widerlegt ansah. Einen Anlass, den beiden Oberdeutschen einen Vorwurf zu machen, bot die ‚Fidei Expositio' für Luther also insofern, als sie aufzudecken vermochte, dass Bucer und Capito die Zustände in der Schweiz deutlich geschönt dargestellt hatten.

Kritisch wandte Luther sich schließlich im Verlauf seiner Darlegungen außerdem ein weiteres Mal gegen die Behauptung der Oberdeutschen, dass es sich bei der Auseinandersetzung um das Abendmahl lediglich um einen Wortstreit gehandelt habe. Luther machte deutlich, dass er diese Sichtweise nicht akzep-

---

Zwingli und Luther II, 444 zählt zu den im Brief des Myconius genannten „anderen Büchern" auch die von Joachim Vadian verfassten ‚Aphorismorum de consideratione eucharistiae libri VI'. Doch kann Luther dieses Werk nicht gemeint haben, weil es zu dieser Zeit noch nicht im Druck erschienen war. Dies geht aus einem Brief Bullingers an Vadian vom 6. August 1536 hervor, in dem es heißt: „Verum cum liber nondum absolutus sit, vacuum dimisi." HBBW 6, 875 (383,4).

[151] „[…] dareinnen were vnleidlicherer jhrthumb dann in den vorrigen schrifften Zwinglins, nicht allein des Sacraments, sonder auch der gantzen Christlichen lehre halben. Warff fůr einen ort von der heyden seeligkeit außer Christo […]." BDS 6/1,142,3–5.

[152] BDS 6/1,142,1–3.

[153] BDS 6/1,145,5f.

[154] Cf. oben S. 287–289.

tierte und dass er sie für eine Verdrehung der Tatsachen hielt, die darüber hinaus unglaubwürdig sei. Er habe in der Auseinandersetzung dafür gekämpft, dass Christi Leib im Abendmahl sei, während seine Gegner Zwingli und Karlstadt dies bestritten hätten. Die Oberdeutschen aber hätten sich diesen angeschlossen.[155]

Seine Ausführungen fasste Luther abschließend in dem Vorwurf zusammen, dass die Oberdeutschen offensichtlich die Absicht hätten, ihn mit ihren Friedensbekundungen zu täuschen und dass sie eigentlich entschlossen seien, an ihren alten abendmahlstheologischen Überzeugungen unverändert festzuhalten.[156] Wieder einmal meldeten sich bei ihm offenkundig die schlechten Erfahrungen, die er nach dem Marburger Religionsgespräch gemacht hatte. Und wieder ließ er erkennen, in welcher Verantwortung er sich bei den Verhandlungen sah. Er ließ Capito und Bucer wissen, dass er sich keiner „fremden sünden theilhafftig machen" könne und wolle.[157] Er wusste sich vor Gott für die verantwortlich, die ihm als Prediger anvertraut waren und die sich an seinem Urteil orientieren würden.[158]

Selbstverständlich sah sich Luther unter solchen Voraussetzungen zum Abschluss einer Konkordie außerstande. Nach der Darstellung des Myconius erklärte er, man solle die Angelegenheit lieber so belassen, wie sie nun stehe, als sie durch eine nur vorgetäuschte Verständigung noch weiter zu verschlimmern.[159] Für den Fall aber, dass es den Oberdeutschen doch „ernst zu warer Concordi"[160] sein sollte, legte er Bucer und Capito dar, welche Anforderungen eine solche Verständigung an sie stellen würde. Dem Bericht der Oberdeutschen zufolge verlangte er, dass Bucer und seine Leute ihre alte Lehre widerrufen und dass sie sich zu der Lehre bekennen müssten, „das das brot im Abentmal der leib Christi sey, in hand vnd mund gegeben vnd entpfangen werde als wol den gotlosen als den

[155] „Zum andern, so geben wir auß vnd schreiben, Es sey nur ein wort streit gewesen, das kônde vnd wôlle er auch nicht leiden; dan es sey nicht vnd niemand könt es glauben. Er hab gefochten vmb die warheit der wort Christi, das sein leib im Abentmal seie, so hab Carolstad vnd Zwinglius gelert, der leib Christi seye nicht da, sonder eytel brot vnd wein, denen haben wir vns zugeschlagen." BDS 6/1,141,12–16.

[156] „Dis alles ließ sich nun anderst nicht ansehen, denn als neme man sich vil fridens an gegen jm, aber gedächte darbey, die vorige jrthumbe zum besten zu erhalten [...]." BDS 6/1,142,12f. Zu der hier angenommenen Bedeutung des Ausdrucks „sich einer Sache annehmen" im Sinne von „vortäuschen" cf. DWB 1, art. annehmen 9 (Col. 415).

[157] BDS 6/1,142,14f.

[158] Zum Motiv der „fremden Sünde" cf. die Ausführungen oben S. 55–58.

[159] „Sibi magis commodum esse videri, ut causa in eo loco et statu, quo nunc esset, maneret, quam ut specie aliqua fucata et simulata concordia causam per se malam facerent centuplo deteriorem." MycBr 80–82. Cf. ebenso ‚Narratio' 21f. Im Bericht der Oberdeutschen heißt es in der Sache vergleichbar: „So wôlle er kein Concordi machen dan die warhafftig vnd bestendig sey, damit nicht das letste erger werde dan das erste." BDS 6/1,141,20–22. Die Behauptung von Roper: Mensch, 451, dass die Übereinkunft fast an Luthers weitschweifiger Schmährede gescheitert wäre, wird den aus den Quellen zu erhebenden Abläufen nicht gerecht.

[160] BDS 6/1,141,17.

gotseeligen."[161] Dem Brief des Myconius lässt sich entnehmen, dass Luther dabei an einen öffentlichen (publice) Widerruf dachte.[162] Ob er damit aber auf einen mündlichen Widerruf vor einer größeren Versammlung oder auf eine Revokation in Form einer im Druck zu veröffentlichenden Schrift drängte, ist weder dem Brief noch der ‚Narratio' zu entnehmen.[163]

Aus diesen beiden Vorgaben lässt sich aber erkennen, dass Luther keineswegs daran dachte, sich dem von den beiden Straßburgern an den Tag gelegten Anspruch, in Wittenberg als eine prinzipiell gleichberechtigte Partei auftreten zu können, zu beugen. In seinen Augen bestand zwischen beiden Seiten vielmehr eine grundsätzliche Differenz: Die Oberdeutschen hatten durch ihre theologische Orientierung an Zwingli und Oekolampad den Lehrkonsens mit den Wittenbergern verlassen. Wollten sie nun zu einer Verständigung mit ihm und seinen Leuten zurückfinden, so oblag es auch ausschließlich ihnen, die dafür erforderlichen Schritte zu gehen.[164]

Von seinem erst wenige Tage zuvor gegenüber Brück geäußerten Vorsatz, der Gegenseite eine Verwerfung Zwinglis und Oekolampads als unverzichtbaren Bestandteil einer Konkordie abzuverlangen[165], scheint Luther hingegen abgewichen zu sein. Der Bericht der Oberdeutschen und die beiden Darstellungen des Myconius gehen darin konform, dass Luther an dieser Stelle deutlich zwischen einem Lehr- und einem Personenurteil unterschied.[166] Er empfahl die beiden Schweizer nämlich dem Gericht Gottes. Dieser könne die beiden nach einem nur ihm bekannten, besonderen Ratschluss selig machen.[167] Im Blick auf

---

[161] BDS 6/1,141,18 f. Hassencamp: Hessische Kirchengeschichte II, 133 geht allerdings zu weit, wenn er erklärt, Luther habe hier Forderungen erhoben, „welche noch strenger waren als die einst in Kassel gestellten."

[162] „[...] primum, ut diversam sententiam ab ea, quae Christi et apostolorum ac ecclesiae esset, quam hactenus docere, inculcare et persuadere conati fuissent, recantarent et revocarent publice. Deinde veram sententiam exinde concorditer nobiscum docerent." MycBr 98–101.

[163] „[...] Lutherus iterum exegit, ut aut solida concordia aut nulla fieret, ad quod duo sibi videri necessaria fore, scilicet ut primum palam agnoscerent et REVOCARENT ac condemnarent errores [...]." ‚Narratio' 31–33.

[164] Von daher ist die Einschätzung bei Leppin: Disputation, 250 zu korrigieren, der unter Verweis auf die Vorgeschichte des Konventes seit dem Kasseler Kolloquium behauptet, dass in Wittenberg „beide Seiten als gleichberechtigte Partner eines auszuhandelnden Kompromisses auftraten." Bucer hatte wohl versucht, eine solche Sichtweise durchzusetzen, ist dabei aber am Widerstand Luthers gescheitert.

[165] Zu der Unterhaltung mit Brück cf. oben S. 306 f.

[166] Gleichwohl bleibt die Feststellung bei Gensichen: Damnamus, 61 richtig, dass es in Luthers Denken keinen Platz gab für eine „strenge Scheidung von sach- und personenbezogenem Urteil." Der hier von ihm ins Spiel gebrachte eschatologische Vorbehalt ist deutlich als Handeln Gottes *extra ordinem* gekennzeichnet und bestätigt daher, dass Luther zunächst einmal davon ausging, dass ein zutreffend formuliertes Verdammungsurteil „keineswegs nur mit der Lehre, sondern auch mit der Person des Ketzers zu tun hatte." Ebd.

[167] „[...] ut ut personas committeret divino iudicio, qui forte in fine aliud cum eis, quod solus ipse nosset egisset." ‚Narratio' 36 f. „Ut ut personas ipsas committeret divino iudicio." MycBr 107 f. „[...] die er sunst dem gericht gottes wolte beuolen haben vnd jhrer person halben

die Lehre Zwinglis und Oekolampads heißt es im Bericht der Oberdeutschen: „Aber der lere kǒnte er nicht nach geben, die er von der waren gegenwirdigkeit Christi wider den jhrthumb (das da nichts dan brot vnd wein sein solte) gefuret.“[168] Von einer Verwerfung ist darüber hinaus im Brief des Myconius die Rede: „Se enim non posse non execrari sententias illas Zvinglii et Oecolampadii de originali peccato deque sacramento.“[169] Zumindest im Blick auf seine eigene Person erklärte Luther damit, dass er eine Verwerfung für unumgänglich hielt. Eine entsprechende Verpflichtung der Oberdeutschen war damit allerdings nicht explizit ausgesprochen.[170] Ähnlich heißt es an späterer Stelle im Brief an Myconius: „[...] tamen blasphemias has nullo modo posset non execrari et damnare.“[171] Allgemeiner wird Luther in den Aufzeichnungen des Myconius mit den Worten wiedergegeben: „[...] verum dogmata et in cordibus multorum et eorum libris execrari, quae omnia damnanda et respuenda essent.“[172] Demnach hätte er an dieser Stelle in allgemeiner Form die Notwendigkeit einer Lehrverdammung behauptet.

Dem Bericht der Oberdeutschen zufolge soll Luther in diesem Zusammenhang im Blick auf die eigene Person zu dem Eingeständnis bereit gewesen sein, dass er gegen seine alten Widersacher aus der Schweiz „zu vil scharpff vnd hart“ geschrieben habe.[173] Sollte er sich wirklich so geäußert haben, dann war damit sicherlich keine Relativierung der eigenen theologischen Position gemeint. Allenfalls wird man annehmen dürfen, dass er sich hier auf die von ihm gestaltete Form der Auseinandersetzung und den polemischen Ton bezog. Es ist jedoch auch gut denkbar, dass man bei der Abfassung des Berichtes Luther versöhnlicher darstellen wollte, als er sich tatsächlich hatte vernehmen lassen.

Wie sich aus dem Brief des Myconius erkennen lässt, reagierte Bucer auf die von Luther vorgebrachten Anschuldigungen zunächst mit großer Bestürzung.[174] Er und Capito hatten offensichtlich nicht damit gerechnet, bei den Wittenbergern auf ein solches Misstrauen zu stoßen. Dem Bericht der Oberdeutschen zufolge erklärten sie, dass sie die Reise gar nicht erst auf sich genommen hätten, wenn sie von diesem Argwohn gewusst hätten.[175] Zugleich bemühten sie sich

---

nicht verdammen. Gott habe sie kǒnnen vff ein sondere weiß selig machen, die er nicht wisse.“ BDS 6/1,143,13–15.

[168] BDS 6/1,143,15–144,1.

[169] MycBr 102f.

[170] Sachlich entsprechend heißt es in den Aufzeichnungen des Myconius: „Se enim non posse non damnare sententiam et errorem Zwinglii et Oecolampadii atque aliorum, qui scripserunt contra praesentiam Christi [...].“ ‚Narratio‘ 34–36.

[171] MycBr 107f.

[172] ‚Narratio‘ 37–39.

[173] BDS 6/1,143,12f.

[174] Cf. unten A. 176.

[175] „Erstlich [haben sie] sich beklagt, das sie vns noch so vbel vertrowen, vnd angezeiget, so wir das gewußt vnd nicht mehren des gegen theils, das jhnen gegen vns aller argwohn solte doht vnd ab sein, durch D. Luthers schreiben vertrǒstet gewesen weren, wolten wir vnsere Kir-

aber, den Verdacht der Täuschung von sich zu weisen[176] und die Gegenseite von der eigenen Lauterkeit zu überzeugen.[177] Dafür gingen sie zunächst auf die einzelnen Anklagepunkte Luthers ein: Hinsichtlich der in den Briefen geäußerten Vorwürfe erklärten sie, dass man es hier nur mit Verleumdungen streitsüchtiger Menschen zu tun habe.[178] Die Abendmahlsschrift Kellers taten sie den Aufzeichnungen Forsters zufolge mit der Behauptung ab, diese sei schon vor längerer Zeit im Druck erschienen und ihr Verfasser habe seine Ansichten mittlerweile geändert.[179]

Durch Luthers kritische Ausführungen zur Herausgabe der ‚Fidei Expositio' sahen sich die Straßburger zu einer zweifachen Entgegnung veranlasst: Aus ihrem eigenen Bericht geht hervor, dass sie sich zum einen Bullingers annahmen und erklärten, dieser habe Zwinglis Schrift vor dem Basler Tag veröffentlicht. Erst dort aber habe man den Eidgenossen erklären können, was man auf Luthers Seite an der Lehre des Zürchers beanstande, und habe gleichzeitig einige Fehldeutungen der lutherischen Abendmahlslehre zurückgewiesen.[180] Mit dieser Äußerung wollten Bucer und Capito auf der Gegenseite zweifelsohne den Eindruck erwecken, dass Bullinger nach den in Basel erfolgten Unterrichtungen von einer Veröffentlichung der ‚Fidei Expositio' abgesehen haben würde. Damit aber wollten sie der Auffassung entgegentreten, dass es sich bei Bullinger um einen unbeirrbaren Sachwalter des zwinglianischen Erbes handele, und auf diese Weise das Konkordienvorhaben für eine Einbeziehung Zürichs und der anderen eidgenössischen Kirchen offenhalten. Zum anderen brachten sie die zuvor schon einmal erwähnte Verteidigung in eigener Sache vor, dass sie im Hinblick auf die Schweizer keine festen Zusagen gemacht hätten.[181] Wie bereits ver-

chen vnd Obern, auch vns selb, dieser vnser reysen vnbemůhet haben gelassen". BDS 6/1,144,3–7. Brenz gegenüber sollte Capito später sogar zugeben, dass er und Bucer angesichts der rauhen Behandlung beinahe auf „feindliche Gedanken" (cogitationes adversas) verfallen wären. Cf. Capito an Brenz, 14. Juni 1536: Pressel: Anecdota Brentiana, LX (184).

[176] „Bucerus prolixe sed confuse satis (ut vehementer hac oratione turbatus) primum persuadere voluit, nihil hic minus quam fucum adesse." MycBr 85 f.

[177] Capito berichtete an Brenz: „Verum ubi Bucerus et nonnihil ego bona conscientia fieri omnia ut habent exposuimus [...]." Pressel: Anecdota Brentiana, LX (184).

[178] „[...] wir kondten darzu nicht, das vnrüwige leüt die vnwarheit schriben vber vns, wir würden die alle zeit finden." BDS 6/1,144,8 f.

[179] „[...] und Martin Butzer und andere kaum haben begutten und begnaden kunnen, one das sie entlich gesagt, es were vor langst in druck ausgangen und er were nu der meinung nicht mer und also schwerlich wider versunet worden." Germann: D. Johann Forster, 153.

[180] „[...] Bullinger het die Bekantnüß Zwinglins lassen außgehen vnd so gelobt vor vnser letsten handlung mit ihnen zu Basel, inn welcher handlung wir sie erst satt bericht hettend, deren fehlen in reden von Sacramenten vnd bekantnuß der gegenwürdigkeit Christi im Abentmal, die sie [sc. die Lutheraner] in schrifften Zwinglins verletzete, auch des, das sein D. Luthers, reden kein natürliche einigkeit Christi mit dem brot setzen oder die vbergab der götlichen gůter an die macht der diener hencken." BDS 6/1,144,12–145,5.

[181] Cf. oben A. 153. Keinen Anhalt hat hingegen die Behauptung, dass Bucer und Capito gegenüber Luther erklärt hätten, sie seien für das Erscheinen der ‚Fidei exposi-

mutet, wollten sie auf diese Weise dem hier wohl vorauszusetzenden Vorwurf Luthers entgegentreten, dass die vorangehenden zuversichtlichen Mitteilungen der Oberdeutschen durch die Edition der Zwingli-Schrift als Schönfärbereien entlarvt seien.

Darüber hinaus bemühte sich Bucer, jede Verantwortung für das Erscheinen der anstößigen Briefwechselausgabe von sich zu weisen. Der Darstellung des Myconius zufolge ließ er wissen, er sei über das Projekt der Edition zunächst gar nicht unterrichtet gewesen, habe aber dann in Kenntnis des Vorhabens Einspruch gegen die Publikation erhoben.[182] Des Weiteren führte er zu seiner eigenen Verteidigung an, dass er den der Edition als Vorwort vorangestellten Brief ursprünglich als ein privates Schreiben verfasst habe, das für einen anderen Kontext bestimmt und niemals für eine Veröffentlichung vorgesehen gewesen sei. Unterstützt durch Capito beteuerte er, dass die nun gleichwohl erfolgte Publikation ausschließlich den Druckern des Werkes und ihrem Profitstreben anzulasten sei.[183] Gleichzeitig verwendete sich Bucer in diesem Zusammenhang bei Luther aber auch für die Basler Obrigkeit, unter deren Augen der Briefwechsel erschienen war, und für die „gůthertzigen" dieser Stadt und versicherte, dass diesen die ganze Angelegenheit „von hertzen leyd were".[184] Auch hier zeigte sich wieder das Bemühen des Straßburgers, den Konkordienprozess für eine Integration der eidgenössischen Kirchen geöffnet zu halten.

Die von Luther kritisierte Deutung des Abendmahlsstreites als eines Wortstreites schließlich schränkten Bucer und Capito dem Bericht der Oberdeutschen zufolge zwar dahingehend ein, dass sie diese Aussage nicht auf alle an der Auseinandersetzung beteiligten Personen bezogen wissen wollten. Gleichwohl hielten sie aber grundsätzlich an dieser Interpretation fest und behaupteten, dass sie Luther nicht richtig verstanden hätten. Auch dieser habe sie nicht verstanden und verstehe sie auch weiterhin nicht, wenn er ihnen unterstelle, dass sie die „ware gegenwirthigkeit Christi verleugneten."[185]

---

tio' nicht verantwortlich. Vs. Köstlin/Kawerau: Martin Luther II, 338 und Friedrich: Martin Bucer, 120.

[182] „Declaravit deinde se inscio, imo prohibente epistolarum Zvinglii et Oecolampadii volumen vulgatum […]." MycBr 90 f.

[183] „[…] neque id, quod praefationis loco suo nomine praefixisset typographus, praefationem esse, sed epistolam, longe in aliud priore anno ad quosdam scriptam, ubi nihil minus somniasset, quam quod unquam typis excudi et vulgari deberet, et retorsit tam ipse qua Capito omnia in typographorum avaritiam et improbitatem." MycBr 91–96. Cf. dazu auch ‚Narratio' 26–30. Deutlich gedrängter aber in der Sache übereinstimmend heißt es in der Darstellung der Oberdeutschen: „Vnd zeigten an die vngůtlich handlung an dem Butzero von den Truckern vnd jhren anrichteren, der pręfation vnd anderst halben begegnet." BDS 6/1,145,7 f.

[184] BDS 6/1,145,8 f.

[185] „Zum dritten, deshalben, Das wir nicht sagen sollen, das allein ein wortstreit zwischen vns gewesen sey vnd kein theyl den andern recht verstanden habe, haben sie geantwort: Sie reden das nicht von allen; Sie wissen dennoch das wol, das sie jhn vnd die seinen nicht verstanden haben, da sie allen tropum verleügneten Vnd das leiblich essen des leibs Christi zů hoch trybben. So wůsten sie auch wol, das er vns nicht verstanden hette vnd noch nicht verstånde,

Wie sich dem Bericht der Oberdeutschen entnehmen lässt, gingen die beiden Straßburger im weiteren Verlauf ihrer Entgegnung auch ausführlich auf die beiden von Luther erhobenen Forderungen ein[186]: Im Hinblick auf den von Luther verlangten Widerruf bekannten sie sich zwar dazu, dass es für sie als Christen prinzipiell eine Verpflichtung gebe, eigene Lehrirrtümer zurückzunehmen.[187] Der konkreten Widerrufsforderung Luthers widersetzten sie sich aber unverhohlen. Sie beharrten nämlich darauf, dass sie selber nie die Lehre vertreten hätten, dass im Abendmahl nur Brot und Wein gegenwärtig seien[188], und dass sie eine solche Lehre mithin auch nicht revozieren könnten.[189] Anstelle eines Widerrufs erklärten sie sich daher nur zu einer generellen Verwerfung dieser von Luther zurückgewiesenen Lehre bereit. Doch auch dieses Angebot wurde von ihnen noch einmal eingeschränkt: „[...] aber damit personen verdammen, die vns solchs jrthumbs nie gestanden seien vnd wie [lies: wier] sie des nicht wissen zu bezeugen, das kuͤnten wir nicht thun, hofften auch, er begere es nicht."[190] Der hier erkennbare Vorbehalt galt zweifelsohne vornehmlich Zwingli und Oekolampad. Den beiden Straßburgern war offenbar nicht hinreichend deutlich geworden, dass Luther ausdrücklich keine Verdammung der beiden Personen von ihnen verlangt hatte.

---

weil er vns wolte zumessen, das wir die ware gegenwirthigkeit Christi verleugneten. Dann wir alle, die hie weren, hetten solchs nie gethan." BDS 6/1,147,3–10.

[186] Gerafft wirkt an dieser Stelle hingegen der Bericht, den Capito für Brenz verfasste: Er erweckt fälschlich den Eindruck, als hätten die beiden Straßburger im Anschluß an ihre Versicherung, dass sie keine betrügerischen Absichten hätten, nur noch ihre Bereitschaft bekundet, über ihre eigene Abendmahlslehre Rechenschaft zu geben, während die eigentlichen theologischen Ausführungen dann am Nachmittag des folgenden Tages vorgetragen worden wären. „Verum ubi Bucerus et nonnihil ego bona conscientia fieri omnia ut habent exposuimus, subiecta hac protestatione gravi: paratos ex tempore respondere coram Deo in oculis Christi de fide et doctrina nostra sciscitantibus, modo dignentur inquirere in nos; Postridie vix tandem a prandio iterum auditi sumus. [...] Gravissima oratione de Eucharistia Bucerus disseruit aliis suffragantibus, qui in nostro comitatu aderamus." Capito an Brenz, 14. Juni 1536: Pressel: Anecdota Brentiana, LX (184).

[187] „Sie wolten aber alles das retractieren, hettens auch gethan, was sie immer künten wissen, das in der lehre oder einiger person gefehllet hette, wie das einem jedem Christen zu staht Vnd sich der H. Augustinus vnd alle anderen recht heiligen Vetter zu thun beflissen haben." BDS 6/1,146,17–20.

[188] „Mann würde aber auß jhren predigen oder schrifften nimermehr darthun, das sie gelert hetten oder jemand anderst inn denen kirchen, von deren wegen wir jhnen gleichen verstand zugesagt hetten, das allein brot vnd wein jm heiligen Abentmal gegeben werde vnd nicht auch der ware Christus." BDS 6/1,145,13–16.

[189] „Aber das sie widerruͤffen solten ein lehre, die sie nie erkant oder gelert hetten, das kundten sie nicht thun. Nun finde es sich aber in jhren schrifften gar nicht, das sie gelert hetten, das im H. Nachtmal nichts dann brot vnd wein sein solte." BDS 6/1,146,20–147,2.

[190] BDS 6/1,147,13–15. In Zeile 14 verdient die Lesart der Ulmer Ausgabe des oberdeutschen Berichtes „wier" den Vorzug gegenüber der durch das Straßburger Exemplar bezeugten Variante „wie". Cf. BDS 6/1,147 A. d). Die Formulierung „[etwas] gestanden sein" bedeutet in diesem Kontext so viel wie „etwas zugegeben haben". Die von Stupperich angebotene Übersetzung „[etwas] zugestanden haben" ist hingegen falsch. Vs. BDS 6/1,147,14 und A. 89.

Auf die von Luther oktroyierte Lehrformel schließlich reagierten Bucer und Capito, indem sie zunächst ein eigenes Bekenntnis vortrugen. Im Namen der mit ihnen in dieser Angelegenheit verbundenen oberdeutschen Kirchen bekannten sie sich zu der Überzeugung, „das alda auß einsatzung vnd dem werck des Herrn warlich (wie seine, des Herrn, wort lauten) sein waren leib vnd sein wares blut mit den sichtbaren zeichen brot vnd wein dargereicht, gegeben vnd entfangen werden“[191]. Es ist unverkennbar, dass die beiden Straßburger sich mit diesem Bekenntnis deutlich von der Lehre abgrenzen wollten, die Luther den oberdeutschen Predigern und ihren Gemeinden unterstellt hatte: Zum einen hielten sie mit ihren Worten nämlich fest, dass im Abendmahl nicht nur Brot und Wein, sondern auch der wahre Leib und das wahre Blut Christi als Gaben gegenwärtig seien. Zum anderen aber betonten sie im Widerspruch zu der Annahme, dass man Christus im Abendmahl ausschließlich kraft der eigenen Vorstellung gegenwärtig habe, dass Leib und Blut aufgrund der Einsetzung Jesu und durch sein vollmächtiges Wirken dargereicht und empfangen werden könnten. Dabei wies Bucer dem Brief des Myconius zufolge darauf hin, dass sie ihre Auffassung sowohl in Gegenwart der eigenen Leute mündlich als auch vor den Augen der Öffentlichkeit in schriftlicher Form vertreten hätten.[192] Offenkundig wollte er Luther davon überzeugen, dass es sich entgegen dem von diesem geäußerten Verdacht bei dieser Lehre nicht um eine nur für den Moment aus taktischen Erwägungen bezogene Position, sondern wirklich um die eigene Überzeugung handele.

Gegenüber der von Luther vorgegebenen Formel selbst ließen Bucer und Capito einen zweifachen Vorbehalt erkennen: Im Hinblick auf die Lehre von der *manducatio oralis* nahmen sie wieder den bekannten Standpunkt Bucers ein und erklärten, „das der mund an den leib des Herrn fůr sich nicht gereichen kŏnte“[193] und

> „das man von wegen der Sacramentlichen einigkeit zwischen dem leib des Herrn vnd brot wol sagen kŏnte (wie den das die h. Våtter zu thun pflegen), man nemme da den leib des Herrn inn hand, mund vnd magen, So doch, eigentlich zů reden, weder hand, mund oder magen an den leib des Herrn fůr sich gereichen kŏndte.“[194]

Damit beharrten die beiden Straßburger aber auf ihrer von Luthers Überzeugung abweichenden Anschauung, dass der Leib Christi auch innerhalb einer bestehenden *unio sacramentalis* mit den Elementen allen physischen Zugriffen des Menschen entzogen bleibe. Implizit hielten sie auf diese Weise an ihrer Auffas-

---

[191] BDS 6/1,147,19–148,1.

[192] „Bucerus […] primum persuadere voluit, nihil hic minus quam fucum adesse. Cum coram magistratibus totisque ecclesiis ac etiam in conciliis superioris germaniae, doctorum conventibus hanc suam sententiam testati sint et testentur voce, verbo, scripto, libris et publicis concionibus.“ MycBr 85–89.

[193] BDS 6/1,148,3f.

[194] BDS 6/1,148,7–11.

sung fest, dass im eigentlichen Sinn nur der Glaube an diesem Leib partizipieren könne. Ausdrücklich beriefen sich Bucer und Capito schließlich – in Anspielung auf die Ausführungen zur *praedicatio identica* in der großen Abendmahlsschrift von 1528 – auch an dieser Stelle wieder darauf, dass Luther selbst sich schriftlich entsprechend erklärt habe.[195] Dass man selber nicht von einem mündlichen Essen sprach, führte man darauf zurück, dass diese Rede missverständlich sei und von den Leuten „immer etwas grŏbers aus disen reden versthan wŏllen“ als Luther selber dies beabsichtige.[196]

Ebenso hielten die beiden Straßburger aber auch bei der Frage nach der Lehre vom Essen der Gottlosen an der Auffassung fest, die Bucer in den zurückliegenden Jahren beharrlich vertreten hatte: Sie beharrten zum einen darauf, dass die „gar gotlosen“, die „auch den worten des Sacraments nicht glauben“, im Abendmahl nur Brot und Wein empfingen.[197] Diese Einschränkung begründeten sie ein weiteres Mal *ex parte dei*: Sie erklärten, dass Christus sein Mahl nicht für solche Menschen vorgesehen habe.[198] Von dieser Gruppe setzten sie mit Bezug auf 1. Kor 11,27–29 diejenigen ab, die „den worten des Sacraments wol glauben vnd doch sunst feel haben“. Verdeutlichend heißt es darauf, dass diese Leute zum Empfang des Abendmahles den Glauben mitbrächten, „das ihnen der Herr allda auch seinen leib vnd blut gebe“, dass sie aber „on rechte andacht vnd lebendige annemung diser gnaden mit warem vnd frommachenden glauben“ teilnähmen. Solche aber würden schuldig am Leib des Herrn.[199] Ohne dass die Terminologie gebraucht wurde, war damit Bucers Unterscheidung zwischen *indigni* und *impii* eingebracht.

Der Bericht der Oberdeutschen schließt seine Darstellung dieser Zusammenkunft mit der kurzen Bemerkung, dass es infolge der von den Oberdeutschen vorgebrachten Entgegnung zu „allerley reden vnd gegen reden“[200] gekommen sei. Der auf Myconius zurückgehenden Überlieferung zufolge beschloss Luther die Unterredung damit, dass er ausführte, wie sich ihm die Abendmahlslehre der Oberdeutschen darstellte. Im Brief an Dietrich heißt es dazu:

„In alia vero parte iam semper ad nos accedendo vel redeundo fecissent gradus quosdam. Primum confessi essent non esse hunc panem per omnia similem aliis panibus et vinum illud vino communi, sed esse significativum et memoriale absentis corporis Christi etc. Deinde adhuc propius accessissent confitendo, est corpus Christi et est sanguis Christi, sed spirituali modo, praesens, id est, sedet ad dexteram Dei, sed tamen spiritus speculatione et cogitatione facit eum praesentem huic pani vel vino, quasi si Hectora facias

[195] „Von dem mundlichen essen hielt es sich bey vns, wie er selbs geschriben […].“ BDS 6/1,148,3.

[196] A. a. O., 148,11 f.

[197] BDS 6/1,149,4–6.

[198] „Dann die einsatzung vnd wort des Herrn vff solche nicht gericht noch geben seind.“ BDS 6/1,149,6 f.

[199] BDS 6/1,149,7–13.

[200] BDS 6/1,150,4.

praesentem in tragoedia, in persona aliqua tragica. Postremo autem adhuc propinquius, inquit, acceditis asseverando mecum Koburgi et nunc in quibusdam libris idem scribitis: hunc panem esse corpus Christi verum, naturale, substantiale etc. atque sumi etiam ore eorum, quibus offertur, sed tamen ita, si sint credentes et discipuli Christi. Verum incredulis, si offertur, non est nisi panis et vinum [...].“[201]

In bewusster Absetzung von dem Vorwurf, die Oberdeutschen hätten zugunsten Zwinglis und Oekolampads Partei ergriffen (in alia vero parte) räumte Luther hier ein, dass es im Verlauf der Auseinandersetzung zu einer Fortentwicklung (gradus quosdam) in der oberdeutschen Abendmahlslehre gekommen sei, die diese näher an die Wittenberger herangeführt habe (ad nos accedendo vel redeundo). Dabei unterschied Luther drei Stufen der Lehrentwicklung: Zunächst hätten sie gelehrt, dass es sich bei dem Abendmahlsbrot um ein Zeichen handele, das auf den abwesenden Leib Christi verweise. Nur aufgrund dieser Zeichenfunktion habe für seine Opponenten überhaupt ein Unterschied zu einem sonst in jeder Hinsicht gleichen normalen Brot bestanden. Auf der zweiten Stufe habe man sich das Bekenntnis zu eigen gemacht, dass der Leib Christi gegenwärtig sei. Dieser Aussage habe man aber die Deutung gegeben, dass es sich um eine geistliche Gegenwart (spirituali modo) handele. Dabei griff Luther die von Zwingli getroffene Unterscheidung zwischen einer leiblichen Gegenwart des Leibes, die sich auf den im Himmel gegenwärtigen Christus beziehe, und einer geistlichen Gegenwart auf.[202] Die Rede von der geistlichen Gegenwart verstand Luther als Ausdruck für eine gedankliche Vergegenwärtigung (spiritus specula-

[201] „Aber auf der anderen Seite hätten sie schon immer beim zu uns Kommen oder Zurückkommen gewisse Schritte unternommen. Zuerst hätten sie bekannt, dass dieses Brot nicht gänzlich anderen Broten gleich sei und jener Wein gewöhnlichem Wein, sondern sie dienten zur Bezeichnung und Erinnerung des abwesenden Leibes Christi etc. Daraufhin seien sie noch näher herangerückt durch ihr Bekenntnis, dass der Leib Christi und das Blut Christi gegenwärtig sind, aber in geistlicher Weise, das heißt: Er sitzt zur Rechten Gottes, aber dennoch macht der Geist durch Betrachtung und Gedenken ihn diesem Brot und Wein gegenwärtig, so wie wenn du Hektor in einer Tragödie gegenwärtig machst, in einer tragischen Rolle. Schließlich aber, sagt er, kommt ihr noch näher heran, indem ihr bei mir auf der Coburg versichert und nun dasselbe in gewissen Büchern schreibt: dass dieses Brot der wahre, natürliche, substanzhafte etc. Leib Christi sei und dass er mit dem Mund derer gegessen werde, denen er angeboten wird, aber doch so: wenn sie glauben und Jünger Christi sind. Den Ungläubigen aber, wenn es ihnen angeboten wird, dann ist es nichts als Brot und Wein.“ MycBr 109–120. In den Aufzeichnungen des Myconius heißt es dazu knapper: „In alia vero parte iam semper fecissent gradus quosdam. Primo: significat corpus Christi et est eius figura, verum non est. Secundo: Est corpus Christi et est sanguis eius, sed tantum spirituali modo praesens, ut cogitatione uel speculatione. Dicunt: sedet ad dexteram Dei et est ubique, ergo etiam hic, sed spiritualiter. Tertio: Koburgi fatebatur Bucerus esse corpus Christi et sanguinem atque sumi etc. ore eorum, quibus offertur et a quibus sumitur sed hactenus, quod ex libro ad Munsterenses pateret et aliis, hoc vellet intelligi: Si credunt, vel si adsunt creduli; verum incredulis est tantum signum nec manducant corpus et sanguinem Christi.“ ‚Narratio‘ 40–48.

[202] Cf. zu Zwinglis Verständnis oben S. 51 f. Dass Zwingli auch bis zuletzt in der Sache an dieser Auffassung festgehalten hat, wird gezeigt bei WENDEBOURG: Essen zum Gedächtnis, 96 f.

tione et cogitatione). Der in diesem Zusammenhang mit dem Theater gezogene Vergleich dürfte so zu verstehen sein, dass der Leib Christi durch das Denkvermögen der Kommunikanten in der Weise gegenwärtig werde, wie die Darstellung des Hektor in einer Aufführung den Zuschauer an den „historischen" Hektor denken lasse und ihn so gegenwärtig mache. Als dritte Stufe machte Luther die Position aus, dass das Brot der wahre, natürliche und wesenhafte Leib Christi sei, der von den Kommunikanten mit dem Mund verzehrt werde. Als Anhalt dienten ihm hierfür neben den auf der Coburg geführten Gesprächen mit Bucer verschiedene Bücher. Aus der ‚Narratio' geht hervor, dass er dabei Bucers ‚Bericht auß der heyligen geschrift' erwähnte.[203] Dieses Zugeständnis aber sah Luther mit der Einschränkung verbunden, dass dies nur für die Gläubigen und die Jünger Christi gelte, während den Ungläubigen (increduli) ausschließlich Brot und Wein angeboten werde.

Dem von ihm herausgestellten Vorbehalt gab Luther nun eine bestimmte Deutung:

„[...] atque ita est corpus Christi non ex potentia instituentis et dicentis Christi, sed magis ex virtute nostrae fidei et cogitationis, quae efficit, ut Christus, qui est ad dexteram patris, sit fidei nostrae praesens, si credamus. Verum si non credimus non potest esse praesens, sed est illis, qui non credunt, tantum vacuum signum."[204]

Als Grund für die Ablehnung der *manducatio impiorum* unterstellte Luther der Gegenseite somit, dass sie die Gegenwart des Leibes Christi nicht als eine solche begreife, die durch die Einsetzung Christi zustandekomme, sondern dass sie sich lediglich der subjektiven Vergegenwärtigung kraft des Glaubens verdanke. Zurückgewendet auf das von ihm entworfene Entwicklungsschema: Luther stellte die Frage, ob es zwischen der zweiten und der dritten Stufe wirklich in der Sache zu einer Veränderung gekommen war. Hatte man wirklich den Schritt zu einer äußerlichen Gegenwart und damit einen sachlichen Bruch mit Zwingli und den eigenen alten Überzeugungen vollzogen? Oder bediente man sich nun einfach nur einer anderen Terminologie, mit der man aber in der Sache nichts anderes aussagen wollte als zuvor?

Luther war offenbar bewusst, dass der von ihm unternommene Schluss auf einen Grund für die Ablehnung der *manductio impiorum* keineswegs zwingend war. Deutlich wird dies daran, dass er von einem Zweifel oder Verdacht sprach, den es an dieser Stelle auszuräumen gelte.[205] Er hielt ein entsprechendes Ver-

---

[203] Cf. oben A. 201.

[204] „Und so ist es der Leib Christi nicht kraft des einsetzenden und sprechenden Christus, sondern vielmehr durch die Kraft unseres Glaubens und Denkens, die bewirkt, dass Christus, der zur Rechten des Vaters ist, für unseren Glauben gegenwärtig ist, wenn wir glauben. Aber wenn wir nicht glauben, dann kann er nicht gegenwärtig sein, sondern für die, die nicht glauben, ist es nur ein leeren Zeichen." MycBr 120–124.

[205] „Iam ibi necesse est, ne ulla dubitationis aut suspitionis materia relinquatur utrinque, ut explicetis nobis, vos et reliqui vobiscum huc missi: An ex institutione instituentis Christi hunc

ständnis mithin zumindest nicht für ausgeschlossen. Diese Möglichkeit sollte aber nach seinem Willen ausgeschlossen sein. Deswegen drängte er hier auf eine zweifelsfreie Klärung. Er verlangte von den Oberdeutschen, sie müssten sich dazu bekennen, dass

„dieses Brot und dieser Wein kraft der Einsetzung Christi, der es so eingesetzt hat, der Leib Christi sei, der für uns gegeben ist, und das Blut Christi, das für uns vergossen ist, unabhängig davon ob der darbietende Diener oder der nießende Teilnehmer würdig oder unwürdig sei“[206].

Zum anderen aber sollten die Oberdeutschen bekennen, dass dieser Leib „unterschiedslos von Frommen und Gottlosen, Gläubigen und Ungläubigen, Heuchlern und Aufrichtigen, oder – wie Paulus es ausdrückt – von Würdigen und Unwürdigen dargeboten und genossen werde.“[207] Über eine Antwort sollte sich das andere Lager in internen Beratungen verständigen und Luther am folgenden Tag mitteilen, ob man seinen Forderungen nachkommen könne und wolle.[208] Da ihn die Verhandlungen erschöpft hatten, beendete Luther an dieser Stelle die Unterredung und entließ die beiden Straßburger.[209]

Luthers Ausführungen lassen sehr deutlich erkennen, dass er zu diesem Zeitpunkt eine falsche Auffassung von der Abendmahlslehre der Gegenseite hatte: Zum einen irrte er sich mit seinem Verdacht, dass man dort die Gegenwart des Leibes als eine rein innerliche Anwesenheit (fidei praesens) auffasse, die allererst durch den menschlichen Glauben und die Erinnerung konstituiert werde. Die das Gegenteil ausdrücklich versichernde Erklärung der Oberdeutschen, dass nach ihrer Überzeugung im Abendmahl der wahre Leib gereicht und gegessen werde und dass das wirkmächtige Handeln Christi diesen Vorgang ermögliche[210], hatte diesen Verdacht nicht zerstreuen können. Noch bedeutsamer ist aber, dass Luther zum anderen offensichtlich nicht verstand, welche theologische Grundüberzeugung Bucer und Capito tatsächlich davon abhielt, sich dazu zu bekennen, dass auch die Gottlosen den Leib Christi empfangen. Er glaubte, dass man zu einem gemeinsamen Bekenntnis zur *manducatio impiorum* finde,

---

panem et hoc vinum esse corpus illud Christi fateatis, quod traditum est pro nobis, et sanguinem illum, qui pro nobis fusus est, sive minister offerens aut accedens sumens dignus sit, sive indignus.“ A. a. O., 124–129. Cf. ebenso ‚Narratio‘ 48–54.

[206] Cf. A. 205.

[207] „Oportebit etiam confiteri vos, quod indifferenter offeratur et sumatur a piis et impiis, credulis et incredulis, hypocritis et sinceris, sive ut Paulus loquitur dignis et indignis.“ MycBr 133–135. Cf. ebenso ‚Narratio‘ 51–54.

[208] „De iis deliberent et cras, quid confiteri possint aut velint docere nobiscum, inter se conferant et feria quarta, quae fuit 23. Maii, respondeant.“ MycBr 139 f. Zur Angabe des falschen Wochentages cf. die Ausführungen unten S. 375–378. In den Aufzeichnungen des Myconius heißt es nur: „Hic deliberatum.“ ‚Narratio‘ 57 f.

[209] Im Bericht der Oberdeutschen heißt es: „Ob dem D. Luther (als er seer blöd ist) also schwach warde, das er můste vffhőren“. BDS 6/1,150,5 f.

[210] Cf. oben A. 191.

wenn die Gegenwart des Leibes Christi auf beiden Seiten ausschließlich als Wirkung der wirkmächtigen Einsetzung Jesu verstanden werde. Tatsächlich schlug sich bei Bucer hier aber seine christologische Überzeugung nieder, dass der Leib auch als extern gegenwärtige Gabe aufgrund seiner besonderen Natur nur durch einen wie auch immer gearteten Glauben gegessen werden könne. Hinzu kam die Auffassung der Oberdeutschen, dass Christus selbst die Austeilung seiner Gabe auf seine Jünger beschränkt habe und dass sein Leib aus diesem Grund den Gottlosen vorenthalten bleibe. Beides hatte Bucer in seinen Ausführungen dargelegt.[211] Wie deutlich er sich dabei geäußert hatte, muss offenbleiben. Luther jedenfalls hatte nicht verstanden, dass er es hier mit einer gegenüber Zwingli eigenständigen Position zu tun hatte.

Als weiterer Beleg dafür, dass Luther die Abendmahlslehre seiner Gäste nicht richtig zu deuten vermochte, können die Notizen gewertet werden, die sich Bugenhagen von der Unterredung auf dem Konvent machte. Sie sind dem Verlauf zeitlich nicht eindeutig zuzuordnen. Ihre Berücksichtigung an dieser Stelle verdankt sich dem bestehenden sachlichen Zusammenhang. Bugenhagen notierte in gedrängter Formulierung:

„Lutherus coram Bucero etc. de caena domini: Concorditer scribunt non simplicem historiam, ut intelligas, dedit pro suo corpore, vel ut esset eis vice corporis, interim tamen nihil aliud quam vulgaris cibus ut in diserto etc., sed addunt: dixit, nimirum ut ostendant, quod Christus suo verbo instituerit etc.“[212]

Die Aufzeichnung dürfte so zu verstehen sein, dass Luther Bucer auf das Zeugnis der Einsetzungsberichte in den Evangelien aufmerksam machen wollte. Die Evangelisten schilderten übereinstimmend nicht nur den Ablauf der Vorgänge während des Abendmahls (simplex historia), sondern überlieferten auch die Einsetzungsworte (dixit). Andernfalls, so Luther, könne man zu der Deutung kommen (ut intelligas), dass Christus etwas anstelle seines Leibes (pro suo corpore) oder in Stellvertretung für seinen Leib (vice corporis) gegeben habe, was von einer mit dem Manna der Wüstenzeit vergleichbaren gewöhnlichen Speise (vulgaris cibus ut in diserto) nicht zu unterscheiden sei. Offenbar glaubte Luther, dass er bei den Oberdeutschen auch gegen ein solches Verständnis des Abendmahls vorgehen müsse. Eine entsprechende Annahme hatte er dem Bericht der Oberdeutschen zufolge bereits in seinen einleitenden Ausführungen an diesem Tag geäußert.[213]

---

[211] Cf. zu Bucers Auffassungen oben S. 324 und 325.

[212] „Luther [erklärte] im Beisein von Bucer etc. im Blick auf das Mahl: Übereinstimmend schreiben sie nicht eine einfache Geschichte, damit du verstehst, er gab [dies] anstelle seines Leibes oder dass es für sie sei in Vertretung des Leibes, während es doch nichts anderes ist als gewöhnliche Speise wie in der Wüste etc., sondern sie fügen hinzu: Er sagte – freilich um zu zeigen, dass Christus es durch sein Wort eingesetzt hat etc.“ SBB – Preußischer Kulturbesitz, Ms. theol. lat. oct. 43, f. 80r. Cf. dazu auch WA 59,717,1–718,2.

[213] Cf. oben S. 315 f.

Am folgenden Tag, dem 23. Mai, konnten die Verhandlungen erst gegen drei Uhr am Nachmittag fortgesetzt werden, da Luther während der Nacht keinen Schlaf gefunden hatte.[214] Anders als am Vortag nahmen nun außer Bucer und Capito auch die übrigen oberdeutschen Theologen an der Sitzung teil.[215] Von der anderen Seite waren neben Luther Melanchthon, Bugenhagen, Jonas, Cruciger, Weller, Rörer, Menius, Myconius und einige weitere, namentlich nicht genannte Personen anwesend.[216]

Nach der Darstellung des Myconius eröffnete Luther die Sitzung, indem er die Oberdeutschen zunächst fragte, ob sie dazu bereit seien zu widerrufen, was der Auffassung Christi, der Schrift und der Kirche widerspreche. Des Weiteren forderte er sie dazu auf, ihre Ansicht von der „wahren Gegenwart des Leibes Christi im oder mit dem Brot des Herrenmahls" darzulegen.[217]

Für die Oberdeutschen ergriff zunächst Bucer das Wort. Hinsichtlich der Frage nach der Bereitschaft zum Widerruf erklärte er, er habe in der Vergangenheit stets revoziert, sobald ihm ein Irrtum bewusst geworden sei und sei auch künftig zu mündlichem oder schriftlichem Widerruf bereit.[218] Des Weiteren räumte er auch ein, dass er in der Vergangenheit „einige Dinge nicht hinlänglich klar und deutlich erfasst und nicht treffend genug gelehrt habe."[219] Indem

214 „Circa horam octavam, quemadmodum decretum fuerat, accessimus D. Lutherum, sed cum venissemus in aedes eius, obviabat ingredientibus Pomeranus nescio quibus comitatus ostendebatque non esse copiam conveniendi Lutherum, propterea quod nocte praeterita non dormivisset, sed accedendum esse hominem hora tertia." Itinerar 55,14–18. Cf. dazu auch Capito an Brenz, 14. Juni 1536: Theodor Pressel: Anecdota Brentiana, LX (184) und BDS 6/1,150,6 f.

215 „Hora tertia post meridiem omnes utriusque partis ad aedes Lutheri convenimus." MycBr 142 f. Cf. ebenso ‚Narratio' 60 f.

216 In der ‚Narratio' werden einige Teilnehmer aus Luthers Lager genannt, die dieser im Verlauf der Sitzung zu einer internen Beratung in einen anderen Raum führte. Dort heißt es: „Ibi rogati singuli Pomeranus, Jonas, Crucigerus, Wellerus, Philippus, M. Georgius, Menius et ego, Fridericus Myconius […]." ‚Narratio' 94–96. Parallel heißt es im Bericht der Oberdeutschen nach der Frankfurter Fassung: „Darauf ist D. Luther mit den Seinen, M. Philippo, D. Jona, D. Pomerano, D. Creuzigern und sonst zweien Doctoribus, dem Pfarrherrn zu Eisenach und Gotha, auch etlichen Predigern zu Wittenberg, die alle zugegen gewesen, abgetreten und sich unterredet." BDS 6/1,153 Anmerkung u)-u).

217 „Ubi cum sedissemus omnes, repetiit breviter, quae pridie proposuerat Lutherus et quaesivit, an revocaturi essent, si quis quicquam diversum a sententia Christi, scripturae et ecclesiae ullo modo docuisset. Deinde sententiam de vera praesentia in vel cum pane coenae Domini corporis Christi, quam nobiscum vellent constanter et concorditer docere, explicarent et probatam facerent nobis." MycBr 143–147. Cf. ebenso ‚Narratio' 62–66.

218 „[…] quae statim, ut didicisset, correxisset, revocasset et recantasset suum errorem. Atque vellet in posterum, ne cui esset erroris causa, revocare, recantare, ore, scripto et quovis modo." MycBr 149–151. Cf. ebenso ‚Narratio' 67–70.

219 „Bucerus primum confessus est se olim quaedam non satis clare et explicate intellexisse neque satis probate docuisse […]." MycBr 148 f. Cf. ebenso ‚Narratio' 67 f. Sachlich übereinstimmend heißt es im Bericht der Oberdeutschen: „Bekennen darbey, das wir solche gegenwürthigkeit wol nicht alwegen so völlig außgetruckt." BDS 6/1,151,3–4. Die von Grass: Abendmahlslehre (1954), 141 f behauptete Differenz zwischen den Quellen beruht auf einem Fehler in der

Bucer hier nun erstmals auch von Versäumnissen in der Darstellung der eigenen Lehre sprach, ging er über die am Vortag geäußerte prinzipielle Bereitschaft zum Widerruf hinaus. Gleichwohl fällt an diesem Eingeständnis auf, dass es auffallend unbestimmt blieb und dass in ihm nur von einer relativen Unzulänglichkeit der früher vertretenen Abendmahlsauffassung die Rede war. Entsprechend wird man daher auch die in Form eines Regests überlieferte Nachricht von Melanchthon und Luther an Kurfürst Johann Friedrich, dass Bucer seine früheren Meinungen widerrufen habe, nur mit Zurückhaltung deuten können.[220]

Der Bericht der Oberdeutschen lässt darüber hinaus erkennen, dass Bucer in diesem Zusammenhang erneut darauf zu sprechen kam, wie seine Seite mit der lutherischen Abendmahlslehre während der zurückliegenden Auseinandersetzungen verfahren sei. Wiederum gab er dabei zu, dass er Luther und seine Anhänger in den zurückliegenden Jahren aufgrund seiner falschen Auffassung von deren Lehre unsachgemäß attackiert habe.[221]

Seine Ausführungen über das Abendmahl begann Bucer, indem er zunächst auf die Einschätzung einging, die Luther in dem vorangehenden Gespräch zur Abendmahlstheologie der oberdeutschen Prädikanten geäußert hatte. Dabei versicherte er dem Bericht der Oberdeutschen zufolge den Lutheranern, dass man auf seiner Seite die „ware gegenwerthigkeit Christi im Abendmal" niemals geleugnet habe und dass sich hinter ihrer Rede vom geistlichen Essen keineswegs die Auffassung verberge, dass Christus nur in der Vorstellung der Kommunikanten gegenwärtig sei und empfangen werde.[222] Bei Myconius heißt es dagegen, Bucer habe in seinem Namen sowie im Namen Blarers und einiger Eidgenossen bekannt, „dass dieses Brot wahrhaft der Leib Christi sei, dass dieser

von ihm verwendeten Ausgabe der oberdeutschen Relation in Walch[2] 17,2109. Grass findet den Wortlaut „[...] wo [!] nicht allweg so völlig ausgedrückt" vor, interpretiert die Stelle als einen Konditionalsatz und sprich daher von „einem halben, verklausulierten Wideruf". Dieser Darstellung sei die deutlichere Formulierung des Myconius vorzuziehen.

[220] Cf. oben A. 75.

[221] „[...] auch jhre wort, mit denen sie die gegenwürthigkeit im abendmal dargegeben, nicht recht verstanden hetten. Jtem, das auch vnser etliche gemeinedt haben, das jhre reden von der sterckung des glaubens durch das Sacrament die selbige sterckung der eüsseren handlung vnd entpfahen des Sacraments zu geben, fur sich selb, ex opere operato. Darumb dan er selb, Bucer, vnd andere solche jhre reden angefochten hetten. Aber nun lengst hette er sampt seinen brůdern zů Straßburg die selbigen reden besser vernomen vnd sich dann beflissen zum hŏchsten nun in das achtest jar, auch andere zu solchem verstand zu bringen. Hette auch dis alles in offentlichen schrifften zu Latin vnd Teüsch vff den kantzlen zu Augspurg vnd anderst wo frey bekennet." BDS 6/1,151,5–14.

[222] „Da hat M. Butzer inn vnser aller namen, auch bey sein die jetz vorgesetzte meinung mit weiterer erklårung wider erholet vnd mit ernstlicher bezeügung, das es sich also bey vns in der warheit halt vnd das wir die ware gegenwerthigkeit Christi im Abendmal nie verneinet haben, auch mit dem, so da geschriben vnd gesagt, das man den leib Christi geistlich esse oder das er dem mund des glaubens dargereicht werde, nicht wŏllen nur imaginariam, das ist ein erdichte gegenwurthigkeit vnd niessung, setzen [...]." BDS 6/1,150,7–14.

Wein wahrhaft das Blut Christi sei."[223] Es ist aber kaum anzunehmen, dass Bucer sich mit diesen Worten erklärte. Er selbst hielt das *est* nämlich gerade in der Auseinandersetzung mit Luthers Seite für eine missverständliche und deutungsbedürftige Ausdrucksweise.[224] Seine Werke und Briefe lassen zudem erkennen, dass er stattdessen andere Formulierungen, wie z. B. *corpus in coena vere adesse* oder *corpus cum pane et vino vere exhiberi*, bevorzugte, um seine eigene Position darzulegen.[225]

Übereinstimmend berichten die Darstellung der Oberdeutschen und der Brief des Myconius, dass Bucer im Verlauf seiner Entgegnung auch ausführlich auf die Lehre von der *manducatio impiorum* einging. Im Bericht der Oberdeutschen heißt es dazu:

„Vnd da es kam an den Artickel von dem entpfahen der gotloosen vnd Bucer meldet, das wir da eins glaubens seind, nemlich, das niemandt sage, das die, so dem Herrn sein wort und ordnung der Sacramenten verkeren, mehr dann brot und wein im h. Abendmal entpfahen. Die aber des Herrn wort vnd einsatzung halten vnd dem Sacrament glauben, ob sie schon den waren, lebendigen glauben da nicht vben vnd also das Sacrament onwürdig entpfahen vnd derhalb schuldig werden am leib vnd blut des Herrn, das sie dennocht nicht allein brot vnd wein, sonder auch den waren leib vnd blut des Herrn entpfahen, wie sie dan auch glauben, das ihnen der selbig mit dem brot vbergeben würt lautht der worten des herrn [...]."[226]

Bei Myconius ist hingegen zu lesen, Bucer habe bekannt,

„dass diese [sc. Leib und Blut Christi] wahrhaft durch das Amt Christi unterschiedslos allen Essenden angeboten würden, sofern nicht die Einsetzung und die Worte Christi entstellt würden (corrumperentur); dass auch wahrhaft der Leib als natürlicher und wesentlicher und das Blut Christi nicht nur mit dem Herzen, sondern auch mit dem Mund der Essenden gegessen werde, von denen, die würdig essen zum Heil, von denen, die unwürdig essen zum Gericht."[227]

---

[223] „Deinde quod ad explicationem verae sententiae de vera praesentia corporis Christi in vel cum pane coenae etc. attinet, se suo et aliorum, quorum vota et sententiam haberet cum ex Helvetiis tum Plaureri, confiteri: hunc panem vere esse corpus Christi, hoc vinum vere esse sanguinem Christi [...]." MycBr 151–155. Cf. ebenso ‚Narratio' 71–74.

[224] So heißt es in Bucers gegen Amsdorf gerichteten ‚Axiomata Apologetica' von 1535: „Porro istuc ingenue fatemur et aeditis libris faßi sumus: dum plerique negabant ullum in his uerbis domini ‚Hoc est corpus meum' inesse tropum et ‚Hoc' demonstrare panem et ‚est' accipi substantialiter; et hinc, ut scilicet consequebatur, panem idipsum esse quod corpus domini essentialiter, corporaliter, carnaliter; vel in pane corpus domini esse essentialiter, realiter, substantialiter, corporaliter, carnaliter." BDS 6/1,91,3–8.

[225] Cf. dazu etwa MBBW 4, 328 (218,4–7); 332 (238,24–27); MBBW 5, 368 (134,8–10); 376 (187,11–13); 377 (193,5.10f); 388 (259,5f); 393 (281,13–15); 399 (307,27–308,2); 402 (312,5–7); 415 (344,15f); BDS 4,243,8–10.32f; 247,15–17; BDS 6/1,85,29–31.

[226] BDS 6/1,151,19–152,7.

[227] „[...] eaque vere offeri per ministrum Christi indifferenter omnibus sumentibus, nisi institutio et verba Christi corrumperentur. Vere etiam sumi corpus et sanguinem Christi naturale illud substantiale etc. non tantum corde sed etiam ore sumentium, qui indigne ad salutem, qui indigne ad iudicium." MycBr 155–159. Cf. ebenso ‚Narratio' 74–76.

Als durch das übereinstimmende Zeugnis beider Quellen gesichert kann zunächst einmal gelten, dass Bucer in seiner Erklärung von der Möglichkeit einer Verkehrung der Worte und der Einsetzung Christi sowie von der Konsequenz einer solchen Verkehrung sprach. In der näheren Bestimmung dessen, was unter dieser Verkehrung und ihrer Folge genauer zu verstehen ist, weichen die beiden Darstellung jedoch deutlich und in sachlich gewichtiger Weise voneinander ab: Der Bericht der Oberdeutschen bringt die von Bucer auch sonst verschiedentlich vertretene Auffassung zum Ausdruck, dass die Kommunikanten die Worte und die Einsetzung Christi dadurch verkehren, dass sie ohne jeden Glauben am Mahl teilnehmen und infolge dieser Verkehrung nur Brot und Wein empfangen.[228] In ihr schlug sich aber nur ein weiteres Mal seine Überzeugung nieder, dass irgendeine Art von Glauben erforderlich sei, um den Leib Christi zu essen.[229] Im Brief des Myconius hingegen wird die Folge der Verkehrung dahingehend bestimmt, dass den Teilnehmern unter diesen Umständen Leib und Blut gar nicht angeboten werden. Auch wenn dies aus dem Text nicht explizit hervorgeht, so ist doch anzunehmen, dass Myconius Bucer hier ganz im Sinn der Ansicht Luthers verstanden hatte, dass die Austeilung von Leib und Blut dort verhindert werde, wo der Zelebrant in den äußeren Vollzügen oder in seiner öffentlichen Verkündigung von der Einsetzung Jesu abweiche und sie auf diese Weise verkehre.[230] Wenn ihm bewusst gewesen wäre, welche Deutung sich eigentlich hinter diesen Ausführungen verbarg, hätte er Bucers Ausführungen kaum mit diesen knappen Worten ohne weitere Erläuterung an Dietrich weitergegeben. Auf der anderen Seite kann es aber nicht zweifelhaft sein, dass Bucer selbst seine Äußerung auch im Sinne seines eigenen Verständnisses auffasste.

---

[228] So heißt es etwa in Bucers ‚Explicatio' vom 22. Juni 1536: „Quidam qui omnia hic contemnunt et rident, qui prorsus impii sunt, nec quicquam Domino credunt, hi nihil quam panem et uinum agnoscunt et sentiunt, eoque nec amplius percipiunt, quia peruertunt uerba et institutionem Dominj." BDS 6/1,192,1–4. Cf. dazu ebenso BDS 6/1,152,13–153,1;191,5–7.

[229] Köhlers Deutung, diese Einschränkung habe nur zum Ausdruck bringen sollen, dass „der Befehl Christi als normativ" gelte, trifft hingegen den entscheidenden Sachverhalt nicht. Vs. Köhler: Zwingli und Luther II, 446 f.

[230] Cf. dazu oben S. 102 f und 151 f. Deutlich wird Luthers Anschauung auch in seinem Brief an Graf Franz Réway vom 1. Oktober 1538: „Sic etiam vitandos docemus, qui solum panem in Sacramento esse docent et non corpus Christi. Hi, qui institutionem Christi mutant, reuera solum panem habent, contra quos iam aliquot annos pugnamus." WABr 8, 3263 (298,78–81). Sachlich zutreffend heißt es zu der angeführten Stelle aus dem Bericht des Myconius bereits bei Hassencamp: Hessische Kirchengeschichte II, 140: „Luther wollte damit aussprechen, dass der richtige Gebrauch der Einsetzungsworte Seitens des Administrirenden, wovon er die objective Gegenwart des Leibes abhängig machte, zu betonen sei. Bucer verstand darunter, wie die weiteren Bestimmungen desselben, worin er den Glauben des Empfangenden hervorhebt, deutlich machen, einen dadurch, dass der Empfangende den Worten des Herrn glaubt, zu einem richtigen erhobenen Gebrauch." Grass: Abendmahlslehre (1954), 130 zieht es zumindest in Erwägung, dass die Gesprächspartner mitunter „gleichlautenden Formeln einen verschiedenen, d. h. jeweils den von ihnen gewünschten Sinn unterlegten", wobei er auf genauere Nachweise verzichtet.

Schwieriger ist hingegen die Frage zu beantworten, wie klar und verständlich Bucer diese Auffassung gegenüber den Lutheranern an dieser Stelle wirklich gemacht hat. Die Wiedergabe seiner Ausführungen durch Myconius lässt allerdings vermuten, dass er sich undeutlicher ausgedrückt hat, als es nach dem Bericht der Oberdeutschen den Anschein hat. Wenn Bucer aber nun in diesem Zusammenhang unverändert an seiner Überzeugung festgehalten hat, dass der Leib Christi nur durch den Glauben empfangen werden könne, dann ist es ausgeschlossen, dass er sich, wie Myconius berichtet, gleichsam im selben Atemzug zum mündlichen Empfang des Leibes Christi bekannt haben soll. Auch in diesem Punkt wird Myconius den Straßburger also – möglicherweise ebenfalls aufgrund mehrdeutiger Wendungen – falsch verstanden haben.

Myconius zufolge ging Bucer im Anschluss an diese Ausführungen dazu über, den Lutheranern zu erklären, was er mit dem Widerstand gegen die Lehre von der *manducatio impiorum* ablehnen wolle. Im Brief an Dietrich heißt es, er habe erklärt, dass er mit seiner Ablehnung nicht mehr zum Ausdruck bringen wolle, als dass Türken und Juden ebenso wenig den Leib Christi dargereicht bekämen und empfingen wie etwa Tiere, die sich an überzähligen Hostien aus einem Ciborium vergingen. Als Begründung für seine Ablehnung verwies er darauf, dass es sich in beiden Fällen nicht um Vollzüge handele, die von Christus angeordnet worden seien.[231] Demnach hätte Bucer seine Ablehnung der *manducatio impiorum* darauf reduziert, dass Ungläubige, die offensichtlich nicht zur christlichen Gemeinde gehören, und Tiere den Leib Christi nicht dargereicht bekommen und empfangen.[232]

Strenggenommen lag hier freilich insofern eine Abweichung von Bucers eigentlicher Position vor, als diese Erklärung den Empfang von Christen, die aktuell ohne jeden Glauben zum Abendmahl kommen, keinesfalls ausschloss.[233] Ist es aber überhaupt vorstellbar, dass der Straßburger Reformator sich in dieser Weise in Wittenberg geäußert hat? Grass hat in der ersten Auflage seines Buches zu der Passage angemerkt, dass sie „nicht ganz unverdächtig" sei. Zur Begrün-

---

[231] „Verum ubi diceret impios non sumere, hoc vellet intelligi: Si Turca vel Judaeus aut mus vel vermis corroderet hostias illas a papistis cibariis inclusas, ubi nullus actus fit, qui est a Christo institutus etc., hoc tantum in pane fieri, tantum panem esse, non corpus Christi neque hoc in corpore Christi fieri." MycBr 159–163. In der ‚Narratio' wird Bucer mit den Worten wiedergegeben: „Verum haec, ubi ipse diceret de manducatione impiorum, vellet ita intelligi, ut si Turca vel Judaeus hunc panem vel mus aut canis voraret, sine ullo intellectu vel respectu institutionis Christi; solam crassam illam localem et naturalem manducationem se reprobare et non agnoscere etc." ‚Narratio' 78–82.

[232] Falsch wird diese Stelle hingegen bei Köstlin/Kawerau: Luther II, 340 gedeutet. „So, sagte er, werde ja auch von einem Türken oder Juden oder einer Maus, wenn sie eine Hostie äßen, nur das bloße Brot gegessen." Bucers Aussage wird hier lediglich als ein mögliches Beispiel und nicht als eine umfassende Bestimmung dessen, was unter dem Begriff *impii* zu verstehen sei, aufgefasst.

[233] Cf. dazu bereits Ebrard: Dogma, 381 f und Hassencamp: Hessische Kirchengeschichte II, 141.

dung seiner Bedenken hat er darauf verwiesen, dass sie „so hundertprozentig lutherisch“ sei und dass sie „recht gekünstelt“ klinge.[234] Auf den ersten Einwand lässt sich erwidern, dass vergleichbare Aussagen auch sonst bei Bucer begegnen. So ist etwa daran zu erinnern, dass er bereits in seinem an Landgraf Philipp und Luther gerichteten Brief vom Februar 1531 die *impii* als eine Gruppe von Personen dargestellt hatte, die außerhalb der Gemeinde stehe.[235] Des Weiteren ist darauf hinzuweisen, dass er in einer am 5. Juli 1536 für den Basler Rat verfassten Erklärung der Wittenberger Konkordienartikel die *impii* als Menschen beschreiben sollte, „so offentlich nit sind jnn der kilchen, als Türcken vnd Juden vnd andere ruchlose lüt, die gar nichts glauben“[236]. Zum zweiten Einwand lässt sich sagen, dass die Darstellung des Myconius an dieser Stelle zwar in der Tat durch die Abwegigkeit der geschilderten Fälle „gekünstelt“ wirkt, dass dieser Zug aber keineswegs gegen die historische Zuverlässigkeit der Quelle spricht. Man muss sich nämlich vergegenwärtigen, in welcher Lage sich Bucer während der Verhandlungen befand: Zum einen musste er feststellen, dass Luther nicht bereit war, die von den Oberdeutschen bekräftigte Ablehnung der *manducatio impiorum* zu akzeptieren. Zum anderen war für ihn selbst an dieser Stelle ein Nachgeben ausgeschlossen. Lag es da nicht nahe, erneut auf die bereits im Jahr 1531 bemühte Strategie zurückzugreifen und die Frage nach dem Empfang der Gottlosen als ein Problem von offensichtlich nachrangiger Bedeutung auszugeben?

Im weiteren Verlauf der Sitzung unterbreitete Bugenhagen schließlich den Vorschlag, die Gegenseite solle sich doch zu der paulinischen Ausdrucksweise bekennen, dass die Unwürdigen den Leib Christi empfangen.[237] Bucer nahm dieses Angebot zustimmend auf, erklärte aber einschränkend, dass dies nur gelten könne, „wo des Herrn wort vnd einsatzung gehalten werden“.[238] Wie Bucer selber diesen Vorbehalt verstand, lässt sich wieder dem Bericht der Oberdeutschen deutlich entnehmen, wo die Empfänger von Leib und Blut als solche bezeichnet werden, die der Einsetzung Christi *glauben*, wenn sie auch sonst einen unangemessenen Umgang mit dem Sakrament pflegen und daher als Unwürdige empfangen.[239] Von dieser Gruppe werden aber alle jene unterschieden, die „gar keinen glauben haben“ und daher ausschließlich Brot und Wein empfangen.[240] Für diesen Vorbehalt berief Bucer sich darauf, dass in „D. Luthers schriff-

[234] Grass: Abendmahlslehre (1940), 131. In der zweiten Auflage seiner Monographie hat Grass diese Einschätzung nicht wiederholt.

[235] Cf. dazu oben S. 109f und S. 114f.

[236] BDS 6/1,213,25–214,1. Cf. dazu auch ähnlich a. a. O., 168,20–23.

[237] „Da brachte der Pomeranus her fůr, So mốchte man sagen: die onwürdigen, wie paulus redet, entpfahen den laib des Hern.“ BDS 6/1,152,12f.

[238] BDS 6/1,152,14f.

[239] „Dann leyder vil, die doch der einsatzung des Herrn glaubten, den leib des Hern vbel vnderscheideten vnd also vnwürdig den leib des Herrn im Sacrament empfingen.“ BDS 6/1,152,15–17.

[240] BDS 6/1,152,18. Wenig aussagekräftig ist die von Friedrich: Martin Bucer, 121 an die-

ten" dieselbe Auffassung vertreten werde.[241] Nun hat Luther sich wirklich in zwei seiner veröffentlichten Werke über die Notwendigkeit eines einsetzungsgemäßen Umgangs mit dem Abendmahl geäußert. Zum einen hatte er im abschließenden Bekenntnisteil seiner großen Abendmahlsschrift von 1528 einschränkend erklärt, dass überall dort nur Brot und Wein im Mahl vorhanden seien, wo Menschen nicht „Gottes wort vnd ordnung endern vnd anders deuten".[242] Dass er darunter eine Verkehrung der die Sakramentsverwaltung begleitenden Verkündigung durch den Geistlichen verstand, ist an anderer Stelle bereits dargelegt worden.[243] Zum anderen hatte Luther in seiner 1533 erschienen Schrift „Von der Winkelmesse und Pfaffenweihe" erklärt: „Also hellt vnd meinet sie [sc. die rechte Meinung der Kirche] auch / das im brod vnd wein der leib vnd blut Christi gereicht werde / so man nach der einsetzung vnd befelh Christi da mit vmbgehet."[244] Aus dem Kontext der Schrift geht aber eindeutig hervor, dass Luther mit dem besagten rechten Umgang nicht wie Bucer den gläubigen Empfang meinte, sondern die einsetzungsgemäße Sakramentsverwaltung und Verkündigung durch die *Geistlichen*.[245] So heißt es etwa an anderer Stelle: „Denn es hat kein geweyheter Winckel Priester thuren der gemeine das Sacrament reichen odder predigen / wie es doch Christus befelh vnd einsetzung foddert."[246] Ob Bucer die bestehende Diskrepanz bewusst gewesen ist oder nicht, lässt sich nicht mit Gewissheit entscheiden. Zumindest Luthers Ausführungen in seiner Schrift über die Winkelmesse nehmen sich aber so eindeutig aus, dass es einigermaßen schwerfällt, hier an ein Missverständnis zu glauben. Dann wäre aber davon auszugehen, dass Bucer bewusst versucht hätte, die bestehende Differenz durch die Bezugnahme auf Luthers Schriften zu verschleiern. In diesem Fall hätte er sich vermutlich aber auch vager über seinen eigenen Vorbehalt ausgesprochen, als es im Bericht der Oberdeutschen überliefert ist.

---

ser Stelle gebotene Paraphrase, Bucer habe an der Voraussetzung festgehalten, „dass das wort und die Einsetzung Christi ihre Gültigkeit behalten."

[241] „Darauff antwort Butzerus, ja, so fern man daran hienge: wo des Herrn wort vnd einsatzung gehalten werden, welche Condition auch inn D. Luthers schrifften were." BDS 6/1,152,13–15.

[242] WA 26,506,26–29. Der in BDS 6/1,152 A. 128 gebotene Verweis auf WA 26,486,7 ff ist hingegen irreführend.

[243] Cf. dazu oben S. 102 f.

[244] WA 38,216,15–17.

[245] Stupperich ist die hier bestehende Differenz in der Deutung offensichtlich nicht bewusst, wenn er schreibt: „Unter Berufung auf 1. Kor 11,29 konnte Bugenhagen diese Feststellung biblisch untermauern, allerdings nur unter der von Bucer schon vorher verlangten und auch von Luther akzeptierten Voraussetzung, dass das Wort und die Einsetzung des Herrn eingehalten werden." BDS 6/1,32. Dass Bucer und Luther diese Einschränkung in einem unterschiedlichen Sinn auffassten, wird auch bei Köstlin/Kawerau: Luther II, 340 zutreffend vermutet. Die dort gegebene Deutung der Differenz aber, dass für Luther eine solche Verkehrung vorliege, „wo ganze Kirchen oder Gemeinden, die das Sakrament feiern, vom Glauben an die Einsetzungsworte abfallen", verfehlt Luthers Auffassung. Cf. ebd.

[246] WA 38,235,2–4. Cf. ebenso WA 38,235,18–30; 244,8–14; 245,8–12.

Wie aus dem Bericht der Oberdeutschen hervorgeht, modifizierte Bucer seine Position schließlich gegen Ende seiner Ausführungen über die *manducatio impiorum* noch einmal in einer Hinsicht. Er fand sich nun dazu bereit zuzugestehen, dass den vollkommen ungläubigen Kommunikanten Leib und Blut Christi „auß einsatzung des Herrn vnd dienst der kirchen“ angeboten würden, wenn diese sie auch nicht empfingen.[247] Damit gab er das von ihm am Vortag noch einmal bemühte Argument auf, dass die Gottlosen den Leib Christi deswegen nicht empfangen könnten, weil Christus sein Mahl für sie nicht vorgesehen habe. Dies war das äußerste, was Bucer mit gutem Gewissen konzedieren konnte, wenn er am besonderen Charakter seiner eigenen Abendmahlsauffassung festhalten wollte.[248]

Im Anschluss an Bucers Vortrag ging Luther dazu über, die übrigen Oberdeutschen einzeln nach ihrer Auffassung vom Abendmahl zu befragen.[249] Zusammenfassungen der entsprechenden Antworten sind im Bericht der Oberdeutschen und im Brief des Myconius überliefert. Wie aus beiden Quellen hervorgeht, bekannten sich die Prädikanten übereinstimmend zu der von ihrem Straßburger Kollegen dargelegten Auffassung und versicherten, dass sie diese Lehre in ihren Gemeinden bereits zuvor verkündigt hätten und auch weiterhin verkündigen wollten.[250] Auch verwiesen sie Luther darauf, dass die Magistrate in einigen ihrer Städte Bestimmungen erlassen hätten, nach denen es bei Strafe verboten sei, die wahre Gegenwart des Leibes Christi zu leugnen.[251] Myconius’ Darstellung lässt sich außerdem entnehmen, dass sich die Oberdeutschen uneingeschränkt zur CA und ihrer Apologie bekannten und die Gegenseite darum baten, dass man sie um dieser Zustimmung willen doch als Glieder am Leibe Christi annehmen möge.[252]

---

[247] BDS 6/1,152,18–153,1 f.

[248] Nach der Darstellung von Hassencamp: Hessische Kirchengeschichte II, 140 soll auf diese Erklärung Bucers eine „Annahme“ erfolgt sein. Den Quellen zufolge reagierte Luther an dieser Stelle aber überhaupt nicht unmittelbar auf Bucer.

[249] „Deinde Lutherus singulos seorsim interrogat omnibus reliquis audientibus“. MycBr 168. Cf. ebenso ‚Narratio‘ 85. „Nach diser erzelung vnd erklerung Butzeri hat D. Luther vns nach ordnung gefraget vnsers glaubens“. BDS 6/1,153,5 f.

[250] „[...] das wir auch allwegen, jeder fur sich, bekennet haben, das wir allerding halten vnd lehren, wie Butzerus erzelet vnd erklåret hab.“ BDS 6/1,153,6 f. „Ubi singuli se idem, quod Bucerus explicasset, confiteri, sentire, docere, defendere asseverabant. Et iam toto anno se haec docuisse et exinde docere velle responderunt.“ MycBr 169–171. Cf. ebenso ‚Narratio‘ 85–87.

[251] „Quidam etiam addiderunt in suis ecclesiis publico edicto a magistratibus poenas cautas in eos, qui negarent veri corporis Christi cum pane veram praesentiam etc.“ MycBr 171–173. Cf. ebenso ‚Narratio‘ 88–90. „[...] vnd das niemandts bey vns gestattet werde zu lehren oder zu sagen, das nur brot vnd wein im Abentmal sey, Vnd inn etlichen stetten sey auch solches sagen vnder die gotslesterung gezelet vnd des schwere straff gedrôwet“. BDS 6/1,153,7–10.

[252] „Et precabantur omnes obnixe, ut quoniam per omnia agnoscerent veram esse Confessionem et Apologiam Augusto Caesari exhibitam, in concordiam et vincula illa unius fidei et solidae fraternae charitatis ut commembra in Christo reciperentur.“ MycBr 173–176. Cf. ebenso ‚Narratio‘ 90–92.

Neben den beiden summarisch gefassten Darstellungen liegen in zwei Quellen aber auch noch Ausführungen über die Antworten einzelner reichsstädtischer Vertreter vor. So berichtet zum einen Johannes Bernardi in der von ihm verfassten Frankfurter Fassung des oberdeutschen Berichtes über seine Replik auf Luthers Befragung. Danach erklärte er, dass die Abendmahlsauffassung der Frankfurter in Wittenberg keinem Verdacht unterliege und dass er daher auch nur als Beobachter zu den Verhandlungen angereist sei.[253] Sollte er wirklich versucht haben, sich und das von ihm vertretene Kirchenwesen auf diesem Weg aus der Affäre zu ziehen, so ist dieses Vorhaben definitiv misslungen. Weder wurde ihm selbst am Ende der Verhandlungen die Unterschrift unter die Konkordienartikel erlassen, noch wurden seine Kollegen und der Rat der Stadt von der erforderlichen Ratifizierung ausgenommen.

Zum anderen ist in dem Reisetagebuch des Musculus eine von Luther vorgenommene Befragung einiger Teilnehmer geschildert. Aus dem Umstand, dass Musculus die von ihm festgehaltenen Antworten deutlich von den Erwiderungen Bucers und von den Auskünften der „einzelnen" unterschieden und sie gleichzeitig in der 1. Person Plural formuliert hat[254], lässt sich erschließen, dass es sich hierbei um einen Bericht über die Vernehmung der beiden Augsburger Prädikanten handelt. Bestätigt wird dieses Urteil dadurch, dass Musculus die Kirche, in deren Namen die Auskünfte erteilt werden, in seinen Aufzeichnungen als „unsere Kirche" bezeichnet.[255] Dem Itinerar lässt sich entnehmen, dass Luther Wolfart und Musculus aufforderte, ihm ihre Auffassung von der Gegenwart des Leibes Christi, vom mündlichen Empfangen und vom Empfangen durch die Ungläubigen zu unterbreiten.[256] Ausdrücklich erklärte er, dass eine stabile Konkordie eine Übereinstimmung in allen drei Punkten verlangen würde.[257] Zu Beginn ihrer Ausführungen über die Gegenwart des Leibes Christi beriefen sich die beiden Augsburger zunächst auf die Darstellung, die Bucer in seinem ‚Bericht auß der heyligen geschrift' gegeben hatte.[258] In einer inhaltlichen Entfaltung bestimmten sie ihre Position dann dahingehend, „dass Christus wahrhaft im Abendmahl gegenwärtig sei, dass er sein Fleisch und Blut gebe, ja dass er

---

253 „Und dies ist meine Bekenntniß gewest: Lieben Herren und Väter, wir Diener am Evangelio zu Frankfurt glauben gänzlich, ihr habt keinen Zweifel an unserer Lehre, denn wir nicht anders gelehret, denn daß der wahre Leib und das wahre Blut Christi im Nachtmahl sei; dazu bin ich nicht herkommen als ein Actor dieser Handlung, sonder ein Hörer und Spectator, wie ihr euch allesammt miteinander vergleicht." BDS 6/1,153, A. u)-u).

254 „Qui cum singulos, postquam Bucerus praefatus esset, audisset [...] De primo responsum est nos credere et docere quemadmodum liber ad Monasterienses habet [...]". Itinerar 56,34f und 57,3f.

255 Cf. dazu unten A. 263.

256 „[...] primo articulum caenae proposuit et quid de praesentia corporis et sanguinis Christi sentiremus, deinde quid de manducatione oris, tertio de manducatione impiorum rogavit." Itinerar 56,35–57,1.

257 „Nam sine his asserebat concordiam firmam et solidam fieri non posse." A. a. O. 57,1f.

258 Cf. dazu oben A. 254.

vom Diener mit Brot und Wein gegeben werde". Ausdrücklich erklärten sie, dass es sich bei dem zwischen Christus und den Elementen bestehenden Verhältnis weder um eine *unio naturalis* noch um eine *inclusio localis* handele.[259] Auf die Frage nach der *manducatio oralis* gaben sie zur Auskunft, dass ihrer Überzeugung nach zwei Dinge im Sakrament seien: die Elemente und Christi Leib und Blut. Brot und Wein würden dem Mund dargereicht, während Leib und Blut Christi dem Glauben zum Empfang angeboten würden.[260] Demnach teilten sie Bucers Auffassung von der rein geistlichen Natur des Leibes Christi, die ausschließlich eine geistliche Nießung zuließ. Auch mit ihrer Versicherung, dass niemand von ihnen bestreite, dass der Leib Christi auch „unter Einschluss des Mundes" (oretenus) gegessen werde, rückten sie von dieser Position nicht ab. Sie schränkten diese Aussage nämlich dadurch ein, dass sie erklärten, man müsse sie ganz im Sinn von Luthers Ausführungen über das mündliche Essen in seiner Abendmahlsschrift von 1528 verstehen.[261] Zumindest für Musculus lässt sich aber anhand seines Schreibens an Bucer vom Februar 1531 zeigen, dass er diese Aussagen Luthers so auffasste, dass er wie Bucer in ihnen lediglich Redeformen erkannte, die zwar auf der Grundlage der bestehenden *unio sacramentalis* als zulässig angesehen werden konnten, die aber strenggenommen der Wirklichkeit nicht entsprachen, weil der Leib Christi leiblichen Zugriffen generell entzogen blieb.[262] Wenigstens was Musculus anbelangt gibt es keinen Grund zu der Annahme, dass er sich an dieser Stelle gegenüber den sächsischen Theologen bewusst zweideutiger ausgedrückt haben sollte, als er es nach dem Zeugnis seines Reisetagebuchs getan hat. Da er Luther in der dargestellten Weise verstand, war er sich an diesem Punkt nämlich keiner sachlichen Differenz bewusst, die man im Gespräch hätte verhüllen müssen. Ob man allerdings auf der Gegenseite auch so klar verstand, was hier geäußert wurde, ist eine andere Frage. Zumindest die Berufung auf Luthers Abendmahlsschrift konnte den Eindruck erwecken, dass die Augsburger an diesem Punkt auch in der Sache die Position der Wittenberger teilten. Hinsichtlich der Lehre vom Essen der Gottlosen räumten Musculus

[259] „[...] in caena Christum vere adesse, carnem et sanguinem summ vere dare, imo a ministro cum pane et vino dari, verum nullam hic esse naturalem unionem nec localem inclusionem." Itinerar 57,4–6.

[260] „De tertio respondimus nos credere duo esse in sacramento, panem et vinum velut symbola et corpus ac sanguinem domini velut rem ipsam sacramenti. Ori corporis exhiberi symbola, fidei vero ipsum corpus et sanguinem domini." A. a. O. 57,7–10.

[261] „Negari tamen a nemine nostrorum corpus Christi etiam oretenus manducari, sed eo sensu quo a Doctore Luthero ipso sit in confessione eius scriptum, nempe quaternione V. 3." A. a. O. 57,10–12. Zu der im Reisetagebuch vorliegenden Stellenangabe cf. WA 26,442 f.

[262] „Scimus, quo pacto Lutherus in sua confessione ore tenus carnem Christi manducari asserat, nempe quod corpori Christi recte adscribi possint ea, quae pani fiunt, hoc est, videre, tangere, in os sumere, dentibus commolere et lingua conterere, non quod hac corpori Dominico, sed quod pani fiant, verum propter sacramentalem unionem recte ista corpori tribui, manere semper verum et indubitatum corpus Christi nec videri, nec tangi, nec ore manducari." MBBW 5, 391 (273,2–8).

und Wolfart ein, dass man in der Augsburger Kirche vor diesem Artikel zurückschrecke und dass man nicht lehre, dass ein Gottloser, der vollkommen ohne jeden Glauben sei, den Leib Christi essen könne.[263] Wieder zeigte sich hier die mit Bucer geteilte Auffassung von der besonderen ontologischen Qualität des Leibes Christi. Zur Verteidigung der von ihnen vorgetragenen Ablehnung der *manducatio impiorum* beriefen sich die beiden Augsburger schließlich ebenfalls auf den Bekenntnisteil in Luthers großer Abendmahlsschrift und erklärten, dass ein Kommunikant, der die Einsetzung und die Worte Christi verkehre, nur Brot und Wein empfange.[264]

Luther reagierte auf dieses Bekenntnis der Augsburger mit dem Vorwurf, dass man auf der Gegenseite eigentlich nur an eine vorgestellte Gegenwart Christi im Abendmahl glaube.[265] Er warf daher den beiden Augsburgern vor, dass sie die Einsetzung Christi einschränkten, in der dieser erklärt habe, dass die Elemente sein Leib und Blut seien, die seiner Kirche ausgeteilt werden sollten.[266] Luthers Urteil lässt aber erneut erkennen, dass er trotz der vorangehenden Verhandlungen die von Bucer etablierte Position der Oberdeutschen nicht verstand und dass er auch ihre Differenz zu der Auffassung Zwinglis nicht erkannte.

Nachdem die Befragung der einzelnen oberdeutschen Vertreter abgeschlossen war, zog Luther sich mit den anderen kursächsischen Theologen in einen Nebenraum zurück, um sich mit seinen Vertrauten intern über die Ergebnisse der Verhandlungen zu beraten.[267] Auskünfte über dieses Gespräch lassen sich nur aus den Darstellungen des Myconius gewinnen. In seinem Brief an Dietrich behauptet der Gothaer Superintendent, man sei sich unter Luthers Freunden darin einig gewesen, dass man mit den Oberdeutschen Frieden schließen müsse, sofern das von ihnen geäußerte Bekenntnis ihrer inneren Überzeugung entspreche und sofern sie auch bereit seien, ihre Gemeinden zukünftig in dieser Weise zu unterrichten.[268] Doch scheint zumindest ein Teil der Lutheraner das Bedürfnis gehabt zu haben, sich noch einmal der oberdeutschen Position zu

[263] „De tertio, quid impius manducet, respondimus ecclesiam nostram ab hoc articulo abhorrere nec doceri a nobis corpus Christi ab impio fidei plane experte posse comedi." Itinerar 57,13–15.

[264] „Eum vero, qui institutionem Christi inverteret, verba corrumperet et violaret, nihil habere nisi panem et vinum iuxta confessionem ipsam D. Lutheri." A. a. O. 57,15–17.

[265] „Respondit Lutherus: Ergo imaginariam duntaxat praesentiam Christi in caena tenetis [...]." A. a. O. 57,17f.

[266] „[...] et institutioni Christi derogatis. Hic dixit panem hunc esse corpus suum et vinum sanguinem suum iussitque haec sua dona distribui ecclesiae suae." A. a. O. 57,18–20.

[267] „Haec cum dixisset, surrexerunt Lutherus, Pomeranus, Philippus Jonas et Creutzingerus et ingressi cubiculum seorsim consultarunt de nostra responsione." A. a. O. 57,20–22. „Mox Lutherus exsurgens in cenaculum vincinum cum selectioribus, nimirum Philippo, Pomerano, Creutzingero, Jona, Hieronymo Wellero, Isnacensi et Gothensi pastoribus causa deliberandi." Capito an Brenz, 14. Juni 1536: Pressel: Anecdota Brentiana, LX (184f).

[268] „[...] ibi tandem respondimus quasi uno ore: Si ita, ut confessi erant, corde crederent, ore confiterentur atque ecclesiam haec eadem hocque modo docerent atque deinde docere vellent, dandam illis pacem esse." MycBr 182–185. Cf. ebenso ‚Narratio' 94–97.

versichern. Es wurde nämlich der Vorschlag unterbreitet, man solle die Oberdeutschen noch einmal befragen, ob sie bekennten, dass das Brot, das Unwürdigen gegeben und von diesen gegessen werde, trotz dieses Missbrauchs der Leib Christi sei.[269] Die in der Unterhaltung angeführten Analogien, dass der Name Gottes durch die Sünde gegen das zweite Gebot in seiner Substanz nicht angetastet werde und dass Jesus sich von dem Verräter Judas in Gethsemane habe umarmen lassen[270], lassen wieder erkennen, dass man auf dieser Seite nicht verstand, an welcher Stelle wirklich die entscheidende Differenz lag. Nicht die gegenüber allen menschlichen Verhaltensformen beständige Äußerlichkeit des Leibes, sondern die Frage nach seiner leiblichen Tangibilität war das Problem.

Nach der Rückkehr der kursächsischen Theologen zu den zurückgebliebenen Oberdeutschen ergriff Luther erneut das Wort.[271] Der Beginn seiner Ausführungen ist uns in zwei verschiedenen Versionen überliefert: zum einen im Bericht der Oberdeutschen, zum anderen im Reisetagebuch des Musculus. Beide Wiedergaben lassen in ihren einleitenden Worten übereinstimmend erkennen, dass Luther hier den Versuch unternahm, die von der Gegenseite vorgetragene Lehre noch einmal zusammenzufassen.[272] Für die Beantwortung der Frage, welche Auffassung er am Ende der Verhandlungen von der Position der Oberdeutschen hatte, sind diese Ausführungen daher von größter Bedeutung. Für die inhaltliche Entfaltung von Luthers Zusammenfassung orientiert sich die vorliegende Darstellung zunächst an der Überlieferung des Itinerars. Diese Entscheidung lässt sich damit rechtfertigen, dass Musculus seine Aufzeichnungen mit deutlich geringerem zeitlichem Abstand zu den Ereignissen zu Papier brachte und dass ihm daher der Wortlaut von Luthers Aussagen bei der Niederschrift in ganz anderer Weise gegenwärtig war als den Verfassern des oberdeutschen Berichtes. Auffällige Differenzen zum Bericht der Oberdeutschen werden an den entsprechenden Stellen der Darstellung aufgenommen und erörtert.

Luthers Ausführungen werden im Itinerar des Musculus mit folgenden Worten wiedergegeben:

---

[269] „Verum adhuc semel explicate illis exponeret, an etiam illum ipsum panem, qui a ministro Christi cum verbis instituentis Christi indignis, ut vocat Paulus, datur et ab eis sumitur, vere fateantur esse corpus Christi." MycBr 185–188. Cf. ‚Narratio' 97–100.

[270] „Sicut vere est nomen Domini, quod impius contra secundum praeceptum tabulae primae Moysis accipit in vanum neque fit non nomen Domini ex eius abusu. Et Judas vere amplexatur in horto Christum et osculatur eum neque fit non Christus ex tanto abusu et traditione impiissima etc." MycBr 188–191.

[271] „Tunc regressi nobis et omnibus residentibus Lutherus omnia non sine ingenti spiritus alacritate, quae etiam ex oculis et toto vultu resplenduit, recensuit." MycBr 192–194. Cf. ebenso ‚Narratio' 101.

[272] Im Bericht der Oberdeutschen ist zu lesen: „Würdigen Herren vnd brůder, wir haben nun ewer aller antwort vnd bekantnüß gehőrt [...]." BDS 6/1,154,1 f. Nahezu identisch heißt es im Itinerar: „Reverendi Domini et fratres, audivimus vestram responsionem [...]." Itinerar 57,23 f.

„Ehrenwerte Herren und Brüder, wir haben eure Antwort gehört, nämlich dass ihr durchaus bejaht, dass das Brot der Leib sei und der Wein das Blut des Herrn und dass der Leib und das Blut Christi wahrhaft im Mahl gegenwärtig sei, nicht in vorgestellter Weise (imaginarie), und empfangen werde von denen, die das Sakrament zu sich nehmen. Nur an dieser Stelle hängt ihr noch fest, dass wir sagen, dass auch der Gottlose im Mahl den Leib und das Blut des Herrn zu sich nehme. Doch um dieser Sache willen wollen wir nicht streiten, nachdem ihr von Herzen bekennt, dass Brot und Wein im Mahl nicht nur bloße Zeichen (nuda signa) sind, sondern wahrhaftig Leib und Blut des Herrn, der im Mahl in Wahrheit gegenwärtig ist, nicht vorgestellterweise (imaginarie)."[273]

Nach dieser Darstellung konnte Luther in den Ausführungen der Gegenseite eine Zustimmung zu drei Lehrpunkten erkennen:

1. Das Brot ist der Leib Christi und nicht nur ein leeres Zeichen. Dem Bericht der Oberdeutschen zufolge soll Luther hingegen festgestellt haben, dass die Gegenseite sich zum wahren Geben und Empfangen des Leibes Christi im Abendmahl bekannt habe.[274] Es ist aber sehr wahrscheinlich, dass Musculus Luther hier präzise wiedergegeben hat. Es lässt sich nämlich kein Grund erkennen, warum er mit dem *est* auf eine unter den Oberdeutschen eher ungebräuchliche Formulierung hätte zurückgreifen sollen, wenn Luther sich nicht tatsächlich selbst so geäußert haben sollte. Die im oberdeutschen Bericht benutzte Ausdrucksweise entspricht hingegen auffallend Bucers eigenem theologischem Sprachgebrauch. Wahrscheinlich bemühte er sich bei der Abfassung des oberdeutschen Berichtes an dieser Stelle darum, den eigenen Gemeinden die getroffene Vereinbarung in möglichst vertrauten und unanstößigen Worten darzustellen.[275]

2. Der Leib Christi ist im Abendmahl wirklich gegenwärtig und nicht nur in der Erinnerung der Kommunikanten. Im Bericht der Oberdeutschen ist wiederum vom Geben und Empfangen des Leibes die Rede, das „warhafftig geschehe, nicht imaginarie"[276]. Trotz dieser Differenz stimmen beide Quellen darin überein, dass sich die Oberdeutschen nach Luthers Überzeugung deutlich von der Anschauung abgegrenzt hatten, dass Leib und Blut Christi im Abendmahl nur als Größen innerhalb der menschlichen Erinnerung anzusehen seien.

---

[273] „Reverendi Domini et fratres, audivimus vestram responsionem, nempe quod non negatis panem esse corpus et vinum sanguinem domini, corpusque et sanguinem Christi in caena vere adesse, non imaginarie accipique a sumentibus sacramentum. Duntaxat in hoc heretis adhuc, quod nos dicimus impium etiam in caena sumere corpus et sanguinem domini, pro qua re tamen nolumus contendere, posteaquam ex animo fatemini panem et vinum in caena non esse nuda signa sed vere corpus et sanguinem domini praesentis in caena, revera non imaginarie." A. a. O. 57,23–58,1.

[274] „[...] das jhr glaubt vnd leret, das im h. Abendmal der war leib vnd das war blut des Hern gegeben vnd entpfangen werden, vnd nicht allein brot vnd wein [...]." BDS 6/1,154,2–4.

[275] Cf. dazu auch den bei GRASS: Abendmahlslehre (1954), 144 gegen den Wortlaut der oberdeutschen Darstellung gerichteten Einwand, diese klinge „zu Butzerisch", als dass es sich um eine wörtliche Wiedergabe von Luthers Worten handeln könne.

[276] BDS 6/1,154,4.

3. Leib und Blut Christi werden von den Kommunikanten im Abendmahl als wirkliche Gaben empfangen.[277]

Übereinstimmend berichten die Darstellung der Oberdeutschen, das Itinerar und der Brief des Myconius darüber hinaus, dass Luther gegen Ende der Verhandlungen nicht mehr auf seiner Forderung beharrte, dass die Oberdeutschen sich zur *manducatio impiorum* bekennen müssten. Stattdessen schlug er ihnen vor, sie sollten bekennen, dass die Unwürdigen (indigni) den Leib Christi empfangen.[278] Luthers gegenteilige Behauptung, er habe die Gegenseite dazu genötigt, sich zum leiblichen Empfang der Gottlosen (impii) zu bekennen, die er im Juni 1543 gegenüber den evangelischen Christen von Venedig äußern sollte, entspricht bei strenger Anwendung der Terminologie nicht den Tatsachen.[279] Die weitere Darstellung wird aber zeigen, dass in der Sache nach seinem Urteil von den Oberdeutschen am Ende der Verhandlungen die Nießung von Leib und Blut für Personen zugestanden wurde, die er selber nach seinem eigenen Sprachgebrauch als *impii* bezeichnete.

Wie sich der zuvor angeführten Passage des Reisetagebuchs entnehmen lässt, war Luther an dieser Stelle dazu bereit, seine ursprüngliche Forderung fallenzulassen, weil es jetzt für ihn feststand, dass Bucer und seine Leute mit der Abendmahlslehre Zwinglis gebrochen hatten und dass sie sich nun aus innerer Überzeugung zu einer wirklichen Gegenwart des Leibes Christi bekannten. Aus den Aufzeichnungen des Myconius geht außerdem hervor, dass Luther bei seinem Verzicht von einer bestimmten Voraussetzung ausging, die das oberdeutsche Verständnis der *manducatio impiorum* betraf: Er gab seine alte Forderung in dem Bewusstsein auf, dass die Rede von einem Essen der Gottlosen in den oberdeutschen Gemeinden deswegen als inakzeptabel galt, weil man dort meinte, dass mit diesem Ausdruck der Empfang des Leibes durch Türken, Juden oder Tiere ausgesagt werde.[280]

---

[277] Cf. dazu auch die übereinstimmenden Ausführungen im Bericht der Oberdeutschen in A. 274.

[278] „[...] stosset eüch allein der gotloosenn halben, bekennet doch, wie der h. Paulus sagt, das die vnwürdigen den leib des Herrn entpfahen, wo die einsatzung vnd wort des Herrn nicht verkert werden, darob wollen wir nicht zancken." BDS 6/1,154,4–7. „Sed hoc puto vos, postquam, ut dicitis, apud ecclesias vestras horrori est dicere, quod impius manducet corpus domini, non detrectaturos, ut iuxta Paulus dicatis indignos in sacramento licet indigne ert ad iudicium sumere corpus et sanguinem domini." Itinerar 58,1–4. „Quod si haec vox, impii accipiunt verum corpus Christi, apud suos rudibus intollerabilis videretur, uterentur interim ea, qua Paulus usus est: indignus. Verum rem ipsam explicarent sive dicerent pro impiis increduli." MycBr 201–204.

[279] „Sed hanc subintroductionem et fraudem elusimus, cogentes eos concedere, quod et os impii acciperet corpus et sanguinem, dum panem et vinum accipit." WABr 10, 3885 (331,92–94). Ebenso urteilt Grass: Abendmahlslehre (1954), 144, dass „objektiv gesehen Luthers Behauptung von 1543 jedenfalls nicht richtig" sei.

[280] „Quod si haec verba, impii accipiunt verum corpus Christi, apud suos intolerabilia et durius sonarent, quia illi intelligerent Turcas, Judaeos, mures canes etc. uterentur verbis Pauli, indigni, increduli etc." ‚Narratio' 105–107.

Dem Brief des Myconius lässt sich schließlich noch entnehmen, dass Luther das von ihm in dieser Frage unterbreitete Angebot nur als eine vorläufige Lösung (interim) ansah. Außerdem machte er den Oberdeutschen dieser Quelle zufolge noch den Vorschlag, dass sie auch von einem Essen der Ungläubigen (increduli) reden könnten, wenn sie die Rede vom Empfang der Gottlosen vermeiden wollten.[281]

Nach der Darstellung des Musculus erklärten sich die Oberdeutschen in ihrer Antwort mit Luthers Vorgaben einverstanden. In einem Zusatz erklärten sie aber, dass man von einem Empfang der Unwürdigen nur reden könne, wenn die Worte und die Einsetzung Christi bewahrt bleiben.[282] Damit brachten sie an dieser Stelle ein weiteres Mal in zweideutiger Weise ihre Überzeugung zum Ausdruck, dass von einem Empfang des Leibes nur dort die Rede sein könne, wo auch eine Art von Glauben gegeben sei.

Auf die Zustimmung der Gegenseite hin erklärte Luther, dass man im Hinblick auf den Artikel vom Abendmahl somit zu einer Verständigung gefunden habe und dass seine Seite nunmehr bereit sei, die Oberdeutschen als Brüder in Christus anzunehmen.[283] Bei diesen Worten brachen Bucer und Capito in Tränen aus. Voller Ergriffenheit dankten die Anwesenden Gott für den Ausgang der Verhandlungen.[284] Bevor man schließlich auseinanderging, wurde den Oberdeutschen noch einmal eingeschärft, dass die getroffene Vereinbarung Auswirkungen auf die Verkündigung in den Gemeinden haben musste. Mit Umsicht und Geduld sollten die Prädikanten auf ihre Gemeinden einwirken und sie der rechten Lehre zuführen.[285] Zum Abschluss der Sitzung reichten die Teilnehmer

[281] Cf. oben A. 278. Falsch wird diese Stelle hingegen bei Köstlin/Kawerau: Luther II, 341 f ausgelegt. Sie wird dort in dem Sinn gedeutet, als hätten die Oberdeutschen durch diesen Vorschlag die Möglichkeit erhalten sollen, die Gottlosen terminologisch präziser zu erfassen, die vom Empfang ausgeschlossen sein sollten.

[282] „Quod cum concessissemus, modo verba et institutio Christi serventur [...]." Itinerar 58,4 f.

[283] „Convenit ergo nobis, quod ad hunc articulum attinet, et recipimus vos et agnoscimus tanquam concordes in Domino fratres." A. a. O. 58,6 f. Sehr ähnlich heißt es im Bericht der Oberdeutschen: „Weil es dan also bey eüch steet, so seind wir eins, erkennen vnd nehmen eüch an als vnsere lieben brůder im Herren, so vil disen artickel belangt." BDS 6/1,154,7–9. Cf. dazu auch Capito an Brenz, 14. Juni 1536: Pressel: Anecdota, LX (185).

[284] „Proruperunt lacryma Capitoni et Bucero et utrinque cancellatis manibus et gestibus piis Deo gratias egimus." MycBr 197 f. Cf. ähnlich ‚Narratio' 107 f.

[285] „Et iussi sunt prudenter et sensim diversam sententiam, si adhuc in aliorum cordibus haereret, eximere et hanc rectam et veram sententiam ecclesiis proponere et quantum spiritus Domini adiuvaret infirmitatem nostram, clare exponere." MycBr 198–201. Cf. ebenso ‚Narratio' 105–107. Die Deutung, die Roper: Mensch, 452 dieser Passage gibt, geht am Text in zweifacher Hinsicht vorbei: 1. Die Oberdeutschen erhielten an dieser Stelle keinen Ratschlag, sondern eine Anweisung (iussi sunt). 2. Die neue Lehre sollte keineswegs „schrittweise [...], so dass die Gemeindeglieder die Veränderung nicht bemerkten", eingeführt werden. Vielmehr sollte die Unterrichtung der Gemeinden deutlich (clare) erfolgen. Eine gewisse zeitliche Erstreckung dieser Belehrung (sensim) wurde der Gegenseite nicht deswegen zugestanden, weil man gemeint hätte, die oberdeutschen Christen auf diesem Weg durch Unmerklichkeit besser täuschen

einander die rechte Hand.[286] Das Zeichen der Eintracht, das Luther der anderen Seite in Marburg noch verweigert hatte, wurde nun zumindest einem Teil der ehemaligen Opponenten gewährt.

#### 4.2.2.2 Die Auswertung der Verhandlungen

Auf der Grundlage der vorangehenden Darstellung lässt sich unschwer erkennen, dass die von Planck, Rudelbach, Schmid, Kolde und Brecht vertretene Auffassung, Luther habe sich mit seiner eigenen Abendmahlslehre ohne Einschränkungen wirklich durchsetzen können und die Gegenseite habe sich tatsächlich seinem Willen vollkommen unterworfen, nicht zutrifft.[287] Es kann nämlich keinem Zweifel unterliegen, dass die oberdeutschen Theologen bis zuletzt an ihrer Überzeugung festhielten, dass es für den Leib Christi – bei aller zugestandenen Objektivität der Präsenz im Abendmahl – aufgrund seiner besonderen, auch durch die *unio sacramentalis* mit dem Brot nicht veränderten Beschaffenheit nur die Möglichkeit eines geistlichen Empfangs durch eine wie auch immer geartete Form von Glauben gebe, während ein mündliches Essen prinzipiell ausgeschlossen sei. Dies geht zum einen aus den Erklärungen hervor, mit denen Bucer und die beiden Augsburger Prediger ihre Auffassung von der *manducatio oralis* darlegten. Zum anderen wird dies auch an dem Vorbehalt deutlich, den die Oberdeutschen im Verlauf der Verhandlungen verschiedentlich äußerten und an deren Ende noch einmal in ihrer abschließenden Einwilligung bekräftigten, dass es nur dann zu einem Empfang des Leibes Christi komme, wenn die Worte und die Einsetzung Christi bewahrt, beziehungsweise wenn sie nicht verkehrt würden – eine Feststellung, die sie, wie gezeigt, so verstanden, dass ungläubiger Empfang die *institutio* verkehre und gläubiges Essen sie bewahre.

Damit ist freilich noch in keiner Weise darüber entschieden, ob es Luther auch bewusst war, dass die genannte theologische Differenz bestand, als er zur Abendmahlslehre der Oberdeutschen sein Plazet aussprach. In diesem Sinn hat sich Bizer in seinen Studien zur Geschichte des Abendmahlsstreites geäußert. Ausgehend von einer in der Sache zutreffenden Bestimmung des abendmahlstheologischen Dissenses kam er zu dem Urteil, dass Luther den Unterschied unmöglich übersehen haben könne.[288] Das Verhandlungsergebnis bezeichnet er

---

zu können, sondern weil man in Wittenberg davon überzeugt war, dass die geforderte abendmahlstheologische Umorientierung Zeit benötigen werde, wenn sie ernsthaft und dauerhaft erfolgen solle. Entsprechend ist auch die Luther von Roper in diesem Zusammenhang unterstellte Zynik und „Geringschätzung des Kirchenvolks" als offensichtliche Fehldeutung einzuordnen.

[286] „Datae sunt dextrae utrinque et discessimus ad nostra hospitia." MycBr 204f. Cf. ebenso ‚Narratio' 108.

[287] Cf. dazu Planck: Geschichte III/1, 379; Rudelbach: Reformation, 377; [Schmid:] Wittenberger Konkordie, 20; Schmid: Kampf, 29; Kolde: Wittenberger Konkordie, 396; Brecht: Luthers Beziehungen, 509.

[288] „Dass er [sc. Luther] die Vorbehalte Butzers übersehen oder nicht durchschaut haben könnte, ist unmöglich." Bizer: Studien, 126. Bizers Einschätzung von der „Einigung bei klar

daher als „Einigung bei klar gesehenen Differenzen“[289]. Obwohl Bizer hier im Plural von „Differenzen“ spricht, unterscheidet sich seine Sicht auf die tatsächlich bestehende Divergenz in der Sache nicht von der in der vorliegenden Arbeit vertretenen Sicht. Bizer unterscheidet nur noch einmal zwischen einem differierenden Verständnis der *unio sacramentalis* und einer unterschiedlichen Vorstellung vom Leib Christi.[290]

Für seine Einschätzung hat Bizer sechs verschiedene Argumente vorgebracht, die nun zunächst dargestellt und auf ihre Stichhaltigkeit überprüft werden sollen[291]:

---

gesehenen Differenzen“ findet sich vergleichbar auch bei Köstlin/Kawerau: Luther II, 347f und Friedrich: Von Marburg bis Leuenberg, 55–57. Unklar ist an dieser Stelle hingegen die Position von Kaufmann, der in seinem TRE-Artikel schreibt, es habe „erhebliche Deutungsdifferenzen“ gegeben, doch sei dieses Problem „ausgespart“ worden. Kaufmann: Wittenberger Konkordie, 246,41.43. Ob es sich dabei aber um einen bewussten Verzicht auf eine weitere Erörterung in Kenntnis der Differenzen handelte oder nicht, geht aus dem Artikel nicht hervor. Ausgesprochen verworren sind die in diesem Zusammenhang angestellten Überlegungen bei Friedrich: Martin Bucer, 123f. Zum einen betrifft das die Ausführungen, in denen der zwischen Bucer und Luther herrschende theologische Dissens bestimmt werden soll: Friedrich behauptet dort unter anderem, Luther habe die *unio sacramentalis* als ein „Miteinander von Leib und Blut Christi“ aufgefasst, während Bucer sie im Sinne eines „Beieinander des Leibes und Blutes Christi“ verstanden hätte. Ein später von ihm veröffentlichter Aufsatz lässt erkennen, was er an dieser Stelle offensichtlich sagen wollte: „Aber der Unterschied bei der Interpretation der ‚unio sacramentalis‘ lag darin, dass Luther von einem Miteinander des Leibes und Blutes Christi *mit Brot und Wein* ausging, Bucer lediglich von einem Beieinander sprach.“ Friedrich: Ökumene, 260 [Hervorhebung vom Verf.]. Doch auch hier, wo nun deutlich wird, dass Friedrich die Interpretationen beider Reformatoren auf das Verhältnis, das im Abendmahl zwischen Christus und den Elementen besteht, bezogen wissen will, bleibt die Frage, worin die Differenz, die hier mit den beiden Schlagworten „Miteinander“ und „Beieinander“ markiert werden soll, eigentlich in der Sache bestanden haben soll. Zum anderen finden sich in seinen Ausführungen widersprüchliche Aussagen darüber, ob es Luther und Bucer bewusst war, dass sich ihre Auffassungen vom Abendmahl weiterhin unterschieden: So heißt es einmal, dass Luther Bucers Unterscheidung zwischen *impii* und *indigni* nicht wahrzunehmen „vermochte oder wollte“ (124). Später wird dann aber geurteilt, die in Wittenberg gefundenen Formulierungen hätten „Zweideutigkeiten“ enthalten, „die Bucer wie Luther gewiss wahrgenommen hatten.“ (124).

[289] Bizer: Studien, 127. An anderer Stelle heißt es vergleichbar: „Luther ist nicht etwa getäuscht oder überlistet worden, sondern er hat die Abendmahlsgemeinschaft trotz der noch bestehenden Differenzen zugestanden und gehalten […].“ A. a. O., 187.

[290] Zum ersten Punkt heißt es bei ihm: „Butzer hat sich offenbar die sakramentale Einheit zwischen Brot und Leib Christi anders, sozusagen lockerer, vorgestellt als Luther. […] Es ist ihm daher möglich, einen Unterschied zwischen Brot und Leib zu machen, auch wenn beide gleichzeitig da sind; und so besteht auch noch ein Unterschied zwischen dem Genießen des Brotes und dem des Leibes Christi.“ A. a. O., 122. Über Bucers Auffassung vom Leib Christi äußert er sich wie folgt: „Der Leib Christi ist über die Welt der Sinne und der Vernunft erhaben; also kann ihn nur der Glaube fassen.“ A. a. O., 125. Beide Urteile lassen sich aber zu dem einen Differenzpunkt zusammenfügen, dass Bucer im Unterschied zu Luther davon ausging, dass der Leib Christi auch innerhalb einer bestehenden *unio sacramentalis* mit dem Brot eine Größe sei und bleibe, die allen physischen Zugriffen entzogen sei.

[291] Zu den im Folgenden angeführten und geprüften sechs Argumenten cf. Bizer: Studien, 126f.

1. Bizer behauptet, dass Luther die Differenz bemerkt und verstanden haben müsse, da sich Bucer „klar genug ausgesprochen" habe. Grundsätzlich sind, wie bereits erwähnt, zwei Aussagenkomplexe dazu geeignet gewesen, die Abweichung in der Abendmahlslehre des Straßburgers und der anderen Oberdeutschen deutlich werden zu lassen, nämlich die Aussagen über das leibliche Essen und die einschränkenden Ausführungen über die Verkehrung der Einsetzung. Wenden wir uns zunächst noch einmal den Aussagen über die *manducatio oralis* zu: Dabei fällt zunächst auf, dass sich sowohl die beiden Straßburger als auch später Musculus und Wolfart in ihren entsprechenden Äußerungen ausdrücklich zustimmend auf Luthers eigene Darstellung vom leiblichen Essen beriefen, die er innerhalb seiner Erörterung der *unio sacramentalis* in der Abendmahlsschrift von 1528 vorgetragen hatte.[292] Von daher ist es aber zumindest nicht auszuschließen, dass der Wittenberger diese Erklärungen schließlich doch so auffasste, als sei die Gegenseite mit ihm in dieser Frage wirklich einig. Auch die von den Oberdeutschen selbst formulierten Erklärungen konnten leicht so verstanden werden, dass man sich mit ihnen zu einem mündlichen Essen des Leibes Christi bekennen wollte. Woran hätte Luther erkennen sollen, dass sich hinter der Versicherung der Augsburger, niemand bestreite, dass der Leib auch „unter Einschluss des Mundes" (oretenus) gegessen werde, wenn man dies nur im Sinne der großen Abendmahlsschrift verstehe, eine von seiner eigenen Anschauung gänzlich verschiedene Lehre verbarg? Auch die Erklärung Bucers und Capitos konnte Luther ohne weiteres in seinem Sinne so auffassen, dass beide mehr als nur eine *forma loquendi* zugestehen wollten und dass ihr Vorbehalt, der Leib „für sich" sei allen physischen Zugriffen entzogen, nicht mehr besagen wollte, als er selbst 1528 eingeräumt hatte: nämlich dass die Sichtbarkeit und die Essbarkeit dem Leib nicht an sich zugehören, sondern dass beide ihm erst in der Verbindung mit dem Brot zukämen. Dass Myconius die wahre Bedeutung dieser Aussagen nicht erfasste, geht deutlich aus seinem Brief an Veit Dietrich hervor. Zusammenfassend lässt sich also sagen, dass die von den Oberdeutschen und besonders von Bucer gebrauchten Wendungen keineswegs unmissverständlich waren. Darüber hinaus lässt sich aber auch zeigen, dass Luther Bucer in der Vergangenheit tatsächlich immer wieder falsch verstanden hatte. Dies zeigen etwa sein Brief an den Kurfürsten vom Januar und Februar 1531, sein Brief an Bucer vom 22. Januar 1531 und sein Schreiben an Menius vom März 1531 zeigen.[293] Auch sein Sendbrief an die Frankfurter muss hier erwähnt werden.[294] Auffällig ist auch, dass Luther 1535 der mit sehr ähnlichen Worten formulierten Abendmahlslehre in Blarers Apologie eine für ihn selbst akzeptable Deutung geben konnte, obwohl er sich doch im Dezember 1534 vor seinen Kollegen ab-

[292] Cf. dazu oben S. 324 f und 339.
[293] Cf. dazu oben S. 94 f; 97–99; 117 f; 120–122.
[294] Cf. S. 150.

lehnend über eine solche Abendmahlsauffassung geäußert hatte.[295] Dass Luther auch während des Konventes Bucer und seine Gefolgsleute offensichtlich falsch deutete, geht aus der von ihm entfalteten Deutung der oberdeutschen Lehrentwicklung, aus seiner Befragung der Augsburger und den Notizen Bugenhagens deutlich hervor.[296]

Ein vergleichbarer Befund ergibt sich nun aber auch für die Ausführungen, in denen die Oberdeutschen ihren Vorbehalt äußerten, dass von einem Empfang des Leibes nur die Rede sein könne, wenn die Worte und die Einsetzung Christi nicht verkehrt würden. Auch hier wies wenig darauf hin, dass die Gegenseite mit dieser Einschränkung etwas anderes als Luthers eigene Auffassung zum Ausdruck wollte, der zufolge stiftungsgemäße Verwaltung und Verkündigung durch den Zelebranten für die Gegenwart von Leib und Blut im Abendmahl konstitutiv waren. Nun heißt es zwar im Bericht der Oberdeutschen, Bucer habe erklärt, dass es durch das Verhalten des *Empfängers* zu einer Verkehrung kommen könne.[297] Eine solche Aussage hätte tatsächlich signalisieren können, dass der Straßburger an dieser Stelle eine von Luther abweichende Vorstellung artikulieren wollte. Aber wie bereits dargestellt ist es eben fraglich, ob Bucer seine Ansicht wirklich so deutlich vorgetragen hat. Myconius zumindest hat ihn wahrscheinlich ganz im Sinne von Luthers Meinung verstanden. Darüber hinaus ist auch noch zu beachten, dass die Oberdeutschen sich den Quellen zufolge zweimal für den von ihnen geäußerten Vorbehalt darauf beriefen, dass Luther selbst sich schriftlich in entsprechender Weise geäußert habe.[298] Auch deswegen dürfte es für Luther und seine Freunde nahegelegen haben, in diesen Erklärungen eine Zustimmung zu ihrer eigenen Überzeugung zu sehen.

Zusammenfassend ist demnach aber festzuhalten, dass von den untersuchten Erklärungen der Oberdeutschen her gerade nicht einfach behauptet werden kann, dass Luther die Gegenseite unmöglich missverstanden verstanden haben könne. Vielmehr ist festzustellen, dass die Ausführungen keineswegs so eindeutig formuliert waren, wie Bizer es für sein Urteil voraussetzte und wie es als Grundlage für ein solches Votum auch erforderlich wäre. Darüber hinaus lassen sowohl die Vorgeschichte des Konventes als auch der Verlauf der Wittenberger Verhandlungen selbst vielfach erkennen, dass Luther Bucers abendmahlstheologische Position falsch verstanden hat.

2. Ebenso weist Bizer darauf hin, dass Luther Bucers Position aufgrund der Verhandlungen während der vorangehenden Jahre bereits bekannt gewesen sei. Aus der kritischen Auseinandersetzung mit seinem ersten Argument dürfte aber hinreichend deutlich geworden sein, dass von einer wirklichen Kenntnis Luthers eben keine Rede sein kann.

---

295 Cf. dazu oben Kapitel 3.2.2 und 3.3.

296 Cf. oben S. 325–329; 329; 339 f.

297 Cf. oben S. 332–334.

298 Cf. dazu oben S. 335 und S. 340.

3. Des Weiteren verweist Bizer darauf, dass die in den ‚Acta Wittenbergica' überlieferte Äußerung Bugenhagens zeige, dass man sich „in Wittenberg eingehend mit der Differenz" beschäftigt habe. Ausgehend von der Annahme, dass Bugenhagen diese Äußerung am 29. Mai 1536 vorgelesen habe, behauptet Bizer: „Dieses Zitat zeigt schon durch die Tatsache, dass Bugenhagen es für nötig hielt, ebenso aber durch seinen Inhalt, dass die Wittenberger den Vorbehalt der Süddeutschen sehr wohl verstanden hatten."[299] In Exkurs II konnte bereits dargelegt werden, dass die *lectio Pomerani* keine Intervention im Rahmen des Konkordienkonventes wiedergibt. Gleichwohl ist dieser Text als eine Auseinandersetzung Bugenhagens mit der Abendmahlslehre Bucers anzusehen. Die Passage, die sich auf Bucers ‚Bericht auß der heyligen geschrift' bezieht, lautet wie folgt:

„Praeter ea, quae necessario de verbis Pauli diximus, hic admoneo ex eiusdem Pauli verbis, illos, qui negaverunt in eucharistia verum Christi corpus et sanguinem sumi a communicantibus discipulis Christi, iam vero incipiunt gloriam dare verbis et institutioni Christi, maxime illi, qui Argentinae publice docuerunt, idque Anno domini Mdxxxiiii, publico scripto testati sunt, sanctissime scribentes contra maliciam, blasphemias et impietatem phanaticorum anabaptistarum, faciat deus ut pergant, ut uno ore omnes glorificemus Christum. Nam ita futurum speramus ut et alii, quos sacramentarios vocamus, suas blasphemias, quas in miserum vulgus sparserunt, recantent, ne amplius audiamus impanatos deos, et reliquas non dicendas blasphemias, non tam in nos quam in Christi institutionem iactatas. Illos, inquam, fratres nostros admoneo. Nam videntur in hoc quidam adhuc haerere, quod impii et increduli non accipiant verum corpus domini et sanguinem, quando communicant sacramento cum aliis. De missatoribus papisticis nihil hic dicimus, ut neque de brutis quibus hoc sacramentum non est institutum, neque puto Argentinenses aut alios, qui tunc ita dixerunt de impiis et incredulis, intelligere de Turcis, Iudaeis, gentilibus, aut etiam de illis, qui manifeste docent, corpus Christi verum non esse panem dominicum illis, qui communicant. Quid enim talibus cum institutione Christi? De impiis et incredulis Christi discipulis, qui nobiscum videntur fateri Euangelium, et nobiscum suscipiunt sacramenta et confitentur sacramentorum veritatem, non dubium est quin dicant, alioqui hoc dicendo nihil dicerent."[300]

Diesen Ausführungen lässt sich dreierlei entnehmen: 1. Bugenhagen wusste, dass die Verfasser der genannten Schrift die *manducatio impiorum* ablehnen. 2. Er vermutete, dass mit den *impii* weder Heiden noch Juden noch Tiere gemeint seien. 3. Er nahm an, dass es sich bei den *impii* um ungläubige oder gottlose Christen handeln müsse. In keiner Weise aber geht aus diesen Ausführungen hervor, dass Bugenhagen verstanden hätte, warum die *impii* nach der Überzeugung Bucers und seiner Parteigänger den Leib Christi nicht essen können. Der Text belegt somit eben gerade nicht, dass auf kursächsischer Seite die Pointe der zwischen Luther und Bucer bestehenden Differenz erfasst worden wäre.

---

299 Bizer. Studien, 114f.

300 SBB Preussischer Kulturbesitz Ms. theol. lat. oct 40, f. 38r–v.

4. Außerdem behauptet Bizer, dass Luther in späterer Zeit Bucers Auffassung „offenkundig und klar“[301] vorgelegen habe, was aber nicht dazu geführt habe, dass er die Konkordie widerrufen habe. Bizer bezieht sich dabei auf einen Brief, den Bürgermeister und Rat der Stadt Isny an Luther geschrieben haben müssen. Der Brief selbst ist nicht erhalten. Aus Luthers Antwort lässt sich aber erkennen, dass man diesem Schreiben eine Beilage für ihn zugefügt hatte:

„Die abgeschrieben Zeddel, Latinisch und Deutsch, so Jhr habt mir itzt zugeschrieben, Euch von andern Städten zugeschickt, des Handels halben, so zwischen uns hie zu Witemberg vom Sacrament gestellet ist, muß ich bekennen, daß alles sei also ergangen und geschehen.“[302]

Bizer interpretiert diese Passage so, dass mit den genannten Zetteln der Bericht der Oberdeutschen gemeint sein müsse.[303] In einer Hinsicht aber spricht der vorliegende Wortlaut Luthers gegen diese Deutung: Der Bericht der Oberdeutschen ist nämlich ausschließlich in deutscher Sprache verfasst. Bei den Zetteln in deutscher und lateinischer Sprache dürfte daher an die Konkordienartikel zu denken sein. Zumindest der Abendmahlsartikel lag von Beginn an in beiden Sprachen vor.[304] Gegen diese Deutung wird man auch nicht einwenden können, dass in den fraglichen Papieren der Hergang des Konventes geschildert sein soll. Die Analyse der für den Artikel gewählten Form wird nämlich zeigen, dass er eine Art Kurzprotokoll über den Verlauf des Konventes enthält.[305]

Bizer stützt sich für seine Argumentation noch auf einen weiteren Befund. Er bezieht sich auf das Schreiben, das die Schweizer Städte am 12. Januar 1537 an Luther richteten. In diesem Brief erhält Luther einen kurzen Bericht von der Versammlung, die am 24. September 1536 in Basel abgehalten wurde.[306] Ihm wird auch mitgeteilt, dass Bucer und Capito anwesend gewesen seien und „vns sölich artickel erstlich zůgeschickt vnd demnach inn vnser vordachten versammlung ouch müntlich fürtragen, Diewyl aber die selben kurtz vnd nitt woltend von

[301] BIZER: Studien, 126.

[302] Luther an Bürgermeister und Rat von Isny, 26. Dezember 1536: WABr 7, 3121 (618,2–5).

[303] „[...] doch kann kaum etwas anderes gemeint sein als der in Frankfurt aufgestellte Bericht Butzers mit dessen Ergänzungen [...].“ BIZER: Studien, 145. Auch JAMMERTHAL: Philipp Melanchthons Abendmahlstheologie, 134 A. 527 behauptet, dass der Bericht der Oberdeutschen in Wittenberg bekannt gewesen sei und möchte ihn deswegen in seinen Darlegungen als sachgemäß bewertet sehen. Dafür verweist er auf ein Schreiben Melanchthons an Vadian. In der angeführten Stelle heißt es aber: „Legi, quae Bucerus vobis narravit in conventu Basiliensi, ac ego quidem iudico, eum bona fide recitasse illam ipsam sententiam, quam Luthero et ceteris, qui una fuerunt, commemoravit.“ Melanchthon an Vadian, 6. Oktober [1536]: MBW 7, 1789 (234,17–19). Demzufolge kann die Stelle nur als ein Beleg dafür angesehen werden, dass Melanchthon den Bericht kannte, den Bucer und Capito am 24. September 1536 in Basel vortrugen. Cf. dazu BDS 6/1,227–239. Zur Auseinandersetzung mit diesem Vortrag cf. unten.

[304] Cf. dazu unten S. 361 f.

[305] Cf. dazu unten S. 363–365.

[306] Cf. Schweizer Städte an Luther, 12. Januar 1537: WABr 12, 4268 Beilage IV (271,13–22).

yedem glichs verstands vffgenommen werden, ouch von wort zů wort ercklärt muntlich vnd geschrifftlich, desse exemplar Copy hieby gelegt ist."[307] Bizer fasst diesen Abschnitt so auf, dass man Luther den Bericht der Oberdeutschen übersandt habe.[308] Der Kontext legt es aber eindeutig nahe, dass die Schweizer eine Abschrift der Erläuterungen vom 24. September nach Wittenberg schickten.[309] Ist damit erwiesen, dass Luther zumindest im Nachgang des Konventes über Bucers eigentliche Lehrauffassung und somit auch über die bestehende Differenz unterrichtet war? Bei der Antwort wird man vorsichtig sein müssen: Zunächst einmal sind die Ausführungen in den Erläuterungen vom 24. September nicht deutlicher, als Bucer sich auch zuvor schriftlich geäußert hatte. Wie bereits ausgeführt, war es Luther aber immer wieder nicht gelungen, zu einem zutreffenden Verständnis vorzustoßen. Eher erschwerend für ein korrektes Verständnis der übersandten Erläuterungen dürfte darüber hinaus der Begleitbrief gewesen sein, den Bucer und Capito zusammen mit dem über Straßburg gehenden Brief nach Wittenberg schicken ließen.[310] In diesem Schreiben entwarfen die beiden für Luther einen Deutungsrahmen, der ihn bei seiner Lektüre der Erläuterungen leiten sollte. Sie erklärten, dass sie sich bei ihren Erklärungen der Schwäche ihrer Adressaten angepasst hätten, und baten, Luther möge dies in einem positiven Sinn verstehen.[311] Sollte Luther also durch einzelne Wendungen irritiert gewesen sein, konnte er sie somit gut als Fehlleistungen im Bemühen um eine Akkommodation und nicht als belastbaren Ausdruck von Bucers Auffassung einordnen. Dass Luther in dieser Weise verfuhr, liegt aber insofern zumindest nahe, als er zu dieser Zeit keinen Verdacht gegen Bucer hegte. Er war vielmehr davon überzeugt, dass dieser in Wittenberg aufrichtig gewesen war. In den Erläuterungen fand sich darüber hinaus auch das Bekenntnis, dass „in dem heiligen Abentmal mit dem Brot vnnd win der ware Liebe [sic] vnnd das whare bluet vnsers herren warlich vbergeben vnnd entpfangen werde."[312] Deutlich zurückgewiesen wurde auch die Lehre, dass „nichts dan Brot vnnd win solte gegeben vnnd Entpfangen werden."[313] Für Luther musste damit deutlich sein, dass Bucer selbst gegenüber den Schweizern unmissverständlich seinen Bruch mit Zwingli zum Ausdruck gebracht hatte.

5. Darüber hinaus nimmt Bizer den Umstand auf, dass sich Melanchthon große Sorgen gemacht habe, und schließt daraus, dass er ebenfalls „ein deut-

---

[307] A. a. O. (271,23–27).

[308] Cf. Bizer: Studien, 126 A. 1.

[309] In diesem Sinne wird auch votiert in WABr 12, S. 273 A. 8 und 9.

[310] Cf. dazu Köhler: Zwingli und Luther II, 500.

[311] „Videbit T. P., ut nos exponendo illis, quae acta inter nos sunt Witenbergae, et articulos accommodavimus illorum imbecillitati; id oramus meliorem in partem accipias." WABr 8, 3128 (13,8–11). An anderer Stelle heißt es: „[...] ut, quoad fieri posset, eam expositionem attemperaremus ad captum suarum ecclesiarum [...]." A. a. O. (13,18 f).

[312] BDS 6/1,229,7–9.

[313] A. a. O., 229,6 f.

liches Gefühl für den noch bestehenden Unterschied gehabt" habe.[314] Hierzu ist aber zu sagen, dass Melanchthons Sorgen, soweit sie sich belegen lassen, der Frage galten, welche Aufnahme die Wittenberger Vereinbarungen in den beiden Lagern der Verhandlungspartner finden würden. So heißt es in einem Brief an Jonas vom 29. Mai 1536: „Denn auf beiden Seiten ist die Verschiedenheit der Ansichten so groß, dass ich meine, dass diese unsere Handlungen auf den Tadel vieler Leute stoßen werden."[315] Besonders fürchtete er den Widerstand am kurfürstlichen Hof.[316] Dass sich die Anschauungen der Oberdeutschen nicht einfach mit der Lehre Luthers deckten, war ihm wohl bewusst. Kaum zufällig berichtete er Camerarius am 9. Juni 1536 über das Verhandlungsergebnis, dass die Oberdeutschen ihre Ansicht *gemäßigt* hätten.[317] Wie er aber den verbleibenden Unterschied näher bestimmte, geht aus den erhaltenen Quellen nicht hervor. Abgesehen davon wäre aber auch noch zu fragen, was man überhaupt aus einer von Bizer angenommenen Einsicht Melanchthons für die Frage folgern dürfte, welche Auffassung Luther in dieser Sache hatte.

6. Schließlich behauptet Bizer auch noch, dass man „Luthers Gewissenhaftigkeit in dieser Sache" deutlich unterschätze, wenn man annehme, dass es sich bei dem Wittenberger Verhandlungsergebnis um ein Missverständnis gehandelt habe.[318] Tatsächlich wird man nicht leugnen können, dass Luther die Verhandlungen mit der ihm zu Gebote stehenden Sorgfalt geführt hat. Dies besagt aber nicht notwendig, dass er den theologischen Dissens bemerkt haben muss. Immerhin lässt sich darauf verweisen, dass alle von ihm an den Tag gelegte Akribie es auch nicht verhindern konnte, dass er die Oberdeutschen unter dem Eindruck der dargestellten Anhaltspunkte fälschlicherweise zunächst für Kryptozwinglianer hielt. Wie verschiedentlich gezeigt werden konnte, machte das ihm eigene theologische Ordnungsraster es ihm schwer zu verstehen, wie Bucer wirklich über das Abendmahl dachte.[319]

Zumindest für die bisher geprüften Argumente lässt sich also resümierend feststellen, dass sie keineswegs geeignet sind, die Behauptung zu stützen, dass

---

[314] Bizer: Studien, 126.

[315] „Nam in utraque parte tanta est iudiciorum varietas, ut existimem has actiones nostras incursuras in multorum reprehensionem." MBW 7, 1745 (148,3f). Zu diesem Punkt äußerte sich Melanchthon am 9. Juni 1536 auch gegenüber seinem Freund Camerarius: „Satis moderantur illi quidem sententiam, sed visum est tutius, nihil utrinque pacisci de concordia, ne, si vehementiores dissentirent, magis inflammaretur discordia." MBW 7, 1752 (163,5–7) In diesem Sinn dürfte aber auch Melanchthons Äußerung vom Vormittag des 29. Mai zu verstehen sein: „Wir werden noch auf beden seyten zu disputiren haben, das weyß ich wol." Itinerar 73,10f.

[316] „[...] et aulica iudicia nosti." Melanchthon an Jonas, [29. Mai 1536]: MBW 7, 1745 (148,4f).

[317] Cf. dazu A. 315. Vergleichbar heißt es in einem Brief an Baumgartner vom 25. Mai 1536: „Sunt hic Capito et Bucerus, et alii quidam qui sane inflectunt sententiam suam [...]." MBW 7, 1741 (128,10f).

[318] Bizer: Studien, 127.

[319] Cf. dazu etwa oben S. 94f und S. 150.

Luther Bucer nicht missverstanden haben könne. Darüber hinaus lässt sich aus Luthers eigenen Aussagen sogar belegen, dass ihm der tatsächlich unverändert bestehende abendmahlstheologische Dissens nicht bewusst gewesen ist. Es ist nämlich bezeichnend, dass er den Oberdeutschen schließlich den Vorschlag unterbreitete, sie sollten doch von einem Empfang der Unwürdigen oder der *Ungläubigen* (increduli) reden, wenn sie nicht von einem Essen der Gottlosen sprechen könnten.[320] Demnach ging er offensichtlich davon aus, dass die Rede von einer *manducatio incredulorum* eine für die Gegenseite akzeptable Alternative darstellte. Die von Grass vage formulierte Vermutung, es sei fraglich, ob Luther die bestehende abendmahlstheologische Differenz erfasst habe, lässt sich somit erhärten.[321] Es war dem Wittenberger nicht deutlich geworden, dass Bucer und seine Leute unverändert daran festhielten, dass der Leib Christi ausschließlich geistlich durch eine Form von Glauben gegessen werden könne. Damit ist aber auch die von Bizer vorgebrachte Behauptung hinfällig, dass Luther den Oberdeutschen an dieser Stelle wissentlich entgegengekommen sei.[322]

Vollkommen abwegig ist die Behauptung von Friedrich, dass Luther selber sich im Sinne Bucers über die *manducatio impiorum* habe äußern können.[323] Als Beleg verweist er auf die undatierte Tischrede Luthers Nr. 5703, in der es heißt: „Impii qui communicant, etiamsi non sumant verum corpus Christi, tamen sunt blasphemi in signum Dei. – De Bucero, qui communicaverat in festo Assumptionis cum Pomerano et contionatus erat."[324] Mit der Wendung „de Bucero" wird aber eindeutig markiert, dass Luther hier nicht seine eigene Auffassung äußerte, sondern lediglich wiedergab, wie er die Ausführungen des Straßburgers verstanden hatte.[325] Auch kann man, wie noch darzulegen sein wird, diese Überlieferung nicht als Beleg der These werten, dass Luther der Konkordie im Wissen um bestehende Lehrdifferenzen seine Zustimmung gegeben habe.[326]

Über die bisherigen Ausführungen hinausgehend lässt sich sogar sagen, dass Luther der Überzeugung gewesen sein muss, in allen Fragen, zu denen er von den Oberdeutschen Auskunft verlangt hatte, mit der Gegenseite schließlich einig

---

[320] Cf. oben S. 344 und A. 284.

[321] „Ob er sich freilich klar darüber war, dass Butzer letzten Endes doch nur ein Teilhaftigwerden Christi je nach Maßgabe des Glaubens meinte, ist fraglich." Grass: Abendmahlslehre (1954), 161.

[322] „Dass Luther hier nun tatsächlich nachgegeben hat, ist wahrhaft erstaunlich." Bizer: Studien, 126. Zur ausführlichen Erörterung der Gründe, die ein solches Nachgeben ermöglicht haben sollen, cf. a. a. O., 127 und 129 f.

[323] Friedrich: Martin Bucer (Anmerkungsband), 162 A. 8.

[324] WATR 5,5703 (325,8–11).

[325] Zumindest missverständlich ist, dass Stupperich die Äußerung über die *impii* als „Luthers Aussage über die manducatio impiorum" bezeichnet. Cf. BDS 6/1,172 A. 242. Abwegig ist eine Erwägung von de Laharpe: Bucers Porträt, 154, *De Bucero* nicht als einen Verweis auf den Urheber der Äußerung über die *impii*, sondern als Luthers Exemplifikation der *impii* zu deuten: „Will man aber den ersten Satz auf Bucer beziehen, der dann zum Gottlosen würde, so darf mit Recht gefragt werden, warum ihn die Wittenberger überhaupt haben predigen lassen."

[326] Cf. dazu unten S. 358 f.

gewesen zu sein. Dies wird offensichtlich, wenn man sich vor Augen führt, welche Abendmahlslehre Luther auf der Seite der Oberdeutschen am Ende der Verhandlungen eigentlich voraussetzte, als er ihnen sein anerkennendes Urteil aussprach und sie als Brüder annahm.

1. Festzuhalten ist hier zuerst, dass Luther davon überzeugt war, dass sich Bucer und die anderen Theologen seines Lagers von zwei Ausformungen der zwinglianischen Abendmahlslehre abgewendet hatten, die sie nach seinem Erachten früher vertreten hatten: Zum einen ging er davon aus, dass sie die Elemente nicht mehr nur als leere Zeichen (nuda signa) auffassten, die auf einen abwesenden Christus verwiesen, und dass sie nun dazu bereit waren, mit ihm zu bekennen, dass das Brot der Leib Christi sei.[327] Zum anderen glaubte er, dass die Oberdeutschen die Anwesenheit des Leibes Christi im Abendmahl nun nicht mehr als eine auf die menschliche Vorstellung reduzierte und von ihr erst hervorgerufene Form der Gegenwart (imaginarie) begriffen, sondern dass sie wie er glaubten, dass der Leib Christi selbst wirklich im Abendmahl gegenwärtig sei.[328]

2. Des Weiteren nahm Luther zwar wahr, dass die Oberdeutschen sich bis zum Ende der Verhandlungen über das Abendmahl entschieden weigerten, sich zur Lehre von der *manducatio impiorum* zu bekennen. Zu beachten ist hier allerdings, dass er diesem Vorbehalt der Gegenseite eine ganz bestimmte Deutung gab. Wie aus der ‚Narratio' hervorgeht, nahm er nämlich an, dass man in Teilen der oberdeutschen Gemeinden die Rede von einem Essen der Gottlosen so auffasste, als sei damit der Empfang des Leibes Christi durch Heiden, Juden oder gar Tiere ausgesagt, und dass diese Ausdrucksweise aus diesem Grund von der Gegenseite nicht akzeptiert werden könne.[329] Hier zeigte bei ihm offensichtlich die Erklärung ihre Wirkung, die Bucer am Nachmittag des 23. Mai zu diesem Punkt gegeben hatte.[330]

Nun ist in der Sekundärliteratur verschiedentlich behauptet worden, dass Luther selbst kein Interesse daran gehabt habe, gegenüber den Oberdeutschen auf einer Nießung durch derartige Empfänger zu bestehen.[331] Seine Haltung

327 Cf. oben S. 352 f.

328 Cf. oben S. 326 f.

329 Cf. oben S. 343 f.

330 Cf. oben S. 334 f.

331 „Luther hatte kein Interesse daran, die manducatio von Juden, Türken oder gar von Mäusen zu behaupten, für die das Abendmahl nun einmal nicht bestimmt ist. Mag er immerhin davon überzeugt gewesen sein, dass auch ein Türke, wenn er zufällig beim Abendmahl sein sollte, den Leib Christi empfange, so hat er doch diese seine Meinung nicht über die Abendmahlsgemeinschaft gestellt und sie nicht verteidigt." Bizer: Abendmahlsstreit, 367. Ähnlich heißt es bei Grass: Abendmahlslehre (1940), 131: „Denn dass ein Türke oder eine Maus den Leib Christi empfangen könne, darauf legte man ja auch auf lutherischem Boden keinen Wert". Cf. ebenso Grass: Abendmahlslehre (1954), 145. Auch Köhlers Vermutung, Luther habe sich mit dem Bekenntnis zur *manducatio indignorum* unter anderem deshalb begnügt, weil er „nach Art von Bucers Argumentation die impii als konstruierten, praktisch nicht in Betracht kommenden Fall ansah", scheint die Annahme vorauszusetzen, dass der Wittenberger selbst eigent-

in dieser Frage ist damit aber nicht zutreffend bestimmt. Vielmehr war er selbst nämlich ebenfalls der Ansicht, dass es in den genannten Fällen nicht zu einem Empfang des Leibes Christi komme. Dies lässt sich einigen Aufzeichnungen entnehmen, die er sich als Vorarbeiten zu seiner Schrift ‚Von der Winkelmesse und Pfaffenweihe' im Jahr 1533 gemacht hatte und die uns in einer Abschrift Veit Dietrichs erhalten sind.[332] In diesen Notizen begründete Luther die Behauptung, dass in den Winkelmessen Leib und Blut Christi nicht gegenwärtig seien. Dabei führte er unter anderem aus, dass die Gegenwart auch daran gebunden sei, dass das Sakrament dem Empfang und damit dem Verwendungszweck zugeführt werde, für den es von Christus eingesetzt sei.[333] Für die Winkelmessen folgerte er daher, dass Christus in ihnen nicht gegenwärtig sei, da er sein Sakrament nicht als ein Opfer eingesetzt habe, das Gott darzubringen sei.[334] Offensichtlich wurde nach Luthers Auffassung der von Christus intendierte Stiftungszweck aber auch dann verfehlt, wenn ein Heide oder ein Tier das Abendmahl empfing:

„Ebenso ist das Sakrament nicht für jedweden eingesetzt. So wie ein Türke oder eine Maus, wenn sie irgendeine konsekrierte Hostie verschlingen oder annagen, nicht den Leib Christi annagen, weil es nur dann der Leib Christi ist, wenn man in Übereinstimmung mit der Einsetzung Christi nießt."[335]

---

lich geglaubt habe, der Leib werde auch unter den besagten Umständen empfangen, wobei er wegen der Abwegigkeit einer solchen Begebenheit aber nicht auf der Durchsetzung seiner Überzeugung insistiert habe. Cf. Köhler: Zwingli und Luther II, 448.

[332] Cf. dazu WA 38,173 und 189–195.

[333] „Sicut si hostiam aliquam consecratam vel Turca voret vel mus arrodat, non arrodit corpus Christi, quia tum demum est corpus Christi, cum Sumitur secundum institutionem Christi. Institutio complectitur tria: Causam materialem, ut sit panis ert vinum, Causam formalem, ut pronuncientur verba, porrigatur vel sumatur in ecclesia cum graciarum actione et praedicatione beneficii dei. Causam finalem, ut erigamus fidem nostram contra conscienciam peccati, non ex illo opere sumpti sacramenti sed ex sacrificio Christi, qui pro nobis factus est hostia in cruce." WA 38,191,17–23.

[334] „Sequitur igitur non habere eos verum Sacramentum, Quia Sacramentum non est institutum privato Sacrificulo in hunc usum, ut nouum sacrificum offerat [sc. der Priester] pro se et pro aliis". WA 38,191,27–29. Auffällig ist, dass Luther sich in der ausgearbeiteten Schrift über die Winkelmesse zu dieser Frage zurückhaltender äußerte und deren Beantwortung seinen altgläubigen Gegnern überließ: „Wir wollen die unsern und, wer es begerd, jnn diesem stuck unterrichten, warnen und trosten. Es erhalten nu die Papisten odder nicht, das jnn jrer Winckelmesse eitel brod und wein, odder der leib und blut Christi sey, (da fůr wir sie lassen sorgen)". WA 38,205,35–206,1. Dass Luther diese Frage aber durchgehend für unentscheidbar gehalten hätte, wird man eben nicht sagen können. Vs. Hardt: Eucharistia, 264 A. 132.

[335] „Item non quibuslibet est institutum sacramentum. Sicut si hostiam aliquam consecratam vel Turca voret vel mus arrodat, non arrodit corpus Christi, quia tum demum est corpus Christi, cum Sumitur secundum institutionem Christi." WA 38,191,13–16. An anderer Stelle heißt es: „Sicut non est institutum [sc. sacramentum] Turcae aut bestiae voranti, sed ecclesiae communicanti, ut si qui porrigat, sint qui accipiant, qui se ecclesiae indicent et testentur fidem suam." A. a. O., 191,29–192,32. Cf. auch oben A. 333. Über das Urteil von Peters: Realpräsenz, 130 A. 75 hinaus lässt sich somit sagen, dass Luther nicht nur die Auffassung nicht vertrat, dass Türken, Juden und Tiere den Leib Christi nicht empfangen würden, sondern dass er sie sogar ablehnte.

Zusammenfassend lässt sich daher aber sagen, dass Luther selbst den von ihm ausgesprochenen Verzicht auf das Bekenntnis zur *manducatio impiorum* nicht so auffasste, als habe er damit eine von seiner eigenen Position abweichende Anschauung legitimiert. Vielmehr war er der Überzeugung, dass er in diesem Zusammenhang zu nicht mehr als zu der von ihm selbst geteilten Auffassung seine Zustimmung gegeben hatte, dass von einem Empfang des Leibes Christi weder bei Tieren noch bei Menschen, die nicht zur christlichen Gemeinde gehören, die Rede sein könne.

Luthers eigene Position in dieser Frage lässt zudem aber auch deutlich werden, in welchem Sinn er sein Angebot, dass die Gegenseite sich zum Essen der Unwürdigen bekennen solle, als eine Übergangslösung angesehen haben dürfte. Da er selber die Vorstellung ablehnte, dass Heiden oder Tiere den Leib Christi empfangen, kann er unmöglich im Sinn gehabt haben, die Oberdeutschen mit einem nach einer Schonfrist eingeforderten Bekenntnis zur *manducatio impiorum* auf diese Position zu verpflichten. Daher wird man ihn hier wohl so verstehen müssen, dass er hoffte, man werde unter den Oberdeutschen mit der Zeit erkennen lernen, dass es sich bei der Rede von der *manducatio impiorum* um eine brauchbare theologische Formulierung handele, die nicht notwendig in dem von ihnen zunächst aufgefassten Sinn verstanden werden musste. Dauerhaft konnte er den Oberdeutschen eine explizite Ablehnung der Formulierung kaum zugestehen. Zu groß wäre wohl die Gefahr gewesen, dass man dies als das von seiner Seite erfolgende Eingeständnis hätte werten können, dass die Lehre von der *manducatio impiorum* falsch sei.

3. Wie bereits dargestellt war Luther der Überzeugung, dass die Oberdeutschen sich mit ihrer Zustimmung zur Lehre von der *manducatio indignorum* zu einer Position bekannt hätten, von der aus es ihnen auch möglich sein sollte, von einem Essen der Ungläubigen (increduli) zu sprechen. Aus den vorangehenden Darlegungen über die Personen, die die Oberdeutschen nach seiner Auffassung vom Empfang des Leibes Christi ausgeschlossen wissen wollten und mit dem Begriff *impii* bezeichneten, lässt sich nun aber präzise bestimmen, was er der Gegenseite mit der Redeweise von der *manducatio incredulorum* problemlos zumuten zu können meinte: Er glaubte, dass die Oberdeutschen mit ihm darin einig seien, dass *Christen*, die ohne Glauben zum Abendmahl kommen, den Leib des Herrn empfangen. Dem Urteil von Köhler, dass man die biblische Formel von der *manducatio indignorum* in Wittenberg unwissentlich unterschiedlich interpretiert habe, ist daher zumindest insofern zuzustimmen, als festzuhalten ist, dass *Luther* sich der Divergenz in der Deutung nicht bewusst gewesen ist.[336] Bei *Bucer* dürfte das hingegen anders gewesen sein.[336]

---

[336] „Man war geeint auf einer biblischen Formel […], war aber in der Interpretation noch nicht einig. Das ist den Handelnden selbst damals nicht bewußt geworden, aber die späteren Unstimmigkeiten haben hier ihre Wurzel." KÖHLER: Zwingli und Luther II, 449. Es ist aber anzumerken, dass Köhler selbst nicht erfaßte, worin dieser Unterschied in der Sache eigentlich

4. Aus dem erwähnten Umstand, dass Luther annahm, Bucers Seite könne auch von einem Empfang der ungläubigen Christen reden, lässt sich nun aber wiederum erschließen, dass er angenommen haben muss, dass die Oberdeutschen sich damit auch zu einem mündlichen Empfang des Leibes und Blutes Christi bekannten. Ein anderer *modus perceptionis* war für die *increduli* ja nicht denkbar. Wenn Luther in seiner Zusammenfassung der oberdeutschen Lehre also davon sprach, dass der Leib Christi empfangen werde,[338] so schloss dies nach seiner Überzeugung die *manducatio oralis* ein. Zweifelsohne ist die uns im Reisetagebuch überlieferte Wendung weniger deutlich formuliert als die von Luther zunächst vorgebrachten Forderungen, die Oberdeutschen sollten bekennen, dass der Leib in die Hand gegeben und mit dem Mund empfangen werde.[339] In der Sache war damit von ihm jedoch nicht weniger gemeint. Auch an diesem Punkt wird man also nicht davon sprechen können, dass Luther auf der Gegenseite einen entsprechenden Vorbehalt wahrgenommen und schließlich wissentlich approbiert hätte.

Bilanzierend lässt sich daher festhalten, dass Luther der oberdeutschen Abendmahlslehre seine Billigung in dem Bewusstsein ausgesprochen haben muss, dass die Gegenseite in den während der Verhandlungen berührten abendmahlstheologischen Fragen bei Abschluss der Verhandlungen mit ihm sachlich übereinstimmte.[340]

Allerdings ist an dieser Stelle noch auf zwei Zeugnisse näher einzugehen, deren Inhalt geeignet scheint, dieses Urteil in Frage zu stellen. Dabei geht es zum einen um einen Brief Osianders an Brenz vom 14. Juni 1536. Hier heißt es: „Doch wird Luther an seine Leute berichten, dass ihre Auffassung [sc. die Auffassung der Oberdeutschen] nicht in allen Punkten zu dulden ist."[341] Der Kon-

---

bestand. Deutlich wird dies daran, dass er sich den Umstand, dass Bucer wohl von einer Gabe an die Gottlosen, nicht aber von deren Empfang sprechen konnte, mit der abwegigen Annahme zu erklären versuchte, dass Leib und Blut angesicht der Gottlosigkeit zwischen Austeilung und Empfang den „Rückzug" antreten würden.

[337] Köhler urteilt über Bucer in dieser Hinsicht nicht eindeutig: Im Widerspruch zu seiner Erklärung, dass den Handelnden die Verschiedenheit der Deutungen nicht bewußt gewesen sei, lehnt er es unter Berufung auf Bizer an anderer Stelle ausdrücklich ab, von einem gegenseitigen Missverständnis zu sprechen und erklärt: „Bucer hat ein Auge zugedrückt, nicht Luther." A. a. O., 455. Demnach hätte immerhin der Straßburger gewusst, dass man sich in der Sache eben doch nicht einig war, hätte diesen Umstand aber wissentlich hingenommen. Den Bucer betreffenden Fragen kann im Rahmen der vorliegenden Arbeit nicht weiter nachgegangen werden. Es soll aber an dieser Stelle darauf hingewiesen werden, dass eine zufriedenstellende Analyse seiner Verhandlungstätigkeit trotz der Arbeiten von Bizer, Köhler und Friedrich immer noch nicht vorliegt.

[338] Cf. oben S. 342 f.

[339] Cf. zu beiden Aussagen oben S. 318 f.

[340] Vs. Grass: Abendmahlslehre (1954), 161, wo es ohne weitere Begründung heißt, Luther sei wahrscheinlich bewusst gewesen, „dass Butzer nicht völlig mit ihm übereinstimmte".

[341] „Interim Lutherus ad suos quoque referet, sit ne eorum sententia in omnibus toleranda." OsGA 6, 222 (161,10 f).

text der Äußerung lässt klar erkennen, dass sich Osiander mit ihr auf die Abendmahlslehre der Oberdeutschen und nicht etwa auf einen anderen theologischen Sachverhalt bezog. Zum einen schließt sie sich nämlich direkt an eine Zusammenfassung der in dieser Frage auf dem Konvent erzielten Ergebnisse an.[342] Zum anderen ergänzt der Nürnberger sie im Anschluss um die Bemerkung, dass Bucer und seine Leute auch für ihre Auffassung von Taufe, Einzelbeichte und *ius reformationis* getadelt worden seien.[343] Allerdings kann man Osiander hier auch so verstehen, dass Luther sich mit der Abendmahlsauffassung, wie sie ihm von den Oberdeutschen zunächst präsentiert worden sei, nicht einverstanden erklärt habe. Keinesfalls muss man seine Aussage hingegen so deuten, dass sie als ein Hinweis auf einen bleibenden Vorbehalt Luthers zu werten ist. Auffällig ist darüber hinaus, dass Luther in den wenigen Briefen, die er nach dem Konkordienkonvent an Personen seines Lagers schrieb, an keiner Stelle solche Bedenken geäußert hat. Sollte Osiander aber von einem bis zum Schluss bestehenden partiellen Vorbehalt Luthers ausgegangen sein, dann widerspricht er hierin den Berichten der Augen- und Ohrenzeugen. Er selbst war über die Vorgänge auf dem Konvent nur mittelbar durch einen mündlichen Bericht der Reutlinger Abgesandten unterrichtet, die auf der Rückreise von Wittenberg in Nürnberg Station gemacht hatten.[344]

Zum anderen scheint auch die bereits zuvor herangezogene Tischrede Nr. 5703 die hier vertretene Auffassung zu widerlegen. Obwohl die dort enthaltene Äußerung Bucers nicht ausdrücklich dem Konkordienkonvent zugeordnet wird, ist doch anzunehmen, dass sie in diesen Kontext gehört, da auf einen Abendmahlsempfang und eine Predigt des Straßburgers verwiesen wird. Damit aber dürfte auf den Gottesdienst vom 28. Mai 1536 angespielt sein.[345] Die inhaltliche Deutung der abendmahlstheologischen Aussage und die Datierung von Luthers Äußerung bleiben mit Unsicherheiten behaftet.[346] Es lassen sich der Tischrede aber zwei mögliche Auslegungen geben, die beide mit der Auffassung, dass Luther während des Konventes von unverändert bestehenden Lehrdifferenzen nichts gewusst habe, in vollem Einklang stehen. So ist zunächst darauf hinzuweisen, dass Luther aus den Äußerungen des Straßburgers die Überzeugung gewonnen hatte, dass Bucer mit dem Begriff *impii* lediglich Personen außerhalb

---

[342] Cf. dazu a. a. O. (160,4–161,10).

[343] „Reprehensi sunt etiam in baptismo, quem quidam ad certos dies alligarunt, nihil curantes, si infantes non baptizati decedant; item de absolutione privata prorsus abolita et de officio magistratus in abolendis cultibus impiis." A. a. O. (161,11–14).

[344] In Osianders Brief an Luther vom 12. Juli 1536 heißt es: „Quamquam et ante negocium non iudicarim opus esse mea meique similium praesentia, quod turbam obstare potius quam prodesse tibi quoque recte visum fuisset, et si quo fructu, quem praesentes capere potuimus, priuati sumus, id quoque iam, quantum ad hanc causam attinet, per Reutlingenses sartum est, tam enim diligenter nobis omnia, quae gesta sunt exposuerunt, ut nobis interesse videremur [...]." WABr 7, 3045 (463,20–26).

[345] Cf. dazu unten S. 449–451.

[346] Cf. ebenso bereits DE LAHARPE: Porträt, 154.

der christlichen Gemeinde bezeichnet und nur diese von einer Nießung des Leibes und Blutes ausgenommen wissen wollte.[347] In diesem Sinne aber konnte Luther der Aussage *impii non sumunt verum corpus Christi* ohne Einschränkung zustimmen. Es ist also möglich, dass seine Erinnerung sich auf eine Aussage Bucers bezog, die er gar nicht kritisieren wollte, auch wenn er sie für missverständlich halten musste.

Darüber hinaus aber ist es wahrscheinlich, dass die undatierte Äußerung Luthers erst aus einer späteren Zeit stammt und damit auch eine spätere Sicht Luthers auf die Verhandlungen wiedergibt.[348] Weniger entscheidend für diese Einschätzung ist der Umstand, dass Predigt und Kommunionsempfang mit der Angabe *in festo annuntiationis* falsch datiert werden.[349] Dass Luther selber auf den damit bezeichneten 25. März verwiesen haben könnte, ist unwahrscheinlich, hätte er sich in diesem Fall doch sogar im Blick auf den Monat vertan. Eher ist daher anzunehmen, dass es im Überlieferungsprozess zu einer Entstellung durch Verhören oder Verschreibung kam und dass Luther eigentlich *in festo assumptionis* gesagt hatte.[350] Auch damit hätte er sich zwar geirrt und den fraglichen Gottesdienst dem Himmelfahrtstag (25. Mai) und nicht korrekt dem darauf folgenden Sonntag (28. Mai) zugeordnet. Eine solche Verwechslung erscheint aber selbst bei einem geringeren zeitlichen Abstand zwischen Konvent und Äußerung denkbar, zumal auch an Himmelfahrt selbstverständlich Abendmahl gefeiert wurde.[351] Für eine spätere Datierung der Äußerung spricht hingegen der Umstand, dass die fragliche Tischrede in der Handschrift Clm. 943 von Überlieferungen umgeben ist, die sämtlich den 1540er Jahren zuzuweisen sind, sofern sie sich datieren lassen.[352] Auch wenn die Handschrift keinen klaren chronologischen Aufbau erkennen lässt, ist kaum anzunehmen, dass allein die fragliche Tischrede einem anderen zeitlichen Zusammenhang zuzuordnen ist. Auch lassen sich keine inhaltlichen Verbindungen erkennen, die ihre Zuordnung sonst erklärbar machen könnten. Daher wird man in ihr wohl eher ein Zeugnis von Luthers späterer Einschätzung zu Bucer und den Konkordienverhandlungen sehen müssen.

Von den bislang angestellten Überlegungen zu Luthers Verständnis der von den Oberdeutschen vorgetragenen Abendmahlslehre ist freilich noch einmal die

---

347 Cf. dazu oben S. 343.

348 de Laharpe: Porträt, 154 hingegen weist die Tischrede ohne jede weitere Erläuterung dem Jahr 1536 zu.

349 Cf. WATR 5, S. 325 A. 5.

350 Cf. ebenso WATR 5, 5702 (325,10) und A. 5.

351 Cf. dazu unten S. 448 und A. 824 und Itinerar 62,25–27.

352 Cf. dazu WATR 5,5679 (Anfang 40er Jahre); 5684 (1541); 5693+5553 (Winter 1542/43); 5697+5440 (Sommer-Herbst 1542); 5701 (1540); 5707 (1542); 5708 (1544); 5712+5524 (Winter 1542/43); 5715+5482 (Sommer-Herbst 1542); 5716+5483 (Sommer-Herbst 1542); 5717+5396 (April-Juni 1542); 5718+5475 (Sommer-Herbst 1542); 5719+5672 (1544); 5720+5672 (1544); 5723 (1541); 5728+5672 (1544); 5730 (1542–46); 5734+5573 (Frühjahr 1543); 5735 (1542); 5739 (1542).

Frage zu unterscheiden, ob Luther eine Einigkeit auch in den Punkten erreicht glaubte, die während des Abendmahlsstreites strittig gewesen waren, während des Konventes aber unerörtert geblieben waren. In besonderer Weise trifft dies auf den gesamten Komplex der Christologie zu, der während der Verhandlungen von Luther nicht eigens thematisiert wurde.[353] Aus diesem Umstand an sich wird man jedoch nicht schließen können, dass Luther an dieser Stelle absichtlich darauf verzichtet habe, eine ihm bewusste Differenz zu erörtern. Ebensowenig lässt sich aber einfach behaupten, dass er hier von einer Übereinstimmung überzeugt gewesen sei. Immerhin ist aber festzuhalten: Wenn ihm dieses Thema während der Verhandlungen gegenwärtig gewesen ist, dann muss er zumindest angenommen haben, dass die Oberdeutschen, ähnlich wie Bucer das nach Luthers Wahrnehmung im Jahr 1531 getan hatte[354], ihre christologischen Ansichten soweit modifiziert hatten, dass die von ihnen bekannte Gegenwart des Leibes durch diese Anschauungen nicht mehr ausgeschlossen wurde.

#### 4.2.2.3 Der Abendmahlsartikel

Die Entstehungsgeschichte des Abendmahlsartikels liegt weitgehend im Dunkeln. Abweichende literarische Vorformen, aus denen man seine Genese rekonstruieren könnte, sind uns nicht überliefert.[355] Es lassen sich nur einige Eckpunkte benennen:

1. Noch in der Sitzung vom 23. Mai 1536 hatte Luther festgelegt, dass Melanchthon das Ergebnis der Verhandlungen über das Altarsakrament in einem Konkordienartikel festhalten solle.[356] Diese Entscheidung ist bemerkenswert. Luther wusste nämlich zu dieser Zeit durchaus, dass sein Freund und Kollege in der Abendmahlslehre mittlerweile eigene Wege ging. So hatte er Mitte Mai 1536

---

[353] Cf. dazu bereits KÖSTLIN/KAWERAU: Luther II, 348f.

[354] Cf. dazu oben S. 97–99.

[355] Dies gilt auch für die „verlorene Grundform", deren Fehlen Germann in seiner Edition von Forsters Bericht festgestellt haben will. Cf. GERMANN: D. Johann Forster, 141 und A. 1. Dass eine solche „Grundform" Forster aber überhaupt vorgelegen hat, ist zu bezweifeln: Germanns Annahme liegt ein Verweis zugrunde, den der Augsburger mit den Worten „und ist diese wie hernach volget" formulierte, und den er als Herausgeber so deutete, als sei er auf eine von der bekannten Textgestalt abweichende Vorform zu beziehen, die in den Beilagen der Relation nicht mehr auffindbar sei. Nun ist es aber kaum denkbar, dass Forster, dem die überlieferte Fassung des Artikels bekannt war und der sie an späterer Stelle auch aufnahm, bei seiner Akribie, die er sonst in der Auseinandersetzung um das Abendmahl an den Tag legte, die Existenz von zwei divergierenden Fassungen unerörtert gelassen haben sollte. In seinem Bericht findet sich jedoch nicht einmal eine Spur einer solchen Auseinandersetzung. Es ist daher ungleich wahrscheinlicher, dass man seinen Verweis schlicht auf die von ihm an anderer Stelle nachgetragene deutsche Fassung des Abendmahlsartikels beziehen muß. Cf. a. a. O., 141 und 144f.

[356] „Et Dominus Philippus componet huius sententiae nostrae concordiae articulum in scripto." Itinerar 58,10f. Cf. ebenso BDS 6/1,154,10f. Eine vergleichbare Absichtserklärung überliefert Myconius in seinem Brief an Dietrich unter den Aufzeichnungen für den 25. Mai 1536: „[...] Philippo datum negocium, ut eam [sc. formulam concordiae] conciperet." MycBr 212f. Cf. auch ‚Narratio' 112f.

gegenüber Brück erklärt, er befürchte, dass Melanchthon „in die zwinglische meinung, auch anders mehr, gerathen“ könne, wenn er der Empfehlung des hessischen Landgrafen nachgebe und sich von Wittenberg nach Tübingen wende.[357] Luther hielt es sogar für möglich, dass es zwischen ihnen noch zu einer öffentlich ausgetragenen Auseinandersetzung wie mit Erasmus kommen könne.[358] Auch bekam er immer wieder von Studenten und Geistlichen zu hören, dass Melanchthons Lehre „ihme etwas entgegen“ sei.[359] Dass er ihm dennoch diese heikle Aufgabe anvertraute, mag zum einen damit erklärt werden, dass Melanchthon sehr geübt darin war, die theologischen Ansichten anderer Leute zusammenzufassen.[360] So hatte er ja auch während des Augsburger Reichtags und am Ende des Kasseler Kolloquiums Bucers Anschauungen zu Papier gebracht.[361] Zum anderen ist zu erwägen, ob Luther vielleicht gerade dadurch, dass er seinen alten Weggefährten mit dieser verantwortungsvollen Aufgabe betraute, für diesen und für seine Ankläger ein bewusstes Zeichen des Vertrauens setzen wollte, um auf diesem Weg die angespannte Situation zumindest atmosphärisch ein wenig zu entschärfen.

2. Bereits auf dem Konvent ist eine deutsche und eine lateinische Fassung des Abendmahlsartikels erstellt worden. Am 29. Mai wurden schließlich beide Versionen von allen anwesenden Theologen mit Ausnahme Zwicks unterzeichnet.[362] Für den deutschen Text dokumentiert dies ein mit den Originalunter-

---

[357] Der Bericht entstammt einem Schreiben, das Kanzler Brück kurz nach dem 15. Mai 1536 für Kurfürst Johann aufsetzte. Cf. Clemen: Beiträge, 98f. Der Brief wird bei Fabian: Dr. Gregor Brück, Nr. 277 (28) falsch auf den 12. Mai 1536 datiert. Brücks in diesem Schreiben enthaltene Bitte, der Kurfürst möge sich nach dem vorangehenden Schreiben im Hinblick auf Melanchthon nichts anmerken lassen, bezieht sich sehr wahrscheinlich auf den Brief, den der sächsische Kanzler am 15. Mai 1536 für den Kurfürsten verfaßt hatte und wo es heißt: „hengt [sc. Luther] dorpei an, er kont wol achten, das e. kf. gn. des Philippi halben sorgfeldig weren, dovon e. kf. gn. ich etwa weiteren bericht tun wol, sprach, ich besorge, es sei zwischen dem Philippo und dem Hessen ein glock zu Cassel weinachten ein jhar gewest gegossen worden [...].“ Mentz: Gregor Brück, 312.

[358] „Er musste sich wol fursehen, das es ihme endtlich nicht dahin geriethe, wie mit dem Erasmo, daraus allererst ein gross Scandalum erwachsen wurde, so sie gegen einander schreiben vnd handeln müsten.“ Brück an Kurfürst Johann Friedrich, [kurz n. d. 15. Mai]: Clemen: Beiträge, 99.

[359] Ebd.

[360] Cf. dazu auch Wolgast: Kollektivautorität, 92. Weniger überzeugend ist die Vermutung bei Hassencamp: Hesssiche Kirchengeschichte II; 142, demzufolge Melanchthon aufgrund von Luthers Erkrankung zum Zug kam.

[361] Cf. dazu oben S. 42 und S. 216f. Cf. dazu bereits Grass: Abendmahlslehre (1954), 146 und Friedrich: Martin Bucer, 122.

[362] Zur fehlenden Unterschrift Zwicks cf. die Liste der Subskribenten in MBW 7, 1744L (142,28–143,57; 146,40–147,68). Zwick folgte mit seiner Weigerung der Instruktion, mit der ihn der Rat von Konstanz auf den Weg geschickt hatte: „Wyl dann er nit in namen sin selbs sunder von wegen der kirchen zů Costantz vnd deren oberkeit vff disem tag erschint, So soll er weder von sinen selbs noch von anderer wegen vnderschriben, Sunder alles das da gehandelt wurt, an ain Erbarn Rat bringen, damit sy sich darinn ersehen vnd dann wyther was not ist, darüber beraten mögent.“ StA Zürich, E II 448, f. 8r.

schriften versehenes Exemplar, das sich im Straßburger Stadtarchiv befindet.[363] Für den lateinischen Text wird dies durch einen Vermerk belegt, den Frecht der von ihm angefertigten Abschrift des deutschen Textes anfügte. Dort heißt es: „Haben sy unterschriben wie im Latein."[364] Für die inhaltliche Auswertung des Artikels heißt dies, dass beide Fassungen als authentische Textzeugen angesehen und daher gleichwertig behandelt werden müssen. In einem Vorgriff auf die nachfolgende Erörterung der theologischen Aussagen kann aber bereits an dieser Stelle gesagt werden, dass die zwischen beiden Versionen bestehenden Differenzen sehr gering sind.

3. Greifbar sind darüber hinaus einige Gespräche, die zwischen den Theologen beider Seiten geführt wurden und die den Text des Abendmahlsartikels zum Gegenstand hatten. Bereits am Himmelfahrtstag (25. Mai) fand eine erste Unterredung statt.[365] Welche Personen an dieser Beratung beteiligt waren, lässt sich nicht mit Sicherheit sagen. Da eine vergleichbare Nachricht aber in den von den oberdeutschen Teilnehmern verfassten Quellen fehlt, handelte es sich möglicherweise um eine interne Verhandlung der sächsischen Theologen, über die man auf der Gegenseite gar nicht informiert war. Weitere Gespräche schlossen sich am folgenden Vormittag an: Aus dem Itinerar geht hervor, dass Melanchthon gegen fünf Uhr morgens in der Herberge der Oberdeutschen erschien, um Bucer und Capito „einige Konkordienartikel" vorzulesen.[366] Dass es dabei um den Abendmahlsartikel ging, lässt sich der Frankfurter und der Ulmer Fassung der oberdeutschen Relation entnehmen.[367] Die von Musculus gewählte Pluralform lässt indessen vermuten, dass bei dieser Gelegenheit auch die zu Taufe und Einzelbeichte formulierten Artikel, deren Abfassung Melanchthon am 24. Mai aufgetragen worden waren[368], thematisiert wurden. Im Anschluss an diese Zusammenkunft wurden die Texte bis gegen Mittag durch Luther, Cruciger, Menius, Myconius und den Verfasser erörtert.[369] Um drei Uhr nachmittags fanden sich Bucer, Capito, Frecht und Wolfart bei Luther ein, um mit ihm und Me-

[363] Cf. AMS AA 462, f. 106r–109r.

[364] MBW 7, S. 139. Cf. dazu bereits WABr 12, 4261 Beilage I (204 A. 3).

[365] „Actum est etiam ea die de formula concordiae in sententia eucharistiae [...]." MycBr 212. Cf. ebenso ‚Narratio' 112f.

[366] „Hora quinta venit in diversorium nostrum D. Philippus ad Capitonem et Bucerum et legit illis quosdam concordiae articulos, et postea cum D. Creutzingero, adiunctis Justo Menio et Friderico Myconio, accessit colloquendi gratia propter compositos articulos D. Lutherum. Atque ita ante prandium hoc die non est nobis accessus ad Lutherum datus." Itinerar 64,7–11. Cf. ebenso ‚Acta Wittenbergica', 28r.

[367] „Freitags morgents hat man sollen den gesetzen artickel vom h. abentmal besehen vnd beschliessen. Das aber disen morgen nit hat künden beschehen, ist erst nach mittag außgericht worden." BDS 6/1,162 A. q.

[368] „[...] warde deshalb aber Philippo beuolhen, hie von kürtze artickel zu stellen." BDS 6/1,160,6.

[369] Cf. oben A. 366.

lanchthon ein weiteres Mal zu beraten.[370] Dass es im Verlauf dieser Beratungen zu Eingriffen in die Textgestalt gekommen ist, lässt sich nicht ausschließen. Aussagen über deren mögliche Beschaffenheit sind allerdings nicht möglich.

4. Nachweisen lässt sich aber, dass der Abendmahlsartikel auf Betreiben Luthers am Nachmittag des 26. Mai noch einmal verändert wurde. Zunächst hatte Cruciger den Artikel im Beisein aller oberdeutschen und kursächsischen Theologen[371] ein weiteres Mal vorgelesen. Im Anschluss daran studierte Luther den Artikel zunächst noch einmal für sich und zog sich dann mit seinen Freunden zu einer erneuten Beratung zurück.[372] Nach dieser Besprechung wurde der Artikel abermals verlesen. Übereinstimmend wird im Itinerar und in den ‚Acta Wittenbergica' festgestellt, dass ihm nun am Ende einige Worte zugefügt gewesen seien.[373] Die Frage, um welche Worte der Text auf diese Weise ergänzt worden sein dürfte, wird in der Beschäftigung mit den Verhandlungen über die Ratifizierung des Konkordienartikels aufgenommen werden.[374]

Bevor nun auf den Inhalt des Abendmahlsartikels eingegangen wird, soll zunächst noch danach gefragt werden, in welches Verhältnis sich die beiden Seiten durch ihre Signaturen zu diesem Text und der in ihm zum Ausdruck gebrachten Lehre setzten. In besonderer Weise bedeutsam sind für die Beantwortung dieser Frage der erste Satz des Artikels, der den theologischen Aussagen einleitend vorangestellt ist, und der letzte Satz, der zu den die Ratifizierung des Artikels betreffenden Ausführungen gehört und an den sich die Listen mit den Unterschriften anschließen. Der erste Satz lautet: „Wir haben gehort, wie herr Martinus Bucerus seine und der andern predicanten meinung, so mit im aus den stedten komen sind, verkleret hat von dem heiligen sacrament des leibs und bluts Christi, nemlich also [...]."[375] Im letzten Satz heißt es: „Und wo die andern beider-

---

[370] „Hora tertia accesserunt D. Lutherum Capito, Bucerus, Frechtus et Bonifacius cum Philippo ad legendum concordiae scriptum, quod ipse Philippus antea composuerat et nobis visendum miserat." Itinerar 64,13–15. Cf. ebenso ‚Zwick' 11,2–5.

[371] „Mox iussi sunt et reliqui ascendere ad D. Lutherum [...]." Itinerar 64,16. Cf. ebenso ‚Zwick' 11,5.

[372] „Post ista lecta est formula a D. Creutzingero, qua lecta caepit D. Lutherus non nihil haesitare formulamque penes se inspicere. Quo facto surrexit cum suis et in cubiculo seorsim cum illis de quibusdam verbulis commentatus est." Itinerar 65,8–11. „Haec cum lecta essent a D. Crützingero, quae iussu Lutheri a Philippo expecta erant de communi omnium sententia, quod rationem eucharistiae attinebat, a Luthero cum suis deliberatum est aliquantisper, coeperat enim formulam penes se inspicere quasi nonnihil haesitans." ‚Zwick' 12,1–4.

[373] „Atque sub ista relecta est formula paucis in fine additis." Itinerar 65,15. „Atque ista relecta est formula paucis in fine additis." ‚Zwick' 12,7 f.

[374] Cf. dazu unten S. 456–458.

[375] MBW 7, 1744D (145,2–4). Etwas bündiger, in der Sache aber kongruent, heißt es im lateinischen Text: „Audivimus dominum Bucerum explicantem suam et aliorum, qui una adfuerunt, sententiam de sacramento corporis et sanguinis Christi hoc modo [...]." MBW 7, 1744L (141,2f). Die von Stupperich erarbeitete Ausgabe in BDS 6/1,114–134 ist durch die hier zugrundegelegte neue Edition sowohl hinsichtlich des gebotenen Textes als auch im Hinblick auf die Erfassung und Auswertung der verschiedenen Handschriften und Drucke überholt. Wegen

seits inen diesen artikel auch gefallen lassen, haben wir gute hoffnung, das ein bestendige concordia unter uns auffgericht werde."[376] Aus dem einleitenden Satz geht hervor, dass es sich bei den auf ihn folgenden abendmahlstheologischen Ausführungen um eine aus der Sicht der kursächsischen Theologen (wir) verfasste resümierende Wiedergabe der Äußerungen handelt, mit denen die Oberdeutschen während der Verhandlungen ihre Abendmahlslehre vor Luther und seinen Leuten entfaltet hatten. Wenn Bucer und seine Leute diesem Schriftstück ihre Unterschrift gaben, bezeugten sie damit also, dass sie die vorliegende Lehre in Wittenberg wirklich geäußert hatten und dass sie sich zu dieser Lehre als ihrer eigenen Abendmahlslehre bekannten.[377] Dass in den lehrhaften Passagen des Artikels ausschließlich die Überzeugung der oberdeutschen Prädikanten wiedergegeben wird, ist zusätzlich dadurch deutlich gemacht, dass in der 3. Person Plural auf sie immer wieder als diejenigen verwiesen wird, um deren Bekenntnis es in diesem Text geht.[378]

Die Theologen auf Luthers Seite hingegen brachten mit ihren Unterschriften etwas ganz anderes zum Ausdruck: Zum einen unterschrieben sie als diejenigen, die als die im einleitenden Satz genannten Ohrenzeugen bestätigen konnten, dass sich die Oberdeutschen in der Weise über das Abendmahl geäußert hatten, wie es in dem Artikel festgehalten worden war.[379] Sie bekannten sich mit der Unterzeichnung des Textes hingegen nicht zu der in ihm enthaltenen Lehre und waren durch ihn im Hinblick auf die Formulierung ihrer eigenen Theologie auch nicht gebunden.[380] In diesem Zusammenhang soll noch auf eine Beobachtung hingewiesen werden, die sich beim Studium des Straßburger Originalmanuskriptes machen lässt: Dieses mit den eigenhändigen Unterschrif-

---

der zahlreichen Sachanmerkungen, die dort geboten werden, bleibt sie für die wissenschaftliche Auseinandersetzung mit der Wittenberger Konkordienformel gleichwohl bedeutsam.

[376] MBW 7, 1744D (146,36–38). Vergleichbar heißt es in der lateinischen Fassung: „Et spes est nobis, si reliqui utrinque ita consenserint, solidam futuram esse concordiam." MBW 7, 1744L (141,2f).

[377] Cf. dazu bereits Köhler: Zwingli und Luther II, 453; Brecht: Luthers Beziehungen, 509; Schwarz: Luther, 199. Die von Eells: Martin Bucer, 202 gewählte Bezeichnung als „official report of discussions" ist etwas ungenau, da in dem Resümee nicht die von beiden Seiten geführte Auseinandersetzung, sondern nur die von der oberdeutschen Seite bezogene Position wiedergegeben wird.

[378] Unter anderem heißt es im Artikel: „Sie bekennen [...]". „Demnach halten und leren sie [...]." Zum andern halten sie [...]." MBW 7, 1744D (145,4f.6.17). Cf. ebenso MBW 7, 1744L (142,4.5.13). Zutreffend heißt es bei Sasse: Corpus Christi, 72: „Die Bekenner, die in diesem Dokument reden, sind also die Oberdeutschen."

[379] Zu diesem Aspekt cf. Köhler: Zwingli und Luther II, 454.

[380] Dies dürfte auch Grass mit seiner Äußerung, dass der Abendmahlsartikel „kein Unionsbekenntnis beider Unterzeichnergruppen, sondern ein Rechtgläubigkeitsbekenntnis der Oberdeutschen" gewesen sei, gemeint haben. Cf. Grass: Abendmahlslehre (1954), 150. Cf. dazu in der Sache ähnlich auch Köhler: Luther und Zwingli II, 453; Eells: Martin Bucer, 202. Die im amtlichen Gutachten der Marburger Fakultät vertretene Auffassung, dass es sich bei dem Artikel um „eine Waffenstillstandsformel" gehandelt habe, „über die von beiden Seiten nicht hinausgegangen werden dürfe", ist hingegen offenkundig falsch. Vs. Gutachten, 35.

ten versehene Exemplar des deutschen Abendmahlsartikels lässt erkennen, dass Luther, der als erster unter den kursächsischen Theologen gegenzeichnete, seinen Namenszug deutlich von der vorangehenden Unterschrift Johannes Schradins absetzte, der wiederum als letzter oberdeutscher Theologe unterschrieb. Der Wittenberger hat einen gut erkennbaren Zwischenraum gelassen und seine Signatur in auffälliger Weise nach rechts eingerückt.[381] Es ist durchaus möglich, dass Luther die in seinen Augen zwischen den Unterzeichnern bestehende „Asymmetrie"[382] an dieser Stelle auch äußerlich in der Anordnung der Paraphen bewusst zum Ausdruck bringen wollte.

Zum anderen brachten Luther und die anderen kursächsischen Theologen mit den von ihnen geleisteten Unterschriften aber zum Ausdruck, dass sie die in dem Artikel festgehaltene Lehre als eine hinreichende Grundlage für die erstrebte Verständigung ansahen und als eine solche billigten.[383] Dies ist die unausgesprochene Voraussetzung der im letzten Satz des Artikels gegebenen Erklärung, dass die Kursachsen ihrerseits gute Hoffnung auf eine Verwirklichung der Konkordie hätten, wenn die noch zu unterrichtenden Angehörigen beider Lager diesem Dokument auch ihre Zustimmung geben würden. Auf eine weitere Dimension der kursächsischen Unterschriften wird noch an späterer Stelle einzugehen sein, wenn auch die für die Ratifikation entscheidenden Verfahrensregeln in den Blick genommen worden sind.[384]

Auf der Grundlage dieser Ergebnisse ist nun in einem weiteren Schritt nach dem Inhalt des Abendmahlsartikels zu fragen. Dabei sind zwei Fragen von Interesse: 1. Was für einer Abendmahlslehre hat Luther mit seiner Unterschrift sein Placet erteilt? 2. Wie verhält sich diese Lehre zu seiner eigenen abendmahlstheologischen Position?

Zunächst einmal lässt sich festhalten, dass der Artikel das Bekenntnis zu einer wirklichen Gegenwart des Leibes Christi enthält. In der deutschen Fassung heißt

---

[381] Zur Anordnung der Unterschriften cf. AMS AA 462, f. 109a. Eine Abbildung wird erstmals geboten in DDStA 2, 520. Zu der geäußerten Vermutung cf. bereits WABr 12 (202).

[382] Diesen Begriff verwendet Friedrich: Von Marburg bis Leuenberg, 54.

[383] Als eine Erwägung findet sich dieser Gedanke bereits bei Grass: Abendmahlslehre (1954), 146: „Man ist versucht, diese zweite Gruppe Unterschriften so zu verstehen, als würde hier bloß das von den andern abgelegte Bekenntnis als ausreichend zur Konkordie anerkannt." Wenig einzuleuchten vermag der Einwand bei Leppin: Disputation, 250, dass man nicht von einer „determinativen Instanz innerhalb des Schmalkaldischen Bundes" ausgehen könne, deren Gegebensein er für eine Deutung der Konkordie als eine „von Wittenberger Seite akzeptierte Erklärung der Oberdeutschen" als erforderlich ansieht. Der Verlauf der Verhandlungen und die Struktur des Abendmahlsartikels zeigen hingegen deutlich, dass Luther sich im Zusammenwirken mit den anderen kursächsischen Theologen tatsächlich als eine solche Instanz verstand und dass dieser Anspruch von den Oberdeutschen auch nicht abgewehrt werden konnte. Überzeugen kann auch nicht die Erklärung von Abendschein: Simon Sulzer, 279, dass die formale Ausgestaltung des Artikels dem Umstand geschuldet sei, dass der sächsische Kurfürst Luther und Melanchthon vor den Verhandlungen noch einmal auf die CA und ihre Apologie verpflichtet habe.

[384] Cf. dazu unten S. 459.

es, dass Leib und Blut mit Brot und Wein „warhafftig und wesentlich zugegen" seien, dargereicht und empfangen werden.[385] Dem entspricht der lateinische Text wörtlich mit der Wendung „vere et substantialiter adesse, exhiberi et sumi".[386] Wie Luther es während der Verhandlungen von den Oberdeutschen verlangt hatte, lag somit auch im Abendmahlsartikel ein Bekenntnis zur *praesentia vera* vor, während der Anschauung von der *praesentia imaginaria* damit eine deutliche Absage erteilt war. Dieser Aussage vorangestellt war ein Bekenntnis zu der Äußerung des Irenäus, „das in diesem sacrament zwey ding sind, eines himlisch und eins irdisch."[387] In der Sache übereinstimmend heißt es im lateinischen Text, „dass die Eucharistie aus zwei Dingen besteht, einem irdischen und einem himmlischen."[388] Luther selbst hatte diese Stelle in seiner Schrift ‚Dass diese Worte Christi' (1527) in der Auseinandersetzung mit Oekolampads Väterrezeption in dem Sinn ausgelegt, dass nach der Konsekration nicht mehr ausschließlich Brot gegenwärtig sei, sondern dass „das brod nu zweiyerlei ding" sei.[389] Er verstand das Zitat daher zweifelsohne auch hier im Sinn seiner eigenen Abendmahlsauffassung, einschließlich seiner Vorstellung von der *unio sacramentalis*. Eine textimmanente Auslegung des Abendmahlartikels zeigt zunächst, dass auch hier die Auffassung einer *praesentia imaginaria* abgewehrt werden soll: Das Bekenntnis zur Aussage des Irenäus ist in den Artikel nämlich in der Weise einbezogen, dass von ihm ausgehend festgestellt wird, die Oberdeutschen lehrten *deshalb* (itaque), dass der Leib *vere et substantialiter* gegenwärtig sei.[390] Gleichwohl ist es möglich, dass bei Bucer und seinen Leuten noch ein anderer Aspekt in der Deutung des Irenäus-Zitates mitschwang. Zwar konnte der Straßburger diese Aussage auch selber als ein Bekenntnis zur Gegenwart des Leibes Christi auffassen und hat dies nach dem Konvent auch in eigenen Texten so formuliert.[391] Ebenso konnte er sie aber auch im Sinne seines eigenen Vorbehaltes gegen eine mündliche Nießung

[385] MBW 7, 1744D (145,6–8).

[386] „Itaque sentiunt et docent cum pane et vino vere et substantialiter adesse, exhiberi et sumi corpus Christi et sanguinem." MBW 7, 1744L (142,5f).

[387] MBW 7, 1744D (145,5f).

[388] „Confitentur iuxta verba Irenaei ‚constare eucharistiam duabus rebus, terrena et celesti'." MBW 7, 1744L (142,4f).

[389] „Durch das nennen odder wort wird das brod (spricht er [sc. Irenäus]) Eucharistia odder sacrament, also das das brod nu zweyerlei ding ist, da es zuvor schlecht brod und ein ding war, zuvor eitel yrdisch, nu aber beide yrdisch und hymlisch. Was das hymlissche sey, sollen uns die schwermer anzeigen, wenns nicht sein sol das einige, das ym nennen odder Gotts wort wird angezeigt, Da er spricht ‚Es ist mein leib'." WA 23,233,12–17. Cf. dazu auch die Auslegung bei Hoffmann: Kirchenväterzitate, 163f. Die Ansicht, dass das Irenäus-Zitat auch im Kontext des Abendmahlsartikels im Sinn dieser antizwinglianischen Ausrichtung zu verstehen sei, findet sich bereits bei Hassencamp: Hessische Kirchengeschichte II, 142.

[390] Cf. MBW 7, 1744L (142,4–6).

[391] So heißt es etwa in einer später von Bucer verfaßten Erläuterung des Artikels: „Dwil gesetzt, das ein himlisch ding da sye, můss der verdacht fallen von ytel brot vnd ytel win oder auch von lären gedenck zeichen des libs vnd blůts; dann hie ist nit allein das irdisch brot, sunder auch ein himlisch ding, das ist der lib vnd das blůt christi." BDS 6/1,242,30–32.

des Leibes Christi verstehen. Deutlich wird dies aus einer Stelle in seinen ‚Axiomata Apologetica' von 1535, wo das Zitat des Irenäus mit einer Äußerung aus den Matthäus-Homilien des Chrysostomus kombiniert wird: „Duo enim simul offeruntur, res terrena et coelestis, ut scribit Irenaeus, sensibilis et intelligibilis [...], ut Chrysostomus"[392]. Hier wurde der irdische Charakter des Brotes mit seiner sinnenhaften Erfahrbarkeit gleichgesetzt, während das himmlische Wesen des Leibes dahingehend bestimmt wurde, dass dieser solchen Zugriffen gerade entnommen sei und nur geistlich gefasst werden könne. Es ist also zumindest nicht ausgeschlossen, dass Bucer und möglicherweise einige weitere Oberdeutsche in ihrer Bezugnahme auf Irenäus auch einen Hinweis auf ihre Ablehnung der *manducatio oralis* sahen. Doch die Möglichkeit einer solchen Auslegung hatte Luther bei der Unterzeichnung des Artikels sicherlich nicht im Blick. Wie noch zu zeigen sein wird, war er vielmehr der Ansicht, dass die Oberdeutschen sich nach ihren mündlichen Ausführungen nun mit ihren Unterschriften ein weiteres Mal zur Lehre vom mündlichen Essen bekannt hatten.

Des Weiteren lassen sich dem Artikel einige Aussagen entnehmen, die das zwischen den Elementen und dem Leib und Blut Christi bestehende Verhältnis berühren: Zurückgewiesen werden in diesem Zusammenhang sowohl die Lehre von der Transsubstantiation als auch die Vorstellung, dass diese Relation im Sinn einer *inclusio localis* zu bestimmen sei.[393] Bekanntlich gingen diese Ablehnungen mit Luthers eigener Position konform: In seiner Abendmahlsschrift von 1527 hatte er sich ausdrücklich gegen die Behauptung gewehrt, dass er die Beziehung zwischen Brot und Leib als ein Verhältnis von *continens* und *contentum* bestimme.[394] Die Lehre von der Transsubstantiation hatte er bereits 1520 in seiner Schrift ‚De captivitate babylonica' abgelehnt, auch wenn er sich bereit erklärt hatte, sie als eine von den *credenda* deutlich unterschiedene Meinung zu dulden.[395] Zudem wird im Artikel auch die Auffassung zurückgewiesen, dass

[392] BDS 6/1,90,11–13. In diesem Sinn bezog sich Bucer auch in dem Gutachten, das er am 31. Dezember 1533 für den Kemptener Rat abfaßte, auf die Äußerung des Irenäus: „Das wir aber hie angezogenn, jst gnug darzu, das mann sehe, wie die Elterenn Kirchenn die schrifft vom heiligen Sacrament verstandenn habenn, Nemlich alle der massenn, das ymm Sacrament zweyerlei ding seind: Ein jrdisch vnd hymlisch, wie Ireneus Sagt. Eins, das mann sicht mit den augenn, Das ander, das mann schauwet mit dem glaubenn, wie das Concilium Nicenum, Ein entpfintlichs, das die vsserenn synn fassenn, vnd ein verstentlichs, das vom gmuet vernomen wurt, Als Chrisostomus [schreibt]". BDS 8,86,9–16. Cf. dazu außerdem a. a. O., 267,8–11; BDS 3,278,28–33; 281,20–24.

[393] „Und wiewol sie keine transsubstantiation halten, auch nicht halten, das der leib und blut Christi localiter, reumlich ins brot eingeschlossen werde [...]." MBW 7, 1744D (145,8–10). Sachlich damit übereinstimmend heißt es in der lateinischen Fassung: „Et quanquam negant fieri transubstantiationem nec sentiunt fieri localem inclusionem in pane [...]." MBW 7, 1744L (142,6–8).

[394] „Wir armen sunder sind ja nicht so toll, das wir gleuben, Christus leib sey ym brod auff die grobe sichtbarliche weise, wie brod ym korbe odder wein ym becher, wie uns die schwermer gerne wolten aufflegen, sich mit unser torheit zu kutzeln". WA 23,145,21–25.

[395] „[...] tandem stabilivi conscientiam meam sententia priore, Esse videlicet verum panem

zwischen Brot und Leib „ausser der niessung des sacraments“ eine dauerhafte Vereinigung bestehe.[396] Im lateinischen Text heißt es: „Et quanquam negant [...] durabilem aliquam coniunctionem extra usum sacramenti [...]“[397]. Was unter der Wendung *extra usum sacramenti* zu verstehen ist, wird im Folgenden durch beide Textformen näher bestimmt: Im lateinischen Text heißt es, dass der Leib Christi nicht gegenwärtig sei, „wenn er in einer Hostiendose aufbewahrt oder in Prozessionen gezeigt werde, wie es von den Papisten gemacht wird.“[398] Damit sachlich übereinstimmend wird in der deutschen Fassung erklärt, man sei nicht der Ansicht, dass der Leib gegenwärtig sei, „so man das brot beyseit legt und behellt im sacrament heuslin oder in prozession umbtregt und zeiget, wie im bapstum geschicht“[399]. Vom Wortlaut her ist es naheliegend, die Bestimmung des *extra usum* als einen ausschließlich den stiftungswidrigen Missbrauch des Sakraments durch Aufbewahrung zum Zweck der Anbetung und durch das Mitführen bei Prozessionen kennzeichnenden Vorbehalt zu verstehen. In diesem Sinne aber konnte auch Luther, wie sich den bereits erwähnten Vorarbeiten zu seiner Schrift ‚Von der Winkelmesse und Pfaffenweihe‘ entnehmen lässt, urteilen, dass *extra usum* Leib und Blut nicht gegenwärtig seien, wenn das Sakrament nicht dem von Christus vorgesehenen Verwendungszweck der Nießung zugeführt werde.[400] Auch wenn sich Luther meines Wissens über die Frage nach der Gegenwart von Leib und Blut in Tabernakel und Monstranz niemals ausdrücklich positioniert hat, wird man doch folgern dürfen, dass auch er weder in den für die Anbetung aufbewahrten noch in den bei Prozessionen verwendeten Hostien den Leib Christi erkennen konnte.[401] Gleichwohl wird noch darzustellen

---

verumque vinum, in quibus Christi vera caro verusque sanguis non aliter nec minus sit quam illi sub accidentibus suis ponunt. [...] Permitto itaque qui volet utranque opinionem tenere: hoc solum nunc ago, ut scrupulos conscientiarum de medio tollam, ne quis se reum haereseos metuat, si in altari verum panem verumque vinum esse crediderit, sed liberum esse sibi sciat, citra periculum salutis, alterutrum imaginari, opinari et credere, cum sit hic nulla necessitas fidei.“ WA 6,508,14–16.27–31. Zur Entwicklung von Luthers Urteil über die Lehre von der Transsubstantiation cf. Hardt: Eucharistia, 129–142.

[396] Cf. MBW 7, 1744D (145,10f) und 1744L (142,8).

[397] MBW 7, 1744L (142,6–8).

[398] „Nam extra usum, cum asservatur in pixide aut ostenditur in processionibus, ut fit a papistis, sentiunt non adesse corpus Christi.“ MBW 7, 1744L (142,10–12). Zur Bedeutung des Wortes *pixis* oder *pyxis* cf. Sleumer: Kirchenlateinisches Wörterbuch, 648.

[399] MBW 7, 1744D (145,15f).

[400] Cf. dazu oben S. 355.

[401] Im gegensätzlichen Sinn wird dieses Schweigen gedeutet bei Peters: Origin, 221: „[...] it must be said that Luther nowhere states that what is carried in procession is not the Body of Christ.“ In einem Brief an Martin Schalling vom 27. November 1535 äußerte sich Luther zu dieser Frage wie folgt: „Nos certe docemus, panem et vinum esse corpus et sanguinem Christi non consecrante ministro, sed sic volente per institutionem suam Christo, esseque manducandum et bibendum, non autem reservandum in ciborio aut gestandum in processionibus. Licet an in gestato et incluso sacramento sit corpus Christi, nihil curemus. Papistae id viderint. Nobis non est opus ista quaestione, nihil curemus.“ WABr 7, 2273 (327,13–18). Die Pointe dieser Sätze besteht freilich nicht darin, „dass die Einsetzung nicht den römischen Brauch deckt und dass des-

sein, dass die im Artikel vorliegende *extra-usum*-Regel von den Oberdeutschen doch anders als von den Kursachsen verstanden wurde, wie sich an der Auseinandersetzung um den richtigen Umgang mit den nach der Feier des Mahls unverzehrten Elementen zeigen lässt.[402]

Neben diesen negativ formulierten Ausführungen enthält der Artikel auch noch einige positive Aussagen über das zwischen Brot und Leib bestehende Verhältnis: Zunächst wird erklärt, „das *mit* dem brot und wein warhafftig und wesentlich zugegen sey und dargereicht und empfangen werde der leib und das blut Christi."[403] In der lateinischen Fassung heißt es fast wörtlich entsprechend: „Itaque sentiunt et docent *cum* pane et vino vere et substantialiter adesse, exhiberi et sumi corpus Christi et sanguinem."[404] Wie diese für sich genommen zunächst mehrdeutige Aussage zu verstehen ist, geht aus einer zweiteiligen Konkretisierung hervor: „[...] doch so lassen sie zu, das durch sacramentliche einigkeit das brot sey der leib Christi, das ist, sie halten, so das brot dargereicht wird, das als denn zugleich gegenwertig sey und warhafftig dargereicht werde der leib Christi etc."[405] Wieder bietet die lateinische Version eine nahezu wörtlich lautende Entsprechung: „tamen concedunt sacramentali unione panem esse corpus Christi, hoc est, sentiunt porrecto pane simul adesse et vere exhiberi corpus Christi."[406] Festzuhalten ist zunächst, dass die beiden Teile dieser Näherbestimmung einander in der Weise zugeordnet sind, dass der zweite als eine Auslegung (hoc est) des ersten ausgegeben wird. Darüber hinaus ist zu erkennen, dass der erste Teil nur als die Wiedergabe einer von den Oberdeutschen gebilligten Vorstellung (concedunt) gekennzeichnet ist, während der zweite Teil als Ausdruck ihrer eigenen Überzeugung (sentiunt) kenntlich gemacht ist. In welchem Sinn die Oberdeutschen das Verhältnis zwischen Brot und Leib dem Artikel zufolge bestimmten, muss daher von dem zweiten Teil her erschlossen werden. In ihm findet sich aber nur die Vorstellung ausgedrückt, dass Brot und Leib in zeitlicher Hinsicht einander zuzuordnen sind: Während das Brot dargereicht wird, ist der Leib Christi gegenwärtig.[407] Unbestreitbar pflegte Luther in seinen eige-

---

halb von den Lutheranern nicht mit Glaubensgewissheit gesagt werden kann, dass sie dort vorliegt." HARDT: Eucharistia, 264 A. 132. Luther erklärt vielmehr grundsätzlich, dass er in dieser Frage nicht zuständig sei und weist die Aufgabe ihrer Beantwortung der altgläubigen Seite zu.

[402] Cf. dazu unten S. 443 f.

[403] MBW 7, 1744D (145,6–8) [Hervorhebung H. R.].

[404] MBW 7, 1744L (142,5 f). [Hervorhebung H. R.].

[405] MBW 7, 1744D (145,11–14).

[406] MBW 7, 1744L (142,8–10).

[407] Cf. dazu in diesem Sinn bereits HEPPE: Die confessionelle Entwicklung, 80; HASSENCAMP: Hessische Kirchengeschichte II, 142 f; KAUFMANN: Wittenberger Konkordie, 247,20 f. Anders urteilt in dieser Frage SASSE: „Es wird klar ausgesprochen, dass das Brot der Leib *ist.* Das ‚cum' konnte nicht, wie im 10. Artikel von Melanchthons Variata entweder als ‚zusammen mit' oder ‚gleichzeitig mit' verstanden werden, mochte auch ein Unterschied zwischen Luther und Butzer im Verständnis der ‚unio sacramentalis' bestehen." SASSE: Corpus Christi, 74. Hier wird offensichtlich verkannt, dass das *est* des Artikels durch das *simul adesse* ausgelegt wird,

nen Aussagen das zwischen Brot und Leib bestehende Verhältnis enger zu fassen, als es hier geschah.[408] Aus dieser Feststellung lässt sich aber nicht schließen, dass er hier wissentlich eine Lehraussage gebilligt habe, die von seiner eigenen Auffassung abwich. Es ist vielmehr sogar wahrscheinlich, dass er die in Wittenberg festgehaltenen Formulierungen so verstand, dass er auch an dieser Stelle keine inhaltliche Differenz zu der von ihm selbst vertretenen Lehre erkennen konnte. Für diese Annahme spricht, dass Luther auch der Kasseler Formel, die dem Abendmahlsartikel von Wittenberg an dieser Stelle exakt entspricht, eine Deutung gegeben hatte, die mit seiner eigenen Position vollkommen übereinstimmte: Wie bereits dargestellt, hatte Melanchthon in Kassel im Hinblick auf die Beziehung zwischen Brot und Leib festgehalten, dass Brot und Wein *signa exhibitiva* seien, „welche so man reicht und empfahet, werde *zugleich* gereicht und empfangen der leib Christi", und dass Brot und Leib in dieser Weise „bey ein" seien.[409] Gegenüber seinem Kurfürsten hatte Luther aber im Januar 1535 erklärt, in dieser Formel werde deutlich (!) bekannt, „das Christus leib ‚warhafftig vnd wesentlich' ym abendmal *ym brod* gereicht, empfangen vnd geessen werde".[410] Daher ist aber anzunehmen, dass Luther auch die entsprechenden Aussagen des Konkordienartikels als Äußerungen ansah, die sich in der Sache nicht von seiner eigenen Auffassung unterschieden.

Zum Abschluss der Ausführungen über den Abendmahlsartikel ist nun noch auf die in ihm enthaltenen Aussagen einzugehen, in denen es um die *manducatio indignorum* geht. Von Bedeutung ist hier zunächst das Bekenntnis zu der Ansicht, „das die einsetzung dieses sacraments, durch Christum geschehen, krefftig sey inn der christenheit, und das es nicht ligt an wirdigkeit oder unwirdigkeit des dieners, so das sacrament reichet, oder des, der es empfehet."[411] Etwas kürzer heißt es in der lateinischen Fassung: „Deinde hanc institutionem sacramenti sentiunt valere in ecclesia nec pendere ex dignitate ministri aut sumentis."[412] Entgegen der verschiedentlich geäußerten Ansicht, diese Erklärung besage, dass die *Kraft des Sakraments* nicht von der Würdigkeit und Unwürdigkeit des Spenders und Empfängers abhänge[413], ist festzuhalten, dass es hier um die *Wirklichkeit* der durch die Einsetzung konstituierten Gegenwart von Leib und Blut geht,

---

nicht etwa umgekehrt, und dass es an dieser Stelle daher auch von der zeitlichen Zuordnung her verstanden werden muss.

[408] Ebenso urteilt FRIEDRICH: Von Marburg bis Leuenberg, 56: „Die Realpräsenz ist bejaht, aber nur im Sinne eines Miteinanders, einer lockereren Verbindung, als Luther sie normalerweise aussagte." Zu dieser Differenz cf. auch die Ausführungen bei HEPPE: Die confessionelle Entwicklung, 80; HASSENCAMP: Hessische Kirchengeschichte II, 142 f; GRASS: Abendmahlslehre (1954), 151.

[409] Cf. oben S. 218 und dort A. 159 und 160 [Hervorhebung vom Verfasser].

[410] Cf. dazu oben S. 223. [Hervorhebung vom Verfasser].

[411] MBW 7, 1744D (145,17–20).

[412] MBW 7, 1744L (142,12–14).

[413] So heißt es bei SCHWARZ: Luther, 199: „2. erklären die Oberdeutschen, dass für sie die Wirkkraft des Abendmahls auf der Einsetzung Christi beruht, nicht auf der Würdigkeit des

die durch die angeführten Faktoren nicht beeinträchtigt werden kann.[414] Mit der Beschränkung der *validitas institutionis* auf die christliche Gemeinde wird das Faktum der Realpräsenz aber zugleich für alle Personen prinzipiell ausgeschlossen, die nicht der Kirche angehören. Wie den vorangehenden Ausführungen über die Konkordienverhandlungen und deren Auswertung entnommen werden kann, entspricht diese Aussage nicht nur der mündlichen Erklärung Bucers zu den *impii* und ihrer Aufnahme durch Luther, sondern sie deckt sich auch mit der persönlichen Überzeugung des Wittenbergers.[415]

Des Weiteren wird über die *indigni* gesagt, dass ihnen „warhafftig dargereicht werde der leib und das blut Christi und die unwirdigen warhafftig dasselb empfahen, so man des herrn Christi einsetzung und befelh hellt."[416] Die lateinische Fassung ist etwas gedrängter formuliert, ohne dass freilich eine inhaltliche Diskrepanz auszumachen wäre: „[...] ita sentiunt porrigi vere corpus et sanguinem domini etiam indignis et indignos sumere, ubi servantur verba et institutio Christi."[417] Entscheidend ist aber nun, dass die *indigni* darauf als diejenigen bezeichnet werden, die durch den Missbrauch des Mahles schuldig werden, „weil sie es on ware buß und on glauben empfahen"[418]. Damit übereinstimmend lautet der lateinische Text: „Sed tales sumunt ad iudicium, ut Paulus ait, quia abutuntur sacramento, cum sine poenitentia et sine fide eo utuntur."[419] Zu diesen Ausführungen ist von einigen Forschern erklärt worden, dass sie auch als eine Ablehnung der *manducatio incredulorum* gedeutet werden könnten. Am eingehendsten hat sich Hassencamp mit dieser Frage auseinandergesetzt. Sein Urteil lautet, dass das Essen der Ungläubigen „nicht geradezu ausgeschlossen" sei, dass es aber sehr wohl „ausgeschlossen scheinen konnte" und dass es darüber hinaus „keinenfalls direct gelehrt" werde.[420] Für diese Ansicht verweist er zum einen auf einen Abschnitt des lateinischen Artikels, in dem erklärt werde, was man unter dem Wort *indigni* zu verstehen habe: „Ideo enim propositum est [sc. sacramentum], ut testetur illis applicari beneficia Christi et fieri eos membra Christi et ablui sanguine Christi, qui agunt poenitentiam et erigunt se fide

amtierenden Geistlichen oder des Abendmahlsempfängers". Cf. dazu ähnlich Grass: Abendmahlslehre (1954), 148 und Friedrich: Von Marburg bis Leuenberg, 56.

[414] So richtig bei Kaufmann: Wittenberger Konkordie, 247,22 f.

[415] Cf. dazu oben S. 334 f; 343 f; 354–356.

[416] MBW 7, 1744D (146,22–24).

[417] MBW 7, 1744L (142,14–16).

[418] MBW 7, 1744D (146,26).

[419] MBW 7, 1744L (142,16–18).

[420] Zum folgenden cf. Hassencamp: Hessische Kirchengeschichte II, 143. Ähnlich heißt es zur Frage der Deutungsmöglichkeit bei Köstlin/Kawerau: Luther II, 346: „Zwar war von den Unwürdigen gesagt, dass sie das Sakrament ohne Glauben gebrauchen. Aber es behielt hier der Vorbehalt Raum, dass damit nur der lebendige, das Herz aufrichtende Glaube gemeint sei." Cf. des Weiteren Grass: Abendmahlslehre (1940), 134; Grass: Abendmahlslehre (1954), 151. Diestelmann: Letzte Unterredung, 189 räumt immerhin ein, dass eine solche Umdeutung nur „auf etwas gezwungene Weise" erfolgen könne.

in Christum."[421] Zum anderen beruft er sich darauf, dass das Wort *indigni* eben auch „unwürdige Gläubige" bezeichnen könne. Gegen die erste Begründung ist einzuwenden, dass der zitierte Abschnitt keinesfalls von den *indigni* und ihrem angeblichen Glauben spricht, sondern dass in ihm vom heilsamen Genuss der würdig empfangenden Gläubigen die Rede ist. Das zweite Argument wird dadurch entkräftet, dass sowohl im deutschen als auch im lateinischen Text die Unwürdigen präzisierend als Personen dargestellt werden, die ohne Glauben am Mahl teilnehmen und dennoch den Leib Christi empfangen. Somit ist aber festzuhalten, dass der Artikel seinem Wortlaut nach eindeutig ein Essen des Leibes durch ungläubige Kommunikanten lehrt. Der Behauptung von Grass entgegen wird man somit hier eben gerade keinen Raum für eine abweichende Deutung erkennen können.[422] Da für die in dieser Weise beschriebenen *indigni* aber nur ein mündlicher Empfang denkbar ist, impliziert diese Aussage notwendig auch ein Bekenntnis zur *manducatio oralis.*

Es kann auch kein Zweifel daran bestehen, dass Luther in diesen Aussagen ein Bekenntnis zum Essen der Ungläubigen und damit zum mündlichen Empfang überhaupt erkannte. Zum einen entsprach dies nämlich schlicht dem Wortlaut des Artikels. Zum anderen hatte er die mündlichen Äußerungen der Oberdeutschen bereits in diesem Sinn aufgefasst, um deren schriftliche Zusammenfassung es sich bei dem Artikel ja handeln sollte. Auch aus diesem Grund also musste er davon überzeugt sein, dass sich die in dem Abendmahlsartikel formulierte Lehre mit seiner eigenen Position deckte. Daran ändert auch der Umstand nichts, dass das Dokument den Empfang des Leibes durch die Unwürdigen unter den Vorbehalt stellt, dass Christi Worte und Einsetzung bewahrt werden (servari). Diese Einschränkung konnte von den Oberdeutschen natürlich wieder in der bereits erörterten Weise als ein Einspruch gegen die Lehre vom mündlichen Essen gedeutet werden.[423] Dass Bucer diese Wendung auch tatsächlich in diesem Sinne interpretierte, lässt sich später von ihm verfassten Auslegungen des Artikels entnehmen.[424] Luther verstand diese Worte aber zweifelsohne nicht in diesem Sinn, der nicht nur den deutlichen Aussagen widersprach, die der Artikel über die

---

[421] MBW 7, 1744L (142,18–20). Inhaltlich identisch heißt es in der deutschen Fassung: „Denn es ist darumb uffgesetzt, das es zeuge, das denen die gnade und wolthat Christi allda zugeeignet werde und das die Christo eingeleibt und durch das blut Christi gewaschen werden, so da ware buß thun und sich trosten durch den glauben an Christum." MBW 7, 1744D (146,26–30).

[422] „Tatsächlich geben die Wittenberger Artikel nicht die streng Lutherische Lehre wieder, sondern lassen eine abweichende Deutung zu. Sie reden nicht von den impii, sondern nur von den indigni, und zwar mit dem Zusatz ‚ut ait Paulus'." GRASS: Abendmahlslehre (1954), 151. Koldes Deutung, dass die *indigni* wegen der Erläuterung *qui sine poenitentia et sine fide sacramento utuntur* nur schwer von den *impii infideles* zu unterscheiden gewesen seien, besagt hier noch zu wenig. Cf. KOLDE: Wittenberger Konkordie, 236.

[423] Darauf hat bereits HASSENCAMP: Hessische Kirchengeschichte II, 143f zurecht aufmerksam gemacht. Cf. oben S. 332f und 340.

[424] So heißt es etwa in der von ihm vor seinen Straßburger Kollegen am 22. Juni 1536 ab-

*manducatio communicantium sine fide* enthielt, sondern auch dem Eindruck, den er im Verlauf der Verhandlungen von der Lehre der Oberdeutschen gewonnen hatte. Er wird diesen Vorbehalt vielmehr in Übereinstimmung mit seinem eigenen theologischen Sprachgebrauch als eine Aussage über die für die Gegenwart des Leibes Christi konstitutive Bedeutung der einsetzungsgemäßen Abendmahlsverwaltung und -lehre aufgefasst und diese Deutung auch für die Oberdeutschen vorausgesetzt haben.[425]

Abschließend lassen sich die Ergebnisse dieser Erörterungen wie folgt zusammenfassen: Es ist deutlich, dass der Abendmahlsartikel nicht einfach Luthers eigener Lehre entsprach. Die in ihm formulierte Sicht auf die zwischen Christus und den Elementen bestehende Relation bleibt erkennbar hinter dem zurück, was er selbst zu diesem Punkt dachte und äußerte. Es ist aber wahrscheinlich, dass er selbst die hier bestehende Differenz nicht als einen Unterschied in der Sache wahrgenommen hat. Vielmehr muss er den Artikel in der subjektiven Überzeugung unterzeichnet haben, dass die in ihm enthaltene Lehre sich inhaltlich von seiner eigenen Auffassung nicht unterschied.

### 4.2.3 Die Verhandlungen über Taufe und Schlüsselamt

Die während des Konkordienkonventes geführten Verhandlungen über die Taufe und das Amt der Schlüssel sind bislang von der Forschung kaum berücksichtigt worden.[426] Hassencamp greift in seiner Darstellung beide Themen auf.[427] Brinkel und Huovinen gehen in ihren Arbeiten zu Luthers Verständnis der *fides infantium* auf die Verhandlungen über die Taufe ein.[428] Ihrer eigenen Fragestellung folgend lassen sie aber große Teile der Beratungen unberücksich-

---

gegebenen ‚Erklarung der Articul Concordiae': „Der gotlosen vnd vngleubigen nemen wyr vnß nichs an. Darumb ist hinzugesetzet ‚wo man die wort vnd einsetzung Christi haltet'." BDS 6/1,191,5–7.

[425] Cf. dazu oben S. 333 und A. 230 und S. 335 f.

[426] Sofern die vorliegenden Darstellungen überhaupt auf diesen Teil der Verhandlungen eingehen, beschränken sie sich ganz überwiegend auf eine bloße Erwähnung. Cf. dazu etwa EELLS: Martin Bucer, 201; KÖHLER: Zwingli und Luther II, 449; DE KROON: Syllogismus, 161; FRIEDRICH: Martin Bucer, 121; BRECHT: Martin Luther III, 59. Ein wenig ausführlicher sind die Darstellungen bei KÖSTLIN/KAWERAU: Martin Luther II, 342 und BIZER: Studien, 108 f. Doch auch hier geht es nicht über Paraphrasen oder Zitate aus dem Bericht der Oberdeutschen hinaus.

[427] Cf. HASSENCAMP: Hessische Kirchengeschichte II, 146–150.

[428] Cf. dazu BRINKEL: Fides infantium und HUOVINEN: Fides infantium. Zu der Auseinandersetzung mit beiden Arbeiten cf. unten Kapitel 4.2.3.3. Bei ZIMMER: Problem, 275–278 werden in den Ausführungen über Luthers Lehre von der *fides infantium* seit Abfassung des Großen Katechismus die Wittenberger Verhandlungen vollkommen übergangen. In der Arbeit von SPENGLER: Kindsein, 206 werden die Beratungen auf dem Konkordienkonvent nur kurz angesprochen. In den Ausführungen der jüngsten Veröffentlichung zur *fides infantium* bei SURALL: Ethik des Kindes, 188–192 fehlen sie gänzlich.

tigt. Burnett liefert in ihrer Arbeit über Bucers Verständnis der Kirchenzucht einige Ausführungen über die Unterredung zum Amt der Schlüssel.[429]

Erkennbar ist außerdem, dass das Gewicht, das beiden Themen auf dem Konvent zukam, in der Forschung bislang vollkommen unterschätzt und die Konkordie ausschließlich als abendmahlstheologische Übereinkunft gedeutet worden ist. Repräsentativ ist hier die von Kaufmann in seinem Artikel vorgelegte Beschreibung.[430] Luther hingegen legte Taufe und Einzelbeichte bei den Beratungen eine für den Abschluss der Konkordie konstitutive Bedeutung bei. Zum einen lässt sich dies daran erkennen, dass er beide Gegenstände zu Beginn des Gespräches am Morgen des 24. Mai vor den Oberdeutschen als *primarii articuli* bezeichnete.[431] Zum anderen ist darauf hinzuweisen, dass er bereits am Vortag gegen Ende der Verhandlungen um das Abendmahl folgenden Ausblick auf den weiteren Verlauf der Versammlung gegeben hatte: „Quod ad reliquos articulos attinet, ut plena sit concordia, conveniemus cras ad octavam et audiemus, quid quisque sit propositurus."[432] Mithin konnte es sich nach Luthers Auffassung bei der in Wittenberg angestrebten Konkordie keineswegs um eine reine Abendmahlskonkordie handeln. Als *concordia plena* musste die anvisierte Verständigung vielmehr notwendig auch eine Übereinkunft im Hinblick auf Taufe und Einzelbeichte umfassen. Formal lässt sich diese Gewichtung Luthers auch daran ablesen, dass er analog zum Artikel über das Abendmahl und im Unterschied zu den anderen Themen, die im Verlauf des Konventes noch verhandelt werden sollten, auch zu Taufe und Einzelbeichte einen eigenen Konkordienartikel ausarbeiten ließ, der von den Theologen beider Seiten durch Unterschrift ratifiziert werden musste.[433]

Luthers eigenes Verständnis von der für die Konkordie konstitutiven Bedeutung von Taufe und Schlüsselamt einerseits und die angesichts dessen vollkommen unzureichende Berücksichtigung dieses Teils der Verhandlungen in den bislang vorliegenden Arbeiten lassen eine eingehende Darstellung und Analyse in diesem Zusammenhang als besonders wünschenswert erscheinen. Auch wenn beide Gegenstände im Rahmen einer Sitzung behandelt wurden, werden sie im Rahmen der vorliegenden Arbeit aus Gründen der Übersichtlichkeit gesondert thematisiert.

---

[429] Cf. Burnett: Yoke of Christ, 87 f.

[430] Einleitend heißt es dort: „Unter der Wittenberger Konkordie versteht man die im Jahr 1536 vor allem auf Betreiben des Straßburger Reformators M. Bucer zustande gekommene Verständigung in der Abendmahlsfrage zwischen Theologen oberdeutscher Städte und den Wittenberger Theologen unter der Führung M. Luthers." Köhler: Zwingli und Luther II, 455 behauptet gar, es seien neben dem Abendmahl „über sonstige loci keine Formeln aufgestellt worden."

[431] „Hic propositi sunt a D. Luthero duo, ut dicebat, primarii articuli, nempe de baptismate et clavibus." Itinerar 58,20 f.

[432] Itinerar 58,12 f.

[433] Zur Analyse dieses Artikels und zur Deutung der Subskription durch die Teilnehmer beider Seiten cf. unten S. 409–413 und 423–425.

Den inhaltlichen Ausführungen ist an dieser Stelle aber zunächst noch die Beschäftigung mit einem quellenkritischen Problem voranzuschicken, das die von Myconius verfassten Zeugnisse betrifft: Am Morgen des 24. Mai fanden sich die oberdeutschen Theologen gegen acht Uhr zu einer weiteren Unterredung in Luthers Haus ein. Über die Teilnahmer auf kursächsischer Seite finden sich Angaben ausschließlich im Itinerar des Musculus. Dort heißt es: „Circa octavam ad D. Lutherum reversi sumus, ubi rursus comparuerunt Pomeranus, Philippus, Jonas, Creutzingerus cum reliquis diaconis et plerisque aliis nobis ignotis."[434] Auffälligerweise werden Menius und Myconius an dieser Stelle nicht genannt. Es stellt sich daher die Frage, ob sie an den Verhandlungen dieses Tages überhaupt teilgenommen haben. Im Blick auf Myconius hängt von der Beantwortung dieser Frage wiederum ab, ob man die von ihm stammenden Berichte als Ausführungen eines Augen- und Ohrenzeugen ansehen kann oder ob er sich bei der Abfassung auf die Aussagen anderer stützen musste.

Zunächst einmal ist die Möglichkeit zu bedenken, dass Musculus die beiden Thüringer Theologen einfach versehentlich unerwähnt gelassen haben könnte. Zwei Erwägungen lassen diese Überlegung allerdings als wenig wahrscheinlich erscheinen: Zum einen fällt an den Aufzeichnungen des Musculus auf, wie akribisch sie sonst gerade in den Passagen gehalten sind, die über die jeweils anwesenden Personen Auskunft erteilen.[435] Zum anderen ist zu bedenken, dass es sich bei Myconius und Menius um die Personen innerhalb des Wittenberger Lagers gehandelt haben dürfte, zu denen Musculus während seiner Reise den intensivsten Kontakt hatte. Sie hatte er bereits auf dem Weg nach Wittenberg kennenlernen und mit ihnen theologische Diskussionen führen können.[436] Es ist daher kaum anzunehmen, dass Musculus ausgerechnet diese beiden Männer bei der Abfassung seines Berichtes versehentlich übergangen haben sollte.

Für die Annahme einer Anwesenheit der beiden Thüringer bei dieser Verhandlungsrunde lässt sich auch nicht die Deutung geltend machen, dass Musculus sie mit seinem Hinweis auf die in seiner Auflistung genannten *reliqui diaconi* mitgemeint haben könnte. Musculus wusste nämlich zumindest im Hinblick auf Myconius von dessen Stellung als leitender Geistlicher in Gotha, wie sich aus einer kurzen Bemerkung im Reisetagebuch ersehen lässt.[437] Es ist daher ausgesprochen unwahrscheinlich, dass er ihn und Menius in diesem Zusammenhang der Gruppe der Diakone zugerechnet haben sollte.

---

[434] Itinerar 58,17–19. Im Bericht der Oberdeutschen heißt es lediglich: „Als wir morgens zusamen kamen […]." BDS 154,13.

[435] Cf. dazu etwa die Auflistungen im Zusammenhang der theologischen Beratungen und der geselligen Zusammenkünfte in Wittenberg Itinerar 53,13 f; 54,3 f; 55,8 f.19; 64,7–10.13–15; 71,1–3;72,20–22.24–26; 74,16. Auch die verschiedenen Begegnungen auf der Reise sind sorgfältig notiert. Cf. dazu etwa Itinerar 44,17 f; 45,11 f; 47,18–48,2; 48,5–9.16 und öfter.

[436] Cf. Itinerar 52,1–3.6 f. Zu den theologischen Gesprächen cf. MycBr 18–34.

[437] Unter dem Datum des 17. Mai heißt es im Itinerar: „[…] venimus Gottham, ubi Fridericus Myconius episcopatur." Itinerar 52,2 f.

Georg Rörer hingegen, der zu dieser Zeit in der Tat an der Wittenberger Stadtkirche als Hilfsgeistlicher tätig war[438] und der auch an den vorangehenden Beratungen über das Abendmahl bereits teilgenommen hatte[439], dürfte zu den von Musculus genannten *diaconi* gehört haben. Möglicherweise ist auch Hieronymus Weller dieser Gruppe zuzuordnen. Es ist uns aus dieser Zeit zumindest bekannt, dass er Predigten hielt.[440] Musculus könnte ihn aus diesem Grund für einen Diakon gehalten haben. Aus welchen Personen sich darüber hinaus die Musculus zufolge recht große Gruppe der den Oberdeutschen bis dahin unbekannten Teilnehmer (plerisque aliis nobis ignotis) zusammensetzte, muss offenbleiben.[441]

Die auf die Auflistung der Teilnehmer gestützte Vermutung, dass Myconius nicht an den Verhandlungen des 24. Mai teilgenommen hat, gewinnt durch den Umstand an Plausibilität, dass sie zumindest einen Teil der auffälligen Besonderheiten recht gut zu erklären vermag, die bei genauerer Betrachtung an seinen beiden Darstellungen auffallen. Zu diesen Besonderheiten gehören zunächst zwei schon in vorangehenden Arbeiten verschiedentlich registrierte Fehler, die Myconius bei der Abfassung beider Berichte im Hinblick auf die zeitliche Einordnung der Ereignisse unterlaufen sind: So fügte er zum einen irrtümlich dem 23. Mai als Tagesangabe den Zusatz „feria quarta" zu.[442] Tatsächlich aber handelte es sich bei diesem Tag um einen Dienstag und damit um die *feria tertia*.[443] Diese falsche Angabe dürfte auf einem reinen Versehen beruhen. Zum anderen aber datierte Myconius den Tag nach Himmelfahrt fälschlich auf den 25. statt auf den 26. Mai.[444] Des Weiteren fällt auf, dass in beiden Berichten der Mittwoch vor Himmelfahrt (24. Mai) einfach übergangen wird. Auf die Ereignisse vom Dienstag folgen unmittelbar die vom Donnerstag.[445] Die erwähnte fehlerhafte Datierung des auf Himmelfahrt folgenden Freitags lässt sich vermutlich auf diesen Ausfall zurückführen: Da in seinen Aufzeichnungen auf den Bericht über die Ereignisse vom 23. Mai nur noch die undatierten Anmerkungen zum Himmelfahrtstag folgten[446], ergab sich für Myconius wohl durch die schlichte Addition zweier Tage das fehlerhafte Datum für den Freitag.

[438] Erst im Jahr 1537 sollte Kurfürst Johann Friedrich die Freistellung Rörers, der duch seine Arbeit als Mitschreiber Luthers, als Korrektor und als Mitarbeiter an der Bibelrevision stark beansprucht war, von seinem geistlichen Dienst als Diakon an der Stadtkirche verfügen. Cf. dazu Klaus: Georg Rörer, 129.

[439] Cf. dazu oben S. 314 und 330.

[440] Cf. dazu ‚Narratio' 110 und MycBr 207.

[441] Cf. dazu aber Itinerar 58 A. 67 und die dort von mir in Erwägung gezogene Möglichkeit einer Teilnahme des Wittenberger Rektors Jakob Milich.

[442] Cf. ‚Narratio' 59 und MycBr 141.

[443] Zur richtigen Tagesangabe cf. etwa Itinerar 55,13. Im Blick auf den Brief an Veit Dietrich cf. zu diesem Befund bereits etwa de Kroon: Syllogismus, 180.

[444] Cf. dazu ‚Narratio' 114 und MycBr 214 sowie mit der Angabe des zutreffenden Datums Itinerar 64,6.

[445] Zur Sache cf. auch schon Walch$^2$ 17, Col. 2096 A. 1.

[446] Cf. ‚Narratio' 109–113; MycBr 206–211.

Die Auslassung des Mittwochs schließlich geht mit dem Befund einher, dass unter dem Datum des 26. Mai von Myconius über Äußerungen aus Gesprächen über die Taufe berichtet wird, die sich inhaltlich sehr eng mit Passagen berühren, die im Itinerar des Musculus und im Bericht der Oberdeutschen übereinstimmend dem 24. Mai zugeordnet werden. Dies betrifft vor allem verschiedene auf den praktischen Vollzug der Taufe eingehende Aussagen: den gegen Bucers Seite gerichteten Vorwurf, einige Oberdeutsche praktizierten die Taufe ohne Wasser[447], eine von den Oberdeutschen vorgetragene Rechtfertigung für die in ihren Gemeinde übliche Beschränkung des Taufvollzugs auf den Kontext des Gottesdienstes[448] und die Versicherung, dass die Taufe bei Bedarf umstandslos auch zu anderen Zeiten gewährt werde[449], sowie eine von den Oberdeutschen vorgebrachte Beschreibung und Verteidigung der unter ihnen geübten Aspersionstaufe.[450] Wie aber lassen sich diese inhaltlichen Entsprechungen und die besagte unterschiedliche Datierung dieser Äußerungen erklären?

Zunächst einmal ist festzustellen, dass an der chronologischen Zuverlässigkeit des Itinerars auch in dieser Frage nicht zu zweifeln ist. Dies gilt zumal, da die in ihm anzutreffende Datierung durch den Bericht der Oberdeutschen bestätigt wird. Auszuschließen ist die Deutung, dass die besagten Äußerungen tatsächlich zweifach und an zwei verschiedenen Tagen vorgetragen worden sein könnten. Wenig überzeugend ist die Vermutung, dass Myconius die Äußerungen aufgrund seiner mangelhaften Erinnerung falsch eingeordnet haben dürfte.[451] Dagegen spricht einmal, dass die Abfassung der beiden Dokumente bereits kurze Zeit nach den Verhandlungen erfolgte. Auch muss in diesem Zusammenhang die zeitliche Dauer der Taufverhandlungen berücksichtigt werden: Dass ein kurzer Wortwechsel einem solchen *lapsus memoriae* hatte zum Opfer fallen können, ist leicht vorstellbar. Ungleich schwerer fällt eine solche Annahme hingegen im vorliegenden Fall, da es sich bei diesem Gespräch um eine mehrstündige Unterredung handelte, die von einer Beratungspause unterbrochen wurde und vom Eintreffen der Oberdeutschen am Morgen bis gegen Mittag gedauert haben dürfte.[452] Zu erwägen ist als weitere Möglichkeit, ob Myconius seine Ausführungen über die Taufverhandlungen nicht vielleicht aus gestalterischen Gründen auf den 26. Mai verlegt haben könnte. Tatsächlich wurde nämlich, wie sich dem Itinerar entnehmen lässt, am 26. Mai die Frage nach der *fides infantium*, die bereits zwei Tage zuvor erörtert worden war, ein weiteres

---

[447] Cf. ‚Narratio' 128 und MycBr 230 f mit Itinerar 61,11 ff und BDS 154,16.

[448] Cf. ‚Narratio' 130–133; MycBr 234–237; Itinerar 60,14–20; BDS 156,15–157,1.

[449] Cf. MycBr. 237 f; Itinerar 60,20 f; BDS 157,1 f.

[450] Cf. ‚Narratio' 132 f; MycBr 237–239; Itinerar 61,16–21; BDS 157,18–158,1.

[451] Entsprechend votiert etwa Walch² 17, Col. 2090 f. Cf. auch Köstlin/Kawerau: Martin Luther II, 666 ad pag. 337 A. 3: „Myk[onius] war indes in seinem Gedächtnis nicht mehr sicher." Die a. a. O. anzutreffenden Korrekturen zur Chronologie sind freilich sämtlich falsch.

[452] Musculus beendete seine Darstellung der Beratungen mit den Worten: „Atque ita discessum est. In prandio adfuit Jonas." Itinerar 62,19 f.

Mal aufgegriffen.[453] Myconius könnte hier die Gelegenheit für eine Straffung seiner Aufzeichnungen gesehen und aus diesem Grund die zweifache Verhandlung über tauftheologische Fragen zu einer einmaligen Beratung umgestaltet haben.

Doch ist auch diese Deutung nicht frei von Schwierigkeiten: Der Hauptteil der Verhandlungen über die Taufe erfolgte nämlich eindeutig am 24. Mai.[454] Zwei Tage darauf wurde zum Zweck einer Präzisierung lediglich ein Aspekt aus dem breiten Spektrum erneut auf die Agenda gesetzt.[455] Hätte es sich folglich im Fall einer bewussten literarischen Komposition nicht viel mehr angeboten, wenn Myconius die Verhandlungen gänzlich dem Tag der Hauptverhandlungen zugewiesen hätte? Unter den gegebenen Umständen hingegen müsste man annehmen, dass der Gothaer Superintendent an beiden Tagen anwesend gewesen wäre und das im Hinblick auf die Auseinandersetzung um die Taufe zwischen den beiden Verhandlungsrunden deutlich erkennbare Gewichtsverhältnis ohne erkennbaren Grund umgekehrt hätte.

Am besten lässt sich daher das auffällige Schweigen des Myconius über den 24. Mai mit Hilfe der Annahme erklären, dass er an der entsprechenden Sitzung nicht teilgenommen hat. Für diese Art der Erklärung spricht auch der Umstand, dass sie eine weitere Eigenart seiner Aufzeichnungen befriedigend zu erklären vermag: Es fällt nämlich auf, dass die ebenfalls an diesem Tag geführten Verhandlungen über die Privatbeichte in seinen beiden Darstellungen überhaupt keine Erwähnung finden. Auch dieses Schweigen lässt sich kaum durch eine Gedächtnislücke begreiflich machen. Zum einen ist auch hier wieder an die bald erfolgte Verschriftlichung zu erinnern, die einen solchen Totalausfall wenig glaubhaft erscheinen lässt. Gegen dieses Interpretament spricht aber auch die Überlegung, dass Myconius in diesem Fall einen Verhandlungsgegenstand vergessen hätte, dem Luther – wie bereits erwähnt – zu Beginn der Sitzung vom 24. Mai ebenfalls ein besonderes Gewicht beigemessen hatte[456] und der schließlich sogar in einem Anhang zum Taufartikel einen eigenen literarischen Niederschlag fand.[457] Die genannten Gründe sprechen aber auch gegen die prinzipiell mögliche Deutung, dass Myconius diesen Teil der Auseinandersetzung bewusst ausgelassen haben könnte. Am plausibelsten ist daher die Annahme, dass er die Verhandlungen vom 24. Mai überging, weil er den Gesprächen an diesem Tag nicht beiwohnte. Die dafür maßgeblichen Gründe sind auf der Grundlage der vorliegenden Quellen nicht mehr zu erhellen.

---

[453] Cf. Itinerar 65,19–29.

[454] Dies lässt sich bereits der im Itinerar und im Bericht der Oberdeutschen erkennbaren Breite der Darstellung entnehmen. Cf. Itinerar 58,22–59,2; 59,16–61,24; 62,13–19 und BDS 154,13–158,2.

[455] Cf. A. 453 und unten S. 397–402.

[456] Cf. dazu oben S. 374.

[457] Cf. dazu die Ausführungen unten in Kapitel 4.2.3.4.

Für die am Nachmittag des 26. Mai geführten Gespräche hingegen ist die Anwesenheit des Myconius durch die Aufzeichnungen Zwicks verbürgt.[458] Folglich war Myconius auch Zeuge der während dieser Sitzung erfolgten Wiederaufnahme der Debatte über die *fides infantium*.[459] Der sich ihm hier bietende inhaltliche Berührungspunkt mit den Verhandlungen vom 24. Mai dürfte ihn dazu veranlasst haben, dass er die ihm aus dem Kreis der Teilnehmer mündlich übermittelten Auskünfte über die zwei Tage zuvor geführten Gespräche mit seinen unmittelbaren Einsichten in die Beratungen vom 26. Mai verband und die Kompilation schließlich dem Tag seiner Anwesenheit zuordnete. Auf diese Weise lassen sich auch die konstatierten inhaltlichen Übereinstimmungen zwischen den Berichten des Myconius einerseits und dem Bericht der Oberdeutschen sowie dem Itinerar andererseits bei gleichzeitiger Divergenz hinsichtlich der zeitlichen Zuordnungen bestimmter Äußerungen plausibel erklären.

Zusammenfassend ist als Ergebnis dieser Erörterungen festzuhalten, dass Myconius an den Beratungen vom 24. Mai sehr wahrscheinlich nicht teilgenommen hat.[460] Für dieses Urteil spricht neben seinem Fehlen in der Namensliste des Musculus der Umstand, dass die Annahme seiner Abwesenheit im Unterschied zu anderen Hypothesen die erkennbaren und der Erklärung bedürftigen Auffälligkeiten in seinen beiden Berichten zufriedenstellend zu erklären vermag. Für den Umgang mit diesen Zeugnissen bedeutet dies, dass ihnen in diesem Zusammenhang nicht das gleiche Gewicht wie den beiden anderen Hautquellen zugestanden werden kann. Der hinzugekommene Weg der mündlichen Weitergabe, der prinzipiell eine zusätzliche Brechung der Ereignisse bedingt und die Anfälligkeit für Entstellungen erhöht, ist hier in Rechnung zu stellen. Gleichzeitig kann aber auch nicht ausgeschlossen werden, dass Myconius von Äußerungen Kenntnis erhielt und sie verarbeitete, die im Bericht der Oberdeutschen und bei Musculus keine Aufnahme gefunden haben.

#### 4.2.3.1 Die Verhandlungen über die Taufe

Dass auch die Taufe im Verlauf des Wittenberger Konventes zum Gegenstand der Gespräche wurde, geht einzig und allein auf eine Entscheidung Luthers zurück. Er setzte, wie aus den Aufzeichnungen des Musculus hervorgeht, diesen Themenkomplex zu Beginn der morgendlichen Sitzung vom 24. Mai auf die Agen-

[458] Zwick überliefert im Kontext der Debatte über den Umgang mit den *reliqua sacramenti* folgende Äußerung: „Igitur, inquit Myconius, caveri illud potest, si accessuros habeamus in numerato ante caenam, ut et particularum numerum parem sumant." ‚Zwick' 12,17–19. Die bei Zwick fehlende Datierung dieser Äußerung auf den 26. Mai kann durch die entsprechenden Ausführungen im Itinerar des Musculus als gesichert gelten. Cf. Itinerar 65,32–66,3. Zu diesen Verhandlungen cf. unten Kapitel 4.2.5.

[459] Cf. oben A. 453.

[460] Vs. das eigene Urteil in Itinerar 58, A. 67.

da.[461] Diese Vorgabe ist aber insofern bemerkenswert und erklärungsbedürftig, als weder in den an die Oberdeutschen gerichteten Einladungsschreiben noch in den auf sie folgenden Briefen[462] Gespräche über die Taufe angekündigt worden waren. Auch hatte das Taufsakrament während der vorgegangenen Jahre in den Auseinandersetzungen zwischen Luther und den Oberdeutschen eher eine geringe Rolle gespielt.[463] Auch deswegen wird man fragen müssen, warum Luther dieses Thema nun verhandelt wissen wollte.

Verschiedene Anhaltspunkte sprechen dafür, dass er sich erst nach der Ankunft der Oberdeutschen dazu entschloss, die Taufe in die Verhandlungen miteinzubeziehen. Bei dieser Entscheidung stand er sehr wahrscheinlich unter dem Einfluss verschiedener Briefe, die ihm kurz vor Beginn der Verhandlungen überreicht worden waren. In diese Richtung weist zunächst einmal eine kurze Passage aus dem an Brenz geschriebenen Bericht Capitos, in dem dieser zu Luther bemerkt: „Sed inimicissimis quorundam literis persuasus mira monstra in ceteris nos parturire existimavit. *Ideo* sequentibus colloquiis actum est de Baptismo."[464] Gestützt und im Blick auf die Herkunft der genannten Briefe präzisiert wird diese Aussage Capitos durch einen weiteren Umstand: Es lässt sich nämlich zeigen, dass Luther die Oberdeutschen im Verlauf des Gesprächs über die Taufe mit verschiedenen Vorwürfen konfrontierte, die sich zu einem großen Teil mit Anklagen decken, die Johannes Forster gegen seine Kollegen in Augsburg erhob.[465] Auf eben diese tauftheologischen Streitpunkte aber war Forster seiner eigenen Darstellung zufolge in seinem durch Bucer an Luther ausgehändigten Brief ausführlich eingegangen.[466] Er wusste aus Augsburg zu berichten,

---

[461] Cf. dazu oben S. 374 und A. 431.

[462] Cf. oben Kapitel 3.5.

[463] Cf. dazu oben die Ausführungen über das Kasseler Kolloquium S. 215.

[464] Capito an Brenz, 14. Juni 1536: Pressel: Anecdota Brentiana, LX (185) [Hervorhebung vom Verf.]. Zu diesem Zusammenhang cf. den bereits bei Bizer: Studien, 108 anzutreffenden Verweis. Auch aus dem Brief des Myconius wird erkennbar, dass Nachrichten über die Taufgewohnheiten einiger Geistlicher zur Thematisierung der Taufe führten: „De baptismate parvulorum admoniti sunt, eo quod aliqui dicerentur negligentius curare baptisma parvulorum." MycBr 229 f. Cf. ebenso ‚Narratio' 126 f.

[465] Cf. dazu auch bereits oben die Darstellung in Kapitel 2.2.3.1 (S. 158 f).

[466] „Nachdem wir aber von der predigt ein itzlicher heim gangen, sagt ich zum Meuslin, wolan ir habt itzt Bonifacium gehöret, hette gemeint, er solte seine vorige predigt revociret und von dem eusserlichen wort des euangelions und der kirchentauf anders denn vor acht tagen geredt haben, dieweil ers aber nach seiner zusagung nicht gethan, so solt ir wissen, das ichs hinein d. M. Luther den Wittemberg schreiben will und anzeigen, wie ir predicanten euch hie zu der concordia lenket und schicket, damit er sich wisse zukunftiger zeit gegen euch der concordia halben zu halten [...]." Germann: D. Johann Forster, 124. Von der Umsetzung seines Entschlusses berichtet Forster schließlich mit den Worten, er könne und wolle diese Auseinandersetzungen nicht für sich behalten, „sondern d. Luthern anzeigen, damit die von Wittemberg nicht gedechten, wie das ich falscher ler uberhelfen und mich derselbigen durch stillschweigen auch teilhaftig machete, wie ich dan darnach durch Martin Butzer gethan und er die brief hinein gen Wittemberg gefuret hatt." Ebd. An späterer Stelle erklärt Forster noch, er habe an Luther „dreier bogen lang" geschrieben und in seinem Brief „alle handlung, auch gelegenheit

dass Bonifacius Wolfart in Predigten erklärt habe, „das eusserlich wort und wasser weren elementische creaturen“, die weder den Geist noch die Seligkeit verleihen könnten, und die Wassertaufe sei nur „ein zeichen der innerlichen und geistlichen tauf des heiligen geistes“.[467] Über Michael Keller heißt es bei Forster, dieser habe „eine zeitlang in seiner stuben etliche kinder one wasser getauft“[468] und sein eigenes Kind erst fünf Tage nach der Geburt zur Taufe in den Sonntagsgottesdienst gebracht.[469]

Diesen Anschuldigungen nun entsprechen einige der Vorhaltungen, die Luther den Oberdeutschen in Wittenberg machte: So warf er ihnen vor, dass ein Teil von ihnen in der Taufe nichts als ein leeres Zeichen sähe.[470] Andere wiederum verzichteten beim Vollzug der Taufe auf den Gebrauch von Wasser vollkommen.[471] Der ‚Narratio‘ zufolge verwies Luther in diesem Zusammenhang auch darauf, dass es in manchen Gemeinden offensichtlich üblich sei, die Taufe erst an dem auf den Tag der Geburt folgenden Sonntag zu vollziehen.[472] Dass Luther sich hier in dieser Weise geäußert hat und Myconius somit hier als zuverlässiger Zeuge angesehen werden kann, kann durch den Umstand als gesichert gelten, dass Bucer in seiner Entgegnung auch auf diese Frage eingehen sollte.[473] Angesichts der in dieser Zeit herrschenden Säuglingsmortalität musste die von Luther aufgegriffene Praxis in Wittenberg den Verdacht erwecken, dass man auf der Gegenseite der Taufe keine Heilsrelevanz zubilligen wollte. Vielmehr schien man unangefochten in Kauf zu nehmen, dass manche Kinder ungetauft verstarben.[474]

---

Augspurgischer kirchen [...] angezeigt, damit er [sc. Luther] derselbigen desto besser konte raten und helfen.“ A. a. O., 136.

467 Germann: D. Johann Forster, 121.

468 Germann: D. Johann Forster, 127.

469 „Und zwar ist es wol glaublich, dieweil Michael sein leiblich kind zu meiner zeit hat bis an den fünften tag one tauf liegen lassen [...].“ Keller rechtfertigte diese Praxis gegenüber Foster mit den Worten, „er liesse es [sc. das Kind] liegen bis auf den sontag, damit die teufe desto herlicher zuging“ Germann: D. Johann Forster, 127.

470 „Als wir morgens zusamen kamen, hielt vns D. Luther des Taufens halben fů̊r: nach dem da weren, die die kinder nicht Tauffen wolten, auch die wol die kinder taufften, aber den Tauff fur ein ler zeichen hielten vnd dero halben die kinder offt on den Tauff sterben liessen, Ja auch weren, die one wasser taufften [...].“ BDS 6/1,154,13–16.

471 „De ritu baptizandi, quod D. Doctor dixit huc esse scriptum quosdam mira tentare in nostris ecclesiis, ita ut non desint, qui etiam sine aqua baptizent et qui duntaxat retecta infantium capita modica aqua aspergant [...].“ Itinerar 61,11–13. Cf. dazu außerdem A. 470.

472 „Quidam tantum dominicis diebus baptizarent, alii non adhiberent aquam [...].“ ‚Narratio‘ 127 f.

473 Cf. dazu unten S. 389.

474 In diesem Sinn äußerte sich etwa auch Forster gegenüber Keller zu diesem Brauch und fragte ihn, „warumb er an seinem fleisch und blut also seumlich, das er nicht besorgte, der teufel (wie er der taufe feinde) riebe im den hals umb, das es nicht geteufet werde oder werde sonst aus unachtsamkeit verwarloset. [...] Ich konte aber wol merken, das im der otem nach dem alten irtumb schmeckete und [er] denselbigen noch nicht recht verdeuet hatte.“ Germann: D. Johann Forster, 127.

Neben diesen Vorwürfen griff Luther auch die Nachricht auf, dass manche Oberdeutsche bei der Taufe nur den Kopf des Kindes mit etwas Wasser besprengten.[475] Von einem solchen Brauch ist in den erwähnten Aufzeichnungen Forsters keine Rede.[476] Aber aus dem Bericht, den Kaspar Huber über den Abendmahlsstreit in Augsburg verfasste, geht hervor, dass die Aspersionstaufe tatsächlich von einigen Geistlichen dieser Stadt praktiziert wurde.[477] Es ist damit also zumindest denkbar, dass Forster oder der zeitgleich nach Wittenberg schreibende Huber auch über diesen Umstand berichtete und Luther somit auch hier Vorkommnisse in den Augsburger Gemeinden vor Augen standen.

Gleichzeitig ist aber auch festzustellen, dass er im Rahmen dieses Gesprächs Vorwürfe erhob, für die sich in den Aufzeichnungen Forsters und Hubers keine Entsprechungen finden lassen. So beklagte er, dass einige der Oberdeutschen die Kindertaufe gänzlich ablehnten.[478] Laut Myconius wurde außerdem kritisiert, dass ein Teil der Oberdeutschen lehre, die neugeborenen Täuflinge hätten keinen Glauben.[479] Auch wenn durch keine andere Quelle belegt ist, dass dieser Vorwurf im Raum stand, ist Myconius hier für zuverlässig zu halten. Luther sollte den Oberdeutschen nämlich zu Beginn der Taufverhandlungen in seinen einleitenden Ausführungen unter anderem auch ein klares Bekenntnis zur Lehre von der *fides infantium* abverlangen.[480] Eine solche Forderung setzt aber voraus, dass er an dieser Stelle Bedarf für eine Korrektur sah.

Zusammenfassend lässt sich über die zunächst erklärungsbedürftig erscheinende Thematisierung der Taufe im Rahmen des Wittenberger Konventes sagen: Es waren wohl vor allen Dingen die beunruhigenden Nachrichten über die Zustände in Augsburg, die Luther zu dieser Ergänzung der Tagesordnung bewogen. Da sich nicht alle Vorwürfe in die Gemeinden dieser Stadt zurückverfolgen lassen, wird man freilich nicht ausschließen können, dass sich vergleichbare Nachrichten auch in Schreiben fanden, die Luther zu Beginn des Konventes aus anderen Orten erreichten.[481]

---

[475] Cf. dazu A. 471.

[476] Vs. Itinerar 61, A. 79.

[477] „Vnd damit sy ia nit tauffen, wie die genannten Doctores [sc. Johann Frosch und Stephan Agricola], sondern jre lieb ain newe ainnigkait auffrichtet, Liessen sy die kindlein nit aufbinden, tauchten auch nicht ins wasser, sonder besprengten sy nur ain wenig damit an der stirn, wie etwan die wiederteuffer pflegten zuthun, wann sy jhre Bundgenossen teuffen." HUBER: Relation, f. 19v.

[478] Cf. zu diesem Vorwurf A. 470.

[479] „Reliqui etiam docerent parvulos non credere." MycBr 231 f. „[…] alii dicerent parvulos non credere." ‚Narratio' 128.

[480] Cf. dazu unten S. 383 und A. 482.

[481] Cf. dazu oben S. 312. Zu korrigieren ist damit die Vermutung von HASSENCAMP: Hessische Kirchengeschichte II, 146, dass sich hier Bucer durchgesetzt habe mit seinem Vorschlag vom Vormittag des 22. Mai, „daß man um die Concordie desto mehr zu befestigen, auch hinsichtlich aller anderen kirchlichen Differenzen eine Verständigung anstrebe". Cf. dazu oben S. 313 f.

Die Verhandlungen selbst begannen der von Musculus verfassten Darstellung zufolge damit, dass Luther den Oberdeutschen gegenüber einige Punkte ansprach, bei denen er eine Übereinstimmung zwischen den beiden Seiten für unerlässlich hielt. Hier machte er ein weiteres Mal ausdrücklich deutlich, dass sich dieser Konsens sowohl auf die persönliche Überzeugung der Theologen (tenere) als auch auf ihre öffentliche Verkündigung (docere) beziehen müsse.[482] In der Sache verlangte er zunächst, dass man auf beiden Seiten an der Heilsnotwendigkeit der Taufe festhalten müsse. Luther verwies, wie sich der Wiedergabe der von Bucer später vorgetragenen Entgegnung entnehmen lässt, in diesem Zusammenhang darauf, dass die Taufe eine Gabe Christi an die Kirche sei und dass sie schon aufgrund dessen als heilvoll und notwendig anzusehen sei.[483] Außerdem verlangte er von den Oberdeutschen, sie müssten sich zu der Überzeugung bekennen, dass es sich bei der Taufe nicht um ein bloßes Zeichen handele, sondern dass in ihr die Wiedergeburt und die Gnade Christi gegeben werde. Auch müsse man einmütig glauben und lehren, dass die Kinder in der Taufe den Glauben erwürben (acquirere). Ebenso müsse man bekennen, dass der Glaube durch die Taufe gestärkt werde (per baptismum confirmari fidem). Während es ihm bei seiner vorangehenden Forderung um die den Glauben hervorbringende Wirkung des Sakraments ging, schlug sich in dieser Forderung seine Überzeugung nieder, dass die Taufe den angefochtenen Glauben des bereits Getauften durch die Tauferinnerung immer wieder stärken und erneuern könne. In diesem Sinn hatte sich Luther auch schon in seiner Schrift ‚De captivitate babylonica' geäußert und gefordert, dass man das Volk immer wieder an die in der Taufe ergangene Heilszusage erinnern solle, da so der Glaube gestärkt werde.[484] Diese Wirkung aber konnte Luther dem Sakrament zuschreiben, weil er davon überzeugt war, dass es sich bei dieser Heilszusage um eine unverbrüchliche Verheißung *Gottes* handele.[485]

---

482 Hierzu und zu den insgesamt fünf Forderungen Luthers heißt es bei Musculus: „Hic dixit in eo nos debemus convenire, ut utrinque teneamus et doceamus baptismum esse necessarium omnibus. Deinde non esse nudum signum, sed ipsam hic dari regenerationem et Christi gratiam, tertio per baptismum confirmari fidem, quarto pueros etiam fidem acquirere in baptismate, quinto praestare etiam, ut eodem ritu baptizetur utrinque." Itinerar 58,23–59,1.

483 „Quod ad baptismum attinet, quod necessarius sit omnibus et salutaris eo quod, ut Dominus Doctor dixit, nihil potest non salutare et necessarium esse, quod a Christo ecclesiae suae sit traditum, libenter fatemur nec putamus hic quicquam esse disidii." Itinerar 59,26–29.

484 „Haec erat praedicatio sedulo inculcanda populo, assidue recantanda ista promissio, semper repetendus baptismus, iugiter excitanda fovendaque fides. Sict enim semel super nos lata divina hac promissione usque ad mortem veritas eius perserverat, ita fides in eandem numquam debet intermitti sed usque ad mortem ali et roborari, perpetua memoria promissionis eiusdem in baptismo nobis factae. [...] Proinde non parum profuerit, si poenitens primo omnium baptismi sui memoriam apprehendat et promissionis divinae, quam deseruit, cum fidutia recordatus eandem confiteatur domino, gaudens se tantum adhuc in praesidio habere salutis, quod baptisatus sit detestansque suam impiam ingratitudinem, quod a fide et veritate eiusdem defecerit." WA 6,528,8–13.20–24. Cf. dazu ebenso a. a. O., 537,32–538,3.

485 „Mire enim cor eius confortabitur et ad spem misericordiae animabitur, si consyderet,

In seiner Auseinandersetzung mit der päpstlichen Kirche war sein Insistieren auf der konfirmativen Kraft der Taufe aus seiner Sicht insofern geboten, als er den soteriologischen Wert des Sakraments durch die dort herrschende Überzeugung, dass die im Sakrament vermittelte Gnade durch das Begehen von neuen Sünden wieder verloren gehe und infolgedessen durch das Bußsakrament erst wieder neu erworben werden müsse, in unerträglicher Weise relativiert sah.[486] Gegen diese Entwertung der Taufe richtete er sich, wenn er an dieser Front der Auseinandersetzung die Unverbrüchlichkeit der Taufzusage und die aus ihr resultierende, das ganze Leben bis zum Tod umgreifende Bedeutung des Sakraments für den Glauben in besonderer Weise hervorhob.[487]

Schwieriger ist hingegen zu erklären, aus welchem Grund Luther sich genötigt sah, auch vor den Oberdeutschen seine Auffassung von der den Glauben stärkenden Wirkung der Taufe hervorzuheben und ihnen ein entsprechendes Bekenntnis abzuverlangen. Dass er dem der persönlichen Vergewisserung dienenden Rekurs auf die Taufe grundsätzlich eine enorme Bedeutung zuerkannte, steht außer Frage.[488] Dieser Umstand vermag aber nicht hinreichend zu erklären, warum er gerade im Kontext des Konventes die konfirmative Bedeutung der Taufe von der Gegenseite ausdrücklich anerkannt sehen wollte. Motiviert erschiene ein solches Drängen freilich, wenn sich zeigen ließe, dass Luther auf der Gegenseite theologische Überzeugungen meinte ausmachen zu können, die geeignet waren, der Taufe die von ihm postulierte vergewissernde Kraft zu nehmen. Naheliegend ist in diesem Zusammenhang eine Bezugnahme auf die bereits angesprochenen Taufpredigten des Augsburger Geistlichen Wolfart.[489] Luthers Vorstellung von einer Stärkung des Glaubens durch die Taufe setzte nämlich voraus, dass gerade in den äußerlichen Vollzügen des Taufgeschehens eigentlich *Gott* handelte und dass sich der Glaube deswegen an diese äußeren Stücke halten konnte. Da Wolfart aber das äußere Wort und das Wasser als von Gott strikt zu unterscheidende, geschöpfliche Entitäten ausgab, die allenfalls eine innere Heilszueignung abbilden konnten, musste Luther die Möglichkeit einer auf diese äußeren Stücke gerichteten Vergewisserung des Glaubens als bedroht ansehen. Diese bei Wolfart erkennbare Trennung dürfte Luther also dazu

---

divinam promissionem sibi factam, quam impossibile est mentiri, adhuc integram et non mutatam, nec mutabilem ullis peccatis esse […].“ WA 6,528,24–27.

[486] Zu dieser Anschauung cf. besonders die Aufnahme der auf Hieronymus zurückzuführenden Formulierung, dass es sich bei der Buße um eine *secunda tabula post naufragium* handele, in GRATIAN: Decretum, p. II, cs. 33, q. 3, c. 72 und LOMBARDUS: Sententiae IV, dist. 14, c. 1–2 sowie BIEL: Sententiarum IV, dist. 14, q. 2, art. 3 dub. 2. Zu Hieronymus selbst cf. epist. 130,9 und comm. in Isaiam 3,8f.

[487] „Ita semel es baptisatus sacramentaliter, sed semper baptisandus fide, semper moriendum semperque vivendum.“ WA 6,535,10f. Cf. dazu auch WA 6,527,9–22 und 529,22–34.

[488] Cf. dazu etwa die Ausführungen im Großen Katechismus BSLK D699,47–700,4 (BSELK 1122,1–14) sowie WA 10 III,83,18–34; WA 2,733,16–26; 44,273,10–17;720,30f; WATR 1, 1112 (554,33–555,2); WATR 2, 2315a+b (415,24–416,10); WATR 3, 3660 (497,3f).

[489] Cf. dazu oben S. 380f.

veranlasst haben, den Oberdeutschen das Bekenntnis zur Glauben stärkenden Kraft der Taufe abzuverlangen.

Luthers letzte Vorgabe schließlich betraf die Gestaltung des Taufvollzugs. Hier gab er sich nach der Darstellung des Musculus auffallend zurückhaltend: Er begnügte sich nämlich mit der Erklärung, dass es besser sei (praestare), wenn die Taufe auf beiden Seiten nach demselben Ritus vollzogen werde.[490] Offensichtlich hielt er eine Übereinstimmung in dieser Frage nicht für einen unerlässlichen Bestandteil der angestrebten Konkordie. Darüber hinaus fällt auf, dass Luther an dieser Stelle keine sachliche Vorgabe gemacht zu haben scheint, auf welche Vollzugsform man sich bei der Taufe einigen solle. Allerdings darf man dieses Schweigen nicht im Sinne einer sachlichen Indifferenz verstehen: Bereits in seinen frühen Schriften zur Taufe hatte Luther eindeutig für den Vollzug in Form des Untertauchens (immersio) plädiert. Nur sie hielt er für eine angemessene Veranschaulichung des sich in der Taufe ereignenden Sterbens und Auferstehens mit Christus.[491] Auch war er überzeugt, dass diese Form des Ritus auf Christus selbst zurückzuführen sei.[492] Den Umstand, dass er im Rahmen der Konventsverhandlungen im Blick auf den Taufritus keine konkrete Vorgabe gemacht hat, kann man daher sicherlich nicht so verstehen, als habe er so seine eigene Präferenz für die Immersionstaufe zugunsten einer Vereinheitlichung zur Disposition stellen und damit den Oberdeutschen bei der Einigung auf eine gemeinsame Vollzugsform ein Mitspracherecht einräumen wollen. Allenfalls konnte er sich offensichtlich vorstellen, dass man in den oberdeutschen Gemeinden an einem eigenen Ritus festhielt.

Diesen Spielraum hatte Luther schon in seiner Schrift ‚De captivitate babylonica' mit der Erklärung erkennen lassen, dass er den Vollzug durch *immersio* nicht als notwendig ansehe.[493] Welche Formen des Ritus er für tragbar hielt, geht aus seinen Ausführungen hingegen nicht ausdrücklich hervor. Vom Kontext der Stelle her gesehen, der auf eine Entsprechung zwischen Zeichen und

---

490 Cf. oben A. 482.

491 Bereits in Luthers Taufsermon von 1519 heißt es: „Die Tauff heyst auff krichisch Baptismus, zu latein Mersio, das ist, wan man ettwas gantz ynß wasser taucht, das ubir yhm zusammen geht, und wie woll an vielen ôrten der prauch nymmer ist, die kynd yn die Tauff gar zu stossen und tauchen, sondern sie allein mit der hand auß der tauff begeust, ßo solt es doch so seyn, und were recht, das nach lautt des wortlein ‚tauffe' man das kind odder yglichen, der taufft wirt, gantz hyneyn ynß wasser senckt und taufft und widder erauß zughe, dan auch anzweyffel, yn Deutscher tzungen, das wortlein ‚tauff' her kumpt von dem wort ‚tiefe', das man tieff yns wasser sencket, was man tauffet. Das fodert auch die bedeutung der tauff, dan sie bedeut, das der alte mensch und sundliche gepurt von fleysch und blut soll gantz erseufft werden durch die gnad gottis [...]." WA 2,727,4–17. Cf. dazu auch A. 492.

492 „Hac ratione motus vellem baptisandos penitus in aquam immergi, sicut sonat vocabulum et signat mysterium, non quod necessarium arbitrer, sed quod pulchrum foret, rei tam perfectae et plenae signum quoque plenum et perfectum dari, sicut et institutum est sine dubio a Christo." WA 6,534,20–24.

493 Cf. A. 492.

Taufgabe abzielt und die Insuffizienz der Deutung der Taufe als einer *ablutio a peccatis* herausstellt[494], ist aber anzunehmen, dass er hier an den Brauch der Begießung (infusio) dachte. Anders scheint Luther hingegen über den Taufvollzug durch Besprengung des Täuflings (aspersio) gedacht zu haben: Musculus zufolge bezeichnete er diesen Brauch zunächst ebenso als seltsam (mira) wie den Vollzug gänzlich ohne Wasser und signalisierte damit seinen Vorbehalt.[495] Zu seinen Gründen lassen sich nur Vermutungen anstellen. Er könnte in dem spärlichen Gebrauch von Wasser einen weiteren Hinweis auf eine tauftheologische Geringschätzung des äußerlichen Elements gesehen haben. Eine entsprechende Deutung könnte ihm auch aus Augsburg übermittelt worden sein. In seiner Geschichte des Augsburger Abendmahlsstreites berichtet Huber nämlich nicht nur davon, dass einige Geistliche der Stadt die Besprengungstaufe praktiziert hätten, sondern er merkt auch ausdrücklich an, dass sich die Wiedertäufer dieses Ritus bedient hätten.[496] Es ist daher möglich, dass er Luther in seinem Brief auf diesen Umstand ausdrücklich aufmerksam machte und dieser Form des Ritus damit eine bestimmte tauftheologische Deutung gab.

Von der hier zunächst im Anschluss an die Überlieferung im Itinerar gegebenen Darstellung weicht der Bericht der Oberdeutschen an einer Stelle in bemerkenswerter Weise ab. Luthers einleitende Worte werden dort nämlich wie folgt wiedergegeben:

„[...] so solten wir [sc. die Oberdeutschen] dieser stück halben vnsern glauben auch anzeygen, vnd erzelet er zuuor seinen glauben, das man nemlich die kinder Tauffen solte vnd das der Tauff krefftig sey, bringt die kindschafft gottes vnd sol im wasser geschehen etc., wie sie den hieuon in der Confession, Apologie vnd sunst geschriben haben.“[497]

Auf diese Weise erweckt der Bericht aber den Eindruck, als sei es Luther an dieser Stelle lediglich darum gegangen, seine eigene Position zu benennen und die Gegenseite zur Darlegung ihrer eigenen Vorstellungen aufzufordern. Der im Itinerar deutlich bezeugte normative Anspruch von Luthers Ausführungen fehlt hingegen gänzlich. Vielmehr bekommt man durch den Bericht den Eindruck vermittelt, dass Luther die Verhandlungen über die Taufe als ein Gespräch zwischen zwei prinzipiell gleichberechtigten Seiten angesehen und den Oberdeutschen mit seinen Worten die Aufnahme eines symmetrisch angelegten Diskur-

---

494 Luthers Votum für die *immersio* ist gerahmt durch folgende Aussagen: „Quod ergo baptismo tribuitur ablutio a peccatis, vere quidem tribuitur, sed lentior et mollior est significatio quam ut baptismum exprimat, qui potius mortis et resurrectionis symbolum est. [...] Peccator enim non tam ablui quam mori debet, ut totus renovetur in aliam creaturam, et ut morti ac resurrectioni Christi respondeat, cui per baptismum commoritur et corresurgit. Licet enim possis Christum dicere ablutum a mortalitate, dum mortuus est et resurrexit, segnius tamen dixeris quam si in totum mutatum et renovatum dixeris: ita ardentius est, per baptismum nos significari omnibus modis mori et resurgere in aeternam vitam, quam ablui a peccatis.“ WA 6,534,18–30.

495 Cf. dazu oben A. 471.

496 Cf. dazu A. 477.

497 BDS 6/1,154,16–155,2.

ses angeboten habe. Zweifelsohne ist hier aber der Darstellung im Itinerar der Vorzug zu geben: Es lässt sich nämlich nicht erklären, warum Musculus die einleitenden Worte Luthers ohne Anhalt als verbindliche Vorgaben hätte ausgeben sollen. Die in der oberdeutschen Relation gebotene Version lässt sich hingegen leicht als Niederschlag eines bestimmten die Verfasser leitenden Interesses verstehen. Wahrscheinlich wollte man sich vor den städtischen Obrigkeiten und den Kollegen, für deren Augen der Bericht ja gedacht war, nicht die Blöße geben, dass man sich in Wittenberg auch zu Fragen der Taufe einem Verhör hatte stellen müssen. Zu überlegen ist außerdem, ob man darüber hinaus vielleicht auf der eigenen Seite einer wohlmeinenden Aufnahme der erzielten Ergebnisse den Weg bereiten wollte, indem man sich im Nachhinein als gleichwertiger Verhandlungspartner stilisierte. Festzuhalten bleibt in jedem Fall, dass es sich auch bei dieser Unterredung nicht um einen Meinungsaustausch zwischen im Grundsatz zunächst einmal Gleichberechtigten handelte. Der Form und Luthers Intention nach war auch dieser Teil der Konventsverhandlungen ein Verhör. Auch hier gab Luther wieder die Bedingungen vor, und die Gegenseite musste sich vor ihm und seinen Freunden verantworten. Es ist somit in der Sache zutreffend, wenn Myconius die später erfolgende Antwort Bucers als Rechenschaft (ratio) bezeichnete.[498]

Nach Luthers Eröffnung zog sich Bucer mit seinen Leuten zunächst für eine interne Verständigung zurück.[499] Im Anschluss an diese separate Unterredung ergriff er im Namen aller Oberdeutschen das Wort.[500] Dem Itinerar zufolge stimmte er Luther zunächst darin zu, dass die Taufe für alle Menschen notwendig und heilvoll sei und erklärte, dass er hier keine Lehrdifferenz erkennen könne.[501] Auch wenn man lehre, dass den Sakramenten aufgrund des äußerlichen Vollzuges allein keine rechtfertigende Wirkung zukomme und dass die Gnade ihnen nicht angebunden sei, wolle man damit doch die Heilsrelevanz der Taufe nicht in Frage stellen. Dabei verwies er auf entsprechende Äußerungen Luthers und hob die gemeinsame Gegnerschaft in der Auseinandersetzung mit den Sakramentsauffassungen der scholastischen Theologie hervor.[502]

---

[498] „Ibi reddita est ratio, quod in ecclesiis suis servaretur ritus a Christo institutus et traditus ab apostolis, qui scilicet aqua baptizarent in nomine patris et filii et spiritus sancti." MycBr 231–233. Vs. Greschat: Martin Bucer, 160, wo es ohne Angabe von Belegen heißt, dass es sich bei dem Gespräch „eher um einen Meinungsaustausch als um ein Verhör" gehandelt habe.

[499] „His dictis petebat Bucerus nostro nomine, ut daretur copia seorsim de his rebus commentandi nobis. Mox surgebat D. Lutherus cum suis, et relictis nobis in hybernaculo egrediebatur copiamque nobis secreto colloquendi dabat." Itinerar 59,16–19.

[500] „Post privatum et secretum colloquium, exploratis animis nostris, et ad nos D. Luthero cum suis revocatis, respondebat ad proposita Bucerus ad hunc prope modum [...]." Itinerar 59,19–21.

[501] Cf. oben A. 483.

[502] „Quod enim nos docemus sacramenta per se non iustificare nec gratiam alligandam esse sacramentis, cegit nondum extinctus pontificiorum error operis operati, quem et D. Doctoris scriptis suis ad hunc modum impugnavit, tamen hoc modo necessarium baptismi usum

Seine zunächst geäußerte Zustimmung zur Auffassung von der Heilsnotwendigkeit der Taufe sollte Bucer freilich im weiteren Verlauf noch einmal einschränken. Er distanzierte sich deutlich von der Vorstellung, dass man dem Sakrament eine soteriologische Funktion im Sinne einer *conditio sine qua non* zuerkennen müsse. Dabei verwies er auf das Beispiel von Kindern, die vor dem Empfang der Taufe verstürben. Geschehe dies ohne jede Geringschätzung der Taufe und bei bestehender Taufabsicht der Eltern, stehe es Menschen nicht zu, über das Ergehen dieser Kinder zu befinden, die man allein Gott anbefehlen müsse. Von anders lautenden Aussagen aus altkirchlicher Zeit grenzte er sich dabei ausdrücklich ab.[503] Um seiner Position Rückhalt zu verleihen, verwies er auf die in der Sache gleichlautenden Erklärungen, zu denen sich Melanchthon während der beim Kasseler Kolloquium geführten Auseinandersetzung um CA 9 bereitgefunden hatte.[504] Wie bereits dargestellt, hatte dieser damals seine Auffassung von der Notwendigkeit der Taufe dahingehend präzisiert, dass es dabei nicht um ein Urteil über ungetauft verstorbene Kinder gehe, sondern dass man sich ausschließlich gegen eine Verwerfung der Kindertaufe richten wolle.[505]

Nachdrücklich grenzte Bucer sich in diesem Zusammenhang auch von den Wiedertäufern ab. Er erklärte, dass man deren Treiben in den eigenen Gemeinden nicht geduldet habe.[506] Vielmehr halte man die Eltern zur Taufe ihrer Kinder an und könne dabei auf die Unterstützung durch die städtischen Obrigkeiten zählen.[507] Mit diesen Darlegungen wollte er offenkundig dem im Raume stehen-

nullo modo irritum facimus.“ Itinerar 59,29–33. Für entsprechende Aussagen Luthers über die Bedeutung des Glaubens für den heilvollen Sakramentsempfang cf. besonders WA 6,531,31–534,2.

[503] „Necessitatem vero baptismatis non eam ponimus, quam Augustinus et alii quidam patres posuerunt, nempe puerum damnari, qui praeter omnem baptismi contemptum contra propositum parentum sine baptismate decesserit, eo quod de his occultis nosbis putamus non esse iudicandum, sed soli deo committendos huiusmodi infantes.“ Itinerar 60,2–7. In der Sache übereinstimmend heißt es dazu im Bericht der Oberdeutschen: „Weiter zeigt Butzer an vff das sie sagen (der Tauff sey von nŏten), das wirs nicht dar fůr hielten, das der Herr die seligkeit also ann Tauff gebunden hette, das die niemandt mŏchte erlangen, er würde dan getaufft, Vnd das alle kinder, so nicht getaufft würden (da doch der Tauff nicht auß verachtung verlasset würdt), solten verdammet sein, wie das die alten lerer gehalten haben.“ BDS 6/1,156,9–13. Zu Augustins Einstellung in dieser Frage cf. Itinerar 119 A. 71.

[504] „Rogatum quoque Philippinum Casellae de eo, quod scripsisset furorem esse dicere, quod infantes sine baptismate decedentes salvantur, respondisse se non ad hunc modum intelligendum, quod velit talem infantem, qualis facta est mentio, temere damnare, sed solum contra contemptum paedobaptismi et institutionis Christi hoc esse positum.“ Itinerar 60,7–11.

[505] Cf. dazu die Ausführungen über den Kasseler Konvent oben S. 215.

[506] „Quod vero ad infantes attinet baptizandos, restitimus, inquit Bucerus, et nos anabaptistis summopere neque passi sumus paedobaptismum ex ecclesia auferri.“ Itinerar 60,12–14. Ähnlich heißt es im Bericht: „Hierauff hat Butzerus auß dem, das wir vns zuuor miteinandern entschlossen hatten, geantwortet, das wir alle wider die anfechter des kinder Tauffs zum trwlichsten gestritten vnd noch streitten, das auch vnsere schrifften bezeugen.“ BDS 6/1,155,3–5.

[507] „Wir vermaneten die leüt, das sie jhre kinder alle zu tauffen brechten, darob dan auch die oberkeiten bey uns hielten vnd niemandts gestatteten, seine kinder ungetaufft zu lassen.“

den Vorwurf entgegentreten, dass es unter den Oberdeutschen Gegner der Kindertaufe gebe.

Luthers Vorgaben entsprechend bekannte sich der Straßburger schließlich auch dazu, dass die Taufe kein bloßes Zeichen sei, sondern „das ware bad der widergeburt, die da mit dem wasser dargereicht vnd vbergeben werde". Präzisierend merkte er dabei an, dies geschehe „auß dem werck gottes vnd durch den dienst des dieners"[508].

Darüber hinaus gab Bucer, wie aus den Quellen übereinstimmend hervorgeht, Luther gegenüber unumwunden zu, dass die Taufe in den meisten oberdeutschen Gemeinden tatsächlich nur an Sonntagen oder im Rahmen von Predigtgottesdiensten vollzogen werde.[509] Er beließ es aber nicht bei dieser Erklärung, sondern führte näher aus, warum man an diesem Brauch festhielt: Gerade der Rahmen der versammelten Gemeinde biete die Gelegenheit zu taufkatechetischer Unterweisung und zur Bekämpfung der wiedertäuferischen Ansichten. Im Bericht der Oberdeutschen heißt es außerdem, man wolle die Taufe auf diese Weise von anstößigen Bräuchen reinigen, die sich mittlerweile etabliert hätten.[510] An welche Gewohnheiten Bucer dabei dachte, wird freilich nicht deutlich. Er schloss seine Ausführungen im Blick auf diesen Punkt mit der zusätzlichen Versicherung, dass man die Taufe jederzeit gewähre, wenn für den Täufling Lebensgefahr bestehe.[511] Unschwer lässt sich erkennen, worauf Bu-

BDS 6/1,156,13–15. Cf. dazu auch a. a.0.,157,7 f. Tatsächlich war in der Straßburger Kirchenordnung von 1534 festgelegt, dass ein Kind spätestens 6 Wochen nach seiner Geburt zu taufen sei und dass der Rat säumigen Eltern das Bürgerrecht aberkennen werde. Cf. BDS 5,32,15–32.

[508] BDS 6/1,155,6–8. Vergleichbar heißt es an anderer Stelle: „Doch alwegen mit getrwer [sic] erclerung, das das werck des Tauffs allein Christi ist, der hie zu den dienst der kirchen im eüsseren gebraucht." A. a. O. 157,11 f. Das Bekenntnis zur Taufe als Wiedergeburt ist auch bei Musculus überliefert: „Deinde non esse nudum signum sed ipsam regenerationem paro modo testamur ac docemus id, quod et confessio nostra testatur." Itinerar 60,1 f. Cf. dazu auch Capitos Äußerung gegenüber Brenz: „Admirati sunt disserte nos agnoscere peccatum originis, quod miseris nunquam non in manu est, in oculis, in corde, quod Baptismus esset lavacrum regenerationis […]." Capito an Brenz, 14. Juni 1536: Pressel: Anecdota, LX (27–29).

[509] Zu den Straßburger Verhältnissen cf. die Vorgaben in der Kirchenordnung von 1534 in BDS 5,31,29–32,2. Vergleichbare Regelungen finden sich in der Augsburger Kirchenordnung von 1534. Cf. dazu Arend: Auffindung, 22 f.

[510] „Wol hetten wir den brauch inn etlichen, kirchen, allein vff die sontag oder vff sunst bestimpte tag zu tauffen, das theten wir aber allein, den Tauff wider inn seine würde zu bringen vnd die ergerlichen bråuch, so bey dem selbigen eingerissen, abzutreiben, Auch dem lesteren der widerteüffer zu begegnen." BDS 6/1,156,15–157,1. „Verum quod in plerisque nostris ecclesiis hoc moris est, ut vel dominica die vel eo duntaxat tempore, quo populi habetur contio, baptizetur, non alia ratione fit, quam ut sacrum hoc symbolum eo habeatur augustius et copia sit admonendi de eo populum potissimum contra furorem anabaptistarum […]." Itinerar 60,14–18. „Quod autem dominicis diebus baptizarent vel etiam aliis post concionem adhuc frequente ecclesia praesente, ideo fieret, ut praesente ecclesia accederet maior huic ministerio et sacramento maiestas et autoritas contra anabaptistas." MycBr 233–236. Cf. dazu ebenso ‚Narratio' 130–132.

[511] „[…] deinde ita, ut in articulo necessitatis cuivis petenti pateant ecclesiae fores." Itine-

cers Ausführungen zielten: Mit ihnen wollte er dem Verdacht entgegentreten, dass das Festhalten an bestimmten Taufterminen auf eine in den oberdeutschen Gemeinden vorherrschende Geringschätzung des Sakraments zurückzuführen sei. Luther sollte vielmehr davon überzeugt werden, dass man in diesem Brauch einen Indikator für eine besondere Wertschätzung erkennen müsse, die man der Taufe auf der Gegenseite entgegenbrachte.

Ausführlich ging Bucer schließlich auch auf Luthers Kritik an bestimmten Formen des Taufvollzugs ein. Er erklärte zunächst, dass man von den beklagten Neuerungen nichts wisse und dass ihnen unter den eigenen Leuten auch niemand bekannt sei, der die Taufe ohne Wasser vollziehe.[512] Allerdings räumte er ein, dass man zumindest in einigen oberdeutschen Gemeinden die Taufe nicht durch Untertauchen der Täuflinge vollzog.[513] Seine Beschreibung des anstelle dessen geübten Ritus bleibt freilich undeutlich. Musculus gibt Bucer mit folgenden Worten wieder: „[...] duntaxat capito tenus infusa per manum desuper aqua aspergi [...].“[514] Im Bericht der Oberdeutschen heißt es, da

> „auch die alten getaufft hetten nicht allein mit eintuncken [...], sonder auch mit besprengung, hetten wir uns den Leuten hierin nit wissen beschwerlich zu machen. Man entdeckte doch den kindern das haupt vnd begeüsset das selbig.“[515]

Beiden Darstellungen zufolge scheint Bucer also zwischen *infusio* und *aspersio* nicht klar unterschieden zu haben.[516] Daher lässt sich auch nicht sagen, welche konkrete Vorstellung Luther sich von dem unter den Oberdeutschen etablierten Brauch machen konnte. Bucer seinerseits ging offenkundig davon aus, dass Luther diesem Ritus nicht ohne Weiteres seine Billigung erteilen würde. Jedenfalls führte er verschiedene Argumente zu dessen Verteidigung an. Wie aus der Ulmer, der Konstanzer und der Frankfurter Fassung des oberdeutschen Berichtes hervorgeht, gab er zunächst zu verstehen, dass man mit dieser Praxis den für Kinder besonders während des Winters bestehenden gesundheitlichen Risiken Rechnung tragen wolle. Auch habe man den Brauch nicht selber eingeführt,

---

rar, f. 20a. „Da bey aber würde der Tauff niemandt auch zu andern zeiten abgeschlagen.“ BDS 6/1,157,1 f. „Verum nullum parvulum negligerent, qui, si de vita periclitetur, etiam tunc baptisaretur.“ MycBr 236 f. Eine entsprechende Bestimmung findet sich etwa in der Straßburger Kirchenordnung von 1534. Cf. BDS 5,32,2–7.

[512] „[...] respondemus nos de nullis innovationibus hic quicquam scire neque vel verbo auditum esse apud nos de istis, qui dicuntur hic apud nos sine aqua baptizare.“ Itinerar 61,13–15.

[513] „Hoc tamen verum esse in quibusdam ecclesiis nostris pueros non plene nudari et in fontem baptismatis totos immergi [...].“ Itinerar 61,16 f.

[514] Itinerar 61,17 f.

[515] BDS 157,21–158,1. Cf. dazu A. d)-d) und e)-e). Der Text der Straßburger Abschrift ist an dieser Stelle teilweise entstellt.

[516] Bei Myconus hingegen ist ausschließlich vom Übergießen die Rede: „Tamen non negarunt tempore hyemis se tantum caput parvuli denudasse et superfudisse aquam cum verbis ad hoc institutis.“ ‚Narratio‘ 132 f. „Tamen non negarunt tempore hyemis, ne recens natus parvulus intemperie aeris denudatus laederetur, se denudatum caput tantum acqua perfudisse et baptizasse.“ MycBr 237–239.

sondern ihn aus vorreformatorischer Zeit übernommen.[517] Im Weiteren bemühte er sich allerdings auch noch um eine theologisch fundierte Verteidigung. Dem Itinerar zufolge verwies er dabei auf die Taufschilderungen der Apostelgeschichte. Die in ihr enthaltene Angabe, dass „einige tausend zur gleichen Zeit" getauft worden seien, erzwang nach seiner Auffassung offensichtlich die Annahme, dass auch die Apostel die Taufe auf diese Weise geübt hätten. Als weiteren Gewährsmann führte Bucer Augustin an, nach dessen Zeugnis in der alten Kirche die Taufe sowohl durch Besprengen als auch durch Eintauchen geübt worden sei.[518] In den Aufzeichnungen des Myconius schließt sich an diese Ausführungen Bucers eine Äußerung Luthers über die Taufpraxis der Böhmischen Brüder an. Er erklärte, diese vollzögen die Taufe in der Weise, dass der Täufer eine Handfläche mit Wasser nass mache (madefacere), die trintitarische Taufformel spreche und dann mit der Hand das Gesicht des Täuflings berühre (contingere).[519]

Besonders ausführlich setzte sich Bucer schließlich mit der von Luther aufgeworfenen Frage der *fides infantium* auseinander. Nach der Darstellung der Oberdeutschen und dem Itinerar fasste er dabei den Glauben zunächst präziser als eine auf das Hören folgende Zustimmung (assensus) zum Wort Gottes und verwies für dieses Verständnis auf Röm 10,17.[520] Einen solchen Glauben konnten Bucer und seine Leute den Neugeborenen offensichtlich nicht zuerkennen. In der Darstellung der Art, wie dieser Vorbehalt artikuliert worden sein soll,

---

[517] „Es warde auch vff die ban bracht, das man die kindlein eingewigklet liesse, so man sie Tauffte. Darauff antwortet Bucer: Es were bey ettlichen zuuor im Bapstumb auch der brauch gewesen, wie bey etlichen im winter vmb der kelte willen von Leuten selbs, on vnser lehren erst angefangen." BDS 6/1,157,17–20 und A. x). Die Rücksichtnahme auf das physische Wohl der Täuflinge wird auch in den beiden Darstellungen des Myconius als Beweggrund genannt. Cf. dazu oben A. 516. Auch dem Bericht Zwicks lässt sich eine ähnliche Bemerkung entnehmen: „Fuit autem apud nos aliquando [sc. ille ritus] propter vitandum damnum in pueris." ‚Zwick' 5,11 f.

[518] „[...] non tamen putare nos hoc esse praeter apostolorum, quos legimus simul aliquot baptizasse millia, et primitivae ecclesiae exemplum, cum et Augustino de hoc legamus, quod in ecclesia partim aspersione partim mersione baptizatum sit." Itinerar 61,18–21. Die von Bucer herangezogene Äußerung Augustins ließ sich in seinem Werk nicht ausfindig machen. Zur Bezugnahme auf die alte Kirche cf. auch den Bericht der Oberdeutschen: „[...] auch die alten getaufft hetten nicht allein mit eintuncken (als wol das wort Baptizare Graece vnd Teufen zu teütsch hiesse), sondern auch mit besprengung [...]." BDS 6/1,157,21 f.

[519] „Ibi Lutherus respondit, quod Picardi servarent hoc modo baptisma, quod aliquis volas manuum tantum aqua madefaceret et contingeret faciem baptizandi dicens: Ego te baptizo in nomine patris et filii et spiritus sancti." MycBr 240–242. Cf. ebenso ‚Narratio' 134–136. Zu Luthers Gebrauch des Ausdrucks *picardi* cf. ROHDE: Luther, 29 und dort A. 94.

[520] „Ista vero dicimus de fide, quatenus communiter et ab apostolo definitur, nempe ut est assensus animi in verba promissionis Dei praedicatae et auditae." Itinerar 61.1 f. „Darinn habe sichs aber bey etlichen gestossen, weil der glaub in der geschrifft gemeinlich genomen würt fůr das gehellen vnd annemen des gehȯrten wort gottes, nach dem spruch Pauli, Rom. 10 *fides ex auditu* [...] haben wir wol mit dem h. Augustino vnd andern vȧtteren daruon gesagt vnd geschriben, das die kindlein dermassen keinen glauben haben." BDS 6/1,155,9–13. Der dort in A. 145 gelieferte Hinweis auf Bucers Werk ‚Bericht auß der heyligen geschrifft' ist irreführend, da die Frage nach dem Kinderglauben in der ausgewiesenen Passage nicht thematisiert wird.

weisen die Quellen jedoch Unterschiede auf: Dem Bericht der Oberdeutschen zufolge erklärte Bucer, man habe in Übereinstimmung mit Augustin und anderen Kirchenlehrern „gesagt und geschriben, das die kindlein dermassen keinen glauben haben."[521] Musculus zufolge hingegen behauptete er, seine Seite habe sich in der Vergangenheit zu dieser Frage weder positiv noch negativ geäußert, andere habe man aber nach ihrer eigenen Überzeugung gewähren lassen. Eine Thematisierung der *fides infantium* im Rahmen der öffentlichen Verkündigung hätte Bucer darüber hinaus abgelehnt.[522] Auch an dieser Stelle ist wohl den Aufzeichnungen des Reisetagebuchs der Vorrang einzuräumen. Wahrscheinlich wollten die Oberdeutschen nach ihrer Rückkehr vor den eigenen Leuten den Eindruck erwecken, dass sie in dieser Frage ihre Ansichten offensiv vertreten hätten.

Wie dem Itinerar zu entnehmen ist, gab Luther dem Gespräch an dieser Stelle eine andere Richtung, indem er darlegte, wie nach seiner Auffassung vom Glauben der Neugeborenen gesprochen werden sollte. Dabei beschrieb er die *fides infantium* zunächst als ein *rectae voluntatis principium erga deum.* Ergänzend verwies er auf das Beispiel Johannes des Täufers (Lk 1,41), bei dem der Heilige Geist im Mutterleib Regungen hervorgerufen habe, und auf Jeremia, dem vor seiner Geburt die *sanctificatio* zuteil geworden sei. Bucer griff diese Ausführungen auf und erklärte, dass die Oberdeutschen im Sinne dieser Näherbestimmung ebenfalls von einer *fides infantium* sprechen konnten.[523] Ausdrücklich grenzte er sich hingegen von der Anschauung ab, dass der Glauben der getauften Neugeborenen auch ein Verstehen des Evangeliums impliziere. Bucer scheint diese Verwahrung im Blick auf bestimmte Vertreter dieser Position formuliert zu haben,

---

[521] BDS 6/1,155,13.

[522] „De fide parvulorum, cum nec scriptura nec patres eam tractent, illam in ecclesiis nostris non docuimus, tametsi neque illam reprobavimus neque impugnavimus, sed unumquemque suo hic sensu agere permisimus, duntaxat in suggestu nihil de ea doceretur." Itinerar 60,22–25.

[523] „Si vero large fuerit capta, non detrectabimus fateri pueris in baptismo ut regenerationem in Christo ita et rectae voluntatis principium erga deum [dari] (ita enim dixerat Lutherus intelligendam hic esse fidem) sive motum spiritus, qualiter et Johanni in utero matris accidisse legimus (nam et huius exempli contra Schvenckfeldum et Schlesios meminerat Lutherus) aut sanctificationem, ut in utero matris dicitur Hieremias fuisse sanctificatus." Itinerar 61,3–5. Im Bericht der Oberdeutschen wird nicht deutlich, dass der entscheidende Impuls auf Luther zurückzuführen ist. Bucer wird dort mit den Worten wiedergegeben: „Aber so man den glauben wollte weitleüffiger nemmen fur alle an gottergebung, so mo̊chten man die kinder auch wol glaubige heissen, dan wir gentzlich glaubten vnd lerten, das den kindern die ware widergeburt alda vnd rechte kindschafft gottes mit getheilet wirde vnd das der heilig geist in ihnen wirckt nach jhrer massen. Wie wir vom h. Johanne lesen, das er vol h. geists ware von muter leib an [...]." BDS 6/1,155,14–18. Auf die pränatalen Regungen Johannes des Täufers hat Luther sich im Kontext der Auseinandersetzung um die *fides infantium* verschiedentlich bezogen. Cf. dazu etwa WA 27,51,37 ff; WA 26,156,8 ff; WATR 3, 2904a (63,1 f). Zwick wiederum schreibt den Verweis auf das Beispiel Johannes des Täufers Melanchthon zu: „Melanchton vero [dixit] motum spiritus dei novum regenerationis autorem [esse] qualiter Joanni in utero matris accidisse legitur [...]." ‚Zwick' 4,11–13.

ohne dass er sie freilich namentlich nannte.[524] Aus einer kurzen Notiz Zwicks über eine am 29. Mai erfolgte interne Verständigung unter den Oberdeutschen geht jedoch hervor, dass man in diesem Zusammenhang offensichtlich an Theologen aus dem Wittenberger Lager dachte. Dort heißt es: „Das man mit inen [den Wittenberger Theologen] red, dann sy habind ach vil vngeschickter vnder ynen. Alii dicant, die kind hörind das wort [...]."[525] Zwicks Formulierung ist an dieser Stelle freilich ungenau: Anstoß erregte bei den Oberdeutschen nicht etwa die Behauptung, dass es bei den Kindern zum Hören im Sinne einer akustischen Sinneswahrnehmung komme, sondern die Auffassung, dass man von einem *verstehenden* Hören ausgehen könne.

Luther selbst hatte in seinen Veröffentlichungen der vorangehenden Jahre verschiedentlich konzediert, dass man den Täuflingen keine Vernunft zuerkennen könne, ohne dass er freilich dadurch die Möglichkeit der *fides infantium* in Frage gestellt gesehen hätte.[526] Vereinzelt hatte er sogar geäußert, dass gerade jedes Fehlen der Vernunft die Kinder in besonderer Weise für den Glauben geeignet mache.[527] Aus dem Lager der Wittenberger aber ist nach meiner Kenntnis nur ein Theologe zu nennen, der sich zu diesem Zeitpunkt in der von Bucer kritisierten Weise über die *fides infantium* geäußert hatte. Im Jahr 1530 hatte Justus Menius in seiner Schrift ‚Der widderteuffer Lere vnd geheimnis' nämlich behauptet, dass im Blick auf das Verstandesvermögen zwischen Neugeborenen und Erwachsenen nur ein gradueller Unterschied bestehe.[528] Für Gott, von dem die Unterweisung komme, sei es sehr leicht, „die vnmundigen ja so wol zu leren vnd verstendig zu machen als die alten".[529] Zu eben diesem Buch aber hatte Luther

[524] Im Bericht der Oberdeutschen heißt es: „Allein das haben wir nicht ko̊nden erkennen grund in der schrifft haben, das etlich sagen wo̊llen, die kinder verstünden die wort des Euangelij so man sie Tauffet, vnd glauben dem selbigen Actu vnd werden also selig." BDS 6/1,155,20–156,2. In den Aufzeichnungen des abwesenden Myconius hingegen fehlt der Bezug auf die Vertreter einer solchen Auffassung: „De fide parvulorum requisiti dicit Bucerus aliorum nomine eos non habere intellectum talem, quo verba capere et intelligere possent etc." MycBr 243f. Cf. dazu auch ‚Narratio' 137f.

[525] ‚Zwick' 15,11f.

[526] „Wir aber haben schrifft, das kinder wol můgen und konnen glewben, wenn sie gleich widder sprache noch vernunfft haben [...]." WA 26,156,8f.

[527] So heißt es in einer Predigt über Mt 8,1ff aus der Fastenpostille von 1525: „Item sage mir, was hatten die kindlin fůr eyn vernunfft, die Christus hertzet und segenet und dem hymel zu teylet? Waren sie nicht auch noch on vernunfft? Warumb heysst er sie denn zu yhm bringen und segenet sie? Wo haben sie solchen glauben her, der sie zu kindern des hymelreichs macht? Ja eben weyl sie on vernunfft und nerrisch, sind sie besser zum glauben geschickt denn die allten und vernunfftigen, wilchen die vernunfft ymer ym wege ligt und will yhren grossen kopff nicht durch die enge thůr stossen." WA 17 II,85,4–10. Cf. ebenso a. a. O., 84,31–33.

[528] „Was die kinder aus jnen selbst vom wort verstehen odder nicht verstehen / das las ich Gott befolhen sein / vnd achte es wol da fůr das gleich wie sie auch an eusserlichen geliddern schwecher vnd vnuermůglicher sind, denn die alten vnd erwachsenen also seien sie der vernunfft vnd innerlichen krefft halben auch weniger." Menius: Widderteuffer, J 5r.

[529] A. a. O., J 5v.

eine Vorrede verfasst.[530] Schon dieser Umstand an sich ließ sich nur als ein öffentliches Bekenntnis zu dieser Schrift auffassen.[531] Darüber hinaus hatte Luther sich in seiner Vorrede auch ausdrücklich lobend über das Werk geäußert.[532] Es ist anzunehmen, dass Bucers kritische Äußerung sich auf dieses Werk bezog. Da Luther das Buch aber mit einem Vorwort versehen und empfohlen hatte, dürfte Bucers Äußerung indirekt auch auf ihn gezielt haben. Es ist sogar anzunehmen, dass der Straßburger angesichts der in dieser Frage ambivalent erscheinenden Position Luthers primär an einer klärenden Stellungnahme aus dessen Mund interessiert war. Dass er dabei Luthers Namen unerwähnt ließ, ist wohl Bucers Verhandlungsgeschick und seiner realistischen Einschätzung der einem Verhör gleichenden Gesprächssituation zuzuschreiben, die eine offene Aufforderung zur Distanzierung von Menius undenkbar erscheinen lassen musste.

Es ist unwahrscheinlich, dass Luther diese Zusammenhänge bei seiner Entgegnung vor Augen standen. Jedenfalls ergriff er für seine Seite das Wort und wies die von Bucer kritisierte Anschauung eindeutig von sich.[533] Positiv entfaltete er sein eigenes Verständnis, indem er den Glauben der Neugeborenen mit dem Glauben schlafender Erwachsener verglich. Dem Bericht der Oberdeutschen zufolge äußerte er sich dabei wie folgt:

> „Sonder wie wir, so wir schlaffen, dennoch vnder die gläubigen zelet werden vnd seind, ob wir wol Actu nichts von gott dencken noch glauben, Also sey ein anfang des glaubens vnd ein werck gottes inn den kindern vff jhre mass, die wir nicht wissen, das nenne er den glauben."[534]

Damit machte er zum einen deutlich, dass er den Glauben des Neugeborenen ohne Abstriche als einen durch Gott gewirkten *Glauben* ansah. Gleichzeitig ließ er erkennen, dass er ihn als eine dem besonderen Alter der Täuflinge eigene und auf eine weitere Entwicklung hin angelegte *Gestalt* des Glaubens auffasste.[535] Bewusst verzichtete er in diesem Zusammenhang auf eine eingehendere

---

[530] Cf. dazu WA 30/II,209–214.

[531] Entsprechend urteilt auch FLACHMANN: Martin Luther und das Buch, 47, im Blick auf Luther, dass dieser sich bewusst gewesen sei, „mit seinen Vorreden den entsprechend eingeleiteten Schriften theologische Unbedenklichkeit zu bescheinigen und ihnen die Autorität seines Namens und damit reformatorisches Gewicht zu verleihen." Ebenso verweist er aber auch auf den selteneren Fall, dass Luther Schriften seiner theologischen Gegner edierte, um deren Ansichten der Öffentlichkeit publik zu machen. Ebd.

[532] „Solchs alles wirstu hie jnn diesem feinen buch reichlich finden, wie Gott unsern glauben durch der Widderteuffer faule, lame zoten ubet und sterckt, Widderumb auch wie billich er jhren stoltzen dunkel und undanckbarkeit strafft [...]." WA 30 II,212,26–28.

[533] „Darauff sagt D. Luther, das were jhr meinung nicht [...]." BDS 6/1,156,3.

[534] BDS 6/1,156,3–7. In den Aufzeichnungen von Zwick ist dieser Vergleich ebenfalls überliefert: „De fide parvulorum qualis esset, dormientis, idest, ut haberent motum aliquem spiritus." ‚Zwick' 4,1.

[535] Auch im Bericht des Myconius wird der Kinderglaube einerseits als wirklicher Glaube bezeichnet. Andererseits wird er als eine spezifische Gestalt des Glaubens charakterisiert: „Nam differenter se habent parvulus recens natus, fidelis vivens et actualiter de promissione cogitans,

Beschreibung des Kinderglaubens und erklärte, man solle nicht versuchen, in das Handeln Gottes an den Täuflingen weiter einzudringen oder darüber zu disputieren.[536] Andererseits heißt es bei Zwick in diesem Zusammenhang mit Bezug auf die *fides parvulorum*: „Ain verstendiger prediger kann das wol erkleren, dicebat Luther."[537] Demnach lehnte Luther zwar eine tiefergehende Diskussion an dieser Stelle ab, war aber doch zuversichtlich, dass eine für den Kontext der Gemeinde hinreichende Behandlung dieses Problems im Rahmen der Predigt bei entsprechender Kenntnis auf Seiten des Pfarrers möglich sei.

Seine tauftheologische Rechenschaft beschloss Bucer, indem er sich über die Legitimität der Kindertaufe äußerte. Anknüpfend an den Luther zugeschriebenen Taufartikel aus dem ‚Unterricht der Visitatoren' von 1528 machte er deutlich, dass er in der Verheißung Gottes die entscheidende Legitimation erkannte und verwies auf die an Abraham und seine Nachkommenschaft ergangene Bundeszusage aus Gen 17,7 f.[538] Abschließend gab er sich überzeugt, dass man von seiner Seite nichts geäußert habe, was einer Konkordie im Wege stehen könne. Gleichwohl ließ er erkennen, dass man sich von der Gegenseite gerne korrigieren lassen wolle.[539]

Dem Itinerar zufolge fasste Luther im Anschluss an Bucers tauftheologische Ausführungen die Position der Oberdeutschen in fünf Punkten wie folgt zusammen:

---

fidelis dormiens aut aliud agens quam quo cogitat de promissione. Tamen quilibet horum est vere fidelis et sanctus sed suo quisque modo." MycBr 248–255. Cf. dazu auch ‚Narratio' 141–148. Auffällig ist hier, dass Myconius mit dem wachen Gläubigen noch eine dritte Variante in den Vergleich einbezieht. Doch wird man hier seinem Zeugnis mit Vorsicht begegnen müssen.

[536] „Vnd wolte, das man daruon nicht vil disputirens bewegte oder zu erǒrdtern vnderstünde, wie das werck gottes in Ihnen zugange." BDS 6/1,156,7 f.

[537] ‚Zwick' 4,2.

[538] „A nobis vero doceri de paedobaptismi ratione, quomodo D. Doctor in visitatione scripsit pro fundamento posito illo: Ego sum deus tuus et deus seminis tui." Itinerar 61,8–10. Zur herangezogenen Passage aus dem Unterricht der Visitatoren cf. WA 26,212,31–36. Luther hat verschiedentlich ausdrücklich erklärt, dass sich die Legitimität der Kindertaufe nicht auf die *fides infantium* stütze, und in diesem Zusammenhang zwischen dem *usus* und der *substantia* der Taufe unterschieden: „Wolan, ich setze gleich, das sie aller ding kůndten gewis machen, das die kinder on glauben sind yn der tauffe, wolt ich doch gerne wissen, aus was grund sie wolten beweisen, das sie umb des willen widder zu teuffen sein solten, wenn sie hernach glewbig odder bekennend des glawbens werden? Denn es ist nicht gnug, das sie sagen: Sie sind on glawben getaufft, drumb sind sie widder zu teuffen. Sie mussen ursachen geben, Es ist eine unrechte tauffe sprichstu. Was ligt daran, dennoch ists eine tauffe, Ja es ist eine rechte tauffe an yhr selbs, on das sie unrecht empfangen, Denn es sind die wort gesprochen und alles gethan was zur tauffe gehǒret, so vǒllig, als geschicht, wenn der glawbe da were. Wenn nu ein ding an yhm selbs recht ist, so mus darumb nicht anders vernewet werden, obs gleich unrecht empfangen ist, Man thu das unrecht ab, so wirds alles recht on alle vernewerung, Abusus non tollit substantiam, imo confirmat substantiam." WA 26,159,25–37. Cf. ebenso BSLK D700,30–703,40 (BSELK 1122,16–1126,27).

[539] „Haec habemus, quae ad proposita D. Doctoris candide respondeamus nec putamus ea talia esse, quae concordiam istam debeat impedire. Tamen interea libenter audiemus saniora." Itinerar 61,21–24.

„Ergo quod ad baptismum pertinet, docetis illum non esse contemnendum sed necessarium, deinde non esse nudum signum sed regenerationis ipsius lavacrum, et anabaptistas nobiscum impugnatis, et infantibus, etiam si non eam, quam Paulus ponit, tamen eam fidem tribuitis, quam nos vocamus voluntatem regeneratam, et populum vestrum hortamini, ne pueros differat a baptismo percipiendo."[540]

Diese Äußerung erweckt den Anschein, als habe Luther der Gegenseite für die *fides infantium* eine von dem in Röm 10,17 beschriebenen Verständnis des Glaubens abweichende Auffassung vom Glauben zugestehen wollen. Tatsächlich wollte Luther den Oberdeutschen damit aber keineswegs konzedieren, dass sie den Kinderglauben als einen Glauben ansehen konnten, der nicht durch das Wirken des mündlichen Wortes und der leiblichen Zeichen konstituiert und erhalten würde und insofern *non ex auditu* wäre. Vom Kontext der vorangehenden Verhandlungen her ist vielmehr eindeutig, dass Luther an dieser Stelle auf Bucers besondere Deutung der *fides ex auditu* reagierte, der zufolge *ex auditu* den *assensus* und damit das bewusste Einverständnis impliziere.[541] Luther sah in Bucers Vorbehalt gegenüber Röm 10,17 daher nichts anderes als einen Einspruch gegen die Vorstellung, dass die *fides infantium* ein Verstehen der Täuflinge einschließe. In diesem Sinn aber konnte er diesen Vorbehalt akzeptieren, weil er so in der Sache nichts zugestanden hatte, was nicht seinen eigenen Überzeugungen entsprochen hätte. Einzuräumen ist allerdings, dass seine Ausdrucksweise für sich genommen auch ein anderes Verständnis zuließ, so als habe er mit Röm 10,17 der Gegenseite auch die Relevanz des *verbum externum* anheimstellen wollen. Zwei Tage später sollte es, wie noch darzustellen sein wird, zu einem entsprechenden Missverständnis bei Johannes Zwick kommen.[542]

Was Luther von den Oberdeutschen gehört hatte, hielt er – ergänzt um Bucers Ausführungen zur Einzelbeichte – am Ende der Zusammenkunft offenkundig für hinreichend. Er erklärte nämlich: „Proinde conclusi sunt et isti articuli."[543] Gleichzeitig ließ er erkennen, dass die Konventsverhandlungen am kommenden Tag fortgeführt werden sollten: „De reliquis videbimus in proximo."[544] Urspünglich dürfte er dabei an Themen gedacht haben, die in den bisherigen Verhandlungen noch nicht erörtert worden waren. Möglicherweise hatte er dabei auch die Auseinandersetzung um das *ius reformationis* im Blick.

[540] „Folglich, was die Taufe anbelangt, lehrt ihr, dass sie nicht zu verachten, sondern notwendig sei; danach, dass sie kein nacktes Zeichen sei, sondern ein Bad der Wiedergeburt; und ihr bekämpft mit uns die Wiedertäufer; und den Kindern teilt ihr doch diesen Glauben zu (wenn auch nicht den, den Paulus bestimmt), den wir als wiedergeborenen Willen bezeichnen; und ihr ermahnt eure Bevölkerung, dass sie die Kinder nicht fernhalten vom Empfang der Taufe." Itinerar 62,13–18.

[541] Cf. dazu oben S. 391.

[542] Cf. dazu unten S. 400 und A. 560.

[543] Itinerar 62,18 f.

[544] Itinerar 62,19.

Tatsächlich waren die Verhandlungen über die Taufe aber damit noch nicht abgeschlossen. Luther griff nämlich, wie aus dem Tagebuch des Musculus hervorgeht, aus eigenem Antrieb am Nachmittag des 26. Mai, also zwei Tage, nachdem er sich gegenüber den Oberdeutschen im Blick auf ihre tauftheologischen Darlegungen zufrieden gezeigt hatte, im Plenum die Frage nach der *fides infantium* ein weiteres Mal auf und erklärte, dass er über dieses Thema noch einmal nachgedacht habe.[545] Zwick zufolge schickte er voraus, dass er „die zenckischen disputationen wie den tüfel"[546] hasse. Auch wenn er sich nicht direkt darüber geäußert zu haben scheint, wodurch sein erneutes Nachdenken ausgelöst worden war und was ihm trotz seiner Abneigung eine Wiederaufnahme dieses Gegenstandes als unabdingbar hatte erscheinen lassen, ist sein Beweggrund seinen weiteren Ausführungen doch zu entnehmen. Musculus zufolge führte er nämlich aus:

„Nimirum posteaquam nos [sc. die Oberdeutschen] confiteamur pueros regenerari in baptismate atque novam creaturam fieri, nihil esse periculi, si confiteamur novam quoque in eo fieri voluntatem, intellectum et mentem, id quod ipse vocet [sc. Luther] primitias novi hominis."[547]

Luther setzte hier zunächst bei dem ein, was er von der Gegenseite als zugestanden ansah: dass nämlich der Täufling in der Taufe wiedergeboren werde und dass dort eine neues Geschöpf entstehe.[548] Davon ausgehend versuchte er, die Oberdeutschen zu einem weiteren Zugeständnis zu bewegen, indem er erklärte, dass es angesichts dieser Voraussetzung völlig unbedenklich sei, wenn sie nun darüber hinaus bekennen würden, dass in der Taufe auch Wille, Verstand und Geist erneuert würden. Dass es ihm hierbei nur um den Beginn einer Erneuerung ging, machte er mit dem die voreschatologische Unabgeschlossenheit dieser Entwicklung kennzeichnenden Begriff der *primitiae* (Röm 8,23) deutlich. Als für die Oberdeutschen unbedenklich aber konnte er diese Erweiterungen ansehen, weil es sich bei ihnen nach seinem Urteil nur um Implikate des bereits Konzedierten handelte: Wenn bei der Taufe doch ein neues Geschöpf (nova creatura) entstand, dann mussten auch dessen mensch-

---

[545] „Tum D. Lutherus ultro ad memoriam revocavit ea, quae praeterito colloquio fuerant de fide parvulorum acta suamque sententiam, cuius antea memini, formavit dicens se interea de ea deliberasse nec posse aliter statuere." Itinerar 65,19–22. Selbst wenn man das Adverb *ultro* hier nicht mit „aus eigenem Antrieb" übersetzen möchte, wird doch deutlich, dass die Initiative allein von Luther ausging. Cf. GEORGES II, art. *ultro* (Col. 2954). Die Einschätzung, dass man sich in Wittenberg über Taufe und Absolution „ohne Schwierigkeit" verständigt habe, vereinfacht die Vorgänge offenkundig. Vs. KÖSTLIN: Luthers Theologie I, 483.

[546] ‚Zwick'4,15 f.

[547] „Zweifelsohne bestehe gar keine Gefahr, nachdem wir bekennen, dass die Kinder in der Taufe wiedergeboren werden und eine neue Kreatur werden, wenn wir bekennen, dass in ihr auch der Wille, der Verstand und der Geist neu werden – das, was er selbst die Erstlinge des neuen Menschen nenne." Itinerar 65,22–25.

[548] Zu den entsprechenden Aussagen Bucers cf. oben S. 389 und S. 392 mit A. 523.

liche Vermögen wie *voluntas*, *intellectus* und *mens* in diesen Vorgang einbezogen sein.[549]

Gleichwohl wirft die Argumentation Luthers in ihrer überlieferten Gestalt zwei Probleme auf: Erstens ist festzustellen, dass die Oberdeutschen bereits am 24. Mai erklärt hatten, in der Taufe beginne eine Erneuerung des Willens.[550] Dass Luther dies auch durchaus registriert hatte, lässt sich aus seinem am Ende dieser Zusammenkunft gegebenen Resümee erkennen.[551] Darüber hinaus war, wie noch zu zeigen sein wird, auch in den zwischenzeitlich verfassten Taufartikel eine entsprechende Aussage aufgenommen worden.[552] Für eine entsprechende Ergänzung gab es daher eigentlich keinen Grund. Dass Luther trotzdem darauf drang, erscheint zunächst unverständlich.

Zweitens bedarf die Wendung *intellectum et mentem* einer Deutung.[553] Beide Begriffe können einander im Verhältnis der Hypernomie zugeordnet werden. In diesem Fall wäre *mens* der den gesamten Komplex der geistigen Fähigkeiten bezeichnende Oberbegriff, dem neben *intellectus* auch etwa *memoria* und *voluntas* als Teilbereiche unterzuordnen wären.[554] Näherliegend ist es freilich, beide Worte als Synonyme zu verstehen, die dann zu einem das menschliche Verstandesvermögen bezeichnenden Hendiadyoin zusammengefügt wären.[555] Johannes Zwick, der bei dieser Zusammenkunft selber anwesend war, fasste die von ihm als Vorlage genutzte Darstellung des Musculus offensichtlich in diesem Sinn auf und ließ den Verweis auf die *mens* in seinen eigenen Aufzeichnungen aus.[556] Tatsächlich war zuvor weder als Bekenntnis verlangt noch von den Oberdeutschen zugestanden worden, dass die in der Taufe beginnende Erneuerung auch auf das Verstandesvermögen zu beziehen sei. Doch genau hieran lag Luther offensichtlich. Bekanntermaßen war er nämlich davon überzeugt, dass die

---

[549] Die bei BRINKEL: Fides infantium, 63 vorgelegte Deutung, Luther habe „den Oberdeutschen klarzumachen versucht, dass für *sie* [Hervorhebung durch den Verfasser] die fides infantium im Grunde mit dem ‚wiedergeborenen Willen des Kindes, ja mit den ‚primitiae novi hominis' überhaupt identisch" sei, verfehlt den Inhalt von Luthers Argumentation insofern, als Brinkel übersieht, dass Luther die Oberdeutschen hier für seine eigene Überzeugung zu gewinnen sucht.

[550] Cf. dazu oben S. 392 und A. 523.

[551] Cf dazu oben S. 396.

[552] Cf. unten S. 412 und A. 618.

[553] Verschiedentlich ist bereits in der Forschung darauf hingewiesen worden, dass Luther gerade im Bereich der Anthropologie wenig Interesse für terminologische Stringenz erkennen lässt. Cf. dazu etwa JOEST: Ontologie, 164.

[554] So kann etwa die *mens* als das Vermögen bezeichnet werden, das *memoria*, *intelligentia* und *voluntas* umfasst. Cf. THOMAS: Quaestiones, q10 a1 ad7.

[555] Zum synonymen Sprachgebrauch cf. etwa THOMAS Sth I q75 a2 c; q54 a3 ob1; q79 a8 sc.

[556] „Nimirum posteaquam non fatemur pueros in baptismate regenerari atque ita novam creaturam fieri, nihil esse periculi, si confiteamur novam in illis fieri voluntatem, intellectum, id quod ipse vocet primitias novi hominis." ‚Zwick' 4,16–19. Zur Frage der literarischen Abhängigkeit cf. Itinerar, 32–38.

intellektuelle Potenz ebenfalls der Erneuerung bedürfe, da sie in ihrer postlapsarischen Gestalt den ihr zugedachten Bereich der Welterkenntnis permanent zu überschreiten und das Gottesverhältnis nach ihren Maßstäben im Sinne einer Selbstbehauptung vor Gott zu gestalten versuche.[557]

Bucer reagierte auf Luthers Worte, indem er wieder auf die Theologen zu sprechen kam, die von einem Verstehen der Täuflinge ausgingen.[558] Da Luther ihm und seinen Gefährten nun nachträglich ein Bekenntnis abverlangen wollte, dass das Verstandesvermögen der Täuflinge in der Taufe erneuert werde, stellte sich für ihn wohl die Frage, wie der Wittenberger es nun mit dieser von ihm zwei Tage zuvor zurückgewiesenen Auffassung hielt.

Luther ließ die Gegenseite wissen, dass er von den Vertretern dieser Position wenig hielt. Bei Musculus heißt es:

„Addiditque eos, qui adeo crasse de hac re loquuntur (commemoraverat enim Bucerus de quibusdam, qui asserunt puerum audita verba Christi intelligere et credere) non intelligere rationem et cursum fidei. Asserebat enim liquide pueros eam fidem non habere, quam habent adulti."[559]

---

[557] Cf. dazu etwa Luthers Auslegung von Psalm 127,1: „Das ist vitium humanae naturae, quod non putat creationem et dona, sed vult ein feci draus machen; sed sol heissen: Ego accepi, Dominus dedit; Non: homo fecit." WA 40/III,223,5–7. Zur positiven Bedeutung der Vernunft als orientierendes Vermögen in Angelegenheiten des irdischen Lebens cf. die Thesen 8 und 9 in der *Disputatio de homine* von 1536: „8. Hoc est, ut sit Sol et Numen quoddam ad has res administrandas in hac vita positum. 9. Nec eam Maiestatem Deus post lapsum Adae ademit rationi, sed potius confirmavit." WA 39 I,175,18–21. Pervertiert ist die menschliche Vernunft nach dem Fall darüber hinaus auch darin, dass sie auf dem ihr zugewiesenen Gebiet der weltlichen Angelegenheiten als Instrument der menschlichen Selbstliebe missbraucht wird. Zu Luthers soteriologisch motivierter Kritik an der menschlichen Vernunft cf. Joest: Ontologie, 202–210; zur Mühlen: Reformatorische Vernunftkritik, 67–79; Bayer: Martin Luthers Theologie, 143–147; Barth: Theologie, 111–116.

[558] „[...] commemoraverat enim Bucerus de quibusdam, qui asserunt puerum audita verba Christi intelligere et credere [...]." Itinerar 65,26f.

[559] „Und er fügte hinzu, dass gerade die, die grob über diese Sache reden (Bucer hatte nämlich an gewisse Leute erinnert, die behaupten, dass ein Kind die gehörten Worte Christi versteht und glaubt) die Beschaffenheit und die Entwicklung des Glaubens nicht verstehen. Er behauptete nämlich, dass die Kinder gewiss nicht den Glauben haben, den die Erwachsenen haben." Itinerar 65,25–29. Falsch ist hingegen die von Brinkel: Fides infantium, 63 vorgelegte Deutung, Luther habe „sich in diesen Verhandlungen gegen die Auslassungen Bucers gewehrt, die dieser gegen alle diejenigen vorgebracht hat, die ‚asserunt puerum audita verba Christi intelligere et credere'" und habe „den Oberdeutschen bescheinigt, dass sie ‚rationem et cursum fidei' nicht verstehen". Schon sprachlich ist dieses Verständnis ausgeschlossen: Wenn Musculus hätte festhalten wollen, dass Luther sich an dieser Stelle über die Oberdeutschen und deren falsches Verständnis ausgelassen hätte, so hätte er in Fortführung der unmitelbar zuvor in der indirekten Rede für die Seite der Oberdeutschen eingenommenen Wir-Perspektive (cf. oben A. 547) anstelle eines *eos* ein *nos* schreiben müssen. Der Wortlaut im Itinerar kann nur so verstanden werden, dass Luther sich mit seiner Kritik auf diejenigen bezog, deren Auffassung von Bucer skizziert worden war. Außerdem ist hier daran zu erinnern, dass sich Luther in den Verhandlungen vom 24. Mai bereits in dieser Weise geäußert hatte. Cf. dazu oben A. 533. Eine parallele Überlieferung bietet Zwick: „Narraverat [sc. Bucer] autem hic quosdam esse, qui asserant pue-

Die Pointe des zweiten Satzes besteht darin, dass die Unterscheidung zwischen beiden Gestalten des Glaubens im Blick auf den unterschiedlichen Entwicklungsstand der Vernunft getroffen wird. Davon abweichend gibt Zwick Luthers Votum in einer parallelen Überlieferung mit folgenden Worten wieder: „Non tamen habent [sc. pueri] fidem ex auditu externo quemadmodum adulti. In deo autem omnia vivunt."[560] Demzufolge hätte Luther an dieser Stelle dahingehend differenziert, dass der Glaube der Säuglinge anders als der der Erwachsenen kein durch das äußerliche Wort konstituierter Glaube sei. Dass er sich tatsächlich in dieser Weise geäußert haben sollte, muss hingegen als ausgeschlossen gelten. Zum einen sah er nämlich, wie er auch am 24. Mai deutlich gemacht hatte, den Glauben der Säuglinge als eine Gestalt des von Gott hervorgerufenen Glaubens an. Seiner festen Überzeugung nach bediente sich Gott bei der Erweckung dieses wahren Glaubens aber ausnahmslos des äußerlichen Wortes. In dieser Weise hatte er sich 1525 gegenüber Karlstadt erklärt.[561] Entsprechende Ausführungen in späteren Schriften, die er selber als normative Entfaltungen seiner Theologie verstanden wissen wollte wie das Bekenntnis in seiner Abendmahlsschrift von 1528 oder die Schmalkaldischen Artikel, lassen erkennen, dass er an diesem Verständnis der äußeren und inneren Stücke unverändert festhielt.[562] Zum anderen lassen verschiedene Zeugnisse aus den vorangehenden Jahren erkennen, dass Luther auch im Blick auf den Säuglingsglauben an der in diesem Sinne konstitutiven Bedeutung des äußeren Wortes festgehalten hatte.[563] Dann ist aber zu fragen, wie es zu dieser falschen Überlieferung bei Zwick mit der Aufnahme der Wendung *fides ex auditu* kommen konnte. Möglicherweise bezog sich Luther im vorliegenden Zusammenhang noch einmal auf Röm 10,17. Zwei Tage

---

rum audita verba Christi intelligere et credere. Illi crassi disputatores non intelligunt rationem fidei." ‚Zwick' 4,22 f.

[560] „Doch sie haben nicht den Glauben aus dem äußerlichen Hören wie die Erwachsenen. In Gott aber lebt alles." ‚Zwick' 4,19–21.

[561] „So nu Gott seyn heyliges Euangelion hat auslassen gehen, handelt er mit uns auf zweyerlei weyse. Eyn mal eusserlich, das ander mal ynnerlich. Eusserlich handelt er mit uns durchs můndliche wort des Euangelij und durch leypliche zeychen, alls do ist Tauffe und Sacrament. Ynnerlich handelt er mit uns durch den heyligen geyst und glauben sampt andern gaben. Aber das alles, der massen und der ordenung, das die eusserlichen stucke sollen und můssen vorgehen. Und die ynnerlichen hernach und durch die eusserlichen komen, also das ers beschlossen hat, keinem menschen die ynnerlichen stuck zu geben on durch die eusserlichen stucke." WA 18,136,9–17.

[562] Cf. WA 26,506,10–12 und BSLK 453,16–455,26 (BSELK 770,12–772,14).

[563] So weist Luther in einer Predigt von 1524 den Einwand, dass die Täuflinge keinen Glauben hätten, mit den Worten zurück: „Hic habes Christi verbum et iubet, ut ducam, et irascitur, quod prohibentur pueri, ne adferantur. Ipse dabit verbum suum et fidem puello, quia credimus in der krafft des worts dare eum fidem illi." WA 15,670,11–13. Cf. dazu auch WA 17/II,87,2–4; 26,156,38–157,2; 159,14–18. Zutreffend fasst Huovinen: Fides infantium, 119 Luthers Anschauung zusammen: „Die Wirkung des Wortes ist verborgen, aber sie verwirklicht sich doch durch das äußere Wort. Gerade indem er vom Hören der Kinder spricht, widersetzt er sich den Wiedertäufern, die eine unmittelbare und spiritualistische Wirkung des Wortes vertreten."

zuvor hatte er bereits gebilligt, dass die Oberdeutschen den Säuglingen keinen Glauben im Sinn der paulinischen Wendung *fides ex auditu* zugestehen wollten. Wie bereits dargelegt, lassen Bucers vorangehenden Auslassungen über den Vers erkennen, dass damit lediglich zum Ausdruck gebracht werden sollte, dass den Kindern kein Glaube zugebilligt werden könne, der den *assensus* zum Evangelium und damit auch ein entsprechendes Verständnis von dessen Inhalt impliziere.[564] Möglicherweise wollte Luther angesichts der Entgegnung Bucers genau diese bereits ausgesprochene Billigung nur noch einmal wiederholen und bediente sich dabei des von dem Straßburger eingeführten Verständnisses von Röm 10,17. Zwick aber, da er Bucers Näherbestimmung vom 24. Mai nicht mitbekommen hatte, könnte Luther dann so verstanden haben, als habe dieser die Bedeutung des äußerlichen Wortes für das Zustandekommen der *fides infantium* in Abrede stellen wollen.

Im Unterschied dazu wird man den zweiten durch Zwick überlieferten Satz für zuverlässig halten können: Luther wollte damit wohl seine auch in anderen Zusammenhängen geäußerte Überzeugung zum Ausdruck bringen, dass sich beide Gestalten des Glaubens, so klar sie auch im Blick auf die Vernunft des jeweiligen Subjektes zu unterscheiden sind, doch darin vollkommen entsprechen, dass sie sich in ihrer Entstehung und in ihrem Bestand ausschließlich dem Wirken Gottes verdanken.[565]

Wie Luther einerseits die Erneuerungsbedürftigkeit der kindlichen Vernunft festhalten und gleichzeitig an der mit den Oberdeutschen geteilten Überzeugung festhalten konnte, dass man bei den Säuglingen nicht von einem ein Verstehen des Evangeliums einschließenden Glauben sprechen könne, wird aus seinen weiteren Ausführungen deutlich. Bei Zwick findet sich als Zusatz zu der durch Musculus überlieferten Argumentation Luthers noch einmal ein Vergleich zwischen den Täuflingen und einem schlafenden Erwachsenen: „Nam sic et dormientem dicimus habere visum, auditum et gustum."[566] In den Aufzeichnungen Bugenhagens heißt es darüber hinaus: „Pueri credunt ut nos dormientes. Dormiens habet sensus, rationem, intellectum. Pueri haec habent illuminata, per spiritum sanctum inceperunt nova fieri creatura et esse."[567] Folglich sah Luther in der Vernunft der Säuglinge ein latentes Vermögen, das er mit den Sinneskräften eines schlafenden Erwachsenen vergleichen konnte.[568] Seine Rede vom *cur-*

---

[564] Zu diesem Verständnis von Röm 10,17 cf. oben S. 396 und A. 540.

[565] „Item dicunt infantes non credere, quis hoc eis dixit? quare non loquuntur ipsi, cum in somno sint. Es interim Christianus, cum dormis tu propheta. Certe dicit se esse, si te conservat, ut sis Christianus." WA 15,670,6–8. Cf. ebenso WA 17 II,86,5–14. Cf. dazu auch die Ausführungen über die Verborgenheit des Kinderglaubens bei Huovinen: Fides infantium, 111–113.

[566] ‚Zwick' 4,20f.

[567] SBB – Preußischer Kulturbesitz, Ms. theol. lat. oct. 43, f. 80r. Cf. dazu auch WA 59,717,1–718,4f.

[568] In diesem Sinn spricht Luther auch in den Jahren zuvor gelegentlich von einer verborgenen Vernunft der Kinder und meint damit das noch nicht aktiv genutzte Verstandesvermögen:

*sus fidei* wird man dann so verstehen müssen, dass die *fides infantium*, obwohl er sie für eine dem Entwicklungsstadium der Täuflinge angemessene und vollgültige Gestalt des Glaubens hielt, nach seinem Verständnis auf eine prozessuale Integration der sich entfaltenden und der Erneuerung bedürfenden Vernunft hin angelegt war.[569]

Wie sich den Aufzeichnungen des Myconius entnehmen lässt, gaben die Oberdeutschen schließlich ihre Einwilligung zu Luthers nachgetragener Forderung und bekannten, dass eine durch die Taufe gewirkte anfängliche Erneuerung auch die bei den Täuflingen vorliegenden Verstandesanlagen umfasse.[570]

#### 4.2.3.2 Die Auswertung der Verhandlungen über die Taufe

Auch für die Verhandlungen zur Taufe stellt sich die Frage, wie sich deren Ergebnis für Luther darstellte: Handelte es sich nach seiner Auffassung um eine Einigung, die bewusst auch eine Duldung tauftheologischer Differenzen implizierte, oder war er der Ansicht, dass die Gegenseite in allen der von ihm für wesentlich erachteten Fragen mit ihm wirklich übereinstimmte? Zur Klärung dieser Frage sollen nun die vier tauftheologischen Unterthemen genauer in Augenschein genommen werden, die am ehesten darauf hinzudeuten scheinen, dass Luther sich wissentlich zu einer Divergenzen einschließenden Verständigung entschlossen hätte.

Zunächst einmal ist festzustellen, dass Bucer sich nicht einfach den Vorgaben fügte, mit denen Luther ihn konfrontierte. Eindeutig widersetzte er sich dem Wunsch nach einer Vereinheitlichung des Taufritus und beharrte stattdessen auf der Legitimität der in den eigenen Gemeinden üblichen Vollzugsform. Nun hatte Luther diese Forderung aber auffallend zurückhaltend formuliert und lediglich erklärt, dass es besser sei, wenn man auch in dieser Angelegenheit zu einer Übereinstimmung finde.[571] Folglich maß er der gewünschten Angleichung keine für das Zustandekommen der Konkordie konstitutive Bedeutung bei. Sollte er mit Blick auf den zurückhaltenden Gebrauch von Wasser wirklich befürchtet haben, dass bei den Oberdeutschen von einer Affinität zu Überzeugungen

„Und das ynn den allen mag triegerey seyn der offenen vernunfft halben, ynn den kindern keyn triegery seyn kann, der verborgenen vernunfft halben, ynn wilchen Christus seynen segen wirckt, wie er sie hat heyssen zu sich bringen." WA 17/II,87,21–23. Cf. dazu auch Huovinen: Fides infantium, 106f.

[569] Sehr gut wird Luthers Auffassung an dieser Stelle von Grönvik: Taufe, 169 getroffen: „Vielleicht könnte man die Sache besser so ausdrücken, dass der Erwachsene mit Bewusstsein glaubt, weil er eben ein Erwachsener ist, aber nicht, weil der Glaube primär vom Bewusstsein zu verstehen wäre. Das Kind, das kein Bewusstsein hat, glaubt ohne Bewusstsein." Cf. dazu auch Bayer: Martin Luthers Theologie, 234.

[570] „Haec sententia omnibus placuit, quod scilicet hic in baptismo daretur parvulis novitas, novus intellectus, nova vita et fiunt initium aliquod et nova creatura Dei." MycBr 256f. Cf. ebenso ‚Narratio' 149f.

[571] Cf. oben S. 385.

der Täufer auszugehen sei, unter denen sich die Geringschätzung des Elementes in dieser Weise manifestieren konnte, dürfte Bucers eindeutige Distanzierung von dieser Gruppe ihn auch in dieser Hinsicht beruhigt haben. Sein Verweis auf den in den Gemeinden der Böhmischen Brüder praktizierten Ritus signalisierte der Gegenseite deutlich, dass er trotz seiner eigenen Vorliebe für die *immersio* – die Einigkeit in der Sache vorausgesetzt – sogar bereit war, einen Brauch zu respektieren, bei dem mit dem Wasser noch zurückhaltender als bei der *infusio* verfahren wurde. Für sich genommen handelte es sich in seinen Augen hierbei um ein Adiaphoron.

Vollkommen unbeantwortet hingegen ließ Bucer Luthers Forderung, die Gegenseite müsse sich auch zu einer den Glauben stärkenden Wirkung der Taufe bekennen. Man wird ihm in diesem Zusammenhang keine besondere Absicht unterstellen dürfen, da er sich in der von Luther geforderten Weise in den vorangehenden Jahren bereits mehrfach geäußert hatte und somit eine solche Erklärung auch nun ohne Schwierigkeiten hätte abgeben können.[572] Es ist ausgesprochen unwahrscheinlich, dass Luther Bucers Verhalten im Sinne eines bewussten Übergehens verstanden und somit den sich nahelegenden Verdacht, dass man es hier mit einem unausgesprochenen Dissens zu tun haben könnte, absichtlich ignoriert haben könnte. Zu wichtig war ihm dieser Aspekt der Taufe, als dass man annehmen könnte, er habe hier bewusst eine Abweichung dulden wollen. Man wird deswegen zumindest in Erwägung ziehen müssen, dass er das Fehlen einer entsprechenden Äußerung einfach nicht bemerkte. Eher noch ist aber anzunehmen, dass Luther sich mit den an dieser Stelle unvollständigen Ausführungen des Straßburgers aus einem bestimmten Grund bewusst zufriedengab. Wie bereits dargelegt dürfte er sich nämlich zu seinem Insistieren auf der konfirmativen Bedeutung der Taufe durch Nachrichten über Wolfarts Predigten veranlasst gesehen haben, da die in ihnen propagierte Trennung zwischen inneren und äußeren Stücken die Möglichkeit einer vergewissernden Bezugnahme des angefochtenen Glaubens auf die eigene Taufe aus seiner Sicht unterminieren musste.[573] Nun aber hatte Bucer erklärt, dass die Taufe das Bad der Wiedergeburt sei,

[572] So heißt es etwa in seiner Schrift gegen Hoffmann von 1533: „So haben wir nun, das die Sacramenten von Gott verordnete ceremonien seind, damit wir vor allem seiner genaden und gůte uns erinnern und die selbige genad und gute uns in und mit solichen anbotten und gleich dargereycht werde, auff das wir desto steiffer glauben, tieffer zu hertzen fieren, Got welle uns durch unseren Herren Jesum Christum ewiglich gnedig sein, alle sünd verzeihen, zu allem gůten hie und in ewigkeyt bringen." BDS 5,9714–19. Im ‚Bericht auß der heyligen geschrift' von 1534 zitiert Bucer zustimmend den Taufartikel aus dem Unterricht der Visitatoren, in dem es unter anderem heißt: „Es sollen auch die leut zuweil vermanet werden, so man von den sacramenten predigt, das sy bedencken ire tauffe und underricht werden, das die tauffe nit allein bedeut, das Got die kindtheit wölle annemen, sonder auch die alten reitze und vermane zur bůsse. [...] Darbey soll auch die tauffe glauben erwecken, das denen, so rew uber ire sünd haben, die sunde abgeweschen und verzygen sind. Dann dieser glaub ist die volkommene tauffe." BDS 5,165,26–33 (entspricht WA 26,213,6–12).

[573] Cf dazu oben S. 380 f.

„die da mit dem wasser dargereicht vnd ubergeben werde auß dem werck gottes vnd durch den dienst des dieners."[574] Damit aber war deutlich bekannt, dass *Gott* durch die Taufe wirke und dass äußere und innere Stücke in einer Weise zusammenhingen, die es dem angefochtenen Glauben aus Luthers Sicht sehr wohl erlauben würde, sich zum Zweck der Stärkung an die eigene Taufe zu klammern. Luther konnte somit davon ausgehen, dass Bucer seinem Interesse sehr wohl genügen wollte, auch wenn eine explizite Erklärung nicht erfolgt war.

Noch einmal zu erwähnen ist hier, dass Luther mit dem von Bucer vorgebrachten Vorbehalt gegenüber einem Verständnis der *fides infantium* nach Maßgabe von Röm 10,17 einverstanden war. Wie bereits dargelegt verstand Luther seine Billigung aber so, dass er damit lediglich billigte, was er auch selber verwarf: dass der Glaube der Säuglinge nämlich auch ein bewusstes Einverständnis zum Evangelium impliziere.[575]

Schließlich stellt sich auch noch bei der Auseinandersetzung um die Heilsnotwendigkeit der Taufe die Frage, ob Luther hier bewusst eine abweichende Überzeugung tolerierte. Bucer hatte hier nämlich einschränkend erklärt, dass man über ungetauft verstorbene Säuglinge, deren Eltern die Kinder hätten taufen wollen, kein Urteil fällen dürfe und sie Gott anbefehlen müsse. Doch auch Luther selbst verstand die Rede von der Notwendigkeit der Taufe nicht im Sinne einer *necessitas absoluta*. Heilsnotwendig war für ihn strenggenommen ausschließlich das Wort des Evangeliums und der durch dieses Wort hervorgerufene Glaube.[576] Diese Auffassung bekräftigte er während des Konventes auch noch einmal am Himmelfahrtstag (25. Mai) in einer Predigt über Mk 16,12 ff, die er in Gegenwart einiger Oberdeutscher hielt. Musculus zufolge erklärte er dort, „dass es geschehen könne, dass einer, der den Glauben hat, auch wenn er nicht getauft wird, gerettet wird."[577] Über das Schicksal ungetauft verstorbener Kinder wie-

---

[574] BDS 6/1,155,7 f.

[575] Cf. dazu oben S. 394. Dass „die sächsischen Anschauungen dieser Ansicht [sc. der Oberdeutschen] wesentlich widerstritten", wie HASSENCAMP: Hessische Kirchengeschichte II, 148 behauptet, ist daher entschieden zu bestreiten.

[576] So heißt es in der Schrift ‚Von der Winkelmesse und Pfaffenweihe': „[...] denn die Sacrament on das Wort nicht sein kǒnnen, aber wol das Wort on die Sacrament Und zur not einer on Sacrament, aber nicht on das Wort kůndte selig werden, als die, so da sterben, ehe sie die begerte Tauffe erlangen [...]." WA 38,231,9–12. Cf. dazu auch WA 10/III,142,20–25. Cf. zur Frage der *necessitas baptismi* auch die Ausführungen bei MAU: Heilsnotwendigkeit, 128–131.

[577] „Et hoc, qui non crediderit, exposuit sicut in postilla sua scripsit et ipsum Bernhardi locum, quem habet simul cum Ambrosio, citavit aperte dicens fieri posse, ut fidem habens etiam si non baptisetur, salvetur." Itinerar 63,18–64,1. Zu Luthers Postille WA 10/3,142,18–30. In der Sache mit Musculus übereinstimmend heißt es in einer Predigtnachschrift Rörers: „S. Bernhardus hats gemerckt, qui credit et non baptisatus, tamen salvaret, quia Christus non addit, ut von not baptisaretur, quia potest casus fieri, ventrem meum doleo, ehe er umbsihet, ist catechumenus gestorben." WA 41,594,29–32. Auch in den Notizen Zwicks ist eine bislang nicht beachtete kurze Nachschrift der Predigt enthalten: „In die ascensionis ad vesperam concionabatur Lutherus. 1. Cur manendum apostolis in Hierusalem. Et expectandam missionem spiritus sancti scilicet quia ex Zion vera lex et euangelium. 2. Wie got solch so durch gering lüt tut vnd

derum hatte er sich wenige Monate zuvor in einem Brief an den Leisniger Diakon Lauterbach geäußert und dabei erklärt, Gott habe sich nicht in der Weise an die Sakramente gebunden, dass er nicht ohne sie etwas ausrichten könne. Daher hoffe er, dass Gott für diese Kinder etwas Gutes erdenke. Fromme Mütter, denen ein solches Unglück zustoße, solle man im persönlichen Gespräch damit trösten, dass sie ihr Kind der Güte Gottes anvertrauen sollten.[578] Ausdrücklich hatte er aber davor gewarnt, dies zu einer öffentlichen Lehre zu machen und darauf verwiesen, dass man über keine entsprechende Offenbarung Gottes verfüge.[579] Zum einen lässt sich somit eine inhaltliche Übereinstimmung zwischen Luther und Bucer wahrnehmen. Zum anderen konnte Luther aufgrund der Äußerung des Straßburgers, dass Menschen ein Urteil in dieser Angelegenheit nicht zustehe, auch davon ausgehen, dass die Oberdeutschen sich zu dieser Frage nicht öffentlich auf den Kanzeln äußerten und sich somit seinem eigenen Vorbehalt entsprechend verhielten. Luther dürfte sich demnach auch in dieser Frage mit der Gegenseite einig gesehen haben.

Zusammenfassend lässt sich über die Verhandlungen zu den tauftheologischen Fragen daher festhalten: Auch am Ende dieses Teils der Verhandlungen war Luther sehr wahrscheinlich nicht der Ansicht, dass er divergierende Lehrauffassungen hätte gelten lassen müssen. Vielmehr dürfte er davon überzeugt gewesen sein, dass Bucer und seine Freunde mit ihm in allen Punkten übereinstimmten, bei denen er selbst einen Konsens für unerlässlich erklärt hatte.

#### 4.2.3.3 Der Artikel über die Taufe

Zur Frage nach der Entstehung des Taufartikels[580] lässt sich den Quellen nur wenig entnehmen: Am Ende der Verhandlungen vom 24. Mai erhielt Melanchthon den Auftrag, Artikel zu den beiden verhandelten Themen, Taufe und

---

betler. 3. Gand hin in die gantzen welt, regnum Christi est totius mundi. Ad findem tractabat de baptismate. Quidam inquit: Credunt et non sunt baptizati. Non credunt et sunt baptizati. Nec credunt nec sunt baptizati. Credunt et sunt baptizati." ‚Zwick' 16,1–11. Zu dieser Auslegung von Mk 16,12 ff cf. auch WA 6,533,36–534,2.

578 „Ideo si piae sunt mulieres, hoc modo solaberis eas, ut primum istam rem Dei bonitati commendent, qui multo est benignior, quam possit homo cogitare. Deinde non ita se alligavit sacramentis suis, ut aliud non possit [...]. Ita spero istos parvulos, quando sine sua culpa privantur baptismo, neqe ullus ibi est contemptus publici mandati, Deum optimum et misericordissimum aliquid pro eis cogitare boni [...]." Luther an Lauterbach, 8. Februar 1536: WABr 7, 2295 (364,22–30).

579 „Quare publice potius tacendum de hac re, et privatim bonae conscientiae consolandae. Deus enim nihil nobis revelavit, quid de parvulis agere velit non batizatis, sed suae misericordiae reservavit; publice autem iussit urgeri verbum et sacramenta, da sollen wir's bei lassen." A. a. O. (364,38–42). Merkwürdig mutet hingegen die Befürchtung Luthers an, eine entsprechende öffentliche Verkündigung werde die Menschen dazu verleiten, ihre Kinder zu vernachlässigen oder gar zu töten. Cf. dazu a. a. O. (363,13–16; 364,36–38).

580 Die Behauptung, dass nur die Einigung zur Abendmahlslehre „genau protokolliert und gemeinsam unterzeichnet worden sei" ist offenkundig falsch. Vs. FRIEDRICH: Von Marburg bis Leuenberg, 55.

Schlüsselamt, zu verfassen.[581] Auch in diesem Fall dürfte die entsprechende Aufforderung von Luther ausgegangen sein. Wie bereits erwähnt, scheinen diese beiden Artikel in den Beratungen vom 25. und 26. Mai, in denen nachweislich die Vorlage zum Abendmahlsartikel präsentiert und erörtert wurde, ebenfalls eine Rolle gespielt zu haben.[582] Musculus berichtet nämlich, Melanchthon habe den Oberdeutschen in ihrer Herberge einige Artikel (quosdam concordiae articulos) vorgelesen, die Luther im Anschluss mit seinen Freunden besprochen habe.[583] Was Melanchthon verfasst habe, sei am Nachmittag Capito, Bucer, Frecht und Wolfart noch einmal vorgelesen worden. Musculus spricht hier unbestimmt von einem Schriftstück (concordiae scriptum).[584] Ob es im Verlauf dieses Prozesses zu textlichen Veränderungen gekommen ist, lässt sich nicht entscheiden. Die Unterschrift wurde von den Theologen beider Seiten – wieder mit Ausnahme Zwicks – schließlich am 29. Mai geleistet.[585] Auch wenn sich kein Autograph erhalten hat, lässt sich aus der Textüberlieferung doch schließen, dass den Unterzeichnern eine Art Doppelartikel vorgelegen haben muss, der Aussagen über Taufe und Einzelbeichte umfasste.[586] Zum einen sind die Bestimmungen zu beiden Gegenständen nämlich in 27 lateinischen und 5 deutschen Abschriften zusammen überliefert. Nur eine Handschrift umfasst den Taufartikel ohne den Beichtartikel.[587] Zum anderen folgen in allen Handschriften, die Paraphen bieten, die Unterschriften immer erst auf die Bestimmungen zur Beichte.

Bevor näher auf den Inhalt des Artikels einzugehen ist, muss zunächst noch eine weitere entstehungsgeschichtliche Frage erörtert werden. Wenn man sich nämlich den Überlieferungsbestand der deutschen und lateinischen Fassungen[588] anschaut, fallen zwei Umstände ins Auge: Erstens fällt auf, dass von der deutschen Fassung insgesamt nur sechs Handschriften überliefert sind, die aber wiederum vier sprachlich sehr eigenständige Textversionen bieten. In der Konstanzer Fassung des Berichtes der Oberdeutschen sind an der Stelle, wo von der

---

[581] Cf. dazu oben A. 368. Melanchthon selbst bezeugte seine Autorschaft am 7. Juni 1536 in einem Brief an Johannes Agricola: „De coena domini profecto multum largiuntur. Fatentur vere et substantialiter adesse, exhiberi et sumi a dignis et indignis corpus domini. De reliquis etiam probavi nostras sententias, sed de iure magistrorum in hoc casu miror eos aliquanto odiosus repugnare nostris iudiciis." MBW 7, 1751 (162,15–19).

[582] Cf. ebenso WABr 12, 4261 (Beilage I, S.202).

[583] Cf. oben A. 366.

[584] Cf. oben A. 370.

[585] „Deinde legebatur scriptum de potestate magistratus, sub istud de baptismate, post quorum lectionem subscribebantur ab omnibus quinque exemplaria […]." Itinerar 73,12–14. Zum Fehlen der Unterschrift des Konstanzer Gesandten cf. MBW 7, 1744L (144,87–143,98) und A. 362.

[586] Cf. hierzu das bislang umfangsreichste Verzeichnis der Handschriften und Drucke bei MBW 7, 1744 (131–141). Durch diese Verzeichnisse sind die entsprechenden Angaben in den kritischen Editionen BDS 6/1,114–121 und WABr 12, 4261 Beilage I (205 f) überholt.

[587] Bei der Ausnahme handelt es sich um die Handschrift GA91[ter] (FB Gotha Codex chart. A 91, f. 444v–445v).

[588] Cf. dazu ebenfalls MBW 7, 1744 (131–141).

Annahme der Artikel berichtet wird, neben der lateinischen Fassung der Artikel zu Abendmahl, Taufe und Einzelbeichte auch deutsche Fassungen dieser Artikel überliefert.[589] In der Lindauer Fassung des von den Oberdeutschen angefertigten Berichtes liegt vermutlich eine Abschrift der Konstanzer Fassung vor.[590] Konstanz ließ nämlich am 21. August 1536 dem Lindauer Rat, der auf die Entsendung eines eigenen Delegierten verzichtet und um eine Vertretung der eigenen Interessen durch den Konstanzer Gesandten Zwick gebeten hatte, Unterlagen über den Wittenberger Konvent zukommen.[591] Die sprachliche Übereinstimmung wird für die deutsche Fassung des Taufartikels aus der Tabelle in Anhang IV ersichtlich.[592] Eine weitere deutsche Version des Tauf- und des Beichtartikels ist im zweiten Teil des von Huber verfassten Berichtes über den Augsburger Abendmahlsstreit enthalten.[593] Eine mit ihr im Wortlaut identische Fassung des Taufartikels ist in einem aus verschiedenen Aktenstücken zusammengesetzten Anhang zu Johann Forsters Darstellung der Augsburger Auseinandersetzungen zu finden.[594] In welchem literarischen Abhängigkeitsverhältnis diese beiden Fassungen zueinander stehen, ist nicht mehr zu klären. Darüber hinaus existiert im Thüringischen Hauptstaatsarchiv eine deutsche Fassung aller drei Artikel.[595] Im Stadtarchiv Straßburg schließlich wird noch eine weitere deutsche Fassung aller Konkordienartikel aufbewahrt.[596] Hinzu kommen weiter zwei deutsche Druckfassungen aller drei Artikel, die aus der zweiten Hälfte des 16. Jahrhunderts stammen und von denen wiederum einige spä-

---

[589] Cf. dazu StA Konstanz, Reformationsakten 10, f. 105v–108r. Zur Stelle der Einfügung cf. BDS 6/1,162 A. q.

[590] Cf. StA Lindau, Reichsstädtische Akten 63.8, f. $1_s$r-$1_t$r und f. $2_0$r–$2_6$r.

[591] Cf. Köhler: Luther und Zwingli II, 434 A. 9 und 478.

[592] Die Lindauer Fassung ist in MBW 7, 1744 zwar aufgenommen, aber auf die Übereinstimmung mit der Konstanzer Textgestalt wird dort nicht hingewiesen. Auf ein abschriftliches Verhältnis weisen auch einige weitere Besonderheiten, die in den umgebenden Passagen beider Handschriften zu finden sind und in denen sie gegen die anderen Fassungen der oberdeutschen Relation übereinstimmen. So lautet der Text etwa in der Lindauer Fassung: „[...] vnd alles allain auff die wortt vnnd den beuelch des herren setzen [...]." StA Lindau, Reichsstädtische Akten 63/8, f. $2_7$b. Cf. dazu übereinsimmend die Konstanzer Fassung in BDS 6/1,164 A. u-w. In den anderen Überlieferungen heißt es hingegen: „[...] vnd allein vff sein wort vnd befelch [...]." BDS 6/1,164,8 f. Cf. dazu außerdem BDS 6/1,163 A. y und b-b mit StA Lindau, Reichsstädtische Akten 63/8, f. $2_6$b und f. $2_7$b.

[593] Cf. dazu FB Gotha, Codex chart. A 91, f. 101r–102r. Anders als in MBW 7, 1744 angegeben fehlt in dieser Fassung eine Liste der Unterschriften. Zum Aufbau des Codex in seiner heutigen Gestalt cf. Germann: D. Johann Forster, 50 f.

[594] Cf. dazu FB Gotha, Codex chart. A 91, f. 447r–v und Anhang IV. Der Artikel zur Einzelbeichte fehlt in der Sammlung. Er scheint aber früher in dem Anhang enthalten gewesen zu sein. Dort heißt es nämlich einleitend: „Nun volgen itzt hernach die zwen artickell, vom Tauff vnnd der Absolution." A. a. O., f. 446v. Auf die textliche Entsprechung der beiden Gothaer Fassungen wird bereits in MBW 7, 1744 (138) verwiesen.

[595] Cf. ThHStA Weimar, Reg H. 103, f. 127r–131r.

[596] AMS, AST 168, f. 203r–204v. Beim Abendmahlsartikel fehlen in diesem Fall die Vereinbarungen zur Ratifizierung und die Unterschriften. Cf. MBW 7, 1744D (146,30–147,68).

tere Drucke abhängen.[597] Wie aus der Synopse in Anhang IV zu erkennen ist, sind die sprachlichen Abweichungen zwischen den genannten sechs Überlieferungstypen so tiefgreifend, dass sie weder durch Abschreibfehler noch durch bewusste Korrekturen erklärt werden können.[598] Vielmehr haben wir es im Blick auf den Tauf- und den Beichtartikel mit insgesamt sechs sehr eigenständigen deutschen Versionen zu tun. Bislang wurde in der Forschung einhellig die Konstanzer Fassung als maßgebliche Textgrundlage angesehen.[599] Begründet wurde dies damit, dass diese Handschrift beim Abendmahlsartikel der Straßburger Urschrift am nächsten komme und somit im Ganzen als zuverlässigster Text gelten könne.[600] Schlecht lässt sich mit dieser Theorie aber der Umstand vereinen, dass für die Konstanzer Fassung nur ein sehr geringer Verbreitungsgrad zu konstatieren ist. Wie soll man es sich erklären, dass sich mit der Ausnahme Lindaus an keiner anderen Stelle eine entsprechende Abschrift erhalten hat? Ist es wahrscheinlich, dass eine durch Unterschrift autorisierte deutsche Fassung in Straßburg, Ulm, Augsburg und den anderen Städten unbeachtet geblieben wäre oder dass in allen diesen Orten die entsprechenden Quellen später verlorengegangen wären? Müsste man in diesem Fall nicht eher eine mit der deutschen Fassung des Abendmahlsartikels vergleichbare Überlieferungssituation erwarten, von der insgesamt 26 auf die beiden Urschriften zurückführbare Abschriften erhalten sind?[601] Auch für keine andere deutsche Handschrift des Tauf- und Beichtartikels lässt sich eine nennenswerte Verbreitung erkennen. Daher wird man auch keine von ihnen als ursprüngliche Textfassung ansehen können. Es liegt vielmehr näher, alle sechs unterschiedlichen Überlieferungstypen als eigenständige Übersetzungen lateinischer Vorlagen zu verstehen.[602] In diesem Fall wäre keine dieser Fassungen in Wittenberg unterzeichnet worden.

Zu dieser Annahme passt zweitens die Beobachtung, dass keine der fraglichen Handschriften eine Liste der Unterschriften überliefert. In der Weimarer Fassung und in dem von Huber überlieferten Text sowie in einer gedruckten

---

[597] Rabus: Historien IV, f. 192a–194b; Hoffmann: Moderation und Messigung, f. E6a–F2a. In Rabus' Ausgabe des Abendmahlsartikels fehlen die Ausführungen zur Ratifizierung. Die von ihm gebotene Textfassung wurde später wieder abgedruckt in EdEisl 2, f. 366a–367b; EdLpz 21, 100 f; EdAlt 6, 23 f; Walch[1] 17, 2592–2532; Walch[2] 17,2087–2090; Rudelbach: Reformation, 669–672. Hoffmanns Ausgabe wurde übernommen von Ritter: Evangelisches Denckmahl, 236–241.

[598] Als von der Konstanzer Handschrift „abweichend" werden die Weimarer und die von Huber niedergeschriebene Gothaer Fassung bereits in WABr 12, 4261 Beilage I (206) bezeichnet.

[599] So wird sie in sämtlichen kritischen Editionen bevorzugt. Cf. WA 12, 4261 Beilage I (205); BDS 6/1,119; MBW 7, 1744 (141); RBS 1/2, 83.

[600] Cf. dazu WABr 12, 4261 Beilage I (205) und BDS 6/1,119.

[601] Nach der Aufstellung in MBW 7, 1744 existieren vom deutschen Abendmahlsartikel 32 Handschriften, von denen sechs eigenständige Textfassungen bieten.

[602] Im Blick auf die Weimarer Fassung und die beiden Handschriften Augsburger Herkunft wird ebenso in MBW 7, 1744 (137 f) geurteilt.

Version findet sich lediglich die Behauptung, dass dieser Text von den Theologen unterschrieben worden sei.[603] Besonders auffällig ist dieser Umstand, wenn man berücksichtigt, dass nur drei der 27 lateinischen Handschriften ohne eine Liste der Unterzeichner überliefert sind.[604] Auch dies stützt die Annahme, dass die Artikel über Taufe und Beichte in Wittenberg ausschließlich in Latein verfasst und nur in dieser Fassung unterzeichnet wurden. Daher wird sie in der weiteren Erörterung auch als die allein maßgebliche Textgestalt angesehen. Den vorliegenden Übersetzungen hingegen kann daher allenfalls der Status früher Auslegungen eingeräumt werden.

Wenn man sich den Taufartikel im Blick auf seine Form anschaut, so lässt sich erkennen, dass in ihm bestimmte Ergebnisse der zwischen den Theologen erörterten tauftheologischen Fragestellungen festgehalten werden. Deutlich wird dies aus der einleitenden Formulierung des ersten Satzes: „De baptismo infantium omnes sine ulla dubitatione consenserunt [...].“[605] Die Form *consenserunt* ist zweifelsohne auf die Wittenberger Verhandlungen und den in ihrem Verlauf erzielten *consensus* zu beziehen. Wie beim Artikel über das Abendmahl werden die enthaltenen theologischen Aussagen durch verschiedene Verbformen (consenserunt, reiicimus, intelligimus, dicimus, dicimus, loquimur) bestimmten Personengruppen zugeordnet. Auf welche Personen diese Zuordnungen aber zu beziehen sind, geht aus dem Text nicht eindeutig hervor. Im Unterschied zum Abendmahlsartikel fehlt hier nämlich eine einleitende Passage, die deutlich zwischen den Oberdeutschen einerseits, deren Auffassungen wiedergegeben werden, und den kursächsischen Theologen andererseits, die die Darlegungen der Gegenseite angehört haben und beurteilen dürfen, unterscheidet.[606] Die Deutung bleibt in dieser Frage daher mit Unsicherheiten behaftet. Für die im ersten Satz gebrauchte Wendung *omnes consenserunt* ist anzunehmen, dass sie auf die Gesamtheit der in Wittenberg versammelten Theologen bezogen ist. Die zunächst denkbar erscheinende Alternative, dass das *omnes* ausschließlich die Gruppe der Oberdeutschen umfasse, vermag deswegen nicht zu überzeugen, weil die Pointe der im Blick auf die Notwendigkeit der Taufe gefundenen Verständigung nicht in einer ausschließlich Bucers Lager betreffenden internen Übereinkunft bestand, sondern in der mit Luther und seinen Leuten erreichten und damit alle Teilnehmer des Konventes einschließenden Konvergenz. Im Blick auf die fünf Verbformen in der 1. Person Plural, die ebenfalls eine

---

[603] „Vor genente haben sich vnderschriben.“ ThHStAW Reg H 103, f. 131a. „Diese obgenante zween artickel haben angenommen, auch mit aigner hand vnterschrieben, ain yetlicher, wie sie sich eben im ersten artickel vnterschrieben haben, daselbst seind jre Namen nacheinander in sonderheit verzaichnet.“ FB Gotha, Codex chart. A 91, f. 102r. „Diesem haben alle unterschrieben / wie oben.“ HOFFMANN: Moderation und Messigung, f. $F2_a$. Alle drei Formulierungen beziehen sich auf die beim Abendmahlsartikel überlieferte Liste der Signaturen.

[604] Cf. dazu die Angaben bei MBW 7, 1744 (131–137).

[605] MBW 7, 1744L (143,58 f).

[606] Cf. dazu oben S. 363 f.

Zuordnung der mit ihnen verbundenen theologischen Aussagen ermöglichen sollen, ist ebenfalls zu überlegen, ob hier wieder der Zusammenschluss beider Gruppen bezeichnet wird. Erschwert wird diese Deutung allerdings durch den auffälligen Wechsel der grammatischen Person. Dieser legt es nahe, in diesen Fällen ausschließlich die Oberdeutschen als Subjekt anzusehen und die folgenden Ausführungen als Wiedergabe ihrer Überzeugungen zu verstehen.[607] Die abschließenden Bestimmungen über den Umgang mit dem Brauch festgelegter Tauftermine[608] lassen sich als Verpflichtung eindeutig auf die oberdeutschen Theologen beziehen, da diese Praxis nur in ihren Gemeinden üblich gewesen ist. Entsprechend ist der Taufartikel dann als eine Art Mischform anzusehen, in der einerseits ein von beiden Seiten geteiltes Verständnis der *necessitas baptismi* seinen Ausdruck findet, während die weiteren Ausführungen ausschließlich Überzeugungen der Oberdeutschen referieren und ihnen bestimmte Verpflichtungen auferlegen. Die Unterschriften der Oberdeutschen sind demnach wie im Fall des Abendmahlsartikels zu verstehen: Bucers Seite bekannte sich zu den angeführten theologischen Aussagen und akzeptierte die vorliegenden Forderungen. Die Paraphen der kursächsischen Theologen brachten hingegen viererlei zum Ausdruck: Erstens bezeugte man auf diese Weise, dass sich die Oberdeutschen in dieser Form erklärt hatten. Zweitens wurde somit bestätigt, dass man diese Erklärungen für hinreichend hielt. Drittens bekannte man sich selbst zu den enthaltenen Ausführungen über die Notwendigkeit der Taufe. Viertens wurde die Legitimität des in einigen oberdeutschen Gemeinden üblichen Brauches, dass man Taufen an eigens festgelegten Terminen vollzog, unter zwei im Artikel fixierten Voraussetzungen prinzipiell anerkannt.

Es führt demnach zu weit, wenn der gesamte Artikel von Kaufmann „als Lehrformulierung eines gemeinsamen Glaubens aller Unterzeichner“[609] bezeichnet wird. Für Luthers Wahrnehmung ist darüber hinaus in Rechnung zu stellen, dass er den Artikel im Wesentlichen als Ausdruck der vorangehenden Verhandlungen verstanden haben dürfte. Wie die Analyse des Gesprächs aber deutlich gezeigt hat, wies er den Teilnehmern auch bei diesen Verhandlungen

[607] Der Abendmahlsartikel kann für die Beantwortung dieser Fragen nicht herangezogen werden, da er strukturell anders aufgebaut ist. Die dort vorhandenen Verbformen der 1. Person Plural sind nie mit Lehraussagen verbunden, sondern ausschließlich mit deren Wahrnehmung und Beurteilung durch die lutherischen Theologen (audivimus, cupimus) oder mit der Beschreibung eines gemeinsamen Vorgehens beider Seiten (convenerimus, retulerimus). Cf. MBW 7, 1744L (141,1; 142,20f.23.25).

[608] Cf. unten A. 622.

[609] So Kaufmann: Wittenberger Konkordie, 247 über die Artikel zu Taufe und Einzelbeichte mit Verweis auf die Formulierungen *omnes consenserunt* und *optant omnes*. Cf. MBW 7, 1744L (143,58f; 144,79). Zum Wechsel der grammatischen Person äußert sich Kaufmann nicht. Zumindest ungenau ist die Behauptung bei Köstlin: Luthers Theologie I, 483, man habe die Bestimmungen des Taufartikels „gemeinsam angenommen“. Brinkel: Fides infantium, 77 beschränkt sich ohne weitergehende Erörterung auf die Feststellung, dass Luther den Artikel unterschrieben habe.

sehr unterschiedliche Rollen zu: Die Gegenseite hatte sich zu verantworten. Ihm selbst und seinen kursächsischen Freunden hingegen oblag es, die für die Verständigung maßgeblichen Bedingungen zu diktieren, und ihnen blieb die Entscheidung darüber vorbehalten, ob die Gegenseite seinen Forderungen in angemessener Weise nachgekommen war.[610] Luthers eigene Tauflehre hingegen war nach seinem Verständnis gar nicht Gegenstand der Verhandlungen. Er dürfte daher – möglicherweise mit Ausnahme der Bestimmungen über die Notwendigkeit der Taufe – seine Unterschrift auch nicht als eine eigene Verpflichtung auf die im Artikel enthaltenen Aussagen verstanden haben.

Mit Blick auf den Inhalt des Artikels ist zum einen danach zu fragen, welche tauftheologischen Aussagen er enthält und welchen Luther somit durch Unterschrift in unterschiedlicher Weise seine Zustimmung erteilte. Zum anderen ist zu prüfen, wie sich diese Aussagen zu seiner eigenen Tauftheologie verhalten.

Der Text beginnt mit einem Abschnitt zur Notwendigkeit der Taufe. Festgehalten wird zunächst die Übereinstimmung, dass man die Kindertaufe auf beiden Seiten für notwendig hält.[611] Der darauf folgende Satz dient der Begründung dieser Auffassung. Bis in den Wortlaut hinein weist er Entsprechungen zu einem Abschnitt aus dem neunten Artikel der Apologie auf. Dies dürfte mit der Autorschaft Melanchthons zusammenhängen.

| *Auszug aus Apol. 9*[612] | *Auszug aus dem Wittenberger Taufartikel*[613] |
|---|---|
| Certissimum est enim, | |
| quod promissio salutis pertinet etiam ad parvulos, | Cum enim promissio salutis pertineat etiam ad infantes |
| neque vero pertinet ad illos, | et pertineat non ad illos, |
| qui sunt extra ecclesiam Christi, | qui sunt extra ecclesiam, |
| ubi nec verbum nec sacramenta sunt, | |
| quia Christus regenerat per verbum et sacramenta. | |
| Igitur necesse est baptizare parvulos, ut applicetur eis promissio salutis, | necesse est eam applicare infantibus |
| | per ministerium |
| | et adiungere eos membris ecclesiae. |
| iuxta mandatum Christi: Baptizate omnes gentes. | |

Was den Kindern aufgrund der Universalität der Heilszusage prinzipiell ebenso gilt wie den Erwachsenen, muss ihnen faktisch durch den Vollzug der Taufe

[610] Cf. dazu oben S. 386 f und A. 498.

[611] „De baptismo infantium omnes sine ulla dubitatione consenserunt, quod necesse sit infantes baptizari." MBW 7, 1744L (143,58 f).

[612] BSLK L247,12–21. Quart- und Oktavausgabe der Apologie unterscheiden sich textlich in Artikel 9 nicht. Cf. BSELK 423,20–25. Cf. dazu auch Peters: Apologia,160.

[613] MBW 7, 1744L (143,59–62).

auch zugeeignet werden. Gegen die Überzeugung von der Wirkungslosigkeit der Taufe wird daran anschließend unter Bezugnahme auf Mt 19,14 hervorgehoben, dass durch sie die Vergebung der Ursünde und die Gabe des Heiligen Geistes, der in den Täuflingen in einem ihnen eigenen Ausmaß seine Wirksamkeit entfalte, vermittelt werde.[614] Ausdrücklich zurückgewiesen wird durch die oberdeutschen Theologen (reiicimus) schließlich die Auffassung, dass die Kinder das Heil *sine actione aliqua dei* erlangen könnten.[615] In der Sache wird damit die Verwerfung der Wiedertäufer aus der lateinischen Fassung von CA 9 bekräftigt.[616] Die Formulierung des Artikels selbst klingt zunächst recht unbestimmt, erhält aber durch den folgenden Hinweis auf Joh 3,5 eine präzise Deutung, durch die das vorangehende Bekenntnis zur Notwendigkeit der Taufe bekräftigt wird.

Im zweiten Abschnitt des Artikels geben die Oberdeutschen über ihre Auffassung von der *fides infantium* Rechenschaft: Betont wird zunächst, dass sich Gottes Wirken in den Kindern durch die menschliche Vernunft nicht fassen lasse. Ausdrücklich ausgeschlossen wird aus dem Begriff der *fides infantium* die Vorstellung, dass er ein Verstehen des Evangeliums impliziere.[617] Positiv wird hingegen entfaltet, dass neue und heilige Bewegungen (novos et sanctos motus effici) bei den Kindern entstünden, wie dies auch bei Johannes dem Täufer geschehen sei.[618] Präzisierend heißt es weiter: „[...] tamen illi motus et inclinationes ad credendum Christo et diligendum deum sunt aliquo modo similes motibus fidei et dilectionis."[619] Genau in dieser Weise verstehe man die eigene Rede von der *fides infantium*.[620] Abschließend heisst es noch: „Ideo enim sic loquimur, ut intelligi possit, quod infantes non fiant sancti et salvi sine actione divina in ipsis."[621] Demnach weisen die Oberdeutschen dem Gebrauch des Ausdrucks

[614] „Cumque de talibus infantibus, qui sunt in ecclesia, dictum sit: ‚Non est voluntas patris, ut pereat unus ex illis', constat infantibus per baptismum contingere remissionem peccati originalis et donationem spiritus sancti, qui in eis efficax est pro ipsorum modo." MBW 7, 1744L (143,62–65).

[615] „Reiicimus enim errorem illorum, qui imaginantur infantes placere deo et salvos fieri sine actione aliqua dei, cum Christus clare dicat: ‚Nisi quis renatus fuerit ex aqua et spiritu, non potest intrare regnum coelorum'." MBW 7, 1744L (143,65–144,68).

[616] „Damnant Anabaptistas, qui improbant baptismum puerorum et affirmant sine baptismo pueros salvos fieri." BSLK L63,8–10 (BSELK 105,5f).

[617] „Nam etsi non est imaginandum, quod infantes intelligant, tamen illi motus et inclinationes ad credendum Christo et diligendum deum sunt aliquo modo similes motibus fidei et dilectionis." MBW 7, 1744L (144,71–73).

[618] „Etsi igitur nos non intelligimus, qualis sit illa actio dei in infantibus, tamen certum est in eis novos et sanctos motus effici, sicut in Iohanne in utero novi motus fiebant." MBW 7, 1744L (144,68–71).

[619] „[...] doch jene Bewegungen und Neigungen, Christus zu glauben und Gott zu lieben, sind den Bewegungen des Glaubens und der Liebe einigermaßen ähnlich." Cf. A. 617.

[620] „Hoc dicimus, cum infantes dicimus fidem habere." MBW 7, 1744L (144,73f).

[621] „Daher reden wir nämlich so, dass verstanden werden kann, dass die Kinder nicht heilig und gerettet werden ohne ein göttliches Handeln in ihnen." MBW 7, 1744L (144,73–75).

*fides infantium* eine bestimmte funktionale Bedeutung zu: Man redet in dieser Weise, weil man einsichtig machen möchte, dass auch den Säuglingen kein anderer Heilsweg offenstehe als das in ihnen geschehende Heilshandeln Gottes.

In einer abschließenden Bestimmung wird auf den in den oberdeutschen Gemeinden üblichen Brauch der festgelegten Tauftermine eingegangen. Diese Gewohnheit, dass man öffentlich begangene Tauffeiern für bestimmte Tage vorsieht, wird prinzipiell gebilligt. Gleichzeitig wird von den Pfarrern verlangt, dass sie, wenn Lebensgefahr für Täuflinge bestehe, die Menschen zur Taufe ihrer Kinder anhalten und dass sie selber im Bedarfsfall jederzeit zum Vollzug des Sakraments bereit sein müssten.[622]

Von diesen Darlegungen ausgehend ist nun auch für den Taufartikel zu fragen, ob Luther in ihm bewusst Auffassungen billigte, die von seinen eigenen Überzeugungen abwichen. Im Hinblick auf die Aussagen über die Notwendigkeit der Taufe ist festzuhalten, dass sie Luthers eigenen Anschauungen entsprachen. Die im Artikel vorliegende Bezugnahme auf Joh 3,5 verstand auch er sicherlich nicht im Sinn einer *necessitas absoluta*, sondern in Übereinstimmung mit seiner eigenen Auffassung und den in den Verhandlungen erteilten Auskünften der Oberdeutschen.[623] Dass man in diesem Zusammenhang keine Aussage über das Ergehen der ohne Verschulden ungetauft verstorbenen Kinder festhielt, entsprach ganz Luthers eigener Haltung, da er es, wie aus dem erwähnten Brief an Lauterbach hervorgeht, ausdrücklich ablehnte, in dieser Sache für die Öffentlichkeit bestimmte Lehraussagen zu formulieren.[624]

Auch die Äußerungen über die Wirksamkeit der Taufe konnte Luther zweifelsohne als mit seiner eigenen Auffassung übereinstimmend ansehen. Da er sich selber in diesem Zusammenhang sehr unterschiedlicher Begriffe bediente[625], sind weniger die einzelnen Formulierungen als vielmehr der sachliche Gehalt bedeutsam. Entscheidend ist hier zum einen, dass im Taufartikel seine zu Beginn der Verhandlungen geäußerte Forderung aufgenommen war, dass die Taufe kein leeres Zeichen sei, sondern dass in ihr dem Menschen das Heil zugeeignet werde. Zum anderen entsprach der Artikel mit seiner Nennung der Sündenvergebung und der Gabe des innerlich wirkenden Geistes Luthers eigenem Verständnis von der doppelten Gerechtigkeit des Menschen: dass nämlich jedem in der Taufe die Gerechtigkeit Christi zugeeignet werde, durch die man vor Gott vollkommen gerecht sei, und dass sich diese Gerechtigkeit im Menschen gleichzeitig immer auch teilweise realisiere und eine wirkliche Umgestaltung stattfinde.[626]

---

[622] „Quanquam igitur mos est alicubi, ut certis diebus publice administretur baptismus, tamen docendi sunt homines, si quid periculi est vitae infantium, ut eos interim baptizari curent; et ministri debent talibus impertiri baptismum." MBW 7, 1744L (144,75–78).

[623] Cf. dazu oben S. 404 f.

[624] Cf. oben S. 404 f.

[625] Entsprechend urteilt GRÖNVIK: Taufe, 218 über Luthers Aussagen zur Heilsbedeutung der Taufe, dass er „terminologisch nicht auf eine einzige Ausdrucksweise festzulegen ist."

[626] Cf. dazu etwa Luthers ‚Sermo de duplici iustitia', WA 2, (143) 145–153.

Die Bestimmungen über den Vollzug der Taufen wiederum konnten Luthers Zustimmung finden, weil auf diese Weise gesichert war, dass bei Lebensgefahr die Taufe auch unverzüglich erfolgte und die Menschen zu deren Vollzug angehalten wurden.

Im Blick auf die im Artikel formulierte Auffassung von der *fides infantium* allerdings hat Brinkel in seiner grundlegenden Studie die Behauptung aufgestellt, dass diese „der sonstigen Auffassung Luthers nicht in allen Punkten entspricht."[627] Dabei geht er zum einen davon aus, dass die Abweichungen auf Interventionen von oberdeutscher Seite zurückgeführt werden müssen. Zum anderen scheint er anzunehmen, dass Luther die vorliegende Differenz bewusst gewesen sei. Er behauptet nämlich, dass Luther seine eigene Sicht auf dem Konvent zwar vorgetragen habe, dass er sich aber gegenüber den Oberdeutschen nicht habe durchsetzen können.[628] Die zur Begründung dieser Annahme vorgelegten Argumente beruhen allerdings auf Fehlern in der Interpretation der vorliegenden Quellen.[629]

Für seine Auffassung von der partiellen Divergenz zwischen Luthers Lehre und dem Wortlaut des Artikels verweist Brinkel zunächst darauf, dass in diesem nicht von der den Glauben konstituierenden Rolle des Wortes die Rede sei.[630] Der Befund ist zweifelsohne richtig. Die Frage ist aber, wie er zu werten ist. Brinkel argumentiert hier *e silentio*.[631] Dass Luther bei diesem für ihn selber unaufgebbaren Sachverhalt[632] Entgegenkommen gezeigt haben und bewusst ein Übergehen der Bedeutung des *verbum externum* akzeptiert haben soll, ist schon wegen dieser Bedeutung ausgeschlossen. Darüber hinaus ist zu beachten, dass sich mit der Ausnahme von Zwicks Notiz, die, wie dargelegt, sicher auf einem Missverständnis beruhen wird[633], kein Anhaltspunkt dafür finden lässt, dass die den Glauben hervorrufende Wirkung des Wortes in den Verhandlungen überhaupt thematisiert worden wäre. Luther müsste demnach aber einen tiefgehenden Dissens gebilligt haben, ohne dass es an diesem Punkt überhaupt zu einer

---

[627] Brinkel: Fides infantium, 63. Zu weiteren Urteilen diese Art cf. a. a. O., 62 und 77. Bedeutend ist diese Arbeit nach wie vor, weil in ihrem historischen Teil der Nachweis erbracht wird, „dass Luther von 1517 an bis zu seinem Lebensende die Auffassung vertreten hat, dass den kleinen Kindern bei der Kindertaufe ein eigener Glaube gegeben werde." Brinkel: Fides infantium, 68. Cf. dazu auch Huovinen: Fides infantium, 2.

[628] „Wenn man indessen Luthers Äußerungen über den Kinderglauben bei der Kindertaufe beachtet, die er in den Verhandlungen mit den Oberdeutschen vorgetragen hat, dann erkennt man, dass Luther auch in diesen Verhandlungen seine sonst geäußerte Auffassung von der fides infantium vorgetragen hat, aber die Oberdeutschen von ihr nicht überzeugen konnte. So kam diese Formulierung der Wittenberger Concordie über die fides infantium zustande, die der sonstigen Auffasung Luthers nicht in allen Punkten entspricht." Brinkel: Fides infantium, 62 f.

[629] Cf. dazu oben A. 549 und 559.

[630] Brinkel: Fides infantium, 62.

[631] Dazu cf. bereits die gleichlautende Kritik bei Huovinen: Fides infantium, 156 A. 86.

[632] Cf. zum Nachweis oben S. 400.

[633] Cf. dazu oben S. 400 f.

wirklichen Auseinandersetzung gekommen wäre. Daher ist anzunehmen, dass Luther in dieser Hinsicht einfach keinen Bedarf für eine theologische Klarstellung im Rahmen des Artikels erkannte.

Brinkel weist des Weiteren darauf hin, dass der Artikel auch über die *fides aliena* und ihre Bedeutung für das Zustandekommen des Kinderglaubens schweige.[634] Es stellt sich aber auch hier die Frage, wie dieses Schweigen zu deuten ist. Zweifelsohne legte Luther der *fides aliena* eine besondere Bedeutung bei: nicht im Sinne einer *fides vicaria*, die einen eigenen Glauben ersetzen könnte, sondern als Teil von Gottes rechtfertigendem Handeln am Kind, das sich nach seinem Verständnis immer geschichtlich durch Zeichen und Personen vollzieht.[635] Unzweifelhaft ist aber ebenso, dass er sich auch in anderen Kontexten verschiedentlich über den Kinderglauben äußerte, ohne dabei auf die *fides aliena* einzugehen. Brinkel hat selber herausgearbeitet, dass Luther nach 1526 erkennbar weniger über sie sprach, sie aber auch nicht aufgab.[636] Zu beachten ist außerdem, dass Luther die Frage nach der *fides aliena* von sich aus gar nicht auf die Agenda gesetzt hatte. Offensichtlich sah er selbst auch an diesem Punkt im Blick auf die anstehende Konkordie keinen dringenden Klärungsbedarf. Auch von oberdeutscher Seite erfolgte kein theologischer Einspruch, der hier eine Klärung erforderlich gemacht hätte. Was aber während der Verhandlungen nicht vorgekommen war, wurde naheliegenderweise auch nicht in den als Wiedergabe der Verhandlungsergebnisse anzusehenden Artikel aufgenommen.

Methodisch gewichtiger ist die von Brinkel vorgebrachte Behauptung, dass sich die im Taufartikel vorliegende Beschreibung des Kinderglaubens selbst in grundlegender Hinsicht von Luthers eigenem Verständnis unterscheide: Während dort die *fides infantium* das Moment der Ausrichtung auf Gott in sich enthalte, sei Luther der Ansicht gewesen, dass die *fides infantium* „ein Auf-Gott-Gerichtetsein des Kindes noch nicht in sich" schließe und dass sich dieses *initium* des Glaubens erst zu dieser Gestalt hinentwickeln müsse.[637] Die Rede von den *inclinationes* und *motus* lege es nahe, „diesen Kinderglauben primär als ‚Glaubenswerk' des Kindes in Richtung auf Gott" zu verstehen und nicht im Sinne Luthers als *donum dei*.[638] Zunächst ist hier in Erinnerung zu rufen, dass Luther selbst die *fides infantium* im Verlauf der Unterredung gegenüber Bucer als *rectae voluntatis principium erga deum* und unter Verweis auf das Beispiel des Johannes als *motus spiritus* beschrieben hat.[639] Mithin steht außer Frage, dass Lu-

[634] Cf. Brinkel: Fides infantium, 62.

[635] Zu diesem Zusammenhang cf. besonders Huovinen: Fides infantium, 98 f.

[636] Cf. Brinkel: Fides infantium, 56. Gleichwohl hielt Luther an der Bedeutung der *fides aliena* unverändert fest, wie seine ausführliche Wiederaufnahme aus einer Predigt des Jahres 1538 zeigt. Cf. a. a. O., 65.

[637] Brinkel: Fides infantium, 77.

[638] A. a. O., 62.

[639] Cf. dazu oben S. 392. Die entsprechende Passage aus dem Itinerar des Musculus fehlt in

ther auch den Kinderglauben im Sinne einer Ausrichtung auf Gott verstand, die Willen und Affekte in Anspruch nimmt. Ein Verständnis der *fides infantium* als „Glaubenswerk" wiederum legt sich vom Wortlaut des Artikels zumindest dann keineswegs nahe, wenn dies im Sinne menschlicher Eigentätigkeit gemeint sein sollte. Im Artikel heißt es nämlich: „Etsi igitur nos non intelligimus, qualis sit illa actio dei in infantibus, tamen certum est in eis novos et sanctos motus effici, sicut et in Iohanne in utero novi motus fiebant."[640] Auch wenn es nicht ausdrücklich gesagt wird, so ist eindeutig der Lesart der Vorzug zu geben, dass die neuen Regungen durch jenes dem Verstehen entzogene Handeln *Gottes* hervorgerufen werden. Gleiches gilt für die im folgenden Satz angeführten *motus et inclinationes*: Die anaphorische Proform *illi* lässt erkennen, dass es hier noch einmal um die bereits erwähnten Regungen geht.[641] Dass Luther diese Passage so verstand, ist schon deswegen sehr wahrscheinlich, weil er den gesamten Artikel zweifelsohne vom Kontext der Verhandlungen her deutete, in deren Verlauf er sich in genau dieser Weise gegenüber den Oberdeutschen geäußert und an diesem Punkt auch Bucers Zustimmung erreicht hatte.[642]

Huovinen spricht in seiner Studie mit Blick auf den Taufartikel ebenfalls von der *fides infantium* als einem „Glaubenswerk", meint damit aber den Glauben in seiner den Menschen umgestaltenden Kraft. Entsprechend formuliert er die für diesen Teil seiner Studie entscheidende Fragestellung wie folgt: „Stattdessen ist es angebracht zu fragen, ob der Gedanke der Konkordie, im Kind entstünden ‚motus et inclinationes ad credendum Christo et diligendum deum', mit Luthers Lehre der *fides infantium* inhaltlich vereinbar ist oder nicht. Es muss also geklärt werden, ob sich in Luthers Texten über den Kinderglauben die Anschauung findet, dass der Glaube in den Kindern neue Affekte wirkt."[643] Dass aber nach Luthers Auffassung auch dem Kinderglauben diese Wirkung zukommt, hat Huovinen überzeugend dargelegt.[644]

Zusammenfassend ist also festzuhalten: Luther erteilte den tauftheologischen Aussagen des Konkordienartikels durch seine Unterschrift sein Placet in dem Bewusstsein, dass sie sich in der Sache von seiner eigenen Position nicht unterschieden. Auffällig ist freilich, dass der Artikel über die Erneuerungsbedürftigkeit der menschlichen Vernunft keine Aussage macht. Dies ist erstaunlich,

---

der von Kolde besorgten Edition und lag Brinkel somit noch nicht vor. Cf. Itinerar 61,4–6 und die Auslassung bei KOLDE: Analecta, 220. HUOVINEN: Fides infantium, 18f macht außerdem zutreffend auf den worttheologischen Ansatz Brinkels aufmerksam, der zu einer Verkürzung des Glaubensbegriffes auf das bloße „Angeredetsein" durch das Wort führe.

[640] „Auch wenn wir demnach nicht verstehen, von welcher Art diese Handeln Gottes in den Kindern ist, ist es dennoch gewiss, dass in ihnen neue und heilige Bewegungen entstehen, wie auch in Johannes im Mutterleib neue Bewegungen entstanden." MBW 7, 1744L (144,68–71).

[641] Cf. A. 617.

[642] Cf. dazu oben S. 392 und 393f.

[643] HUOVINEN: Fides infantium, 156f.

[644] Zum Nachweis im Einzelnen cf. HUOVINEN: Fides infantium, 157–160.

da Luther selbst um dieser Frage willen am 26. Mai die zuvor abgeschlossenen Verhandlungen über die Taufe noch einmal aufgenommen und an dieser Stelle gegenüber den Oberdeutschen auf einer mündlichen Präzisierung bestanden hatte. Eine entsprechende Ergänzung des Textes wäre von daher zu erwarten gewesen. Dass sie unterblieb, wird man indes nicht so deuten können, als habe sich Luther nun an dieser Stelle einem Widerstand der Gegenseite beugen und auf eine schriftliche Fixierung seiner nachträglich erhobenen Forderung verzichten müssen. Gegen eine solche Deutung spricht zum einen, dass sich die Oberdeutschen mit dieser Forderung Luthers mündlich einverstanden erklärt hatten.[645] Zum anderen ist auch nicht anzunehmen, dass von oberdeutscher Seite nachträglich Einwände erhoben worden wären. Entsprechende Anhaltspunkte für eine solche Intervention fehlen in den Quellen. Zumindest für Bucer lässt sich darüber hinaus zeigen, dass er in der Sache an dieser Stelle mit Luther auch keinen Dissens hatte. Auch er war davon überzeugt, dass das intellektuelle Vermögen des Menschen der Erneuerung bedürfe, wie etwa seine Auslegung des Römerbriefs von 1536 erkennen lässt.[646] Entsprechend hatte er an einem Einspruch keinerlei Interesse.

#### 4.2.3.4 Die Verhandlungen über die Schlüsselgewalt

Dass auch die Schlüsselgewalt im Verlauf der Verhandlungen thematisiert wurde, geht ebenfalls auf eine Entscheidung Luthers zurück.[647] Ausschlaggebend dürfte für ihn hierbei zum einen wie im Fall des Gesprächs über die Taufe der bereits verschiedentlich erwähnte Brief Forsters gewesen sein. Auch in dieser Angelegenheit war es nämlich in der Augsburger Pfarrerschaft zu Auseinandersetzungen gekommen. Forster schildert selber in seinem Bericht über seine Zeit in Augsburg, dass er an Invokavit 1536 von der Kanzel angekündigt habe, er wolle am folgenden Sonntag über die Beichte predigen und dabei „mancherlei art der beicht anzeigen". Dadurch hatte er den Unmut seiner Kollegen erregt und sich den Vorwurf eingehandelt, dass er „auf papistische weis wider die beicht aufrichten" wolle.[648] Dass Forster auch hiervon an Luther berichtete, ist anzunehmen, da er in seinem Brief nach eigener Auskunft eine ausführliche Darstellung der Augsburger Zustände bieten wollte.[649] Bestärkt könnte sich Luther zudem in seiner Entscheidung durch eine Erinnerung an die Verhältnisse in Frankfurt gesehen haben, die er in seinem Warnbrief von 1533 scharf kritisiert hatte: Denn

---

[645] Cf. oben S. 402 und A. 570.

[646] „[...] peccatum originis vitium esse ac deprauationem totius hominis, quo iam Deum et Dei placita, uera scilicet bona, nec nosse, nec animo persequi potest, sed ex peruerso de rebus iudicio, nihil suo loco et numero uel habet, uel expetit, abutitur uero et peruertit omnia." Bucer: Metaphrases, 267 f.

[647] Cf. dazu oben S. 374.

[648] Germann: D. Johann Forster, 125.

[649] Cf. dazu oben S. 312.

auch von dort hatte man ihm berichtet, dass die Geistlichen die Einzelbeichte ablehnten und verachteten.[650]

Wie die anschließende Darstellung erkennen lassen wird, wurde Luther auch in diesem Teil der Verhandlungen von einem klaren Rollenverständnis geleitet: Seine Aufgabe bestand darin, den Oberdeutschen die von ihm als wesentlich erachteten Forderungen vorzulegen und die von der Gegenseite erfolgenden Antworten auf ihre Hinlänglichkeit hin zu überprüfen.

Luther begann seine Ausführungen, indem er zunächst auf die Einzelbeichte und damit auf die lösende Vollmacht der Schlüssel zu sprechen kam. Trotz des Kampfes gegen die falsche Praxis der Beichte, die eine Aufzählung der eigenen Verfehlungen verlange, habe man in Wittenberg an der Einzelbeichte festgehalten. Denn den jüngeren und ungebildeten Menschen diene die Einzelbeichte zur Unterrichtung im Glauben, und die angefochtenen Gewissen würden durch die Absolution getröstet.[651] Erkennbar hatte Luther hierbei die in Wittenberg etablierte Form der Beichte vor Augen, in der die der Belehrung dienende Glaubensunterrichtung und die Beichte im eigentlichen Sinn miteinander zu einem Verhör vor dem Abendmahl verbunden worden waren.[652] Musculus zufolge ließ er auch wissen, dass er diese Einrichtung als eine „notwendige und zum Dienst der Kirche gehörende Sache“[653] ansah. Zur Glaubensunterweisung äußerte er, es sei notwendig, dass das Volk über Sünde, Glaube und die Wohltat Christi belehrt werde.[654] Auffällig zurückhaltend formulierte er dann jedoch seine Erwartung gegenüber den Oberdeutschen. Er erklärte nämlich lediglich, dass es besser sei (praestare), wenn auch in ihren Gemeinden die Einzelbeichte gehört werde.[655] Damit machte er deutlich, dass er die Wiedereinführung der Einzelbeichte nicht

---

[650] Cf. dazu oben S. 152 f.

[651] „Quod ad claves attinet, praefabatur, quatenus esset pugnatum contra confessionem privatam, nempe contra tyrannidem et captivitatem conscientiarum et eam, quae exigebatur peccatorum omnimodam recensionem, tamen nihilominus servasse se usum privatae confessionis et absolutionis ut rem necessariam et ad ministerium ecclesiae pertinentem, ad consolandum et erigendum conscientias afflictas et ad disciplinam cum iuventutis tum aliorum facientem [...].“ Itinerar 59,4–10. „Der schliessel und Absolution halber hielt D. Luther fur, wie nütz und notwendig der Jungen und gröberen leuten halb were die besondere vnderichtung im glauben, auch wie trőstlich den verwürten vnd erschlagnen gewissen, auch in sonderheit den Euangelischen trost und die absolution zu hőren.“ BDS 6/1,158,4–6.

[652] Eine Beschreibung dieser Praxis liefert Luther in seinem Warnbrief an die Frankfurter: „Denn auch solch beichten nicht allein darumb geschicht, das sie sunde erzelen, sondern das man sie verhőre, ob sie das Vater unser, Glauben, Zehen gebot und was der Catechismus mehr gibt konnen.“ WA 30 III,566,35–38. Zu dieser Form des Beichtgesprächs cf. auch ALAND: Privatbeichte, 471; ROTH: Privatbeichte, 59; PETERS: Kommentar Bd. 5, 77 f. An der Wittenberger Stadtkirche wurde die Beichte werktags nach der Vesper und sonntags nach der Frühpredigt gehört. Cf. GÖTZE: Kirchenzucht, 60 A. 1.

[653] Cf. A. 651.

[654] „Necessarium nanque esse, ut populus hac via exploratus intelligat, quid sit pecatum, fides et totum Christi beneficium esseque disciplinam hanc caput omnium disciplinarum.“ Itinerar 59,10–12.

[655] „[...] praestareque, ut et nos idem faceremus.“ Itinerar 59,10.

als unabdingbaren Bestandteil der Konkordienvereinbarungen betrachtete. Diese Verhandlungsposition aber entsprach seiner auch sonst vertretenen Auffassung von dem Stellenwert der Einzelbeichte: Einerseits hatte Luther immer wieder seine persönliche Hochschätzung dieser Form der Beichte und des in ihr *ad personam* durch Menschenmund ergehenden göttlichen Freispruchs deutlich zum Ausdruck gebracht.[656] Andererseits hatte er an der Überzeugung festgehalten, dass Gott den Menschen zwar das Bekenntnis der eigenen Schuld im Gebet und die Aussöhnung mit dem Bruder geboten habe, nicht aber die eine bestimmte Vollzugsform wie etwa die Einzelbeichte.[657]

Mit Blick auf die bindende Vollmacht der Schlüssel hingegen forderte Luther dem Bericht der Oberdeutschen zufolge ohne Einschränkung, dass man innerhalb der Kirche die Praxis des Banns üben müsse. Dieser müsse bei öffentlich gelebten Lastern ebenso wie bei öffentlich vertretener Irrlehre verhängt werden.[658] Wie sich den Aufzeichnungen des Musculus entnehmen lässt, sprach er in diesem Zusammenhang von der *excommunicatio minor*, die er neben die Strafgewalt der weltlichen Obrigkeit stellte.[659] Über den Umfang der entsprechenden Rechtsfolgen, scheint Luther sich gegenüber den Oberdeutschen nicht weiter geäußert zu haben. Mit seinem Hinweis auf den *usus gladii* markierte er lediglich, dass er weltliche Straffolgen ausgenommen wissen wollte. Das entsprach auch seiner sonst geäußerten Auffassung.[660] An anderen Äußerungen Luthers lässt sich darüber hinaus zeigen, dass er neben dem Ausschluss vom Abendmahlsempfang auch weitere Konsequenzen wie etwa die Verweigerung von Sterbeseelsorge, gesellschaftlichem Umgang und kirchlicher Bestattung guthieß.[661] Dass

---

[656] So heißt es etwa im Additamentum zu Luthers Abendmahlsschrift von 1528: „Auß diser ursache halt ich vil von der heimlichen Beicht, weyl daselbst gots wort unnd absolution zur vergebunge der sůnden heymlich und eim yglichen sunderlich gesprochen wirdt, unnd so offt er will, darinn solch vergebung oder auch trost, rat unnd bericht haben mag, das sie gar ein theuer nůtzes ding ist fůr die seelen [...].“ WA 26,507,17–21: Cf. ebenso WA 8,164,15 f; 169,25 f; WA 10/III,61,13–62,2; WA 30/III,569,6–13 u. ö. Über das Verhältnis von Menschen- und Gotteswort im Zuspruch der Vergebung kann Luther etwa schreiben: „[...] verbum solacii recipimus ex ore fratris a deo prolatum [...].“ WA 6,546,15 f. Cf. dazu auch BSLK D729,15–20 (BSELK 1160,7–10); WA 19,520,8; WA 27,97,16–21; WA 30/II,498,5–10; 500,14 u. ö.

[657] „Denn es ist nicht in Gepot gefasset wie jene zwo, sondern einem iglichen, wer sein darf, heimgestellet, daß er's zu seiner Not brauche.“ BSLK D728,37–40 (BSELK 1159,38 f). „Dico ergo: Confessio illa, quae nunc agitur occulte in aurem, nullo potest iure divino probari [...].“ WA 2,645,16 f. Cf. dazu auch WA 6,546,11–14; WA 12,216,31–36.

[658] „So můsse auch ein bann in der kirchen sein, das man die, so offentlich wider das wort gottes lereten oder lebten, von der gemein gottes abhielte.“ BDS 6/1,158,7–9 und A. p).

[659] „Habere quidem magistratus usum gladii, quo sceleribus occurat, necesse tamen iuxta esse, ut cum minore excommunicatione etiam hanc disciplinam servemus et ecclesiis nostris per eam consulamus.“ Itinerar 59,12–15.

[660] So lehnte Luther am 2. Januar 1530 gegenüber Michael Stifel die Eintreibung eines Bußgeldes durch die weltliche Obrigkeit im Rahmen eines anstehenden Bannverfahrens ab: „Schosser nihil adhuc faciat, quia non est politica res.“ WABr 5, 1514 (214,7 f).

[661] „Consequens ergo est, quod excommunicatio Ecclesiastica est duntaxat externae privatio communionis, scilicet sacramentorum, funeris, sepulturae, publicae orationis, deinde

er von den Oberdeutschen die Praxis der *excommunicatio minor* verlangte, ist insofern bemerkenswert, als er mit Blick auf seinen eigenen Wirkungsbereich in den Jahren zuvor verschiedentlich deutlich gemacht hatte, dass er die Zeit für eine rechtliche Regelung noch nicht für gekommen hielt.[662] Dies hatte ihn allerdings nicht daran gehindert, in einzelnen Fällen einen Ausschluss vom Abendmahl vorzunehmen oder anderen Geistlichen ein solches Vorgehen zu empfehlen.[663]

In seiner Entgegnung ging Bucer zunächst auf die Einzelbeichte ein. Ebenso wie Luther lobte er deren Nutzen im Blick auf die Möglichkeit zur Belehrung der Gemeinde und zur Tröstung durch die Absolution.[664] Die zunächst in den Gemeinden hochgehaltene Regelung, dass man zum Abendmahl nur nach erfolgter Anmeldung zum Verhör zugelassen worden sei, habe man wegen der zunehmenden Weigerung der Leute allerdings nicht aufrechterhalten können.[665] Man vermahne die Menschen zur Beichte[666], und in einigen Gemeinden seien Leute wieder dazu bewegt worden, ohne jede rechtliche Verpflichtung freiwillig die Beichte vor dem Abendmahl aufzusuchen.[667] Eine Erzwingung der Teilnahme hingegen lehnte Bucer ab. Zur Begründung führte er zunächst an, dass es kein biblisches Gebot gebe, dass zur Einzelbeichte verpflichte.[668] Daneben antizipierte er einen möglichen Einwand eigener Gemeindeglieder: Diese könnten

---

aliarum (ut dictum est) corporalis necessitatis rerum et conversationum." WA 1,639,19–22. Cf. auch WATR 5, 5438 (153,8–16); WATR 4,4073b (115,5f) und 4381b (279,38–44). Zum Ausschluss aus dem gesellschaftlichen Leben cf. auch WA 8,174,5–7; 6,66,5–11 und WATR 5, 5216 (12,7–9). Das Hören der Predigt hingegen wollte Luther als Möglichkeit der Bekehrung zugelassen wissen. Cf. dazu WA 47,281,30–35.

[662] So hatte Luther etwa am 13. Februar 1529 an Hausmann geschrieben: „Ieiunia, Excommunicatio et alię grauitatis ceremonię suo tempore sequentur, quamquam pro exordio iam satis sint." WABr 5, 1381 (17,5f). Cf. dazu auch Luthers Urteil aus der *Deutschen Messe* von 1526 WA 19,75,3–10.18–21.

[663] Zur Bannpraxis Luthers cf. nach wie vor die darstellenden Teile in Götze: Kirchenzucht, 9–100. Zur Kritik am systematischen Teil cf. Peters: Kommentar Bd. 5, 34f A. 151.

[664] „Darauff antwortet Bucer abermals auß dem, das wir vns zuuor bey vns verglichen hetten, Das wir alle wol erkennen mo̊chten, wie nutz vnd besserlich es were, das wir mo̊chten, wie der h. Paulus gethon, auch ein jeden vnser pfarsorg beuolchen, zun zeiten in sonderheit berichten, vermanen vnd warnen. So wissen wir auch wol, was trosts darein seie, so eim getrungen gewissen der trost des Euangelij vff sein sonder anligen geben würde." BDS 6/1,158,13–18.

[665] „[…] hetten auch anfangs das an vnsern leüten gehabt, das niemandt zum abentmal gegangen, er hette sich dann vor angezeigt vnd lehr vnd trost gesůcht. Sie hetten aber mit der zeit nachgelassen. Do hetten wir sie nicht ko̊nden zwingen […]" BDS 6/1,158,19–21. Vergleichbar heißt es bei Musculus: „Quod ad confessionem privatam attinet, nihil respondemus aliud quam vehementer nos dolere hanc in nostris ecclesiis disciplinam hactenus obtineri non posse." Itinerar 61,26–62,1.

[666] „Darumb wir auch die vnseren hie zu vermaneten […]." BDS 6/1,158,18f.

[667] „Et non desunt ex nobis, qui in aliquot ecclesiis etsi non lege lata adhortatione tamen diligenti aliquot huc permoverunt, ut ante cenam sese ministro verbi explorandos exhibeant." Itinerar 62,1–4.

[668] „Do hetten wir sie nicht ko̊nden zwingen, weil wir kein wort haben von solcher besonderer absolution […]." BDS 6/1,158,21–159,1. Cf. ebenso a. a. O., 159,8.

die Geistlichen in ihrem Widerstand gegen die Einzelbeichte darauf hinweisen, dass die Unterrichtung im Glauben wie auch der Zuspruch der Vergebung durch Predigt und allgemeine Absolution ausreichend gewährleistet werde, dass der Einzelne mehr erbitten könne, wenn er das wünsche, und dass man bei offenkundigen Missständen den Predigern gerne das Recht zum Belehren und Strafen einräume.[669] Darüber hinaus stellte sich für Bucer die Frage der Beweislast: Man werde in den Gemeinden fragen, wie man dazu komme, einen Menschen vom Abendmahl auszuschließen, der durch die Taufe an Christi Verdiensten und Blut teilhabe und dem Reich und der Kirche Christi eingefügt sei, wenn kein offenkundiges Vergehen dies rechtfertige.[670] Mit Blick auf die religiöse Unterweisung erklärte Bucer außerdem, dass man die Kinder einzeln und in Gruppen in den Katechismen unterrichte.[671] Auf Luthers Forderung erwiderte er schließlich, dass man sich nach Kräften darum bemühen wolle, die anvertrauten Christen wieder für die Praxis der Einzelbeichte zu gewinnen.[672] Allerdings müsse man dabei behutsam vorgehen, damit man sich nicht dem Verdacht aussetze, dass man die päpstliche Zwangsbeichte wieder einführen wolle.[673]

Zum Kirchenbann erklärte Bucer, dass man in vielen Städten zunehmend gegen Laster strafend einschreite.[674] Für die Zukunft sicherte er zu, dass in den

---

[669] „[...] denn man vns der absolution halben entgegen werffen mäg, Wir hören predig, werden vnserer sünden vermanet, beichten die gott vnd begeren gnad, So absoluiert jhr vns in der gemeinen absolution, der selbigen glauben wir, also seind wir dann absoluiert vnd getröstet. Also hören wir auch im predigen allen vnderricht des glaubens, fehlet vns etwas daruber, wöllen wir selbs kommen, rat vnd trost süchen. Sehen oder erfaren jr an vns, das wir straff vnd vermanung verwerffen, so komend, straffen vnd lehren vns, wöllen wir es zu dancken annemen." BDS 6/1,1–8. Zu der Luther bekannten Einrichtung der *publica absolutio* cf. WA 12,213,7–11 und PETERS: Kommentar Bd. 5, 80.

[670] „Nam facillime nobis hob objicitur: Audimus sepenumero ad hunc modum: Vos ipsi dicitis per baptismum esse communicationem meritorum et sanguinis Christi inclusionemque in regnum et ecclesiam Christi. Qua ergo fronte vos prohibebitis a caena eum, qui nullo manifesto facinore meruit ab ecclesiae communione rejici?" Itinerar 62,7–11.

[671] „Doch mit den Jungen haben wir vnsere Catechismos, fragen vnd vnderrichten sie in gemein vnd besonders, das beste, so wir könden." BDS 6/1,159,9f. Zur Straßburger Praxis des Kinderunterrichtes cf. BDS 5,34.

[672] „Doch wöllen wir nun fürt mit allem ernst weg suchen, das wir an denen, so vns der seel sorg halben befolchen vnd die wir täglich vff den namen des Herren tauffen, so vil an vns sein mag, zu der rechten kirchen zucht tringen vnd in gemein vnd sonders der notdurfft nach vnderrichten." BDS 6/1,159,15–18. „Satagimus vero pro virili, quatenus tandem eo perveniamus. [...] Proinde nihil dubitent domini et fratres nostri nihil hic a nobis neglegi." Itinerar 62,1–5.

[673] „Hoc tamen addimus caute nobis esse agendum, ne in suspicionem rapiamur affectatae priscae dominationis papisticae." Itinerar 62,5f. „Dann wir leider viel vnnutzer leüth haben, die, so bald man von solchen dingen redt, schreien, man wölle die beicht Bepstlicher Tyranney wider einführen." BDS 6/1,159,13–15. Zur besonderen Situation in Frankfurt, über die sich der von dort gesandte Bernardi nach eigener Auskunft in Wittenberg aber nicht äußerte, cf. die Frankfurter Fassung des oberdeutschen Berichtes, BDS 6/1,158 A. k)-k).

[674] „Der excommunication halber seie in vilen stetten etwas dapferer zucht vnd straff der lasteren fürgenomen." BDS 6/1,160,1f.

oberdeutschen Gemeinden zukünftig niemand mehr zum Abendmahl gelassen werden solle, „der vns bekant were in lasteren vnd onbůßfertigem leben."[675]

Auch mit diesen Ausführungen Bucers gaben sich Luther und die anderen kursächsischen Theologen zufrieden. Nach einigen weiteren Äußerungen, die nicht mehr greifbar sind, wurde Melanchthon zur Abfassung von Artikeln zu Taufe und Einzelbeichte aufgefordert.[676]

Wie aus dem Itinerar hervorgeht, lenkte Luthers Seite das Gespräch am Nachmittag des 26. Mai noch ein weiteres Mal auf die Einzelbeichte. Auslöser für diese Wiederaufnahme könnte die unmittelbar zuvor geführte Auseinandersetzung um den Umgang mit den *reliqua sacramenti* und die kursächsische Praxis der mit dem Abendmahlsverhör verbundenen Anmeldung zum Abendmahl gewesen sein.[677] Soweit es sich dem Text entnehmen lässt, wurden aber keine neuen Gesichtspunkte erörtert. Die Oberdeutschen bekräftigten an dieser Stelle lediglich noch einmal ihre Absicht, dass man die Einzelbeichte in den eigenen Gemeinden wieder einführen wolle, dass man dabei aber mit Bedacht vorgehen müsse.[678]

#### 4.2.3.5 Die Auswertung der Verhandlungen über die Schlüsselgewalt

Auch im Blick auf diesen Teil der Verhandlungen stellt sich die Frage, ob die Oberdeutschen nach Luthers Einschätzung durch Bucers Zusagen den von ihm gemachten Vorgaben entsprachen. Auf seine kategorisch formulierte Forderung, dass es einen Bann in der Kirche geben müsse, hatte Bucer im Namen aller Oberdeutschen grundsätzlich zugesagt, dass man vom Abendmahl alle ausschließen werde, deren Laster und unbußfertiges Leben öffentlich bekannt sei. Dass Luther ausdrücklich auch die Verbreiter von Irrlehren ausgeschlossen wissen wollte[679], fand hingegen in der Entgegnung keine ausdrückliche Aufnahme. Es ist nicht ausgeschlossen, dass Bucer sich an dieser Stelle bewusst zurückhielt. In einem Schreiben an die Basler Geistlichen aus dem Jahr 1532 hatte er dringend dazu geraten, im Fall von Lehrdifferenzen mit dem Gebrauch des Bannes zurückhaltend zu sein.[680] Auszuschließen ist aber in jedem Fall, dass Luther hier

[675] BDS 6/1,160,3.

[676] „Des alles ist D. Luther mit den seinen auch zu friden gewest, redten allerley durch einander, von der kirchen zucht vnd warer zusamen haltung der gemeinen gottes, warde deshalb aber Philippo beuolhen, hie von kürtze artickel zu stellen.". BDS 6/1,160,4–6. Musculus zufolge bilanzierte Luther mit Blick auf die Verhandlung über Taufe und Schlüsselamt: „Proinde conclusi sunt et isti articuli." Itinerar 62,18 f.

[677] Cf. dazu unten Kapitel 4.2.5.

[678] „Deinde fecerunt mentionem absolutionis privatae ante caenam, maxime propter rudes necessariae. Responsum est, ut antea cupere quidem nos eam disciplinam in nostris ecclesiis, oportere vero caute ac pedetentim hic agere, donec ipsa rei maturitas conantibus profectum aspiraverit." Itinerar 66,4–7.

[679] Cf. oben S. 419.

[680] Cf. zu diesem Schreiben BURNETT: Yoke of Christ, 62–65.

bei Bucer einen Vorbehalt bewusst wahrgenommen und diesen ohne jegliche Erwiderung akzeptiert hätte. Subjektiv war er demnach sicherlich der Ansicht, dass die Oberdeutschen sich dieser Forderung gefügt hatten.

Bezüglich der Einzelbeichte hatte Bucer versichert, dass man sich auf seiner Seite in den Gemeinden nach Kräften für ihre Rückgewinnung einsetzen werde, wobei man mit Geduld vorgehen müsse. Zumindest grundsätzlich dürfte Luther daher der Auffassung gewesen sein, dass er sich auch mit dieser Vorgabe durchgesetzt habe.

Weniger eindeutig lässt sich dies hingegen mit Blick auf die Frage der konkreten Ausgestaltung sagen: Luther war bei seinen Ausführungen offenbar von den in Wittenberg geltenden Voraussetzungen und damit von der dort praktizierten Form der Verbindung von Glaubensunterweisung und Beichte ausgegangen. Dies könnte auch für die Regel gelten, dass die Zulassung zum Abendmahl zumindest bei den einfachen Leuten an den alljährlichen Gang zum Verhör durch den Pfarrer gebunden war.[681] Bucer aber hatte in seiner Antwort erkennen lassen, dass man in den oberdeutschen Gemeinden zumindest in der Unterweisung der Jugend mit der Einrichtung eines besonderen katechetischen Unterrichts einen anderen Weg eingeschlagen hatte. Auch hatte er deutlich gemacht, dass die von Luther favorisierte Form einer Verkopplung von Beichtverhör und Abendmahlszulassung in den oberdeutschen Gemeinden auf Widerstand stieß. Demnach wusste Luther, dass es hier bleibende Differenzen in der Verfahrensweise gab. Offensichtlich war er aber bereit, diese Verschiedenheit zu akzeptieren.

#### 4.2.3.6 Der Artikel *De absolutione*

Was über die Entstehung und Überlieferungsgeschichte des Artikels gesagt werden kann, ist eingehender bereits in den Ausführungen über den Taufartikel dargelegt worden. Zusammenfassend lässt sich wiederholen, dass beide Themen in einem Doppelartikel behandelt worden und am 29. Mai 1536 von beiden Seiten ausschließlich in der lateinischen Fassung unterschrieben worden sind.[682]

In formaler Hinsicht lässt sich der Artikel über die Einzelbeichte charakterisieren als ein Text, in dem die Unterzeichnenden beider Seite ihre gemeinsamen Überzeugungen zum Ausdruck bringen. Ersichtlich wird dies an der einleitenden Wendung: „De absolutione optant omnes“[683], die mit dem Gebrauch der 3. Person Plural an die Einleitung des Taufartikels anschließt.[684] Mit ande-

[681] „Arbitror autem hanc interrogationem seu explorationem sufficere, si semel in anno fiat cum eo, qui petit communicari. Quin poterit tam intelligens esse, qui petit, ut vel semel in tota vita vel prorsus nunquam interrogetur.“ WA 12,215,29–32. Cf. dazu auch WA 30/III,566,30–38; 567,21–24.

[682] Cf. dazu oben S. 405–409.

[683] MBW 7, 1744L (144,79).

[684] Cf. dazu oben S. 409.

ren Worten: Die von Luther im Gespräch aufrechterhaltene Verhörsituation mit ihrem Gegenüber von Prüfendem und der Prüfung Unterworfenen hat in der Ausformulierung dieses Artikels keinen Niederschlag mehr gefunden. Zu seinem Inhalt bekannten sich Kursachsen und Oberdeutsche mit ihren Unterschriften folglich in gleicher Weise: nämlich dergestalt, dass sie die gefundenen Formulierungen als sie selbst bindende Aussagen akzeptierten. Der Form nach war hier, anders als beim Abendmahl und bei der Taufe, ein Konsensartikel formuliert.

Inhaltlich zeigt sich diese Einigkeit negativ in der Ablehnung der vorreformatorischen Beichtpraxis mit ihrem Insistieren auf einer umfassenden Benennung aller Sünden.[685] Positiv wird von beiden Seiten der Wunsch nach einer Beibehaltung der Einzelbeichte zum Ausdruck gebracht: „De absolutione optant omnes, ut in ecclesia etiam privata absolutio conservetur, et propter consolationem conscientiarum et quia valde utilis est ecclesiae disciplina illa, in qua privatim audiuntur homines, ut imperiti erudiri possint."[686] Zunächst fällt sprachlich hierbei auf, dass *pars pro toto* nur von der *absolutio* und nicht von der *confessio* gesprochen wird.[687] Auch die Überschrift lautet „de absolutione".[688] Möglicherweise schlug sich hierin die von Luther verschiedentlich zum Ausdruck gebrachte Überzeugung nieder, dass es bei der Beichte vorrangig um den tröstlichen Zuspruch der Vergebung und nicht um das eigene Werk des Bekennens gehe.[689] Darüber hinaus lässt der zur Begründung angeführte Verweis auf den Trost der Gewissen und die Unterrichtung der Ungebildeten eindeutig erkennen, dass man sich hier gemeinsam auf die in Wittenberg übliche Kombination aus Beichte und Katechismusverhör festlegte. Diese Einigkeit wird auch zum Schluss des Artikels noch einmal ausdrücklich benannt, wenn es heißt, dass

---

[685] „Neque ideo vetus confessio et enumeratio delictorum probanda aut requiranda est [...]." MBW 7, 1744L (144,83f).

[686] „Im Blick auf die Absolution wünschen alle, dass in der Kirche auch die Einzelabsolution beibehalten wird, sowohl wegen der Tröstung der Gewissen als auch weil jene Disziplin, in deren Rahmen Menschen für sich angehört werden, damit die Unkundigen belehrt werden können, der Kirche sehr nützt." MBW 7, 1744L (144,79–82).

[687] Dass von der Beichte in diesem Zusammenhang nicht gesprochen wird, wird bereits von KÖSTLIN/KAWERAU: Martin Luther II, 342 bemerkt. Cf. ebenso BURNETT: Yoke of Christ, 88.

[688] MBW 7, 1744L (144,79).

[689] Exemplarisch lässt sich eine Passage aus dem Großen Katechismus anführen: „So merke nu, wie ich oft gesagt habe, dass die Beichte steht in zwei Stücken. Das erste ist unser Werk und Tuen, daß ich meine Sunde klage und begehre Trost und Erquickung meiner Seele. Das ander ist ein Werk, das Gott tuet, der mich durch das Wort, dem Menschen in den Mund gelegt, losspricht von meinen Sunden, welchs auch das Furnehmste und Edelste ist, so sie lieblich und tröstlich machet. [...] Darümb sollen wir's also ansehen, daß wir die zwei Stück weit voneinander scheiden und setzen unser Werk gering, aber Gottes Wort hoch und groß achten und nicht hingehen, als wollten wir ein köstlich Werk tuen und ihm geben, sondern nur von ihm nehmen und empfahen." BSLK D729,10–730,3 (BSELK 1160,5–24). Cf. auch WA 15,486,5–9; 29,138,4–139,3; 30/II,287,27–29 u. ö.

jenes Gespräch wegen der Absolution und der Unterrichtung beibehalten werde.[690] Strenggenommen gingen die Oberdeutschen mit ihrer Unterschrift in der Gestaltungsfrage über das hinaus, was Bucer mündlich in Aussicht gestellt hatte.

Die Frage nach dem Verhältnis von Abendmahlszulassung und Beichtverhör wird im Artikel hingegen nicht aufgegriffen. Auch dieser Befund vermag die bereits geäußerte Einschätzung zu stützen, dass Luther an dieser Stelle eine Vereinheitlichung nicht für erforderlich hielt.

Anzumerken ist außerdem, dass im Text keine Aussagen über den kirchlichen Bann getroffen werden. Dies ist umso erstaunlicher, als Luther im Gespräch den Oberdeutschen dessen Wiedereinführung noch in apodiktischer Weise abverlangt hatte. Es lassen sich nur Vermutungen darüber anstellen, warum eine entsprechende Passage im Text fehlt. Dass sich an dieser Stelle Widerstände aus dem Lager Bucers auf die Gestaltung des Artikels ausgewirkt hätten, muss eher als unwahrscheinlich gelten. Zum einen nämlich hatte sich der Straßburger mit den anderen Oberdeutschen über Luthers Forderungen eigens verständigt und anschließend bei seinen mündlichen Ausführungen in deren Namen eine entsprechende Zusage machen können. Zum anderen lässt sich zumindest für Bucer selber zeigen, dass er entsprechende Absichten bereits vor dem Konvent verfolgt hatte und an ihnen auch zukünftig festhalten sollte.[691] Möglicherweise wird man hier doch eher an Luthers eigenes Zögern gegenüber einer rechtlichen Verankerung der Bannpraxis denken müssen: Wie bereits erwähnt, hatte er sich hierzu verschiedentlich erkennbar zurückhaltend geäußert, und auch aus Zeugnissen der Folgejahre wird deutlich, dass er angesichts des von ihm in den Gemeinden wahrgenommenen Lebenswandels und der herrschenden Unbußfertigkeit nicht daran glaubte, dass es gelingen könne, eine evangelische Bannordnung einzuführen und durchzusetzen.[692]

---

[690] „[...] sed colloquium illud propter absolutionem et institutionem conservetur." MBW 7, 1744L (144,84f). *Institutio* kann als Wort prinzipiell auch „Einsetzung" bedeuten. In diesem Sinn ist etwa der Übersetzer der Konstanzer Fassung verfahren: „Das gsprech aber soll umm der absolution und insatzung Christi erhalten werden." MBW 7, 1744L (148,98f). Entsprechend deutet auch BURNETT: Yoke of Christ, 88 und A. 8 den Artikel. Gegen diese Auslegung spricht aber zum einen, dass das Wort *institutio* im lateinischen Text nicht mit einem entsprechenden *genitivus auctoris* verbunden ist. Sachlich ist zumindest für Luthers Verständnis gegen diese Übersetzung einzuwenden, dass er zwar das Amt der Schlüssel auf eine Einsetzung durch Christus zurückführte, aber nicht deren konkrete Ausgestaltung in der Form der Einzelbeichte.

[691] Cf. dazu etwa die Ausführungen zur Exkommunikation im Katechismus von 1534, BDS 6/3,86,5–89,5 und im ganzen die Studie von BURNETT: Yoke of Christ.

[692] So gibt Aurifaber Luther in einer Nachschrift einer Predigt aus dem Jahr 1537 mit den ironischen Worten wieder: „Es ist aber die Welt (Gott lob) itzt so from, das man des bannens nicht darff, ob sie gleich mit sunden uberschwemmet ist. Den sie stickt vol Geitzes, Hasses, neidts, betrugs, ja voller schande und laster. Noch ist keine Sunde da, die man bannen kondte. Es heisset itzt alles redlich und ehrlich gehandelt, narung gesucht, es mus alles Heiligkeit sein, und sind ins Teuffels namen alle from geworden. Darumb hat dieser unser Ban des lebens halben nicht mehr stadt. Wir konnen diesen Ban nicht auffrichten." WA 47,289,39–290,3. In einem Zusatz zu einer Predigt vom 23. Februar 1539 heißt es über den Bann schlicht: „Das wolte ich

### 4.2.4 Die Verhandlungen über die Reichweite des *ius reformationis*

Nach den Beratungen über Taufe und Schlüsselgewalt stand mit dem *ius reformationis*[693], über das am Nachmittag des 26. Mai und am Vormittag des folgenden Tages gesprochen wurde, ein weiteres Mal ein Thema auf der Tagesordnung, das in besonderer Weise das Kirchenwesen Augsburgs betraf. Vor allem ging es dabei um die Frage, ob der Magistrat das Recht habe, anstelle der Messe die Feier evangelischer Gottesdienste in den Kirchen durchzusetzen, die dem Bischof und dem Domkapitel unterstanden.[694] Luther war über die aktuellen Vorgänge in der Stadt auch in diesem Fall durch Forsters Schreiben unterrichtet.[695] Möglicherweise befanden sich unter den von Forster überstellten Büchern, die nach seiner Auskunft von Bucer und von Augsburgern verfasst worden waren, auch zwei Publikationen, die sich mit dem *ius reformationis* beschäftigten: Im Jahr 1535 waren bei Ulhart in Augsburg die von Wolfgang Musculus übersetzte und von Bucer mit einem Vorwort und einem Nachwort versehene augustinische Epistula 185 und Bucers neun Dialoge über die Obrigkeit im Druck erschienen.[696] In Forsters Schreiben dürften im Wesentlichen Ausführungen zu den Punkten gestanden haben, die auch seinem Bericht über seine Augsburger Jahre zu entnehmen sind: Bucer hatte am 6. April in Augsburg gepredigt und von der Obrigkeit die Konfiszierung sämtlicher Kirchengüter sowie das Verbot der Messfeier und die Durchsetzung des evangelischen Gottesdienstes im Dom und in den Pfarrkirchen der Stadt gefordert.[697] Am 13. April hatte er auf einem Kon-

gerne anrichten, aber es ist noch nicht zeit." WATR 4, 4381a (277,15). GÖTZE: Kirchenzucht, 129 führt zum Beleg als weitere Äußerung Luthers aus einer Tischrede an: „Wen nur leutth weren, die sich liessen bannen! Doch wir werdens mussen leiden vnd sollens leiden, wollen wir anders christen sein." WATR 3, 3778 (609,16–18). Der Kontext lässt aber erkennen, dass es sich dabei um Worte des Kurfüsten Johann Friedrich gehandelt haben muss: „Pia profecto vox electoris contra malitiam mundi." A. a. O. (609,18 f).

[693] Der Vorschlag, terminologisch zwischen einem im 17. Jahrhundert reichsrechtlich verankerten *ius reformandi* einerseits und einem ausschließlich theologisch fundierten *ius reformationis* des 16. Jahrhunderts zu unterscheiden, ist von SCHNEIDER: Ius Reformandi, 138 f und A. 78 gemacht worden.

[694] Zu den rechtlichen Verhältnissen in Ausgburg cf. IMMENKÖTTER: Katholische Kirche, 23 f.28–30.

[695] Cf. oben S. 312.

[696] Cf. dazu SEEBASS: Martin Bucer, 484; EELLS: Martin Bucer, 184 f.

[697] „War aber solcher predigten gar nach dieser inhalt und summa, wie das kirchenguter (wie sie einen namen und titel hatten) nicht anders weren denn patrimonium Christi, davon rechgeschaffne, gottselige, evangelische pfarrherr, selensorger, predicanten, kirchendiener, darnach auch der arme man solte erhalten werden. [...] Derhalben solten e. e.r. und gemein burgerschaft darzu thuen, das solches inen und evangelischen pfarrherrn, predicanten und kirchendienern, item den armen notturftigen man gegeben werden, wo nicht, muste die oberkeit solcher hinlessigkeit schwere rechenschaft geben fur dem gerichtstuel Christi, der sein patrimonium hartiglich von iren henden erfordern wurde. [...] vermanete sie [sc. die Obrigkeit] zum waren eifer gottes und gottlicher ere und namens heiligung, wie dan das menlin uber die massen, sonderlich aber in solchen vermanungen und sachen geubet, geschwind und beredt, mer dan in den furnemsten rechten und seligmachenden haubtstucken christlicher ler,

vent seine Forderungen wiederholt und den Geistlichen zur Unterschrift eine entsprechende Eingabe an den Rat vorgelegt.[698] Gegen diese hatten Forster und Huber Einwände erhoben und verlangt, man solle erst das Urteil der Wittenberger Theologen und die Meinung erfahrener Juristen hören.[699] Schließlich hatte Bucer eingewilligt, dass er den Rat der Wittenberger auf dem anstehenden Konvent einholen wolle.[700]

Eingehender ist dieser Teil des Konventes bislang ausschließlich von de Kroon untersucht worden.[701] Sein Verdienst besteht zum einen darin, dass er verschiedene Quellen ausfindig gemacht und zum Teil auch veröffentlicht hat, die bis dato unbekannt waren. Dazu zählt neben einem zur Frage nach dem *ius reformationis* angefertigten lateinischen und einem deutschen Gutachten vor allem ein deutschsprachiger Bericht über diese Verhandlungen. Er ist in den ‚Acta Wittenbergica' und in den Konstanzer Akten enthalten.[702] De Kroons Annahme, dass es sich bei ihm um eine von Zwick ursprünglich für den Konstanzer Rat angefertigte Bearbeitung seines eigenen Berichtes handele, dürfte zutreffend sein.[703] Zum anderen hat sich de Kroon auch mit dem Verlauf der Verhandlungen auseinandergesetzt. Sein Interesse galt dabei aber fast ausschließlich Bucer und der von ihm vertretenen Position. Luthers Anteil an den Verhandlungen und das von ihm mitunterzeichnete Gutachten blieben von ihm hingegen weitgehend unberücksichtigt.

Die Initiative für das Gespräch über das *ius reformationis* dürfte – unabhängig davon, dass auch Bucer in Augsburg eine Erörterung auf dem Konvent in Aussicht gestellte hatte – ein weiteres Mal von Luther ausgegangen sein. Diese Vermutung ist naheliegend, da in den Quellen, die diese Verhandlungen auf-

---

das sie wolten solche abgotterei, gottes lesterung, greuel vor gott dem herren abstellen und wegthuen, damit gemeine burgerschaft und underthanen in aller gottselikeit lebete, rechten dapferen und saten gottesdienst konte anrichten und gebrauchen, derhalben sie auch gott in dis ampt der oberkeit gesetzet und sie nach seinem namen götter nennete […]." Germann: D. Johann Forster, 129 f.

[698] Germann: D. Johann Forster, 131.

[699] Forster gibt sein vor dem Augsburger Konvent geäußertes abschließendes Votum mit den Worten wieder: „Derhalben ich von noten erachte, das man gelarte, erfarne, weise leute umb rat fragte, erstlich die theologen zu Wittemberg, als d. M. Luther, m. Philippum und andere. Darnach gelarte, weltweise und verstendige juristen, welche der sachen als die rechtverstendige besser raten konten […]." A. a. O., 131 f. Ergänzend heißt es an späterer Stelle des Berichtes: „Sagte Caspar Huber auch, man solte die gelarten zu Wittemberg darumb zu rat fragen, was die sagten, konte man sich desto besser darnach richten kunnen." A. a. O., 133.

[700] „Darauf bate mich Butzer, wolte ich die sache nicht fordern, so wolt ich doch auf der canzel nicht darwider reden, sondern still stehen. Er gedecht auch die zu Wittemberg darumb ratzufragen etc." Germann: D. Johann Forster, 133.

[701] Cf. dazu de Kroon: Syllogismus, 158–185 und de Kroon: Martin Bucer, 179–186; 210–220. Cf. außerdem die knappe Darstellung bei Roth: Reformationsgeschichte II, 292 f. Zum Gutachten der Wittenberger cf. auch Hans: Gutachten, 55–57.

[702] Cf. dazu StA Konstanz, RA 10, f. 119r–120r und StA Zürich E II 448, f. 35r–36r.

[703] Cf. dazu de Kroon: Syllogismus, 163 A. 18.

greifen[704], die Erörterungen mit Aussagen Luthers beginnen: Myconius beginnt seine Darstellung damit, dass den Oberdeutschen befohlen worden sei, ihre Auffassung von der weltlichen Obrigkeit zu entfalten.[705] Musculus setzt in seinem Tagebuch nach der Überschrift (De magistratu) unvermittelt mit einer Anmerkung Luthers zur Notwendigkeit des weltlichen Amtes ein.[706] Zu Bucers Erwiderung auf Luthers Ausführungen heißt es an späterer Stelle: „Posteaquam ista et pleraque alia D. Lutherus dixerat, cepit Bucerus dicere de eo, quod Augustae actum est in hac quaestione magistratus."[707] Demnach gab es in dieser Angelegenheit keine vorangehende Äußerung Bucers. Bei Forster heißt es zwar: „Nach dieser handlung war Butzer kommen und auf die ban bracht seinen handel deren von Augsburg geistlikeit wegen [...]."[708] Seiner Darstellung wird man aber zumal in dieser Detailfrage wegen seines Abstandes zu den Geschehnissen gegenüber Musculus nicht den Vorzug geben dürfen. Auch hier also hatte Luther die Tagesordnung bestimmt. In diesem Fall allerdings verfuhr er, wie erwähnt, in Übereinstimmung mit dem Auftrag, den Bucer in Augsburg übernommen hatte.

Musculus zufolge betonte Luther zu Beginn, dass es sich bei geistlichem und weltlichem Regiment um „diversae functiones et officia"[709] handele. Vor einer Vermischung beider Ämter warnte er in zweifacher Hinsicht. So beklagte er Übergriffe der weltlichen Obrigkeit in das geistliche Amt der Pfarrer: „Die Magistrat wellen zu meysterlich werden, wellent den dienern schir vorschriben, was man predigen solle, wie man Meß halten soll etc. Das will zuvil seyn. Der pfarrher soll die kirch regiren."[710] Pfarrer, die in dieser Weise ihr Wirken den Räten unterordneten, seien Diener der Magistrate und nicht Diener Christi, erklärte er Myconius zufolge.[711] Auch diese Kritik zielte möglicherweise auf die Verhältnisse in Augsburg: Im Februar 1535 hatte der Rat den evangelischen Predigern eine

---

[704] Im Bericht der Oberdeutschen wird dieser Teil der Verhandlungen vollkommen übergangen. Zu den Gründen cf. oben S. 295.

[705] „Iussi sunt [sc. die Oberdeutschen] deinde exponere suam sententiam de magistratibus." ‚Narratio' 151. Cf. auch MycBr 258 f.

[706] „De magistratu Dixit Lutherus: Es ist war. Wir künnen des Magistrats nit entperen." Itinerar 66,11 f.

[707] „Nachdem Doktor Luther diese und viele andere Dinge gesagt hatte, begann Bucer über die Dinge zu sprechen, die in Augsburg in dieser Sache des Rates getan worden sind." Itinerar 67,1–3.

[708] Germann: D. Johann Forster, 143. Forster könnte sich mit seiner Darstellung auch auf das Gespräch am folgenden Morgen bezogen haben. Hier scheint Bucer in dieser Sache tatsächlich zuerst das Wort ergriffen zu haben. Cf. unten S. 430.

[709] Itinerar 66,17 f.

[710] Itinerar 66,15–17. Cf. dazu ebenso Zwicks Relation StA Zürich E II 448, f. 31v. Die dort gebotene Variante „maisterlos" bedeutet so viel wie „unbändig" oder „wild". Cf. DWB 12, art. meisterlos (Col. 1972 f). Der Sinn von Luthers Aussage ändert sich dadurch nicht.

[711] „Audissemus enim quosdam ita suum ministerium subiicere magistratibus, ut in docendo et ministerio sacramentorum non se ministros Christi, sed penitus magistratum ostenderent." ‚Narratio' 151–154. Cf. ebenso MycBr 259–262.

Bestallung vorgelegt, in der ihnen neben der unverfälschten Verkündigung des Evangeliums auch abverlangt wurde, dass sie „einige neue lar, die zu irtumb und spaltung reichen mochte" ohne Kenntnis und Zustimmung des Rates nicht verkündigen dürften.[712] Gegen die auf diesem Wege eingeführte Lehraufsicht der weltlichen Obrigkeit scheint sich Luthers Unmut gerichtet zu haben.[713]

Ebenso kritisierte Luther aber, dass manche Pfarrer so täten, als sei ihnen auch das Amt der Obrigkeit übertragen.[714] Möglicherweise standen ihm hier ein weiteres Mal die Verhältnisse in Augsburg vor Augen: Forster berichtet in seiner Darstellung, dass ein Teil seiner Kollegen vor den Ratswahlen 1536 von der Kanzel offen zur Wahl evangelischer Bürger aufgerufen und dass Musculus gegen die Wahl reicher Kandidaten agitiert habe.[715] Gesichert ist hingegen durch die Aufzeichnungen des Musculus, dass Luther in diesem Zusammenhang das Vorgehen der Frankfurter Prädikanten erwähnte. Diese hatten, wie er wusste, den Magistrat der Stadt mit ihren Predigten erfolgreich unter Druck gesetzt, so dass der Rat die Messe im Dom durch ein Mandat vom 23. April 1533 suspendiert hatte.[716] In gleicher Weise war man mit den Kirchen St. Leonhard und Liebfrauen verfahren. Luther kritisierte dieses Vorgehen mit deutlichen Worten: „Das war unrecht, dann der thumstifft ist immediate under dem keyser. Ich hab yn geschriben darvon under anderen: Wellen sie yr abgoterey haben, so haben sye es ins teufels namen."[717] Der Dom galt ihm durch seine besondere rechtliche Stellung als dem Zugriff der städtischen Obrigkeit grundsätzlich entzogen.

---

[712] Germann: D. Johann Forster, 313. Zu den näheren Umständen, unter denen es zu dieser Verpflichtung kam, cf. Huber: Relation, f. 82r und Roth: Reformationsgeschichte II, 249 sowie Wolfart: Augsburger Reformation, 121 f.

[713] Zu dieser Einschätzung cf. bereits Roth: Reformationsgeschichte II, 264 A. 9. Ohne weiteren Beleg heißt es hingegen bei Kolde: Wittenberger Konkordie, 235, besonders in Frankfurt habe sich die weltliche Obrigkeit in die geistliche Gewalt eingemischt.

[714] „Deinde alii plane se ipsos gererent pro magistratibus, quasi dum eis concessum est ministerium verbi, sibi etiam ius gladii et regiminis delegatum esse putarent, cum haec duo ministeria velut coelum et terra essent disiunctissima." MycBr 263–265. Cf. auch ‚Narratio' 154–156.

[715] „Haben also sehr heftig gepredigt und geschrieen von der wale, wie und wen man zu der oberkeit erwelen solte, und dahin gemeiniglich gelenket, das man keinen pebstler, götzendiener, abgottischen gottlosen nicht welen soll, damit aller gottesdienst und abgotterei abgetrieben werde und warer gottesdienst angerichtet. Und insonderheit hat Meuslin geschrien, wie das man nicht die reichen welen soll." Germann: D. Johann Forster, 115. Musculus' Agitation gegen die Wahl wohlhabender Bürger ist möglicherweise damit zu erklären, dass ein Teil der einflussreichen Kaufleute zu Beginn des Jahres 1536 gegen eine mögliche Aufnahme der Stadt in den schmalkaldischen Bund Widerstand leistete, von der man Nachteile in der Entwicklung der eigenen Handelsgeschäfte befürchtete, während dieses Vorhaben von der Mehrzahl der Augsburger Prediger als militärische Absicherung der eigenen Reformationspläne befürwortet wurde. Roth: Reformationsgeschichte II, 286.

[716] „Die von Franckfurt haben den Magistraten dahin bracht, das er soll den thumstiffft zu schliessen." Itinerar 66 A. h. Cf. damit auch ‚Zwick' 14,32 f. und StA Konstanz, RA 10, f. 119r. Zu den Vorgängen in Frankfurt cf. den Bericht des Rates an Luther vom 27. Oktober 1535, WABr 7, 2266 (307,25–308,93).

[717] Itinerar 66 A. h. Cf. damit auch ‚Zwick' 14,33–35 und StA Konstanz, RA 10, f. 119r. Die Vermutung, bei dem von Luther im Gespräch erwähnten Brief handele es sich um sein Schrei-

Wie bereits erwähnt berichtet Myconius für diesen ersten Tag der Verhandlungen über das *ius reformationis* auch noch, dass den Oberdeutschen befohlen worden sei (iussi sunt), in dieser Sache ihre eigene Auffassung zu entfalten.[718] Auch hier wurde offenbar deutlich markiert, dass es nicht um einen Austausch zwischen gleichberechtigten Gesprächspartnern ging. Nach der Darstellung des Itinerars wollte Bucer dieser Aufforderung nachkommen und über die Vorgänge in Augsburg berichten. Die Verhandlungen wurden an dieser Stelle aber abgebrochen.[719] Myconius berichtet, man habe der Gegenseite für interne Beratungen Zeit bis zum nächsten Tag zugestanden.[720]

Am Samstagmorgen versammelten sich die Delegierten erneut bei Luther.[721] Nun konnte Bucer mit seiner Darstellung fortfahren. Nach einem kurzen Bericht über das Augsburger Reformationswerk des Jahres 1534[722] löste er das Forster gegenüber gegebene Versprechen ein und legte den kursächsischen Theologen die Frage vor, ob der Rat das Recht und die Pflicht habe, in den Kirchen der Stadt die Feier der Messe zu untersagen.[723] Dabei machte er deutlich, dass er diese Frage *iure divino* entschieden wissen wollte.[724] Für das richtige Verständnis dieser Wendung ist auf Bucers Überzeugung hinzuweisen, dass das göttliche Recht zunächst die biblischen Weisungen beider Testamente umfasse und von deren Autorität abgeleitet ihm auch alle ihnen sachlich entsprechenden Vorschriften anderer Pro-

---

ben an die Frankfurter Prädikanten vom 10. November 1535, hat im Text dieses Schreibens nicht den Anhalt, den Luthers Verweis auf ein Zitat erwarten lassen müsste. Vs. Itinerar 66f, A. 93b. Abwegig ist die Vermutung von de Kroon: Martin Bucer, 211 A. 10, Luther habe sich vielleicht auf seinen Sendbrief an die Frankfurter bezogen. In dem als Beleg angeführten Zitat aus dem Sendbrief WA 30/3,571,21ff wird der Teufel zwar ebenfalls erwähnt, die dort vorliegende Aussage thematisiert aber offenkundig die Verhältnisse in Mühlhausen. Es ist vielmehr anzunehmen, dass Luther an seinen ebenfalls im November 1535 verfassten Brief an den Frankfurter Rat dachte, der allerdings nicht erhalten ist. Cf. zu diesem Schreiben WABr 7, S. 325.

[718] Cf. dazu oben A. 705.

[719] „Posteaquam ista pleraque alia D. Lutherus dixerat, cepit Bucerus dicere de eo, quod Augustae actum est in hac questione magistratus. Sed ista dilata sunt in crastinum." Itinerar 67,1–3.

[720] „Ibi acceperunt de hac re inducias usque ad diem sabbati sequentem deliberandi etc." ‚Narratio' 157f. Cf. auch MycBr 265f.

[721] „Post septimam accessimus rursus D. Lutherum et suos." Itinerar 67,5.

[722] „Amovisse eum adversariam contionem sicut et aliae urbes fecerunt idque propter improbitatem papistarum concionatorum, ut reipublicae suae consulerunt. Item quomodo canonici per ducem Bavariae instent et urgeant, ut concio abolita restituatur et quomodo senatus quaerat hac in re conscientiam suam munire." Itinerar 67,7–11. Zu den vergeblichen Interventionen der bayerischen Herzöge cf. Roth: Reformationsgeschichte II, 224–228.

[723] „So ist nun unser frag, die weyl die vonn Augspurg nun in solcher angst standen, unnd die pfaffen so vil anfahen, unnd man muß darzu auch die gemeyn foerchten, ob wol die predicanten sye darfür vermanen, ob sye macht haben wie andere than haben, mitt yren pfaffen zu handlen." Itinerar 68,3–6. In Zwicks Relation findet sich im Anschluss an die Frage nach der Befugnis der Zusatz „und ihres gwissen halb schuldig synd". ‚Zwick' 14,61. Cf. ebenso StA Konstanz, RA 10, f. 119v.

[724] „Mox atque consedimus, retulit Bucerus de Augustanae ecclesiae quaestione, nempe quid possit iure divino magistratus Augustanus cum suis canonicis agere." Itinerar 67,6f.

venienz zugerechnet werden könnten.[725] Seine Frage zielte demnach letztlich darauf, wie der Augsburger Rat in dieser Angelegenheit nach dem Maßstab der heiligen Schrift verfahren dürfe und müsse. Er verzichtete an dieser Stelle aber auch nicht auf die Darlegung seines eigenen Urteils. Mit offenkundiger Bezugnahme auf Röm 13 erklärte er Musculus zufolge: „[...] confitemur omnem potestatem esse a deo, quam Paulus intelligit merum imperium, hoc est usum gladii habentem, et eam potestatem habere functionem abolendi mali."[726] Die argumentative Relevanz dieser Aussage für die Beantwortung der vorgelegten Frage ergibt sich nicht unmittelbar aus der Formulierung selbst. Dies wird man weniger dem Werk des Tradenten als dem mündlichen Vortrag Bucers zurechnen müssen. Forster zufolge scheinen seine Darlegungen auch für die in Wittenberg versammelten Zuhörer nicht ohne weiteres verständlich gewesen zu sein. Erst mit der Hilfe Melanchthons sei es ihm gelungen, seinen Ausführungen eine logische Struktur zu geben.[727] Einsichtig wird die Äußerung erst, wenn man sich zwei Voraussetzungen von Bucers Argumentation vor Augen führt: Zum einen verstand er unter dem *malum*, für dessen Beseitigung die Obrigkeit zuständig war, ausdrücklich auch geistliche Missstände, da das *merum imperium*[728] nach seiner Auffassung die Pflicht zur Fürsorge für den wahren Glauben unbedingt umschloss.[729] Zum anderen zählte er unter die von Gott eingesetzte Obrigkeit nicht nur die *potestas*

---

[725] Cf. dazu und zu Bucers Hochschätzung des römischen Rechtes Zwierlein: Reformation, 48 f. Häufiger begegnet bei Bucer in kirchenrechtlichen Zusammenhängen der Begriff *lex Dei*. Der eher gelegentlich gebrauchte Terminus *ius divinum* weist demgegenüber aber keinen anderen Gehalt auf. Cf. dazu etwa das Beispiel von Bucers Ulmer Ehegutachten, a. a. O., 70 A. 160.

[726] „[...] wir bekennen, dass alle Macht von Gott sei, die Paulus als reine Herrschaft auffasst, das heißt: als eine, die das Schwert gebrauchen darf und dass diese Macht die Aufgabe habe, das Böse zu beseitigen." Itinerar 67,12–14. Cf. dazu auch ‚Zwick' 14,42–44 und StA Konstanz, RA 10, f. 119r.

[727] Forster führt aus, Bucer habe „ein vordrieslich langes geschwetz gemacht, das sich niemand hette kunnen drein verrichten, mit vielen berichten, argumentis und probationibus und da es kein ende hat wollen nemen und doch seine argumenta kindisch und ungegrundet, hette m. Philipp Melanchthon zu im gesagt: Ach, mein Butzer, was soll doch solch lang geschwetz, redige ista omnia in syllogismum. Hette der gute Butzer solche geschwetz nicht in einen syllogismum konnen bringen, ja das mer ist, nicht majorem konnen machen, [...] muste im, nachdem er lange gegrittet und doch nichts hat finden kunnen, m. Philipp seines (nemlich Butzers) langem geschwetz, selbst mussen ein grund, summa und beschluß setzen, wo alle seine unendlichen reden hinlenketen, was seine argumenta vermochten [...]." Germann: D. Johann Forster, 143. Skeptisch hingegen urteilt Roth: Reformationsgeschichte II, 305, die Darstellung trage „den Stempel der Unwahrscheinlichkeit an der Stirn".

[728] Zur Vorgeschichte des Begriffs *merum imperium* und zu der Auseinandersetzung um Bucers Quellen und seine spezifische Rezeption cf. de Kroon: Studien, 88–90; Backus: Bucer's view, 91–95; Zwierlein: Reformation, 36 f und A. 34.

[729] Deutlich geht dies vor allem aus Bucers Kommentar zum Römerbrief hervor, wo es mit Verweis auf Justinians Novellae 6 und 123 heißt: „Iustinianus quoque non vno in loco suarum de Ecclesiaticis rebus constitutionum agnoscit nihil prius studendum principi, atque vt munus suum sacerdotes rite obeant, vtque sacri canones pro legibus valeant, vt vera Christi religio submotis omnibus offendiculis feliciter promoueat. Lege Christiane lector, vel solas, sextam et centesimam vigesimamtertiam constitutiones ex Nouellis." Bucer: Metaphrasis, 566.

*superior* in Gestalt des Kaisers, sondern auch die *potestas inferior* aller einzelnen Reichsstände.[730] Für Bucer stand somit fest, dass der Augsburger Rat, wenn er die Feier der Messe in den Kirchen seiner Stadt verbot, exakt jener Aufgabe nachkam, für die er in seinem eigenen Bereich nach dem Willen Gottes zuständig war.

Dieser Sicht widersprach Melanchthon im Verlauf der Auseinandersetzung. Der für den Konstanzer Rat verfassten Relation Zwicks zufolge verwies er, ohne sich konkret über die tatsächlich in Augsburg bestehenden rechtlichen Verhältnisse zu äußern, allgemein auf die Möglichkeit eines durch kirchliche Privilegien begründeten rechtlichen Sonderstatus, durch den die fraglichen Kirchen nach seinem Verständnis der Verfügungsgewalt des Rates entzogen sein könnten.[731] Solche Privilegien und eine bestehende Jurisdiktionsgewalt dürften nicht verletzt werden.[732]

Mit Bezug auf Luthers Adelsschrift erwiderte Bucer hierauf zunächst, dass den Priestern keine besondere Jurisdiktionsgewalt zustehe, sondern allein der priesterliche Dienst.[733] Er verwies auf das Beispiel Straßburgs und anderer Städte: Dort sei man gegen die Messe vorgegangen, weil es sich bei ihr um Gotteslästerung handele und weil Aufruhr gedroht habe.[734] Man wird annehmen müssen, dass beide Gründe aus seiner Sicht ein solches Einschreiten berechtigt erscheinen ließen. Verwehrt war ein Eingriff dieser Art aus seiner Sicht lediglich in dem Fall, dass die Geistlichkeit in einer Stadt selber über das *merum imperium* verfüge.[735] Gegen eine Berufung auf bestehende Privilegien wandte er ein, dass Unrecht

---

[730] Exegetisch bezog Bucer sich für diese Auffassung verschiedentlich auf die von Paulus in Röm 13,1 benutzte Pluralform ἐξουσίαι. Cf. dazu de Kroon: Syllogismus, 173 und ders.: Studien, 84f.

[731] „Philippus vermaint: Wo die pfaffen gefryet unnd privilegiert sind, da habind die Oberen kein gwalt, ußgnommen, wo sy jus patronatus hettend, unnd wo mann schon merum imperium, idest potestatem gladii habe, sole mann dannocht nichtz handlenn wider des anderen gerechtigkayt oder Oberkayt." StA Konstanz, RA 10, f. 119r.

[732] „Item Philippus: Wo man nit habe merum imperium oder ius patronatus, da soll man nichts handlen wider die Jurisdiction und privilegia ecclesiastica [...]." ‚Zwick' 14,78f. Bei Musculus heißt es entsprechend: „Objicitur iurisdictionem nullius debere violari [...]." Itinerar 67,15 und A. 96.

[733] „[...] sed iurisdictionem nullam habent sacrificuli, sed ministerium. Hinc ipse Dominus Doctor Lutherus im teütschen Adel apertis verbis magistratum contra perversitatem sacrificulorum cum de triplici muro papistarum disputavit excitavit." Itinerar 67,15–18. Bucer dürfte dabei an die beiden folgenden Passagen aus Luthers Schrift gedacht haben: „Gleych wie nw die, szo mann itzt geystlich heyst, odder priester, bischoff odder bepst, sein von den andern Christen nit weytter noch wirdiger gescheyden, dan das sie das wort gottis unnd die sacrament sollen handeln, das ist yhr werck unnd ampt." WA 6,409,1–4. „Das sie aber yhre gewalt rumen, der sichs nit zyme widdertzufechtenn, ist gar nichts geredt. Es hat niemant in der Christenheit gewalt, schaden zuthun, ooder schaden zuweren vorpietenn. Es ist kein gewalt in der kirchen, den nur zur besserung." A. a. O., 414,4–7.

[734] „Cum ergo missa sit blasphemia et res vergeret in seditionem, facta est apud nos Argentorati et alibi immutatio in hac re." Itinerar 67,20f.

[735] „Secus esset, sicubi gladium et iurisdictionem haberent, ut in quibusdam eorum urbibus habetur." Itinerar 67,25f. Cf. außerdem A. 736.

durch solche Sonderrechte im Fall des hohen Klerus ebenso wenig gedeckt sei wie im Fall des niederen.[736] Wenn dies aber bereits bei lasterhaftem Verhalten gelte, dann umso mehr bei der blasphemischen Messe.[737] Als Gegeneinwand gab Bucer schließlich zu bedenken, dass man auch einige andernorts vorgenommenen Änderungen als unrechtmäßig ansehen müsse, wenn man der weltlichen Obrigkeit das Recht zu einem solchen Eingriff bestreite, dass aber eine dann fällige Wiederherstellung der alten Zustände problematische Folgen zeitigen könne.[738]

Im Blick auf diesen letzten Einwand räumte Melanchthon ein, dass es nach seiner Auffassung in der Tat zu Rechtsverletzungen gekommen war. Er erklärte, „das im baid fürsten habind zů vil thon"[739]. Vermutlich bezog sich dies auf den sächsischen Kurfürsten und den hessischen Landgrafen. Gleichzeitig bestritt er, dass sich aus der nun erwarteten Entscheidung Folgen für zurückliegende Fälle ergeben könnten. Die bestehenden Verhältnisse sanktionierte er mit den lakonischen Worten: „Was ligt, das ligt."[740]

Luther stimmte in seiner Erwiderung dem Itinerar zufolge zunächst Bucers Aussage zu, dass es dem Magistrat obliege, dem Bösen mit Strafen entgegenzutreten.[741] Es geht aus den vorliegenden Quellen aber nicht hervor, welche Bedeutung er dieser Feststellung für die Antwort auf die Frage nach dem *ius reformationis* geben wollte. Auf den Nürnberger Anstand vom Juli 1532 verweisend führte er dann aus:

> „Die weyl wir aber vom keyser erlangt haben ein frieden biß auf das Concilium, also das wir sollen nymand angreyfen, wils uns nit wol anstehen, das selbig zu brechen. Aber wa es moechte mitt gutem willen beschehen etc. were es ein anders."[742]

Bei der zuletzt angesprochenen Möglichkeit dachte Luther wohl daran, dass der reformationsfeindliche Klerus von sich aus auf seine Rechte freiwillig verzich-

---

[736] „Das liesse mann wol war sein, wo die pfaffen selbs merum imperium unnd des swertz gewalt hettenn, wie dann jn ettlichen iren aignen stetten, da hette mann kain fůg inen inzegreyffen, wo sy aber nichtz dann fryhaiten habind, da mögs wol sin, dann es habint weder gross noch klein pfaffen fryhait unrecht zůthůn." StA Konstanz, RA 10, f. 119v.

[737] „[...] so man yn nit hatt zuzusehen in anderen lasteren umb der privilegien willen, vil weniger in solcher grosser gotslesterung." Itinerar 67,27–68,2.

[738] „Es ward ouch anzaigt, wann die Oberkayten des nit fůg unnd recht hettenn, gegen den pfaffenn zu handlenn, so folgete hierůs, das mann den sachenn hin unnd wider, in den stetten, zuvil thonn hette, sölte nun alles so abthonn wider müssenn uffgericht werden, wurde es kains wegs zu gůten dienen mögenn etc." StA Konstanz, RA 10, f. 120r.

[739] ‚Zwick' 14,79f. Die von de Kroon: Martin Bucer, 217 vorgeschlagene Übersetzung „dass die Fürsten in beiderlei Hinsicht zu weit gegangen seien" überzeugt aus sprachlichen Gründen nicht: Zum einen ist die von ihm vertretene Wiedergabe „in beiderlei Hinsicht" für die beiden Worte „im baid" lexikalisch nicht zu belegen. Zum anderen wäre zu erwarten, dass dem Wort „fürsten" ein Artikel vorangestellt wäre.

[740] StA Konstanz, RA 10, f. 120r und ‚Zwick' 14,80f.

[741] „Respondit D. Lutherus: Domine Martine, es ist wol war, das ein Magistrat das boeß soll strafen." Itinerar 68,7–9.

[742] Itinerar 68,9–11.

ten könnte. Diese Annahme legt jedenfalls eine historische Anspielung Luthers nahe, die dem Bericht Zwicks zu entnehmen ist: „Inter caetera dixit Lutherus: Wann es were wie zů Costanz, do sy selbs hin weg zogen."[743] Luther fuhr dann mit seiner Entgegnung fort:

„Darum halt ich das die vonn Augspurg mitt gutem gewissen mögen yr pfaffen lassen yn yren grewelen furtfahren. Sie moechten aber thun als die vonn Megdenburg, die yrer gemeyn verbotten haben in der pfaffen Meß und grewel zůgohn. Weil nun die vonn Augspurg mitt seind im fried, sendt sie in yrem gewissen entschuldigt. So will ich die vonn Augspurg gebetten haben, da sie still standen byß auf das Concilium oder biß Gott ein anders mach."[744]

Die beiden von Zwick angefertigten Berichte weichen von der Überlieferung des Musculus insofern ab, als es dort jeweils heißt, dass die Augsburger „nit sind im fryden"[745]. De Kroon gibt dieser Lesart den Vorzug und behauptet, es handele sich um die *lectio difficilior*.[746] Dieses Urteil trifft insofern zu, als Luthers Argumentation durch die enthaltene Negation gänzlich unplausibel erscheinen müsste.[747] Gleichzeitig kann diese Variante in einer anderen Hinsicht aber auch als *lectio facilior* angesehen werden, da die Wendung „mitt seind im fried" dem historischen Umstand widerspricht, dass Augsburg eben nicht zu den Vertragsparteien des Nürnberger Anstandes gehörte.[748] Nun ist aber eher anzunehmen, dass sich Luther in diesem Punkt geirrt haben, als dass er derart unsinnig argumentiert haben könnte. Daher wird man seine Darlegungen wie folgt verstehen müssen: Augsburg war nach seinem Urteil durch den Anstand bis zum erwarteten Konzil vertraglich auf die Einhaltung des Friedens verpflichtet. Die Abschaffung der Messe aber hätte in seinen Augen eine Verletzung dieses eingegangenen Vertrages bedeutet.[749] Bezogen auf Bucers Frage nach einer Verpflichtung des Rates

[743] ‚Zwick' 14,76 f. Zu den näheren Umständen dieses Auszuges vom Winter 1526/27 cf. Rublack: Einführung, 44 f.

[744] Itinerar 68,13–20.

[745] ‚Zwick' 14,69 f und StA Konstanz, RA 10, f.119v.

[746] Cf. de Kroon: Syllogismus, 166 A. 33.

[747] Etwas zurückhaltender bemerkt dazu de Kroon: Syllogismus, 166 A. 33: „Ganz einleuchtend ist in diesem Fall Luthers Begründung seiner Empfehlung an die Augsburger, sich hinsichtlich der Weiterexistenz der altgläubigen Geistlichkeit und ihrer Stifter zurückzuhalten, nicht." Abwegig ist sein später unternommener Versuch, den Sinn von Luthers Aussage dadurch zu gewinnen, dass er die unzweifelhaft auf den Anstand bezogene Wendung wie folgt paraphrasiert: „Da sich nun die Augsburger in einer angespannten Situation befinden [...]." Vs. de Kroon: Martin Bucer, 215 und A. 19.

[748] Cf. dazu de Kroon: Syllogismus, 166 A. 33; Roth: Reformationsgeschichte II, 227 und 229. So bestand auch der kaiserliche Vizekanzler Held auf dem Schmalkaldischen Bundestag 1537 darauf, dass Augsburg nicht zu den Ständen gehöre, auf die sich der Vertrag beziehe. Cf. a. a. O., 375. Dass die vorliegende Stelle zuweilen fälschlich als Bezugnahme auf den Regensburger Landfrieden von 1524 gedeutet wurde, dürfte als Versuch einer Harmonisierung mit den historischen Tatsachen einzuordnen sein. Cf. dazu Hans: Gutachten, 55 f und BDS 6/2,41 f.

[749] Durch den am 24. Juli zwischen den evangelischen Reichsständen und den beiden Kurfürsten Albrecht von Mainz und Ludwig von der Pfalz geschlossenen Vertrag wurde mit Ver-

zum Einschreiten erklärte er daher, dass der Rat um der Einhaltung der bestehenden Verpflichtung und damit um der Wahrung des Friedens willen die Feier der Messe in den fraglichen Kirchen dulden könne, ohne sich vor Gott schuldig zu machen. Im Blick auf die Frage nach einem möglichen Recht des Rates wiederum bat er, dass dieser aus den genannten Gründen nicht eingreifen solle.

Melanchthon erklärte darauf, dass Bucer die Angelegenheit an sich erörtert sehen wolle, nämlich was der Augsburger Rat gemäß göttlichem Recht (iure divino) und unter Absehung von geschichtlich kontingenten Umständen (sepositis his accidentibus) tun dürfe.[750] Mit dieser Äußerung dürfte Melanchthon das abschließende Votum Luthers insofern kritisch beurteilt haben, als es der von Bucer vorgelegten Fragestellung nicht gerecht geworden war. Denn zum einen enthielt es tatsächlich keinerlei Aussagen über das von Bucer als Norm angeführte *ius divinum*. Zum anderen konnte es zumindest den Eindruck erwecken, als beruhe es gänzlich auf einer Rücksichtnahme gegenüber der mit dem Nürnberger Anstand gegebenen besonderen historischen Situation. Tatsächlich aber hatte sich Luther bei seinem Urteil nicht ausschließlich durch den Vertrag des Anstandes und den durch diesen gesicherten Frieden leiten lassen, so sehr er beides auch schätzte.[751] Seine Entgegnung lässt vielmehr erkennen, dass er das beabsichtigte Vorgehen gegen die Messe als „Angriff" auffasste und damit auch jenseits der besonderen religionspolitischen Situation des Nürnberger Anstandes als eine Verletzung bestehender Hoheitsrechte ablehnte.[752] Daher wird man

weis auf eine kaiserliche Zusage festgelegt, dass die beiden Religionsparteien „keiner den andern des glaubens noch sonst keiner andern ursachen halben bevehden, bekriegen, berauben, fehden, uberziehen, belegern, auch darzu durch sich selbs oder imands andern von seinenwegen nit dienen noch einich schloß, steet, merckt, bevestigung, dorfer, hoff oder weiler abslagen oder one des andern willen mit gewaltiger that frevenlichen einnemen oder geverlichen mit brandt oder in ander weg dermassen beschedigen, noch nimands sollichen thetern rat, hilf und in kein ander weiß beistand oder furschub thun, auch si wissentlich und geverlich nit herbirgen, behausen, eczen, drenken, enthalten oder gedulden, sonder ein yder den andern mit rechter freuntschaft und christenlicher lieb meynen, welchen yczgemelten gemeinen friden die ksl. Mt. allen stenden im hl. Reich ausschreiben und verkhunden und bei einer nemlichen schweren ansehenlichen peen zu halten gepieten." DRTA. JR Bd. 10/3, 549 (45–57). Von Eingriffen in die Jurisdiktionsgewalt war damit im Unterschied zu dem Vertragsentwurf, den die kaiserlichen Unterhändler den evangelischen Ständen am 10. Juni 1532 vorlegten und den Luther noch zur Begutachtung vorgelegt bekam, strenggenommen keine Rede mehr. Durch die Ermahnung zu gegenseitiger Freundschaft und Liebe aber war ein solches Vorgehen implizit doch ausgeschlossen. Zum Vertragsentwurf und zu Luthers Replik cf. DRTA. JR Bd. 10/3, 454 (20) und 395 (100–102) sowie WABr 6, 1944.

[750] „Philippus dixit: Dominus Martinus Bucerus vellet disputare rem ipsam in se, quid iure divino magistratus hic possit sepositis his accidentibus." Itinerar 68,21–23. Ebenso urteilt DE KROON: Syllogismus, 167 f, Melanchthon habe in Bucers Sinn auf eine Erörterung „ohne Berücksichtigung der lokal und politisch bedingten Umstände" gedrungen.

[751] Luther hatte sich selber im Jahr 1532 nachdrücklich für die Annahme des Anstandes auch unter schwierigen Bedingungen ausgesprochen und danach verschiedentlich deutlich gemacht, welchen besonderen Wert er ihm beilegte. Cf. dazu besonders WOLGAST: Wittenberger Theologie, 203–205.

[752] Entsprechend ist der knappen Zusammenfassung bei BRECHT: Martin Luther III, 60

sagen müssen: Dass Luther ein Eingreifen des Augsburger Rates ablehnte, hatte seinen tiefsten Grund darin, dass er in einem solchen Vorgehen eine Verletzung der bestehenden Rechtsordnung sah.[753]

Im Blick auf den weiteren Fortgang der Ereignisse ist zunächst zweierlei deutlich: Zum einen wurden die Verhandlungen an dieser Stelle unterbrochen (suspensus est).[754] Zum anderen wurde den Oberdeutschen am 29. Mai ein in lateinischer Sprache abgefasstes Gutachten vorgelesen und ausgehändigt.[755] Verfasst wurde es von Melanchthon.[756] Durch Unterschrift approbiert wurde es darüber hinaus von Luther, Cruciger, Bugenhagen und Jonas.[757] Mit ihm gaben die Wittenberger das von ihnen erbetene theologische Votum ab.[758]

Auch wenn der Text selber keinen eindeutigen Adressaten erkennen lässt, wird man doch zunächst an die Augsburger Geistlichen zu denken haben, nicht hingegen an den Rat der Stadt.[759] Dafür sprechen nicht nur die Benutzung der

---

zuzustimmen: „Wie früher gegenüber der Stadt Bremen hielt Luther einen Eingriff der städtischen Obrigkeiten in die reichsrechtlich selbständigen Domstifte für unzulässig." Cf. dazu auch WABr 6, 1926 (296,23–25).

[753] Abwegig ist hingegen die Annahme, Luther und die Wittenberger hätten sich bei ihrem Urteil von politischen Plänen des Kurfüsten und seiner beabsichtigten Annäherung an die Habsburger leiten lassen, wie dies von Hans: Gutachten, 57 im Blick auf negativ votierende Gutachten behauptet wird.

[754] „Sed hic articulus suspensus est [...]." Itinerar 68,24 f und ‚Zwick' 14,74. In der deutschen Bearbeitung von Zwicks Bericht heißt es: „Doch ist dieser Artickel uffgeschoben wordenn [...]."StA Konstanz RA 10, f. 120a.

[755] Cf. zum Gutachten und den Unterschriften MBW 7, 1739. „Deinde legebatur scriptum de potestate magistratus [...]." Itinerar 73,12. Bei Myconius heißt es: „Sed sequenti die oblatum est illis scriptum de magistratus autoritate, quod probaverunt. Sed tantum subsciptum est Lutheri, Pomerani, Philippi, Crucigeri nomen." MycBr 266–268. Jonas, der bereits nach Naumburg abgereist war, unterzeichnete das Gutachten erst nachträglich. Cf. WABr 12, S. 204, A. 4. Die bei Myconius begegnende Datierung auf den 28. Mai (Samstag) ist hingegen falsch. Zur Auseinandersetzung mit der Behauptung, die Oberdeutschen hätten das Votum gebilligt (probaverunt), cf. die Ausführungen unten S. 441 und A. 791. Dass der Text bereits am 23. Mai verfasst worden sein soll, wie es in der Melanchthonausgabe wohl wegen der Angabe in der deutschen Übersetzung AMS AST 95, f. 201r–202v behauptet wird (MBW 7, 1739), ist sicher falsch, da man zu diesem Zeitpunkt über den Gegenstand noch nicht beraten hatte. Wahrscheinlich ist vielmehr, dass er am 27. oder am 28. Mai niedergeschrieben wurde.

[756] In einem undatierten Brief Dietrichs an Baumgartner heißt es über das Wittenberger Gutachten: „Erat addita disputatio Philippi, cui videntur conciones Augustae a Bucero habitae occasionem dedisse." Albrecht/Fleming: Manuscriptum, 18. Cf. auch Hans: Gutachten, 56 f mit Verweis auf Stil, Begriffe und Ansichten. Ebenso cf. Köstlin/Kawerau: Luther II, 344. Zurückhaltender heißt es ohne weitere Erläuterungen bei de Kroon: Syllogismus, 161 A. 11, die Schrift sei „aller Wahrscheinlichkeit nach von Melanchthon formuliert worden".

[757] Cf. A. 755. Der Mischcharakter des Textes als Ausarbeitung eines Einzelnen und Kollektivvotum ist noch bis in die sprachliche Ausdrucksweise hinein zu verfolgen. So begegnen Formulierungen in der 1. Person Singular (respondeo, dixi, nolo), mehrfach aber auch solche in der 1. Person Plural (respondemus, existimamus). Cf. MBW 7, 1739 (121,15;122,28.52;123, 61.65;124,98.104).

[758] Insofern ist es irreführend, wenn de Kroon: Syllogismus, 161 im Blick auf dieses Gutachten behauptet, in ihm sei das Ergebnis der Beratungen festgehalten worden.

[759] Vs. MBW 7, 1739 (S. 118).

lateinischen Sprache und die Tatsache, dass das Votum ursprünglich aus deren Kreis erbeten worden war, sondern auch der Umstand, dass zu Beginn des Gutachtens zunächst die Frage erörtert wird, welche Rolle den Predigern bei der Abschaffung des überkommenen Gottesdienstes zuzugestehen sei: Ihr Wirken sei auf das Wort beschränkt.[760] Sie müssten einerseits durch die Verkündigung der reinen Lehre die Reform im Volk vorbereiten, anderseits die für die Ausführung zuständigen Räte durch Lehre zu diesem ihnen obliegenden guten Werk anleiten.[761] Die eigentliche Frage nach der theologischen Legitimität der Augsburger Pläne wird in zwei Schritten beantwortet: Zunächst wird festgehalten, dass jeder Magistrat prinzipiell zur Abschaffung gottloser Kulte verpflichtet sei. Er habe über die äußerliche Einhaltung beider Tafeln des Dekalogs zu wachen und sei damit durch das zweite Gebot verpflichtet, falsche Lehre und gottlose Kulte zu unterbinden.[762] Hier bestehe kein Zweifel und kein ernsthafter Dissens mit der Gegenseite.[763] Umstritten und zweifelhaft ist nach dem Urteil der Wittenberger hingegen, in welche Bereiche der Rat bei der Ausübung dieser Verpflichtung ausgreifen darf.[764] Die eigene Argumentation nimmt ihren Ausgangspunkt bei der auch in den Verhandlungen bereits herangezogenen Regel, dass der Rat in dieser Angelegenheit ebenso wie in anderen Fragen nicht in fremde Herrschaftsrechte (dominia) eingreifen dürfe.[765] Dem von Bucer vorgebrachten Anliegen, dass die aufgeworfene Frage *iure divino* zu entscheiden sei, wird an dieser Stelle mit neutestamentlichen Verweisen Rechnung getragen.[766] Im Blick auf die Domkirchen (ecclesia cathedrales) wird ausgeführt, die entsprechende

---

[760] „De officio ministrorum evangelii certum est, quod tantum verbo, hoc est docendo, debeant reprehendere impios cultus et proponere pios cultus. Nec debent ministri evangelii ulla vi corporali prohibere impios cultus, sicut Paulus ait: ‚Arma militiae nostrae non sunt corporalia.'" MBW 7, 1739 (121,2–5).

[761] „Quare ante mutationem docendi sunt homines. Ubi autem populus iam audivit piam doctrinam, ibi quaeritur de officio pii magistratus. Et de hoc officio debent ministri evangelii docere pios magistratus, sicut de caeteris bonis operibus homines in qualibet vocatione docere debent iuxta illud: ‚Omnis scriptura divinitus inspirata utilis est etc. ad omne opus bonum.'" A. a. O. (121,8–13).

[762] „Et magistratus custos esse debet non tantum secundae tabulae, sed etiam primae, quod ad externam disciplinam attinet. Constat autem impia dogmata et impios cultus blasphemias esse. Quare non dubium est, quin magistratus debeat prohibere falsam doctrinam et impios cultus." A. a. O. (121,22–26). Zu dieser für Melanchthon typischen Argumentation cf. Heckel: Cura religionis, 6–9.

[763] „Sed haec pars non habet magnam controversiam." MBW 7, 1739 (121,26f).

[764] „Illud disputatur, ubi magistratus debeat uti suo officio." A. a. O. (121,27–122,28).

[765] „De hac parte respondeo ut de caeteris, quae ad officium magistratus pertinent: Ut in aliis casibus, ita et in hoc negotio magistratus non debet irrumpere in aliena dominia, sed tantum uti officio suo intra suum dominium." A. a. O. (122,28–31).

[766] „Quia Petrus vetat invadere aliena officia, et Paulus iubet unumquemque suae vocationi servire, et evangelion prohibet seditiones, hoc est prohibet arma capere aut vim corporalem exercere adversus alienos praetextu evangelii, quare non debent christiani magistratus exercere suum officium in alienis dominiis, sed suis." A. a. O. (122,31–35). Zum Hinweis auf Paulus cf. ergänzend auch 1. Kor 7,17.

Verfügungsgewalt stehe nicht den Städten, sondern dem Kaiser zu. Gefolgert wird dies aus der Behauptung, dass dem Kaiser eine solche Kirche zufalle, wenn sie von ihren Herren verlassen werde.[767] Das Urteil wird in Form einer Schlussfolgerung zusammengefasst: „Nulli licet irrumpere in aliena dominia. Magistratus cum officium suum volunt exercere in ecclesiis illis cathedralibus, exercent potestatem suam in alieno dominio; ergo exercent potestatem suam, ubi non opus est."[768] Als eigentlicher Streitpunkt wird die zweite Voraussetzung (minor) identifiziert.[769] Das Gutachten räumt ein, dass man für eine gegenteilige Einschätzung ebenfalls Gründe vorbringen könne, denen aber zugleich durch den Gebrauch der Adjektive *subtilis* und *acutus* das Signum des Konstruierten oder Abwegigen angeheftet wird.[770] Aus der konzedierten Uneindeutigkeit[771] wird jedoch nicht gefolgert, dass man der Gegenseite ein vom eigenen Urteil abweichendes Vorgehen zugestehe. Mit Blick auf die weitreichenden Konsequenzen und erwartbaren Gefahren, die man mit dem beabsichtigten Eingreifen verbunden glaubt, wird vielmehr darauf insistiert, dass die Augsburger ihre Auffassung mit zwingenden Gründen darlegen müssten: „[...] non est enim accersendum periculum sine certa et necessaria causa."[772] Mit zurückhaltenden Worten (rogamus, prodesset, decet)[773] werden Empfehlungen für das weitere Vorgehen ausgesprochen: Wenn man mit dem Votum nicht zufrieden sei, solle man nichts übereilen und eine so bedeutende Angelegenheit erst den Verbündeten zur Be-

---

[767] „Nunc enim secludenda est in hac disputatione autoritas Romani pontificis, qua seclusa, si talis ecclesia cathedralis vacua fieret, constat eam futuram simpliciter caesaris et non civitatis alicuius. Ergo dominium talium ecclesiarum seu ius patronatus pertinet ad caesarem et non a ipsas civitates." A. a. O. (122,41–45) „Quod autem dominium aut ius patronatus ecclesiarum cathedralium non pertineat ad civitates, inde intelligi potest: quia, si, ut dixi, fierent vacuae, non succederent civitates, sed caesar immediate succederet, sive quia fundator est, sive propter alias causas." A. a. O. (123,59–62).

[768] „Keinem ist es gestattet, in ein fremdes Herrschaftsgebiet einzudringen. Wenn die Räte ihr Amt in jenen Domkirchen ausüben wollen, dann üben sie ihre Macht in einem fremden Herrschaftsgebiet aus. Folglich üben sie ihre Macht dort aus, wo es nicht erlaubt ist." A. a. O. (123,46–49). Die Wendung „non opus est" ist eigentlich mit den Worten „es ist nicht nötig" zu übersetzen. Die vorliegende syllogistische Form erfordert an dieser Stelle aber, dass nicht auf die Unnötigkeit, sondern die Illegitimität von Eingriffen durch die städtischen Räte geschlossen wird.

[769] „In hoc argumento intelligimus maiorem propositionem concedi ab omnibus, sed negari minorem [...]." A. a. O. (122,49 f).

[770] „Quanquam igitur fortasse subtiles aliquae rationes contra hoc excogitari possint, tamen existimamus, hanc esse simplicem veritatem." A. a. O. (123,63–65). Der Zusatz des Indefinitivpronomens verstärkt den pejorativen Klang ebenso wie der kontrastierende Verweis auf eine *veritas simplex*. „Quanquam homines acuti multa ‚in utramque partem disputare' possunt, tamen ambigua vitanda sunt et eligenda certa." A. a. O. (125,124–126).

[771] „Et quia videtur haec controversia aliquid habere ambigui [...]." A. a. O. (123,71 f). „Et in talibus negotiis ambiguis [...]." A. a. O. (123,80 f).

[772] „[...] man soll sich nämlich keine Gefahr einhandeln ohne zuverlässigen und notwendigen Grund." A. a. O. (125,132).

[773] Cf. a. a. O. (123,69.72.78; 125,134).

ratung vorlegen.[774] Hier bedürfe es eines umfassenden Sachverstandes.[775] Die Prediger wiederum werden aufgerufen, dass sie sich über die Angelegenheit besonnen äußern sollen.[776]

Neben dem Gutachten der Wittenberger sind uns in den Aufzeichnungen Zwicks noch zwei weitere Schriftstücke zur Frage nach dem *ius reformationis* überliefert. Dabei handelt es sich zum einen um einen Text in deutscher Sprache, der in 14 Thesen gegliedert ist[777], zum anderen um einen lateinischen Text, der in seinem Aufbau durch argumentative Strukturelemente geprägt ist.[778] Für den lateinischen Text hat de Kroon mit überzeugenden Gründen darlegen können, dass er von Bucer verfasst worden sein muss.[779] Für das deutsche Gutachten ist eine Zuordnung *ad personam* bislang nicht gelungen.[780] Dass es nicht dem Lager Luthers zugerechnet werden kann, steht schon aus inhaltlichen Gründen außer Zweifel, da man dort zu einem gegenteiligen Urteil kommt.[781] Beide Texte

---

774 „Deinde, si quibus non satisfaciunt, rogamus, ne properent, sed referant hanc tantam rem ad foederatorum consilium." A. a. O. (125,134 f).

775 „Nec satis est in tantis caussis habere laicalia argumenta, sed ad eas iudicandas adhibenda est singularis prudentia et earum rerum doctrina, quas causa complectitur." A. a. O. (125,138–140).

776 „Et cum ministerium evangelii non pertineat vi aliqua corporali uti, praecipue decet concionatores de hac re moderate loqui nec sumere sibi omnino iudicium de rebus politicis, sed etiam audire illorum iudicia, qui discrimina dominiorum intelligunt." A. a. O. (123,83–86).

777 Cf. StA Zürich E II 448, f. 36v–38r.

778 Cf. StA Zürich E II 448, f. 38r–39v. Der Text ist abgedruckt bei de Kroon: Syllogismus, 169–171. Zu den notwendigen Korrekturen cf. Itinerar 68 A. 100. Außerdem ist zu korrigieren: 171,25 statt *et* lies *sed*.

779 Cf. dazu de Kroon: Syllogismus, 168 und 172–175.

780 Cf. dazu de Kroon: Syllogismus, 168 A. 38 und 174 f.

781 „11. Die wyl nun ain christenliche oberkait, die christenliche liebe och gegen den vynden soll geben, wurt ir vor aller dingen geburen iren mitburgeren und underthonen zů allem gůten verhelffen, und alle die beschwerde, da mit sy belestiget, es belange glich die seel oder lyb, nach allem irem vermögen abzůstellen, und deren wolfart zů sůchen uff das sy warlich inhalt irs ampts für vaetter, schützer und schirmer die iren underthonen mit vatterlicher sorg und trüw vorsten erkant und geliebt werden. Solche regiment darinn die liebe der underthonen gesůcht und die gerechtigkait gehandelt wurt, ist vil bestendiger gschwig gotseliger, Dann so man mit zwang, gwalt und vorcht understat zů regieren, es ist ain tyrannische stim. Oderint dum metuant. 12. Was hie fur ain red des kaisers privilegien und der glyche mochten bschehen, die kann man lichtlich ablainen so man bedenckt was der künig aller künig, welcher der oberest her der welt von uns erforderet, welchem och der kaiser weder soll noch mag wider streben. Dann wider in kain gwalt, fryhait, gsatz oder gwonhait, noch alte brüch gelten sollen, Die wyl aller gwalt, gsatz und fryhait allain das gůt und die gotselikait zů fürderen und nit zů hinderen geben sind." StA Zürich E II 448, f. 37v. Darüber hinaus lassen die Ausführungen darüber, wie die Obrigkeit ihrem geistlichen Auftrag gerecht werden können, einen spiritualistischen Zug erkennen: „6. Wie aber und was gstalt die oberkait, gottes wort fürderen, und alles so der hailsamen leer zů wider abschaffen möge, wurt sy die salbung und der gaist christi wol leeren, wann sy anderst christen, und sich von gantzem hertzen mit fasten und almůsen in ain ernstlichen gebett zů got keren." A. a. O., f. 37r. Dass Alber und Schradin als Verfasser eines solchen Textes nicht in Frage kommen, steht außer Zweifel. Mit Blick auf das Verhältnis zwischen dem Gutachten Bucers und den deutschen Thesen hat de Kroon: Syllogismus, 162 behauptet, dass beide die Frage nach dem *ius reformationis* „in einem einander entgegengesetzten Sinn beantworten"

werden in den vorliegenden Berichten über den Konvent mit keinem Wort erwähnt.[782] Sie sollten auch in der weiteren Entwicklung keine erkennbare Rolle mehr spielen[783], so dass auf eine eingehende Auseinandersetzung mit ihrem Inhalt an dieser Stelle verzichtet werden kann.[784] Möglicherweise handelt es sich um Vorformen eines oberdeutschen Gegenvotums.[785] Die Abfassung einer solchen Schrift wurde den Oberdeutschen von den Wittenbergern nämlich ausdrücklich erlaubt. Beide Gutachten sollten dann zur endgültigen Entscheidung den Fürsten des Schmalkaldischen Bundes vorgelegt werden. In einem Brief an Luther vom 6. September 1536 verweist Bucer auf eine entsprechende Vereinbarung.[786] Der im Gutachten der Wittenberger geäußerten Aufforderung ent-

---

würden. Diese Einschätzung trifft nicht zu, da beide Texte im Ergebnis den Eingriff der Augsburger Obrigkeit als rechtmäßig und geboten erscheinen lassen. So endet Bucers Ausarbeitung mit der Schlussfolgerung: „ISTA si vera sunt perstat propositio, nempe, Non solum Caesarem ac regiam sed [corr.] omnes eas potestas quibus vsus est gladij iure diuino quicquid publicarum abominationum in ecclesia sua prostat cum reliquis siue doctrinae siue vitae scandalis abrogare posse ac debere." De Kroon: Syllogismus, 171.

[782] Die gegenteilige Darstellung von de Kroon: Syllogismus, 178, dass Bucers Text auf dem Konvent verfasst und zwischen den Parteien diskutiert worden sei, beruht auf der falschen Auslegung einer Passage aus Forsters Bericht. De Kroon identifiziert den „Syllogismus", den der Augsburger erwähnt, mit dem schriftlichen Votum Bucers. Dagegen müssen aber einige Einwände erhoben werden: 1. Formal gesehen handelt es sich bei Bucers Werk eindeutig nicht um einen Syllogismus, sondern um eine Schrift, die sich logischer Terminologie bedient. Auch de Kroon selber räumt dies ein. Cf. a. a. O., 171 f. 2. Mit keinem Wort ist in der ganzen Passage davon die Rede, dass Melanchthon Bucer bei der Verschriftlichung seiner Auffassung geholfen habe. Wie oben erwähnt (cf. A. 727) half er ihm vielmehr bei der Ordnung seines *mündlichen Vortrags*. 3. Der Text macht einen ausgesprochen ungeordneten Eindruck. Dass er seine Ausformung dem Eingreifen Melanchthons verdanken könnte, ist daher ausgesprochen unwahrscheinlich. 4. Die von de Kroon: Syllogismus, 183 vorgenommene zeitliche Einordnung der Ereignisse ist falsch: Die beiden Obrigkeitsgutachten können nicht am 26. Mai vorgelegt worden sein, da die Verhandlungen unterbrochen wurden, bevor Bucer auch nur den Sachverhalt darstellen konnte. Cf. dazu oben S. 430. Sollten die Gutachten aber erst nach der Unterredung vom 27. Mai geschrieben worden sein, dann ist zu fragen, an welchem Tag die kritische Auseinandersetzung mit Bucers Schrift erfolgt sein soll. Den vorliegenden Quellen ist jedenfalls nicht zu entnehmen, dass das Thema nach dem 27. Mai noch einmal aufgenommen worden wäre.

[783] Cf. zu diesem Urteil bereits de Kroon: Syllogismus, 175.

[784] Cf. zur Rekonstruktion des Inhaltes von Bucers Schrift de Kroon: Syllogismus, 169–174. Eine Übersetzung liegt ebenfalls vor. Cf. ders.: Martin Bucer, 217 und 219.

[785] Für diese Annahme spricht im Blick auf Bucers Text nicht nur der Umstand, dass er nur einmal überliefert ist, sondern auch der ungeordnete Eindruck, den er im Ganzen macht und der in einem seltsamen Kontrast zum erwähnten Gebrauch logischer Termini steht.

[786] „Sicut eam [sc. sententiam] consilii vice scripsistis et permisistis, ut nos nostram quoque adferremus, et utraque deinde principibus, Christi Euangelium professis, iudicanda offeratur." WABr 7, 3078 (533,98–101). Ebenso heißt es bei Zwick: „Sed hic articulus suspensus est, ita ut certo scripto exprimatur utrinque, quid sentiamus." ‚Zwick' 14,74 f. In der deutschen Bearbeitung von Zwicks Bericht ist zu lesen: „Doch ist dieser Artickel uffgeschoben wordenn, biß zů Baidenn thailenn davon geredet, unnd jede mainung uffgeschriben werden." StA Konstanz RA 10, f. 120r. Musculus hielt dazu in seinem Itinerar fest: „Sed hic articulus suspensus est, ita ut certo scripto exprimatur, quid nos hic sentiamus et explicatum vellemus." Itinerar 68,24 f.

sprechend wurde darüber hinaus vereinbart, dass sich die Augsburger Prediger bis zu einer endgültigen Klärung eine gewisse Zurückhaltung auferlegen und nicht zu einem weiteren Vorgehen gegen die umstrittenen Kirchengebäude aufrufen sollten. Dies geht aus dem erwähnten Brief Bucers an Luther und aus Luthers Schreiben an Forster vom 7. August 1536 hervor.[787] Davon hingegen, dass sich die Oberdeutschen Luther gegenüber zum Gehorsam gegenüber dem Wittenberger Votum verpflichtet hätten, wie Forster das später behaupten sollte, kann keine Rede sein.[788] Als der Konvent auseinandertrat, war in der Frage, ob der Augsburger Rat zu dem geplanten Eingriff berechtigt oder gar verpflichtet sei, keine Übereinstimmung erreicht.[789] Man hatte die Frage unentschieden lassen müssen.[790] Die Oberdeutschen hatten ausschließlich den Vereinbarungen über das weitere Vorgehen ihre Zustimmung gegeben, die wiederum auch im Gutachten der Wittenberger enthalten waren. In diesem Sinne ist möglicherweise auch die Äußerung des Myconius aufzufassen, dass die Oberdeutschen das Wittenberger Votum gebilligt hätten (probaverunt).[791]

Blickt man auf die Verhandlungen zum *ius reformationis* zurück, so fällt auf, dass sie sich in mehrfacher Weise von den vorangehenden Gesprächen unterscheiden: So ist unverkennbar, dass Luther sich deutlich weniger direktiv äußerte: Mündlich hatte er seine Auffassungen als Bitte formuliert. Auch in dem von ihm unterschriebenen Gutachten gab es keine Vorgaben, sondern auch hier hatte man den Ton der Empfehlung und der Bitte gewählt. Auch ist bemerkens-

---

[787] Bucer räumte gegenüber Luther ein: „Accepimus tamen, nos, dum causa haec discutiatur, neminem nostrorum in cathedrales ecclesias incitaturos." WABr 7, 3078 (534,132 f). Cf. dazu auch WABr 7, 3075 (523,105 f). Luther erinnerte sich Forster gegenüber mit den Worten: „Satis admiror, quod scribis, Musculum ita locutum esse de magistratu urgendo contra canonicos, cum tamen certe definitum et acceptum est a nobis omnibus contrarium. [...] Interim satis est, vel eos hoc confiteri, quod hic contrarium definitum sit, eo ipso, quo dicunt ses restitisse seu reclamasse (licet non sit verum) huic nostrae sententiae." WABr 7, 3060 (492,4–10). Vs. de Kroon: Syllogismus, 179 wird man festhalten müssen, dass auch das Wittenberger Gutachten in dieser Frage eindeutig war.

[788] In einem Gespräch mit Musculus am 18. Juli 1536 behauptete Forster: „Es were auch wider deren zu Wittemberg sentenz, dem sie zu gehorchen d. Martino Luther verheissen und zugesagt hetten." Germann: D. Johann Forster, 158.

[789] Vs. Müller: Wittenberger Konkordie, 1668, der behauptet, es sei eine Verständigung über das Reformationsrecht der Obrigkeit erreicht worden.

[790] In diesem Sinn schrieb Bucer auch am 6. Juli 1536 an Ambrosius Blarer: „Quod potuimus, id effecimus: ne concluderent." Schiess: Briefwechsel II, 710 (807). Melanchthon berichtete Johannes Agricola am 7. Juni 1536 von der Unnachgiebigkeit der Oberdeutschen: „De reliquis etiam probavi nostras sententias, sed de iure magistrorum in hoc casu miror eos aliquanto odiosus repugnare nostris iudiciis." MBW 7, 1751 (162,17–19). Falsch ist hingegen die Darstellung bei Hassencamp: Hessische Kirchengeschichte II, 152, dass Luther Bucers Darlegungen „in allen Stücken" beigepflichtet habe. Dieser Fehleinschätzung liegt die irrige Annahme zugrunde, dass es sich bei dem von den Wittenbergern unterzeichneten Gutachten um ein Werk Bucers gehandelt habe. Ebd. A. 1.

[791] „Sed sequenti die oblatum est illis scriptum de magistratus autoritate, quod probaverunt. Sed tantum subscriptum est Lutheri, Pomerani, Philippi, Crucigeri nomen." MycBr 266–268.

wert, dass Luther die Konkordie durch den hier bestehenden Dissens offenbar nicht beeinträchtigt sah. Dies wird man nur so erklären können, dass er diese Angelegenheit im Unterschied zu den Bestimmungen über Abendmahl, Taufe und Schlüsselgewalt nicht für einen integralen Bestandteil der *plena concordia* hielt.

### 4.2.5 Die Verhandlungen über Schule, Umgang mit den *reliqua* und Zeremonien

Neben den breit geführten Auseinandersetzungen um die Themen Abendmahl, Taufe, Schlüsselgewalt und *ius reformationis* wurden im Verlauf des Konventes auch noch einige andere Fragen besprochen, auf die erkennbar weniger Zeit verwendet wurde. So ging es in der Sitzung am Nachmittag des 26. Mai unter anderem auch um den Zustand der Schulen.[792] Über einen spezifischen Anlass, der eine Behandlung dieses Themas nahegelegt hätte, lässt sich den Quellen nichts entnehmen. Offenbar hatte Luther an diesem Gegenstand aber ein besonderes Interesse, denn er wollte von den oberdeutschen Delegierten jeweils einzeln über die in der eigenen Stadt gegebenen Verhältnissen unterrichtet werden.[793] An den geschilderten Zuständen bemängelten die Kursachsen, dass in einigen Schulen die religiöse Praxis und Bildung der Kinder vernachlässigt werde.[794] Der Frankfurter Abgeordnete Bernardi musste sogar einräumen, dass es in seiner Stadt nur zwei „Pfaffenschulen" gebe und dass diese sich in ihrer Arbeit nicht am Evangelium ausrichteten.[795] Darauf sagte Melanchthon zu, dass er sich mit einem Schreiben an den Rat für eine Anstellung geeigneter Lehrer verwenden werde.[796] Luther wiederum wies die Oberdeutschen an, sie sollten ihre Ob-

[792] Zur Datierung cf. Itinerar 65,30 f. Von der bei der Datierung sonst durchweg zuverlässigen Darstellung des Musculus weicht der Bericht der Oberdeutschen ab, in dem diese Unterredung dem Tag vor Christi Himmelfahrt und damit dem 24. Mai zugeordnet wird. Cf. BDS 6/1,160,7–15.

[793] „De scholis disserens quaesivit a singulis, num in nostris civitatibus haberentur scholae [...]." ‚Zwick' 8,1 f.

[794] „[...] waren sie, so viel die schulen betrifft, wol zufriden. Beschwerten sich aber des, das an etlichen orten die schulen nicht immer zur kirchen, predigen vnd geistlichen vbungen angefůret vnd geůbet würden, wie bey ihnen geschicht. Wie dan zwar alle kunst vnd geschicklichkeit, wo die ist on ware gotseligkeit, den grősten schaden in der welt thut. Wa aber ware gotseligkeit ist, da wurt auch die kirchen zucht vnd emsige besuchung sein des wort gottes vnd aller kirchen vbungen." BDS 6/1,160,9–15.

[795] „Dieweil nun die anderen Prediger alle Schulen hatten bei ihnen, und wir, leider! keine, sonderlich zum Gebrauch des Evangelii und Kirchenübungen, sagte ich, ob wir schon die Jugend in Kirchenübungen brauchen wollten, so hätten wir keine Schule dazu; allein zwo Pfaffenschulen, die dienten uns nicht im Evangelio." BDS 6/1,160 A. a)-a).

[796] „Darauf hab ich begehrt, wie auch denn M. Philippus verhieß, eure W. zu schreiben und nach gelehrten Leuten zu trachten, wie sich auch dazu erboten hat Carolus Figulus, mit Rath und Willen, wie er zu mir sagt, M. Philippi; warlich nach meinem geringen Urtheil, ein feiner, frommer, gelehrter Mann, bei welchem die vornehmsten Knaben, so wir von Frankfurt jetzt zu Wittenberg haben, studiren und erzogen werden." BDS 6/1,160 A. a)-a). Ein entsprechendes

rigkeiten zur Fürsorge für die Schulen anhalten. Dabei wies er auf das Beispiel des Kurfürsten, seine vorbildlichen Bemühungen um die Schulen und sein besonderes Interesse an der Pflege der Theologie hin.[797] Auf die sich anschließende Klage der Oberdeutschen, dass die schlechte materielle Versorgung der Pfarrer das Studium der Theologie wenig attraktiv erscheinen lasse[798], erwiderte Luther wohl mit Blick auf die für die Besoldung zuständigen Obrigkeiten: „Sy werden wol lernen schwimmen, wann ynen das wasser in das maul gat, necessitas urgebit."[799]

Nach einem Hinweis, den Luther von Bugenhagen erhielt, ging das Gespräch an dieser Stelle über zu der Frage, wie mit den nach der Feier des Abendmahls verbleibenden *reliqua* zu verfahren sei. Bugenhagen konfrontierte die Oberdeutschen zunächst mit dem Vorwurf, dass es in einigen ihrer Gemeinden üblich sei, die *reliqua sacramenti* nach der Feier mit unkonsekrierten Elementen zusammenzumengen.[800] Auch darüber war, wie Luther wissen ließ, nach Wittenberg schriftlich berichtet worden.[801] Zumindest unter anderem wird man hier wohl ein weiteres Mal an die Briefe Hubers und Forsters denken dürfen[802], auch wenn eine entsprechende Praxis in ihren Berichten über den Augsburger Abendmahlsstreit nicht bezeugt ist. Myconius erklärte den Oberdeutschen schließlich, wie man dieses Problem in Kursachsen umging, indem man vor dem Mahl die Teilnehmer zählte und somit nur eine entsprechende Menge an Brot und Wein konsekrierte. Auch gab er zu verstehen, dass Luther die beanstandete Praxis ablehne, die geeignet sei, die Oberdeutschen dem Verdacht auszusetzen, sie hielten Brot und Wein nicht für Leib und Blut Christi.[803]

---

Schreiben Melanchthons ist nicht bekannt. Bei dem erwähnten Carolus Figulus handelt es sich um einen später in Köln forschenden humanistischen Botaniker. Von ihm stammt unter anderem eine in Dialogform verfasste Fischkunde. Cf. Figulus: ΙΧΘΥΛΟΓΙΑ. Von einer entsprechenden Berufung nach Frankfurt ist nichts bekannt. 1537 kehrte dafür Jakob Micyllus noch einmal als Leiter an die Lateinschule zurück. Cf. dazu Opper: Johannes Bernhard, 53.

797 „[...] et iussit, ut quam maxime urgeremus magistratus nostros ne scholas negligant, subindicans nobis exemplum principis electoris, qui ex seipso summopere curaret scholas enutriri atque vellet, ut quam maxime daretur opera theologiis studiis." ‚Zwick' 8,2–5.

798 „Et dum conqueremur de inopia theologorum, sy welten kain anligen haben in Theologia zů studiren [...]." ‚Zwick' 8,5 f.

799 A. a. O. 8,6 f.

800 „De his dicentem monuit in aurem Pomeranus de pane cenae vinoque reliquo addens in quibusdam ecclesiis reliquum panem inter prophanos panes commisceri, quasi prophanum." Itinerar 65,32–34. „Pomeranus de pane superstite movit quaestionem ostenditque in aliquibus ecclesiis reliquum panem commisceri inter prophanum et reliquum vinum inter prophanum." ‚Zwick' 12,14–16.

801 „Et ita sibi scriptum aiebat D. Lutherus." A. a. O. 12,16 f.

802 Cf. oben S. 312 f.

803 „Igitur, inquit Myconius, caveri illud potest, si accessuros habeamus in numerato ante caenam, ut et particularum numerum parem sumant. Lutherus, inquit, certe hoc scilicet caret atque suspitionem daret, quod non crederetis panem esse corpus Christi et vinum sanguinem etc." ‚Zwick' 12,17–20. „Ostendebant se populum accessurum, ne hoc in ecclesia eorum fie-

Über die sich anschließende Reaktion der Oberdeutschen heißt es bei Zwick: „Nobis non videbatur quicquam respondendum, cum in articulo datum esset extra usum corpus non praesens."[804] Interessant ist hier zunächst der Verweis auf den Abendmahlsartikel der Konkordie: Zwick zufolge hätte man also auf eine Entgegnung verzichtet, weil man glaubte, dass die von Luthers Seite beanstandete Praxis der Vermischung von konsekriertem und unkonsekriertem Brot durch die *extra-usum*-Bestimmung des Artikels legitimiert sei. Daraus, dass Luther mit seiner Unterschrift zwar diese Limitation billigen konnte, andererseits aber den fraglichen Umgang mit den *reliqua* missbilligte und offensichtlich auch korrigiert wissen wollte, lässt sich ersehen, dass man der entsprechenden Wendung im Abendmahlsartikel auf beiden Seiten eine unterschiedliche Auslegung gab: Der Umstand, dass die Oberdeutschen die *reliqua* wie gewöhnliches Brot behandeln konnten, erlaubt nur den Schluss, dass für sie *extra usum* gleichbedeutend war mit *post usum*. Nach ihrem Verständnis endete die Gegenwart Christi mit dem Empfang. Bei Luther lässt sich eine solche Auffassung hingegen nicht nachweisen. Er verstand die fragliche Wendung als eine gegen den stiftungswidrigen Missbrauch des Sakraments gerichtete Aussage.[805] *Extra usum* bedeutete für ihn *contra usum*.

Dass sich die Oberdeutschen an dieser Stelle aber tatsächlich jeder Entgegnung enthielten, wie Zwick behauptet, ist eher unwahrscheinlich. Luther und seine Freunde erwarteten zweifelsohne, dass sich die Gegenseite zu dem im Raum stehenden Vorwurf äußern werde. Schwerlich ist daher anzunehmen, dass sie sich mit einem Schweigen der Oberdeutschen begnügt hätten. Darüber hinaus ist im Reisetagebuch des Musculus auch eine entsprechende Notiz zu finden: „Bucerus respondit nos panem reliquum non habere pro sacramento atque ideo reliquum panem in capsulam quidem reponere, sed cum debita reverentia."[806] An der Zuverlässigkeit dieser Überlieferung bestehen aber erhebliche Zweifel. Dies gilt vor allen Dingen für Bucers Erklärung zum Status der *reliqua*: Die Aussage, dass man auf seiner Seite die nach der Austeilung übrigen Oblaten nicht als Sakrament ansah, besagt nichts anderes, als dass man der Auffassung war, die Gegenwart Christi ende mit dem Abschluss der Feier. Genau diese Überzeugung aber sollte Luther sieben Jahre später in seiner Auseinandersetzung mit Simon Wolferinus entschieden zurückweisen. In seinem Brief vom

---

ret, numerare ante caenam, ut et numerum particularum accessuris parem sumant." Itinerar 65,34–66,1.

[804] „Für uns hatte es nicht den Anschein, dass etwas zu antworten sei, da im Artikel festgelegt worden war, dass der Leib außerhalb des Gebrauchs nicht anwesend sei." ‚Zwick' 12,20–22.

[805] Cf. dazu oben S. 355 und A. 333 sowie S. 367–369.

[806] „Bucer hat geantwortet, dass wir das verbleibende Brot nicht als Sakrament ansehen und daher das verbleibende Brot zwar in das Kästchen zurücklegen, aber mit der gebührenden Ehrfurcht." Itinerar 66,1–3. Diestelmann: Usus, 102 übersieht offenbar die Spannung, die zwischen den Aussagen von Zwick und Musculus besteht und stellt beide einfach nebeneinander.

4. Juli 1543 heißt es: „Non vides certe, quam periculosas quaestiones movebis, si tuo sensu abundans contendes, cessante actione cessare Sacramentum?"[807] Luther ging sogar so weit zu behaupten, eine entsprechende Berufung auf eine *cessatio actionis sacramentalis* werde das Sakrament ganz zerstören.[808] Daher ist es kaum vorstellbar, dass er in Wittenberg eine Aussage kommentarlos akzeptiert hätte, die doch impliziert hätte, dass die Gegenwart von Leib und Blut mit der Feier ende.[809]

Schwieriger ist hingegen über das zu urteilen, was Bucer Musculus zufolge über den Umgang mit den *reliqua* geäußert haben soll. Diestelmann setzt die Zuverlässigkeit der Überlieferung voraus und behauptet dazu, dass Luther mit Bucers Entgegnung vollauf habe zufrieden sein können.[810] In seiner Argumentation stützt er sich auf das Vorkommen der Worte *reponere* und *capsula*. Bei einer *capsula* handele es sich um ein Behältnis zur Aufbewahrung konsekrierter Abendmahlselemente. Das Verb *reponere* wiederum sei „ein terminus technicus für das Einstellen des Sakraments in ein Gefäß [...] oder in den Tabernakel".[811] Diestelmann schlussfolgert daraus, dass Bucer sich mit seiner Entgegnung gegen die kritisierte Vermischung von konsekrierten und unkonsekrierten Elementen ausgesprochen habe.[812] Doch sperrt sich der überlieferte Wortlaut in mehrfacher Hinsicht gegen diese Deutung. Der nach wie vor als grundlegend anzusehenden Arbeit zufolge, die Braun über das Altargerät vorgelegt hat, kann *capsula* nämlich zwar ein Behältnis zur Aufbewahrung konsekrierter Elemente bezeichnen, häufiger aber wird mit dem Wort eine Hos-

[807] „Siehst du denn nicht wenigstens, wie gefährliche Fragen du erregen wirst, wenn du mit dem Übermaß deines Verstandes behaupten wirst, dass das Sakrament aufhört, wenn die Handlung aufhört?" WABr 10, 3888 (340,20–22). Die futurische Formulierung *contendes* legt nahe, dass sich Luther an dieser Stelle nicht auf eine bereits vorliegende Äußerung des Wolferinus bezog, sondern eine sachlich konsequente und daher zu erwartende Schlussfolgerung antizipierte. Vs. HARDT: Eucharistia, 257 und DIESTELMANN: Usus, 59 f, die beide davon ausgehen, dass Wolferinus die entsprechende Lehre zu diesem Zeitpunt explizit vertreten habe. Insofern ist Diestelmanns Auslegung zu korrigeren, Luther habe den Schluss des Wolferinus zurückgewiesen.

[808] „Poteris enim ita, ut nos hic facimus, reliquum Sacramenti cum communicantibus ebibere et comedere, ut non sit necesse, quaestiones istas scandalosas et periculosas movere de cessatione actionis sacramentalis, in quibus tu suffocaberis, nisi resipiscas. Nam hoc argumento tolles totum Sacramentum, nec habes, quod respondeas calumniatoribus, qui dicent, inter agendum plus cessat Sacramentum, quam exercetur." WABr 10, 3888 (341,37–43).

[809] Ein gewisser Vorbehalt gegen die historische Zuverlässigkeit des Itinerars wird erkennbar bei PETERS: Origin, 26: „Bucer, however, is said to have stated explicitly that ‚we do not consider bread that is left over a Sacrament.'"

[810] „Luther konnte mit dieser Antwort durchaus zufrieden sein." DIESTELMANN: Usus, 102. „Diese Zusicherung des Umgangs mit den Reliqua Sacramenti konnte Luther voll zufriedenstellen, auch wenn diese Verfahrensweise in Wittenberg so nicht üblich war." A. a. O., 103. Cf. ebenso bereits DIESTELMANN: Actio, 90 f.

[811] Cf. DIESTELMANN: Usus, 102 und DERS.: Actio, 91. Zur Form solcher Behältnisse cf. FRITZ: Abendmahlsgerät, 104 (Abb. 72–74) und 351 f.

[812] Cf. DIESTELMANN: Usus, 103 und DERS.: Actio, 91.

tiendose bezeichnet, in der unkonsekrierte Oblaten aufgehoben wurden.[813] Entscheidender aber ist der Einwand, dass die syntaktische Struktur des fraglichen Satzes von Diestelmann vollkommen außer Acht gelassen wird: Die Worte *atque ideo* kennzeichnen die Aussage über die Aufbewahrung der Elemente in einer *capsula* als eine Folge, die sich aus der Aussage ergeben soll, dass man die *reliqua* nicht als Sakramente betrachte.[814] Dieser logische Zusammenhang würde aber aufgehoben, wenn mit der Wendung *in capsulam reponere* die Aufbewahrung von konsekrierten Hostien zum Ausdruck gebracht werden sollte. Auch markiert die adversative Konjunktion *sed*, dass die sich anschließende Beteuerung *cum debita reverentia* in einem gewissen Gegensatz zu dem genannten Aufbewahrungsort steht. Die Versicherung dient gerade dazu, eine Wertschätzung der *reliqua* herauszustellen, der mit dem Verweis auf die Verwahrung in einer *capsula* offenbar kein geeigneter Ausdruck verliehen ist. Die bei Musculus überlieferte Entgegnung Bucers ist daher so zu verstehen, dass man die *reliqua*, die man nicht als Sakrament ansehe, in einer Oblatenbüchse aufbewahre, dass man dies jedoch mit Ehrfurcht tue. Dies hätte von Luther schwerlich als eine zufriedenstellende Distanzierung vom monierten Brauch der Vermischung konsekrierter und unkonsekrierter Elemente verstanden werden können. Da es von seiner Seite aber offenbar keine Einwände oder Nachfragen gegeben hat, ist davon auszugehen, dass Bucers Antwort anders ausfiel, als sie durch Musculus überliefert ist. Gut denkbar ist immerhin, dass er sich für einen ehrenvollen Umgang mit Überresten verbürgte.[815] Möglicherweise bediente er sich dabei auch bewusst der uneindeutigen Wendung *in capsulam reponere*, um so gegenüber Luther und seinen Freunden zu verbergen, dass man die Elemente *post usum* nicht als Sakramente ansah. Dass er diese Überzeugung aber deutlich ausgesprochen und aus ihr den eigenen Umgang mit den *reliqua* zu plausibilisieren versucht haben sollte, ist hingegen überaus unwahrscheinlich. Möglicherweise verstand Luther die ihm vorgestellte Verfahrensweise nur als eine für eine Übergangszeit bestimmte Lösung. Er wollte, wie die Darstellung des Gesprächs über die Schlüsselgewalt gezeigt hat, die Oberdeutschen nicht zur Einführung einer Abendmahlsanmeldung verpflichten. Die Zusage Bucers, die im Anschluss an die Debatte um die *reliqua* gemacht wurde, dass man die Einzelbeichte in den eigenen Gemeinden wieder etablieren wolle, dabei aber behutsam und mit Geduld vorgehen müsse[816],

---

[813] Cf. dazu Braun: Altargerät, 285 f. Zur Bedeutungsweite des Wortes cf. *capsula* cf. auch Mittellateinisches Wörterbuch, Bd. 2, art. 1. *capsula* (247 f).

[814] Dieser schlussfolgernde Zusammenhang wird auch übersehen bei Köhler: Luther und Zwingli II, 450.

[815] Dies entspricht auch einer Vereinbarung, die die Oberdeutschen vor der anschließenden Sitzung am Morgen des 29. Mai intern trafen: „Quod de reliquiis welten wir gern reverentius um gan et cavere scandalum, servare tamen libertatem." ‚Zwick' 15,5 f.

[816] Cf. dazu oben S. 420 f und 422.

könnte von Luther so verstanden worden sein, dass es zu einer Angleichung an die in Kursachsen geübte Praxis kommen werde, wo man Beichte und Anmeldung im Abendmahlsverhör miteinander verband.[817]

Gegen Ende der Zusammenkunft wurde schließlich auch noch über verschiedene gottesdienstliche Zeremonien gesprochen. Dies widersprach Luthers ursprünglicher Absicht. Zu Beginn der Sitzung am 24. Mai hatte er eine Auseinandersetzung über Angelegenheiten der liturgischen Gestaltung ausdrücklich abgelehnt.[818] Es waren vielmehr die Oberdeutschen, denen an einer Behandlung dieser Fragen lag und die die Wittenberger hier auch zu Zugeständnissen bewegen wollten.[819] In besonderer Weise galt das für den aus ihrer Sicht anstößigen Brauch der Elevation. Über diese und andere Zeremonien hatten sich einige Oberdeutsche bereits am 25. Mai mit Bugenhagen unterredet.[820] Die erkennbare Differenz in den Interessen legt die Annahme nahe, dass der Anstoß zum Gespräch im Plenum in diesem Fall von Bucer und seinen Leuten ausging. Mit dem Ergebnis konnten sie freilich nicht zufrieden sein: Luther war nämlich lediglich bereit, für die Zukunft entsprechende Verhandlungen in Aussicht zu stellen. Den Einfältigen wollte er keine abrupten Veränderungen zumuten. Gleichzeitig ließ er erkennen, dass er in der Sache nur einen geringen Spielraum erkannte, und warnte vor Übertreibungen.[821] Eine Entscheidung hatte sich nach seinem Urteil danach zu richten, ob die fraglichen Zeremonien dem Glauben zuträglich oder

---

[817] Hardt: Eucharistia, 267 f vermutet, dass es ausschließlich die Zusage der „Wiederherstellung einer richtigen Sakramentsverwaltung [...], die auf Kontrolle der Kommunikanten und deren Anzahl beruhte", gewesen sei, die Luther zufriedengestellt habe. Er bestreitet hingegen gänzlich, dass Bucer ein eigenes oberdeutsches Verfahren zum Umgang mit den *reliqua* präsentiert hätte. Ein solches wurde aber am 29. Mai in der internen Absprache der Oberdeutschen ausdrücklich festgehalten. Cf. A. 815.

[818] „[...] vnd als es spat ware, ließ er vns diß mals zů herberg morgents wider zůkommen vnd von den anderen furnemen artickeln zuhandlen als Tauff, absolution, Schůlen vnd der gleichen. Dann das Lateinisch psalmen singen, sagt er, vnd anderer ceremonien des kinderwercks hette es nit not." BDS 6/1,154 A. r). Cf. ebenso StA Zürich E II 448, f. 18r–v.

[819] Auch auf der Seite der Gemeinden wurde erwartet, dass man die Wittenberger im Blick auf die Zeremonien zu Zugeständnissen bewegen werde. So berichtet Musculus etwa unter dem 1. Mai 1536 über ein Zusammentreffen mit dem Ulmer Patrizier Bernhard Besserer: „Post meridiem hora prima egressi sumus urbem cum Frechto in hortum senioris consulis Bessereri, quem et illic reperimus ac salutavimus. Is monebat, ut si quo pacto fieri posset, curaremus apud hunc conventum elevationem sacramenti, quam Lutherani quidam adhuc in usu habent, aboleri [...]." Itinerar 45,14–46,2.

[820] BDS 6/1,161,1–162,9. Im Verlauf dieser Unterredung hatte Bugenhagen für seine Person ein gewisses Entgegenkommen signalisiert. Bei Zwick heißt es: „Pomeranus fassus est, man thů imm zů vil." ‚Zwick' 10,1 f. Auch die Elevation hatte er in diesem Zusammenhang zur Disposition gestellt: „Als wir aber die gfahr des Alten misbrauchs bey den vnsern vnd die sterckung der Bapisten etwas trungenlich fůrwarffen, bekennet er vnd andere, das sie wol wolten, das die vffhebung mit fůgen ab werde, weil man derhalben ja kein wort noch beuelch hette, geben auch trost, es mőchte mit der zeit besser werden [...]." BDS 6/1,162,3–6.

[821] „De ceremoniis inquit Lutherus: Agetur cum tempore propter rudes, sed est etiam modus. Man můsse nit zuvil machen [...]." ‚Zwick' 14,22 f. Cf. ebenso Itinerar 66,8 f.

abträglich waren.[822] Die im Bericht der Oberdeutschen gewählte Formulierung, dass man „vff dis mal nicht so ernstlich [...] vff sie zu tringen“ gewusst habe[823], versucht lediglich, gegenüber den eigenen Leuten den Umstand zu kaschieren, dass man sich Luthers Haltung hatte beugen müssen. Allem Anschein nach hatte man nicht einmal erreichen können, dass auch nur über eine einzige Forderung konkret gesprochen worden wäre.

### 4.2.6 Gottesdienste und gegenseitige Besuche

Wie sich aus den Aufzeichnungen des Musculus ersehen lässt, nahmen die Oberdeutschen während ihres Aufenthaltes in Wittenberg neben den Konventsverhandlungen auch an zahlreichen Gottesdiensten teil.[824] Die Eindrücke und Irritationen, die sich dabei für sie ergaben, hielt der Augsburger in seinem Reisetagebuch detailliert fest.[825] Entnehmen lässt sich seinen Aufzeichnungen auch eine bemerkenswerte Äußerung Bugenhagens aus einer Predigt vom 24. Mai: Die Gemeinde solle im Gebet bitten, nicht dass die oberdeutsche Seite sich der kursächsischen anschließe oder umgekehrt, sondern dass beide Parteien sich der Wahrheit anschlössen.[826] Man kann diese Worte so verstehen, als habe Bugenhagen mit ihnen auch der eigenen Seite eine inhaltliche Korrektur von bislang vertretenen Aussagen zugunsten der der anzustrebenden Wahrheit zumuten wollen. Wahrscheinlich wollte er aber nur einem von ihm befürchteten Triumphalismus in den eigenen Reihen und einer Demütigung der Oberdeutschen entgegentreten und sich bewusst versöhnlich zeigen. Dass Luther sich in dieser Weise niemals geäußert hätte, kann hingegen nicht zweifelhaft sein. Während der Verhandlungen hatte er verschiedentlich deutlich gemacht, dass die für eine Verständigung erforderlichen notwendigen Lehrkorrekturen ausschließlich von den Oberdeutschen vorgenommen werden mussten. Möglicherweise hatte er im Blick auf die Auseinandersetzung mit Zwingli und Oekolampad eingeräumt, dass er zu polemisch gewesen sei.[827] Weiter gingen seine Zugeständnisse nicht.

---

822 „Man hütte sich für superstitiosen ceremonien. Was aber gůt und besserlich ist, ye das behalte man.“ Itinerar 66,9 f. Cf. ebenso ‚Zwick‘ 14,23 f.

823 BDS 6/1,162,14.

824 Aus dem Itinerar geht hervor, dass zumindest Musculus den Vespergottesdienst am 21. Mai (Itinerar 53,12), den von Bugenhagens gehaltenen Gottesdienst am 24. Mai (Itinerar 62,20–22), den Frühgottesdienst des Myconius, die von Menius geleitete Abendmahlsfeier (Itinerar 62,25–31) und den Predigtgottesdienst Luthers am Himmelfahrtstag (Itinerar 63,5–64,2) die beiden Sonntagsgottesdienste am Morgen des 28. Mai (Itinerar 71,5–72,14) und den von Luther gehaltenen Vespergottesdienst (Itinerar 72,15 f) besuchte. Bezeugt ist für den Morgen des 25. Mai darüber hinaus, dass Weller gepredigt haben muss (MycBr 207; ‚Narratio‘ 110).

825 Cf. dazu besonders Itinerar 62,25–31 und 71,12–72,14. Zu den Aufzeichnungen über den auf der Hinreise am 14. Mai in Eisenach besuchten Gottesdienst cf. außerdem Itinerar 50,11–51,22.

826 „Hic orare iussit, non ut nos ad ipsos neque ut ipsi ad nos, sed ut utrique ad veritatem accedamus.“ Itinerar 62,21 f.

827 Cf. oben S. 320.

Die Analyse der in der abschließenden Sitzung vom 29. Mai getroffenen Vereinbarungen wird darüber hinaus zeigen, dass er Aussagen, die geeignet waren, diesen Korrekturbedarf zu verschleiern, untersagte.[828] In den beiden Predigten, die er selber während des Konventes hielt und die uns durch Rörers Mitschriften überliefert sind, bezog Luther sich an keiner Stelle erkennbar auf den zurückliegenden Streit oder die nach seiner Auffassung erreichte Verständigung.[829] Dass er, wie bereits erwähnt, zu Mk 16,16 erklärte, ein Gläubiger könne auch ohne Taufe gerettet werden[830], lässt sich möglicherweise als eine an die Oberdeutschen gerichtete bewusste Bekräftigung der mit ihnen erreichten Einigkeit in der Frage nach der Notwendigkeit der Taufe verstehen. Freilich hatte er diesen Vers auch vollkommen unabhängig von diesem Kontext bereits in den frühen 1520er Jahren so ausgelegt.[831] Für die Behauptung des Musculus, dass Luther in dieser Predigt das der Taufe zugehörende öffentliche Bekenntnis als den die Taufe rechtfertigenden Grund (ratio baptisandi) hingestellt haben soll[832], findet sich bei Rörer hingegen keine Bestätigung. Seinen Aufzeichnungen zufolge ging es Luther bei seinen Ausführungen über den Bekenntnischarakter der Taufe nicht um deren Legitimierung.[833]

Am 28. Mai schließlich wurde mit dem Reutlinger Alber und Bucer zwei Mitgliedern der oberdeutschen Gesandtschaft die Kanzel zur Predigt überlassen.[834] Mit diesem Schritt signalisierten Luther und seine Leute nun auch öffentlich gegenüber der Wittenberger Gemeinde, dass sie die oberdeutschen Theologen

---

[828] Cf. dazu unten S. 467.

[829] Cf. dazu zunächst WA 41,591–594;595–600,6. Zusammenfassungen zur Himmelfahrtspredigt über Mk 16,14–20 finden sich darüber hinaus in Itinerar 63,5–64,2. Cf. auch MycBr 208–211.

[830] „S. Bernhardus hats gemerckt, qui credit et non baptisatus, tamen salveret, quia Christus non addit, ut von not baptisaretur, quia potest casus fieri, ventrem meum doleo, ehe er umbsihet, ist catechumenus ist [sic] gestorben. Sed concludit ex hoc textu salvatum." WA 41,594,29–33. Cf. dazu bereits oben A. 577. Auch in den Notizen Zwicks ist eine bislang nicht beachtete kurze Nachschrift der Predigt enthalten: „In die ascensionis ad vesperam concionabatur Lutherus. 1. Cur manendum apostolis in Hierusalem et expectandam missionem spiritus sancti scilicet quia ex Zion vera lex et evangelium. 2. Wie got solch so durch gering lüt tut vnd betler. 3. Gand hin in die gantzen welt, regnum Christi regnum est totius mundi. Ad finem tractabat de baptismate. Quidam inquit: Credunt et non sunt baptizati. Non credunt et sunt baptizati. Nec credunt nec sunt baptizati. Credunt et sunt baptizati." ‚Zwick' 16,1–11. Das bei Zwick anonym überlieferte Zitat nimmt Luthers Bezug auf Bernhard von Clairvaux auf. Cf. Itinerar 64, A. 89.

[831] Cf. dazu etwa WA 6,533,36–534,2 und WA 10/3,142,18–30.

[832] „Et de baptisandi ratione dixit, ideo esse adiunctum baptismum, ut esset publica confessio fidei etc." Itinerar 64,1 f.

[833] „Fides, quae praedicatur, non sic debet esse, ut non manifestetur, ideo adiungit signum: ‚qui baptisatus.'" WA 41,593,32 f. „Qui credit Euangelio, libenter baptisatur et fatetur. Sic Christiani similes per fidem tenentes Christum corde et euserlich in operibus, quod eius Sacramentum et tauff accipimus." A. a. O., 594,6–8.

[834] „Dominica post Ascensionis Magister Matthaeus Aulberus Reutlingensis mane, Bucerus meridie, Lutherus vesperi concionati sunt ad ecclesiam." MycBr 277 f. Lapidar heißt es in Melanchthon an Jonas, [29. Mai 1536]: MBW 7, 1745 (148,6 f): „Bucerus hic concionatus est."

als rechtgläubig anerkannten.[835] Über Albers Predigt liegen nur spärliche Angaben vor.[836] Bucer soll in der Stadtkirche in seiner Predigt über Joh 15,26 ff[837] zur Präsenz Christi im Abendmahl gesagt haben: „[...] sub pane et vino vere et essentialiter esse corpus et sanguinem Salvatoris nostri Jesu Christi“[838]. Dass er die sonst von ihm wegen der Affinität zur Transsubstantiationslehre nicht geschätzte Präposition *sub* gebraucht haben soll, ist kaum wahrscheinlich. Der Begriff *vere* begegnet bei Bucer immer wieder. Das Wort *essentialiter* konnte er zumindest gelegentlich gebrauchen.[839] Wie ein Brief Balthasar Gosmars vom 17. Juni 1536 zeigt, konnte Bucer zumindest bei seinen Zuhörern den erwünschten Eindruck erwecken: dass er mit Luther in allen Artikeln und besonders in der Lehre vom Abendmahl übereinstimme.[840] Auch einen Widerruf soll diese Predigt enthalten haben. So heißt es in einem Brief des Wittenberger Mediziners Georg Thormann an Stephan Roth vom 25. Juni 1536, Bucer habe von der Kanzel öffentlich „seinen und der seinigen Irtum widerrufen.“[841] Ähnlich heißt es wohl mit Bezug auf Bucers Predigt in einer 1565 erschienenen Schrift Joachim Mörlins, die Oberdeutschen, seien „von jhrem gefasten schwarm / zu dem Luthero getretten / vnd den jrthumb ỏffentlich widerruffen / wie dasselbige vnser etlich tausent zu Wittemberg auss jhrem munde gehỏret haben / vnd durch ỏffentlichen Truck gezeuget ist.“[842] Bucer wird aber allenfalls in dem Sinne widerrufen haben, wie er das auch während der Konventsverhandlungen in Aussicht gestellt hatte: dass er nämlich einige Dinge nicht ausreichend klar und präzise erfasst und gelehrt habe.[843]

---

835 Von einer falschen Voraussetzung geht DE LAHARPE: Porträt, 154 aus, wenn sie schreibt: „Jedenfalls darf man sich wundern, dass Bucer in Wittenberg auf die Kanzel durfte, wenn man bedenkt, wie gering Luther ihn *privatim* schätzte.“ Zur Zeit des Konventes und auch noch einige Zeit danach stand Bucer bei Luther in einem guten Ansehen.

836 Die Zusammenfassung von Musculus bietet nur eine grobe Gliederung: „Hora quinta concionatus est M. Mathaeus Reütlingensis de baptismate: 1. quid sit 2. a quo institutum sit 3. quibus partibus constet 4. quae sit ipsius utilitas 5. quae sit eius significatio.“ Itinerar 71,5–10.

837 Cf. Itinerar 71,28–30.

838 So berichtet es Balthasar Gosmar am 15. Juni 1536 an Stephan Roth nach Zwickau. BUCHWALD: Stadt- und Universitätsgeschichte, 120. Zur Datierung des Briefes cf. KOLDE: Analecta, 227 A. 1.

839 Cf. dazu etwa BDS 6/1,86,23–25. Zu pauschal ist daher die Anfrage bei KÖHLER: Zwingli und Luther, 451: „[...] kann man es Bucer zutrauen, dass er wirklich so formulierte?“

840 Zusammenfassend schreibt Gosmar: „In qua cum de omnibus fidei articulis, tum de sacramento altaris ita uti concionatorem decet, sensit.“ BUCHWALD: Stadt- und Universitätsgeschichte, 120. Modrevius zufolge behauptete Bucer auch explizit eine Übereinstimmung: „Ibi homo doctus et copiosus cum ingenti omnium et admiratione et laetitia testatus est palam se et omnes, qui uenissent secum, de eucharistia et omnibus articulis sentire cum Vitenbergensibus doctoribus, quos in coelum ferebat, affirmans eos pure docere euangelium et primos authores esse hac tempestate renouati euangelii.“ MODREVIUS: Opera Omnia V, 307,10–15.

841 Walch[1] 21,1447 f. Zur Person Thormanns cf. CLEMEN: Georg Pylander, 335–348.

842 MÖRLIN: Landlügen, A3v. 1536 wurde Mörlin in Wittenberg zum Magister promoviert und nahm dort das Studium der Theologie auf. Cf. KAUFMANN: Konfession, 78. Es ist daher zumindest denkbar, dass er Bucers Predigt selber angehört hat.

843 Cf. dazu oben S. 330 f.

Noch wahrscheinlicher ist aber, dass die Wittenberger Gottesdienstbesucher Bucers abendmahlstheologische Äußerungen selbst als einen Widerruf einer Lehre interpretierten, die sie meinten ihm unterstellen zu dürfen.

Im Anschluss an Bucers Predigt empfing zunächst Bugenhagen das Sakrament. Darauf folgten von den Oberdeutschen Capito und Bucer.[844] Was am 23. Mai zunächst im kleinen Kreis durch das Reichen der Hände zum Ausdruck gebracht worden war, wurde nun vor der Gemeinde öffentlich bekannt: dass die oberdeutschen Theologen von den Kursachsen als Brüder im Glauben anerkannt worden waren.[845] Gleichzeitig war damit aber auch deutlich, dass die Oberdeutschen der Gegenseite die Rolle der Urteilenden und Aufnehmenden zugestanden hatten. Dass der Rest der oberdeutschen Delegation nicht kommunizierte, ist auffällig. Luthers musste den Gottesdienst offenbar vorzeitig wegen eines Schwindelanfalls in Begleitung Melanchthons verlassen.[846] Für eine Deutung in dem Sinne, dass sich hier auf beiden Seiten unausgelöschte Vorbehalte gemeldet hätten, fehlt in den Quellen jedoch der Anhalt.

Abgesehen von den Gottesdiensten und Verhandlungen kam es vom Beginn des Konventes an auch immer wieder zu Zusammenkünften, die nicht unmittelbar der theologischen Arbeit dienten. In den ersten Tagen fanden diese Begegnungen ausschließlich in der Herberge der Oberdeutschen[847] statt, wobei vornehmlich Melanchthon und Jonas den Kontakt pflegten.[848] Luther nahm an

---

[844] „Confestim communicabatur. Primum accedebat Pomeranus, deinde Fabicius Capito, post hunc Bucerus." Itinerar 72,4f. Cf. dazu ebenso MycBr 279f; MODREVIUS: Opera Omnia V, 307,16f. Menius hingegen weiß gegenüber Brenz nur von der Teilnahme Capitos zu berichten. Cf. Menius an Brenz, [Juni 1536]: PRESSEL: Anecdota, 188. In Capitos Brief an Brenz heißt es unbestimmt: „Proinde nos in fratres receperunt, ad communionem corporis Christi admiserunt." A. a. O., 185. Luther erinnerte sich in einer Tischrede wohl zu Anfang der 40er Jahre: „Impii qui communicant, etiamsi non sumant verum corpus Christi, tamen sunt blasphemie in signum Dei. – De Bucero, qui communicaverat in festo Assumptionis cum Pomerano et contionatus erat." WATR 5, 5703 (325,8–11). Zur Datierung und zum Verständnis der Äußerung Bucers cf. oben S. 358f. Falsch ist hingegen die Annahme einer früheren gemeinsamen Kommunion am 25. Mai. Cf. in diesem Sinn KÖHLER: Zwingli und Luther II, 449 und den zugrunde liegenden Transskriptionsfehler bei KOLDE: Analecta, 220 sowie Itinerar 62 A. b. Damit aber wird auch die Vermutung von KÖHLER: Zwingli und Luther II, 451 A. 5 hinfällig, dass Bucer und Capito am Himmelfahrtstag absichtlich nicht teilgenommen haben könnten. DE LAHARPE: Bucers Porträt, 154 merkt mit Bezug auf Luthers Tischrede 5703 (WATR 5,325,8–11) an: „Wieso aber kommt der Schreiber dazu, anzumerken, dass Bucer selbst am Abendmahl teilgenommen hat?" Auch hier wird die einseitige Fixierung der Autorin auf die Tischreden deutlich.

[845] Cf. dazu bereits BIZER: Studien, 113f; EELLS: Bucer, 202; BDS 6/1,172 A. 242.

[846] „Et ipse Lutherus vertigine tactus infra communionem exire coactus est, sequente Philippo." Itinerar 72,10f.

[847] Cf. dazu oben S. 309.

[848] Am 22. Mai waren Melanchton, Menius und Myconius abends zu Gast, am folgenden Tag Melanchthon und Jonas zum Mittagessen und abends noch einmal Jonas alleine. Am Morgen des 24. Mai kam Jonas ein weiteres Mal zu Besuch. Abends wurden neben ihm auch Melanchthon und Cruciger als Gäste willkommen geheißen. Cf. BDS 6/1,172,4–6 und Itinerar 55,8–12;55,19–56,33;58,15;62,19f.22.

diesen Begegnungen zunächst nicht teil, was nicht nur mit seiner schlechten gesundheitlichen Verfassung[849], sondern auch mit seinem zunächst dominierenden Misstrauen gegenüber den Gästen zu tun gehabt haben dürfte. Insgesamt traf er schließlich doch fünfmal mit Oberdeutschen in geselliger Weise zusammen: Am Abend des 25. Mai lud er die Oberdeutschen zu sich ins Schwarze Kloster ein und bewirtete sie dort. Am 27. Mai trafen er und Melanchthon abends in Crucigers Haus mit Bucer, Capito und Zwick zusammen. Am folgenden Abend statteten die Kursachsen den Oberdeutschen einen Besuch ab. Am 29. Mai hatte Luther mittags Wolfart und Musculus bei sich zu Gast. Abends kam er mit Melanchthon und Cranach zunächst zu den Oberdeutschen, doch zog man im weiteren Verlauf erst zu Cranach und schließlich zu Luther.[850] Auch persönlich war man sich ganz offenkundig näher gekommen. Von Luther heißt es mehrmals, er sei in ausgezeichneter Stimmung (mire hilaris) gewesen. Auch versicherte er die Gäste seiner Zuneigung.[851] Ausdrücklich lobte er den Erinnerungen des Arztes Matthäus Ratzeberger zufolge den Scharfsinn von Bucers Predigt, parodierte aber dessen Dialekt und kritisierte, dass er sich nicht an der begrenzten Auffassungsgabe der Zuhörer orientiert habe.[852]

---

[849] Cf. dazu oben S. 304 f.

[850] Cf. Itinerar 64,3–5;71,2 f;72,17–19;74,4 f;74,16–75,2.

[851] „Ad caenam vocati sunt a Creutzingero Bucerus, Capito, D. Zvickius et D. Lutherus, Philippus. Ubi aiunt D. Lutherum mire hilarum fuisse." Itinerar 71,2 f. „Post caenam deduximus D. Lutherum domum, mire hilarem […]." A. a. O., 72,20. „Erat [sc. Luther] mire hilaris et nihil non benevolentiae spondebat." A. a. O., 75,2. Cf. auch Forsters Wiedergabe des später in Augsburg vorgetragenen Berichtes bei Germann: D. Johannes Forster, 151. Musculus hingegen nahm erheblichen Anstoß an dem Charakter des Gesprächs vom 25. Mai. In einer später wohl von ihm selber gestrichenen Passage heißt es: „[…] gerebanturque pleraque mediocriter episcopaliter. In hac caena nihil notare potui, quod esset notatu dignum, nisi quod non minus nugbatur quam apud minoris opinionis viros." Itinerar 64 A. e.

[852] „Als nhun uber Dische etzliche reden von gehaltener Predigt mit einfielen, spricht Lutherus zum Bucero, Es habe Jhm die heutige Predigt gar wol gefallen, doch bin Jch, sagte er, viel ein besser Prediger als Jhr, Ja sagete Bucerus. Dieses Zeugniß geben euch ale diejenigen, so euch gehöret haben, und muß euere Predigten Jedermann loben, Nicht also spricht Lutherus. Jhr sollet mihrs nicht fur ein ruhm außlegen, Dan Jch erkenne meine schwacheit, und weiß keine so scharffsinnige und gelerte Predigt zu thun wie ihr, Aber wann Jch uf die Cantzel trete, so sehe Jch, was Jch fur Zuhörer habe, denen predige Jch, was sie vorstehen können, Dan die meisten unter Jhnen sind arme leyen und schlechte Wenden, Jhr aber suchet euere Predigt gar zu hoch und schwebet Jn Luften, Jm Gaischt Gaischt. Darumb gehören euere Predigten nur fur die gelerten, die konnen meine Landsleute alhier, die Wenden, nicht vorstehen, Darumb thue Jch wie eine getreue Mutter, die Jhrem weinenden und seugenden Kinde die bruste balde Jns maul henget und Jhm milch zu trincken gibt, dauor das Kind besser gelabet und gewartet wirdt, als wenn sie Jhm ein Zucker rosat oder anderen kostlichen syrup aus der Apotecken wolte eingießen. Diesem brauche soll ein Jeder Prediger folgen, und dahin sehen, was er fur Zuhörer habe, ob sie das auch vorstehen und fassen konnen was er predigt undt nicht wie gelert er sey." Neudecker: Geschichte, 87 f.

### 4.2.7 Die abschließenden Vereinbarungen zum weiteren Verfahren

Ein nicht geringer Teil der gegen Ende geführten Verhandlungen entfiel auf Vereinbarungen, die das weitere Vorgehen betrafen. Dies betraf zunächst vor allem den Umgang mit den auf dem Konvent formulierten Artikeln. In der Nachmittagssitzung vom 26. Mai legte Luther fest, auf welchem Wege hier verfahren werden sollte.[853] Auf beiden Seiten sollten die Artikel den Theologen und den Obrigkeiten zur Prüfung vorgelegt werden.[854] Dem Vortrag, mit dem Bucer und Capito am 24. September 1536 in Basel den Inhalt des Abendmahlsartikels auslegten, ist zu entnehmen, an wen dabei gedacht war. Die Kursachsen sollten den Kirchen in Preußen, Pommern, Dänemark, Holstein, Sachsen, Meißen, Thüringen, Hessen, Friesland und in der Markgrafschaft Brandenburg-Ansbach die Artikel zukommen lassen. Die Oberdeutschen sollten in gleicher Weise mit den Kirchen der Eidgenossenschaft, Schwabens, den westrheinischen Gebieten und dem Kraichgau verfahren.[855] Das Urteil der aus dem Bereich der Oberdeutschen einzubeziehenden Personen sollte dann an Luther übermittelt werden.[856] Bei einem weiteren Zusammentreffen sollten darauf zwei oder drei Personen beider Lager die Artikel im Namen aller Beteiligten unterzeichnen.[857] Für die Behauptung von Brecht, dass Luther Bucer die Verantwortung für die Unterzeichnungskampagne übertragen habe, gibt es in den Quellen keinen Anhalt.[858] Luther konnte aber wohl damit rechnen, dass der Straßburger ein weiteres Mal um Zustimmung für eine Verständigung werben würde.

Die Frage der Publikation einer Konkordienschrift hatte Luther bereits am 23. Mai kurz berührt. Vor einer Entscheidung wollte er aber zunächst über alle theologischen Themen verhandelt haben.[859] Musculus zufolge erklärte er nun:

---

[853] Zur zeitlichen Einordung cf. Itinerar 64,13–17.

[854] „Quoniam vero minor pars sumus, oportebit ut reverentiam eam aliis quoque fratribus ac superioribus nostris exhibeamus, ut ea, quae inter nos hic egimus, ad eos quoque referamus [...]." Itinerar 64,22–65,1. Cf. dazu auch ‚Zwick' 11,10–16; ‚Narratio' 119f; MycBr 219–221.

[855] Cf. BDS 6/1,235,20–25. Vermisst wird eine entsprechende Klärung von Köhler: Zwingli und Luther II, 450.

[856] So heißt es in einer internen Absprache der Oberdeutschen vom Morgen des 29. Mai: „[...] als D. Luther begeret, jhn die bewilligung der artickel bey den vnsern zu zu schreiben, das ein jeder solches bey den seinen fůrderen wŏlle, damit der Sathan nicht weiter einwerffe." BDS 6/1,174,3–5. Cf. dazu auch Aussagen aus zwei Briefen Luthers an Johannes Forster WABr 7, 3044 (461,19–21) und 3060 (492,17–20).

[857] „[...] deinde ut petitis singulorum suffragiis mittantur ex utraque parte duo vel tres, qui omnium nomine subscribant placet [...]." Itinerar 65,2f. Cf. ebenso ‚Zwick' 11,16f; BDS 170,10f. Davon abweichend heißt es bei Myconius: „Deinde possent duo ad nos mitti vel a nobis duo ad eos, ut ita subscriberetur [...]." ‚Narratio' 121–123. Cf. ebenso MycBr 222–224.

[858] Cf. Brecht: Bucer, 362. Brechts daraus abgeleitetem Urteil, dass sich zwischen beiden während des Konventes ein engeres persönliches Verhältnis entwickelt habe, ist hingegen zuzustimmen. Cf. dazu oben S. 452.

[859] „De eo vero, an sit aliquod scriptum publice edendum, posteaquam et alios articulos tractaverimus, videbimus. Interea velim nihil evulgari in publicum." Itinerar 58,7–9. Cf. dazu auch BDS 6/1,154,9f.

„[...] et postea publico scripto ista nostra concordia evulgetur."[860] Im Bericht der Oberdeutschen heißt es: „Demnoch kͤonte man die Concordj mit offentlicher schrifft der welt bezeugen."[861] Laut Zwick erklärte Luther mit Blick auf dieses Vorhaben noch: „zů Trotz dem tüfel."[862] Wieder wird hier deutlich, vor welchem theologischen Horizont Luther sich in dieser Auseinandersetzung sah.

Über den Inhalt dieser Konkordienschrift wurde unter den Beteiligten aber offenbar sehr unterschiedlich gedacht: Zunächst ist festzustellen, dass weder in den drei angeführten Berichten noch in späteren Äußerungen Luthers zur Frage der Veröffentlichung ausdrücklich von einer Publikation der *Konkordienartikel* die Rede ist.[863] In einer internen Besprechung vom 29. Mai sollten sich die Oberdeutschen ihrem eigenen Bericht zufolge über eine Veröffentlichung dahingehend verständigen, „das solchs gestellt werde allein vff die Confession vnd Apologij vnd keine besondere artickel [...]."[864] In der Ulmer und der Konstanzer Fassung der oberdeutschen Relation heißt es feststellend, dass „diser artickel kein schließ artickel seyn solte, auch nit publi[ciert] werden, sonder solte allein vns bey D. Luthern vnd die seynen ein zeugnüß seyn".[865] Durch die Formulierung wird der Eindruck erweckt, als seien sich beide Seiten in dieser Einschätzung einig gewesen. Gestützt auf beide Passagen behauptet Grass, es sei „ursprünglich gar nicht beabsichtigt [gewesen], die Wittenberger Artikel zur Einigungsbasis zu machen"[866]. Der Umstand, dass die Oberdeutschen drei Tage später für ihre Seite eigens einen Beschluss gegen eine Drucklegung der Artikel fassen sollten, lässt aber erkennen, dass es eine entsprechende Übereinkunft nicht gab. Grass verkannte bei seinem Urteil den Stellenwert der am 29. Mai von den Oberdeutschen getroffenen Vereinbarung als eine lediglich lagerinterne Vorabsprache.

Da die Oberdeutschen gegen Ende des Konventes aber noch einen Spielraum für ihren Einspruch gegen eine Veröffentlichung der Konkordienartikel sahen, ist anzunehmen, dass Luther am 26. Mai tatsächlich keine ausdrückliche Festlegung der Art vorgenommen hatte, dass er an die Publikation der unterzeichneten Konkordienartikel dachte, um die wiedererlangte Eintracht vor der Welt zu bekunden. Dass er aber tatsächlich die Veröffentlichung der Artikel beabsichtigte, kann kaum zweifelhaft sein. Warum hätte man sich sonst auf sie verständigen, warum hätte er sonst ihre zusätzliche Beurteilung durch die Obrigkeiten

---

[860] Itinerar 65,3 f.

[861] BDS 6/1,170,11 f.

[862] ‚Zwick' 11,18.

[863] Cf. dazu auch ‚Zwick' 11,17 f; ‚Narratio' 121–123; MycBr 222–224; Luther an Bürgermeister und Rat von Straßburg, 29. Mai 1536: WABr 7, 3028 (420,12 f); Luther an Bürgermeister und Rat der Stadt Augsburg, 29. Mai 1536: A. a. O., 3029 (421,18); Luther an Forster, 12. Juli 1536: A. a. O., 3044 (461,21); Luther an Forster, 7. August 1536: A. a. O., 3060 (492,17–20).

[864] BDS 6/1,174,9 f.

[865] BDS 6/1,162 q). Cf. auch BDS 169,18–22.

[866] Grass: Abendmahlslehre (1954), 149 f.

und andere Theologen sowie ihre endgültige Unterzeichnung verlangen sollen? Auch Melanchthon verstand es offenbar so, dass man die Artikel veröffentlichen werde, und zwar im Anschluss an die Ratifikation durch die Theologen und Obrigkeiten beider Seiten. In einem Brief an Wolfgang von Bock heißt es: „Non habeo exemplum sententiae Buceri, et convenit, ut *nondum* edatur, quia nihil adhuc de concordia pacti sumus, sed referenda res est ad plures in utraque parte."[867]

Ausführlich äußerte Luther sich auch darüber, warum er ein so aufwändiges Verfahren der Ratifikation für erforderlich hielt: Zum einen äußerte er seine grundlegende Überzeugung, dass den bislang nicht beteiligten Theologen und den Vertretern der weltlichen Obrigkeit eine Einbeziehung schlicht zustand. Musculus zufolge erklärte er, es werde nötig sein (oportebit), die bislang nicht beteiligten Theologen und Politikern in dieser Weise zu achten.[868] Bei Myconius wird Luther mit den Worten wiedergegeben, „dass es nicht nur unsere Angelegenheit sei, sondern auch die der Fürsten, der anderen Gemeinden und Pfarrer."[869] Zum anderen ließ er erkennen, dass er für den Fall, dass man sich mit dem eigenen Votum begnügen würde, die angestrebte umfassende Zustimmung zur Konkordie gefährdet sah.[870] Im Blick auf sich selber betonte Luther, dass er mit dem Ergebnis der Verhandlungen vollauf zufrieden sei, und bat die Oberdeutschen, sie sollten die entstehende Verzögerung nicht als Votum des Misstrauens gegen die Artikel verstehen.[871] Der Zustimmung der eigenen Seite glaubte er sich sicher sein zu können, und auch die Einwilligung der oberdeutschen Seite hielt er für erreichbar.[872] Damit lässt sich aber präzise bestimmen, welchen

---

[867] „Ich habe keine Abschrift von Bucers Ansicht, und man ist übereingekommen, dass sie *noch nicht* veröffentlicht wird, weil wir bisher nichts über die Konkordie vertraglich abgeschlossen haben, sondern die Angelegenheit muss [erst noch] an mehrere auf beiden Seiten überbracht werden." Melanchthon an v. Bock, [Juni/Juli 1536]: MBW 7, 1757 (3–5). [Hervorhebung H. R.].

[868] Cf. dazu oben A. 854 und Zwick 11,13 f.

[869] „Sed quia pauci adessemus utrinque, nec causa solum nostra sed et principum, aliarum ecclesiarum et pastorum esse, nunc sicut nos, qui coram essemus, de una, eadem, vera et catholica sententia convenissemus et concordaremus, ita referremus scripto et exemplo ad alios, ut et illi nostris sententiis suam adderent." Naratio 116–120. Cf. ebenso MycBr 216–221.

[870] „[…] sed ne reliqui principes, magistratus et concionatores possent dicere: Ecce, illi sanxerunt aliquid (loquor de illis, qui stant a parte evangelii) nobis ignorantibus, habemus tamen et nos spiritum sanctum, in ista confessione hoc non placet." Zwick 11,20–22. In diesem Sinne heißt es auch bei Melanchthon an Landgraf Philipp, 26. Mai 1536: MBW 7, 1743 (130,9–12): „Wir gedenken aber nicht entlich zu schliessen, sondern das ienig, so wir unter uns disputirn, soll an die andern predicanten und zu forderst an e.f.g. auch gelangen, damit nit grosser uneinigkeit zu befahren."

[871] „Nec putetis sarciendae concordiae tempus ob id differtur, quasi de vestra confessione diffidamus. Nam per vos mihi satisfactum est […]." Zwick 11,18–20. „Vnnd sagt, disen vffzug sollen jhr nicht verstehen, als ob vns hie noch etwas an euch mangelte. Mir ist fů̈r mein person gnug geschehen […]." BDS 6/1,170,12–14 Cf. ebenso Itinerar 65,4 f.

[872] „De nostris certe non diffido, quin illis satisfacient, quae nobis satisfaciunt, maxime cum nos, qui hic sumus, conveniamus. Et non dubito nos utrinque tum posse nostris hanc senten-

Status die Artikel zur Zeit des Konventes in Luthers Augen hatten: Es handelte sich bei ihnen nicht um einen Vertrag, mit dessen Unterzeichnung die Theologen die Konkordie selbst unmittelbar in Kraft gesetzt hätten. Planck hat sie zutreffend als „Präliminarartikel"[873] bezeichnet, in denen die Bedingungen benannt waren, zu denen nach dem Urteil der kursächsischen Theologen der Abschluss einer Konkordie erfolgen konnte. Die abschließende Ratifizierung aber verlangte den breiten Konsens der Theologen und Obrigkeiten beider Seiten.

Im Anschluss an Luthers Ausführungen zur Ratifizierung verlas Cruciger zunächst den Abendmahlsartikel.[874] Darauf besah sich Luther den Artikel noch einmal genauer und zog sich dann mit den anderen Kursachsen zu einer separaten Unterredung zurück.[875] Als der Artikel nach dieser Beratung noch einmal verlesen wurde, fiel Musculus auf, dass ihm am Ende einige Worte zugefügt worden waren (paucis in fine additis).[876] In der Forschung sind diese Vorgänge wohl verschiedentlich registriert, bislang aber nicht eingehender untersucht worden.[877] Über den Inhalt der Unterredung sind wir ausschließlich durch das informiert, was Luther dazu nach seiner Rückkehr gegenüber den Oberdeutschen erklärte. Bei Musculus heißt es dazu:

> „Egressus cubiculum caepit amovere suspicionem, ne putaremus illi aliquid de nobis inesse. Hanc enim consultationem non esse in hoc factam, sed ut res propter malevolos eo ageretur cautius, tam in nostrum quam ipsorum bonum."[878]

Demnach ging es in der Unterredung nicht um die Oberdeutschen, sondern darum, wie man das weitere Vorgehen mit Rücksicht auf mögliche Gegner der Verständigung gestalten solle. Da sich die interne Beratung zweifelsohne in der fraglichen Ergänzung des Artikels niederschlug, bietet diese Aussage Luthers einen wichtigen Anhalt bei der Identifizierung des Zusatzes. Keine Hilfe bietet hingegen das Textbild des erhaltenen Straßburger Originals. Da der Textfluss gleichmäßig und nicht durch Einfügungen unterbrochen ist, liefert die-

---

tiam persuadere, siquidem conati fuerimus." Zwick 11,25–27. Cf. ebenso BDS 170,10; ‚Narratio' 120f; MycBr 221; Itinerar 65,6f.

[873] Planck: Geschichte, 381 A. 212.

[874] „Haec cum lecta essent a D. Crützingero, quae iussu Lutheri a Philippo expecta erant de communi omnium sententia, quod rationem eucharistiae attinebat […]." ‚Zwick' 12,1–3. Weniger präzise hielt Musculus fest: „Post ista lecta est formula a D. Creutzigero […]. Itinerar 65,8.

[875] „[…] qua lecta caepit D. Lutherus non nihil haesitare formulamque penes se inspicere. Quo facto surrexit cum suis et in cubiculo seorsim cum illis de quibusdam verbulis commentatus est." Itinerar 65,8–11. „[…] a Luthero cum suis deliberatum est aliquantisper. Coeperat enim formulam penes se inspicere quasi nonnihil haesitans." ‚Zwick'12,3f.

[876] „Atque sub ista relecta est formula paucis in fine additis." Itinerar 65,15.

[877] Cf. dazu etwa Köhler: Zwingli und Luther II, 450; Kolde: Wittenberger Konkordie, 396; Bizer: Studien, 111.

[878] „Aus dem Zimmer herausgekommen begann er, den Verdacht wegzuschieben, dass wir meinten, jenem hafte im Blick auf uns etwas an. Diese Beratung sei nämlich nicht dazu abgehalten worden, sondern damit die Sache wegen der Missgünstigen desto behutsamer betrieben werde, zu unserem wie zu ihrem eigenen Wohl." Itinerar 65,12–14. Cf. auch ‚Zwick' 12,4–7.

ses Autograph keinen Aufschluss darüber, welche Worte nachträglich zugefügt wurden.[879] Ausgehend von Luthers Äußerung kann man den gesuchten Zusatz eigentlich nur in den drei letzten Sätzen des Artikels sehen. In den beiden verschiedenen Fassungen lautet dieser Teil des Textes wie folgt:

| | *deutscher Text*[880] | *lateinischer Text*[881] |
|---|---|---|
| 1 | Dieweil aber auff dis mal unser wenig sind zusamen komen | Cum autem pauci convenerimus |
| | und diese sachen auch an die andern predicanten und oberkeit beiderseits gelangen mus, | et opus sit utrinque hanc rem ad alios concionatores et superiores referre, |
| | konnen wir die concordia noch nicht beschliessen, | nondum licet nobis de concordia pacisci, |
| | zuvor und ehe wir es an die andern gelangen lassen. | priusquam ad alios retulerimus. |
| 2 | Nachdem aber diese alle bekenen, das sie in allen artikeln der Confession und Apologia der evangelisschen fursten gemeß und gleich halten und leren wollen, | Cum autem profiteantur omnes se iuxta Confessionem et Apologiam principum evangelium profitentium in omnibus articulis sentire et docere velle, |
| | wolten wir gern und begeren auffs hochst, das eine concordia auffgericht wurde. | maxime cupimus sarciri et constitui concordiam. |
| 3 | Und wo die andern beiderseits inen diesen artikel auch gefallen lassen, haben wir gute hoffnung, das ein bestendig concordia unter uns auffgericht werde. | Et spes est nobis, si reliqui utrinque ita consenserint, solidam futuram esse concordiam. |

In dreifacher Hinsicht stimmen diese Sätze mit dem überein, was Luther zum Inhalt der Unterredung mit den anderen Kursachsen erklärte: Zunächst werden in Satz 1 und 3 Aussagen über das weitere Vorgehen (ageretur) gemacht. Sodann wird in Übereinstimmung mit Luthers mündlichen Darlegungen über das weitere Vorgehen festgelegt, dass der endgültige Abschluss der Konkordie nur mit der Zustimmung anderer Theologen und der zuständigen Obrigkeiten erfolgen könne. Diese Bestimmung aber löste das ein, was Luther gegenüber den Oberdeutschen als die mit der separaten Unterredung verfolgte Absicht dargestellt hatte: dass nämlich der Umgang mit dem Artikel mit Rücksicht auf Kritiker der Verständigung umso behutsamer zu geschehen habe. Behutsam war dieses Verfahren aber darin, dass es auf die Einbeziehung der abwesenden Theologen und Obrigkeiten und auf das Erzielen eines breiten Konsenses hin angelegt war. Etwas ausführlicher ist auf Satz 2 einzugehen: Hier ist zum einen von einer Festlegung der Oberdeutschen auf die CA und deren Apologie die Rede. Diese war

[879] Cf. dazu AMS AA 462, f. 106r–109v.
[880] MBW 7, 1744D (146,30–38).
[881] MBW 7, 1744L (142,20–26).

in der Unterredung vom 23. Mai erfolgt.[882] Zum anderen wird die Bedeutung dieser Verpflichtung für den Konkordienwillen der kursächsischen Theologen herausgestellt.[883] In ihrem Kontext kommt dieser Aussage die Funktion einer Empfehlung für die nach dem Konvent um ihr Votum gebetenen Theologen und Politiker zu: Angesichts der erfolgten Annahme von CA und Apologie halten die Unterzeichner auf Luthers Seite den Abschluss der Konkordie für wünschenswert. Somit lässt sich aber auch Satz 2 gut im Sinne von Luthers Aussage über die mit den anderen Kursachsen geführte Kurzunterredung begreifen: Der Hinweis auf das erfolgte Bekenntnis zu CA und Apologie ist als ein Teil der Strategie zu verstehen, die Luthers Ansicht nach im Blick auf Gegner des Konkordienvorhabens im eigenen Lager zu verfolgen war. Dass er tatsächlich so verfuhr, wird etwa in einem Brief an Markgraf Georg von Brandenburg deutlich, wo es heißt: „[Die Oberdeutschen] haben unser Confession und Apologia frei angenommen und verheißen zu lernen und zu treiben. Mehr hab ich nicht wissen zu fordern oder dringen."[884] An Forster wiederum schrieb er am 12. Juli 1536: „At ipsi tam sancte et graviter omnia acceperunt, etiam nostram Apologiam, ut eos respuere non licuerit."[885] Sowohl die Unterredung als auch der in ihrem Rahmen formulierte Zusatz zielten demnach primär auf das Problem der Akzeptanz im *eigenen* Lager. Für dieses Urteil sprechen auch Luthers beschwichtigende Worte an die Oberdeutschen mit denen er erklärte, dass sie nicht Inhalt der Beratung gewesen seien.[886] Die Einbeziehung von CA und Apologie sollte den eigenen Leuten die Zustimmung erleichtern. Darüber hinaus ist anzunehmen, dass Luther in diesem Zusammenhang auch an die eindringlichen Worte seines Kurfürsten gedacht haben dürfte, mit denen dieser CA und Apologie vor Beginn des Konventes für indisponibel erklärt hatte.[887]

Für die hier vorgelegte These, dass die letzten drei Sätze dem Artikel auf Luthers Initiative hin nachträglich zugefügt wurden, spricht letztlich auch die Beobachtung des Musculus, dass der Zusatz *in fine* erfolgt sei. Gegen sie spricht strenggenommen seine Feststellung, dass nur wenige Worte hinzugefügt worden seien (paucis addictis). Gleichwohl ist festzustellen, dass der Abendmahlsartikel keine andere Passage enthält, die den vorhandenen Anhaltspunkten in vergleichbarer oder gar einleuchtenderer Weise Genüge tun könnte.

---

[882] Cf. oben S. 337 und A. 252.

[883] Die Auslegung bei KAUFMANN: Wittenberger Konkordie, 247, die Oberdeutschen hätten in Satz 2 und 3 ihren Willen zur Aufrichtung der Konkordie bekundet, beruht auf einem falschen Verständnis des Pronomens „wir": Hiermit sind in Satz 2 ausschließlich die Kursachsen gemeint, denen die Oberdeutschen, auf die sich das Demonstrativpronomen „diese" bezieht, klar gegenübergestellt sind.

[884] WABr 7, 3031 (425,7–9).

[885] „Aber sie selbst haben alles so heilig und ernsthaft angenommen, auch unsere Apologie, dass es unmöglich war, sie zurückzuweisen." WABr 7, 3044 (461,15–17).

[886] Cf. oben A. 878.

[887] Cf. dazu oben S. 306.

Aus der vorliegenden Endgestalt des Artikels lässt sich erkennen, dass sein Status in ihm genau so bestimmt wurde, wie Luther dies zu Beginn der Unterredung getan hatte: Es handelte sich bei ihm nicht um ein Abschlussdokument, mit dessen Unterzeichnung die Konkordie in Kraft gesetzt worden wäre.[888] Vielmehr bekundeten die kursächsischen Theologen mit ihrer Unterschrift, dass sie die hier formulierten Lehraussagen der Oberdeutschen unter Einschluss ihres Bekenntnisses zur Confessio Augustana und zu ihrer Apologie als hinreichende Voraussetzungen für die angestrebte Konkordie ansahen und legten sich mit diesem Urteil gegenüber den übrigen Theologen und den politischen Entscheidungsträgern ihrer eigenen Seite fest.[889] Abschließend lässt sich damit nun aber auch die Frage nach der Textgattung des Abendmahlsartikels beantworten: Aufgrund des mit ihm ausgesprochenen Urteils der kursächsischen Seite, das zumindest im Blick auf das eigene Lager zweifelsohne eine empfehlende Wirkung haben sollte, wird man den Artikel nicht als ein Bekenntnis[890] ansehen dürfen, sondern als ein aus kursächsischer Sicht verfasstes Lehrgutachten auffassen müssen, das eine Paraphrase der oberdeutschen Abendmahlslehre enthält und über die Konkordientauglichkeit dieser Lehre und die Aussicht auf das Zustandekommen einer *solida concordia* ein Urteil abgibt.

Nach der Verlesung erklärten die Oberdeutschen gemeinsam ihr Einverständnis zu dem ergänzten Artikel.[891] Zwick zufolge setzte Luther diese Einwilligung noch einmal ausdrücklich mit einer Zustimmung zur Abendmahlslehre der CA gleich. Für ihn ging es jetzt darum, dass die Oberdeutschen dieser Auffassung von der Gegenwart Christi in ihren Gemeinden auch Geltung verschaffen mussten.[892] Zwicks Darstellung nach fuhr Luther dann fort: „Praestare autem apologiam, quae secus agentes sit revictura, ea se esse contentum et securum ab omni timore."[893] Anstelle des Verbs *praestare* findet sich bei Musculus *prostare*.[894] Vom Kontext her ist Luthers Äußerung wohl so zu verstehen, dass ihm hier die Möglichkeit vor Augen stand, dass Angehörige der Gegenseite der übernommenen Verpflichtung zu einer dem Artikel entsprechenden öffent-

---

888 Darin ist KAUFMANN: Wittenberger Konkordie, 247,29–31 zuzustimmen.

889 Der von Wilhelm Neuser RBS 1.2, 75 unterstellte Zusammenhang mit der Frage nach einer Aufnahme in den Schmalkaldischen Bund hat zumindest im Blick auf Luther keinen Anhalt an den Quellen.

890 Vs. GRASS: Abendmahlslehre (1954), 150; KAUFMANN: Wittenberger Konkordie, 247,31.37.46.

891 „Relecta formula rogati sumus omnes an consentiremus. Assensum est communiter." Itinerar 65,16 f. Cf. auch Zwick 12,7 f.

892 „Subiunxit ergo Lutherus: Nos videmus vos per omnia, quod hunc articulum attinet, saxonicae confessioni adstipulari. Tantum restat, ut per omnia ecclesiis istam corporis praesentiam probe inculcetis." ‚Zwick' 12,8–11.

893 „Die Apologie aber sei überlegen, die die überführen werde, die schlecht verfahren würden, durch sie [sc. die Apologie] sei er zufrieden und frei von aller Furcht." ‚Zwick' 12,11–13.

894 „Subiunxit D. Lutherus prostare Apologiam, quae secus agentes sit revictura, ea se esse contentum et securum ab omni timore." Itinerar 65, 17 f.

lichen Lehre nicht nachkommen könnten (secus agentes). Dabei dachte Luther wohl nicht daran, dass man die Verpflichtung auf den Konkordienartikel rundheraus leugnen würde. In diesem Fall hätte er wohl auch keine Zuversicht haben können, dass man einem solchen Fehlverhalten mit dem Hinweis auf Melanchthons Apologie[895], auf die die Oberdeutschen ja durch den Artikel verpflichtet waren, werde erfolgreich entgegentreten können. Vielmehr setzte er eine Situation voraus, in der bei formaler Geltung des Artikels seinen Worten eine abweichende Deutung gegeben werde. Noch einmal brach hier das alte Marburger Trauma durch: dass die Gegenseite mit den gefundenen und fixierten Formulierungen nicht redlich umgehen werde. Luther glaubte aber, dass die Apologie aufgrund einer bestimmten Überlegenheit (praestare/prostare) einem solchen unehrlichen Umgang beikommen könne. Er war überzeugt, dass sie unaufrichtige Ausleger überführen (revincere) könne. Gegenüber Markgraf Georg äußerte er in einem Brief vom 29. Mai, dass man die Oberdeutschen im Ernstfall mit der Apologie werde zurechtweisen können.[896] Warum Luther aber gerade die Apologie in diesem Zusammenhang für besonders verlässlich hielt, lässt sich nur vermuten. Auch in seinem für den Kurfürsten im Januar 1535 aufgesetzten Gutachten zur Kassler Formel hatte er erkennen lassen, dass er gerade der Apologie in der Auseinandersetzung mit den Oberdeutschen eine besondere Wertschätzung entgegenbrachte.[897] Möglicherweise war auf dem Konvent für Luther ausschlaggebend, dass sich der 10. Artikel der Apologie in beiden Textformen deutlich zur leiblichen Teilhabe am Leib Christi bekennt.[898] Damit lag hier das explizite und unmissverständliche Bekenntnis zur *manducatio oralis* vor, das dem Konkordienartikel in dieser Weise fehlte und das Luther nur auf der Basis der von Bucer vorgetragenen Erläuterung zu den *indigni* durch Schlussfolgerung gewinnen konnte. Es könnte die hier vorliegende Ausdrücklichkeit gewesen sein, die Luther jede Angst vor möglichen Umdeutungen des Konkordienartikels nahm. Auf jeden Fall wird man festhalten müssen, dass Luther an dieser Stelle doch ein

---

[895] Ohne Anhalt am Text ist die Auslegung von Köhler: Zwingli und Luther II, 450, demzufolge Luther hier den „Bekenntnischarakter des Schriftstückes" erklärt habe. Irrtümlich bezieht Köhler dabei das Wort *apologia* auf den Abendmahlsartikel selbst. Dass Luther hier aber wirklich von Melanchthons Apologie sprach, kann auch angesichts sachlich entsprechender Äußerungen nach dem Konvent nicht zweifelhaft sein. So schrieb er am 12. Juli 1536 an Johannes Forster: „At ipsi tam sancte et graviter omnia acceperunt, etiam nostram Apologiam, ut eos respuere non licuerit. Dixi etiam: si vos secus egeritis, ipsam Apologiam opponemus vobis." WABr 7, 3044 (461,15–18) Cf. dazu auch A. 896.

[896] „Jch acht, Es sey yhr rechter ernst. Wo nicht, sind sie leichtlich mit der angenomen Apologia zu straffen." WABr 7, 3030 (423,35f). Zur Bedeutung von „strafen" cf. DWB Bd. 11, Art. strafen 5d (Col. 711).

[897] Cf. dazu oben S. 223.

[898] „Sed nullam nobis coniunctionis rationem secundum carnem cum illo esse, id profecto pernegamus. Idque a divinis scripturis omnino alienum dicimus." BSLK L248,26–30 (BSELK 425,20–22). „Daß wir aber nach dem Fleisch gar keine Vereinigung mit ihm haben sollten, da sagen wir nein zu, und das ist auch wieder die Schrift." BSLK D248,10–13 (BSELK 424,18f).

gewisses Gespür für die Deutungsfähigkeit des Konkordienartikels zeigte, der er allerdings mit Hilfe der Apologie meinte beikommen zu können.

Zusammenfassend wird man sagen können, dass Luther der CA und der Apologie gegenüber dem Konkordienartikel eine zweifache Bedeutung zuerkannte: Zum einen sorgte er für deren Aufnahme in die Formel, weil er sich davon eine Begünstigung der Rezeption im eigenen Lager erhoffte. Zum anderen sah er in der Apologie ein Bekenntnis, mit dessen Hilfe sich eine theologische Umdeutung des auslegungsfähigen Artikels würden abweisen lassen.[899]

Erst am 27. Mai wurde schließlich über die Frage gesprochen, wie mit den Schweizern zu verfahren sei. Bucer brachte im Anschluss an die Verhandlungen über das *ius reformationis* die Rede auf das Thema. Er warb engagiert für eine Einbeziehung der Eidgenossen in die Konkordie.[900] Zusammen mit Capito berichtete er über die Verhandlungen auf dem Basler Konvent und benannte drei Punkte, die die Eidgenossen vor einer Einigung zurückschrecken lassen würden: die Furcht, dass man beim eigenen Volk in den Verdacht der Unbeständigkeit geraten werde; die Befürchtung, dass eine mit dem Festhalten an der wahren Menschheit Christi unvereinbare Form von Gegenwart proponiert werde; die Angst vor einem Bekenntnis zur Impanation.[901] Ebenso betonten sie aber die starke Neigung der Eidgenossen zu einer Konkordie.[902] Auch über Anzahl und Art der Schweizer Gemeinden wurden die Kursachsen informiert.[903] Anschließend übergab Bucer das in Basel aufgestellte Bekenntnis an Luther und verlas daraus die Artikel über Erbsünde, Amt, Sakramente, Taufe und Abend-

---

[899] Die Deutung von KAUFMANN: Wittenberger Konkordie, 247f, dass der Abendmahlsartikel den „Interpretationsspielraum" für CA und Apologie definiere und restringiere und dass die in ihm enthaltene *cum-pane*-Formel und das Bekenntnis zur *manducatio indignorum* als „*conditio sine qua non* ihrer legitimen Inanspruchnahme zu gelten haben" geht an der Situation des Konventes und an Luthers Auffassung offensichtlich vorbei. Es ging in Wittenberg nämlich an keiner Stelle um die Frage, unter welchen Umständen man sich zu Recht auf die CA und die Apologie berufen könne.

[900] „Sub ista proposuit Bucerus causam Helveticae confessionis et conditionem illarum ecclesiarum, quid ministri earum hic sentiant et quam bene possent acciri ad concordiam [...]." Itinerar 69,2–4. Zwick wusste später gegenüber den Zürchern die Sorgfalt zu loben, mit der Bucer die Anliegen der Schweizer vertreten hatte: „Haec diserte Luthero per Bucerum omnium nomine sunt exposita. Cum de vobis vestrisque ecclesiis ageretur, ne dicam, quanta diligentia hoc factum sit." Zwick an [Bullinger, Jud und Pellikan], 19. August 1536: HBBW 6, 879 (395,31–33).

[901] „De helveticis ecclesiis proposuit Bucerus 1. de conventu Basiliensi, quomodo conveniant nobiscum, quid eos remoretur, 1. quod timerent suspitionem inconstantiae apud vulgus 2. timerent talem corporis praesentiam, quae noceret veritati humanitatis 3. timerent impanationem quandam." ‚Zwick' 14,1–5. Zu den drei Bedenken der Schweizer cf. auch Zwicks Brief an die Zürcher vom 19. August 1536, HBBW 6, 879 (395,24–31). Zur Beteiligung Capitos an den Darlegungen cf. unten A. 902.

[902] „Vff den Samstag haben Capito vnd Butzerus der Eydgnossischen prediger vnd Obern Confession für getragen vnd jhren gneigten willen zur Concordj der lenge nach vnd gantz getrüwlich erzelet [...]." BDS 6/1,170,17–171,2.

[903] „2. Quantas et quales ecclesias habeant." ‚Zwick' 14,6.

mahl.[904] Luthers Brief an Bucer vom 6. Dezember 1537 lässt erkennen, dass es sich dabei um die lateinische Fassung gehandelt haben muss.[905] Einem Schreiben zufolge, das Bucer und Capito am 5. Juli 1536 an den Basler Rat sandten, erklärten sie bei der Übergabe des Bekenntnisses, dass es inhaltlich mit der Confessio Tetrapolitana und deren Apologie ebenso übereinstimme wie mit den Konkordienartikeln.[906] Die Schweizer selber nahmen sie gegen die Vorwürfe in Schutz, dass sie die Sakramente lediglich als leere Zeichen ansähen und dem Dienst des Wortes eine zu geringe Bedeutung einräumten. Außerdem entschuldigten sie deren Fehlen mit Verweis auf die kurzfristig erfolgte Einladung.[907] Dabei wurden sie von Zwick unterstützt.[908]

In seiner Entgegnung bezog sich Luther zunächst auf den Besuch Sailers in Wittenberg. Er erinnerte sich, dass ihn der Augsburger bereits auf eine Beteiligung der Schweizer angesprochen hatte. Er habe aber nur mit einer Entsendung Straßburger und Augsburger Delegierter gerechnet.[909] Andernfalls hätte er sich früher um die Festlegung des Termins gekümmert.[910] Der Konstanzer Fassung der oberdeutschen Relation zufolge kam Luther auch auf das Schreiben zu sprechen, in dem sich Straßburger über die Situation in der Schweiz geäußert hatten. Er erklärte aber, dass dies über Arbeit und Krankheit bei ihm in Vergessenheit geraten sei.[911] Man wird demnach festhalten können, dass Luther,

[904] „Deinde confessionem ipsorum D. Luthero considerandam obtulit, recitatis primum aliquot articulis, nempe de peccato originali, de ministerio, vel verbo, ut vocant, externo, de sacramentis, de baptismate, de caena.“ Itinerar 69,7–9. Falsch wird die Übergabe der *Confessio Helvetica Prior* bei BRECHT: Martin Luther III, 58 auf den 22. Mai datiert.

[905] „Latinam Heluetiorum Confessionem paulo minus probo quam Germanicam Ciuitatum, praesertim in Sacramento altaris. Cętera satis placent pro hoc tempore.“ WABr 8, 3193 (158,15–18).

[906] „Vnd vff das haben wir uwer gemeine bekantnüs, wie die zů Basel gestellet, überantwurtet, mit erklerung, wie die selbige, der vier Stet bekantnüß vnd verantwurtung, auch disen hiemit überschickten artickelen so schon angestellet, vnd von allen jeden bewilligt waren, gemäß weren.“ StA Basel Kirchenakten A 9, f. 242r.

[907] „[…] Auch sie des entschuldiget, das sie geachtet werden, als ob sie die Sacrament nur fůr låre zeichen vnd auch den dienst des worts nicht inn seinem werth hielten. Jtem, das sie von wegen der kürtze dere zeit zu disem Conuent niemandt gesandt haben, das sie doch gern gethan hetten.“ BDS 6/1,171,2–5. Cf. auch Itinerar 69,12–14.

[908] „Idque diligenter et multis egit Bucerus, excusato eo quod neminem ad hunc conventum miserint. Idem ego tunc feci, narrans quid me rogaverit Aroyae.“ ‚Zwick‘ 14,8–10. Zu Zwicks Teilnahme am Tag von Aarau cf. KÖHLER: Zwingli und Luther II, 434 mit A. 9 und 439 sowie MOELLER: Johannes Zwick, 182. Offen muss freilich bleiben, wer Zwick zu dieser Fürsprache verpflichtet hatte.

[909] „Dilecti fratres. Da D. Geryon vonn Augsburg her geschickt war, zeigt er mir wol ettwas hiervon an, hab aber dazu mol nit gedacht, das ewer so vil solten herkummen, sonder allein Augspurg unnd Straßburg. Hett ichs aber gewisset, wolts anders gericht haben.“ Itinerar 69,16–70,2.

[910] „Hierauff hat D. Luther gar freundtlich geantwortet vnd das er nicht habe gewüst, das so vil hetten kommen wőllen vnd beuorab, das auch von den Aydgnossen hetten kommen wőllen, Sonst wolt er die zeit des Conuents wol zeitlicher haben zu geschreiben […].“ BDS 6/1,171,6–9.

[911] „Dann von vile der geschefft vnnd spenn kranckhait halb jm nit jngedenck gewesen, was jm deßhalben von Straßburg geschriben.“ BDS 6/1,171 A. a).

auch wenn er zunächst keine prinzipiellen Einwände gegen eine Beteiligung der Schweizer hatte[912], an deren Teilnahme wiederum auch nicht besonders gelegen hatte.

Im Hinblick auf die verlesene und übergebene Konfession sagte er zunächst zu, dass man sie lesen werde. Gleichzeitig machte er aber grundsätzlich deutlich, dass er sie nicht als Grundlage für eine Konkordie mit den Schweizern akzeptieren könne.[913] Dabei verwies er auf Erwartungen innerhalb seines eigenen Lagers, denen er gerecht werden wollte.[914] In diesem Zusammenhang kam er ein weiteres Mal auf Zwingli zu sprechen. Dabei wies er die Auffassung, dass Zwingli ebenfalls richtig gelehrt habe, als unglaubhaft zurück. Dass hier vielmehr ein Dissens in der Sache bestand, belegte er mit dem Hinweis auf die alten Streitschriften und Zwinglis *Fidei expositio*, die er erneut scharf kritisierte.[915] Diese Verwahrung Luthers lässt erkennen, dass er damit rechnete, dass zumindest ein Teil der eidgenössischen Theologen nicht an eine Preisgabe des Zürchers und seines Erbes dachte. Anlass zu dieser Vermutung dürfte er vor allen Dingen in den beiden zuletzt erschienen Editionen gesehen haben. Eine ausdrückliche Distanzierung von Zwingli in Form einer Verdammung verlangte er hingegen von den Schweizern ebenso wenig wie von den Oberdeutschen. Er begnügte sich vielmehr mit einer Zurückweisung aller apologetischen Umdeutungen. Gleichfalls gab er zu verstehen, dass er auf Biblianders Briefwechselausgabe reagieren (respondere) müsse.[916] Ob er dabei an die Veröffentlichung einer Schrift oder an eine briefliche Mitteilung in die Schweiz dachte, ist aus seinen Worten nicht zu erkennen. Deutlich ist aber, was er den Eidgenossen zu signalisieren gedachte: dass er an der Unvereinbarkeit seiner eigenen Anschauung mit den abendmahlstheologischen Überzeugungen Zwinglis festhielt und dass er die Behauptung einer Übereinstimmung auch zukünftig nicht unwidersprochen lassen wollte.

Als Bucer Luther daraufhin bat, dieser möge auf eine Erwiderung verzichten oder diese doch zumindest so gestalten, dass die Konkordie durch sie nicht gefährdet werde, erfragte Luther, zu welchem Umgang mit Biblianders Sammlung der Straßburger ihm rate. Gleichzeitig verlangte er von Bucer aber, dass dieser an dem zur Briefedition beigesteuerten Vorwort eine Veränderung vornehmen müsse. Musculus zufolge verlangte Luther hierbei allerdings nur eine dezente

---

[912] Cf. oben S. 289.

[913] „Die confession wellen wir lesen. Aber das wir sie solten also zulassen, künnen wir noch nit thůn" Itinerar 70,3. Cf. auch a. a. O. A. 105 zur adversativen Bedeutung des Adverbs *noch*. Cf. außerdem BDS 6/1,171,9 f und ‚Zwick' 14,11 f.

[914] „Wir müssen auch den leüten die oren füllen." Itinerar 70,4. Cf. auch ‚Zwick' 14,12 f.

[915] „Man wirts nit glauben, das Zwinglius vor auch recht geleret hab. Dann wir zu hart wider einander gefochten haben, besonder ich unnd er. Recordabatur etiam libelli post mortem Zvinglii editi, quem multa dicebat habere absurda et sibi summopere displicere." Itinerar 70,4–8. Cf. auch ‚Zwick' 14,13 f.

[916] „Interea tamen dicebat se cogi respondere epistolae Bibliandri [...]." Itinerar 70,11 f.

Form der Bearbeitung (castigare).[917] Konkretere Auflagen scheint Luther in diesem Zusammenhang nicht gemacht zu haben. Zweifelsohne lag ihm aber daran, dass der Straßburger sich erkennbar und öffentlich von Zwinglis Anschauungen abgrenzte. Eilfertig sagte Bucer zu.[918]

Gleichzeitig sandte Luther aber auch positive Signale in Richtung Eidgenossen aus: Er brachte seine Freude über die Neigung der Schweizer zur Verständigung zum Ausdruck und versicherte sie seiner Bereitschaft zur Hilfe und seiner freundschaftlichen Gesinnung, die zu allem bereit sei, was sein Gewissen zulasse.[919] Für Luthers Urteil über die Schweizer wird man daraus zweierlei entnehmen können: Er war offenbar tatsächlich davon überzeugt, dass sich ihr Lager in Bewegung befand. Zu der Vermutung, dass er seine Freude nur geheuchelt haben könnte, besteht hingegen keinerlei Anlass. Da er aktuelle Auskünfte über die Schweizer im Wesentlichen den Straßburgern verdankte, muss man annehmen, dass deren werbende Worte und Briefe eine gewisse Wirkung hatten entfalten können. Er war dazu bereit, sie in den Verständigungsprozess miteinzubeziehen. Andererseits ging er, wie seine Zusagen deutlich machen, offensichtlich davon aus, dass diese Aussöhnung noch nicht in greifbarer Nähe lag. Gleichwohl war er bereit, das Seine zu tun.

An dieser Stelle wurden die Verhandlungen beendet. Zum Zweck der Prüfung verblieb das Basler Bekenntnis bei Luther.[920] Am Montag darauf (29. Mai) eröffnete er Bucer und Capito sein Urteil.[921] Dem Itinerar ist nur zu entnehmen, dass in der Frühe um sieben Uhr eine separate Unterredung zwischen Bucer und Capito auf der einen Seite und Luther, Melanchthon, Bugenhagen und Cruciger auf der anderen Seite stattfand.[922] Für die inhaltliche Rekonstruktion sind wir hingegen auf den Bericht der Oberdeutschen, auf einen Brief Bucers und Capitos an den Basler Rat vom 5. Juli 1536 und das offizielle Protokoll eines Vortrages, in dem Bucer und Capito am 24. September eine Tagsatzung in Basel über den Verlauf des Konventes informierten, angewiesen. Dem Bericht der Oberdeutschen

[917] „[…] id quod ne faceret Bucerus rogebat, vel saltem faceret, ne futurae concordiae viam praecluderet. Respondebat D. Lutherus: Queso te, quid suadeas faciendum? Dic. Tu quoque teneberis etiam praefationem tuam castigare.“ Itinerar 70,12–15. Cf. ‚Zwick‘ 14,18–20.

[918] „Respondebat Bucerus se omnino istud facturum quam libentissime.“ Itinerar 70,15 f. Cf. ‚Zwick‘ 14,20 f.

[919] „[…] ac promittebat opem et benevolentiam suam ad omnia promptam, quo ad eius per conscientiam fieri liceat.“ Itinerar 70,9–11. Cf. ‚Zwick‘ 14,15–17.

[920] „His actis discessum est relicta apud D. Lutherum Elveticorum confessione.“ Itinerar 70,16 f. Cf. ebenso ‚Zwick‘ 14,21 und BDS 6/1,228,23 f.

[921] „Sagte, Sie wolten die Confession besehen vnd darüber jhre antwort geben, welchs sie erst vff den montag gethan haben […].“ BDS 6/1,171,9 f. Die Behauptung von SASSE: Corpus Christi 73 A. 7, dass das Bekenntnis der Schweizer „zu den Akten genommen, aber nicht diskutiert wurde“, ist falsch.

[922] „Post horam septimam accessimus D. Lutherum, ubi cum Bucerus et Capito cum D. Luthero, Philippo, Pomerano et Creutzingero aliquandiu seorsim colloquuti essent […].“ Itinerar 72,24–26.

zufolge erklärten die Wittenberger, „das die Confession an jhr selbs recht were. Allein möchten sich ettliche an wenig worten stossen in der selbigen."[923] Eingehender heißt es im Brief an den Basler Rat, Luther und seine Freunde hätten

„kein stattlich inred uwer gehapt, weder das inn uweren Artickeln die darreichung des libs vnd blůts Christi nit so genůg dütlichen vßgetruckt were, das sie dem churfürsten, fürsten vnd anderen, auch ettlichen abwesenden predicanten dieser zeit genůg thůn möchte, sitten mal das epistolar buch [...] die hitzigen epistolen, so Zvingly anfangs des zancks geschriben, wider herfür bracht hette"[924].

Nach dem Bericht der Oberdeutschen äußerte Luther abschließend die Bitte, dass die Oberdeutschen die Eidgenossen für die Annahme des Wittenberger Abendmahlsartikels gewinnen sollten.[925] Dem Protokoll des Basler Vortrags zufolge hätten die Kursachsen darauf hingewiesen, dass den Schweizern die Rezeption der Wittenberger Artikel nicht schwer fallen könne, wenn sie der in der Basler Konfession greifbaren Überzeugung anhingen.[926] Im Brief an den Basler Rat wird ausdrücklich behauptet, die Wittenberger hätten die Konkordienartikel und die Basler Konfession für inhaltlich übereinstimmend erklärt.[927] Es ist aber vollkommen ausgeschlossen, dass Luther sich für seine Person mit dem Basler Bekenntnis zufriedengegeben und lediglich im Blick auf andere ein Monitum vorgebracht und die Übernahme der Konkordienartikel verlangt haben sollte. Dem widerspricht nämlich deutlich, was er in seinem Brief an Bucer vom 6. Dezember 1537 äußern sollte: „Latinam Heluetiorum Confessionem paulo minus probo quam Germanicam Ciuitatum, praesertim in Sacramento altaris. Cętera satis placent pro hoc tempore."[928] Dieses Urteil war sicher keine vernichtende Kritik, aber es wies den abendmahlstheologischen Passagen des Basler Bekenntnisses doch einen Platz noch hinter der *Confessio Tetrapolitana* zu. Es ist daher unvorstellbar, dass Luther diesen Text in inhaltlicher Hinsicht als Alternative zu den Konkordienartikeln angesehen haben könnte. Durchaus denkbar ist hingegen, dass Luther sich im Beisein von Bucer und Capito anerkennend über *Teile* des Schweizer Bekenntnisses geäußert haben mag. Im Blick auf das Abend-

923 BDS 6/1,171,11 f und A. i).

924 Bucer und Capito an den Rat von Basel, 5. Juli 1536: StA Basel Kirchenakten A 9, f. 242r.

925 „Darumb er bette, man wolte mit ihnen freundlich handlen, ob sie auch den artickel bewilligten, den wir bewilligt hetten, so wurde aller scruppel hien sein." BDS 6/1,171,12–14.

926 „Si hoffeten auch, wo die haltung diser kirchen were, wie die Basilische Confeßion angesehen wurde, Es solte disen kirchen on beschwerlich sin, auch diser handlung artickel anzunemmen." BDS 6/1,230,23–231,2.

927 „Dwil aber eben den verstand, vnd nichts witers jn disen Witenbergischen artickelen sie fürgeben, dann jnn uwer bekantnüs gestanden, so versehen sie sich, wo vch ernst sig zů gemeiner vereinigung der kilchen, das vch solliche Wittenbergische Artickel auch nit mögen beschwerlich sin, dann es sie auch bedunckte, das sie eins verstands syen." Bucer und Capito an den Rat von Basel, 5. Juli 1536: StA Basel Kirchenakten A 9, f. 242r.

928 „Das lateinische Bekenntnis der Schweizer billige ich etwas weniger als das deutsche der Städte, besonders im Blick auf das Sakrament des Altars. Die übrigen Dinge gefallen einstweilen ausreichend." WABr 8, 3193 (158,15–17).

mahl gab es schließlich auch Elemente, die seinen Beifall finden konnten, wie die Betonung des Gabegeschehens und der Darreichung, das Verständnis der Elemente als *signa exhibitiva* und die Zurückweisung der Vorstellung, dass Brot und Wein *nuda signa* seien. Aber auch die restlichen Artikel enthielten zumindest annehmbare Aussagen, wie ihre verhalten positive Beurteilung vom 6. Dezember 1537 erkennen lässt. Unnachgiebig blieb er allerdings im Blick auf den Abschluss einer Konkordie: Einen eidgenössischen Sonderweg über das Basler Bekenntnis akzeptierte er nicht. Auch die Schweizer Theologen und ihre städtischen Obrigkeiten würden sich den Konkordienartikeln beugen müssen.[929] Bucers ursprünglicher Plan war nicht aufgegangen. Die entsprechenden Erwartungen, die er zu Beginn des Jahres in werbender Absicht unter den Schweizern geschürt hatte[930], waren angesichts der Entschiedenheit Luthers nicht einzulösen.

Noch vor dem Ende des Konventes ergriff Luther schließlich gegenüber den Eidgenossen selbst die Initiative. Er verfasste einen Brief an den Basler Bürgermeister Jakob Meyer.[931] Bedauerlicherweise ist dieses Schreiben selbst nicht erhalten, und auch aus anderen Texten lassen sich nur wenige Einzelheiten rekonstruieren. So lässt sich Meyers Antwort an Luther vom 7. Oktober 1536 entnehmen, dass Luther auf die positive Darstellung zu sprechen gekommen war, mit der Bucer und Capito den Basler in Wittenberg bedacht hatten. Auch geht aus dem Schreiben hervor, dass Luther Meyer seiner täglichen Fürbitte versichert hatte.[932] In einer Tischrede vom 1. März 1537 erinnert er sich, dass er besonders freundlich geschrieben habe.[933] Verschiedene andere Briefe lassen lediglich erkennen, dass Meyer durch den Brief in hohem Maße erfreut wurde.[934] Es ist wohl anzunehmen, dass Luther in seinem Schreiben auch sein Urteil über den Zustand der eidgenössischen Gemeinden und seine Vorstellungen zum weiteren Vorgehen darlegte. Greifbar sind derartige Aussagen allerdings nicht mehr.

---

[929] Betont wird dies auch bei Grass: Abendmahlslehre (1954), 168. Als Ergebnis ist dies auch festgehalten bei Bizer: Studien, 113. Die dort vorgelegte Interpretation des im Bericht der Oberdeutschen enthaltenen positiven Urteils über das Basler Bekenntnis als Vorgehen „mit größter Freundlichkeit" lässt allerdings die Spannung zu Luthers späterer Äußerung über das Bekenntnis außer Acht.

[930] Cf. dazu oben S. 291.

[931] Cf. dazu WABr 7, 3038 (432,27 f).

[932] „Euern Brief an mich hab ich als für ein köstlich Kleinod behalten zu mir zum Trost und zu einer Ermahnung, mich darnach zu richten, wie mich die frommen und hochgelahrten Doctor Capito und Herr Martin Butzer bei Euch dargegeben haben. Wollte Gott, daß ich ein solcher wäre!" WABr 7, 3088 (556,3–6) „Dann warlich ich getröst mich, Euers Gebets gegen dem Allmächtigen zu genießen, auf daß, wie er mir und anderen die Erkenntnis seines Sohns duch Euch mitgeteilt, daß er also uns werde durch Euer täglich Fürbitte erhalten und fortfuhren." A. a. O. (557,49–52).

[933] „Jch habe dem burgermeister zcu Basel auffs aller freuntlichste, gutlichste vnd lieblichste geschrieben, auch in gar nicht für den kopf gestossen." WATR 3, 3544 (395,32 f).

[934] Cf. dazu etwa Capito an Luther, 20. Juli 1536: WABr 7, 3048 (466,3–5); Bucer an Luther, 6. September 1536: WABr 7, 3078 (532,50–53).

An Luthers Unterredung mit Bucer und Capito über das Bekenntnis der Schweizer schloss sich am Montagvormittag die letzte gemeinsame Zusammenkunft der Delegierten an. Hier forderte Luther zunächst beide Parteien auf, dass sie sich für die Konkordie einsetzen und die Kritiker im eigenen Lager besänftigen sollten. Für die eigene Seite machte er eine entsprechende Zusage.[935] Ausdrücklich verpflichtete er die Oberdeutschen in diesem Zusammenhang noch einmal auf die Confessio Augustana und die Apologie.[936] Persönliche Verfehlungen, zu denen es während des Streites gekommen war, sollte man einander vergeben.[937] Die alte Behauptung Bucers, dass man lediglich einen Streit um Worte geführt habe, wies Luther ein weiteres Mal zurück. Er stellte dabei allerdings nur im Blick auf das eigene Lager fest, dass man diese Behauptung angesichts deutlich widersprechender Anhaltspunkte nicht vertreten könne.[938] Ein Verbot entsprechender Äußerungen oder eine Bitte auf Verzicht scheint er gegenüber den Oberdeutschen den vorliegenden Quellen zufolge hingegen nicht ausgesprochen zu haben. Ausdrücklich untersagte er ihnen aber die Behauptung, dass man die eigenen Auffassungen nicht verändert habe, indem er erklärte: „Nit viel růmens, das ir nit anders haltind dann wie vor."[939] Zur Frage des Widerrufs scheint sich Luther an dieser Stelle nicht mehr geäußert zu haben. Bucer hatte am 23. Mai eine entsprechende Zusage gemacht, die allerdings inhaltlich unbestimmt geblieben war.[940] Auch Luthers Anordnung einer Korrektur des von ihm zur Edition der Briefe Zwinglis und Oekolampads beigesteuerten Vorwortes hatte er sich bereitwillig gefügt. Er war, wie aus Zwicks Notizen über die am Morgen des 29. Mai intern geführte Unterredung der Oberdeutschen hervorgeht, auch zu dem konkreten Eingeständnis bereit, dass er die den Glauben und das Gewissen stärkende Wirkung der Sakramente in den zurückliegenden Jahren vernachlässigt hatte. Die übrigen Oberdeutschen hingegen wollten keinesfalls zugeben, dass sie einen Widerruf geleistet hätten.[941] In den Aufzeichnungen Forsters findet sich nun aber die Behauptung, dass Luther den Oberdeutschen unter dem Einfluss Melanchthons gestattet habe, „das sie offentlich nicht durften

---

[935] „Es wirt vil daran gelegen sein, das wir dise concordy mitt fleiß auf beden seyten halten unnd furtbringen, unnd die disputirenden stillen, wie yr dann wol werdt thun künden, wo yr wellent. Desgleychen wellen wir auch thun." Itinerar 73,1–4.

[936] „Darumb so welt hinfurt an euch der confession unnd der Apology halten." Itinerar 73,8. Cf. ebenso ‚Zwick' 15,26f.

[937] „Begraben das vorig was letz auf beden seyten vorgangen ist, unnd ein stein darauf gelegt." Itinerar 73,4f. Cf. ebenso ‚Zwick' 15,24f.

[938] „Bey den unseren künnen wir nit sagen, das es allein verbalis contentio gewesen sey, dann es ist zu hell etc." Itinerar 73,6f. Cf. ebenso ‚Zwick' 15,25f.

[939] ‚Zwick' 15,23f. Der entsprechende Satz wurde bei Musculus gestrichen. Cf. Itinerar 73, A. n.

[940] Cf. oben S. 330f.

[941] „Das wir nit gston werdind, das wir etwas widerrůfft, quanquam Bucerus de confirmanda fide et conscientia per sacramentum recantare paratus sit." ‚Zwick' 15,9f.

widerrufen"[942]. Auch habe er erlaubt, dass sie gegenüber ihren eigenen Leuten für eine gewisse Zeit behaupten dürften, sie hätten nicht geirrt und revociert, während sie dies gegenüber der anderen Seite zugeben müssten.[943] Es ist aber sehr unwahrscheinlich, dass Luther Zusagen dieser Art tatsächlich gab.[944] Hätte er sie gegeben, wären sie sicher begierig in den Berichten von oberdeutscher Seite festgehalten worden. Ebensowenig lässt sich aber belegen, dass Luther am Ende des Konventes seine zu Beginn vorgebrachte Widerrufsforderung erneut erhoben hätte.[945] Dass er gleichwohl einen expliziten Widerruf alter Irrtümer aus ehrlicher Überzeugung letztlich für unabdingbar hielt und von der Gegenseite auch erwartete, sollte er bei einem späteren Zusammentreffen mit Bucer am 1. März 1537 in Gotha deutlich machen:

„Das beste nu zcur sachen were, das ir entweder von der sachen stille schweigt vnd nun hin fort recht lert ader frey rondt heraus recht bekentet: Lieben freunde, Got hat vns fallen lassen, wir haben geirret; last vns nu fursehn vnd recht leren. Den es seindt auff vnser [sc. Luthers] seyten, die eur umbher menteln nicht leiden konnen, alß Amsdorff, Osiander vnd andere mehr. So thut es auch ane das der leuthe gewissen nicht gnug. Kondt irs nun nicht flucks vnd auff ein mahl thun, ßo thut es doch in einem virtel, halben ader gantzen jhar, denn es muß doch ja gescheen, vnd wir mussen Gott für sein volck rechenschafft geben vnd vns richten lassen, wie wir das hohe ministerium gefurt haben."[946]

Melanchthon sah die weitere Entwicklung der Konkordie mit unverhohlener Sorge. Musculus und Zwick zufolge äußerte er: „Wir werden noch auf beden seyten zu disputiren haben, das weyß ich wol."[947] Dabei dachte er offenkundig nicht an neue Streitereien zwischen den beiden Lagern, sondern an Auseinandersetzungen, die innerhalb beider Gruppen zwischen Befürwortern und Gegnern der Konkordie geführt werden müssten.[948]

Nach der Verlesung des Artikels zum Abendmahl, der Schrift über das *ius reformationis* und des Taufartikels erfolgte schließlich die Unterzeichnung. Wie bereits erwähnt wurde das Wittenberger Gutachten lediglich von den kursächsischen Theologen unterschrieben.[949] Musculus hielt zu diesem Augenblick fest: „[...] subscribebantur ab omnibus quinque exemplaria [...]."[950] An welche Schriftstücke in welcher Anzahl von Ausfertigungen dabei zu denken ist, lässt

---

942 GERMANN: D. Johannes Forster, 141.

943 Cf. ebd.

944 Für die Behauptung, dass die Widerrufsforderung in Wittenberg ausdrücklich fallen gelassen worden wäre, bleibt BRECHT: Bucer, 362 den Nachweis schuldig.

945 Cf. dazu oben S. 318 f.

946 WATR 3, 3544 (395,22–31). Zu dieser für die Frage nach der Wirkungsgeschichte der Wittenberger Konkordie extrem wichtigen Quelle cf. die neue Edition in REINHARDT: Aufzeichnung, 315–321, wo eine gegenüber der in WATR 3 abgedruckten Überlieferung umfangreichere Fassung abgedruckt ist.

947 Itinerar 73,10 f und ‚Zwick' 15,29 f.

948 Cf. oben S. 351 f.

949 Cf. oben S. 436.

950 Itinerar 73,13 f.

sich nicht mehr klären. Belegen lässt sich nur, dass von der deutschen Fassung des Abendmahlsartikels je ein Exemplar für jede Seite unterzeichnet wurden und dass auch dessen lateinische Version unterschrieben wurde.[951] Sehr wahrscheinlich ist hingegen aus den bereits dargelegten Gründen, dass der Taufartikel nur in lateinischer Sprache zur Unterzeichnung vorgelegt wurde.[952]

Schon im Aufbruch begriffen hielt Bucer gegenüber den Kursachsen noch eine kleine Fürsprache für den Konstanzer Ambrosius Blarer. Es ist wohl anzunehmen, dass er ähnlich wie im Fall der Eidgenossen dessen Fernbleiben vom Konvent entschuldigen wollte.[953] Außerdem bat er Luther, dass dieser nicht leichtgläubig jedem Verleumder sein Vertrauen schenken solle. Im Falle vorliegender Klagen über die Oberdeutschen sollte er sich vielmehr an sie oder an die städtischen Regierungen wenden.[954] Eine eigene Absprache dieser Art sollten dann auch noch die Augsburger mit Luther im Blick auf ihren Kollegen Michael Keller treffen: Im Fall von Klagen sollte er sich ebenfalls an sie oder ihre Obrigkeit wenden und sich unterrichten lassen. Luther willigte ein.[955]

Um ein Uhr schließlich reiste der größere Teil der oberdeutschen Delegation ab.[956] Erst am nächsten Tag folgten ihnen Musculus und Frecht, die von Menius und Myconius begleitet wurden.[957] Nun musste sich zeigen, welche Aufnahme die Artikel nach dem Konvent auf beiden Seiten finden und welche Auslegung ihnen gegeben werden würde.

---

[951] Cf. dazu im Einzelnen Itinerar 73, A. 120. Falsch ist hingegen die Angabe bei KAUFMANN: Wittenberger Konkordie, 247, dass die Unterzeichnung am 28. Mai stattgefunden habe. An diesem Sonntag wurden die Verhandlungen offenbar ausgesetzt. Cf. dazu Itinerar 71,4–72,22.

[952] Cf. dazu oben S. 406–409.

[953] „Excusabat etiam Blaurerum Bucerus perquam diligenter." Itinerar 74,2 f. Dass sich die Entschuldigung auf Ambrosius Blarer bezog und nicht etwa auf dessen Bruder Thomas, wird aus Zwicks Aufzeichnungen deutlich. Cf. Zwick 15,34 f. Auch ist dort der gesamte Abschnitt über die Plenarsitzung vom 29. Mai überschrieben mit den Worten: „De defendendo Ambrosio". ‚Zwick' 15,15.

[954] „[...] atque ita valedicebatur D. Luthero cum suis omnibus, quem Bucerus orabat, ne facile cuivis nos traducenti crederet in posterum, sed primum nobis vel magistratibus nostris scriberet." Itinerar 73,14–74,2. Cf. auch ‚Zwick' 15,32–34.

[955] „A prandio cum discedendum esset admonuimus D. Lutherum de Michaele nostro, ne quicquam male suspicionis contra eum penes se gereret, ut ne facile cuivis delatori crederet sed a nobis aut magistratu veritatem exquireret, id quod se semel promisisse et porro praestiturum asseruit, atque ita valedicto illi atque suis absolvimus nos." Itinerar 74,6–10.

[956] „Hora prima abierunt fratres mei usque ad Dibba relictis me et Frechto cum Menio et Myconio Witenbergae." Itinerar 74,12 f.

[957] „30. Maii feria 3. Hora quarta Witenberga Myconius, Menius, Frechtus et ego solvimus [...]." Itinerar 75,8 f.

## Teil III: Auswertung

# 5. Martin Luther und die Wittenberger Konkordie (1536)

Das zwischen Martin Luther und der Wittenberger Konkordie bestehende Verhältnis in der Verfolgung des „langen Weges" (Martin Brecht) von 1530 bis 1536 zu klären, ist der Anspruch und das erklärte Ziel der vorliegenden Studie. Was ist nun, nachdem der Weg zurückgelegt worden ist, zu diesem Verhältnis festzuhalten?

*1. Luthers dominierende Position:* Bucer und Luther. Diese beide waren unbestreitbar die Hauptfiguren in dem Verständigungsprozess, der schließlich zum Konkordienkonvent führen sollte. Keine der anderen beteiligten Personen nahm auch nur annährend einen vergleichbaren Einfluss auf den Gang der Ereignisse. Dabei unterschieden sich beide sowohl im Blick auf ihre Einstellung zur Konkordie als auch im Blick auf ihre Rolle im Verständigungsprozess deutlich voneinander: Die Konkordie war ursprünglich Bucers Projekt. Er war durchgehend der offensive Befürworter einer Verständigung und versuchte unermüdlich eine Überwindung des Streites zustande zu bekommen. Luther musste von ihm erst davon überzeugt werden, dass eine Übereinkunft möglich sein könnte. Nach einem hoffnungsvollen Beginn im September 1530 wandte er sich im November 1531 vollkommen von Bucer und dessen Vorhaben ab. Erst im September 1534 konnte er wieder für die Bemühungen um eine Konkordie gewonnen werden.

Faktisch kamen den beiden Akteuren sehr unterschiedliche Funktionen in diesem Prozess zu: Luther reklamierte für sich vollkommen selbstverständlich die Position dessen, vor dem sich die Gegenseite mit ihrer Lehre zu verantworten hatte. Er nahm für sich in Anspruch, dass er die Agende der zu behandelnden Themen festlegen konnte und dass sich sein Gegenüber nach diesen Vorgaben zu richten hatte. Luther erhob diese Ansprüche aber nicht nur, er setzte sie gegenüber Bucer und den anderen oberdeutschen Theologen auch tatsächlich durch: Er machte die Vorgaben auf der Coburg und legte dort das weitere Verfahren fest. Er hatte über die von Bucer aufgesetzte *ratio concordiae* zu urteilen und verwarf deren Publikation. Eine Ausnahme stellen hier in gewisser Hinsicht die ohne Luther geführten Verhandlungen im Rahmen des Kasseler Kolloquiums vom Dezember 1534 dar, in denen Bucer und Melanchthon gemeinsam versuchten, eine für beide Seiten akzeptable Lösung zu finden. Über das Ergebnis ihrer Beratungen aber hatte nach der gemeinsamen Überzeugung

Melanchthons und des Kurfürsten wiederum als erster Luther zu befinden. Ihm ließen auch die Augsburger Prädikanten durch eine Gesandtschaft ihre Schrift ‚Ain kurtzer einfeltiger bericht‘ zur Begutachtung ihrer Rechtgläubigkeit vorlegen. An seinem Beharren auf der schriftlichen Fixierung von Verhandlungsergebnissen scheiterte Sailers Versuch vom September 1535, die Verwirklichung der Konkordie unter Umgehung einer Verpflichtung auf theologische Formeln durch eine Reihe von durch Luther zu verfassenden und an oberdeutsche Städte zu richtenden Widmungsschreiben schlicht zu proklamieren. Auf dem Konvent im Mai 1536 wurde schließlich tatsächlich über genau die Themen verhandelt, über die Luther mit der Gegenseite sprechen wollte: Abendmahl, Taufe und Schlüsselgewalt. Auch für die Aufnahme der Frage nach dem *ius reformationis* war offenbar er verantwortlich, wenngleich sich dieses Vorgehen mit der von Bucer in Augsburg übernommenen Beauftragung deckte. Der von Bucer und Capito am 22. Mai unterbreitete Vorschlag hingegen, demzufolge auf dem Konvent alle für den geistlichen Dienst relevanten Themen unter Aussparung des Abendmahls, bei dem man bereits Einigkeit erreicht zu haben vorgab, behandelt werden sollten, wurde von Luther zurückgewiesen. Auch dem Wunsch einiger Oberdeutscher, sich über gottesdienstliche Bräuche wie die von ihnen abgelehnte Elevation zu unterhalten, wurde von Luther mit einem Verweis auf spätere Gespräche eine Absage erteilt. Er bestimmte die Auswahl der Themen.

Ebenso aber legte er bei Abendmahl, Taufe und Schlüsselgewalt die theologischen Anforderungen fest, denen die Oberdeutschen zu entsprechen hatten, wobei er wie im Fall der Wiedereinführung der Einzelbeichte und der Vereinheitlichung des Taufritus aus seiner Sicht Empfehlenswertes von Unverzichtbarem deutlich unterschied. Luther war es auch, der in Wittenberg am Ende der jeweiligen Gesprächsgänge über Abendmahl, Taufe und Schlüsselgewalt das abschließende und entscheidende Urteil über die Ausführungen der Gegenseite sprach.

Neben Bucer hatte Luther auf dem Weg zum Wittenberger Konvent mit einigen weiteren wichtigen Personen zu tun, die den Gang der Ereignisse nach ihren Vorstellungen zu beeinflussen versuchten. Zu ihnen gehörte zweifelsohne Landgraf Philipp von Hessen. Er war es, der Bucer und Melanchthon für ein Zusammentreffen in Kassel einlud. Gleichzeitig war ihm deutlich, dass ohne Luthers zustimmendes Urteil in dieser Sache keine Lösung gefunden werden konnte. Sein Versuch aber, Luther auch mit Verweis auf eine den oberdeutschen Städten drohende militärische Intervention zu einer Förderung der Verständigungsbemühungen zu bewegen, verfehlte bei diesem seine Wirkung. Luther war, wie seine Instruktion für Melanchthon erkennen lässt, eher bereit, abweichend von seiner ursprünglichen Position ein politisch-militärisches Bündnis zwischen Parteien verschiedener theologischer Standpunkte zu legitimieren, als dass er Faktoren dieser Art einen Einfluss auf die theologische Klärung der strittigen Fragen zugestanden hätte. Im Februar 1535 schließlich musste der Landgraf anerkennen, dass sein ursprünglicher Plan, der in Kassel erarbeiteten Formel zügig zum Durchbruch zu verhelfen, am Einspruch Luthers gescheitert war, der auf einer einstweiligen Geheimhaltung der Formel und einer umfangreicheren Rezeption und Beurteilung durch weitere Theologen beider Seiten bestanden hatte und einem weiteren Wirken Gottes Raum geben wollte.

An der Person seines eigenen Landesherren Kurfürst Johann von Sachsen lässt sich zeigen, dass Luther mit seinen theologischen Urteilen praktisch ohne Einfluss blieb, als es um die Frage der theologischen Konvergenz im Rahmen der Verhandlungen um die Gründung des Schmalkaldischen Bundes ging. Es ist zumindest wahrscheinlich, dass dem Kurfürsten Luthers Gutachten zu Bucers Einigungsschrift bereits vorlag, als er sich wohl im Februar 1531 an den Straßburger Rat wandte. Das Schreiben lässt zwar erkennen, dass Luthers Vorbehalte bei dem Kurfürsten durchaus auf Resonanz gestoßen waren. Gleichwohl wollte dieser ihnen zu diesem Zeitpunkt keinen aufschiebenden Einfluss auf die bündnispolitische Entwicklung mehr einräumen.

Auch Kurfürst Johann Friedrich sah in Luther im Zusammenhang der Konkordienbestrebungen zweifelsohne den führenden Theologen auf kursächsischer Seite. Ihm war zuerst an dessen Urteil über den Kasseler Artikel gelegen. Für den Konvent überließ er ihm die Verhandlungsführerschaft, indem er ihm, nachdem Luther seine Einschätzung geäußert hatte, dass man konkordienkritische Theologen von den Verhandlungen besser ausschließen solle, bei der Auswahl der von kursächsischer Seite zu beteiligenden Delegierten freie Hand ließ. Auch diese besondere Position Luthers hielt Johann Friedrich jedoch nicht davon ab, dass er ihn vor Beginn des Konvents für die Verhandlungen auf CA und Apologie verpflichtete und von ihm die Beteiligung Amsdorfs verlangte.

Die besondere Bedeutung Melanchthons für den Konkordienprozess besteht zunächst einmal darin, dass er in einer Zeit, in der Luther die Beziehung zu Bucer abgebrochen und sich von dem Verständigungsprojekt vollkommen verabschiedet hatte, den Kontakt zu dem Straßburger aufrecht erhielt. Ihm gelang es auch, den Landgrafen für einen neuen Anlauf in den Bemühungen um eine Einigung, nämlich für die Einberufung des Kasseler Kolloquiums, zu gewinnen. Und schließlich war er es auch, mit dem Luther wieder Bucers Einigungsschrift und seine Briefe studierte und sich so neu für das Konkordienvorhaben gewinnen ließ. Gerade diese Vorgänge aus dem September 1534 zeigen aber wieder, welche unvergleichliche Bedeutung Luther selber zukam: Er war es, der überzeugt werden musste.

Trotz dieser singulären Position lag Luther erkennbar daran, andere Theologen seiner Seite immer wieder an den Beratungen zu beteiligen oder von ihnen Stellungnahmen zu vorliegenden Verhandlungsergebnissen einzuholen: Mit Melanchthon und wahrscheinlich auch mit Bugenhagen hatte er sich vor seiner Antwort an Bucer vom Januar 1531 über die vorgelegte Einigungsschrift des Straßburgers ausgetauscht. Im Vorfeld des Kasseler Kolloquiums hatte Luther zumindest die feste Absicht, sich mit Jonas und weiteren Wittenberger Theologen auf eine gemeinsame Position zu verständigen. Als sich dieser Plan nicht verwirklichen ließ, entschloss er sich, diesem Kreis eine Abschrift seiner für Melanchthon bestimmten Instruktion zukommen zu lassen. Nach der Abreise Melanchthons gelang es ihm dann doch noch, alle Wittenberger Geistlichen zusammenzurufen, denen er seine Vorbehalte gegen die von ihm erwarteten Verhandlungsangebote der Gegenseite erläuterte. Ebenso war es seine Forderung, dass der Kasseler Artikel, nachdem in Wittenberg über ihn unter den Theologen beraten worden war, auch Rhegius, von Amsdorf, Brenz, Linck, Osiander und Agricola zur Begutachtung zugestellt werden sollte. Über die Briefe aus den oberdeutschen Städten vom August und September 1535 suchte er zumindest mit Bugenhagen und Melanchthon, möglicherweise auch mit Myconius aus Gotha den Austausch. Auch der Umstand, dass zu dem Wittenberger Konvent nach Luthers Wunsch weitere Theologen seiner Seite aus Kursachsen und mit Osiander und weiteren Nürnbergern, Brenz und Schnepf auch süddeutsche Vertreter eingeladen werden sollten, lässt deutlich werden, dass ihm an deren Einbeziehung offenkundig lag. Schriftliche Voten scheint er aber darüber hinausgehend, anders als im November 1535 gegenüber den Straßburger Geistlichen angekündigt, nicht eingeholt zu haben. Im Verlauf der Verhandlungen selbst unterbrach er dann zweimal die Gespräche, um sich mit den Vertretern seiner Seite zu internen Verständigungen zurückzuziehen: am 23. Mai, um über die von den Oberdeutschen vorgelegte Abendmahlslehre zu befinden, am 26. Mai um über die Frage zu beraten, wie nun mit den Konkordienartikeln weiter verfahren werden solle. Luther lag zweifelsohne am theologischen Urteil seiner Freunde und Vertrauten. Darüber hinaus war ihm bewusst, dass es auf der eigenen Seite Widerstände gegen eine Verständigung mit den Oberdeutschen gab. Eine solide Konkordie konnte aber nach seinem Urteil nur erreicht werden, wenn auch die Kritiker ihr Urteil abgeben konnten. Der Ratifizierungsvorbehalt, der sehr wahrscheinlich von Luther selbst nachträglich in den Abendmahlsartikel eingefügt wurde, sollte vor allen Dingen diesem Anliegen Rechnung tragen. Jenseits allen realistisch-strategischen Denkens wollte Luther aber auch das prinzipielle Urteilsrecht der abwesenden Theologen und Obrigkeiten beider Seiten geachtet sehen, da diese Sache sie und die ihnen anvertrauten Gemeinden nach seinem Urteil in gleicher Weise betraf. Bemerkenswert ist allerdings, dass Luther den durch seine Streitschrift ‚Contra Zwinglianos et Anabaptistas themata' exponiertesten und schärfsten Kritiker, den die Konkordienpläne in den eigenen Reihen aufzuweisen hatten, Nikolaus von Amsdorf, sehr wahrscheinlich von den Konkordiengesprächen in Wittenberg dadurch ausschloss, dass er ihn bewusst nicht einlud. Er fürchtete offenbar, dass dessen unnachgiebige Haltung den Konvent zum Scheitern bringen könnte. Zumindest für eine gewisse Zeit wollte Luther ihn daher im Interesse einer Konkordienlösung aus den Verhandlungen heraushalten.

*2. Luther und der „lange Weg“:* Knapp sechs Jahre lang sollte es von der zwischen Luther und Bucer auf der Coburg getroffenen Vereinbarung bis zur Unterzeichnung der Konkordienartikel im Mai 1536 dauern. Verantwortlich für diese zeitliche Erstreckung ist vor allen Dingen der Umstand, dass Luther sich im November 1531 zu einem tiefgreifenden Bruch mit Bucer und zu einer Abwendung von den Bemühungen um eine Konkordie veranlasst sah. Diese Phase des Abbruchs sollte fast drei Jahre lang bis zum September 1534 dauern. Anlass war der nach Wittenberg gerichtete Brief Bucers, mit dem dieser das Andenken Zwinglis nach dessen Tod in der Schlacht von Kappel hatte schützen wollen. Luther ordnete diese Solidarisierung als Parteinahme für einen Ketzer ein und schlug Bucer aus diesem Grund auch abendmahlstheologisch wieder dem Lager Zwinglis zu. Die vorangehenden Verständigungsversuche des Straßburgers wertete er nun als Betrugsversuch. Der Makler und seine Bemühungen waren in seinen Augen somit vollkommen diskreditiert. Berichte über Entwicklungen in anderen Teilen des Reiches wie Preußen, Frankfurt, Augsburg, Ulm und Kempten waren sehr wahrscheinlich dazu geeignet, Luther in seinem Urteil über Bucers Absichten zu bestätigen.

Eine retardierende Wirkung auf den Prozess hatte darüber hinaus die an verschiedenen Stellen ersichtliche Einschätzung Luthers, dass einer belastbaren und aufrichtig gemeinten Übereinkunft nach dem von ihm als gravierende Auseinandersetzung um sachliche Differenzen wahrgenommenen Streit um das Abendmahl für die Entwicklung und ehrliche Akzeptanz unter den beteiligten Theologen beider Seiten Zeit gelassen werden müsse. In diesem Sinne äußerte er sich gegenüber Bucer auf der Coburg und später über dessen Einigungsschrift ebenso wie dann über den Kasseler Artikel und die von Sailer und Huber in Wittenberg vorgetragenen Ausführungen über die abendmahlstheologische Position der Augsburger Prediger.

*3. Luther in seiner eigenen Deutung:* Luther war sich seiner Schlüsselstellung in der Auseinandersetzung um das Abendmahl selbstverständlich vollkommen bewusst. Ihm war auch deutlich, dass eine mögliche Lösung in diesem Streit unvertretbar von seiner eigenen Akzeptanz abhing. Er tat sich, wie er im Oktober 1534 den hessischen Landgrafen wissen ließ, erkennbar damit schwer, dass er nun wieder Teil eines Prozesses werden sollte, den andere zwischenzeitlich fortgeführt hatten. Natürlich wusste er auch, wie er vor dem Kasseler Kolloquium gegenüber Jonas deutlich machte, dass seine und Melanchthons Autorität begrenzt war. Eine tragfähige Verständigung ließ sich auch von ihm nicht verordnen, sie musste auch auf seiner eigenen Seite durch theologische Überzeugungsarbeit gewonnen werden.

Luther sah sich in der Auseinandersetzung mit seinen Opponenten wie im Bemühen um eine Konkordie nicht nur als Vertreter einer bestimmten theologischen Lehrmeinung, sondern vor allen Dingen verstand er sich selbst als Theologe, dem *coram Deo* eine eschatologische Verantwortung für die Wittenberger Gemeinde und die an ihm orientierten Christen und Kirchenwesen zukam. Seiner Überzeugung nach war er dazu verpflichtet, öffentlich falschen Überzeugungen entgegenzutreten, um so die Gemeinden der eigenen Seite vor Verwirrung und verunsichernden Zweifeln zu schützen, die den Glauben gefährden konnten. Der von ihm verfassten ‚Additio' zufolge hatte er dabei auch zukünftige Generationen im Blick. Zustimmung zu falscher Lehre verstand er als Teilhabe an einem *peccatum alienum*, weil er die Akzeptanz dieser Auffassung durch seine Billigung indirekt gefördert hätte und seiner Aufgabe als Theologe nicht gerecht geworden wäre. So musste er nach seinem Verständnis seiner Verantwortung auch verhindern, dass Christen an Abendmahlsfeiern teilnahmen, die von Geistlichen geleitet wurden, die einer falschen Auffassung vom Abendmahl anhingen. Seiner Überzeugung nach war, wie seine Briefe an Herzog Ernst von Lüneburg und an Bucer vom Januar und Februar 1531 und seine Warnschrift an die Frankfurter erkennen lassen, neben dem äußerlich korrekten Vollzug der Einsetzung auch eine diesen begleitende schriftgemäße und eindeutige Auslegung in der Verkündigung konstitutiv für das Gegebensein der Gegenwart Christi im Abendmahl. Daher galt es aus seiner Sicht zu verhindern, dass Christen in ihrer Empfangserwartung betrogen oder, wenn ihnen der Betrug bewusst wurde, in ihrem Glauben gefährdet wurden. Auch befürchtete er, dass die Teilnehmer an solchen Feiern zusammen mit den verantwortlichen Zelebranten von Gott durch sein innerweltliches Richten bestraft werden könnten.

Die Leidenschaft, mit der Luther einerseits unnachgiebig um die Abendmahlslehre stritt und mit der er andererseits emotional überschwänglich auf Situationen reagierte, in denen er den Streit überwunden sah, lässt sich in ihrer Tiefe nur vor dem beschriebenen Hintergrund einer eschatologisch dimensionierten Verantwortung verstehen. Luther handelte nach seiner Überzeugung vor dem Hintergrund von Heil und Verwerfung.

*4. Luthers theologische Deutung des Konkordienprozesses:* Luther betrachtete die Auseinandersetzung um das Abendmahl nicht als einen Streit autonom handelnder Disputanten. Er sah ihn vielmehr, wie sein Brief an Melanchthon vom September 1530 zeigt, als einen Teil der großen Konfrontation zwischen Gott und Satan an. Die verlorene Einigkeit konnte, wenn es sich denn um eine *concordia solida et perpetua* und nicht um einen unbeständigen und sachlich insuffizienten Kompromiss handeln sollte, nach seiner immer wieder bekundeten Überzeugung ausschließlich durch Gott wiederhergestellt werden. Auch die von ihm gegenüber Bucer und anderen verschiedentlich entfalteten Argumentationen sah er bei allem offensichtlichen Bemühen um gedankliche Stringenz nicht als ein Mittel an, das unausweichlich eine belastbare und dauerhafte Neuausrichtung der Gegenseite bewirken würde. Aufgabe der beteiligten Menschen konnte es in diesem Zusammenhang nur sein, den erreichten Status der Verständigung nicht zu gefährden, ihm entsprechend in den eigenen Gemeinden zu wirken, zu beten, Gott für sein Wirken weiteren Raum und Zeit zu geben und schließlich, wie er im Januar 1535 Landgraf Philipp zu verstehen gab, *a posteriori* die Einheit als von Gott geschenkte festzustellen und zu ratifizieren.

*5. Luthers Anforderungen an eine Konkordie:* Im Blick auf die Abendmahlslehre verlangte Luther von der Gegenseite ein Bekenntnis zu folgenden drei Punkten: 1. Der Leib Christi ist äußerlich im Mahl gegenwärtig. 2. Der Leib wird mündlich gegessen. 3. Das Essen geschieht auch durch gottlose Kommunikanten. In diesem Sinn stellte er auf der Coburg und in der Auseinandersetzung mit Bucers Einigungsschrift Forderungen auf oder diagnostizierte eine bereits vorliegende Übereinstimmung. Auch die Schreiben an Bucer und Herzog Ernst von Lüneburg vom Januar und Februar 1531 lassen sich nicht als bewusste Konzessionen Luthers begreifen, sondern müssen so verstanden werden, dass das in ihnen eingeforderte Bekenntnis zu einer äußerlichen Darreichung oder Gegenwart des Leibes Christi nach Luthers Überzeugung auch eine Nießung durch Fromme und Gottlose implizierte. Auch auf dem Konvent in Wittenberg legte er der Gegenseite diese Forderungen vor. Es gibt keinen Anhalt dafür, dass er an irgendeiner Stelle von dieser Position bewusst abgegangen wäre.

Auch seine verschiedenen Zusagen, dass er bereit sei, seine Opponenten zu dulden, sind nicht so aufzufassen, als habe er sich ihnen gegenüber damit in der Sache abschließend nachgiebig zeigen wollen: So gab er etwa in seiner Stellungnahme zum Kasseler Artikel, der kein deutliches Bekenntnis zur *manducatio oralis* und zur *manducatio impiorum* enthielt, zu verstehen, dass er sich vorläufig mit den gefundenen Formulierungen zufrieden geben konnte. Duldung, so lässt es sich besonders deutlich der für Melanchthon formulierten Instruktion entnehmen, war für Luther ein Zustand, der mit dem Erreichen der Konkordie eben nicht identisch war, sondern der einen interimistischen Status darstellte, der das Erreichen der noch ausstehenden Übereinstimmung allererst ermöglichen sollte.

Entscheidend für Luthers Konkordienverständnis war, dass die Gegenseite sich nicht nur formal zu den von ihm erhobenen Forderungen bekennen sollte, sondern dass darin ein echter Wandel der inneren Überzeugungen zum Ausdruck kommen musste. Entsprechend vermahnte er Bucer auf der Coburg eindringlich und bedachte in seinen Notizen vom September 1530 und in der ‚Additio' die Frage, ob er der Gegenseite vertrauen konnte. Prägend waren für Luther in diesem Zusammenhang, wie er selber in den genannten Notizen festhielt, die Erfahrungen nach dem Marburger Religionsgespräch. Die Behauptung der Gegenseite, man habe sich gegenüber den Wittenbergern durchgesetzt, deutete er so, dass es sich bei den dort gegebenen Zugeständnissen nicht um aufrichtig gemeinte Korrekturen alter Überzeugungen, sondern lediglich um taktisch motivierte Täuschungen gehandelt habe. Luther blieb dieser Überzeugung treu: Auch auf dem Konvent beharrte er immer wieder darauf, dass die Gegenseite aufrichtig sein müsse.

Im Blick auf den Status der erhobenen inhaltlichen Forderungen war es für Luthers Verständnis einer Konkordie unabdingbar, dass sie nicht nur die persönliche Zustimmung von Theologen finden sollten, sondern dass sie sich normativ in der Verkündigung innerhalb der Gemeinden auswirken mussten. Auch an diesem Postulat hielt Luther gegenüber den Oberdeutschen fest, wie die abschließende Vermahnung aus den Verhandlungen über das Abendmahl am 23. Mai zeigen.

Ebenso implizierte eine echte Verständigung nach Luthers Auffassung einen bestimmten Umgang mit der Geschichte des zurückliegenden Abendmahlsstreites und schloss andere Umgangsweisen notwendig aus. Bucers Deutung der Auseinandersetzung als reiner Wortstreit und als Ergebnis von gegenseitigen Missverständnissen sowie seine Behauptungen, seine Seite habe früher richtig gelehrt und man sei sich in der Sache einig gewesen, wies Luther als falsch zurück. Verschiedentlich sollten Äußerungen dieser Art von ihm als Beleg dafür aufgefasst werden, dass Bucer eigentlich an seiner alten Lehrüberzeugung festhalten und ihn mit seinem Konkordienvorhaben täuschen wollte. Luthers Ausführungen in seinem Brief an Herzog Ernst vom Januar 1531 und in der Instruktion für den Kasseler Konvent und seine Reaktion auf Blarers Apologie zeigen aber auch, dass auf diese Weise sein Vertrauen in die Aufrichtigkeit der Gegenseite nicht zwingend erschüttert werden musste. In den abschließenden Vereinbarungen auf dem Konvent erhob Luther gegenüber den Oberdeutschen zwei verbindliche Forderungen, die den Bruch mit ihrer Vergangenheit auch formal markieren sollten: 1. Er untersagte ihnen die Behauptung, dass sie unverändert an ihrer alten Lehre festhalten würden. 2. Er verlangte von Bucer eine Überarbeitung seines Vorwortes zur Briefausgabe von Zwingli und Oekolampad.

Die Forderung nach einem expliziten Widerruf hingegen erhob Luther am Ende des Konventes nicht mehr. Seine spätere Äußerung in Gotha vom März 1537 zeigt aber, dass er eine entsprechende Erklärung für sachlich geboten hielt und von der Gegenseite auch erwartete. Die vor dem Beginn des Konventes an den Kurfürsten gerichtete Einschätzung Luthers, dass er eine Verdammung Zwinglis und Oekolampads und ihrer Lehre als notwendigen Bestandteil einer Konkordie ansehe, hatte er im Verlauf der Gespräche dahingehend modifiziert, dass er eine Verdammung ihrer Lehre in allgemeiner Form für notwendig erachtete.

*6. Luthers Auseinandersetzung mit Bucers abendmahlstheologischer Position:* Die Verhandlungen vor und auf dem Konvent lassen deutlich erkennen, dass Luther erhebliche Probleme damit hatte, Bucers abendmahlstheologische Position zutreffend zu erfassen. Er verstand nicht, dass der Leib Christi nach der Auffassung des Straßburgers auch innerhalb der *unio sacramentalis* jedem äußerlichen Zugriff entzogen blieb. Sowohl die von Luther in der Auseinandersetzung mit Bucer unterstellten Gemeinsamkeiten als auch die falschen Ausrichtungen seiner Argumentationen lassen dies deutlich erkennen. Somit verstand Luther aber auch nicht, warum Bucer die *manducatio oralis* und die *manducatio impiorum* ablehnte und was umgekehrt aus dieser Ablehnung für die abendmahlstheologische Position des Straßburgers gefolgert werden konnte und was nicht. Sein Warnbrief an die Frankfurter und Dietrichs Brief an Coler vom April 1535 zeigen, dass er Bucers Position in der von diesem gebrauchten Terminologie als doppeldeutig wahrnahm.

Luthers Schwierigkeiten hängen sicherlich damit zusammen, dass Bucer bei seinen Darlegungen immer wieder Worte Luthers, allem voran seine Ausführungen zur *unio sacramentalis* in der großen Abendmahlsschrift von 1528, aufnahm und dies auch ausdrücklich kenntlich machte. Erheblich erschwert wurde die Wahrnehmung von Bucers Lehre aber noch dadurch, dass Luther in seinen Denkvoraussetzungen über ein Deutungsraster verfügte, dass für die Eigenart der Bucerschen Position blind war: Aus der Warnschrift an die Frankfurter lässt sich erkennen, dass nach seinem Verständnis die Äußerlichkeit der Gegenwart des Leibes mit dessen Tangibilität untrennbar zusammenfiel. Ein dritte Position zwischen sich und Zwingli, der zufolge der Leib zwar äußerlich *citra mentionem* gegeben war, aber nicht in einer leiblichen Vollzügen unterworfenen Form, konnte so nicht in den Blick kommen. Entsprechend musste Luther in der Beurteilung Bucers schwanken: Entweder er griff ihn bei seiner Leugnung der leiblichen Nießung durch Fromme und Gottlose und erklärte ihn zum Zwinglianer, wie er das etwa in der Warnschrift oder zurückhaltender in seiner dreistufigen Diagnose auf dem Konvent tat. Oder er ging umgekehrt von Bucers Bekenntnis zur äußerlichen Gegenwart des Leibes Christi aus und musste dann die Ablehnung der *manducatio oralis* und der *manducatio impiorum* als eine unverständliche und zur Auflösung drängende Inkonsequenz wahrnehmen, wie es etwa aus seinen Briefen an Kurfürst Johann vom 16. Januar und vom 16. Februar 1531 hervorgeht. Oder er musste sie zumindest für eine erklärungsbedürftige Eigenart halten, wie es sein Brief an Bucer vom Januar 1531 erkennen lässt.

Der Eigenart von Bucers Position am nächsten sollte Luther kurz vor dem Kasseler Konvent kommen. Er erfasste in seiner Instruktion mit seiner Beschreibung der *sententia media* Bucer darin, dass Leib und Blut wirklich gegenwärtig seien, dass aber nur Brot und Wein verzehrt würden, während er dessen christologische Voraussetzung von der unveränderlichen Impatibilität des Leibes vermutlich nicht begriff. Gleiches gilt nach den Aufzeichnungen Forsters für Luthers Ausführungen vom 19. Dezember 1534. In beiden Fällen aber lehnte er diese Position ab und verwies auf ihre zu Fragen provozierende Erklärungsbedürftigkeit, auf ihre Abweichung von den Einsetzungsworten und ihre Unfähigkeit, Gewissen zu versichern.

*7. Luthers Deutung der Wittenberger Konkordie:* Luther beschloss die Verhandlungen zur Abendmahlslehre in der irrigen Überzeugung, dass die Oberdeutschen mit ihm in allen von ihm eingeforderten Aspekten übereinstimmten. Es handelte sich daher weder um eine wirkliche Verständigung noch um eine Einigung im Bewusstsein bestehender Unterschiede. Luther glaubte nach einer entsprechenden Äußerung der Gegenseite, dass deren Ablehnung der *manducatio impiorum* ausschließlich als Ausdruck dessen verstanden werden musste, dass man sich gegen einen Empfang durch Heiden, Juden und Tiere verwahren wollte. Damit aber hatte der für ihn schwer einzuordnende Widerstand gegen die *manducatio impiorum* eine nicht nur plausible, sondern auch von ihm als Überzeugung geteilte Begründung gefunden. Er glaubte, dass sich beide Seiten darin einig seien, dass Christen, die ohne Glauben zum Altar kommen, ebenfalls den Leib und das Blut Jesu empfangen.

Der als Zusammenfassung des Ergebnisses formulierte erste Teil des Abendmahlsartikels bestimmt das Verhältnis zwischen Leib und Blut Christi und den Elementen durch das mit *simul* gedeutete *cum* lockerer, als Luther selber dies tat. Sein deutender Umgang mit anderen Formeln wie etwa dem Kasseler Artikel erlaubt aber die Folgerung, dass Luther hier keine Differenz in der Sache erkannt haben wird. Seiner Auffassung von der *manducatio impiorum* sah er zweifelsohne in der Wendung, dass die *indigni* als Menschen *sine fide* beschrieben werden, hinreichend Genüge getan. Er unterschrieb den Artikel im Bewusstsein, dass sich dessen Lehre nicht von seiner eigenen Überzeugung unterschied.

Die Form des Abendmahlsartikels lässt erkennen, dass Luther sich mit ihm anders als 1529 in Marburg nicht für sich an die dort formulierte Lehre band. Das entsprach aber vollkommen seiner Wahrnehmung des zurückliegenden Streites und der Art, wie er die Gespräche auf dem Konvent geführt hatte: Die Gegenseite war von der rechten Lehre abgewichen und musste sich nun rechtfertigen und erklären. Mit seiner Unterschrift brachte Luther ein Dreifaches zum Ausdruck: 1. Er konnte als Zeuge bestätigen, dass sich die Oberdeutschen während der Verhandlungen in der im Artikel dargelegten Weise geäußert hatten. 2. Er erklärte, dass er die hier formulierte Lehre als einen hinreichenden Ausdruck theologischer Übereinstimmung anerkannte und billigte. 3. Gegenüber den anderen Theologen und den politischen Entscheidungsträgern seiner Seite, die noch um ihr Urteil gebeten werden sollten, legte er sich mit Verweis auf das durch die Gegenseite erfolgte Bekenntnis zu CA und Apologie auf dieses positive Urteil fest.

Nach Luthers eigener Entscheidung ist die Wittenberger Konkordie keine reine Abendmahlskonkordie. Sie umfasst als *plena concordia* auch eine Verständigung über Taufe und Schlüsselgewalt. Den Ausführungen Bucers zur Taufe gab Luther seine Zustimmung sehr wahrscheinlich in dem Bewusstsein, dass die Oberdeutschen in allen von ihm als relevant erachteten und eingeforderten Punkten mit ihm übereinstimmten. Dies betrifft auch Luthers Überzeugung, dass die Taufe in den Säuglingen eine *fides infantium* hervorrufe. Ausschließlich bei der von ihm nicht als für die Verständigung konstitutiv erachteten Vereinheitlichung des Taufritus konnte keine Einigung erzielt werden.

Anders als im Fall des Abendmahlsartikels handelt es sich bei der Formulierung zur Tauflehre um einen Text, bei dem Luthers Seite und die Oberdeutschen in den Lehraussagen nicht durchgehend einander gegenübergestellt werden. Luther bekundete mit seiner Unterschrift somit hier folgendes: 1. Er bestätigte, dass sich die Gegenseite in der im Artikel enthaltenen Weise über die *fides infantium* geäußert hatte. 2. Er bestätigte, dass er diese Erklärung für hinreichend hielt. 3. Er bekannte sich mit der Gegenseite in der formulierten Weise zur Notwendigkeit der Taufe. 4. Er legitimierte die in den oberdeutschen Gemeinden geübte Praxis der Taufe zu festgelegten Terminen.

Auch diesem Artikel erteilte Luther durch Unterschrift seine Zustimmung in der Überzeugung, dass sich die Lehraussagen nicht von seiner eigenen Auffassung zu den thematisierten Fragestellungen unterschieden.

Die Verhandlungen zum Schlüsselamt beschloss Luther in dem Wissen, dass die Oberdeutschen die von ihm favorisierte und in Wittenberg geübte Praxis der Kombination von Beichtverhör und Abendmahlszulassung nicht übernehmen wollten. Er akzeptierte diese Differenz. Zustimmend erklärte Bucer für die Oberdeutschen, dass man den Bann in den Gemeinden wieder einführen wolle und für eine Wiedergewinnung der Einzelbeichte wirken werde.

Der Abschnitt des Konkordienartikels zur Schlüsselgewalt fällt dadurch auf, dass er formal gesehen eine Konsenserklärung ist. Das Gegenüber von Urteilenden und zu Beurteilenden war hier gänzlich aufgehoben. Luther und die anderen Unterzeichner beider Seiten bekannten sich hier mit ihrer Unterschrift zur Ablehnung der vorreformatorischen Beichtpraxis, zum Wunsch der Beibehaltung der Einzelbeichte und zur Praxis der Verbindung von Beichte und Glaubensunterweisung. Ausführungen zum Bann fehlten auffälligerweise. Ausschlaggebend könnte hier Luthers eigenes Zögern gegenüber der Einführung einer rechtlichen Bannordnung gewesen sein.

Anders als Abendmahl, Taufe und Schlüsselgewalt kam dem Versuch der Verständigung über das *ius reformationis* aus Luthers Sicht für die Konkordie offenbar keine konstitutive Bedeutung zu. Luther legte in den beiden Gesprächen seine Auffassung dar. Er verfuhr dabei aber anders als in den vorangehenden Verhandlungen und verzichtete gegenüber den Oberdeutschen auf normative Vorgaben, denen sie zu entsprechen hatten. Stattdessen argumentierte er, bat und empfahl. Die Verhandlungen endeten im Blick auf die strittige Frage, ob die städtische Obrigkeit Augsburgs *ex officio* berechtigt und verpflichtet sei, die Feier der Messen in allen Kirchen der Stadt zu unterbinden, mit einem Dissens. Das von den Wittenbergern formulierte Gutachten wurde ausschließlich von ihrer Seite unterzeichnet. Luther schloss sich mit seiner Unterschrift dem Urteil an, dass die Domkirchen nicht der Verfügungsgewalt des Magistrates unterstünden, empfahl den Augsburger zunächst intensivere Beratungen mit den Verbündeten und rief die Geistlichen der Stadt zur Zurückhaltung auf.

*8. Die Bedeutung der Konkordie für Luther:* Immer wieder hat Luther in den sechs Jahren der Bemühungen um eine Konkordie deutlich gemacht, wie sehr er sich das Gelingen einer Verständigung wünschte. Es ist sicher mehr als nur Rhetorik, wenn er etwa gegenüber Bucer im Januar 1531 versicherte, dass er dreimal sein Leben für den Abschluss der Verständigung hingeben würde. Ihm war auch mit Bedauern bewusst, welche schädliche Auswirkung die Spaltung der Evangelischen auf die weitere Entwicklung der reformatorischen Bewegung hatte. Wie sich seiner Umdichtung des ‚Nunc dimittis' aus dem Brief an die Augsburger Geistlichen vom 20. Juli 1535 entnehmen lässt, glaubte er darum, dass der Abschluss der Konkordie der Sache des Evangeliums und seiner Wirksamkeit in der Auseinandersetzung mit seinen irdischen und überirdischen Gegnern einen unvergleichlichen Dienst erweisen werde. In dieser Adaption des neutestamentlichen Liedes lässt Luther darüber hinaus am pointiertesten erkennen, welche Bedeutung er der Konkordie beilegte: Im Wissen um die seiner Person zukommende besondere Bedeutung sah er in ihr sein persönliches Vermächtnis, das er den evangelischen Gemeinden im Fall seines Todes geordnet hinterlassen wollte.

# Anhänge

*Anhang I:*

# Die von Friedrich Myconius über den Verlauf des Wittenberger Konkordienkonventes angefertigten Aufzeichnungen

(NStUB Göttingen Cod. Ms. theol. 250 II, 133r–138r)

|133r| Narratio historica de forma concordiae anno 36 Witebergae scripta.

Ex autographo D. Friderici Myconii congruente per omnia cum epistola eiusdem ad Vitum Theodorum.[1]

Actio de concordia cum concionatoribus superioris Germaniae, qui Witebergae convenerunt, anno 1536 21. Maii. 5

22. Maii

Mane adierunt Lutherum Capito et Bucerus eum salutantes.

Post prandium sub horam tertiam iterum convenerunt ad Lutherum Pomeranus, Jonas, Philippus, Crucigerus, Wellerus, Menius, Georgius Rorarius, et ego, ubi primum Bucerus longa oratione exposuit, se suo et aliorum nomine gaudere 10 de hoc conventu, ubi esset de concordia agendum, totum hoc quadriennium se laborasse, ut omnino in unum corpus rediremus atque eandem sententiam de eucharistia item oeconomiae ecclesiasticae rationem unanimiter constitueremus.

Lutherus respondit se nihil tam cupere quam solidam, veram ac certam inter se et illos concordiam; verum dum prodiissent illorum opera et consensu epi- 15 stolae Zwinglii et Oecolampadii praefixa epistola Buceri et [a]alii libelli[a], in quibus illa ipsa doctrina, quam cum Christo |133v| et ecclesia defendimus, impugnatur et contrarium docetur,[b] non videre se, quomodo vera et solida concordia fieri possit, dum aliud hic agatur, aliud iis epistolis et libris defenditur et vulgatur; an id ideo faciant, quod forte vere dissentiunt a nobis vel domi non licent illis aliud 20 docere: sibi magis videre commodum, ut maneat causa haec in loco eo, in quo hactenus fuit etc.

Bucerus prolixe sed confuse satis ut vehementer hac [Konjektur][c] oratione turbatus primum edocuit nihil hic minus quam fucum adesse, cum et coram magistratibus totisque ecclesiis etiam in conventibus scripto et verbo hanc suam 25

[a] korrigiert aus: aliis libellis [b] gestrichen: prodiissent [c] in der Handschrift: huc

[1] Der Titel und der Vermerk zu der der Abschrift zugrunde gelegten Vorlage stammen selbstverständlich von Selnecker.

sententiam testati sint et testentur. Et declaravit, librum epistolarum se inscio, imo prohibente vulgatum, neque epistolam, quam typographus praefixit praefationis loco, in hoc scriptam esse, ut praefigeretur, sed prius in alia causa aliis responsum, neque id tamen ideo, ut vulgaretur; iam non sibi imputandam typo-
30 graphorum avaritiam et iniquitatem etc.

Lutherus iterum exegit, ut aut solida concordia aut nulla fieret, ad quod duo sibi videri necessaria fore, scilicet ut primum palam agnoscerent et REVOCARENT[2] |134r| ac condemnarent errores, deinde cum Christo et scriptura veram sententiam amplecterentur, docerent, defenderent. Se enim non posse non
35 DAMNARE sententiam et errorem Zwinglii et Oecolampadii atque aliorum, qui scripserunt contra praesentiam Christi, ut ut personas committeret divino[d] iudicio[e], qui forte in fine aliud cum eis, quod solus ipse nosset, egisset; verum dogmata et in cordibus multorum et eorum libris execrari, quae omnia damnanda et respuenda essent.

40 In alia vero parte iam semper fecissent gradus quosdam. Primo: significat corpus Christi et est eius figura, verum non est. Secundo: Est corpus Christi et est sanguis eius, sed tantum spirituali modo praesens, ut cogitatione uel speculatione. Dicunt: sedet ad dexteram Dei et est ubique, ergo etiam hic, sed spiritualiter. Tertio: Koburgi fatebatur Bucerus esse corpus Christi et sanguinem
45 atque sumi etc. ore eorum, quibus offertur et a quibus sumitur sed hactenus, quod ex libro ad Munsterenses pateret et aliis, hoc vellet intelligi: Si credunt, vel si adsunt creduli; verum incredulis est tantum signum nec manducant corpus et sanguinem Christi. Iam ibi necesse esse, ne ulla dubitandi aut suspicionis materia reliqua esset utrinque, |134v| explicaret nobis et cum illo reliqui huc
50 missi, an ex institutione instituentis Christi fateantur hunc panem et hoc vinum vere esse corpus et sanguinem Christi, cum Christus dicit, quod Evangelistae omnes testantur et praemittunt his verbis: Hoc est corpus meum etc. voculam illam: DICENS; similiter et calici: Detur etc. atque sumatur, indifferenter a bonis et malis, piis et impiis, vel ut Paulus loquitur, dignis et indignis; neque dignitas
55 vel indignitas sumentium quidquam mutat de institutione dicentis Christi; ita, ut in ore impii sumuntur et manibus impii dantur, tamen sint verum corpus et verus sanguis, non quia digni vel indigni sint, sed quia Christus dicat. Hic deliberatum.

[d] über der Zeile [e] gestrichen: Dei

[2] Die in der Handschrift an verschiedenen Stellen begegnende Verwendung von Majuskeln wurde beibehalten. Sie dürfte ebenfalls auf Selnecker zurückgehen und Aufschluss über seine eigenen Leseinteressen geben.

Feria quarta[3], hoc est 23 Maii.

Hora tertia post meridiem omnes utriusque partis ad aedes Lutheri convenimus. 60

Ibi cum sedissemus cuncti, D. Lutherus repetiit superiora, an REVOCATURI essent, si quis quidquam diversum a sententia Christi, scriptura et ecclesia ullo modo docuisset. Deinde sententiam de vera praesentia Christi in vel cum pane etc. edocerent et explicarent, quam essent nobiscum concordi et constanti confessione docturi. 65

|135r| Bucerus primum confessus est se olim quidem non satis explicate intellexisse neque satis commode docuisse, quae post REVOCASset, Recantasset et correxisset, atque vellet in posterum corrigere, REVOCARE, RECANTARE, ubique veram sententiam exinde docere et explicare etc. 70

Deinde quod ad explicationem verae sententiae de praesentia Christi corporis et sanguinis eius in pane et vino caenae attineret, se suo et aliorum[4], quorum in hac re ex Helvetiis et aliis ecclesiis vota haberet et sententiam, confiteri hunc panem verum esse corpus Christi, hoc vinum vere sanguinem Christi; eaque vere offerri per ministrum Christi (nisi verba et institutio Christi corrumperentur) sumentibus. 75

Vere sumi corpus et sanguinem Christi etc. ore non tantum cordis sed corporis sumentium, qui digne, ad salutem, qui indigne, ad iudicium. Verum haec, ubi ipse diceret de manducatione impiorum, vellet ita intelligi, ut si Turca vel Judaeus hunc panem vel mus aut canis voraret, sine ullo intellectu vel respectu institutionis Christi; |135v| solam crassam illam localem et naturalem manducationem se reprobare et non agnoscere etc. 80

Si quid ultra explicatius dicere deberet, interrogarent nostri. Facile esset lucidius omnia expositurus.

Deinde Lutherus singulos seorsim interrogat, omnibus praesentibus, ubi cuncti idem, quod Bucerus explicasset, se confiteri et agnoscere testabantur et pariter haec iam toto anno et ultra docuisse et exinde docere velle. 85

Quidam etiam addiderunt, quod magistratus in quibusdam ecclesiis publica poena et edicto damnassent eos, qui negarent corporis Christi cum pane et sanguinis eius cum vino praesentiam etc. Et omnes vehementer precabantur, ut cum per omnia agnoscerent et amplecterentur Confessionem et Apologiam Augustanam, in concordiam et vincula illa unius fidei et verae caritatis reciperentur. 90

Cum cuncti eandem sententiam faterentur, Lutherus cum suis in cubiculum deliberaturus discessit. Ibi rogati sententias singuli, Pomeranus, Jonas, Crucigerus, Wellerus, Philippus, |136r| M. Georgius, Menius, et ego Fridericus Myconius, dixerunt: Si ita corde crederent et ore confiterentur atque docerent do- 95

---

[3] Myconius irrte sich hier in der Zählung der Wochentage. Richtig muß es heißen: feria tertia (= Dienstag). Zur Quellenkritik im Einzelnen cf. oben S. 375–379.

[4] Ergänze: nomine

cereque policerentur, dandam illis pacem, modo explicate adhuc semel illis exponeretur praesentiam etiam corporis esse in illo pane, qui in ore impii detur etc. sicut vere est nomen Domini, etiamsi impius eo abutatur et in vanum illud
100 sumat.

Tunc regressis nobis et sedentibus Lutherus ordine omnia recensuit, pacem dedit et accepit, factaque est inter partes, Deo laus, concordia, quantum ad hunc de eucharistia attinet articulum. Et iussi sunt prudenter et sensim diversam doctrinam eximere cordibus SEDUCTORUM et hanc [f]certam ac veram sententiam
105 ecclesiis proponere. Quod si haec verba: Impii accipiunt verum corpus Christi, apud suos intolerabilia et durius sonarent, quia illi intelligerent Turcas, Iudaeos, mures, canes etc. uterentur verbis Pauli: Indigni, increduli etc. Deo deinde sunt actae laudes et gratiae actae et datae invicem dextrae etc.

|136v| Feria quinta, Ascensionis Domini
110 Nihil hac die est actum, quam quod auditae sunt conciones Welleri, Friderici[g], Menii[h] et Doctoris Lutheri.

Et actum etiam est de formula concordiae atque Philippo Melanthoni datum est negocium, ut eam conciperet.

Feria sexta post Ascensionis, quae fuit 25.[5] Maii
115 Sexta feria in diversorio propositum est eis, qui ex superiori Germania venerant, exemplar confessionis, quam utrinque confiteremur. Sed quia pauci adessemus utrinque, nec causa solum nostra sed et principum, aliarum ecclesiarum et pastorum esset, nunc sicut nos, qui coram essemus, de una, eadem, vera et catholica sententia convenissemus et concordaremus, ita referremus scripto et
120 exemplo ad alios, ut et illi nostris sententiis suam adderent. Quod nos facile speraremus impetraturos a nostris. Deinde possent duo ad nos mitti vel a nobis duo ad eos, ut ita subscriberetur et [i]ederetur[j] publice communi nomine ad ecclesias de nostra in hac sententia concordia. |137r| Et per omnia testati sunt utrinque se agnoscere[k] Confessionem et Apologiam Augustanam. Hanc vellent constanter et
125 unanimiter adseverare, docere, defendere etc.

De baptismate etiam parvulorum admoniti sunt, quod aliqui dicerentur neglectius curare parvulorum baptismum. Quidam tantum dominicis diebus baptizarent, alii non adhiberent aquam, alii dicerent parvulos non credere. Ibi reddita est ratio, quod in ecclesiis suis servaretur ritus a Christo institutus et ab
130 apostolis servatus etc. Quod autem dominicis diebus et etiam aliis baptissarent post concionem, ideo fieret, ut praesente ecclesia maior esset autoritas et renun-

[f] gestrichen: ve [g] gestrichen: Myconii [h] am Rand zugefügt [i] gestrichen: idcirco
[j] über der Zeile [k] gestrichen: et

[5] Myconius irrte sich an dieser Stelle im Datum. Es muß heißen: 26. Maii. Zur Quellenkritik im Einzelnen cf. oben S. 375–379.

tiatio baptismatis. Tamen non negarunt tempore hyemis se tantum caput parvuli denudasse et superfudisse aquam cum verbis ad hoc institutis.

Ibi Lutherus dixit, quod Picardi servarent baptisma hoc modo, quod aliquis volas manuum madefaceret aqua et contingeret faciem baptizandi dicens: Ego te baptizo in nomine Patris et filii etc.

De fide parvulorum, an etiam credant, requisiti dixerunt eos non habere intellectum etc. Ibi tandem cum Luthero consentiunt, quod parvuli per baptismum renascuntur, regene|137v|rantur, renovantur, sanctificantur, et Christi regno ac saluti inseruntur.

<table>
<tr><td rowspan="3">Nam differenter<br>[se habent</td><td>parvulus</td><td rowspan="3">Tamen quivis horum est fidelis et credens etc. sed suo modo. Neque enim impii sumus dum dormimus, si in Christum credimus.</td></tr>
<tr><td>fidelis vivens et actualiter de promissione cogitans</td></tr>
<tr><td>fidelis dormiens aut aliud[1] interim quam promissionem cogitans</td></tr>
</table>

Haec sententia omnibus placuit, quod scilicet hic daretur parvulis novitas, novus intellectus, nova nativitas et fiat initium aliquod novae creaturae.

Iussi sunt deinde exponere suam sententiam de magistratibus. Audissemus enim quosdam ita suum ministerium subiicere magistratibus, ut in docendo et ministerio sacramentorum non se ministros Christi, sed penitus magistratuum ostenderent. Deinde alii plane seipsos gererent, tanquam dum eis commisum est ministerium verbi, etiam putarent sibi ius gladii concreditum, cum haec duo ministeria tam sint ab invicem separata, quam est coelum a terra semotum. |138r| Ibi acceperunt de hac re inducias usque ad diem sabbati sequentem deliberandi etc.

[1] gestrichen: agens

*Anhang II*

# Friedrich Myconius an Veit Dietrich, 11. Juni 1536

(NStUB Göttingen Cod. Ms. theol. 250 III, 451r–458r)

|451r| [a]Optimo et doctissimo viro Magistro Vito Dietrich ad divinum Sebaldum Nurmbergae pastori ovium Christi, amico suo vero.[a]

Gratiam et pacem per Christum. Literas tuas, mi doctissime et ornatissime Domine Vite, obtulit mihi Flidenerus[1] civis noster, simul efferens in coelum cum tuam, tum aliorum erga se voluntatem bonam, et ago tibi in primis gratias, quod hunc ad amicum scribendi laborem subiisti, et opto, ut hoc quoque donum Domini tibi perpetuum sit. Multi enim hodie sunt etiam ex doctissimorum numero, qui adeo torpent, ut vix literis oppressi vocem reddant. Sed tu Lutherum et Philippum, patres et praeceptores nostros imitaberis, qui, quam sint in hoc officio alacres, nosti.

De conventu nostro Witebergae, de quo iubes me tibi omnia scribere, quanquam nihil dubitem, te ex Reutlingensibus, qui per vos ad suos redierunt, et ex aliis omnia didicisse, tamen ne tibi desit meum officium et certo experiare meum in te studium et animum propensum, haec breviter accipe.

Valetudo Lutheri effecit, ut conventus ab Isenaco Grimmam transferretur. Sed Witebergam videndi desiderium hospites eo pertraxit, ut praemisso tabellario iuberent Crucigerum et Philippum domi subsistere, malle se ibi coram ad sacietatem usque cum tam diu desideratis patribus agere omnia, quam alibi de multis divinare potius quam intelligere.

Decima[b] septima Maii venerunt Gotham ad me Doctor Wolfgangus Capito, Martinus Bucerus Argen|451v|tinensis et Bonifacius Wolfhardus Augustinensis, quos quantula potui excepi humanitate. Et quia Bucerum Mareburgi antea con-

[a] nachgetragen von Selneckers Hand. [b] am Rand; gestrichen: Vicesima.

[1] Wahrscheinlich handelt es sich hier um den Gothaer Bürger Johannes Flidner. Über sein Leben ist wenig bekannt. Zum Sommer 1513 wurde er an der Artistenfakultät in Erfurt immatrikuliert. Im Frühjahr 1515 legte er dort sein Bakkalaureatsexamen ab. Cf. dazu Weissenborn: Acten II,280,41 und Schwinges/Wriedt: Bakkalarenregister, 310 (Nr. 19). Des Weiteren ist überliefert, dass er sich im Jahr 1543 zusammen mit dem Gothaer Bürgermeister Hartung Stiegell in einer eherechtlichen Angelegenheit an Kurfürst Johann Friedrich wandte. Cf. dazu WABr 10, 3898 (356).

veneram, audiveram et exercueram etiam, Capitonem vero ex fama tantum nossem, videram autem ingenio esse placido et tractabili, coepit inter nos de tota
25 controversia de praesentia corporis Christi post coenam sermo, ubi illis nostram sententiam breviter ac lucide exposui, a qua non essemus, nisi scripturam contemnere vellemus, discessuri. Et videbatur mihi Capito nonnulla discere, de quibus antea fuerat dubius, et Bucero aliqua videbantur clariora fieri quam fuerant. Itaque iuvandi eos gratia summo mane in chartam ea congessi, quae diligenter
30 expendenda obtuli illis, quae cum excussissent, non potuerunt non fateri hanc sententiam nostram et scripturae sacrae et purioris[c] ecclesiae sanctis patribus conformem esse. Venerunt deinde etiam reliqui, cum quibus ego et Justus Menius noster recta Witebergam contendimus, et in itinere utrinque ad sacietatem usque reddimus[d] rationem fidei et spei nostrae. Non praeteriit hora, quin in ea
35 aliquid invicem interpretaremur et fortissime convicimus, panem illum coenae non ex dignitate vel indignitate vel sumentium vel dantium esse et dici verum illud corpus Christi, quod traditum est pro nobis etc., sed tantum ex virtute et potentia eius, qui sumsit illum in manus suas, Christi, et dixit: Hoc est corpus meum. Sed quid hic te eneco narratione rerum in itinere gestarum. |452r| Mitto
40 tibi exemplum meae sententiae[2], quam priusquam Witebergam pervenimus, amplexi sunt mecum singuli. Imo non meam, sed ecclesiae Christi.

Pervenimus Witebergam dominica, quam vocamus Jocunditatis, ubi nos primum adiit Dominus Philippus retractus per literas ex itinere ad Grimmam pergens, cui meus quidem et Menii adventus gratissimus fuit. Sed Buceri et soda-
45 licii eius accessus non admodum gratus esse videbatur, cum quod de concordia spem abiecerat[e], tum quod epistolae Zvinglii et Oecolampadii sub [f]hoc ipsum[e] conventus huius tempus prodissent, quae optimum principem et Doctorem Lutherum ita irritaverant, ut nihil minus sperare possemus, quam quod concordia serio quaeri aut optari, credere possent, aut ullo modo sperari. Verum cum Me-
50 nius et ego exposuissemus illi, quae et Gothae et in itinere audivissemus, resumsit Philippus animum et nos priores iussit Lutherum accedere et illi, quae acta essent significare. Retinet nos ad coenam Lutherus et usque ad mediam noctem de rerum summa colloquimur, et edocemus, quae in itinere concessissent nobis disputantibus. Sed vix obtinuimus, ut crederet ex animo haec ab illis dicta fac-
55 taque fuisse.

Vicesima secunda Maii mane hora septima adierunt Lutherum solum soli Bucerus et Capito, sed de quibus rebus in primo congressu contulissent, ex actione posteriore claruit.

[c] korrigiert von Selneckers Hand aus prioris. [d] Ed. 1581: reddidimus. [e] Ed. 1581: abjecisset. [f] nachgetragen von Selneckers Hand.

[2] Die von Myconius aufgesetzte Formel ist nicht unter den Papieren Selneckers zu finden.

|452v| Sub horam tertiam post meridiem in aedibus Doctoris Lutheri convenerunt ex nostra parte Lutherus, Pomeranus, Jonas, Crucigerus, Menius et ego. 60
Adfuit etiam Wellerus et Magister Georgius diaconus, ex alia[g] tantum Capito et Bucerus. Ibi cum sedissemus et datum Bucero esset ad ea, quae Lutherus mane proposuisset, respondendi officium, ille longa et verbosissima oratione primum exposuit se suo et aliorum nomine gaudere de hoc conventu et quod sibi Witebergae magis quam alio loco daretur suae sententiae explicandae commoditas. 65
Deinde recensuit, quemadmodum toto triennio aut quadrienno laborasset, ut omnes in unum rursus corpus rediremus atque eandem de eucharistia sententiam conferremus doceremusque. Item oeconomiae ecclesiasticae rationem et formam eandem unanimiter constitueremus etc.

Respondit Lutherus se nihil tam cupere, quam ut vera, solida et firma inter 70
nos restitueretur concordia. Verum dum prodiissent illius consensu vel opera epistolae Zvinglii et Oecolampadii, quae multa impiissima dogmata vulgarent, et illis esset[h] praefixa Buceri epistola, et deinde alii libelli, quibus ea doctrina, quam cum apostolis et ecclesia defendimus, impugnatur, non posse videre se, quomodo firma et solida posset fieri concordia inter tam contraria docentes et 75
conantes. Dum scilicet aliud hic coram dicturi essemus et audituri, rursus huius |453r| diversum et plane contrarium libris illis ageretur. An id forte ideo facerent, quia vere et ex corde a nostra sententia de praesentia corporis Christi dissentirent, vel forte domi non liceret illis propter furorem seducti vulgi aliud facere, ipsi viderent. Sibi magis commodum esse videri, ut causa in eo loco et statu, quo 80
nunc esset, maneret, quam ut specie aliqua fucata et simulata concordia causam per se malam facerent centuplo deteriorem. Neque enim vel coecos vel elingues futuros posteros, qui hunc fucum ferrent et non detegerent. Et si mundum fallere possemus, quis falleret oculos et aures Domini omnia audientis?

Bucerus prolixe sed confuse satis (ut vehementer hac oratione turbatus) pri- 85
mum persuadere voluit nihil hic minus quam fucum adesse. Cum et coram magistratibus totisque ecclesiis ac etiam in conciliis superioris germaniae, doctorum conventibus hanc suam sententiam testati sint et testentur voce, verbo, scripto, libris et publicis concionibus. Et recensuit, quae Munsterensibus superiore anno, item Abricensi hoc anno respondisset. Declaravit deinde se inscio, 90
imo prohibente epistolarum Zvinglii et Oecolampadii volumen vulgatum, neque id, quod praefationis loco suo nomine praefixisset typographus, praefationem esse, sed epistolam, longe in aliud priore anno ad quosdam scriptam, ubi nihil minus somniasset, quam quod unquam |453v| typis excudi et vulgari deberet, et retorsit tam ipse quam Capito omnia in typographorum avaritiam et improbi- 95
tatem.

Lutherus iterum pro suo more ardenter exegit, ut omnino aut solida aut nulla fieret concordia. Ad quod sibi videri duo praecipue fore necessaria: primum, ut

[g] Ed. 1581: altera. [h] korrigiert aus: essent.

diversam sententiam ab ea, quae Christi et apostolorum ac ecclesiae esset, quam
100 hactenus docere, inculcare et persuadere conati fuissent, recantarent et revocarent publice. Deinde veram sententiam exinde concorditer nobiscum docerent. Se enim non posse non execrari sententias illas Zvinglii et Oecolampadii de originali peccato deque sacramento. Et extare adhuc ac vulgari eorum libris voces illas: deus impanatus; caro non prodest quicquam, scilicet Christi; hoc significat
105 corpus meum; hoc est corpus meum, id est: corporis mei figura et similes, quae omnes id vellent: Panis coenae non est corpus Christi, vinum coenae non est sanguis Christi. Ut ut personas ipsas committeret divino iudicio, tamen blasphemias has nullo modo posset[i] non execrari et damnare.

In alia vero parte iam semper ad nos accedendo vel redeundo fecissent gra-
110 dus quosdam. Primum confessi essent non esse hunc panem per omnia similem aliis panibus et vinum illud vino communi, sed esse significativum et memoriale absentis corporis Christi etc. |454r| Deinde adhuc propius accessissent confitendo, est corpus Christi et est sanguis Christi, sed spirituali modo, praesens, id est, sedet ad dexteram Dei, sed tamen spiritus speculatione et cogitatione facit eum
115 praesentem huic pani vel vino, quasi si Hectora facias praesentem in tragoedia, in persona aliqua tragica. Postremo autem adhuc propinquius, inquit[j], acceditis asseverando mecum Koburgi et nunc in quibusdam libris idem scribitis: hunc panem esse corpus Christi verum, naturale, substantiale etc. atque sumi etiam ore eorum, quibus offertur, sed tamen ita, si sint credentes et discipuli Christi.
120 Verum incredulis, si offertur, non est nisi panis et vinum, atque ita est corpus Christi non ex potentia instituentis et dicentis Christi, sed magis ex virtute nostrae fidei et cogitationis, quae efficit, ut Christus, qui est ad dexteram patris, sit fidei nostrae praesens, si credamus. Verum si non credimus non potest esse praesens, sed est illis, qui non credunt, tantum vacuum signum. Iam ibi necesse
125 est, ne ulla dubitationis aut suspitionis materia relinquatur utrinque, ut explicetis nobis, vos et reliqui vobiscum huc missi: An ex institutione instituentis Christi hunc panem et hoc vinum esse corpus illud Christi fateatis[k], quod traditum est pro nobis, et sanguinem illum, qui pro nobis fusus est, sive minister offerens aut accedens sumens dignus sit, sive indignus. Quia evangelistae verbis illis, hoc
130 est corpus meum et hic calix est sanguis novi testamenti etc. testantur Christum praeposuisse voculam illam dicens. An ergo verum est, quod dicit, an falsum? An tunc verum fit, quando nos cre|454v|dimus? Vel an falsus et mendax fit, quando non credimus? Oportebit etiam confiteri vos, quod indifferenter offeratur et sumatur a piis et impiis, credulis et incredulis, hypocritis et sinceris, sive ut Pau-
135 lus loquitur dignis et indignis. Sed tamen dignitas et indignitas sumentium nihil mutant de institutione dicentis Christi etc. Ita ut in manu indigne dantis et ore indigne manducantis tamen vere sit illud, quod Christus esse dicit, scilicet cor-

[i] korrigiert aus: possent. [j] zugefügt von Selneckers Hand. [k] nachgetragen von Selneckers Hand; Ed. 1581: statuatis.

pus suum et sanguinem, non quia datur et creditur, sed quia Christus iubet et dicit. De iis deliberent et cras, quid confiteri possint aut velint docere nobiscum, inter se conferant et feria quarta[3], quae fuit 23. Maii, respondeant. 140

Feria quarta[3] post Vocem Jocunditatis, quae fuit 23. Maii.

Hora tertia post meridiem omnes utriusque partis ad aedes Lutheri convenimus. Ubi cum sedissemus omnes, repetiit breviter, quae pridie proposuerat Lutherus, et quaesivit, an revocaturi essent, si quis quicquam diversum a sententia Christi, scripturae et ecclesiae ullo modo docuisset. Deinde sententiam de vera 145 praesentia in vel cum pane coenae Domini corporis Christi, quam nobiscum vellent constanter et concorditer docere, explicarent et probatam facerent nobis.

Bucerus primum confessus est se olim quaedam non satis clare et explicate intellexisse, neque satis probate do|455r|cuisse, quae statim, ut didicisset, correxisset, revocasset et recantasset suum errorem. Atque vellet in posterum, ne 150 cui esset erroris causa, revocare, recantare, ore, scripto et quovis modo. Deinde quod ad explicationem verae sententiae de vera praesentia corporis Christi in vel cum pane coenae etc. attinet, se suo et aliorum[4], quorum vota et sententiam haberet cum ex Helvetiis tum Plaureri, confiteri: hunc panem vere esse corpus Christi, hoc vinum vere esse sanguinem Christi, eaque vere offerri per mini- 155 strum Christi indifferenter omnibus sumentibus, nisi institutio et verba Christi corrumperentur. Vere etiam sumi corpus et sanguinem Christi naturale illud substantiale etc. non tantum corde sed etiam ore sumentium, qui digne ad salutem, qui indigne ad iudicium. Verum ubi diceret impios non sumere, hoc vellet intelligi: Si Turca vel Judaeus aut mus vel vermis corroderet hostias illas a papi- 160 stis cibariis inclusas, ubi nullus actus fit, qui est a Christo institutus etc., hoc tantum in pane fieri, tantum panem esse, non corpus Christi, neque hoc in corpore Christi fieri. Solum crassam hanc localem et naturalem manducationem corporis Christi se voluisse negare. Verum illam, quae est institutionis Christi, ut supra explicasset, hanc fateretur[1] et doceret, atque esset docturus. Si quid non satis ex- 165 plicate diceret, interrogarent particulariter, vellet se et suam sententiam clarius et uberius exponere.

Deinde Lutherus singulos seorsim interrogat omnibus reliquis audientibus. Ubi singuli se idem, quod Buce|455v|rus explicasset, confiteri, sentire, docere, defendere asseverabant. Et iam toto anno se haec docuisse et exinde docere velle, 170 responderunt. Et rogabant, ne ullum fucum his subesse suspicarentur. Quidam etiam addiderunt in suis ecclesiis publico edicto a magistratibus poenas cautas in eos, qui negarent veri corporis Christi cum pane veram praesentiam etc. Et pre-

[1] korrigiert durch Selnecker aus: fatetur.

[3] Myconius irrte sich bei der Tageszählung. Richtig muß es heißen: feria tertia (=Dienstag). Zur Quellenkritik im Einzelnen cf. oben S. 375–379.

[4] ergänze: nomine.

cabantur omnes obnixe, ut quoniam per omnia agnoscerent veram esse Confes-
175 sionem et Apologiam Augusto Caesari exhibitam, in concordiam et vincula illa unius fidei et solidae fraternae charitatis ut commembra in Christo reciperentur. Decere enim, ut qui unum caput agnoscimus et unius etiam Christi doctrinam pariformiter adoraremus[m], etiam inter nos alter alterius se commembrum esse fateremur[n].

180 Lutherus deinde cum suis in cubiculum discessit, quid porro faciendum foret cum illis deliberaturus. Ubi rogati singuli sententias dixerunt Pomeranus, Jonas, Crucigerus, Wellerus, Philippus, Menius et ego, Friderichus Myconius, ibi tandem respondimus quasi uno ore: Si ita, ut confessi erant, corde crederent, ore confiterentur atque ecclesiam haec eadem hocque modo docerent atque deinde 185 docere vellent, dandam illis pacem esse. Verum adhuc semel explicate illis exponeret: An etiam illum ipsum panem, qui a ministro Christi cum verbis instituentis Christi indignis, ut vocat Paulus, datur et ab eis sumitur, vere fateantur esse corpus Christi. Sicut vere est nomen Domini, quod impius contra secundum praeceptum tabulae |456r| primae Moysis accipit in vanum neque fit non nomen 190 Domini ex eius abusu. Et Judas vere amplexatur in horto Christum et osculatur eum neque fit non Christus ex tanto abusu et traditione impiissima etc.

Tunc regressis nobis et omnibus residentibus Lutherus omnia non sine ingenti spiritus alacritate, quae etiam ex oculis et toto vultu resplenduit, recensuit. Ubi cum id, quod res ipsa est, panem corpus Christi ex potentia et virtute 195 instituentis Christi et dicentis divina maiestate, faterentur, sive indigni abutantur, sive digni utantur illo, pacem dedit et accepit, factaque est et sancita inter nos praesentes concordia. Proruperunt lacrymae Capitoni et Bucero et utrinque cancellatis manibus et gestibus piis Deo gratias egimus. Et iussi sunt prudenter et sensim diversam sententiam, si adhuc in aliorum cordibus haereret, eximere 200 et hanc certam et veram sententiam ecclesiis proponere et, quantum spiritus Domini adiuvaret infirmitatem nostram, clare exponere. Quod si haec vox, impii accipiunt verum corpus Christi, apud suos rudibus intollerabilis videretur, uterentur interim ea, qua Paulus usus est: indignus. Verum rem ipsam explicarent. Sive dicerent pro impiis increduli. Datae sunt dextrae utrinque et discessimus ad 205 nostra hospitia.

Feria quinta Ascensionis Domini

Hoc die nihil est actum, nisi quod auditae sunt contiones Welleri, Friderichi Myconii, Menii et ad vesperas Lutheri spiritualissimae, de verbis illis |456v| Marci: Euntes in mundum universum, predicate evangelium omni creaturae etc. 210 Audivi antea Lutherum persaepe, sed nunc mihi ex ipso coelo non loqui sed tonare nomine Christi videbatur.

[m] Ed. 1581: adoramus. [n] Ed. 1581: fateamur.

Actum est etiam ea die de formula concordiae in sententia eucharistiae et Philippo datum negocium, ut eam conciperet.

Sexta feria post Ascensionis, quae fuit 25. Maii[5].

In diversorio viduae Christiani Goldschmids propositum est Bucero et sociis 215 eius exemplum confessionis, quam utrinque agnosceremus. Sed quoniam pauci utrinque aderamus neque causa solum nostra, sed etiam principum, ecclesiarum et aliorum pastorum gregis Domini esset, nunc sicut nos, qui coram essemus, de una eadem vera et catholica sententia concordaremus, ita opus esset, ut scripto et exemplo referremus haec ad absentes, ut et illi nostris sententiis suam adde- 220 rent. Quod nos facile speramus impetrare[o] a nostris. Illi idem apud suos quaererent. Deinde possent duo ad nos mitti vel ex nostris duo ad eos, ut ita subscriberetur et ederetur publico et omnium communi nomine ad omnes ecclesias de nostra in hac controversia concordia.

Postremo per omnia testati sunt se diligentissime omnia ea, quae confessio 225 Augustana et Apologia edita contineret, defensuros, docturos et observaturos etiam.

|457r| Eadem die post prandium.

De baptismate parvulorum admoniti sunt, eo quod aliqui dicerentur negligentius[p] curare baptisma parvulorum. Alii delati essent, quasi sine aqua baptiza- 230 rent. Reliqui etiam docerent parvulos non credere. Ibi reddita est ratio, quod in ecclesiis suis servaretur ritus a Christo institutus et traditus ab apostolis, qui scilicet aqua baptizarent in nomine patris et filii et spiritus sancti. Quod autem dominicis diebus baptizarent vel etiam aliis post concionem adhuc frequente ecclesia praesente, ideo fieret, ut praesente ecclesia accederet maior huic ministerio et 235 sacramento maiestas et autoritas contra anabaptistas. Verum nullum parvulum negligerent, qui, si de vita periclitetur, etiam tunc baptisaretur. Tamen non negarunt tempore hyemis, ne recens natus parvulus intemperie aeris denudatus laederetur, se denudatum caput tantum aqua perfudisse et baptizasse.

Ibi Lutherus respondit, quod Picardi servarent hoc modo baptisma, quod ali- 240 quis volas manuum tantum aqua madefaceret et contingeret faciem baptizandi dicens: Ego te baptizo in nomine patris et filii et spiritus sancti.

De fide parvulorum requisiti dicit Bucerus aliorum nomine eos non habere intellectum talem, quo verba capere et intelligere possent etc. Ibi tandem nobiscum et cum Luthero consenserunt, quod parvuli per baptisma sanctificantur, 245

[o] Ed. 1581 fügt hinzu: nos posse. [p] über der Zeile von Selneckers Hand; gestrichen: neglectius.

[5] Myconius irrte sich im Datum. Es muß heißen: 26. Maii. Zur Quellenkritik im Einzelnen cf. oben S. 375–379.

regenerantur, abluuntur a |457v| peccato et conscientia mala, inseruntur morti et sepulturae Christi, renovantur et regno Christi inaugurantur.

| | | |
|---|---|---|
| Nam differenter [se habent | parvulus recens natus<br><br>fidelis vivens et actualiter de promissione cogitans<br><br>fidelis dormiens aut aliud agens, quam quod cogitet de promissione. | Tamen quilibet horum est vere fidelis et sanctus, sed suo quisque modo. Neque enim increduli aut impii sumus, dum dormimus etc. |

Haec sententia omnibus placuit, quod scilicet hic in baptismo daretur parvulis novitas, novus intellectus, nova vita et fiunt initium aliquod et nova creatura Dei.

Iussi sunt deinde exponere suam sententiam de officio magistratuum et quatenus se illorum extenderet autoritas. Audissemus enim quosdam ita subiicere ministerium et gloriam Christi magistratibus, ut docendum, credendum et faciendum putarent, quicquid magistratus etiam impiissimum statueret, et pugnans cum scriptura, ut se non ministros Christi, sed prorsus hominum ostenderent. Deinde alii plane se ipsos gererent pro magistratibus, quasi dum eis concessum est ministerium verbi, sibi etiam ius gladii et regiminis delegatum esse putarent, cum haec duo ministeria velut coelum et terra essent disiunctissima. Ibi acceperunt de hac re deliberandi inducias usque in |458r| sequentem diem. Sed sequenti die oblatum est illis scriptum de magistratus autoritate, quod probaverunt. Sed tantum subscriptum est Lutheri, Pomerani, Philippi, Crucigeri nomen. Exemplum iam huius non habeo. Sed post si volueris, etiam mittam tibi.

Ecce habes, mi Vite, totam actionem conventus nostri, quam verbose satis descripsi. Sed tu pro tuo candore haec omnia boni aequique consule, et communica ea amantissimis et optimis fratribus nostris Doctori Wenceslao Linco, Doctori Andreae Osiandro, Thomae Venatorio et Erasmo Ebnero et si quibus tibi videtur commodum aliis. Datum Gothae, 1536 dominica Trinitatis.

Friderichus Myconius
Gothensis ecclesiae pastor.

Dominica post Ascensionis Magister Matthaeus Aulberus Reutlingensis mane, Bucerus meridie, Lutherus vesperi concionati sunt ad ecclesiam. Et ut testarentur se cum nostra ecclesia sentire, sacram communionem sumserunt Capito et Bucerus.[q]

[q] gestrichen: Optimo et doctissimo viro Magistro Vito Diterich ad divum Sebaldum Nurmbergae Pastori ovium Christi, amico suo vero

*Anhang III*

# Zwicks Ergänzungen zum Bericht der Oberdeutschen

(StA Zürich E II 448)

## 1. Zusatz

Der Text steht auf einem Zettel, der zwischen den Seiten 9v und 11r eingeklebt ist. Mit dem Buchstaben A wird auf den Ort verwiesen, an dem er auf Seite 13r einzufügen ist. Es handelt sich um die Stelle BDS 6/1,147,2 hinter „solte."

|10r| A. Lutherus proposuit articulum coenae.

1. Quid de praesentia corporis et sanguinis Christi sentiremus.
2. Quid de manducatione oris.
3. Quid de manducatione impiorum, nam sine his asserebat concordiam firmam et solidam fieri non posse. 5

D.1. Responsum est nos credere et docere quemadmodum liber ad Monasterienses videlicet: in coena Christum vere adesse, carnem et sanguinem suum vere dare, imo a ministro cum pane et vino dari. Verum nullam hic unionem esse naturalem nec localem inclusionem.

D.2. Respondimus nos credere duo esse in sacramento, panem et vinum, 10 velut symbola, et corpus et sanguinem Christi velut rem ipsam sacramenti. Ori corporis exhiberi symbola, fidei vero ipsum corpus. Negari tamen a nemine, corpus etiam oretenus manducari eo sensu, quo a doctore Luthero ipso sit in confessione eius scriptum, nempe quaternione V. 3.

|10v| D.3. Quod impius manducet respondimus ecclesiam nostram ab hoc ar- 15 ticulo abhorrere, nec doceri a nobis corpus Christi ab impio fidei plane experto posse comedi. Eum vero qui inverteret institutionem Christi, verba corrumperet et violaret, nihil habere nisi panem et vinum iuxta confessionem ipsam D. Lutheri

## 2. Zusatz

Wieder handelt es sich um einen eingeklebten Zettel. Er befindet sich zwischen den Seiten 16v und 18r. Mit dem Buchstaben B wird auf den Ort der Einfügung verwiesen. Cf. dazu BDS 6/1, 153,11 nach „werde."

5 |17r| Inter caetera dixit Lutherus: Ergo vos imaginariam tamen praesentiam Christi in coena tenetis, et institutioni Christi derogatis. Hic dixit panem hunc esse corpus suum et vinum sanguinem suum, iussitque haec dona sua distribui ecclesiae. Haec cum dixisset, seorsim consultavit cum suis de responsione nostra.

Hinc respondit in hunc ferius [?] modum: Reverendi domini et fratres, audivimus vestram responsionem, nempe quod non negatis panem esse corpus et vinum sanguinem domini, corpusque et sanguinem domini vere in caena adesse non imaginarie, accipique a sumentibus sacramentum.

10 Duntaxat in hoc haeretis adhuc, quod nos dicimus, impium etiam in coena sumere corpus et sanguinem domini, pro qua re tamen nolumus contendere, posteaquam ex animo fatemini panem et vinum in caena non esse nuda signa sed vere corpus et sanguinem domini praesentis in coena, revera non imaginarie. Sed hoc puto vos, postquam ut dicitis apud ecclesias vestras horrori est dicere, quod 15 impius manducet corpus domini, non detrectaturos, ut iuxta Paulum dicatis indignos in sacramento licet indigne et ad iudicium sumere corpus et sanguinem domini. Hoc cum concessissemus, mox respondit: Convenit ergo nobis, quod ad hunc articulum attinet et recipimus vos et agnoscimus tanquam concordes in domino fratres. De eo vero, an sit aliquod scriptum edendum, posteaquam et alios 20 articulos tractaverimus, videbimus, interea velim nihil evulgari in publicum, et dominus Philippus componet huius nostrae concordiae articulum in scripto.

Quod ad reliquos articulos attinet, ut plena sit ubique concordia, conveniemus cras.

|17v| De baptismate dixit in eo nos debere convenire, ut utrimque teneamus 25 et doceamus:

1. Baptismum esse necessarium omnibus.
2. Non esse nudum signum sed ipsam hic dari regenerationem et gratiam Christi.
3. Per baptismum confirmari fidem.
4. Pueros etiam fidem acquirere in baptismate. 30
5. Praestare, ut eodem ritu baptizetur vtrimque

In istis si conveniat nihil superesse posse, quod dissidii speciem cuiquam obijciat.

Ad primum respondimus, quod baptismus sit necessarius omnibus et salu- 35 taris, eo quod D. D. dixit nihil potest non salutare et necessarium esse, quod a Christo ecclesiae suae sit traditum, libenter fatemur nec putamus hic quicquam esse dissidii.

Quod enim nos doceamus sacramentum per se non iustificare nec gratiam alligandam esse sacramentis, cogit non extinctus pontificiorum error operis ope- 40 rati, quem et D. D. in suis scriptis adhunc modum impugnavit. Tamen hoc modo necessarium baptismi usum nullo modo irritum facimus.

## 3. Zusatz

Der Text der Ergänzung beginnt oben links auf der Seite 20r. Mit dem Buchstaben C wird auf den Ort verwiesen, wo die Einfügung erfolgen soll. Die Stelle entspricht BDS 6/1,155,2 nach „haben".

|20r| Baptismus non nudum signum sit, responderunt nostri, sed ipsam regenerationem pari modo testamur ac docemus, id quod et confessio nostra testatur.

De baptisandis infantibus responderunt, quod restiterunt et ipsi anabaptistis summopere, neque passi sunt paedobaptismum in ecclesia auferri. A nobis quoque doceri de paedobaptismi ratione quod D. D. in visitatione scripsit pro fun- 5 damento posito illo: Ego sum deus tuus et deus seminis tui.

## 4. Einschub

Die Einfügung schließt direkt an den 3. Einschub an. Mit dem Buchstaben D wird die Stelle der Einfügung angezeigt. Sie entspricht BDS 6/1,155,8 nach „dieners". Die Rückseite 20v ist unbeschrieben. Der eigentliche Bericht wird auf Seite 20b fortgesetzt.

|20r| De fide parvulorum qualis esset, dormientis, idest, ut haberent motum aliquem spiritus. Ain verstendiger prediger kann das wol erkleren, dicebat Luther. Illi responderunt, cum nec scriptura nec patres eam tradant, illam in ecclesiis nostris non docuimus, tametsi illam neque reprobavimus neque impugnavimus, sed unumquemque suo sensu agere permisimus, duntaxat in sugestu [sic] nihil 5 de ea doceretur.

Ita vero dicimus de fide, quatenus generaliter et ab apostolo definitur, nempe ut est assensus animi in verba promissionis dei praedicatae et auditae. Si vero large fuerit capta, non detrectabimus fateri pueris in baptismate ut regenerationem in Christo ita et recte voluntatis principium erga Deum [erg. dari]. Ita enim 10 dixerat Lutherus intelligendam hic esse fidem. Melanchton vero motum spiritus dei novum regenerationis autorem qualiter et Joanni in utero matris accidisse legitur, aut sanctificationem, ut in utero matris fuit Jeremias sanctificatus. Nam et huius exempli contra Schwenckfeldium et Schlesios meminerat Lutherus.

Inter caetera dixit Lutherus: Ich hass die zenckischen disputationes wie den 15 tüfel, tamen se non posse aliter statuere. Nimirum posteaquam nos fatemur pueros in baptismate regenerari atque ita novam creaturam fieri, nihil esse periculi, si confiteamur novam in illis fieri voluntatem, intellectum, id quod ipse vocet primitias novi hominis. Non tamen habent fidem ex auditu externo quemadmodum adulti. In deo autem omnia viuunt. Nam sic et dormientem dicimus habere 20 visum auditum et gustum.

Narraverat autem hic quosdam esse, qui asserant puerum audita verba Christi intelligere et credere. Illi crassi disputatores non intelligunt rationem fidei.

|20v| Idem Calvinus scilicet temere affirmant fidem in hanc aetatem cadere
25 non posse, aeterna beatitudo in dei cognitione sita est, cur non illis dominus hic gustum aliquem et primitias dare possit eius boni, cur non in aenigmate videri possit ab iis, a quibus facie ad faciem spectabitur etc. Post multa addit omnes dei electos per fidem ingredi in vitam aeternam, quacumque aetatis parte ex hoc corruptionis carcere tollamur.

30 Necessitatem baptismatis, non eam ponimus quam Augustinus et alii quidam patres posuerunt, nempe puerum damnari, quod praeter omnem baptismi contemptum contra propositum parentum sine baptismate decesserit, eo quod de his occultis nobis putamus non esse iudicandum, sed soli deo committendos huius modi infantes. Rogatum quoque Philippum Caselle de eo, quod scripsisset
35 furorem esse dicere, quod infantes sine baptismate decedentes saluari, respondisse se non ad hunc modum intelligendum, quod velit talem infantem qualis facta est mentio temere damnare, sed solum contra contemptum paedobaptismi et instituti [sic] Christi hoc esse positum.

## 5. Einschub

Der Zusatz ist in das Textbild des ursprünglichen Berichtes eingefügt. Er unterbricht den Text an der Stelle, die BDS 158,2 hinter „entgegen geworffen" entspricht. Mit dem Buchstaben E wird auf die Stelle verwiesen, wo der Einschub eigentlich auf Seite 19v eingeordnet werden soll. Die Stelle entspricht BDS 6/1,157,16 nach „verglichen".

|21r| De ritu baptizandi quod D. D. dixit huc esse scriptum quosdam mira tractare, ita ut non desint, qui etiam sine aqua [erg. baptizant], quosdam duntaxat capita infantum modica aqua aspergere. Responderunt nos de nullis innovationibus hic quicquam scire neque verbo auditum apud nos de istis, quae [conj.
5 qui] dicuntur hic apud nos sine aqua baptisare. Hoc tamen verum est apud nos in quibusdam ecclesijs pueros non plene nudari et in fontem baptismatis totos immergi sed duntaxat capitotenus infusa aqua per manum aspergi. Non tamen putare nos hoc esse praeter et apostolorum [sic], quos legimus simul aliquot baptisasse millias et primitivae etiam ecclesiae exemplum, cum et in Augustino de
10 hoc legamus, quod in ecclesia partim aspersione partim immersione baptisatum sit. Fuit autem apud nos aliquando [erg. ille ritus] propter vitandum damnum in pueris.

Item de baptismo certi temporis.

In aliquibus ecclesiis illud moris est, ut vel dominica die vel eo duntaxat tem-
15 pore, quo populi habetur contio, baptizetur, non alia ratione fit quam ut sanctum hoc symbolum eo habeatur angustius et copia sit admonendi de eo populum, potissimum contra favorem [sic] anabaptistarum, qui magis nostras quam saxonum ecclesias infestarunt, eo quod non sit apud nos in urbibus imperialibus

adunatus magistratus atque in principalibus. Deinde vero cuivis petenti, patent ecclesiae fores. Respondit Lutherus ad negocium baptismi: Ergo quod ad baptismum attinet, docetis illum non esse contemnendum sed necessarium. Deinde non esse nudum signum, sed regenerationis lavacrum, et anabaptistas nobiscum impugnatis, et infantibus, etiam si non ad eam, quam Paulus ponit, tamen eam fidem tribuitis, quam nos vocamus voluntatis regenerationis [sic] et populum vestrum hortamini, ne pueros differant a baptismo.

## 6. Einschub

Der Text ist direkt in den ursprünglichen Bericht eingefügt. Die Stelle BDS 6/1,158,12 hinter „jhrthum". Der Zusatz ist mit dem Buchstaben F gekennzeichnet.

|21v| De clavibus

Quod ad claves adtinet, praefabatur Lutherus, quatenus esset pugnatum contra privatam confessionem. Nempe contra tyrannidem et captivitatem conscientiarum et eam, quae exigebatur omnimodam recensionem, tamen nihilominus servasse se usum privatae confessionis et absolutionis ut rem necessariam et ad ministerium ecclesiae pertinentem, ad consolandum et erigendum conscientias afflictas, et ad disciplinam cum iuventutis tum aliorum facientem, praestareque, ut et vos idem faceretis. Necessarium namque esse, ut populus hac via exploratus intelligat, quid sit peccatum, fides et totum Christi beneficium, esseque disciplinam hanc caput omnium disciplinarum. Habere quidem magistratum usum gladii, quo sceleribus occurrat, necesse tamen esse [erg. ut] cum excommunicatione minore etiam hanc disciplinam servemus et ecclesiis nostris eam consulamus vel peccatis nostris per eam consulamus.

Responsio nostra.

Quod confessionem privatam attinet, nihil respondemus aliud quam vehementer nos dolere |22r| hanc nostris ecclesiis disciplinam hactenus obtineri non posse. Satagimus vero pro virili, quatenus tandem eo perveniamus. Et non desunt ex nobis, qui in aliquot ecclesiis etsi non lege lata adhortatione tamen diligenti aliquot huc promoverunt, ut ante caenam sese ministro verbi explorandos exhibeant. Proinde nihil dubitant domini et fratres nostri nihil hic a nobis neglegi. Hoc tamen addimus caute nobis esse addendum, ne in suspitionem rapiantur affectatae priscae dominationis papisticae. Nam facillime nobis hoc obicitur: Audimus saepenumero id in hunc modum: Vos ipsi dicitis per baptismum esse communicationem meritorum et sanguinis Christi inclusionemque in regnum et ecclesiam Christi. Qua ergo fronte vos prohibetis a coena eum, qui nullo manifesto facinore meruit ab ecclesiae communione reici? Propter ista atque alia nonnulla cogimur caute progredi, satis habentes, si consolandi gratia petamus et accedamus.

## 7. Einschub

Der Einschub ist direkt in den Textfluss eingefügt. Die Stelle der Einfügung entspricht BDS 6/1,160,6 hinter „stellen".

|23r| Conclusi sunt isti articuli, de reliquis videbimus in proximo.

## 8. Einschub

Der Text ist in den Verlauf des ursprünglichen Berichtes eingefügt. Der Ort entspricht BDS 6/1,160,15 hinter „kirchen vbungen".

|23r| De scholis disserens quaesivit a singulis, num in nostris civitatibus haberentur scholae et iussit, ut quam maxime urgeremus magistratus nostros, ne scholas negligant, subindicans nobis exemplum principis electoris, qui ex seipso summopere curaret scholas enutriri atque vellet, ut quam maxime daretur opera
5 theologiis studiis. Et dum nos conqueremur de inopia theologorum, sy welten kain anligen haben in Theologia zů studieren, dicebat Lutherus: Sy werden wol lernen schwimmen, wann ynen das wasser in das maul gat, necessitas urgebit.

## 9. Einschub

Der Einschub steht als Marginalie links neben dem ursprünglichen Bericht. Dieser beginnt mit den Worten „Auff den auffahrt ..." (BDS 6/1,161,1).

|23v| 25. Maii. Hic ego veni Wittenbergam, scilicet die Ascensionis.

## 10. Einschub

Der Zusatz ist in den Textfluss eingefügt und nach rechts eingerückt. Die Stelle der Einfügung entspricht BDS 6/1,161,5 hinter „irthumben".

|23v| Pomeranus fassus est, man thů imm zů vil. Item das sy die fry haltind anderst am werchtag anders am firtag.

## 11. Einschub

Der Zusatz ist in den eigentlichen Bericht eingefügt. Der Ort der Einfügung entspricht BDS 6/1,162 A. q hinter „vßgericht worden."

|24v| Philippus legit Bucero et Capitoni mane quosdam articulos, deinde cum articulis accessit Lutherum colloquendi gratia. Hora 3. pomeridiana accesserunt D. Lutherum Capito, Bucerus, Frechtus, Bonifacius cum Philippo ad legendum concordiae scriptum, quod Philippus antea composuerat, nobisque visendum

miserat. Mox iussi sunt et reliqui ascendere ad D. L. Dixit autem dominus Lutherus: Viri ac fratres in Domino venerandi, inter nos et vos maxime convenit, imprimis quod meam personam attinet, vel, dilecti fratres, quoniam cognovimus, quod vos in ecclesiis vestris ita teneatis ac doceatis de eucharistia, quomodo inter nos pridem est actum et in apologia vestra [sic] est etc. Habet Philippus hic descriptam formam eius tractatus, quomodo inter nos conveniat, quam vobis praeleget. Quoniam vero minor pars sumus iam Wittenbergae, nec aliorum principum (magna est enim huius conventus expectatio atque miliae ecclesiae sunt afflictae hactenus) tum urbium et reliquorum praedicatorum et oportebit, ut reverentiam eam aliis quoque fratribus ac superioribus exhibeamus, ut et quae inter nos hic egimus, ad eos quoque referamus, ne postea dicatur nos hic pro nostro libito [sic] omnia egisse. Deinde singulorum suffragiis mittantur ex utraque parte duo vel tres, qui omnium nomine subscribant placet et postea publico scripto ista nostra concordia evulgetur zů Trotz dem tüfel. Nec putetis sarciendae concordiae tempus ob id differtur, quasi de vestra confessione diffidamus. Nam per vos mihi satisfactum est, sed ne reliqui principes, magistratus et concionatores possent dicere: Ecce, illi sanxerunt aliquid (loquor de illis, qui stant a parte evangelii) nobis ignorantibus, habemus tamen et nos spiritum sanctum, in ista confessione hoc non placet. Et sic postrema futura essent peiora prioribus. Quare consultius est primum, antequam concordia edatur in publicum et erigatur, aliorum animos complacatos habere. De nostris certe non diffido, quin illis satisfacient, quae nobis satisfaciunt, maxime cum nos, qui hic sumus, conveniamus. Et non dubito nos utrinque tum posse nostris hanc sententiam persuadere, siquidem conati fuerimus.

## 12. Einschub

Der Zusatz beginnt oben auf Seite 26v. Der Ort der Einfügung entspricht BDS 6/1,162 A. q vor „Wir hatten vns [...]"

|26v| Haec cum lecta essent a D. Crützingero, quae iussu Lutheri a Philippo expecta erant de communi omnium sententia, quod rationem eucharistiae attinebat, a Luthero cum suis deliberatum est aliquantisper. Coeperat enim formulam penes se inspicere quasi nonnihil haesitans. Reversus autem coepit amovere suspitionem, ne putaremus illi aliquam [sic] de nobis inesse. Hanc enim consultationem non esse in hoc factam, sed ut res propter malevolos eo ageretur cautius, tam in nostrorum quam ipsorum bonum. Atque ista relecta est formula paucis in fine additis. Relecta formula rogati sumus omnes, an consentiamus. Assensum est communiter. Subiunxit ergo Lutherus: Nos videmus vos per omnia, quod hunc articulum attinet, saxonicae confessioni adstipulari. Tantum restat, ut per omnia ecclesiis istam corporis praesentiam probe inculcetis. Praestare autem apologiam, quae secus agentes sit revictura, ea se esse contentum et securum ab omni timore.

Hic tamen incidit quaestio de reliquiis coenae dominicae. Pomeranus de pane
15 superstite movit quaestionem ostenditque in aliquibus ecclesiis reliquum panem commisceri inter prophanum et reliquum vinum inter prophanum. Et ita sibi scriptum aiebat D. Lutherus. Igitur, inquit Myconius, caveri illud potest, si accessuros habeamus in numerato ante caenam, ut et particularum numerum parem sumant. Lutherus, inquit, certe hoc scilicet caret atque suspitionem daret, quod
20 non crederetis panem esse corpus Christi et vinum sanguinem etc. Nobis non videbatur quicquam respondendum, cum in articulo datum esset extra usum corpus non praesens.

## 13. Einschub

Der Einschub ist in den Textfluss eingefügt. Die Stelle, an der er sich befindet, entspricht BDS 6/1,168,8 nach „fleisch etc.".

|29v| Quesitus apud Augustinum: An qui inter catholicos criminose viventes possint privilegis sacramentorum remissionem aeterni supplicii sperare. Quidam autem hanc liberationem non omnibus habentibus sacramentum baptismatis et corporis Christi, sed solis catholicis quamvis male viventibus pollicentur, qui
5 non solum inquiunt sacramento sed re ipsa corpus Christi manducaverunt, in ipso scilicet corpore constituti. De quo corpore ait aptus: Unus panis et unum corpus multi sumus. [1 Kor 10,17] Qui ergo est in eius corporis unitate, idest, in christianorum compage membrorum, cuius corporis sacramentum fideles communicantes de altari sumere consueverunt, ipse vero dicendus est manducare
10 corpus Christi et bibere sanguinem eius. De Civitate dei, liber 21 caput 25.

## 14. Einschub

Der Einschub befindet sich im ursprünglichen Text. Der Ort der Einfügung entspricht BDS 6/1,171,5 nach „gethan hetten."

|31v| De heleveticis ecclesiis proposuit Bucerus
1. de conventu Basiliensi, quomodo conveniant nobiscum, quid eos remoretur,
   1. quod timerent suspitionem inconstantiae apud vulgus.
   2. timerent talem corporis praesentiam, quae noceret veritati humanitatis.
5  3. timerent impanationem quandam.

2. Quantas et quales ecclesias habeant. Quid sentiant de originali peccato, de ministerio, sacramentis. Atque ita rogavit per Jesum Christum et misericordiam Dei, ut illarum habeatur ratio. Idque diligenter et multis egit Bucerus excusato eo, quod neminem ad hunc conventum miserint. Idem ego tunc feci narrans,
10 quid me rogaverit Aroyae.

Respondit Lutherus: Die Confession wellen wir bsechen und lesen. Aber das wir sy also solten zů lassen, können wir nach nit thůn wir můssend ach den lüten die oren füllen. Wann [sic] man wurts nit glauben, dz Zvinglius vor ach recht glert hab, dann wir zů hart wider ain andern gfochten haben, besunder ich vnd er. Fatebatur tamen sibi in his fratribus placere studium concordiae ac promittebat opem et benevolentiam suam ad omnia promptam, quoad ei per conscientiam fieri liceret. Interea tamen dicebat se coactum esse epistolae Bibliandri respondere, id quod ne faceret Bucerus rogabat, aut saltem ita faceret, ne futurae concordiae viam praecluderet. Respondit Lutherus: Quaeso te, quid suadeas faciendum, dic. Tu quoque teneberis praefationem tuam castigare. Respondit Bucerus se omnino effecturum quam libentissime. His actis discessum est.

De ceremoniis inquit Lutherus: Agetur cum tempore propter rudes, sed est etiam modus. Man můsse nit zuvil machen, man hůte sich vor den superstitiosen Ceremonien, was aber gůt und besserlich ist, das behalte man.

De magistratu dixit D. Luther: Es ist war, wir konnend des magistrats nit emperen. Wo nemend wir aber fromme? Man můs ynen sagen, wellen sy christen sin, das sy recht thůend, wellend sy nit, im namen gottes so lůg man aber, wie man mit im stand.

Die magistrat wellend zů maisterlos werden, wellen den dienern schier fürschriben, was man predigen soll, wie man mess halten soll, das will zů vil sin. Der pfarrer soll die kilchen regieren. Es sind divisae functiones et officia.

Die von Franckfurt haben den magistrat dahin bracht, das er soll dem thůmstifft zuschliessen, das war unrecht. Dann der thůmstifft ist immediate under dem keiser. Ich hab inen |32r| davon gschriben, under anderm, wellend sy ye abgotery haben, so haben sy ins tüfels namen.

Hic Bucerus coepit narrare, quid Augustae de hoc actum sit, quaerens quid possit magistratus Augustanus iure divino cum suis canonicis agere. [1] enim adversariam contionem, sicut et aliae urbes fecerunt, idque propter improbitatem papistarum concionatorum, ut reipublicae suae consulerent. Item quomodo canonici per ducem Bavariae instant et urgent, ut contio abolita restituatur et quam senatus queat hac in re conscientiam munire.

Item, nos confitemur omnem potestatem a Deo esse, quam Paulus intelligit merum imperium habentem hoc est, usum gladii et eam potestatem habere functionem abolendi mali.

Obijcitur: Iurisdictionem nullius debere violari, sed iurisdictionem nullam habent sacrificuli, nisi ministerium. Hinc ipse Dominus D. Luther in libello an den tütschen adel apertis verbis de magistratu contra perversitatem sacrificulorum de triplici muro papistarum disputavit, ad quem modum postea nos quoque docuimus.

Cum ergo missa sit blasphemia et res vergeret in seditionem, facta est apud nos Argentinae et alibi immutatio in hac re.

---

[1] Im Manuskript ist eine Lücke gelassen. Bei Musculus lautet der Text: „Amovisse eum adversariam […].“ Itinerar 67,7 f.

Ut ergo salvae sint conscientiae [2] Quia iurisdictio est potestas ius dicendi et canonici hoc non habeant nihil esse hic impedimenti, quo minus magistratus officium suum peragat. Secus esset sicubi gladium et iurisdictionem haberent, ut in quibusdam eorum urbibus. Die wil aber die grossen pfaffen als wenig privilegia habend unrecht zů thain als die anderen, arguitur, so man in nit hat zů zesechen in andern lastern umb der privilegia willen, vil weniger in solcher grosser gotzlesterung. So ist nun die frag: Die wil die von Augspurg nun in solchen angsten stand, und die pfaffen so vil anfachen, und man můss darzů auch die gmain fürchten, ob wol die praedicanten sy dafür vermanen, ob sy macht habind und ires gwissen halb schuldig synd, wie ander gethan haben mit iren pfaffen zů handlen.

Respondit D. Lutherus: Es ist wol war das ain Magistrat dz bös straffen soll. Die wil wir aber vom kaisser erlangt habend ein friden bis uff ain Concilium, also das wir niemand sollend angriffen, wils uns nit wol ansten sollichs zů brechen. Aber wo es möchte mit gůten willen bschechen, were es ain anders. Darumb halt ich, das die von Augspurg mit gůtem gwissen möchten iren pfaffen, in irem handel fürfaren, sy möchten aber thůn als die von Meedenburg, die irer gmain verbotten haben, in der pfaffen mess und grüwel zů gan. |32v| Diewil nun die von Ogspurg nit sind im fryden, sind sy in irem gwissen entschuldiget. So will ich die von Ogspurg gepetten haben, das sy still standind bis uff das concilium, oder bis das Gott ain anders mach. Philippus dixit: Dominus Martinus Bucerus vellet disputare rem ipsam in se, quid iure divino possit magistratus sepositis hic accidentibus. Sed hic articulus suspensus est, ita ut certo scripto exprimatur utrinque, quid sentiamus.

Inter caetera dixit Lutherus: Wann es were wie zů Costanz, do sy selbs hin weg zogen.

Item Philippus: Wo man nit habe merum imperium oder ius patronatus, da soll man nichts handlen wider die Jurisdiction und privilegia ecclesiastica. Hat ach gesagt Philippus, das im baid fürsten habind zů vil thon. Doch was ligt das ligt. Item Marpurgi referens hanc caussam dixit, monstrum esse, quod sacrifici debeant se eximere a potestate ordinaria idque ad malefaciendum.

## 15. Einschub

Der Text ist in den Verlauf des ursprünglichen Berichtes eingefügt. Die Stelle entspricht BDS 6/1,172,3 nach „vnderschriben".

|33r| 28. Concionabatur Bucerus et omnes erant nostri hospites etc.

29. die mane consultabamus, quid finaliter proponendum, scilicet

[2] Das Manuskript bietet eine Lücke. Im Reisetagebuch heißt es: „Ut ergo salvae essent conscientiae respondimus: Quia […]." Itinerar 67,22.

1. Quod in causa sacramenti nihil non antea datum esset.
2. Quod recepissemus sententiam scilicet cum isto intellectu.
3. Quod de reliquiis welten wir gern reverentius um gan et cavere scandalum, servare tamen libertatem.
4. Absolutionem privatam nos non negare, si quis petat.
5. Catechismum puerorum et explorationem recepimus ad aedificationem.
6. Das wir nit gston werdind, das wir etwas widerrůfft, quanquam Bucerus de confirmanda fide et conscientia per sacramentum recantare paratus sit.
7. Das man mit inen red, dann sy habind ach vil ungschikter under ynen. Alii dicant: Die kind hörind das wort, et tamen Lutherus fassus est illos non intelligere mysterium fidei. Alii dicant signum et signatum sye ein ding. Alii tribind allain das, glaubstu das brot der leib Christi sye etc. sine omni spirituali manducatione.

De defendendo Ambrosio

Cum ergo haec egissent apud Lutherum, dixit D. L.: Domini mei ac fratres, concludendum est iam. Dominus doctor Gerion von Ogspurg, als er hat gschriben etc. habe aber nit gedacht das unser so vyl sölten herkomen sin, sunder allain Ogspurg und Strassburg, het ichs aber gwisst, welten anderst gericht haben etc.

Es wurt nun vil dran glegen sin das wir dise Concordi mit flyss uff baiden syten haltind und furt bringind, und die disputierenden stillind, wie ir dann wol werdt thain konden, wo ir wellend. Dessglichen wellen wir och thain. Nit vil růmens, das ir nit anders haltind dann wie vor. Begraben dz vorig, was letz uff baiden syten vergangen und ain stain daruff gelegt. By den vnseren könden wir nit sagen, das es allein verbalis contentio gwesen sye, dann es ist zů hell. Darumb so welt hinfurt an uch die confession und Apologia halten.

Post ista et pleraque alia eiusmodi relegebatur scriptum concordiae, quod antequam legeretur dicebat Philippus: Wir werden noch uff baiden syten zů disputieren haben, das wais ich wel. Legebatur etiam scriptum de potestate magistratus, sub istud de baptismate, post quorum lectionem subscribebantur ab omnibus quinque exemplaria. Atque ita valedicebatur. D. Luther, quem Bucerus orabat, ne facile cuivis nos traducenti credat in |33v| posterum, sed primum nobis vel magistratibus nostris scriberet, excusabat etiam Ambrosium perquam diligenter. Atque ita discedebatur.

## 16. Einschub

Der Zusatz ist an den ursprünglichen Bericht angehängt (BDS 6/1,174,28).

|35r| In die ascensionis ad vesperam concionabatur Lutherus:
1. Cur manendum apostolis in Hierusalem et expectandam missionem spiritus sancti, scilicet quia ex Zion vera lex et evangelium.

2. Wie got solch so durch gering lüt tut und betler.
5 3. Gand hin in die gantzen welt, regnum Christi regnum est totius mundi.
Ad finem tractabat de baptismate.
Quidam inquit:
Credunt et non sunt baptizati.
Non credunt et sunt baptizati.
10 Nec credunt nec sunt baptizati.
Credunt et sunt baptizati.
Baid gstalten werdend uss gnaden geben. Sic quidam insignis pontificius.
Bucerus zů Ogspurg prediget:
Vita sacrificorum talis, ut cum eis communicari non possit.
15 Caeremoniae tales, ut sint abominatio. Bona ecclesiae furta sunt et rapinae.

*Anhang IV*

# Synopse mit Auszügen aus verschiedenen Textfassungen des deutschen Konkordienartikels über Taufe und Absolution (1536)

Die Textfassungen 1–6 sind als Handschriften überliefert. Bei den Fassungen 7 und 8 handelt es sich um Drucke.

| *1. StA Konstanz, RA 10, f. 110v* | *2. StA Lindau RA 63,8 Nr. 2, f. 25r* | *3. FB Gotha, Cod. chart. A 91, f. 101r* | *4. FB Gotha, Cod. Chart. A 91, f. 447r* |
|---|---|---|---|
| Vom touff der kinden haben sy all sunders zwifels verwilligt,<br>das von nöten sye, die kind zu touffen. | Vom taůff der khinden haben sy all sonnders zwey-ffels verwilligt<br>das von nöten sye die kind zutaůffen, | Vom kinder tauff haben sye alle zu-gleich, on alle ein-rede bewilliget,<br>das von nötten sey, die jungen kindlein zu tauffen. | Vom kinder Tauff haben sie alle zů gleich, on alle einrede bewilliget,<br>das von nötten sey, die Jungen kindlin zu tauffen, |
| Dann die wil die zusagung der se-ligkait ouch den kindern zug-hört (wie wol nit denen, die ussert-halb der kilchen), so ist ouch not, das man inen sölche durch den dienst zutaile und sy zu den glidern der kilchen zelle. | denn dieweyl die zůsagůng der sä-ligkeit auch den kindern zůgehört (wiewol nit denen die vsserhalb der kirchen), so Jst aůch not das man Jnen solche durch den diennst zůtailt vnnd sy zů den gli-dern der killchen zelle. | Dann dieweil die verheissung der se-ligkait gehöre auch den Jůngen kind-lein zů, vnnd gehö-re nit dennen zů, so nicht in die Christ-lichen kirchen ge-rechnet werden, so sey es auch billich vnd notwendig, das mann auch die selbige den kindlein zůeigne, durch die taůff, vnd thue die kindlein zu den ge-lidern der kirchen. | dan die verhaissung der seligkheit gehe-re aůch den Jungen khindlein zu, Vnnd gehere nicht denen zu, so nicht in die cristlichen khirchen gerechnet worden, so sey es auch billich vnd nottwendig, das man auch die selbi-ge den Kindlein zua-igne, durch die taůff vnd thue die Kindlein zů den gelideren der khirchen. |

| *5. Strasbourg AM, AST 168, f. 203v* | *6. ThHStA Weimar, Reg. H 103, f. 129v* | *7. Rabus: Historien IV, f. 192v–193r* | *8. Hoffmann: Moderation, f. E 8v* |
|---|---|---|---|
| Des tauffs halben der kinder haben sie all on allen zweiffel verwiligt, das es von nőten seye, das die kinder getaufft werden. | Vonn der Taůff der Jůngenn Kinder seindt sie alle einig gewesenn, das die Jůngen Kinder mussen getaufft werdenn. | Vom Kindertauff haben sie alle / on eynigen zweiffel sich des verglichen / Das der Kindertauff notwendig seye. | Von der Kindertauffe haben sie alle vnzweiuelhafftig gewilliget / das es nőtig sey / das die Kinder getauffet werden. |
| Dann so die verheissung des heils auch reicht an die kinder, vnd den selbigen zůgehőrig ist, aber nit denen so ausserhalb der kirchen sind, So ist von nőten das solche verheissung des heils durch den dienst der kirchen werde zugeeignet den kindern, vnd sie also zůthůn den glidern der Kirchen. | Dann dweill die verheissůng der seligkait aůch die Kinder anlangt vnd die jenige angehoert welche aůsserhalb der Kirchen seindt, So ist es vonn nöten, das sie denn Kindernn důrch denn Kirchen dienst zůgeeignet vnd darbeneben [sic] die kinder den gliddernn der Kirchenn zůgethan werdenn. | Dann dieweyl die Verheyssung des Heyls auch den Kindern zůgehőrt / aber nit denen / so ausserthalb der Kirchen seind / so sey es von nőten / das man jhnen solche verheyssung / durch den dienst der Kirchen Appliciere vnnd zůeygne / vnd sie zů den andern Glydern der Kirchen hin zů thůe. | Denn weil die verheissung der Seligkeit auch die vnmůndigen Kinder angehet / vnd doch denen nicht angehőret / welche ausser der Kirchen sein / so ist nőtig / das dieselbe durchs Predigampt den Vnmůndigen Kindern zugeeignet / vnd sie zu den gliedmassen der Kirchen gezehlet werden. |

# Literaturverzeichnis

## *1 Quellen*

### 1.1 Ungedruckte Quellen

*Stadtarchiv Basel (StA Basel)*

Kirchenakten A 9

*Staatsbibliothek zu Berlin Preußischer Kulturbesitz (SBB Preußischer Kulturbesitz)*

Ms. theol. lat. oct. 40
Ms. theol. lat. oct. 42
Ms. theol. lat. oct. 43

*Landesbibliothek Dessau (LB Dessau)*

Georg Hs. 93

*Universitätsbibliothek Erlangen-Nürnberg (UB Erlangen-Nürnberg)*

Ms 695

*Niedersächsische Staats- und Universitätsbibliothek Göttingen (NStUB Göttingen)*

Cod. Ms. theol. 250 II
Cod. Ms. theol. 250 III

*Forschungsbibliothek Gotha (FB Gotha)*

Chart. A 91 (= Huber: Relation)

*Stadtarchiv Konstanz (StA Konstanz)*

Reformationsakten 10
Reformationsakten 11

*Stadtarchiv Lindau (StA Lindau)*

Reichsstädtische Akten 63.8

*Staatsarchiv Marburg*

Bestand 3 (Politisches Archiv Landgraf Philipp), Nr. 2560
Bestand 3 (Politisches Archiv Landgraf Philipp), Nr. 2688

*Landeskirchliches Archiv Nürnberg*

Reformationsakten Nr. 3

*Archive Municipale Strasbourg (AMS)*

AST 151 (Ep. Buceri I)
AST 157
AST 168
AST 174
AA 462

*Thüringisches Hauptstaatsarchiv Weimar (ThHStA Weimar)*

Ernestinisches Gesamtarchiv, Reg. H 103
Ernestinisches Gesamtarchiv, Reg. N 79
Ernestinisches Gesamtarchiv, Findbuch N

*Herzog-August-Bibliothek Wolfenbüttel (HAB Wolfenbüttel)*

ms. 61,13 Aug. 8°

*Staatsarchiv Zürich*

E II 337
E II 448

*Zentralbibliothek Zürich (ZB Zürich)*

Ms F 46

## 1.2 Gedruckte Quellen (alte Drucke und moderne Editionen)

Acten der Erfurter Universität. 2. Band: Allgemeine und Facultätsstatuten von 1390–1636; allgemeine Studentenmatrikel, 2. Haelfte, 1492–1636. Weissenborn, J. C. Hermann (Bearb.). Halle 1884.

Ain kurtzer einfeltiger bericht vom hailigen Sacrament deß leibs vnd blůts vnsers Herren Jesu Christi. Auch von Christlichem hinlegen des spans der sich bey der lere dises Hochwürdigen Sacraments gehalten hatt. [...] Augsburg, Philipp Ulhart, 1535.

Albrecht, Otto/Flemming, Paul (Ed.): Das sogenannte Manuscriptum Thomasianum III. In: ARG 13 (1916), 1–39.

Amsdorf, Nikolaus von: Contra Zwinglianos et Anabaptistas themata. [Magdeburg, Michael Lotter, 1535]

–, Widder die Widderteuffer vnd Sacramentirer Etliche sprůche odder schlussrede. Erfurt, Wolf Heinick, 1535.

Amtliche Sammlung der ältern Eidgenössischen Abschiede. Bd. 4. Abth.1 c. Die Eidgenössischen Abschiede aus dem Zeitraum von 1533–1540. KAISER, Jacob (Ed.). Luzern 1878.

Das Bakkalarenregister der Artistenfakultät der Universität Erfurt 1392–1521. SCHWINGES, Rainer C. und WRIEDT, Klaus (Ed.). VHKTh GR 3. Jena/Stuttgart 1995.

Die Bekenntnisschriften der evangelisch-lutherischen Kirche: herausgegeben im Gedenkjahr der Augsburgischen Konfession 1930. 10. Auflage. Göttingen 1986.

Die Bekenntnisschriften der Evangelisch-Lutherischen Kirche. Vollständige Neuedition. DINGEL, Irene et alii (Ed.). Göttingen 2014.

Bekenntnisschriften der reformierten Kirche. In authentischen Texten mit geschichtlicher Einleitung und Register. Leipzig 1903.

Beschreibung des Abendmahlsstreites von Johann Stumpf. BÜSSER, Fritz (Ed.). Veröffentlichungen der Rosa-Ritter-Zweifel-Stiftung. Historische Reihe. Zürich 1960.

BIEL, Gabriel: Collectorium circa quattuor libros Sententiarum. SIEVERS, Volker/STEIGER Renate (Ed.) Tübingen 1979.

BIZER, Ernst: Martin Butzer und der Abendmahlsstreit: Unbekannte und unveröffentlichte Aktenstücke zur Entstehungsgeschichte der Wittenberger Konkordie vom 29. Mai 1536. ARG 35 (1938), 203–237; ARG 36 (1939), 68–87.

–, Die Wittenberger Konkordie in Oberdeutschland und der Schweiz: Unbekannte Aktenstücke aus der Vermittlertätigkeit Martin Butzers. ARG 36 (1939), 214–252.

BLARER, Ambrosius: BEricht Ambrosii Blaurer von dem widerruff so er bey dem articul des hochwirdigen Sacraments des leibs vnd blůts vnsers Herren Jesu Christi gethon soll haben [...]. Tübingen, [Ulrich Morhart d. Ä.] 1535.

-, / BLARER, Thomas: Briefwechsel der Brüder Ambrosius und Thomas Blarer. 3 Bde. SCHIESS, Traugott (Ed.). Freiburg 1908–1912.

BOSSERT, Gustav: Bucers Vergleichsvorschlag an den Kurfürsten Johann v. Sachsen vom Januar 1531. ARG 16 (1919), 221–234.

BUCER, Martin: Martin Bucers Deutsche Schriften. Opera omnia: Series 1. Bd. 1–17. STUPPERICH, Robert et alii (Ed.). Gütersloh 1960 ff.

–, Opera latina. Opera omnia: Series 2. Bd. 1–5+15. AUGUSTIJN, Cornelis (Ed.). Leiden 1982 ff.

–, Briefwechsel. Opera omnia: Series 3. Bd.1–10. ROTT, Jean et alii (Ed.). Leiden 1979 ff.

–, Epistola D. Pauli ad Ephesios, qua rationem Christianismi breviter iuxta & locuplete [...]. [Straßburg, Johann Herwagen, 1527].

–, Aretius Felinus [psd. M. Bucer]: Sacrorum Psalmorum libri quinque ad ebraicam veritatem versi, et familiari explanatione elucidati. [Straßburg, Georg Ulrich Andlanus,] 1529.

–, Metaphrases et enarrationes perpetuae epistolarum D. Pauli Apostoli [...] Tomus primus [...] Continens metaphrasim et enarrationem in Epistolam ad Romanos [...] Straßburg, Wendelin Rihel, 1536.

–, Metaphrasis et enarratio in epistolam D. Pauli Apostoli ad Romanos [...] Basel, Petrus Perna, 1562.

BUCHWALD, Georg: Zur Wittenberger Stadt- und Universitätsgeschichte in der Reformationszeit. Leipzig 1893.

BULLINGER, Heinrich: Briefwechsel. Heinrich Bullinger Werke 2. Abteilung. BÜSSER, Fritz et alii (Ed.). Bd. 1–19. Zürich 1973 ff.

CLEMEN, Otto: Beiträge zur Lutherforschung. In: ZKG 34 (1913), 93–102; 539–543.

Collectio Confessionum in Ecclesiis Reformatis Publicatarum. NIEMEYER, Hermann Agathon (Ed.). Leipzig, 1840.

Decretum magistri Gratiani. Corpus iuris canonici I. FRIEDBERG, Emil (Ed.). Leipzig 1879.

Deutsche Reichstagsakten: Jüngere Reihe. Band X. Teilbde. 1–3. Deutsche Reichstagsakten unter Karl V. Der Reichstag in Regensburg und die Verhandlungen über einen Friedstand mit den Protestanten in Schweinfurt und Nürnberg 1532. AULINGER, Rosemarie (Bearb.). Göttingen 1992.

Die Chroniken der Stadt Augsburg VII. Die Chronik des Clemens Sender von den ältesten Zeiten der Stadt bis zum Jahr 1536. Die Chroniken der schwäbischen Städte vom 14. bis ins 16. Jahrhundert. Band 23,4. Leipzig, 1894.

FABIAN, Ekkehart (Ed.): Die Beschlüsse der Oberdeutschen Schmalkaldischen Städtetage. 3 Bde. Tübingen, 1959/1960.

FIGULUS, Carolus: ΙΧΘΥΛΟΓΙΑ sev dialogos de piscibus. Köln, Eucharius Hirtzhorn, 1540.

FÖRSTEMANN, Karl Eduard (Ed.): Urkundenbuch zu der Geschichte des Reichstages zu Augsburg im Jahre 1530. 2 Bde. Halle, 1833/1835.

GANZER, Klaus/ZUR MÜHLEN, Karl-Heinz (Ed.): Akten der deutschen Reichsreligionsgespräche im 16. Jahrhundert. 2. Band. Das Wormser Religionsgespräch (1540/41). 1. Teilband. Göttingen 2002.

GERMANN, Wilhelm: D. Johannes Forster, der Hennebergische Reformator, ein Mitarbeiter und Mitstreiter D. Martin Luthers. [Wasungen,] 1894.

GUDEN, Heinrich Philipp: Dissertatio Saecularis De Ernesto Duce Brunsvicensi et Luneburgensi [...] Göttingen 1730.

[HERDESIANUS, Christoph:] Historia der Augspurgischen Confession | Wie und in welchem verstand sie vorlängst von dero genossen unnd verwandten im Artickel des Heiligen Abendtmals, nach der Wittenbergischen Concordiformul, Anno 36. ist angenommen [...]. Neustadt an der Hardt, Matthäus Harnisch, 1581.

HIERONYMUS: Commentarii in Isaiam. CChr.SL 73. ADRIAEN, Marcus (Ed.). Turnhout, 1963.

–, Epistulae 120–154. Sancti Eusebii Hieronymi Epistulae Pars III. HILBERG, Isidor. Wien/Leipzig, 1918

HOFFMANN, Daniel: Von der Moderation und Messigung [...]. Helmstedt, Jacob Lucius d. Ä., 1592

HUBERT, Friedrich: Die Straßburger liturgischen Ordnungen im Zeitalter der Reformation nebst einer Bibliographie der Straßburger Gesangbücher. Göttingen, 1900

JONAS, Justus: Der Briefwechsel des Justus Jonas. KAWERAU, Gustav (Ed.). Nachdruck der Ausgabe von 1884. Hildesheim 1964.

KOLDE, Theodor: Analecta Lutherana: Briefe und Actenstücke zur Geschichte Luthers, zugleich ein Supplement zu den bisherigen Sammlungen seines Briefwechsels. Gotha 1883.

Literarisches Museum. Bd. 2. Altdorf, im Verlag Lorenz Schüpfel, 1780.

LOMMATZSCH, Carl Heinrich Gottfried: Narratio de Friderico Myconio primo Dioeceseos Gothanae Superintendente atque Ecclesiae et Academiae Lipsiensis ante haec tria fere Secula Reformatore [...]. Annaberg 1825.

LUTHER, MARTIN: Der erste [und ander] Theil Der Bücher Schrifften vnd Predigten [...]. 2 Bde. Eisleben 1564 [-1565].

–, Der ... Teil aller Deutschen Bücher und Schrifften des theuren, seeligen Mannes Gottes, Doct. Marti. [...]. 10 Bde. Altenburg 1661[-1664].
–, Des Theuren Mannes Gottes, D. Martin Luthers Sämtliche Theils von Ihm selbst [...]. 22 Bde. Leipzig 1729 [-1734].
–, D. Martin Luthers sowol in Deutscher als Lateinischer Sprache verfertigte [...]. 24. Bde. Walch, Johann Georg (Ed.). Halle 1740–1753.
–, Dr. Martin Luthers Briefe, Sendschreiben und Bedenken [...] 6 Bde. de Wette, Wilhelm Martin Leberecht/Seidemann, Johann Karl (Ed.). Berlin 1825–56.
–, Martin Luthers sämmtliche Schriften. 25 Bde. Walch, Johann Georg (Ed.) 2., überarbeitete Auflage. St. Louis (Missouri) 1880–1910.
–, Werke. Kritische Gesamtausgabe. Weimar 1883 ff.
–, Tischreden. Bd. 1–6. Weimar 1912–1921.
–, Briefwechsel, Bd. 1–18. Weimar 1930–1985.
–, Deutsche Bibel. Bd. 1–12. Weimar 1906–1961
–, Dr. Martin Luthers Briefwechsel. Enders, Ernst Ludwig (Bearb.). Frankfurt 1884–1932.
–, Studienausgabe. Bd. 1–6. Delius, Hans-Ulrich (Ed.). Berlin 1979–1999.
–, Deutsch-deutsche Studienausgabe. 3 Bde. Schilling, Johannes et alii. (Ed.). Leipzig 2012–2016.
Mathesius, Johannes: Ausgewählte Werke. Dritter Band: Luthers Leben in Predigten. Loesche, Georg (Ed.) Bibliothek deutscher Schriftsteller aus Böhmen Band IX. Prag 1898.
Melanchthon, Philipp: Opera quae supersunt omnia. Bretschneider, Karl Gottlieb (Ed.). Halle, 1843 ff.
–, Briefwechsel. Kritische und kommentierte Gesamtausgabe. Regesten. Bd. 1–8. Scheible, Heinz und Mundhenk, Christine (Bearb.). Stuttgart 1977 ff.
–, Briefwechsel. Kritische und kommentierte Gesamtausgabe. Texte. Bd.1–15. Wetzel, Richard et alii (Bearb.). Stuttgart 1991 ff.
–, Tagebuch über Dr. Martin Luther geführt von Dr. Conrad Cordatus 1537. Wrampelmeyer, Hermann (Ed.). Halle 1885.
Menius, Justus: Der widderteuffer Lere vnd geheimnis, Aus heiliger schrifft widderlegt. Wittenberg [Nickel Schirlentz], 1534.
Modrevius, Andreas Fricius: Opera Omnia. Volumen V. Kumaniecki, Casimir (Ed.). Warschau, 1960.
Mörlin, Joachim: Wider die Landlůgen der Heidelbergischen Theologen. Eisleben, Andreas Petri, 1565.
Mykonius, Friedrich: Der Briefwechsel des Friedrich Mykonius (1524–1546). Ein Beitrag zur allgemeinen Reformationsgeschichte und zur Biographie eines mitteldeutschen Reformators. Delius, Hans-Ulrich (Bearb.). Tübingen 1960.
Neudecker, Christian Gotthold: Urkunden aus der Reformationszeit. Cassel 1836.
–, Merkwürdige Aktenstücke aus dem Zeitalter der Reformation. Zwei Abteilungen. Nürnberg 1838.
–, Die handschriftliche Geschichte Ratzeberger's über Luther und seine Zeit. Jena 1850.
Osiander, Andreas: Gesamtausgabe. Bd. 1–10. Müller, Gerhard (Ed.). Gütersloh 1975 ff.
Petrus Lombardus: Libri IV Sententiarum. 2 Bde. PL 192. Quaracchi 1916.
Platon: Der Staat. Griechisch-deutsch. Rufener, Rüdiger (Übers.). Szlezák, Thomas Alexander (Ed.). Zürich 2000.

Politische Correspondenz der Stadt Strassburg im Zeitalter der Reformation. Urkunden und Akten der Stadt Straßburg. Zweite Abtheilung. Bd. I–IV. Virck, Hans et alii (Bearb.). Straßburg 1882 ff.

Brenz, Johannes: Anecdota Brentiana. Ungedruckte Briefe und Bedenken von Johannes Brenz. Pressel, Theodor (Ed.). Tübingen 1868.

Psalmengebett vnd kirchenůbung wie sie zů Straßburg gehalten werden. [Straßburg] Wolfgang Köppfel, 1530.

Rabus, Ludwig: Historien der heyligen Außerwölten Gottes Zeügen [...] Bd. 4. [Straßburg, Samuel Emmel] 1556.

Rechenschafft des Glaubens der dienst vnnd Cerimonien der brůder in Behmen vnd Mehrern. Zürich, Christoph Froschauer, [1532].

Rechenschaft des Glaubens der dienst vnd Ceremonien der Brůder in Behemen vnd Mehrern, welche von ettlichen Pickarten [...]. Wittenberg, Hans Lufft, 1533.

Reformierte Bekenntnisschriften. Bd. 1–3 Faulenbach, Heiner u. a. (Ed.). Neukirchen 2002 ff.

Reinhardt, Henning: Das Itinerar des Wolfgang Musculus. ARG 97 (2006), 28–82.

–, Eine Aufzeichnung über Luthers Unterredung mit Martin Bucer und Bonifatius Wolfart 1537 in Gotha. In: Luther 78 (2011), 315–321.

Reu, Johann Michael: Quellen zur Geschichte des kirchlichen Unterrichts. Teil I Band 1: Süddeutsche Katechismen. Gütersloh 1904.

Ritter, Johann Balthasar: Evangelisches Denckmahl der Stadt Franckfurth am Mayn [...]. Frankfurt 1726.

Schriften von evangelischer Seite gegen die Täufer. Stupperich, Robert (Bearb.). VHKW 32. Münster 1983.

Schwebel, Johannes: Centuria epistolarum theologicarum ad Johannem Schwebelium [...]. Zweibrücken, Caspar Wittel, 1597.

Schwinges, Rainer C./Wriedt, Klaus (Ed.): Das Bakkalaureatsregister der Artistenfakultät der Universität Erfurt 1392–1521. Jena - Stuttgart, 1995.

Selnecker, Nikolaus: Friderici Miconii epistola [...] Leipzig, Georg Deffner, 1581.

–, Forma concordiae, Anno 36 zu Wittenberg geschrieben, belangendt die Spaltunge vom Heiligen Abendmahl zwischen den Wittenbergischen unnd Oberlendischen Predigern [...]. Leipzig, Johann Beyer, 1582

–, Grundtliche warhafftige Historia von der Augspurgischen Confession wie die Anno 1530 geschrieben [...]. Leipzig, Georg Deffner, 1584.

Spengler, Lazarus: Spengleriana. Mayer, Maximilian (Ed.). Nürnberg 1830.

Speratus, Paul: Gantzer Handel der Vnnterredung vom Abendmahl des Herren Leibs vnnd Bluts [...] In: Erleutertes Preußen. Tomus I. Königsberg 1724; 269–280. 448–463.

Tentzel, Johannes: Supplementum Historiae Gothanae tertium. Jena 1716.

Thomas von Aquin: S. Thomae Aquinatis Doctoris Angelici Ordinis Praedicatorum Summa theologiae. 5 Bde. Madrid 1961–1965.

–, Quaestiones disputatae. In: Opera Omnia ut sunt in Indice Thomistico; additis 61 scriptis ex aliis medii aevi auctoribus. Busa, Robert (Ed.). Vol. 3. Stuttgart 1980.

Urkundenbuch zur Reformationsgeschichte des Herzogthums Preußen. Erster Band. Tschackert, Paul (Ed.). Leipzig 1890.

Die Vadianische Briefsammlung der Stadtbibliothek St. Gallen. 7 Bde. Arbenz, Emil/Wartmann, Hermann (Ed.). St. Gallen 1890–1913.

Wigand, Johannes: De sacramentariismo, dogmata et argumenta [...] Leipzig, Georg Deffner, 1585.
Zwingli, Huldrich: Huldrici Zuingli opera. Bd. 1–6. Schuler, Melchior und Schulthess, Johannes (Ed.). Zürich 1832–1838.
–, Sämtliche Werke. Egli, Emil et alii (Ed.). CR 88 ff. Berlin 1905 ff.

## 2 Hilfsmittel

Arbeitsgemeinschaft außeruniversitärer Forschungseinrichtungen: Empfehlungen zur Edition frühneuzeitlicher Texte. ARG 72 (1981), 299–315.
Bibliographie Strasbourgeoise. Bibliographie des ouvrages imprimés à Strasbourg (Bas-Rhin) au XVIe siècle. Tome I+II. Répertoire bibliographique des livres imprimés en France au seizième siècle 148. Benzing, Josef/Muller, Jean. Baden-Baden 1981/85.
Claus, Helmut/Pegg, Michael A.: Ergänzungen zur Bibliographie der zeitgenössischen Lutherdrucke. Veröffentlichungen der Forschungsbibliothek Gotha Heft 20. Gotha 1982.
Grimm, Jacob u. Wilhelm [Begr.]: Deutsches Wörterbuch. Fotomechanischer Nachdruck der Erstausgabe. Bd. 1–33. München 1984 ff.
–, Deutsches Wörterbuch. Neubearbeitung. Bd. 1–9. Stuttgart 1983ff
Georges, Karl Ernst: Ausführliches Lateinisch-Deutsches Handwörterbuch, Bd. 1 und 2. Nachdruck der 8. Auflage. Darmstadt 1985.
Der Neue Georges. Ausführliches Lateinisch-Deutsches Handwörterbuch. Baier, Thomas (Ed.) 2 Bde. Darmstadt, 2013.
Lausberg, Heinrich: Handbuch der literarischen Rhetorik. Eine Grundlegung der Literaturwissenschaft. 3. Auflage. Stuttgart 1990.
Mittellateinisches Wörterbuch bis zum ausgehenden 13. Jahrhundert. (bisher) Band 1–3 (abgeschlossen). München 1959 ff.
Oxford Latin Dictionary. Glare, P. G. W. (Ed.). 2 Bde. Oxford 1968–1982.
Paulys Realencyclopädie der classischen Alterthumswissenschaft. Neue Bearbeitung. Wissowa, Georg et alii (Ed.). 66 Bde. und 15 Supplementbände. Stuttgart 1890–1978.
Ritter, François: Repertoire bibliographique des livres imprimés en Alsace aux XVe et XVIe siècles. Teil I–IV, Straßburg 1938 ff.
Rubenbauer, Hans/Hofmann, J. B.: Lateinische Grammatik. Heine, R. (neubearb.). 12., korrigierte Auflage. München 1995.
Seebass, Gottfried (Ed.): Martin Bucer (1491–1551) Bibliographie. Gütersloh 2005.
Séguenny, André: Bibliotheca dissidentium. Bd. 18. Andrzej Frycz Modrzewski (Modrevius). Baden-Baden 1997.
Sleumer, Albert: Kirchenlateinisches Wörterbuch. 4. Nachdruck der Ausgabe Limburg a. d. Lahn 1926. Hildesheim 2006.
Verzeichnis der Handschriften im Preussischen Staate. Abt. 1 Hannover. Band 2. Die Handschriften in Göttingen. Teil 2. Meyer, Wilhelm (Ed.). Berlin 1893.

## 3 Sekundärliteratur


Abendschein, Daniel: Simon Sulzer: Herkunft, Prägung und Profil des Basler Antistes und Reformators in Baden-Durlach. Veröffentlichungen zur badischen Kirchen- und Religionsgeschichte Bd. 9. Stuttgart 2019.

Aland, Kurt: Die Privatbeichte im Luthertum von ihren Anfängen bis zu ihrer Auflösung. In: Ders.: Kirchengeschichtliche Entwürfe. Alte Kirche. Reformation und Luthertum. Pietismus und Erweckungsbewegung. Gütersloh 1960; 452–519.

Althaus, Paul: Die Theologie Martin Luthers. 7. Auflage. Gütersloh, 1994.

Amtliches Gutachten der theologischen Facultät zu Marburg über die hessische Katechismus- und Bekenntnisfrage. Marburg 1855.

Arend, Sabine: Zur Auffindung der ältesten Augsburger Kirchenordnung von 1534. Mit einer Edition der Handschrift. ARG 97 (2006), 6–27.

Aulinger, Rosemarie: Art. Nürnberger Anstand. TRE 24. Berlin 1995; 707 f.

Backus, Irena; Bucer's view on Roman and Canon Law in his exegetical writings. In: Strohm, Christoph (Ed.): Martin Bucer und das Recht. Genf 2002; 83–99.

Bärenfänger, Katharina: Zum Umgang mit Luthers Tischreden. In: Martin Luthers Tischreden. Dies. et alii (Ed.). Tübingen 2013; 21–45.

Barth, Hans-Martin: Die Theologie Luthers. Eine kritische Würdigung. Gütersloh 2009.

Bartmuss, Alexander: Die Tischreden als Quelle für Luthers Kindheit und Jugend. In: Knape, Rosemarie (Ed.): Martin Luther und Eisleben. Leipzig 2007; 121–142.

Baum, Johann Wilhelm: Capito und Butzer, Straßburgs Reformatoren. LASRK III. Theil. Elberfeld 1860.

Baur, Jörg: Luther und die Philosophie. In: Ders.: Luther und seine klassischen Erben. Tübingen 1993; 13–28.

Bayer, Oswald: Martin Luthers Theologie. Eine Vergegenwärtigung. Tübingen 2003.

Beyer, Michael: Tischreden. In: Beutel, Albrecht (Ed.): Luther Handbuch. Tübingen 2005; 347–353.

Beyerle, Stefan: Art. Johannes Mathesius. BBLK V, Col. 1000–1011.

Bieri, Peter: Wie wollen wir leben? 2. Auflage. St. Pölten 2011.

Bizer, Ernst: Abendmahlsstreit und Abendmahlsgemeinschaft. In: EvTh 5 (1938), 358–375.

–, Studien zur Geschichte des Abendmahlsstreites im 16. Jahrhundert. Zweite, unveränderte Auflage. Darmstadt 1962.

Blanke, Fritz/Leuschner, Immanuel: Heinrich Bullinger, Vater der reformierten Kirche. Zürich 1990.

Bodenmann, Reinhard: Wolfgang Musculus (1497–1563). Destin d'un autodidacte lorrain au siècle des Réformes. Travaux d'Humanisme et Renaissance 343. Genf 2000.

Bossert, Gustav: Jodocus Neuheller, Neobolus, Luthers Tischgenosse. ARG 14 (1917), 277–300.

–, Neues über Neuheller (Neobolus) und Diedelhuber. ARG 21 (1924), 37–48.

Bräuer, Siegfried: „Iß, was gar ist, trink', was klar ist, red', was wahr ist": Am Tisch im Schwarzen Kloster. In: Freybe, Peter (Ed.): „Gott hat noch nicht genug Wittenbergisch Bier getrunken": Alltagsleben zur Zeit Martin Luthers. Wittenberg 2001; 116–137.

Braun, Joseph: Das christliche Altargerät in seinem Sein und in seiner Entwicklung. München 1932.

Brecht, Martin: Luthers Beziehungen zu den Oberdeutschen und Schweizern von 1530/1531 bis 1546. In: Junghans, Helmar (Ed.): Leben und Werk Martin Luthers von 1526–1546. 2 Bde. Göttingen 1983; 497–517.891–894.

–, Bucer und Luther. In: Krieger, Christian und Lienhard, Marc (Ed.): Martin Bucer and the sixteenth Century Europe. Actes du colloque de Strasbourg (28–31 août 1991). Vol. I. SMRT Band 52. Leiden – New York – Köln 1993; 351–367.

–, Martin Luther. Studienausgabe in Kassette. 3 Bände. Stuttgart 1994.

–, Architectus popularis Sermonis. Das Predigtbuch Arsacius Seehofers von 1538. In: Ders.: Ausgewählte Aufsätze I. Reformation. Stuttgart 1995; 380–393.

–, Landgraf Philipp von Hessen und sein Verhältnis zu den Wittenberger, Schweizer und Oberdeutschen Theologen. In: Auerbach, Inge: Reformation und Landesherrschaft. Vorträge des Kongresses anlässlich des 500. Geburtstages des Landgrafen Philipp des Großmütigen von Hessen vom 10. bis 13. November 2004 in Marburg. Marburg 2005; 51–72.

Breuninger, Gerhard: Quellenkritische Untersuchungen von Luthers Tischreden in der Sammlung des Konrad Cordatus. Leipzig 1926.

Brinkel, Karl: Die Lehre Luthers von der fides infantium bei der Kindertaufe. Berlin 1958.

Buchrucker, Armin-Ernst: Wort, Kirche und Abendmahl bei Luther. Bremen 1972.

Buckwalter, Stephen E.: Bucer as Mediator in the 1532 Kempten Eucharistic Controversy. In: Reformation and Renaissance Review 7 (2005), 188–206.

–, Die Entwicklung einer eigenen Position: Bucer und die innerprotestantische Abendmahlskontroverse bis zum Tod Zwinglis und Oekolampads. In: Simon, Wolfgang: Martin Bucer zwischen den Reichstagen von Augsburg (1530) und Regensburg (1532). SMHR 55. Tübingen 2011; 98–107.

Burkhardt, C. A. H.: Altes und Neues über Luthers Reisen: Quellenmäßig mitgeteilt. In ZKG 19 (1899), 99–105.

Burnett, Amy Nelson: The Yoke of Christ: Martin Bucer and Christian Discipline. Sixteenth Century Essays and Studies XXVI. Kirksville 1994.

–, Basel and the Wittenberg Concord. ARG 96 (2005), 33–56.

Büsser, Fritz: Heinrich Bullinger. Leben, Werk und Wirkung. 2 Bde. Zürich 2004/2005.

Caro, Jakob: Andreas Fricius Modrevius. Seine Lehr- und Wanderjahre. In: Zeitschrift der Historischen Gesellschaft für die Provinz Posen, 20. Jg. (1905), 55–109.

Clemen, Otto: Georg Pylander. NASG 30 (1909), 334–348.

Dechent, Hermann: Kirchengeschichte von Frankfurt am Main seit der Reformation. Erster Band. Leipzig-Frankfurt 1913.

Dellsperger, Rudolf: Wolfgang Musculus (1497–1563). In: Schwarz, Reinhard (Ed.): Die Augsburger Kirchenordnung von 1537 und ihr Umfeld. SVRG 196. Gütersloh 1988; 91–110.

Diestelmann, Jürgen: Actio Sacramentalis. Die Verwaltung des Heiligen Abendmahls nach den Prinzipien Martin Luthers in der Zeit bis zur Konkordienformel. Groß Oesingen 1996.

–, Usus und Actio. Das Heilige Abendmahl bei Luther und Melanchthon. Berlin 2007.

Diestelmann, Theodor: Die letzte Unterredung Luther's mit Melanchthon über den Abendmahlsstreit. Nach den geschichtlichen Zeugnissen und den darüber ergangenen Urtheilen, so wie mit Rücksicht auf Luther's ganze Stellung im Abendmahlsstreit neu untersucht. Göttingen 1874.

DINGEL, Irene: Concordia controversa: die öffentlichen Diskussionen um das lutherische Konkordienwerk am Ende des 16. Jahrhunderts. QFRG 63. Gütersloh 1996.
DOBEL, Friedrich: Memmingen im Reformationszeitalter nach handschriftlichen und gleichzeitigen Quellen. Memmingen 1877.
EBRARD, August: Das Dogma vom heiligen Abendmahl und seine Geschichte. Zweiter Band. Frankfurt am Main 1846.
EDWARDS, Mark U.: Luther and the False Brethren. Stanford 1975.
EELLS, Hastings: Martin Bucer. Nachdruck: New York 1971.
ERHARD, Otto: Die Sakramentsstreitigkeiten in Kempten 1530–1533. BBKG 17 (1911), 153–173.
–, Die Reformation der Kirche in Kempten. Kempten 1917.
FABIAN, Ekkehart: Dr. Gregor Brück, 1557–1957. Lebensbild und Schriftenwechselverzeichnis. SKRG 2. Tübingen 1957.
–, Die Entstehung des Schmalkaldischen Bundes und seiner Verfassung 1524/29–1531/35. Brück, Philipp von Hessen und Jakob Sturm. Darstellung und Quellen mit einer Brück-Bibliographie. 2. Auflage. Tübingen 1962.
FLACHMANN, Holger: Martin Luther und das Buch: Eine historische Studie zur Bedeutung des Buches im Handeln und Denken des Reformators. SMHR 8. Tübingen 1996.
FREITAG, Albert: Veit Dietrichs Anteil an der Lutherüberlieferung. In: Lutherstudien zur 4. Jahrhundertfeier der Reformation. Hg. von den Mitarbeitern der Weimarer Lutherausgabe. Weimar 1917; 170–202.
FRIEDRICH, Martin: Von Marburg bis Leuenberg: der lutherisch-reformierte Gegensatz und seine Überwindung. Waltrop 1999.
FRIEDRICH, Reinhold: Martin Bucer – „Fanatiker der Einheit"? Seine Stellungnahme zu theologischen Fragen seiner Zeit (Abendmahls- und Kirchenverständnis) insbesondere nach seinem Briefwechsel der Jahre 1524–1541. Neuchâtel 1990.
–, Martin Bucer – Ökumene im 16. Jahrhundert. In: KRIEGER, Christian und LIENHARD, Marc (Ed.): Martin Bucer and the sixteenth Century Europe. Actes du colloque de Strasbourg (28–31 août 1991). Vol. I. SMRT Band 52. Leiden – New York – Köln 1993; 257–268.
–, Ein Streit um Worte? Bucers Position in der Abendmahlsfrage im Jahr 1530. In: ARNOLD, Matthieu und HAMM, Berndt (Ed.): Martin Bucer zwischen Luther und Zwingli. SuR.NR 23. Tübingen 2003; 49–65.
FRITZ, Johann Michael (Ed.): Das evangelische Abendmahlsgerät in Deutschland. Vom Mittelalter bis zum Ende des Reiches. Leipzig 2004.
GEHRT, Daniel: Tischreden in der wissenschaftlichen Forschungsbibliothek Gotha. In: Martin Luthers Tischreden. BÄRENFÄNGER, Katharina et alii (Ed.): Tübingen 2013; 191–220.
GENSICHEN, Hans-Werner: Damnamus. Die Verwerfung von Irrlehre bei Luther und im Luthertum des 16. Jahrhunderts. Berlin 1955.
GOERTZ, Hansjosef: Deutsche Begriffe der Liturgie im Zeitalter der Reformation. Untersuchungen zum religiösen Wortschatz zwischen 1450 und 1530. Philologische Studien und Quellen Heft 88. Berlin 1977.
GÖTZE, Ruth: Wie Luther Kirchenzucht übte. Berlin 1959.
GRASS, Hans: Die Abendmahlslehre bei Luther und Calvin. Eine kritische Untersuchung. BFChTh.M Band 47. Gütersloh 1940.
–, Die Abendmahlslehre bei Luther und Calvin. Eine kritische Untersuchung. BFChTh.M 47. 2., neubearbeitete Auflage. Gütersloh 1954.

Greschat, Martin: Bucers Anteil am Bericht der oberländischen Prediger über den Abschluß der Wittenberger Konkordie (1536). ARG 76 (1985), 296–298.

–, Martin Bucer: ein Reformator und seine Zeit. München 1990.

Grönvik, Lorenz: Die Taufe in der Theologie Martin Luthers. Acta academiae Aboensis, Ser. A, 36.1. Åbo 1968.

Gummelt, Volker: Bugenhagens Tätigkeit an der Wittenberger Universität. ZKG 105 (1994), 191–201.

Hamm, Berndt: Toleranz und Häresie. Martin Bucers prinzipielle Neubestimmung christlicher Gemeinschaft. In: Arnold, Matthieu und Hamm, Bernd (Ed.): Martin Bucer zwischen Luther und Zwingli. SuR.NR 23. Tübingen 2003, S. 147–156.

Hans, Wilhelm: Gutachten und Streitschriften über das jus reformandi des Rates vor und während der Einführung der offiziellen Kirchenreform in Augsburg (1534–1537). Augsburg 1901.

Hardt, Tom G. A.: Venerabilis et adorabilis Eucharistia. Eine Studie über die lutherische Abendmahlslehre im 16. Jahrhundert. FKDG Band 42. Göttingen 1988.

Hartmann, Julius: Erhard Schnepff, der Reformator in Schwaben, Nassau, Hessen und Thüringen. Tübingen 1870.

Hassencamp, Friedrich Wilhelm: Hessische Kirchengeschichte seit dem Zeitalter der Reformation: mit neuen Beiträgen zur allgemeinen Reformationsgeschichte. Zweite Ausgabe. 2 Bde. Frankfurt 1864

Haug-Moritz: Der Schmalkaldische Bund 1530–1541/42: Eine Studie zu den genossenschaftlichen Strukturelementen der politischen Ordnung des Heiligen Römischen Reiches Deutscher Nation. Leinfelden-Echterdingen 2002.

Hausamman, Susi: Die Marburger Artikel – eine echte Konkordie? In: ZKG 77 (1966), 288–321.

Haussdorff, Urban Gottlieb: Lebensbeschreibung eines christlichen Politici, nehmlich Lazari Spenglers, weiland vördersten Rathschreibers zu Nürnberg. Nürnberg 1740.

Hazlett, Ian: The Development of Martin Bucer's Thinking on the Sacrament of the Lord's Supper in its historical and theological context 1523–1534. Diss. theol. masch. Münster 1975.

Heckel, Johannes: Cura religionis. Ius in sacra. Ius circa sacra. Unveränderter photomechanischer Nachdruck. 2. Auflage. Darmstadt 1962.

Heckel, Martin: Martin Luthers Reformation und das Recht: Die Entwicklung der Theologie Luthers und ihre Auswirkung auf das Recht unter den Rahmenbedingungen der Reichsreform und der Territorialstaatsbildung im Kampf mit Rom und den „Schwärmern". JusEccl Bd. 114. Tübingen 2016.

Hendrix, Scott: Die Bedeutung des Urbanus Rhegius für die Ausbreitung der Wittenberger Reformation. In: Beyer, Michael und Wartenberg, Günther (Ed.): Humanismus und Wittenberger Reformation. Leipzig 1996; 53–72.

Heppe, Heinrich: Geschichte des deutschen Protestantismus in den Jahren 1555–1581. 4 Bde. Marburg 1852 ff.

–, Die confessionelle Entwicklung der altprotestantischen Kirche Deutschlands, die altprotestantische Union und die gegenwärtige confessionelle Lage und Aufgabe des deutschen Protestantismus. Marburg 1854.

Hering, Hermann: Doktor Pomeranus. Ein Lebensbild aus der Zeit der Reformation. SVRG 22. Halle 1888.

HILGENFELD, Hartmut: Mittelalterlich-traditionelle Elemente in Luthers Abendmahlsschriften. SDGSTh 29. Zürich 1971.
HOFFMANN, Gottfried: Marburg 1529 – eine verpasste Gelegenheit? Zur Interpretation der letzten Sitzung des Marburger Gesprächs durch Walther Köhler. Oberursel 1974.
–, Kirchenväterzitate in der Abendmahlskontroverse zwischen Oekolampad, Zwingli, Luther und Melanchthon: Legitimationsstrategien in der innerreformatorischen Auseinandersetzung. 2. Auflage. Göttingen 2011.
HUBATSCH, Walther: Geschichte der Evangelischen Kirche Ostpreussens. Band I. Göttingen 1968.
HUOVINEN, Eero: Fides infantium. Martin Luthers Lehre vom Kinderglauben. VIEG 159. Mainz 1997.
IMMENKÖTTER, Herbert: Die katholische Kirche in Augsburg in der ersten Hälfte des 16. Jahrhunderts. In: SCHWARZ, Reinhard (Ed.): Die Augsburger Kirchenordnung von 1537 und ihr Umfeld. SVRG 196. Gütersloh 1988; 9–31.
–, Stadt und Stift in der Reformationszeit. In: DOTTERWEICH, Volker und FILSER, Karl et alii (Ed.): Geschichte der Stadt Kempten. Kempten 1989; 167–183.
–, Zwingli und die oberdeutsche Reichsstadt Kempten 1525 bis 1533. In: SCHINDLER, Alfred und STICKELBERGER, Hans (Ed.): Die Zürcher Reformation: Ausstrahlungen und Rückwirkungen. Wissenschaftliche Tagung zum hundertjährigen Bestehen des Zwinglivereins. ZBRG 18. Bern - Berlin et alibi 2001; 123–130.
JAHNS, Sigrid: Frankfurt, Reformation und Schmalkaldischer Bund. Die Reformations-, Reichs- und Bündnispolitik der Reichsstadt Frankfurt am Main 1525–1536. Studien zur Frankfurter Geschichte 9. Frankfurt 1976.
JAMMERTHAL, Tobias: Philipp Melanchthons Abendmahlstheologie im Spiegel seiner Bibelauslegung 1520–1548. SMHR 106. Tübingen 2018.
JOEST, Wilfried: Ontologie der Person bei Luther. Göttingen 1967.
JUNGHANS, Helmar: Luther in Wittenberg. In: DERS. (Ed.): Leben und Werk Martin Luthers von 1526–1546. 2 Bände. Göttingen 1983; 11–37.
–, Die Tischreden Martin Luthers. In: D. Martin Luthers Werke. Sonderedition der kritischen Weimarer Ausgabe. Begleitheft zu den Tischreden. Weimar 2000; 25–50.
KAUFMANN, Thomas: Die Abendmahlstheologie der Straßburger Reformatoren bis 1528. BHTh 81. Tübingen, 1992.
–, Art. Wittenberger Konkordie. TRE Bd. 36. Berlin 2004; 243–251.
–, Konfession und Kultur. SpMAR.NR 29. Tübingen 2006.
–, Luthers »Judenschriften«. Ein Beitrag zu ihrer historischen Kontextualisierung. 2., durchgesehene Auflage. Tübingen 2013.
KEIM, Karl Theodor: Die Reformation der Reichsstadt Ulm. Ulm 1851.
–, Schwäbische Reformationsgeschichte bis zum Augsburger Reichstag. Tübingen 1855.
KITTELSON, James M./SCHURB, Ken: Wittenberg Concord. In: CThQ 50 (1986), 119–137.
KLAUS, Bernhard: Georg Rörer, ein bayerischer Mitarbeiter D. Martin Luthers. In: ZbKG 26 (1957), 113–145.
–, Veit Dietrich: Leben und Werk. Nürnberg 1958.
KLÖCKNER, Thomas: Martin Bucer und die Einheit der Christenheit: Ein theologiegeschichtlicher Beitrag zur Ökumene-Debatte im modernen Evangelikalismus (Lausanner Prägung). Neukirchen-Vluyn 2014.
KLOEDEN, Wolfdietrich von: Art. Rudelbach, Andreas Gottlob. BBKL 8, Col. 919–923.

Koch, Ernst: Handschriftliche Überlieferungen aus der Reformationszeit in der Stadtbibliothek Dessau. ARG 78 (1987), 321–345.

Kochs, E.: Die Anfänge der ostfriesischen Reformation. III. Teil. Jahrbuch der Gesellschaft für bildende Kunst und vaterländische Altertümer zu Emden 20 (1920); 1–125.

Köhler, Walther: Zwingli und Luther. Ihr Streit über das Abendmahl nach seinen politischen und religiösen Beziehungen. 2 Bde. QFRG 6 und 7. Gütersloh 1934/1953.

–, Das Marburger Religionsgespräch. Versuch einer Rekonstruktion. SVRG 148. Leipzig 1929.

Köstlin, Julius/Kawerau, Gustav: Martin Luther. Sein Leben und seine Schriften. Fünfte neubearbeitete Auflage. 2 Bände. Berlin 1903.

–, Luthers Theologie in ihrer geschichtlichen Entwicklung und ihrem inneren Zusammenhange. 2 Bde. Neudruck. Darmstadt 1968.

Kolb, Robert: Nikolaus von Amsdorf (1483–1565): Popular polemics in the preservation of Luther's legacy. Nieuwkoop 1978.

Kolde, Theodor: Art. Wittenberger Konkordie. Real-Encyklopädie Bd. 17. 2. Auflage. Leipzig 1886; 222–239.

–, Art. Wittenberger Konkordie. RE Bd. 21. 3. Auflage. Leipzig 1903; 383–399.

Kroker, Ernst: Luthers Tischreden als geschichtliche Quelle. In: LuJ 1 (1919), 81–131.

–, Die Örtlichkeit von Luthers Tischreden. In: Ders.: Aufsätze zur Stadtgeschichte und Reformationsgeschichte. Leipzig 1929; 97–112.

Kroon, Marijn de: Studien zu Martin Bucers Obrigkeitsverständnis. Evangelisches Pathos und politisches Engagement. Gütersloh 1984.

–, Ein unbekannter „Syllogismus" Martin Bucers zum Ius Reformationis aus der Zeit der Wittenberger Konkordie. ARG 77 (1986), 158–185.

–, Die Augsburger Reformation in der Korrespondenz des Straßburger Reformators Martin Bucer unter besonderer Berücksichtigung des Briefwechsels Gereon Sailers. In: Schwarz, Reinhard (Ed.): Die Augsburger Kirchenordnung von 1537 und ihr Umfeld. SVRG 196. Gütersloh 1988; 59–90.

–, Martin Bucer und Johannes Calvin: Reformatorische Perspektiven. Einleitung und Texte. Göttingen 1991.

Krusenstjern, Benigna von: Was sind Selbstzeugnisse? Begriffskritische und quellenkundliche Überlegungen anhand von Beispielen aus dem 17. Jahrhundert. In: Historische Anthropologie: Kultur, Gesellschaft, Alltag. Bd. 2 (1994), 462–471.

de Laharpe, Nicole: Image de l'autre et image de soi. Les stéréotypes nationaux dans les „Tischreden" de Luther. EHPhR 79. Paris 2002.

–, Bucers Porträt in Luthers Tischreden. In: Arnold, Matthieu und Hamm, Berndt (Ed.): Martin Bucer zwischen Luther und Zwingli. SpMAR.NR 23. Tübingen 2003; 147–156.

–, Die Juden in Luthers Tischreden. In: Decot, Rolf und Arnold, Matthieu (Ed.): Christen und Juden im Reformationszeitalter. VIEG.B 72. Mainz 2006; 1–14.

Lang, August: Der Evangelienkommentar Martin Butzers und die Grundzüge seiner Theologie. Leipzig 1900.

Ledderhose, Karl Friedrich: Friedrich Mykonius. Pfarrherr und Superintendent von Gotha. Ein Leben aus der Reformationszeit. Hamburg/Gotha 1854.

Leppin, Volker: Theologischer Streit und politische Symbolik: zu den Anfängen der württembergischen Reformation 1534–1538. ARG 90 (1999), 159–187.

–, Philipps Beziehungen zu den Reformatoren. In: Braasch-Schwersmann, Ursula et alii (Ed.): Landgraf Philipp der Großmütige 1504–1567. Hessen im Zentrum der Reformation. Begleitband zu einer Ausstellung des Landes Hessen. Marburg/Neustadt a. d. Aisch 2004; 49–57.

–, Martin Luther. Darmstadt 2006.

–, Biographie und Theologie Martin Luthers – eine Debatte und (k)ein Ende? Ein Nachwort. In: DERS./KORSCH, Dietrich (Ed.): Martin Luther – Biographie und Theologie. Tübingen 2011; 313–318.

–, Erinnerungssplitter: Zur Problematik der Tischreden als Quelle von Luthers Biographie. In: Martin Luthers Tischreden. BARENFÄNGER, Katharina et alii (Ed.): Tübingen 2013; 47–61.

–, Disputation und Religionsgespräch. Diskursive Formen reformatorischer Wahrheitsfindung. In: DARTMANN, Christoph et alii (Ed.): Ecclesia disputans. Die Konfliktpraxis vormoderner Synoden zwischen Religion und Politik. HZ Beiheft (NF) 67. Berlin/Boston 2015; 231–251.

LIEBENBERG, Roland: Die Ehre Christi und der Kampf um die Einheit. In: ARNOLD, Matthieu und HAMM, Berndt (Ed.): Martin Bucer zwischen Luther und Zwingli. SpMAR.NR 23. Tübingen 2003; 30–48.

LIENHARD, Marc: Martin Luthers christologisches Zeugnis: Entwicklung und Grundzüge seiner Christologie. Berlin 1980.

LITZ, Gudrun: Die reformatorische Bilderfrage in den schwäbischen Reichsstädten. SuR. NR 35. Tübingen 2007.

LOCHER, Gottfried W.: Die Zwinglische Reformation im Rahmen der europäischen Kirchengeschichte. Göttingen/Zürich 1979.

MAU, Rudolf: Der Gedanke der Heilsnotwendigkeit bei Luther. Theologische Arbeiten Bd. 26. Berlin 1969.

MEINHOLD, Peter: Geschichte der kirchlichen Historiographie. Band II. Freiburg – München 1967.

MENTZ, Georg: Johann Friedrich der Grossmütige (1503–1554). Dritter Teil: Vom Beginn des Schmalkaldischen Krieges bis zum Tode des Kurfürsten. Der Landesherr. Aktenstücke. Jena, 1908.

–, Beiträge zur Charakteristik des kursächsischen Kanzlers Dr. Gregor Brück: Stücke aus seinem Briefwechsel. In: Archiv für Urkundenforschung 6 (1918), 299–322.

METZKE, Erwin: Sakrament und Metaphysik. Eine Lutherstudie über das Verhältnis des christlichen Denkens zum Leiblich-Materiellen. In: DERS.: Coincidentia Oppositorum. Witten 1961; 158–204.

MILETTO, Ginafranco/VELTRI, Giuseppe: Die Hebraistik in Wittenberg (1502–1813): Von der „lingua sacra" zur Semitistik. In: Gottes Sprache in der philologischen Werkstatt: Hebraistik vom 15. bis zum 19. Jahrhundert. VELTRI, Giuseppe (Ed.). Studies in European Judaism 11. Leiden 2004; 75–96.

MOELLER, Bernd: Johannes Zwick und die Reformation in Konstanz. QFRG 28. Gütersloh 1961.

MOLNAR, Amedeo: Luthers Beziehungen zu den Böhmischen Brüdern. In: JUNGHANS, Helmar (Ed.): Leben und Werk Martin Luthers von 1526–1546. 2 Bände. Göttingen 1983; 497–517.

MÜHLENBERG, Ekkehard: Göttinger Kirchenhistoriker im 18. und 19. Jahrhundert. In: MÖLLER, Bernd (Ed.): Theologie in Göttingen. Eine Vorlesungsreihe. Göttinger Universitätsschriften Bd. 1. Göttingen 1987; 232–255.

Mühling, Andreas: Der Briefwechselband Zwingli-Oekolampad von 1536. In: Christ-von Wendel, Christine et alii (Ed.): Basel als Zentrum des geistigen Austauschs in der frühen Reformationszeit. SMHR 81. Tübingen 2014; 233–242.

Müller, E. F. Karl: Art. Helvetische Konfessionen. RE Bd. 7. Dritte Auflage. Leipzig 1899; 641–647.

Müller, Gerhard: Die Kasseler Vereinbarung über das Abendmahl von 1534. Ein Autograph Melanchthons. JHKGV 18 (1967), 125–136.

–, Art. Wittenberger Konkordie. RGG. Vierte, völlig neu bearbeitete Auflage. Bd. 8. Tübingen 2005; S. 1667 f.

Müller Hans-Martin: Der alte Luther. In: Drehsen, Volker et alii (Ed.): Der ‚ganze Mensch': Perspektiven lebensgeschichtlicher Individualität. APTh 10. Berlin – New York 1997; 87–109.

Mundhenk, Christine: Die Beziehung Bucers zu Luther und Melanchthon. In: Simon, Wolfgang (Ed.): Martin Bucer zwischen den Reichstagen von Augsburg (1530) und Regensburg (1532). SMHR 55. Tübingen 2011; 205–216.

Naglatzki, Herbert: Zur Geschichte und Einordnung eines Celler Lutherbriefs (1531). In: Jahrbuch der Gesellschaft für niedersächsische Kirchengeschichte 70 (1972), 37–49.

Neumann, Hans-Joachim: Luthers Leiden. Die Krankheitsgeschichte des Reformators. Berlin 1995.

Neuser, Wilhelm: Die Vorbereitung der Religionsgespräche von Worms und Regensburg 1540/41. Neukirchen 1974.

–, Dogma und Bekenntnis in der Reformation: Von Zwingli und Calvin bis zur Synode von Westminster. In: Andresen, Carl (Ed.) Handbuch der Dogmen- und Theologiegeschichte. Zweiter Band. Göttingen 1980; 165–352.

–, Martin Bucer und die Union. In: Ziegert, Richard (Ed.): Vielfalt in der Einheit: Theologisches Studienbuch zum 175jährigen Jubiläum der Pfälzischen Kirchenunion. Speyer 1993; 113–123.

–, Bucers konfessionelle Position. In: Krieger, Christian und Lienhard, Marc (Ed.): Martin Bucer and the sixteenth Century Europe. Actes du colloque de Strasbourg (28–31 août 1991). Vol. II. SMRT Band 52. Leiden – New York – Köln 1993; 693–704.

–, Martin Bucer als Mittler im Abendmahlsstreit (1530/31). In: Kaum zu glauben. Von der Häresie und dem Umgang mit ihr. Lexutt, Athina/Bülow, Vicco von (Ed.). Rheinbach 1998, 140–161.

–, Konkordie und Bündnis: Drei unbekannte Abendmahlsgutachten Zwinglis aus den Jahren 1530/31. In: Zwingliana 26 (1999), 23–57.

Nooke, Christoph: Gottlieb Jakob Planck: (1751–1833); Grundfragen protestantischer Theologie um 1800. BHTh 170. Tübingen 2014.

Opper, Heinz: Johannes Bernhard (vor 1500–1551) und sein Sohn Bernhard Bernhardi (1528–1589): Zwei Mitstreiter Luthers im Ränkespiel von Politik und Religion in der Freien Reichsstadt Frankfurt und in Nassau-Dillenburg. Berlin 2015.

Pestalozzi, Carl: Heinrich Bullinger. Leben und ausgewählte Schriften. LASRK V. Elberfeld 1858.

Peters, Albrecht: Realpräsenz: Luthers Zeugnis von Christi Gegenwart im Abendmahl. Berlin 1960.

–, Kommentar zu Luthers Katechismen. Bd. 1–5. Göttingen 1990–1994.

Peters, Christian: Apologia Confessionis Augustanae: Untersuchungen zur Textgeschichte einer lutherischen Bekenntnisschrift (1530–1584). Stuttgart 1997.

PETERS, Edward Frederick: The origin and meaning of the axiom: „Nothing has the character of a sacrament outside of the use." in sixteenth-century an seventeenth-century lutheran theology. St. Louis 1968 (Typoskript)

PLANCK, Gottlieb Jakob: Geschichte der Entstehung, der Veränderungen und der Bildung unseres protestantischen Lehrbegriffs vom Anfang der Reformation bis zu der Einfůhrung der Concordienformel. Band 3.1. Leipzig 1788.

ROHDE, Michael: Luther und die böhmischen Brüder nach den Quellen. Brno (Brünn) 2007.

ROPER, Lyndal: Der Mensch Martin Luther. Die Biographie. Frankfurt 2016.

ROTH, Erich: Die Privatbeichte und die Schlüsselgewalt in der Theologie der Reformatoren. Gütersloh 1952.

ROTH, Friedrich: Augsburgs Reformationsgeschichte. 3. Bde. München, 1901–1911.

–, Augsburgs Reformationsgeschichte. 1. Band. Zweite Auflage. München 1901.

ROTT, HANS GEORG [= Jean]: Martin Bucer und die Schweiz: Drei unbekannte Briefe von Zwingli, Bucer und Vadian (1530, 1531, 1536). In: Zwingliana XIV/9 (1978), S. 461–492.

RUBLACK, Hans-Christoph: Die Einführung der Reformation in Konstanz von den Anfängen bis zum Abschluß 1531. QFRG 40. Gütersloh 1971.

RUDELBACH, Andreas Gottlob: Reformation, Luthertum und Union: eine historisch-dogmatische Apologie der Lutherischen Kirche und ihres Lehrbegriffs. Leipzig 1839.

SASSE, Hermann: Corpus Christi. Ein Beitrag zum Problem der Abendmahlskonkordie. Erlangen 1979.

SCHÄUFELE, Wolf-Friedrich: Zur handschriftlichen Überlieferung der Tischreden Martin Luthers und ihrer Edition. In: Martin Luthers Tischreden. BÄRENFÄNGER, Katharina et alii (Ed.). Tübingen, 2013; 113–125.

SCHEIBLE, Heinz: Melanchthon und Bucer. In: Christian Krieger und Marc Lienhard (Ed.): Martin Bucer and the sixteenth Century Europe. Actes du colloque de Strasbourg (28–31 août 1991). Vol. I. SMRT Band 52. Leiden - New York - Köln, 1993; 369–393.

–, Melanchthon. Eine Biographie. München 1997.

–, Wolfgang Musculus und Philipp Melanchthon. In: DERS.: Beiträge zur Kirchengeschichte Südwestdeutschlands. Stuttgart 2012; 349–358.

SCHILLER, Wilhelm: Die St. Annakirche in Augsburg. Ein Beitrag zur Augsburger Kirchengeschichte. 2. Auflage. Augsburg 1939.

SCHILLING, Heinz: Martin Luther. Rebell in einer Zeit des Umbruchs. München 2012.

SCHIRRMACHER, Thomas: Anwalt der Liebe. Martin Bucer als Theologe und Seelsorger: Beiträge zum 450. Todestag des Reformators. Bonn 2002.

SCHLEIERMACHER, Friedrich Daniel Ernst: Hermeneutik und Kritik. Mit einem Anhang sprachphilosophischer Texte Schleiermachers. FRANK, Martin (Ed.) 7. Auflage. Frankfurt 1999.

[SCHMID, Heinrich:] Die Wittenberger Konkordie vom Jahr 1536. In: Zeitschrift für Protestantismus und Kirche. NF 34 (1857), 1–34.

–, Der Kampf der Lutherischen Kirche um Luthers Lehre vom Abendmahl im Reformationszeitalter. Leipzig 1868.

SCHMIDT, Heinrich Richard: Der Schmalkaldische Bund und die oberdeutschen Städte bis 1536. Ein Beitrag zur politischen Konfessionalisierung im Protestantismus. Zwingliana 18 (1989–91), 36–61.

SCHMOLINSKY, Sabine: Selbstzeugnisse im Mittelalter. In: DIES./ARNOLD, Klaus/ZAHRND, Urs: (Ed.): Das dargestellte Ich. Studien zu Selbstzeugnissen des späteren Mittelalters und der frühen Neuzeit. Selbstzeugnisse des Mittelalters und der beginnenden Neuzeit 1. Bochum, 1999; 19–28.

SCHNEIDER, Bernd Christian: Ius Reformandi: Die Entwicklung eines Staatskirchenrechts von seinen Anfängen bis zum Ende des Alten Reichs. JusEccl 68. Tübingen 2001.

SCHUBERT, Anselm: Fremde Sünde: Zur Theologie von Luthers späten Judenschriften. In: KORSCH, Dietrich/LEPPIN, Volker (Ed.): Martin Luther – Biographie und Theologie. Tübingen 2010; 251–270.

SCHUBERT, Hans von: Die Anfänge der evangelischen Bekenntnisbildung bis 1529/30. SVRG 143. Leipzig 1928.

SCHULZE, Winfried: Ego-Dokumente. In: DERS. (Ed.): Ego-Dokumente. Annäherung an den Menschen in der Geschichte. Berlin 1996; 11–30.

SCHWALM, Wolfgang: D. Johann Forster: Ein Gelehrter des Hebräischen reformiert die Kirche des Hennebergischen Landes. In: Ach, Herr Gott, wie tröstest du: Luthers Freunde und Schüler in Thüringen. 2. Band. BRINKEL, Karl/HINTZENSTERN, Herbert von (Bearb.) Berlin 1962.

SCHWARZ, Reinhard: Luther. Band 3/I. Göttingen, 1986.

–, Selbstvergegenwärtigung Christi. In: Die Gegenwart Jesu Christi im Abendmahl. KORSCH, Dietrich (Ed.). Leipzig 2005; S. 19–49.

SEEBASS, Gottfried: Die Augsburger Kirchenordnung von 1537 in ihrem historischen und theologischen Zusammenhang. In: In: SCHWARZ, Reinhard (Ed.): Die Augsburger Kirchenordnung von 1537 und ihr Umfeld. SVRG 196. Gütersloh 1988; 33–58.

–, Martin Bucer und die Reichsstadt Augsburg. In: KRIEGER, Christian und LIENHARD, Marc (Ed.): Martin Bucer and the sixteenth Century Europe. Actes du colloque de Strasbourg (28–31 août 1991). Vol. II. SMRT Band 53. Leiden – New York – Köln 1993; 479–491.

–, Augsburg und Nürnberg – ein reformationsgeschichtlicher Vergleich. In: DELLSPERGER, Rudolf et alii: Wolfgang Musculus (1497–1563) und die oberdeutsche Reformation. Berlin 1997; 91–110.

SEITZ, Reinhard H.: Ein Sammelband mit vorwiegend Basler Lutherdrucken aus dem Besitz von Tilman Limperger (Telamonius Limpergius). Zwingliana 34 (2007), 121–141.

SIEH-BURENS, Katarina: Die Augsburger Stadtverfassung um 1500. In: ZHVS 77 (1983), 125–149.

SLENCZKA, Björn: Das Wormser Schisma der Augsburger Konfessionsverwandten von 1557. Protestantische Konfessionspolitik und Theologie im Zusammenhang des zweiten Wormser Religionsgesprächs. BHTh 155. Tübingen 2010.

SLENCZKA, Notger: Neubestimmte Wirklichkeit. Zum systematischen Zentrum der Lehre Luthers von der Gegenwart Christi unter Brot und Wein. In: KORSCH, Dietrich (Ed.): Die Gegenwart Jesu Christi im Abendmahl. Leipzig 2005; S. 79–98.

SMITH, Preserved: Luther's Table Talks. A critical study. New York, 1907.

SPENGLER, Friedrike Franziska: Kindsein als Menschsein. Beitrag zu einer integrativen theologischen Anthropologie. Marburger Theologische Studien Bd. 88. Marburg 2005.

Steitz, Eduard: Luther's Warnungsschrift an Rath und Gemeinde zu Frankfurt und Dionysius Melander's Abschied von seinem Amte 1535. In: Archiv für Frankfurts Geschichtc und Kunst NF 5 (1872), 257–281.
Stephens, Peter: The Theology of Huldrych Zwingli. Oxford 1986.
–, The Sacraments in the Confessions of 1536, 1549, and 1566 – Bullinger's Understanding in the Light of Zwingli's. In: Zwingliana 33 (2006), 51–76.
Stolt, Birgit: Die Sprachmischung in Luthers Tischreden. Studien zum Problem der Zweisprachigkeit. AUS-SGF 4. Stockholm 1964.
–, Martin Luthers Rhetorik des Herzens. Tübingen 2000.
Strohm, Christoph: Martin Bucer und die südwestdeutsche Reformation. In: Martin Bucer, der dritte deutsche Reformator: Zum Ertrag der Edition der Deutschen Schriften Martin Bucers. Ders. und Wilhelmi, Thomas (Ed.). Heidelberg 2016; 29–51.
Stupperich, Robert: Dr. Paul Speratus, der „streitbare" Bischof von Marienwerder. In: Beiträge zur Geschichte Westpreußens 8 (1983), 159–182.
Sudhoff, K: Artikel Helvetische Konfessionen. RE Bd. 5. Zweite Auflage. Leipzig 1879; 749–755.
Surall, Frank: Ethik des Kindes. Kinderrechte und ihre theologisch-ethische Konzeption. Stuttgart 2009.
Tschackert, Paul: Paul Speratus von Rötlen, evangelischer Bischof von Pomesanien in Marienwerder. SVRG 33. Halle 1891.
Votteler, Franz: Johannes Schradin, der Genosse Mattäus Albers. Ein Beitrag zur Reformationsgeschichte Reutlingens. In: Programm des Gymnasiums in Reutlingen zum Schlusse des Schuljahrs 1892/93; 21–71.
Wahl, Adalbert: Beiträge zur Kritik der Überlieferung von Luthers Tischgesprächen der Frühzeit. In: ARG 17 (1920), 11–40.
Wendebourg, Dorothea: Essen zum Gedächtnis: Der Gedächtnisbefehl in den Abendmahlstheologien der Reformatoren. BHTh 148. Tübingen 2009.
–, Die deutschen Reformatoren und England. In: Dies. (Ed.): Sister Reformations – Schwesterreformationen. The Reformation in Germany and in England – Die Reformation in Deutschland und England. Tübingen, 2010; 53–93/94–132.
–, Ein Lehrer, der Unterscheidung verlangt: Martin Luthers Haltung zu den Juden im Zusammenhang seiner Theologie. ThLZ 140 (2015), 1034–1059.
Wendte, Martin: Die Gabe und das Gestell: Luthers Methaphysik des Abendmahls im technischen Zeitalter. Collegium Metaphysicum 7. Tübingen 2013.
Winckelmann, Otto: Über die Bedeutung der Verträge von Kadan und Wien (154–1535) für die deutschen Protestanten. ZKG 11 (1890), 212–252.
Wolf, Gustav: Quellenkunde der deutschen Reformationsgeschichte. Zweiter Band: Kirchliche Reformationsgeschichte. Erster Teil. Gotha 1916.
Wolfart, Karl: Die Augsburger Reformation in den Jahren 1533/34. SGTK VII/2. Leipzig 1901.
Wolgast, Eike: Die Wittenberger Theologie und die Politik der evangelischen Stände. QFRG 47. Gütersloh 1977.
–, Luther, Jonas und die Wittenberger Kollektivautorität. In: Dingel, Irene (Ed.): Justus Jonas (1493–1555) und seine Bedeutung für die Wittenberger Reformation. LStRLO 11. Leipzig 2009; 87–100.
Zimmer, Siegfried: Das Problem der Kindertaufe in der Theologie Martin Luthers: Luthers reformatorische Grunderkenntnisse als Maßstab für die Frage nach der Kindertaufe. 2 Bde. Theol. Diss. masch. Tübingen 1992.

zur Mühlen, Karl Heinz: Reformatorische Vernunftkritik und neuzeitliches Denken. Dargestellt am Werk M. Luthers und Fr. Gogartens. BHTh 59. Tübingen 1980.

Zwierlein, Cornel A.: Reformation als Rechtsreform. Bucers Hermeneutik der lex Dei und sein humanistischer Zugriff auf das römische Recht. In: Strohm, Christoph (Ed.): Martin Bucer und das Recht. Genf 2002; 29–81.

# Register

Nicht aufgenommen wurden in das Personenregister die Namen Martin Luther und Martin Bucer. Moderne Autoren wurden im Personenregister berücksichtigt, wenn ihre Forschungsbeiträge direkt zitiert, ausführlicher referiert oder einer Auseinandersetzung unterzogen werden.

Im Sachregister sind unter den Stichwörtern Verfassername, Schriften einzelne abendmahlstheologische Beiträge der entsprechenden Personen in chronologischer Abfolge erfasst, sofern sie ausgewertet worden sind. Reine Referenzbelege sind nicht aufgenommen worden. Da die vorliegende Arbeit einem abendmahlstheologischen Thema gewidmet ist, sind Stichwörter wie Abendmahl, Abendmahlstheologie, Sakrament u. ä. nicht erfasst worden. Im Ortsregister ist Wittenberg nicht aufgenommen worden.

Auf Fundstellen in Anmerkungen wird mit Einträgen verwiesen, bei denen nach der Seitenangabe die jeweilige Nummer der Fußnote hochgestellt angehängt ist.

# Register der Bibelstellen


Gen 17,7 f 395
Gen 33,4 54[184]

Ex 16 329

Psalm 1 140
Psalm 76,1 140[51]
Psalm 104,4 29
Psalm 110 99[477]

Ez 3,11 56[196]

Mt 7,15–21 276
Mt 8,1 ff 393
Mt 19,14 412

Mk 16,12 ff 404, 404 f[577]
Mk 16,16 449

Lk 1,14 392
Lk 2,29 ff 256 f, 482

Joh 3,5 412, 413
Joh 6 144
Joh 6,63 34 f
Joh 15,26 ff 450

Apg 2,41 391

Röm 1,32 56[196]
Röm 8,23 397
Röm 10,17 178[277], 391 f, 396, 400 f, 404
Röm 13 431 f[+730]

1. Kor 252, 302
1. Kor 7 205–207
1. Kor 7,17 437[766]
1. Kor 11,27 328, 335, 349
1. Kor 11,27–29 325
1. Kor 11,29 336[245]
1. Kor 15 99[477]

Gal 132, 279
Gal 3,1 132

Eph 140 f
Eph 4,1–16 58
Eph 4,14 50, 58
Eph 6,10 ff 80

1. Tim 5,22 56[196]

Tit 3,10 144[64], 145
Tit 3 145[68]

2 Joh 22 56[196]

# Personenregister


Abendschein, D. 291[677], 365[383]
Agricola, J. 226 f, 308, 474
Agricola, S. 49, 124–126, 156, 157, 382[477]
Aitinger, S. 217[153], 236[266]
Alber, M. 24, 262 f, 307, 309–311, 358, 439[781], 449 f
Albrecht, Herzog von Preußen 144, 147
Albrecht, Kurfürst und Erzbischof von Mainz 434 f[749]
Althammer, A. 239[287]
Amsdorf, N. v. 133, 156, 224, 226 f, 253, 267–269, 272, 308 f, 468, 473, 474
Anianus, N. 212
Arend, S. 248
Augustin, A. 33, 204, 323[187], 391, 392, 426
Aurifaber, J. 66 f[258]

Bärenfänger, K. 67 f[258.262]
Baum, J. W. 11 f
Baumgartner, Bernhard 60
Baumgartner, H. 126
Baur, J. 29
Bayer, O. 399[557]
Bedrotus, J. 187
Bernardi, J. 307, 338, 442
Bernhard von Clairvaux 404[577], 449[830]
Bibliander, T. 281, 305
Bieri, P. 65 f[255]
Bizer, E. 9, 62, 97[472], 103[500], 111[557], 121, 134, 188[19], 201[79], 225, 238[281], 251, 300[48], 345–353
Blarer, A. 80, 112, 135, 147, 174, 177, 182, 185 f, 189–191, 211 f, 215, 232–235, 262, 330, 469
Blarer, M. 155
Blarer, T. 188
Böhmische Brüder 163, 391, 403
Bossert, G. 91

Braun, J. 445 f
Brecht, M. 3, 13, 15 f, 22, 76, 78[330], 131, 188 f, 197[55], 201[80], 243[316], 345, 357, 453, 471
Brenz, J. 42, 48, 49, 225, 226 f, 230 f, 262 f, 264, 266, 269, 272, 279, 281[603], 289 f, 302, 307, 380, 474
Breuninger, G. 66 f[258]
Brießmann, J. 61, 79, 144[61]
Brinkel, K. 17 f, 398[549], 399 f[559], 414–416
Brück, G. 116, 168, 222, 226, 306 f, 308, 361
Buckwalter, S. 14
Bugenhagen, J. 91, 96, 118[600], 183, 250–253, 270 f, 278, 302, 314, 329, 330, 335, 349, 353, 375, 436, 443, 447, 448, 451, 464, 473
Bullinger, H. 146 f, 154, 155, 189[22], 254, 265, 279 f, 281, 282, 290, 291, 305, 315[146], 317, 321
Burkard, F. 212
Burnett, A. 374, 425[690]

Calpurnius Bibulus 189[23]
Camerarius, J. 135, 186, 214, 216, 351
Capito, Wolfgang 41 f, 48, 146 f, 177 f, 179, 182, 249, 251, 254, 262, 266, 278, 280 f, 283, 287, 288 f, 290, 291, 302, 307, 311, 313, 315, 317, 320, 324 f, 330, 344, 347, 350, 362, 380, 406, 451, 452, 461, 462, 464, 466, 472
Cellarius, J. 148
Chrysostomus, J. 45, 367
Coler, C. 229, 230–232, 234
Cranach, L. 452
Cruciger, C. 118[600], 245[332], 276, 297, 309, 311, 314, 330, 362, 363, 375, 436, 451[848], 452, 456, 464

Diestelmann, J. 445 f
Dietrich, Veit 48, 50, 60 f[213], 125, 133, 138 f, 141–143, 154, 229, 230–232, 234, 298–300, 355
Dolzig, H. von 66[257], 168[209]

Ebrard, A. 7, 207[108]
Edenberger, L. 167[200], 237
Edwards, M. U. 15
Eells, H. 12, 62
Ehem, M. 169
Ehinger, H. 127
Ehinger, J. 263
Eisermann, J. 42, 230, 262 f[470]
Engelhard, H. 88[402–404]
Erasmus v. Rotterdam 228, 361
Ernst, Herzog von Lüneburg 60, 84, 90 f, 105, 107, 127, 192, 241, 247, 255
Euander, B. 189[22]

Felinus, Aretius [= Bucer, M.] 140
Ferdinand, König von Böhmen 196
Figulus, C. 442 f[796]
Fischer, J. 157 f
Flachmann, H. 394
Flinsbach, K. 173
Förster, J. 241
Forster, J. 159[148], 162, 168, 171, 203, 212 f, 236–238, 240, 247, 248, 254–260, 263, 264, 271, 302, 312, 314, 380 f, 382, 407, 417, 426, 427, 429, 430, 441, 443
Frecht, M. 154, 215, 229, 252, 262, 307, 362, 370[408], 406, 469
Friedrich, R. 12 f, 103[500], 193[33], 207[108], 251, 286[640], 345 f[288], 353
Frosch, J. 122 f, 124–126, 133, 155, 157, 382[477]
Fugger, Familie 169

Gaius Julius Caesar 189[23]
Georg, Margraf von Brandenburg 163, 458, 460
Gerbel, N. 34, 37, 39, 83, 275 f
Germanus, M. 307
Görlitz, M. 146[71]
Goldschmid, C. (Witwe) 309
Grass, H. 9 f, 31[20], 103[499], 220[172], 223[192], 251, 295[12], 333[230], 334 f, 342[275], 343[279], 353, 357[340], 364[380], 365[383], 372, 454
Greschat, M. 294
Grönvik, L. 18, 402[569], 413[625]
Grynaeus, S. 188[13], 251, 281[603], 282, 290

Haistung, J. 173–182
Hamm, B. 106[519]
Han, M. 236[265]
Hardt, T. G. A. 31[20], 151, 355[334]
Hassencamp,F. W. 8, 17, 202[84], 319[161], 333[230], 371 f, 373, 382[481], 404[575], 441[790]
Hausmann, N. 105 f, 198
Hazlett,I. 12, 93[447], 97[472], 202[81], 202[84], 207[108]
Hedio, K. 37, 179
Heinrich, König von England 208
Hektor (Ilias) 325 f
Held, J. 171
Held, M. 434[748]
Helt, G. 252
Hemertus, L. 122
Henrich, R. 315[146]
Heppe, H. 7
Heß, J. 188
Hilgenfeld, H. 103, 151[104 f]
Honold, H. 163
Honold, J. 236
Honold, P. 236
Huber, K. 125[638], 157[140], 159 f, 167, 229, 236–240, 245–249, 253 f, 264 f, 275, 312 f, 382, 386, 407, 408, 427, 443
Hubert, K. 173, 294 f
Huovinen, E. 18, 400[563], 414–416

Imhoff, H. 169 f
Irenäus von Lyon 366

Jammerthal, T. 184[308], 186[4], 193[33]
Jeremia (Prophet) 392
Joest, W. 398[553], 399[557]
Johann, Kurfürst von Sachsen 60, 61, 62, 90 f, 93, 96, 108, 116, 118, 127, 128 f, 183 f, 194, 208, 473
Johann Ernst, Prinz von Sachsen 237[272]
Johann Friedrich, Kurfürst von Sachsen 184, 188, 211 f, 217, 222, 225, 227, 230, 270, 272, 277, 278, 302, 304, 306,

308, 433, 436[753], 443, 458, 471 f, 473, 478
Johannes der Täufer 392, 412
Jonas, J. 48, 118 f, 183, 184, 188, 199, 212, 235, 245[332], 248, 255, 314, 330, 351, 375, 436, 451, 473, 475
Jud, L. 88[402–404], 282[608], 282 f[614], 283, 286
Judas (Jünger) 21[14], 162, 174, 213, 341

Karl V. 49, 60, 124, 133, 431 f, 433
Karlstadt, A. 39 f, 137, 146, 276, 318, 400
Kaufmann, T. 11, 13, 28–30, 32, 35, 56[194], 129, 285[629], 345 f[288], 374, 410, 458[883], 461[899]
Kawerau, G. (siehe Köstlin, J.)
Keim, T. 270
Keller, M. 123[626], 124 f, 156, 159[148], 163, 164, 167[200], 169, 238, 239, 312, 313, 316, 320, 469
Köhler, W. 10 f, 46[134], 52[175], 62, 91[431], 99, 103[498], 123[625], 182[299], 189[21], 202[82], 220[172], 251, 286 f, 333[229], 354 f[331], 356 f, 450[839], 460[895]
Köstlin, J. 15, 145[69], 217[151], 222[188], 321 f[181], 334[232], 337[245], 344[281], 371[420], 397[545], 410[609]
Kolde, T. 8 f, 91[425], 206, 345
Kroker, E. 64–69
Kroon, M. de 12, 376[443], 427, 434[+747], 439, 440[782]

Laharpe, N. de 13, 134
Lasco, J. a 303
Lasius, B. 305
Lauterbach, A. 404 f
Leppin, V. 16, 64[240], 65, 197[56], 221[176], 230, 319[164], 365[383]
Lienhard, M. 32[27]
Limperger, M. 148[86]
Linck, W. 136[31], 226 f, 245, 474
Ludwig, Kurfürst von der Pfalz 434 f[749]
Lufft, H. 148[87]

Mansfeld, A. v. 127
Mathesius, J. 60 f[213], 63 f[237]
Mau, R. 404[576]
Megander, K. 283
Melanchthon, P. 41, 42, 48, 96, 118, 126, 134, 162, 173, 180, 183, 185, 186–194, 195–199, 200–202, 207, 208, 211, 212, 214–217, 222, 225–228, 230, 231, 232, 237, 245[334], 248, 249, 255, 257, 270, 278, 291[680], 302, 304, 309, 311, 314, 330, 351, 360 f, 362 f, 375, 388, 405 f, 411, 422, 431, 432, 433, 435, 436, 442, 451, 452, 455, 464, 468, 471, 472, 473 f, 475
Melander, D. 148
Menius, J. 120, 194, 302, 307, 311, 314, 330, 362, 375, 393, 451[848], 469
Meyer, J. (Dreizehner von Straßburg) 61, 183[301–303]
Meyer, J. (Bgm. von Basel) 466
Meyer, S. 156, 169[217], 236[265], 239[287], 261
Micyllus, J. 442 f[796]
Milich, J. 376[441]
Misenus, A. 60 f[213]
Modrevius, A. F. 303
Mörlin, J. 450
Müller, G. 215 f[140], 218[155], 218 f[161]
Müller, H.-M. 198
Müntzer, T. 135, 146, 153, 160
Musculus, W. 124 f, 156, 158, 171, 211, 236[265], 239[287], 250, 252, 261, 265, 275, 296 f, 307, 309, 338–340, 347, 362, 375 f, 398, 406, 426, 429[+715], 452, 456, 458
Myconius, F. 270, 298–300, 307, 311, 314, 330, 362, 375–378, 451[848], 469, 474
Myconius, O. 280, 282

Neuheller, J. 236–237, 239–240
Neumann, H. J. 247[342]
Nigri, T. 156, 171

Oekolampad, J. 37, 43, 58, 60, 79, 88, 92, 94, 96, 108 f, 111, 119, 124,132, 143, 174, 261, 279, 305, 319 f, 323, 326, 366, 448, 478
Origenes 201
Osiander, A. 80, 226 f, 230, 245, 278 f, 291[680], 307, 308, 357 f, 468, 474
Otter, J. 232[253], 269, 307

Pellikan, K. 137, 261, 279, 290
Pellio, S. 179
Peters, A. 17, 355[335]

Pfarrer, M. 41
Philipp, Landgraf von Hessen 36 f, 40, 90, 96, 108, 116, 118, 121, 137, 183[301], 188–191, 195–199, 212, 214–217, 222, 225, 227, 230, 335, 361, 433, 472 f
Planck, G. J. 6 f, 345, 456
Planitz, H. v. d. 168[209]
Plater, J. 157 f
Platon 33[37]
Platter, T. 305
Propst, J. 39 f, 51, 259

Ratramnus v. Corbie 147
Ratzeberger, M. 452
Rehlinger, K. 161, 162, 166[196], 171 f
Rehlinger, U. 167[198], 168
Rehlinger, W. 236, 240
Rhegius, U. 61, 124–126, 157, 226 f, 230, 240, 241, 247, 254, 255, 260, 474
Rörer, G. 80, 132, 304, 314, 330, 376
Roth, F. 124, 168[207+213], 169[214], 171,172, 242 f, 245
Roth, S. 276
Rott, J. 134
Rottach, J. 173–182
Rudelbach, A. G. 7, 345

Sailer, G. 168, 229, 236, 240–241, 245–249, 253–255, 257–258, 260–265, 266, 269, 271, 272, 273, 281[603], 310, 462, 472
Sam, K. 112, 154, 174
Sasse, H. 369 f[407]
Schalling, M. 276 f
Scheible, H. 185[2], 188[16]
Schlaginhaufen, J. 162, 203, 212 f
Schleiermacher, F. D. E. 29
Schmid, H. 8, 345
Schneid, H. 124
Schnepf, E. 188–194, 211, 232, 234, 279, 281[603], 289, 307, 474
Schradin, J. 262, 307, 309–311, 358, 365, 439[781]
Schubert, A. 55–58
Schuler, G. 307
Schwarz, R. 30, 370 f[413]
Schwebel, J. 61
Schwenckfeld, K. 156
Seeger, J. 173–182
Seehofer, A. 161 f, 163
Seifried, H. 124
Seitz, Mang 236
Selnecker, N. 298–300, 304
Slenczka, B. 297[23]
Slenczka, N. 30, 32, 54[182]
Spalatin, G. 211, 226[222]
Spengler, L. 125, 125[639], 133, 141–143, 154
Speratus, P. 144
Spiegel, D. 168
Spilling, H. 91[428]
Stolt, B. 64, 66[258], 68
Stor, J. 169
Stupperich, R. 242 f
Sturm, J. 41, 128, 183[301-303], 198

Taubenheim, C. 168
Thomas von Aquin 398

Ulhart, P. 426
Ulrich, Herzog von Württemberg 189, 212, 289

Vadian, J. 82, 249, 290
Vigilius, S. 237

Weiß, A. 189[22]
Weller, H. 314, 330, 376
Wendebourg, D. 186[4], 208[109], 326[202]
Wolfart, B. 24, 124 f, 156, 157, 159, 161[163], 163, 164, 166[196], 171, 239, 252, 259, 261, 263, 296, 297, 307, 312, 339 f, 347, 362, 380 f, 384 f, 403, 406, 452
Wolferinus, S. 444 f
Wolgast, E. 118[600]

Zell, K. 106
Zell, M. 179, 214
Zwick, Johannes 229, 250, 252, 300–302, 307, 361, 379, 393, 396, 398, 406, 407, 414, 427, 452, 462
Zwingli, H. 37, 39, 44, 45, 47, 51, 60, 76, 79, 82, 88 f, 92, 94, 96, 98 f, 108 f, 111, 119, 124, 132, 133–137, 138, 143, 146, 147, 148, 150, 152, 160, 171, 173, 174, 187, 261, 279, 305, 317, 318, 319 f, 323, 326, 329, 340, 343, 351, 448, 463 f, 465, 475, 478, 479

# Ortsregister

Augsburg 41, 124–126, 133, 147, 155–172, 174, 179, 209, 215, 217, 236–238, 240, 255, 259, 265, 269, 271, 274, 289, 314, 338–340, 380–382, 386, 408, 417, 426 f, 428 f, 430, 431 f, 434, 435 f, 437 f, 440 f, 443, 475, 481 f

Basel 83, 251, 254, 280, 281, 283, 305
Bern 283
Biberach 183, 229, 262, 266
Biel 283
Brandenburg-Ansbach, Markgrafschaft 453
Braunschweig 132
Bremen 435 f[752]

Celle 240, 255
Coburg 42, 43, 48, 60, 70–78, 94, 97, 272, 277

Dänemark, Königreich 453

Eisenach 277, 278, 290, 304, 307
Esslingen, 147, 177[265], 229, 262, 266, 269

Frankfurt a. Main 148, 152, 153 f, 250[361], 266, 289, 294, 297, 338, 417 f, 429, 442, 475
Friesland 453

Gotha 270, 277, 307, 375, 468, 478
Grimma 305

Hessen, Landgrafschaft 272, 277, 453
Holstein, Herzogtum 453

Isny 82, 174, 178, 183, 229, 239[287], 266, 350

Jena 270

Kassel 195, 199, 200, 202, 214, 218, 222, 232, 250
Kemberg 257
Kempten 172–182, 229, 475
Konstanz 82, 147, 183, 229, 266, 289, 407 f, 434
Kraichgau 289, 453

Landau 266, 289
Lindau 82, 147, 183, 229, 266, 407
Lübeck 118[600]

Magdeburg 434
Marburg 39, 94, 189, 191
Meißen 453
Memmingen 82, 147, 183, 229, 239[287], 266
Mühlhausen 283

Nürnberg 82, 126, 142, 154, 179, 182, 245, 358

Pommern(-Wolgast), Herzogtum 272, 453
Preußen, Herzogtum 144, 272, 453, 475

Reutlingen 262, 310

Sachsen, Kurfürstentum 272, 453
Schaffhausen 283
Schweinfurt 182
St. Gallen 283
Straßburg 83, 100, 132, 133, 137, 141–143, 147, 171, 179, 182, 183, 198, 199, 250, 260, 262, 266, 275–278, 289, 408, 432

Stuttgart 189, 190, 212

Tübingen 232, 361

Ulm 82, 133, 147, 183, 209, 253, 260, 262, 265, 266, 269 f, 274, 289, 408, 475

Weimar 222, 277

Weissenburg 266, 289
Worms 289
Württemberg, Herzogtum 211, 235

Zürich 146, 157, 249, 250, 254, 280, 281, 283
Zweibrücken 289

# Sachregister

Abendmahlsanmeldung 422, 443, 446 f
Abendmahlsempfang
- *cibus animae* 71, 86, 87, 93, 94, 96, 110, 112 f, 121, 153, 175[257], 233 f
- *cibus naturalis* 112
- *cibus vulgaris* 329
- doppelte Nießung 33 f, 175 f[257 f], 176, 180, 213, 285, 288, 338
- *manducatio impiorum* 45 f, 47, 53, 74, 81, 82, 86 f, 94, 95, 98, 109 f, 110, 114 f, 117 f, 119 f, 120 f, 122, 123, 125, 164, 175, 180, 192, 213, 218, 224, 233, 243, 244, 251, 267, 285, 318 f, 325, 327, 328, 332 f, 334–337, 338–340, 342 f, 349, 353, 354, 356, 358 f, 477, 479, 480
- *manducatio incredulorum* 344, 353, 356, 371 f
- *manducatio indignorum* 46, 115, 267, 325, 328, 332 f, 343, 356, 370 f
- *manducatio oralis* 45, 53, 70 f, 72, 74, 81, 82, 86, 88, 93, 94, 95, 98, 99, 108, 109, 122, 126, 150, 154, 155, 203, 212, 214, 218, 220, 224, 285, 318 f, 324, 332–334, 338 f, 345, 347, 357, 366 f, 372, 460, 477, 479
- *manducatio realis* 85
- *manducatio spiritualis* 45, 71, 93, 149, 152, 164, 174, 213, 233, 285, 288, 331, 333, 344, 345, 353
Abendmahlsgemeinschaft 101–104, 151 f, 205, 476
- *siehe auch* Interkommunion
Abendmahlsliturgie 157, 443–447, 447 f, 448
Abendmahlszulassung 101–104, 420, 422, 423, 476, 481
Absolution 255[396], 257[417], 358[343], 418, 419[656], 420–425, 447[818]
- *siehe auch* Beichte und Schlüsselgewalt
Amsdorf, Schriften
- Contra Zwinglianos et Anabaptistas 224 f, 267–269
Amtstheologie 56–58, 100, 104, 151, 166, 318, 428, 468, 475 f
Anerkennung, brüderliche 38, 40, 53, 54[184], 87 224, 256, 269, 270, 272, 273, 281, 337, 344 f, 353, 449 f, 451
- Reichen der Hände 256, 344 f, 451
Apathieaxiom 33
Apologie der CA 150, 183 f, 187, 218, 222 f, 306, 337, 386, 411, 454, 457–461, 467, 473, 480
- Abendmahlsartikel (Apol 10) 460 f
- Taufartikel (Apol 9) 411
Argumentation 97–99, 105, 108, 201–205, 208–212
Armenpflege 172
Asymmetrie, kommunikative 78, 197, 319, 364 f, 380, 386 f, 410 f, 418, 430, 448, 451, 471 f, 480
- Symmetrie, kommunikative 82, 313, 424, 448, 481
Aufrichtigkeit 74 f, 79, 340, 343, 351, 477

Bann 419 f, 421 f, 425, 481
- Kleiner Bann (excommunicatio minor) 419 f, 422
Bauchspeise 86, 109, 112, 121, 221, 284 f
Beichte 152, 153 f, 417–425, 481
- *siehe auch* Absolution und Einzelbeichte und Schlüsselgewalt
- Beichtzwang 418, 420 f, 424, 481
- Einzelbeichte 358, 378, 418 f, 420, 422, 423, 424, 472, 481
Bekenntnismahl 285 f, 288
Bibliander (ed.), Schriften/Briefwechsel Zwinglis und Oekolampads 305, 316 f, 322, 463, 465, 467

Bildersturm 168 f, 171
Blarer, Schriften/Bericht Ambrosii Blaurer 185 f, 232–235
Bordell 172
Bucer, Schriften
- Vergleichung D. Luthers 28 f
- Thesenreihe vor dem 25. August 1530 42 f, 46–48
- Thesenreihe vom 25. August 1530 42 f, 44–46
- [Ratio concordiae] 77, 84–87, 89–93, 109, 124, 136, 192 f, 471, 473, 477
- Apologie der Confessio Tetrapolitana 233, 462
- Bericht auß der heyligen geschrift 215, 224, 225, 232, 239, 242, 243–245, 249, 250–253, 280, 315, 327, 338, 349, 403[572]
- Kasseler Artikel 216–219, 222, 223, 228, 229, 232, 247, 280
- Antwort auf Luthers Instruktion für Melanchton 219–221
- Axiomata apologetica 267 f, 367
- Ain kurtzer einfeltiger bericht 239, 242 f, 246, 248 f, 254, 255, 259, 266, 472
Bündnis, militärisches 89, 127–129, 205–208, 472
- *siehe auch* Schmalkaldischer Bund
Bugenhagen, Schriften
- Vorlesung 1. Korintherbrief 250–253, 302
- Notizen vom Konkordienkonvent 329
Bundestag, Schmalkalden (1530) 108, 128
Bußsakrament 384

Christologie 33, 86, 95, 97–99, 117 f, 138 f, 150, 360
- *siehe auch* Impatibilität und Intangibilität
- Pluripräsenz 99, 112 f, 139
- *sessio ad dextram* 45, 48, 86, 98 f, 113 f, 139, 326
Ciborium 334
Coburger Verhandlungen 60, 70–78, 79–81, 94, 95, 100, 104, 108, 127, 133, 136 f, 143, 327, 475, 477
Confessio Augustana 41, 128, 150, 173, 176, 182, 183 f, 189, 215, 218, 223, 243, 269, 306, 310, 337, 386, 454, 457–461, 467, 473, 480
- Abendmahlsartikel (CA 10) 176, 182
- Taufartikel (CA 9) 215, 386, 388, 412
Confessio Berengarii 33
Confessio Helvetica Prior 278, 282–287, 291, 461–463, 464–466
- lateinische Fassung 283–286, 462, 465
- deutsche Fassung 286 f
Confessio Tetrapolitana 41, 127, 128, 153, 183, 233, 462, 464
- Apologie der Confessio Tetrapolitana 233, 462

Disputation 174
Distributionswort 141 f
Domkirchen 437, 441[787]
- Augsburg 170, 172, 426, 429
- Frankfurt 154, 297
Duldung 57[197], 205 f, 222 f, 226, 230, 256, 260, 271, 272, 276, 277, 281, 357 f, 402, 477
- *siehe auch* Geduld

Ego-Dokumente 65 f
- *siehe auch* Tischredenüberlieferung
Einsetzungsworte 46, 72, 85, 100, 102, 115, 121, 141 f, 149 f, 174, 177, 178, 201, 204, 213 f, 231, 244, 245, 249, 267, 324, 329, 332 f, 340, 476
- klarer Wortlaut 213
- Verkehrung 151, 333 f, 335 f, 340, 344, 345, 348, 372 f, 476
Einsetzung Christi 263, 267, 276 f, 284, 324, 327 f, 332 f, 337, 349, 370 f
- Stiftungsordnung 102 f, 104, 121, 204, 277, 334–336, 348, 349, 368, 370 f
- Stiftungszweck 121, 334 f, 355
Einzelbeichte 358, 378, 418 f, 420, 422, 423, 424, 472, 481
- *siehe auch* Absolution und Beichte und Schlüsselgewalt
Elevation 447 f, 472
Eschatologie 22, 59 f, 166, 454
Essen zum Gericht 46, 104, 115, 267, 325, 332 f

*extra-usum*-Regel 367–369, 443 f, 444–447
- *contra usum* 444
- *post usum* 444

*fides infantium* 17 f, 23, 301 f, 373, 377 f, 379, 382, 383, 391–395, 396, 397–402, 404, 412–416, 481
- *siehe auch* Glaube
- Erneuerung des Verstandes 397–402, 416 f
- Erwachsenenglaube 399 f, 400–402
- *motus spiritus* 392, 415 f
- *rectae voluntatis principium* 392, 396, 415 f
- *sanctificatio* 392
- Vernunft 392 f, 396, 399, 401, 404, 412

Fürbitte 466
- *siehe auch* Gebet

Gebet 106, 107, 116, 159, 160[155], 198, 221 f[180], 271, 448, 477
- Fürbitte 466

Gedächtnismahl 44, 50–52, 85, 149 f, 194, 285, 288, 316, 330, 342, 354

Geduld 76, 104 f, 223 f, 227 f, 247, 249, 272, 344, 475
- *siehe auch* Duldung

Gegenwart Christi 44, 98–100, 194
- äußerliche Gegenwart 44, 53, 95, 98–100, 122, 150, 194, 214, 327, 341, 477, 479
- Luthers Deutung 53, 94 f, 194, 203
- *praesentia carnalis* 285 f
- *praesentia corporalis* 44, 47, 52 f, 53, 88, 95, 98, 120, 149, 194
- *praesentia imaginaria* 340, 342, 354, 366
- *praesentia localis* 45, 113
- *praesentia naturalis* 52, 88
- *praesentia realis* 47, 85, 202
- *praesentia sacramentalis* 45, 88, 114, 180
- *praesentia spiritualis* 44[121], 47, 51, 119, 149, 238, 326
- *praesentia substantialis* 190, 210 f, 223, 233, 366
- *praesentia vera* 44 f, 48, 82 f, 88, 96 f, 99, 113, 177, 180, 190, 202 f, 213, 220, 332, 339, 366, 369, 450

Geist, Heiliger 178, 182

Gemeinde 38, 75, 76 f, 94, 100–104, 116, 151, 166, 208, 257, 273, 316, 318, 337, 340, 344, 383, 459, 468, 474, 475 f, 478

Gericht Gottes 135 f, 146, 149, 160, 319, 476

Gewissen 36, 53, 56 f, 100, 103, 105, 196, 197, 203, 205, 208, 212, 213, 221, 281[603], 418, 420[664], 424, 434, 464, 467, 468, 479

Glaube
- *assensus* 391, 396, 401, 404
- *ex auditu* 396, 400 f
- *fides aliena* 415
- *fides vicaria* 415
- Verstehen 392 f, 396, 399, 401, 404, 412

Glaubensgewissheit 72, 117, 121 f, 151, 214

Glaubensunterweisung 418, 420 f, 422, 423, 424 f

Glaubwürdigkeit 202, 207, 340
- *siehe auch* Misstrauen und Vertrauen

Hostiendose 368

Idiomenkommunikation 31 f
- *siehe auch* Christologie

Impatibilität 219, 221, 479
- *siehe auch* Intangibilität und Tangibilität

*inclusio localis* 44, 85, 245, 284, 339, 367

Intangibilität 32 f, 86, 93, 95, 117 f, 175, 202, 233 f, 243, 324, 339, 347, 367, 478 f
- *siehe auch* Impatibilität und Tangibilität

*intentio*-Lehre 103, 151

Interkommunion 101–104, 115 f
- *siehe auch* Abendmahlsgemeinschaft

Irrlehre 135 f, 146, 147, 206, 419, 422

*ius reformationis* 169 f, 172, 250, 294, 297, 426–442, 481
- *siehe auch usus gladii*
- Anlass zu den Verhandlungen auf dem Konvent 426–428
- *ius divinum* 430 f, 435, 437
- *merum imperium* 431, 432
- *potestas inferior* 431 f
- *potestas superior* 431 f

- Wittenberger Kollektivgutachten 436–439, 468, 481 f

Jurisdiktionsgewalt 432, 434 f[749]

Kadaner Vertrag 189[22], 196, 207[108]
Kappel (Schlacht) 134, 475
Kasseler Kolloquium 185, 194–222 (bes. 214–222), 250, 280, 361, 388, 471, 472 f, 473, 474
- Kasseler Artikel 216–219, 222, 223, 228, 229, 232, 247, 280, 370, 460
Katachresis 33
Katechismus 421
- Augsburger Katechismus (1533) 164, 242
Kindertaufe 122[620], 215, 382, 388 f, 395, 411
Kirchenordnung, Augsburger 248, 254 f, 257
Kirchenpostille 35, 138
- *siehe auch* Übersetzungsaffäre
Kirchenväter 180, 200 f, 204, 208 f, 211, 221, 323[187], 324, 366, 388, 392
Kollektivautorität 118, 199 f, 436, 456, 474
- Abendmahlsartikel der Wittenberger Konkordie als Kollektivgutachten 436
- Gutachten zum *ius reformationis* 459
- Kollektivgutachten 118, 122
Konkordie 23
- *siehe auch* Ratifikation
- *siehe auch* Werk Gottes/Christi
- Bedeutung des *ius reformationis* 441 f, 481
- *concordia ficta* 41, 75, 164
- *concordia firma* 338
- *concordia perpetua* 271, 273, 476
- *concordia plena* 100, 280, 374, 480
- *concordia politica* 205
- *concordia simulata* 40, 318
- *concordia sincera* 256, 259, 273, 318
- *concordia solida* 100, 195, 225, 227, 234, 271, 338, 457, 459, 476
- *concordia stabilis* 280
- *concordia stabilita* 274
- Einbeziehung der Eidgenossen 461–466
- Sprachgebrauch 16. Jh. 23
- Stuttgarter Konkordie, siehe Württembergische Konkordie
- Taufe und Schlüsselamt als Bestandteile 374, 378, 480
- Württembergische Konkordie 185, 188–194, 232 f
Konkordienartikel 23 f, 350, 351
- Abendmahlsartikel, dt. und lat. Fassung 361 f, 469
- Abendmahlsartikel, formal 350, 363–365, 409, 456, 459
- Abendmahlsartikel, inhaltlich 365–373
- Abendmahlsartikel, Textgenese 360–363, 456–458
- Abendmahlsartikel, Unterschriften 310 f, 350
- Artikel zur Schlüsselgewalt, formal 423
- Artikel zur Schlüsselgewalt, inhaltlich 424 f
- frühe Planungen 264, 272
- Ratifikation 453–456, 474
- Taufartikel 362, 374, 378
- Taufartikel, dt. und lat. Fassung 406–409
- Taufartikel, formal 409–411
- Taufartikel, inhaltlich 411–417
- Taufartikel, Textgenese 405–409, 422, 423
- Taufartikel, Unterschriften 363–365, 410, 480 f
- Unterzeichnung 468
- Veröffentlichung 453–455
Konsekration 103[496], 117, 121, 276 f, 355, 366, 443–446
Konvent, Basler 278, 461
Konkordienkonvent 23, 230, 293–469
- Planung 225, 253, 263, 266, 271 f, 277 f, 278, 281, 287, 288 f, 290, 473
Konzil 266, 282, 433, 434
Krankenkommunion 262, 262 f[470]

Lehrartikel 75, 77
Lehrentwicklung 50–54, 59, 326 f, 352
- *siehe auch* Lehrkorrektur
Lehrkorrektur 40, 54, 75, 76 f, 81, 82, 83, 87, 89, 104, 195 f, 232, 242, 287, 323, 448, 467

– *siehe auch* Lehrentwicklung
Liebe 56, 88, 106, 123, 165
Luther, Schriften
– Sermon von der Taufe 385[491]
– De captivitate babylonica 367, 383, 385 f
– Wider die himmlischen Propheten 400
– Dass diese Worte Christi 31[21], 32[27], 54, 106[518], 121[618], 132[7], 135, 143[59], 145, 366, 367
– Vom Abendmahl Christi. Bekenntnis 29–32, 72, 102, 113 f, 132[7], 143[59], 160, 165, 203, 204, 220 f, 325, 335 f, 339 f, 347, 400
– Kleiner Katechismus 152
– Notizen *Ad Buceri literas* 50–58
– In epistolam S. Pauli ad Galatas commentarius 279 f
– Sendbrief an Albrecht von Preußen 144–148, 279
– Sendbrief an die Frankfurter 148–155, 181, 182, 194, 223, 417 f, 479
– Vorarbeiten zur Schrift Von der Winkelmesse 355 f
– Von der Winkelmesse 279, 335 f, 368
– Glossae D. Martini Lutheri super sententias patrum 200 f
– Additio D. Martini Lutheri ad sententiam 200, 208–212, 214, 253
– Instruktion für Melanchthon 200–208, 210 f, 214
– Schmalkaldische Artikel 400
– Von den Juden und ihren Lügen 55 f, 57 f[201]
– Kurzes Bekenntnis vom heiligen Sakrament 20 f

Manna 329
Marburger Abendmahlsformel 189 f
Marburger Artikel 36, 47, 51[169], 75, 78, 82 f[354], 178, 182
Marburger Religionsgespräch 20, 36–39, 48, 51, 54, 75, 78, 94, 189, 191, 318, 345, 477
– Deutungsstreit 39 f, 58, 460
Melanchthon, Schriften
– Unterricht der Visitatoren 395
Menius, Schriften
– Der Wiedertäufer Lehre und Geheimnis 393 f
Missbrauch des Abendmahls 73, 341, 368, 371, 444
Misstrauen 38 f, 40, 54 f, 58, 79, 108, 134, 137, 139, 143, 209–211, 214, 224, 225, 230, 231, 264, 275, 455, 456, 475
– *siehe auch* Glaubwürdigkeit und Vertrauen
Missverständnis-Theorie 43, 58 f, 75, 77, 84, 87, 95, 104, 107, 136, 201, 209–211, 219, 244, 331, 463, 477
– *siehe auch* Wortstreit-Theorie

Nießung, doppelte 33 f, 175 f[257 f], 176, 180, 213, 285, 288, 338
Nürnberger Anstand 182–184, 196, 433–436

Oberdeutsche 24
Obrigkeit, weltliche 419, 428, 455

*pactum* 46
Patronatsrecht 169, 432, 438
*peccatum alienum* 40[91], 55–58, 165 f, 206, 318, 476
Pest 257
Pluripräsenz 99, 112 f, 139
Prädestination 46, 72, 109 f, 244, 285, 286, 288, 325, 329, 335
*praedicatio identica* 29, 325
Prozession 277[575], 368

Ratifikation 78
– Ratio concordiae (Bucers Einigungsschrift) 78, 100
– Wittenberger Konkordie 338, 363, 453–456, 474
Rechtfertigung 140, 279 f
Reichskammergericht 198
Reichsreligionsgespräch, Worm 297
Reichstag
– von Speyer (1529) 206
– von Augsburg (1530) 41 f, 49, 54, 124, 127, 133, 173, 269[517], 361
– von Regensburg (1532) 183[301]
Reichstagsabschied, Augsburger 127, 182

*reliqua sacramenti* 369, 422, 443–447

Schlüsselgewalt 417–425, 481
- *siehe auch* Beichte, Einzelbeichte, Absolution
- Status innerhalb der Konkordie 418 f

Schmalkaldischer Bund 22, 100, 129, 196, 217, 236, 473
- *siehe auch* Bündnis, militärisches

Schule 442 f
- Gymnasium Augsburg 172

Schwabacher Artikel 127
Schwärmer 57[197], 80, 102[494], 103[496], 125[638], 139, 140, 144 f, 146[72], 147, 150 f[101], 153[114], 160, 176[262], 181[292], 366[389]
Schwenckfelder 144
Seligkeit der Heiden 139–141, 317
*sessio ad dextram* 45, 48, 86, 98 f, 113 f, 139, 326
- *siehe auch* Christologie

Sommerpostille 276
Stiftungsordnung 102 f, 104, 121, 204, 277, 334–336, 348, 349, 368, 370 f
Stiftungszweck 121, 334 f, 355
Synekdoche 31, 34, 35

Tabernakel 368, 445
Tag
- von Aarau (Mai 1536) 290 f
- von Basel (Februar 1536) 282–287, 317, 321
- von Basel (März 1536) 283, 317
- von Basel (September 1536) 251, 350 f
- von Schmalkalden (1529) 127, 128
- von Schwabach (1529) 127
- von Schweinfurt (1532) 175

Tangibilität 30 f, 95, 117, 150, 194, 203, 341, 479
- *siehe auch* Intangibilität und Impatibilität

Taufe 156, 160, 260
- Aspersion 377, 382, 386, 390, 403
- Bad der Wiedergeburt 383, 389, 396, 403 f
- doppelte Gerechtigkeit 413
- Geisttaufe 159, 381, 384 f
- Glaubensstärkung 383, 384, 403 f
- Handeln Gottes 384
- Heiliger Geist 412 f
- Heilsrelevanz 215, 381, 383, 387 f, 404 f, 410, 411, 413, 449, 481
- Infusion 386, 390
- Kindertaufe 382, 388 f, 395, 411 f
- leeres Zeichen 381, 383, 389, 396, 413
- liturgische Gestaltung 158 f, 385, 390 f, 402 f, 414, 472
- Sündenvergebung 412, 413
- Taufaufschub 381, 389
- Tauferinnerung 383
- Taufkatechese 389
- Tauftermine 158 f, 377, 410, 413, 481
- Taufverachtung 388, 389 f
- Tod ungetaufter Kinder 381, 388, 404 f
- Vollzug ohne Wasser 377, 381, 386, 390
- Wassertaufe 159, 381, 384 f
- Wiedergeburt 392. 397–399

Teufel 37, 59, 80, 106[518], 117, 133, 156, 162, 180, 206, 240[292], 257, 260, 454, 476
Tischredenüberlieferung 63–70
Transsubstantiation 44, 85, 218, 244, 367

Übersetzungsaffäre 35, 138
- *siehe auch* Kirchenpostille

Unio
- *formalis* 29
- *naturalis* 85, 245, 284, 287 f, 339
- *personalis* 29
- *physica* 219, 221
- *sacramentalis* 21, 346, 369
- *sacramentalis* bei Luther 29–32, 203, 221, 347, 366
- *sacramentalis* bei Bucer 32–34, 71, 86, 93, 99, 109, 111 f, 118, 122, 125, 126, 154, 156[137], 175 f, 179 f, 182, 218, 220, 221, 231 f, 244, 324, 329, 335 f, 339, 345, 347, 478 f

Unterschriften 78, 338
- *siehe auch* Konkordienartikel

*usus gladii* 419, 429, 431 f, 440
*usus-substantia*-Differenz 73, 341, 395[538]

Verdammung 228[232], 307, 320, 323, 463, 478
- *siehe auch* Verwerfung

Verheißung Christi 72, 109 f, 117, 121
Verkündigung, öffentliche 38, 58 f, 75, 76 f, 94 f, 119, 125, 149 f, 151 f, 165, 174, 239[287], 261, 273, 324, 336, 337, 344, 383, 392, 395, 478
Vernunft 95 f, 393, 398–402, 412, 416
Veröffentlichung 77, 89, 100, 107, 109, 111, 116, 120, 226, 233
- siehe auch Konkordienartikel
Vertrauen 22, 74, 79, 107, 122, 123, 126, 132, 133, 193 f, 197 f, 213, 227, 245, 270, 271, 273, 275, 351
- *siehe auch* Glaubwürdigkeit
- *siehe auch* Misstrauen
Verwerfung 319 f, 323
- *siehe auch* Verdammung
- Lehrurteil 319
- Personenurteil 319

Wächteramt 56[196]
- *siehe auch* Amtstheologie
Wahrheit 106, 198, 207
Werk Gottes/Christi 59 f, 94, 105, 106 f, 107, 108, 202 f, 205, 227, 230, 256, 259, 271, 274, 344, 476
- Uneinigkeit als Werk Gottes 274
Widerruf 78, 88 f, 95, 224 f, 233, 238, 247, 249, 267 f, 310, 318, 319, 323, 330 f, 450, 467 f, 478
Wiedertäufer 132, 184, 196, 224, 252, 267, 386, 388, 389, 396, 402 f, 412
Winkelmesse 121, 336, 355, 368
Wort Gottes 73, 174, 269
- verbum externum 396, 414
Wortstreit-Theorie 43, 75 f, 84, 85, 104, 107, 136, 244, 317, 322, 463, 467, 478
- *siehe auch* Missverständnis-Theorie
Wunder 94

Zeichen
- *signa absentis* 44, 209, 326, 354,
- *signa exhibitiva* 44, 85, 113, 119, 174, 218, 243, 284, 285, 288, 324, 370, 466
- *signa nuda* 50, 60[208], 85[374], 101, 149 f, 165, 284, 342, 351, 354, 355[334], 466
- *signa praesentis* 44
Zwei-Reiche-Lehre 56 f, 428–441
Zwingli, Schriften
- De vera et falsa religione 51[167]
- Eine klare Unterrichtung 99[477]
- Amica exegesis 51[170], 52, 52[173–175]
- Das diese Wort Christi 34
- Über D. Martin Luthers Buch 52[171 f]
- Fidei expositio 305, 316 f, 321 f, 463

# Beiträge zur historischen Theologie

Herausgegeben von
Albrecht Beutel

Unter den renommierten wissenschaftlichen Reihen des Faches bekleiden die *Beiträge zur historischen Theologie* einen besonderen Rang. Seit mehr als 80 Jahren stellen sie ein Forum bereit, das ausschließlich exzellenten historisch-theologischen Monographien – also weder Aufsatzsammlungen noch Kongreßbänden – in einer ihrer Qualität entsprechenden, erstklassigen äußeren Gestalt zu erscheinen erlaubt. Den Schwerpunkt bilden dabei naturgemäß Untersuchungen zu allen Perioden der Kirchen- und Theologiegeschichte. Darüber hinaus erstreckt sich der Einzugsbereich auch auf die besten historischen Studien aus den exegetischen, systematischen und praktisch-theologischen Disziplinen.

Die erste, elf Bände umfassende Staffel der Reihe erschien, vom Verleger Oskar Siebeck direkt betreut, zwischen 1929 (E. Lohmeyer: Grundlagen paulinischer Theologie) und 1936 (E. Hirsch: Studien zum vierten Evangelium). Nach dem zweiten Weltkrieg wurde die Reihe unter der Herausgeberschaft Gerhard Ebelings neu begründet. Nach 28 Jahren und 45 erschienenen Bänden (BHTh 12, 1950 bis 57, 1978) ging die herausgeberische Verantwortung für ein Vierteljahrhundert auf Johannes Wallmann über (BHTh 58, 1979 bis 119, 2002). Die seitdem erschienenen und weiter erscheinenden Bände bleiben der strengen, altehrwürdigen Tradition der Reihe unverändert verpflichtet.

ISSN: 0340-6741
Zitiervorschlag: BHTh

Alle lieferbaren Bände finden Sie unter *www.mohrsiebeck.com/bhth*

Mohr Siebeck
www.mohrsiebeck.com